Wissenschaftliche Untersuchungen zum Neuen Testament

Herausgeber/Editor

Jörg Frey (Zürich)

Mitherausgeber/Associate Editors

Markus Bockmuehl (Oxford) · James A. Kelhoffer (Uppsala)
Tobias Nicklas (Regensburg) · Janet Spittler (Charlottesville, VA)
J. Ross Wagner (Durham, NC)

500

Benjamin Schliesser

Zweifel

Phänomene des Zweifels und der Zweiseeligkeit
im frühen Christentum

Mohr Siebeck

Benjamin Schliesser, geboren 1977; 2006 Promotion; 2020 Habilitation; seit 2016 Außerordentlicher Professor für Literatur und Theologie des Neuen Testaments an der Universität Bern.
orcid.org/0000-0002-3725-8350

Publiziert mit Unterstützung des Schweizerischen Nationalfonds zur Förderung der wissenschaftlichen Forschung.

ISBN 978-3-16-161927-4 / eISBN 978-3-16-161928-1
DOI 10.1628/978-3-16-161928-1

ISSN 0512-1604 / eISSN 2568-7476
(Wissenschaftliche Untersuchungen zum Neuen Testament)

Die Deutsche Nationalbibliothek verzeichnet diese Publikation in der Deutschen Nationalbibliographie; detaillierte bibliographische Daten sind über *http://dnb.dnb.de* abrufbar.

© 2022 Mohr Siebeck Tübingen. www.mohrsiebeck.com

Dieses Werk ist lizenziert unter der Lizenz „Creative Commons Namensnennung – Nicht kommerziell – Keine Bearbeitungen 4.0 International" (CC-BY-NC-ND 4.0). Eine vollständige Version des Lizenztextes findet sich unter: https://creativecommons.org/licenses/by-nc-nd/4.0/deed.de. Jede Verwendung, die nicht von der oben genannten Lizenz umfasst ist, ist ohne Zustimmung des Verlags unzulässig und strafbar.

Das Buch wurde von Martin Fischer in Tübingen aus der Minion gesetzt, von Gulde Druck in Tübingen auf alterungsbeständiges Werkdruckpapier gedruckt und von der Buchbinderei Spinner in Ottersweier gebunden. Erschienen bei Mohr Siebeck Tübingen, Germany. www.mohrsiebeck.com.

Printed in Germany.

Meiner Familie

Vorwort

Die vorliegende Monographie zum Phänomen des Zweifels im frühen Christentum beendet eine mehr als zehnjährige Forschungsphase zu einem faszinierenden Thema der Religions- und Theologiegeschichte.

Der Abschluss der Arbeit ruft mir die Aussagen zweier Gelehrter zur geisteswissenschaftlichen Forschung in Erinnerung. So notierte der große Schweizer Kulturhistoriker Jacob Burckhardt:

„In den Wissenschaften ... kann man nur noch in einem begrenzten Bereiche Meister sein, nämlich als Spezialist, und irgendwo *soll* man dies sein. Soll man aber nicht die Fähigkeit der allgemeinen Übersicht, ja die Würdigung derselben einbüßen, so sei man noch an möglichst vielen anderen Stellen Dilettant, wenigstens auf eigene Rechnung, zur Mehrung der eigenen Erkenntnis und Bereicherung an Gesichtspunkten; sonst bleibt man in allem, was über die Spezialität hinausliegt, ein Ignorant und unter Umständen im Ganzen ein roher Geselle.“[1]

Auf der anderen Seite denke ich an den Ausspruch von Niklas Luhmann über die Gefahr, in der sich die kultur-, begriffs- oder ideengeschichtliche Forschung vorfindet: „Forscher, die man mit dem Auftrag, festzustellen, wie es wirklich war, ins Feld jagt, kommen nicht zurück; sie apportieren nicht, sie rapportieren nicht, sie bleiben stehen und schnuppern entzückt an den Details.“[2]

Eine Forschungsarbeit zum Phänomen des Zweifels sieht sich mit einer „unerschöpfliche[n] Masse an Einzelheiten“ konfrontiert.[3] Schon eine schlichte Bestandsaufnahme des Zweifelsdiskurses im frühen Christentum ist kaum zu leisten. Die Komplexität potenziert sich noch mit dem Versuch, die frühchristlichen Stimmen miteinander ins Gespräch zu bringen, religionsgeschichtliche Zusammenhänge und Traditionslinien nachzuzeichnen, die ideelle Osmose zwischen frühem Christentum und antiker Welt in der Auseinandersetzung um Erkenntnis, Glaube und Zweifel zu rekonstruieren, die Beweglichkeit der Rede vom Zweifel von der Antike bis in die Neuzeit zu beschreiben und die gegenwärtige Flut an theologischen und philosophischen Reflexionen zum Zweifel wenigs-

---

[1] J. Burckhardt, Weltgeschichtliche Betrachtungen (hg. von J. Oeri), Berlin 1905, 21 f., zum Teil zitiert in Bultmann, Geschichte und Eschatologie, Tübingen ²1964, VI.

[2] N. Luhmann, Ideengeschichten in soziologischer Perspektive, in: J. Matthes (Hg.), Lebenswelt und soziale Probleme. Verhandlungen des 20. Deutschen Soziologentages zu Bremen 1980, Frankfurt 1981, 49–61, 49.

[3] Luhmann, Ideengeschichten, 49.

VIII   *Vorwort*

tens ansatzweise zu berücksichtigen. Es würden wohl „tausend Menschenleben mit vorausgesetzter höchster Begabung und Anstrengung lange nicht ausreichen".[4] Kritische Leserinnen und Leser der vorliegenden Arbeit werden an allen Ecken und Enden Dilettantentum am Werke sehen, hoffentlich aber auch das Bemühen, eine „allgemeine Übersicht" zu erlangen und einen Ertrag an Texten, Themen und Thesen zu „rapportieren", ohne lediglich Details zu beschnuppern.

Angestoßen wurde die Arbeit durch meine Beschäftigung mit dem Glaubensverständnis in den paulinischen Schriften. Dabei fiel mir auf, dass der Zweifel – ob als Gegenspieler, Begleiter oder Förderer des Glaubens – in der exegetischen Literatur bislang kaum in den Blick gerät, trotz seiner gegenwärtigen Hochschätzung. Erst in den letzten Jahren keimt auch in den Bibelwissenschaften Interesse am Zweifel auf, und die Zahl der Studien zu Einzelthemen wächst. Die vorliegende Arbeit bietet den Versuch einer Gesamtsicht auf die frühchristliche Reflexion zum Zweifel. Die exegetischen Hauptkapitel zu Paulus, den Synoptikern, Johannes, Jakobus, Hermas und dem Hebräerbrief sind eingerahmt von einem Kapitel zur Sprache des Zweifels im frühen Christentum und einer Synthese, die auch als kleine „Theologie des Zweifels" im Neuen Testament gelesen werden kann. In diesem Schlusskapitel zeigt sich mein Anliegen, Exegese als theologisches Unterfangen zu verstehen, in dem sich historische und systematische Aspekte miteinander vernetzen.

Jedes Kapitel kann für sich gelesen werden, und nach jedem Kapitel findet sich ein knappes Fazit, das die wichtigsten Ergebnisse zusammenfasst und weiterführt.[5]

Während der Arbeit an der vorliegenden Monographie entstanden eine Reihe von Vorarbeiten und Nebenprodukte, aus denen Material in die Veröffentlichung eingegangen ist.

Zu Kapitel 3:
Denn er „zweifelte" nicht an der Verheissung Gottes durch Unglauben (Röm 4,20). Über das Nichtzweifeln Abrahams, Hermeneutische Blätter 1/2 (2011), 51–64.

Abraham Did not „Doubt" in Unbelief (Rom. 4:20). Faith, Doubt, and Dispute in Paul's Letter to the Romans, JThSt 63 (2012), 492–522.

Konfliktmanagement in der stadtrömischen Christenheit. Eine neue Sicht auf die „Starken" und „Schwachen" in Rom, in: U. E. Eisen/H. Mader (Hg.), Talking God in Society. Multidisciplinary (Re)constructions of Ancient (Con)texts. Festschrift Peter Lampe (NTOA 120/2), Göttingen 2021, 83–104.

---

[4] Burckhardt, Weltgeschichtliche Betrachtungen, 15 f.

[5] Wenn nicht anders vermerkt, sind Kursivierungen in Zitaten aus dem Original übernommen. Ich verzichte weitestgehend auf Modernisierungen der Rechtschreibung. Übersetzungen biblischer Texte folgen in aller Regel der Zürcher Bibel. Bei griechischen und lateinischen Texten werden die Namen der Übersetzerinnen und Übersetzer nach der Stellenangabe in Klammern vermerkt, ggf. auch die Textausgabe bzw. Reihe. Fehlt eine solche Klammer, ist die Übersetzung meine eigene.

Vorwort IX

Zu Kapitel 4:
Der Seewandel des Petrus (Mt 14,28–31) in frühchristlicher Literatur und Kunst. Zur Wirkungsgeschichte einer unbequemen Petruserzählung, in: J. Frey/M. Wallraff (Hg.), Petrusliteratur und Petrusarchäologie. Römische Begegnungen, Rom und Protestantismus. Schriften des Melanchthon-Zentrums in Rom, Tübingen 2020, 43–86.
Doubtful Faith? Why the Disciples Doubted until the End (Mt 28:17), in: C.S. Sweatman/C.B. Kvidahl (Hg.), Treasures New & Old. Essays in Honor of Donald A. Hagner; Wilmore 2017, 165–180.

Zu Kapitel 5:
To Touch or not to Touch. Doubting and Touching in John 20:24–29, Early Christianity 8 (2017), 69–93.
The Gospel for Sceptics. Doubting Thomas (John 20:24–29) and Early Christian Identity Formation, in: B. Edelman-Singer/T. Nicklas/J. Spittler/L. Walt (Hg.), Insider Doubt. Sceptic and Believer in Ancient Mediterranean Religions, WUNT, Tübingen 2020, 203–225.

Zu Kapitel 8:
Glauben und Denken im Hebräerbrief und bei Paulus. Zwei frühchristliche Perspektiven auf die Rationalität des Glaubens, in: J. Frey/B. Schliesser/N. Ueberschaer (Hg.), Glaube. Das Verständnis des Glaubens im frühen Christentum und in seiner jüdischen und hellenistisch-römischen Umwelt, WUNT 373, Tübingen 2017, 503–560.

Zu Kapitel 9:
Shades of Faith. The Phenomenon of Doubt in Early Christianity, RelS (2022), 1–16.

In ein solches Projekt fließen die Impulse und Ideen unzähliger Wegbegleiterinnen und Wegbegleiter ein. Allen voran danke ich Jörg Frey (Zürich) für sein stets motivierendes und inspirierendes Mentorat während meiner Zürcher Oberassistenz (2010–2016), das weit über den fachlichen Austausch im Rahmen eines Habilitationsprojekts hinausreichte. Dank seiner Unterstützung und Freundschaft war es möglich, die Arbeit auch nach meiner Berufung an die Universität Bern abzuschließen. Als Herausgeber von WUNT hat er die Arbeit in die Reihe aufgenommen. Mein herzlicher Dank gilt auch Samuel Vollenweider (Zürich), der mich ebenfalls als Oberassistenten (2011–2016) unter seine Fittiche nahm und der mir neu die Augen öffnete für die Vielfalt der spätantiken Religiosität und Philosophie.

Jens Schröter (Berlin) erstellte ein umfangreiches und scharfsinniges Gutachten der Habilitationsschrift, das mir bei der Überarbeitung ein wesentliches Korrektiv war und mir manchen Gedanken zu präzisieren verhalf. Veronika Hoffmann (Fribourg), die bereits einschlägig zum Thema „Zweifel" publizierte, las und kommentierte das Schlusskapitel und gab eine Vielzahl wertvoller Rückmeldungen. Ihnen sei herzlich gedankt.

Meine ehemaligen und aktuellen Berner Mitarbeiterinnen und Mitarbeiter haben mich auf vielfältige Weise angeregt und bei der inhaltlichen und sprachlichen Durchsicht der Texte unterstützt: Daniel Herrmann, Michael Jost, Isabelle

Knobel und Hanna-Maria Riesner. Ohne ihr Engagement wäre das Buch wohl noch immer nicht fertig. Nach und nach wurde das Team verstärkt durch weitere Assistierende, Doktorierende und Postdoktorierende: Michel Degen, Florence Gantenbein, Christina Harker, Andreas Heidel, Corona Langjahr, Travis Niles, Jan Rüggemeier, Saskia Urech und Niklas Walder. Sie alle haben Anteil am Zustandekommen des vorliegenden Bandes, und zugleich haben sie mein Leben vielfach bereichert.

Nicht unerwähnt bleiben dürfen die zahlreichen Diskussionen auf Konferenzen und Kolloquien in der Schweiz und weltweit, aber auch die informellen Büro- und Flurgespräche in Zürich und Bern. Exemplarisch hervorheben möchte ich die Regensburger Tagung „,Test Everything': Sceptic and Believer in Ancient Mediterranean Religions" (2017), meinen Gastaufenthalt am Princeton Theological Seminary (2019) und das John Templeton Foundation Projekt „The Philosophy, Theology, and Psychology of Christian Trust in God" (2021–2022), an denen sich nicht nur fachliche Gespräche zum Zweifel ergaben, sondern auch prägende persönliche Begegnungen, u.a. mit Jan Bremmer, Don Davis, Dirk Evers, Peter Hill, Joshua Hook, Paul Middleton, Daniel Howard-Snyder, Tobias Nicklas, Thomas Kraus, Daniel McKaughan, Teresa Morgan, Michael Pace und Daryl van Tongeren.

Um die komplexe editorische Arbeit hat sich Matthias Müller (Berlin) verdient gemacht, und die Register wurden speditiv und professionell von Samuel Arnet (Bern) erstellt. Ihnen beiden gilt mein aufrichtiger Dank. Schließlich danke ich dem Verlag Mohr Siebeck, insbesondere Elena Müller und Markus Kirchner, die das Projekt bis zur Satzerstellung und Drucklegung mit Interesse und Kompetenz begleitet haben. Die Open-Access-Publikation erfolgte mit finanzieller Unterstützung durch den Schweizerischen Nationalfonds (SNF), für die ich ebenfalls dankbar bin.

Wie eng Theologie und Kirche und Glaube – samt dem Zweifel – aufeinander bezogen sind, erlebe ich nirgends so eindrücklich wie im Netzwerk churchconvention und dem Collegium Emmaus, und ich danke stellvertretend Silvianne Asprey, Karsten Beekmann, Christophe Chalamet, Oliver Dürr, Walter Dürr, Michl Krimmer, Niko Limbach, Ralph Kunz, Corinna Schubert und Markus Weimer. Den wichtigsten Anteil am Gelingen des Projekts hat meine Familie, meine Kinder Naemi Joy, Chira Jael und Noel Benjamin und meine Frau Christine. Ihre Zweifel, dass das Buch überhaupt jemals fertig wird, sind nun ausgeräumt.

Bern, den 27. Juni 2022   Benjamin Schliesser

Inhaltsverzeichnis

Vorwort V
Abkürzungen XVIII

1. Einführung 1

1.1 Die Entdeckung des Zweifels im frühen Christentum 1
1.2 Was heißt Zweifel? Begriffsbestimmungen 2
    1.2.1 Zur Etymologie und den Verwendungszusammenhängen
    des Zweifels 2
    1.2.2 Der Zweifel im philosophischen Diskurs 5
    1.2.3 Der Zweifel in der Rhetorik 8
    1.2.4 Der „Zweifel" und die Zweiseeligkeit im Rahmen der Ethik 9
    1.2.5 Die Begriffsgeschichte des Wortes „Zweifel" 10
1.3 Wo und wie zeigt sich der Zweifel in frühchristlichen Texten?
Methodik und thematischer Zugriff 12
    1.3.1 Sache vor Methode 12
    1.3.2 Zur Auswahl der Texte 14
        1.3.2.1 Objektsprache 15
        1.3.2.2 Narrative Bearbeitungen des Zweifels 15
        1.3.2.3 Argumentative und paränetische Bearbeitung des Zweifels ... 16
1.4 Zum Aufbau der einzelnen Kapitel 17
    1.4.1 Die Exegese 17
    1.4.2 Religionsgeschichtliche Verflechtungen: Zur religiösen und
    kulturellen Enzyklopädie des Zweifelsdiskurses 19
    1.4.3 Frühchristliche Nachwirkungen und Nebenschauplätze 20

2. Die Sprache des Zweifels im frühen Christentum. „Es gibt so wenig eine NT Sprache wie es biblische Tiere gibt" 21

2.1 Einführung 21
2.2 Zwischen Konvention und Innovation 24
    2.2.1 Sprachbereicherungen im Glaubens- und Zweifelsdiskurs 24
    2.2.2 Der Beginn der Reflexion über den Zweifel: Sprache und Denken ... 26
2.3 Einzelne sprachliche Akzente 29
    2.3.1 ἀπιστία („Unglaube, d.h. Zweifel"), ἀπιστεῖν („nicht glauben",
    d.h. „zweifeln"), ἄπιστος („ungläubig, d.h. zweifelnd") 29

XII Inhaltsverzeichnis

2.3.2 πληροφορεῖν („[wider Zweifel] ganz überzeugt sein") und
πληροφορία („volle Überzeugung") 30
2.3.3 ἐνδυναμοῦσθαι („[bei Gefährdung durch Zweifel] bekräftigt
werden") 31
2.3.4 διαλογίζεσθαι („zweifelnde Gedanken haben") und διαλογισμός
(„zweifelnde Gedanken") 32
2.3.5 „Kuckuckseier": διαλογισμός, ἔλεγχος, διάκρισις, διχοστατεῖν,
διακρίνειν 33
2.4 διακρίνεσθαι („trennen, entscheiden, streiten") 34
2.4.1 Ein semantischer Sprung? 34
2.4.2 Ein aramäisches Grundwort? 39
2.5 δίψυχος („zweiseelig") 40
2.5.1 Zur Herkunft der Wortfamilie διψυχ- 41
2.5.2 Zwei mutmaßliche Quellen: Eldad und Modad und ein jüdischer
Zwei-Wege-Traktat 44
2.5.3 Parallelbegriffe zu δίψυχος 50
2.6 ὀλιγόπιστος („kleingläubig") und ὀλιγοπιστία („Kleinglaube") 51
2.7 διστάζειν („zweifeln, schwanken, zögern") 54
2.8 Fazit 55

3. Paulus. Der Zweifel als „unmögliche Möglichkeit" im Rahmen einer apokalyptischen Theologie 57

3.1 Einführung 57
3.2 Ereignis des Glaubens und Räume des Zweifels 58
3.3 Röm 14,23: Der „Zweifel" der Schwachen? 61
3.3.1 Der „im Glauben Schwache": „Schwach" in welcher Hinsicht? 61
3.3.2 „Streit über Meinungen" oder „Spaltungen aufgrund von
Gesinnungen"? 67
3.3.3 Διακρίνεσθαι in Röm 14,23: Zweifeln, unterscheiden, sich
distanzieren oder spalten? 70
3.3.3.1 „Psychologisch" vs. „theologisch" 71
3.3.3.2 Glaube, Sünde, Gericht 72
3.3.3.3 „Der, der (in seinem Innern) zweifelt" 74
3.3.3.4 „Der, der (die Speisen) unterscheidet" 76
3.3.3.5 „Der, der sich (von Gott und Gemeinde) distanziert" 79
3.3.3.6 „Der, der (die Gemeinde) spaltet" bzw. „sich abspaltet" 80
3.4 Röm 4,20: Der „Zweifel" Abrahams? 85
3.4.1 Διακρίνεσθαι in Röm 4,20: Zweifeln, entscheiden, abfallen oder
widerstreiten? 86
3.4.1.1 „Abraham zweifelte nicht (an der Verheißung)" 86
3.4.1.2 „Abraham entschied sich nicht (zugunsten einer
Werkgerechtigkeit)" 88
3.4.1.3 „Abraham fiel nicht (von Gott) ab" 88

Inhaltsverzeichnis XIII

3.4.1.4 „Abraham trat nicht (mit Gott) in eine Auseinandersetzung" 89
3.4.1.5 Abrahams Verhalten im Kontext des Römerbriefs 94
3.5 Religionsgeschichtliche Verflechtungen 97
   3.5.1 Abrahams „Zweifel" im Frühjudentum 97
      3.5.1.1 Philos „Psychologie des Zweifels" 97
      3.5.1.2 Abrahams Auseinandersetzung mit Gott 99
3.6 Fazit 101
   3.6.1 Röm 14,1–15,13: Psychologie des Zweifels vs.
   Ekklesiologie der Annahme 101
   3.6.2 Röm 4,1–25: Psychogramm des Zweifels vs. Theologie des Glaubens 103

4. Synoptiker. Existenzieller Zweifel in Heilungswunder-, Naturwunder- und Auferstehungserzählungen 105

4.1 Einführung 105
4.2 Mk 9,24: „Ich glaube! Hilf meinem Unglauben!"
  Der Vater des epileptischen Jungen 106
   4.2.1 Tradition und Redaktion 108
   4.2.2 Zur Dramaturgie der Erzählung 110
   4.2.3 Mk 9,22: „wenn du etwas kannst" oder „wenn du irgend kannst"? ... 113
   4.2.4 Mk 9,23: „Alles ist möglich, dem der glaubt" 114
      4.2.4.1 Der Glaube Jesu 116
      4.2.4.2 Der Glaube des Vaters 118
      4.2.4.3 Vertrauensverhältnis des Vaters und Jesu 120
   4.2.5 Mk 9,24: „Ich glaube! Hilf meinem Unglauben!" 121
   4.2.6 Glaubte Jesus? Zweifelte Jesus? 124
   4.2.7 Religionsgeschichtliche Verflechtungen 127
      4.2.7.1 Der Ἄπιστος aus Epidauros 127
4.3 Mt 14,31: „Warum hast du gezweifelt?" Der zweifelnde Petrus 129
   4.3.1 Zur Frage der Historizität 130
      4.3.1.1 Die Radikalkritik des 19. Jahrhunderts 130
      4.3.1.2 Fiktion, Legende oder Erinnerung? 132
   4.3.3 Hermeneutischer Rahmen und Aussageabsicht der Erzählung 134
      4.3.3.1 Anthropologische und ekklesiologische Akzente 136
      4.3.3.2 Christologischer Grundtenor 137
   4.3.4 Die Figur des Petrus und sein Zweifel 139
      4.3.4.1 „Einmaligkeit" und „Transparenz" der Petrusfigur 139
      4.3.4.2 Bewertungen des Petruszweifels 143
      4.3.4.3 Petrus als Kleingläubiger und Zweifler 144
   4.3.5 Frühchristliche Nachwirkungen 148
      4.3.5.1 Im Glauben Flüsse überqueren (OdSal) 148
      4.3.5.2 „Warum zweifelst du?" (Fragen Marias,
      Johannesapokryphon) 150
      4.3.5.3 „Ein Kleingläubiger ist im Glauben untreu" (Sextos 6) 151

XIV Inhaltsverzeichnis

4.3.6 Religionsgeschichtliche Verflechtungen 153
    4.3.6.1 Der übers Wasser schreitende Hyperboreer (Lukian,
        Philopseudes) 153
    4.3.6.2 Geschichten aus früheren Leben Buddhas 154
4.4 Mt 28,17: „Einige aber zweifelten."
Der finale Jüngerzweifel 156
    4.4.1 Der Erzählbogen der Szene 158
    4.4.2 Wer zweifelt? 159
    4.4.3 Woran zweifeln die Jünger? 165
    4.4.4 Wird der Zweifel überwunden? 168
    4.4.5 Der Zweifel in den Erscheinungsberichten 169
    4.4.6 Frühchristliche Nachwirkungen 173
        4.4.6.1 Verleugnung und Zweifel des Petrus (EpAp) 173
        4.4.6.2 Das sprechende Kreuz und das Ende des Zweifels (EvPetr) ... 175
        4.4.6.3 „Seid nicht traurig und zweifelt auch nicht" (Evangelium
            nach Maria) 177
4.5 Fazit 179
    4.5.1 Mk 9,14–29: Zweifel und Heilungswunder 179
    4.7.2 Mt 14,28–31: Zweifel und Naturwunder 181
    4.7.3 Mt 28,16–20: Zweifel und Auferstehung 184

5. Johannesevangelium. Der zweifelnde Thomas: Narrative Zweifelsbearbeitung 186

5.1 Einführung 186
5.2 Der johanneische Zweifelsdiskurs und die neuere Forschung
zum Corpus Johanneum 188
    5.2.1 Narratologische und literarische Ansätze 188
    5.2.2 Historische Kontextualisierung 191
5.3 Joh 11,16: „Lasst uns auch hingehen, um mit ihm zu sterben."
Skepsis und Fatalismus 194
    5.3.1 Fatalist, Zweifler, Ignorant – oder Held? 194
    5.3.2 Doppelbödigkeit des Thomasporträts 197
5.4 Joh 14,5–7: „Wir wissen nicht, wohin du gehst."
Notorisches Unverständnis 199
5.5 Joh 20,24–29: „Mein Herr und mein Gott!"
Zweifel und Bekenntnis des Zu-spät-Gekommenen 201
    5.5.1 Joh 20,24–25: Jüngerbekenntnis und Thomaszweifel 202
    5.5.2 Joh 20,26–28: „Sei nicht ungläubig, sondern gläubig!" 205
    5.5.3 Wurde der Zweifel durch die Berührung der Wundmale
    überwunden? 208
        5.5.3.1 Altkirchliche Mehrheitsmeinung: Thomas berührte
            die Wundmale 209
        5.5.3.2 Reformatorische, pietistische und historisch-kritische Akzente 212

Inhaltsverzeichnis XV

5.5.3.3 Indizien für eine Berührung: Autopsie und
Zweifelsbeseitigung 217
5.5.4 Joh 20,29: Zwei Glaubenszeiten 221
5.6 Die Figur des Thomas im Vierten Evangelium 223
    5.6.1 Warum gerade Thomas? Vorjohanneische Thomastraditionen
und johanneische Schöpferkraft 223
    5.6.2 Beurteilung des Thomas und seines Zweifels 228
5.7 Frühchristliche Nachwirkungen 232
    5.7.1 Thomas und Nathanael: Skeptiker und Bekenner (Joh 21) 232
    5.7.2 Gehört, gesehen, geschaut, berührt (1 Joh) 233
    5.7.3 „Sofort fassten sie ihn an und wurden gläubig" (IgnSm 3,2) 234
    5.7.4 Jakobus, der Zweifler? (Hebräerevangelium) 237
    5.7.5 Alle Jünger zweifeln und betasten (EpAp) 239
    5.7.6 Die Manualinspektion der zweifelnden Salome (Protev) 241
5.8 Religionsgeschichtliche Verflechtungen 243
    5.8.1 Die Wiedererkennung des totgeglaubten Odysseus (Anagnorisis) ... 243
    5.8.2 Lukians Kritik an naiver Leichtgläubigkeit 246
    5.8.3 Rabbinisches zur Spannung von Sehen und Glauben 249
5.9 Fazit 250

6. Jakobusbrief. Zweiseeligkeit und Gespaltenheit in einer Ethik der Ganzheitlichkeit 254

6.1 Einführung 254
6.2 „Freischwebende ethische Hausapotheke"
oder durchdachte Komposition 255
    6.2.1 „Theologieverbot", „Kohärenzverbot", „Kontextverbot"
und „Situationsverbot" 255
    6.2.2 Jakobus und Paulus 257
    6.2.3 Antipaulinische Polemik 258
    6.2.4 Römisches Lokalkolorit 261
    6.2.5 Weisheitliche Paränese und die Situation der Adressatenschaft 263
    6.2.6 Ganzheit als „Orthodoxie" und „Orthopraxie" 265
6.3 Jak 1,5–8; 2,4; 4,8: Gespaltenheit und Zweiseeligkeit als Ethos-Problem ... 267
    6.3.1 Weisheit als „zur Tat treibende Einsicht" 268
    6.3.2 „Einfalt" Gottes als Paradigma christlicher Existenz 269
    6.3.3 Ganzheitlicher Glaube 271
    6.3.4 Zweifeln, streiten, spalten? Was bedeutet διακρίνεσθαι in Jak 1,6? ... 273
        6.3.4.1 „Der Zweifler": theoretischer oder praktischer Zweifel 274
        6.3.4.2 „Der Frevler": Aufbegehren gegen Gott 275
        6.3.4.3 „Der Gespaltene": Inkonsistenz im Sein und Tun 276
    6.3.5 „Wie eine Meeresbrandung" 278
    6.3.6 Wer ist der ἀνὴρ δίψυχος und was zeichnet ihn aus? 280
    6.3.7 Das Verhältnis von Jak 1,5–8 zur Jesustradition 282

XVI   *Inhaltsverzeichnis*

6.3.8 Zweifeln, unterscheiden, trennen? Was bedeutet διακρίνεσθαι
in Jak 2,4? 283
6.3.8.1 „Zweifeln" im Innern oder „Unterscheiden" innerhalb der
Gemeinschaft 284
6.3.8.2 Gespalten nach innen und außen 285
6.4 Frühchristliche Nachwirkungen und Nebenschauplätze 287
6.4.1 „Du sollst nicht zweiseelig sein, ob es sein wird oder nicht"
(Did 4,4//Barn 19,5) 287
6.4.2 „Unglücklich sind die Zweiseeligen, die zweifeln" (1 Clem 23,3//
2 Clem 11,2) 291
6.5 Religionsgeschichtliche Verflechtungen 297
6.5.1 Der Topos von der „geteilten Seele" bzw. von den „zwei Seelen" 298
6.5.1.1 Analoge Vorstellungen aus der Philosophie 298
6.5.1.2 Alttestamentlich-jüdischer Traditionsbereich 300
6.5.2 Der Topos von den „zwei Geistern" 302
6.5.3 Der Topos von den „zwei Wegen" und den „zwei Trieben" 303
6.6 Fazit 307

7. Der Hirt des Hermas. Zweiseeligkeit und Zweifel in alltagstheologischem Gewand 311

7.1 Einführung 311
7.2 Ein „merkwürdiges Buch" 312
7.2.1 Charakter der Schrift 312
7.2.2 Die Tugend des Glaubens und das Laster der Zweiseeligkeit 314
7.2.3 Zum Verhältnis zwischen Jakobus und Hermas 315
7.2.3.1 Unabhängigkeit des Hermas vom Jakobusbrief 317
7.2.3.2 Abhängigkeit des Hermas vom Jakobusbrief 319
7.3 „Die an Gott zweifeln, das sind die Zweiseeligen" 323
7.3.1 Visionen 324
7.3.2 Gebote 326
7.3.3 Gleichnisse 331
7.4 Fazit 333

8. Hebräerbrief. Überwindung des Zweifels im Diskurs 336

8.1 Einführung 336
8.2 Die Krisensituation der Adressatinnen und Adressaten 337
8.2.1 Phase der Neuorientierung 337
8.2.2 Der Zweifel der Adressatinnen und Adressaten 338
8.2.3 Der Zweifel als ein Phänomen der zweiten oder dritten Generation? 339
8.3 Strategien der Zweifelsbewältigung 341
8.3.1 Seelsorgerlich-mystagogische Kompetenz 342
8.3.2 Sprachliche und denkerische Kompetenz 344
8.3.2.1 Zur Makrostruktur 344

Inhaltsverzeichnis XVII

8.3.2.2 Die ratio fidei des Hebräerbriefs 345
8.3.2.3 Die Vernunftnotwendigkeit des Glaubens 346
8.3.2.4 Die πίστις als Gegenstand der Rhetorik 347
8.3.2.5 Hebr 11,1: Eine „Definition" des Glaubens 349
8.4 Erkenntnisvermögen (ἔλεγχος): Die Spannung zwischen der Rationalität
und Paradoxalität des Glaubens 351
   8.4.1 Hebr 11,1b: Der Glaube als ἔλεγχος 352
   8.4.2 Hebr 11,3: Zweifelsfreies Wissen um die kosmischen
   Realitätsverhältnisse 354
   8.4.3 Hebr 11,6: Überzeugtsein von der Existenz Gottes 354
   8.4.4 Hebr 10,26: Der Erkenntnisstand des Glaubens 356
   8.4.5 Hebr 5,11–6,3: Reifestadien der christlichen Erkenntnis 357
   8.4.6 Hebr 2,1: Achten auf das Gehörte 358
8.5 Durchhaltevermögen (ὑπόστασις): Die Spannung zwischen erfüllter
und erhoffter Verheißung 359
   8.5.1 Hebr 11,1; 3,14: Der Glaube als ὑπόστασις 360
   8.5.2 Hebr 6,13–15; 11,8–19: Abrahams Gehorsam abseits des Zweifels ... 364
8.6 Jesu πίστις und „kognitive Mimesis" 367
   8.6.1 Jesus als Urbild und Vorbild 368
      8.6.1.1 Hebr 5,7–8: Lernen durch Leiden 368
      8.6.1.2 Hebr 12,1–3: Anführer und Vollender des Glaubens 369
   8.6.2 Mimetische Orientierung an Jesus 371
      8.6.2.1 Hebr 3,1: Achtgeben (κατανοεῖν) 371
      8.6.2.2 Hebr 12,2–3: Betrachten (ἀναλογίζεσθαι)
      und Achtgeben (ἀφορᾶν) 373
8.7 Religionsgeschichtliche Verflechtungen 374
   8.7.1 Plutarchs theologia tripertita 374
   8.7.2 Philos Glaubensverständnis und der Zweifel 376
      8.7.2.1 Abraham 376
      8.7.2.2 Mose 378
8.8 Fazit 379

9. Synthese 383

9.1 Frühchristlicher Zweifelsdiskurs und theologische Impulse 383
9.2 Eine Typologie des Zweifels im frühen Christentum 384
   9.2.1 Zweifel als unmögliche Möglichkeit 385
   9.2.2 Zweifel als intellektuelle Herausforderung 386
   9.2.3 Zweifel als theoretisches Problem 387
   9.2.4 Zweifel als ethisches Problem 388
   9.2.5 Zweifel als Existenzial 389
   9.2.6 Zweifel als ekklesiologisches Charakteristikum 390
9.3 „Sitz im Leben" und Pragmatik des Zweifelsdiskurses 391
   9.3.1 Paulus 392
   9.3.2 Synoptische Evangelien 392

XVIII *Inhaltsverzeichnis*

9.3.3 Johannesevangelium 394
9.3.4 Hebräerbrief 394
9.3.5 Jakobusbrief.. 395
9.3.6 Hermas 396
9.4 Gegenstände und Bezugsgrößen des Zweifels 397
9.4.1 Synoptische Evangelien 397
9.4.2 Johannesevangelium 398
9.4.3 Hebräerbrief 399
9.4.4 Jakobusbrief.. 399
9.4.5 Apostolische Väter 399
9.5 Bewältigungsstrategien und Resilienzmuster 400
9.5.1 Ausschluss: Zweifel ist nicht, weil er nicht sein darf 401
9.5.2 Relationalität: Zweifler werden neu ausgerichtet 401
9.5.3 Angewiesenheit: Zweifel ist angewiesen auf göttliches Wirken 402
9.5.4 Konsequenter Beweis: Zweifel lässt sich aushebeln 402
9.5.5 Kopfarbeit: Zweifel wird durch die „Logik des Glaubens" überführt 403
9.5.6 Ethische Anstrengung: Zweifel wird durch Durchhalten vertrieben .. 404
9.5.7 Pastorale Sensibilität: Zweiflern wird mit Menschlichkeit begegnet .. 404
9.5.8 Mystagogik: Zweifel ist empfänglich für spirituelle Expertise 404
9.5.9 Imitatio: Zweifel weicht kraft „himmlischer" Vorbilder 405
9.5.10 Exempel: Zweifler orientieren sich an Leitfiguren 406
9.5.11 Transparenz: Der Zweifel ist anschlussfähig an Erfahrungen
der ersten Jesusnachfolger 406
9.5.12 Entlastung: Zweifel ist ein erwartbares Moment des Glaubens 407
9.5.13 Drohkulissen: Zweifel führt unweigerlich ins Verderben 407
9.5.14 Erinnerung: Sich-Einreihen in eine Bekenntnisgemeinschaft 408
9.5.15 Autoritätsbeleg: (Heilige) Schriften und Offenbarungen 408
9.5.16 Tadel: Zweifel und Kleinglaube sind zu missbilligen 409
9.5.17 Polemik: Zweifel und Zweiseeligkeit werden attackiert 409
9.5.18 Alteritätskonstruktion: Die Zweifler sind die „Anderen" 410
9.6 Auf dem Weg zu einer neutestamentlichen „Theologie des Zweifels" 410
9.6.1 „Glaubensmaß" und Zweifel (Röm 12,3) 412
9.6.2 Zweifel und introspektives Gewissen (Röm 14,22–23).............. 413
9.6.3 Zweifel und Gottesdistanz (Röm 4,20) 416
9.6.4 Zweifel, fragmentarischer und stellvertretender Glaube (Mk 9,24) ... 417
9.6.5 Jesus als „Urbild" des Zweifels (Mk 14,33; 15,34; Mt 26,38; 27,46) ... 420
9.6.6 Zweifel und individuelle Schuld (Mt 14,28–31) 422
9.6.7 Kollektiver Zweifel (Mt 28,17) 423
9.6.8 Autopsie und Gleichzeitigkeit des Zweifels (Joh 20,24–29) 425
9.6.9 Zwiespalt und Einfalt (Jak 1,8; 4,8) 426
9.6.10 Zweifel und Gewissheit (Hebr 11,1) 428
9.7 Schluss 430

Inhaltsverzeichnis XIX

Literaturverzeichnis 433

Stellenregister 485
Register der antiken Quellen 491
Register der Autorinnen und Autoren 495
Sachregister 503

Abkürzungen

Bibliographische Abkürzungen und Kürzel biblischer und verwandter Schriften, für Philo, Josephus, die Rabbinica und Kirchenväterwerke richten sich nach den „Abkürzungen Theologie und Religionswissenschaft nach RGG⁴" (Tübingen 2007). Werktitel sonstiger antiker Quellen sind nach dem erweiterten Abkürzungsverzeichnis des „Neuen Pauly" (hg. von H. Cancik/H. Schneider, Bd. 3, Stuttgart 1997, VIII–XLIV) angegeben. Handschriftenkürzel neutestamentlicher Texte folgen der 28. Auflage des Nestle-Aland (Stuttgart 2012). Weitere Abkürzungen:

BAA   BAUER/ALAND/ALAND, Griechisch-deutsches Wörterbuch
BDR   BLASS/DEBRUNNER/REHKOPF, Grammatik des neutestamentlichen Griechisch
LCL   Loeb Classical Library
LSJ   LIDDELL/SCOTT/JONES, Greek-English Lexicon
LXX.D   KRAUS/KARRER, Septuaginta Deutsch
NW   STRECKER/SCHNELLE, Neuer Wettstein
Vg.   Vulgata

1. Einführung

1.1 Die Entdeckung des Zweifels im frühen Christentum

Im frühen Christentum rückte das Phänomen des Glaubens in den Mittelpunkt, weil der Glaube offensichtlich „auf eine vorher nicht dagewesene Art entdeckt worden war".[1] In der neutestamentlichen Wissenschaft erlebt die Erforschung des Glaubens derzeit eine kleine Renaissance. In den letzten Jahren erschien eine beachtliche Anzahl an Monographien und Kompendien, die sich diesem Schlüsselbegriff der frühchristlichen Theologie zuwenden. Dabei steht, wie nicht anders zu erwarten, die Glaubenstheologie des Paulus im Zentrum des Interesses. Mit dem Glauben wurde im frühen Christentum aber auch der Zweifel entdeckt. Er wurde nicht gesucht, aber gefunden. Der Zweifel lagert sich zusammen mit seinen Gefährten wie der Zweiseeligkeit und dem Kleinglauben „parasitär" an den Glauben an.[2] Sowenig es im frühen Christentum einen einheitlichen „Glaubensbegriff" gibt, sowenig ist auch ein einheitlicher „Zweifelsbegriff" zu erwarten. Es ist vielmehr mit einer Vielfalt an Ausdrucksformen des Zweifels zu rechnen, in denen sich konkrete intellektuelle, emotionale und ethische Dissonanzen in der Sinnwelt einzelner Glaubender oder einer Gruppe von Glaubenden Ausdruck verschaffen.

Das weite Themenfeld des frühchristlichen Zweifels ist bislang kaum bearbeitet.[3] Man kann sich darüber nur wundern, hat der Zweifel doch als Signatur der Moderne derzeit in jedweder Hinsicht Konjunktur – als erkenntnistheoretische Methode, als wissenschaftliche Strategie, als philosophisches Theorem, als Kategorie der Geschichtswissenschaft oder gar als Grundhaltung eines gelingenden Lebensentwurfs.[4] In den vergangenen Jahren wurde er populärer Diskussions-

---

[1] WEDER, Entdeckung des Glaubens, 138.

[2] Nach HACKER, Einsicht und Täuschung, 403 f., war es Ludwig Wittgenstein, der den Zweifel als „parasitäre Tätigkeit" entlarvt hat.

[3] Vgl. abgesehen von einzelnen Wörterbucharktikeln und philologischen bzw. lexikalischen Einzelstudien lediglich BARTH, Glaube und Zweifel. Jüngst erschienen allerdings u. a. die Monographien NÜRNBERGER, Zweifelskonzepte; ATKINS, Doubt; WOODINGTON, Dubious Disciples, sowie der Sammelband EDELMANN-SINGER/NICKLAS/SPITTLER/WALT (Hg.), Sceptic and Believer.

[4] Zu letzterem vgl. SOMMER, Kunst des Zweifelns.

2   *1. Einführung*

gegenstand im gesamten Spektrum der geisteswissenschaftlichen Disziplinen.[5] Gerade in seiner schärfsten Form, dem radikalen Gotteszweifel, ist er nach wie vor ein brennendes Thema. Der „Neue Atheismus" zieht alle religiösen Sinnangebote in Zweifel und findet, dass „die ‚Gotteshypothese' eine wissenschaftliche Hypothese über das Universum ist, die man genauso skeptisch analysieren sollte wie jede andere auch."[6]

Der Zweifel an der Existenz Gottes ist nun nicht das Problem der Menschen des 1. Jahrhunderts n. Chr., zumal nicht der ersten Christinnen und Christen. Zweifel äußert sich in anderer Gestalt. Ziel der vorliegenden Studien zum Phänomen des Zweifels im frühen Christentum ist es, Denk- und Ausdrucksformen des Zweifels und der Zweiseeligkeit in den Texten der ersten gut 100 Jahre der christlichen Bewegung aufzuspüren, einschlägige Passagen in ihrem literarischen und situativen Zusammenhang exegetisch zu beleuchten, sprach-, motiv- und traditionsgeschichtliche Entwicklungslinien nachzuzeichnen, analoge Vorstellungen aus dem kulturellen und religiösen Umfeld hinzuzuziehen und die Rezeption und Fortwirkung der neutestamentlichen Texte exemplarisch einzufangen. Der frühchristliche Zweifel wird dabei auch im Licht seiner Wirkungsgeschichte in Dogmatik und Ethik interpretiert. Es ist mein Anliegen, Exegese als eine theologische Aufgabe zu begreifen, in der historische und systematische Gesichtspunkte miteinander ins Gespräch gebracht werden.[7]

1.2 Was heißt Zweifel? Begriffsbestimmungen

1.2.1 Zur Etymologie und den Verwendungszusammenhängen des Zweifels

Eine Verständigung über die Bedeutung des Wortes „Zweifel" ist für die vorliegende Arbeit entscheidend. Was meinen wir, wenn wir von „Zweifel" sprechen? Wie lässt sich der „Zweifel" von anderen Phänomenen der „Zwei-falt" unterscheiden? Welche semantischen Entwicklungen durchlief die Wortfamilie „zweifeln"? In welchen Verwendungszusammenhängen ist vom „Zweifel" die Rede? Welche destruktiven wie produktiven Funktionen kommen dem „Zweifel"

---

[5] Vgl. exemplarisch PERLER, Zweifel und Gewissheit; FLANAGAN, Doubt in an Age of Faith; WELTECKE, Atheismus; BERGER/ZIJDERVELD, Lob des Zweifels; ZERBA, Doubt and Skepticism; WHITMARSH, Battling the Gods; HOFFMANN, zweifeln und glauben.

[6] So der Evolutionsbiologe Richard Dawkins in seinem Manifest „Der Gotteswahn" (S. 12). Neben Dawkins zählen der Neurowissenschaftler Sam Harris, der Journalist Christopher Hitchens und der Philosoph Daniel Dennett zu den vier Protagonisten des „Neuen Atheismus". Die Fragen und Anliegen sind freilich nicht originell. Vgl. bereits FEUERBACH, Werke, Bd. 2, 411: „Die Frage, ob Gott ist oder nicht ist, der Gegensatz von Theismus und Atheismus, gehört dem achtzehnten und siebzehnten, aber nicht mehr dem neunzehnten Jahrhundert an." Dazu BARTH, Atheismus und Orthodoxie.

[7] Vgl. zum Stichwort „Theologische Exegese" KÖRTNER, Glaube, 94 f.

1.2 Was heißt Zweifel?

zu? Im Folgenden tritt zunächst die gegenwärtige Verwendung der Wortfamilie „zweifeln" und der Begriffsursprung in den Blick, bevor in einem weiteren Bogen drei geisteswissenschaftliche Verwendungsbereiche knapp umrissen werden: die Rhetorik, die Philosophie und die Ethik. Ausgehend von dieser Grundlegung des Zweifelsbegriffs lassen sich frühchristliche Zweifelsphänomene in ihrer Eigenart erfassen.

Etymologisch leitet sich das Wort „Zweifel" aus dem Zahlwort „zwei" und dem Suffix „-falt" ab, welches für die Bildung von Multiplikativzahlwörtern verwendet wird.[8] Gunter Zimmermann zieht aus der Etymologie des Wortes weitreichende semantische Schlüsse:

> Die Sprachgeschichte macht klar, dass der Zweifler unsicher und ungewiss ist – Unsicherheit und Ungewissheit gehören zweifellos zu den mit „Zweifel" verbundenen Konnotationen –, weil er zwei Einstellungen zu einem [...] „Sachverhalt" besitzt. Er lehnt ihn nicht total ab, er verneint und negiert ihn nicht, er behauptet auch nicht von vornherein, dass er „nichtig" oder „falsch" sei, aber er akzeptiert ihn auch nicht ohne weiteres, er bejaht oder affirmiert ihn nicht, er behauptet nicht von vornherein, dass er „existent" oder „richtig" sei. Wie man in der Alltagssprache so sagt, ist er „im Zweifel", das heißt, er steht zwischen den beiden fundamentalen Einstellungen der Bejahung oder Verneinung und hält in diesem Zustand des Zweifels beide Positionen für möglich, beide für möglicherweise „wahr".[9]

„Sachverhalte", die in Zweifel gezogen werden können, sind unter anderem Satzaussagen, Erkenntnisgegenstände, transzendente Wirklichkeiten, der Wert von Beziehungen, der Wert von Handlungen, der Sinn eines Satzes, eines Verhaltens, des Lebens überhaupt, aber auch eine Person. Zweifel kann sich auf alltägliche, wissenschaftliche, philosophische, ethische oder weltanschauliche Sachverhalte richten. Es kann in Hinsicht auf all dies eine „Sinn-Dissonanz" und damit ein In-Zweifel-Ziehen dessen eintreten, was bisher geglaubt und für selbstverständlich erachtet wurde.[10] Der Satz „Ich bin ein Zweifler" kommt ohne Referenzgröße aus und bezeichnet die sprechende Person als notorisch oder dispositional skeptisch.

Die „Grammatik" des Zweifels lässt sich – noch ohne eine Konkretisierung des Zweifelsgehalts – folgendermaßen systematisieren:

(1) dispositional: „Ich bin ein Zweifler."
(2) fiduzial: „Ich zweifle an jemandem."
(3) kognitiv: „Ich zweifle an etwas."/„Ich zweifle daran, dass ..."
(4) ethisch: „Ich zweifle, ob eine Handlung zu vollziehen oder zu unterlassen ist."
(5) propositional: „Ich zweifle, ob etwas für wahr zu halten oder zu verwerfen ist."

---

[8] Vgl. ZIMMERMANN, „An Gott zweifeln", 307. Zimmermann verweist auf KLUGE, Etymologisches Wörterbuch, s.v. „-falt", „-fältig" und „Zweifel". „Trotz andersartiger Entwicklung und Ausgestaltung steckt [...] auch im französischen ‚douter' und im englischen ‚doubt', beide abgeleitet vom lateinischen ‚dubitare', der Begriff ‚zwei', nämlich das lateinische Zahlwort ‚duo'" (ZIMMERMANN, a.a.O., 307).

[9] ZIMMERMANN, „An Gott zweifeln", 307.

[10] HUNZIKER/SCHLIESSER, Editorial, 3.

4   *1. Einführung*

Dass der Zweifel ein vielgestaltiger Begriff ist, lässt sich auch an der Fülle seiner semantischen Geschwister und Verwandten ablesen.[11] Zur Familie des Zweifels zählen unter anderem die Unschlüssigkeit, das Stutzen, das Zögern, das Zaudern, das Infragestellen, die Unsicherheit, der Zwiespalt, die Aporie, der Unglaube und anderes mehr.

Unschlüssigkeit richtet sich nicht auf die Wahrheit eines Sachverhalts, sondern auf eine zu treffende Entscheidung; dabei mag der Grund für die Unschlüssigkeit im Bezweifeln der Wahrheit eines Sachverhalts liegen.

Zögern ist nicht auf den menschlichen Bereich beschränkt; auch ein Tier zögert. Wenn ein Mensch zögert, kann der Zweifel die Ursache sein, eine innere Stimme, die Bedenken artikuliert; ein Tier zögert aus Instinkt. Wenn Zögern ein Hin- und Herschwanken zwischen verschiedenen Handlungsoptionen meint, ist der Bereich der Ethik berührt.

Zaudern ist wie das Zögern eine dynamische Inaktivität mit ungewissem Ausgang, wird aber nur von einem Menschen ausgesagt. Wer zaudert, ist unentschieden und wägt zugleich aktiv verschiedene Handlungsmöglichkeiten und ihre Konsequenzen ab. Stutzen ist auf einen kurzen, spontanen Moment angesichts einer Verhaltensentscheidung beschränkt, während der Zweifel ein dauerhafter Zustand sein kann.

Infragestellen setzt voraus, dass zuvor ein Sachverhalt als wahr behauptet wurde oder eine Vermutung geäußert wurde. „Man kann über Jahre hinweg zweifeln, ohne den Zweifel jemals zu artikulieren. Wer aber seit Jahren etwas infrage stellt, der hat seinen Zweifel immer wieder bei entsprechender Gelegenheit artikuliert."[12]

Unsicherheit gründet im Fehlen von Evidenzen für einen Sachverhalt, während der Zweifel Evidenzen gegen einen Sachverhalt vorbringen und artikulieren kann. Während Unsicherheit auch ein rational unbegründeter Eindruck sein kann, braucht Zweifel Zweifelsgründe.

Die Aporie ist in antiker philosophischer Tradition kein mentaler Zustand, sondern „eine Situation der argumentativen ‚Ausweglosigkeit'".[13] Der Unterschied zwischen Zweifel und Aporie wird in der Rezeption der antiken Philosophie dadurch verwischt, dass ἀπορία häufig mit *dubitatio* wiedergegeben wird.[14]

„Skepsis" kann alltagssprachlich äquivok zu „Zweifel" verwendet werden. In der berühmten Definition der pyrrhonischen Skepsis des Sextus spielt der Zweifel allerdings bezeichnenderweise keine Rolle: „Die Skepsis ist die Kunst, auf alle mögliche Weise erscheinende und gedachte Dinge einander entgegen-

---

[11] Vgl. ERTZ, Regel und Witz, 160 f. Daraus auch Aspekte zur weiteren Differenzierung des Zweifelsbegriffs.

[12] ERTZ, Regel und Witz, 160.

[13] LORENZ, Zweifel, 1520.

[14] LORENZ, Zweifel, 1520, mit Verweis auf die Übersetzung von Platon, *Men.* 80a bei Marsilio Ficino.

1.2 Was heißt Zweifel? 5

zusetzen, von der aus wir wegen der Gleichwertigkeit (ἰσοσθένεια) der entgegengesetzten Sachen und Argumente zuerst zur Zurückhaltung (ἐποχή), danach zur Seelenruhe (ἀταραξία) gelangen."[15] Im Unterschied zum Zweifler, der hin- und hergerissen bleibt, erstrebt der Skeptiker Seelenruhe. Der Skeptizismus erklärt den „absoluten Zweifel an der Erkenntnisfähigkeit des Menschen" zum Prinzip.[16]

Der Zwiespalt lässt sich als Oberbegriff für ein inneres Uneinssein begreifen, das auch den Zweifel einschließen kann. Er kann sich auf alle Bereiche des menschlichen Innenlebens beziehen: Wille, Vernunft, Gefühl, oder auch eine Zerrissenheit zwischen einzelnen Seelenvermögen meinen, zum Beispiel zwischen Vernunft und Gefühl. Ein Zwiespalt kann sich auch gegenüber einem Dritten, etwa Gott, einstellen.

Unglaube hat im Gegensatz zum Zweifel eine eindeutig religiöse Referenzgröße und meint die Negation der Existenz Gottes, die Verweigerung eines Vertrauensverhältnisses zu ihm oder die Absage an Glaubensaussagen. Zweifel kann Unglauben begünstigen oder begründen, nicht umgekehrt.

Zweifel ist schließlich nicht bloß eine wie auch immer einzugrenzende und zu bewertende mentale Disposition, sondern er markiert auch eine geschichtliche Zäsur: Verstanden als „intellektuell rationales Hinterfragen vorgegebener und nur vermeintlicher Wahrheiten" ist er zentral für die Geschichtsbetrachtung und die Epocheneinteilung: „Ihn systematisch zu bejahen und anzuwenden, trennt die Neuzeit vom Mittelalter, die Aufklärung von der Unmündigkeit."[17]

1.2.2 Der Zweifel im philosophischen Diskurs

Einschlägige philosophische Wörterbücher stimmen darin überein, dass Zweifel im kognitiven Bereich und damit im Bereich menschlicher Erkenntnisverarbeitung zu verorten ist. Nach Rudolf Eisler ist Zweifel „der (gefühlsmäßig charakterisierte) Zustand der Unentschiedenheit, des Schwankens zwischen mehreren Denkmotiven, deren keines das volle Übergewicht hat, so daß das Denken nicht durch objektive Gründe bestimmt werden kann."[18] Er unterscheidet zwischen einem absoluten Zweifel, der die Erkenntnisfähigkeit des Menschen radikal in Zweifel zieht (Skeptizismus), und einem methodischen Zweifel, der alles provisorisch bezweifelt, was noch nicht methodisch zuverlässig festgestellt und gesichert erscheint.[19] Während der von den frühchristlichen Autoren anvisierte

---

[15] Sextus, *Pyrrhoniae hypotyposes* 1,8. Minucius Felix (*Octavius* 13,3) nennt die akademische Skepsis *dubitatio*.

[16] EISLER, Wörterbuch, s.v. „Zweifel".

[17] WELTECKE, Atheismus, 296.

[18] EISLER, Wörterbuch, s.v. „Zweifel". Den Begriff „gefühlsmäßig" benutzt Eisler in seinem Wörterbuch im Sinne eines unmittelbaren, subjektiven Zustands, „in welchem das Ich Stellung nimmt zu den Modifikationen, die es erfährt, zu seinen Erlebnissen" (vgl. s.v. „Gefühl"). Dem „Gefühlsmäßigen" steht das „Verstandesmäßige" und „Urteilende" Gegenüber.

[19] EISLER, Wörterbuch, s.v. „Zweifel".

6   *1. Einführung*

Zweifel nichts mit einem Skeptizismus und nichts mit methodischem Zweifel zu tun hat,[20] lassen sich aus der philosophischen Diskussion zum Zweifel wenigstens drei Aspekte herausfiltern, die auch für das frühe Christentum prägend sind. Sie alle kreisen um das philosophisch fundamentale cartesianische Zweifelsverständnis.

(1) Zweifel ist ein „gefühlsmäßig charakterisierter" Zustand. Darin kommt zum Ausdruck, dass er nicht ausschließlich, wie bei Descartes, als ein willentlich herbeigeführtes methodisch-kritisches Hinterfragen, als intellektuelle Herausforderung, schöpferisches Geschehen oder Erkenntnismittel aufgefasst wird, sondern auch als vorrationaler epistemischer Gemütszustand, der sich seiner Gründe (noch) nicht bewusst ist. Diese Unsicherheit kann in der Folge durchaus ein Nachdenken und Infragestellen aus sich heraussetzen, es begleiten und fokussieren. Insofern der Glaube nach neutestamentlichem Verständnis die gesamte Existenz umgreift, bleibt auch der Zweifel nicht auf eine Dimension – etwa das Erkenntnisvermögen im Sinne des *cogito* – beschränkt.

(2) Zweifel gründet auf Gewissheiten und kann ohne sie nicht existieren. Darauf verwies schon Augustin gegen die akademische Skepsis: „wenn man zweifelt, sieht man ein, daß man zweifelt (*si dubitat, dubitare se intelligit*); wenn man zweifelt, will man Gewißheit haben; wenn man zweifelt, denkt man (*si dubitat, cogitat*); wenn man zweifelt, weiß man, daß man nicht weiß; wenn man zweifelt, urteilt man, daß man nicht voreilig seine Zustimmung geben dürfe. Wenn also jemand an allem anderen zweifelt, an all dem darf man nicht zweifeln, daß, wenn es all dies nicht gäbe, er an keiner Sache zu zweifeln vermöchte."[21] Die Verwandtschaft zu Descartes Gedankengängen fällt sofort ins Auge, doch ist für uns die übergeordnete Erkenntnis wichtig, dass Zweifel nur innerhalb eines feststehenden Bezugssystems aufkommen kann. Darauf insistierte vor allem Ludwig Wittgenstein und stellte dabei das cartesianische Verständnis auf den Kopf: Zweifel begründet nicht Gewissheit, sondern setzt sie vielmehr voraus. „Der Zweifel kommt *nach* dem Glauben."[22] Der Zweifel ist weltbild- und sprachbildintern und kann daher nicht das gesamte Weltbild in Zweifel ziehen. „Wer an allem zweifeln wollte, der würde auch nicht bis zum Zweifel kommen. Das

---

[20] Für den methodischen Zweifel steht repräsentativ René Descartes, der bekanntermaßen „den Entschluß [fasste], zu fingieren, daß alle Dinge, die je in meinen Geist gelangt waren, nicht wahrer seien, als die Trugbilder meiner Träume" (Descartes, Abhandlung über die Methode, 27). Im Bezweifeln aller Bewusstseinsinhalte gelangt das zweifelnde Subjekt zum ersten, unbezweifelbaren Prinzip der Philosophie: „Sogleich darauf bemerkte ich jedoch, daß, während ich so denken wollte, daß alles falsch sei, es notwendig erforderlich war, daß ich, der es dachte, etwas sei. Da ich mir nun darüber klar wurde, daß diese Wahrheit: ,ich denke, also bin ich' so fest und so sicher war, daß selbst die überspanntesten Annahmen der Skeptiker nicht imstande waren, sie zu erschüttern, so urteilte ich, daß ich sie unbedenklich als erstes Prinzip der von mir gesuchten Philosophie annehmen konnte" (a. a. O., 28).

[21] Augustin, *De Trinitate* 10,10,14 (Übers. J. Kreuzer).

[22] WITTGENSTEIN, Über Gewißheit, Nr. 160. Vgl. VON STOSCH, Religiöser Glaube.

1.2 Was heißt Zweifel? 7

Spiel des Zweifelns selbst setzt schon die Gewißheit voraus."[23] Nur wer glaubt, kann zweifeln. Nur wer Gewissheiten hat, vermag zu urteilen.[24] Auch die frühchristlichen Ausdrucksformen des Zweifels setzen allesamt das Bezugssystem des Glaubens voraus und bleiben konsistent innerhalb des Sprachspiels des Glaubens. Die Schriften erinnern an die Gewissheiten des Glaubens, wiederholen sie, bekräftigen sie argumentativ, kleiden sie narrativ ein, beklagen ihren Schwund und mahnen zum Festhalten an ihnen.

(3) Zweifel ist existenzieller, umkämpfter Zweifel, kein behaglicher Kaminfeuer-Zweifel.[25] In seiner scharfen Kritik des methodischen Zweifelsbegriffs bei Descartes forderte Charles Sanders Peirce eine Revision dessen, was als wirklicher Zweifel aufgefasst werden solle: „Let us not pretend to doubt in philosophy what we do not doubt in our hearts."[26] Cartesianischer Zweifel ist für Peirce lediglich manierierter Zweifel, nicht mehr als eine formalisierte Anfangsskepsis („initial skepticism"). Wirklicher, lebendiger Zweifel ist etwas anderes als die „Signatur menschlicher Mündigkeit", mit der sich der *homo modernus* „in eigener methodischer Initiative" Gewissheiten verschafft.[27] Wirklicher Zweifel ist existenzielles Ringen um Gewissheit und Glauben.[28] Je tiefer der Zweifel das Herz in Unruhe versetzt, desto größer das Interesse, ihn zu überwinden. Je größer das Interesse, den Zweifel zu überwinden, desto intensiver die Anstrengung, Bewältigungsstrategien zu finden. Davon zeugt auch das frühe Christentum.

---

[23] Wittgenstein, Über Gewißheit, Nr. 115.

[24] Vgl. Wittgenstein, Über Gewißheit, Nr. 150: „Muß ich nicht irgendwo anfangen zu trauen? D. h. ich muß irgendwo mit dem Nichtzweifeln anfangen; und das ist nicht, sozusagen, vorschnell aber verzeihlich, sondern es gehört zum Urteilen."

[25] So umschreibt und karikiert Gerhard Ebeling das cartesianische *de omnibus dubitandum est*. „Er ficht nicht weniger als alles an. Und er wählt sich dafür in freiem Entschluss den idealen Zeitpunkt der Muße und Unangefochtenheit von allen Sorgen und Leidenschaften und macht es sich behaglich am Kamin" (Gewißheit und Zweifel, 153). Vgl. Descartes, Meditationes, 34 (1,4): „[...] ut jam me hic esse, foco assidere, hyemali toga esse indutum."

[26] Peirce, Some Consequences, 265. Zuvor heißt es (ebd.): „We cannot begin with complete doubt. We must begin with all the prejudices which we actually have when we enter upon the study of philosophy. [...] Hence this initial skepticism will be a mere self-deception; and no one who follows the Cartesian method will ever be satisfied until he has formally recovered all those beliefs which in form he has given up. It is, therefore, as useless a preliminary as going to the North Pole would be in order to get to Constantinople by coming down regularly upon a meridian. A person may, it is true, in the course of his studies, find reason to doubt what he began by believing; but in that case he doubts because he has a positive reason for it, and not on account of the Cartesian maxim."

[27] Thielicke, Glauben und Denken, 63.

[28] Peirce, Fixation, 11: „[The] mere putting of a proposition into the interrogative form does not stimulate the mind to any struggle after belief. There must a real and living doubt, and without this all discussion is idle."

1.2.3 Der Zweifel in der Rhetorik

Im Bereich der Rhetorik wird der Zweifel (*dubitatio*) als Stilmittel eingesetzt, um die Glaubwürdigkeit (*fides veritatis*) der eigenen Auffassung zu stärken. Es handelt sich um einen gespielten Zweifel, der einen Rhetor vordergründig als zweifelnd und unschlüssig, tatsächlich aber als problembewusst und glaubwürdig erscheinen lässt.[29] Er problematisiert seinen eigenen Standpunkt in Frageform gegenüber dem Publikum und bittet es „um Beratung hinsichtlich der sach- und situationsgerechten gedanklichen Ausführung der Rede".[30] Es ist nicht auszuschließen, dass sich auch neutestamentliche Autoren des Stilmittels der *dubitatio* bedient haben – Paulus etwa, wenn er im Philipperbrief über sein Hin und Her zwischen Leben und Sterben-Wollen nachdenkt.[31] Dieser gespielte Zweifel ist für uns nicht von Interesse. Die Rhetorik dient aber auch dazu, „wirkliche" Zweifel argumentativ aus dem Weg zu räumen und Glauben (πίστις/*fides*) zu erzeugen. Im Gegenüber zu Platon würdigt Aristoteles die Rhetorik als eine Kunst, die zwar keine Gewissheiten herstellen kann, aber zu einer auf guten Gründen beruhenden Überzeugung führen und handlungsleitend sein kann.[32]

Die πίστις steht zwischen Gewissheit und Skepsis, und dieser nichtreligiöse Glaube ist „im Sinne eines auf guten (wenn auch nicht gewissen) Gründen beruhenden und daher mitteilbaren Vertrauens" zu verstehen.[33] Ein solches Vertrauen wird durch den λόγος bzw. das *argumentum* und die *argumentatio* erlangt. Nach Cicero und Quintilian verschafft das Argument einer umstrittenen und zweifelhaften Sache Glaubwürdigkeit.[34] In der Rhetorik hat das Argument eine andere Aufgabe als in der Logik. Sie zielt nicht auf die Aufgabe eines formal richtigen Kalküls, sondern im Gegenteil darauf, mit Ungewissheiten und Zweifel umzugehen. „Die anthropologische Bedeutung der Rhetorik besteht ja darin, eine Form der rationalen Bewältigung von Unsicherheit und Kontingenz bereitzustellen, die sich überall dort anbietet, wo wir es weder mit strenger Gewissheit

---

[29] Vgl. Ueding/Steinbrink, Grundriß der Rhetorik, 313. Dort auch die Übersetzung zur einschlägigen Definition der *dubitatio* in Quintilian, *Inst.* 9,2,19: „Einen vertrauenswürdigen Eindruck von Wahrheit vermittelt auch die Form des Zweifelns, wenn wir so tun, als suchten wir, wo wir anfangen, wo aufhören sollten, was wir vor allem sagen, und ob wir überhaupt reden sollten" (*Affert aliquam fidem veritatis et dubitatio, cum simulamus quaerere nos, unde incipiendum, ubi desinendum, quid potissimum dicendum sit, an omnino dicendum sit*). Dass *dubitatio* anders als „Zweifel" auch den „Einwand" und die „Widerrede" einschließt, erweist seine semantische Breite. Dazu s. u. Kap. 1.2.5.

[30] Lausberg, Handbuch, § 776.

[31] Holloway, Deliberating Life and Death.

[32] Vgl. hingegen Platon, *Gorg.* 454e. Nach Platon gelangt man dann zu einem Fürwahrhalten (δόξα) einer Sache, „wenn man auf derselben Behauptung beharrt und nicht mehr zweifelt (μὴ διστάζῃ)."

[33] Koch, Ethos der Argumentation, 66.

[34] Vgl. Cicero, *Top.* 2,8: Argument als *ratio, quae rei dubiae faciat fidem*; Quintilian, *Inst.* 5,10,8: *ratio per ea, quae certae sunt, fidem dubiis adferens*.

1.2 Was heißt Zweifel?

wie in der Wissenschaft noch mit völligem Zweifel wie in der Skepsis zu tun haben." Die Überzeugungsarbeit des Rhetors – und wir können hier beispielhaft ergänzen: des Paulus und des Hebräerbriefautors – verbindet sich also „mit der Beschaffung von Glaubwürdigkeit, nicht mit der Deduktion von Gewissheit".[35]

Dass die πίστις/*fides* in der Rhetorik und das neutestamentliche Glaubensverständnis gewisse Strukturmerkmale teilen, ist nicht zufällig.[36] Im argumentativ so engagierten Römerbrief wird der Glaube Dreh- und Angelpunkt des Gedankengangs, und im Hebräerbrief ist der Glaube nicht das Resultat des Arguments, sondern wird selbst zum „Argument" (ἔλεγχος/Vg.: *argumentum*) für das Nichtsichtbare, also für das, was Unsicherheit und Zweifel hervorruft.

1.2.4 Der „Zweifel" und die Zweiseeligkeit im Rahmen der Ethik

Der Zweifel lässt sich in Gestalt des Zögerns und Zauderns auch im Bereich der Ethik verorten. Auf das Handeln bezogen, schwankt ein zweifelnder Mensch nicht zwischen mehreren Denkmotiven, sondern zwischen mehreren Handlungsoptionen (die freilich auf konfligierenden Denkmotiven gründen können). Im Zögern und Zaudern verschränken sich innere Dynamik und Stillstand. „Es hat sich ein Zwischenraum aufgetan, in dem diese Tat kontingent, also weder notwendig noch unmöglich erscheint, eine Schwelle, an der sich Handeln und Nichthandeln widerspruchslos aneinander fügen und die Handlungsrichtung selbst undeutlich wird."[37]

Ein weiteres, im frühen Christentum hervorstechendes Phänomen des „Zwischenraums" ist die „Zweiseeligkeit" (διψυχία u. a.). Nur im weitesten Sinn kann die Zweiseeligkeit als Ausdrucksform des Zweifels aufgefasst werden. Sie bringt in umfassender Weise eine geteilte Loyalität und eine Doppelheit der Lebensführung zum Ausdruck, die das Gottesverhältnis und das Weltverhältnis umgreift. Zweiseeligkeit ist ein Element der weitverbreiteten Vorstellung von der Zweiheit menschlicher Existenz (z. B. zwei Wege), ein „Gemeinplatz der antiken (und nicht nur der antiken) Moral".[38] Eindringlich formuliert der Zwei-Wege-Traktat in der Didache: „Zwei Wege gibt es, einen zum Leben und einen zum Tod. Der Unterschied aber zwischen den beiden Wegen ist groß" (1,1). Mit dem Motiv der Wege trifft der Verfasser mehrere Aussagen: Der Mensch steht an der Weggabelung und muss sich jetzt und stets entscheiden. Es gibt nur zwei Alternativen und keinen Kompromiss, und jeder der beiden Wege hat ein Ziel: Tod oder Leben. Zweiseeligkeit ist die fatale Disposition des ethischen Zwiespalts,

---

[35] KOCH, Ethos der Argumentation, 65 f.
[36] Vgl. v. a. KINNEAVY, Greek Rhetorical Origins, 51.
[37] VOGL, Über das Zaudern, 28.
[38] NIEDERWIMMER, Didache, 82 (dort auch die Übersetzung von Did 1,1). Vgl. a. a. O., 82–87, mit zahllosen Belegen aus der antiken jüdischen, griechisch-römischen und frühchristlichen Tradition.

10 1. Einführung

der durch die Paränese ausgetrieben, oder besser: zur „Einfältigkeit" zusammen-
geschmolzen werden soll. Zweifel im engeren Sinn kann das sittliche Hin- und
Hergerissensein hervorbringen und begünstigen.

1.2.5 Die Begriffsgeschichte des Wortes „Zweifel"

Die alltagssprachliche und auch im philosophischen Gebrauch etablierte Verwendung des Wortes „Zweifel" als mentaler Zustand wird in den neueren Kommentaren zu den frühchristlichen Schriften durchweg vorausgesetzt. Eine Bemerkung von Theodor Zahn zur διψυχία in seinem großen Hermaskommentar
macht stutzig: „Die innere Zerrissenheit und Zwiespältigkeit, welche *nur unsere
Vorfahren* unter dem Wort ,Zweifel' verstanden, und der griechisch redende Jude
so unübersetzbar durch δίψυχος, διψυχεῖν, διψυχία malt, bildet bei Hermas stets
den Gegensatz zum Glauben."[39] Darin ist angedeutet, dass der neuhochdeutsche
Ausdruck „Zweifel" eine Bedeutungsverengung erfuhr.

Wie drastisch die Verengung ist, hat die lexikalische Forschung ausgehend
vom mittelhochdeutschen „zwîvel" und vom althochdeutschen „zwîfal" nachgewiesen.[40] Im 1861 erschienenen Mittelhochdeutschen Wörterbuch heißt es: „in
der heutigen sprache ist zweifel der gemüthszustand, in welchem uns die gründe für die wahrscheinlichkeit oder thunlichkeit einer sache nicht entschieden
scheinen; dann der grund, vermöge dessen uns etwas nicht ausgemacht scheint.
mhd. bezieht sich zwîvel nicht nur auf das urtheil, sondern auch auf das herz, die
neigungen, das betragen."[41] Das Wörterbuch nennt fünf Verwendungsweisen:
(1) „ungewisheit, unfähigkeit die in dem zweifelnden, oder unmöglichkeit die in
der sache liegt, über die wahrheit zu entscheiden", (2) „peinliche ungewisheit,
unfähigkeit zu entscheiden was man thun oder lassen soll", (3) „angst, besorg-
lichkeit, daß eine sache schlecht ausfalle; argwohn, das verzweifeln", (4) „gegen-
theil von beharrlichkeit, mag sich diese auf das verfolgen eines ziels oder auf
treue anhänglichkeit beziehen. synonyme ausdrücke sind wanc, unstæte, un-
triuwe, verzagetheit", (5) „bes. unsicherheit des schuldners und das gerichtliche
verfahren in einem solchen falle".[42]

---

[39] ZAHN, Hirt des Hermas, 170 (meine Hervorhebung). Die meisten deutschsprachigen Aus-
legungen des Hermas behalten die Übersetzung „Zweifel" bei, was Missverständnissen Tür und
Tor öffnet. Analog zur englisch- und französischsprachigen Exegese ziehe ich das Kunstwort
„Zweiseeligkeit" vor.

[40] Vgl. WELTECKE, Atheismus, 300–309. Zum Althochdeutschen SCHÜTZEICHEL, Glossenwortschatz, Bd. 12, 482–484. Als Standardwerk zur Begriffsgeschichte ist zu nennen MÜLLER/
SCHMIEDER, Begriffsgeschichte.

[41] MÜLLER/ZARNCKE/BENECKE, Wörterbuch, Bd. 3, 959.

[42] MÜLLER/ZARNCKE/BENECKE, Wörterbuch, Bd. 3, 959–961. FLANAGAN, Lexicographic
and Syntactic Explorations, wies nach, dass das lateinische *dubitare* (wie die Wörter *dubitatio*,
dubium und *dubius*) auch in Texten des Mittelalters ein breiteres semantisches Spektrum aufweist als das englische „to doubt". *Dubitare* wird synonym verwendet zu *haesitare, ambigere,
titubare, vacillare, fluctuare, tardare, diffidere* und *nescire*. Zur Wiedergabe von ἀπορία mit

1.2 Was heißt Zweifel? 11

So umschrieben schließt „zwîvel" den Schmerz der Ungewissheit ein, eine gehemmte Tatkraft, die Angst und das Verzweifeln, das Misstrauen und die Untreue, die Unschlüssigkeit und das Schwanken. Selbst der Streit über Zweifelsfragen kann damit bezeichnet werden.[43] Im Neuhochdeutschen hat sich das Bedeutungsspektrum des Wortes „Zweifel" stark verkleinert und bezeichnet nur noch „den mentalen Zustand der Ungewissheit und den Akt des Infragestellens (Bezweifelns)".[44] Der Ort des Zweifels ist nunmehr der Intellekt, die voluntativen, affektiven und moralischen Akzente verschwinden. Etliche Bedeutungsnuancen, die noch mit „zwîvel" bezeichnet werden konnten, wurden durch andere Wörter ersetzt.

Aus anderen Gründen und auf anderen Wegen, die hier nicht vertieft werden können, kam es auch zu einer Bedeutungsverengung des Glaubensbegriffs. Platons Verständnis der πίστις als eine Erkenntnisweise minderen Ranges, als ein bloßes Fürwahrhalten (δόξα), „das sich auf ‚Überredung', nicht auf Belehrung und klare Erkenntnis verlässt",[45] beeinflusste nachhaltig die geläufigen Vorstellungen vom christlichen Glauben und beherrscht bis heute zentrale theologische und philosophische Analysen.[46] „Das Wort ‚Glauben' bezeichnet in den Geisteswissenschaften der Gegenwart zumeist eine vorvernünftige Überzeugung. Auch in der Alltagssprache meint ‚Glauben', auch religiöser ‚Glauben', gewöhnlich einen irrationalen Vorgang."[47] Damit werden individuelle Charakteristiken frühchristlicher Rede vom Glauben entstellt.

Die Begriffsgeschichte des „Zweifels" (wie auch diejenige des „Glaubens") ist gekennzeichnet durch einen auffallenden semantischen Schwund: Die Bedeutung des neuhochdeutschen Wortes „Zweifel" (bzw. des neuenglischen „doubt") wurde reduziert auf eine kognitive Ungewissheit. Wer im 16. Jahrhundert das Wort verwendete, mag andere Sinndimensionen und Referenzgrößen vor Augen gehabt haben als einer, der es im 21. Jahrhundert gebraucht. Semantische Entwicklungen sind vor allem dann zu reflektieren, wenn Texte zum Traditions- und Kulturgut werden. Bibelübersetzungen suggerieren eine semantische Konstanz, wenn bestimmte Begriffe über Jahrhunderte gleichbleibend wiedergegeben werden. Das gilt auch für Termini des Zweifels und Zweifelns. Aus dem Blick gerät dabei die ursprüngliche Semantik der Begriffe, wie sie Martin Luther oder den

---

dubitatio in der Renaissance sowie zur Bezeichnung der akademischen Skepsis als *dubitatio* s. o. Kap. 1.2.1. Dass die breite Verwendung von *dubitatio* bis ins 19. Jh. nachklingt, belegen lateinischsprachige Kommentare. Um ein Beispiel zu nennen: Hugo Grotius gibt das Wort ἀντιλογία („Einwand", Hebr 6,16) mit *dubitatio* wieder (Annotationes, Bd. 7, 404).

[43] S. u. Kap. 2.4 die ausführliche Auseinandersetzung mit dem Verb διακρίνεσθαι.

[44] LORENZ, Zweifel, 1520.

[45] POHLENZ, Der hellenische Mensch, 39.

[46] Vgl. zu Paulus JÜNGEL, ‚Theologische Wissenschaft und Glaube', 20: „Die spezifische Eigenart des paulinischen Glaubensbegriffs wurde durch das platonische Verständnis der πίστις als einer bestimmten Weise des Er-kennens verstellt."

[47] Vgl. WELTECKE, Atheismus, 13.

12 *1. Einführung*

Übersetzern der King James Bible vor Augen stand.[48] Berücksichtigt man den heutigen Sprachgebrauch, ist es nicht sinnvoll, Begriffe wie δίψυχος und διακρίνεσθαι mit „Zweifler" bzw. „zweifeln" zu übersetzen, denn im Fall von δίψυχος würde dadurch eine Bedeutungsverengung impliziert, im Fall von διακρίνεσθαι ginge damit die Annahme einer semantischen Verschiebung einher. Im Blick auf die Textauswahl der vorliegenden Arbeit ist es hingegen sinnvoll, alle Passagen einzubeziehen, die in der Übersetzungs- und Auslegungsgeschichte mit dem Zweifel assoziiert wurden, auch wenn dies – wie sich etwa in Röm 4,20; 14,23 zeigen wird – auf wackligen Beinen steht.

1.3 Wo und wie zeigt sich der Zweifel in frühchristlichen Texten? Methodik und thematischer Zugriff

1.3.1 Sache vor Methode

Es ist eine unzeitgemäße Entscheidung, die vorliegenden Studien zum Phänomen des Zweifels nicht in einen vorab aufgespannten Theorierahmen einzufügen. Sicher wären dadurch die Fragestellung griffiger und das Buch kürzer geworden. Eine Reihe von Theoriekonzepten hätte dafür zur Verfügung gestanden, die sich in historisch orientierte und gegenwartsbezogene Zugänge aufgliedern lassen. Unter den historischen Ansätzen, die sich mit der Welt der antiken Quellen und der darin beschriebenen Vorgänge auseinandersetzen, sind die Historische Psychologie,[49] die Historische Anthropologie, die Historische Soziologie oder die Mentalitätsgeschichte von Interesse.[50] Zu den modernen systematischen und für das Thema Zweifel produktiven Konzepten zählen unter anderem die Affektpsychologie, die Sozialpsychologie, die Religionspsychologie, die Sprachpsychologie, Identitätstheorien, kognitive Emotionstheorien[51] und die

---

[48] Nach Schröder, Ritter, 227, soll es Luther gewesen sein, der überhaupt erst den religiösen Zweifelsbegriff ins Spiel brachte: „Erst im 16. Jh. nimmt der religiöse Gebrauch [des Zweifelsbegriffs] zu, vor allem bei Luther und sicher unter dem Einfluß seiner Theologie. Dort erst erhält auch der Sinn seine negative Wendung: der Zweifel wird dem Glauben an das Wort Gottes entgegengesetzt und erscheint synonym zu Unglaube. Zweifeln heißt nun: Gott versuchen."

[49] Vgl. Jüttemann, Historische Psychologie. Für die neutestamentliche Forschung war Klaus Bergers „Historische Psychologie des Neuen Testaments" wegweisend, in der er provokativ seine Unkenntnis moderner psychologischer Theorien eingesteht und darauf zielt, „allen Psychologen oder denen, die sich dafür halten, einen direkten und ungenierten Zugriff auf das Neue Testament unmöglich zu machen" (a.a.O., 9). Unter derselben Bezeichnung als „Historische Psychologie" knüpfen demgegenüber Gerd Theißen und Petra von Gemünden an zeitgenössische psychologische Theorien an und machen sie für die Auslegung frühchristlicher Texte fruchtbar (Theissen, Erleben und Verhalten; von Gemünden, Affekt und Glaube); spezifisch zu unserer Thematik Nürnberger, Zweifelskonzepte.

[50] Vgl. die grundsätzlichen Überlegungen bei Rüsen, Historische Sinnbildung.

[51] Vgl. Elliott, Faithful Feelings, der mithilfe der kognitiven Emotionstheorie die Wechselbeziehungen von Kognition und Emotion in der Antike und im Neuen Testament beleuchtet.

1.3 Wo und wie zeigt sich der Zweifel in frühchristlichen Texten?

kognitive Religionswissenschaft.[52] Für den frühchristlichen Zweifel interessierte sich auf diesen Feldern übrigens bislang niemand.[53] Auf der Argumentations- und Erzählebene ließen sich die Denk- und Ausdrucksformen des Zweifels mittels einer rhetorischen, narratologischen oder diskursanalytischen Herangehensweise einfangen und bewerten.

Die Schwierigkeit einer Verhältnisbestimmung von historischen und begrifflich arbeitenden Ansätzen zeigt sich in der neutestamentlichen Forschung derzeit am deutlichsten im Bereich der Sozialgeschichte. Wayne Meeks hatte in seiner bahnbrechenden Arbeit „The First Urban Christians" einen pragmatischen Umgang mit soziologischen Theorien gewählt, wohl wissend, dass sich soziologisch arbeitende „Puristen" daran stoßen werden. Seine Begründung: „There is no comprehensive theory of social movements so commanding that we would be prudent to commit our method to its care."[54] Die antizipierte Kritik blieb nicht aus.[55] In einem analogen Spannungsfeld findet sich auch eine Untersuchung zum Phänomen des Zweifels im frühen Christentum wieder.

Der Fokus auf ein modernes Theoriekonzept gewährleistet zwar methodische Stringenz, läuft aber Gefahr, das Phänomen nur ausschnittweise und aus einer vorab fixierten Perspektive in den Blick zu bekommen: etwa als Affekt, als Zustand des Geistes, als Funktion des Denkens, als Aspekt der Religiosität, als Phase der individuellen oder gruppenspezifischen Spiritualitätsgeschichte, als Heilmittel oder als Gift.[56] Damit käme es offenbar zu einer Verkürzung der facettenreichen Sinngeschichte des Zweifels. Um Einseitigkeiten zu vermeiden, bevorzuge ich einen methodischen Eklektizismus, nicht nur hinsichtlich der Analyse der Zweifelsphänomene, sondern auch in der Exegese selbst: Rhetorische, narratologische, diskursanalytische und rezeptionsästhetische Einsichten werden in Anschlag gebracht, wenn ein Erkenntnisgewinn zu erwarten ist.

---

[52] Die kognitive Religionswissenschaft erlebt derzeit eine Hochphase in der Erforschung des frühen Christentums. Vgl. z. B. URO, Cognitive Science.

[53] Thematisiert wurden Angst, Furcht, Freude, Zorn, Ärger, Neid, Begierde. Vgl. dazu VON GEMÜNDEN, Affekte in den synoptischen Evangelien. Einzig GEYER, Fear, berührt unsere Fragestellung. Siehe ferner den Literaturbericht bei NEUMANN, Affekte, in dem der Zweifel keine Rolle spielt.

[54] MEEKS, First Urban Christians, 5. Vgl. a. a. O., 6: „I take my theory piecemeal, as needed, where it fits. This pragmatic approach will be distasteful to the purist; its effect will be many rough edges and some inconsistencies. Nevertheless, [...] eclecticism seems the only honest and cautious way to proceed."

[55] Vgl. die Rezensionen von Bruce Malina und John Elliott, die sich v. a. gegen den funktionalistischen und eklektischen Theoriezugriff wandten. Der „Soziologiestreit" zwischen der „Yale School" und der „Context Group" ist noch nicht ausgefochten.

[56] Vgl. die doppelsinnige Rede vom Pharmakon bei DERRIDA, Platons Pharmazie. Aus der Ambiguität des Wortes φάρμακον arbeitete Derrida die doppelte Struktur des Logos im Werk Platons heraus. In *Phaidr.* 203d heißt es, dass Phaidros mit dem λόγος das rechte φάρμακον gefunden habe, um Sokrates ins „Draußen" zu locken.

14 *1. Einführung*

Der tiefere Grund für meinen Methodenskeptizismus liegt in dem bereits erwähnten Anliegen, den Zweifel auch als theologisches Thema in den Blick zu nehmen. Eine theologisch orientierte Exegese ist freilich ebenfalls unzeitgemäß und mag Widerspruch heraufbeschwören. Dennoch soll die Sache des Zweifels, die Auseinandersetzung und das existenzielle Ringen mit ihm thematisch werden. Vor vielen Jahren illustrierte Helmut Thielicke das Programm „Sache vor Methode" sehr anschaulich mit Schleiermachers These zur werkgeschichtlichen Einordnung von Platons *Phaidros*: Die Schrift sei der früheste platonische Dialog, so Schleiermacher, weil hier eine Ahnung vom Ganzen zutage trete und Platon die methodische Frage behandle, warum er seine Philosophie in Dialogform entfalte. Ein Irrtum! Der *Phaidros* ist der Spätzeit Platons zuzuweisen. „Erst am Schluß also – das eben erscheint sehr charakteristisch! – reflektiert Platon über die Methodenfragen, erst nachdem er sich dem Sein selbst ausgesetzt hat und von diesem Ausgesetzt-sein her die dialogische Aussageweise sozusagen ,empfing'."[57] Thielicke folgert daraus: „Die Methodenfragen drohen [...] zu einer Intelligenzübung zu werden, die sich im Vorfeld (eben als Etüde) abspielt, ohne daß der Raum des eigentlichen Geschehens betreten würde, oder daß man gar in ihm Aufenthalt nähme. In der Karikatur sähe dies dann so aus, daß der Schüler sehr genau die Methode einer Textinterpretation zu analysieren weiß – für den Fall, daß man den Text lesen würde! Methodenfragen sind jedenfalls ein Transportproblem. Transportfragen stellen sich aber erst, wenn die Ware da ist. Ohne Ware sind Transportüberlegungen absurd. In diesem eigentümlichen Stadium der Absurdität scheinen wir uns heute aber nicht selten zu befinden."[58] Die Lektüre der frühchristlichen Texte steht im Fokus der Arbeit, Transportprobleme werden pragmatisch angegangen.

Der Methodenpragmatik entspricht ein materialer Eklektizismus in der Zusammenstellung des religionsgeschichtlichen Vergleichsmaterials und der Auslegungs- und Wirkungsgeschichte: Was potenziell erhellend ist, soll Berücksichtigung finden.[59]

1.3.2 Zur Auswahl der Texte

Die frühchristliche Literatur dokumentiert eine Vielfalt von Denk- und Ausdrucksformen des Zweifels. Wie lassen sie sich umfassend und differenziert erschließen? Welche Texte sind zu berücksichtigen? Orientierend kann dabei die Etymologie des deutschen Wortes „Zweifel" sein, die es ermöglicht, den Zweifel als Ausdruck der „Zwiespältigkeit" oder „Gespaltenheit" zu verstehen. Damit wird ein weiter Zweifelsbegriff zugrunde gelegt, der durchaus zu den alltagssprachlichen Verwendungsweisen in Spannung steht. Methodisch sind also die Texte, die den „Zweifel" objektsprachlich vorgeben, Ausgangspunkt, aber nicht Begrenzung der vorliegenden Arbeit. Um lexikalische Engführungen zu vermeiden, werden narrative Veranschaulichungen und diskursive Erörterungen ebenfalls herangezogen. So wird deutlich, dass das Phänomen des Zweifels unter

---

[57] THIELICKE, Der Evangelische Glaube, Bd. 1, 269 f.
[58] THIELICKE, Der Evangelische Glaube, Bd. 1, 270.
[59] S. u. die Kap. 1.4.2 und 1.4.3.

verschiedenen Gesichtspunkten zur Sprache kommt, beispielsweise aus der Perspektive des individuellen Lebensvollzugs (z. B. als Reflex einer existenziellen Widerfahrnis von Zweifel), aus der Perspektive der religiösen Wahrnehmung und Umgangsweise mit dem Zweifel (z. B. als auszumerzende Gefährdung des Glaubens) oder aus der Perspektive der Reflexionen und Deutungen des Zweifels (z. B. als argumentative Bearbeitung des Zweifels als Orientierungsangebot). Damit rücken drei Fragen in den Fokus:

(1) Mit welchen Termini wird der Zweifel *begrifflich* artikuliert?
(2) Wie wird das Phänomen des Zweifels *erzählerisch* inszeniert?
(3) Auf welche Weise wird der Zweifel *diskursiv und paränetisch* bearbeitet?

1.3.2.1 Objektsprache

Beim Thema „Zweifel" ist zunächst von einem spezifischen objektsprachlichen Bereich auszugehen. Welche griechischen Wörter und Wortgruppen sind mit „Zweifel(n)" und „Zweiseeligkeit" wiederzugeben (διστάζειν, δίψυχος/διψυχία/ διψυχεῖν)? In welchen Ausdrücken kann der Zustand des Zweifels (mit)gemeint sein (ἀπιστία/ἀπιστεῖν/ἄπιστος, διαλογισμός/διαλογίζεσθαι)? Wo begegnet das Phänomen des Zweifels als Abwesenheit von Glauben oder als geringer Glaube (ὀλιγόπιστος/ὀλιγοπιστία)? In welchen positiven Beschreibungen des Glaubens klingt der Zweifel als Gegenseite oder Gefährdung an (πληροφορεῖν/ πληροφορία, ἐνδυναμοῦν)? Schließlich: Welche Begriffe wurden in der Auslegungsgeschichte mit dem Zweifel assoziiert, und lässt sich diese Verbindung lexikographisch und philologisch rechtfertigen (διακρίνεσθαι)? Die Diversität der Zweifelsbegriffe und ihre Häufigkeit vor allem in der Literatur des ausgehenden 1. Jahrhunderts begründet die Notwendigkeit einer intensiven Auseinandersetzung mit dem Zweifel, aber auch den „Laborcharakter" dieser Auseinandersetzung.

Ein Sonderproblem ergibt sich aus dem Umstand, dass auch Übersetzungen zu berücksichtigen sind, die einzelne Termini – vielleicht fälschlicherweise! – mit „Zweifel(n)" wiedergeben. Das Problem wird dadurch noch verschärft, dass die neuzeitliche Semantik des Wortes „Zweifel", wie bereits angedeutet, nicht auf Verwendungen des Wortes in frühere Phasen der deutschen Sprachgeschichte übertragen werden kann. In den Ohren der Hörerinnen und Hörer des Septembertestaments hatte der Satz „Abraham zweyffelt nicht" (Röm 4,20) einen anderen Klang als der Satz „Abraham zweifelte nicht" für heutige Leserinnen und Leser. Die Problematik wird besonders virulent in den beiden Paulusstellen Röm 4,20 und 14,23.

1.3.2.2 Narrative Bearbeitungen des Zweifels

Mit der Registrierung des objektsprachlichen und lexikalischen Befunds ist die Sinngeschichte des Zweifels im frühen Christentum nur in Ansätzen erfasst.

16 *1. Einführung*

Zweifel wird in den frühchristlichen Schriften vor allem erzählerisch in Szene gesetzt, in Geschichten des Glaubens und Zweifelns. Die Erzählung ist die grundlegende Sprachform historischer Sinnbildung und verschmilzt verschiedene Zeitdimensionen und Erfahrungsebenen. Sie setzt mentale Prozesse in Gang, „in denen die Vergangenheit so gedeutet wird, dass mit ihr Gegenwart verstanden und Zukunft erwartet werden kann."[60] In der historischen Sinnbildung „werden die drei Zeitdimensionen in eine übergreifende Vorstellung von Zeitverläufen integriert, mit der die Erfahrung der Vergangenheit in der Form einer Geschichte vergegenwärtigt und zum Zweck der Handlungsorientierung und sozialen und personalen Identitätsbildung erinnert wird."[61]

Neutestamentliche Gestalten, ob prominent oder unscheinbar, werden in Hinsicht auf die Ambivalenz der glaubenden Existenz für die Rezipienten transparent. In ihnen wird konkret, was Glauben und Zweifeln heißt. Im Nachhören einer Zweifelsgeschichte partizipieren die Adressatinnen und Adressaten am Geschehen, treten in die Dialoge ein, fragen kritisch nach, widersprechen, schweigen, gewinnen und verlieren Mut, vollziehen Gesten und Handlungen des Vertrauens wie des Versagens. Einige Erzählungen steuern auf eine eindeutige Entscheidung zugunsten des Glaubens zu, andere lassen eine markante Offenheit zu. Ersteres lässt sich an der Erzählung vom „sinkenden Petrus" sehen, die mit dem Bekenntnis der Beobachter endet (Mt 14,33: „Ja, du bist wirklich Gottes Sohn!"), oder an der Thomasepisode mit dem finalen christologischen Bekenntnis (Joh 20,28: „Mein Herr und mein Gott!"). Unabgeschlossenheit signalisieren die Erzählung von der Heilung des epileptischen Jungen (Mk 9,24: „Ich glaube! Hilf meinem Unglauben!"), aber auch der Schluss des Matthäusevangeliums mit dem kollektiven Jüngerzweifel (Mt 28,17: „Sie aber zweifelten").

1.3.2.3 Argumentative und paränetische Bearbeitung des Zweifels

Das Vorhandensein von Zweifeln führte im frühen Christentum gerade nicht zu einem Zustand der Erstarrung und Inaktivität. Im Gegenteil: Der Zweifel setzte eine Dynamik frei, die sich neben den erwähnten narrativen Bewältigungsversuchen auch in argumentativen und paränetischen Strategien zeigt.[62] Zweifel konnte das Christentum „zu Höchstleistungen seines theologischen Denkens" herausfordern.[63] Der Hebräerbrief sticht aus allen anderen frühchristlichen Schriften mit seiner philosophisch-hellenistischen Prägung und seiner Intellektualisierung des Glaubensdiskurses heraus. Er ist beseelt von einem Optimismus,

---

[60] RÜSEN, Historische Orientierung, 6.
[61] STRAUB, Geschichten erzählen, 99 f.
[62] Vgl. PELKMANS, Outline, 4: „rather than necessarily leading to inaction (although that is certainly a possibility), doubt may also be a facilitator of action by triggering a need for resolution."
[63] NICKLAS, Skepsis und Christusglaube, 183.

"*Intellektualität* zur Bewältigung einer kirchlichen Lebenskrise" einzusetzen[64] – einer Krise, die auch und gerade durch Zweifel hervorgerufen wurde. Für Paulus hingegen ist der Zweifel im Sinne eines Schwankens zwischen Glaube und Unglaube keine Option, und er sieht keine Notwendigkeit, ihm in seinen Briefen zu begegnen; allenfalls zwischen den Zeilen und in Reaktionen auf Anfragen seiner Gesprächspartner zeigt er sich. Im paränetisch-weisheitlichen Jakobusbrief werden nicht rationale Einsprüche gegen den Glauben adressiert, sondern das Problem einer fundamentalen Zerspaltenheit der menschlichen Existenz. Sie wird mit einer Welle verglichen, die vom Wind hin- und hergepeitscht wird, nicht zur Ruhe kommt und daher spirituell wie ethisch versagt. Der Hirt des Hermas baut das Motiv der Zerspaltenheit und Zweiseeligkeit aus und malt ihre Bedrohlichkeit in apokalyptischen Farben. Im Kern freilich ordnet er alles Apokalyptische seiner paränetischen Programmatik unter und nimmt den Einzelnen in seiner Doppelheit ins Visier. Die beiden Clemensbriefe stimmen bei aller Unterschiedenheit darin überein, dass sie sich in ihrer Offensive gegen die Zweiseeligkeit eines Zitats bedienen und mithilfe der Autorität der „Schrift" bzw. des „prophetischen Wortes" die unglückseligen zweiseeligen Zweifler geißeln. Mit diesen Beispielen sind einige Spielarten der diskursiven Auseinandersetzung mit Ausdrucksformen der Doppelheit benannt, ihr Fundus ist darin aber längst nicht erschöpft.

1.4 Zum Aufbau der einzelnen Kapitel

1.4.1 Die Exegese

Die exegetischen Teile der vorliegenden Studie setzen sich zum Ziel, die Rede vom Zweifel in den Gesamtzusammenhang der jeweiligen Schriften einzuordnen. Erst wenn der Charakter eines Textes, seine Entstehungsbedingungen, seine Aussageabsichten, seine „Theologie" erfasst sind, lässt sich präzise bestimmen, welche Rolle Phänomene des Zweifels spielen bzw. ob sie überhaupt eine Rolle spielen. Das Anliegen, die Texte von ihren eigenen Voraussetzungen her zu verstehen, macht längere Anmarschwege erforderlich. Abkürzungen bieten die jeweiligen Schlussabschnitte, in denen der Ertrag der Detailarbeit knapp zusammengefasst wird. Während ich exegetischen Modeerscheinungen und einer einlinigen methodischen Programmatik skeptisch gegenüberstehe,[65] leuchtet mir das Programm einer polyvalenten Hermeneutik und des „polyphonen Verstehens" ein.[66] Meine grundlegende Fragestellung ist dabei eine historisch-theo-

---

[64] BACKHAUS, Potential und Profil, 6.
[65] Vgl. die Abrechnung bei HURTADO, Fashions.
[66] THEISSEN, Polyphones Verstehen. Eng verwandt mit Theißens Programmatik und doch

18 *1. Einführung*

logische. Nur sie ermöglicht es, „uns dahin zurückzuführen, wo Menschen einst gefragt und gezweifelt, geglaubt und verleugnet haben, als sie die Botschaft vom Heil hörten. Sie stellt damit auch uns vor Entscheidung und unter Verheißung."[67] So ist die Arbeit geprägt von dem Bemühen, den „beiden Versuchungen des Exegeten – dem Rückzug in die rein historische Arbeit und der Flucht in die Systematik"[68] zu begegnen, indem sie Bezug nimmt auf den „Zweifelsdiskurs" außerhalb der exegetischen Disziplin, soweit dies zum Verständnis der neutestamentlichen Denk- und Ausdrucksformen des Zweifels beiträgt.

Besondere Berücksichtigung erfahren die Auslegungs- und Wirkungsgeschichte der neutestamentlichen Zweifelstexte. Diese wahrzunehmen und zu würdigen, ist meines Erachtens mehr als bloße Fleißarbeit, die man auch bleiben lassen oder in einer Spezialstudie unterbringen könnte. Karl Holls Stoßseufzer, dass die Geschichte der Auslegung „zu den allervernachlässigsten Gebieten" gehört, trifft zwar heute nicht mehr zu – im Gegenteil.[69] Zum Thema des Zweifels sind jedoch noch etliche Facetten aus der Auslegungsgeschichte zu entdecken, vor allem in Hinsicht auf das theologische Ringen um eine angemessene Verhältnisbestimmung von Glaube und Zweifel – trotz mancher Holzwege.[70] Jede Interpretation öffnet ein Fenster in den geistesgeschichtlichen und lebensweltlichen Kontext, in dem sie entstand. Jede Interpretation ist transparent für den subjektiv-religiösen Anteil und die Traditionen der Leserinnen und Leser. Gerade Untersuchungsgegenstände, die in sich einen Impuls für eine Stellungnahme tragen, sind in dieser Hinsicht interessant. Am meisten gelernt habe ich von den Kommentaren des 19. Jahrhunderts, die in ihrer philologischen Präzision, ihrer umfassenden Quellenkenntnis, ihrer exegetischen Vorstellungskraft und nicht zuletzt in ihrer streitbaren Wahrheitsliebe auch heute noch Vorbild sein können.[71] Recht breit wird auch die Väterexegese berücksichtigt, die zwar bereits

---

anders akzentuiert ist LUZ, Theologische Hermeneutik. Vgl. die Bestandsaufnahme bei BACKHAUS, Aufgegeben?

[67] KÄSEMANN, Vom theologischen Recht, 281.

[68] LÜHRMANN, Glaube im frühen Christentum, 16.

[69] HOLL, Luthers Bedeutung, 544. Vgl. BEUTEL, Kirchengeschichte, 109: „Die auslegungsgeschichtliche Forschung, die Karl Holl noch 1920 ‚zu den allervernachlässigsten Gebieten' der Theologie rechnen mußte, hat nach 1945 einen deutlichen, mitunter gar als zeitgenössische ‚Modesache' verdächtigten Aufschwung erfahren." Von Nachteil ist es, wenn sich die auslegungsgeschichtliche Forschung von der exegetischen Textarbeit abkoppelt und sich zu einem eigenen Spezialgebiet entwickelt.

[70] Vgl. MERK, Beobachtungen, 326: „Forschungsgeschichtliche Arbeit steht in der ihr eigenen Spannung zwischen der Rückblende auf einst Gedachtes und Erkanntes, dem Eruieren von Forschungspositionen in Detailbeiträgen und übergreifenden Werken im wissenschaftlichen oder zumindest Fach-Horizont ihrer eigenen Zeit und dem, wie die nachfolgenden Generationen frühere Einsichten rezipiert oder nicht rezipiert haben, mit Recht über frühere Forschung hinauskamen oder auch bedenkenswerte Sachverhalte älterer Überlegungen mehr übergangen als erarbeitet haben, um dann in sehr viel späterer Zeit diese als eigene Neuentdeckung zumeist ohne Kenntnis(nahme) von Vorgängern zu präsentieren."

[71] Vgl. KÖHLER, Rez. zu Schlatter, 108: „[...] je mehr es in modernen Kommentaren im

einen geschichtlichen und sprachlichen Graben zu den frühchristlichen Texten zu überwinden hat, aber dennoch an vielen Stellen „den ursprünglichen sprachlichen und bedeutungsgeschichtlichen Sinn wesentlicher Wörter vernimmt und ihren Inhalt zu erheben vermag, wo das Verständnis später schwand."[72]

1.4.2 Religionsgeschichtliche Verflechtungen: Zur religiösen und kulturellen Enzyklopädie des Zweifelsdiskurses

Nicht nur der unmittelbare literarische Kontext ist für die Bedeutung von Wörtern und Ausdrucksformen ausschlaggebend, sondern auch das enzyklopädische Wissen, das durch Erfahrung und Lernen angeeignet wird und das Autor und Adressatenschaft teilen. Die Thematisierung von Zweifel und Zweiseeligkeit in Erzählungen, Briefen, paränetischen Texten und Homilien erzeugt eine Resonanz – Vorstellungen, Bilder und Eindrücke, die eingebettet sind in ein spezifisches kulturelles Milieu und den Ausdrücken Bedeutung verleihen. Jeder Text fordert die „Aktivität der Mitarbeit",[73] die ihrerseits abhängig ist von einer überkulturellen Kernbedeutung eines Begriffes, vom sozialen und kulturellen Kontext sowie vom Bildungs- und Wissenstand und den Erfahrungen und Erwartungen der Rezipienten. Wenigstens ausschnittsweise wird deswegen auch die griechisch-römische und die alttestamentlich-jüdische Sinngeschichte des Zweifels vor dem Hintergrund der frühchristlichen Texte nachgezeichnet. Die frühchristlichen Autoren sind in verschiedenen Sprach- und Kulturmilieus beheimatet und gehen schöpferisch mit dem kulturellen Repertoire ihrer Adressaten um.[74]

Gegensatz zum alten Meyer leider üblich wird, die Tradition beiseite zu schieben." Dieses Verdikt gilt bis heute.

[72] SCHELKLE, Paulus, Lehrer der Väter, 417. Vgl. einschränkend a.a.O., 416f.: „Wir fanden aber, daß die Auslegung der Väter meist wohl Möglichkeiten nennt, die auch wir erwägen, daß sie aber dann doch ebenso unsicher ist wie noch unsere Auslegung heute, so daß aus der alten griechischen Auslegung für eine Klärung und sichere Lösung sprachlicher Fragen dieser Art kaum etwas zu gewinnen ist, sosehr man zunächst denken möchte, daß das anzunehmende unmittelbare Verhältnis dieser Väter zur griechischen Sprache des Paulus uns zu einer sicheren Deutung verhelfen könnte. Aber sie haben eben ein sicheres unmittelbares Verhältnis zur Sprache der Paulusbriefe nicht. Denn sie ist die Sprache der (durch die LXX beeinflußten) Sprache der Koine. Aber zwischen der Koine und den griechischen Kirchenvätern ist der Klassizismus der mittleren Kaiserzeit, dessen Schüler die Väter alle sind."

[73] Vgl. grundsätzlich ECO, Lector in fabula, 5: Es handelt sich um eine „Aktivität der Mitarbeit, durch die der Empfänger dazu veranlasst wird, einem Text das zu entnehmen, was dieser nicht sagt (aber voraussetzt, anspricht, beinhaltet und miteinbezieht), und dabei Leerräume aufzufüllen und das, was sich im Text befindet, mit dem intertextuellen Gewebe zu verknüpfen, aus dem der Text entstanden ist und mit dem er sich wieder verbinden wird."

[74] In Zeiten, in denen Verlage die schiere Anzahl außerbiblischer Belege in ihren Büchern anpreisen, kommt es mir darauf an, die herangezogenen Vergleichstexte von ihren eigenen Voraussetzungen her zu verstehen. An eine erschöpfende Erfassung der relevanten Belege ist dabei natürlich nicht zu denken. Zu Einheits- und Dissonanzvorstellungen in der Antike jetzt umfassend NÜRNBERGER, Zweifelskonzepte, 67–357.

20 *1. Einführung*

Für das Thema des Zweifels ist dabei auf eine Beobachtung Gerhard Barths hinzuweisen: „Erst im Spätjudentum taucht allmählich das Problem des Zweifels und zu geringen Glaubens auf [...]. Welche Einwirkungen, Verschiebungen und Reflexionen zu dieser Entwicklung geführt haben, ist noch nicht genügend erhellt und müßte einmal gesondert untersucht werden."[75] Bislang wurde Barths Impuls in der neutestamentlichen Wissenschaft nicht aufgenommen, und auch die vorliegende Studie kann nicht mehr als eine Vorarbeit sein. Über Barth hinaus müsste gefragt werden, wann und weshalb das Problem des Zweifels aus seiner Randständigkeit entlassen wurde und in den Fokus der Reflexion gelangte.

1.4.3 Frühchristliche Nachwirkungen und Nebenschauplätze

Erste Ansätze zur Beantwortung dieser Frage bieten die Unterkapitel zur frühesten Auslegungsgeschichte neutestamentlicher Zweifelstexte in den Apostolischen Vätern und weiteren frühchristlichen Schriften. Dabei beschränke ich mich in der Regel auf nachweisbare Aufnahmen und Verarbeitungen neutestamentlicher Motive bis ins 2. Jahrhundert n. Chr., in Einzelfällen bis ins frühe 3. Jahrhundert. Eine Sonderstellung nimmt dabei die Rede von der Zweiseeligkeit ein, die frühchristlich erstmals bei Jakobus begegnet, aber durch zwei jüdische Quellen in den frühchristlichen Sprachgebrauch vermittelt wurde.[76] Insbesondere der Hirt des Hermas ist nicht bloß ein Nachhall auf den Jakobusbrief und dessen Rede von der Zweiseeligkeit, sondern führt das Motiv eigenständig und facettenreich weiter. An der frühen Weiterentwicklung des Zweifelsdiskurses lässt sich ablesen, dass einmal in eine bestimmte Sprache gegossene Denkprozesse die weitere Reflexion in bestimmte Richtungen drängen.[77] So wird auch die neutestamentliche Auseinandersetzung mit dem Zweifel (in seiner weiten Fassung) zum Anstoß für eine breite Reflexion. Spätestens in der Patristik rückt der Zweifelsbegriff vom Rand ins Zentrum. Dort befruchtet er auch das erkenntnistheoretische Nachdenken und nimmt hier und da neuzeitliche Problemstellungen vorweg.[78]

---

[75] Barth, Glaube und Zweifel, 271 Anm. 9.
[76] S. u. Kap. 2.5.
[77] Vgl. von Soden, Sprache, 166.
[78] Vgl. Lorenz, Zweifel, 1520.

2. Die Sprache des Zweifels im frühen Christentum

„Es gibt so wenig eine NT Sprache wie es biblische Tiere gibt"

2.1 Einführung

Im Jahr 1866 veröffentlichte Hermann Cremer auf Anregung August Tholucks das „Biblisch-theologische Wörterbuch der Neutestamentlichen Gräcität", das zu Cremers Lebzeiten neun Auflagen erfuhr und zum Vorläufer des „Theologischen Wörterbuchs zum Neuen Testament" wurde. Schon im ersten Satz seines Vorworts weist Cremer auf einen Missstand hin, dem entgegenzuwirken er sich zur Lebensaufgabe gemacht hat: „Was die lexikalischen Bearbeitungen der neutestamentlichen Gräcität bisher vermissen lassen, ist die grundsätzliche und durchgreifende Berücksichtigung der ‚sprachbildenden Kraft des Christenthums', wie es Schleiermacher genannt hat."[1] Darin zeigt sich sowohl eine sprachwissenschaftliche Überlegung als auch eine theologische Überzeugung. Indem das Christentum in eine neue Sphäre eintritt, kommt es dazu, dass sich die Semantik, also „Inhalt und Umfang"[2] der vorhandenen Begriffe verändern und dass neue Begriffe und Wendungen hinzukommen. „Man vergegenwärtige sich nur einmal die drei christlichen Grundbegriffe πίστις, ἀγάπη, ἐλπίς."[3]

Cremer beruft sich auf Richard Rothes pointierte Aussage, dass man „mit gutem Fug von einer Sprache des heiligen Geistes reden" könne.[4] Durch das Wirken des Geistes Christi werden neue Anschauungen geschaffen und das geistige, sittliche und religiöse Leben gestaltet; an diese geistgewirkten Umformungen des

---

[1] CREMER, Wörterbuch, V. Vgl. SCHLEIERMACHER, Vorlesungen zur Hermeneutik und Kritik, 205 f. (Kolleg 1819; Nachschrift L. Jonas) und 868 (Kolleg 1832/33; Nachschrift F. Calow) u. ö. Vgl. a. a. O., 404 (Kolleg 1822; Nachschrift R. Hagenbach): „Das Christenthum hat ein Sprachbildendes Prinzip, eine neue Art des Seins entsteht, da entstehn auch neue Gedanken und Ausdrücke. Die neu Gewordenen können ganz neue Ausdrücke sein oder neue Gebrauchsweisen schon vorhandener Wörter, letztes das gewöhnlichste im Neuen Testament. πίστις."

[2] CREMER, Wörterbuch, V.

[3] Dieser Satz findet sich erst im Vorwort der dritten Auflage (abgedruckt in der 9. Aufl. von 1902, VII). Die Einträge zu πίστις und πιστεύειν wurden von Cremer immer wieder überarbeitet und die Besonderheit der neutestamentlichen Wortbedeutung herausgestellt, insbesondere im Nachgang zu Adolf Schlatters Monographie „Der Glaube im Neuen Testament" (1885) in der siebten Auflage (vgl. a. a. O., XIV).

[4] CREMER, Wörterbuch, V. Zitat aus ROTHE, Dogmatik, 238.

22   *2. Die Sprache des Zweifels im frühen Christentum*

Lebens gleicht sich der „Geist der Sprache"[5] an. Es kann nun nicht überraschen, dass sich πίστις als Paradebeispiel für einen solchen Transformationsprozess erweist: Auch in der alttestamentlichen und paganen Verwendung mag das Wort „christlich" klingen, aber es bietet dort kaum mehr als ein „zubereitete[s] Gefäß", das von der „Vollsinnigkeit" des christlichen Begriffs weit entfernt ist.[6]

Der Ausdruck πίστις ist gemäß Cremer „ein Wort, welches, wenn irgend eines Bedeutung hat für die Entstehungsgeschichte der neutest[amentlichen] Sprache, der Sprache des Christenthums, indem hier alle sprachbildenden Elemente, der Vorgang des A. T.'s, die Bedeut[ung] des Wortes auf religiösem Gebiete in der Prof[an]-Gr[äcität], sowie die Fähigkeit des Wortes, die christliche Anschauung wiederzugeben, zusammentreffen, um einerseits dem Geiste des N. T.'s das passende Wort zu bieten, andererseits eben dies Wort mit specifischem Inhalte zu erfüllen."[7] In πίστις dokumentiert sich nach Cremer die Fähigkeit der christlichen Sprache, sich vorhandene sprachliche Formen nutzbar zu machen, diesen aber neues Leben einzuhauchen und sie ihrer eigentlichen, nämlich christlichen Bedeutsamkeit zuzuführen.

Die Rede von einer Sprache des Heiligen Geistes stieß insbesondere bei Adolf Deißmann auf größte Skepsis, und er attackierte Cremers Methodologie scharf – freilich ohne auf die Wortfamilie πίστις einzugehen. Es sei falsch, den Begriff des Kanons auf die Sprache zu übertragen und „eine sakrale Gräcität des Urchristentums" zu konstruieren.[8] Er zeigte, dass die neutestamentlichen Autoren sich keineswegs einer spezifischen „heiligen" Sprache, sondern schlicht und einfach der Koine bedienten. So kann Deißmann im Rückblick auf seine Forschungsarbeit sagen, dass er es sich zum Ziel gesetzt habe, die dogmatische *philologia sacra* zu säkularisieren.[9] Seine „Bibelstudien" sollten bewirken, „daß das von den Theologen und Philologen unnötig und gewaltsam isolierte besondere ‚Bibelgriechisch' [...] aus dieser Einzelhaft befreit wurde."[10] Trotz seiner Zurückhaltung gegenüber dem Postulat sprachlicher Innovationen und Eigentümlichkeiten im kulturell-religiösen Bereich des frühen Christentums geht auch Deißmann davon aus, dass das Christentum neue Begriffe prägte und bestehende Ausdrucksmöglichkeiten modifizierte:

---

[5] Cremer, Wörterbuch, V.

[6] Cremer, Wörterbuch, VI.

[7] Cremer, Wörterbuch, 431 f. Wortgleich in der 9. Aufl., 827.

[8] Deissmann, Bibelstudien, 59. Siehe auch ders., Neue Bibelstudien. In diesem forschungsgeschichtlichen Kontext steht auch Theodor Nägeli mit seiner These, „dass die Sprache der griechischen Bibel vorzugsweise aus dem Entwicklungsgang der griechischen Gemeinsprache heraus zu verstehen sei" (Wortschatz, 8).

[9] Deissmann, Adolf Deißmann, 62.

[10] Deissmann, Adolf Deißmann, 53 f. Vgl. Gerber, Deissmann, 27. Deißmann hegte den Plan, die Ergebnisse seiner Studien in ein groß angelegtes Wörterbuch zum Neuen Testament zu vereinen, doch seine umfangreichen Lehrverpflichtungen, die Wirren des Ersten Weltkrieges und sein kirchenpolitisches Engagement sollten dieses Vorhaben vereiteln (vgl. a. a. O., 91–103; dazu jetzt auch Du Toit, Der verhinderte Lexikograph).

2.1 Einführung

„Selbstverständlich hat die Sprache der ersten Christen eine Reihe von ihr eigentümlichen religiösen Begriffen, die sie zum Teil neu bildete, zum Teil aus vorhandenen Ausdrücken zu technischen Termini erhoben hat. Aber diese Tatsache ist nicht auf das Urchristentum zu beschränken, sondern zeigt sich bei allen neuen Kulturbewegungen: die Vertreter eigenartiger Gedanken bereichern die Sprache stets durch individuelle Begriffe. Diese Bereicherung erstreckt sich aber nicht auf die ,Syntax‘, deren Gesetze vielmehr auf neutralem Boden entstehen und sich modificieren.[11]“

Cremer reagierte seinerseits auf die teils polemische Kritik Deißmanns, behielt aber seine Differenzierung „zwischen biblischer und Profan-Gräcität als eine litterargeschichtliche" bei.[12] Die neutestamentlichen Schriftsteller haben nicht aus der Volkssprache geschöpft, sondern „rechnen mit einer Begriffswelt, deren Voraussetzungen nur in der Religion Israels und darum in der Sprache des A. T., des religiösen Gemeinlebens und der theologischen Schule Israels liegen, zu denen dann die volle Neuheit der in Christo gegenwärtig gewordenen Erlösung mit mächtiger Schöpferkraft hinzutritt.“[13]

Die Grundzüge dieser Debatte aus den Anfängen der neutestamentlichen Linguistik werden in dieser Arbeit durchweg wiederkehren. Beide, Cremer wie Deißmann, haben Wesentliches erfasst und der weiteren Diskussion entscheidende Impulse gegeben.[14] Mit den Mitteln der „gewöhnlichen" Enzyklopädie und eingebettet in sein kulturelles Habitat erschuf sich das Christentum eine eigene sprachliche Welt. In jeder emergenten religiösen Bewegung entwickelt sich ein individuelles Idiom mit charakteristischen linguistischen Modifikatio-

---

[11] DEISSMANN, Bibelstudien, 59 Anm. 1. Neben Cremers Wörterbuch setzte sich Deißmann v. a. mit Friedrich Blaß' Arbeit an einer neutestamentlichen Grammatik auseinander. In einer Rezension des Blaß'schen Werkes weist er darauf hin, dass eine „Specialgrammatik des N. T." nur aus praktischen Erwägungen berechtigt sei (Rez. zu Blass, 122 Anm. 1: „Theoretisch lässt sich eine NT Grammatik ebenso wenig rechtfertigen, wie etwa ein Hierozoikon. Es gibt so wenig eine NT Sprache wie es biblische Tiere gibt“). Auch Deißmann betrieb seine philologischen Studien nicht ohne theologischen Impetus: Durch die Säkularisierung der dogmatischen *philologia sacra* sei ihm „der Weg frei geworden zum wirklichen Sacrum: von den Wörtern zum Wort, vom Buch zum Geist der ersten Zeugen, zur prädogmatischen, naiven Frömmigkeit des Meisters und seiner alsbald sich um ihn im Kult scharenden Gemeinde" (DEISSMANN, Adolf Deißmann, 62).

[12] Vgl. die knappe Replik auf Deißmann bei CREMER, Wörterbuch (9. Aufl.), XV: „Es ist mir nie in den Sinn gekommen, von einer eigenen Formenlehre und Syntax des Christentums zu träumen, und ebenso wenig habe ich jemals daran gedacht, die Sprache, in der das Christentum zuerst sich Ausdruck gegeben, auf göttliche Eingebung zurückzuführen."

[13] CREMER, Wörterbuch (9. Aufl.), XVI.

[14] Es muss nicht eigens betont werden, dass sich die Linguistik seit Cremer und Deißmann wie kaum ein anderes Gebiet der Bibelwissenschaften weiterentwickelte und sich nunmehr in etliche Strömungen und „Schulen" ausdifferenzierte. Vgl. die Übersicht der gegenwärtigen Diskussion bei PORTER, Linguistic Schools, der neben der „Traditionellen Grammatik" zwischen drei Schulrichtungen unterscheidet: „Formalist Schools", „Cognitive Schools" und „Functional Schools". Im konkreten Anwendungsfall freilich gelangt auch eine linguistisch informierte Diskussion zu recht konventionellen Ergebnissen. Vgl. PORTER/STEVENS, Doubting BDAG.

24   *2. Die Sprache des Zweifels im frühen Christentum*

nen und Innovationen.[15] Gerade um die Kerninhalte des Christentums wie den Glauben und seine Begleitphänomene gruppieren sich neue Begrifflichkeiten, oder es werden geläufige Begriffe in neue Kontexte gestellt, mit einem originellen Akzent versehen oder gar mit einem anderen Inhalt gefüllt – dies alles in der Absicht, die als „neu" wahrgenommene Wirklichkeit zu deuten und zu artikulieren. Jeder einzelne frühchristliche Autor, jede Christusgruppe hat auf je eigene Weise Anteil an dieser sprachlichen Entwicklung.

Die folgenden Abschnitte verfolgen die Spuren der neuartigen Ausdrucksformen des Glaubens und Zweifelns im frühen Christentum zwischen Konvention und Innovation (Kap. 2.2), verweisen exemplarisch auf einzelne sprachliche Neuakzentuierungen (Kap. 2.3) und nehmen dann ausführlich vermeintliche (Kap. 2.4: διακρίνεσθαι) und tatsächlich greifbare Termini des Zweifels (Kap. 2.5: δίψυχος, Kap. 2.6: ὀλιγόπιστος/ὀλιγοπιστία, Kap. 2.7: διστάζειν) in den Blick.

2.2 Zwischen Konvention und Innovation

2.2.1 Sprachbereicherungen im Glaubens- und Zweifelsdiskurs

Ein sprachlicher Ausdruck der „geistigen Revolution",[16] die sich mit dem frühen Christentum ereignete, ist die Zentralstellung des Glaubens und der auf ihn verweisenden Größen, auch seiner Oppositionsbegriffe. Schon statistisch fällt die geradezu explosionsartige Steigerung der Rede vom Glauben ins Auge, die nicht ohne Einfluss auf verwandte Vorstellungen geblieben sein kann. Sie liegt begründet in der konsistenten Ausrichtung des Glaubens auf die Person Jesu,[17] und sie zeigt sich in den Synoptikern am Interesse der Überlieferung am Urteil Jesu über das Verhalten der Menschen,[18] bei Johannes am Begegnungscharakter des Glaubens, bei Paulus am existenziellen Bezug auf das Christusereignis und im Hebräerbrief am Appell zur kognitiven und lebenspraktischen Orientierung

---

[15] MEEKS, First Urban Christians, 93: „Every close-knit group develops its own argot, and the use of that argot in speech among members knits them more closely still."

[16] Aus Schleiermachers Hermeneutikvorlesung zitiert bei DILTHEY, Leben Schleiermachers, Bd. 2/2, 758.

[17] Vgl. EBELING, Frage, 316 Anm. 24: „Das ausschließliche Bezogensein des Glaubens auf einen Menschen im Sinne des – gerade so – ausschließenden Bezogenseins des Glaubens auf Gott und damit im Sinne eines radikalen Verständnisses von Glauben ist eine auch sprachgeschichtlich sich abzeichnende Besonderheit des christlichen Glaubensbegriffs."

[18] JEREMIAS, Neutestamentliche Theologie, 162: „In den synoptischen Evangelien kommt ὀλιγόπιστος, ὀλιγοπιστία, ἄπιστος ausschließlich im Munde Jesu vor, ebenso πίστις mit einer [Mk 2,5], πιστεύειν mit ganz wenigen Ausnahmen [Mk 9,24; 11,31par; 15,32par; Lk 1,20.45; 24,25]. Aus dieser Konzentration des Vorkommens der Wortgruppe auf Worte Jesu ersieht man, daß das Interesse der Überlieferung nicht auf die glaubenden oder ungläubigen Menschen, sondern ganz auf Jesu Urteil über ihr Verhalten ausgerichtet war."

2.2 Zwischen Konvention und Innovation 25

am Anführer und Vollender des Glaubens. Der Glaubensterminologie kommt in fast allen Schichten der frühchristlichen Schriften eine tragende Rolle zu, trotz eines von Schrift zu Schrift variierenden sprachlichen Befundes.[19] Es bildete sich eine Sprache des Glaubens aus,[20] die durchaus neue sprachliche Phänomene hervorbringen konnte. Schließlich kam es auch zu inhaltlichen Akzentsetzungen, insofern vom Glauben „teils in einem ganz neuen Sinn geredet" wird[21] – durchaus im Anschluss an die alttestamentlich-jüdische und griechisch-römische Enzyklopädie, aber eben auch von ihr unterschieden. Einzelne neutestamentliche Autoren, Paulus, Johannes und der Hebräerbriefautor, entwickelten gar eine Theologie des Glaubens, was zuvor kein antiker Denker unternommen hatte, nicht einmal der von Wilhelm Bousset als „erster Theologe des Glaubens" apostrophierte Philo von Alexandria.[22]

Der Akzent auf der Andersartigkeit und Neuheit des frühchristlichen Glaubensdiskurses bedarf eines Gegengewichts, das Teresa Morgan in ihrer großen Studie „Roman Faith and Christian Faith" als ein Grundprinzip der Kulturhistoriographie bezeichnet hat.[23] Jede sprachliche Ausdrucksform ist grundsätzlich darauf angelegt, verstanden zu werden. Das gelte auch und gerade für die Rede vom Glauben.

New communities forming themselves within an existing culture do not typically take language in common use in the world around them and immediately assign to it radical new meanings. New meaning may, and often do, evolve, but evolution takes time. This is all the more likely to be the case where the new community is a missionary one. One does not communicate effectively with potential converts by using language in a way which they will not understand. In its earliest years, therefore, we should not expect the meaning of Christian *pistis* (or *fides*) language to be wholly *sui generis*. We should expect those who use it to understand it within the range of meanings which are in play in the world around them, and our study of it should be culturally embedded.[24]

Morgan erinnert daran, dass Glaubensterminologie (πίστις/*fides*) das individuelle und kollektive Bewusstsein der Menschen im antiken Mittelmeerraum prägte. Kommunikation kann nur dann gelingen, wenn die Gesprächspartner auf ein gemeinsames semantisches Repertoire zurückgreifen, über das kulturelles Einverständnis herrscht.[25] Eine Konsequenz ihres Programms liegt darin, dass sie dem innovativen und produktiven Moment frühchristlicher Sprache

---

[19] Vgl. EBELING, Jesus und Glaube, 220 Anm. 27.

[20] Vgl. SCHNELLE, Das frühe Christentum, 126–130.

[21] BULTMANN, πιστεύω, 216.

[22] Vgl. hierzu BOUSSET, Kyrios Christos, 145: „Der jüdische Philosoph Philo ist der erste Theologe des Glaubens, der erste, der eine ausführliche Psychologie des Glaubens entwickelt." Philo ist auch in der vorliegenden Arbeit ein wichtiger Gesprächspartner.

[23] MORGAN, Roman Faith, 4.

[24] MORGAN, Roman Faith, 4. Zustimmend zitiert bei OAKES, *Pistis*, 262 f.

[25] Vgl. MORGAN, Roman Faith, 33.

26   2. Die Sprache des Zweifels im frühen Christentum

und Theologie weniger Raum zugesteht als es sachlich angemessen wäre.[26] Eine sorgfältige exegetische Auseinandersetzung mit den Texten und die Situierung in ihrem religions- und philosophiegeschichtlichen Kontext wird den kulturellen Verstehenshintergrund und die Innovationskraft des frühchristlichen Glaubens- und Zweifelsdiskurses im Einzelnen aufzuzeigen haben.[27]

2.2.2 Der Beginn der Reflexion über den Zweifel: Sprache und Denken

Wer die Hauptmomente einer Sinngeschichte des Zweifels im frühen Christentum nachzuzeichnen versucht, findet sich in einem geschäftigen Laboratorium wieder. Darin werden verschiedene Weisen erprobt, die Widersacher des Glaubens zu benennen, ihnen einen Ort in der neuen Sinnwelt zuzuweisen und sie in den Griff zu bekommen oder aber zu verbannen. Der Erprobungscharakter wird schon daran sichtbar, dass Zweifelsphänomene nicht etwa nur mit *einem* Begriff ausgedrückt werden – wie in der geläufigen Opposition „Glaube vs. Zweifel" –, sondern verschiedene sprachliche Gestalten angenommen haben. Mit der Zentralstellung des Glaubens im frühchristlichen Selbst- und Gottesverhältnis kam es zu einer neuartigen Versuchsanordnung, und es bedurfte einer reflektierten Verhältnisbestimmung des Glaubens und seiner Antipoden.

Die Neuheit der frühchristlichen Reflexion über den Zweifel ist auch in ihrem weiteren geistesgeschichtlichen Kontext zu sehen. Das biblische Hebräisch kennt keinen Begriff für den Zweifel, der – vermittelt über die Septuaginta – hätte Eingang finden können in die frühchristliche Denk- und Sprachwelt. Natürlich gibt es den Gedanken, dass einem Menschen oder Gott nicht geglaubt wird, es gibt Verben „für den Begriff des Irrens im Sinne des sich Verirrens [...], und Aussagen über das Schwanken im Sinne der Unentschlossenheit waren ebenfalls möglich".[28] Doch erst mit dem rabbinischen Wort סָפֵק wird das Phänomen des Zweifelns im Sinne einer Ungewissheit und eines Hinterfragens sprachlich greif-

---

[26] Vgl. SEIFRID, Roman Faith, 251, in Auseinandersetzung mit Morgans Entwurf: „Conversion entailed a linguistic conversion: new wine required new wine skins." Morgan gesteht freilich zu, dass überkommene Sprache in bisweilen überraschender Weise umgeformt wird: „[I]it is also the case that, up to a point, every user of a language speaks or writes an idiolect, deploying inherited terms in minutely (and occasionally strikingly) different ways" (MORGAN, Roman Faith, 33).

[27] Das Folgende erhebt nicht den Anspruch, auf der Höhe des gegenwärtigen, hochspezialisierten lexikographischen Diskurses entscheidend Neues beizutragen. Es ist aber durchaus meine Absicht, die Bedeutungen einzelner Lexeme zu hinterfragen, die über etliche Lexikongenerationen tradiert wurden, und ihre sprachgeschichtliche Entwicklung zu beleuchten. Vgl. hierzu die lapidare Reihung in LEE, New Testament Lexicography, 8, die auch auf Termini des Zweifels zutrifft: „Preuschen especially mentions his indebtedness to Thayer. And Wilke (1841), on whom Thayer ultimately depends, himself acknowledges a debt to Wahl (1822, etc.) and Bretschneider (1824, etc.), who in turn refer to Schleusner (1792, etc.). So it goes on." Zur neueren Diskussion vgl. PELÁEZ/MATEOS, New Testament Lexicography; CARAGOUNIS, Development of Greek.

[28] VON SODEN, Sprache, 197.

2.2 *Zwischen Konvention und Innovation* 27

bar.[29] Häufig ist es auf eine Unsicherheit in einer kasuistischen Frage bezogen,[30] kann aber auch eine individuelle Ungewissheit[31] oder eine zweifelhafte Verdächtigung meinen.[32] Insofern der Gottesglaube ein Beziehungsgeschehen ist, liegt der Akzent auf dem Gehorsams- und Treueaspekt: „Judaism, as expressed in biblical and rabbinic texts, does not specify some beliefs as dogmas. Rather it emphasizes practice – the fulfillment of the *mizvot* – over theology [...] and it defines the term *faith* less in terms of specific propositions that are to be accepted or rejected (beliefs) than in terms of trust and reliance."[33] Gegenteil des Glaubens ist nicht Zweifel, sondern Ungehorsam, Untreue, Übertretung.[34]

Wie verhält es sich mit dem Phänomenkomplex des „Zweifelns" in der griechischen Sprachtradition? Wolfram von Soden bemerkte einmal, er sei von Heinrich Dörrie belehrt worden, „daß auch das Griechische der klassischen Zeit über eindeutige Wörter für Irrtum und Zweifel noch nicht verfügte. Diese finden sich erst im Neuen Testament (πλανᾶσθαι ‚irren', πλάνη ‚Irrtum', διστάζειν ‚zweifeln'). Einmal geschaffen, übten diese Begriffe sowohl ihre vielfältige beflügelnde Wirkung auf alle die aus, die seither bemüht waren, Zweifel und Irrtum durch immer bessere Erkenntnis zu überwinden, wie ihre so oft verderbliche Wirkung für alle diejenigen, denen Zweifel und Irrtum als schwere, nur zu oft todeswürdige Schuld angelastet wurde."[35] Man wüsste gerne, worauf die Einschätzung Dörries gründet.

Jedenfalls findet sich im *Onomasticon* des Atheners Iulius Pollux aus dem 2. Jahrhundert n. Chr. ein Eintrag zum Verb ἀμφιβάλλειν, der das Gegenteil

---

[29] Vgl. die bei Jastrow, Dictionary, s. v. סָפֵק, genannten Beispiele.

[30] Vgl. mKer 4,1: Zweifel, ob verbotenes Fett gegessen wurde und ob es sich um die vorgeschriebene Menge handelte; tKer 1,8: Zweifel, ob eine Frau eine Fehlgeburt hatte oder ob sie einen lebensfähigen Sohn gebar oder ob ein Fötus menschliche Erscheinung hat. In mKer 6,2–3 ist von einem Schuldopfer für den Zweifel die Rede, d. h. für Übertretungen, deren Schuldhaftigkeit in Zweifel steht. Baba b. Butas soll täglich freiwillig ein Schuldopfer dargebracht haben, auch wenn er sich keines schuldhaften Verhaltens bewusst war. Auch am Jom Kippur hätte er dies getan, doch wurde ihm gesagt, er müsse warten, bis er wieder in einen Zweifel gekommen sei.

[31] Vgl. BB 10a: Zweifel, ob der König ein Geschenk annimmt oder nicht.

[32] Vgl. BM 83b: Zweifel als Verdächtigung in Hinsicht auf einen Übeltäter.

[33] Kellner, Dogma, 142. Vgl. ders., Must a Jew Believe Anything?, 32 (zu bShab 31a, wo auf Hab 2,4 Bezug genommen ist): „The *tzadik* [...] is defined as one who lives by faith (*emunah*); faith [...] finds its expression in the fulfillment of the 613 commandments of the Torah." Dazu auch Tilly, Begriff des „Glaubens".

[34] Vgl. von Soden, Sprache, 199, zum babylonischen Kulturraum: „In der Konsequenz einer auf klare Satzaussagen verzichtenden Wissenschaft, die sich immer wieder mit den Unbestimmtheitsrelationen in den Listen zufriedengab, lag es, daß in Babylonien weder der Begriff des intellektuellen Irrtums als Folge fehlender oder unzureichender Einsicht geprägt wurde noch der des Zweifels an Sachaussagen oder auch theologischen Sätzen. Da das Gleiche für Israel gilt, ist es schwer verständlich, daß diese Tatsache, wenn ich recht sehe, auch in der Bibelwissenschaft nur wenig beachtet und jedenfalls nicht in ihrem vollen Gewicht erkannt und gewürdigt wurde."

[35] Von Soden, Sprache, 199.

28   *2. Die Sprache des Zweifels im frühen Christentum*

belegt. Das Werk, das „eine der wichtigsten lexikographischen Arbeiten des Altertums" darstellt,[36] dokumentiert den Versuch, „die jeweilige Wortbedeutung in den verschiedenen Nuancierungen, in denen ein Ausdruck bei unterschiedlichen Autoren und sprachlichen Ebenen Anwendung fand, möglichst exakt und differenziert wiederzugeben."[37] Nach Pollux schließt ἀμφιβάλλειν folgende semantische Nuancen ein: ἀμφισβητεῖν, ἐνδοιάζειν, ἀμφιγνοεῖν und διστάζειν.[38] Im Lexikon Hesychs, dessen Ursprung wohl auf das 5. Jahrhundert zurückgeht, das aber lediglich in einer Handschrift aus dem 15. Jahrhundert überliefert ist und umfangreiche kirchliche Ergänzungen enthält,[39] finden sich zum Eintrag διστάζει (3. Sg.) neben ἀμφιβάλλειν noch die Verben διχονοεῖν und ἀπορεῖν.[40] Auch wenn die einzelnen Äquivalenzbegriffe je für sich einer Untersuchung bedürften – in sprachgeschichtlicher, lexikographischer und semantischer Hinsicht –,[41] so drängt sich doch der Eindruck auf, dass an griechischen Begriffen zum Phänomen des Zweifels kein Mangel geherrscht hat. Allerdings – und darauf mag Dörries Aussage zielen – steht der Zweifelsbegriff an der Peripherie des philosophischen Diskurses der Antike.[42]

In den neutestamentlichen Schriften fehlen mit Ausnahme des matthäischen διστάζειν (Mt 14,31; 28,17) die im klassischen Griechisch gebräuchlichen Ausdrücke für „zweifeln" völlig. Das deutet darauf hin, dass die Anfangsphase der Reflexion über den Glauben und seine Begleitphänomene experimentell und kreativ war, insofern eine neuartige Sinnwelt auch eine neue Sprachwelt schafft. „Jede begriffliche Form ist Ausdruck eines bestimmten Selbst- und Weltverständnisses; so prägt sie denn auch jeweils dem von ihr umfaßten Inhalt den Stempel des Selbst- und Weltverständnisses auf, dem sie ursprünglich entstammt und dessen geschichtliche Entwicklung an ihr deutlich wird."[43] Dies trifft nicht nur

---

[36] ALPERS, Lexikographie, 198.

[37] MATTHAIOS, Pollux' Onomastikon, 126. Dort heißt es weiter: „In diesem Aspekt unterscheidet sich das Onomastikon wesentlich von den Lexika präskriptiver Art, die den Sprachgebrauch aus dem zeitlich unspezifischen Gegensatz zwischen Erlaubtem und nicht Erlaubtem betrachten. In den historisch angelegten Artikeln zeigt sich Pollux' sprachhistorisches Interesse."

[38] Pollux, *Onomasticon* 9,154.

[39] Vgl. ALPERS, Griechische Lexikographie, 25: „Dieses Lexikon wurde im Laufe seiner Überlieferung durch zahlreiche Bibelerklärungen, attizistische Glossen und vor allem durch unzählige Kyrillglossen erweitert. In unserem Hesychtext machen diese Kyrillinterpolationen ungefähr ein Drittel des Gesamtbestandes aus."

[40] Hesych, *Lexicon* Δ 1976.

[41] Manchen Wörterbüchern zufolge benutzte bereits Aristoteles (*Eth. Eud.* 1243a12 und 25) das Lexem ἀμφιβάλλειν im Sinne von „zweifeln" bzw. „zweifelhaft sein" (LSJ, s. v. ἀμφιβάλλω). Doch während die erste Stelle keine sichere Deutung zulässt, übersetzt man *Eth. Eud.* 1243a25 am besten mit „den Standpunkt wechseln" und nicht mit „zweifeln" (vgl. die Übersetzungen von F. Dirlmeier und H. Rackham). Diese Bedeutung legt sich auch an der unten diskutierten Chrysostomosstelle zu Röm 4,20 nahe. S. u. Kap. 3.4.1.4.

[42] Vgl. LORENZ, Zweifel, 1520.

[43] KÄSEMANN, Das wandernde Gottesvolk, 111.

2.3 Einzelne sprachliche Akzente

auf den Idiolekt des Hebräerbriefs zu, über den Ernst Käsemann diese Aussage traf, sondern auf die Sprachformen der emergenten Jesusbewegung insgesamt.

Vier Begriffe aus dem Umfeld des Zweifelsdiskurses werde ich unten ausführlicher besprechen: διακρίνεσθαι, δίψυχος, ὀλιγόπιστος/ὀλιγοπιστία und διστάζειν. Eine Reihe anderer Begriffe und Begriffsverwendungen, die im weiteren Sinne den auch in sprachlicher Hinsicht dynamischen Beginn der Reflexion über den Zweifel dokumentieren, kann ohne Anspruch auf Vollständigkeit knapper behandelt werden.

2.3 Einzelne sprachliche Akzente

2.3.1 ἀπιστία („Unglaube, d.h. Zweifel"), ἀπιστεῖν („nicht glauben", d.h. „zweifeln"), ἄπιστος („ungläubig, d.h. zweifelnd")

Auf die Sonderstellung der Wortfamilie πίστις κτλ. in der frühchristlichen Literatur wurde bereits verwiesen.[44] Erinnert sei an die bislang noch zu wenig beachtete Eigentümlichkeit, dass sich die konzentrierte Verwendung der Begriffe auch in der Syntax niederschlägt und für spezifisch „christliche" Wendungen verantwortlich zu machen ist, darunter die Präpositionalverbindungen πίστις εἰς (Kol 2,5; 1 Petr 1,21), πιστεύειν εἰς (Mt 18,6;[45] Joh 1,12; 2,11 u. ö.; Apg 10,43; 14,23 u. ö.; Röm 10,14; Gal 2,16; 1 Petr 1,8; 1 Joh 5,10.13) und πιστός εἰς (1 Petr 1,21), die allesamt auf eine christologische Aussage zielen – auch da, wo vorderhand Gott der Inhalt des Glaubens ist (Joh 14,1; 1 Petr 1,21).[46] Man kann sich fragen, ob die originellen Wendungen διστάζειν εἰς (Herm mand 9,5)[47] und πληροφορεῖσθαι εἰς (IgnSm 1,1) Analogiebildungen zu πιστεύειν εἰς sind.

Zur Rubrik „Sprachbereicherung" gehört auch die notorisch umstrittene Genitivverbindung πίστις Χριστοῦ in all ihren Variationen, die nicht nur zu einer Flut an Literatur geführt hat, sondern auch zur Erfindung von neuen Genitivkategorien.[48] Gerhard Ebeling sah in den sprachlichen Innovationen einen christologischen Grund: „Daß das Neue, was mit Jesus gekommen ist, den Glauben betrifft, verrät sich auch an der neuen syntaktischen Bildung πιστεύειν εἰς bzw. πίστις εἰς, die primär nur auf Christus bezogen gebraucht wird, sowie an der ungewöhnlichen Genitivbildung πίστις Ἰησοῦ Χριστοῦ [...]."[49] Mit *alpha privativum* nahm die Wortfamilie πιστ- in manchen Zusammenhängen auch die Bedeutung „zweifeln" in sich auf (Mk 16,11; Lk 24,11.41: ἀπιστεῖν; Mk 16,14:

---

[44] Vgl. den Überblick in SCHLIESSER, Faith in Early Christianity.

[45] Davon abhängig εἰς ἐμέ in Mk 9,42.

[46] Charakteristisch ist das Fehlen der Verbindung von πιστ- und εἰς in den Pastoralbriefen.

[47] S. u. Kap. 2.7.

[48] Darunter Deißmanns *genitivus mysticus* (DEISSMANN, Paulus, 126 f.; zu weiteren vorgeschlagenen Genitivkategorien vgl. die Belege bei SCHLIESSER, „Christ-Faith", 290).

[49] EBELING, Frage, 316.

30   *2. Die Sprache des Zweifels im frühen Christentum*

ἀπιστία), teils mithilfe des spannungsvollen Nebeneinanders von „glauben" und „nicht glauben" (vgl. Mk 9,24: πιστεύειν – ἀπιστία; Joh 20,27: πιστός – ἄπιστος; vgl. Joh 3,36: πιστεύειν – ἀπειθεῖν).[50] Genuiner Teil des Zweifelsdiskurses ist die frühchristliche Neubildung ὀλιγόπιστος bzw. ὀλιγοπιστία, die in einem separaten Abschnitt zu diskutieren ist.[51]

2.3.2 πληροφορεῖν („[wider Zweifel] ganz überzeugt sein") und πληροφορία („volle Überzeugung")

Die frühchristliche Literatur weist einen signifikanten Anstieg beim Gebrauch des Verbs πληροφορεῖν („ganz überzeugt sein") auf.[52] In der Septuaginta fehlt das Wort bis auf eine Ausnahme.[53] Im Kontext des Glaubensdiskurses nimmt es in passivischer Verwendung die vorchristlich und außerchristlich nicht belegte Bedeutung „voll überzeugt sein, ganz und gar durchdrungen sein" an.[54] Eine solche Haltung schließt Zweifel, mangelndes Vertrauen und Ungehorsam aus. Neutestamentlich ist diese Bedeutung belegt in Röm 4,21; 14,5; Kol 4,12(?). In 1 Clem 42,3 werden die näheren Umstände der Sendung der Apostel mit drei Partizipialsätzen angegeben, darunter wie in Röm 4,21 ein Partizip Passiv, wobei die Auferstehung als Ursache der Gewissheit benannt wird (πληροφορηθέντες διὰ τῆς ἀναστάσεως τοῦ κυρίου ἡμῶν Ἰησοῦ Χριστοῦ).[55] In den Ignatianen richtet sich die zu erlangende vollkommene Überzeugung auf christologische Aussagen, nämlich in IgnMagn 8,2 auf den einen Gott, der sich Christus offenbarte (εἰς τὸ πληροφορηθῆναι τοὺς ἀπειθοῦντας, ὅτι εἷς θεός ἐστιν),[56] in IgnMagn 11,1 auf „die Geburt und das Leiden und die Auferstehung" (πεπληροφορῆσθαι ἐν τῇ

---

[50] Eine sehr frühe Verwendung von ἀπιστεῖν = zweifeln bzw. ἄπιστος = zweifelnd/Zweifler bietet eine Inschrift in Epidauros. S. u. Kap. 4.2.7.1. Auch die Haltung der Penelope bei der Heimkehr des Odysseus wird als ἄπιστος bezeichnet (Homer, *Odyssee* 20,72). S. u. Kap. 5.8.1.

[51] S. u. Kap. 2.6.

[52] Vgl. Jewett, Romans, 845 Anm. 150: „A *TLG* search indicates only two occurrences prior to the NT: Aesop *Prov.* 69.3 and Ctesias *Frag.* 3c,688, F.14.75, while it occurs in first-century c.e. Christian literature eighty-eight times." Leider macht Jewett keine näheren Angaben, wie er zu dieser hohen Zahl gelangt.

[53] Pred 8,11: „Deshalb war das Herz der Menschenkinder erfüllt (ἐπληροφορήθη), in ihnen das Böse zu tun" (Übers. LXX.D).

[54] BAA, s. v. πληροφορέω. Es trifft also nicht zu, dass sich das Verb „nur in der biblischen und kirchlichen Gräzität, und spät auch anderswo" findet (so Cremer, Wörterbuch [9. Aufl.], 882; vgl. dagegen auch Deissmann, Licht vom Osten, 54, mit Anmerkung und Belegen), doch ist es in der hier relevanten Bedeutung zuerst christlich belegt.

[55] Das dritte Element der anaphorisch gestalteten Reihe Τίς οὖν ἐν ὑμῖν γενναῖος, τίς εὔσπλαγχνος, τίς πεπληροφορημένος ἀγάπης; (1 Clem 54,1) verwendet das Partizip in anderer Bedeutung. Es hat dort „nichts mit ,Gewißheit' bzw. ,Überzeugung' zu tun (so in 42,3), sondern ist wörtlich als ,erfüllt', ,voll sein' aufzufassen" (Lona, Der erste Clemensbrief, 554). In Herm mand 9,2, dem Kapitel über die Zweiseeligkeit, ist von der Herzensbitte die Rede, die sich erfüllen wird (πληροφορήσει).

[56] Vgl. BAA, s. v. πληροφορέω: „den vollkommenen – d. h. durch keinerlei Zweifel geschmälerten – Glauben haben".

2.3 Einzelne sprachliche Akzente

γεννήσει καὶ τῷ πάθει καὶ τῇ ἀναστάσει; vgl. IgnPhld 1,1: ἐν τῇ ἀναστάσει αὐτοῦ πεπληροφορημένῃ) und in IgnSm 1,1 – in auffälliger εἰς-Konstruktion – auf den „Herrn" (πεπληροφορημένους εἰς τὸν κύριον ἡμῶν).

In einem außerchristlichen Beleg klingt das religiöse Moment an, das dann im frühen Christentum geradezu formelhaft wird: Auf dem Epitaph eines Sarkophags aus Ravenna versichert der Ehemann seiner Frau, dass Isis sie aufgrund ihrer Weihe kennen und empfangen wird: χαῖρε καλλιφενής, εἴποι σοι, πληροφοροῦ ψυχή („Sei gegrüßt, Leuchtende, wird sie [sc. Isis] dir sagen, sei voller Gewissheit, Seele!)"[57]

Das Substantiv πληροφορία fehlt in der Septuaginta und mit einer möglichen Ausnahme[58] auch im außerbiblischen Bereich. Hesych notiert es als spezifisch neutestamentlichen Begriff und nennt als Äquivalent βεβαιότης.[59] Gemeint ist eine Stabilität des Glaubens, Gewissheit und volle, zweifelsfreie Überzeugung. Es ist wiederum „ein Paulinisches Wort",[60] jedenfalls im weitesten Sinne, denn neben 1 Thess 1,5 und Kol 2,2 ist es in inhaltlich gewichtigen Wortverbindungen zweimal im Hebräerbrief belegt: πληροφορία τῆς ἐλπίδος (Hebr 6,11) und πληροφορία τῆς πίστεως (10,22).

Zu πληροφορία ist παρρησία „der semantisch benachbarte Begriff",[61] was sich auch in der Parallelstellung von 1 Thess 1,5 ([ἐν] πληροφορίᾳ πολλῇ) und Phil 1,20 (ἐν πάσῃ παρρησίᾳ) zeigt.

2.3.3 ἐνδυναμοῦσθαι („[bei Gefährdung durch Zweifel] bekräftigt werden")

Neutestamentlich ist das Verb ἐνδυναμοῦσθαι in aktiver Verwendung in Phil 4,13; 1 Tim 1,12; 2 Tim 4,17 belegt, in passiver Verwendung in Apg 9,22; Röm 4,20; Eph 6,10; 2 Tim 2,1.[62] Die drei letztgenannten Belege aus dem Corpus Paulinum, die allesamt mit einem Dativ (mit und ohne die Präposition ἐν) den Bezugspunkt der Stärkung angeben, sind außerchristlich ohne Parallele:[63] τῇ πίστει (Röm 4,20), ἐν κυρίῳ καὶ ἐν τῷ κράτει τῆς ἰσχύος αὐτοῦ (Eph 6,10), ἐν τῇ χάριτι (2 Tim 2,1). Geradezu paulinisch mutet die Wendung ἐνεδυναμώθητε ἐν τῇ πίστει in Herm vis 3,12,3 an, doch während Paulus auf den Aspekt des Ermächtigtwerdens

---

[57] Zitiert in TLNT, s. v. πληροφορέω (aus CUMONT, Recherches, 299). Vgl. JEWETT, Romans, 845, der aufgrund der zahlreichen frühchristlichen Belege πληροφορεῖσθαι im Sinne eines „technical term for charismatic assurance" auffassen will.

[58] P.Giss. 1,87,25–26 (ca. 113–120 n. Chr.): [τ]ὴν πληροφο|[ρίαν].

[59] Hesych, Lexicon Π 2584.

[60] PAULUS, Hebräer-Christen, XXXV Anm. (freilich mit der Schlussfolgerung, dass der Hebräerbrief von Paulus verfasst worden sei). Vgl. auch 1 Clem 42,3.

[61] GRÄSSER, An die Hebräer, Bd. 3, 22.

[62] Vgl. zu ἐνδυναμοῦσθαι noch Aquilas Übersetzung von Gen 7,20 (ἐνεδυναμώθη τὸ ὕδωρ); zu δυναμοῦν vgl. Ps 51,9 LXX (ἐδυναμώθη ἐπὶ τῇ ματαιότητι αὐτοῦ); Hebr 11,34 (ἐδυναμώθησαν ἀπὸ ἀσθενείας).

[63] Vgl. MEYER, Römer, 615: „Die Griechen haben das Wort nicht." WOLTER, Römer, Bd. 1, 307 Anm. 116. Vgl. mit einem Akkusativ der Beziehung Plotin, Enneades 4,9,5: ἐνδυναμοῦται δὲ οἷον πλησιάσαν τῷ ὅλῳ.

32   *2. Die Sprache des Zweifels im frühen Christentum*

durch Gott abhebt, für das Abraham urbildhaft steht,[64] deutet Hermas die *status-rectus*-Vorstellung aus der philosophischen Anthropologie soteriologisch um.[65]

2.3.4 διαλογίζεσθαι *(„zweifelnde Gedanken haben")* und διαλογισμός *(„zweifelnde Gedanken")*

Immer wieder werden das Nomen διαλογισμός wie das Verb διαλογίζεσθαι in der Auslegungsliteratur mit „Zweifel" bzw. „zweifeln" wiedergegeben, gelegentlich mit der (fraglichen) Bemerkung, es handle sich um eine spezifisch christliche Verwendung.[66] In der Frage Jesu in Lk 24,38 sind Zweifel im Sinne von inneren Auseinandersetzungen gemeint, die in den Herzen der Jünger angesichts der Osterereignisse aufsteigen.[67] In Mt 16,8 wird ebenfalls in einer Frage aus dem Mund Jesu und sachlich analog das zweifelnde Nachdenken mit dem Kleinglauben assoziiert.[68] Die Bedeutung von Verb und Nomen oszilliert je nach Kontext zwischen äußerem Konflikt (interpersonal) und inneren Bedenken (intrapersonal) und weist darin eine gewisse Nähe zum Verb διακρίνεσθαι auf.

Dass eine solche Offenheit auch im klassisch-griechischen Gebrauch von διαλογίζεσθαι vorhanden ist, zeigt ein Beispiel aus Xenophons Hellenika: Der ungewisse Ausgang kommender Ereignisse lässt die Thebaier debattieren, hin und her überlegen, zweifeln (διαλογιζόμενοι πῇ τὸ μέλλον ἀποβήσοιτο). Der Hirt des Hermas bestätigt in seiner Verwendung des Lexems seine Neigung zur Introspektion und warnt vor Skepsis beim Beten (μὴ διαλογίζου, mand 9,2), rät von Zweifelsgedanken und Ratlosigkeit angesichts der „Grenzen menschlicher Erkenntnisfähigkeit" ab (ἐν σεαυτῷ διαλογίζῃ καὶ ἀπορῇ, sim 9,2,6)[69] und identifiziert die Zweiseeligen mit denen, die in ihren Herzen Bedenken tragen (τοὺς διαλογιζομένους ἐν ταῖς καρδίαις αὐτῶν, vis 3,4,3).

Angemerkt sei noch, dass in den Pastoralbriefen eine Fülle an Termini begegnet, die innere und äußere Dissonanz ausdrücken, darunter der nur christ-

---

[64] Vgl. FELDMEIER/SPIECKERMANN, Gott der Lebendigen, 183: „Besonders markant ist sein [sc. des Paulus] Gebrauch des sehr seltenen Verbs ἐνδυναμοῦν [...], das schon von seiner Semantik her Gottes Macht als *Ermächtigung durch Gott* zur Sprache bringt." Anders HEILIG, Paulus als Erzähler?, 621.

[65] Vgl. BROX, Hirt des Hermas, 157.

[66] So SCHRENK, διαλέγομαι, 97 f. Vgl. LORENZ, Zweifel, 1520; BÜCHSEL, κρίνω, 950.

[67] Lk 24,38: διὰ τί διαλογισμοὶ ἀναβαίνουσιν ἐν τῇ καρδίᾳ ὑμῶν; S. u. Kap. 4.4.5. Vgl. SCHRENK, διαλέγομαι, 97 („quälende Zweifelsgedanken"); JOHNSON, Luke, 401: „The translation of *dialogismoi* as ‚doubts' derives from the context. The term has a predominantly negative connotation in Luke" (vgl. Lk 5,22; 6,8; 9,46–47; διαλογίζεσθαι in Lk 5,21–22; 12,17; 20,14). Weniger negativ konnotiert Lk 1,29; 3,15.

[68] Mt 16,8: τί διαλογίζεσθε ἐν ἑαυτοῖς, ὀλιγόπιστοι;

[69] BROX, Hermas, 388. Brox weiter (ebd.): „διαλογίζεσθαι [...] rückt in die Nähe des gefährlichen Zweifels [...]."

2.3 Einzelne sprachliche Akzente

lich belegte Ausdruck ἐκζήτησις (1Tim 1,4), der auf intellektuelle Grübelei und spekulative Gedanken verweist.[70]

2.3.5 „Kuckuckseier": διαλογισμός, ἔλεγχος, διάκρισις, διχοστατεῖν, διακρίνειν

Immer wieder wird in der Exegese einzelnen Lexemen die Bedeutung „Zweifel" bzw. „zweifeln" untergeschoben, obwohl sie diese entweder lexikalisch oder in einem bestimmten Zusammenhang nicht haben. Sie sind hier nicht ausführlich zu diskutieren, sondern lediglich in Auswahl zu nennen: In Phil 2,14 (χωρὶς γογγυσμῶν καὶ διαλογισμῶν) und 1 Tim 2,8 (χωρὶς ὀργῆς καὶ διαλογισμοῦ) wird wohl – gegen die Mehrheit der Kommentare und Übersetzungen – mit διαλογισμός nicht der Zweifel, sondern der Widerstreit ins Visier genommen.[71] Das legt sich v. a. aus der Nachbarschaft zum „Murren" bzw. zum „Zorn" nahe.[72] Der Hebräerbrief erweist sich in seinem Glaubens- und Zweifelsdiskurs als äußerst beweglich, doch wurde der Aspekt des Zweifels auch zu Unrecht eingetragen. So ist ἔλεγχος (Hebr 11,1) nicht im Sinne eines „fresh sense"[73] mit „Nichtzweifeln" wiederzugeben (so die Lutherübersetzung), sondern bleibt im semantischen Rahmen des zeitgenössischen Griechisch und meint ein „Überführtsein".[74] Das paulinische Wort διάκρισις in Röm 14,1 wurde gelegentlich im Sinne eines „inneren Schwankens" und Ungewiss-Seins verstanden,[75] doch ist dies lexikalisch ausgeschlossen. Das Verb διχοστατεῖν meint in Herm vis 8,8,5 nicht eine „innere Zerrissenheit",[76] sondern wie andernorts „sich veruneinigen', d. h. streiten".[77] Auch die Wendung διακρίνειν ἐν τῇ καρδίᾳ (Herm vis 1,2,2; mand 2,6) enthält nicht die Nuance der inneren Zerspaltenheit oder des Zweifels,[78] sondern meint schlicht „bedenken, untersuchen, unterscheiden".

Mit dem Verb διακρίνειν sind wir zu einem für den Zweifelsdiskurs entscheidenden Wortstamm διακριν- gelangt, auf den nun ausführlicher einzugehen ist.

---

[70] Vgl. die Liste bei THEOBALD, Glauben statt Grübeln, 17. Vgl. noch ζήτησις in Tit 3,9; 1 Tim 1,4 (v. l.); 1 Tim 6,4; 2 Tim 2,23. Die Wortfamilie ὀκνεῖν κτλ. rechne ich nicht zur Zweifelsterminologie (vgl. demgegenüber NÜRNBERGER, Zweifelskonzepte, 388–390).

[71] Zu 1 Tim 2,8 sind die Handschriften hinsichtlich des Numerus gespalten. Der Plural mag eine Angleichung an Phil 2,14 sein, oder er schien den Schreibern angemessener, um Zweifel beim Gebet zum Ausdruck zu bringen (vgl. Jak 1,6; vgl. hierzu JOHNSON, First and Second Letters to Timothy, 199).

[72] Anders NÜRNBERGER, Zweifelskonzepte, 385.

[73] MOFFATT, Hebrews, 159. Dagegen ATTRIDGE, Hebrews, 310: „[...] but this is simply not in the attested semantic range of the term."

[74] S. u. Kap. 8.4.1.

[75] So z. B. OLSHAUSEN, Römer, 446. S. u. Kap. 3.3.2.

[76] So ZAHN, Hirt des Hermas, 170; vgl. BAA, s. v.

[77] BROX, Hirt des Hermas, 373. Aus Herm sim 8,9,4 wird klar, wie sich der Autor den Zusammenhang von Zweiseeligkeit und sozialer Spaltung vorstellt: „(Wieder) andere wurden zweiseelig, und sie haben Spaltungen untereinander verursacht" (ἕτεροι δὲ ἐδιψύχησαν καὶ σχίσματα ἐν ἑαυτοῖς ἐποιήσαντο).

[78] Gegen ZAHN, Hirt des Hermas, 170.

34 2. Die Sprache des Zweifels im frühen Christentum

2.4 διακρίνεσθαι („trennen, entscheiden, streiten")

In fast allen gängigen Übersetzungen und Kommentaren zum Neuen Testament wird das Verb διακρίνεσθαι (Medium/Passiv) in den meisten Belegen mit „zweifeln" wiedergegeben: Mt 21,21; Mk 11,23; Apg 10,20; Röm 4,20; 14,23; Jak 1,6(*bis*); Jud 22.[79] Lediglich an drei Stellen wird mehrheitlich eine alternative Übersetzung bevorzugt: Apg 11,2 („streiten"); Jak 2,4 („unterscheiden", gelegentlich auch „zweifeln"); Jud 9 („streiten").

2.4.1 Ein semantischer Sprung?

„The most frequent term for doubt in the NT is διακρίνομαι."[80] Diese Auffassung wird bis in die jüngste Zeit so gut wie nie hinterfragt, obwohl es weder vorneutestamentlich noch in den ersten Jahrhunderten danach einen (eindeutigen) Beleg dafür gibt, dass das Verb διακρίνεσθαι im klassisch-hellenistischen Gebrauch jemals die Bedeutung „zweifeln" im Sinne eines mentalen Zustands der Ungewissheit angenommen hat. Lexika führen drei Bedeutungsfelder von διακρίνεσθαι im Medium/Passiv auf:[81] (1) „trennen, lösen/sich auflösen", (2) „zu einer Entscheidung/Unterscheidung kommen" und (3) „sich widersetzen, widersprechen, streiten". Nichtsdestotrotz folgen zahlreiche Exegetinnen und Exegeten bis heute einer Argumentation, wie sie sich etwa bei Joachim Jeremias findet: „Διακρίνεσθαι [...] ist in der Bedeutung ,zweifeln, zaudern' zwar vorneutestamentlich nicht belegt, im Neuen Testament selbst aber so stark bezeugt, dass diese Bedeutung gesichert ist."[82]

---

[79] Vgl. darüber hinaus die Textvarianten zu Lk 11,38 (D 05) und Apg 11,12 (𝔐). Mit Ausnahme von Apg 10,20 steht die propagierte Deutung „zweifeln" im Zusammenhang des Glaubens.

[80] So ATKINS, Doubt, 63 Anm. 125, als das jüngste Beispiel dieser Auffassung. Aus mir unerklärlichen Gründen geht Atkins nicht auf die weiter unten genannten neuen Untersuchungen ein.

[81] Vgl. die Analyse der Lexikon- und Wörterbucheinträge bei SPITALER, Διακρίνεσθαι, 1 f. Anm. 2. In der philosophischen Literatur bezieht sich διακρίνεσθαι in der Bedeutung „sich auflösen, aussondern" insbesondere auf physische Vorgänge, z. B. „das Sichauflösen von Verbindungen von Elementen als Gegensatz des Vermischens (*synkrinesthai* [...])" (BRACHTENDORF, diakrinesthai, 102 f.); in der Erkenntnistheorie bezieht es sich auf die „begriffliche Unterscheidung von Verschiedenartigem" (ebd.; vgl. Platon, *Phil.* 52c). Zu Platons Verwendung des Begriffs vgl. JOHANSEN, Plato's Natural Philosophy, 127. Aristoteles schreibt den Vorsokratikern den Gedanken zu, dass sich grundsätzliche Veränderungen durch das Ver- und Entmischen (συγκρίνεσθαι und διακρίνεσθαι) ereignen. Vgl. GRAHAM, Aristotle's Physics, 123: „The terms *sunkrinesthai* and *diakrinesthai* appear as terms of art in the Presocratics (the former in Anaxagoras B4, the latter in Anaxagoras B12, B13, B17; *apokrinesthai* seems to have been a more common synonym for the latter in Anaxagoras (with different connotations), and is also found in Empedocles and Democritus, and possibly as early as Anaximander), and they are borrowed by Plato (*Laws* X, 893e4, 6–7)."

[82] JEREMIAS, Gedankenführung, 56. Vgl. SANDAY/HEADLAM, Romans, 114 f.; MEYER, Römer, 206 (zu Röm 4,20): Die Wiedergabe von διακρίνεσθαι mit „zweifeln" sei im Neuen Testament

2.4 διακρίνεσθαι („trennen, entscheiden, streiten")

Viele Kommentare berufen sich auf Walter Bauers Wörterbuch, welches notiert, dass die Bedeutung „Bedenken tragen, zweifeln" erst seit dem Neuen Testament nachweisbar sei.[83] Es wird also davon ausgegangen, dass διακρίνεσθαι in den Schriften des Neuen Testaments eine entscheidende Bedeutungsverschiebung erfahren hat, die zwar in einer der Grundbedeutungen des Wortes angelegt ist, aber erst in neutestamentlichen Zusammenhängen in Erscheinung tritt: Aus der Bedeutung „streiten" – so legt der Wörterbucheintrag nahe – ergebe sich der innere Vorgang des „Mit-sich-im-Streite-Seins"; und daraus wiederum lassen sich die Bedeutungen „Bedenken tragen" und „zweifeln" ableiten.[84] Sachlich bzw. theologisch wird die Innovation mit der in den meisten Verwendungszusammenhängen gegebenen Opposition zu πίστις und πιστεύειν begründet.

Durchläuft also das Wort διακρίνεσθαι im Neuen Testament eine semantische Sonderentwicklung? Zeigt sich hier eine Eigentümlichkeit des neutestamentlichen Griechisch? Oder ist dies gar ein Beleg für die „sprachbildende Kraft des Evangeliums"?[85] Wäre dies der Fall, so würde gewissermaßen durch die Hintertür eine *philologia sacra* Einzug halten, die doch spätestens seit Deißmann aus dem Raum der Exegese verbannt wurde. Letztlich war es also nur eine Frage der Zeit, bis die These eines semantischen Sprungs ihrerseits in Zweifel gezogen würde.

Peter Spitaler beispielsweise führt den vermeintlichen „semantic shift" nicht auf eine spezifisch neutestamentliche Entwicklung des griechischen Begriffes διακρίνεσθαι zurück, sondern hält ihn für ein Produkt des Interpretations- und Übersetzungsprozesses, der mit Origenes und Chrysostomos einsetzt. Beide Kirchenväter gehen nach Spitaler von einer Grundbedeutung des Wortes aus, nämlich „(wider)streiten" („contest" bzw. „dispute"), und ziehen den „Zweifel" interpretierend zur Erläuterung der Art und Weise des Widerstreits hinzu, ohne die beiden Vorstellungen miteinander zu identifizieren.[86] Methodisch sei vom Bedeutungsspektrum der klassisch-hellenistischen Verwendung des Verbs auszugehen und auf dieser Grundlage nach Möglichkeit auch die neutestamentlichen Belegstellen zu erklären. Ergebe sich auf diese Weise ein kontextuell angemessener Sinn, sei die These eines „semantic shift" zu verabschieden. Erheblich weniger nuanciert als Spitaler kommen auch Stanley Porter und Chris Stevens zu dem Schluss, dass an keiner einzigen neutestamentlichen Belegstelle eine „Sonderbedeutung" vorliege: „Simply put, our con-

---

„so sicher", dass alternative Erklärungsversuche – die Meyer im Gegensatz zu den neueren Kommentaren immerhin noch nennt! – nur scheitern können.

[83] BAA, s. v. διακρίνω. Vgl. Thayer, Greek-English Lexicon, s. v. διακρίνω: „a sense not found in prof[ane] auth[ors]".

[84] BAA, s. v. διακρίνω. Der Gedanke hat bedeutende Vorläufer. Vgl. schon Wahl, Clavis, s. v. διακρίνω: „ich bin mit mir selbst im Streite"; Wilke, Clavis, s. v. διακρίνω: „dubito (in contraria discerno, ut dubius haeream, utrum eligam, sich mit sich entzweien)".

[85] Büchsel, κρίνω, 951: „Jedenfalls beweist διακρίνομαι, und was sich von seiner Geschichte noch aufhellen läßt, die sprachbildende Kraft des Evangeliums." Vgl. a. a. O., 950: die Wortbedeutung „zweifeln" als „eine Hervorbringung des griechisch redenden Christentums". S. o. Kap. 2.2.1.

[86] Spitaler, Διακρίνεσθαι, 19.

36   *2. Die Sprache des Zweifels im frühen Christentum*

clusion is that there is no substantive support for a new definition based upon use in context. Nothing in the verses in question displays grammatical, collocational, or any other linguistic feature or stylistic devices that suggests a new meaning."[87]

Man darf es sich freilich nicht zu einfach machen. Jenseits eines semantischen Sprungs sind zwei weitere Erklärungen denkbar. Einerseits ist nicht auszuschließen, dass neutestamentliche Autoren an semantischen Entwicklungen der griechischen Volkssprache partizipieren und ihr Sprachgebrauch lediglich ein Widerhall dieser Entwicklung ist und eben kein semantischer Sprung.[88] Leider fehlt für die Zeit bis zum 1. Jahrhundert abseits des Neuen Testaments jede Spur einer semantischen Erweiterung des Verbs. Andererseits ist der Schritt von einer interpersonalen Auseinandersetzung („Streit") zu einer intrapersonalen („Zweifel")[89] bzw. von einer äußeren Spaltung zu einer inneren[90] keineswegs unmöglich und könnte als nachvollziehbare Sprachbereicherung bzw. -entwicklung im Glaubensdiskurs des frühen Christentums aufgefasst werden.[91] Wer eine solche annimmt, muss sie aber aus dem Kontext einer jeden Belegstelle begründen und nicht einfach voraussetzen. Methodischen Primat haben Interpretationen, die auf die Annahme einer Sonderbedeutung verzichten können.[92]

Eine Korrespondenz zwischen innerem Zwiespalt und äußerem Streit scheint auch im Verb ἀμφιβάλλειν angelegt zu sein. In der Aussage des Polybios καὶ περὶ ὧν οἱ ἄνθρωποι ἀμφιβάλλουσι (*Historiae* 39,5,2) kann sowohl eine innere Unsicherheit der Menschen als auch eine Auseinandersetzung untereinander gemeint sein. Das Nomen ἀμφιβολία kann sowohl Bedenken als auch Streit (vgl. Did 14,2) zum Ausdruck bringen, was auf die

---

[87] PORTER/STEVENS, Doubting BDAG, 69. Vgl. noch BAUMERT, Wortspiel; DEGRAAF, Some Doubts; SPITALER, Διακρίνεσθαι; ders., James 1:5–6. Siehe auch SYNGE, Not Doubt, 203: „[T]he normal meaning of διακρίνω constitutes a far more proper and illuminating opposite of the New Testament πίστις than does the supposedly New Testament meaning."

[88] Vgl. DAUTZENBERG, διακρίνω, 734: Die Bedeutung „zweifeln" sei keine christliche Sonderentwicklung, „sondern ein Reflex der semantischen Entwicklung der griech. Volkssprache in ntl. Zeit" (zustimmend zitiert u. a. bei KONRADT, Christliche Existenz, 139 Anm. 247). Vgl. JEWETT, Romans, 871 (zu Röm 14,23): „The participle διακρινόμενος in the middle voice has the sense of having ‚misgivings, doubts', a connotation that probably developed out of Greek vernacular usage, although it appears for the first time in early Christian writings."

[89] Vgl. schon SCHLATTER, Glaube (1. Aufl.), 560: „Das eigenthümliche der neutestamentlichen Verwendung des Worts liegt darin, dass die bewirkte Scheidung und Theilung nicht im Verhältniss zu andern, sondern in der eignen Persönlichkeit sich vollzieht."

[90] Vgl. MOULTON/MILLIGAN, Vocabulary, s. v. διακρίνω: „The distinctive NT sense of διακρίνεσθαι, ‚to be divided against oneself,' ‚waver,' ‚doubt' [...] if not a Christian coinage, seems to have had its beginning in near proximity to Christianity [...]. It arises very naturally out of the general sense of making distinctions."

[91] Vgl. schon NÄGELI, Wortschatz, 51 f., der διακρίνεσθαι im Sinne von „zweifeln, irre werden" zu den nur in der christlichen Literatur belegten Wörtern zählt, die nichts an sich haben, „was sie von der Zugehörigkeit zur allgemeinen griechischen Sprachentwicklung ausschlösse."

[92] Vgl. SPITALER, Διακρίνεσθαι, 39: „If both the clause containing διακρίνομαι and the literary context within which the clause is embedded support a traditional meaning of the verb, an argument for a semantic shift is without merit; a rendering of the verb according to classical/Hellenistic Greek conventions needs to be pursued."

2.4 διακρίνεσθαι („trennen, entscheiden, streiten") 37

Grundbedeutung „von zwei Seiten angegriffen werden" zurückzuführen ist (vgl. Herodot, *Historiae* 5,74: ἀμφιβολίη ἔχεσθαι). Analoges gilt für das bei Hesych als Äquivalenzbegriff zu διστάζειν angegebene seltene Verb διχονοεῖν, das bei Pollux als Synonym für διχογνωμονεῖν angeführt wird[93] und die Bedeutung „verschiedener Meinung sein, uneinig oder zweifelhaft sein" annimmt (Xenophon, *Mem.* 2.6.21; Dio Cassius 43,16,1; 44,25,3; 55,34,1),[94] spätestens seit dem 3./4. Jahrhundert auch mit „zweifeln" wiederzugeben ist (vgl. Libanios, *Declamationes* 43,43). Möglicherweise enthalten auch διαλογισμός und διαλογίζεσθαι beide Aspekte, indem sie eine Auseinandersetzung ins Innere verlagern (vgl. Mt 16,8: τί διαλογίζεσθε ἐν ἑαυτοῖς; Lk 24,38: διαλογισμοὶ [...] ἐν τῇ καρδίᾳ ὑμῶν).[95] Auch das aramäische פְּלַג kann im Partizip Passiv sowohl die Bedeutung „geteilt sein (im Herzen)" als auch „unterschiedlicher Meinung sein" annehmen.[96]

Dass das Verb διακρίνεσθαι sprachgeschichtlich das Moment des Zweifelns in sich aufnahm, wird auch von den Bestreitern einer „Sonderentwicklung" nicht in Abrede gestellt. Infrage stehen lediglich die zeitliche Einordnung und die Rolle neutestamentlicher Texte in diesem Prozess. Nach Markus Barth liegen seit der Mitte des 2. Jahrhunderts n. Chr. „sichere Beweise" dafür vor, dass διακρίνεσθαι „zweifeln" bedeutet, und zwar seien diese ersten Beweise abhängig von Röm 4,20 und Jak 1,6.[97] Spitaler identifiziert Origenes und Chrysostomos als treibende Kräfte bei der Einführung der Nuance des Zweifels.[98]

Eindeutig greifbar wird die Bedeutung διακρίνεσθαι = „zweifeln" erst im Lexikon des Photios aus dem 9. Jahrhundert, in dem es heißt: διακρίνεται· ἀμφιβάλλει, ἀπιστεῖ, διαχωρίζεται.[99] Bei diesem Werk handelt es sich um „eine mechanische Kompilation mehrerer bereits alphabetisierter lexikographischer Quellen",[100] so dass die Spuren des Eintrags weiter zurückzuverfolgen sind. Im Lexikon Hesychs findet sich die Gleichsetzung von διεκρίθη (Röm 4,20) mit ἐδίσταζεν.[101] Dieser neutestamentliche Verweis mag wie viele andere Bibelbezüge das Produkt kirchlicher Überarbeitung sein.[102] Man geht wohl nicht fehl,

---

[93] Pollux, *Onomasticon* 2,229.

[94] Passow, Handwörterbuch, s. v. διχογνωμονέω.

[95] S. o. Kap. 2.3.4 mit dem Verweis auf Xenophon, *Hell.* 6,4,20.

[96] Vgl. Jastrow, Dictionary, s. v. פְּלִיג. S. u. Kap. 2.2.2.

[97] Barth, Discussion, 65. Über seine „Beweise" schweigt sich Barth leider aus; er mag auf Protev 11,2 anspielen. Dazu s. u. Kap. 5.7.6.

[98] Vgl. Spitaler, Διακρίνεσθαι, 37: „The saga of ‚doubt' begins with the interpretive creativity of Origen, John Chrysostom, and others who introduce the concepts ‚doubt', ‚ambiguity', or ‚lack of self-confidence' into their portrayal of the characteristics of a person described as διακρινόμενος." Im Gegensatz zu Spitaler bin ich nicht wagemutig genug, eine Saga des Zweifels zu schreiben, und halte die hier vorgestellte auch nicht für historisch tragfähig.

[99] Photios, *Lexicon* Δ 351. Vgl. Spitaler, Διακρίνεσθαι, 7 f. Anm. 20.

[100] Alpers, Griechische Lexikographie, 26.

[101] Hesych, *Lexicon* Δ 1561.

[102] So, wohl zu Recht, Spitaler, Διακρίνεσθαι, 7 f. Anm. 20, der auf Schwarz, Marginalien, 7–13, verweist. Die weiteren Einträge zu διακρίνεσθαι (Δ 1082–1088) orientieren sich am klassischen Sprachgebrauch und geben Synonyme wie (δια)χωρίζεσθαι und μάχεσθαι bei, mit häufigem Verweis auf Homer.

38   *2. Die Sprache des Zweifels im frühen Christentum*

wenn man die Triebkraft für die Bedeutungserweiterung im christlichen Sprachgebrauch sucht, doch lässt sich der Vorgang nicht zeitlich fixieren. Im Neuen Testament scheint sich die semantische Modifikation – wie die Exegese zeigen wird – anzudeuten, allerdings nicht in der von den Übersetzungen und Kommentierungen vorausgesetzten Konsistenz.

Markus Barth hat sich als einer der Ersten mit Nachdruck und mit theologischer Stoßrichtung für die Neubewertung der διακρίνεσθαι-Belege ausgesprochen: „Daß Zweifel das Gegenteil von Glaube sei, scheint durch die üblichen Übersetzungen von Röm. 4, 20; 15 [*lege* 14], 23; Matth. 21, 21; Mark. 11, 23 und Jak. 1, 6 gewährleistet. Doch zeigen Stellen wie Apg. 10, 20; 11, 2; Jak. 2, 4, daß das Medium (mit passivem Aorist [...]) des meist mit ‚zweifeln‘ übersetzten griechischen Verbs zu neutestamentlicher Zeit eigentlich ‚antworten, unterscheiden, bestreiten, sich zum Richter machen‘ bedeutete [...]. Woher sollten plötzlich verschiedene neutestamentliche Schriftsteller übereinstimmend Mut und Zuversicht gehabt haben, einem Verbum, das vor ihrer Zeit niemals nachweisbar ‚zweifeln‘ bedeutete, diesen Sinn zu unterschieben? Die hebräische Sprache hat kein Wort für ‚zweifeln‘. In gutem Griechisch sind andere Verben als das an den genannten Stellen vorkommende für die Bezeichnung des ‚Zweifelns‘ üblich. Erst in Schriften, die später als das Neue Testament sind, wird das in Röm. 4, 20 usw. verwendete Verb eindeutig im Sinne einer psychischen Haltung, eben des Zweifelns, verstanden. Konsequenterweise wird zu gleicher Zeit auch das Wesen des Glaubens eingeengt und auf den Bereich der Psychologie und Epistemologie beschränkt. Der ethische und soziale Charakter des Begriffs ‚Glaube‘ geht verloren."[103]

Geistesgeschichtlich wird eine Tendenz zur Verinnerlichung und Individualisierung des Glaubens und seiner Gegenspieler wie dem Zweifel eine entscheidende Rolle gespielt haben. Sie bahnt sich bereits in einzelnen neutestamentlichen und nachneutestamentlichen Formulierungen an und wird fassbar in der Verortung des mit διακρίνεσθαι ausgedrückten Vorgangs im Innenleben[104] und in seiner Assoziation mit dem zweiseeligen Menschen (δίψυχος) bzw. der Zweiseeligkeit (διψυχία).[105] Der Einfluss der lateinischen Sprachtradition darf dabei nicht unterschätzt werden. Die Vetus Latina wie auch die Vulgata übersetzen die relevanten διακρίνεσθαι-Belege übereinstimmend und bei äußerst konsistentem Handschriftenbefund mit *haesitare* bzw. *dubitare*. Die älteste lateinische Fassung des Hermas, die noch auf das 2. Jahrhundert zu datieren ist,[106] gibt διψυχία, διψυχεῖν und δίψυχος meist mit *dubitatio, dubitare* und *dubitans* wieder, aber auch διστάζειν mit *dubitare* und ἀδιστάκτως mit *sine dubitatione*.[107] Es kommt

---

[103] BARTH, Rechtfertigung, 57 Anm. 126. Zu Barths eigenen exegetischen Beobachtungen, v. a. zu Röm 4,20, s. u. Kap. 3.3.1.4.

[104] Vgl. z. B. Mk 11,23 (μὴ διακριθῇ ἐν τῇ καρδίᾳ αὐτοῦ); Protev 11,2 (διεκρίθη ἐν ἑαυτῇ); evtl. Jak 2,4 (διεκρίθητε ἐν ἑαυτοῖς). Dazu s. u. Kap. 6.3.8.1.

[105] Vgl. bereits Jak 1,6 und von ihm abhängig Hermas.

[106] Vgl. TORNAU/CECCONI, Shepherd of Hermas, 8.

[107] In Herm mand 9,5 (οἱ γὰρ διστάζοντες εἰς τὸν θεόν, οὗτοί εἰσιν οἱ δίψυχοι) muss der Übersetzer ins Schleudern kommen, und er tut es auch. S. u. Kap. 7.1.

2.4 διακρίνεσθαι („trennen, entscheiden, streiten") 39

hier zu einer sprachlichen und damit auch inhaltlichen Konzentration auf den
Zweifel, wobei freilich das lateinische Wortfeld *dubi-* erheblich nuancenreicher
ist als das (neu)deutsche Zweifeln.[108]

2.4.2 Ein aramäisches Grundwort?

Eine überschaubare Zahl an Kommentatoren versuchte sich an einer sprachgeschichtlichen Herleitung der Bedeutung „zweifeln" für διακρίνεσθαι über
hebräische oder aramäische Parallelbegriffe. Sie ähneln teils den Hypothesen
zum Begriff δίψυχος. Am ausführlichsten äußerte sich meines Wissens Friedrich
Büchsel im „Theologischen Wörterbuch zum Neuen Testament".[109] Er geht im
Anschluss an Adolf Schlatter davon aus, dass das aramäische Verb פלג in passiven
bzw. reflexiven Bildungen das aramäische Äquivalent zu διακρίνεσθαι sei.[110] Er
ist sich im Klaren, dass diese Bildungen nirgends „zweifeln" bedeuten, doch beschreibt מַלְכוּ פְּלִיגָה (Dan 2,41) nach seiner Auffassung „das in sich uneinheit-
liche, zwiespältige Reich", während פְּלִיג einen Menschen oder eine Überlieferung
bezeichnet, die abweicht. Jesus selbst habe den aramäischen Begriff benutzt.

> „Die Geteiltheit, die man im Judentum bisher bei der Zunge bzw. dem Mund oder bei der
> Meinung einer Mehrzahl von Menschen beachtet hatte, beachtete Jesus beim Verhalten
> des Menschen gegenüber der göttlichen Verheißung. פְּלִיג und פְּלַג gewinnen so für ihn
> eine neue Bedeutung. פלג in dieser neuen Bedeutung wurde dann mit διακρίνομαι über-
> setzt, als Jesu Glaubenspredigt vom aramäischen auf griechisches Sprachgebiet weiter
> gegeben wurde." Das hebräische Äquivalent sei חלק, das im Partizip (Qal/Nifal) folgende
> Bedeutung habe: „geteilter, verschiedener Ansicht sein, streiten, von den Gelehrten, die
> nicht unter sich übereinstimmen."[111]

Büchsel ist sich sehr wohl bewusst, dass die Wiedergabe mit „zweifeln" ein
Ausgangswort mit dem Zahlwort „zwei" im Hintergrund vermuten ließe, doch
kommt es bei διακρίνεσθαι nach seiner Ansicht „auf die Gespaltenheit, nicht auf
die Zweiheit an".[112] Büchsels These ist in sich geschlossen, bietet aber Angriffs-

---

[108] Vgl. FLANAGAN, Lexicographic and Syntactic Explorations. S. o. Kap. 1.2.5.

[109] BÜCHSEL, κρίνω, 950.

[110] SCHLATTER, Glaube, 18 f. Anm. 3 f. verweist u. a. auf die Wiedergabe des Nichtglaubens
der Josefsbrüder in Gen 45,26 (לֹא־הֶאֱמִין לָהֶם) im Targum Jerushalmi (וְאִפְלַג לִבֵּיהּ) und im Targum Jonatan (וּפְלִיג לִבֵּיהּ) sowie auf die Bekräftigung im Targum Jerushalmi zu Gen 22,14, dass
im Herzen Abrahams keine Teilung (פַּלֵּג) war, als Gott die Opferung Isaaks forderte. Ergänzt
werden könnte Targum Jonatan zu Hos 11,7 und zu 1 Kön 18,37.

[111] BÜCHSEL, κρίνω, 950. Als Bestätigung seiner These, dass פלג das aramäische Äquivalent
zu διακρίνεσθαι ist, lässt sich die syrische Übersetzung von Mk 11,23 und Mt 21,21 anführen. In
der Vetus Syra und in der Peschitta heißt es dort *w-lâ netpallag* bzw. *w-lâ tepallgûn* (vgl. hierzu
BECK, Glaube und Gebet, 44). Zum hebräischen Äquivalenzbegriff חלק vgl. Hos 10,2: חָלַק לִבָּם.

[112] BÜCHSEL, κρίνω, 950. Weiter mutmaßt er: „Vielleicht ist es auch die Einsicht in diese
Tatsache, was die Übersetzung der Jesusworte mit פלג durch διακρίνεσθαι einer durch διστάζω
vorziehen ließ" (ebd.). Zustimmung erhielt Büchsels Vermutung u. a. von SILVA, Biblical
Words, 92.

40   *2. Die Sprache des Zweifels im frühen Christentum*

flächen: Fraglich ist die Rede von der „sprachbildenden Kraft des Evangeliums"[113] und der damit einhergehenden einlinigen Rückführung der neutestamentlichen Sondersprache auf aramäische Jesusworte. Auch hat Paulus das Wort in anderer Weise verwendet, unabhängig von den Synoptikern, während im Jakobusbrief das Moment der Gespaltenheit durchaus prominent ist.[114]

Die neueren Untersuchungen zum Verb διακρίνεσθαι sprechen eine kräftige Warnung gegen die eingeschliffenen Übersetzungsusancen aus. Die in den exegetischen Teilen dieser Arbeit gebotenen Überlegungen versuchen eine sorgfältige Abwägung der jeweiligen linguistischen Optionen und kommen an einigen Stellen zu alternativen Deutungen. Grundsätzlich betrachte ich das Motiv des „Zweifelns" als einen die gedankliche Struktur von διακρίνεσθαι ergänzenden Aspekt, der mit der Kernbedeutung mitschwingt und dort bereits angelegt ist. Mit dem „Zweifel" artikuliert sich eine in das Wort διακρίνεσθαι „eingewebte Stimme".[115] In der nachneutestamentlichen Sprachgeschichte sollte es zu einer Eingliederung der Begleitvorstellung des „Zweifeln" in das semantische Feld von διακρίνεσθαι kommen, nicht schon im Neuen Testament selbst. Allerdings wird dort bereits die Spur gelegt, wenn etwa der Vorgang des „Unterscheidens" und „Streitens" im Inneren des Menschen verortet und mit dem Glauben kontrastiert wird. In diesem Sinn kann durchaus von einer Sprachbereicherung durch das frühe Christentum gesprochen werden.[116]

2.5 δίψυχος („zweiseelig")

Die Wortgruppe διψυχ- birgt zahlreiche Rätsel. Sie ist in keiner vorneutestamentlichen Quelle belegt, weder in der paganen griechisch-römischen Literatur

---

[113] Büchsel, κρίνω, 951.

[114] Zu weiteren Herleitungen vgl. Allison, James, 181 Anm. 131: „As to why διακρίνομαι took on the meaning ‚doubt‘, the question is open. Did someone use the word to translate the Aramaic ספק, which can mean both ‚divide‘ and (in the passive) ‚divided in opinion‘, that is, ‚doubtful‘?" Delitzsch, Römer, 80 f., entscheidet sich in seiner Übersetzung von Röm 4,20 gegen eine Wiedergabe mit חלק und verwendet stattdessen das nachbiblische הסתפק (Hitpael), da dies „nicht allein in der Bed[eutung] zur Genüge haben, sondern auch in der Bed[eutung] zweifeln, besonders in letzterer, gewöhnlich [ist]."

[115] Vgl. Barthes, S/Z, 13, der „Konnotation" als „Artikulation einer in den Text eingewebten Stimme" bestimmt.

[116] Merkwürdige Früchte zeitigt das lexikalische Schwanken auch in der Kirchengeschichtsschreibung zum Monophysitismusstreit, wo extreme Antichalkedonenser als Διακρινόμενοι bezeichnet wurden. Wohl kaum sind damit Zögerer oder Zweifler gemeint – „those who ‚had reservations‘ about accepting its [sc. die chalkedonische] definition" (Frend, Monophysite Movement, XIII) –, sondern vielmehr Spalter, Separatisten oder Schismatiker (vgl. bei Timotheos von Konstantinopel [um 600 n. Chr.] den mit Περὶ τῶν σχισμάτων τῶν καλουμένων Διακρινομένων überschriebenen Abschnitt aus der Schrift *De receptione haereticorum*, PG 86, 52–68).

2.5 δίψυχος („zweiseelig")

noch im hellenistisch-jüdischen Schrifttum.[117] Das Adjektiv δίψυχος taucht erstmals im Jakobusbrief auf, und zwar gleich an zwei Stellen: Jak 1,8 und 4,8. Unter den außerneutestamentlichen Schriften findet sich ein Beleg in der Didache,[118] einer im Barnabasbrief[119] und sechs weitere in den beiden Clemensbriefen.[120] Eine beachtlich hohe Konzentration mit insgesamt 55 Belegen bietet der Hirt des Hermas.[121]

2.5.1 Zur Herkunft der Wortfamilie διψυχ-

Die Frage der Herkunft des Stammes διψυχ- wird häufig offengelassen, da die Beantwortung allzu sehr von hypothetischen Konstruktionen abhängig ist. Manche jedoch lassen sich davon nicht beirren und versuchen, den Ursprung des Begriffs präziser zu lokalisieren. Vorgeschlagen werden unter anderem Jakobus selbst oder eine Quelle, die Jakobus und den Apostolischen Vätern vorlag; alternativ versucht man, ein bestimmtes soziales und geistig-kulturelles Milieu oder ein gemeinsames lokales Milieu ausfindig zu machen, in dem die Wortbildung wahrscheinlich gemacht werden kann. Die einzelnen Vorschläge müssen sich dabei nicht gegenseitig ausschließen.

Einerseits wurde aufgrund der Erstbezeugung im Jakobusbrief gemutmaßt, es handle sich bei δίψυχος um einen Terminus, der in christlichen Sprachkreisen geprägt wurde – möglicherweise von Jakobus selbst.[122] Nach Jean Daniélou repräsentiert der Ausdruck einen spezifischen Wesenszug christlicher Spiritualität,[123] was ausgeschlossen ist, da der Phänomenkomplex innerer und äußerer Dissonanzerfahrungen keineswegs bevorzugt in christlichen Schriften traktiert wird. Eine Fülle an vergleichbaren Vorstellungen aus der jüdischen und aus der griechisch-römischen Literatur belegt, dass der Gedanke von der Doppelheit bzw. Zweiheit der Seele oder des Herzens auf ein „breitbelegtes und bereits geprägtes semantisches Feld" zurückgreift,[124] wobei der alttestamentlich-jüdische Resonanzraum für Jakobus der prägende ist.

---

[117] Die einem Philo-Fragment beigefügte Abschnittsüberschrift περὶ δειλῶν καὶ διψύχων ist zweifellos sekundär.

[118] Did 4,4 (διψυχεῖν).

[119] Barn 19,5 (διψυχεῖν).

[120] 1 Clem 11,2 (δίψυχος); 23,2 (διψυχεῖν) und 3 (δίψυχος); 2 Clem 11,2 (δίψυχος) und 5 (διψυχεῖν); 19,2 (διψυχία).

[121] Den 55 Belegen des Hermasbuchs stehen also insgesamt nur 10 Belege aus der gesamten frühchristlichen Literatur bis zur Abfassung des Hermasbuchs gegenüber.

[122] Vgl. z. B. MAYOR, St. James, 42; MOULTON/MILLIGAN, Vocabulary, s. v. δίψυχος; PORTER, „Christian" Word; HARTIN, James, 61; MOO, James (Pillar), 62; vgl. OSIEK, Shepherd of Hermas, 30 f. Anm. 233: „In its Greek form, however, it may have originated in Christian use."

[123] DANIÉLOU, Théologie, 120; vgl. a. a. O., 420: „Le terme δίψυχος surtout est caractéristique de la spiritualité chrétienne archaïque."

[124] FRANKEMÖLLE, Jakobus, Bd. 1, 238. Vgl. HARTIN, James, 61; LONA, Der erste Clemensbrief, 292 f. In großer Ausführlichkeit und Präzision dokumentiert Anna Nürnberger vergleich-

42   *2. Die Sprache des Zweifels im frühen Christentum*

Naheliegend ist zunächst der Verweis auf Dtn 6,5 und das Motiv von der Ganzheit des Herzens und der Seele.[125] Im Anschluss an Dtn 6,5 und vergleichbare alttestamentliche Sätze werden „Herz" und „Seele" zu Schlüsselkonzepten, die das richtige Gottesverhältnis zum Ausdruck bringen. In Texten, die auf die Gespaltenheit bzw. Doppelheit des Menschen abzielen, tritt allerdings überwiegend das Herz in den Blick. Hin und wieder wird in der Auslegungsliteratur der Versuch unternommen, den Ausdruck δίψυχος direkt aus dem Alten Testament und der Wendung לֵב וָלֵב abzuleiten (Ps 12[11],3; 1 Chr 12,34; vgl. Hos 10,2).[126] In den herangezogenen Passagen sind zwischenmenschliche Beziehungen im Blick,[127] was auch auf die Verwendungsweise im Jakobusbrief und dem Hirten des Hermas zutrifft. Allerdings lässt sich aus diesen Stellen kaum die sprachgeschichtliche Herkunft des Begriffes δίψυχος plausibel machen, da die Septuagintaübersetzer für לב einheitlich eine Wiedergabe mit καρδία wählten.[128]

Bousset verweist auf 1 Hen 91,4, wo es heißt: „Nahet euch nicht der Rechtschaffenheit mit zwiespältigem Herzen und werdet keine Genossen derer, die ein zwiespältiges Herz haben." Er erkennt in diesem Text eine Referenz auf διψυχία, den Gegenbegriff zu ἁπλότης, dem „wir so oft in jüdischen Schriften begegnen".[129] Abgesehen davon, dass Bousset nur diese einzelne Henochstelle angibt, wäre als Übersetzung des äthiopischen *leb wa-leb* wohl wiederum nicht διψυχία, sondern διπλοκαρδία zu erwarten.[130] Sachlich steht diesem Gedanken auch die Aussage in Sir 1,28 nahe, wo davor gewarnt wird, sich der Gottesfurcht „mit zwiespältigem Herzen" (ἐν καρδίᾳ δισσῇ) zu nähern. Aber auch dort steht καρδία und nicht ψυχή. Ein weiteres verwandtes Motiv bildet die Dualität der Triebe (יצר), doch wäre als griechisches Äquivalent in diesem Fall eine Verbindung mit διάνοια oder καρδία – etwa wiederum διπλοκαρδία – zu erwarten, nicht jedenfalls eine Wort-

---

bare Motive aus alttestamentlichen, frühjüdischen und griechisch-römischen Diskursen und rekapituliert die Forschungsgeschichte zur Herkunft des Lexems δίψυχος (NÜRNBERGER, Zweifelskonzepte, 26–34.67–357). Im Kapitel zum Jakobusbrief nenne ich einige verwandte Topoi, die für die kulturelle Enzyklopädie der Adressatinnen und Adressaten relevant sind. S. u. Kap. 6.5.1, 6.5.2 und 6.5.3.

[125] Dtn 6,5: „Und du sollst den Herrn, deinen Gott, lieben, von ganzem Herzen (וּבְכָל־נַפְשְׁךָ/ ἐξ ὅλης τῆς καρδίας σου), von ganzer Seele (בְּכָל־לְבָבְךָ/ἐξ ὅλης τῆς ψυχῆς) und mit deiner ganzen Kraft."

[126] Ps 12[11],3: בְּלֵב וָלֵב/ἐν καρδίᾳ καὶ ἐν καρδίᾳ; 1 Chr 12,34: בְּלֹא־לֵב וָלֵב/οὐχ ἑτεροκλινῶς/ *non in corde duplici*; vgl. Hos 10,2: חָלַק לִבָּם/ἐμέρισαν καρδίας αὐτῶν. Zum Adverb ἑτεροκλινῶς s. u. Kap. 6.4.2 zu 1 Clem 11,2.

[127] Vgl. OSIEK, Shepherd of Hermas, 30 f.

[128] In der Forschung nicht rezipiert wurde der Vorschlag von Ferdinand Hitzig, den Begriff aus Spr 23,7 abzuleiten. Hitzig übersetzt (bei von MT abweichender Vokalisierung) „wie Einer, der in seiner Seele gespalten ist" und zieht daraus den Schluss: „[D]er ἀνὴρ δίψυχος [in Jak 1,8; vgl. 4,8] scheint von שער בנפשו die Uebersetzung zu sein" (HITZIG, Sprüche Salomo's, 235).

[129] BOUSSET, Religion des Judentums, 480 f. (die Henochstelle ist nach Bousset zitiert).

[130] Vgl. BROX, Hirt des Hermas, 551. Daneben aber STUCKENBRUCK, 1 Enoch 91–108, 167, der offenlassen will, ob hinter dem Ausdruck καρδία oder ψυχή steht. Der Bezug auf Dtn 6,5 sei jedoch eindeutig gegeben.

2.5 δίψυχος („zweiseelig")

bildung, die den Stamm ψυχ- enthält.[131] Gedankliche Parallelen in den Qumranschriften legen nach Franz Mußner die Annahme nahe, dass der Begriff „vielleicht eine essenische Bildung" sei,[132] doch bleibt diese Vermutung ebenfalls unpräzise. Am nächsten kommt der Idee der Zweiseeligkeit die alttestamentlich-qumranische Formel בלב ולב aus den Hodajot, allerdings bleiben die zu Ps 12[11],3 und 1 Chr 12,34 genannten semantischen Einwände. Martin Hengel glaubt, dass der Sprachgebrauch von δίψυχος „aus der Synagoge" kommt und verweist auf das verwandte διπρόσωπος, das aus den Testamenten der zwölf Patriarchen bekannt ist.[133]

All diese Vorschläge beweisen nicht mehr, als dass Jakobus, der Verfasser des Hermasbuchs, die Quellen der Didache und des Barnabasbriefes sowie der beiden Clemensbriefe in einer Gedankenwelt beheimatet sind, in der die Idee einer Doppelheit menschlicher Existenz geläufig ist. Die sprachgeschichtliche Herkunft des Lexems δίψυχος wird dadurch nicht erklärt.

Immer wieder wurde ein „geographischer" Ansatz verfolgt, der die Wortgruppe διψυχ- in Rom zu verorten sucht. Gute Gründe sprechen meines Erachtens dafür, dass die Thematik und damit auch die Wörter in jüdischen und frühchristlichen Gemeinschaften zirkulierten: Das Hermasbuch und der 1. Clemensbrief sind mit größter Wahrscheinlichkeit in Rom zu lokalisieren, vielleicht auch der 2. Clemensbrief und der Jakobusbrief.[134]

Mir scheint in Anlehnung an neuere Untersuchungen eine präzisere Analyse möglich: Der in Did 4,4 und Barn 19,5 aufgenommene Zwei-Wege-Traktat und die in 1 Clem 23,3–4 und 2 Clem 11,2–4 zitierte Quelle verwenden unabhängig voneinander und (wahrscheinlich) vor Jakobus die Wortfamilie διψυχ-. Die Di-

---

[131] Vgl. MARSHALL, Δίψυχος, 348 f.; BROX, Hirt des Hermas, 552: „Die griechischen Äquivalente für die zugehörige Terminologie vom guten und bösen Trieb (*jezer*; vgl. Vis I 1,1–2) sind aber διάνοια und καρδία, so daß διψυχ- innerhalb dieser Anthropologie eher neuartig, auffällig und nicht selbstverständlich ist und zu vermuten wäre, daß ein Hellenist die jüdische Anschauung in seiner griechischen Diktion artikuliert hätte und es bei einer wenig verbreiteten, lokalen Sprachregel geblieben wäre. [...] Das etymologisch ‚natürlichere' Äquivalent zum (jüdischen) geteilten oder zwiespältigen Herzen (*leb*), nämlich διπλοκαρδία, trifft man in *Did* 5,1 und *Barn* 20,1 an."

[132] MUSSNER, Jakobusbrief, 71. Vgl. WOLVERTON, Double-Minded Man.

[133] HENGEL, Jakobusbrief, 519 Anm. 24 (v. a. TestAss).

[134] Schon DANIÉLOU, Théologie, 120: „Tout ceci ramène à un milieu romain." Die Bestimmung von Abfassungsort und -zeit des Jakobusbriefes und die Lokalisierung des Wortes δίψυχος beeinflussen sich freilich gegenseitig. In mehreren Veröffentlichungen sprach sich insbesondere Sophie Laws (geb. Marshall) dafür aus, dass die Wortfamilie διψυχ- in einer griechischsprachigen Synagogengemeinde in Rom ihren Ursprung hat. Vgl. LAWS, James, 60 f.: „δίψυχος was a local idiom, probably associated with Rome." MARSHALL, Δίψυχος, 351: „The conclusion suggested is, then, that δίψυχος language is only confidently used as familiar by Christian documents for whom a Roman origin is probable." BROX, Hirt des Hermas, 552, sympathisiert mit Marshalls These, meint aber: „Solche Hypothesen erklären [...] die auffällig enge Verteilung des Wortstammes διψυχ- auf den P[astor] H[ermae] und die Klemensbriefe, bleiben aber notgedrungen hypothetisch." Vgl. dagegen schon ROPES, James, 89 f.: „A common background would suffice to account for the facts, and that need not imply that the two authors lived in the same locality or in neighboring places." S. u. Kap. 6.2.4.

44 *2. Die Sprache des Zweifels im frühen Christentum*

dache und der Barnabasbrief zitieren das Verb διψυχεῖν lediglich im Kontext der Zwei-Wege-Lehre und haben es im Gegensatz zu den Clemensbriefen und dem Hirt des Hermas nicht in ihren eigenen Wortschatz aufgenommen. Die Belege in den Clemensbriefen gehen ebenfalls auf eine Vorlage zurück, die als „Schrift" bzw. als „prophetisches Wort" gekennzeichnet wird (1 Clem 23,3; 2 Clem 11,2). Dass die anonyme Quelle auch Lieferantin für die weitere Stichwortverwendung war (1 Clem 11,2; 23,2; 2 Clem 11,5; 19,2), ist anzunehmen.[135]

Der Zwei-Wege-Traktat unbekannter Herkunft, aus dem die Didache und der Barnabasbrief zitieren, war bereits „oberflächlich" christlich bearbeitet, als er in die beiden Schriften einging, doch fand sich das Wort δίψυχος mit großer Wahrscheinlichkeit bereits in der jüdischen Vorlage.[136] Auch die in den Clemensbriefen zitierte Quelle, deren Herkunft ebenfalls im Dunkeln liegt (die ich aber mit dem Apokryphon Eldad und Modad identifizieren will), hat kein spezifisch christliches Gepräge und belegt eine zweite, eigenständige Verwendung des Wortstamms διψυχ- im jüdischen Traditionsraum.

2.5.2 *Zwei mutmaßliche Quellen: Eldad und Modad und ein jüdischer Zwei-Wege-Traktat*

Die δίψυχοι-Belege in den Clemensbriefen wurden in der Forschung verschiedenen Quellen zugewiesen, darunter der Himmelfahrt des Mose,[137] Ps.-Ezechiel,[138] einem verschollenen jüdischen[139] oder judenchristlichen[140] Apokryphon, einer Zitatenkollektion[141] oder dem „apokryphen Evangelium", das im 2. Clemensbrief auch an anderen Stellen benutzt wird.[142] Bisweilen wird auch argumentiert, dass die Verwendung von δίψυχος im Jakobusbrief die Apostolischen Väter mittelbar oder unmittelbar dazu inspirierte, die Vorstellung von der Zwiespältigkeit der Seele aufzunehmen und weiter auszugestalten.[143]

---

[135] S. u. Kap. 6.4.2.

[136] Niederwimmer, Didache, 67. Vgl. Prostmeier, Barnabasbrief, 111: „Die erste christliche Version des jüdischen Traktats de duabus viis diente dem Vf. des Barn als Quelle für seine Zwei-Wege-Lehre."

[137] Hilgenfeld, Clementis Romani Epistulae, 29.

[138] James, Lost Apocrypha, 40; Resch, Agrapha, 325 f.

[139] Jaubert, Clément de Rome, 141 Anm. 4 („une apocalypse juive non conservée"); Wengst, Didache, 222 („verlorengegangene jüdische Schrift").

[140] Daniélou, Théologie, 420.

[141] Vgl. Warns, Untersuchungen, 540.

[142] Vgl. zur Forschungsgeschichte Hagner, Use, 87 f.; Pratscher, Der zweite Clemensbrief, 152.

[143] Hort, St. James, 12: „The word itself δίψυχος (διψυχία, διψυχέω) occurs here [sc. Jak 1,8] and iv. 8 for the first time. It is sprinkled over the early Fathers rather freely [...]. Probably all drew directly or indirectly from St. James." Meist geht man dabei von einer frühen Abfassung des Jakobusbriefes aus. Vgl. Moulton/Milligan, Vocabulary, s. v. δίψυχος: „If James really coined it [sc. den Ausdruck δίψυχος] – and the manner of its appearance in both passages is quite in

2.5 δίψυχος („zweiseelig")

Alle Bemühungen, die unbekannte Quelle zu identifizieren, bleiben hypothetisch.[144] Der aussichtsreichste Kandidat ist jedoch das wohl ursprünglich hebräisch geschriebene Apokryphon Eldad und Modad.[145] Im Anschluss an Joseph B. Lightfoot sprach sich Oscar Seitz für die Annahme aus, dass Eldad und Modad den Verfassern der Clemensbriefe und Hermas, möglicherweise auch Jakobus in griechischer Übersetzung bekannt gewesen sei.[146] Dieses Apokryphon, das in Herm vis 2,3,4 mit Titel zitiert wird, habe die Wortgruppe δι-ψυχ- enthalten, den Verfassern der Clemensbriefe ein Zitat geliefert und Hermas zu der überbordenden Verwendung der Wortfamilie angeregt. Die Schrift ist in einigen (recht späten) Kanonlisten bekannt. Die *Chronographia brevis*, die Nikephoros I. von Konstantinopel (758–829) zugeschrieben wird und die Listen der kanonischen, umstrittenen und außerkanonischen Bücher des Alten und Neuen Testaments enthält,[147] verweist auf eine Schrift mit dem Titel Ἐλδὰδ καὶ Μωδάδ. Es war laut Nikephoros ein kleines Büchlein mit 400 Stichoi, d. h. etwas umfangreicher als der Epheserbrief (312 Stichoi) und kürzer als der 2. Korintherbrief (590 Stichoi).[148]

Unterstützung erhält Seitz' These neuerdings von Dale Allison und Richard Bauckham, die sich unter anderem mit dem obskuren Schriftbeleg in Jak 4,5 auseinandersetzen.[149] Die zahllosen Übersetzungs- und Interpretationsversuche brauchen hier nicht aufgelistet zu werden; es genügt zunächst der Verweis auf die Stichworte „Neid" (φθόνος), „begehren" (ἐπιποθεῖν), „Geist" (πνεῦμα), „einwohnen" (κατοικίζειν) und „in uns" (ἐν ἡμῖν). Allison und Bauckham gehen davon aus, dass das Zitat in Jak 4,5 aus dem Apokryphon Eldad und Modad entstammt und dass dieser Text dann auch für die Verwendung von δίψυχος in Jak 4,8 verantwortlich gemacht werden kann.[150]

---

keeping with such a supposition – its occurrence in i/A.D. writers reinforces many arguments for the early date of Jas." Vgl. PORTER, „Christian" Word, 476.

[144] So schon VON GEBHARDT/VON HARNACK, Hermae Pastor graece, 48: „Sine dubio ex libro apocrypho hausta sunt, sed fontem [...] nemo indicare potest."

[145] Vgl. hierzu BAUCKHAM, Eldad and Modad.

[146] SEITZ, Relationship, 133 f.; ders., Afterthoughts, 332–334; vgl. noch ders., Antecedents; ders., Two Spirits. Vgl., Seitz weiterführend, KNOCH, Eigenart, 116: „Dieses Apokryphon, das unter der Autorität des AT ging, hat sehr wahrscheinlich unseren griechischen Begriff διψυχία geprägt zur Bezeichnung des wankenden Glaubens an die eschatologischen Verheißungen Gottes, nach Jak. und Herm. auch an die sichere Gebetserhörung durch Gott."

[147] Vgl. ALLISON, Eldad and Modad, 100, zu weiteren Kanonlisten. Zur *Chronographia brevis* vgl. KRAUS, *Chronographia brevis*.

[148] Vgl. SEITZ, Afterthoughts, 333; BAUCKHAM, Eldad and Modad, 244. Die Stichoiangaben finden sich bei JAMES, Lost Apocrypha, 38–40.

[149] Bereits in seinem Kommentar zum 2. Petrusbrief rechnete Bauckham damit, dass auch 2 Petr 3,4–13 auf dieselbe jüdische Apokalypse zurückgreift wie die Clemensbriefe und identifiziert sie vorsichtig mit Eldad und Modad (BAUCKHAM, Jude, 284 f.). Zuversichtlicher in ders., Eldad and Modad, 251. Zurückhaltend ALLISON, Eldad and Modad, 128 („My judgment is: *Non liquet*"); FREY, Judas, 153 („sehr zweifelhaft"). S. u. Kap. 6.4.2.

[150] BAUCKHAM, Spirit of God, 281; ders., Eldad and Modad, 249 f.; ALLISON, Eldad and Modad, 119.

46 2. Die Sprache des Zweifels im frühen Christentum

Im Gegensatz zu Bauckham ist sich Allison bewusst, dass bereits Friedrich Spitta in seinem Jakobuskommentar mit beachtenswerten Gründen zu derselben Überzeugung gelangte.[151] Spittas Argumentation jedoch konnte sich nicht durchsetzen, sondern wurde rundweg abgelehnt.[152] Hauptgrund für die Ablehnung war wohl eine knappe Fußnote in Martin Dibelius' Jakobuskommentar mit einigen rasch hingeworfenen Gegenargumenten und dem Urteil: „Man darf sich nicht durch die Scheu vor unbekannten Größen zu so zweifelhaften Identifizierungen treiben lassen."[153]

Die Frage betrifft wichtige Aspekte des Phänomens der Zweiseeligkeit, darunter ihre religionsgeschichtliche Verortung, ihre Sprachgeschichte und ihren ursprünglichen Verwendungszusammenhang. In den folgenden Abschnitten fasse ich die wichtigsten Gesichtspunkte zusammen:[154]

(1) In der alttestamentlichen Szene um Eldad und Modad in Num 11,26–30 ist wie in Jak 4,5 vom „Eifer" und vom „Geist" die Rede.[155] Die beiden Männer Eldad und Modad waren im Lager zurückgeblieben und nicht mit den 70 Ältesten zum Zelt der Begegnung gekommen. Nach Num 11,26 ließ sich der Geist auf ihnen nieder, so dass sie anfingen zu prophezeien. Als Mose der Vorgang berichtet wurde, ergriff Josua das Wort: „Mein Herr, Mose, gebiete ihnen Einhalt!" Darauf antwortete Mose: „Was eiferst du für mich (Μὴ ζηλοῖς σύ μοι)? Könnten doch alle im Volk des Herrn Propheten sein, weil der Herr seinen Geist auf sie legt!" Neben dem Eifer spricht Jakobus auch den Motivkreis der „Begierde" an (Jak 4,2: ἐπιθυμεῖν; 4,1.3: ἡδονή) und berührt sich dabei mit Num 11,34. Dort wird erzählt, dass am Ort Kibrot-Taawa das „begierige Volk" (τὸν λαὸν τὸν ἐπιθυμητήν) begraben wurde (vgl. Num 11,4).[156]

(2) Zu den begrifflichen Anklängen tritt die rabbinische und patristische Auslegungstradition. Die Deutung der Geschichte in BemR 15,19[157] betont, „dass Eldad und Modad ein grösseres Mass von Gnade erlangt hätten als die siebzig Ältesten", weil sie demütig waren und so klein von sich dachten.[158] Ihnen wird Anerkennung zuteil, weil sie im Lager zurückblieben und nicht ins Zelt gingen.

---

[151] SPITTA, Geschichte und Litteratur, Bd. 2, 117–123.383 f.

[152] Vgl. die Verweise in ALLISON, Eldad and Modad, 117 Anm. 44. Einige wenige standen Spittas Vorschlag wohlwollend gegenüber (vgl. a. a. O., 117 Anm. 45).

[153] DIBELIUS, Jakobus, 266 Anm. 2. Vgl. TSUJI, Glaube, 85.

[154] Vgl. auch die knappe Zusammenstellung bei List, Δίψυχος, 92 f.

[155] Allerdings verwendet Jakobus im Zitat das Nomen φθόνος und die Septuaginta das Verb ζηλοῦν (Num 11,29; vgl. aber Jak 4,2: ζηλοῦτε; 3,14.16: ζῆλος). ALLISON, Eldad and Modad, 124, begegnet dem Einwand, dass φθόνος in Num 11 nicht erscheint, mit der Beobachtung, dass frühchristliche Autoren wie Cyrill von Jerusalem, Cyrill von Alexandria und Theodoret von Cyrus die Gesinnung des Josua mit φθόνος und nicht mit ζῆλος umschreiben.

[156] Vgl. ALLISON, Eldad and Modad, 122. „[T]he story of Eldad and Modad is set in the middle of a famous tale about desire run amok, just as James' quotation in v. 5 appears amid a rebuke of people for following their own desires and pleasures."

[157] Bauckham und Allison bringen weitere, z. T. frühere Belege in LibAnt 20,5; bSan 17a; TanB Beha'alotekha 3,22; SifBem 95 (zu Num 11,24–26); Targum Ps.-Jonatan zu Num 11,26. Dazu ausführlich BÖHL, Demut und Prophetie.

[158] SPITTA, Geschichte und Litteratur, Bd. 2, 121 f.

2.5 δίψυχος („zweiseelig")

Spitta rechnet auch die Aussage „doch in reichlicherem Maß teilt er seine Gnade aus" (Jak 4,6) zum Zitat aus Eldad und Modad[159] und vermutet daher, dass der rabbinische Gedanke über diese apokryphe Schrift Eingang in den Jakobusbrief gefunden hat. In dieser Linie stehe auch das folgende Sprüchezitat in Jak 4,6: „Gott widersetzt sich den Hochmütigen, den Demütigen aber schenkt er seine Gnade." Allison weitet den Blick und bezieht zudem patristische Belege ein, die ebenfalls davon sprechen, dass Gott Eldad und Modad Gnade (χάρις) gegeben (διδόναι) habe.[160] Er rechnet also mit einem beachtlichen Traditionsstrom, der aus dem Verhalten der beiden Männer den Grund für eine besondere göttliche Zuwendung ableitet.

(3) Das einzige der Schrift Eldad und Modad ausdrücklich zugewiesene Zitat stammt aus dem Hirt des Hermas (vis 2,3,4).[161] Es ist zugleich das einzige formale Zitat in diesem Schreiben: „Der Herr ist denen nahe (ἐγγύς), die sich bekehren (τοῖς ἐπιστρεφομένοις). So steht es bei Eldad und Modat, den Propheten für das Volk in der Wüste."[162] Dort wird, so Spitta, „aller Wahrscheinlichkeit nach auch jenes von Jakobus zitierte Wort gestanden haben", zumal sich das Hermaszitat eng mit Jak 4,8 berühre: „Naht euch Gott, und er wird sich euch nahen!" (ἐγγίσατε τῷ θεῷ καὶ ἐγγιεῖ ὑμῖν).[163] Bauckham nennt noch weitere Berührungen zwischen Jak 4 und Hermas, die er auf eine gemeinsame Quelle in Eldad und Modad zurückführen will. Besonders hervorzuheben sind Parallelen im Hirt des Hermas zur Vorstellung vom „Geist, der in euch angesiedelt ist" (Jak 4,5). In Jak 4,5, Herm mand 3,1 und sim 5,6,5 wird der Geist (πνεῦμα) mit dem Verb κατοικίζειν verbunden, doch was nach Bauckham noch stärker ins Gewicht fällt:

---

[159] Ein Punkt, der ihm von DIBELIUS, Jakobus, 266 Anm. 2, angekreidet werden sollte, der wie die meisten heutigen Kommentatoren damit rechnet, „daß der zitierte Text mit v. 5 zu Ende geht." ALLISON, Eldad and Modad, 115 f., wiederum begegnet Dibelius' Kritik mit dem Argument: „If the quotation ended [...] with v. 5, then someone sympathetic to Spitta's position could simply affirm that James himself formulated v. 6 under the continuing influence of *Eldad and Modad*."

[160] ALLISON, Eldad and Modad, 122. Er nennt hier ebenfalls Texte von Cyrill von Jerusalem, Cyrill von Alexandrien und Theodoret von Cyrus. Auch der Ausspruch in 1 Clem 23,1 – unmittelbar vor dem mutmaßlichen Zitat aus Eldad und Modad – spricht von Gott, der Gnade gibt. „Can this be only coincidence?" (a. a. O., 123).

[161] ZAHN, Hirt des Hermas, 317 f., stellt einen hintergründigen Bezug zwischen den beiden Propheten und der Person des Hermas her. Dagegen mit spitzer Zunge BROX, Hirt des Hermas, 103.

[162] Übers. BROX, Hirt des Hermas, 95.

[163] SPITTA, Geschichte und Litteratur, Bd. 2, 122. ALLISON, Eldad and Modad, 124, fasst seine Argumentation so zusammen: „The upshot [...] is not only that Jas 4.5 in all likelihood preserves a line from the lost Eldad and Modad, but also that there are a number of overlaps between the first half of James 4 and Num. 11.26–19 [sic], and especially with traditions that grew out of that biblical passage. James concerns himself with desire, jealousy, ‚the spirit', speaking against others, the humble being exalted, the giving of grace, and God drawing near to the saints, all of which were part and parcel of the lore surrounding Eldad and Modad. Spitta would seem to be vindicated."

48 2. *Die Sprache des Zweifels im frühen Christentum*

„These three passages [...] contain the only occurrences of the verb κατοικιζεῖν [*sic*] in Christian literature before Justin."[164]

(4) Von Bedeutung ist schließlich das apokryphe Zitat in 1 Clem 23,3–4 und 2 Clem 11,2–4, das als γραφή bzw. προφητικὸς λόγος gekennzeichnet wird und das mit guten Gründen ebenfalls der Schrift Eldad und Modad zugewiesen werden kann.[165] Die Charakterisierung als „prophetisches Wort" in 2 Clem 11,2 passt zu den geistgewirkten Prophezeiungen der beiden Männer Eldad und Modad (Num 11,26), die der Legitimierungslogik des Buchs mutmaßlich zugrunde lagen. Insbesondere die Anfangsworte „Unglücklich sind die Zweiseeligen" (ταλαίπωροι εἰσιν οἱ δίψυχοι) weisen terminologische Übereinstimmungen zu Jak 4,8–9 auf, wo von den „Zweiseeligen" (δίψυχοι) und vom „Unglücklichsein" (ταλαιπωρήσατε) die Rede ist. Dass die Verfasser der Clemensbriefe das Wort δίψυχος in ihrer Quelle Eldad und Modad vorfanden, wird durch den unmittelbaren Kontext des Zitats in Herm vis 2,3,4 bekräftigt, der etliche διψυχ-Belege aufweist.[166] Die beiden Clemensbriefe stimmen übrigens mit Hermas überein, dass sie die „Zweiseeligkeit" nicht mit dem Verb διακρίνεσθαι, sondern mit διστάζειν verknüpfen.

Seitz geht noch einen Schritt weiter und mutmaßt, dass Hermas das Buch Eldad und Modad abgeschrieben und erweitert habe. Er will seine Hypothese aus Herm vis 2,1 ableiten, wo berichtet wird, dass Hermas eine ältere Frau sah, die in „einem kleinen Buch (βιβλαρίδιον)" (vis 1,2) las und ihn bat, den Inhalt den Auserwählten Gottes zu verkündigen. „Ich erwiderte ihr: ‚Herrin, soviel kann mein Gedächtnis nicht behalten; gib mir das Buch, dass ich es abschreibe (μεταγράψωμαι)!' ‚Nimm es', sagte sie, ‚aber gib es mir wieder zurück.' Und ich nahm es, zog mich an einen Platz auf dem Felde zurück und schrieb alles buchstäblich ab (μετεγραψάμην πάντα πρὸς γράμμα); denn Silben fand ich nicht [...]" (vis 2,1,3–4). Seitz zieht die Möglichkeit in Erwägung, dass Hermas nicht nur in einer Vision, sondern realiter ein in Unzialen geschriebenes Buch erhalten habe und dass er aus den Teilen, die er entziffern konnte, die Begriffe διψυχία und διψυχεῖν übernahm und sich von ihnen inspirieren ließ.[167] Denn in den folgenden Abschnitten ist dann mehrfach dazu ermahnt, den Zwiespalt (aus dem Herzen) zu entfernen (vis 2,2,4

---

[164] BAUCKHAM, Spirit of God, 280; ders., Eldad and Modad, 215.

[165] SPITTA, Geschichte und Litteratur, Bd. 2, 123, mit Verweis auf LIGHTFOOT, Apostolic Fathers, Bd. 1/2, 80 f. (zu 1 Clem) und 235 (zu 2 Clem). Lightfoot will nicht ausschließen, dass die Schrift Eldad und Modad ein christliches Produkt sei „to sustain the courage of the brethren under persecution by the promise of the Lord's advent". Neben Seitz, Bauckham und Allison wurde Lightfoots quellenkritischer Vorschlag u. a. von HAGNER, Use, 87 f., positiv aufgenommen. Hagner erwägt, dass neben Jak 4,5; 1 Clem 23,3 und 2 Clem 11,2 auch weitere Stellen im Jakobusbrief in literarischer Abhängigkeit zu Eldad und Modad stehen: Jak 1,5–8 (wegen δίψυχος); 4,14 (vgl. 1 Clem 23,1–2; 17,6) und 5,11 (vgl. 1 Clem 23,1–2). Vgl. DONFRIED, Setting, 53; KNOCH, Eigenart, 111–124. Skeptisch TUCKETT, 2 Clement, 216 (Lightfoots Vorschlag „can only remain a conjecture"); LONA, Der erste Clemensbrief, 294 f. (zu Knochs These: „mit vielen unbewiesenen und unbeweisbaren Voraussetzungen belastet"); PRATSCHER, Der zweite Clemensbrief, 152 („ganz und gar spekulativ").

[166] Herm vis 2,2,4.7; 3,2,2; 3,3,4; 3,7,1; 3,10,9; 3,11,2. Vgl. BAUCKHAM, Eldad and Modad, 251.

[167] SEITZ, Afterthoughts, 333.

2.5 δίψυχος („zweiseelig")

und 2,2,7). Seitz sieht allerdings selbst, dass der Bericht „symbolischen" Charakter habe. Es ist übertrieben, dahinter eine „historische" Begebenheit zu vermuten und Hermas zum „Verleger" einer jüdischen Schrift zu machen.[168]

Der hier geführte „Indizienbeweis" macht folgende Rekonstruktion wahrscheinlich: Das obskure Zitat Jak 4,5 ist der griechischen Übersetzung des Apokryphons Eldad und Modad entnommen, das mit dem Wort δίψυχος auch auf Jak 4,8 abfärbte und von da aus in Jak 1,5–8 einging.[169] Der Hirt des Hermas griff für seinen elaborierten Diskurs über die Zweiseeligkeit sowohl auf Jakobus zurück[170] als auch auf Eldad und Modad. Dieselbe jüdische Quelle liegt – ebenfalls in Übersetzung – auch den Zitaten in den beiden Clemensbriefen zugrunde, die als „Schrift" (1 Clem 23,3) bzw. als „prophetisches Wort" (2 Clem 11,2) eingeführt werden. Ausgehend vom Zitat nahmen die beiden Autoren die Vorstellung von der Zweiseeligkeit in ihren jeweiligen Sprachschatz auf. Sie taucht an weiteren Stellen auf, sowohl im unmittelbaren Kontext des Zitats (1 Clem 23,2 und 2 Clem 11,5: διψυχεῖν) als auch darüber hinaus (1 Clem 11,2: δίψυχος; 2 Clem 19,2: διψυχία). Meist wird heutzutage davon ausgegangen, dass sich aus dem Gesamtbefund *keine* direkte literarische Abhängigkeit des 1. vom 2. Clemensbrief ergibt, dass ihre Verfasser also unabhängig voneinander auf die Quelle zurückgriffen.[171] Auch wird gegenwärtig mehrheitlich davon ausgegangen, dass zwischen dem 1. Clemensbrief und dem Jakobusbrief keine literarische Abhängigkeit besteht, doch sind Abfassungssituation und -zeit der beiden Schriften nach wie vor umstritten.[172] Fraglos teilen die beiden Schriften etliche gemeinsame Traditionen.[173] Werden der Jakobusbrief und der 2. Clemensbrief zusammen mit dem 1. Clemensbrief und dem Hirt des Hermas in Rom verortet,[174] stellt sich nicht nur die Frage literarischer Abhängigkeit nochmals neu, sondern es legt auch die Überlegung einer lokalspezifischen Ausprägung eines Dissonanzdiskurses nahe, der mit der Wortfamilie διψυχ- operiert.

---

[168] Vgl. zur Kritik an Seitz' These auch Allison, Eldad and Modad, 106 Anm. 14.

[169] Vgl. Bauckham, Spirit of God, 281: „We can conclude that there is considerable probability that the quotation in James 4:5 comes from the apocryphal Book of Eldad and Modad, which was also well-known in the Roman church, quoted by Hermas, and described as ἡ γραφή in 1 Clement (23:3) and ὁ προφητικὸς λόγος in 2 Clement (11:2)."

[170] S.u. Kap. 7.2.3 zur Frage der Abhängigkeit des Hermas von Jakobus.

[171] Vgl. Bauckham, Eldad and Modad, 250. Anders noch Lightfoot, Apostolic Fathers, Bd. 1/2, 235 (und daran anschließend Hagner, Use, 173): „[O]ur writer [sc. der Autor von 2 Clem] was acquainted with and borrowed from the genuine Clement."

[172] Mit einer Abhängigkeit des 1. Clemensbriefs vom Jakobusbrief (bei Orthonymität beider Schriften) rechnen u. a. Mußner, Jakobusbrief, 36; Johnson, James, 72–74; Stevens, Neglect, 775; vorsichtig Hagner, Use, 255 f.

[173] Vgl. z. B. neben dem paränetischen Zug und den rhetorischen Übereinstimmungen die Aufnahme von Gen 15,6 (1 Clem 10,6; Jak 2,23), die Bezeichnung Abrahams als „Freund" (1 Clem 10,1–2; Jak 2,23) und Rahabs als πόρνη (1 Clem 12,1; Jak 2,25), den Aspekt der Werke (1 Clem 30,3; Jak 1,22; 2,17) und schließlich die Verurteilung der Zweiseeligkeit (1 Clem 23,3; Jak 1,8; 4,8).

[174] Zu letzterem vgl. Tuckett, 2 Clement, 62. S. u. Kap. 6.2.4.

2. Die Sprache des Zweifels im frühen Christentum

Selbst wenn wahrscheinlich gemacht werden kann, dass das Apokryphon dem Jakobusbrief, den Clemensbriefen und dem Hirt des Hermas vorlag und sie zur Verwendung der Wortfamilie inspirierte, ist noch nicht geklärt, auf welchem Weg διψυχεῖν in die Didache (Did 4,4) und den Barnabasbrief (Barn 19,5) gelangte. Beide fanden das Verb in einer christlich überarbeiteten Fassung des Zwei-Wege-Traktats vor. Es ist höchst unwahrscheinlich, dass der Traktat ebenfalls direkt auf Eldad und Modad zurückgreift,[175] und ein Einfluss des Jakobusbriefes auf den Traktat ist so gut wie ausgeschlossen.[176] Darüber hinaus sind die Didache und der Barnabasbrief nicht in einem stadtrömischen Milieu zu verorten, so dass diese mögliche Verbindungslinie ebenfalls wegfällt. Über den Ort und die ursprüngliche Form des jüdischen Traktats, der sicher auf mündliche Vorstufen zurückgeht und in verschiedenen Rezensionen überliefert wurde, lassen sich keine gesicherten Aussagen treffen.[177] Damit bleibt auch der Ursprung des διψυχεῖν im Dunkeln. Hinzu kommt, dass das Wort lediglich in einem schwer verständlichen Logion zitiert wird und – anders als in den Clemensbriefen und im Hirt des Hermas – nicht in den Begriffsvorrat der Autoren übergegangen ist.

Zusammenfassend ist also damit zu rechnen, dass die Rede von der Zweiseeligkeit auf (mindestens) zwei voneinander getrennten, jüdischen Traditionslinien in das Gesichtsfeld frühchristlicher Autoren trat: das Apokryphon Eldad und Modad und Rezensionen eines Zwei-Wege-Traktats. Diese Hypothese bleibt aber mit etlichen Unsicherheiten behaftet. Es ist nicht möglich und auch nicht sinnvoll, *eine* Quelle und *einen* verantwortlichen Autor für das Wort auszumachen.[178]

---

[175] So aber KNOCH, Eigenart, 115, der unter Verweis auf Gemeinsamkeiten zwischen Did 4,4.7//Barn 19,5.11 und Hermas (vis 2,3,1; mand 9,3; sim 9,23,4) *alle* frühchristlichen διψυχ-Belege auf das jüdische Apokryphon Eldad und Modad zurückführen und in den Rahmen „der Verzögerungsapologetik des frühen Christentums der Übergangszeit von der 1. zur 2. Generation" einspannen wollte (a.a.O., 119). Vgl. zur Kritik LONA, Der erste Clemensbrief, 295: „Die Annahme einer gemeinsamen Quelle für alle christlichen Texte führt konsequent zur Annahme der gleichen Bedeutung im Sprachgebrauch von διψυχία bei all diesen Texten. Das läßt sich aber nicht durchhalten, ohne den Texten Gewalt anzutun bzw. ohne augenfällige Unterschiede zu nivellieren."

[176] Selbst wenn der Jakobusbrief und die Didache einem gemeinsamen Traditionsmilieu entstammen (vgl. z.B. die Beiträge in H.W.M. Van de Sandt/J.K. Zangenberg [Hg.], Matthew, James, and Didache), muss der Wege-Traktat gesondert betrachtet werden.

[177] Vgl. NIEDERWIMMER, Didache, 59: „Der jüdische Traktat [...] ist in seiner ursprünglichen Form untergegangen. Er hat aber (in verschiedenen Modifikationen) in der altchristlichen Literatur weitergelebt. Die ersten Christen (zunächst wahrscheinlich Judenchristen) haben den Text aufgegriffen und für sich arrogiert. Und von da an hat er innerhalb der christlichen Literatur Geschichte gemacht." Vgl. a.a.O., 61–63, der Versuch einer Genealogie des Traktats.

[178] Das betont neuerdings auch LIST, Δίψυχος, 95, und er schlägt vor, das Augenmerk auf das Sprachmilieu zu werfen: „[t]he linguistic milieu of the Koine period was such that a compound word such as δίψυχος could very easily have come into being." Dies wird durch den folgenden Abschnitt bestätigt, der eine Reihe weiterer solcher Begriffe aufzählt.

2.5.3 Parallelbegriffe zu δίψυχος

Die Vorstellung der Zweiheit als verwerflicher spiritueller wie ethischer Disposition brachte in den verschiedensten Literaturgattungen etliche Begriffe hervor, die etymologisch und sachlich mit δίψυχος verwandt sind. Linguistisch handelt es sich bei diesen Wörtern um Ergebnisse einer „derivational affixation",[179] bei der ein funktional unselbständiger Wortbestandteil (δίς) an ein Lexem angliedert wird. Die Koine war hier äußerst produktiv und kreativ.

Hierzu können aus dem frühjüdischen und frühchristlichen Traditionsbereich die folgenden Wörter gezählt werden:[180]

(1) δίγλωσσος („doppelzüngig"): Spr 11,13; Sir 5,9.14.15; 28,13; Philo, Sacr. 32; Sib 3,37; Did 2,4//Barn 19,7.
(2) διγλωσσία („Doppelzüngigkeit"): Did 2,4//Barn 19,7.
(3) διγνώμων bzw. δίγνωμος („doppelsinnig"): Did 2,4//Barn 19,7; ConstAp 2,2,21.
(4) δίλογος („doppelzüngig"): 1 Tim 2,8.
(5) διπλοκαρδία („Doppelherzigkeit"): Did 5,1//Barn 20,1.
(6) διπρόσωπος („doppelgesichtig"): TestAss 3,1.2; 4,1.3.4; 6,2; vgl. 2,2.3.5.7.8; TestDan 4,7; vgl. TestBen 6,6.7: διπλοῦς („doppeltes [Gesicht und Gehör]").
(7) διχόνους („doppelsinnig"): Philo, Prob. 154; Sacr. 32.[181]

2.6 ὀλιγόπιστος („kleingläubig") und ὀλιγοπιστία („Kleinglaube")

Der sprachgeschichtliche Ursprung der Wortgruppe ὀλιγόπιστος/ ὀλιγοπιστία liegt im Dunkeln. In der Profangräzität und auch in der Septuaginta sind die beiden Lexeme nicht belegt. Das Nomen erscheint erstmals in der Logienquelle (Lk 12,28//Mt 6,30), von wo es Eingang in die Glaubensreflexion des Matthäusevangeliums fand und in den Rahmen seiner Ekklesiologie eingestellt wurde (8,26; 14,31; 16,8: ὀλιγόπιστος; 17,20: ὀλιγοπιστία). Matthäus weist das Attribut „kleingläubig" konsequent den Jüngern zu, wohingegen die Masse der Außenstehenden durch „Unglauben" gekennzeichnet ist (13,58).[182] Kleinglaube setzt den Glauben voraus, d. h. er hat seinen Ort in Situationen der Glaubensanfechtung.[183] Er äußert sich als Furcht in einer bedrohlichen Lage (8,26; 14,31), als Sorge um Nahrung (6,30; 16,8) oder als Versagen bei einer Krankenheilung (17,20).

---

[179] Vgl. LIST, Δίψυχος, 97, mit Literatur.

[180] Vollständigkeit ist weder in Hinsicht auf die Erfassung der Begriffe noch auf ihre Nachweise angestrebt; dazu die einschlägigen Wörterbücher. Zu analogen Vorstellungen aus der weiteren Religions- und Philosophiegeschichte s. u. Kap. 6.5.

[181] Auch im Fragment zu Philo, QG 2,12 (zu Gen 7,2) bei Johannes Monachus: διχόνους γὰρ ἐπαμφοτερὴς ὁ ἄφρων, τὰ ἄμικτα μιγνὺς, καὶ φύρων καὶ συγχέων τὰ διακρίνεσθαι δυνάμενα (vgl. R. Marcus, LCL 401, 195).

[182] Zu Mt 17,17 s. o. Kap. 4.3.4.3.

[183] Vgl. BARTH, ὀλιγοπιστία, 1238: „Nicht die grundsätzliche Verweigerung des Glaubens, sondern der Mangel an Vertrauen, mangelndes Durchhalten des Glaubens werden mit

52   *2. Die Sprache des Zweifels im frühen Christentum*

Weil sich der erste Beleg von ὀλιγόπιστος in der Logienquelle findet,[184] wurde angenommen, dass der Ausdruck ursprünglich im palästinischen Judentum beheimatet war oder möglicherweise gar auf Jesus selbst zurückzuführen ist.[185] Dem steht entgegen, wie andere meinen, dass für den Begriff keine semitische Entsprechung auszumachen sei und Jesus daher nicht als Urheber infrage komme.[186] Jesus könne den Gedanken des Kleinglaubens aufgebracht haben, den Begriff habe er aber nicht geprägt.[187] Eine vergleichbare Wortbildung liegt in der Wendung ὀλίγον βλέπων („kurzsichtig") vor (P.Oxy. 1,39,9).[188]

In den Kommentaren und Wörterbüchern wird standardmäßig auf den Eintrag Paul Billerbecks zu Mt 6,30 verwiesen.[189] Nach Billerbeck findet sich im frührabbinischen Schrifttum durchaus ein Parallelbegriff zu ὀλιγόπιστοι, nämlich קטני אמנה (bzw. מהוסרי אמנה), „solche, denen es an Glauben fehlt".[190] Billerbecks Ableitung findet nach wie vor breite Zustimmung.[191] In Vergessenheit geriet unterdessen, dass schon John Lightfoot in seinen „Horae Hebraicae et Talmudicae" auf die Parallelität der Begriffe hinwies und kommentierte: „קטני אמנה: Talmudicis frequentissismis".[192] Lightfoot präsentierte drei einschlägige Passagen über den „Kleingläubigen", der beim Beten seine Stimme laut erhebt (bBer 24b), die „kleingläubigen" Israeliten in der Wüste und am Schilfmeer (bAr 15a) sowie den Spruch Rabbi Eliezers (gest. 90 n. Chr.) über den „Kleingläubigen", der in seinem Korb Brot hat und fragt: „Was soll ich morgen essen" (bSota 48b Baraita). Christian Schoettgen erweiterte die bei Lightfoot gebotene Quellenbasis erheblich, insbesondere um Texte aus der Mechilta (zu Ex 16,4.20.27), die den „Kleinglauben" der Wüstengeneration illustrieren.[193] Auf die etwa eine Kommentarseite umfassenden Parallelstellen konnte beispielsweise Johann Jakob Wettstein in Auswahl zurückgreifen,[194] und auch Billerbeck legte sie seinem Kommentar – neben anderen Stoffsammlungen – zugrunde.[195]

ὀλιγοπιστία/ὀλιγόπιστος bezeichnet."

[184] Im Gegensatz dazu sehen die Vertreter der Farrerhypothese Matthäus als Urheber des Wortes (vgl. GOULDER, Luke, Bd. 1, 12, der ὀλιγόπιστος „among the most striking Matthaeanisms" sieht; GOODACRE, Case against Q, 62).

[185] Impliziert bei JEREMIAS, Neutestamentliche Theologie, 160; als Möglichkeit erwogen bei CAIROLI, La „poca fede", 50 f. Cairoli schlägt allerdings kein semitisches Pendant vor, da er aufgrund seiner rein synchronen Methodologie nicht an „Vorstufen" interessiert ist.

[186] Vgl. FITZMYER, Luke, Bd. 2, 979: ὀλιγόπιστος „lacks any real equivalent in the Semitic languages".

[187] So DUNN, Jesus Remembered, 501 f. Anm. 58, der die in der vorigen Fußnote zitierte Bemerkung Fitzmyers aufnimmt: „but even if a direct translation equivalent is lacking, the thought itself could certainly be expressed by Jesus."

[188] Vgl. SCHENK, Sprache des Matthäus, 409.

[189] Jetzt auch wieder in der Monographie von NÜRNBERGER, Zweifelskonzepte, 379 f.

[190] Bill. 1, 438 f.

[191] Vgl. BARTH, ὀλιγοπιστία, 1237; BORNKAMM, Petrus bei Matthäus, 383.

[192] Lightfoot, Horae Hebraicae et Talmudicae, 306.

[193] Schoettgen, Horae Hebraeicae et Talmudicae, 71 f. Vgl. bPes 118b/bAr 15a.

[194] Wettstein, H KAINH ΔIAΘHKH, Bd. 1, 336.

[195] Bill. 1, 438 f. Vgl. a. a. O., V, wo namentlich Lightfoot, Johann Gerhard Meuschen, Schoettgen, Wettstein und aus der jüngeren Vergangenheit Franz Delitzsch und August Wünsche genannt werden. Nichts Neues bringt LACHS, Rabbinic Commentary, 133 f.

2.6 ὀλιγόπιστος („kleingläubig") und ὀλιγοπιστία („Kleinglaube") 53

Damit legt sich Folgendes nahe: Die Wortgruppe ὀλιγόπιστος/ὀλιγοπιστία ist eine Wortschöpfung aus dem Raum des frühen Christentums,[196] die auf ein palästinisch-jüdisches Sprachmilieu zurückgeht, wo sachlich vergleichbare Wendungen ein unzulängliches Vertrauen in Gottes Güte und Wundermacht bezeichnen. „Kleinglaube" meint in den rabbinischen Parallelen einen defizitären Gebets- und vor allem Wunderglauben und wird mit Vorliebe den Israeliten am Roten Meer und in der Wüste zugeschrieben. Dass das frühe Christentum zum Zweck einer „Binnendifferenzierung"[197] des Glaubens in kreativer Weise mit der Wortfamilie πιστ- umging, kann eigentlich nicht verwundern, wenn man sich die religionsgeschichtlich neuartige Zentralstellung des Phänomens „Glaube" bewusst macht.

Blickt man ferner auf die Entstehungsgeschichte des deutschen Begriffs „kleingläubig", so ist bemerkenswert, dass er erst durch die Bibelübersetzung Martin Luthers Eingang in den deutschen Wortschatz gefunden hat. Es ist Teil der bleibenden Wirkung Luthers, dass er in „religiösen, geistigen, ethischen und sozialen Begriffsbereichen neue Wortbildungen, Wortbedeutungen und Neustrukturierungen bestimmter Wortfelder" eingeführt hat.[198] Dazu zählt unter anderem die Wortbildung „kleingläubig". Man mag der Wiedergabe des griechischen Ausdrucks mit „kleingläubig" kritisch gegenüberstehen, da sich der Begriff „Glaube" als Beschreibung eines beständigen, individuellen Gottesverhältnisses etablierte und „Kleinglaube" daher einen notorischen Mangel an solchem Glauben impliziert und zwischen Glaube und Unglaube steht.[199] „Kleinglaube" – jedenfalls im matthäischen Sinn – ist nicht primär eine permanente Fehlform einer auf Kontinuität angelegten Beziehungsstruktur, sondern ein situativ bedrohlicher Defekt, der sich als Zweifel an der konkreten Zuwendung Jesu verwirklicht. Kleinglaube ist daher nicht ein beständiger Charakterzug der Jünger,[200] sondern eine Art Chiffre für die beständige Gefährdung des Glaubens. „Kleinglaube" erweist sich analog zur Sorge und zur Furcht als ein „Existenzial", das zu den fundamentalen Daseinsbedingungen glaubender Existenz gehört und in Situationen virulent wird, in denen die Jünger Vertrauen aufbringen und Durchhaltevermögen an den Tag legen sollten.

---

[196] Vgl. HENGEL/SCHWEMER, Jesus und das Judentum, 475 Anm. 61 („christliche Neubildung").

[197] NÜRNBERGER, Zweifelskonzepte, 378.

[198] VON POLENZ, Deutsche Sprachgeschichte, Bd. 1, 234. Dort auch zum Terminus „Kleinglauben".

[199] S. u. Kap. 4.3.5.3 zur 6. Sentenz des Sextos, die diese Auffassung vorabbildet.

[200] Diese Sicht vertritt neuderdings wieder WOODINGTON, Dubious Disciples, 84: „[T]he disciples do not have temporary bouts of little faith that they face and defeat, nor do they oscillate between full and little faith. Rather they are always ὀλιγόπιστος. Little faith is a permanent character trait of the disciples, one that rears its head at various points in the narrative without ever going away." Schon die oben angeführten Parallelen aus jüdischen Texten, aber auch die matthäischen Passagen selbst verweisen demgegenüber auf die Situationsbezogenheit des „Kleinglaubens".

54   2. Die Sprache des Zweifels im frühen Christentum

2.7 διστάζειν („zweifeln, schwanken, zögern")

Nur Matthäus verwendet in seinem Sondergut ein Lexem, das auch in der Profangräzität „zweifeln" bedeutet: διστάζειν (Mt 14,31; 28,17). Sonst fehlt das Wort im Neuen Testament. Auch in der Septuaginta und bei Philo kommt es nicht vor, während es sich in den Apostolischen Vätern in einer Vielfalt von Konstruktionen findet[201] und durch ein weiteres Mitglied der Wortfamilie, ἀδιστάκτως, ergänzt wird.[202] Sprachlich auffällig ist hier die neuartige Formulierung διστάζειν εἰς (Herm mand 9,5), bei der die Präposition den Gegenstand des Zweifels angibt.[203] Hier wird eine Korrespondenz zwischen Gotteszweiflern (οἱ διστάζοντες εἰς τὸν θεόν) und Zweiseeligen (οἱ δίψυχοι) hergestellt, allerdings keine direkte Identifikation.[204] Matthäus gebraucht das Verb absolut und verzichtet offenbar bewusst auf eine Angabe des Zweifelsobjekts. Bei ihm verknüpft sich der Zweifel mit dem Kleinglauben, wenn er Jesus zu Petrus sagen lässt: „Du Kleingläubiger! Warum hast du gezweifelt?" (Mt 14,31).

Anstelle einer Auflistung verschiedener Verwendungsweisen aus der griechischen Literatur zitiere ich lediglich aus Platons Nomoi das Gespräch zwischen dem namenlosen Athener und dem Kreter Kleinias über das Konzept der alles durchwaltenden „Seele". Der Athener stellt die These zur Diskussion, dass die Seele alles lenkt, im Himmel, auf der Erde und im Meer, und dass sie, „wenn sie die Vernunft hinzunimmt [...], dann immer alles zum Rechten und zum Glück hinleitet, während sie dann, wenn sie sich mit Unvernunft verbindet, in allem das Gegenteil davon bewirkt." Daraufhin fragt er: „Sollen wir annehmen, dass sich dies so verhält, oder schwanken wir noch, ob es sich nicht irgendwie anders verhält (ἢ ἔτι διστάζομεν εἰ ἑτέρως πως ἔχει)?" An diesem Beispiel wird das der Wortbildung δι-στάζειν inhärente Schwanken zwischen zwei erkenntnis-

---

[201] Als „zweifeln": 1 Clem 11,2 (περί τινος, „in Bezug auf"); 23,3 (τῇ ψυχῇ, „bei sich"); 2 Clem 11,2 (τῇ καρδίᾳ); Herm mand 9,5 (ἐν τῇ καρδίᾳ); Herm sim 9,28,7 (περί τινος, „in Bezug auf"); Herm mand 2,4 (mit folgender indirekter Frage: „zweifeln, wem du geben sollst"). Als „zweifelnd zögern": Did 4,7; Barn 19,11 (mit Inf. δοῦναι); Herm sim 5,4,3 (mit Inf. αἰτεῖσθαι).

[202] Vgl. Herm mand 9.2.4.6 im Kontext des Gebets („ohne Bedenken", „ohne Zweifelsgedanken"); sim 2,5.7 im Kontext der Armenversorgung durch die Reichen („ohne Hintergedanken", „ohne Zögern"; vgl. sim 9,24,2); sim 5,4,4 im Kontext der Fürsorge und des Gebens Gottes („ohne Hintergedanken", „ohne Zögern"); sim 8,10,3 im Kontext der Buße („ohne Zögern"). In sim 9,29,2 ist von denen die Rede, die „ohne Zweifel" aufgrund ihrer Tadellosigkeit im Gottesreich wohnen werden.

[203] Vgl. BDR, § 206,2 unter der Überschrift „Wechsel von εἰς und ἐν in übertragenem Sinn": „Begreiflich ist das Schwanken da, wo ein hebr. ב, dem im Klass. der Dat. entsprechen würde, übersetzt wird, so bei πιστεύειν, ὀμνύναι und εὐδοκεῖν [...]." Es folgt u. a. ein unkommentierter Verweis auf διστάζειν εἰς in mand 9,5.

[204] Das Nebeneinander von διστάζειν und δίψυχος findet sich auch im bereits erwähnten Zitat aus Eldad und Modad in den beiden Clemensbriefen (1 Clem 23,3; 2 Clem 11,2). S. u. Kap. 6.4.2.

theoretischen Standpunkten deutlich.[205] Matthäus, der zwar auch das noetische Moment des Gottesverhältnisses herausstreicht, wird das zweifelnde Schwanken dann nicht bloß auf ein Erkenntnisproblem, sondern auf den grundlegenden Konflikt zwischen Glaube und gegenläufiger Wirklichkeitserfahrung beziehen.

2.8 Fazit

Der Gesamtbefund ist bemerkenswert: Unter den neutestamentlichen Autoren nimmt mit διστάζειν nur Matthäus etablierte Zweifelsterminologie in seinen Wortschatz auf; hinzu kommt allenfalls eine spezifische Verwendung von διαλογισμός bzw. διαλογίζεσθαι im Sinne von „Zweifel" bzw. „zweifeln". Aus der Fülle der gebräuchlichen griechischen Termini findet sonst keines den Weg ins Neue Testament: ἀμφιβάλλειν, ἀμφισβητεῖν, ἐνδοιάζειν, ἀμφιγνοεῖν, διχονοεῖν, διχογνωμονεῖν oder ἀπορεῖν. In der Experimentierphase frühchristlicher Identitätsbildung bedurfte es offensichtlich anderer sprachlicher Ausdrucksformen, um die Auseinandersetzung mit der Kehrseite und mit den Gefährdungen des Glaubens in Worte zu fassen. Dies brachte linguistische Innovationen hervor, wie die Lexeme ὀλιγόπιστος, ὀλιγοπιστία und δίψυχος zeigen – nicht allerdings semantische Sonderentwicklungen, wie im Fall des Verbs διακρίνεσθαι häufig angenommen wird. Auch ἀπιστία, ἀπιστεῖν und ἄπιστος können je nach Kontext den Zweifel benennen. Die frühchristlichen Schriften dokumentieren eine linguistische Fluidität, die nicht vorschnell in andernorts und später geläufige Formen gepresst werden darf, wie etwa in die Opposition Glaube vs. Zweifel. Auch darf man nicht in die Falle tappen, übereinstimmende Begriffsverwendungen zwischen den Autoren mit einer übereinstimmenden Semantik zu verwechseln. Bei der Verwendung der Wortfamilie πιστ- ist dies mittlerweile *common sense*, aber auch die semantischen Nachbarn müssen je in ihrem Kontext analysiert werden.

Eine neuartige religiöse Bewegung entwickelt eine neuartige sprachliche Artikulation. Wenn zutrifft, dass „die Sprache die Wirklichkeit ist, in der sich [...] die Weltbegegnung des Menschen vollzieht",[206] ist diese Beobachtung von nicht zu unterschätzender Bedeutung. Die Rede von der „sprachbildenden Kraft" des frühen Christentums schießt über das Ziel hinaus, wo sie ideologisch aufgeladen wird. Aber von einer sprachbereichernden Kreativität kann durchaus gesprochen werden, gerade im Blick auf den Glaubens- und Zweifelsdiskurs. Um auf die eingangs angedeuteten Thesen Schleiermachers zurückzukommen: „Jede geistige Revolution ist sprachbildend, denn es entstehen Gedanken und

---

[205] Platon, *leg.* 10, 897b (Übers. K. Schöpsdau).
[206] LIEBRUCKS, Erkenntnis und Dialektik, 8.

56   *2. Die Sprache des Zweifels im frühen Christentum*

reale Verhältnisse, welche eben als neue durch die Sprache, wie sie war, nicht bezeichnet werden können."[207]

---

[207] Aus Schleiermachers Hermeneutikvorlesung zitiert bei DILTHEY, Leben Schleiermachers, Bd. 2/2, 758, mit dem Verweis auf ERNESTI, Institutio, 51: „Sunt enim non pauca in his libris nove dicta propter novitatem rerum." Vgl. in etwas anderer Diktion SCHLEIERMACHER, Vorlesungen zur Hermeneutik und Kritik, 796 f. (Kolleg 1832/33; Nachschrift F. Calow): „[...] es ist natürlich daß jede geistige Revolution sprachbildend werde, denn es entstehn Gedanken, oder reale Verhältnisse, die vorher nicht vorhanden, die also nicht aus der Sprache, wie sie war bezeichnet werden können [...]."

3. Paulus

Der Zweifel als „unmögliche Möglichkeit" im Rahmen einer apokalyptischen Theologie

3.1 Einführung

Um es gleich vorwegzunehmen: Der Zweifel als Schwebezustand oder Hin- und Hergerissensein zwischen Glauben und Unglauben hat in der Sinnwelt des Apostels Paulus keinen Platz.[1] Seine Anthropologie ist dichotomisch strukturiert: Sie verortet die Menschen „in umfassenden, gegeneinander wirkenden Kraftfeldern und Machtbereichen",[2] von denen der eine Bereich von Christus, der andere von Adam repräsentiert wird. Entweder partizipiert der Mensch an der Sphäre Adams oder an der Sphäre Christi. Paulus sieht diese Sphären als kosmische Wirklichkeiten, die den Status des Menschen vor Gott determinieren: Mit der Seite Adams verbindet Paulus Fleisch, Sünde und Tod, mit der Seite Christi Geist, Gnade, Gerechtigkeit und Leben. Erlösung von den Wirkungszusammenhängen des adamitischen Machtbereichs vollzieht sich nach Paulus durch einen Überschritt in die Christussphäre: „[M]an's redemption is seen primarily in terms of moving from the sphere of Adam to the sphere of Christ. The belief that it is possible for the believer to do this is dependent upon the fact that the Son of God came in the likeness of Adam's sinful flesh, and so enabled those in Adam to become children of God."[3] Dieses anthropologische, kosmisch begründete Entweder-oder des Paulus gilt ungeachtet seiner pastoralen Sensibilität, der feingliedrigen Distinktionen seines Denkens und seines auf Anschlussfähigkeit bedachten missionarischen Engagements.

In einem ersten Abschnitt skizziere ich grundlegende Aspekte des paulinischen Wirklichkeitsverständnisses und ordne diesem seine Rede von „Glaube" und „Zweifel" zu (Kap. 3.2). In der Einzelexegese konzentriere ich mich auf zwei Passagen im Römerbrief, an denen Paulus – jedenfalls dem Anschein nach! –

---

[1] Vgl. zum Glaubensverständnis des Paulus aus den vergangenen 10 Jahren u. a. die Monographien SCHLIESSER, Was ist Glaube?; SCHUMACHER, Entstehung christlicher Sprache; WATSON, Hermeneutics of Faith; HAGEN PIFER, Faith as Participation; HARRISVILLE, Faith; GUPTA, Paul and the Language of Faith. Umfassend MORGAN, Roman Faith; dies., Theology of Trust.

[2] VOLLENWEIDER, Paulus, 1050.

[3] HOOKER, Πίστις Χριστοῦ, 185.

58 3. Paulus

„ganz explizit Aspekte von Skepsis und Zweifel" thematisiert:[4] die Auseinandersetzung zwischen den „Starken" und „Schwachen" um die Frage des Essens und Trinkens (Röm 14,1–15,13) (Kap. 3.3) und das exemplarische, zweifelsfreie Gottvertrauen Abrahams (4,1–25) (Kap. 3.4). Frühjüdische Denker, allen voran Philo von Alexandria, interessierten sich geradezu mit psychoanalytischer Hingabe für das Innenleben Abrahams, während rabbinische Texte ein besonderes Augenmerk auf das Gottesverhältnis Abrahams richten und auch vor Kritik am Patriarchen nicht zurückscheuen (Kap. 3.5).

3.2 Ereignis des Glaubens und Räume des Zweifels

Der Glaube lässt sich in die „Sphärendichotomie" des paulinischen Denkens einzeichnen. Paulus ist es im Gegensatz zu Philo von Alexandria nicht an einer tiefsinnigen Analyse der Psychologie des Glaubens (und Zweifelns) gelegen; die subjektiven Dimensionen des Glaubens ordnet er in den Horizont der „Apokalyptik" der πίστις ein.[5] Dieser entscheidende Aspekt bleibt unterbelichtet, wenn der Glaube lediglich als eine „rein geistige persönliche Auffassung des religiösen Verhältnisses"[6] oder auch als „das Zentrum des religiösen Lebens überhaupt" bezeichnet wird.[7] Solche Wesensbeschreibungen des Glaubens, wie sie im letzten Jahrhundert von Vertretern der Religionsgeschichtlichen Schule formuliert wurden, akzentuieren einseitig das subjektive Moment des Glaubens und prägen auch heute noch das Verständnis des Glaubens in Theologie und Kirche.

Zu den wenigen Exegeten, die die transsubjektive Dimension des Glaubens erkannten, zählen Ernst Lohmeyer, Fritz Neugebauer, Peter Stuhlmacher und Hermann Binder. Sie umschrieben die πίστις mit (nicht immer unproblematischen) Wendungen als „objektiv gültige und transzendente Macht",[8] „eschatologisches Heilsereignis",[9] „überindividuelles Gesamtphänomen"[10] oder „göttliche Geschehenswirklichkeit".[11] Dass derzeit Bewegung in die Diskussion kommt und die „überindividuelle, geradezu kosmische Dimension" des Glaubens zu-

---

[4] So mit Verweis auf das Verb διακρίνεσθαι NICKLAS, Skepsis und Christusglaube, 178.

[5] Vgl. die einschlägige Stelle Gal 3,23, an der Paulus vom „Offenbartwerden" (ἀποκαλυφθῆναι) des Glaubens spricht. Siehe ausführlich SCHLIESSER, „Christ-Faith"; ders., Glaube als Ereignis.

[6] HEITMÜLLER, Taufe und Abendmahl, 22.

[7] BOUSSET, Kyrios Christos, 149.

[8] LOHMEYER, Grundlagen paulinischer Theologie, 117.

[9] NEUGEBAUER, In Christus, 164. Vgl. MICHEL, Römer, 76.

[10] STUHLMACHER, Gerechtigkeit Gottes, 81.

[11] BINDER, Glaube, 53. Im Zuge der Debatte um den Genitiv πίστις Χριστοῦ vertritt eine Reihe von Exegeten die Ansicht, dass die Offenbarung der „Treue Christi" als „eschatologische Tat Gottes" (MARTYN, Galatians, 362) oder als „apokalyptisch-eschatologisches Novum" (DE BOER, Galatians, 239) aufzufassen sei.

3.2 Ereignis des Glaubens und Räume des Zweifels

nehmend in den Blick kommt, belegen die jüngsten Publikationen zum Thema.[12] Die Offenbarung des Christusglaubens ist der Ermöglichungsgrund des Glaubens an Christus. Noch mehr: Sie schafft eine neue Wirklichkeit, in die sich die Glaubenden schicken und von der sie verändert werden – „to become children of God" (M. Hooker).[13] Der Übertritt von einer Sphäre zur anderen ereignet sich nach Paulus nicht als fließender Übergang, sondern als Herrschaftswechsel – von einer Existenz, die „unter dem Gesetz" (Röm 6,14–15; 1 Kor 9,20; Gal 3,23; 4,5.21; 5,18) bzw. „im Gesetz" (Röm 2,12.23; Gal 3,11; 5,4; Phil 3,6), „unter der Sünde" (Röm 7,14; Gal 3,22) und „im Unglauben" verhaftet war, zu einem Sein „in Christus" (Röm 8,1; 12,5; 16,11; 1 Kor 1,30; 2 Kor 5,17.19; Gal 3,28),[14] „unter der Gnade" (Röm 6,14–15) und „im Glauben".[15]

Die Vorstellungen „im Glauben stehen" (Röm 11,20; 2 Kor 1,24), „im Glauben sein" (2 Kor 13,5) und „im Glauben leben" (Gal 2,20) haben ihre Entsprechung in den Vorstellungen vom „im Herrn stehen" (1 Thess 3,8), „in Christus Jesus leben" (Röm 6,11) und „in Christus sein" (Röm 8,1; 12,5; 16,11; 1 Kor 1,30; 2 Kor 5,17.19; Gal 3,28). Auch die Imperative „Steht im Glauben!" (1 Kor 16,13) und „Steht im Herrn!" (Phil 4,1) entsprechen sich. Wie man „in Christus" schwach sein kann (2 Kor 13,4), kann man auch „im Glauben" schwach sein (Röm 4,19; 14,1). All diese Formulierungen sind sprachliche Ausprägungen einer „Grundfigur der paulinischen Theologie", nämlich die der „Partizipation der Menschen an umfassenden Sphären".[16] Selbst der Zentralsatz der paulinischen Rechtfertigungstheologie in Röm 3,28 erhält durch die lokativische Dimension eine theologisch

---

[12] Vgl. SCHNELLE, Paulus, 571 f.; HORN, Glaube – nicht Weisheit der Menschen, 38; HARRISVILLE, Faith, 84–98; GUPTA, Paul and the Language of Faith, 173 f.

[13] Die Verschränkung von Subjektivität und Objektivität des Glaubens habe ich in der Disposition meiner kleinen Monographie „Was ist Glaube?" darzustellen versucht. Im Rahmen seiner existenzphilosophischen Prämissen kritisierte auch Rudolf Bultmann das Glaubensverständnis der liberalen Theologie. Wilhelm Heitmüller etwa sei nicht zu der Frage gelangt, „ob [...] nicht vielleicht die bisherige Auffassung von der paulinischen πίστις als einem rein geistigpersönlichen religiösen Verhältnis zu Gott revidiert werden müsse" (BULTMANN, Paulus-Forschung, 44). In seinem eigenen Ansatz entwickelte Bultmann die These vom Glauben als einem „eschatologischen Geschehen", welches freilich „je für mich" wirksam wird (ders., πιστεύω, 219). Mit Bultmanns „Theologie der Entscheidung" war die von ihm kritisierte anthropologische Verengung daher nicht überwunden – im Gegenteil: Sie wurde Programm.

[14] Vgl. REHFELD, Relationale Ontologie, 239 f.

[15] Vgl. plastisch DEISSMANN, Paulus, 139: „Der ‚alte' Mensch hatte in dem finsteren, vielfach ummauerten Kerker von sieben Unheils-Sphären geschmachtet: ‚im' Fleisch, ‚in' den Sünden, ‚in' Adam und seinem Todesschicksal, ‚im' Gesetz, ‚in' der Welt, ‚in' den Leiden [...]." Vgl. a. a. O., 257 Anm. 1: Den „sieben Unheilssphären des ‚alten' Paulus" stehe die „eine Heilssphäre des ‚neuen' Paulus" gegenüber. Doch Deißmanns Kontrastierung der sieben Unheilssphären mit der einen Heilssphäre ist entgegenzuhalten, dass auch der Bereich des Heils mit verschiedenen Begriffen belegt werden kann: Gnade, Geist, Evangelium, Herrlichkeit, Gerechtigkeit, Liebe, Friede (vgl. KÄSEMANN, Rechtfertigung und Heilsgeschichte, 137 f. Anm. 27; ders., Römer, 25).

[16] VOLLENWEIDER, „Mitten auf dem Areopag", 301 f.

60   *3. Paulus*

bedeutsame Färbung: „im Glauben", d. h. im Machtbereich des Glaubens, wird ein Mensch gerechtfertigt.[17]

Das räumlich-dualistische, kosmisch begründete Wirklichkeitsverständnis des Paulus schließt die Rede vom Glauben also mit ein – und den Zweifel im Sinne eines existenziellen „Dazwischen" faktisch aus. Räume des Zweifels tun sich allenfalls da auf, wo es um den konkreten Lebensvollzug im Glauben geht. Paulus spricht vom individuellen „Maß des Glaubens" (Röm 12,3), das die existenzielle Teilhabe an der Sphäre des Glaubens (vgl. 4,19–20) und das Zusammenleben in der Gemeinschaft (vgl. 12,6; 14,1.2.22.23) bestimmt. Fragwürdig ist ein Verhalten, das über den Bereich des zugewiesenen Glaubensmaßes „hinausdenkt" (vgl. ὑπερφρονεῖν in 12,3) oder aber unter das Niveau des gegebenen Glaubens sinkt oder gar in den Unglauben abdriftet (vgl. 4,20). Das „Maß des Glaubens" konkretisiert sich in ethischen Entscheidungen und in der Erkenntnisfähigkeit (14,1), im Grad des Vertrauens (4,19) und des Bekennens (10,9–10), in der Qualität des inneren Bezugs zum Glaubensinhalt (1 Thess 3,10; 2 Kor 10,15), in der Befähigung, Wunder zu bewirken (1 Kor 13,2) und Gaben einzusetzen (Röm 12,6), in einer spirituellen oder gar körperlichen Stärke (4,20).[18] In all diese Konkretionen des Glaubens kann sich der Zweifel einschleichen, doch Paulus scheint sich nicht weiter für solche Zweifelsaspekte zu interessieren. Auch dann, wenn ihm Skepsis gegen sein Apostolat entgegenschlägt oder wenn Zweifel gegenüber seiner Lehre geäußert werden, erweist er sich als vehementer Verteidiger seiner Autorität, der „dem Denken der Anderen keinen Raum lässt".[19] Eigene Zweifel, die ihn in Bezug auf das Schicksal Israels umzutreiben scheinen, löst er im Lobpreis der Weisheit Gottes auf (11,33–36). Der Zwiespalt schließlich, der die Selbstwahrnehmung des „Ich" (7,14–25) kennzeichnet, ist für Paulus ein Phänomen der Existenz abseits des Glaubens, d. h. in der Unheilssphäre des Unglaubens; wer in Christus ist (8,1), lässt sich nicht hin- und herreißen zwischen alter und

---

[17] Anders BDR, § 195 Anm. 8 (*instrumentalis*). WALLACE, Greek Grammar, 140, verdeutlicht das zur Diskussion stehende Problem anhand des sachlich analogen Satzes in Röm 8,24: τῇ γὰρ ἐλπίδι ἐσώθημεν. „Does Paul mean to say ‚We are saved by hope' (instrumental), ‚in hope' (locative), or ‚to' (or ‚for') ‚hope' (dative)? If the case is [pure] dative, hope is, in a sense, personified and becomes the end of salvation rather than a means to that end. If the case is locative, hope is regarded as the sphere in which salvation occurs. If the case is instrumental, hope is considered as a means used in saving men. The only scientific way in which to decide this sort of question is to appeal to the Pauline viewpoint as reflected in the New Testament." Wallace zählt u. a. Röm 4,19 zu den Beispielen eines „dative of sphere" (a. a. O., 154 f.). Vgl. AEJMELAEUS, Dativ, der die Dative (ἐν) πίστει (bzw. ἀπιστίᾳ) der Kategorie des *dativus loci* zuordnet. Damit widerspricht er dem Urteil der Standardgrammatiken (vgl. BDR, § 199: „Schon in der klass[ischen] Zeit äußerst beschränkt, fehlt er im NT." MOULTON/TURNER, Syntax, 242 f.).

[18] Zu letzterem Zusammenhang vgl. BARTH, Discussion, 61: „[E]s gab einen fruchtbaren Sexualverkehr, weil Gott, wenn er etwas versprochen hat, auch imstande ist, es auszuführen."

[19] NICKLAS, Skepsis und Christusglaube, 170. Dazu auch zu weiteren Aspekten „Funktionen, Räumen und Impulsen des Zweifels" bei Paulus.

neuer Existenz, auch wenn er den realen und gefährlichen Attacken der „anderen Seite" (Sünde) ausgesetzt bleibt.[20]

Diese Vorüberlegungen zum Ereignis des Glaubens und den Räumen, besser: der No-Go-Area, des Zweifels werden die Exegese der beiden Römerbriefpassagen begleiten, in denen Paulus das Lexem διακρίνεσθαι verwendet: Röm 14,23 und Röm 4,20.

3.3 Röm 14,23: Der „Zweifel" der Schwachen?

Chrysostomos eröffnet seine Homilie zu Röm 14 mit den Worten: „Ich weiß, dass das Gesagte vielen schwer verständlich ist."[21] Und so ist es auch für viele spätere Auslegerinnen und Ausleger geblieben.[22] Nicht alle schwierigen und strittigen Fragen des Kapitels müssen hier berührt werden. Ein Blick in die Auslegungs- und Wirkungsgeschichte zeigt aber, dass dieser Text zur Frage des Zweifels bei Paulus regelmäßig herangezogen wurde und wird.

Schon ein kursorischer Gang durch den Abschnitt lässt erkennen, dass die Argumentation maßgeblich durch den Wortstamm κριν- bestimmt ist. Er begegnet sowohl im Nomen διάκρισις (Röm 14,1) als auch in den Verben κρίνειν (14,3.4.5[bis].10.13[bis].22), διακρίνεσθαι und κατακρίνειν (14,23). Die Bedeutungsskala dieser Derivate ist breit und verlangt nach einer präzisen Lektüre, die auch vertraute Lesarten hinterfragt.[23] Das Phänomen des Zweifels wurde in den Begriffen διάκρισις und διακρίνεσθαι, aber auch in der Disposition der sogenannten „Schwachen" ausfindig gemacht. Ob zu Recht, wird hier zu fragen sein.

3.3.1 Der „im Glauben Schwache": „Schwach" in welcher Hinsicht?

Paulus richtet seine Ermahnungen an zerstrittene und durch Spaltungen gefährdete römische Christusgruppen, die sich über die Gültigkeit von Speisevorschriften uneins sind: Paulus nennt die einen die „im Glauben Schwachen"[24] und

---

[20] Zu diesem vieldiskutierten Text, vgl. knapp KRAUTER, Einführung, 2–9. Zum Verhältnis zwischen Röm 7,14–25 und dem „zweiseeligen Mann" in Jak 1,8 s. u. Kap. 6.2.3.

[21] Chrysostomos, Homiliae in epistulam ad Romanos 25,1 (PG 60, 627): Οἶδα, ὅτι πολλοῖς ἄπορον τὸ εἰρημένον.

[22] CRANFIELD, Romans, Bd. 2, 690: „Some recent commentators have exhibited great confidence in their approach to the interpretation of this section. This we find surprising [...]." Die umfassendste Untersuchung bietet GÄCKLE, Die Starken und die Schwachen; vgl. ferner REASONER, The Strong and the Weak.

[23] Norbert Baumert fragt in seinem Beitrag über „Das paulinische Wortspiel mit κριν-" zu Recht, ob in den Auslegungen immer die richtige Nuance getroffen wird. BAUMERT, Wortspiel, beschäftigt sich neben Röm 14 auch mit 1 Kor 11,29–34 und Röm 2,1–3,8.

[24] In den Kommentaren herrscht Einmütigkeit darin, τῇ πίστει in Röm 14,1 auf ἀσθενοῦντα und nicht auf προσλαμβάνεσθε zu beziehen, vgl. schon ausdrücklich Erasmus, Annotationes, 322: „[τῇ πίστει] referatur ad participium ἀσθενοῦντα, non ad sequens verbum ‚suscipite'."

62   3. Paulus

die anderen die „Starken". Der Konflikt ist real, nicht fingiert.[25] Paulus zeigt hier, dass er interne Kenntnisse besitzt, und er mischt sich in innere Angelegenheiten ein – „singulär für den Röm[erbrief]".[26] Primäre Adressaten seiner Paränese sind die „Starken", und sie bleiben es meines Erachtens auch dann, wenn er Verhaltensaspekte der „Schwachen" in den Blick nimmt.[27] Denn es geht ihm darum, die „Starken" an ihre Verantwortung zu erinnern, ihre „Stärke" zum Wohl der Gemeinschaft einzusetzen und auf Einheit hinzuwirken. Die „Starken" tragen „die Hauptlast bei der paulinischen Konfliktlösung".[28] Natürlich stärkt deren liberale Haltung nicht ihre Kompetenz in Sachen Konfliktmanagement, aber sie erlaubt ihnen einen großzügigeren Umgang mit gegensätzlichen Meinungen. Aussagerichtung und Diktion erinnern an 1 Kor 8, wo Paulus zwar auch beide Gruppen im Blick hat, die Sache aber aus der Perspektive und Verantwortung derer verhandelt, die „Erkenntnis" haben (v. a. 1 Kor 8,10–13).

Wer aber sind nun die „im Glauben Schwachen"?[29] Und in welcher Hinsicht sind sie „schwach"? Die Charakterisierung geht wohl kaum auf das Selbstverständnis dieser Gruppe zurück, sondern fasst entweder das Urteil zusammen, das „die ‚Starken' über sie gebildet haben",[30] oder geht auf Paulus selbst zurück.[31] Am plausibelsten scheint mir, die „Schwachen" mit Repräsentanten einer

---

Anders z. B. Schumacher, Entstehung christlicher Sprache, 211: „Den Schwachen nehmt mit πίστις – also: mit Vertrauen – an." Ähnlich Kudilil, The Problem of *Pistis*, 177. Dagegen spricht m. E. schon die „Prolepse" der Argumentation in Röm 4 (Röm 4,19: ἀσθενήσας τῇ πίστει – in Parallelstellung zu διεκρίθη τῇ ἀπιστίᾳ und ἐνεδυναμώθη τῇ πίστει in Röm 4,20), wobei Schumacher freilich auch τῇ πίστει in Röm 4,19 zum Verb (κατενόησεν) ziehen will (a. a. O., 227 f.).

[25] Vgl. Minear, Obedience, 22; Reasoner, The Strong and the Weak, 25–37; anders Karris, Occasion of Romans.

[26] Becker, Paulus, 360.

[27] Vgl. z. B. Tholuck, Römer, 703: „Der Ap[ostel] wendet sich hier und überhaupt [...] vorzugsweise an die Stärkeren." Cranfield, Romans, Bd. 2, 724; Gaventa, Reading for the Subject, 7. Diese These ist freilich umstritten. Dunn, Romans, Bd. 2, 796 f., etwa vermutet, dass in Röm 14,1–12 vornehmlich die „Schwachen" angesprochen sind. Gäckle, Die Starken und die Schwachen, 387 f., differenziert bis zur Ebene von Halbversen und meint, dass sich Paulus in Röm 14,1.3a.13b–23; 15,1–4 an die „Starken" richtet, in Röm 14,3b.4.10–13a an die „Schwachen" und in Röm 14,2.5–9; 15,5–13 an beide. Uneinigkeit herrscht v. a. zu Röm 14,4.10–12.20.

[28] Gäckle, Die Starken und die Schwachen, 387. Mit den folgenden Aufforderungen sind ausdrücklich die „Starken" angesprochen: μὴ ἐξουθενείτω (Röm 14,3), μὴ [...] ἀπόλλυε (14,15), μὴ βλασφημείσθω (14,16), μὴ [...] κατάλυε (14,20), ἔχε (14,22), ὀφείλομεν [...] βαστάζειν (15,1), ἀρεσκέτω (15,2). Vgl. die nicht ganz identische Aufstellung bei Hultgren, Romans, 501, der sich wiederum an Karris, Occasion of Romans, 72, anlehnt. Die „Schwachen" sind lediglich in Röm 14,3 mit einem Imperativ (μὴ κρινέτω) angesprochen (vgl. Röm 14,10).

[29] Paulus formuliert in Röm 14,1 mit einem kollektiven, generellen Singular (vgl. BDR, § 139 Anm. 2); in Röm 15,1 heißen die „Schwachen" οἱ ἀδύνατοι. Die „Starken" werden als δυνατοί, d. h. ohne den Dativ τῇ πίστει bezeichnet, doch steht auch ihre Haltung in einem Bezug zu πίστις (vgl. 14,2). Vgl. Barclay, Faith, 194: „Thus πίστις is strategically associated with *both* points of view."

[30] Wilckens, Römer, Bd. 3, 81. Vgl. Reasoner, The Strong and the Weak, 55–58; anders Barclay, Faith, 196 f.

[31] Wolter, Römer, Bd. 2, 352, mit Verweis auf 1 Thess 5,14.

3.3 Röm 14,23: Der „Zweifel" der Schwachen?

strikten jüdischen Halacha zu identifizieren,[32] die sich aus religiösen Gründen vom Fleisch- und Weingenuss fernhielten, um sich nicht „versehentlich" durch kultisch kontaminierte Produkte zu beflecken. Die Gruppe der „Schwachen" wird sich folglich primär, aber nicht ausschließlich, aus Judenchristen zusammengesetzt haben, die infolge des Claudiusedikts inzwischen in Rom in der Minderheit waren.[33] Möglicherweise waren sie gegenüber den „Starken" sozial und wirtschaftlich schlechter gestellt,[34] aber dies motiviert nicht das Attribut „schwach".

Man kann annehmen, dass die Fremdzuschreibung „schwach" der Selbstwahrnehmung der Teilgruppe diametral widersprach. Denn die „Schwachen" mögen sich in ihrer Haltung durchaus als „stark", d. h. als standhaft und vortrefflich empfunden haben. Ein Ethos, dessen Grenzen klar abgesteckt sind, schafft eine starke Gruppenidentität. Auch die „Schwachen" werden demnach selbstbewusst und mit „profilierten theologischen Standpunkten" aufgetreten sein.[35] Unter der Annahme, dass die Mehrzahl der „Schwachen" Judenchristen war, muss man auch das Selbstbewusstsein der Diasporajuden im Gegenüber zur nichtjüdischen Bevölkerung in Anschlag bringen, das sie durch den Anschluss an die christliche Gemeinde sicher nicht abgestreift hatten. Man könnte zugespitzt sagen: Erst die im Christusereignis vollzogene Umwertung bisheriger Werte[36] verwandelt ein starkes Ethos in ein schwaches – und umgekehrt.

Paulus übernimmt die Zuschreibung als theologisches Urteil und gibt dem theologischen Standpunkt der „Starken" sachlich recht. Über die psychische, in-

---

[32] Ausführlich BARCLAY, „Do We Undermine the Law?", 37–59, der auch die These widerlegt, dass die asketischen Verhaltensweisen auf (neu-)pythagoräische oder gar gnostische Einflüsse zurückzuführen sind (so etwa SCHLIER, Römerbrief, 403–406; BARRETT, Romans, 257 f.; KÄSEMANN, Römer, 355 f.). Vgl. LAMPE, Christen, 56 f.; HEININGER, Konflikt, 100–108.

[33] Vgl. BARCLAY, „Do We Undermine the Law?", 43; HULTGREN, Romans, 496; HEININGER, Konflikt, 106. Wichtig freilich HAACKER, Römer, 331: „So wie der Judenchrist Paulus den liberaleren Standpunkt vertrat [...], können auch Heidenchristen von der Strenge jüdischer Lebensweise fasziniert gewesen sein und in ihr den klarsten Beweis einer völligen Abwendung vom Heidentum gesehen haben." Demgegenüber JEWETT, Romans, 835 (mit Verweis auf REASONER, The Strong and the Weak, 130–138): „However, in view of Greco-Roman ascetic ideals present in Rome, it is altogether possible that the ‚weak' also included ascetics from pagan background." Auch LAMPE, Christen, 56, stellt infrage, „dass [...] in der Fraktion der ‚Schwachen' die im Judentum geborenen Christen die Oberhand besitzen." Nicht überzeugend ist der Versuch bei NANOS, Mystery of Romans, 85–165, die „Schwachen" mit nichtchristlichen Juden zu identifizieren (dagegen u. a. GAGNON, „Weak").

[34] Vgl. REASONER, The Strong and the Weak, 58–62.210–219, nach dem die „Starken" einer tendenziell wohlhabenden Schicht angehörten und in der Gemeinde Leitungsfunktionen innehatten.

[35] GÄCKLE, Die Starken und die Schwachen, 386. Vgl. THOLUCK, Römer, 705 f.: „ihrer Sache gewiß waren die λάχανα ἐσθίοντες nicht weniger als die Andern." SCHWARTZ, Good Manners or Law?, 299, weist auf die Bedeutung des Verbs λογίζεσθαι bei Paulus hin, insbesondere in Röm 3,28 und 8,18.

[36] Vgl. HENGEL, Der vorchristliche Paulus, 290, und die Abschnittsüberschrift bei BARCLAY, Faith, 198–200: „The Recalibration of Value in Christ".

64   *3. Paulus*

tellektuelle, charakterliche oder moralische Disposition dieser Gruppe ist damit keine Aussage gemacht. Gleichwohl zeigt ein Blick in die Auslegungsgeschichte, dass das Epithet „schwach" die entsprechenden Assoziationen ausgelöst hat. Die „Schwachen im Glauben" wurden unter der Hand zu „Schwächlingen"[37] – von Zweifeln geplagt, von skrupulösen Gedanken und Gewissensnöten umgetrieben, charakterschwach, unter ständigem Legitimationsdruck stehend, stets gefährdet, Dinge zu tun, die ihrer Überzeugung widersprechen.

Schon Origenes legt den Zweifel in die „Schwäche" der „Glaubensschwachen" und trifft dabei eine Unterscheidung zwischen „schwach" und „ungläubig": „Der Apostel befiehlt also, den, der auf diese Art im Glauben schwach ist, eher anzunehmen als ihn zu verwerfen und ihn als Ungläubigen zu beurteilen. Ungläubig zu sein ist nämlich etwas anderes als schwach im Glauben zu sein. Ungläubig wird der genannt, der keinen Glauben hat, schwach im Glauben aber der, der in irgendeinem Punkt des Glaubens Zweifel hat (*qui dubitat in parte aliqua fidei*)."[38] Die vegetarische Ernährung des Zweifelnden (vgl. Röm 14,2) halte diesen zwar am Leben, lasse ihn aber nicht genesen.[39] Auch in zahlreichen späteren Auslegungen wird unter Rückgriff auf Röm 14,23 der Zweifel in die Disposition der „Schwachen" eingetragen bzw. als eine grundlegende Gefährdung der „Schwachen" betrachtet.

Die Zweifel, die die „Schwachen" plagen und krank machen, gehen vielen Kommentaren zufolge mit einem „schwachen" Gewissen einher. Das Motiv des Gewissens wird sicher nicht ganz zu Unrecht aus 1 Kor 8,7 und 12 in die römische Situation eingetragen; problematisch sind allerdings wiederum die Assoziationen, die sich mit der Vorstellung eines „schwachen" Gewissens verknüpfen. So etwa bei Ernst Kühl: „Leute mit schwachem, skrupulösem Gewissen sind es, die Paulus mit derselben bewundernswerten Zartheit und Rücksicht behandelt, wie einst die gewissensschwachen Glieder der korinthischen Gemeinde."[40] In den genannten Interpretationen werden die psychologischen und die theologischen Dimensionen nicht sauber voneinander unterschieden. Aus der „Schwäche im

---

[37] So explizit bei W‌ILCKENS, Römer, Bd. 3, 81.

[38] Origenes, *Commentarii in epistulam ad Romanos* (zu Röm 14,1) (FChr 2/5, 17). Schon zuvor, nämlich ausgehend von dem Motiv des „Schwachwerdens" in Röm 4,19, hatte sich Origenes zu Röm 14,1–2 geäußert: „Damit will er bestimmt kundtun, daß dem Glaubensschwachen das Wort als Gemüse gereicht werden muß, damit dem Zweifelnden und gewissermaßen Kranken nicht die Glaubenslehre in ihrem vollen Umfang eingeflößt wird (*ne plena fidei doctrina cunctantibus in ea et quodammodo aegrotantibus ingeratur*). Als gesund aber kann der vollkommene Glaube bezeichnet werden, dem nichts fehlt [...]. Von daher ist klar ersichtlich, daß es ein Wachstum und einen Fortschritt im Glauben gibt. Einige haben einen geringen Anteil am Glauben, andere einen großen, wieder andere haben allen Glauben" (FChr 2/2, 228 f.).

[39] FChr 2/5, 120 f.

[40] K‌ÜHL, Römer, 445. Auch C‌RANFIELD, Romans, Bd. 2, 691 Anm. 3, psychologisiert: „It is evident that, as well as being weak in faith, they were also weak in character, people who [...] were fundamentally timid. They were liable to yield to social pressure, succumbing to contempt and ridicule and falling in with the practices of their fellow-Christians [...]. Their integrity as persons was at risk."

Glauben" wird unversehens ein schwaches Gewissen, ein schwacher Charakter, ein „asthenisches", labiles Gemüt. Aus einer theologischen Charakterisierung wird eine psychologische. Ein beachtlicher Kategoriensprung!

Andere Erklärungen halten die „Schwachheit im Glauben" für ein *sub specie fidei* getroffenes Urteil, welches zunächst unabhängig von irgendwelchen Qualitäten des menschlichen Innenlebens steht. So werden nach James Dunn die „Schwachen" dafür kritisiert, dass sie ihre Gottesbeziehung nicht allein auf ihren Glauben gründen: „In this case the weakness is trust in God *plus* dietary and festival laws, trust in God *dependent* on observance of such practices, a trust in God which leans on the crutches of particular customs and not on God alone, as though they were an integral part of that trust."[41]

Doch würde Paulus dann nicht anders, schärfer reagieren? Weder im 1. Korintherbrief noch hier im Römerbrief kritisiert oder diskreditiert er die „Schwäche" als solche, sondern hält sie vielmehr für „eine akzeptable Form christlicher Existenz".[42] Demgegenüber berührte das u. a. von Dunn skizzierte Glaubensverständnis „die Wahrheit seines Evangeliums", und er hätte mit Sicherheit deutlichere Worte gefunden.[43] Paulus macht den „Schwachen" ihre Schwäche nicht zum Vorwurf (ebenso wenig wie er die Stärke der „Starken" lobt).

Paulus drückt sich prägnant aus: Für ihn gibt es genau genommen keinen durch das Prädikat „schwach" (bzw. „stark") bezeichneten Glauben – er verwendet nirgends Formulierungen wie ἡ πίστις ἀσθενής. Das heißt also, dass für ihn nicht der Glaube *per se* durch „Schwäche" oder durch „Stärke" gekennzeichnet ist, sondern vielmehr der Modus der Partizipation im Bereich des Glaubens. Er gebraucht bewusst die Wendung ἀσθενεῖν τῇ πίστει (Röm 4,19; 14,1) und spricht dabei vom Glauben in räumlicher Perspektive.[44] „Stärke" wie „Schwäche" korrespondieren mit dem „Maß des Glaubens" (12,3), das Gott verleiht. Als Beurteilungskriterium dient nicht das Maß an sich, sondern die „Besonnenheit" (σωφρονεῖν) in der Aktualisierung dieses Maßes. Nirgends erklärt er die „Schwachen" wegen ihrer „Schwachheit" für schuldig oder sündig – auch er muss in anderer Hinsicht eigene Schwachheit akzeptieren.[45] Denn „Schwäche" entzieht sich zunächst dem menschlichen Einflussvermögen.[46]

---

[41] DUNN, Romans, Bd. 2, 798.

[42] GÄCKLE, Die Starken und die Schwachen, 242. Vgl. JEWETT, Romans, 835: „he assumes that the ‚faith' of the weak fully qualifies them for membership in the church and admission to its sacramental meals."

[43] Vgl. KÜHL, Römer, 445; BARCLAY, Faith, 201.

[44] S. o. Kap. 3.2. Üblicherweise wird der Dativ τῇ πίστει in Röm 14,1 wie in 4,19 als *dativus respectus* aufgefasst und als „schwach in Bezug auf den Glauben" verstanden (so z.B. von WOLTER, Römer, Bd. 2, 351 Anm. 15).

[45] STENDAHL, Vermächtnis, 60.

[46] Auch dort, wo Paulus von einem durch Schwäche qualifizierten Gewissen redet (1 Kor 8,7–13), hat er nicht etwa ein mangelhaft arbeitendes Gewissen vor Augen, das durch eine charakterliche oder moralische Schwäche beeinträchtigt wäre. Vielmehr agiert das Gewissen

66 3. Paulus

In der römischen Rezeption der Rede von „schwach" und „stark" mag durchaus ein bildungstheoretischer Aspekt mitschwingen. Klaus Haacker etwa sieht darin „eine Anleihe aus dem Vokabular der Unterscheidung von Lebensaltern und des Bildungswesens [...], wo die unteren Klassen als die ‚schwächeren' und die höheren als die ‚stärkeren' bezeichnet wurden."[47] Während es den „Schwachen" an (theologischer) Erkenntnis mangelt, überheben sich die „Starken" aufgrund ihrer Erkenntnis. Es ist zu erwägen, ob sich Paulus an einen solchen Sprachgebrauch anlehnt und eine „kognitive" Qualität vor Augen hat – freilich nicht in dem Sinne, dass die Steigerung des Erkenntnisvermögens durch die Entfaltung eines dem Menschen inhärenten Potenzials erfolgte, sondern in dem Sinne, dass die anfängliche „stückweise" Erkenntnis ergänzt und vermehrt wird, bis sie schließlich eschatologisch vervollkommnet ist. Dazu passt auch die auffällige Häufung von Verben des Erkennens, Überzeugtseins und Wissens.[48] Die „Schwachheit" von Kindern ist wie die „Schwachheit" der römischen Gemeindeglieder nicht willentlich herbeigeführt oder einem charakterlichen oder moralischen Mangel geschuldet, sondern sie liegt außerhalb der Person begründet.

Der in den späten 60er Jahren des 1. Jahrhunderts in Rom lehrende Quintilian setzt sich für eine Aufteilung der Klassen in „Starke" und „Schwache" ein: „Mir gefällt nicht, dass die Knaben mit den Jugendlichen vermischt sitzen." Selbst wenn ein fähiger Lehrer seine Schüler unter Kontrolle halten könnte, sollte man dennoch die „Schwäche von den Stärkeren trennen" (*infirmitas a robustioribus separanda est*).[49] Auf die Frage, ob ein exzellenter Rhetoriker für die Niederungen des Elementarunterrichts nicht überqualifiziert sei, antwortet Quintilian: Ja, es gebe eine Redekunst, welche von „kindlicher Schwäche" (*puerilis infirmitas*), d. h. kognitiver Begrenztheit, nicht begriffen werden könne. Doch er erwarte von einem solch vortrefflichen Redner dasselbe wie von einem schnellen Läufer, der mit einem kleinen Kind unterwegs ist, ihm seine Hand reicht, seine Geschwindigkeit verlangsamt und seinen kleinen Gefährten nicht überfordert.[50] Die „Schwachen" nicht

---

„höchst funktionstüchtig" (GÄCKLE, Die Starken und die Schwachen, 422 Anm. 594), indem es Gedanken und Handlungen, die dem Gewissen zuwiderlaufen, zuverlässig zu identifizieren vermag. Paulus hebt folglich nicht auf die Labilität des Gewissens ab, sondern darauf, dass das Gewissen nach Maßstäben operiert, die dem neuen Koordinatensystem noch nicht entsprechen. Die „Schwachen" haben diese Umwertung in ihrer Haltung noch nicht vollzogen und in ihrem Handeln noch nicht umgesetzt. Gäckles in diesem Zusammenhang getroffene Aussage müsste allerdings m. E. umgekehrt werden. Er formuliert: „Ist das Gewissen dagegen gezwungen, einen Gedanken und die entsprechende Handlung zu verurteilen, ist auch der Glaube schwach" (ebd.). Vielmehr denkt Paulus vom Glauben her: Eine Teilhabe im Glauben, die durch Schwäche qualifiziert ist, hat zur Folge, dass auch das Gewissen „schwach" ist und bestimmte Gedanken und Handlungen als falsch markiert.

[47] HAACKER, Römer, 331 f. Dort auch der Verweis auf Belegstellen bei Cicero, Lukrez, Seneca, Quintilian usw. (Anm. 7).

[48] Vgl. BARCLAY, Faith, 195. Zu nennen sind etwa κρίνειν (Röm 14,5.13), ἐν τῷ ἰδίῳ νοΐ πληροφορεῖσθαι (14,5), φρονεῖν (14,6), ἰδεῖν und πείθεσθαι (14,14), δοκιμάζειν (14,22). Ferner BECKER, Quid πληροφορεῖσθαι in Rom 14,5 significet; ders., Zu πληροφορεῖσθαι.

[49] Quintilian, *Inst.* 2,2,14.

[50] Quintilian, *Inst.* 2,3,7.

3.3 Röm 14,23: Der „Zweifel" der Schwachen?

überfordern – dieser pädagogische Ansatz ist von der paulinischen Paränese nicht weit entfernt.

Mit etwas gutem Willen könnte auch das bereits bei Origenes[51] und Basilius[52] genannte Motiv der Krankheit in dieser Hinsicht gedeutet werden. Mit beiden Vorstellungsbereichen verbindet sich ein passiver Aspekt: Weder kindliche Unwissenheit noch Krankheit sind selbstverschuldet oder willentlich induziert. Wer „schwach" ist wie ein Kind, oder wer krank ist, braucht Unterstützung. Auch dieser Gedanke könnte mitschwingen.[53]

3.3.2 „Streit über Meinungen" oder „Spaltungen aufgrund von Gesinnungen"?

Die Wendung μὴ εἰς διακρίσεις διαλογισμῶν (Röm 14,1b) ist ebenfalls nicht unproblematisch, weil die beiden Nomina eine große semantische Weite aufweisen. Die Uneinigkeit über die Bedeutung dieser Wendung ist verwoben mit der Frage, an wen die einzelnen Elemente der paulinischen Paränese adressiert sind und wie die finale Präpositionalverbindung μὴ εἰς zu verstehen ist.

Grundsätzlich kann das μὴ εἰς in zweifacher Weise verstanden werden, wobei natürlich die konkreten Einzeldeutungen stark voneinander abweichen. Die Formulierung könnte einerseits als Mahnung zum respektvollen Umgang mit den „Schwachen" zugunsten der Einheit verstanden werden: „Nehmt den ‚Schwachen im Glauben' an, aber bitte so, dass es nicht zu διακρίσεις διαλογισμῶν kommt."[54] Andererseits könnte die Aussage als Warnung vor den negativen Folgen einer abweisenden Haltung gemeint sein: „Nehmt die ‚Schwachen im Glauben' an, denn ansonsten wird es zu διακρίσεις διαλογισμῶν kommen."[55] Die erste Variante legt das Augenmerk also auf eine pastoral angemessene Handlungsweise zugunsten der Einheit, die andere Variante auf die Vermeidung von Übeln, die entstehen, wenn Einheit nicht oder nur unzureichend gelebt wird. Wie die weitere Diskussion zeigt, scheint mir die zweite Alternative plausibler.

Der Zweifel spielt in etlichen Deutungen des Ausdrucks διακρίσεις διαλογισμῶν eine maßgebliche Rolle, doch wird er teils auf Um- und Irrwegen in die Interpretation eingeführt. An Übersetzungen sind zu nennen: „Streitigkeiten über Skrupel (der Schwachen)", „Verurteilungen der Zweifel (der Schwachen)", „Zweifel der Gedanken (der Schwachen)", „Streitigkeiten über Meinungen", „Spaltungen

---

[51] S. o. in diesem Kapitel.

[52] Unter Verweis auf Jes 53,4 identifiziert Basilius in seinen *Regulae brevius tractatae*, interrogatio 177 (PG 31, 1200) Schwachheit und Krankheit. Das von Paulus geforderte „Tragen" des Unvermögens der Schwachen in Röm 15,1 bedeute das „Ertragen und Heilen", wie es in dem messianischen Jesajatext heißt: „Er nahm auf sich unsere Schwäche, und die Krankheit trug er."

[53] Vgl. WOLTER, Römer, Bd. 2, 353: „[...] ‚schwach' heißt immer auch ‚hilfsbedürftig'."

[54] Demnach soll „die mögliche [negative] Folge des προσλαμβάνεσθαι als zu verhütend bezeichnet werden." So DE WETTE, Römer, 152.

[55] Demnach handelt es sich um eine „negative nähere Bestimmung über das Resultat, zu welchem es bei der rechten Erfüllung des gebotenen προσλαμβ[άνεσθε] nicht kommen soll." So WEISS, Römer, 547.

68   3. *Paulus*

aufgrund (unvereinbarer) Gesinnungen". Vielfach ragt ein zu Röm 14,23 gebildetes Vorverständnis in die Auslegung des Abschnittbeginns hinein, wodurch es zu Verschiebungen des Sinns kommt.

(1) Häufig wird argumentiert, dass sich Paulus in Röm 14,1b an die „Starken" wendet[56] und deshalb bei διαλογισμοί – so Wilckens – an „zögernd-zweifelnde ‚Überlegungen'" denkt, „wie sie nach V2 die Praxis der Schwachen bestimmen". Über ihre „skrupelhafte[n] Motive" soll in der Gemeinde nicht gestritten werden.[57] Paulus wolle den „Disput über skrupulöse Erwägungen" abwehren.[58]

(2) Demgegenüber denkt eine Variante dieser Deutung nicht an Streitigkeiten, sondern an Verurteilungen der „Schwachen" durch die „Starken". Letztere sollen ihre Glaubensgeschwister nicht durch herabwürdigende Kommentare über deren Zweifel und Skrupel bloßstellen. Nach Heinrich Schlier meint Paulus etwa: „Die römischen Christen sollen sich der im Glauben Schwachen annehmen, aber nicht um ihre skrupulösen Überzeugungen oder Gesinnungen zu diskutieren, sondern – könnte man kurz formulieren – um sie zu respektieren."[59] Bei beiden Varianten ist also die Haltung der „Schwachen" durch Skrupel, Bedenken oder Zweifel (διαλογισμοί) qualifiziert, die nach Paulus aber von der „starken" Fraktion nicht attackiert werden sollen. Das Nomen διάκρισις wird entsprechend entweder als „Streit" oder als ‚Verurteilung" gefasst.

(3) In der älteren Literatur findet sich gelegentlich ein dritter Typ dieser Deutung auf die „Schwachen", dem zufolge die Wendung διάκρισεις διαλογισμῶν die „Zweifel ihrer Gedanken" meint, διάκρισις also mit „Zweifel" wiedergegeben wird. Johann Albrecht Bengel beispielsweise erklärt, der Ausdruck rühre daher, dass Zweifelnde in der Regel denken und nicht reden. Die „Starken" nähmen sie zwar an, aber nur scheinbar und äußerlich, denn durch ihre Annahme würden sie den „Schwachen" ihr eigenes Handeln aufzwingen und ihnen keine Gelegenheit geben, ihre vorhandenen Zweifel zu äußern und zu bearbeiten.[60] Zu solchen Deutungen, die διάκρισις mit „Zweifel" wiedergeben, bemerkt allerdings

---

[56] Vgl. CRANFIELD, Romans, Bd. 2, 701 Anm. 2.

[57] WILCKENS, Römer, Bd. 3, 81, der auch vom „Streiten über Skrupel" spricht (a. a. O., 80).

[58] SCHRENK, διαλέγομαι, 97. Gegen die Übersetzung von διάκρισις mit „Streit" wird gelegentlich eingewandt, dass dafür kein einfacher Genitiv, sondern περί mit Genitiv oder dergleichen zu erwarten sei (so MEYER, Römer, 579; BÜCHSEL, κρίνω, 951).

[59] SCHLIER, Römerbrief, 403. Analog etwa CRANFIELD, Romans, Bd. 2, 698: *„but* not in order to pass judgments on his scruples". Nach Cranfield meint Paulus: „They are not to stultify their brotherly acceptance of the man who is weak in faith by proceeding to pass judgment on his scruples" (a. a. O., 701). Vgl. schon die Vulgata: *non in disceptationibus cogitationum.*

[60] BENGEL, Gnomon, 597: „nam *dubitantes* plura *cogitant,* quam *loquuntur."* Bei Hermann Olshausen findet sich eine ähnliche Überlegung: „Die διάκρισις steht der πίστις gegenüber, als der Zustand des innern Schwankens oder Ungewißseyns. Das ἀσθενεῖν πίστει hebt weniger das Schwanken selbst, als den Grund des Schwankens, die Kraftlosigkeit des Glaubensprincips hervor" (OLSHAUSEN, Römer, 446). WEISS, Römer, 547 Anm. **, verweist auf eine lange Reihe namhafter Vertreter dieser Auslegung. Mitunter wird (fälschlich) darauf hingewiesen, dass sowohl Theodoret von Cyrus als auch (Ps.-)Oikumenios in ihren Auslegungen von der Bedeutung

3.3 Röm 14,23: Der „Zweifel" der Schwachen? 69

schon Heinrich August Wilhelm Meyer so lapidar wie zutreffend: „Allein διά-κρισις heisst nie: Zweifel."[61] Mit Sicherheit hat das verbreitete – aber gleichfalls fragwürdige – Verständnis von διακρίνεσθαι als „zweifeln" (Röm 14,23) auf die Übersetzung von διάκρισις als „Zweifel" in Röm 14,1 abgefärbt.

(4) Gegen diese drei Auslegungsvarianten wird nun eingewandt, dass sie sich ganz auf die Schwäche der Schwachen kaprizieren und dabei übersehen, dass Paulus beide Fraktionen in den Blick nimmt.[62] Es sei daher eine möglichst offene Wiedergabe zu wählen: „Die allgemeine Formulierung ‚Streit um Meinungen' bzw. ‚über Meinungen streiten' dürfte von daher diejenige sein, die den Sachverhalt am wenigsten eng führt."[63] Nun ist die theologische Sachfrage für Paulus schon längst entschieden – „das Reich Gottes ist nicht Essen und Trinken" (Röm 14,17) –, doch wird sie ekklesiologisch virulent, wenn aufgrund von Streitigkeiten über kulturelle Normen „Gerechtigkeit, Frieden und Freude" bedroht werden. Dann steht mehr auf dem Spiel als bloß ein „Streit um Meinungen".

(5) Es verwundert, dass die Bedeutungen „Separation", „Trennung" oder „Spaltung" für διάκρισις trotz ihrer Häufigkeit im klassisch-hellenistischen Griechisch und trotz des Kontexts im Römerbrief äußerst selten erwogen werden.

Einer der wenigen, der in diese Richtung geht, ist Leopold Immanuel Rückert. Nach eingehender Diskussion verschiedener Optionen schließt er: „So bleibt nur Unterscheidung, Sonderung, Trennung übrig. Sehn wir aber das Folgende [sc. der paulinischen Argumentation], so entdecken wir daß P[aulus] als mögliche schlimme Folge denkt, daß die Einen verächtlich auf ihre schwächeren Brüder herabblicken, die Andern ihre stärkeren Mitchristen als leichtsinnig und gewissenlos verdammen könnten. Was würde davon die

---

„Zweifel" ausgehen (vgl. z. B. THOLUCK, Römer, 656), doch verwenden beide das Nomen in der Bedeutung „Unterscheidung". S. u. Kap. 3.3.3.4 zu Röm 14,23.

[61] MEYER, Römer, 579.

[62] So schon Erasmus, Annotationes, 322: „mihi videtur ad vtrosque pertinere, vt intelligamus disceptationes mutuas quae nascuntur ex discriminibus ciborum."

[63] GÄCKLE, Die Starken und die Schwachen, 397. Vgl. JEWETT, Romans, 829: „but not for disputes over opinions". Schon Augustin wählte eine offene Übersetzung: *non in diiudicationibus cogitationum* (*Expositio quarundam propositionum ex epistola ad Romanos* 78). Volker Gäckle (ebd.) zieht aus dieser Deutung weitreichende Konsequenzen: „Schon im ersten Vers nimmt Paulus ohne einleitende Worte eine überraschende Justierung des Konflikts vor, die in ihrer Kühnheit erst verstanden wird, wenn man sich die religionsgeschichtlichen, geistlichen und emotionalen Dimensionen der Streitfrage vor Augen hält. Schließlich geht es […] hinsichtlich der Gültigkeit der atl. Speise- und Reinheitsgebote um eine der sensibelsten Fragen des jüdischen Glaubens bzw. der jüdischen Ethik. Umso bemerkenswerter ist die paulinische Qualifikation des Konflikts als ein ‚Streit um Meinungen' (διάκρισις διαλογισμῶν)." Wenn das in Röm 14,1–15,13 verhandelte Problem als zu den Adiaphora gerechnet wird (WEISS, Römer, 544, überschreibt Röm 14,1–15,13 mit „[V]on dem Verhalten zu den Adiaphoris"), dann kann dies nur ein *sub specie fidei* getroffenes Urteil sein. Zur partiellen Analogie der paulinischen Argumentationsstruktur mit dem stoischen Diskurs über ἀδιάφορα vgl. ENGBERG-PEDERSEN, Pauline Casuistry.

70   *3. Paulus*

Folge seyn? Spaltung, zuerst innere, Trennung der διαλογισμῶν, dann äußere, und das will er verhüten."[64] Diese Erklärung sollte man nicht allzu rasch verabschieden.

Paulus ist sich bewusst, dass „für den Juden die Praxis der Torabewahrung dem gesamten Leben geradezu seine religiöse Identität gibt."[65] Er hat die Streitpunkte nicht einfach als Lappalien abgekanzelt oder sie im Habitus theologischer „Stärke" für nichtig erklärt. Eine unsensibel rigide Durchsetzung der These von Christus als dem „Ende des Gesetzes" (Röm 10,4) führt zum Ende der Gemeinschaft. Wenn die „Starken" – zu denen er sich ja zählt (15,1) – zentrale Identitätsfragen ausklammern, kann es auch nicht zu einer neuen gemeinsamen Identität unter der Herrschaft Christi kommen (vgl. 14,9). Deshalb fordert er sie auf: „Den Schwachen im Glauben nehmt an, damit es nicht zu Zerwürfnissen über diese Überzeugungen kommt!" Eine durch die Nichtannahme der „Schwachen" provozierte Trennung stünde in fatalem Gegensatz zu der von Gott gewährten Annahme (14,3).

Zusammenfassend zeigt sich, dass Paulus in Röm 14,1 nicht den Zweifel als Thema des Abschnitts setzt, sondern die Gefahr der Spaltung. Einschlägiger noch als Röm 14,1 ist für die Gesamtthematik Röm 14,22–23, dessen Sinn sich freilich nur aus der gesamten Argumentation von Röm 14,1–15,13 erschließt.[66]

3.3.3 Διακρίνεσθαι *in Röm 14,23: Zweifeln, unterscheiden, sich distanzieren oder spalten?*

Wenn der „Zweifel" nun in Röm 14,1 (διάκρισις) als gelegentlicher (und meist sogleich und zu Recht wieder abgewiesener) Gast erschien, so hat er in Röm 14,22–23 gewissermaßen Hausrecht. Die Auslegungen und Übersetzungen gehen durchweg davon aus, dass Paulus hier vor einem Verhalten warnt, das trotz Zweifel (oder Bedenken und Skrupel) eine Handlung vollzieht und sich dadurch einem Urteil (Gottes oder einer inneren moralischen Instanz) aussetzt.

Stellvertretend zitiere ich für diese Sicht die Zürcher Übersetzung: „Behalte den Glauben, den du für dich selbst hast (πίστιν [ἣν] ἔχεις), vor Gott. Selig, wer bei dem, was er zu prüfen hat, nicht mit sich ins Gericht gehen muss (ὁ μὴ κρίνων)! Wer aber Bedenken hat (ὁ διακρινόμενος), wenn er etwas isst, der hat sich selber verurteilt (κατακέκριται), weil es nicht aus der Überzeugung des Glaubens (ἐκ πίστεως) geschieht. Alles, was nicht aus Glauben (ἐκ πίστεως) geschieht, ist Sünde (ἁμαρτία)."

Dem spezifischen Verständnis des „Zweiflers" oder „Bedenkenträgers" steht immer ein spezifisches Verständnis des Glaubens, aber auch des Gerichts bzw. Urteils und der Sünde gegenüber. Geistesgeschichtliche und theologische Rah-

---

[64] RÜCKERT, Römer, Bd. 2, 222. Eine sprachliche Parallele ist Hi 37,16 LXX (διάκρισιν νεφῶν).
[65] WILCKENS, Römer, Bd. 3, 87.
[66] Auch umgekehrt erschließen sich „vom richtigen Verständnis von Röm 14,22f. [...] viele Rätsel des gesamten Textabschnitts Röm 14,1–15,13" (GÄCKLE, Die Starken und die Schwachen, 422).

menbedingungen und nicht zuletzt das Frömmigkeitsprofil der Auslegerinnen und Ausleger beeinflussen ihre Deutung. Es wird sich in einem weiteren Schritt zeigen, dass die Auslegung der Kirchenväter von einer eingleisigen Interpretation des „Zweiflers" wegführt und weitere Verstehensmöglichkeiten eröffnet, die dem Kontext eher gerecht werden.

Um ein wenig Ordnung in das Dickicht der zahllosen Deutungsansätze zu bringen, unterscheide ich zwischen einem „psychologischen" bzw. „minimalistischen" und einem „theologischen" bzw. „maximalistischen" Auslegungsparadigma. Die Aufarbeitung der Auslegungsgeschichte ist schon deshalb geboten, weil aus dem Vers weitreichende dogmatische und ethische Schlüsse gezogen wurden.

3.3.3.1 „Psychologisch" vs. „theologisch"

Für die „psychologische" Sicht steht paradigmatisch der rationalistische Theologe Heinrich Eberhard Gottlob Paulus. Ihm zufolge spielt sich alles im Innersten des Menschen ab. Er paraphrasiert Röm 14,22–23 wie folgt:

> Ein Anderer hingegen, wenn er noch [...] hin und her schwankend ist in dem Urtheil, ob jene Dinge erlaubt oder unerlaubt seyen, hat sein eigenes innerstes Urtheil wider sich, wenn er durch äußere Umstände sich bewegen läßt, dennoch das zu thun, worüber er zweifelt. Sein eigenes Urtheil ist wider ihn (κατακέκριται [sic]); denn er ist sich bewußt, es nicht aus Ueberzeugungstreue gethan zu haben! Eine Sünde (Verfehlung des Rechten in der Gesinnung) aber ist Alles, wo nicht aus der Gemüthsstimmung, treu der Ueberzeugung zu seyn, gehandelt wird.[67]

Der Glaube ist beschränkt auf die Treue zur eigenen Überzeugung, die Sünde auf das Empfinden eines Fehltritts, das Verurteiltsein auf das subjektive Gesinnungsurteil, wider die Überzeugung gehandelt zu haben.

Das andere Ende des Auslegungsspektrums repräsentiert Karl Barth, der mit ganz anderen Prämissen arbeitet und daher auch zu ganz anderen Ergebnissen kommt. Ihm stellt sich der Glaube nicht als innere religiös-ethische Überzeugung dar, sondern als radikales Geworfensein auf Gott: „Nur für dich selbst kannst du glauben und nur vor Gott. Ganz einsam bist du in deinem Glauben mit Gott, ganz nur an ihn gebunden [...], niemand dein Richter und niemand dein Retter als er."[68] Das heißt zugleich, dass nicht etwa eine Stimmung des Gemüts Verfehlungen ankreidet, sondern Gott selbst ein Urteil spricht – für den im Zweifel Handelnden das Todesurteil![69] Die Sünde lauert dabei ständig vor der Tür, und der Glaube ist stets gefährdet: „Und nun halte dich in dieser grauenvollen Unsicherheit an den *einen* Faden: Gott!" Mit dieser „grauenvollen Unsicherheit" des

---

[67] PAULUS, Galater- und Römer-Christen, 307.
[68] BARTH, Römerbrief, 694.
[69] BARTH, Römerbrief, 692, übersetzt: „Wer aber zweifelt, der ist, indem er isst, zum Tod verurteilt, weil es bei ihm nicht aus dem Glauben geschieht."

72   3. Paulus

eigenen Glaubens geht die dem Zweifel geschuldete, „so unendlich naheliegende
Möglichkeit" einher, „es möchte so Vieles, vielleicht alles, was wir tun, *nicht* aus
dem Glauben geschehen".[70]

Zwischen diesen von H.E.G. Paulus und Barth verkörperten Extremen der
Auslegung von Röm 14,22–23 und seiner Zentralbegriffe können die meisten
Kommentierungen angesiedelt werden. Mit ironischem Zungenschlag stellt
Krister Stendahl seine „minimalistische" Hermeneutik der „maximalistischen"
Hermeneutik seines Antipoden Ernst Käsemann gegenüber.

„Die Tatsache, dass ich ‚Überzeugung' lese, wo Käsemann ‚Glauben' liest, veranschaulicht
ziemlich deutlich unseren jeweiligen Auslegungsstil. Für mich sind die Dinge konkret
und spezifisch. Meine Methode ist oft minimalistisch. Käsemann ist ein theologischer
Maximalist, für den die paulinischen Schlüsselworte bereits die ganze Tiefe späterer Traditionen enthalten."[71] Zu Röm 14,22–23 meint Stendahl: „Das ist einer der Abschnitte, bei
dem Theologen Gänsehaut bekommen, besonders dann wenn sie gute Lutheraner sind. Er
trieft von theologischem Potential. [...] Käsemann übersetzte Röm 14,22 folgendermaßen:
‚Halte an deinem Glauben, den du im [*sic*] Beziehung zu Gott hast, fest.' Das ist eine
Monstrosität [...]. Anstatt unseren Glauben für uns selbst vor Gott zu behalten und ihn
nicht anderen aufzudrängen, liefert uns Käsemann eine große theologische Darlegung
über christliche Existenz und fährt dann fort, indem er Vers 23 folgendermaßen übersetzt: ‚denn alles, was nicht aus Glauben heraus geschieht, ist Sünde', was für Käsemann
Glauben an Christus, der die Sünder und die Gottlosen rechtfertigt, bedeutet."[72]

In Stendahls minimalistischer Manier bleibt von der Sünde, gar der „Sünde aller
Sünden", nicht mehr übrig als diese Definition: „sich selbst gegenüber nicht ehrlich zu sein."[73] Für Käsemann ist ein solches Vorgehen natürlich nichts weiter als
eine psychologisierende Verharmlosung.[74]

3.3.3.2 Glaube, Sünde, Gericht

Die eine hermeneutische Fraktion legt das Augenmerk auf den konkreten Anwendungsfall und die innere Harmonie des Handelnden, von der anderen Fraktion werden die Hauptbegriffe des Abschnitts dogmatisch aufgeladen: Glaube,
Sünde und Gericht.

Besonders augenfällig wird der dichotomische Zugang im Blick auf den Begriff der πίστις.[75]

Nach Chrysostomos meint Paulus in Röm 14,22–23 „nicht den Glauben in Bezug auf die
[zum Heil notwendigen] Lehrsätze (περὶ δογμάτων), sondern den Glauben in Bezug auf

---

[70] BARTH, Römerbrief, 694.
[71] STENDAHL, Vermächtnis, 98 Anm. 3.
[72] STENDAHL, Vermächtnis, 96–98, mit Bezug auf KÄSEMANN, Römer, 361.366.
[73] STENDAHL, Vermächtnis, 96.
[74] Vgl. KÄSEMANN, Römer, 366.
[75] MICHEL, Römer, 440 Anm. 42: „Es fällt der Auslegung schwer, dem Glaubensbegriff von
Röm 14,23b gerecht zu werden."

3.3 Röm 14,23: Der „Zweifel" der Schwachen?

die vorliegende Frage (περὶ τῆς προκειμένης ὑποθέσεως).[76] Auch Luther verweist auf die beiden Deutungsmöglichkeiten, um sich allerdings für die andere zu entscheiden: „Glauben' ist also hier an dieser Stelle in einem doppelten Sinne zu verstehen. Entweder im Sinne von Meinung und Gewissen; so deuten viele diese Stelle. Eine andere Möglichkeit wäre die, daß man nach der Weise des Apostels Glauben schlechthin und gleichbedeutend mit dem Glauben an Christus versteht. Und so verstehe ich diese Stelle, unbeschadet der Hochachtung vor jenen anderen Auslegern."[77]

Πίστις ist für die einen also eine situativ sich einstellende Überzeugung,[78] für die anderen ist sie „im vollen und präzisen Sinn als der Christusglaube gemeint".[79]

Für beide Deutungen lassen sich gute Gründe nennen. Entscheidend scheint mir aber das Gewicht, das Paulus der Wendung ἐκ πίστεως im Römerbrief (wie auch im Galaterbrief) beimisst. Sie findet sich im Habakukzitat in Röm 1,16–17 und wird von Paulus in intendierter Anknüpfung an die Propositio in die Feder diktiert worden sein.[80] Der Glaube als Christusglaube ist also auch hier im Blick. Paulus unterscheidet nicht zwischen „Heilsglaube", „Charismaglaube" und „Überzeugungsgewissheit" etc. Vielmehr wird an dieser Stelle deutlich, dass sich das „Maß des Glaubens", d. h. die Intensität der individuellen Teilhabe am Glauben, in der individuellen Erkenntnis, im Gewissen und in der Überzeugung abbildet.

In seinem Aufsatz über den „„strittige[n] Punkt' [...] im Diskurs des Römerbriefs" arbeitet Michael Theobald minutiös die Stellung der πίστις heraus und hält fest: „Auch die konkrete ekklesiologische Mahnung an die ‚Starken' und ‚Schwachen' (14,1–15,6) nimmt Maß am ‚Glauben' als dem entscheidenden Kriterium der Verantwortung vor Gott. Aufschlußreich ist [...] ein synoptischer Vergleich mit den entsprechenden Passagen in 1 Kor. Er zeigt: Die Rolle, die dort, in 8,7–13 und 10,23–11,1, die συνείδησις spielt (2 bzw. 5 mal!), übernimmt in Röm 14,22 f die πίστις. Anstatt diesen Wechsel aus systematischen Erwägungen zum

---

[76] Chrysostomos, *In epistulam ad Romanos* 26,3 (PG 60, 640).

[77] Luther, Römerbrief, 493 f.

[78] In diesem Sinn (neben H. E. G. Paulus und Stendahl) etwa ZAHN, Römer, 584 („Zuversicht in bezug auf einzelnes, in Frage kommendes Handeln"); SANDAY/HEADLAM, Romans, 393 („the strong conviction of what is right and of the principles of salvation"); CRANFIELD, Romans, Bd. 2, 729 (*„one's confidence that* one's Christian faith *allows one* to do something"); GÄCKLE, Die Starken und die Schwachen, 399 („die Gewissheit haben, nach ethischer Überprüfung des Willens Gottes' [...] ‚alles essen' zu können, weil es dem entspricht, was gemäß dem Urteil Gottes ‚gut, wohlgefällig und vollkommen' ist"); MORGAN, Roman Faith, 299.

[79] WILCKENS, Römer, Bd. 3, 97. Vgl. SCHLIER, Römerbrief, 418 („im vollen Sinn der jedem nach Gottes Maß verliehene und vom Glauben zu ergreifende und zu bewährende Glaubensgehorsam"); KÄSEMANN, Römer, 366: „Der Glaube ist konkrete Ausrichtung auf die Christusherrschaft" (a. a. O., 367); WOLTER, Römer, Bd. 2, 390 („das Gottesverhältnis").

[80] Vgl. zur Bedeutung der Genitivverbindung ἐκ πίστεως als Leitmotiv im Römerbrief z. B. WATSON, By Faith, 149. Sie erscheint neben Röm 14,23 auch in Röm 1,17(*bis*); 3,26 (mit dem Genitiv Ἰησοῦ) und 30; 4.16(*bis*); 5,1; 9,30.32; 10,6. Im Galaterbrief findet sich der Ausdruck ebenfalls: Gal 2,16 (mit Χριστοῦ); 3,7.8.9.11.12.22 (mit Ἰησοῦ Χριστοῦ) und 24; 5,5. Seine Verwendung ist also auf die Briefe beschränkt, die Hab 2,4 zitieren. Vgl. außerhalb des Corpus Paulinum noch Hebr 10,38 (= Hab 2,4) und Jak 2,24.

74 *3. Paulus*

Verhältnis der beiden Begriffe heraus zu erklären, wird man bei Röm 14 eher den von 1,16 f her diktierten Makrokontext des Briefes zu berücksichtigen haben."[81]

Sünde meint für die einen eine Zuwiderhandlung gegen die eigene Überzeugung oder eine Erschütterung des inneren Gleichgewichts,[82] für die anderen ist sie der Verstoß gegen den göttlichen Willen, der gar den Verlust der Heilsgnade Gottes nach sich zieht.[83] Entsprechend bezieht sich κατακέκριται (Röm 14,23) für die einen auf ein subjektives Gewissens- oder Gesinnungsurteil, für die anderen auf das göttliche Gericht. Das trotz „Zweifel" erfolgte Essen impliziert für die einen schlicht eine nicht *bona fide* geschehende Handlung,[84] während für die anderen dadurch „die Gewißheit des Glaubens" eschatologisch verloren geht.[85]

Je größer das dogmatische Gewicht, das dem Glauben, der Sünde und dem Gericht beigemessen wird, desto „monströser", bedrohlicher und folgenreicher ist auch eine im „Zweifel" vollbrachte Tat. Doch spricht Paulus hier überhaupt von Zweifel?

3.3.3.3 *„Der, der (in seinem Innern) zweifelt"*

Auch wenn der Kontrast zwischen den beiden grundlegenden hermeneutischen Ansätzen kaum größer sein könnte, so ist doch allen genannten Deutungen *eine* Sicht auf das Verb διακρίνεσθαι eigen: Der als διακρινόμενος (Röm 14,23) bezeichnete Mensch ist ein „im Glauben Schwacher", der – real oder hypothetisch – einen spirituellen oder ethischen Konflikt auszufechten hat.[86] Das Gefahrenpotenzial ist ein doppeltes: Zum einen besteht die Gefahr, dass der „Schwache" gegen sein Gewissen und ohne innere Freiheit Fleisch isst, und

---

[81] THEOBALD, Der „strittige Punkt", 297. An einer systematischen Zuordnung versucht sich z. B. SCHLIER, Römerbrief, 418: „Glaube ist eine Gewissenssache, doch das Gewissen ist nicht immer eine Glaubenssache" (zustimmend zitiert bei WILCKENS, Römer, Bd. 3, 97 f.). Mir scheint genau das Umgekehrte der Fall zu sein: Das Gewissen richtet sich am Glauben, präziser: am Maß des Glaubens, aus.

[82] Vgl. in diesem Sinne CRANFIELD, Romans, Bd. 2, 729: „the conduct of the Christian who does a particular action in spite of the fact that he has not received the inner freedom to do it".

[83] MICHEL, Römer, 440.

[84] HAACKER, Römer, 346.

[85] MICHEL, Römer, 439 f. Vgl. WEISS, Römer, 567 („dem göttlichen Strafurtheile verfallen"); SCHLIER, Römerbrief, 418 („Verdammung im Gericht").

[86] Hin und wieder wurde dem Text entnommen, dass sich in der römischen Gemeinde neben den „Schwachen" und „Starken" noch weitere Gruppierungen befänden, darunter die „Zweifler", „die sich nicht trauen, dem eigenen Gewissen zu folgen" (MICHEL, Römer, 419, der dabei MINEAR, Obedience, 12 f., folgt). Minear macht fünf römische Gruppen aus: (1) „Schwache", die die „Starken" verurteilen, (2) „Starke", die die „Schwachen" verachten, (3) die „Zweifler", die sich ihrer Haltung unsicher sind, (4) die „Schwachen", die die „Starken" nicht verurteilen, und (5) die „Starken", die die „Schwachen" nicht verachten (ebd.). Nichts weist allerdings darauf hin, dass Paulus mit dem Partizip ὁ διακρινόμενος eine Gruppe apostrophiert, die er bislang nicht angesprochen hatte. Gegen Minears Vorschlag auch DUNN, Romans, Bd. 2, 828; JEWETT, Romans, 871 Anm. 212.

3.3 Röm 14,23: Der „Zweifel" der Schwachen?

zum anderen mag es dazu kommen, dass der „Starke" den „Schwachen" zu einer Verdrängung seiner Skrupel und zum Fleischkonsum nötigt. Auch diejenigen, die eine psychologische Exegese von Röm 14,22–23 für verfehlt halten, deuten διακρίνεσθαι auf den seelischen Zwiespalt des schwankenden „Schwachen": διακρινόμενος „charakterisiert den gespaltenen Menschen" und sein moralisches Dilemma.[87]

Immer wieder wird zum Vergleich auf zeitgenössische ethische Traditionen verwiesen, die im Hintergrund der paulinischen Mahnung stünden. Besonders naheliegende Beispiele finden sich bei Cicero und bei Plinius.

In *De officiis* schreibt Cicero: „Darum geben diejenigen die rechte Anleitung, die verbieten, etwas zu tun, über dessen Recht oder Unrecht du im Zweifel bist (*quod dubites aequum sit an iniquum*). Das Rechte nämlich leuchtet durch sich selbst, der Zweifel dagegen kennzeichnet das Sinnen auf Unrecht."[88] Von dieser wohl nicht auf eine philosophische Schule, sondern auf „Roman street wisdom"[89] zurückgehenden Anweisung existiert eine kürzere Fassung bei Plinius: „wo du zweifelst, lass die Finger davon!" (*quod dubites, ne feceris*).[90]

Meist wird argumentiert, dass Paulus hier auf der Linie philosophischer Ethik steht oder bewusst auf sie anspielt. „Paul's concern about the barrier that doubts and misgivings erected against consistent action was shared by Roman thinkers who condemn not the doubt itself but the acting thereon."[91] Es ist aber auch umgekehrt denkbar und meines Erachtens sogar wahrscheinlicher, dass diese philosophischen Traditionen auf die Lektüre der Paulusstelle abgefärbt haben und überhaupt erst den „Zweifel" als Interpretament der paulinischen Direktive (und als Übersetzungswort für διακρίνεσθαι) auf den Plan gerufen hat.

Nur äußerst selten wird in den Kommentaren das sprachgeschichtliche und semantische Problem des Verbs διακρίνεσθαι reflektiert.[92] Wie oben notiert hatte Meyer die zu seiner Zeit geläufige Deutung des Nomens διάκρισις = „Zweifel" in Röm 14,1 mit den Worten kommentiert: „Allein διάκρισις heisst nie: Zweifel."[93] Zu Röm 14,23 und dem Verb διακρίνεσθαι möchte man anfügen:

---

[87] KÄSEMANN, Römer, 366; vgl. MICHEL, Römer, 440 („Zerspaltung des menschlichen Verhaltens"); SCHLIER, Römerbrief, 418; THEOBALD, Erkenntnis und Liebe, 483.503; WOLTER, Römer, Bd. 2, 390.

[88] Cicero, *Off.* 1,30 (zitiert bei HAACKER, Römer, 346; JEWETT, Romans, 871).

[89] DYCK, Commentary on Cicero, 127: „This precept derives, not from the Greek philosophical schools, but from Roman street wisdom."

[90] Plinius, *Epist.* 1,18,5 (zitiert auch in NW 2/1, 223; vgl. HAACKER, Römer, 346 Anm. 86; JEWETT, Romans, 871 Anm. 215). Vgl. auch BAUMGARTEN-CRUSIUS, Römer, 395: „In geringerer Bedeutung, mehr als Klugheitsregel ist der Ausspruch des Plinius [...] zu fassen."

[91] JEWETT, Romans, 871.

[92] Vgl. JEWETT, Romans, 871 (mit Verweis auf DAUTZENBERG, διακρίνω, 735): „The participle διακρινόμενος in the middle voice has the sense of having ‚misgivings, doubts,' a connotation that probably developed out of Greek vernacular usage, although it appears for the first time in early Christian writings."

[93] MEYER, Römer, 579.

76   3. Paulus

Allein διακρίνεσθαι heißt nie: zweifeln. Nun ist beachtenswert, dass die griechische Auslegungstradition von Anfang an andere philologische und damit auch andere sozialgeschichtliche und theologische Schlüsse zog als die in der späteren Exegese und bis zum heutigen Tag dominierenden.

3.3.3.4 „Der, der (die Speisen) unterscheidet"

Chrysostomos deutet die paulinische Aussageabsicht streng situationsbezogen: Paulus schreibe Röm 14,23a, „um den Schwächeren zu schonen", denn was bringt es, wenn man isst, obwohl man die Speisen unterscheidet, und sich dann selbst verurteilen muss? „Denn ich akzeptiere, dass jener [sc. Judenchrist] isst, und zwar [soll er essen] ohne Hin- und Herschwanken (μὴ μετ' ἀμφιβολίας). Siehst du, wie er [sc. Paulus] ihn nicht nur zum Essen bewegt, sondern auch zum Essen mit reinem Gewissen (καθαρῷ συνειδότι)." Paulus' Anliegen sei in erster Linie ein pastorales zum Schutz der „Schwachen": Er weise, so Chrysostomos, die Heidenchristen auf den Schaden hin, den sie anrichten, wenn sie Judenchristen zum Essen drängen, ohne dass diese innerlich dazu bereit und überzeugt sind. Sie sollen endlich ihr Sticheln (ἐπιπλήττειν) unterlassen![94] Aus dem Zusammenhang ergibt sich, dass es sich nach Chrysostomos bei dem διακρινόμενος um einen Judenchristen handelt, der (noch) eine Unterscheidung der Speisen vollzieht und sein Gewissen beflecken würde, wenn er dem Druck der heidenchristlichen Position nachgäbe.

Der Weggefährte des Chrysostomos, Theodor von Mopsuestia, kommt zu einer etwas anderen Schlussfolgerung.

„Wer aber unterscheidet" heißt es nicht hinsichtlich der Speise, sondern hinsichtlich des Glaubensbruders (οὐκ ἐπὶ τῇ βρώσει [...], ἀλλ' ἐπὶ τῷ ὁμοπίστῳ). Denn wer aufgrund seines Glaubens, so sagt Paulus, einfältig und unterschiedslos (ἁπλῶς καὶ ἀδιαφόρως) nimmt, was ihm an Speise vorliegt, der isst am besten. Wer aber aufgrund dessen mit seinem Bruder eine Meinungsverschiedenheit austrägt (ὁ δέ [...] διαφερόμενος) und mit Verachtung gegen ihn isst, der fügt allerdings sich Schaden zu (βλάπτεται), weil er die Speise zum Grund für die Verachtung seines Nächsten macht. Denn anscheinend tut er dies nicht aus Glauben und unterschiedslos, sondern vielmehr aufgrund seiner Streitsucht gegen jenen. Was aber nicht in Einfalt mit Glauben geschieht, sondern im Streit mit dem Nächsten, das ist offenbar Sünde.[95]

Theodor versteht das Verb διακρίνεσθαι also im Sinne einer Unterscheidung, die einer geschwisterlichen „Diskriminierung" (im Wortsinn) gleichkommt.

Der in vielerlei Hinsicht von Chrysostomos abhängige Theodoret von Cyrus formuliert die paulinische Aussage ὁ δὲ διακρινόμενος ἐὰν φάγῃ in ὁ μετά τινος διακρίσεως ἐσθίων um, d. h. für ihn wird der mit διακρίνεσθαι beschriebene

---

[94] Chrysostomos, *In epistulam ad Romanos* 26,3 (PG 60, 640).
[95] STAAB, Pauluskommentare, 167,31–168,8; vgl. SPITALER, Διακρίνεσθαι, 16: „[A] person who is ‚at variance with the brother and, therefore, eats with contention toward him'."

3.3 Röm 14,23: Der „Zweifel" der Schwachen? 77

Akt durch das Nomen διάκρισις zum Ausdruck gebracht.[96] Auf den ersten Blick könnte sich tatsächlich eine Wiedergabe mit „Zweifel" nahezulegen,[97] doch der Kontext weist in eine andere Richtung: Paulus lehre, dass derjenige, der glaubt, nichts zu seinem Schaden zu sich nimmt; „derjenige aber, der mit irgendeiner Unterscheidung [der Speisen] (μετά τινος διακρίσεως) isst, nimmt [diese] als etwas Unreines zu sich"[98] – eben weil er die Trennung zwischen rein und unrein zulässt und dennoch isst. „Daher preist er denjenigen selig, der sich nicht selbst verurteilt, also den, der keine Unterscheidungen anstellt."[99] Das heißt: nur wer unterscheidet, steht in der Gefahr, sich selbst hinsichtlich des Verzehrs von Lebensmitteln zu verurteilen. „Denn wer glaubt, nimmt [die Speisen] schadlos zu sich; wer aber mit irgendeiner Unterscheidung (μετά τινος διακρίσεως) isst, stimmt gegen sich selbst."[100] Wer glaubt, kommt gar nicht erst auf den Gedanken, die Speisen in rein und unrein zu unterteilen, sondern isst sie ohne Unterschied. Dass Theodoret solches vor Augen steht, wenn er διάκρισις bzw. διακρίνεσθαι verwendet, zeigt sich recht eindeutig an seinen Ausführungen zu Röm 14,14.[101] Dort formuliert er: „Wenn aber einer diese Speise für unrein erachtet und er nimmt davon zu sich, dann ist es unrein, jedoch nicht seiner Natur/seines Wesens wegen, sondern wegen der Überzeugung dessen, der davon genossen hat." Durchweg sind διάκρισις bzw. διακρίνεσθαι auf einen Akt des Unterscheidens zu beziehen und nicht auf skrupulöse Zweifelsgedanken.[102]

Auch Ps.-Oikumenios wandelt in den Spuren des Chrysostomos, sieht aber nun ausdrücklich den „Starken" in der Pflicht: „Denn warum nötigst du denjenigen zu essen, der noch nicht gefestigt ist? Weißt du nicht, dass derjenige, der unterscheidet, gerichtet wird, wenn er [dennoch] isst (ὁ διακρινόμενος ἐὰν φάγῃ κατακέκριται)? Denn er isst nicht aus Glauben, sondern aus Zwang oder aus Scham. Warum verschaffst du ihm einen Anstoß zur Verurteilung, indem du ihn zum Essen des Anstößigen nötigst?" Paulus richtet seine Warnung also implizit an die „Starken", die mitverantwortlich sind für eine Speisepraxis, die nicht „aus reinem Gewissen" (ἀπὸ καθαροῦ συνειδότος) erfolgt.[103]

---

[96] Zu der Genitivverbindung διακρίσεις διαλογισμῶν in Röm 14,1 äußert sich Theodoret nicht.

[97] So z. B. THOLUCK, Römer, 656.

[98] Theodoret, *Interpretatio epistolae ad Romanos* (zu Röm 14,22) (PG 82, 205).

[99] Theodoret, *Interpretatio epistolae ad Romanos* (zu Röm 14,22) (PG 82, 205): Διὸ μακαρίζει τὸν μὴ κρίνοντα ἑαυτὸν, τουτέστι μὴ διακρινόμενον.

[100] Theodoret, *Interpretatio epistolae ad Romanos* (zu Röm 14,23) (PG 82, 208).

[101] Weil SPITALER, Διακρίνεσθαι, 29 Anm. 83, diese Passage nicht in seine Überlegungen einbezieht, muss er die Übersetzung offenhalten: „The literary context of Theodoret's comments does not clarify the particular sense in which he uses the noun διακρίσις [sic], i. e., does a person who contests eat with ‚discrimination' or ‚quarrel'?"

[102] Vgl. MEYER, Römer, 579, mit Verweis auf Theodoret (διάκρισις als „Unterscheidung").

[103] Ps.-Oikumenios, *Pauli epistola ad Romanos* (PG 118, 604). Vgl. noch Photios von Konstantinopel, der ebenfalls keinen Zweifel daran lässt, dass Paulus mit διακρίνεσθαι an die Unterscheidung der Speisen und nicht an sittliche Skrupel dachte: Paulus tadle „denjenigen, der

78   3. Paulus

Beide Deutungen des διακρινόμενος – „einer, der die Speisen unterscheidet"
und „einer, der den Glaubensbruder ,diskriminert'" – sind im Blick auf Semantik, Kontext und Pragmatik plausibel. Umso überraschender ist es, dass sie in
der Abstellkammer der Auslegungsgeschichte verschwunden sind. Es scheint
zunehmend zu einer „Internalisierung" der Auslegung gekommen sein, die den
Akt des διακρίνεσθαι nicht auf eine Unterscheidung des Essens oder der Mitchristen, sondern auf die Scheidung bzw. Spaltung des inneren Menschen deutet.

Obwohl die Wiedergabe von διακρίνεσθαι mit „(die Speisen) unterscheiden"
in der Kirchenväterexegese breit bezeugt und im Kontext der paulinischen Argumentation sinnvoll ist, geriet sie weitgehend in Vergessenheit.[104] Es scheint zunehmend zu einer „Internalisierung" der Auslegung gekommen zu sein, die den
mit διακρίνεσθαι bezeichneten Akt nicht auf einen Akt der Unterscheidung des
Essens, sondern auf die Scheidung bzw. Spaltung des inneren Menschen bezieht.

Deutlich zeigt sich diese Tendenz etwa in Calvins Römerbriefauslegung:

Wer aber Skrupel hat (*Qui vero diiudicat*). Sehr gut drückt [Paulus] mit einem einzigen
Wort den Zustand eines schwankenden Gemütes aus, das nicht weiß, was zu tun nötig ist.
Denn wer Skrupel hat, schwankt hierhin und dorthin und wird durch seine Neigung zum
Zweifeln (*dubia inclinatione*) zwischen verschiedensten Erwägungen in der Schwebe gehalten [...]. Denn wenn wir in unserer Lebensführung zu solcher Besonnenheit angehalten
werden, dass niemand mit zweifelndem Gewissen einen Bissen Brot auch nur anrührt, wie
viel größere Vorsicht ist dann in den wichtigsten [Entscheidungen] geboten? [...] Wie aber
steht es nun mit dem Gehorsam, wenn jemand etwas unternimmt, von dem er nicht überzeugt ist, Gott werde es billigen? Wo sich solch ein Zweifel einstellt, wird man demjenigen
mit Recht eine Pflichtverletzung anlasten, der gegen das Zeugnis seines Gewissens auf
seinem Weg beharrt. Das Wort Glauben meint hier eine feste Überzeugung des Herzens
und (um es so auszudrücken) eine unerschütterliche Gewissheit (*pro constanti animi per-
suasione, et firma [ut ita loquar] certitudine*), nicht eine beliebige, sondern eine, die nur
aus der Wahrheit Gottes kommen kann.[105]

Calvin kommt in seinen Schriften häufig auf Röm 14,23 und die verhängnisvolle
Disposition des Schwankenden zu sprechen; mit etwas anderem Akzent begeg-

---

die Speisen unterscheidet" (τὸν τοῖς βρώμασι διακρινόμενον) (STAAB, Pauluskommentare, 536,
zu Röm 14,1; vgl. a. a. O., 537, zu Röm 14,6–13: ἐπὶ τοῦ ἐν τοῖς βρώμασι διακρινομένου; a. a. O.,
538, zu Röm 14,14: τὸ ἐν βρώμασιν ἐκεῖνον διακρινόμενον; a. a. O., 538, zu Röm 14,16–17: „Zwar
ist es ein Gut, darin gefestigt zu sein, im Glauben nicht zwischen den Speisen zu unterscheiden
[τῇ πίστει μὴ διακρίνεσθαι ἐν τοῖς βρώμασιν], doch wenn ihr dabei vehement auf die einredet,
die unterscheiden [πρὸς τοὺς διακρινομένους], macht ihr, dass euer Gut verschmäht wird!").

[104] In den Kommentaren des Humanismus und der Reformation wird ὁ διακρινόμενος
im Anklang an das Wortspiel mit κριν- gelegentlich durch *qui diiudicatur* oder *qui diiudicat*
übersetzt, im auffälligen Gegenüber zur Vulgata, die mit *qui discernit* das Moment der Differenzierung der Speisen betont. Vgl. Erasmus, Annotationes, 336: „Qui autem discernit. Ὁ δὲ
διακρινόμενος, id est: ,qui uero haesitat'. Quanquam participium est medium, vt possit accipi
qui diiudicatur." Eine weitergehende Auslegung erfolgt an dieser Stelle nicht.

[105] Calvin, Brief an die Römer, 711–713.

net das Motiv in seiner Betrachtung des Abrahamkapitels Röm 4.[106] Die späteren
Auslegerinnen und Ausleger vertreten fast einhellig die Auffassung, dass mit
διακρινόμενος der zweifelnde, schwankende, bedenkentragende oder skrupulöse Schwache gemeint ist, der sich entgegen seiner ethischen Bedenken „einer
liberalen Praxis anschließt, ohne von ihrer Richtigkeit überzeugt zu sein."[107]
Einzelne Ausnahmen[108] (oder Klammerbemerkungen[109]) bestätigen die Regel.

3.3.3.5 „Der, der sich (von Gott und Gemeinde) distanziert"

Eine Generation vor Chrysostomos greift Basilius der Große in einer Frage zur
Gemeindeordnung auf Röm 14,23 zurück. Wie soll mit einem Gemeindeglied
verfahren werden, das den Anordnungen des Gemeindevorstehers nicht Folge
leistet?[110] Der Vorsteher solle mit der betroffenen Person entweder öffentlich
oder im vertraulichen Rahmen über die Schriftgemäßheit der Weisung reden,
oder sie soll still bleiben und gehorchen. Wenn sich aber nun herausstellt, dass
die Weisung vernünftig ist, dann solle er „sich selbst von einer nichtigen und
gefährlichen Abgrenzung befreien" (ἑαυτὸν διακρίσεως ματαίας καὶ ἐπικινδύνου
ἐλευθερώσῃ) und – so impliziert diese Mahnung – der Anweisung Folge leisten.
Hierauf folgt als Parenthese der „Schriftbeleg" aus Röm 14,23. Basilius deutet den
Paulussatz offensichtlich so, dass derjenige, der sich in seinem Handeln trotz
Belehrung eine trennende Auseinandersetzung in Kauf nimmt, (von Gott) verurteilt wird – denn ein solches Verhalten gründet nicht auf Glauben.[111]

Der Gedanke wird nun fortgeführt in Anknüpfung an Mt 18,6: „Auch soll er den Ein-
fältigeren keinen Anlass zu Ungehorsam geben." Wenn nun aber bestimmte Leute im Ungehorsam verharren und dadurch zu „Urhebern von Auseinandersetzung bzw. Spaltung"
(διακρίσεως αἴτιοι) in der Gemeinde werden, dann führt kein Weg daran vorbei, sie als
„Lehrer des Ungehorsams und der Widersetzlichkeit" aus der Gemeinde auszuschließen.

---

[106] S. u. Kap. 3.4.1.4.

[107] HAACKER, Römer, 346.

[108] Vgl. z. B. Whitby, Romans, 704: „He that discerneth, and puts a difference between meats
lawful and unlawful; this is the import of the word elsewhere"; mit Verweis auf Mt 16,3; Apg
10,28; 11,12 (Whitby liest μηδὲν διακρινόμενος: „Go with them [...] making no difference"); 15,9
(Whitby liest οὐδὲν διέκρινε: „He put no difference betwixt them and us, purifying their hearts
by faith"); 1 Kor 4,7 („Who put the difference betwixt thee and others"); 11,29; Jud 22 (Whitby
liest διακρινόμενοι: „Of some have compassion, [...] making a difference").

[109] Vgl. z. B. HULTGREN, Romans, 521: „On the other hand, the person who has doubts (or
continues to make distinctions between foods) is in a sorry state if he eats foods that he considers unclean."

[110] Basilius der Große, Asceticon magnum sive quaestiones (regulae fusius tractatae), interrogatio 47 (PG 31, 1036 f.). Die Überschrift dieses Abschnitts lautet: περὶ τῶν μὴ καταδεχομένων
τὰ παρὰ τοῦ προεστῶτος τυπούμενα. Vgl. SPITALER, Διακρίνεσθαι, 16 f.

[111] Im Rahmen der Argumentation des Basilius kommt der römische Konflikt zwischen
„Starken" und „Schwachen" nicht in den Blick. Er legt den Ton ausschließlich auf das Verhalten
derer, die von den Gemeindeleitern gemäß Schrift und Vernunft zurechtgewiesen wurden und
dennoch nicht gehorchen.

80   3. Paulus

Während Basilius sich in diesem Abschnitt primär mit dem Ordnungsgefüge und der Einheit einer Gemeinde beschäftigt, zitiert er Röm 14,23 noch in einem anderen Zusammenhang. Die 54. Regel seiner *Regulae morales* gibt Anweisungen zum Thema des „Urteilens". Jeder einzelnen Sektion ist eine These vorangestellt, die durch eine Kette von Schriftstellen belegt wird. Die erste These lautet: „Dass man sich nicht gegenseitig verurteilen (κρίνειν) darf im Blick auf die Dinge, die von der Schrift erlaubt sind." Begründet wird sie unter anderem mithilfe von Röm 14,2–6.12–13. Die zweite, uns vor allem interessierende These führt die erste weiter, indem sie das Stichwort διακρίνεσθαι einführt: „Dass man sich nicht von dem abgrenzt bzw. distanziert, was von der Schrift her erlaubt ist" (οὐ δεῖ διακρίνεσθαι ἐπὶ τοῖς ὑπὸ τῆς γραφῆς συγκεχωρημένοις).[112] Dieser Sinn legt sich insofern nahe, als Basilius neben Röm 14,23 auch auf Kol 2,20–23 rekurriert: Wer mit Christus den Mächten der Welt gestorben ist, der hält sich nicht mit irdischen und menschengegebenen Satzungen auf und setzt sich nicht von der „Christussphäre" ab.[113]

Die von Basilius an verschiedenen Stellen eingespielte Deutung von Röm 14,23 lässt sich mit der geläufigen Semantik des Verbs διακρίνεσθαι ebenfalls in Einklang bringen. Sie verfolgt aber eigene Interessen und hat sich gegenüber dem paulinischen Kontext weitgehend verselbständigt. In meinem eigenen Interpretationsvorschlag folge ich aber der Spur des Basilius insofern, als ich das Moment der Trennung pointiere: Warnt Paulus vor einer Abspaltung von der Gemeinschaft?

3.3.3.6 „Der, der (die Gemeinde) spaltet" bzw. „sich abspaltet"

Wie bereits angedeutet gehe ich davon aus, dass Paulus seine Paränese primär an die „Starken" richtet, und es scheint sinnvoll, Röm 14,23 probehalber unter dieser Vorgabe zu lesen. Eine solche „Hermeneutik der Schwäche" nimmt nicht intuitiv die Gefährdung der „Schwachen" ins Visier, sondern ein potenzielles Fehlverhalten der „Starken". Baumert bemerkt scharfsinnig: „[W]enn es hieße: ‚Wer aber *Skrupel empfindet*, wenn er isst, der ist verurteilt' [...], würde Paulus gerade den ‚Schwachen' (den er doch schützen will) unter einen massiven Druck setzen, was nicht zum Kontext und insgesamt nicht zu Paulus paßt."[114] Unter der

---

[112] Basilius, *Regulae morales* 54 (PG 31, 780 f.). Vgl. SPITALER, Διακρίνεσθαι, 20.

[113] In der 7. Regel steht διακρίνεσθαι in einem vergleichbaren Verwendungszusammenhang, dort in charakteristischer Nachbarschaft zu διστάζειν: Untersagt wird ein Sich-Abgrenzen von und Zweifeln an (διακρίνεσθαι καὶ διστάζειν) den Worten des Herrn. Angemessen ist vielmehr die volle Überzeugung, dass jedes Wort Gottes wahr sei, auch wenn die Natur dagegen ankämpft. Basilius, *Regulae morales* 7 (PG 31, 712): Ὅτι οὐ δεῖ διακρίνεσθαι καὶ διστάζειν ἐπὶ τοῖς ὑπὸ τοῦ Κυρίου λεγομένοις, ἀλλὰ πεπληροφορῆσθαι πᾶν ῥῆμα Θεοῦ ἀληθὲς εἶναι καὶ δυνατόν, κἂν ἡ φύσις μάχηται. Ἐνταῦθα γὰρ καὶ ὁ ἀγὼν τῆς πίστεως. S. u. Kap. 3.4.1.4 zu Röm 4,19–20.

[114] BAUMERT, Wortspiel, 22 (unter Verweis auf DAUTZENBERG, διακρίνω, 735).

3.3 Röm 14,23: Der „Zweifel" der Schwachen? 81

Prämisse, dass Paulus auch hier die im Glauben „Gefestigten" anspricht, eröffnen sich einige weitere Erklärungsvarianten: Paulus mag bei der Bezeichnung διακρινόμενος an denjenigen gedacht haben, der „einen Unterschied macht" und seine Haltung für überlegen hält,[115] der sich zum Richter über andere aufspielt,[116] der aufgrund seines Essens kritisiert wird,[117] oder – was dem Kontext am ehesten entspricht – an denjenigen, der spaltet bzw. sich abspaltet und die Gemeinde durch sein Verhalten auseinandertreibt.[118]

Mit dieser Sicht korrespondiert die oben vertretene Deutung des Ausdrucks διακρίσεις διαλογισμῶν als „Spaltungen aufgrund von Meinungsverschiedenheiten",[119] aber auch eine Minderheitsmeinung zu Röm 14,20. Meist wird davon ausgegangen, dass mit der Formulierung ἀλλὰ κακὸν τῷ ἀνθρώπῳ τῷ διὰ προσκόμματος ἐσθίοντι die „Schwachen" gemeint sind, die etwas gegen ihr Gewissen tun bzw. mit schlechtem Gewissen essen.[120] Alternativ und im Einklang mit dem hier vorausgesetzten Gesamtduktus der Passage sollte der qualifizierende Partizipialsatz als auf die „Starken" gemünzt verstanden werden. Der Ausdruck διὰ προσκόμματος gibt dabei den „begleitenden Umstand" des Essens an,[121] also die Anstoß gebende Wirkung des „Starken" auf den „Schwachen", wenn jener isst.[122] Es ist also nicht gemeint, dass der „Starke" den „Schwachen" dazu verleitet oder nötigt, mit zweifelnden Gedanken und schlechtem Gewissen zu essen (so wohl 1 Kor 8,11),[123] sondern vielmehr, dass die zur Schau gestellte und nicht von Gemeinschaftssinn getragene Liberalität des „Starken" den „Schwachen" zu Fall

---

[115] Vgl. SYNGE, Not Doubt, 205: „Blessed is he who does not reckon himself superior to others for his ability to eat anything without a qualm of conscience. He who *discriminates*, on the other hand (v. 23), counting his practice superior to another's, stands condemned because his action springs *not from faith but from trust in ‚works'*. And whatever proceeds from *trust in works* is, for a Christian, sin." Freilich könnte hier auch der „Schwache" mitgemeint sein, doch bleiben Synges Ausführungen uneindeutig.

[116] BARTH, Discussion, 65.

[117] Vgl. BAUMERT, Wortspiel, 22, dessen Übersetzung und Kommentar zu Röm 14,22b–23 folgendermaßen lautet: „Glücklich, wer nicht sich selbst verurteilt (kritisiert) in dem, was er prüft. Wer aber kritisiert wird, (der) ist, wenn er ißt, verworfen/verdammt, weil nicht in Einvernehmen (Trauen). Und alles, was nicht in Einvernehmen (getan wird), ist Sünde. Somit ist hier nicht von ‚zweifeln' (des Schwachen) die Rede, was ja entweder ein neues Thema bringen würde, indem es von einem dritten Fall handelte oder offen ließe, ob nun der Zuschauende schließlich ebenfalls ißt oder der ‚Essende' plötzlich unsicher würde."

[118] Vgl. DEGRAAF, Some Doubts, 740: „An alternative translation such as ‚the divisive one is condemned if he eats' would better fit the logic of the passage." Ähnlich jetzt auch PORTER/STEVENS, Doubting BDAG, 63.

[119] S. o. Kap. 3.3.2.

[120] Die Zürcher Bibel übersetzt: „schädlich aber ist es, wenn ein Mensch durch sein Essen etwas gegen sein Gewissen tut." Vgl. aber die alternative, m. E. korrekte Wiedergabe in der Anmerkung: „..., wenn ein Mensch durch sein Essen Anstoss erregt."

[121] Vgl. BDR, § 223 Anm. 8.

[122] Präzise formuliert Bengel: „ita ut edendo offendatur alter" (BENGEL, Gnomon, 599).

[123] Vgl. 1 Kor 8,9: „Gebt aber Acht, dass diese eure Freiheit den Schwachen nicht zum Anstoß (πρόσκομμα) werde!"

82   3. Paulus

bringt und damit die Gemeinde auseinanderdividiert – in Paulus' Worten: „das Werk Gottes auflöst".

Schon die altkirchlichen Ausleger sind hier allerdings gespalten: Während Chrysostomos und Ambrosiaster die erste Variante priorisieren (adressiert sind die „Schwachen"),[124] geben Origenes und Pelagius der zweiten den Vorzug (adressiert sind die „Starken").[125] Die neueren Kommentare lassen zwar ebenfalls kein einheitliches Bild erkennen, doch geben sie mehrheitlich im Rückgriff auf Röm 14,14a und b der ersten Deutung den Vorzug.[126] Für die hier favorisierte Alternative spricht allerdings der unmittelbare Anschluss an das πάντα καθαρά, das dem κακόν entgegensteht, sowie der Fortgang der Argumentation.[127] Denn dort legt Paulus den „Starken" nahe, dass sie lieber auf Fleisch und Wein verzichten sollen, als ihren Glaubensgeschwistern zum Stolperstein zu werden (14,21) und damit den Bau der Gemeinde zu zerstören (vgl. 14,19). Ihr Tun ist verwerflich: „Wer essend Anstoß und Fall für den andern verursacht, tut das Böse, nämlich Unheil."[128] Erst die psychologisierende Deutung des Gesamtzusammenhangs konnte auch in diesem Vers eine Mahnung an den skrupulösen „Schwachen" erkennen, für den es „schlimm ist, nur unter Anstoß alles unterschiedslos als ‚rein' zu essen."[129]

Mit dem Gegenbegriff „gut" (καλόν) kehrt Paulus dann seinen Gedanken um: „Gut ist es, kein Fleisch zu essen und keinen Wein zu trinken und das zu meiden, worüber dein Bruder ins Stolpern gerät" (14,21).[130] Der folgende Satz birgt text-

---

[124] Vgl. exemplarisch WOLTER, Römer, Bd. 2, 386, mit der Erläuterung: „Die theologische Begründung dafür liefert Paulus in V. 23." Ältere Kommentare sind verzeichnet bei WEISS, Römer, 564. LOHSE, Römer, 381, votiert für die gängige Deutung, sagt aber richtig, dass durch das Verhalten des „Starken" „nicht nur einem einzelnen Mitchristen, sondern der ganzen Gemeinde als dem Werk Gottes (vgl. 1 Kor 3,9) Schaden zu[gefügt wird]." Vgl. a. a. O., Anm. 18, den Verweis auf das Verb καταλύειν für das Abreißen eines Gebäudes (Mt 5,17; Lk 9,12; 19,7; Gal 2,18; 2 Kor 5,1).

[125] Vgl. CRANFIELD, Romans, Bd. 2, 724. Cranfield selbst schlägt sich ebenfalls auf diese Seite und nennt als weitere Vertreter Thomas von Aquin, Calvin, Sanday und Headlam sowie Barrett. Belege aus der älteren Kommentarliteratur nennt wiederum WEISS, Römer, 564, darunter Grotius, Bengel, de Wette und Baumgarten-Crusius.

[126] Vgl. WILCKENS, Römer, Bd. 3, 95: „Doch zu deutlich ist, daß Paulus in V20b V14 wiederholt."

[127] Vgl. SANDAY/HEADLAM, Romans, 393 („the transition to ver. 21 is slightly better").

[128] KÄSEMANN, Römer, 365. Subjekt zu κακόν ist also das Verhalten des „Starken", sein „Essen" unter den genannten Umständen. Vgl. CRANFIELD, Romans, Bd. 2, 724: „[F]or the man who eats in the way indicated his eating is morally evil."

[129] WILCKENS, Römer, Bd. 3, 95.

[130] Vgl. Röm 12,2 (auch Hebr 13,21) und die Bemerkungen von KÄSEMANN, Römer, 318: Gut ist nicht einfach das, „was Menschen gut und schön finden und vor ihrem Gewissen rechtfertigen können. Als gut, angenehm [...] wird vielmehr einzig der Wille Gottes bezeichnet, der menschlichen Idealen im konkreten Fall durchaus entsprechen mag, in ihnen aber weder aufgeht noch sie ohne weiteres deckt." „Was Gottes Wille jeweils von uns fordert, läßt sich nicht ein für alle Male festlegen, weil es nur in konkreter Entscheidung gegenüber einer gegebenen Situation erkannt und getan werden kann." Der Aorist φαγεῖν deutet an: „es handelt sich nicht um dauernde Enthaltung" (BDR, § 338 Anm. 1).

3.3 Röm 14,23: Der „Zweifel" der Schwachen?

kritische und sachliche Probleme: σὺ πίστιν [ἣν] ἔχεις κατὰ σεαυτὸν ἔχε ἐνώπιον τοῦ θεοῦ (14,22). Wie Paulus selbst seine Stärke im Glauben nicht unter den Tisch kehrt, so verlangt er auch von seinen Adressaten nicht, dass sie ihren Glauben und die mit ihm verbundene Freiheit verleugnen: „Den Glauben, den du hast", also das Maß des Glaubens, das dir zuteilwurde (vgl. 12,3) und das die Grundlage deiner ethischen Entscheidungen darstellt – diesen Glauben „halte für dich selbst vor Gott fest" (14,22). Der sachliche Bezug zu Röm 12,3 ist offenkundig,[131] doch liegt der Akzent hier nicht auf dem Maß des Glaubens an sich, sondern auf der Aktualisierung dieses Glaubensmaßes. Da es von Gott zugemessen wird, kann es nun nicht angehen, den Glauben „vor Menschen zum Aergerniss der Schwachen zur Schau zu tragen".[132] Das Kriterium der Liebe bewirkt in manchen Fällen das Zurückstellen der eigenen Liberalität,[133] denn zum Wesen der Liebe gehört es, dem Nächsten nichts Böses (κακόν) zuzufügen (vgl. 13,10).[134]

Die ältere Kommentarliteratur orientierte sich durchweg an der Lesart, die das Relativpronomen ἥν vor ἔχεις *nicht* bezeugt,[135] und es ist in der Tat zu erwägen, ob nicht das ἥν (bei itazistischer Aussprache) als Dittographie der letzten Silbe von πίστιν zu erklären ist.[136] Sollte diese Textfassung ursprünglich sein, wäre entweder an eine konzessive Sinnrichtung („Auch wenn du Glauben hast, für dich selbst habe ihn vor Gott!"), an eine Frage („Du hast Glauben? Für dich selbst habe [ihn] vor Gott!") oder an eine bestätigende Aussage zu denken („Du hast Glauben. Für dich selbst habe [ihn] vor Gott!").[137]

„Wohl dem", fügt Paulus im selben Vers in Richtung des „Starken" an,[138] „der sich nicht selbst zu verurteilen braucht (ὁ μὴ κρίνων ἑαυτόν) für seine Entscheidun-

---

[131] Vgl. JEWETT, Romans, 870: „as in the reference to the ‚measuring rod of faith' in 12:3, πίστις ἣν ἔχεις [...] is used here to designate the peculiar form of faith that each group has been given by God, which includes the cultural and theological factors that govern each group's service to its Lord (see Rom 14:4–6)."

[132] WEISS, Römer, 566.

[133] Vgl. CRANFIELD, Romans, Bd. 2, 727.

[134] Vgl. KONRADT, Gericht und Gemeinde, 400 f., zur soteriologischen Relevanz des Verzichts aus Liebe (im Zusammenhang von 1 Kor 8–10): „Anders als dort [Mt 25,31–46 oder Jak 1,22–25; 2,13.14–17] geht es in 1 Kor 8–10 nicht um Liebe im Sinne des Tuns von Werken der Barmherzigkeit, also von positiv qualifizierten Werken, die anderen nützen, sondern Liebe ist hier konkretisiert als Verzicht auf ein Tun, das einem anderen schadet. Soteriologisch relevant gemacht wird hier, anders gesagt, nicht, aus Liebe bestimmte gute Werke zu vollbringen, sondern aus Liebe bestimmte Verhaltensweisen zu unterlassen. Paulus bindet also auch hier die Erlangung des Heils nicht an das Tun bestimmter Tugenden (wie der Barmherzigkeit), wohl aber führt das Vollbringen bestimmter Laster (wie der Lieb- und Rücksichtslosigkeit) zum Ausschluß vom Heil."

[135] Das Relativpronomen lesen u. a. ℵ A B C, nicht aber D F G Ψ 𝔐.

[136] Vgl. ZAHN, Römer, 584 Anm. 38, der weiter argumentiert: Das Relativpronomen „wurde aber auch als gewöhnlichere Ausdrucksweise leichter zugesetzt als getilgt. In der Tat nimmt es der Rede ihre Lebhaftigkeit [...] und ist hinter artikellosem πίστιν wunderlich."

[137] Vgl. METZGER, Textual Commentary, 533.

[138] Dass die Seligpreisung an den „Starken" gerichtet ist, sehen u. a. SCHLIER, Römerbrief, 418; WILCKENS, Römer, Bd. 3, 96; DUNN, Romans, Bd. 2, 828; FITZMYER, Romans, 699; HULTGREN, Romans, 521.

gen", die er aus dem Glauben heraus getroffen hat.[139] Mit dem Makarismus bestätigt Paulus nicht die Selbstsicherheit der „Starken", sondern verweist auf ihre inhärente Brüchigkeit.[140] Denn diejenigen, die auf ihr „vermeintliches oder auch wirkliches Recht pochen",[141] sich „innerkirchlich als Aufklärer aufspielen",[142] ihr Glaubensmaß anderen gewaltsam aufzwingen, zerrütten durch ihre Lieblosigkeit nicht nur die Gemeinde, sondern schaden auch sich selbst.

Mit einer Paronomasie, die mit dem Stamm κριν- spielt, führt Paulus seinen Gedankengang zu Ende. Obwohl die Kommentare das Wechselspiel zwischen κρίνειν, διακρίνεσθαι und κατακρίνειν bemerken, unterstellen sie einen Subjektwechsel von Röm 14,22 zu 14,23:[143] Paulus nehme jetzt den „Schwachen" in den Blick. Er weise ihn warnend darauf hin, dass ihm das Gericht drohe, wenn er gegen Zweifel und Skrupel der liberalen Praxis des „Starken" folgt; ein solches Verhalten stünde dem Glauben, der *bona fides* entgegen und sei verfehlt (ἁμαρτία). Dieses verbreitete Verständnis reiht den paulinischen Satz in eine philosophische Ethik stoischer Prägung ein.[144] Zweifelsohne hatte Paulus' Aussage in den Ohren der Rezipienten einen solchen popularphilosophischen Klang – und Paulus wird sich dessen bewusst gewesen sein. Doch hat sich gezeigt, dass sowohl eine „minimalistische" als auch eine „moralisierende" Deutung, die im situativen Gewissenskonflikt des „Schwachen" – und nicht etwa im Gemeindekonflikt – den Kern der paulinischen Argumentation vermutet, fehlgeht:[145] Angesprochen und gewarnt ist der „Starke", der spaltet bzw. sich abspaltet, nicht der „Schwache", der zweifelt oder (die Speisen) unterscheidet.

Matthias Konradt stellt mit Blick auf 1 Kor 9,24–27 fest, „daß rücksichtsloses Auslegen der eigenen ἐξουσία, das dem ‚Bruder' das Heil kostet, auch für den ‚Starken' soteriologische Konsequenzen zeitigt." Im analogen Fall von Röm 14,1–15,13 könne man „höchstens auf die Anbindung der Mahnung von V. 13, dem ‚Schwachen' keinen Anstoß zu bereiten, an V. 12 verweisen. Der ‚Starke' müßte sich also für seine Lieblosigkeit vor dem Richterthron verantworten. Die Frage, ob er deswegen verurteilt wird, wird vom Text nicht beantwortet."[146]

---

[139] Vgl. Käsemann, Römer, 366.

[140] Michel, Römer, 438 f.

[141] Lohse, Römer, 381.

[142] Haacker, Römer, 345.

[143] Wolter, Römer, Bd. 2, 386, geht hingegen (zu Recht) vom gleichen Subjekt aus, denkt aber (fälschlich) an die „Schwachen".

[144] Von Dobbeler, Glaube als Teilhabe, 302: „Profaner Verstehenshorizont für die paulinische Gegenüberstellung von Glaube und Sünde war die stoische Ethik" (stoische Gesinnungsethik). Ähnlich Vollenweider, Freiheit, 316 Anm. 162; Haacker, Römer, 346; Engberg-Pedersen, Pauline Casuistry.

[145] S. o. Kap. 3.3.3.1.

[146] Konradt, Gericht und Gemeinde, 520. Vgl. a.a. O., 369: „Beachtet man ferner die argumentative Funktion von Paulus' Ausführungen in [1 Kor] 9,23/24–27 in ihrem Bezug auf 8,7–13, so adressiert Paulus also mit 9,24–27 eine Warnung an die ‚Starken', daß die Versündigung an einem ‚Schwachen' und damit an Christus soteriologische Konsequenzen zeitigt. Die ‚Starken' verhalten sich in ihrer Lieb- und Rücksichtslosigkeit nicht dem Evangelium gemäß und laufen

3.4 Röm 4,20: Der „Zweifel" Abrahams?

Wendet man Röm 14,23 allerdings in dem vorgeschlagenen Sinn auf die „Starken" an, dann steht die vermisste Antwort klar vor Augen: Gerichtet ist der, der sich von der Einheit löst, wenn er isst.[147] Selig (μακάριος) ist nach Paulus, wer seine liberale Haltung vor Gott praktiziert, ohne der Gemeinde zu schaden. Er braucht sich nicht zu richten. Doch wenn jemand isst und dabei eine Trennung provoziert oder in Kauf nimmt, dann ist er schon gerichtet, und zwar von Gott selbst (vgl. 14,10: βῆμα τοῦ θεοῦ).[148]

Der Gefährdung der „Starken", in einer destruktiven Haltung ihre Freiheit auszuleben, stellt Paulus ihre Verpflichtung gegenüber. „It is these ‚faith-havers' who pose the problem, and the problem is not only that their behavior may cause the ‚weak' to encounter difficulties socially or culturally. Their behavior, as Paul presents it, has soteriological consequences."[149] Paulus zählt sich selbst zu den δυνατοί: „Wir, die Starken, sind verpflichtet, die Schwächen der Schwachen zu tragen und nicht uns selbst zu Gefallen zu leben. Jeder von uns lebe dem Nächsten zu Gefallen, ihm zum Wohl, um ihn aufzubauen (πρὸς οἰκοδομήν)" (15,1–2).[150]

3.4 Röm 4,20: Der „Zweifel" Abrahams?

In Röm 14,1–15,13 illustriert Paulus an einem konkreten Konfliktfall, wie sich das individuelle „Maß des Glaubens" (12,3) in der Erkenntnis und dem ethischen Urteil einer Gruppe aktualisiert. Nun findet sich am Ende des Römerbriefs nicht zum ersten Mal das Motiv der „Schwäche" und „Stärke" im Glauben. Paulus bereitete seine Ansprache an die römischen Konfliktparteien in einem früheren Abschnitt vor: Zwischen den breiten Ausführungen zu Abraham in Röm 4[151] und den Mahnungen an die „Starken" und „Schwachen" gibt es auffällige Querbezüge: In der Passage des Abrahamkapitels, die das Wesen des Glaubens Abrahams beschreibt (4,18–21), findet sich der Gedanke vom „nicht

---

daher Gefahr, am Ende als ἀδόκιμοι dazustehen. Wer einen ‚Bruder' durch die egoistische Inanspruchnahme seiner ἐξουσία zugrunderichtet, wird dasselbe eschatologisch-soteriologische Schicksal erleiden."

[147] Wie der Aorist Infinitiv φαγεῖν in Röm 14,21 zielt auch der Aorist Konjunktiv φάγῃ (14,23) auf das Essen des „Starken" in einem bestimmten Fall.

[148] Die Perfektform κατακέκριται rührt daher, dass ein solches gemeinschaftszerstörendes Verhalten keinen Anteil am Christusglauben haben *kann* und daher das Signet der Sünde bereits in sich trägt. Vgl. analog Gal 5,10 (auf die galatischen Gegner gemünzt): „Der euch aber durcheinanderbringt, wird sein Urteil zu tragen haben (βαστάσει τὸ κρίμα), wer er auch sei."

[149] GAVENTA, Reading for the Subject, 8.

[150] Zu überlegen wäre, ob nicht Jak 4,17 eine frühe Übertragung des Satzes aus Röm 14,23 in einen anderen Kontext darstellt: Gewarnt werden auch hier die „Übermütigen", d. h. die „Starken": „Zu wissen nun, was es Gutes zu tun gäbe, und es doch nicht zu tun – das ist Sünde (ἁμαρτία [...] ἐστιν)."

[151] Vgl. zum Abrahamkapitel des Römerbriefs SCHLIESSER, Abraham's Faith; VISSCHER, Romans 4 and the New Perspective on Paul; TAN, The Rhetoric of Abraham's Faith.

86   *3. Paulus*

schwach werden im Glauben" (μὴ ἀσθενήσας τῇ πίστει, 4,19; vgl. 14,1), vom „stark werden im Glauben" (ἐνεδυναμώθη τῇ πίστει, 4,20; vgl. 15,1), von der Gewissheit (πληροφορηθείς, 4,21; vgl. 14,5) und vom Ziel, Gott zu ehren (δοὺς δόξαν τῷ θεῷ, 4,20; vgl. 15,6). Auch in der Bezeichnung διακρινόμενος aus Röm 14,23 klingt eine Aussage aus der Reflexion über Abraham nach: οὐ διεκρίθη τῇ ἀπιστίᾳ (4,20).

Der Stammvater Abraham „geht nach Rom",[152] spricht in die römische Situation hinein, ermutigt die Angesprochenen zur Realisierung ihres „Glaubenspotenzials" und erinnert sie daran, dass sich all ihr Tun an der Ehre Gottes zu orientieren hat. Im Falle Abrahams steht freilich nicht ein ekklesiologisches Problem im Hintergrund, sondern sein Glaube muss sich in der existenziellen Erfahrung seiner Kinderlosigkeit bewähren. Dies bestätigt die oben geäußerte Ansicht, dass sich die Dynamik und Differenzierung des Glaubens nach Paulus auf alle Lebensbereiche erstreckt.

Aus den sprachlichen Wechselbeziehungen zwischen den beiden Passagen legt sich eine semantische Äquivalenz der parallelen Lexeme zwar nahe, sie kann aber nicht *a priori* vorausgesetzt werden. Für das Verb διακρίνεσθαι ist daher von Neuem zu fragen, welche Sinnrichtung im vorliegenden Kontext am plausibelsten ist.

3.4.1 Διακρίνεσθαι in Röm 4,20: Zweifeln, entscheiden, abfallen oder widerstreiten?

3.4.1.1 „Abraham zweifelte nicht (an der Verheißung)"

Im Blick auf die Übersetzung von οὐ διεκρίθη in Röm 4,20 geben die Kommentare und Übersetzungen ein überwältigend einheitliches Bild ab. In seiner „Wesensbeschreibung des Glaubens Abrahams"[153] betone Paulus, dass der Erzvater an der Verheißung Gottes „nicht zweifelte". Die Lutherbibel übersetzt: „Er zweifelte nicht an der Verheißung Gottes durch Unglauben, sondern wurde stark im Glauben und gab Gott die Ehre." Etwas freier ist die Übertragung der Zürcher Bibel: „An der Verheissung Gottes liess er sich durch Unglauben nicht irremachen, sondern er wurde stark im Glauben, gab Gott die Ehre." Paulus bringt demnach zum Ausdruck, dass die innere Einstellung Abrahams gegenüber der Verheißung stabil war und er nicht zwischen einem „Ja" und „Nein" schwankte. In Übereinstimmung mit den zu Röm 14,1.23 referierten Anschauungen dominiert auch zu Röm 4,20 ein psychologisches Auslegungsparadigma.

Nach Martin Luther gründet der Zweifel, den Abraham erfolgreich zurückdrängte, in der „ängstlichen Unruhe des Herzens" (*trepidatio cordis*), die stets fürchtet, „es könnte

---

[152] Vgl. den Aufsatztitel LINCOLN, Abraham Goes to Rome.

[153] So ROLOFF, Abraham, 247, zu Röm 4,17–25. Darin, dass hier der Glaube nach seinem Wesen beschrieben werde, liegt nach Roloff „[d]as entscheidend Neue von Röm 4 gegenüber Gal 3".

3.4 Röm 4,20: Der „Zweifel" Abrahams?

sich Gott in seinem Ratschlusse ändern und etwas anderes tun."[154] Abraham geriet nicht in einen „Gedankenstreit" und schwankte nicht „zwischen Vertrauen und Misstrauen, Glaube und Unglaube".[155] Gerade deshalb malt Paulus seinen Leserinnen und Lesern den Stammvater als Vorbild vor Augen, weil sein Vertrauen auch angesichts einer dem Verheißungsgehalt fundamental widersprechenden Lebenslage – sein Leib war schon gestorben (4,19)! – ungetrübt blieb. In einem theologisch tiefgründigen Vortrag über die Argumentation des Paulus in Röm 4 stellt Joachim Jeremias fest: „Wir erhalten also folgenden Sinn: [...] Abraham hat nur das verheissende Wort, nichts sonst. Aber er hält Gottes Wort für das Gewisseste, das Sicherste, was es gibt. Er klammert sich an das Wort. Er glaubt ihm, ohne sich beirren zu lassen. Mit diesem unbeirrten Vertrauen gab er Gott die Ehre."[156] Jeremias musste sich im Anschluss an seinen Vortrag scharfe Kritik von Markus Barth gefallen lassen, die nicht zuletzt sein psychologisches Verständnis von διακρίνεσθαι betraf.[157] Nichtsdestotrotz blieb die von Jeremias vertretene Interpretationslinie maßgeblich für beinahe die gesamte weitere Forschung.[158]

Theologisch stellt sich die Frage, ob die Wesensbestimmung des idealen Glaubens als zweifelsfreie Festigkeit, die weder Schwanken noch Schwäche kennt, sachgemäß ist.[159] Wichtiger ist zunächst jedoch der exegetisch wie philologisch begründete Einwand, dass Paulus an dieser Stelle den Zweifel gar nicht im Blick hat. David deGraaf hält meines Erachtens zutreffend fest: „Paul's concern here is not the amount of uncertainty in Abraham's thinking, but rather the manner in which he went about getting what was promised."[160] Eine recht überschaubare Zahl an neueren Kommentierungen setzt sich mit dem Problem auseinander und stellt alternative Ansätze vor, die ich im Folgenden kurz rekapitulieren werde. Wie im Zusammenhang des διακρίνεσθαι-Belegs in Röm 14,23 erweisen sich auch hier auslegungsgeschichtliche Tiefenbohrungen bis in die altkirchliche Zeit als äußerst ergiebig.

---

[154] Luther, Römerbrief, 310 f. Zuvor verweist Luther auf „das zum Glauben schwache und unbeständige Herz" („mollicies et inconstantia cordis ad credendum").

[155] WEISS, Römer, 211.

[156] JEREMIAS, Gedankenführung, 57.

[157] Vgl. die Diskussionsbeiträge von Eduard Schweizer, Markus Barth, Rudolf Pesch, Jules Cambier, Stanislas Lyonnet und Willem C. van Unnik, die im Anschluss an JEREMIAS, Gedankenführung, abgedruckt sind. S. u. Kap. 3.4.1.4.

[158] Innerhalb des „Zweifelsparadigmas" wird gelegentlich diskutiert, ob der Dativ τῇ ἀπιστίᾳ als *dativus respectus* oder *instrumentalis* („vermöge des Unglaubens") aufzufassen sei. Die Entscheidung fällt meist auf die zweite Option (so ZAHN, Römer, 237; MEYER, Römer, 206), wobei dann freilich für das sogleich folgende τῇ πίστει ein anderer Sinn vorausgesetzt wird. Vgl. z. B. Meyers Bemerkung: „τῇ ἀπιστίᾳ ist *instrumental*, von der wirkenden Ursache, τῇ πίστει aber wegen der Correlation mit ἀσθ[ενεῖν] τῇ πίστει V. 19. Dativ *der näheren Bestimmung*, also: er schwankte nicht *vermöge des Unglaubens* (den er solchen Falls gehabt haben würde), sondern wurde stark *am Glauben* (den er hatte)" (ebd.). Eine solche Aufspaltung ist m. E. zu hinterfragen. Wieder scheint mir eine räumliche Konnotation des Dativs gegeben zu sein.

[159] S. u. Kap. 9.6.3 zu einigen theologischen Gesichtspunkten.

[160] DEGRAAF, Some Doubts, 744.

88   3. Paulus

3.4.1.2 „Abraham entschied sich nicht (zugunsten einer Werkgerechtigkeit)"

In seinen knappen Ausführungen zu διακρίνεσθαι in Röm 4,20 insistiert Francis Charles Synge darauf, dass die Glaube-Werke-Antithese auch in diesem Zusammenhang wirksam sei. Nur ein intellektualistisches Glaubensverständnis habe den „Zweifel" zum Antipoden des Glaubens machen können. Das Gegenteil zum Glauben sei nicht der Zweifel, sondern die Werke, die der Selbstrechtfertigung dienen. Synges Paraphrase von Röm 4,19–20 lautet entsprechend:

> Abraham was strong in faith, which is to say that he put no confidence in works. So it did not worry him that his and Sarah's bodies were corpses as far as contributing to the birth of a child was concerned. Therefore, as to the promise of God, he did not *decide*, did not, that is to say, take a step that exalted „works". And what could such a step have been other than to decide, in confidence in „works", that, taking the circumstances into account, God's promise was incapable of fulfilment? Rejecting this, he shewed the intensity of his faith and gave glory to God, confident that what God had promised he could perform.[161]

Schon die Tatsache, dass sich Synge zu einer solch gewundenen Paraphrase genötigt sieht, lässt allerdings Zweifel an der Plausibilität seiner Übertragung aufkommen.

3.4.1.3 „Abraham fiel nicht (von Gott) ab"

Baumert geht von der Beobachtung aus, dass die passivische Form διακρίνεσθαι häufig „sich trennen, abfallen" oder „sich abgrenzen, distanzieren" bedeutet.

> Da in V 16 f betont wird, daß Abraham „vor Gott", an dem er als an einem Totenerwecker *festhielt*, Vater von uns allen ist, liegt es nahe, daß οὐ διεκρίθη betont, er habe *diese Verbindung nicht aufgegeben*, sich *nicht* von ihm *trennen* lassen *durch Unglauben*/Mißtrauen o. ä. [...] „Zweifel" dagegen wäre ein schwächerer Kontrast, zu dem ἀπιστία nicht recht paßt. Da sich [...] auch sonst kein Beleg für „zweifeln" findet, hat es bei Paulus keine Chance mehr. Also διακρίνεσθαι hier = „trennen, abfallen".[162]

Auch DeGraaf setzt als Grundbedeutung für διακρίνεσθαι „sich trennen" voraus. Er paraphrasiert Röm 4,20 deswegen wie folgt: „Abraham did not let reliance on something contrary to his relationship with God separate him from God, but instead was strengthened through his exclusive reliance on God's faithfulness, which resulted in God receiving all the glory for what was

---

[161] Synge, Not Doubt, 204.

[162] Baumert, Wortspiel, 23. In Anlehnung an Baumert hält Schumacher, Entstehung christlicher Sprache, 228 Anm. 969, fest: „Die Übersetzung von διακρίνω mit ‚zweifeln‘ [...] ist allein schon deshalb äußerst problematisch, weil es dafür sonst keine weiteren Belege gibt. Folglich betont Vers 20, dass Abraham nicht von der Verheißung Gottes durch ἀπιστία, durch mangelndes Vertrauen, abfiel, sondern aufgrund seines Trauens gerade stark wurde. Wenn man hingegen von der Bedeutung ‚zweifeln‘ ausgeht, lässt sich das Verhältnis von διακρίνω und ἀπιστία kaum noch schlüssig erklären; also wenn man beispielsweise versucht, das Verhältnis von ‚Zweifel‘ und ‚Unglaube‘ näher zu bestimmen."

3.4 Röm 4,20: Der „Zweifel" Abrahams?

accomplished."[163] Paulus sei es nicht darauf angekommen, Abrahams grundsätzliches „Nichtzweifeln" zu erweisen, sondern er wollte aufzeigen, dass man auch angesichts von Hoffnungslosigkeit nicht bei jemand anderem Zuflucht suchen solle. Abraham war nicht ohne Fehler – im Gegenteil![164] – doch sei Paulus eben nicht primär am (abgewehrten) Zweifel Abrahams interessiert. Die von Baumert und DeGraaf repräsentierten alternativen Interpretationen führen meines Erachtens in die richtige Richtung, können aber noch präzisiert und weiter abgesichert werden.

3.4.1.4 „Abraham trat nicht (mit Gott) in eine Auseinandersetzung"

Wieder erweist sich die altkirchliche Auslegungstradition als fruchtbar, insbesondere die Römerbriefhomilien des Chrysostomos. Auch in den Kommentierungen der Reformationszeit wird erheblich differenzierter über die Philologie und Theologie der zur Diskussion stehenden Verse nachgedacht. Erst seit dem 20. Jahrhundert hält eine unglückliche Monotonie Einzug, die im Folgenden durch eine Rekapitulation vergessener Perspektiven aus verschiedenen Auslegungsepochen aufgebrochen werden soll. Primär rekurriere ich dabei auf Johannes Chrysostomos, Johannes Calvin und Markus Barth.[165]

(1) Johannes Chrysostomos kommt in einer Vielzahl von Zusammenhängen auf Röm 4,20 zu sprechen.[166] Seine Ausführungen sind je nach Argumentationsinteresse unterschiedlich akzentuiert, doch meist warnen sie vor einer anmaßenden Neugierde gegenüber dem göttlichen Wesen und Handeln zu warnen. Das kritikwürdige Verhalten belegt Chrysostomos mit den Begriffen περιεργάζεσθαι, πολυπραγμονεῖν und ὑβρίζειν.[167]

---

[163] DeGraaf, Some Doubts, 744.

[164] DeGraaf, Some Doubts, 744: „In fact, he made a number of glaring errors. Some of these can be attributed, at least in part, to doubt." DeGraaf verweist auf Gen 12,13; 16,4; 17,17.

[165] Die These dieses Kapitels, dass διακρίνεσθαι mit „sich auseinandersetzen, widersprechen" wiederzugeben sei, habe ich bereits in meinem Aufsatz Schliesser, Abraham Did Not „Doubt", vorgestellt. Bei den einen fand sie Zustimmung (z. B. Tan, The Rhetoric of Abraham's Faith, 257 Anm. 204; Nürnberger, Zweifelskonzepte, 404 Anm. 54), andere lehnten sie ab (z. B. Atkins, Doubt, 68 Anm. 142; Schreiner, Romans, 246, mit dem – freilich zirkulären – Argument, dass das Gegenüber von Glaube und Zweifel auch in Mt 21,21; Mk 11,23; Röm 14,23; Jak 1,6 vorliege; Wolter, Römer Bd. 1, 307 Anm. 117, mit dem – hierzu gegensätzlichen – Argument, dass das Gegenüber zu διακρίνεσθαι nicht πίστις, sondern πληροφορεῖσθαι sei). Vgl. Morgan, Roman Faith, 296 Anm. 116: „[T]he point is that Abraham did *not* doubt/dispute, and it neatly fits the account in Gen. 15.1–6, suppressed by Paul (but perhaps alluded to in this verb), that before he trusted God, Abraham argued with him."

[166] Chrysostomos' Auslegungen von Röm 4,20 sind mit Blick auf das Verb διακρίνεσθαι bei Spitaler, Διακρίνεσθαι, 23–26, gesammelt und ausgewertet.

[167] Vgl. Lim, Public Disputation, 174 (auch zitiert bei Spitaler, Διακρίνεσθαι, 16 Anm. 44): „Chrysostom expressed deep concern about a widespread tendency to meddle (περιεργάζεσθαι, πολυπραγμονεῖν) in forbidden knowledge of the divine nature. For Chrysostom, *pistis* alone protected against such prying curiosity because it set boundaries without which an investigation could easily degenerate into an infinite regress of questions and responses."

90   *3. Paulus*

In seiner achten Homilie zum Römerbrief[168] rühmt er den Glauben Abrahams, der „wider die menschliche Hoffnung auf die Hoffnung Gottes hin" glaubte.[169] Den Satz οὐ διεκρίθη τῇ ἀπιστίᾳ legt Chrysostomos im Sinne dieser Gegensätzlichkeit zwischen menschlicher und göttlicher Betrachtungsweise aus:

Weder einen Beweis gab Gott, noch wirkte er ein Zeichen, sondern es waren lediglich bloße Worte, die das verhießen, was die Natur nicht versprach. Und doch heißt es: οὐ διεκρίθη. Er sagte nicht: Er glaubte nicht, sondern: οὐ διεκρίθη – das heißt: er überlegte nicht nach zwei Seiten hin und her (οὐδὲ ἐνεδοίασεν) und er wechselte nicht seinen Standpunkt (οὐδὲ ἀμφέβαλε), obwohl doch die Hindernisse so groß waren.

Die Wahl der beiden Erklärungswörter ἐνδοιάζειν und ἀμφιβάλλειν für διακρίνεσθαι legt zunächst die Vermutung nahe, dass es Chrysostomos um den Zweifel ging. Das entspräche durchaus einem psychologisierenden Interesse, wie wir es auch bei Philo finden.[170]

Doch bei genauerem Hinsehen wird deutlich, dass Chrysostomos ausgehend von der Formulierung οὐ διεκρίθη nachweisen wollte, dass Abraham nicht respektlos auf Gottes Verheißung reagierte. Kernthema ist nicht die Harmonie des Seelenlebens, sondern die Integrität der Gottesbeziehung. Chrysostoms konturiert οὐ διεκρίθη durchweg mit der Feststellung, dass sich Abraham vor Gott angemessen verhielt, indem er ihm die Ehre gab (Röm 4,20). Hier zeigt sich ein zentrales Anliegen des Chrysostomos, das sich durch sein ganzes Werk zieht: Gott die Ehre geben heißt, seine Kraft nicht unnütz für Grübeleien zu vergeuden, die das eigene Fassungsvermögen übersteigen (τὸ μὴ περιεργάζεσθαι).[171] Es steht den Menschen schon nicht an, sich in Dinge von geringerer Bedeutung einzumischen (περιεργαζόμενοι καὶ ζητοῦντες), um wie viel weniger sollten sie dann an einer so großen Sache wie der Geburt des Herrn herumklügeln (πολυπραγμονοῦντες); ein solch anmaßendes Verhalten (ὑβρίζοντες) wird schwerste Strafen zur Folge haben.

---

[168] Chrysostomos, *In epistulam ad Romanos* 8,5 (PG 60, 461). Daraus auch die folgenden Zitate (Übers. nach J. Jatsch).

[169] Παρ᾽ ἐλπίδα τὴν ἀνθρωπίνην, ἐπ᾽ ἐλπίδι τῇ τοῦ Θεοῦ. Die Gestalt der Hoffnung verweist auf das Große der Sache (des Verheißungsinhalts), und sie lässt nicht zu, dass das Gesagte nicht geglaubt werde (καὶ οὐκ ἀφίησιν ἀπιστηθῆναι τὸ λεγόμενον).

[170] Zum Abrahamzweifel bei Philo, aber auch zu gegenläufigen rabbinischen Deutungen s. u. Kap. 3.5.1.1 und 3.5.1.2.

[171] Die einzige Belegstelle für das Verb περιεργάζεσθαι im Neuen Testament findet sich in 2 Thess 3,11 (das Nomen noch in Apg 19,19 und 1 Tim 5,13). Zur Auslegung vgl. Winter, Welfare, 48–72, bes. 50: „The context […] suggests that it is much more likely to be a description of the activity of a client supporting his patron's cause in *politeia*. Epictetus commends the person in public life who is neither a ‚busybody' (περίεργος) nor a ‚meddler' (πολυπράγμων) for, it is explained, ‚he is not meddling in other people's affairs when he is overseeing the actions of men when this is his proper [official] concern (τὰ ἴδια)' (III.22.97)."

3.4 Röm 4,20: Der „Zweifel" Abrahams? 91

Das Motiv der frevelhaften Grenzüberschreitung menschlichen Denkens, mit dem Chrysostomos hier das Verb διακρίνεσθαι erläutert, findet sich in zahlreichen Zusammenhängen. Auch in den Homilien *De incomprehensibili Dei natura*, die wie seine Homilien zum Römerbrief aus seiner antiochenischen Zeit stammen,[172] tauchen die beiden Verben περιεργάζεσθαι und πολυπραγμονεῖν meist im Verbund und mit analoger Bedeutung auf.[173] Dort richtet er sich an diejenigen, die sich in Spekulationen über das Wesen (οὐσία) Gottes ergehen und über das *mysterium divinitatis* mit Genauigkeit (μετὰ ἀκριβείας) Bescheid zu wissen vermeinen.[174] Chrysostomos plädiert dafür, dass weder „Nichtwissen" noch „vollkommene Erkenntnis" anzustreben sind, sondern ein Mittelweg,[175] dessen Kriterium der Glaube ist. Biblisches Vorbild für eine solche Glaubenshaltung ist Abraham, dessen Gegenbild Zacharias.[176] In einer Passage, deren Gedankengang und Begrifflichkeit der Homilie zu Röm 4,19–21 entsprechen, beruft sich Chrysostomos wieder auf den Patriarchen: Dieser stellte die Verheißung Gottes nicht infrage (μὴ περιεργάζεσθαι) noch forschte er eifrig nach (πολυπραγμονεῖν), sondern er gehorchte und glaubte und gab damit Gott die Ehre.[177] Zacharias dagegen forschte nach (περιεργάζεσθαι) und wollte wissen, wie denn die göttliche Verheißung erfüllt werde. Das war unverzeihlich, denn auch er hätte die Offenbarungen schlicht im Glauben (πίστει) annehmen müssen.[178]

Trotz seines allenthalben greifbaren hermeneutischen Interesses an der Psychologie des Zweifelns und Glaubens zieht Chrysostomos Röm 4,20 nicht primär zur Illustration eines nicht-zweifelnden Verhaltens heran, sondern um davor zu warnen, die gottgegebenen Grenzen des Menschseins zu überschreiten. Wer Gottes Worte und Wesen durch cleveres Nachforschen näherkommen will, distanziert sich in Wahrheit von ihm. Darin reflektiert sich die Bedeutung von διακρίνεσθαι als „sich auseinandersetzen", das ja stets eine Distanzierung mit sich bringt. In den Auslegungen des Chrysostomos[179] zeigt sich eine Verwandt-

---

[172] PG 48, 701–812, bietet alle Predigten *De incomprehensibili Dei natura*; die antiochenischen Predigten (1–5) sind zu finden in PG 48, 701–748, und in SC 28. Vgl. dazu und zum Folgenden LIM, Public Disputation, 171–181.

[173] Vgl. A.-M. Malingrey, SC 28, 129 Anm. 5 (zu *De incomprehensibili Dei natura* 1,322): „Ces deux composés formés de deux verbes à sens très voisins ne diffèrent que par leurs préverbes, l'un soulignant la multiplicité des questions posées [...], l'autre des démarches multiples autour d'un sujet [...]. Mais l'un et l'autre sont toujours affectés d'un coefficient péjoratif, cette activité étant présentée comme parfaitement vaine, parce que son objet dépasse l'intelligence de l'homme."

[174] *De incomprehensibili Dei natura* 2,487 (SC 28, 182 f.).

[175] DANIÉLOU, Introduction, 27: „Il y a donc entre l'ἄγνοια et la γνῶσις une *via media*". Vgl. a. a. O., 27–29, mit zahlreichen Belegen aus den genannten antiochenischen Predigten.

[176] Die Gegenüberstellung von Zacharias und Abraham veranschaulicht das Hauptthema der Homilien (A.-M. Malingrey, SC 28, 148 Anm. 2 [zu *De incomprehensibili Dei natura* 2,141]): „opposition entre l'enquête qui se mêle de ce qui ne la regarde pas: πολυπραγμονεῖν ou la curiosité indiscrète: περιεργάζεσθαι et la foi: πίστις."

[177] *De incomprehensibili Dei natura* 2,304–326 (SC 28, 166–169).

[178] *De incomprehensibili Dei natura* 2,102–104 (SC 28, 150 f.).

[179] Chryostomos' Ausführungen blieben in der griechischen Auslegungstradition präsent und prägend. So findet sich auch in den Römerbrieffragmenten des Severian von Gabala – zunächst Schützling, dann Stellvertreter, schließlich aber erbitterter Feind des Chrysostomos – das Motiv des übereifrigen Erforschens der Verheißungen Gottes. Abrahams Glaube zeichnet sich da-

92   3. Paulus

schaft der geistigen Vorgänge des Zweifelns und Sich-Auseinandersetzens, aber eben keine Identität.[180]

(2) Die Erstausgabe von Johannes Calvins Römerbriefkommentar erschien im Jahr 1540, in einer Schaffensphase, die von einem wachsenden Einfluss der Kirchenväter auf seine Theologie zeugt.[181] Calvin war im Besitz der 1536 erschienenen lateinischen Ausgabe der Werke des Chrysostomos, die er intensiv studierte. Gerade in exegetischen Angelegenheiten hatte er größtes Vertrauen in das Urteil des Kirchenvaters.[182] Tatsächlich geht auch Calvins Übersetzung und Auslegung der Formulierung οὐ διεκρίθη in eine ganz ähnliche Richtung wie Chrysostomos. Es ist durchaus möglich, dass er sich hier von ihm inspirieren ließ, beweisen lässt es sich freilich nicht.[183] Calvin erklärt die Glaubensstärke Abrahams so, dass Abraham „nicht geschwankt habe und nicht hin und her wog". Anders als die Vulgata übersetzt Calvin nicht mit *non haesitavit*, sondern mit *non disquisivit*. Und er tut dies nicht ohne Grund:

Auch wenn ich den alten Interpreten und Erasmus nicht folge, entbehrt meine Version nicht der Begründung. Denn es scheint, dass der Apostel sagen wollte, Abraham habe die Waage des Unglaubens nicht abgewogen, ob Gott das gewähren könne, was er verheißen hat. Denn eigentlich untersuchen (*disquirere*) wir alles, wenn wir es aufgrund von Misstrauen erforschen (*excutimus*), und wollen nur das zulassen, was uns nach intensiver Prüfung glaubwürdig (*credibile*) erscheint.[184]

---

durch aus, dass er sich gerade nicht in Gottes Angelegenheiten einmischte (περιεργασάμενος), sondern ihm ohne Umschweife glaubte und ihn pries, wie wenn Gott das, was er verheißen hatte, schon gegeben hätte (ὡς ἤδη δεδωκότα ὃ ἐπηγγείλατο, STAAB, Pauluskommentare, 218). Da das Scholion der zitierten Passage in der Römerbriefauslegung des Chrysostomos ähnelt, ist allerdings davon auszugehen, dass es nicht auf Severian zurückgeht, sondern vom Kompilator Ps.-Oikumenios stammt. So die Vermutung von Staab: „Das Scholion zu Rom 4,20 steht als Nr. μδ' und με' im Ps.-Ökumenius-Kommentar innerhalb der durch die Zahlenreihen zusammengeschlossenen Texte und gehört somit zum Urbestand. Da es sich inhaltlich [...] mit Chrysostomus [...] berührt, legt sich die Vermutung nahe, daß es vom Kompilator des Ps.-Ök. stammt, also Severianus nicht zugehört" (a. a. O., 218 Anm.).

[180] Eine semantische Verschiebung von διακρίνεσθαι hin zur Bedeutung „zweifeln" mag hier bereits angelegt sein, sie lässt sich aber m. E. erst für eine spätere Zeit dokumentieren. S. o. Kap. 2.4.1.

[181] Vgl. GANOCZY/MÜLLER, Annotationen, 25.

[182] Vgl. LANE, John Calvin, 39. Daneben STEINMETZ, Calvin.

[183] Anhaltspunkte für diese Vermutung finden sich bei SCHLIESSER, Abraham, 507–509.

[184] Dieses und die folgenden Zitate in Calvin, Brief an die Römer, 247–253. Calvins explizite Abgrenzung von Erasmus ist allerdings nicht ganz gerechtfertigt. Denn dieser kam in seinen „Annotationes" zu ganz ähnlichen Einsichten: „Non haesitauit. Οὐ διεκρίθη, id est: ‚non diiudicauit' aut ‚disquisiuit', quod est diffidentis. Dispicit enim ac diiudicat qui non plene confidit" (Erasmus, Annotationes, 126). Erasmus interpretiert das Verhalten Abrahams in partieller Entsprechung zu Calvin, indem er vom klassischen Sinn des Verbs διακρίνεσθαι ausgeht: „Er unterschied nicht und er untersuchte nicht, wie es ein misstrauischer Mensch tut. Denn wer nicht voll vertraut, prüft (kritisch) und trifft (berechnende) Unterscheidungen."

3.4 Röm 4,20: Der „Zweifel" Abrahams?

Calvin stellt eine Diskrepanz seiner Auslegung mit dem Lachen Abrahams fest, von dem in Gen 17,17 die Rede ist. Doch deutet er Abrahams Reaktion – anders als diejenige der Sara (Gen 18,12–15) – als einen Ausdruck der Verwunderung.[185]

> Zwar habe Abraham gefragt, „wie das wohl geschehen könne; aber das war eine Frage der Verwunderung, so wie bei der Jungfrau Maria, als sie vom Engel zu erfahren suchte, wie geschehen könne, was er angekündigt hatte, und dergleichen." Ihre reformatorische Zuspitzung erfährt Calvins Exegese, wenn er erklärt, „dass wir Gott nicht mehr Ehre geben können, als wenn wir seine Wahrheit im Glauben versiegeln [...]. Deshalb ist das Allerwichtigste bei seiner Verehrung, seine Verheißungen gehorsam anzunehmen; die wahre Gottesverehrung fängt mit dem Glauben an (*Veraque religio a fide incipit*)."

Eine erwähnenswerte Auslegung schlägt der holländische reformierte Theologe Wessel Albertus van Hengel (1779–1871) vor: „Was aber die Verheißung Gottes angeht, so widersprach er [sc. Abraham] nicht (bzw. debattierte nicht) im Unglauben" („*non contradixit* [vel *disceptavit*] *diffidentia*"). Van Hengel mutmaßt, dass Paulus Gen 17,17–22 vor Augen stand. Daraus lasse sich ersehen, dass Abraham Dinge in seinem Geist bewegte, die Unglauben provozieren könnten, dass er aber nichts weiter zu Gott sagte als „Ismael möge vor dir leben" (Gen 17,18). Der göttlichen Verheißung widersetzte er sich also nicht. Die Vorstellung des Zweifelns, die gemeinhin dem Verb διεκρίθη zugewiesen werde, „trägt in die Rede ein, was der Erzählung des Alten Testaments entgegensteht. Demgegenüber scheint die Vorstellung des Debattierens oder Widersprechens auch in Apg 10,20; 11,2.12 (nach dem *textus receptus*); Jak 2,4 und Jud 9 bezeugt."[186]

(3) Am schärfsten hat sich meines Wissens Markus Barth vom traditionellen Verständnis der Stelle abgegrenzt, und zwar in mündlicher Auseinandersetzung mit Joachim Jeremias an einer denkwürdigen Tagung in San Paolo fuori le mura. Barth führt dabei etymologische, kontextuelle und theologische Argumente ins Feld, die es wert sind, ausführlich wiedergegeben zu werden:

> Der erste Ausdruck ist οὐ διεκρίθη. Das würde bedeuten, Glaube ist das Gegenteil von Zweifel. Nicht wahr? Scheinbar eindeutig. Nun ist es aber sehr interessant, dass im Alten Testament kein Wort für Zweifel existiert. Das Hebräische kennt den Ausdruck nicht. Und darum kann auch bei Jesaja oder an andern Stellen, wo das Wort Glaube vorkommt, niemals „zweifeln" als Gegensatz gemeint sein, sondern „schwanken" und „wanken" ist das Gegenteil von *hä'ämin*, „fest sein", oder „sich fest machen". [...] Wenn in Röm 4 Zweifel das Gegenstück zu Glaube ist, so wäre das eine Innovation von Paulus, die recht schlecht passte zu einer Demonstration der Natur des Glaubens mit Hilfe von Abraham und Alttestamenttexten! [...] Ich habe den Eindruck, dass das Wort διεκρίθη hier nicht zweifeln sondern etwas Anderes bedeuten muss [...]. Sonst bedeutet zweifeln δύστασθαι: Ein Ausdruck wird gewählt, der zwei bedeutet, wie zweifeln oder *douter* oder *to doubt*, wo wir immer eine Zweiheit haben. Διακρίνομαι enthält nicht die Wurzel Zwei oder Ent-

---

[185] Zur jüdischen Rezeption von Gen 17,17 s. u. Kap. 3.5.1.
[186] VAN HENGEL, Interpretatio, Bd. 1, 421 („*disceptandi* vel *contradicendi* notio"). Van Hengel bezichtigt nun gerade Chrysostomos, die abzulehnende Vorstellung des „Zweifels" eingetragen zu haben. Kritisch gegenüber Van Hengels Vorschlag äußert sich MEYER, Römer, 206.

94　　　　　　　　　　　　　　　　　　　　*3. Paulus*

zweiung (ein Gegensatzpaar), sondern etymologisch bedeutet es: hier ist jemand, der ein Urteil fällt und „hier ist jemand, der eine Antwort darauf gibt" – und zwar eine negative Antwort, der das Urteil zurückstösst zu seinem eigenen Unheil. Wir haben bis jetzt, soviel ich weiss, keine lexikographische Sicherheit, dass vor Paulus oder zur Zeit des Paulus διακρίνομαι schon zweifeln bedeutete. Ich vermute, dass wir lexikographisch auf sicherem Grund sind, wenn wir übersetzen in dem Sinne: er hätte sich zum Gegenrichter gegen die Verheissung Gottes gemacht, wenn er nicht geglaubt hatte [*sic*], oder: er stellte sich selbst aber nicht als ein Besserwisser Gott gegenüber. Das würde dann aus der Psychologie des Zweifelns hinwegführen und würde zurückführen zu dieser Gerichtssituation [...]: Hier ist Gott mit seinem verheissenden Spruch und der Frage: Was macht der Mensch diesem Spruch gegenüber? Sagt er: Ich lasse mir diesen Spruch recht sein?[187]

Barth formuliert seine Thesen vor dem Hintergrund eines spezifischen Glaubensverständnisses: „Das Gegenteil von Glaube ist, dass man Gottes Rechtsspruch oder Rechtsordnung nicht annimmt, nicht daraus lebt sondern, dass man es besser weiss. [...] [D]ieses Widersprechen, sich selbst zum Gegen-Richter aufsetzen, ist etwas Anderes als dass man zweifelt und sagt: ‚Soll ich es annehmen, soll ich es nicht annehmen?' Es ist aktiver Widerstand gegen Gott."[188]

Man muss nicht allen exegetischen und theologischen Urteilen Barths zustimmen, um seinem Haupteinwand gegen das traditionelle Verständnis zu folgen.[189] Als Fazit lässt sich festhalten, dass Paulus mit οὐ διεκρίθη nicht sagt, dass Abraham „nicht zweifelte", sondern dass er nicht mit Gott in eine Auseinandersetzung trat und sich von ihm distanzierte.[190] Ein solches Verständnis bleibt im Bedeutungsspektrum des Verbs διακρίνεσθαι und ist nicht darauf angewiesen, einen semantischen Sprung zu postulieren. Dabei ist unbestritten, dass „Zweifel" zum Widerspruch führen kann, und er kann durchaus ein Moment des „Schwachseins" im Glauben sein (Röm 4,19), doch daran lag Paulus in seinem Urteil über den Glaubensvater nicht. Zweifel ist als intrapersonale Dissonanz eine Angelegenheit des menschlichen Innenlebens, ein Streit wird zwischen mindestens zwei Kontrahenten ausgetragen. Bei διακρίνεσθαι geht es nicht um ein mentales Zerrissensein, sondern um den Zerbruch der Gottesgemeinschaft.

3.4.1.5 *Abrahams Verhalten im Kontext des Römerbriefs*

Die Aussage in Röm 4,20 steht in einem Abschnitt über „Wesen und Bedeutung des Glaubens am Beispiel Abrahams".[191] Insbesondere in Röm 4,18–21(22) ist

---

[187] Barth, Discussion, 59 f.

[188] Barth, Discussion, 65. Diese Ausführungen wiederholen Aspekte aus ders., Rechtfertigung, 57 Anm. 126.

[189] Das Gerichtsmotiv ist in den Text eingetragen und entspricht der theologischen Rahmentheorie Barths.

[190] Vgl. die etwas unpräzise Argumentation in Porter/Stevens, Doubting BDAG, 68 f.: „Abraham contested/countered the proposed plan, but he did not contest/counter the promise of God."

[191] Haacker, Römer, 123 (bezogen auf Röm 4,13–25).

3.4 *Röm 4,20: Der „Zweifel" Abrahams?*

Paulus darauf bedacht, den *modus fidei* des Glaubensvaters zu beleuchten und implizit die strukturelle Analogie zwischen dem Glauben Abrahams und einem christologisch formatierten Glauben herauszustellen. Der Abrahamglaube präfiguriert den christlichen Glauben; Abraham erscheint als „der Typus des neuen Gottesvolkes".[192] Wenn Paulus sich auf Gen 15,6 beruft, dann steht ihm ganz im Sinne frühjüdischer Abrahamdarstellungen der „Übertritt" Abrahams aus dem Bereich des heidnischen Unglaubens in den Bereich des Glaubens vor Augen, seine erste Berührung mit der Realität des Glaubens.[193] Der ingressive Aorist ἐπίστευσεν müsste in diesem Zusammenhang mit „er kam zum Glauben" übersetzt werden.[194] Paulus liest Gen 15 somit als Ursprungserzählung des Glaubens Abrahams.

Für die Frage nach dem Sinn von διακρίνεσθαι ist nun wichtig, dass Paulus sein Abrahambild zu einem guten Teil als Gegenbild zur Existenz der Heiden gestaltet, die er in Röm 1,18–32 in düsteren Farben zeichnet. Er apostrophiert die Heiden – „von jüdischer Position aus in herkömmlicher Weise"[195] – als „gottlos" und „ungerecht" (ἀσέβεια und ἀδικία); sie unterdrücken die Wahrheit durch Ungerechtigkeit (τὴν ἀλήθειαν ἐν ἀδικίᾳ κατεχόντων, 1,18), sie missachten Gottes „Göttlichkeit und Macht" (δύναμις καὶ θειότης, 1,20), verdrehen Gottes Wahrheit in Lüge (1,25) und verweigern ihm die Ehre (οὐχ [...] ἐδόξασαν), obwohl sie doch von ihm wussten (1,21). Im Gegensatz dazu hat Abraham ein für alle Mal diese nichtige und todverfallene (vgl. 1,32) Sphäre verlassen und sich in eine neue Existenz aufgemacht. Seine Existenz im Glauben ist dadurch bestimmt, dass er auf den vertraut, „der den Gottlosen rechtfertigt" (δικαιοῦντα τὸν ἀσεβῆ, 4,5). Abraham anerkennt Gottes Göttlichkeit und Macht, die aus dem Nichtseienden Seiendes macht (4,17), die ihn gegen alle menschliche Hoffnung ermächtigt (ἐνδυναμοῦν, 4,20) und die die Verheißung auch in die Wirklichkeit setzen kann (δυνατός, 4,21). Abraham gab Gott die Ehre (δοὺς δόξαν τῷ θεῷ, 4,20). All diese Stichwortverknüpfungen belegen eine Art Kontrasthermeneutik des Paulus und seine Intention, das Gefälle zwischen Abraham und der widergöttlichen Wirklichkeit aufzuzeigen.

Gottlosigkeit manifestiert sich nicht primär in einer passiven Ignoranz gegenüber Gott, sondern in einem aktiven Leugnen seiner Göttlichkeit. In diesem Sinne ist nun auch die Formulierung τῇ ἀπιστίᾳ in Röm 4,20 zu verstehen:

---

[192] NEUGEBAUER, In Christus, 168 f. Vgl. KÄSEMANN, Glaube Abrahams, 141. Ausführlich SCHLIESSER, Abraham's Faith, 404–408.

[193] Vgl. BINDER, Glaube, 64. Vgl. die Zusammenstellung von Passagen aus frühjüdischen Texten, die Gen 11,27–12,9 als Abrahams Absage an den Götzendienst und seine Hinwendung zum wahren Gott interpretieren, bei ADAMS, Abraham's Faith, 55–59: Jub 11,16–17; 12,1–21; Philo, *Virt.* 211–216; *Abr.* 68–72; *Her.* 97–99; Josephus, *Ant.* 1,155–156; ApkAbr 7,10–12.

[194] Vgl. HAACKER, Glaube, 297. Einen ingressiven Akzent hat der Aorist von πιστεύειν v. a. in der Apostelgeschichte und bei Paulus in Röm 10,14; 13,11; 1 Kor 3,5; 15,2.11; Gal 2,16; Eph 1,13; 2 Thess 1,10 (vgl. Hebr 4,3; 11,16; Jud 5).

[195] NIEBUHR, Heidenapostel, 185.

„ἀπιστία ist mehr als eine Negation von πίστις: gemeint ist die Absage an den Glauben, der Verzicht auf die angebotene Verheißung Gottes."[196] Und der Dativ drückt hier mehr aus als den Grund, die Relation oder die wirkende Ursache für ein bestimmtes Verhalten.[197] Es handelt sich vielmehr um eine Ortsangabe (*dativus loci*),[198] in der das Prinzip des Ortes gleich mitgesetzt ist: „Unglaube" ist in der paulinischen „Sphärendichotomie" die Heimat des Gottlosen, er durchdringt dessen Haltung und Verhalten und zieht Gottes Verurteilung auf sich. Teilhabe an der gottwidrigen Sphäre des Unglaubens wäre nun aber durch den Begriff des Zweifels im Sinne einer inneren Unsicherheit oder eines Mangels an Vertrauen deutlich unterbestimmt. Die Aussageabsicht ist eine andere: In Hinsicht auf Gottes Verheißung vollzog er nicht einen fatalen Standortwechsel und kehrte nicht in den Bereich des Unglaubens zurück, der durch Widerspruch und Rebellion gekennzeichnet ist. Wäre dies der Fall, würde seine Glaubensbiographie auf den Kopf gestellt und er würde wieder in der Kalamität des Heidentums versinken.

Die Rezipientinnen und Rezipienten des Briefes erhalten somit weniger einen Einblick in die Psyche Abrahams – glaubt er unbeirrt, unerschütterlich, frei von Zweifeln? –, sondern sie erfahren, auf welche Seite er sich angesichts der Provokation der Verheißung schlägt: Die Wahrnehmung seiner physischen Schwäche[199] lässt ihn nicht in kritische Distanz zu Gott treten (οὐ διεκρίθη) und in den Unglauben (τῇ ἀπιστίᾳ) zurückfallen: Er wurde nicht schwach im Glauben (μὴ ἀσθενήσας τῇ πίστει), sondern durch Gott im Glauben ermächtigt (ἐνεδυναμώθη τῇ πίστει) (*dativus loci*).[200]

---

[196] MICHEL, Römer, 173. Vgl. CRANFIELD, Romans, Bd. 1, 248.

[197] D.h. *dativus causae* (so MOO, Romans, 284 Anm. 79; cf. BDR, § 196,1; LOHSE, Römer, 160 Anm. 7), *respectus* bzw. *instrumentalis*: „aufgrund, bezüglich oder vermöge des Unglaubens". Für einen modalen Dativ votiert WOLTER, Römer, Bd. 1, 306 Anm. 115, mit der sachlich richtigen Begründung, dass διακρίνεσθαι „nicht die Folge, sondern die Gestalt des Unglaubens [ist]." (vgl. BDR, § 198).

[198] Erwogen von MOO, Romans, 284 Anm. 79: („it could also be a dative of ,sphere'"). Nach AEJMELAEUS, Dativ, 475, sieht man hier „deutlich auch die lokativische Nuance, obwohl das Hauptgewicht der Dativkonstruktion auf dem instrumentalen Gebiet liegt".

[199] Die sicher ursprüngliche Lesart, dass Abraham von der Realität des Alterns und Sterbens Notiz nahm (κατενόησεν), hat sich erst im 20. Jh. in den Texteditionen, Übersetzungen und Kommentaren durchgesetzt. Die großen Kommentatoren der Alten Kirche, der Reformation und der Neuzeit waren mit einer anderen Variante vertraut, die möglicherweise auf eine sehr frühe theologische „Korrektur" eines Schreibers zurückgeht, der den Satz negierte (οὐ κατενόησεν; dazu ausführlich THEOBALD, „Abraham sah hin ...").

[200] Vgl. AEJMELAEUS, Dativ, 478. Meist wird der Dativ als Dativ der Beziehung klassifiziert. S.o. Kap. 2.3.3. Die Paraphrase „Abrahams Glaube nahm zu" (HEILIG, Paulus als Erzähler?, 620) trifft den Sinn nicht exakt, da Paulus den Glauben nicht quantifiziert.

3.5 Religionsgeschichtliche Verflechtungen

3.5.1 Abrahams „Zweifel" im Frühjudentum

Ein Vergleich der paulinischen Argumentation mit zeitgenössischen und späteren jüdischen Auslegungen veranschaulicht die spezifischen Akzentsetzungen. In etlichen frühjüdischen und rabbinischen Zeugnissen wird der Abrahamzweifel vor dem Hintergrund von Aussagen wie Gen 15,8[201] und vor allem Gen 17,17, aber auch im Zusammenhang der Opferung Isaaks angesprochen. Auch andere Verhaltenszüge Abrahams werden in den Blick genommen und ganz unterschiedlich gedeutet und bewertet: Die einen insistieren darauf, dass von problematischen Dispositionen des Stammvaters keine Rede sein kann; die anderen relativieren sie oder behaupten, dass Abraham sich ihnen erfolgreich entgegengestellte; wieder andere sind überzeugt, dass er ihnen verfiel – mit teils drastischen Konsequenzen.

3.5.1.1 Philos „Psychologie des Zweifels"

Philo hat den Zweifel Abrahams, „soweit es möglich war, beseitigt".[202] Dabei entwickelte der erste Psychologe des Glaubens[203] auch eine subtile Psychologie des Zweifels. In *Virt.* 216 versicherte Philo, dass Abraham der Erste war, der von der obersten Ursache fest und unerschütterlich überzeugt war.[204] An anderer Stelle verdeutlicht Philo, dass Abrahams Frage nach dem Wie der Verheißungserfüllung (Gen 15,8) in keiner Weise seinem Vertrauen widerstreitet (μάχεσθαι), denn: „Des Zweiflers Art ist es zu fragen, doch der Vertrauensvolle fragt nicht weiter" (τὸ μὲν γὰρ ἀπορεῖν ἐνδοιάζοντος, τὸ δὲ μηκέτι ζητεῖν ἔργον εἶναι πεπιστευκότος, *Her.* 101).[205] Was Abraham angeht, so fragt dieser einerseits verwundert nach, andererseits vertraut er, allerdings in Hinsicht auf zwei verschiedene Dinge: Das Verheißungsgut hat er als „durchaus sicher angenommen", fragwürdig war ihm lediglich die Art und Weise der Verheißungserfüllung (*Her.* 101–102).[206] Schon zuvor hatte Philo in seiner Erläuterung zu Gen 15,6 Abrahams

---

[201] Vgl. hierzu Schliesser, Abraham's Faith, 97. Auch in der alttestamentlichen Exegese wird diskutiert, in welcher Haltung die Zeichenforderung an der genannten Stelle erfolgte. Nach Westermann, Genesis, Bd. 2, 266 f., ist es „keine zweifelnde Frage, sondern eine bittende". Mit Verweis auf 2 Kön 20,8–11 und Ex 33,12–13 wird argumentiert, dass eine Zeichenforderung das rechte Gottesverhältnis beglaubigt und nicht infrage stellt.

[202] Schlatter, Glaube, 71.

[203] Vgl. Bousset, Kyrios Christos, 146.

[204] S. o. Kap. 8.7.2.1.

[205] Übers. hier und im Folgenden J. Cohn. Vgl. Wilson, Philo of Alexandria, 407: „The certainty of Abraham's faith contrasts with the uncertainty of human fortune and experience described in [*Her.*] 206." Vgl. Sterling, Piety.

[206] Ein analoges Motiv erscheint in einer nur armenisch erhaltenen Passage zu Gen 15,8 in *QG* 3,2: An der Vortrefflichkeit des Glaubens Abrahams – hier beschrieben als „Affekt des

„reines, ungetrübtes Vertrauen auf Gott allein" (ἀκράτῳ καὶ ἀμιγεῖ τῇ πρὸς θεὸν μόνον πίστει, *Her.* 94–95) gelobt, das als „vollendetste Tugend" (τελειοτάτη ἀρετῶν, *Her.* 91) eine immanente Gerechtigkeit besitzt (und nicht erst – wie bei Paulus! – für gerecht erklärt wird).

In *De mutatione nominum* macht sich Philo Gedanken, wie der Glaube Abrahams (Gen 15,6) mit der Auskunft aus Gen 17,17 vereinbart werden kann, wonach Abraham angesichts der Sohnesverheißung zu Boden fiel und lachte.[207] Philo fordert, dass der folgende Satz genau gelesen werden muss: Dort heißt es ausdrücklich, dass Abraham „in seinem Gedanken" (ἐν τῇ διανοίᾳ αὐτοῦ) fragte, ob einem Hundertjährigen noch Kinder geboren werden können. Die Wendung sei keinesfalls beiläufig hinzugesetzt. Abraham scheint mit seinen Worten hinsichtlich der Geburt des Isaak zu zweifeln (ἔοικε [...] ἐνδοιάσαι) und damit seinem zuvor konstatierten Glauben (Gen 15,6) zuwiderzuhandeln. Die offensichtliche Inkonsistenz des Zweifels mit dem Glauben veranlasste Mose, „den Zweifel nicht als langdauernd (τὸν ἐνδοιασμὸν οὐ πολυχρόνιον) bis zur Zunge und bis zum Munde reichend" zu schildern, „sondern als dort im schnellbewegten Gedanken stehenbleibend" (*Mut.* 177–178). Die Regungen des Zweifels in Abrahams Seelenleben, so flüchtig sie auch waren, sind Ausdruck seiner Geschöpflichkeit. Wer in Abrede stellen will, „dass der Gläubige auch nur eine Spur oder einen Schatten oder einen Hauch des Unglaubens annimmt" (ἴχνος ἢ σκιὰν ἢ αὔραν ἀπιστίας), verwischt den Unterschied zwischen Entstandenen und dem Unentstandenen, zwischen Sterblichen und dem Unsterblichen, zwischen Menschen und Gott (*Mut.* 181). Die göttliche πίστις, die als „perfekt und gänzlich voll" (ἄρτια καὶ περὶ πάντα πλήρης) qualifiziert wird (*Mut.* 182), ist kategorial verschieden von der πίστις Abrahams, mithin eines Menschen, welcher der „Eigenart des Sterblichen" unterworfen ist und „von Natur der Wandlung" (τὴν τροπήν) unterliegt (*Mut.* 186).

Da Philo den Glauben als Diathesis der Seele auffasst, wendet er große interpretatorische Energie auf, das Seelenleben des glaubenden Patriarchen auszuleuchten. Den Zweifel und das Schwanken entfernt er mit exegetischen Kunstgriffen oder erklärt sie im Rahmen seiner ontologischen Prämissen. Im Gegensatz zu Paulus sticht in Philos Auslegungen das Bemühen um eine nuancenreiche Psychologie des Zweifels ins Auge. Nach Philo ist Zweifeln menschlich.

Geistes" (πάθος τοῦ νοῦ, vgl. R. Marcus, LCL 380, 176) – hält Philo fest. Die Frage Abrahams ist als Bitte um ein klares Zeichen zu verstehen, nicht um die Erfüllung des Verheißungsinhalts.

[207] Vgl. die parallele Diskussion in *QG* 3,56: „Why was he incredulous (ἀπιστεῖ), as it were, in his confession [...]. Not ineptly or casually are added the words, ‚He said in his mind.' For unworthy words spoken by tongue and mouth fall under transgressions and punishment. But those which are in the mind are not at all guilty. For involuntarily does the mind show arrogance when various desires come upon it from various directions, and there are times when it resists these and disputes with them resentfully, and seeks to avoid their appearances. Perhaps too he is not in a state of doubt (οὐκ ἐνδοιάζει) but being struck with amazement at the excessiveness of the gift [...]" (Übers. R. Marcus).

3.5 Religionsgeschichtliche Verflechtungen

Regungen des Zweifels als geschöpflich bedingte seelische Unbeständigkeit sind nicht *per se* verwerflich, doch kann man dankbar sein, wenn diese Unbeständigkeit „kurz und ohne Ausdehnung" (βραχεῖα καὶ ἀκαρής) bleibt (*Mut.* 186).

Die Eliminierung oder Relativierung des Abrahamzweifels erfolgt nicht ohne exegetische Taschenspielertricks. So wird schon in der frühen jüdischen Rezeption das Lachen Abrahams (Gen 17,17) nicht als Zweifel gedeutet, sondern als Ausdruck der Freude und der Hoffnung – und damit des Glaubens.[208] Einschlägig sind die Umformulierung der Stelle in Jub 15,17, wo es heißt, dass „Abraham auf sein Angesicht fiel und sich freute", und die spätere, Sara einschließende Auskunft, dass sich die beiden „freuten mit sehr großer Freude" (Jub 16,19; vgl. Gen 21,6–7).[209] Eine vergleichbare Strategie verfolgt Philo in *QG* 3,55: „Rightly did he laugh in his joy over the promise, being filled with great hope and in the expectation that it would be fulfilled, and because he had clearly received a vision, through which he knew more certainly Him who always stands firm, and him who [bzw.: that which] naturally bends and falls."[210] Die Kirchenväterexegese nimmt diesen Faden auf. Augustin differenziert zwischen dem Lachen Abrahams, der angesichts der Verheißung in Freude staunt (*admirans in gaudio*), und dem Lachen der Sara, die in Freude zweifelt (*dubitans in gaudio*).[211] Keinesfalls war demnach in Abrahams Verhalten ein Funke des Misstrauens oder Zweifelns.[212]

3.5.1.2 Abrahams Auseinandersetzung mit Gott

Eine völlig andere Perspektive nimmt eine Reihe jüdisch-rabbinischer Texte ein, die in der Frage Abrahams „woran soll ich erkennen [...]" (Gen 15,8) den Auslöser für göttliche Strafe sehen.[213] Sie nehmen Abstand von einem idealisierten Abra-

---

[208] Vgl. PHILLIPS, Incredulity.

[209] Zum Motiv der Freude im Jubiläenbuch vgl. DORMAN, Abraham's Happiness; HALPERN-AMARU, Joy as Piety. Halpern-Amaru weist nach, dass das Motiv aus Levitikus, Numeri und Deuteronomium sowie aus den späteren Geschichtsbüchern (Esr, Neh, 1–2 Chr) in das Jubiläenbuch eingetragen wurden. Die verschiedenen Kontexte zeigen demnach „an insight not only into the variable meanings rejoicing may convey, but also a creative awareness of its potential to express different aspects of piety" (a. a. O., 187).

[210] Übers. R. Marcus. Targum Onqelos zu Gen 17,17 überträgt ebenfalls mit „Abraham freute sich"; vgl. dazu den Kommentar von Raschi: „[H]ier übersetzt der Onkelos mit ‚Freude', er freute sich; aber bei Sara mit ‚Lachen'; daraus lernst du, daß Abraham vertraute und sich freute, Sara aber nicht vertraute und lächelte; darum zürnte der Heilige, gelobt sei Er, über Sara und zürnte nicht über Abraham" (Übers. BAMBERGER, Raschis Pentateuchkommentar, 41 f.). Nach Targum Neophiti und Ps.-Jonatan rührt das Lachen daher, dass Abraham durch die Ankündigung in Staunen versetzt wurde (vgl. DORMAN, Abraham's Happiness, 152).

[211] Augustin, *Civ.* 16,3. Hingegen deutet Ambrosius in *De Abraham* 1,5 Saras Lachen als Vorfreude auf die Geburt Isaaks.

[212] Augustin, *Civ.* 16,26: *Risus Abrahae exultatio est gratulantis, non irrisio diffidentis* (vgl. Ambrosius, *De Abraham* 1,4; Petrus Lombardus, *Collectanea in epistolas Pauli* [zu Hebr 11,1], PL 192, 492: Abrahams Lachen entsprang der Bewunderung: *riserat autem Abraham quando ei promissus est, sed risus ille admirationis fuit et gaudii, non dubitationis*). Zur lukanischen Notiz, dass die Jünger „vor Freude nicht glaubten" (Lk 24,41) s. u. Kap. 4.4.5.

[213] Vgl. zum Folgenden STEMBERGER, Gen 15, 462 f.; BARTH, Genesis 15, 258–262.

hambild und beleuchten auch die ungünstigen Facetten seiner Biographie.[214] Sie thematisieren allerdings weniger den „Zweifel" Abrahams an sich als vielmehr sein Gottesverhältnis: Welche Stellung nahm Abraham Gott gegenüber ein? Während der paulinische Abraham – nach der von mir vorgeschlagenen Deutung – nicht in eine Auseinandersetzung mit Gott verwickelte (οὐ διεκρίθη, Röm 4,20), wird sein Verhalten in anderen jüdischen Texten gegensätzlich beurteilt. Beachtung verdient in beiden Fällen die Thematik des Widerstreits mit Gott.

Der Babylonische Talmud zitiert eine Autorität namens Samuel, der die Frage nach dem Grund für die Gottesstrafe der 210-jährigen Sklaverei in Ägypten so beantwortet: „Weil er [sc. Abraham] die Eigenschaften [sc. die Verheißungen] Gottes des Herrn zu sehr auf die Probe stellte (מפני שהפריז על מדותיו של הקב"ה): Und er sprach: ‚Woran soll ich erkennen, dass ich es besitzen werde?'" (bNed 32a).[215] Abrahams Frage ist als eine Art Kompetenzüberschreitung qualifiziert, insofern es einem Menschen nicht zusteht, Gottes Wort zu hinterfragen. Spätere rabbinische Texte halten ebenfalls fest, dass Abrahams Frage unangemessen und frevelhaft war und sogar für die ägyptische Sklaverei mitverantwortlich zu machen ist.[216] Für den Targum Ps.-Jonatan zu Gen 15,13 ist die Frage Abrahams Ausdruck seines Unglaubens: „Know for certain that your children will be residents in a land that is not theirs, because you did not believe, and they will be enslaved and afflicted four hundred years."[217]

Die genannten kritischen Züge der Beurteilung Abrahams laufen offensichtlich der Aussage des Paulus entgegen, dass Abraham *nicht* in respektloser Weise mit Gott stritt. Günter Stemberger macht auf Interferenzen des christlichen und rabbinischen Abrahambildes aufmerksam: „The development of rabbinic interpretation of Gen 15:6.8 may at least to some extent be understood as a reaction to Christian interpretation."[218] Er denkt beispielsweise an Ephraem den Syrer, der den unübertrefflichen und vollkommenen Glauben Abrahams herausstellt und keine Blessuren am Glaubensvorbild zulässt. Es ist meines Erachtens nicht auszuschließen, dass die rabbinischen Autoren nicht erst auf das Abrahambild der Kirchenväter, sondern schon auf das des Paulus reagieren: Dass Abraham nicht gegen Gott aufbegehrte, geht nach der hier vertretenen Auslegung ja bereits auf den Apostel zurück. Diese paulinische Facette im Porträt des Patriarchen mag zum Widerspruch gereizt haben, um dem Vorbildcharakter Abrahams für die Christusgläubigen den Boden zu entziehen.

---

[214] Es handelt sich um einzelne, wenngleich markante Abweichungen vom gängigen Abrahambild, das den Patriarchen als Vorbild des Glaubensvertrauens zeichnet. Vgl. TILLY, Abraham im Judentum.

[215] Vgl. hierzu auch TILLY, Begriff des „Glaubens", 224.

[216] So SER 14; SES 2 (Übers. bei STEMBERGER, Gen 15, 156: „Because he said something improper, his sons went down to Egypt").

[217] Übers. M. Maher; vgl. PRE 47.

[218] STEMBERGER, Gen 15, 156.

3.6 Fazit

Aufschlussreich ist allerdings, dass im Targum Ps.-Jonatan zu Gen 15,6 eben jene Facette reflektiert ist, die mit der in diesem Kapitel vorgeschlagenen Deutung von διακρίνεσθαι im Einklang steht: „He had faith in the Memra of the Lord, and he reckoned it to him as merit because he did not speak rebelliously against him."[219] Dieser Zusatz zu Gen 15,6 steht offenkundig zu der oben zitierten Paraphrase von Gen 15,13 im Widerspruch, rückt aber eng an die paulinische Aussage οὐ διεκρίθη heran. Die Verwandtschaft zwischen Paulus und dem Targum ist jedenfalls enger als zwischen Paulus und Philo, der das Innenleben Abrahams einer sorgfältigen Analyse unterzieht.

3.6 Fazit

3.6.1 Röm 14,1–15,13: Psychologie des Zweifels vs. Ekklesiologie der Annahme

(1) Am Ende seines Briefs an die stadtrömischen Christusgruppen betätigt sich Paulus als Konfliktmanager – wohlgemerkt ohne der Gemeinde persönlich bekannt zu sein (Röm 14,1–15,13). Die eine Fraktion bezeichnet er als die „Schwachen im Glauben", die andere als die „Starken". Mit der Schwäche der „Schwachen" meint Paulus weder einen psychischen Zustand der Starrsinnigkeit, intellektuellen Beschränktheit, Erkenntnisunfähigkeit, Charakterschwäche oder Neigung zum Zweifeln, noch eine sozio-kulturell bestimmte Situation der Minorität, noch eine Verletzlichkeit, die von einer geringeren Adaptabilität gegenüber kulturellen Normen (Speisen und Tage) herrührt und sie angesichts der Provokation der „Stärkeren" „schwach" werden lässt.[220] Die Rede von der „Schwäche" bezieht sich theologisch auf den im Glauben erreichten Erkenntnisstand, der (noch) nicht alle Speisen für „rein" zu erachten vermag (vgl. 14,14.20), darin aber durchaus mit dem von Gott zugeteilten Glaubensmaß korreliert (12,3). Deutlich ist auch, dass die Erkenntnis der „Schwachen" wohl ergänzungswürdig ist, ihr Glauben aber soteriologisch keinen Mangel aufweist; die „Schwachen im Glauben" werden als vollgültige Mitglieder der römischen Gemeinde angesprochen und nicht etwa den an Erkenntnis reicheren „Vollchristen" entgegengestellt.[221] Der angemessene Umgang mit der Schwäche ist daher nicht primär Tadel, Unterweisung oder Überzeugungsarbeit, sondern Annahme (vgl. 14,1). Das heißt einerseits gegenseitige Anerkennung trotz lehrmäßiger Differenzen, aber auch konkret Aufnahme in die (Haus-)Gemeinschaft.[222]

---

[219] Übers. M. Maher.

[220] So BARCLAY, Faith, 206.

[221] So in einer verunglückten Formulierung STÄHLIN, ἀσθενής, 490: „Den beiden Gruppen der ἀσθενεῖς in Korinth und Rom ist gemeinsam, daß ihnen die γνῶσις der Vollchristen fehlt."

[222] Vgl. HEININGER, Konflikt, 98 f.

102 3. Paulus

(2) Hauptgegenstand der Argumentation in Röm 14,1–15,13 ist also nicht eine Psychologie des Zweifels, sondern eine Ekklesiologie der Annahme. Daher sieht er sich veranlasst, mit eindringlichen Worten vor einer wechselseitigen „Exkommunikation" der gegnerischen Gruppen zu warnen, und er ruft er insbesondere die „Starken" in die Verantwortung. In dieser Leserichtung erhält der diskutierte Satz aus Röm 14,23 einen Sinn, der gängigen Interpretationen zuwiderläuft. Im Fokus steht nicht die „Gefährlichkeit des Zweifels",[223] in dessen Verlängerung das göttliche Gericht steht, sondern die Gefahr von Spaltungen aufgrund von Meinungsverschiedenheiten (vgl. 14,1: διακρίσεις διαλογισμῶν). Mit dem „Werk Gottes", das nicht eingerissen werden soll (14,20), meint Paulus nicht die von Dissonanz bedrohte Psyche des „Schwachen", sondern die Einheit der Gemeinde. Es ist nicht seine Absicht zu verhindern, dass der „Schwache" „an seinen skrupelhaften Zweifeln ‚zugrunde geht'" (14,15),[224] sondern er warnt den „Starken" davor, durch seine liberale Praxis und seine Überheblichkeit einen Keil in die Gemeinschaft zu treiben.

(3) Man sollte sich von der populartheologischen Färbung des Satzes „Alles, was nicht aus Glauben geschieht, ist Sünde" (Röm 14,23b) nicht dazu verleiten lassen, die paulinischen Zentralbegriffe ἐκ πίστεως und ἁμαρτία „minimalistisch", moralisierend oder psychologisierend zu deuten. Der Kettenschluss διακρινόμενος – οὐκ ἐκ πίστεως – οὐκ ἐκ πίστεως – ἁμαρτία verbindet das erste Glied mit dem letzten, das Spalten mit der Sünde.[225] Die gesamte Passage ist geprägt von prinzipiellen Aussagen (vgl. 14,9.14.17; vgl. 15,7), und das Nebeneinander der Schlüsselbegriffe am Ende der Sinneinheit in einer sentenzartige Formulierung macht den darin ausgedrückten Gedanken transparent für analoge Situationen, wenngleich daraus kein universal gültiger ethischer Grundsatz abzuleiten ist.[226]

(4) Streitpunkte, die das Essen und Trinken betreffen, mögen im Reich Gottes (Röm 14,17) als Adiaphora zu behandeln sein,[227] auch wenn sie faktisch zentrale Identitätsfragen der frühen christlichen Gemeinden berühren. Kein Adiaphoron ist es allerdings, wenn sich eine Gemeinde im Streit zersetzt, wenn Liberalität mit Lieblosigkeit einhergeht. Analog zu 1 Kor 9,24–27 macht Paulus auch in Röm 14,23 klar, dass ein rücksichtsloses Ausleben der individuellen Freiheit nicht ohne soteriologische Konsequenzen bleiben kann. „Paul imputes to the ‚faithhavers' an astonishing power to destroy."[228] Selig ist (14,22: μακάριος), wer seine tolerante Einstellung im Angesicht Gottes praktiziert; sie geht schließlich auch

---

[223] So aber SCHLIER, Römerbrief, 418.
[224] So WILCKENS, Römer, Bd. 3, 96.
[225] Vgl. WOLTER, Römer, Bd. 2, 391. Freilich mit einem anderen Schluss: „Beim Essen ist es allererst der Zweifel, der es zur Sünde macht."
[226] S. u. Kap. 9.6.2.
[227] Vgl. WEISS, Römer, 544.
[228] GAVENTA, Reading for the Subject, 6.

auf Gott zurück (vgl. 12,3). Gerichtet ist (14,23: κατακέκριται), wer isst und dabei eine Spaltung heraufbeschwört oder mutwillig hinnimmt; auch das Gerichtsurteil kommt von Gott (vgl. 14,10).

(5) Vom Glauben ist in Röm 14,23 nicht nur im Sinne von situativer Überzeugung, sondern umfassend im Sinne von „Christusglaube" die Rede. Die πίστις umgreift als Glaubenswirklichkeit „die gesamte Lebensführung"[229] und nimmt in der jeweiligen Situation eine konkrete Ausprägung an. „[Paul is] bringing the doctrine of justification by grace down into the kitchen and dining-room."[230] Der Glaube ist das Einheitskriterium der Gemeinschaft, „Stärke" und „Schwäche" im Glauben sind die Differenzkriterien. „Schwachheit im Glauben" ist nach Paulus keine minderwertige Form christlicher Existenz, und sie wird in Röm 14,23 gerade nicht mit dem Problem des Zweifels assoziiert. Nicht der Zweifler läuft Gefahr, sich durch sein Essen (endzeitlich) ins Abseits zu stellen, sondern der Spalter (διακρινόμενος). Wenn in der Auslegungsgeschichte unter Berufung auf Röm 14,23 der Zweifel an die Sünde herangerückt wurde und gar mit ihr identifiziert wurde,[231] dann beruht das auf einem Missverständnis: Paulus interessiert in Röm 14,1–15,13 weder der Zweifel noch der Zweifler. Sein Konfliktmanagement verpflichtet die „Starken" auf einen verantwortlichen Umgang mit ihrer Liberalität. Ihnen gilt die Warnung: „Wer sich aber abspaltet, wenn er isst, der ist schon gerichtet!"

3.6.2 Röm 4,1–25: Psychogramm des Zweifels vs. Theologie des Glaubens

(1) Schon die Argumentation der ersten Kapitel des Römerbriefes zeigt, dass sich Paulus nicht für eine Introspektive auf den Glauben interessiert, sondern vielmehr für die Frage, auf welche Seite sich die Hörerinnen und Hörer seiner Verkündigung schlagen: Anerkennen sie Gottes Wort oder begehren sie gegen Gott auf? Befinden sie sich in der „Adamssphäre" oder in der „Christussphäre"?[232] In seiner Beschreibung des Glaubens Abrahams (Röm 4,18–21) bietet Paulus folglich kein Psychogramm des glaubenden Stammvaters, sondern konstruiert einen Kontrast zwischen der ungläubigen und ungehorsamen Heidenwelt und dem Glaubensvater: „Abraham, in his trustful response to God, did precisely what the disobedient Gentiles of Rom. 1.18–32 declined to do."[233] Paulus betont nicht den heldenhafte Glauben Abrahams, seine Unbeirrbarkeit und Unerschüttlichkeit, sein Nicht-Zweifeln. Wie in Röm 14,1–15,13 fokussiert er auf die Existenzweise „im Glauben" (τῇ πίστει): Abraham „wurde nicht schwach im Glauben", sondern „im Glauben ermächtigt" (μὴ ἀσθενήσας τῇ πίστει, 4,19; ἐνεδυναμώθη τῇ πί-

---

[229] Käsemann, Römer, 366.
[230] So Synge, Not Doubt, 204.
[231] S. u. Kap. 9.5.2.
[232] Vgl. Hooker, Interchange and Atonement, 41.
[233] Adams, Abraham's Faith, 47.

στει, 4,20) Obwohl aus menschlicher Perspektive seine Situation hoffnungslos war, stellte er sich nicht respektlos, misstrauisch oder besserwisserisch Gott entgegen (οὐ διεκρίθη) – und damit in den Bereich des Unglauben (τῇ ἀπιστίᾳ). Man kommt dem Sinn der Formulierung οὐ διεκρίθη (4,20) am nächsten, wenn man das Verb διακρίνεσθαι im Einklang mit seiner herkömmlichen Semantik nicht auf einen intrapersonalen Konflikt („zweifeln"), sondern auf einen interpersonalen Konflikt bezieht („in eine Auseinandersetzung treten").[234]

(2) Das Motiv des „Zweifelns" mag zum gedanklichen Überbau des Verbs διακρίνεσθαι gehören, ist aber nicht Teil seiner Kernbedeutung. Das gilt auch für den vorliegenden Zusammenhang der Abrahamdeutung des Paulus. Assoziationen mit dem Zweifel ergeben sich (wie in Röm 14) aus der Nachbarschaft zu den kognitiven Verben κατανοεῖν (4,19) und πληροφορεῖσθαι (4,21; vgl. 14,5). Abraham realisierte seine körperliche Schwäche (κατενόησεν τὸ ἑαυτοῦ σῶμα, 4,19) und wurde dennoch nicht schwach im Glauben, sondern erlangte Gewissheit. Seine aussichtslose Lage führte nicht dazu, dass er die Augen verschloss und sich blindlings der Verheißung Gottes zuwandte, sondern er bewahrte Realitätssinn. Dreh- und Angelpunkt der Argumentation ist nun aber nicht die Illustration der zweifelnden *trepidatio cordis*, in die das glaubende Individuum verfallen mag,[235] sondern eine Theologie des Glaubens, die das radikale Entweder-oder der grundlegenden Stellung des Menschen zu Gott zum Thema hat: Tritt Abraham in Opposition zu Gott und fällt dadurch in den Bereich des Unglaubens zurück oder gibt er Gott die Ehre?

(3) Paulus ist ein Theologe der Apokalyptik, der den Menschen entweder in der adamitischen Unheilssphäre (Fleisch, Sünde, Gesetz, Unglaube) oder in der Heilssphäre (Geist, Gnade, Evangelium, Glaube) verortet sieht. Er ist kein feinsinniger Psychologe vom Schlage eines Philo von Alexandria, der die Untiefen des menschlichen Glaubenslebens auslotet und über die Grautöne zwischen Glaube und Unglaube nachdenkt. Das schließt nicht aus, dass der Zweifel als eine Kategorie glaubender Existenz auch bei Paulus eine Rolle spielen kann. Teilhabe an der Realität des Glaubens kann durch Schwäche oder durch Stärke charakterisiert sein, entscheidend ist nach Paulus aber die Tatsache, dass ein Mensch „im Glauben" ist (2 Kor 13,5), steht (Röm 11,20; 2 Kor 1,24) und lebt (Gal 2,20).

---

[234] Das in Gen 15,1–11 geschilderte Gespräch zwischen Abraham und Gott, das ja durchaus kritische Töne anschlägt (vgl. 17,15–22), klammert Paulus im Kontrast zu manchen rabbinischen Stimmen aus. S. o. Kap. 3.5.1.2.
[235] Zu dieser Wendung Luthers, s. o. Kap. 3.4.1.1.

4. Synoptiker

Existenzieller Zweifel in Heilungswunder-, Naturwunder- und Auferstehungserzählungen

4.1 Einführung

Die synoptischen Evangelien bezeugen einen bemerkenswert differenzierten Umgang mit dem Zweifel und unterscheiden sich damit markant von Paulus, der den Zweifel möglichst weit von sich und seinen Adressatinnen und Adressaten fernhielt. In den drei Episoden, die hier im Fokus stehen sollen, sind spezifische Umstände und Ausdrucksformen des Zweifels dokumentiert. Sie gießen das Ringen mit den Einsprüchen und Bedenken gegen den Glauben in Erzählungen und verschränken so die Ebene des erzählten Geschehens mit den Perspektiven der Autoren und der Rezipientinnen und Rezipienten. Die Zerrissenheit des Vaters eines epilepsiekranken Jungen (Mk 9,14–29), das Scheitern des „Apostelfürsten" Petrus (Mt 14,28–31) und der kollektive Zweifel der Jünger an Ostern (Mt 28,17) werden nicht um ihrer selbst willen erzählt. Die Geschichten sind, wie sich zeigen wird, transparent für verschiedene soziale und spirituelle Kontexte und spiegeln existenzielle Gewissheiten, Fragen und Zweifeln wider.

Aus geschichtstheoretischer Perspektive kann das primäre Anliegen der Evangelisten so auf den Punkt gebracht werden: „Es wird also nicht erzählt, ‚wie es eigentlich gewesen ist', sondern wie es für diejenigen gewesen ist, die von dieser Geschichte wissen wollen, wer sie sind. Dieser perspektivische Charakter des historischen Erzählens ist kein Einwand und keine Einschränkung der Wahrheit, sondern eine Art und Weise, wie sie durch eine bestimmte kognitive Strategie gerade in Anspruch genommen wird, als Wahrheit für jemanden."[1]

In der markinischen Erzählung von der Heilung des epileptischen Kindes (Kap. 4.2) konzentriert sich alles auf das Nebeneinander und Ineinander von Glaube und Unglaube. Mehr noch als eine Heilungsgeschichte hat Markus die Episode als eine Zweifelsgeschichte konzipiert. Die Krankheit des Kindes und selbst ihre akuten Auswirkungen geraten zur Nebensächlichkeit, weil Jesus den Vater durch scheinbar seelenruhige Rückfragen in einen Dialog über den

---

[1] Rüsen, Kommunikation, 26 f.

106 4. Synoptiker

Glauben verwickelt, der im Schrei des Vaters mündet: „Ich glaube! Hilf meinem Unglauben!" (Mk 9,24). Die Seewandelepisode im Matthäusevangelium (Kap. 4.3) gestaltet die markinische Vorlage wohl auf der Grundlage mündlicher Petrustradition um. Sie läuft nicht auf das Jüngerunverständnis zu (so Mk 6,51–52), sondern präsentiert sich als eine predigthafte Lehrerzählung über einen angefochtenen, zweifelnden Glauben. Die Erscheinungsszene am Ende des Evangeliums (Kap. 4.4) ist für die erzählerische und theologische Konzeption des Matthäusevangeliums von entscheidender Bedeutung. Dass hier der Zweifel thematisiert wird, und dies in einer die Handlungslogik und den Erzählverlauf durchkreuzenden Weise, ist kein Zufall. Die finale Szene des Matthäusevangeliums steht exemplarisch für die facettenreiche Thematisierung des Zweifels und des Unglaubens in den Auferstehungsberichten, die sowohl die vier kanonisch gewordenen Evangelien als auch etliche weitere frühchristliche Texte charakterisieren.[2] Im Anschluss an die einzelnen exegetischen Abschnitte finden sich wieder Ausblicke auf die frühe Wirkungsgeschichte sowie Analogien aus der Religionsgeschichte.

4.2 Mk 9,24: „Ich glaube! Hilf meinem Unglauben!"
Der Vater des epileptischen Jungen

In der Erzählung von der Heilung des epileptischen Jungen (Mk 9,14–29) wird der existenzielle Zweifel eines Individuums auf einzigartige Weise zur Sprache gebracht, ohne spezifische Lexeme des Zweifels zu verwenden. Markus schildert, wie ein Vater sein seit jungen Jahren an Epilepsie leidendes Kind zu den Jüngern bringt und sie um Heilung bittet. Sie sind allerdings nicht in der Lage, den „sprachlosen Geist" (πνεῦμα ἄλαλον) auszutreiben (9,17).[3] Diese Situation der Ohnmacht versinnbildlicht die ungläubige, verkehrte Welt und weckt den Zorn Jesu: „Du ungläubiges Geschlecht!" (9,19). Im Fortgang der Erzählung verschwinden alle Umstehenden, das Volk und die Jünger, von der Bildfläche;

---

[2] Es ist bemerkenswert, dass sich zwei Monographien aus jüngster Zeit gerade dieser Thematik zuwenden: ATKINS, Doubt; WOODINGTON, Dubious Disciples. S. u. Kap. 4.4.5 zu einer knappen überlieferungsgeschichtlichen Einordnung des Auferstehungszweifels in den Synoptikern.

[3] Vgl. grundlegend zur Deutung und Behandlung von Epilepsie in antiker Medizin WOHLERS, Heilige Krankheit. Ferner SCHNEBLE, Heillos, heilig, heilbar. Auf die Debatte, ob die in Mk 9,14–29 beschriebenen Symptome des Anfallsleidens auf Epilepsie schließen lassen (vgl. a. a. O., 66: an der „Krankheitsdiagnose ‚Epilepsie' [kann] aufgrund der Symptomenbeschreibung kein Zweifel bestehen"), gehe ich hier nicht ein. Rückblickende Diagnosen sind nicht unproblematisch: „Eine moderne medizinische Diagnose historischer Krankheitsfälle ist nur ausnahmsweise möglich, wenn man paläopathologische Befunde an organischem Material erheben kann, etwa an Mumien, Knochen und Geweben" (LEVEN, „Die ‚unheilige' Krankheit, 17). Vgl. LEUTZSCH, Vermögen und Vertrauen, 354: Die Diagnose „passt weitgehend, aber nicht ganz."

der Junge und „der Geist" (9,20) treten an den Rand. Ein intensives Gespräch zwischen Jesus und dem Vater rückt in den Mittelpunkt. Der markinische Jesus nimmt die Krankheitsgeschichte des Kindes zum Anlass, eine Maxime über die Allmacht des Glaubens zu formulieren: πάντα δυνατὰ τῷ πιστεύοντι (9,23). Auf dem Höhepunkt des Dialogs nötigt er den Vater zu einem Satz, der wie kein zweiter im Neuen Testament den Zwiespalt eines glaubenden Individuums in Worte fasst: „Ich glaube! Hilf meinem Unglauben!" (9,24).[4] Anschließend weitet sich der Gesichtskreis wieder: Jesus wendet sich dem Jungen und dem unreinen Geist zu, da nun die Menschenmenge wieder herbeiströmt, und führt eine exorzistische Handlung durch. Die Szene endet mit einer Jüngerbelehrung abseits des öffentlichen Schauplatzes. Auf ihre Nachfrage begründet Jesus das Versagen der Jünger mit rätselhaften Worten: „Diese Art lässt sich nicht anders austreiben als durch Gebet" (9,29).

Wie ist der Skopos dieser Erzählung zu bestimmen? Während auf einer älteren Stufe der Überlieferung durchaus die Eindrücklichkeit des Heilungswunders im Fokus gestanden haben mag, tritt dieser Aspekt in der von Markus gebotenen Gestalt zurück. Sein Hauptanliegen besteht nicht darin zu problematisieren, „inwiefern auch die Jünger Wunder zu vollbringen vermögen",[5] oder sich über „das Verhältnis von Jesu und der Jünger Vollmacht" zu äußern.[6] Es geht ihm auch nicht primär darum, seinen Leserinnen und Lesern ein „narratives Christuszeugnis" zu bieten und „Jesu Person und seine einzigartige göttliche Macht" zu veranschaulichen.[7] Der christologische Horizont ist zwar unverkennbar, doch ist diese Perikope zuallererst als eine erzählende Reflexion über Glaube und Zweifel zu verstehen.[8] Mit ihr fügt Markus seinem komplexen und spannungsreichen Glaubensverständnis eine maßgebliche Facette hinzu.[9] Wie in keiner anderen markinischen Wundergeschichte wird hier die Bedeutung des Glaubens

---

[4] Den Aspekt der religiösen Individualisierung in dieser Perikope betont HENDERSON, Mark's Gospel, 291: „The progressions in the father's discourse hint at his individuation: he begins by telling the disciples what to do, then moves through polite request to abject prayer toward Jesus; moreover, the father's requests move from ‚I have brought *my son* to you' (9:17), to ‚help *us*, pitying *us*' (9:22), to ‚help *me*' (9:24)."

[5] So RIESENFELD, Tradition und Redaktion, 163; vgl. KOLLMANN, Wundergeschichten, 214 („Wunderinstruktion").

[6] So LUZ, Geheimnismotiv, 25.

[7] So HOFIUS, Allmacht, 136.

[8] Vgl. u. a. WOHLENBERG, Markus, 250; LOHMEYER, Markus, 191 („Thema ist die Macht des Glaubens"); SCHWEIZER, Life of Faith, 389 („much more a treatise about unbelief and belief than a miracle story"); LOHSE, Glaube und Wunder, 34 („Problem des Glaubens"); MARSHALL, Faith, 110; NICKLAS, Formkritik, 514 („Glaubensgeschichte"); LINDEMANN, Jesus und das epilepsiekranke Kind, 96; TWELFTREE, Jesus the Miracle Worker, 86 („Of all the miracle stories in Mark this one treats the subject of faith most thoroughly [...]."; KIFFIAK, Responses in the Miracle Stories, 162 („An emphasis on faith marks the story").

[9] Zu dieser Charakterisierung des markinischen Glaubensverständnisses vgl. SÖDING, Glaube bei Markus, 552. Vgl. neben Södings Monographie noch MARSHALL, Faith.

108 4. Synoptiker

und das beständige Ringen mit dem Zweifel zur Darstellung gebracht. Aus der „lehrhaften und beispielgebenden Tendenz"[10] der Erzählung ergeben sich Anknüpfungspunkte und Impulse für die Erfahrung der Glaubenden, nicht nur innerhalb der von Markus anvisierten antiken Leserschaft, sondern auch in nachfolgenden Zeiten.[11] Auf welche Weise Markus das Thema des Glaubens und Zweifelns entfaltet und für seine Adressaten anschlussfähig macht, wird die Einzelexegese zu zeigen haben. Doch zuvor sind knapp einige traditions- und redaktionsgeschichtliche Gesichtspunkte zu nennen.

4.2.1 Tradition und Redaktion

Seit Rudolf Bultmann wird immer wieder die Vermutung geäußert, dass in Mk 9,14–29 zwei thematisch verwandte, eigenständige Heilungsgeschichten bereits vormarkinisch miteinander verbunden wurden.[12] Die erste Geschichte habe Mk 9,14–20 umfasst, die zweite Mk 9,21–27. In der vorliegenden Textgestalt seien die beiden Erzählungen jedoch untrennbar miteinander verschmolzen, so dass eine Rekonstruktion zweier integrer Erzählstränge nicht mehr möglich sei.[13]

Andere literarkritische und überlieferungsgeschichtliche Versuche kommen zu abweichenden Ergebnissen, die aber häufig das uns primär interessierende „Glaubensgespräch" zwischen Jesus und dem Vater einer späten Bearbeitungsschicht zuweisen. Nach Gerd Theißen ist das Mittelstück der Perikope (9,21–24 bzw. 9,23–24) als „sekundärer Zuwachs" zu betrachten, der „vielleicht sogar" aus der Feder des Evangelisten stammt.[14] Nach Wolfgang Schenk hatte die gesamte Perikope eine einzige Vorlage erzählenden Charakters, wobei gerade die formgeschichtlich sperrige Thematisierung des eingeschränkten Glau-

---

[10] LOHMEYER, Markus, 191: „Da wird die einzelne Geschichte zu dem lehrhaften Beispiel eines Gesetzes, das dieses Ganze [des Lebens Jesu] begreift und das Ganze des Gemeindelebens regelnd umgreifen soll. In keiner anderen Geschichte ist das so deutlich ausgeprägt wie hier." Anders LINDEMANN, Jesus und das epilepsiekranke Kind, 107, mit dem Einwand, die Erzählung fordere „in einer ganz ungewöhnlichen Weise zum ‚Mit-Leiden' auf" und habe keine didaktische Abzielung. Doch geht es m. E. weniger um die innere Anteilnahme am Schicksal des Vaters als vielmehr um das Nachempfinden der Bewegtheit des Glaubens, wie sie der Vater erlebt.

[11] S. u. Kap. 9.3.2.

[12] Vgl. BULTMANN, Geschichte der synoptischen Tradition, 225 („Ähnlichkeit des Krankheitsfalles und der Heilung"). Als redaktionelle Einfügungen identifiziert Bultmann Mk 9,15 und 9,28–29. Mit Bultmann übereinstimmende Rekonstruktionen finden sich u. a. bei ACHTEMEIER, Miracles, 477–482; KOCH, Bedeutung der Wundererzählungen, 115 f. SCHENK, Tradition und Redaktion, unterzog die These einer ausführlichen und überzeugenden Kritik, doch ist seine Extrapolation einer ursprünglichen Erzählung ebenfalls kritikwürdig. Eine Variation der These Bultmanns brachte BORNKAMM, Πνεῦμα ἄλαλον, 23, ins Gespräch, nach der Markus zwei Fassungen derselben Wundergeschichte miteinander verschmolz.

[13] Bultmann nennt folgende Indizien für zwei ursprünglich eigenständige Erzählungen: (1) In Mk 9,14–19 und 9,28–29 stehen die Jünger im Fokus, dazwischen der Vater; (2) die Krankheit wird zweimal geschildert: Mk 9,18 und 9,21–22; (3) die Menschenmenge, die nach Mk 9,14 schon anwesend ist, tritt nach Mk 9,25 erst auf die Bühne.

[14] THEISSEN, Wundergeschichten, 139.

4.2 Mk 9,24: „Ich glaube! Hilf meinem Unglauben!"

bens (9,23–24) vom Evangelisten stamme, der damit die Form einer Exorzismuserzählung gesprengt und an die anderen Heilungsgeschichten angeglichen habe.[15]

Jede Hypothese ist mit Unsicherheiten behaftet, doch spricht vieles (gegen Bultmann u. a.) für eine zunächst einheitliche Ausgangserzählung,[16] die vom Evangelisten zu einer Geschichte des Glaubens und Zweifelns ausgestaltet wurde. Das gesamte Stück weist in der vorliegenden Form „durchaus eine innere Kohärenz" auf[17] und ist kunstvoll auf den Dialog zwischen Jesus und dem Vater hin ausgerichtet. Die spannungsvolle Dramaturgie der Perikope ergibt sich aus der Gestaltung und der Sequenz der Einzelszenen. Es wird sich zeigen, dass nicht das „thaumaturgische Meisterstück Jesu"[18] im Beisein der herbeigeeilten Menge die primäre Aufmerksamkeit der Leserinnen und Leser auf sich ziehen soll, sondern das intime Gespräch, in das Jesus den Vater – in provozierender Nonchalance gegenüber dem akuten Handlungsbedarf – hineinzieht.

Auch im Rahmen der Rückfrage nach dem „historischen Jesus" wird die Epileptikerepisode häufig herangezogen. In der Jesusforschung herrscht Einigkeit darüber, dass Jesus erfolgreich als Exorzist aufgetreten ist.[19] Ob die Heilung des epileptischen Jungen eine historisch ernstzunehmende Überlieferung oder gar eine „augenzeugenschaftliche Kunde"[20] der Dämonenaustreibungen Jesu ist oder umgekehrt im Bewusstsein um diese Facette der öffentlichen Wirksamkeit Jesu erst geschaffen wurde, ist umstritten. Am wahrscheinlichsten ist die Annahme, dass hinter Mk 9,14–29 historische Reminiszenzen an die Heilung eines epileptischen Jungen stehen, die mündlich tradiert wurden, im Kreis der Jesusanhänger

---

[15] SCHENK, Tradition und Redaktion, 89. Zum Umfang der ursprünglichen Tradition vgl. a. a. O., 93 f. Auch NICKLAS, Formkritik, 510, erblickt in Mk 9,21–24 eine „untypische Einzelheit".

[16] So z. B. KERTELGE, Wunder Jesu, 174–179; KOLLMANN, Jesus und die Christen, 210 f.; ROLOFF, Kerygma, 146–151; SCHENK, Tradition und Redaktion; SÖDING, Glaube bei Markus, 461–463. Zu den methodischen Problemen der formkritischen Analyse im Blick auf Mk 9,14–29 vgl. SCHMITHALS, Die Heilung des Epileptischen; NICKLAS, Formkritik.

[17] HOFIUS, Allmacht, 136. Vgl. SCHNIEWIND, Markus, 125 („Einheit der Erzählung").

[18] BORNKAMM, Πνεῦμα ἄλαλον, 25.

[19] Vgl. grundlegend TWELFTREE, Jesus the Exorcist. Selbst das hyperkritische Jesus Seminar kommt zum Schluss „that Jesus healed people and drove away what were thought to be demons" (vgl. FUNK and the Jesus Seminar, Acts of Jesus, 60).

[20] So WOHLENBERG, Markus, 248; vgl. PESCH, Markusevangelium, Bd. 2, 95 („konkrete Tradition historischen Geschehens"). Nach ROLOFF, Kerygma, 147–149, geht das Scheitern der Jünger auf geschichtliche Erinnerungen zurück. Dagegen KOLLMANN, Jesus und die Christen, 212 f.: Die realistischen Details der Krankheitsschilderung bleiben dem verhaftet, was in der Antike über Epilepsie bekannt war, und erlauben „keine Rückschlüsse auf individuelle, historische Züge der Epileptikerperikope". Auch das Motiv des Scheiterns ist „in antiken Wundertraditionen ein fester Topos". Doch ist die methodische Problematik einer solchen Argumentation offenkundig: „Untypische" Elemente sind historisch wertlos, weil sie über die Form hinausschießen, „typische" Elemente sind historisch wertlos, weil sie innerhalb der antiken Wundertopik verortet werden können.

110 4. Synoptiker

zirkulierten und schließlich von Markus im Interesse seiner Glaubensreflexion in eine literarische Form gebracht wurden.[21]

Aufgrund der substanziellen Übereinstimmungen zwischen Mt 17,14–21 und Lk 9,37–42 ist wohl davon auszugehen, dass ihnen eine unabhängige Überlieferung der Geschehnisse vorlag.[22] Andernfalls müsste man annehmen, dass sie ihre markinische Vorlage von Grund auf umgestalteten: Sie hätten Einleitung und Schluss modifiziert, den Dialog zwischen Jesus und dem Vater ganz gestrichen (aus welchem Grund?[23]) und lediglich den Tadel Jesu an seine Jünger beibehalten.[24] Überdies müssten die gegen Markus übereinstimmenden und über ihn hinausgehenden Formulierungen bei Matthäus und Lukas einer sinnvollen Erklärung zugeführt werden, was jedenfalls bei einer schematischen Anwendung der Zwei-Quellen-Theorie ausgeschlossen ist. Ganz gleich, welcher Rekonstruktion man folgt: Offene Fragen bleiben.

4.2.2 Zur Dramaturgie der Erzählung

Schon die Einleitung ist auffällig gestaltet und setzt den Ton für die folgende Heilungsgeschichte: Jesus steigt zusammen mit Petrus, Jakobus und Johannes vom Berg der Verklärung herab, trifft auf die übrigen Jünger und sieht die Menschenmenge, die mit Schriftgelehrten diskutiert. Die Reaktion der Menschen auf sein Erscheinen verblüfft und hat zu konträren Erklärungsversuchen geführt: Das Volk „geriet in große Erregung (ἐξεθαμβήθησαν), kam herbeigelaufen und begrüßte ihn" (Mk 9,15). Das nur bei Markus begegnende Verb ἐκθαμβεῖσθαι (9,15; 14,33; 16,5.6) mag die Vorstellung voraussetzen, dass die Menschen vom Glanz der Verklärung ergriffen waren, der Jesus noch anhaftete.[25] Wichtiger ist

---

[21] Vgl. LOHMEYER, Markus, 191; PESCH, Markusevangelium, Bd. 2, 95; MEIER, Mentor, Message and Miracle, 650.653.656; DUNN, Jesus Remembered, 677; auch KOLLMANN, Jesus und die Christen, 215 (trotz der in der vorigen Anmerkung referierten Einwände).

[22] Vgl. die Zusammenstellung der Argumente bei KOLLMANN, Jesus und die Christen, 210 f.

[23] HAHN, Verständnis des Glaubens, 59, vermutet, dass der paradoxale Charakter der Aussage die Weglassung bedingte, denn „Glaube und Unglaube werden sonst im Neuen Testament als exklusive Gegensätze angesehen". Vgl. die Einschätzung bei GUNDRY, Mark, 611: „Perhaps he [sc. Matthäus] [...] objects to the questioning of Jesus' ability and to the halting faith of the father (cf. Matthew's unique criticism of ‚little faith' in 8:26; 14:31; 16:8; 17:20)." Doch gerade die Tatsache, dass Matthäus keine Berührungsängste mit Zweifel und Kleinglauben hat (s. u. Kap. 4.3.4.3), ließe doch vermuten, dass er auch die analoge Reflexion bei Markus aufgenommen hätte.

[24] Vgl. die Skepsis gegenüber einer solchen „exercise in literary editing" bei DUNN, Jesus Remembered, 220. Zu einem solchen Vorgehen vgl. z. B. GUNDRY, Matthew, 348: „Matthew strips down Mark's narrative to its bare essentials". Es wird dann weiter argumentiert, dass das Motiv des Glaubens auch in Mt 9,18–26 und 20,29–34 aus der Markusvorlage entfernt sei. Im Blick auf die lukanische Version wäre bemerkenswert, dass der Verfasser die eindeutig als Exorzismus stilisierte Erzählung (vgl. v. a. die mit Nachdruck präsentierte Diagnose eines „stummen Geistes" in Mk 9,17.25) in eine Heilung umgestaltet hätte (Lk 9,42: ἰάσατο). WEISSENRIEDER, Images of Illness, 279, erkennt darin die Relativierung einer volkstümlichen Beurteilung der Symptome („unreiner Geist") zugunsten einer medizinisch validen Erklärung.

[25] So schon BENGEL, Gnomon, 186, mit Verweis auf Ex 34,29–30. Auch WELLHAUSEN, Evangelium Marci, 78, erwägt, „daß ein Schein von der Verklärung an Jesus haften geblieben war, wie bei Moses, als er vom Berge herab kam?" HOFIUS, Allmacht, 118 f. Anm. 8, nennt weitere

4.2 Mk 9,24: „Ich glaube! Hilf meinem Unglauben!"

jedoch der epiphanale Verwendungszusammenhang des Verbs: Angesichts einer göttlichen Erscheinung reagieren Menschen mit heftiger Erschütterung. Markus gibt seiner Erzählung also zunächst den „Charakter einer Epiphaniegeschichte"[26] und deutet damit an, dass der Erscheinende vom Volk als Sohn Gottes (vgl. 9,7) wahrgenommen wird und den Menschen – gerade auch den Schriftgelehrten – in Autorität und Vollmacht (vgl. 1,22.27) entgegentritt. Während die numinose Erscheinungsweise Moses das Volk zunächst auf Abstand hält (Ex 34,30), zieht die „Ausstrahlung" Jesu die Menschen offensichtlich an; sie kommen in Scharen und grüßen ihn ehrfürchtig.

Der folgende Abschnitt ist bestimmt durch den Dialog zwischen Jesus und dem Vater, in welchem die Symptome der Krankheit und ihre Geschichte, aber auch die Haltung des Hilfesuchenden gegenüber dem Wundertäter ausführlich zur Sprache kommen. Unterbrochen wird das Gespräch durch einen heftigen Zornesausbruch Jesu: „Du ungläubiges Geschlecht! Wie lange muss ich noch bei euch sein? Wie lange muss ich euch noch ertragen?" (9,19). Die Adressierung der Schelte ist umstritten:[27] Sind wie im Matthäusevangelium (Mt 17,20) die Jünger angesprochen, die wegen ihres gebrochenen Glaubens versagten (vgl. Mk 4,40)? Oder wendet sich der markinische Jesus an die Volksmenge und den sie repräsentierenden Vater?[28] Oder schließt der Anwurf alle Anwesenden ein, die Jünger, den Vater und die Menschenmenge, d.h. Zugehörige einer Welt, in der Jesus sich für befristete Zeit aufhält und die er auf dem Berg der Verklärung kurzzeitig verließ und nach seinem Leiden und Sterben (vgl. 9,12.31) vollends verlassen wird? Aus dem Kontext ergibt sich kein eindeutiges Resultat. Vielleicht ist der Vorwurf Jesu allgemein zu fassen:[29] Weil diese Weltzeit als ganze dem Unglauben verhaftet ist, bricht der Zorn aus dem Repräsentanten der „anderen" Welt heraus; Glaube zeigt sich nur punktuell und individuell in der Begegnung mit dem Gottessohn (vgl. 9,24). Man kann fragen, ob Markus auf die Diastase zwischen Gotteswirklichkeit und Weltwirklichkeit auch dadurch anspielt, dass der Moment des ungläubigen Scheiterns der Jünger mit dem Moment des göttlichen Bekenntnisses zu seinem Sohn zusammenfällt.[30]

Ausleger dieses Interpretationstyps, lehnt ihn aber entschieden ab, da die in Mk 9,15 geschilderte Situation nicht mit der Moseerzählung zu parallelisieren sei. Mir scheint jedoch außer Frage zu stehen, dass der Evangelist mit der Wahl des Wortes ἐκθαμβεῖσθαι als Reaktion auf Jesu Erscheinung eine Assoziation mit der Erscheinung des „glänzenden" Mose bei seiner Leserschaft hervorrufen will oder zumindest in Kauf nimmt (vgl. auch RÜGGEMEIER, Poetik, 420). Dies gilt unbenommen der von Hofius mit Nachdruck herausgestellten Differenzen zwischen Mose und Jesus. Vgl. DWYER, Motif of Wonder, 147: „The reaction [...] is by all accounts unique."

[26] BORNKAMM, Πνεῦμα ἄλαλον, 26.

[27] Vgl. HOFIUS, Allmacht, 121. Dort auch exemplarische Belege zu den genannten Positionen.

[28] In Analogie zu Mk 8,38: ἐν τῇ γενεᾷ ταύτῃ τῇ μοιχαλίδι καὶ ἁμαρτωλῷ; vgl. 8,12 und das Selbstbekenntnis des Vaters in 9,24.

[29] So z.B. LOHMEYER, Markus, 186. Vgl. auch LEUTZSCH, Vermögen und Vertrauen, 352.357.

[30] Vgl. die Erwägungen bei LINDEMANN, Jesus und das epilepsiekranke Kind, 95 Anm. 10, mit einem Verweis auf Raffaels Bild „Trasfigurazione", das diese szenische Korrespondenz herstellt.

112   *4. Synoptiker*

Der leidenschaftlichen Aussage Jesu würde ihre Spitze genommen, wenn man sie lediglich als den pneumatisch erregten Seufzer des Wundertäters interpretierte, der als „Mittel der Heilung" eingesetzt wird und ein Angefülltwerden mit Heilkraft herbeiführen soll.[31] Im Vordergrund steht auch nicht das Leiden des Wundertäters „an der Schranke zwischen menschlicher Not, Verblendung, Unglaube und dem Raum übermenschlichen Heils".[32] Wichtiger als formgeschichtliche Kategorisierungen ist die erzählerische Isolation der Protagonisten (Jesus, der Vater, das Kind), die durch die weitgehende Ausblendung des „ungläubigen Geschlechts" bewirkt wird und nun weniger die Heilung als vielmehr das Thema des Glaubens und Zweifelns in den Mittelpunkt rückt.[33] Die Aufforderung „Bringt ihn zu mir (πρός με)!" (9,19) läutet die Wende ein.[34] Nachdem „sie" – die Jünger, die Menge? – den Jungen zu Jesus gebracht haben, treten sie aus dem Blickfeld.

Die Fokussierung auf das Glauben und Zweifeln des Vaters erreicht der Erzähler auch durch die angesichts der Notlage kühl wirkende Rückfrage nach der Krankheitsgeschichte des Jungen, die – freilich nur vordergründig – einer ärztlichen Anamnesefrage gleicht: „Da fragte er seinen Vater: Wie lange hat er das schon?" (9,21).[35] Der Junge zeigt schlimmste Symptome seiner Krankheit und krümmt sich mit Schaum vor dem Mund auf dem Boden, und Jesus informiert sich über ein scheinbar belangloses Detail. Der Vater berichtet daraufhin über weitere bestürzende Symptome bittet eindringlich um die Heilung seines Kindes (9,22). Doch Jesus greift nicht ein, sondern wendet sich erneut an den Vater, scheinbar gleichgültig gegenüber dessen Antwort und unberührt von der Verfassung des Kindes. Er wiederholt einen Teil des väterlichen Hilferufs, um eine sentenzartige Aussage über Allmacht und Glaube anzuschließen (9,23). Der

---

[31] DIBELIUS, Formgeschichte, 82: „Seufzer ein Mittel der Heilung".

[32] THEISSEN, Wundergeschichten, 67.

[33] SCHENK, Tradition und Redaktion, 89, gibt zu bedenken, dass ein Diskurs über den Glauben in einer Exorzismuserzählung sachlich deplatziert erscheinen muss, gar „eine Ungeheuerlichkeit" darstellt. Wird nämlich dem Glauben eine konstitutive Rolle für den Erfolg der exorzistischen Handlung beigemessen, dann wird faktisch zugleich die Macht des Wundertäters beschnitten. Dass Markus den Glauben – gerade auch den schwankenden, zweifelnden Glauben – in einer Exorzismuserzählung thematisiert, bestätigt die Beobachtung, dass es ihm hier an der Glaubensthematik gelegen ist.

[34] Vgl. SCHMITHALS, Markus, Bd. 2, 415; HOFIUS, Allmacht, 122.

[35] Vgl. KLUMBIES, Dämonisierung, 171; CULPEPPER, Mark, 305: „Like a doctor gathering information about a patient, Jesus asks the father how long the boy has been having such convulsions." Die Frage dient jedoch nicht der ärztlichen Diagnose – weshalb Jesus sie im Anschluss völlig übergeht –, sondern eröffnet dem Vater die Gelegenheit, die Dauer und die Schwere der Krankheit zu schildern. Siehe die bei BULTMANN, Geschichte der synoptischen Tradition, 236, und THEISSEN, Wundergeschichten, 61, genannten Parallelen aus dem Neuen Testament: Mk 5,25–26; Lk 13,11; Apg 3,2; 4,22; 9,33; 14,8; Joh 5,5; 9,1; ferner Philostratos, *Ap.* 3,38; 6,43; HERZOG, Wunderheilungen von Epidauros, 8 f. (WE 1). Nach dem Corpus Hippocraticum kann Epilepsie im jugendlichen Alter noch therapiert werden (vgl. WOHLERS, Heilige Krankheit, 177 f.).

4.2 Mk 9,24: „Ich glaube! Hilf meinem Unglauben!" 113

Vater kann sich in seiner Not nicht auf eine hermeneutische Diskussion über Formulierung und Inhalt seines Appells einlassen, sondern es bricht nur noch aus ihm heraus: „Ich glaube! Hilf meinem Unglauben!" (9,24).

An dieser Stelle hat der Evangelist sein Ziel erreicht. Der Vater hat inmitten seiner verzweifelten Situation „erkannt", dass es nicht zuallererst um die Heilung seines Kindes, sondern um seinen Glauben und seine Haltung gegenüber Jesus geht. Die Dramaturgie der Erzählung läuft auf das eigentümliche, paradoxe Nebeneinander von Glaube und Unglaube zu. Die Heilung gerät zum Nebenschauplatz und bietet lediglich das narrative Setting für Jesu Auseinandersetzung mit dem Zweifel und Zwiespalt des Vaters.[36]

Der Abschnitt enthält zahlreiche Interpretationsprobleme, auf die ich nicht im Einzelnen eingehen kann. Lediglich die für den Zweifel relevanten Fragen sollen im Folgenden thematisiert werden: (1) Wie ist der Konditionalsatz εἴ τι δύνῃ in der Bitte des Vaters (9,22) zu verstehen? (2) Wer ist im Satz πάντα δυνατὰ τῷ πιστεύοντι (9,23) Subjekt des Glaubens? (3) Was sagt der Ausruf des Vaters πιστεύω· βοήθει μου τῇ ἀπιστίᾳ (9,24) über die Struktur des Zweifels aus?

4.2.3 Mk 9,22: „wenn du etwas kannst" oder „wenn du irgend kannst"?

Gerd Theißen ordnet die Bitte des Vaters formgeschichtlich in die Kategorie „Bitten und Vertrauensäußerung" ein, mit der „die Ambivalenz der Notleidenden gegenüber dem Wundertäter" zum Ausdruck kommt. Zu den Varianten solcher Bitten gehören nach Theißen die vorwurfsvolle Klage der Jünger im Boot (Mk 4,38), der Hilferuf des Bartimäus (Mk 10,48; vgl. Lk 17,13; Mt 9,27; 15,22), aber auch die uneingeschränkte Vertrauenserklärung des Aussätzigen: „Wenn du willst, kannst du mich rein machen" (ἐὰν θέλῃς δύνασαί με καθαρίσαι, Mk 1,40; vgl. 5,28).[37] Im Gegenüber zu dieser unbedingten Vertrauensäußerung wird der Konditionalsatz εἴ τι δύνῃ im Hilferuf des Vaters (9,22) fast einhellig und meines Erachtens zu Recht als Ausdruck seines Zweifels bzw. Unglaubens angesehen.[38] Grammatikalisch ist das Indefinitpronomen τι als Akkusativobjekt zu δύνῃ aufzufassen, weshalb zu übersetzen ist: „wenn du (irgend)etwas kannst/vermagst".[39]

---

[36] MARSHALL, Faith, 122, verweist auf die kompositionelle Verwandtschaft der Epileptikerepisode mit der Heilung von Jairus' Tochter (Mk 5,21–43): Beide Geschichten teilen „a scenic structure in which unexpected developments in the plot lead to the temporary postponement of the cure in order to bring to the surface the fundamental importance and essential character of faith." Siehe auch den tabellarischen Vergleich bei MARCUS, Mark, Bd. 2, 662.

[37] THEISSEN, Wundergeschichten, 64.

[38] Vgl. z.B. MARCUS, Mark, Bd. 2, 663: „In contrast to the scale-diseased man in 1:40, who believes that Jesus *can* heal if only he *will*, the epileptic's father still has some residual doubt about whether Jesus is actually *capable* of succoring him."

[39] HOFIUS, Allmacht, 123 f., hingegen bestimmt das Indefinitpronomen τι als adverbialen Akkusativ und übersetzt „wenn du irgend kannst", „wenn es dir irgend möglich ist" (vgl. WEISS, Markus und Lukas, 228; SCHLATTER, Glaube, 129) und verweist auf Parallelen, die im „Alten Wettstein" zusammengestellt sind (vgl. auch NW 1/1,1, 454–456). Nach Hofius drückt sich in

114   4. Synoptiker

Der Vater hinterfragt nicht das Mitgefühl und die Hilfsbereitschaft Jesu, sondern spricht ihn in skeptischer Haltung an wie einen Arzt, bei dem unklar ist, wie weit seine Heilkunst reicht.[40] Sein Vertrauen in die Fähigkeit der Jünger wurde schon enttäuscht, und angesichts der Schwere der Symptomatik, die sich gerade bei seinem Sohn zeigt, äußert er seine Vorbehalte gegen die exorzistische Kompetenz auch des Meisters. Hinter dem narrativen Plot der Erzählebene steht deutlich die theologische Aussageabsicht des Evangelisten. Mit dem Hilferuf des Vaters ist der Handlungsverlauf „auf den entscheidenden Punkt gekommen: auf den Glauben.“[41] Es geht Markus um die existenzielle Verschränkung von Glaube und Unglaube, um das „Dazwischen“ des Zweifels, das sich im Vater beispielhaft zeigt.[42]

4.2.4 Mk 9,23: „Alles ist möglich, dem der glaubt“

Den Ruf des zweifelnden und verzweifelten Vaters nimmt der markinische Jesus zum Anlass, eine Art Lehrstück zum Glauben einzuflechten. Vordergründig scheint der Ton der Erwiderung geradezu gereizt, doch ihr prinzipieller Charakter weist über die Erzählsituation hinaus. Zunächst wiederholt Jesus den Konditionalsatz in leicht abgewandelter Form, wobei mit dem Artikel τό das Zitat des eben Gesagten eingeleitet wird (vgl. Mt 19,18; Lk 22,37): τὸ εἰ δύνῃ (Mk 9,23). Jesus begegnet der Äußerung des Zweifels, indem er sie aufnimmt und in ein neues Licht stellt: „Was dein gerade ausgesprochenes zweifelndes ‚wenn du vermagst‘ betrifft [...].“[43] Die nun folgende Aussage zum Glauben schließt sich ohne syntaktisches Bindeglied an das Zitat des Hilferufs an. Schon in der Überlieferung des Textes hat die schwer zu durchschauende, verdichtete Syntax zu

---

dem Konditionalsatz daher keineswegs Zweifel oder Unglaube aus, sondern er dient „im Sinn eines emphatischen ‚wenn irgend möglich‘ der nachdrücklichen Unterstreichung einer Bitte“ (a. a. O., 124). Wenn Jesus in seiner Replik die Äußerung des Vaters in Abwandlung wiederholt (τὸ εἰ δύνῃ, Mk 9,23), dann bezeichne er den εἰ-Satz insgesamt als unangemessen (a. a. O., 126). Die Vulgataübersetzung ist (gegen HOFIUS, a. a. O., 123 Anm. 32) ebenfalls uneindeutig: *si quid potes*. Das Indefinitpronomen *quid* bzw. *aliquid* kann in derselben Weise sowohl adverbialer Akkusativ als auch Akkusativobjekt sein.

[40] Vgl. LOHMEYER, Markus, 187 f.

[41] WOHLENBERG, Markus, 250.

[42] In diesem Sinne fasst schon Euthymios Zigabenos die Aussage des Satzes bündig zusammen: „Du siehst, dass er keinen zweifelsfreien Glauben hat (οὐκ εἶχε πίστιν ἀδίστακτον)“ (Euthymios Zigabenos, *Evangelium secundum Marcum* [zu Mk 9,22, PG 129, 820]). Vgl. neben den bei HOFIUS, Allmacht, 123 Anm. 33–35, genannten Kommentaren noch MARSHALL, Faith, 116 („deep-seated doubt“); TWELFTREE, Jesus the Miracle Worker, 87 („a hint of hesitancy or deficiency in the father's faith“); NICKLAS, Formkritik, 511 („stark eingeschränktes Vertrauen in Jesus“).

[43] Die Konstruktion ist als *nominativus absolutus* zu erklären, der sich sonst nicht in den Evangelien findet. In älteren Kommentaren wurde der Satz gelegentlich als Frage aufgefasst. Vgl. EWALD, Die ersten drei Evangelien, 277: „das frägst du, wenn du kannst?‘“

4.2 Mk 9,24: „Ich glaube! Hilf meinem Unglauben!"

Missverständnissen geführt und in der Auslegungsgeschichte zu vielfältigen, teils irrigen Deutevorschlägen verleitet.[44]

Zahlreiche Textzeugen (A C³ Ψ 𝔐 usw.) bieten τὸ εἰ δύνασαι πιστεῦσαι und markieren für δύνασαι einen Subjektwechsel von Jesus zum Vater: „wenn *du* zu glauben vermagst (dann wird dir geholfen)." Allerdings wäre in diesem Fall ein betonendes σύ zu erwarten. Zudem wäre die syntaktische Funktion des Artikels τό unklar. Letzteres mag dazu geführt haben, dass weitere Handschriften τό erst gar nicht überliefern: εἰ δύνασαι/δύνῃ πιστεῦσαι (D K Θ *f*¹³ syᵖˑʰ usw.).[45] In der älteren Kommentarliteratur werden gelegentlich die Alternativlesarten zugrunde gelegt und theologisch gedeutet.[46] Karl Lachmann konjizierte geistreich τὸ εἰ δύνῃ πιστῶσαι etc., d.h. „dieses ‚wenn du kannst‘, in welchem sich der Zweifel äußert – mach, dass du sicher und fest wirst, auf dass ein ‚du kannst‘ werde."[47] Allerdings steht πιστοῦν nur in 2 Tim 3,14 und ist in Mk 9,23 sicher nicht ursprünglich. Noch in seiner Textausgabe hatte Lachmann vor πάντα kein Satzzeichen eingefügt: τό εἰ δύνῃ πιστεῦσαι πάντα etc. und damit eine bedenkenswerte Alternativlesart nahegelegt.[48] Angesichts der starken Bezeugung des Infinitivs πιστεῦσαι bleibt eine Restwahrscheinlichkeit, dass dieser Text samt alternativer Interpunktion eine Lesart wiedergibt, die der in Nestle-Aland abgedruckten Variante vorausgeht: τό εἰ δύνασαι/δύνῃ πιστεῦσαι πάντα δυνατὰ τῷ πιστεύοντι. Zu übersetzen wäre diese Formulierung mit: „dies (d.h. diese Hilfe wird dir zuteil), wenn du zu glauben vermagst, dass dem Glaubenden alles möglich ist."[49]

Unabhängig davon, wie Text, Syntax und Sinn des ersten Teils der Erwiderung Jesu zu bestimmen sind: Der Ton liegt letztlich auf dem Satz πάντα δυνατὰ τῷ

---

[44] Vgl. Swete, Mark, 199: „From its extreme compression the sentence has given trouble to scribes and commentators." Fast wortgleich Metzger, Textual Commentary, 100.

[45] Im (unvollständig überlieferten) Text von 𝔓⁴⁵ ist der Artikel entfallen: εἰ δύνῃ πάντα δυν ... In der Tat entsteht so ein „nonsensical reading" (Marcus, Human Faith, 41).

[46] Vgl. schon im ältesten erhaltenen Markuskommentar, der Hieronymus zugeschrieben wurde, wohl aber aus dem 7. Jh. stammt: Die Aussage „wenn du glauben kannst" wird – wie später häufig – als Nachweis für die Freiheit des Willens herangezogen (Cahill, First Commentary on Mark, 100). Mit anderer Stoßrichtung z.B. Bengel, Gnomon, 218: „Hoc si potes credere. *Reponitur homini illud*, si quid potes. [...] *Hoc*, si potest credere, *res est*; *hoc agitur*." Faktisch auch Lange, Markus, 86: „Wir nehmen das Wort als Breviloquenz; das, wenn du kannst, heißt: wenn du glauben kannst. [...] Können und glauben können ist dem Herrn identisch." Demgegenüber hält Weiss, Markus und Lukas, 146, πιστεῦσαι für „ein ganz verkehrtes Interpretament". Marcus, Human Faith, 41, vermutet hinter der längeren Lesart mit πιστεῦσαι das Anliegen, Jesus nachdrücklich zum Objekt des Glaubens zu machen. Diese Vermutung erscheint mir anachronistisch.

[47] Lachmann, Novum Testamentum Graece et Latine, Bd. 2, VII. Weitere Konjekturen werden genannt bei Meyer, Markus (5. Aufl.), 125 f.

[48] Lachmann, Novum Testamentum Graece et Latine, Bd. 1, 252.

[49] Der Artikel wäre hier demonstrativ zu verstehen (so auch die Majuskel W: τοῦτο), könnte aber auch entfallen, ohne den Sinn entscheidend zu ändern. Vgl. den Text der Vulgata, allerdings ohne Artikel: *si potes credere omnia possibilia credenti*. In der zweiten Auflage seines Kommentars hatte Meyer Lachmanns Text und Interpunktion zugrunde gelegt und übersetzt: „Er sprach zu ihm jenes bekannte Wort (τό vrgl. Luk. 22,37): wenn du im Stande bist zu glauben, dass Alles möglich sei dem Glaubenden!" (Markus [2. Aufl.], 98). Später revidierte Meyer seine Sicht, strich πιστεῦσαι und nahm den Artikel wie heute allgemein üblich als Zitateinleitung: „Was dein eben ausgesprochenes ‚wenn du vermagst‘ betrifft, so kommt's dabei auf den *Glauben* an [...]" (Markus [5. Aufl.], 125).

116 4. Synoptiker

πιστεύοντι. Zwei theologisch befrachtete Motive, Allmacht und Glaube, werden hier in einen engen – noch zu klärenden – Zusammenhang gebracht und bieten sich für weitreichende Deutungen und theologische Qualifizierungen an. Formgeschichtlich kann die Aussage Jesu im Rahmen der Wundergeschichte zunächst als ein Element des „Zuspruchs" begriffen werden.[50] Dem zweifelnden Einwurf „wenn du etwas vermagst" (ἀλλ' εἴ τι δύνῃ, 9,22) wird ein Szenario gegenübergestellt, in dem „alles möglich" ist (πάντα δυνατά).[51]

Damit sind die Interpretationsprobleme des Satzes noch nicht gelöst, die sich in seiner disparaten Auslegungsgeschichte insbesondere um das Subjekt des Glaubens drehen: Denkt Markus an den Glauben des Vaters, der die Allmacht Gottes[52] wirksam werden lässt und dadurch die Heilung des Kindes herbeiführt? Oder ist an Jesus als Subjekt eines Gottesglaubens zu denken, aufgrund dessen die göttliche Machtfülle dem Hilfesuchenden zugutekommt? Wie die exegetisch ganz anders gelagerte Debatte zur paulinischen Wendung πίστις Χριστοῦ[53] ist auch die Auslegung von Mk 9,23 stark beeinflusst von dogmatischen Fragestellungen und Prämissen.

4.2.4.1 Der Glaube Jesu

Eine (wachsende) Minderheit von Auslegerinnen und Auslegern nimmt an, dass der markinische Jesus in dem Satz πάντα δυνατὰ τῷ πιστεύοντι zunächst eine Aussage über sich selbst trifft. Mit dem Verweis auf seinen eigenen Glauben und dem daraus fließenden Vermögen, den Kranken zu heilen, tritt er dem Zweifel des Vaters entgegen. Jesus ist nach diesem Verständnis der Glaubende, der an der Allmacht Gottes partizipiert. Wie schon Julius Schniewind bemerkte, wäre diese Vorstellung in den Evangelien „einzigartig", denn nirgendwo sonst wird Jesu Verhalten ausdrücklich als Glaube bezeichnet.[54]

Allerdings lassen sich mit Rücksicht auf die theologische Disposition des Markusevangeliums noch weitere Aspekte nennen, die diese Sicht stützen:[55] Die Wendung πάντα δυνατά wird sonst (vgl. 10,27; 14,36) ausschließlich von Gott ausgesagt, so dass eine Übertragung der göttlichen Allmacht auf den glaubenden Menschen stutzig macht. Wenn Markus die Hauptfigur seines Evangeliums als

---

[50] Theissen, Wundergeschichten, 68.

[51] Mittels des Stammes δυν- wird das einschränkende τι dem universalen πάντα entgegengestellt (vgl. Bengel, Gnomon, 218: „Antitheton").

[52] Vgl. Mk 10,27; 14,36. Nach Theissen, Wundergeschichten, 140, ist πάντα δυνατά „göttliches Attribut im strengen Sinn". Siehe auch Grant, Miracles and Natural Law, 127–134, mit Material aus dem griechisch-hellenistischen und jüdischen Bereich. Die Wendung πάντα δυνατά ist beispielsweise belegt bei Philo, Opif. 46; Virt. 26: πάντα [...] θεῷ δυνατά.

[53] Dazu s. o. Kap. 3.2.

[54] Schniewind, Markus, 125. Er entscheidet sich trotz der Einzigartigkeit des Gedankens für die Deutung, „daß Jesu eigenes Verhalten Glauben heißt."

[55] Vgl. Marshall, Faith, 119 f.; Marcus, Human Faith, 40.

4.2 Mk 9,24: „Ich glaube! Hilf meinem Unglauben!"

Repräsentanten Gottes und als mit göttlichen Attributen und Fähigkeiten ausgestattet beschreibt, dann legt sich nahe, dass er ihn auch hier als logisches Subjekt des Ausdrucks πάντα δυνατά versteht und die Rede vom Glauben, auf dem ja die Allmacht gründet, auf ihn selbst bezieht. Auch in der Parallele Mk 14,36 wird mit dem Dativ das Subjekt von πάντα δυνατά, nämlich Gott, benannt: πάντα δυνατά σοι.[56] Darüber hinaus charakterisiert Mk 11,22–23 Jesus implizit als einen, der aufgrund seines Gottesverhältnisses (πίστις θεοῦ, 11,22) in der Lage ist, einen Feigenbaum verdorren zu lassen und einen Berg ins Meer zu versetzen.[57] Eine analoge Folgerung kann aus der Aussage Jesu in der Schlusssequenz der Epileptikererzählung gezogen werden: Den ungläubigen und folglich unfähigen Jüngern wird erklärt, dass sie „diese Art [...] nicht anders austreiben als durch Gebet" (9,29); die erfolgreiche Heilung durch Jesus erweist ihn als gläubigen Beter.[58] Die zweifelnde Frage „wenn du *etwas* kannst" nimmt der markinische Jesus folglich so auf: „*alles* ist mir möglich, insofern ich ein Glaubender bin."

Aus einem solchen Verständnis, nach dem „es offenbar der Glaube Jesu selbst [ist], auf den in der Heilungsgeschichte [9,14–29] alles ankommt"[59] werden verschiedene Konsequenzen gezogen: Nach Gerhard Ebeling wird Jesus von Markus (und den übrigen Synoptikern) als „Zeuge des Glaubens" vor Augen gemalt und damit auch als Subjekt eines Glaubens, der sich ganz auf Gott einlässt, „nicht nur im Leben, sondern auch im Tod".[60] Erst in den Osterüberlieferungen gehe es darum, „daß Jesus als der Zeuge des Glaubens zum Grund des Glaubens wurde".[61]

Andere – darunter Lohmeyer – betonen den Vorbildcharakter des Glaubens Jesu, der in der Epileptikerepisode so deutlich ausgeprägt ist wie in keiner anderen Geschichte. Der Unglaube, wie er sich im ungläubigen Geschlecht und im hilfesuchenden Vater äußert, sei

---

[56] Auch wenn daraus nicht generell zu schließen ist, dass für griechisches Sprachempfinden der Dativ als logisches Subjekt von πάντα δυνατά zu gelten hat (in diesem Sinne aber JEREMIAS, Neutestamentliche Theologie, 164; MARSHALL, Faith, 119), so ist diese syntaktische Parallele dennoch aufschlussreich. Bezeichnenderweise wird sie von Hofius ignoriert.

[57] Vgl. gegen diese Sicht HOFIUS, Allmacht, 237 Anm. 55: „Auch Mk 11,23 impliziert im Kontext der Verse 11,20–25 keinesfalls eine Aussage über den Glauben *Jesu*."

[58] Vgl. SELVATICO/STRAHM, Jesus Christus, 106 f. Mit dem Gebet ist nicht die Anrufung Jesu gemeint (so aber HOFIUS, Allmacht, 20 f.), sondern die vertrauensvolle Hinwendung an Gott.

[59] EBELING, Jesus und Glaube, 253. Zu Ebelings Auseinandersetzung mit Bultmann, s.u. Kap. 4.2.6.

[60] EBELING, Wesen, 88. Vgl. GRUNDMANN, Markus, 254 f., unter Bezugnahme auf Ebeling: „stetige Offenheit zu Gott".

[61] EBELING, Frage, 314. Vgl. a.a.O., 317: „Grund des Glaubens [ist] allein Jesus als Zeuge des Glaubens in dem prägnanten Sinne des ‚Anführers und Vollenders des Glaubens' [Hebr 12,2]." Bezeichnenderweise ist der Aufsatz Bultmann gewidmet. Der Gedanke „Jesus als Zeuge des Glaubens" wurde übernommen u. a. von KREPLIN, Selbstverständnis Jesu, 221. Kritisch äußert sich DUNN, Jesus and the Spirit, 75: „It was not a matter of Jesus being open to the power of God for himself. He always saw himself as the vehicle of God's power to others – anointed to proclaim, to heal. If we may put it epigrammatically: Jesus is the witness of *grace* not the witness of *faith*."

118   *4. Synoptiker*

die „Existenzform des Menschen". Allein Jesus „als der einzig und rein Glaubende" könne
Hilfe im doppelten Sinne gewähren, „nicht nur vom Unglauben zum Glauben, sondern
auch vom Unheil zu Heil und Leben".[62] Die Reinheit seines Glaubens mache ihn für die
Gemeinde zum „Urbild und Vorbild ihres eigenen Glaubens", und sie suche in ihm „Regel
und Macht ihres veränderten Daseins".[63]

Nicht alle Kommentierungen ziehen derart weitreichende theologische Folgerungen aus dem Gedanken, dass Jesus in der markinischen Erzählung als Glaubender zu denken ist. Unbestreitbar handelt es sich jedoch um eine exegetisch
valide und theologisch ergiebige Erklärung eines uneindeutigen Wortlauts.[64]

4.2.4.2 Der Glaube des Vaters

Allerdings wird die Plausibilität dieser Erklärung teils vehement bestritten und
die Wendung τῷ πιστεύοντι eindeutig auf den Glauben des Vaters bezogen.[65]
Für diese Sicht spricht, dass der Glaube Jesu in den Evangelien nirgends ausdrücklich Erwähnung findet,[66] der Glaube der Hilfesuchenden jedoch eigens
vor der Wundertat gefordert (μόνον πίστευε, Mk 5,36) bzw. konstatiert (2,5)
oder aber nach dem Wunder als die angemessene Haltung gegenüber Jesus
genannt wird (ἡ πίστις σου σέσωκέν σε, 5,34; 10,52). Durch die Verwendung
des Verbs σῴζειν wird signalisiert, „daß es hier um mehr als bloße Heilung,
vielmehr um definitive Rettung geht"[67] und dass das Glauben im Sinne einer individuellen Offenheit gegenüber der von Jesus repräsentierten eschatologischen
Wirklichkeit zu fassen ist. Im unmittelbaren Fortgang der Erzählung hat der
Vater das Wort Jesu auf sich selbst bezogen, seine eigene Hilfsbedürftigkeit –
nicht nur die seines Sohnes – anerkannt und Jesus um die Beseitigung seines
inneren Zwiespalts angefleht.

   Wiederum sind die Konsequenzen, die aus dieser exegetischen Entscheidung
abgeleitet werden, vielgestaltig.[68] Für die einen geht es schlicht darum, dass es

---

[62] Lohmeyer, Markus, 188 f.

[63] Lohmeyer, Markus, 191.

[64] Vgl. noch Kessler, Paradoxie. Wenig ertragreich ist Bolt, Faith of Jesus Christ, 222.

[65] Vgl. die Auflistung der Argumente bei Marcus, Human Faith, 40; Lindemann, Jesus und
das epilepsiekranke Kind, 98.

[66] Roloff, Kerygma, 172: „[D]as angezogene Material [lässt] nicht nur jeden Hinweis auf
einen Glauben Jesu, sondern auch jede Spur dafür vermissen [...], daß er selbst als Glaubender
Gegenstand der Reflexion und Vorbild für den Glauben gewesen wäre." Lohse, Glaube und
Wunder, 35: „Eine solche Aussage [nämlich die, dass Jesus glaubt] stünde jedoch in der synoptischen Tradition, die sonst niemals von Jesus als Subjekt des Glaubens spricht, völlig singulär
da. Der Evangelist denkt nicht daran, über Jesu eigenen Glauben etwas aussagen zu wollen."
Vgl. noch die kategorische und über die vorliegende Erzählung hinausreichende Bemerkung bei
Schmithals, Die Heilung des Epileptischen, 223: „Jesus ist nirgendwo im Neuen Testament
Subjekt des Glaubens; die Menschen glauben *an* ihn."

[67] Hahn, Verständnis des Glaubens, 56.

[68] Vgl. Hofius, Allmacht, 127.

4.2 Mk 9,24: „Ich glaube! Hilf meinem Unglauben!"

für den glaubenden Vater möglich ist, das in der Situation konkret Erbetene zu erlangen.[69] Andere sehen das Hauptgewicht der Aussage in der ungeheuerlichen und „radikalsten Grenzüberschreitung",[70] durch welche die Glaubenden einen Anteil an der Allmacht Gottes erhalten.

Dass auch für diese Position eine Reflexion Ebelings herangezogen werden kann, lässt erahnen, dass jedenfalls in seiner Wahrnehmungsperspektive die Frage nach dem Subjekt von τῷ πιστεύοντι keine eindeutige Antwort erfordert: „Vielmehr ist der Glaube selbst unüberbietbare Gewißheit mitten in der Anfechtung, wahres Leben angesichts des Todes. Denn der Glaube ist das In-Aktion-Treten dessen, worauf sich der Glaube verläßt, und darum ein Partizipieren am Unverfügbaren, an der Allmacht Gottes, wie Jesu Wort vom bergeversetzenden Glauben zu behaupten wagt; denn alle Dinge seien möglich dem, der da glaubt (Mk 9,23)."[71] Ezra Gould erblickt in dem Satz gar den Gedanken, dass durch den Glauben die göttliche Macht in die Verfügungsgewalt des Menschen gestellt wird: „Over against the father's doubt, the Lord puts the omnipotence of faith, which places at man's disposition the Divine power."[72]

Spätestens hier ist für manche theologisch eine rote Linie überschritten. Nach Otfried Hofius müssen und können die umstrittenen Elemente der Sentenz sprachlich wie sachlich eindeutig zugeordnet werden: „Bei πάντα δυνατά ist vielmehr einzig das ‚Vermögen' Jesu, bei τῷ πιστεύοντι einzig der ‚Glaube' des Vaters im Blick."[73] Der Dativ sei als *dativus commodi* aufzufassen: Die göttliche Allmacht wirkt in der ἐξουσία Jesu, die auf dem Berg der Verklärung durch Gott selbst bestätigt wurde, und kommt dem zugute, der glaubt.[74] Konkret sei gemeint: „*Alles* ist mir möglich – *dir* zugute, wenn du *glaubst.*"[75] Der mit großer philologischer Akkuratesse, aber auch mit deziediertem theologischem Anliegen vorgetragenen Interpretation kommt innerhalb ihrer Denkvoraussetzungen hohe Plausibilität zu. Doch es ist zu fragen, ob hier nicht ein Weg gesucht wird, die Ungeheuerlichkeit der Aussage Jesu theologisch auszuhebeln.

---

[69] Vgl. stellvertretend WEISS, Markus und Lukas, 146. JEREMIAS, Neutestamentliche Theologie, 164, übersetzt: „wenn du glaubst, kann dir alles werden."

[70] THEISSEN, Wundergeschichten, 140.

[71] EBELING, Was heißt Glauben?, 234. Von einer Partizipation an der Allmacht Gottes sprechen auch JEREMIAS, Neutestamentliche Theologie, 163 („Anteil an der eschatologischen Vollmacht"), und BARTH, πίστις, 223. Siehe ferner JASPERS, Die maßgebenden Menschen, 172: „Glauben ist das Leben des Menschen, der schon vom Gottesreich ergriffen ist. Diesem Glauben wird das Unbegreiflichste geschenkt: ‚Alles ist möglich dem, der glaubt.'" Vgl. bereits Euthymios Zigabenos, *Evangelium secundum Marcum* (zu Mk 9,23) (PG 129, 820): Τῇ πίστει αὐτοῦ τὴν δήναμιν ἀνέθηκε („Er [sc. Jesus] legte auf seinen [sc. des Mannes] Glauben Macht").

[72] GOULD, Mark, 169.

[73] HOFIUS, Allmacht, 128.

[74] Hofius sieht dieses Verständnis auch bei Johannes Calvin, Theodor Beza und Johann Albrecht Bengel vertreten (vgl. die Belege bei HOFIUS, Allmacht, 129). BENGEL, Gnomon, 218, interpretiert: „Omnipotentiae divinae se fides hominis, quasi organon, accommodat, ad recipiendum, vel etiam ad agendum."

[75] HOFIUS, Allmacht, 129. Vgl. auch RORDORF, La guérison, 64.

4.2.4.3 Vertrauensverhältnis des Vaters und Jesu

Eine weniger nach Eindeutigkeit strebende Lesart, die ich hier zur Diskussion stelle, hält die schwebende Formulierung bewusst offen: Markus signalisiert durch sie, dass in der existenziellen Begegnung mit Jesus die Grenzen zwischen dem Bereich des Göttlichen und dem Bereich des Menschlichen durchlässig werden: Darin, dass dem Glaubenden die Allmacht Gottes durch dessen Sohn (9,7) zugutekommt, dringt das Göttliche in die irdische Sphäre ein und wird zugunsten des Menschen wirksam. Umgekehrt beschränkt sich die Rede vom Glauben im Sinne einer Offenheit für den Heilsplan und das endzeitliche Heilswirken Gottes nicht ausschließlich auf eine Haltung des Menschen, sondern schließt auch den ein, der das Heil personal verkörpert.

Woher rührt diese Mehrdeutigkeit?[76] Ist es die notorische Sorglosigkeit des Evangelisten, mit der er seine Erzählungen komponierte?[77] Hat er seine Vorlage missverstanden[78] oder hat er bewusst doppelsinnig formuliert?[79] Werden die literarischen Fähigkeiten und der theologische Gestaltungswille des Evangelisten anerkannt, spricht nichts gegen eine einkalkulierte Ambivalenz.[80] Im Hintergrund der markinischen Narration mag zudem die deuteronomistische Gegenüberstellung zwischen dem Versagen Israels und der Treue Gottes stehen:[81] Der Vorwurf Jesu an das „ungläubige Geschlecht" (γενεὰ ἄπιστος, Mk 9,19) greift zurück auf den Vorwurf an die Exodusgeneration im Moselied: „sie sind eine verkehrte Generation (γενεὰ ἐξεστραμμένη), Kinder, die keine Treue kennen (οὐκ ἔστιν πίστις ἐν αὐτοῖς)" (Dtn 32,20).[82] Treue ist die angemessene Haltung, wird aber nicht realisiert. Aus dem weiteren Zusammenhang des Lieds erschließt sich der Horizont, in dem sich die menschliche πίστις verorten kann: „Denn der Herr wird seinem Volk Recht verschaffen und Mitleid haben mit seinen Dienern, wenn er sieht, dass die Kraft geschwunden ist" (32,36). Ermöglichungsgrund menschlicher Treue ist die Treue Gottes.

---

[76] Vgl. zu dieser Frage auch MARSHALL, Faith, 120. Benannt hat die Mehrdeutigkeit auch schon WELLHAUSEN, Evangelium Marci, 79: „Obwohl τῷ πιστεύοντι nach dem Zusammenhang auf den Heilenden gehn müßte, soll es doch nach 9,24 auf den um Heilung Bittenden bezogen werden."

[77] So O'CONNOR, Faith, 45.

[78] So HELD, Matthäus als Interpret der Wundergeschichten.

[79] So JEREMIAS, Neutestamentliche Theologie, 164; MARSHALL, Faith, 118 f.; NICKLAS, Formkritik, 511 Anm. 52; MARCUS, Human Faith, 44.

[80] Vgl. grundsätzlich TELFORD, Theology, 24, der die neuere Forschung zu Markus als theologischer Autor so bündelt: „In short, the textually disintegrative factors (the disjunctions, discrepancies, ambiguities, inconsistencies, etc.) [...] are now being counterbalanced in scholarly discussion by an increasing emphasis on the textually integrative ones, that is, those which direct us to the unity of the text and its internal relations."

[81] Vgl. hierzu MARCUS, Human Faith, 44 f.

[82] Matthäus und Lukas geben zu erkennen, dass Jesu Vorwurf für sie traditionsgeschichtlich auf Dtn 32 zurückgeht (vgl. Mt 17,17; Lk 9,41: γενεὰ ἄπιστος καὶ διεστραμμένη). In der gesamten Tora ist das Nomen πίστις nur in Dtn 32,20 belegt.

4.2 Mk 9,24: „Ich glaube! Hilf meinem Unglauben!"

Es ist nicht von der Hand zu weisen, dass diese Figur auch für die markinische Formulierung leitend war. In diesem Sinne gelangt etwa auch Ferdinand Hahn – in einer bezeichnenden Revision seiner früheren Auffassung – zu einem offenen Verständnis von πάντα δυνατὰ τῷ πιστεύοντι: „Hier geht es nicht nur um das unbedingte Vertrauen der Menschen, sondern um die Glaubenskraft Jesu selbst, der sich allein auf Gottes Macht verlässt."[83]

4.2.5 Mk 9,24: „Ich glaube! Hilf meinem Unglauben!"

Auf Jesu Wort zum Glauben reagiert der Vater mit dem Schrei: „Ich glaube! Hilf meinem Unglauben!" (Mk 9,24).[84] Mit dieser Selbstaussage erreicht das Drama des Glaubens seinen Höhepunkt: Deutlich wird dies bereits an der Textoberfläche durch den abrupten, asyndetischen Anschluss mit εὐθύς, sodann in der Wahl des Wortes κράζειν, das hier wie in einer weiteren zentralen markinischen Glaubensgeschichte den Hilferuf eines Verzweifelnden an Jesus einleitet (vgl. 10,47).[85] Noch bemerkenswerter ist die Verwendung der Form πιστεύω: Dass der Glaube „Ich" sagt, ist im Markusevangelium singulär und hat im gesamten übrigen Neuen Testament nur eine einzige Parallele (Joh 9,38).[86] Hinzu kommt, dass die Wörter πίστις und πιστεύειν fast ausschließlich im Munde Jesu begegnen[87] mit Ausnahme von Mk 9,24 und dem anders gelagerten Spott der Hohepriester und Schriftgelehrten in Mk 15,32. Zweifellos misst der Evangelist dem Gefühlsausbruch des Vaters eine bedeutende Rolle bei, die über die konkrete Situation hinausweist. Dieser Eindruck wird verstärkt durch die (scheinbar?) paradoxe Einschränkung des Glaubensbekenntnisses mit der unmittelbar anschließenden Bitte „Hilf meinem Unglauben!".

Der emphatische Hilferuf des Vaters hat eine bunte Palette an Interpretationen hervorgebracht. Drei Vorschläge zum sprachlichen Profil des Satzes sind erwähnenswert. Sie liegen nicht weit auseinander, setzten aber je eigene Akzente:[88]

---

[83] Hahn, Theologie, Bd. 2, 455. Zwanzig Jahre zuvor hatte er noch apodiktisch bemerkt: „V. 23 bezieht sich keinesfalls auf den Glauben Jesu und seine daraus resultierende Wundermacht" (Verständnis des Glaubens, 58 Anm. 63). Den Glauben Jesu und den Glauben des Vaters verbinden auch Kertelge, Wunder Jesu, 92, und Marcus, Human Faith, 40 (in Anlehnung an Marshall, Faith, 120): „the Markan Jesus is asking the father to turn his attention from his own seemingly hopeless situation to the Faithful One who holds all power in his hand – an act of reorientation that is itself called ‚faith'."

[84] Vgl. zur hier und im Folgenden vorausgesetzten Identifikation des Unglaubens mit dem Zweifel in Mk 9,24 Weder, Entdeckung des Glaubens, 146: „Unglaube ist hier Zweifel."

[85] Zuvor wurde das Lexem nur für das Kreischen der Dämonen und Besessenen gebraucht: Mk 3,11; 5,5.7.

[86] Vgl. nur noch Apg 27,25; 1 Kor 11,18, wo die Dimension des Fürwahrhaltens im Vordergrund steht.

[87] Vgl. Mk 1,15; 4,40; 5,34.40; 9,19.23.42; 10,52; 11,22–25; 13,21.

[88] Für wenig überzeugend halte ich den Vorschlag von Ritt, Vom Wunderglauben zum Bekenntnisglauben, 76 Anm. 35, das Präsens πιστεύω als *praesens de conatu* zu deuten („Ich versuche zu glauben").

122 4. *Synoptiker*

(1) Die Wiedergabe „Ich glaube! Hilf meinem Unglauben ab!" betont das Hin- und Hergerissensein des Vaters zwischen Glaube und Unglaube, das seine uneindeutige Stellung zu Jesus markiert und der Heilung des Sohnes im Wege steht.[89] Die Bitte, die eine sachliche Parallele in Lk 17,5 hätte (πρόσθες ἡμῖν πίστιν), zielt nach diesem Verständnis auf eine Eliminierung des ungläubigen Anteils im Gottesverhältnis des Bittstellers.[90] (2) Eine andere Möglichkeit besteht darin, den Dativ τῇ ἀπιστίᾳ adversativ zu fassen: „Ich glaube! Hilf mir trotz meines Unglaubens!" Der Ausruf des Zöllners im lukanischen Gleichnis böte eine analoge Konstruktion: ὁ θεός, ἱλάσθητί μοι τῷ ἁμαρτωλῷ („Gott, sei mir gnädig, trotz meines Sünderseins!", Lk 18,13).[91] Obwohl der Vater zum ungläubigen Geschlecht (Mk 9,19) gehört, erhofft er im Bewusstsein dieses Mangels Hilfe von Jesus. In diesem Sinne (und in ausdrücklichem Widerspruch zur erstgenannten Interpretation) führt Bernhard Weiß aus: „Aber in dem Gefühl, dass sein Glaube vielleicht noch nicht genüge, im Verhältniss zu dem von Jesu geforderten Glauben noch Unglaube sei, nimmt er gleichsam das Wort zurück und bittet, ihm, auch *wenn er noch ungläubig sei, zu helfen.*"[92] (3) Damit ist eine dritte Variante kompatibel, die den Dativ als Metonymie beurteilt (*abstractum pro concreto*): „Ich glaube! Hilf mir, dem Ungläubigen!" Zugunsten dieser Deutung wird in Anschlag gebracht, dass βοηθεῖν gewöhnlich mit dem Dativ der Person, nicht mit dem Dativ eines Abstraktums konstruiert wird (vgl. βοήθησον ἡμῖν, Mk 9,22).[93] Eine vergleichbare Metonymie läge in Röm 8,26 vor, denn die paulinische Aussage, dass sich „der Geist unserer Schwachheit (τῇ ἀσθενείᾳ)" annimmt, zielt auf das christliche Dasein in seiner Schwachheit, d. h. auf die Schwachen an sich.[94] Wie die Adressatinnen und Adressaten des Römerbriefes im Zustand der Schwachheit mit dem Beistand des Geistes rechnen können, bittet der Vater im Zustand des Unglaubens Jesus um Hilfe.[95]

Wie vor allem in der älteren Kommentarliteratur angemerkt wird, steht die erste Deutung in Spannung zum „contextmässigen Sinne",[96] denn hier wie zuvor in Mk 9,22 bitte der Vater vorderhand um die Heilung seines Sohnes und nicht um die Stärkung seines Glaubens. Dieser Einwand sticht jedoch allenfalls auf der Erzählebene, denn im Satz des Vaters wird greifbar, dass die markinischen Aus-

---

[89] Vgl. z. B. GRUNDMANN, Markus, 255.

[90] Vgl. BENGEL, Gnomon, 218 („removendo meam *incredulitatem*").

[91] JEREMIAS, Neutestamentliche Theologie, 163 mit Anm. 27.

[92] WEISS, Markus und Lukas, 146. Vgl. GOULD, Mark, 169 f.: „This does not mean ,help me to turn my unbelief into belief,' but ,help me out of my trouble in spite of any unbelief that you may find in me.'"

[93] Vgl. HOFIUS, Allmacht, 131.

[94] So HOFIUS, Allmacht, 131 f.

[95] SWETE, Mark, 200: „help my faith where it is ready to fail, nearly = μοι τῷ ἀπίστῳ." WEISS, Markus und Lukas, 146 Anm. *, meint, dass durch die Verwendung des Substantivs die Eigenschaft des Unglaubens stärker hervortrete als durch das Adjektiv.

[96] MEYER, Markus (5. Aufl.), 126.

4.2 Mk 9,24: „Ich glaube! Hilf meinem Unglauben!"

sagen zum Glauben zwischen der konkret geschilderten Notsituation und der existenziellen Erfahrung des Zweifels oszillieren. Die innere Bewegtheit und Zerrissenheit im Glauben des Vaters betrifft alle, denen selbst der Senfkornglaube (vgl. Mt 17,20) fehlt und deren Vertrauen an ein zweifelndes „wenn du kannst" gekoppelt ist. Im Ruf des Vaters wird die Alltagserfahrung all jener Glaubenden laut, die keine Berge versetzen und selbst die Allmacht Gottes infrage stellen. Die Notwendigkeit des *andauernden* göttlichen Beistands im Glaubensleben signalisiert der Wechsel von aoristischem Imperativ in Mk 9,22 (βοήθησον ἡμῖν) zu präsentischem Imperativ in Mk 9,24 (βοήθει μου τῇ ἀπιστίᾳ).[97]

Der von Markus intendierte Sinn ist also wieder mehrdimensional: Der Glaube „ringt noch mit seinem Gegensatz",[98] und dieses Ringen wird ihn begleiten, auch wenn er sich punktuell aus der Unheilssphäre des Unglaubens löst und „ich glaube" sagt. Dem „Ich" des Glaubens stellt Jesus das „herrscherliche Ich"[99] des Gottessohnes gegenüber, der den unreinen Geist austreibt: „Ich befehle dir [...]" (9,25).[100] Unmittelbar nach dem Ausruf des Vaters heilt Jesus den Jungen, obwohl dieser nach einem erneuten Anfall „wie tot" (ὡσεὶ νεκρός, 9,26) ist. Der Erzähler nimmt Motive einer Totenerweckung auf, um die Macht Jesu zu veranschaulichen: Jesus ergreift die Hand des Jungen, „erweckt" ihn (ἤγειρεν), woraufhin dieser „aufersteht" (ἀνέστη, 9,27). Gleichzeitig wird mit diesen Motiven unmissverständlich auf die Osterereignisse angespielt.

Es stellt sich die Frage, warum sich Jesus durch das Eingeständnis mangelhaften Glaubens nicht von seinem Eingreifen abhalten lässt. Markus lässt die zwiespältige Disposition des Vaters unkommentiert; weder ein Tadel des Zweifels noch ein Lob des Glaubens (wie in Mk 5,34; 10,52) werden laut. Jesus hätte seine fortdauernde Zugehörigkeit zum ungläubigen Geschlecht missbilligen, die Echtheit der Vertrauensbereitschaft hinterfragen und die Gebrochenheit und Schwäche seines Glaubens kritisieren können. Auf der Erzählebene mag der Grund für das unmittelbare Eingreifen darin liegen, dass er noch größeres Aufsehen vermeiden will (ἐπισυντρέχει ὄχλος, 9,25),[101] was redaktionskritisch im Rahmen der markinischen Geheimnistheorie als Ausschluss der Menschen-

---

[97] Vgl. MARSHALL, Faith, 120 f.

[98] SCHLATTER, Glaube, 129.

[99] LOHMEYER, Markus, 189.

[100] Vgl. DUNN, Jesus Remembered, 693: „[I]t is significant that Jesus himself is never recalled as using such a formula [sc. ‚in the name of'], but only (once) the bare order, ‚I command you' (Mark 9.25)." Es entbehrt nicht einer gewissen Ironie, dass Jesus nun den eben von ihm ausdrücklich als stumm und taub bezeichneten Geist (ἄλαλον καὶ κωφὸν πνεῦμα) anspricht. Diesem bleibt nichts anderes übrig, als das Wort des mächtigen Gegenübers zu hören und zu befolgen, obwohl er taub ist (vgl. LINDEMANN, Jesus und das epilepsiekranke Kind, 99).

[101] So z.B. WEISS, Markus und Lukas, 146. MARCUS, Human Faith, 47 f. Anm. 21, erwägt, ob bereits in der Antike die Vorstellung verbreitet war, dass Epilepsieanfälle durch die Anwesenheit vieler Menschen begünstigt werden. Jesus hätte die Heilung dann durchgeführt, um einen erneuten Anfall zu verhindern.

124   4. Synoptiker

menge vom messianischen Wirken und als (letztlich nicht realisierbare) Geheimhaltung seiner wahren Identität gedeutet werden kann.

Doch theologisch will Markus noch mehr sagen: Der Glaube des Vaters stellt sich über die Befürchtung, dass sein Unglaube eine Verunmöglichung der Hilfe bedeutete.[102] In seinem Glaubensbekenntnis äußert sich die Hoffnung, dass Gott seine Macht erweist, wo menschliche Möglichkeiten erschöpft sind.[103] Im Gegensatz zum Unglauben Nazareths, über den sich Jesus nur wundern kann (θαυμάζειν, 6,6), sowie zum Unglauben der Umstehenden, den er mit scharfen Worten verurteilt (9,19), erweist sich der Unglaube des Vaters als „problembewusst" und reflektiert, insofern er zum Gegenstand einer eindringlichen Bitte wird.[104] Dezidiert nicht ausgesagt ist, dass er seinen Zweifel überwunden und dadurch Jesu Wundertätigkeit hervorgerufen hätte.[105] Ebenso wenig ist davon die Rede, dass sein innerer Konflikt nach dem Wunder gelöst worden sei.[106]

4.2.6 Glaubte Jesus? Zweifelte Jesus?

Die bereits aufgeworfene Frage nach dem Glauben Jesu tangiert auch das Problem des Zweifels Jesu: Kann von Jesus als Glaubendem und (damit auch) als Zweifelndem gesprochen werden?

Schon in den scholastischen Quaestiones wurde der Frage *an fides et spes in Christo fuerint* ein eigener dogmatischer Locus zugewiesen. Petrus Lombardus argumentierte, dass Jesus zwar die Auferstehung am dritten Tag erhoffte und sich betend an Gott wandte, er aber keine Hoffnungs- oder Glaubenstugend in sich trug, weil er qua göttlicher Natur eine uneingeschränkte Erkenntnis Gottes und eine unverhüllte Zukunftssicht hatte.[107] Was er glaubte und hoffte, hatte nur „akzidentalen Charakter" und begründete nicht die Tugenden des Glaubens und Hoffens.[108] Ebenso ergibt sich für Thomas von Aquin aus Jesu vollständiger Schau des Wesens Gottes, dass sein Verhältnis zu Gott nicht als Glaube bezeichnet werden kann.[109] Auch Luther äußerte sich zur scholastischen Frage,

---

[102] So SCHLATTER, Glaube, 129.

[103] Vgl. HAHN, Theologie, Bd. 2, 455 f.

[104] MARSHALL, Faith, 122: „It is this clear perception of unbelief as a problem, and his prayer for on-going deliverance from it, that distinguishes the father's ἀπιστία from the ἀπιστία of Nazareth (6:6) or of the unbelieving generation (9:19). There, unbelief is concealed and recalcitrant; here it is repentant."

[105] So aber YARBRO COLLINS, Mark, 438.

[106] Vgl. LINDEMANN, Jesus und das epileptische Kind, 99. Der Vater wird nach seinem Glaubens- und Zweifelsbekenntnis nicht mehr erwähnt (anders Lk 9,42).

[107] Vgl. Petrus Lombardus, *Sententiae* 3,26,4 (PL 192, 811 f.): *Christus, in quo fuerunt bona patriae, credidit quidem et speravit resurrectionem tertia die futuram, pro qua et Patrem oravit; nec tamen fidem-virtutem vel spem habuit, quia non aenigmaticam et specularem, sed clarissimam de ea habuit cognitionem, quia non perfectius eam cognovit praeteritam, quam intellexit futuram. Speravit tamen Christus, sicut in Psalmo ait: „In te, Domine, speravi"; nec tamen fidem vel spem-virtutem habuit, quia per speciem videbat ea quae credebat.*

[108] SCHWARZ, Fides, 233 f. Anm. 527.

[109] Thomas Aquinas, *Summa theologica* III, q. 7, a. 3: [E]*xcluso quod res divina sit non visa excluditur ratio fidei. Christus autem a primo instanti suae conceptionis plane vidit Deum per*

4.2 Mk 9,24: „Ich glaube! Hilf meinem Unglauben!"

ob in Christus Glauben und Hoffnung gewesen seien. In seiner ersten Psalmenvorlesung (1513–1515) zeigt er im Scholion zu Ps 116,10 (*credidi propter quod locutus sum*), dass auch Christus die Verherrlichung seines Leibes erhofft habe, die er noch nicht in Wirklichkeit sah; er habe geglaubt, weil er sie im Wort der Verheißung sah, klarer als er sie im Zustand des Leidens überhaupt wahrnehmen konnte.[110] Luther vermeidet schon in seiner Frühphase den Tugendbegriff.[111]

Im 20. Jahrhundert führte das Problem zu einem Schlagabtausch zwischen Gerhard Ebeling und Rudolf Bultmann. Dieser war weniger geprägt von der theologischen Bestimmung des Gottesverhältnisses und der Göttlichkeit Jesu als vielmehr vom mutmaßlichen Selbstverständnis des historischen Jesus.[112] Eine neutestamentliche Schlüsselstelle in dem Streit bildete daher Mk 9,23, während die heutzutage viel Staub aufwirbelnde paulinische Wendung πίστις Χριστοῦ zunächst noch keine Rolle spielte, ebenso wenig wie das Thema des „Glaubens Jesu" im Hebräerbrief.[113] In seinem vielbeachteten Aufsatz „Jesus und Glaube" formulierte Ebeling: „[E]s dürfte unmöglich sein, angesichts der Art und Weise, wie Jesus vom Glauben redet, ihn selbst vom Glauben auszunehmen."[114] Bultmann warf Ebeling einen psychologisierenden (Fehl-)Schluss „von dem in Jesu Wirken waltenden und in seinen Worten hörbar werdenden Existenzverständnis auf die persönliche Haltung des historischen Jesus" vor,[115] woraufhin Ebeling seine Auffassung präzisierte: „Nun fragt sich aber, inwiefern es um psychologische Sachverhalte geht, wenn gesagt wird: in Jesus sei der Glaube zur Sprache gekommen, und wenn von Jesus als Zeugen des Glaubens und (nur!) insofern auch vom Glauben Jesu gesprochen wird."[116] Bultmann habe seine Aussage missverstanden, denn ihm lag nicht daran, psychologisierend „von Jesu Reden vom Glauben zurück auf Jesu Glauben" zu schließen, sondern er wollte zum Ausdruck bringen, „daß die Zusammengehörigkeit von Jesus und Glauben im Wortgeschehen gründet und ins Wortgeschehen weist, daß also der Glaube nicht als das durch Rückschluß Festzustellende oder zu Vermutende, sondern als das in Jesus zur Sprache Gekommene im Blick ist."[117]

Das Thema des Zweifels wurde in dieser Diskussion nicht bedacht, darf aber nicht ausgeblendet werden. Ist der historische Jesus „vom Glauben nicht aus-

---

essentiam [...]. *Unde in eo fides esse non potuit.* Eine ausführliche Kritik der christologischen Prämissen dieser Aussage bietet ALLEN, Christ's Faith, 36–68.

[110] Luther, Dictata super Psalterium (WA 4, 266).

[111] Vgl. SCHWARZ, Fides, 233 f. Anm. 527: „Der Verzicht auf die aristotelischen Distinktionen, die das menschliche Geschehen in Christus stark herabsetzen, verbindet sich bei Luther wohl mit einem stärkeren Ernstnehmen dessen, was Christus als Mensch glaubend und hoffend erlitten hat."

[112] Zur Forschungsgeschichte vgl. KREPLIN, Selbstverständnis Jesu.

[113] Zu diesen beiden Aspekten s. o. Kap. 3.2 und Kap. 8.6.

[114] EBELING, Jesus und Glaube, 240.

[115] BULTMANN, Verhältnis, 20.

[116] EBELING, Theologie und Verkündigung, 120.

[117] EBELING, Theologie und Verkündigung, 124.

126   4. Synoptiker

zunehmen", dann drängt sich die Frage auf, ob sein Glaube als vollkommen, konstant und ohne innere Störung zu denken ist oder von Ungewissheit und Unsicherheit heimgesucht wird. Insbesondere die Jesusforschung des 19. und beginnenden 20. Jahrhunderts zeigte Interesse an einer Analyse des Glaubens Jesu und lotete dabei auch die Abgründe seines Seelenlebens aus, unter Einschluss des Zweifels.[118]

Die markinische Darstellung des Leidenswegs Jesu hebt in besonderer Weise auf seine innere Zerrissenheit ab, während in auffälligem Kontrast hierzu der Vierte Evangelist den Zweifel Jesu vollständig zurücknimmt und Jesus als Souverän seines eigenen Geschicks präsentiert, der „in ungebrochener Einheit mit dem Vater" seiner Passion entgegengeht.[119] Nach Markus nehmen die Hohepriester und die Schriftgelehrten – anfangs noch degradiert aufgrund ihres Mangels an Vollmacht (Mk 1,22) – die Ohnmacht und Verzweiflung des Gekreuzigten aufs Korn: „Andere hat er gerettet, sich selbst kann er nicht retten (οὐ δύναται σῶσαι)" (15,31). Aus dem göttlichen πάντα δυνατά, das Jesus in ihrer Anwesenheit über sich selbst aussagt (9,23; vgl. 9,14), wird in ihren Augen ein οὐ δύναται (15,31), weil sie die Notwendigkeit der göttlichen Setzung nicht sehen können, dass der Menschensohn leiden *muss* (vgl. 8,31). Aus Sicht der eingeweihten Leserinnen und Leser fällt der Spott der Hohepriester und Schriftgelehrten auf sie selbst zurück. Ihr Unglaube macht sie blind gegenüber dem Heilswillen Gottes. Die Allmacht des Sohnes Gottes wird nicht durch die Agonie seines Zweifels am Kreuz aufgehoben, sondern fügt sich ein in den göttlichen Plan, der im Leiden und Sterben zur Ausführung kommen muss. Zugespitzt gesagt: Auch der zweifelnde und leidende Jesus partizipiert an der Allmacht Gottes – der in der Auferstehung das Unmögliche möglich macht.

Markus verbindet also mittels der Epileptiker-Episode die Heilungsgeschichten mit den Passions- und Osterereignissen, nicht nur strukturell durch die Stellung der Perikope zwischen erster Leidensankündigung, Verklärung und zweiter Leidensankündigung, sondern vor allem sachlich: In seiner Darstellung sowohl des Kindsvaters wie auch des Gottessohnes verschränken sich Gottverlassenheit und Gottesnähe, Ohnmachtserfahrung und Allmachtserweis, Todverfallenheit und Auferstehung, Glaube und Zweifel.[120]

---

[118] Vgl. exemplarisch CLASSEN, Leben Jesu, der die Kämpfe und Zweifel Jesu zum prägendsten Merkmal der Geschichte Jesu erhob. In seiner Rezension konnte Bultmann in den psychologischen Ausführungen nur wenig Greifbares erblicken: „Wie wenig anschaulich sind doch die ,Kämpfe und Zweifel' Jesu, die nach Classen das Entscheidende in Jesu Laufbahn waren [...]. Geben davon die Quellen eine Anschauung, gibt Classens Darstellung sie?" (BULTMANN, Rez. zu Classen, 468 f.).

[119] FREY, Das Vierte Evangelium, 269.

[120] Die narrative Verbindung zwischen der Heilungserzählung und den Passionsereignissen bleibt in der Literatur häufig unterbelichtet, obwohl sie schon durch die Stichworte ἤγειρεν und ἀνέστη (Mk 9,27) klar gesetzt ist. Hinzu kommt, dass diese Perikope die einzige Heilungs-

4.2.7 Religionsgeschichtliche Verflechtungen

4.2.7.1 Der Ἄπιστος aus Epidauros

Die Krankheitsphänomene der Epilepsie und die therapeutischen Maßnahmen sind medizin- und religionsgeschichtlich bestens erforscht. Besonders im Kontext des Christentums spielen „Wundercharismatiker, die durch ihren besonderen Glauben, ihr asketisches Verhalten oder spezielles Wissen" qualifiziert waren, eine bedeutende Rolle für den Heilungserfolg bei Epilepsie.[121] Der Glaube, Unglaube oder Zweifel der Kranken wird dabei nicht thematisiert. Im Zusammenhang der synoptischen Epileptikerszene ist jedoch auf erhellende Vergleichstexte aus Epidauros zu verweisen. Die Votivtäfelchen im Asklepios-Heiligtum in Epidauros aus der zweiten Hälfte des 4. Jahrhunderts v. Chr. geben einen Einblick in die antike Frömmigkeit im Kontext von Krankheits- und Heilungserfahrungen und sprechen eine deutliche Warnung gegenüber dem Zweifel am göttlichen Wunderwirken aus. „Ungläubige und Unehrliche werden für ihr Verhalten nach außen sichtbar bestraft: durch ein Mal auf ihrer Stirn (WE 7), Blindheit (WE 11.55), Sturz vom ‚hohen Ross' (WE 36) oder den Zwang zum öffentlichen Eingeständnis und der Vergebungsbitte gegenüber Asklepios (WE 47). Wer die δύναμις/Macht (WE 37) des Gottes anzweifelt, dem gegenüber demonstriert sie der Gott."[122] Das Stichwort „Unglaube" fällt im Zusammenhang eines Berichts über eine „physiotherapeutische" Heilung einer Lähmungserkrankung (WE 3).[123]

Ein Mann, der die Finger der Hand nicht rühren konnte bis auf einen, kam zu dem Gott als Bittfleher. Als er die Weihetafeln in dem Heiligtum sah, war er ungläubig (ἀπίστει) gegen die Heilungen und machte sich über die Aufschriften lustig. Als er im Heilraum schlief, sah er ein Gesicht: es träumte ihm, während er unterhalb des Tempels Würfel spielte und mit dem Würfel werfen wollte, sei der Gott erschienen und ihm auf die Hand gesprungen und habe ihm die Finger ausgestreckt; als er weggetreten sei, – so träumte er –, habe er seine Hand gekrümmt und jeden Finger einzeln ausgestreckt; nachdem er alle geradegestreckt, habe ihn der Gott gefragt, ob er noch ungläubig sein wolle gegen die Aufschriften (εἰ ἔτι ἀπιστησοῖ τοῖς ἐπιγράμμασι) auf den Weihetafeln im Heiligtum; er habe nein gesagt. „Weil du also vorher ungläubig gegen sie warst, die doch nicht unglaubhaft waren, so soll in Zukunft – habe er gesagt – dein Name ‚Ungläubig' sein" (Ἄπιστος ὄν[ομα]). Als es Tag geworden, kam er gesund heraus."

Es ließen sich etliche Differenzpunkte zwischen den markinischen Heilungs-erzählungen und dem Bericht aus Epidauros nennen, doch interessiert uns hier die Auseinandersetzung mit dem Zweifel, die im Handeln und der Rede der

---

erzählung im „Wegteil" des Evangeliums ist und Markus auch kompositorisch Verbindungs-linien zwischen dem Leiden des Vaters und dem Leiden Jesu nahelegt.

[121] WOHLERS, Heilige Krankheit, 213.
[122] EBNER, Die Stadt als Lebensraum, 313.
[123] Übers. R. Herzog.

128 4. Synoptiker

Gottheit zur Sprache kommt: Die Therapie ist recht unsanft, aber erfolgreich, und führt in einen Dialog zwischen Gott und Geheiltem, wobei der Mann im Hintergrund bleibt und lediglich die Frage verneint, „ob er noch ungläubig sein wolle". Gegenstand des Austauschs ist nicht die spezifische Krankheitssituation, sondern die Glaubwürdigkeit der dokumentierten Heilungen. Sprachgeschichtlich und theologisch bedeutsam ist nun die Beobachtung, die schon Kurt Latte formulierte, dass nämlich „[i]n Epidauros zum erstenmal [...] ἀπιστεῖν im Sinne des Zweifels an einer bestimmten Einzeltatsache uns als religiöse Schuld entgegen[tritt]."[124] Der Zweifel wird (anders als in der Epileptikerepisode) von der Gottheit als schuldhaft beurteilt und durch einen symbolischen Namenswechsel bestraft: Ἄπιστος ὄν[ομα] – „Ungläubiger/Zweifler ist dein Name!"[125] Auf der Erzählebene geht das Wunder dem Glauben an die unglaublichen Berichte voran, in offenkundiger Differenz zu vielen neutestamentlichen Wunderberichten, die auf den Glauben an den Wundertäter – und sei dieser auch durch Argwohn oder Zweifel durchbrochen – das Wunder folgen lassen.[126]

Von ihrer Pragmatik her betrachtet sind die Inschriften insgesamt „so etwas wie persuasive Argumente für die Epiphanie des Gottes", wobei die Perspektive auf das Wunder wie im besprochenen Fall häufig dadurch bestimmt ist, „daß die Berichte mirakulöser Widerfahrnisse auf Skepsis, Zweifel, Spott und Unglauben treffen."[127] Die Priester wählten den Namen Ἄπιστος um einer effizienten Propaganda willen. Ein persuasives und damit auch didaktisches Anliegen verfolgt auch Markus mit seiner Heilungsgeschichte: Ihr Sinn übersteigt das unmittelbar Erzählte; sie ist eine Geschichte des Glaubens und Zweifelns angesichts der „Epiphanie" Gottes.

---

[124] LATTE, Rez. zu Hiller, 120. Mit offenkundigem Humor wird die einäugige Ambrosia aus Athen bestraft (WE 4); sie „lachte [...] über einige von den Heilungen als unwahrscheinlich und unmöglich (διεγέλα ὡς ἀπίθανα καὶ ἀδύνα[τα ἐόν]τα), daß Lahme und Blinde gesund werden sollen, nachdem sie nur einen Traum gesehen hätten." Von ihr verlangte die Gottheit, „daß sie in das Heiligtum ein silbernes Schwein stifte als Erinnerung an ihre Unwissenheit."
[125] Zum Symbolcharakter des Namens vgl. SOLIN, Inschriftliche Wunderheilungsberichte, 29: „Hier handelt es sich um einen deutlichen Fall eines nachträglich zugelegten Spitznamens, der von den Priestern der Propaganda wegen gewählt wurde; ob der Mann ihn dann in seinem späteren Leben als seinen eigentlichen Namen geführt hat, ist natürlich ungewiss – ein solcher Name wäre ganz ungewöhnlich, und ist in der Tat in der griechischen Anthroponymie nirgendwo mit Sicherheit bezeugt." Dass die zwiespältige Disposition des johanneischen Thomas mit seinem Namen „Zwilling" zu assoziieren ist, versuche ich in Kap. 5.6.1 zu begründen.
[126] Vgl. LOHSE, Glaube und Wunder, 44. Zu Lukian, Philopseudes 15: ἐπίστευον γὰρ ἄν, εἴ γε εἶδον αὐτά, s. u. Kap. 5.8.2.
[127] SCHUNACK, Glaube in griechischer Religiosität, 324. Die Texte dienen dazu, Unglauben „aus den Herzen der Kranken zu entfernen und an seine Stelle ein auch gegen Unwahrscheinliches starkes Vertrauen zu setzen" (HERZOG, Wunderheilungen von Epidauros, 125).

4.3 Mt 14,31: „Warum hast du gezweifelt?" Der zweifelnde Petrus

Die Episode vom „sinkenden Petrus" oder vom „Seewandel des Petrus" ist matthäisches Sondergut und wurde in der Kirchen- und Theologiegeschichte immer schon als „Urbild für den Zweifel" gelesen.[128] Matthäus folgt – anders als Lukas – der markinischen Erzählungsreihe, die von Mk 6,45 bis 8,21 reicht. Am Anfang der Reihe steht der Seewandel Jesu (Mk 6,45–52), den Matthäus in modifizierter und leicht gekürzter Fassung bietet (Mt 14,22–27.32–33; vgl. Joh 6,16–21)[129] und durch die Petrusszene Mt 14,28–31 ergänzt, die in der synoptischen Überlieferung keine Parallele hat. Matthäus „vervielfältigt" „das Wunderbare des Vorgangs" vom Seewandel, indem er nicht nur Jesus die Fähigkeit zuschreibt, auf dem Wasser zu gehen, sondern – wie David Friedrich Strauß spöttisch kommentiert – auch „Petrus einen, wiewohl nicht ganz gut abgelaufenen, Versuch im Gehen auf dem Meere machen läßt".[130] Der Einschub thematisiert die zumindest zeitweilige Beeinträchtigung des Glaubens aufgrund von Furcht und Zweifel. Er ist schon deshalb interessant, weil mit Petrus gerade die „Koryphäe des Apostelchores" (Chrysostomos)[131] von Glaubensschwäche heimgesucht wird. Der zweifelnde Petrus des Seewandels steht in enger Verbindung zum verleugnenden Petrus in den Ostererzählungen (Mt 26,69–75), denn auch dort erweist sich seine Haltung gegenüber Jesus als brüchig.

Die Diktion in Mt 14,28–31 ist typisch matthäisch:[132] Ins Auge fällt der Wechsel von markinischem θάλασσα (14,25.26) zu matthäischem ὕδατα (14,28.29) sowie der Gebrauch von καταποντίζεσθαι (vgl. 18,6) und κελεύειν (vgl. 8,18; 14,9.19; 18,25; 27,58.64);[133] der Hilferuf des Petrus κύριε σῶσον erscheint auch in Mt 8,25.[134] Für unseren Zusammenhang ist aber von besonderer Bedeutung, wie Matthäus die innere Haltung des Petrus zum Ausdruck bringt: Jesus bezeichnet Petrus als ὀλιγόπιστος und bekommt also eines der Vorzugswörter des Evangelisten in den Mund gelegt, das dieser zwar aus der Logienquelle übernommen hat (Lk 12,28; vgl. Mt 6,30), sich aber selbstständig aneignete und mehrfach in marki-

---

[128] Schniewind, Matthäus, 179.

[129] Vgl. Luz, Matthaus, Bd. 2, 405, mit einem Überblick der Veränderungen.

[130] Strauss, Leben Jesu, Bd. 2, 187.

[131] Chrysostomos, *In Matthaeum* 54,1 (zu Mt 16,16) (PG 58, 533): ὁ τοῦ χοροῦ τῶν ἀποστόλων κορυφαῖος.

[132] Vgl. knapp Luz, Matthäus, Bd. 2, 409 mit Anm. 15, und ausführlicher Kilpatrick, Origins, 40 f., mit dem Fazit: „This suggests either that the evangelist is the first to put the story into writing, or else that, if he had a written source before him, he has completely rewritten it in his own style" (a. a. O., 41). Held, Matthäus als Interpret der Wundergeschichten, 194.

[133] Vgl. Braumann, Der sinkende Petrus, 405. Zu Mt 18,25; 27,64 existiert keine synoptische Parallele. Auch προσκυνεῖν in Mt 14,33 ist typisch matthäisch (vgl. 2,2.8.11; 4,9–10; 8,2; 9,18; 15,25; 20,20; 28,9.17 [hierzu s. u. Kap. 4.4]; bei Markus und Lukas nur jeweils zweimal). Das „Niederfallen" gehört zum Motivinventar von Wundergeschichten (vgl. Theissen, Wundergeschichten, 63).

[134] Die Anrede κύριε ist typisch matthäisch und erscheint nur einmal bei Markus (7,28).

130 4. Synoptiker

nische Kontexte einfügte (8,26;[135] 16,8; 17,20). Das an Petrus gerichtete Wort Jesu nimmt den Tadel an die Jünger aus der Erzählung über die Sturmstillung auf: „Was seid ihr so furchtsam (δειλοί), ihr Kleingläubigen?" (8,26) und verbindet das Motiv des Zweifels mit dem Motiv der Furcht. Im Verb διστάζειν begegnet in Mt 14,31 ein Zweifelsbegriff, der im Neuen Testament nur bei Matthäus vorkommt – hier und in Mt 28,17 – und beide Male absolut gebraucht wird.[136]

Die sprachlichen Beobachtungen lassen darauf schließen, dass Matthäus den Einschub literarisch gestaltete, redaktionell integrierte[137] und theologisch auf das Problem des Zweifels und dessen Überwindung zuspitzte.[138] Ungeachtet der kunstvollen redaktionellen Verflechtung der Petrusepisode mit der markinischen Vorlage unterbricht sie dennoch den Erzählfluss, insofern der Seewandel des Petrus für die übrigen Jünger vordergründig ohne Bedeutung bleibt. Ihr Bekenntnis am Ende (14,33) bezieht sich auf die Stillung des Sturms, nicht auf die Rettung des Petrus.[139] Der Einschub hat daher „eigene Spannung und eigenes Gewicht".[140] Dies wird in der Einzelexegese herauszuarbeiten sein.

4.3.1 Zur Frage der Historizität

4.3.1.1 Die Radikalkritik des 19. Jahrhunderts

Die Auslegung der Perikope war im 19. Jahrhundert (und darüber hinaus) vom rhetorisch geharnischten Streit um die Historizität der in den Evangelien berichteten Begebenheiten bestimmt. Es lohnt sich, einige Argumente in Erinnerung zu rufen, da sie auch ein Licht auf das jeweils vorausgesetzte Wesen des petrinischen Zweifels werfen.

Das rationalistische Lager um H. E. G. Paulus verbannte alles Übernatürliche aus den evangelischen Berichten und suchte nach rein vernunftmäßigen Erklärungen. Glaube ist für Paulus „Überzeugungstreue" ohne jeglichen Transzendenzbezug. Jesus selbst war in diesem Sinne überzeugungstreu und figuriert daher als Vorbild. Wunderbar ist nicht das Wunderhafte der Erzählungen, sondern Jesus selbst, „sein rein und heiter heiliges, und doch zur Nachahmung und Nacheiferung für Menschengeister echt menschliches Gemüt".[141] Zweifel erscheint daher als Problem mangelhafter Nachahmung.

---

[135] In der markinischen Parallele zur Sturmstillung (Mk 4,35–41//Mt 8,23–27) steht anstelle des Hinweises auf den Kleinglauben der Jünger die Frage „Wo ist euer Glaube?" (οὔπω ἔχετε πίστιν, Mk 4,40).

[136] Zur Bedeutung der Objektlosigkeit in Mt 28,17 s. u. Kap. 4.4.3. Anders stellt sich der Sprachgebrauch schon in den Apostolischen Vätern dar. S. o. Kap. 2.7.

[137] Luz, Matthäus, Bd. 2, 405 (Matthäus als „Meister redaktioneller Gestaltung"). Zu den Entsprechungen zwischen Mt 14,24–27 und 14,28–31 vgl. BRAUMANN, Der sinkende Petrus, 406.

[138] Zur Frage nach einer möglichen literarischen oder mündlichen Quelle, s. u. Kap. 4.3.1.2.

[139] Vgl. KLEIN, Christologie und Anthropologie, 214.

[140] DIBELIUS, Formgeschichte, 112.

[141] PAULUS, Leben Jesu, Bd. 1, XI. Vgl. SCHWEITZER, Geschichte der Leben-Jesu-Forschung, 51.

4.3 Mt 14,31: „Warum hast du gezweifelt?" 131

Paulus meint, die Jünger seien bei stürmischer Nacht nur am Ufer gefahren, ungeachtet der Notiz, dass das Boot schon viele Stadien vom Land entfernt war (Mt 14,24). Jesus habe am Ufer gestanden, was aufgrund der Witterungsbedingungen nicht zu erkennen war, und Petrus sei auf die Aufforderung Jesu hin (14,29) zu Jesus geschwommen. Nur „wer gewohnt ist, in seiner Phantasie einen solchen Apostel immer mit dem Heiligenschein um den Kopf sich vorzustellen", könne sich mit der Vorstellung eines schwimmenden Petrus nicht anfreunden.[142] Da ihn die Brandung vom Ufer in den See trieb, drohte er unterzugehen und rief Jesus um Hilfe. Während von einem Wundertäter nun zu erwarten wäre, dass er ein Machtwort spricht und das Vertrauen auf übernatürliche Weise wiederherstellt, hilft der „rationalistische" Jesus, indem er ihm die Hand reicht und ihn an den Strand zieht. Er tadelt ihn, „warum er so leicht seine vertrauensvolle Ueberzeugung aufgegeben habe, zweifelhaft geworden und also durch Mutlosigkeit in Gefahr gekommen sey?"[143]

Für die rationalistischen Erklärungsversuche hatte einer wie Strauß nur Spott übrig. Gleichwohl stimmt er mit Paulus überein, dass Jesus nicht auf dem Wasser gegangen sei – schließlich „müssen wir uns erinnern, daß bei seiner Taufe im Jordan Jesus diese Eigenschaft nicht zeigte, sondern ordentlich wie ein anderer Mensch untertauchte"[144] – und gegen den Seewandel des Petrus seien die Einwände der kritischen Vernunft noch schlagender. Entferne man jedoch die supranaturalistische Schlacke von der Erzählung und verzichte auf rationalistisches Räsonnement, blieben als Grundgedanken der matthäischen Erzählung, „dass Petrus auf die Festigkeit seines Glaubens zu viel vertraut habe, durch das plötzliche Schwachwerden desselben in große Gefahr gekommen, aber durch Jesus gerettet worden sei."[145]

Es ist müßig, die weitere Forschungsgeschichte dieser Phase nachzuzeichnen, denn die Argumente kehrten in abgewandelter Form stets wieder und lassen sich einem historisierend-supranaturalistischen, einem rationalistischen sowie einem allegorisch-symbolischen Typ zuordnen, mit entsprechenden Konsequenzen für das jeweilige Zweifelsverständnis. Diese drei Grundtypen prägen auch die gegenwärtige Exegese bei offenkundiger Priorisierung der symbolischen Deutung. Auf

---

[142] Paulus, Leben Jesu, Bd. 1, 360 (Paulus verweist auf Joh 21,7).

[143] Paulus, Leben Jesu, Bd. 1, 361.

[144] Strauss, Leben Jesu, Bd. 2, 181.

[145] Strauss, Leben Jesu, Bd. 2, 188. Strauß stellt zu Recht heraus, dass die matthäische „Vervielfältigung" des Seewandels durch die Aktion des Petrus auch die Problematik der Historizität verschärft und vor theologische Fragen stellt: „Vermochte Jesus mittelst eines verklärten Leibes auf dem Wasser zu gehen: wie konnte er Petrus, der eines solchen Körpers sich nicht erfreute, zusprechen, ein Gleiches zu thun? oder wenn er durch ein bloßes Wort den Leib des Petrus vom Gesetz der Schwere dispensiren konnte, ist er dann noch ein Mensch? und wenn ein Gott, wird dieser auf den Einfall eines Menschen hin so spielend Naturgesetze cessiren lassen? oder endlich, soll der Glaube die Kraft haben, augenblicklich den Körper des Gläubigen leichter zu machen? Der Glaube hat freilich eine solche Kraft, nämlich in der kaum erwähnten bildlichen Rede Jesu, nach welcher der Gläubige Berge und Bäume in's Meer zu versetzen, – und warum nicht auch selbst auf dem Meere zu wandeln? – im Stande ist" (a.a.O., 187).

132 4. Synoptiker

sie werde ich zurückkommen nach einer knappen Skizze neuerer Ansätze zur Frage, wie die Sonderüberlieferung über Petrus in das Evangelium des Matthäus gelangte.

4.3.1.2 Fiktion, Legende oder Erinnerung?

Häufig wird angenommen, dass die charakterliche Disposition und der brüchige Glaube des Petrus für die Ausgestaltung der Erzählung mitverantwortlich waren. Der geschichtliche Kern sei die andernorts illustrierte Persönlichkeitsstruktur des Petrus, nicht aber eine wie auch immer zu rekonstruierende Begebenheit am See. Schon Strauß war der Auffassung, dass in der Perikope eine „allegorisch-mythische Darstellung" der Verleugnungsszene vorliegt und die Anfechtung des Petrus durch „die Welt" in den gefährlichen Wellen des Sees allegorisch aufgenommen wurde. Anfechtungssituationen der Glaubenden seien im frühen Christentum gern mit einer Fahrt durch stürmisches Gewässer verglichen worden, und auf dieses Muster greife Matthäus zurück.[146] In der jüngeren Leben-Jesu-Forschung vertritt diese Position auch E. P. Sanders, der die Episode als eine „historisierende Legende" bezeichnet.[147] Weil sich die Glaubens- bzw. Charakterschwäche in der Verleugnung prägnant vom Kleinglauben und Zweifel beim Seewandel unterscheidet, ist es meines Erachtens unwahrscheinlich, dass sich der Einschub Mt 14,28–31 lediglich einer narrativen Umsetzung des von der Verleugnung her bestimmten petrinischen Charakterbildes verdankt. Das Setting der Glaubensprobe, die Herausforderung, die Rolle Jesu und die Reaktion auf das Versagen sind jeweils sehr spezifisch herausgearbeitet.

Näher liegt deshalb die zweite Sicht, die aus der berichteten Szene selbst einen historischen Kern herauszuschälen versucht. Natürlich trugen die Überlieferungen zu den charakterlichen Eigenschaften des Petrus zur Ausformung der Erzählung bei,[148] doch nicht im Sinne Sanders'. Die nächtliche Begebenheit ist entweder schon in der Erinnerung der Jünger mit einem wunderhaften Anstrich versehen worden[149] oder erst von späteren Trägern der Überlieferung, die sich auf Erinnerungsgut über Petrus[150] oder anderer (galiläischer?) Tradenten

---

[146] Strauss, Leben Jesu, Bd. 2, 188.

[147] Sanders, Historical Figure of Jesus, 158 f.: „It is really true, for example, that Peter wavered in faith. [...] Peter's inability to walk on water, according to this explanation, is only a pictorial representation of a character failing. It describes his weakness by narrating a brief legend." Die Glaubensschwäche des Petrus zeige sich v. a. in Mk 14,66–72, aber auch in Gal 2,11–24. Vgl. Meyer, Matthäus, 331: „V. 28–31. findet sich bei den andern Berichterstattern nicht, entspricht aber ganz dem Temperamente des Petrus".

[148] Dazu s. u. Kap. 4.3.4.1.

[149] In diesem Sinne etwa Weizsäcker, Untersuchungen über die evangelische Geschichte, 450, der meint, dass die Geschichte um den Seewandel Jesu und Petri dem „wunderbaren Eindruck des [nach Mk 4,35–41par] Erlebten" entsprungen sei.

[150] So z. B. Kilpatrick, Origins, 40 („unwritten tradition").

4.3 Mt 14,31: „Warum hast du gezweifelt?"

berufen konnten.[151] Als Indiz für das Vorliegen einer Tradition wird auch die Verwandtschaft mit der Osterszene in Joh 21,7–8 genannt, denn auch dort ist es Petrus, der das Boot verlässt – allerdings nicht auf dem Wasser wandelnd, sondern durch das Wasser watend.[152] Ulrich Luz hält es für denkbar, dass die bei Johannes überlieferte Szene vor Matthäus oder durch Matthäus „aufgrund biblischer und anderer Analogien zu einer Seewandelgeschichte umgestaltet" und in den markinischen Kontext eingeschoben wurde.[153] Schließlich erinnern manche Ausleger an 1 Kor 15,5 und sehen in der Protophanie vor Petrus den Ausgangspunkt der Erzählung.[154]

Freilich gleicht die Suche nach einem historischen oder traditionsgeschichtlichen Ursprung einem Stochern im Nebel, und man kommt nicht über mehr oder weniger wahrscheinliche Hypothesen hinaus.[155] Man muss meines Erachtens aufgrund des typisch matthäischen Sprachgebrauchs und aufgrund der Querverbindungen zu Mt 8,25–26 (und 12,49) davon ausgehen, dass Matthäus entweder eine mündliche Petrustradition erstmals in eine schriftliche Form brachte oder eine vorliegende schriftliche Quelle ganz in seinem eigenen Stil umgestaltete. Dass der Schriftgelehrte Matthäus die Geschichte schuf (wie etwa Johannes die Thomasepisode),[156] ist unwahrscheinlich, wenn man bedenkt, dass er das Markusevangelium nicht zuletzt aufgrund der Autorität des Petrus weiterschrieb und dabei auch die petrinische Prägung des ältesten Evangeliums übernahm.[157] Es ist weniger plausibel anzunehmen, dass er petrinisches Material ein-

---

[151] LOHMEYER, Matthäus, 240, postuliert eine „galiläische Petrus-Überlieferung" als Ausgangspunkt. Vgl. die geschichtshermeneutischen Überlegungen bei SCHRÖTER, Jesuserinnerung.

[152] So schon PAULUS, Leben Jesu, Bd. 1, 360. Vgl. SCHWEIZER, Matthäus, 209. Für diese Annahme spräche nach Schweizer auch, dass Matthäus das Verstocktsein der Jünger (Mk 6,52) durch ihr Bekenntnis ersetze. „Das entwertet eigentlich das Petrusbekenntnis 16,16, paßte aber gut in eine Ostergeschichte." Ähnlich GNILKA, Matthäusevangelium, Bd. 2, 12.

[153] LUZ, Matthäus, Bd. 2, 405. Vgl. STRECKER, Weg der Gerechtigkeit, 199; KILPATRICK, Origins, 41 (Mt 14,22–33 als allegorischer Reflex einer Auferstehungsgeschichte); ausführlich MADDEN, Jesus' Walking on the Sea (mit dem Fazit a. a. O., 139: „displaced resurrection-appearance narrative").

[154] So z. B. KREYENBÜHL, Auferstehungsbericht.

[155] Religionsgeschichtliche Ableitungen der Szene über eine buddhistische Parallele zum Seewandel (so z. B. BROWN, Indian and Christian Miracles, 69–71; s. u. Kap. 4.3.6.2) oder über das Motiv der Rettung durch die rechte Hand (vgl. Vergil, Aen. 6,370) sind wenig plausibel.

[156] So aber BORNKAMM, Petrus bei Matthäus, 381 (matthäische Bildung, allerdings nicht „freihändig", sondern „in engster Anlehnung an die vorgegebene Überlieferung und darüber hinaus an die alttestamentlich-jüdische Gebetssprache und außerbiblische Vorstellungs- und Erzählmotive"). Vgl. OBERLINNER, Können Wunder schief gehen?, 90: „Es gibt keine Anhaltspunkte für eine den Einschub bedingende geschichtliche Erinnerung bzw. für den Evangelisten vorgegebene Sonderguttradition."

[157] Vgl. HENGEL, Der unterschätzte Petrus, 70. Vorsichtig auch BOCKMUEHL, Simon Peter, 72: „We are dealing with a homiletical vignette that reflects Matthew's own preferred vocabulary and his interest in Peter. Without wishing to deny an earlier point of reference, it is clearly difficult to retrieve an identifiable memory of Peter from this story."

134 *4. Synoptiker*

fach erdichtet hat, als dass er in bestimmter Absicht die Petrusbezüge in seinem Evangelium „erweitert, verschärft und präzisiert".[158]

Jesu Ansprache an Petrus, die Rede von Zweifel und Kleinglaube, trägt aber eindeutig ein matthäisches Sprachgewand und ist in der vorliegenden Form auf Matthäus zurückzuführen. Die Geschichte dient zum einen einer Profilierung der Petrusfigur und eröffnet zum anderen ein Identifikationsangebot für die Leserinnen und Leser des Evangeliums.

4.3.3 Hermeneutischer Rahmen und Aussageabsicht der Erzählung

Welche Absicht verfolgte Matthäus mit der Einfügung der Geschichte an dieser Stelle seines Evangeliums? In welchen Rahmen stellt er den Kleinglauben und Zweifel des Petrus? Hier ist der Faden der Exegese des 19. Jahrhunderts wieder aufzunehmen, in der drei Interpretationstypen diskutiert wurden. Sie sind auch in der gegenwärtigen Exegese in modifizierter Form präsent.

(1) Selbst die rationalistische Sicht wurde noch nicht verabschiedet, sondern kehrt wieder in der These von Duncan Derrett, der das historische Ereignis an eine Sandbank am Nordufer des Sees verlegt und damit rechnet, dass die übernatürlichen Färbungen sekundär hinzukamen. Auch der Petruszweifel ist Teil nachträglicher, haggadischer Reflexion.[159] (2) Eine historisierende Auslegung liest den Text als Tatsachenbericht und den Zweifel als realistische und konkrete Auseinandersetzung des Jüngers zwischen seiner natürlichen menschlichen Perspektive und der übernatürlichen Macht Gottes.[160] (3) Der allegorisch-symbolische Typ hat heutzutage den Status einer *communis opinio* erlangt, nach der – so Luz – „unsere Geschichte unhistorisch ist" und grundlegende Erfahrungen der matthäischen Adressatenschaft reflektiert und symbolisiert.[161]

Bei der Frage, welcher Art diese Erfahrungen sein könnten, sind der Phantasie der Interpretation kaum Grenzen gesetzt. Sie wird beflügelt vom Lektüreinteresse (und der Expertise) der Interpretinnen und Interpreten. Eine symbolische Lektüre erkennt „urchristliche Transzendenzerfahrungen", die mythologisch eingekleidet werden;[162] eine kulturwissenschaftliche Lektüre betont die antike Wahrnehmung der Wassergewalten als furchteinflößende dämonische Chaosmächte; eine sozialgeschichtliche Lektüre stellt eine Verbindung her zu den Konflikterfahrungen in der matthäischen Gemeinde, die sich

---

[158] HENGEL, Der unterschätzte Petrus, 45: Matthäus habe die Petrusbezüge „in keiner Weise erfunden".

[159] DERRETT, Jesus Walked on the Sea. Jesus habe sich als ein den Jordan überquerender *Josua redivivus* inszeniert. Vgl. a. a. O., 330 Anm. 3 zur Petrusszene.

[160] FRANCE, Matthew, 567. Die hermeneutische Grundüberlegung dieser Position formuliert HAGNER, Matthew, Bd. 2, 416 f.: „If we do not allow the transcendent within history, the Bible suddenly becomes a very different collection of writings, a book of parables concerning human existence rather than the account of salvation worked out in the historical process." Mit Verweis auf Hagner auch GIBSON, Peter between Jerusalem and Antioch, 28.

[161] LUZ, Matthäus, Bd. 2, 412.

[162] LUZ, Matthäus, Bd. 2, 412.

4.3 Mt 14,31: „Warum hast du gezweifelt?"

aus der Ablösung vom Synagogenverband ergeben; eine sozialpsychologische Lektüre denkt an „Altered State of Consciousness"-Erfahrungen, die auf Jesu Überlegenheit in der Hierarchie der Mächte abzielen;[163] eine affektpsychologische Lektüre hebt auf die Furcht als „Resultat einer fehlgeleiteten Aufmerksamkeitsausrichtung" ab, die allein durch die exklusive Ausrichtung an Jesus kontrollierbar wird;[164] eine politische Lektüre nimmt im Topos des Winds den imperialen Gegenwind aus dem herodianischen Herrschaftsbereich wahr, der den Jüngern entgegenbläst und Ungewissheiten verursacht,[165] oder in der Erwähnung des Gespensts eine Erinnerung an das Massaker auf dem See Genezareth, das die Römer im Jahr 67 n. Chr. verübten und nach wie vor Furcht und Schrecken einjagt;[166] eine schrifthermeneutische Lektüre schließlich verweist auf die alttestamentlich belegte Überzeugung, dass nur Gott die Macht über Wind und Wellen hat.[167]

Je spezifischer die Vorschläge, desto spekulativer ihr Charakter. Exegetisch weiterführend scheinen mir Überlegungen zum hermeneutischen Rahmen der Episode und zur literarischen Gestaltung der Figur des Petrus.

Ohne Frage hat die Erzählung lehrhaften, paradigmatischen bzw. predigthaften Charakter,[168] nach Markus Bockmuehl ist sie die „most homiletical of Matthean haggadic discourses"[169] und nach Rudolf Schnackenburg ein „narrative[s] Lehrstück über Glaube und Zweifel".[170] Welche konkreten Lehren sind aus dem Stück für die Adressatinnen und Adressaten zu ziehen? Drei Interpretationslinien lassen sich nachzeichnen, die mit den Überschriften anthropologisch, ekklesiologisch und christologisch überschrieben werden können.

---

[163] MALINA, Assessing the Historicity, 359.

[164] NÜRNBERGER, Zweifelskonzepte, 498. Die psychologische Lektüre läuft Gefahr, methodisch nicht konsequent zwischen literarischer Figur und realem Menschen zu unterscheiden. Petrus versinkt dann „aufgrund eines psychischen Vorgangs" (a.a.O., 482). Vgl. WOODINGTON, Dubious Disciples, 73: „His [sc. des Petrus] fundamental trust in Jesus [...] wavers under the stress caused by the wind." Unfreiwillig komisch LANGE, Matthäus, 512: „Psychologisch: Petrus konnte sonst schwimmen. Aber seine Angst ward hier so groß, daß er momentan nicht nur seine Glaubenskunst, sondern damit auch seine natürliche Kunst verlernte."

[165] HARTENSTEIN, Jenseits der Komfortzone, 457 f.

[166] BEDENBENDER, Zwischen Juden und Heiden, 75. Dazu auch NÜRNBERGER, Zweifelskonzepte, 498.

[167] HAYS, Echoes of Scripture, 166 f.

[168] Vgl. HELD, Matthäus als Interpret der Wundergeschichten, 234: Der Einschub deutet „in die Richtung einer Gestaltung, die den berichteten einmaligen Ereignissen eine bleibende beispielhafte Belehrung abgewinnt."

[169] BOCKMUEHL, The Remembered Peter, 40. Es ist aufschlussreich, dass Mt 14,28–31 in Bockmuehls Untersuchung faktisch keine Rolle spielt.

[170] SCHNACKENBURG, Petrus im Matthäusevangelium, 117. Vgl. HAENCHEN, Weg Jesu, 255 („Lehrdichtung über die Kraft des Glaubens"); BORNKAMM, Petrus bei Matthäus, 380 („Lehrerzählung vom Glauben, genauer vom angefochtenen Glauben"); BARTH, Glaube und Zweifel, 289 („Lehrerzählung über den Glauben").

136 4. Synoptiker

4.3.3.1 Anthropologische und ekklesiologische Akzente

Berühmtheit erlangt hat Johann Wolfgang von Goethes idealistische, auf das individuelle Glauben und seine Möglichkeiten bezogene Deutung, die er gegenüber Johann Peter Eckermann äußerte: „Es ist dies eine der schönsten Legenden [...] die ich vor allen lieb habe. Es ist darin die hohe Lehre ausgesprochen, daß der Mensch durch Glauben und frischen Mut im schwierigsten Unternehmen siegen werde; dagegen bei anwandelndem geringsten Zweifel sogleich verloren sei."[171] Goethe übergeht freilich ein entscheidendes Detail, dass nämlich Petrus nicht in Eigeninitiative oder Eigenwilligkeit das Wunder provoziert, sondern auf Jesu Aufforderung hin handelt.[172] Auch Luz, der weniger das Potenzial des nichtzweifelnden Glaubens als vielmehr die konstitutive Ungesichertheit des Glaubens dargestellt sieht, betont die Offenheit des Textes, die dazu einlädt, eigene Erfahrungen einzutragen. Matthäus appliziere die Seewandelgeschichte „nicht ekklesiologisch, sondern auf den einzelnen Christen".[173] Sie handle „von der Möglichkeit des Wagnisses menschlicher Überschreitung eigener Grenzen im Glauben mitten in der Bodenlosigkeit von Not, Angst, Unglück, Leiden und Schuld".[174] Wenn Luz allerdings erklärt, der „Hauptskopos der mt Geschichte ist nicht christologisch [...] wie in Mk 6,45–52",[175] dann stellt er nicht in Rechnung, dass Markus die Jünger in ihrem Unverständnis belässt, während sie nach Matthäus die Gottessohnschaft Jesu bekennen (14,33) und damit schon das Petrusbekenntnis (16,16) vorwegnehmen.

Der zweite Auslegungstyp begegnete bereits in der oben genannten Deutung von Strauß, der den Wind und die Wellen allegorisch auf die stürmischen Anfangszeiten des Christentums bezog. Diese Deutung ist in der älteren Auslegung beliebt.[176] Doch warum sollte gerade Petrus den widrigen Umständen ausgesetzt werden? An diese Frage knüpfen Überlegungen an, die das kompositorische Hervortreten des Petrus in Mt 13,53–17,27 als eine „function of ecclesiology" verstehen.[177] Wenn allerdings zutreffen sollte, dass Petrus und sein Verhalten als Ideal

---

[171] ECKERMANN, Gespräche mit Goethe, 402 (am 12. Februar 1831). Ähnlich, aber in durchaus unterschiedlicher Intention WEISS/BOUSSET, Die drei ältesten Evangelien, 328 („Vertrauen und Tapferkeit tut Wunder"); ZAHN, Matthäus, 513 f.; HAENCHEN, Weg Jesu, 255.

[172] GRUNDMANN, Matthäus, 368.

[173] LUZ, Matthäus, Bd. 2, 409. Vgl. aber a. a. O., 406: Das Boot symbolisiert die Kirche, und Sturm und Meer stehen für „die Chaosmächte, die gegen sie ankämpfen".

[174] LUZ, Matthäus, Bd. 2, 411.

[175] LUZ, Matthäus, Bd. 2, 409 Anm. 46. Trotz dieser Beteuerung arbeitet Luz sehr präzise die christologische Akzentuierung heraus. Gerade die Entfaltung menschlicher Schwäche in der Person des Petrus legt Gewicht auf den, der „alle Macht im Himmel und auf der Erde hat."

[176] Vgl. z. B. HOLTZMANN, Synoptiker, 177: Der Grundgedanke der Erzählung sei darin zusammengefasst, „daß die Gemeinde dem Ansturme der feindlichen Weltmächte nur so lange gewachsen sei, als sie nicht selbst im Glauben an ihre weltüberwindende Macht wankend würde."

[177] So DAVIES/ALLISON, Matthew, Bd. 2, 649.651. Zustimmend BOCKMUEHL, Simon Peter, 72: „It is the first episode in which Matthew adds anything of significance to Mark's portrait of

für die Gemeinde und als Sinnbild für die Heilsgeschichte vor Augen geführt werden, bleibt offen, weshalb seinem Zweifel und seinem Versagen solch breiter Raum zugemessen wird. Richtig ist grundsätzlich, dass Petrus im Matthäusevangelium als repräsentativer Jünger porträtiert wird, nur ist genau zu fragen, in welcher Hinsicht er zum Stellvertreter der Jünger wie auch der Glaubenden insgesamt wird.[178]

4.3.3.2 Christologischer Grundtenor

Der Erklärwert der dritten, christologischen Interpretationslinie ist meines Erachtens am größten;[179] sie umgreift die anthropologische und ekklesiologische Dimension und macht deutlich, dass der kühne wie der brüchige Glaube auf den κύριος ausgerichtet und angewiesen ist. Die „christologische Abzielung"[180] der Szene zeigt sich deutlich an einzelnen Details und Wendungen, aber auch am gesamten Spannungsbogen.

Auf die Furcht der Jünger vor dem seewandelnden „Gespenst" gibt sich Jesus (ohne Prädikativ) mit den Worten ἐγώ εἰμι und dem Imperativ „Fürchtet euch nicht!" zu erkennen (14,27). Im Hintergrund steht unverkennbar die Selbstvorstellung Gottes, die häufig mit der Aufforderung zur Furchtlosigkeit einhergeht.[181] Der Text ist also mehrdimensional,[182] insofern die Jünger zunächst an die ihnen vertraute Person verwiesen werden – „Ich bin es" – und ihnen dabei zugleich eine Begegnung mit dem Gott Israels zuteilwird. Es ist kein Zufall, dass nun die ekklesiologische Gestalt des Petrus, der Erstberufene (4,18; 10,2), das Wort ergreift und auf die göttliche Selbstvorstellung reagiert. Wieder ist auf den Wortlaut zu achten: Petrus verlangt nicht, wie sein im Stile eines hellenistischen Heros auftretender Meister ebenfalls Unmögliches zu vollbringen, er bittet nicht um starken Glauben und „frischen Mut", und er ruft nicht eigenwillig das Wunder herbei.[183] Der Ton in der Aussage des Petrus liegt nicht auf ἐλθεῖν [...] ἐπὶ τὰ ὕδατα, sondern auf ἐλθεῖν πρός σε (14,28).[184] Der insbesondere in altkirchlicher

---

Peter, and it seems particularly important to note its appearance in the central section of the Gospel, which is Matthew's distinctive composition on the church."

[178] Ausführlich dazu s.u. Kap. 4.3.4.1 und 9.3.2.

[179] Vgl. auch Heil, Walking on the Sea, 84.97. Bei Heil führt der christologische Akzent auch zu Überinterpretationen, wenn er z.B. die Korrespondenz von Jesu Seewandel und seiner Macht über den See betont: „So the fact that Jesus dominates the sea by walking or crossing over it is all-important. [...] Since Jesus dominates the sea, that is, completely defeats its power, it can no longer prevent the disciples from crossing it" (a.a.O., 50). Zur Kritik vgl. Nicholls, Walking on the Water, 49.

[180] Held, Matthäus als Interpret der Wundergeschichten, 259.

[181] Vgl. z.B. Gen 15,1; 26,24; 28,13; 46,3; Jes 41,13; 43,1.3. Außerbiblisch 1QH 2,27–28; 3,14–15; 6,22–23.

[182] Luz, Matthäus, Bd. 2, 408.

[183] So Schniewind, Matthäus, 180.

[184] Vgl. Schlatter, Matthäus, 235: „Nicht darum bittet er: Laß mich über die Wellen gehen,

138   4. Synoptiker

Auslegung akzentuierte „Feuereifer" des Petrus[185] bezieht sich also zuallererst auf
den Wunsch, in die Nähe Jesu zu gelangen, und erst in zweiter Linie darauf, an
der Wundermacht Jesu zu partizipieren. Allerdings zeigt sich schon in der Aussage des Petrus ein Ansatz des späteren Zweifels: „Wenn du es bist [...]" (14,28).
Gewissheit kann sich erst dann einstellen, wenn die Distanz zwischen Jesus und
dem Jünger überbrückt ist.

Auch wenn die Initiative zum Seewandel vordergründig auf Petrus selbst
zurückgeht, so ist es doch der Befehl Jesu, der ihn nach der Darstellung des Matthäus zum Handeln ermächtigt. Mit seinem Vorzugswort κελεύειν unterstreicht
Matthäus „Jesu Herrsein und Vollmacht".[186] Jesus nimmt den Impuls des Petrus
auf und fordert ihn auf: ἐλθέ (14,29). Petrus gehorcht und wird ermächtigt, wie
Jesus auf dem Wasser zu gehen.[187] Gleichzeitig wird an keiner Stelle der Eindruck
erweckt, dass sich die Ermächtigung durch Jesus zu einer Eigenmächtigkeit des
Petrus verselbstständigt. Im Gegenteil: Er bleibt „von seinem Herrn abhängig,
weil er die Vollmacht nur durch ihn gebrauchen kann."[188] Auch da, wo die Glaubensgeschichte in eine Zweifelsgeschichte umschlägt, bleibt die christologische
Orientierung maßgebend. Der Anblick des Windes verstellt Petrus die Sicht auf
Jesus;[189] die Naturgewalten hebeln sein Vertrauen aus. Doch der Bittruf, der
Worte aus dem Passionspsalm Ps 68 LXX leiht (68,2–3.15–16), richtet sich an den
„Herrn" als den Retter: κύριε, σῶσόν με (Mt 14,30). Die Hilfe erfolgt ohne Umschweife (εὐθέως, 14,31); wieder verwendet Matthäus geprägte biblische Sprache
(vgl. Ps 143,7 LXX), die anzeigt, dass Jesus göttlichen Schutz gewährt.[190] Nach
der Aussage Jesu zum Kleinglauben und Zweifel des Petrus kulminiert die Geschichte im Christusbekenntnis: Im Boot fallen die Jünger nieder und sprechen
den für Matthäus zentralen christologischen Titel aus: ἀληθῶς θεοῦ υἱὸς εἶ
(14,33). Darin äußert sich eine „nicht mehr überbietbare Form der Glaubens-

---

sondern darum: Laß mich zu dir kommen über das Wasser hin." In diesem Sinne schon Chrysostomos, In Matthaeum 50,1 (zu Mt 14,23) (PG 58, 505).

[185] S. u. Kap. 4.3.4.

[186] BORNKAMM, Petrus bei Matthäus, 382.

[187] Vgl. LUZ, Matthäus, Bd. 2, 409 Anm. 43: „Für Matthäus eine grundlegende Denkfigur: der Imperativ als Indikativ!"

[188] KLEIN, Christologie und Anthropologie, 216. Klein erkennt eine parallele Denkfigur in der Tempelsteuerepisode (Mt 17,24–27): „17,27 bestand die Begrenzung darin, daß Petrus im Fischmaul eine Münze findet, die gerade für die Begleichung der Steuer ausreicht. Nach 14,28–31 muß Jesus auch dem Bevollmächtigten noch helfen" (ebd.). Die Folgerung, dass Petrus „nur im Wasser einsinken [kann], wenn und weil Jesus ihm den Beistand entzieht" (OBERLINNER, Können Wunder schief gehen?, 96), ist fraglich. Hier wird m. E. unterschlagen, dass die Partizipation an Jesu Vollmacht nach Matthäus an das Vorhandensein und die „Größe" des individuellen Glaubens gebunden ist. Wird der Glaube „klein", hat er keinen Anteil an der ἐξουσία.

[189] Zweifel und Kleinglaube sind hier gerade keine „Epiphaniereaktion" (gegen SCHENK, Sprache des Matthäus, 410), denn Petrus zweifelt angesichts des Windes, nicht angesichts der Erscheinung Jesu.

[190] LUZ, Matthäus, Bd. 2, 409.

4.3 *Mt 14,31: „Warum hast du gezweifelt?"* 139

demonstration seitens der Jünger".[191] Die Episode endet also – im Gegensatz zur markinischen Vorlage – mit der Einsicht der Jünger in die wahre Identität Jesu. Die Proskynese und Akklamation des Gottessohnes im Schlussbild (vgl. 16,16; 27,54) entspricht dem christologischen Profil der Gesamtszene.[192]

4.3.4 Die Figur des Petrus und sein Zweifel

Der Schlüssel zum Verständnis der Erzählung liegt in der Spannung zwischen Mt 14,28–29 und 14,30–31: Petrus gehorcht und glaubt; er zweifelt und scheitert. Doch wie sind die beiden Seiten zueinander in Beziehung zu setzen? Bei allen Differenzierungen im Detail lassen sich die folgenden möglichen Lesereaktionen unterscheiden: Petrus verwechselt Überschwang mit Glauben, versagt und muss von Jesus gerettet werden; Petrus repräsentiert den Jünger, der gehorchen will, aber an seinem Kleinglauben scheitert; Petrus ragt aus dem Kreis der Jünger heraus, da er das Wagnis des Glaubens eingeht und zum Gehen auf dem Wasser befähigt wird.[193] Bevor das spannungsvolle und inkongruente Verhalten des Petrus entlang der Erzählung nachgezeichnet wird, soll gezeigt werden, dass und inwiefern sich darin in der Erzählabsicht des Evangelisten das Einmalige und das Typische verschränken.

4.3.4.1 „Einmaligkeit" und „Transparenz" der Petrusfigur

Es ist kein Zufall, dass ausgerechnet Petrus von Matthäus als ein Mann des Zweifels und Kleinglaubens dargestellt wird. Die Heraushebung des Petrus sprengt den Rahmen der parallelen Markusperikope, die nicht am Petrusmotiv orientiert ist,[194] sondern lediglich eine Erscheinung vor den Jüngern berichtet. Im Zuge seiner petrinischen Profilierung der Szene münzt Matthäus das Unverständnis der Jünger in den Zweifel und Kleinglauben des Petrus um und schließt nach der Rettungstat Jesu mit einem Bekenntnis, das auf das matthäische Petrus-

---

[191] OBERLINNER, Können Wunder schief gehen?, 88.

[192] Vgl. zum christologischen Programm des Matthäusevangeliums auch seinen Schluss: Der Sprecher und Repräsentant der Jünger, Petrus, hat nichts mehr zu sagen, er ist von Matthäus (seit der Verleugnung!) unsichtbar gemacht. Jesus erhält das letzte Wort. Auch im matthäischen Glaubensbegriff äußert sich die christologische Ausrichtung: Matthäus ergänzt in Mt 18,6 den Präpositionalausdruck εἰς ἐμέ (in Mk 9,42 textkritisch auszuscheiden) und in Mt 27,42 ἐπ' αὐτόν (vgl. das absolut gebrauchte πιστεύειν in Mk 15,32). Darin drückt sich seine „Neigung zur stärkeren Konzentrierung auf die Person Christi" aus (TRILLING, Das wahre Israel, 110). Wenn in Mk 9,42 εἰς ἐμέ sekundär ist, hat erst Matthäus aus den „Geringen, die glauben" „die Geringen, die *an mich* glauben" gemacht (Mt 18,6) und so im Glaubensbegriff die personale Bindung an Jesus betont, die sonst eher durch den Begriff der Nachfolge (ἀκολουθεῖν) zum Ausdruck kommt. In der Verspottung Jesu durch die jüdischen Autoritäten, er solle vom Kreuz herabsteigen, tritt an die Stelle von ἵνα ἴδωμεν καὶ πιστεύσωμεν (Mk 15,32) die Formulierung καὶ πιστεύσωμεν ἐπ' αὐτόν (Mt 27,42).

[193] Vgl. BROWN/DONFRIED/REUMANN, Peter in the New Testament, 81–83.

[194] Vgl. STRECKER, Weg der Gerechtigkeit, 198.

bekenntnis vorausgreift. Wie so oft figuriert Petrus auch hier als „Wortführer und Prototyp der Jünger".[195] Auch die Seewandelepisode hebt Petrus in seiner Sonderrolle heraus: Er ist es, der das Boot und damit den Schutz der Gruppe verlässt, dessen Glaube sich in die bedrohliche „Vereinzelung" begibt und der in seinem Zweifel Jesus begegnet.

Die Erzählung kann als „negative" Erweiterung des Petrusstoffes angesehen werden,[196] insofern sie die Kontrastfolie für die nachfolgende Empfehlung des Jüngers im Rahmen des Petrusbekenntnisses bildet (16,16).[197] Die Leserinnen und Leser des Evangeliums erleben die Berg- und Talfahrt des paradigmatischen Jesusnachfolgers anschaulich mit, die ja mit den hohen Bekenntnissen (14,33; 16,16) nicht endet, sondern in die Verleugnung Jesu hinabführt und schließlich in einen kollektiven Zweifel mündet (28,17). Wie in der Seewandelszene wird ihnen von Matthäus in der Schlussszene seines Evangeliums nahegelegt, dass der Zweifel mit der Vollmacht des Gottessohnes zu konfrontieren ist.[198]

Der von Ulrich Luz profilierte Begriff der „Transparenz" schließt den Gedanken ein, dass sich in der Darstellung des Petrus eine „Verbindung des Einmaligen und Typischen" ereignet,[199] d. h. die Petrusfigur ist nur eingeschränkt als Folie für die Existenz der Glaubenden zu deuten.

Mit seinem Begriff der Transparenz grenzt sich Luz von der Auffassung Georg Streckers ab, wonach die Jünger wie auch die Person Jesu „der unwiederholbaren, heiligen Vergangenheit zugeordnet" sind.[200] Im Geschichtsverständnis Streckers bildet die „Zeit Jesu" die „zentrale Epoche", sie ist „ein einmaliger, unwiederholbarer, heiliger, idealer Abschnitt im Ablauf der Geschichte".[201] Bemerkenswerterweise ist aber auch nach Strecker gerade die Person des Petrus „im Blick auf das widerspruchsvolle Sein des Christen transparent". Die Erzählung vom Seewandel des Petrus stellt Strecker daher in den Zusammenhang „des matthäischen Gemeinde- und Menschenverständnisses".[202]

In der Figur des Petrus kommt es also zu einem Ineinander von „Historisierung" und „Transparenz", von „Einmaligkeit" und „Typik".[203] Man hat diese Ver-

---

[195] BORNKAMM, Petrus bei Matthäus, 381. Vgl. stellvertretend für viele Kommentare TURNER, Matthew, 644: „Throughout the narrative, he is presented as the representative disciple and often speaks for the group."

[196] Vgl. HENGEL, Der unterschätzte Petrus, 45.

[197] Vgl. DUNN, Jesus Remembered, 687 Anm. 331: „The account of Peter also walking on the water (Matt. 14.28–31) appears to be a Matthean elaboration highlighting the leading role of Peter (as in 16.16–19), but as an example of ‚little faith' and a foil to his later commendation (16.17–19)."

[198] Zu Mt 28,17, wo Petrus nicht namentlich erwähnt nicht, s. u. Kap. 4.4.

[199] LUZ, Matthäus, Bd. 2, 468.

[200] STRECKER, Weg der Gerechtigkeit, 194.

[201] STRECKER, Geschichtsverständnis des Matthäus, 98.

[202] STRECKER, Weg der Gerechtigkeit, 206. Demgegenüber betont HUMMEL, Kirche und Judentum, 63, die Einmaligkeit des Petrus als „oberster Rabbi".

[203] So auch der einflussreiche Aufsatz KINGSBURY, Figure of Peter. Vgl. a. a. O., 80: „For them [sc. die matthäische Gemeinde], Peter is of course a man of the past. His place is with the earthly

4.3 Mt 14,31: „Warum hast du gezweifelt?"

schränkung mit der etwas sperrigen Wendung „modified typical disciple view" umschrieben.[204] Die Einmaligkeit des Ereignisses wird bei Matthäus angezeigt durch konkrete zeitliche und topographische Angaben, die für eine reine Symbolgeschichte verzichtbar wären: Er erwähnt die vierte Nachtwache (14,25) und präzisiert gegenüber Markus die Angabe über die Entfernung des Bootes vom Ufer (14,24).[205] Einmalig ist aber auch die komplexe und doch profilierte Porträtierung des Petrus, die ihm Charakter und Persönlichkeit verleiht[206] und ihn keineswegs als einlinig oder „flach" erscheinen lässt. Er tritt – literarisch und symbolisch – aus der Gruppe der Jünger heraus und erlebt eine individuelle Geschichte des Glaubens, die seine heilsgeschichtliche Stellung als πρῶτος (vgl. 10,2) unterstreicht.[207] Typisch und transparent für die matthäische Gemeinde ist neben anderem die allzeit virulente Gefährdung des Glaubens, die Spannung zwischen dem Schauen auf Jesus und dem Schauen auf den Sturm, der bleibende Konflikt zwischen Vertrauen und Zweifel, der auch durch die punktuelle Akklamation des Gottessohnes nicht überwunden wird, sowie die (erhoffte) Erfahrung der Rettung.

Zur Charakterisierung des Petrus im Matthäusevangelium sind seit dem Einzug der Erzählanalyse etliche Arbeiten erschienen, deren Augenmerk auf dem Petrusbekenntnis, dem Felsenwort und der Verleugnung liegt. Das Interesse an der Episode vom „sinkenden Petrus" ist in diesen Studien erstaunlich gering, trägt am Rande aber doch zum rekonstruierten Gesamtbild seiner literarischen Figur bei. Die einzelnen Charakterskizzen sind recht vielgestaltig, schließen sich der Sache nach aber weitgehend der „modified typical disciple view" an.[208]

Nach Michael Wilkins ist Petrus als der Erstberufene (Mt 4,18), der Erste unter den Jüngern (10,2), das erste Glied der Kirche (16,17–19) einerseits ein einzigartiges „heilsgeschichtliches Modell",[209] steht andererseits aber auch exemplarisch für die matthäische

---

disciples of Jesus, whose ministry, like that of John and Jesus, was to Israel. [...] He was the ‚first' one called by Jesus to be his disciple, and hence enjoyed a primacy among the Twelve that is salvation-historical in character. As such, he was the ‚spokesman' of the disciples and can be regarded as ‚typical', positively and negatively, both of them and of subsequent followers of Jesus."

[204] Vgl. MARKLEY, Apocalyptic Seer, 4 f.

[205] Vgl. auch BORNKAMM, Sturmstillung, 50: „Bei Matthäus ist dieser Charakter der Geschichte [als tatsächlich geschehenes Wunder] [...] nicht völlig preisgegeben."

[206] So in einer frühen narratologischen Untersuchung BURNETT, Characterization, 22 f. („characterhood and even ‚personality'").

[207] KINGSBURY, Figure of Peter, 80; WILKINS, Concept of Disciple, 212; DAVIES/ALLISON, Matthew, Bd. 2, 651 („there is a sense in which Peter's primacy reflects his rôle in salvation-history"); sogar SYREENI, Peter as Character and Symbol, 149 f.

[208] Anders POPLUTZ, Verunsicherter Glaube, 35. Vgl. a. a. O., 45: „[A]uch einzeln hervortretende Jünger wie zum Beispiel Simon Petrus [stehen] aufgrund einer stark ausgeprägten Gruppen- und Rollenkategorisierung als *pars pro toto* für die gesamte Gruppe." Doch gerade die Figurenzeichnung des Petrus bewegt sich m. E. in der Polarität von Einzelfigur und Jüngertypos.

[209] WILKINS, Concept of Disciple, 212.

142   4. Synoptiker

Gemeinde.[210] Kari Syreeni rekonstruiert ein vielschichtiges Bild des matthäischen Petrus: Als Figur der erzählten Welt erscheint er als der erste und engste Jesusnachfolger,[211] und in dieser positiven Charakterisierung besteht auch sein Symbolgehalt und seine heilsgeschichtliche Bedeutung.[212] Gleichzeitig illustriert Petrus die dunklen Seiten des Christseins. Zwischen den Zeilen entdeckt Syreeni eine subtile Polemik gegen den matthäischen Petrus – eine Wahrnehmung, die Robert Gundry in krasser Überzeichnung betont hat[213] – so dass Petrus am Ende ein zweifelhaftes Symbol ist, Autoritätsfigur und paradigmatischer Jünger, aber auch Partisan und Bösewicht.[214] Timothy Wiarda unterstreicht einerseits die herausragende Rolle, die Petrus im Matthäusevangelium zukommt („church leader and teacher", v.a. in Mt 10,2; 16,17–19; 19,28), will aber auch den Charakterzug des Unverständnisses nicht unterschlagen (Mt 14,28–31; 15,15; 17,24–27; 18,21–22). Petrus werde mit Ausnahme von Mt 16,17–19 nicht als idealer Jünger dargestellt.[215]

Bei aller gebotenen Vorsicht im Blick auf Rückschlüsse von der Charakterisierung literarischer Figuren zum Charakterbild einer historischen Gestalt wird man nicht völlig fehlgehen, wenn man die Porträtierungen des Petrus in den Evangelien – einschließlich des Johannesevangeliums[216] – zumindest im weiten Sinn als Erinnerungen an den historischen Petrus interpretiert.[217] Wie Petrus wirklich war – das spiegelt sich, wenngleich vielfach gebrochen, in der Erzählwelt der Evangelien. Vielleicht spricht gerade die auch in neueren, narratologisch angelegten Untersuchungen zur Figur des Petrus wahrgenommene Inkonsistenz

---

[210] WILKINS, Concept of Disciple, 215: „In his strengths and in his weaknesses he can be an example to Matthew's church. This is why Matthew has accentuated the truly human element in Peter. The church would find much in common with Peter's typically human characteristics, and he would be the named example from among the disciples. He is much like any common believer with his highs and lows, and therefore, becomes an example from whom the church can learn."

[211] SYREENI, Peter as Character and Symbol, 149.

[212] Vgl. SYREENI, Peter as Character and Symbol, 149 f. Anm. 80 (im Anschluss an Kingsbury).

[213] GUNDRY, Peter, kommt zum ebenso provokativen wie unplausiblen Schluss, dass Petrus von Matthäus als „falscher Jünger" porträtiert werde, der keinen Eingang ins Reich Gottes finde. Er verkörpere die Warnung des Evangelisten vor dem Verlust des Heils durch Apostasie.

[214] SYREENI, Peter as Character and Symbol, 149 („partisan hero and villain") und 152 („a dubious symbol – a figure of authority and legitimation, a pan-Christian paradigm of discipleship, yet also a partisan figure, a scandal to the expanding church of Christ"). NAU, Peter in Matthew, kommt auf anderen Wegen zu vergleichbaren Ergebnissen.

[215] WIARDA, Peter in the Gospels, 99. Die Übersicht ist nicht erschöpfend. Zu nennen wären noch PERKINS, Peter; DSCHULNIGG, Petrus im Neuen Testament; BÖTTRICH, Petrus; BROWN, Disciples in Narrative Perspective; MARKLEY, Apocalyptic Seer; DAMGAARD, Rewriting Peter. Vgl. darüber hinaus BECKER, Simon Petrus; BOND/HURTADO, Peter in Early Christianity.

[216] Zum johanneischen Petrusbild vgl. SCHULTHEISS, Petrusbild. Schultheiß kommt in ihrer Studie u. a. zum Schluss, dass die Darstellung des Petrus im Johannesevangelium keineswegs im Gegensatz zu den synoptischen Petrusbildern steht.

[217] In ihrer Besprechung von WIARDA, Peter in the Gospels, weist SCHULTHEISS, Petrusbild, 28, mit Recht auf die methodischen Schwierigkeiten einer solchen Rekonstruktion hin, doch sollte daraus nicht die skeptizistische Konsequenz gezogen werden, sich mit einer solchen Fragestellung gar nicht erst zu beschäftigen.

4.3 Mt 14,31: „Warum hast du gezweifelt?"

dafür,[218] dass Wesenszüge einer realen, „erinnerten" Gestalt Eingang in den Text gefunden haben, nicht das „historicized literary cliché" einer in der Literatenstube erschaffenen Figur.[219]

4.3.4.2 Bewertungen des Petruszweifels

Geschick und Glaubenshaltung des Petrus sind im Matthäusevangelium inkonsistent; es verwundert daher nicht, dass es auch in der Auslegungsgeschichte zu Mt 14,28–31 zu verschiedenen Beurteilungen des Zweifels und Kleinglaubens kam. Einerseits wird der Glaube des Petrus unterstrichen, der dem Gottessohn gehorcht, an seiner Vollmacht teilhat und wie dieser auf dem Wasser geht. Andererseits wird auf den Zweifel des Petrus abgehoben, auf sein Unvermögen, angesichts der Anfechtung am Wort Jesu festzuhalten. Beide Brennpunkte finden sich in der Erzählung: Petrus ist sowohl Glaubensheld als auch abschreckendes Beispiel eines Kleinglaubens.[220] In der Spannung dieser Pole liegt die produktive Kraft der Wirkung des Textes und zugleich seine Anschlussfähigkeit an das Leben der Rezipientinnen und Rezipienten, damals wie heute.

Schon von alters her hat sich Petrus als Sprachrohr des Jüngerkreises in das Gedächtnis der Christenheit eingeprägt – temperamentvoll, engagiert und glaubensstark. Chrysostomos' Petrusbild kann repräsentativ für die altkirchliche Auslegung stehen, die den Feuereifer und die Liebe des Petrus herausstreicht – und nicht seinen Zweifel. Er nimmt eine Sonderrolle ein: Keiner liebt mehr, keiner glaubt mehr, keiner eifert mehr.

In seinen Matthäushomilien wird die Bezeichnung ὁ πανταχοῦ θερμός geradezu ein Alias des Petrus. Der hitzköpfige Petrus drängt Jesus zur Deutung des Gleichnisses vom Blindenführer (Mt 15,15),[221] und im weiteren Verlauf ist er es auch, der auf die alles entscheidende Frage Jesu antwortet, wer er sei (16,15–16): „Was sagt nun der Mund der Apostel, der stets Hitzige, der Kopf des Apostelchores? Obwohl alle gefragt wurden, antwortet er."[222] Auch in der Seewandelgeschichte bricht sich dieser Charakterzug des Petrus Bahn: „Was tut nun da Petrus, der stets voll Eifer (ὁ πανταχοῦ θερμός) ist und den anderen immer voraus eilt?" Er verlangt von Jesus, dass er ihm befiehlt zu kommen; eine bloße

---

[218] Vgl. schon Brown/Donfried/Reumann, Peter in the New Testament, 107 („disconcerting inconsistency"). Das Urteil bezieht sich auf das Nebeneinander von Mt 14,31; 16,16–17 und 16,23. Vgl. auch Böttrich, Petrus, 238.

[219] So aber Syreeni, Between Heaven and Earth, 5. Nach Syreeni, Peter as Character and Symbol, 148, rührt der Eindruck von Petrus als „realer" Person vom literarischen Geschick des Evangelisten, d. h. von der matthäischen Figurenkonzeption her.

[220] Braumann, Der sinkende Petrus, 411, fasst die Doppelheit so zusammen: „1. Der Jünger ist dem Meister gleich, indem er wie Jesus über das Wasser gehen kann. 2. Der Jünger ist dem Meister nicht gleich, weil Petrus auf die rettende Tat Jesu angewiesen ist. [...] 1. Petrus gehorcht dem Befehl Jesu, indem er über das Wasser geht. 2. Der Zweifel macht das Wunder unmöglich."

[221] Chrysostomos, In Matthaeum 51,3 (zu Mt 15,15) (PG 58, 515): ὁ δὲ πανταχοῦ θερμός (ohne überhaupt den Namen Petrus zu erwähnen).

[222] Chrysostomos, In Matthaeum 54,1 (zu Mt 16,16) (PG 58, 533): ὁ Πέτρος, ὁ πανταχοῦ θερμός.

144   *4. Synoptiker*

Bitte genügt nicht. „Siehst du da, wie groß sein Eifer ist, wie groß sein Glaube (πόση ἡ θερμότης; πόση ἡ πίστις)?"[223]

Die Ausleger des 19. Jahrhunderts kommen (wie im Falle des Thomaszweifels) dagegen zu einem einhellig kritischen Urteil über Petrus und sein Verhalten.[224] Aus dem Ansinnen des Petrus, übers Wasser zu gehen, spreche nichts anderes als „kecke Vermessenheit".[225] Die negative Bewertung beruft sich meist auf den Satz Jesu: „Du Kleingläubiger! Warum hast du gezweifelt?" (Mt 14,31). Nach Carl Friedrich Keil liegt darin ein Vorwurf und „[d]ieser Vorwurf war verdient und solte [*sic*] ihn demütigen."[226] Noch die wegweisende redaktionsgeschichtliche Studie von Georg Strecker zum „Weg der Gerechtigkeit" im Matthäusevangelium rubriziert den Kleinglauben und den Zweifel unter der Überschrift „Sünde im Leben des Christen".[227] Eine provokante, den Sachverhalt aber völlig überzeichnende These vertritt Robert Gundry: Jesu Qualifizierung des petrinischen Verhaltens lege nahe, dass der matthäische Petrus bis zuletzt (Mt 28,17) nicht „heilswirksam" geglaubt habe.[228] Das abschließende Bekenntnis (14,33) habe er nicht mitgesprochen.[229]

Im Kontrast dazu votiert die neuere Exegese mehrheitlich dafür, dass Matthäus den Zweifel trotz der tadelnden Note keineswegs verdammte. Ihm sei wichtig, so etwa Luz, dass der Zweifel zum Glauben gehöre. Kleinglaube sei nach Matthäus „ein grundlegendes Merkmal christlicher Existenz."[230] Dieser Einschätzung ist zuzustimmen, nicht nur vor dem Hintergrund der matthäischen Aussagen zum Kleinglauben (Mt 8,26; 14,31; 16,8; 17,19–20), sondern auch im Blick auf den Schluss des Evangeliums (28,17), der in einem eigenen Kapitel noch zu thematisieren sein wird.[231]

4.3.4.3 *Petrus als Kleingläubiger und Zweifler*

In einem letzten Schritt gehe ich nun der matthäischen Charakterisierung des Petrus als einem Zweifler und Kleingläubigen im Einzelnen nach. In Bezug auf die initiale Anrede des Petrus an Jesus („wenn du es bist [...]", Mt 14,28) ist nicht eindeutig zu entscheiden, ob sie der Intention des Matthäus zufolge schon den

---

[223] Chrysostomos, *In Matthaeum* 50,1 (zu Mt 14,23) (PG 58, 505).

[224] Zu Thomas und der Bewertung seines Zweifels s. u. Kap. 5.6.2.

[225] Weiss, Matthäus-Evangelium, 277.

[226] Keil, Matthäus, 332.

[227] Strecker, Weg der Gerechtigkeit, 232.

[228] Gundry, Peter, 12: „Yes, little faith does not equate with a total lack of faith. But is little faith enough to count as saving faith [...]?"

[229] So neben Gundry, Peter, 12 f., auch Damgaard, Rewriting Peter, 46–48. Dagegen jüngst Woodington, Dubious Disciples, 74 mit Anm. 48.

[230] Luz, Matthäus, Bd. 2, 410.

[231] S. u. Kap. 4.4.

4.3 Mt 14,31: „Warum hast du gezweifelt?"

Keim des späteren Zweifels in sich birgt[232] oder ob daraus ein (noch) ungetrübter Glaube spricht und Petrus mit εἰ σὺ εἶ das vorausgehende „Ich bin"-Wort Jesu (14,27) gewissermaßen beim Wort nimmt.[233] Träfe zu, dass die Programmatik des Textes eine zweifelsfreie Haltung des Glaubens impliziert, wäre jedoch eher ein Kausalsatz („weil du es bist") als ein Konditionalsatz zu erwarten. Meines Erachtens deutet Matthäus hier bereits den Zweifel des Petrus an und setzt seine Lehrerzählung von der Anfechtung des Glaubens schon mit dem ersten Satz des Protagonisten auf die anvisierte Spur.

Nachdem Jesus den versinkenden Petrus an der Hand ergriffen hat, benennt er explizit den Grund für das Fortbleiben der Wunderkraft, nämlich Zweifel und Kleinglaube: ὀλιγόπιστε, εἰς τί ἐδίστασας; (14,31).[234] Bei diesem Satz handelt es sich um das „Zentrum der Gesamtperikope".[235] Das aus der Logienquelle stammende Wort „kleingläubig" (Lk 12,28; vgl. Mt 6,30) hat die Phantasie des Matthäus beflügelt und seine Theologie bereichert. Es wurde – adjektivisch und nominal gebraucht – geradezu zu einem Leitbegriff seiner Theologie[236] und zu einem „gewichtigen Moment seiner Darstellung der Jünger" (6,30; 8,26; 14,31; 16,8; 17,20).[237] In welchen Zusammenhängen fällt der Begriff und welche geistige Haltung kommt in ihm, auch in Verbindung mit dem Zweifel, zum Ausdruck?

Zunächst fällt auf, dass Matthäus den Ausdruck ausschließlich Jesus in den Mund legt; sein Ort sind Gespräche zwischen Jesus und seinen Jüngern oder einem einzelnen Jünger. Immer schwingt Tadel mit. Auch in der Anrede an Petrus liegt ein Moment der Kritik an seinem gebrochenen Glauben, wobei es Jesus nicht darum geht, Petrus als Versager zu brandmarken und zu demütigen,[238]

---

[232] So SAND, Matthäus, 308 („zweifelnde Feststellung); LUZ, Matthäus, Bd. 2, 409 („bereitet den Zweifel vor"). Ähnlich SYREENI, Peter as Character and Symbol, 127 Anm. 48, der wie viele andere auf die merkwürdige Korrespondenz zwischen dem Petruswort κύριε, εἰ σὺ εἶ, κέλευσόν με [...] (Mt 14,28) und dem Wort des Teufels in der Versuchungsgeschichte hinweist: εἰ υἱὸς εἶ τοῦ θεοῦ, εἰπέ [...] (4,3). Syreeni erkennt in dem Echo einen Anflug von Ironie: „The irony may be unintentional and seems mild in any case; but it prepares the reader for subsequent scenes in which Peter does take the tempter's role (16.22–23) and where he fails much more bitterly (26.75)" (a.a.O., 127).

[233] So BORNKAMM, Petrus bei Matthäus, 381. Vgl. BENGEL, Gnomon, 91: In letzterem Sinn kommentiert Bengel die Motivation des Ansinnens: „Egregius motus fidei." OBERLINNER, Können Wunder schief gehen?, 94: Petrus' Reaktion „ist eine einzige Vertrauensäußerung".

[234] Auch in der Thomasepisode ist es Jesus, der die „ungläubige" Haltung des Thomas als solche bezeichnet. S.u. Kap. 5.5.2.

[235] NÜRNBERGER, Zweifelskonzepte, 480.

[236] Vgl. DSCHULNIGG, Gestalt und Funktion des Petrus, 165 Anm. 16.

[237] KONRADT, Rede vom Glauben, 425. Eine ausführliche Analyse der matthäischen Belege zum Kleinglauben bietet NÜRNBERGER, Zweifelskonzepte, 442–532, und fasst ihn als „Ausdruck einer Infragestellung der Fürsorge Gottes (Mt 6,19–34)", als „Resultat der Angst in der Not (Mt 8,18–27)", als „Resultat fehlgeleiteter Aufmerksamkeitssteuerung" (Mt 14,22–33), als „Resultat falsch geleiteter Kognitionen (Mt 16,5–12)" und als „Ursache einer gescheiterten Heilung (Mt 17,14–20)". Wie deutlich wurde, liegt mein Fokus demgegenüber auf der Figur des Petrus und der matthäischen Reflexion seines Kleinglaubens und Zweifels.

[238] So aber, wie gesehen, KEIL, Matthäus, 332, und viele ältere Kommentare.

146   4. Synoptiker

sondern ihn aus dem Zweifel zum Glauben zurückzurufen.[239] „Der Kleinglaube (nicht der Unglaube!) wird getadelt."[240]

Ein zweites charakteristisches Merkmal der matthäischen Rede vom Kleinglauben betrifft die Vielfalt semantisch benachbarter Begriffe: Der Kleinglaube der Jünger steht nie isoliert, sondern ist immer begleitet von Haltungen, die seine spezifische Ausprägung in der jeweiligen Situation qualifizieren: Sorge (6,31), Furcht (8,26; 14,30), Zweifel (14,31), Unverständnis (16,9) und Unvermögen (17,19). Auffällig ist jedoch in der Petrusepisode, dass weder der Grund des Kleinglaubens noch der Gegenstand des Zweifels ausdrücklich benannt werden. Es ist eine offenbar theologisch motivierte Überinterpretation, wenn behauptet wird, es gehe „um den Zweifel an der in Jesus den Menschen nahegekommenen Wundermacht Gottes".[241] Matthäus schildert zwar die Umstände des Kleinglaubens – explizit erwähnt werden die Distanz zum Ufer (14,24) und der Wind (14,30), mitgehört werden die Tiefe des Wassers und die Höhe der Wellen –, aber er lässt offen, welche Bezugsgrößen der Kleinglaube hat bzw. woran Petrus zweifelt.

Nur in Mt 14,31 ist der Kleinglaube an das Zweifeln (διστάζειν) gekoppelt. Er erscheint als „ein durch den Zweifel gebrochener, gewissermaßen zu kurz geratener Glaube, der im entscheidenden Augenblick versagt".[242] Es wird mit ihm nicht das Fehlen des Glaubens überhaupt ausgesagt, sondern ein defizitärer Glaube, der nicht einmal die symbolische Größe eines Senfkorns erreicht (vgl. Mt 17,20). Kleinglaube ist für Matthäus ein Signet der Unvollkommenheit der Glaubenden. Gleichzeitig gehört er zu den fundamentalen Daseinsbedingungen der Glaubensexistenz und bricht in Situationen der Ungewissheit und der Bedrohung hervor. Weil Matthäus aber mit Bedacht zwischen Kleinglauben und Unglauben unterscheidet, ist es problematisch, den Kleinglauben als eine „Situation des Unglaubens innerhalb des Lebens der Glaubenden" zu bezeichnen.[243] Kleinglaube ist eine situative Einstellung *sui generis*. Die Rede vom Zweifel akzentuiert den Zwiespalt, in dem sich Petrus befindet, sein unschlüssiges Schwanken zwischen

---

[239] BORNKAMM, Petrus bei Matthäus, 383.

[240] ZAHN, Matthäus, 308. Es ist umstritten, ob Jesu Vorwurf des Unglaubens in Mt 17,17 (ὦ γενεὰ ἄπιστος καὶ διεστραμμένη) die Jünger (mit)meint oder das Volk Israel im Blick hat (vgl. 13,58). Die Abhängigkeit von der markinischen Fassung der Perikope (vgl. Mk 9,19) und der Erzählgang legen einen Bezug auf die Jünger nahe (vgl. HELD, Matthäus als Interpret der Wundergeschichten, 181; FIEDLER, Matthäusevangelium, 298; KONRADT, Israel, 258–260; ders., Matthäus, 277 („im Mt [...] singulär"); POPLUTZ, Verunsicherter Glaube, 41). In der direkten Ansprache an die Jünger bescheinigt Jesus den Jüngern „Kleinglauben" (ὀλιγοπιστία, Mt 17,20).

[241] So BARTH, Glaube und Zweifel, 286.

[242] BORNKAMM, Petrus bei Matthäus, 383. Vgl. DAVIES/ALLISON, Matthew, Bd. 1, 656: „In Matthew ὀλιγόπιστος is always addressed to believing disciples; it therefore does not imply an absence of faith, but a broken or insufficient faith."

[243] So HELD, Matthäus als Interpret der Wundergeschichten, 281. So übrigens bereits im 2. Jahrhundert in den Sentenzen des Sextos. Dazu s. u. Kap. 4.3.5.3.

4.3 Mt 14,31: „Warum hast du gezweifelt?"

zwei Orientierungspunkten: den Wind und Jesus.[244] Das nach der Rettung gesprochene „Warum?" – εἰς τί ἐδίστασας; (Mt 14,31) – bleibt unbeantwortet.[245]

Die Konsequenz von Kleinglaube und Zweifel besteht darin, dass das Wunder verunmöglicht wird. Dem Glauben ist nichts unmöglich: Er vermag auf dem Wasser zu gehen, Krankheiten zu heilen, Berge zu versetzen. Dem Kleingläubigen sind solche Vollmachtserfahrungen verwehrt. Das Matthäusevangelium zeichnet sich dadurch aus, dass die Jünger nirgendwo „im sieghaften Besitz" der Wundermacht des Glaubens dargestellt werden.[246] Die zeitweilige Teilhabe an der göttlichen Macht wird unterbrochen durch seinen „zu kurz geratenen Glauben".

Matthäus macht andererseits deutlich, dass auch im Zustand des Kleinglaubens und Zweifels der Kontakt zu Jesus nicht abgebrochen ist. Weil Kleinglaube nicht Unglaube ist, rechnet er noch mit dessen Eingreifen. Gerade in einem „Untergangsszenario" wie Mt 14,28–31 ist das Vertrauen auf den göttlichen Beistand angesichts der Bedrohung von Sturm und Wellen unerlässlich. Jesus antwortet auf den Hilferuf des Petrus, trotz seines Kleinglaubens (14,31; vgl. 8,26), „und diese Hilfe ist das eigentliche Wunder."[247]

Von Bedeutung ist schließlich, dass die Hilfe durch Jesus weder eine Restauration der Wunderkraft nach sich zieht, mit der Petrus wieder auf dem Wasser hätte gehen können,[248] noch eine dauerhafte Restitution der Glaubenskraft, dass also von einer erfolgreichen Überwindung des Zweifels und Kleinglaubens die Rede wäre. Entscheidend ist im „Zwischenzustand" des Zweifels der Hilferuf an Jesus und dessen rettende Zuwendung (14,30–31), dann erst die Beseitigung der Bedrohung (14,32) und schließlich das gemeinschaftliche Bekenntnis (14,33), das als vorübergehende Bewältigung des Zweifels gelten kann. Bis zuletzt jedoch bleibt in der matthäischen Konzeption der Zweifel ein beharrlicher Gefährte des Glaubens, sogar noch in der finalen Szene zwischen Auferstehungserfahrung

---

[244] Die Übersetzung von διστάζειν mit „zögern" (so z. B. SCHENK, Sprache des Matthäus, 410) ergibt im vorliegenden Kontext (wie auch in Mt 28,17) keinen Sinn, da Petrus ja nicht zwischen zwei Handlungsoptionen hin- und herschwankte – welche wären diese? –, sondern eine zwiespältige Haltung aufwies. S. o. Kap. 1.2.1 zu den Begriffsunterscheidungen.

[245] Auch in der Schlussszene des Evangeliums wird nicht gesagt, warum und woran die Jünger zweifeln. S. u. Kap. 4.4.3.

[246] HELD, Matthäus als Interpret der Wundergeschichten, 278.

[247] BRAUMANN, Der sinkende Petrus, 413. Vgl. OBERLINNER, Können Wunder schief gehen?, 104: „Aber Petrus erfährt doch ein Wunder, indem Jesus ihn an der Hand fasst und rettet. Der eigentliche Trost für die Christen liegt darin, dass Jesus den Kleingläubigen, den Zweifelnden rettet."

[248] Anders schon Cyrill von Jerusalem, Catecheses ad illuminandos 5,7: „Da ihn Jesus an der Hand nahm und ihm Kraft gab und er wieder glaubte, von da ab wandelte er – an der Hand des Herrn – in gleicher Weise wieder auf den Wogen. Dies deutete uns das Evangelium an, wenn es erklärte: ‚Sie stiegen ins Schiff'. Nicht sagte es, Petrus habe schwimmend das Schiff erreicht, sondern es gibt zu erkennen, er sei in das Schiff gestiegen, nachdem er den gleichen Weg, auf dem er zu Jesus gekommen, noch einmal gegangen war" (Übers. P. Haeuser).

148   *4. Synoptiker*

und Jüngerbeauftragung, in der einem vollkommenen Glauben vordergründig nichts im Wege steht (28,17).[249]

4.3.5 Frühchristliche Nachwirkungen

Die Figur und das Geschick des Petrus, seine Rolle im Kreis der Jünger und seine Stellung zu Jesus haben eine beeindruckende Nachwirkung erfahren.[250] Schon früh entwickelte sich ein breit gefächerter „petrinischer Diskurs",[251] der mit dem 1. Petrusbrief einsetzte und sich in zahlreichen Petrusschriften und Petrustraditionen fortpflanzte. Umso bemerkenswerter ist die Tatsache, dass die Szene vom Seewandel des Petrus und damit auch sein Kleinglaube und Zweifel frühchristlich und altkirchlich vergleichsweise wenig Widerhall fanden.[252] Petrus hat sich zuallererst als Bekenner und Traditionsgarant, als Prediger und Fundament der Kirche, als Interzessor und Schlüsselherr, als Apostelfürst und Märtyrer in das kollektive christliche Gedächtnis eingeprägt, nicht als paradigmatischer Zweifler und Kleingläubiger. Drei recht verschiedenartige Beispiele der frühchristlichen Wirkungsgeschichte des Seewandels sollen kurz in den Blick kommen.[253]

4.3.5.1 Im Glauben Flüsse überqueren (OdSal)

Das Motiv vom Wandeln auf dem Wasser findet sich in mythologisch eingekleideter Bildsprache in der 39. der Oden Salomos, die zahlreiche „phantastische Erklärungen" hervorrief.[254] Auf die umstrittenen einleitungswissenschaftlichen Fragen zur Entstehungszeit (erstes Viertel des 2. Jh. oder 3. Jh.),[255] zum Abfassungsort (Ägypten, Kleinasien oder Syrien) und zur Ursprache (griechisch oder syrisch), auf das Problem der Gattung[256] sowie auf den geistesgeschichtlichen

---

[249] Matthäus bearbeitet das Motiv des Zweifels und das Motiv des Jüngerunverständnisses in weitgehend analoger Weise: Wie die Jünger „durch Jesu Belehrung zum Verstehen kommen" (Luz, Jünger, 149) und Jesu Frage „Habt ihr das alles verstanden?" mit „Ja!" beantworten (Mt 13,51), so verleihen sie ihrem Glauben durch ihr Handeln und ihr Reden punktuell Ausdruck, auch wenn Matthäus es meidet, explizit vom Glauben der Jünger zu sprechen. Kontinuität erlangen aber weder ihr Verstehen noch ihr Glaube, da mangelnde Einsicht sowie Zweifel und Kleinglaube beständig ihren ungünstigen Einfluss ausüben.

[250] Vgl. Bond/Hurtado, Peter in Early Christianity, 399–427.

[251] Vgl. zum Phänomen eines „petrinischen Diskurses" Frey, Judas, 173 u. ö.

[252] Vgl. Nicholls, Walking on the Water, 140: „There is a textual and artistic void surrounding this image." Bezeichnenderweise spielt die Perikope bei Bond/Hurtado, Peter in Early Christianity, keine Rolle.

[253] Vgl. die erheblich breitere Darstellung in Schliesser, Seewandel des Petrus.

[254] Lattke, Oden Salomos, Bd. 3, 190.

[255] Eine frühe Datierung wird von Lattke, Dating the Odes of Solomon (u. a.); Einleitungsfragen, 289 f., vertreten und ist m. E. zu favorisieren. Für das 3. Jh. votiert Drijvers, Odes of Solomon.

[256] Zu den divergierenden Gattungsbezeichnungen in der Forschung vgl. die Zusammenstellung bei Franzmann, Odes of Solomon, 8.

4.3 Mt 14,31: „Warum hast du gezweifelt?"

Hintergrund der Liedersammlung (jüdisch, gnostisch, christlich) ist hier nicht näher einzugehen.

In der 39. Ode, die zu den „odes of instruction" gezählt werden kann,[257] heißt es:

(5) Aber jene, die sie [sc. die reißenden Flüsse, d. h. die Macht des Herrn] überqueren im Glauben, werden nicht in Aufregung geraten,
(6) und jene, die in ihnen gehen ohne Fehl, werden nicht verstört werden. [...]
(9) Es überbrückte sie der Herr durch seinen Logos,
und er ging und überquerte sie zu Fuß.
(10) Und seine Spuren blieben auf dem Wasser und wurden nicht zerstört,
sondern waren wie Holz, das wirklich befestigt ist.
(11) Und von hier und von da erhoben sich die Wellen,
die Spuren aber unseres gesalbten Herrn stehen fest
(12) und werden nicht verwischt, auch nicht zerstört.
(13) Und angelegt wurde ein Weg für die, die nach ihm hinübergehen,
und für jene, die dem Gang seines Glaubens folgen und seinen Namen verehren.
Halleluja![258]

Unbestreitbar ist zunächst der Exodusbezug der Ode, auch wenn nicht vom „Meer", sondern von reißenden Flüssen als Metapher für die Macht Gottes die Rede ist: „Der Übergang durchs Rote Meer [...] liegt zu Grunde, als Wasserprobe für die Ägypter und die Israeliten, für die Verächter und die Gläubigen."[259] Allegorische Deutungen des Durchzugs durch das Meer sind mannigfaltig und begegnen bei Philo sowie in gnostischer und mandäischer Literatur.[260] Der „Glaube" (OdSal 39,5) als angemessene Haltung der das Meer Überschreitenden spielt in diesen Paralleltexten jedoch keine Rolle, anders als im Hebräerbrief, wo es heißt, dass die Israeliten „durch Glauben" (πίστει) durch das Rote Meer zogen (Hebr 11,29; vgl. Ex 14,29; 15,19). Analog unterweist der Odendichter seine Adressaten, dass reißende Flüsse „im Glauben" (OdSal 39,5) überquert werden können. Wie das parallel gestellte „ohne Fehl" (griech. ἄμωμος, 39,6) erläutert, muss der erstrebte Habitus makellos sein.[261]

Der Glaubenstopos wird am Ende der Ode nochmals aufgegriffen, wo die Bildsprache des Exodus zugunsten einer christologischen Pointierung zurücktritt: Der gesalbte Herr, dessen Spuren feststehen (39,11), wird als „Vorläufer" gezeichnet, dem die Glaubenden nachfolgen. Sie ahmen den „Gang seines Glaubens" nach (griech. τῆς πίστεως αὐτοῦ, 39,13), d.h. des Glaubens, den der Herr selbst übte (genitivus subjectivus; vgl. 8,11; 28,3). In der Logik der Ode geht der Weg „[v]om absoluten und allgemeinen Gebrauch von

---

[257] So Blaszczak, Formcritical Study, 99. Neben OdSal 39 auch OdSal 34 und 23,1–4.

[258] Übers. nach M. Lattke.

[259] Wellhausen, Rez. zu Harris, 638 (zitiert bei Lattke, Oden Salomos, Bd. 3, 191).

[260] Bei Philo findet sich das Motiv als „kultische Handlung" in der Nachtfeier der Therapeuten (Philo, Cont. 89). Vgl. Reitzenstein, Mysterienreligionen, 244 f.

[261] Diese Qualifikation darf „nicht moralistisch verengt werden" (Lattke, Oden Salomos, Bd. 1, 254, zu OdSal 13,4).

150   4. Synoptiker

‚Glaube' [39,5] [...] über die christologische Konkretisierung (9b–12) zum persönlichen Glauben des Kyrios Christus (13b) und indirekt natürlich auch zu dem in Nachfolge und Verehrung implizierten Glauben nicht nur an Gott, den Herrn, sondern auch an ‚unseren gesalbten Herrn' (11b; vgl. 42,9b)."[262]

Eine kontroverse Diskussion wird um die Frage geführt, ob eine literarische Abhängigkeit zur Seewandelszene des Matthäusevangeliums vorliegt oder nicht.[263] Schon die ersten neuzeitlichen Kommentatoren der Oden waren sich uneins.[264] Der Dissens hat sich auch in der neueren Diskussion nicht aufgelöst, und man muss sich angesichts des uneindeutigen Textbefundes wohl mit einem *non liquet* begnügen.[265] Für eine Anspielung auf den Seewandel des Petrus spricht unter anderem das Motiv des Glaubens: Nur eine untadelige Glaubenshaltung (OdSal 39,6) – die Abwesenheit von Zweifel? – verspricht Erfolg; sie orientiert sich am Glaubensweg des Herrn und mündet in dessen Verehrung (39,13). Freilich mag das Glaubensmotiv in der hier vorliegenden Ausprägung einem gemeinsamen Traditionshintergrund entnommen sein, dem auch der Hebräerbrief nahesteht (vgl. Hebr 11,29; auch 12,1; 6,20).[266]

4.3.5.2 „Warum zweifelst du?" (Fragen Marias, Johannesapokryphon)

Die wohl im 3. Jahrhundert in Ägypten entstandenen und bei Epiphanios von Salamis überlieferten „Fragen Marias" wenden das nach Mt 14,31 an Petrus gerichtete Jesuswort auf Maria Magdalena.[267] Die Gnostiker behaupten Epiphanios zufolge, dass Jesus Christus der Maria im Rahmen einer degenerierten Herrenmahlsfeier Offenbarungen vermittelt habe, „indem er sie auf den Berg mitnahm, betete und eine Frau aus seiner Rippe hervorbrachte und begann, sich mit ihr zu vereinigen, und dann seinen (Samen-)Ausfluß nahm, um zu zeigen, daß ‚man

---

[262] LATTKE, Oden Salomos, Bd. 3, 211. HARRIS, Odes and Psalms of Solomon, 134, übersetzt in OdSal 39,13 einen *genitivus objectivus*; revidiert in HARRIS/MINGANA, Odes and Psalms of Solomon, Bd. 2, 396 (*genitivus subjectivus*).

[263] Hin und wieder ging man davon aus, dass die matthäische Erzählung „unter dem Bilde des über den Wassern des Todes wandelnden Meisters" nach OdSal 39 gestaltet wurde (so etwa GRUNDMANN, Matthäus, 367), doch setzt diese These eine nicht zu haltende Datierung der Oden Salomos *vor* dem Matthäusevangelium voraus.

[264] Während sich James Rendel Harris und im Anschluss an ihn Friedrich Spitta für eine Bezugnahme auf Mt 14,28–31 aussprachen (vgl. HARRIS, Odes and Psalms of Solomon, 135; SPITTA, Verständnis der Oden Salomos, 289), votierte Adolf von Harnack für Unabhängigkeit (vgl. HARNACK, Ein jüdisch-christliches Psalmbuch, 70 Anm.).

[265] Mit Fragezeichen z. B. auch LATTKE, Oden Salomos, Bd. 3, 202; BOCKMUEHL, Simon Peter, 25. Abhängigkeit setzen voraus u. a. CHARLESWORTH, Odes of Solomon, 137; BORNKAMM, Petrus bei Matthäus, 385.

[266] Vergleichsmaterial zur Seewandelepisode aus dem syrischen Raum, das die glaubensförmige Partizipation des Petrus an der Macht Jesu hervorhebt (z. B. Ephraem, Dura Europos), könnte eine Verknüpfung zwischen Mt 14,28–31 und OdSal 39 weiter plausibilisieren. So PEPPARD, Oldest Church, 93.

[267] Vgl. MARKSCHIES, Fragen Marias.

4.3 Mt 14,31: „Warum hast du gezweifelt?"   151

so handeln müsse, damit wir leben'. Als Maria in Verwirrung geraten war und zu Boden fiel, habe er sie wieder aufgerichtet und zu ihr gesagt: ‚Weswegen hast du gezweifelt, Kleingläubige?'"[268] Das knappe Referat bei Epiphanios trägt wenig zum Phänomen des Zweifels aus (und wohl noch weniger zur tatsächlichen Kultpraxis der diffamierten Gruppe); es belegt allenfalls, dass sich der Satz Jesu aus der Petruserzählung verselbstständigen und in andere Kontexte eingefügt werden konnte.

In abgewandelter Form findet sich der Satz auch im sethianisch-gnostischen Johannesapokryphon, hier an den Zebedaiden Johannes gerichtet: „Er sagte zu mir: ‚Johannes, Johannes, warum zweifelst du und warum bist du ängstlich?'"[269] Es spricht hier eine göttliche Erscheinung, die dem Johannes in wechselnder Gestalt (Kind, Greis und Knecht) und mit epiphanalen Begleitphänomenen (Licht, Beben) vom Himmel her begegnet, als dieser nach der Kreuzigung in Trauer war.

4.3.5.3 „Ein Kleingläubiger ist im Glauben untreu" (Sextos 6)

Der petrinische Kleinglaube wirkt in eigentümlicher Gestalt in den Sentenzen des Sextos nach.[270] Die umstrittenen Fragen rund um die Entstehung und Kompilierung der Sprüche können hier nicht bearbeitet werden. Es genügt festzuhalten, dass es sich um eine lockere Sammlung handelt, die traditionell dem Philosophen Sextos zugeschrieben wurde. Die Sentenzen weisen Einflüsse verschiedener philosophischer Strömungen auf (v. a. Stoa, Platonismus, Pythagoreismus) und geben zugleich ein eindrückliches Beispiel dafür ab, „wie zwanglos populäres heidnisch-antikes Bildungsgut am Ende des 2. Jh. n. Chr. in christlichen ‚Besitz' überführt werden konnte."[271]

Welche Rolle spielen nun Glaube, Kleinglaube und Zweifel? In die Sextossprüche wurde die Spruchsammlung eines ansonsten unbekannten Kleitarchos

---

[268] Epiphanios, *Haer.* 26,8,2–3 (Übers. MARKSCHIES, Fragen Marias, 412). Epiphanios fügt in *Haer.* 26,8,4 an, dass das Jesuswort an Maria seinen Satz an Nikodemus erläutere: „Wenn ich vom Irdischen zu euch rede, und ihr glaubt nicht, wie werdet ihr da glauben, wenn ich vom Himmlischen zu euch rede?" (Joh 3,12).

[269] NHC II,1 p. 2,10 (vgl. BG 2 p. 21,15). Vgl. WALDSTEIN/WISSE, Apocryphon of John, 16 f. Zum koptischen Ⲣ̄ ϩⲏⲧ ⲥⲛⲁⲩ vgl. MARJANEN, The Woman Jesus Loved, 107: „The literal meaning of Ⲣ̄ ϩⲏⲧ ⲥⲛⲁⲩ is ‚to be double-minded'. Its Greek equivalents are διψυχεῖν/δίψυχος εἶναι and διστάζειν." Im zitierten Satz aus dem Johannesapokryphon scheint διστάζειν zugunde zu liegen (vgl. a. a. O., Anm. 54), wie mit großer Wahrscheinlichkeit auch im Evangelium nach Maria. S. u. Kap. 4.4.6.3.

[270] Übers. im Folgenden nach W. Eisele.

[271] So PLISCH/SCHENKE, Sextussprüche, 545. Dass die Sextossprüche auch unter den koptischen Nag-Hammadi-Schriften auftauchten, belegt die weite Verbreitung der Sammlung. Die koptisch erhaltene Kopie ist frühestens auf die erste Hälfte des 4. Jh. zu datieren (vgl. a. a. O., 544), es handelt sich dabei um den ältesten Textzeugen der Sprüche. Ein großer Teil der Sentenzen fehlt dort allerdings. Zur komplexen Geschichte der Textzeugen und ihrer Erforschung vgl. EISELE, Sextus und seine Verwandten, 296–300.

152   4. Synoptiker

in großen Teilen inkorporiert und christlich überarbeitet.[272] Besonders augenfällig wird die „Christianisierung" in der Überformung durch Glaubensterminologie. Aus dem Satz „Gott braucht nichts, der Weise aber nur Gott" (Kleitarchos 4) wird: „Gott braucht nichts, der Gläubige aber nur Gott" (Sextos 49). Die Aufforderung „Schätze das Hören höher als das Sagen dessen, was sein muss" (Kleitarchos 44) wird ergänzt durch einen Konditionalsatz: „Wenn du gläubig bist, dann schätze das Sagen dessen, was sein muss, nicht höher als das Hören" (Sextos 171a). Zugespitzt gesagt: „Der Weise wird zum Gläubigen."[273] Umgekehrt ist zu beobachten, dass von den zahlreichen Sextossprüchen mit Wörtern vom πιστ-Stamm nicht einer bei Kleitarchos zu finden ist.[274]

Die uns zum Stichwort „Kleinglaube" interessierende Sentenz entstammt einer weiteren Spruchgruppe, zu der alle diejenigen Sprüche gehören, die in den paganen Sammlungen ohne Parallele sind und augenscheinlich einen christlichen Ursprung haben.[275] Die sechste Sentenz lautet: „Ein Kleingläubiger ist im Glauben untreu" (ὀλιγόπιστος ἐν πίστει ἄπιστος).[276] Ihren Ort hat sie im einführenden Corpus mit acht Sprüchen, die allesamt um den Glauben kreisen und damit den Ton für die Lektüre und das Verständnis der gesamten Sammlung setzen.[277] Während die erste Sentenz den „Gläubigen" in den Blick nimmt („Ein gläubiger Mensch ist ein auserwählter Mensch"), richtet die sechste Sentenz die Aufmerksamkeit auf die Charakterisierung des „Kleingläubigen".

Im Gegensatz zur matthäischen Konzeption rückt Sextos den Kleinglauben an den Unglauben und die Sünde heran und versieht ihn mit einer ethisch-rigoristischen Färbung.

Dies wird auch aus den folgenden Sprüchen ersichtlich: „Wer treu ist in der Bewährung des Glaubens, ist ein Gott im [lebendigen] Leib eines Menschen" (7a). „Wer untreu ist im Glauben (ἄπιστος ἐν πίστει), ist ein toter Mensch in einem lebendigen Leib" (7b). „In Wahrheit gläubig ist der Sündlose" (8). Der Kleingläubige ist in der Konsequenz dieses mehrgliedrigen Syllogismus „ein toter Mensch in einem lebendigen Leib" und ein Sünder. Dieser Schluss bestätigt sich in weiteren Sentenzen: „Hast du dich gläubig genannt, dann hast du damit bekannt, dass du auch nicht sündigst gegen Gott" (234).[278] „Das Leben ungläubiger Menschen ist eine Schande" (400).

---

[272] Darauf wies bereits Henry Chadwick hin: „There are not a few instances where the text of Clitarchus bears every mark of being the original form which Sextus revised in a Christian direction" (CHADWICK, Sentences of Sextus, 157).

[273] EISELE, Der Weise.

[274] EISELE, Sextus und seine Verwandten, 309 mit Anm. 64 und dem Verweis auf insgesamt 42 Sprüche, die Glaubensterminologie aufweisen.

[275] Vgl. die Aufstellung bei CHADWICK, Sentences of Sextus, 139 f.

[276] WILSON, Sentences of Sextus, 46, versucht sich an einer konkordanten Übersetzung des πιστ-Stammes: „In faith, one with little faith is one without faith."

[277] Vgl. EISELE, Der Weise, 343 f.

[278] CHADWICK, Sentences of Sextus, 139, vermutet einen Bezug zum Taufversprechen: „Presumably a reference to the baptismal promise."

Nach Sextos erweist eine „große Peristase" den gläubigen Mann, das Versagen hingegen den Kleingläubigen und Ungläubigen (200). Zu diesem Spruch bietet Mt 14,28–31 „eine passende Negativfolie",[279] insofern Petrus angesichts des Sturms nicht standhaft und gläubig bleibt, sondern kleingläubig und zweifelnd wird. Allerdings dient der Kleinglaube im rigoristischen Ethos der Sextossprüche nicht mehr wie im Matthäusevangelium dazu, die Jünger Jesu zu charakterisieren. Vielmehr kennzeichnet er den Existenzmodus derer, die sich faktisch im Bereich jenseits des Glaubens befinden.[280]

4.3.6 Religionsgeschichtliche Verflechtungen

Die in der Seewandelszene verarbeiteten Motivfelder sowie die Bild- und Formelsprache der Erzählung sind tief in der alttestamentlich-jüdischen Tradition verwurzelt: Zu nennen sind beispielsweise poetische Bezüge auf Jahwe und das Meer, auf seine Wundermacht und seine Rettungstaten, auf das „Ich bin"-Wort als die Selbstoffenbarungsformel Gottes usw.[281] Doch wahrscheinlich haben auch außerbiblische und gar außerchristliche Vorstellungen und Erzähltraditionen „einen nicht geringen, obgleich schwer abzuschätzenden und nicht vorschnell für die Frage nach einer überlieferungsgeschichtlichen Abhängigkeit auszuwertenden Einfluss" geübt.[282] Weit verbreitet sind etwa das Motiv der wunderbaren Rettung aus Seenot durch die Hilfe einer Gottheit oder die Vorstellung vom Gehen auf dem Wasser als der Fähigkeit einer Gottheit, eines Gottessohnes oder eines göttlichen Menschen.[283]

4.3.6.1 Der übers Wasser schreitende Hyperboreer (Lukian, Philopseudes)

Wenigstens anmerkungsweise ist an dieser Stelle zu verweisen auf Lukians Spott über die Leichtgläubigkeit seiner Zeitgenossen. Sie lassen sich von zweifelhaften Berichten über die Wundertaten eines Hyperboreers überführen. Auf mirakulöse

---

[279] EISELE, Anmerkungen, 225.

[280] Walter Wilson fasst daher zusammen: „In contrast to its usage in the first gospel [sc. Matthäus], for Sextus the term refers not to insufficient or anxious faith but to the absence of faith, something that is a matter for reproach" (WILSON, Sentences of Sextus, 47, mit Verweis auf TestAss 2,1–10 und Clemens von Alexandria, Stromateis 4,7,42,4). Bei Clemens heißt es: „Nicht Kleingläubige nennt er solche Leute [sc. die den Erlöser verleugnen], sondern Ungläubige und Heuchler, da sie sich zwar den Christennamen angeeignet haben, aber gläubig und treu zu sein ableugnen" (Übers. O. Stählin). – Vgl. zur weiteren Kirchenväterexegese sowie künstlerischen Darstellungen des Wasserwandels bis ins 4. Jh. (u. a. Dura Europos) SCHLIESSER, Seewandel des Petrus, 69–78.

[281] Die alttestamentlich-jüdischen Bezüge wurden v. a. von HEIL, Walking on the Sea, herausgearbeitet. Außerbiblisches Vorstellungsgut wird bei ihm nicht berücksichtigt.

[282] BORNKAMM, Petrus bei Matthäus, 384.

[283] LUZ, Matthäus, Bd. 2, 407, bietet eine thematisch geordnete Übersicht über die antiken Parallelen aus dem Mittelmeerraum. Vgl. ausführlich BIELER, ΘΕΙΟΣ ΑΝΗΡ, 96 f.; NICHOLLS, Walking on the Water, 57–61.

154   4. Synoptiker

Weise wurde dieser – so berichtet der treuherzige Kleodemos in einem fiktiven
Dialog – durch die Luft getragen, schritt auf dem Wasser (ἐφ᾽ ὕδατος βαδίζον-
τα) und ging durch das Feuer, „und das in aller Seelenruhe" (*Philopseudes* 13).[284]
Das Schreiten über das Wasser ist „ein altes Theologumenon", das schon in der
Ilias von der Fahrt des Poseidon über das Meer bezeugt ist und in der kaiser-
zeitlichen Literatur ein beliebtes Motiv war und auch von Menschen behauptet
wird.[285] Anders als im Matthäusevangelium geht es Lukian nicht um den Zweifel
beim Schreiten auf dem Wasser, sondern um den Zweifel *am* Schreiten auf dem
Wasser. Das Problem, das er verhandelt, gehört in den Komplex „Glauben und
Sehen" und wird daher in der Auslegung der Thomasepisode aus dem Johannesevangelium eine Rolle spielen.[286]

4.3.6.2 Geschichten aus früheren Leben Buddhas

Fast ausnahmslos verweisen die Kommentare auf eine in der Tat beeindruckende
Parallelerzählung in den buddhistischen Jatakas.[287] Den entscheidenden Aus-
schnitt aus der Einleitung zu Jataka 190 gebe ich ausführlich wieder:

> Dies erzählte der Meister [sc. Buddha], da er im Jetavana verweilte, mit Beziehung auf
> einen gläubigen Laienbruder. – Als nämlich dieser gläubige, bekehrte edle Schüler eines
> Tages nach dem Jetavana ging, kam er am Abend an das Ufer der Aciravatī. Der Fähr-
> mann aber hatte sein Schiff an das Ufer gezogen und war weggegangen, um die Predigt
> zu hören. Als nun jener an der Furt kein Schiff sah, trat er, von freudigen Gedanken an
> Buddha getrieben, auf den Fluß. Seine Füße sanken im Wasser nicht ein; er ging wie auf
> festem Boden. Als er aber in die Mitte gelangt war, sah er die Wellen. Da wurden seine
> freudigen Gedanken an Buddha schwächer und seine Füße begannen einzusinken. Doch
> er erweckte wieder stärkere freudige Gedanken an Buddha und ging weiter auf der Ober-
> fläche des Wassers.[288]

Nach Luz ist der buddhistische Text „die engste Parallele zu Mt 14,28–31, die
es gibt."[289] In der Phase der ersten Begeisterung über die neu zugänglichen
Parallelen Anfang des 20. Jahrhunderts wurde gemutmaßt, dass „nur Entlehnung
auf christlicher Seite" in Betracht kommen könne, da die Vorstellung vom Seewandel durch Asketen, Tugendhafte und Fromme in Indien weit verbreitet, dem

---

[284] Übers. nach M. Ebner/H. Gzella.

[285] GZELLA/EBNER, Anmerkungen, 120 (dort auch eine Vielzahl an Verweisen).

[286] S. u. Kap. 5.8.2.

[287] Eine eingehende, im Blick auf den Erkenntniswert der buddhistischen Parallelen zurück-
haltende Darstellung bietet NICHOLLS, Walking on the Water, 53–57.

[288] Erstmals auf Deutsch erschienen in der Übersetzung von DUTOIT, Jātakam, Bd. 2, 130 f.
Wahrscheinlich geht die Entdeckung als „Parallele" für die Seewandelerzählung auf den Ori-
entalisten Heinrich Wenzel zurück (WENZEL, Coincidences, 27), doch erst mit van den Berg
VAN EYSINGA, Indische Einflüsse, 52, fand sie in der Fachwelt vernehmbaren Widerhall.

[289] LUZ, Matthäus, Bd. 2, 410. Vgl. im Gegensatz dazu KEENER, Matthew, 407 Anm. 30: „The
suggested Buddhist parallel for walking on water [...] lacks close literary correspondence and is
chronologically questionable, not to mention geographically remote."

Judentum aber „ganz fremd" gewesen sei.[290] Eine solche Einschätzung weist zu Recht darauf hin, dass die Vorstellung vom Gehen auf dem Wasser in der alttestamentlich-jüdischen Tradition nicht geläufig ist,[291] unterschlägt allerdings, dass sie in der hellenistisch-römischen Welt zum Standardrepertoire gehört. Umstritten ist auch die Datierung der Jatakas, die als Sammlung im 5. Jahrhundert n. Chr. vorliegen, teils aber weit in vorchristliche Zeit zurückreichen.[292]

Wie auch immer das Alter des buddhistischen Textes und sein möglicher Einfluss auf den Seewandel des Petrus beurteilt wird, zweifellos bietet er eine aufschlussreiche sachliche Analogie zur neutestamentlichen Erzählung. Allerdings gehen auch in der Frage, worin die Analogie besteht und wie weit sie reicht, die Meinungen weit auseinander. Vordergründig weisen die Texte Parallelen zu folgenden Aspekten auf:[293] Tageszeit (nachts bzw. abends), Protagonist (Jünger), wunderbare Handlung (Gehen auf dem Wasser), Handlungsdisposition (πίστις bzw. *pîti*, „Glaube"), Absicht (Nähe zum Meister), Furcht und Scheitern (Sehen des Windes bzw. der Wellen), Rettung. Der wichtigste übereinstimmende Zug zwischen der buddhistischen und matthäischen Erzählung ist der Akzent auf der brüchigen inneren Haltung der Jünger, dass also „Petrus infolge seiner Kleingläubigkeit anfängt unterzusinken wie der Jünger Buddhas infolge der schwindenden Versenkung".[294] Dieser Gesichtspunkt ist bedeutender als das Motiv des Schreitens über dem Wasser.

Eine kontrastierende Gegenüberstellung der Szenen richtet den Fokus auf andere Elemente:[295] Figurenkonstellation (Jünger, Petrus, Jesus vs. einzelner Buddhaschüler), Motivation des Gehens auf dem Wasser (erbetener Befehl vs. eigene Willensentscheidung), Erwerb der Fähigkeit (spontane Teilhabe an göttlicher Vollmacht vs. lebenslange Disziplin), Vorstellungshintergrund (Gehen auf dem Wasser vs. Levitation und Überfliegen des Wassers[296]), Rettung (durch die Hand des Meisters vs. Wiedererlangung der Wunderkraft), Reaktion des Meisters auf den Zweifel (Tadel vs. kein Kommentar), Pointe der Erzählung (Anbetung des „Gottessohns" vs. Bedeutung der Erinnerung an „Buddhavorzüge"[297]).

---

[290] GARBE, Indien und das Christentum, 57. Im englischen Sprachraum vgl. BROWN, Indian and Christian Miracles, 59–61.

[291] Vgl. aber Hi 9,8 LXX (von Gott); 2 Makk 5,21 (von Antiochos IV.); ApkEl 33,1 (vom Antichrist).

[292] So BROWN, Indian and Christian Miracles, 28; STEHLY, Boudhisme et Nouveau Testament, 436.

[293] Vgl. STEHLY, Boudhisme et Nouveau Testament, 435 f. (modifiziert und ergänzt).

[294] GARBE, Indien und das Christentum, 57.

[295] Vgl. NICHOLLS, Walking on the Water, 54 (modifiziert). „It is possible, by citing isolated details, to make a herring sound like a seagull, but when one sees the two together the comparison is found to be wanting" (ebd.).

[296] So zumindest in der reichen buddhistischen – teils vorchristlichen – Überlieferung, die BROWN, Indian and Christian Miracles, 3–29, auswertet. Buddha überfliegt das Wasser und wandelt nicht auf ihm (a. a. O., 18).

[297] In der Fortsetzung der Erzählung fragt Buddha den Laienbruder, ob er ohne Beschwerde

156 4. Synoptiker

Wie der Zweifel als Grund für das Versagen die auffälligste Konvergenz der beiden Erzählungen darstellt, so zeigt sich in der Bearbeitung des Zweifels zugleich der größte Abstand. Matthäus positioniert die Krisis des Zweifels in den Raum der Begegnung zwischen dem Jünger und dem Herrn. Am entscheidenden Wendepunkt des Dramas steht eine in einen Dialog eingebettete Rettungstat durch ein göttliches Gegenüber. Im Gegensatz dazu erfolgt die Peripetie der buddhistischen Erzählung durch eine Kehre des Protagonisten nach innen: Durch die Kraft der Meditation ist er in der Lage, „stärkere freudige Gedanken an Buddha" zu entwickeln und seine Fähigkeit wiederzuerlangen.[298] Kaum beachtet wird in der Literatur, dass das in der buddhistischen Erzählung enthaltene Gespräch zwischen Meister und Jünger *post miraculum* den Zweifel nicht thematisiert oder kommentiert, sondern auf die Bedeutung der Glaubenstugend abzielt.[299] Der Zweifel des Jüngers bleibt im Verborgenen, so dass er aus dem Dialog mit dem Meister nicht als Paradigma des Zweiflers hervorgeht, sondern als Exempel wunderkräftigen Glaubens.

4.4 Mt 28,17: „Einige aber zweifelten." Der finale Jüngerzweifel

Für die Leserinnen und Leser des Matthäusevangeliums stellt sich unweigerlich die Frage, wie sich das Glaubensdrama des Petrus weiter entfalten wird. Wer gewinnt die Oberhand: der Kleinglaube oder der Glaube? Wie sieht das Ende der Geschichte aus? Matthäus hält die Spannung aufrecht und die Stellung des Petrus zu Jesus in der Schwebe (vgl. Mt 15,15–20; 16,13–23; 17,24–27; 18,21–23; 19,23–30; 26,30–75). Im Zusammenhang mit dem Petrusbekenntnis wird die innere Zerrissenheit des Petrus und Jesu Urteil über sie auf die Spitze getrieben: Auf engstem Raum begegnet Petrus als Empfänger einer göttlichen Offenbarung (16,17) und als „Satan", der „nicht Göttliches, sondern Menschliches im Sinn hat" (16,23); aus dem Verbündeten Jesu (16,18) wird sein größter Widersacher, aus dem Fels ein Stolperstein.[300] Auch die finale Petrusszene akzentuiert seine Zer-

---

im Jetavana angekommen sei. In seiner Antwort sieht der Bruder davon ab, von seinem Versagen zu berichten, sondern verweist lediglich auf seine „freudigen Gedanken an Buddha", die es ihm ermöglichten, über das Wasser zu gehen. Darauf antwortet der Meister: „Nicht nur jetzt, o Laienbruder, hast du, da du dich an die Buddhavorzüge erinnertest, einen festen Untergrund erlangt, sondern auch früher schon fanden Laienbrüder inmitten des Ozeans, als ihr Schiff zertrümmert war, einen festen Untergrund, da sie der Buddhavorzüge gedachten" (Übers. DUTOIT, Jātakam, Bd. 2, 130).

[298] Ganz anders LUZ, Matthäus, Bd. 2, 410 Anm. 52: „Völlig falsch wäre die landläufige christliche Formulierung des Gegensatzes: Der Christ wird durch das Gegenüber eines anderen (Gottes!), der Buddhist durch sich selbst und seine eigenen Gedanken gerettet."

[299] Dass der „Glaube" als Tugend gefasst wird, zeigt der Eingangssatz der Jataka: „Sieh, wie der Glaube, wie die Tugend."

[300] Aus figurenanalytischer Sicht hält SYREENI, Peter as Character and Symbol, 132 f., fest: „Despite occasional efforts at creating a plausible character of Peter, Matthew, in designing the

4.4 Mt 28,17: „Einige aber zweifelten."

rissenheit: Petrus versichert zweimal seine Loyalität gegenüber Jesus (26,33.35), um ihn am Ende dreimal zu verleugnen (26,69–75). Im Gesamtentwurf des Matthäusevangeliums spannt sich der Bogen vom alles überragenden Bekenntnis bis zum tiefen Fall der Verleugnung.

Für die Auseinandersetzung mit dem Zweifel – auch mit dem Zweifel des Petrus – ist nun aber eine Aussage von Bedeutung, die in den Charakterisierungen des Apostels häufig unterschlagen wird. In der Schlussszene des Evangeliums (28,16–20), die ebenfalls zum Sondergut gehört, bemerkt Matthäus über die elf Jünger, dass sie Jesus sahen, sich niederwarfen (προσεκύνησαν) und zweifelten (οἱ δὲ ἐδίστασαν) (28,17). Das Stichwort διστάζειν, das im gesamten Neuen Testament nur in den beiden Matthäuspassagen belegt ist,[301] stellt daher eine bewusste Verbindung zu Mt 14,31 und damit zum Zweifel und Kleinglauben des Petrus her.[302] Petrus ist also nach wie vor im Blick, auch wenn er nicht namentlich genannt wird.[303] Aus der Leseperspektive stellt sich nach der Verleugnung die drängende Frage, wie es mit Petrus weitergeht. Das letzte Wort über Petrus lautet: „Und er ging hinaus und weinte bitterlich" (26,75). Matthäus äußert sich nicht darüber, was nach der Verleugnung geschieht und wie Petrus die Tragödie bewältigt. Über den Selbstmord des Judas hat Matthäus unmittelbar nach der Verleugnungsgeschichte berichtet; über Petrus schweigt er, auch in den Erscheinungsgeschichten. Ein den schicksalhaften Ereignissen vorausgreifendes Verheißungswort im Stil von Lk 22,31 fehlt. Am Ende der Geschichte verliert der Sprecher der Jünger seine individuelle Stimme und wird in das Figurenkollektiv der elf Übriggebliebenen eingereiht. Zusammen mit ihnen fällt er vor dem Auferstandenen auf die Knie – und er zweifelt.

Was bewog Matthäus dazu, den Zweifel an dieser Stelle und in dieser – grammatisch, erzählerisch, theologisch – durchaus enigmatischen Weise zu thematisieren? Welche Aussageabsicht verfolgt er? Bemerkenswert ist zunächst seine Darstellungsweise, d. h. die dramaturgische Gestaltung der Szene. In inhaltlicher Hinsicht steht zur Diskussion, wen sich Matthäus als Subjekt des Zweifels vorstellt und worüber gezweifelt wird.

---

double episode [Mt 16,13–23], reveals to his readers that there is more to Peter than a character; namely, he is a highly ambivalent ecclesiological symbol. [...] From now on, the reader will not be content to ask whether this or that trait suits the plot or builds the Petrine character. The reader will also ask for the symbolic meanings that attach to this character."

[301] S. o. Kap. 2.7.

[302] Vgl. auch προσκυνεῖν in Mt 14,33 und 28,17.

[303] Anders dann bereits die *Epistula Apostolorum*, die Verleugnung und Zweifel an der Identität des Auferstandenen nahezu verschmilzt. S. u. Kap. 4.4.6.1.

158 4. Synoptiker

4.4.1 Der Erzählbogen der Szene

Der Bericht des Matthäus über die nachösterliche Erscheinung Jesu ist ausgesprochen knapp.[304] Er spart mit Details über die näheren Umstände der Zusammenkunft und verweist lediglich darauf, dass sich die Jünger im Auftrag Jesu auf dem Berg versammeln. Zunächst scheint alles in bester Ordnung: Erstmals nach der Auferstehung trifft der (um Judas dezimierte) Jüngerkreis wieder auf Jesus.[305] Sie sind seiner Aufforderung ohne Ausnahme gefolgt (ἐτάξατο, 28,16) und werden Zeugen einer Epiphanie.[306] Jesus erwartet sie offensichtlich bereits auf dem Berg in Galiläa, und beim Anblick Jesu fallen sie nieder (προσεκύνησαν, 28,17). Matthäus hätte nun ohne Umschweife in die Vollmachtsbekundung Jesu und die Beauftragung der Jünger überleiten können. Doch er schaltet eine ebenso lapidare wie rätselhafte Bemerkung über den Zweifel ein: οἱ δὲ ἐδίστασαν.[307]

Vordergründig tut er dies ohne erzählerische Not; der Handlungsablauf wird durch diese Feststellung nicht vorangetrieben, sondern eher gestört.[308] Zum Motiv der Epiphanie wäre ein Hinweis auf die Furcht (vgl. nur Mt 14,26) gattungsgemäß gewesen; Epiphaniezeugen zweifeln nicht.[309] Doch Matthäus zieht es vor, mit einem äußerst knappen und daher missverständlichen Satz erneut die Inkonsistenz des Jüngerverhaltens zu thematisieren, das zwischen Anbetung und Zweifel, zwischen Glaube und Kleinglaube oszilliert. Selbst auf dem Höhepunkt der Handlung stößt der Glaube der Jünger nicht zur Eindeutigkeit hindurch, er bleibt gebrochen und versagt, wie zuvor schon der Glaube des seewandelnden Petrus, im entscheidenden Augenblick.[310] Für die Leserinnen und Leser bestätigt sich der im Lauf der Lektüre gewonnene Eindruck, dass die Nähe zu Jesus nicht

---

[304] Vgl. ELLIS, „But Some Doubted", 574: „The most striking feature of St Matthew's account of the post-Resurrection appearance of Christ is its brevity." Während OBERLINNER, „... sie zweifelten aber", 376, vor 30 Jahren noch feststellte, dass redaktionsgeschichtliche und gattungskritische Probleme „[b]esonders ausführlich diskutiert und zugleich weiterhin kontrovers beantwortet werden", treten sie in neueren Publikationen fast vollständig in den Hintergrund. Auch die Rückfrage nach den historischen Begebenheiten spielt keine dominante Rolle mehr. Schon Adolf von Harnack hatte von dem Abschnitt als einem „Meisterstück" gesprochen und umgehend die Präzisierung angefügt, „sobald man nur auf seinen Inhalt blickt und sich alle historischen Skrupel aus dem Kopf schlägt" (zitiert bei OBERLINNER, a. a. O., 375). Vgl. ausführlich KINGSBURY, Composition and Christology.

[305] Vgl. MEYER, Matthäus, 616: „Nach diesem Berichte offenbar das *erste* Wiedersehen und der *erste* Eindruck."

[306] Vgl. zum Charakter der Erscheinung als Apotheose COTTER, Apotheosis.

[307] Vgl. POPLUTZ, Verunsicherter Glaube, 31: „Das muss man sich einmal vor Augen führen: Ausgerechnet in der finalen Erscheinungs- und Beauftragungsszene, ausgerechnet am Ende des Evangeliums, als alle erzählten Konflikte gelöst sind und sogar der Tod Jesu überwunden ist, reagieren die Jünger mit Zweifel."

[308] Vgl. HOFFMANN, Zeichen für Israel, 442: „Der Zweifel der Jünger will in diese großartige Szene der Proskynese nicht passen."

[309] Vgl. WOODINGTON, Dubious Disciples, 86.

[310] Vgl. BORNKAMM, Petrus bei Matthäus, 383.

4.4 Mt 28,17: „Einige aber zweifelten."

mit einem unerschütterlichen Glauben einhergeht – im Gegenteil: Selbst beim Anblick des Auferstandenen bleibt der Zweifel virulent.

Dadurch, dass die Erwähnung des Zweifels sperrig wirkt, zugleich aber mentale Brücken zu vorangehenden Episoden schlägt, erhält die Formulierung οἱ δὲ ἐδίστασαν ein spezifisches Gewicht in der Schlussszene des Evangeliums. Umso verwunderlicher ist es daher, dass Matthäus kein Wort darüber verliert, woher der Zweifel rührt, wer genau vom Zweifel betroffen ist (vgl. dagegen Mt 14,30–31), wie sich Proskynese und Zweifel zueinander verhalten und wie Jesus auf den Zweifel reagiert. Ein Tadel wie in der Seewandelszene (14,31) oder – noch schärfer – im lukanischen Erscheinungsbericht (Lk 24,25; vgl. Mk 16,14) wird nicht laut, auch keine Aufforderung zu glauben wie in der johanneischen Thomasepisode (Joh 20,27). Der Zweifel wird nicht durch die Berührung des Auferstehungsleibes (Lk 24,39; Joh 20,27), die Nahrungsaufnahme durch Jesus (Lk 24,41–43), eine schriftgelehrte Lektion (24,45), durch die Himmelfahrt (24,52) oder eine neuerliche Erscheinung (Mk 16,14) überwunden. Matthäus markiert den Übergang zwischen dem Zweifel der Anwesenden und dem abschließenden Monolog Jesu durch die schlichte Wendung καὶ προσελθὼν ὁ Ἰησοῦς (Mt 28,18). Offen bleibt zunächst, ob und inwiefern der Sendungsbefehl die zwiegespaltene Haltung der Jünger affiziert.

4.4.2 Wer zweifelt?

In der Exegese von Mt 28,17 wurde in immer neuen Anläufen gefragt, wer zu den Zweiflern zu zählen sei, woraus der Zweifel entspringt bzw. worauf er sich richtet und ob er am Ende als überwunden gelten kann oder nicht. Zunächst gibt die Formulierung οἱ δὲ ἐδίστασαν ein grammatisches Rätsel auf. Die vorgeschlagenen Lösungen sind nicht zuletzt von theologischen Überlegungen zur Verhältnisbestimmung von Zweifel und Anbetung beeinflusst, wie auch von der Erwägung, ob angesichts der überwältigenden Erscheinung des Auferstandenen am Höhepunkt des Evangeliums überhaupt Zweifel im Spiel sein können.[311] Mag die Frage nach dem Subjekt des Zweifels aus heutiger Sicht „eine grammatische und stilistische, keine theologische" sein,[312] so zeigt ein Blick in die Auslegungsgeschichte eine Prävalenz der Theologie gegenüber der Grammatik und dem Kontext.

Eine scharfsinnige Korrektur des vorliegenden Texts wurde von Friedrich August Bornemann ins Spiel gebracht. Er rechnet „mit Versetzung eines einzigen Buchstabens" und liest οἱ δὲ διέστασαν (= διέστησαν); dadurch „gewinnen wir den guten Sinn: die einen fielen aus Ehrerbietung bei seinem Anblicke nieder, die anderen traten auseinander, offenbar

---

[311] Vgl. HAGNER, Matthew, Bd. 2, 884.
[312] So LUZ, Matthäus, Bd. 4, 439, ausdrücklich gegen OBERLINNER, „... sie zweifelten aber", 381. Zu den philologischen Fragen vgl. BLACK, Sentence Conjunctions, 160–162, die allerdings (anders als hier vorgeschlagen) einen Subjektwechsel annimmt.

160 4. Synoptiker

entsetzt und betroffen über den Anblick des Auferstandenen."[313] Noch weitreichender ist eine Konjektur, die wohl erstmals Theodor von Beza vorgeschlagen hat: statt οἱ δέ sei οὐδέ zu lesen.[314] Eine weitere Möglichkeit, sich der Anstößigkeit der Aussage zu entledigen, ist die Hypothese, dass es sich bei der Wendung οἱ δὲ ἐδίστασαν um eine sekundäre Zufügung handelt. Johannes Weiß und Wilhelm Bousset empfinden sie „in diesem harmonischen Schluß so stimmungswidrig", dass sie ihn „für einen Einschub zur Ausgleichung mit Lk. 24,37; Joh. 20,24 f. (Thomas)" halten wollen.[315] Schließlich hat Grant Osborne in einer redaktionskritischen Studie erwogen, dass die vormatthäische Tradition eine umgekehrte Reihenfolge von Zweifel und Niederfallen geboten habe: „This original tradition may have said simply that the disciples went to Galilee and were met by the Risen Christ on a mountain top. At first some doubted what they were seeing, but when they accepted the physical reality of the Risen Lord, fell down, and worshiped him."[316]

Unter den Auslegungen, die sich nicht in eine Konjektur oder in die Annahme einer nachträglichen Glosse oder Textumstellung flüchten, sind die folgenden fünf Optionen erwähnenswert. Ich führe sie jeweils in paraphrasierender Übersetzung ein:

(1) „Sie (die Jünger) warfen sich nieder; einige (aus einer Gruppe jenseits des Jüngerkreises) aber zweifelten." Der in der älteren, auch schon altkirchlichen Exegese häufig vorgebrachte Lösungsvorschlag entspringt einer harmonisierenden Lektüre, die damit rechnet, dass neben den Jüngern noch weitere Jesusnachfolger anwesend waren: entweder seien die (nur) bei Lukas erwähnten Siebzig gemeint (Lk 10,1)[317] oder aber die 500 Brüder, von denen Paulus spricht (1 Kor 15,6).[318] Motiviert wird die Auslegung durch die Absicht, den Zweifel von den elf Jüngern fernzuhalten,[319] oder durch die Unterstellung, dass Matthäus seinen Leserinnen und Lesern den Jüngerzweifel am Höhepunkt seiner Geschichte

---

[313] BORNEMANN, Erklärung, 126.

[314] Nach MEYER, Matthäus, 617. Vgl. aber Theodor Beza, Annotationes, 158 f.: „Id est τινὲς δὲ, ut Graeci loqui consueverunt, quum οἱ μὲν non praecedat." Less, Auferstehungs-Geschichte Jesu, 338, schreibt zu diesem Verbesserungsvorschlag: „Es ist daher dieses Eine der wenigen Stellen, die man durch Konjektur restituiren muß, weil der Fehler der Abschreiber, schon älter ist, als alle unsere Handschriften."

[315] WEISS/BOUSSET, Die drei ältesten Evangelien, 388. Vgl. weiter: „Da die Elf ihn ‚gesehen' haben, ist kein Grund mehr zum Zweifel."

[316] OSBORNE, Resurrection Narratives, 242.

[317] So z. B. KUINOEL, Evangelium Matthaei, 828.

[318] So z. B. Calov, Biblia Novi Testamenti illustrata, Bd. 1, 475 (insbesondere gegen seinen Widersacher Hugo Grotius gerichtet; dazu gleich): Gemeint seien die Fünfhundert, „die die Apostel mit sich auf den Berg nahmen, die aber bislang über die Auferstehung im Zweifel waren; ihr Zweifel wurde verscheucht durch den genauen Anblick Christi (*accurato Christi intuitu fugata est dubitatio*)." Vgl. OLSHAUSEN, Biblischer Commentar, Bd. 2, 581; LANGE, Matthäus, 452; ferner STONEHOUSE, Witness, 168–182; MORRIS, Matthew, 745.

[319] Vgl. OLSHAUSEN, Biblischer Commentar, Bd. 2, 581: „So erklärt es sich denn auch, wie es möglich war, daß Manche noch zweifeln konnten. [...] Von den Aposteln ist dies in der That damals nicht wohl mehr denkbar, aber von den Gläubigen in Galiläa, die den Herrn zum ersten Mal sahen, mogte es Manchen eben so gehen, wie Anfangs den Aposteln." MORRIS, Matthew, 743.

4.4 Mt 28,17: „Einige aber zweifelten."

kaum zugemutet hätte.[320] Syntaktisch ist dies möglich,[321] kontextuell aber kaum haltbar, weil die Rekonstruktion der Szenerie auf außermatthäische bzw. außersynoptische Akteure angewiesen ist. Nach Matthäus sind es die Jünger, die von den Frauen die Anweisung übermittelt bekommen, nach Galiläa zu gehen (Mt 28,7.10), und mit ihrem Gang auf den Berg befolgen sie die Anweisung (28,16).

(2) „Sie (die Jünger) warfen sich nieder; einige aber hatten gezweifelt." Auch Theophylakt kennt den eben genannten Interpretationstyp, dass Matthäus an die Siebzig denken könnte, hält es aber für wahrscheinlicher, dass er in einer Retrospektive den *vormaligen* Jüngerzweifel zur Sprache bringt: „Jene, die in Galiläa anbeteten, zweifelten zuvor in Jerusalem, wie Lukas sagt."[322] In dieser Linie steht auch Hugo Grotius, der in seiner Übersetzung von ἐδίστασαν das Plusquamperfekt *addubitaverant* wählt und ausführt, dass die Rede vom Zweifel am ehesten auf Thomas zutreffe.[323] Dabei werden jedoch die nebeneinander stehenden Aoristformen προσεκύνησαν und ἐδίστασαν willkürlich auseinandergerissen und in ein historisches wie literarisches Verhältnis gestellt, das „von keinem Leser [...] hätte errathen werden können".[324]

In einer Variante dieser Interpretation hat Xavier Léon-Dufour vorgeschlagen, διστάζειν im Sinne einer zögerlichen Reaktion der Jünger auf die Botschaft der Frauen zu beziehen und auf den von diesen übermittelten Auftrag, nach Galiläa zu gehen (Mt 28,7.10).[325] Auch dieser Vorschlag, der nicht auf synoptische Parallelen angewiesen ist, zerbricht den Duktus des Erzählabschnitts, indem er das Zögern der Jünger aus der Offenbarungsszene herauslöst und ohne Not in einen anderen Zusammenhang einbindet.

(3) „Sie (die meisten) warfen sich nieder; einige (wenige andere) aber zweifelten." In diesem Auslegungstyp wird eine (kleine) Gruppe von Jüngern, die aufgrund ihres Zweifels nicht niederfielen, von der Mehrheit der Jünger abgesondert. Belege aus einem weit gefächerten literarischen Spektrum zeigen, dass eine solche Sinnrichtung mit der Formulierung οἱ δέ ausgedrückt werden kann.[326] Das bei

---

[320] Vgl. ALLEN, Matthew, 303: „It is inconceivable that Mt. should end his Gospel leaving his readers with the impression that some of the Eleven doubted the fact of Christ's resurrection."

[321] Vgl. die Begründung bei McKAY, Use of ,hoi de'.

[322] Theophylakt, *Enarratio in Evangelium Matthaei* (zu Mt 28,16–20) (PG 123, 484): οὗτοι δὲ οἱ προσκυνήσαντες ἐν τῇ Γαλιλαίᾳ, ἐδίστασαν πρότερον ἐν τῇ Ἰερουσαλήμ, ὡς ὁ Λουκᾶς φησιν. Vgl. LAGRANGE, Matthieu, 543: „Il faut donc traduire: les mêmes qui cependant avaient douté, et reconnaître une allusion à ce qui s'était passé à Jérusalem (Lc. xxiv, 11. 41)."

[323] Grotius, Annotationes, Bd. 3, 404. Calvin hatte in seiner Evangelienharmonie bereits geurteilt, dass ein solcher Sinn durchaus möglich sei, da die Evangelisten häufiger verschiedene Ereignisse vermischten (Commentarius in harmoniam evangelicam, 820).

[324] MEYER, Matthäus, 617.

[325] LÉON-DUFOUR, Présence du Seigneur ressuscité, 199.

[326] Vgl. v. a. VAN DER HORST, Once More, 162: „[I]t is a well-known and frequently used syntactical device to *indicate a division* of a group of persons or things into two (or more) subgroups *only in the second half of the sentence*." Bei keinem der Beispiele liegt jedoch ein selbstständiger Satz mit eigenem Prädikat vor (so richtig OBERLINNER, „... sie zweifelten aber", 381), so dass ihr Wert als Parallelen durchaus infrage steht.

162   *4. Synoptiker*

einer kontrastiven Gegenüberstellung eigentlich erwartete οἱ μέν könne – so etwa Meyer – entfallen sein, um den Ausnahmestatus der Zweifelnden zu unterstreichen: Die Zweifler sind in der Minderzahl.[327] Im Hintergrund steht bei vielen Auslegern der Gedanke, dass Anbetung und Zweifel keine gleichzeitigen Impulse eines Menschen sein können – dies sei „unpsychologisch"; in gleicher Weise habe „erst der *überzeugte* Thomas [gerufen]: ὁ κύριός μου κ[αὶ] ὁ θεός μου!"[328] Trotz der (nicht über jeden Zweifel erhabenen) antiken Parallelen zum partitiven Gebrauch von οἱ δέ will nicht einleuchten, dass Matthäus an dieser Stelle durch die Auslassung eines disambiguierenden οἱ μέν seine eigentliche Aussageabsicht so verdunkelt hätte.

(4) „Sie (alle) warfen sich nieder; einige (von diesen) aber zweifelten." Dieses Verständnis bringt zum Ausdruck, dass sich unter den Anbetenden auch einzelne Zweifler befanden. Impliziert ist der Gedanke, dass sich die Anbetung Jesu und der Zweifel nicht ausschließen. Syntaktisch ist diese Interpretation ebenfalls möglich. Sie kann auf Aussagen zum Jüngerzweifel in den Osterkontexten der anderen Evangelien verweisen (v. a. Lk 24,11.41; Joh 20,24–29; vgl. Mk 16,9–14). Calvin vermutet ein Wechselbad der Gefühle und Reaktionen auf die Erscheinung Jesu: Einige zweifelten und fürchteten sich zunächst, beteten ihn aber an, als er sich ihnen näherte und ihnen seinen göttlichen Glanz erschloss; zugleich mag daraus wieder der Zweifel einiger erwachsen sein, der dann in erneute Verehrung umschlug, weil Jesus sich ihnen ganz in seiner himmlischen Gestalt zeigte.[329] Die meisten neueren Übersetzungen und Kommentierungen schließen sich dieser partitiven Deutung an, zumeist ohne über die Wiedergabe von οἱ δέ durch „einige" Rechenschaft zu geben.[330]

(5) „Sie (alle) warfen sich nieder; diese (alle) aber zweifelten." Nach der meines Erachtens plausibelsten Deutung beschreiben die beiden Vershälften die zwiegespaltene Reaktion des Jüngerkollektivs auf das Offenbarungsgeschehen.[331] Mit οἱ δέ wird kein Subjektwechsel und keine Einschränkung des zuvor genannten Subjekts angezeigt, sondern eine zweite Handlung desselben Subjekts

---

[327] MEYER, Matthäus, 616: „Hätte Matth. geschrieben: οἱ μὲν προσεκύνησαν, οἱ δὲ ἐδίστασαν, so hätte er die Eilf in zwei coordinirte Theile, in zwei ohngefähre Hälften getheilt [...]." Vgl. in diesem Sinn KÜHNER/GERTH, Grammatik, Bd. 2/2, 265: „[D]er Redende denkt zunächst ausschließlich an die Mehrheit, die er als Gesamtsubjekt faßt, ohne auf die Minderheit Rücksicht zu nehmen, und fügt dann erst nachträglich mit οἱ δέ die Ergänzung oder Beschränkung hinzu."

[328] MEYER, Matthäus, 617. So z. B. auch KEIL, Matthäus, 612; SCHNIEWIND, Matthäus, 276; WILKINS, Concept of Disciple, 144 f.; BECKER, Die Auferstehung Jesu Christi, 28.

[329] Calvin, Commentarius in harmoniam evangelicam, 820.

[330] MICHEL, Abschluß, 121; ELLIS, „But Some Doubted", 575; SCHWEIZER, Matthäus, 346; GNILKA, Matthäus, Bd. 2, 501.506; KONRADT, Matthäus, 460 f.; DAVIES/ALLISON, Matthew, Bd. 3, 681 f.; DUNN, Jesus Remembered, 854 mit Anm. 120; WOODINGTON, Dubious Disciples, 87. Vgl. schon Euthymios Zigabenos, *Evangelium secundum Matthaeum* (zu Mt 28,17) (PG 129, 761): „Einige aber von ihnen zweifelten an ihm" (τινὲς δὲ αὐτῶν ἐδίστασαν περὶ αὐτοῦ).

[331] Auch in Mt 28,8 werden zwei gegensätzliche Stimmungen demselben Handlungsträger zugewiesen: „Furcht" und „große Freude".

4.4 *Mt 28,17: „Einige aber zweifelten."* 163

eingeführt.[332] Für diese Auslegung lassen sich gewichtige philologische, kontextuelle, narratologische und erzählpragmatische Gründe anführen.[333]

Da die Verwendung des Artikels im Neuen Testament im Wesentlichen mit dem klassischen Gebrauch übereinstimmt, spricht nichts dagegen, hier eine demonstrative Bedeutung in Erwägung zu ziehen. Der Artikel tritt als Substantivpronomen auf, das durch δέ „gewissermaßen gestützt wird"[334] und das die Handlung erzählerisch weiterführt, wenn auch mit einem Überraschungsmoment. Matthäus liegt weniger daran, jedem einzelnen Jünger eine zweifelnde Haltung zuzuschreiben, sondern er will festhalten, dass die Jünger sowohl dem Auferstandenen huldigten als auch zweifelten, dass sie zweifelten, obwohl sie ihm huldigten.[335]

Eine vergleichbare Verwendung von οἱ δέ zeigt sich in Mt 26,67, wo davon die Rede ist, dass die Peiniger Jesus nicht nur ins Gesicht spuckten und ihn schlugen, sondern dass sie ihn auch ohrfeigten (οἱ δὲ ἐράπισαν). Auch hier liegt der Akzent nicht auf einer Spezifizierung des Subjekts der Handlungen, dass also „alle" oder „einige" oder „andere" in dieser Weise tätlich wurden, sondern auf den Handlungen selbst, dass die Peiniger dem Angeklagten sogar ins Gesicht schlugen, Spott mit ihm trieben und ihn als Messias verhöhnten.[336]

Auch der unmittelbare Kontext spricht gegen einen Subjektwechsel: Nach der Darstellung des Matthäus folgen die elf Jünger (28,16) dem durch die Frauen entrichteten Auftrag der Engel (28,7) und des Auferstandenen (28,10), sich auf den Weg nach Galiläa zu machen. Es ist keine Rede davon, dass auch andere

---

[332] In diesem Sinne schrieb Anfang des 19. Jahrhunderts schon Johann Otto Thieß, nachdem er eine Vielzahl an Interpretationen Revue hat passieren lassen: „Vor der Erscheinung des Wiederaufgelebten sanken die Freunde desselben zu Boden, aber in dem Augenblick schwebten sie auch noch zwischen Furcht und Hofnung [*sic*]. [...] So natürlich dieser Wortverstand ist [...] so weichen doch Ausleger, um ihrer evangelischen Harmonie willen, von dieser Darstellung, und bringen dafür andre Erzählungen oder eine selbsterfundene Lesart auf" (Neuer kritischer Kommentar, Bd. 2, 430).

[333] Für diesen Auslegungstyp stehen u. a. GRUNDMANN, Matthäus, 576; ZUMSTEIN, Matthieu 28:16–20, 23 f.; HAGNER, Matthew, Bd. 2, 884; GIBLIN, Doubt and Reassurance, 71 f.; PATTE, Matthew, 398 f.; EDWARDS, Uncertain Faith, 59; GRAYSTON, Translation; REEVES, They Worshipped Him; FIEDLER, Matthäusevangelium, 429; POPLUTZ, Verunsicherter Glaube, 32. Giblin schlägt vor, nach προσεκύνησαν einen Punkt und damit eine Zäsur zwischen der Anbetung und dem Zweifel der Jünger zu setzen (a. a. O., 71 f.).

[334] KÜHNER/GERTH, Grammatik, Bd. 2/1, 583. Dass mit ὁ δέ dasselbe Subjekt nachdrücklich wieder aufgenommen wird, ist allerdings (mit Ausnahme von Herodot und epischen Autoren) selten (vgl. a. a. O., 584). Auch a. a. O., 657 (zu ὁ δέ und ὅγε): „[D]ie Wiederholung des Subjektes [wird oft] durch einen vorangehenden Gegensatz hervorgerufen; der Gegensatz liegt aber alsdann nicht in den Personen, sondern in den Prädikaten (Handlungen)."

[335] Das kontrastive Moment der Partikel δέ (vgl. BLACK, Sentence Conjunctions, 161) bezieht sich daher nicht auf das Subjekt der Handlung, sondern auf die Abfolge der Handlungen (gegen BLACK, ebd.).

[336] Alle übrigen matthäischen Verwendungen von οἱ δέ bzw. ὁ δέ referieren auf ein *anderes*, zuvor bereits erwähntes Subjekt, zumeist auf einen anderen Sprecher in einem Dialog (vgl. LUZ, Matthäus, Bd. 4, 439; gegen HAGNER, Matthew, Bd. 2, 884).

164   4. Synoptiker

einen solchen Auftrag erhalten oder sich den Jüngern angeschlossen hätten; eine unvoreingenommene Lektüre wird die Verben der dritten Person Plural (ἐπορεύθησαν, 28,16; προσεκύνησαν, ἐδίστασαν, 28,17) auf den Kreis der Jünger beziehen, ohne über eine Teilung der Gruppe zu mutmaßen. Auch das Pronomen αὐτοῖς im unmittelbar anschließenden Satz („Und Jesus trat zu ihnen und sprach", 28,18), das wiederum auf die Elf Bezug nimmt, ist für die Lesenden mit dem Subjekt des Zweifelns identisch, und es spricht vieles dafür, dass die mentale Repräsentation des Subjekts von ἐδίστασαν und des Pronomens αὐτοῖς für die Jünger auch der Intention des Autors entspricht.

Zu den philologischen und kontextuellen Argumenten treten narratologische Erwägungen. Versteht man nämlich die Jünger als „Figurenkollektiv", steht „vom Duktus des Evangeliums her" außer Frage, dass die Jünger in ihrem Zweifel vereint sind.[337] Es bestätigt sich die eben erwähnte Beobachtung, dass der Evangelist (anders als viele seiner Interpreten) nicht die Gruppe der Zweifelnden näher bestimmen oder eingrenzen will, sondern mit seiner unbestimmten Formulierung die im Verlauf des Evangeliums eingeprägten Rollenmuster bekräftigt.

Matthäus zeichnet das Bild der Jünger durchweg als ein zwiespältiges, das positive und negative Züge aufweist. Programmatisch ist sein Widerwille, den Jüngern ausdrücklich „Glauben" zuzuschreiben. Er hebt den Wunderglauben der Hilfesuchenden hervor (8,13; 9,22.29; 15,28) und lobt insbesondere den Glauben zweier nichtjüdischen Menschen (der Hauptmann von Kapernaum, 8,10; die kanaanäische Frau, 15,28).[338] Demgegenüber wird er nicht müde, den hartnäckigen Kleinglauben der Jünger (6,30; 8,26; 14,31; 16,8; 17,20) zu thematisieren; er zählt sie gar zum „ungläubigen Geschlecht" (17,17).[339] Ihr Glaube erweist sich allenfalls implizit in ihrem Nachfolgen (4,20.22) und Gehorchen (14,29; 21,6; 26,19; 28,16).

Während die Jünger nirgendwo ausdrücklich als „Glaubende" angesprochen werden, heißt es von ihnen, dass sie verstanden haben (συνῆκαν, 16,12; 17,13; vgl. 13,51). Man hat daraus den Schluss gezogen, dass Matthäus das kognitive Moment aus seinem Glaubensverständnis ausgeschieden und das Verstehen zur Voraussetzung christlicher Existenz gemacht habe.[340] Die Parallelität der beiden Fragen τί διαλογίζεσθε ἐν ἑαυτοῖς, ὀλιγόπιστοι (16,8) und οὔπω νοεῖτε (16,9) muss in dieser Konzeption als „Ausnahme" klassifiziert werden.[341] Statt von

---

[337] POPLUTZ, Verunsicherter Glaube, 32.

[338] Vgl. hierzu DAVIES/ALLISON, Matthew, Bd. 2, 25: „Faith conquers the separation between Jew and Gentile".

[339] S. o. Kap. 4.3.5.

[340] So z. B. recht schematisch LUZ, Jünger, 150 (unter Berufung auf G. Barth): „Glauben und Verstehen sind bei Matthäus getrennt: Die Jünger sind kleingläubig, aber sie verstehen. [...] Glaube richtet sich auf die auch in der Gemeinde noch wirksame wunderbare Macht des Herrn, Verstehen bezieht sich auf die Lehre Jesu. [...] Glaube scheint eher dem Heilsindikativ, Verstehen eher der Ethik zugeordnet."

[341] LUZ, Jünger, 150.

einer „Beziehungslosigkeit von Glauben und Verstehen" zu sprechen,[342] sollte das Nebeneinander von brüchigem Glauben und mangelndem Verständnis der Jünger aber besser in der Linie ihres unvollkommenen Anschlusses an Jesus gesehen werden, wie er sich sowohl in fiduzialer als auch in noetischer Hinsicht darstellt.[343] Sogar angesichts der österlichen Erscheinung bleibt ihre Beziehung zu Jesus irritierend ambivalent; in ihrem kollektiven Zweifel (διστάζειν) treten ihr Vertrauensmangel und ihr Unverständnis eklatant hervor.

Die häufig beobachtete sperrige und störende Stellung von οἱ δὲ ἐδίστασαν erhellt sich daraus: Der Zweifel schiebt sich zwischen Proskynese und den Auftrag zu lehren, dessen Voraussetzung ja eigentlich das eigene Verstehen ist. Mit seiner lapidaren, aber effektvollen Notiz zum Zweifel konterkariert Matthäus die Erwartungshaltung seiner Leserinnen und Leser, mit der sie dem Höhepunkt seiner Jesusgeschichte entgegensehen: Weder der Glaube noch das Verstehen der Jünger treten aus dem Zwiespalt heraus, der sie bis dato auszeichnet. In ihrer Eigenschaft als notorische Zweifler erhalten sie den Befehl, ihr eigenes Jüngersein zu vervielfältigen (μαθητεύσατε, 28,19) und ihr eigenes Verstehen fortzupflanzen (διδάσκοντες, 28,20),[344] und sie stehen deswegen fortwährend in der Gefahr, zu blinden Blindenführern zu werden (vgl. 15,14–15). Spätestens jetzt wird die Frage virulent, worauf sich der Zweifel der Jünger richtet.

4.4.3 Woran zweifeln die Jünger?

Der Gegenstand des Zweifels lässt sich nicht ohne Weiteres bestimmen, da Matthäus das Verb διστάζειν (wie schon in Mt 14,31) absolut gebraucht. Wiederum bieten vor allem die älteren Kommentare eine Fülle von Einfällen.

Ist der Zweifel auf die Anbetung Jesu zu beziehen, dass etwa einige unschlüssig waren, „ob dem Herrn diese unbegränzte anbetende Verehrung, welche das Niederfallen der Jüngerschaft aussprach, gebühre"?[345] Entspringt er „der Entfremdung [...], in die alles dem Tode Verfallene zum Lebendigen tritt," und „der neuen Hoheit, die den irdisch Unsterblichen

---

[342] Luz, Jünger, 151. Dagegen auch Konradt, Rede vom Glauben, 449 Anm. 96: „Der analytische Blick reißt hier auseinander bzw. etabliert als separate Größen, was bei Matthäus eng zusammengehört."

[343] Trotz der Spezialbelehrungen durch Jesus bleiben die Jünger begriffsstutzig und stellen viele Fragen (vgl. Mt 13,10; 17,10.19; 18,1.21; vgl. 13,36). Auch ihr Versagen im Kontext der Passion belegt, dass sie Entscheidendes nicht verstanden haben: In Gethsemane schlafen sie ein (26,40.43) und fliehen (26,56), und mit Petrus und Judas befinden sich in ihren Reihen ein Verleugner und ein Verräter.

[344] Zu den umstrittenen Fragen nach der Bedeutung und den missionstheologischen Implikationen von μαθητεύειν vgl. den revisionistischen Vorschlag von Reinbold, „Gehet hin und machet zu Jüngern alle Völker"? (μαθητεύειν = „Schüler sein, lernen, in die Schule gehen", a.a.O., 192) und die in weiten Teilen überzeugende Kritik von Zimmermann, Zwei Mal „Lehren"?.

[345] So Lange, Matthäus, 452. In jüngerer Zeit z.B. erwogen von Harrington, Matthew, 414 („the appropriateness of ‚worshipping' Jesus").

166   *4. Synoptiker*

verklärte"?[346] Hinterfragt er die Identität des Gegenübers, ob der vor den Jüngern Stehende auch wirklich Jesus sei – entweder weil sein Leib bereits verklärt war[347] oder weil er sich in einem „Mittelzustand zwischen dem leiblichen Wesen, wie es vorher war, und der Verklärung" befand[348]? Erklärt sich das Zweifeln „aus der Art und Weise, wie Jesus ihnen erschien", d. h. aus seinem plötzlichen Auftreten und Verschwinden (vgl. Joh 20,19.26) bzw. aus seinem Erscheinungsbild als Gärtner (vgl. Joh 20,15) oder Wanderer (Lk 24,15–31)?[349]

Die Problematik solcher Erklärungsversuche liegt offensichtlich in ihrer harmonisierenden und spekulativen Natur.

Allerdings garantieren auch weder das redaktionskritische noch das erzähltheoretische Methodenrepertoire eindeutige Resultate: Geht es im allgemeinen Sinn um Zweifel an der Identität des Auferstandenen mit dem Irdischen,[350] am Faktum der Auferstehung[351] oder an der Wahrheit der Auferstehungsbotschaft?[352] Ist διστάζειν bei Matthäus eine „Epiphaniereaktion" und meint daher eine fundamentale Verunsicherung der Jünger angesichts der Erscheinung des Auferstandenen?[353] Sind es „fundamentale Selbstzweifel" der Jünger, „die sie an der Erfüllung ihres Auftrags scheitern lassen"?[354] Richtet sich der Zweifel darauf, „was Jesu Auferweckung im Blick auf seine Stellung und für ihre – durch ihr Versagen in der Passion belastete – Jüngerschaft bedeutet"?[355] Ist der Zweifel vom Ostergeschehen abzukoppeln und als Reaktion auf das Offenbarungswort Jesu,

---

[346] HASE, Leben Jesu, 275.

[347] So z. B. OLSHAUSEN, Biblischer Commentar, Bd. 2, 581.

[348] So MEYER, Matthäus, 616. Meyer nimmt eine *„Veränderung* der Leiblichkeit und des Aussehens Jesu" an (ebd.).

[349] KEIL, Matthäus, 613. Ähnlich MORRIS, Matthew, 745; FRANCE, Matthew, 1111: „In this context it could indicate that some were not sure whether it was Jesus they were seeing."

[350] HAHN, Sendungsauftrag, 32.

[351] So z. B. ALLEN, Matthew, 303; BARTH, Glaube und Zweifel, 286; ZUMSTEIN, Matthieu 28:16–20, 23.

[352] MICHEL, Abschluß, 122 f. – Falls der sekundäre Markusschluss auf das Matthäusevangelium zurückgreift, wofür Mk 16,15 spricht, läge auch hier eine Variante dieser Interpretation vor: In Mk 16,14 werden die Jünger von Jesus wegen ihres Unglaubens und ihrer Herzenshärte (nicht: Zweifelns) getadelt; allerdings richtet sich ihr Unglaube gegen die ersten Auferstehungszeugen, die Jesus „als Auferweckten" (ἐγηγερμένον) gesehen hatten.

[353] SCHENK, Sprache des Matthäus, 410. Schenk geht so weit zu sagen, „die Bedeutung *zweifeln* ist auszuschließen", da Matthäus zuvor geschildert habe (Mt 28,11–15), dass selbst die Gegner das Faktum der Auferstehung anerkannten (ebd.). Doch einerseits vollzieht Schenk mit seiner Gleichsetzung von Zweifel und Unglauben einen semantischen und kontextuellen Fehlschluss, andererseits ist die Wiedergabe von διστάζειν mit „zögern" zu schwach, gerade auch mit Blick auf die Verwendung des Verbs in der Petrusepisode. Das gilt auch für den neuerlichen Versuch bei LÖFSTEDT, Don't Hesitate, Worship! LOHMEYER, Matthäus, 415 Anm. 3, erkennt in ἐδίστασαν eine Parallelität zu προσεκύνησαν, das „nur eine Gebärde" ausdrücke, und will daher auch διστάζειν als „eine Gebärde, also etwa ein ‚zögernd' Stehen-bleiben" verstehen. Doch er wird damit „keinem der beiden Begriffe gerecht" (so richtig OBERLINNER, „... sie zweifelten aber", 378 Anm. 11).

[354] POPLUTZ, Verunsicherter Glaube, 31.39.46.

[355] KONRADT, Matthäus, 461.

seine Vollmachtsbekundung und die Zumutung der Beauftragung der Jünger zu deuten?[356]

Die angemessenste Erklärung belässt es meines Erachtens bei der Offenheit des Satzes und nähert sich dem spezifischen Akzent des finalen Jüngerzweifels, indem sie Eigenarten des matthäischen Glaubensverständnisses und die Stellung der Notiz innerhalb der Gesamtanlage des Evangeliums in den Blick nimmt.

Fest steht: Der Zweifel der Jünger ist im vorliegenden Kontext objektlos.[357] Diese Beobachtung ist insofern aufschlussreich, als Matthäus auch in seiner Sprache des Glaubens jegliche Spezifizierung eines Glaubensobjekts (der Sache) meidet; Glaube richtet sich auf Jesus.[358] Er streicht die für das Markusevangelium zentrale Wendung „und glaubt an das Evangelium" (Mk 1,15) und belässt es bei dem Ruf zur Umkehr: μετανοεῖτε (Mt 4,17).[359] Ebenso entfernt er im Logion vom bergeversetzenden Glauben die Konstruktion πιστεύειν ὅτι, die bei Markus den Glaubensinhalt angibt (Mk 11,23–24), und ersetzt es durch das Partizip πιστεύοντες (Mt 21,22). Daraus wird deutlich, dass Matthäus den Glauben nicht auf einen propositionalen Gehalt ausgerichtet sieht, der für wahr zu halten wäre, sondern absolut setzt bzw. unmittelbar auf Christus bezieht.[360] Auch zum Zweifel der Jünger ist kein Objekt hinzuzudenken, das bezweifelt wird, weder die Epiphanie noch das eigene Selbst noch Unsicherheiten im Blick auf die Zukunft. „Zweifel" charakterisiert vielmehr einen Existenzmodus, in dem die Intentionalität des Glaubens uneindeutig wird. Angesichts der christologischen Ausrichtung des Glaubens ist es nicht zufällig, dass in der Schlusssequenz des Evangeliums der matthäische Jesus die Initiative ergreift, den zweifelnden Jüngern entgegentritt und sein Wort an sie richtet. Ob er dadurch ihren Zweifel überwindet oder lediglich neu kontextualisiert, steht auf einem anderen Blatt.[361]

Zur „Grammatik" des matthäischen Glaubens tritt ein kompositionelles Element: „Vor dem Petrusbekenntnis ist der Glaube der Hilfesuchenden, nach diesem der Glaube der Jünger wichtig."[362] Diejenigen Texte, die den Glauben der Hilfesuchenden in Wundergeschichten thematisieren, finden sich in Mt 4,17– 16,20. Im weiteren Verlauf ist vom Glauben „nur noch in ekklesialer Ausrichtung

---

[356] OBERLINNER, „... sie zweifelten aber", 388 f. Vgl. ebd.: „Diese Worte Jesu sind aber gleichzeitig auch die Wegweisung zur Bewältigung des Zweifels. Sie sind Zumutung und Zuspruch in einem." Siehe auch ders., Können Wunder schief gehen?, 98.

[357] So auch WOODINGTON, Dubious Disciples, 89: „The verb is instransitive [...], meaning that any debate surrounding its object is, on a purely grammatical level, superfluous."

[358] Mt 18,6 (εἰς ἐμέ); 21,25.32 (αὐτῷ); 27,42 (ἐπ᾽ αὐτόν).

[359] Vgl. KLEIN, Glaubensverständnis, 29 f.

[360] Vielleicht erklärt sich daraus der Sachverhalt, dass Matthäus alle Imperative von πιστεύειν eliminiert: Neben πιστεύετε ἐν τῷ εὐαγγελίῳ (Mk 1,15) entfallen μόνον πίστευε (Mk 5,36) und ἔχετε πίστιν θεοῦ (Mk 11,22), aus πιστεύετε ὅτι ἐλάβετε (Mk 11,24) wird wie erwähnt πιστεύοντες λήμψεσθε (Mt 21,22). In anderer Bedeutungsrichtung des Verbs begegnet der verneinte Imperativ μὴ πιστεύσητε in Mt 24,23.26.

[361] S. u. Kap. 4.4.4.

[362] KLEIN, Glaubensverständnis, 33.

168   *4. Synoptiker*

bzw. mit Bezug auf die Jünger" die Rede.[363] Mit der Zäsur von Mt 16,21 verbindet
sich auch eine Verschiebung der „Aktionsart" von πίστις von einem aktualistisch
bestimmten Wunderglauben der Hilfesuchenden zu einem durativ bestimmten
Glauben der Jünger, der auf die Leserinnen und Leser hin transparent ist.[364]
Indizien für eine solche Akzentverschiebung liefern unter anderem das mehrfach gebrauchte Partizip (18,6; 21,22) sowie die Wendung πίστις ἔχειν (17,20;
21,21). Der von Jesus für die Jünger intendierte Glaube zeichnet sich durch eine
ungebrochene Kontinuität der Bindung an ihn aus, durch eine grundlegende
Haltung des Vertrauens.[365] Eine analoge Akzentverschiebung zeichnet sich auch
für den Zweifel ab: Der Zweifel und Kleinglaube des Petrus (14,31) sind trotz
ihres typischen Charakters stärker situationsbezogen, der Zweifel der Jünger am
Schluss des Evangeliums hat eine betont ekklesiale Ausrichtung. Zweifel charakterisiert sie in ihrer Rolle als Lehrer, die sich doch eigentlich durch Erkenntnis
und Vertrauen gegenüber ihrem Herrn hervortun sollten.

4.4.4 Wird der Zweifel überwunden?

Mit der Offenheit der Formulierung des Jüngerzweifels korrespondiert die Unbe-
stimmtheit seines Ausgangs: Gelangen die Jünger zu einem ungeteilten Vertrau-
en, oder bleibt ihre Haltung zwiespältig? In der Beantwortung der Frage gehen
die Meinungen wieder auseinander.[366] Es fällt auf, dass der matthäische Jesus
den Zweifel der Jünger in der Abschlussszene stehen lässt und im Unterschied zu
anderen Begebenheiten keinen Tadel am Zweifel oder am Kleinglauben äußert.
Vielmehr geht Jesus (im wörtlichen Sinn) auf die Zweifler zu und richtet einen
umfassenden Auftrag an sie. Das Ende des Matthäusevangeliums dokumentiert
im Kontrast zum Johannesevangelium keine „Zweifelüberwindungsstrategie",
die Strategie des Evangelisten liegt vielmehr darin, den Zweifel der Jünger durch
das Jesuswort neu zu kontextualisieren. Das „Reframing" vollzieht sich in zwei-

---

[363] KONRADT, Rede vom Glauben, 446. Sonst nur noch im Zusammenhang des Konflikts mit
den Autoritäten (Mt 21,25.32; 27,42).

[364] SCHENK, Sprache des Matthäus, 408, hingegen meint, dass der matthäische πίστις-Begriff
„durchweg zugleich jesuanisch und aktualistisch bestimmt" sei.

[365] Vgl. (ohne die kompositorisch begründete Differenzierung) auch KONRADT, Rede vom
Glauben, 425: „Das bestimmende Moment des Glaubens bildet dabei sowohl in den beiden
genannten charakteristischen Verwendungszusammenhängen von πίστις wie auch in der für
Matthäus typischen Rede vom Kleinglauben – gut alttestamentlich – der Aspekt des Vertrauens."

[366] Vgl. z.B. einerseits BARTH, Gesetzesverständnis, 124: Bei Matthäus wird „die Botschaft
des Auferstandenen und der Gehorsam gegenüber diesem Wort der Weg zur Überwindung des
Zweifels." KONRADT, Rede vom Glauben, 450 Anm. 101: „Das in 28,18–20 folgende Wort Jesu
hat im Kontext daher auch die Funktion, den Zweifel der Jünger zu überwinden." Andererseits
LUZ, Matthäus, Bd. 4, 440; ders., Jünger, 162: „[E]s fehlt jeder Hinweis auf die Überwindung
des Zweifels." „Hier verzichtet Matthäus sogar darauf, Jesus den kleingläubigen Zweifel seiner
Jünger überwinden zu lassen." DUNN, Jesus Remembered, 854; WOODINGTON, Dubious Disciples, 96.

erlei Hinsicht: Zum einen formuliert Jesus die Jüngerbeauftragung neu, zum anderen unterstreicht er seine göttliche Macht.

Schon einmal hatte Jesus die Jünger beauftragt zu „gehen": „Geht (πορεύεσθε) [...] zu den verlorenen Schafen aus dem Hause Israel" (10,6). Sie sollen mit Vollmacht (ἐξουσία, 10,1) ausgestattet Krankenheilungen, Totenauferweckungen und Exorzismen vollbringen, doch sie scheitern nicht zuletzt aufgrund ihres Kleinglaubens und Zweifels. Da ihr Zweifel sogar im Angesicht des Auferstandenen virulent bleibt, provoziert Matthäus die Annahme, dass der ursprüngliche Auftrag modifiziert wird. Dies ist in der Tat der Fall, doch wider alle Erwartung wird er ausgeweitet: „Geht nun hin (πορευθέντες) und macht alle Völker zu Jüngern" (28,19). Die kontraintuitive Ausweitung im abschließenden „Missionsbefehl" weist dem Zweifel einen neuen Ort zu: Zur Zeit des irdischen Jesus scheitern die vollmächtigen Jünger aufgrund ihres Zweifels und Kleinglaubens; in der nachösterlichen Situation halten sich die Jünger trotz Zweifel an die Vollmacht des Herrn und – so das matthäische Implikat – erfüllen dadurch ihre Mission.

Die Rede von der ἐξουσία signalisiert einen zweiten Aspekt des finalen „Reframing": Jesus sieht davon ab, das Zweifeln kritisch zu kommentieren oder ihm durch den Erweis seiner Wunderkraft den Boden zu entziehen. So hatte Matthäus noch die Petrusepisode konzipiert: Auf den Kleinglauben des Petrus folgt Jesu Kritik, dann sein Vollmachtserweis, schließlich die Anbetung der Jünger. In der Schlussszene des Evangeliums ordnet Matthäus die Vorgänge um und schafft mit dem Wort Jesu einen anderen Bezugsrahmen für den Zweifel: Das geringe Maß ihres Vertrauens kontrastiert Jesus mit der Unbegrenztheit seiner Vollmacht (πᾶσα ἐξουσία ἐν οὐρανῷ καὶ ἐπὶ [τῆς] γῆς, 28,18), ihren inneren Zwiespalt mit einer universalen Sendung (μαθητεύσατε πάντα τὰ ἔθνη, 28,19), ihre mangelnde Einsicht mit einem umfassenden Lehrauftrag (διδάσκοντες αὐτοὺς τηρεῖν πάντα) und ihren eingeschränkten Glauben mit der Zusage, über alle zeitlichen und räumlichen Grenzen hinweg mit ihnen zu sein (ἐγὼ μεθ' ὑμῶν εἰμι πάσας τὰς ἡμέρας ἕως τῆς συντελείας τοῦ αἰῶνος, 28,20).

4.4.5 Der Zweifel in den Erscheinungsberichten

Die in Mt 28,16–20 geschilderte Szene erweist sich nach Inhalt und Sprache als matthäische Komposition. Dadurch wird allerdings die Frage nach dem überlieferungsgeschichtlichen Ort des Zweifelsmotivs in den Ostergeschichten nicht obsolet. Im Gegenteil: Sowohl die Synoptiker – mit Ausnahme des Markusevangeliums – als auch Johannes berichten von einer großen Bandbreite an Reaktionen auf die Auferstehungsbotschaft und auf die Ostererscheinungen und zählen darunter auch den „Zweifel". Objektsprachlich begegnet dieser zwar nur bei Matthäus (διστάζειν, 28,17); in den Parallelerzählungen wird er durch andere Begriffe oder durch Erzählerkommentare und wörtliche Rede der Protagonisten ausgedrückt. In den apokryph gewordenen Evangelientraditionen erfährt das

170 4. *Synoptiker*

Motiv weitere Ausgestaltungen und Modulationen.[367] Zweifel und Unglaube sind daher fester Bestandteil im Motivinventar der Auferstehungsberichte und den Erzählern der Jesus-Christus-Geschichte vorgegeben. Variabel ist ihr Umgang damit.[368]

Der Text des Markusevangeliums endet mit dem Motiv des Entsetzens und der Furcht;[369] die Auferstehungszeuginnen behalten den Auftrag des jungen Mannes an die Jünger für sich: καὶ οὐδενὶ οὐδὲν εἶπαν (Mk 16,8). Auch im sekundären Markusschluss ist zunächst davon die Rede, dass die Jünger dem Bericht der Maria Magdalena und auch den beiden weiteren Zeugen keinen Glauben schenken (ἠπίστησαν, 16,11; οὐδὲ ἐκείνοις ἐπίστευσαν, 16,13). Der Auferstandene selbst muss ihnen erscheinen; der „tadelte ihren Unglauben (ἀπιστία) und ihre Hartherzigkeit (σκληροκαρδία), weil sie denen, die ihn als Auferweckten gesehen hatten, nicht geglaubt hatten (οὐκ ἐπίστευσαν)" (16,14).

Lukas verwendet ebenfalls den Terminus ἀπιστεῖν: Die Jünger bringen den Frauen Unglauben entgegen (ἠπίστουν, Lk 24,11) und werden – vertreten durch die Emmausjünger – von Jesus bezichtigt, zu begriffsstutzig und herzensträge zu sein, um zu glauben (24,25), wobei sich hier der Unglaube auf die Worte der Schrift bezieht. Das Erschrecken der Jünger angesichts seiner Erscheinung wird von Jesus mit den Worten kommentiert: „Was seid ihr so verstört, und warum steigen solche Zweifelsgedanken (διαλογισμοί) in euch auf?" (24,38).[370] Die Jünger erweisen sich als renitente Zweifler, die selbst beim Anblick von Jesu Händen und Füßen unschlüssig bleiben. Lukas kommentiert dies mit den enigmatischen Worten, dass sie „vor Freude nicht glaubten" (ἀπιστούντων αὐτῶν ἀπὸ τῆς χαρᾶς, 24,41). „Die Freude zieht bei ihnen ein, aber auch Nachbar Zweifel wohnt in ihnen."[371]

Die Näherbestimmung „vor Freude" gibt den Grund des Unglaubens an (vgl. Apg 12,14: ἀπὸ τῆς χαρᾶς). Die Präposition ἀπό als Angabe des Grundes findet sich häufiger in von Lukas geprägten Passagen, wobei vor allem die Beispiele aufschlussreich sind, in denen der Grund affektpsychologisch konnotiert ist (vgl. Lk 21,26: ἀπὸ φόβου; 22:45: ἀπὸ τῆς λύπης). Der zweifelnde Unglaube der Jünger ist überlieferungsgeschichtlich vorgegeben und wird von Lukas positiv eingefärbt.[372] „The excuse suggests [...] that disbelief was already present in Luke's source and that Luke perceived it to be a liability rather than an asset

---

[367] S. u. Kap. 4.4.6.

[368] Zum Zweifel im Rahmen der Auferstehungsberichte ausführlich ATKINS, Doubt; WOODINGTON, Dubious Disciples.

[369] Auf die umstrittene Frage nach dem Ende des Markusevangeliums kann hier nicht detailliert eingegangen werden. Die Mehrheitsmeinung votiert dafür, dass der Evangelist sein Evangelium mit Mk 16,8 abschloss (vgl. die Rekapitulation der Forschung in WOODINGTON, Dubious Disciples, 22 f.).

[370] Zu διαλογισμός in der Verwendung „zweifelnde Gedanken", s. o. Kap. 2.3.4.

[371] BOVON, Lukas, Bd. 4, 603.

[372] Vgl. BOVON, Lukas, Bd. 4, 578 f.: „Die Spannung, die in V 41 zum Ausdruck kommt, stammt vielleicht von Lukas, der, indem er die ‚Freude' erwähnt, die von der Tradition mitgeführte Langsamkeit der Jünger zu glauben entschuldigen will."

4.4 Mt 28,17: „Einige aber zweifelten."

to his apologetic program. The doubt of the apostles is not here or elsewhere an apologetic creation; it is rather the problem that called for an apologetic (‚from joy') to be created."[373] Eine vergleichbare Assoziation von Zweifel, Freude und Staunen mit apologetischem Interesse lässt sich in der Rezeption des Abrahamzweifels in frühjüdischen Texten und der Kirchenväterexegese beobachten.[374]

Als Jesus ihnen eine Spezialbelehrung über die Schriftgemäßheit seines Schicksals erteilt, löst sich ihr hermeneutisches Unverständnis auf (Lk 24,45), aber erst angesichts der Himmelfahrt wird Eindeutigkeit hergestellt. Der Zweifel zieht offenbar aus und macht der Freude Platz: Die Jünger sind „mit großer Freude" erfüllt und preisen Gott (24,53).

Johannes schließlich lässt den Zweifel aus dem Munde des Thomas zu Wort kommen, genauer in dessen radikaler Bedingung einer sinnenfälligen Verifikation der Auferstehung: ἐὰν μή [...] οὐ μὴ πιστεύσω (Joh 20,25). Jesus geht auf das Ansinnen des Thomas ein und fordert ihn auf: „sei nicht ungläubig, sondern gläubig!" (20,27). Wie im Kapitel zum Johannesevangelium noch ausgeführt wird, hat die These, dass die Notiz zum Jüngerzweifel aus Mt 28,17 für die johanneische Thomasepisode „Impulsgeber" war, einige Plausibilität.[375] Doch woher haben Matthäus und Lukas selbst den Impuls entnommen, das Zweifelsmotiv in ihre Erscheinungsberichte aufzunehmen?

Der Frage nach dem Ursprung und der Entwicklung des Zweifelsmotivs im Kontext der Auferstehungserzählungen widmet sich J. D. Atkins' umfangreiche Studie „The Doubt of the Apostles and the Resurrection Faith of the Early Church". Er extrapoliert aus der Forschungsgeschichte fünf Sichtweisen, von denen die ersten vier die Thematisierung des Zweifels als apologetische Strategie bewerten:[376] 1. Der Jüngerzweifel ist auf das geschichtliche Ereignis zurückzuführen und wurde in apologetischer Absicht überliefert („traditional view"). 2. Das Motiv des Zweifels wurzelt in der Historie, ist aber apologetisch überformt worden („transformational view"). 3. Der Zweifel ist eine apologetische Erfindung und reflektiert nicht die Zweifel der Jünger, sondern den Zweifel der zweiten und dritten Christengeneration („skeptical view"). 4. Der Zweifel ist auf das Genre der Erzählung zurückzuführen – ob nun eine alttestamentlich geprägte Theophanie oder eine Wiedererkennungsszene wie im griechischen Drama – und wurde mit apologetischer Intention modifiziert. 5. Eine der apologetischen Tendenz diametral entgegengesetzte Sicht erkennt im Zweifelstopos eine Verunglimpfung einiger Jünger in der Absicht, anderen – Petrus (vgl. Lk 24,34) oder dem Lieblingsjünger (Joh 20,2) – besondere Autorität zuzuerkennen („political view").[377]

---

[373] ATKINS, Doubt, 399.

[374] S. o. Kap. 3.5.1.1.

[375] Vgl. THYEN, Johannes 21, 258. S. u. Kap. 5.6.1.

[376] ATKINS, Doubt, 13–18. Dort auch ein breites Spektrum an Literaturverweisen.

[377] Vgl. CROSSAN, Jesus, 212 f. Nach einer eingehenden Diskussion zahlreicher nachneutestamentlicher Texte – von Ignatius, Justin, Irenaeus und Tertullian bis zu Nag Hammadi, den Johannesakten und Markion – kommt Atkins zu folgendem Schluss: „The extant remains of early docetic/antidocetic debates suggest that it was not Luke and John who were responding to docetism, but docetists who were responding to Luke and John" (ATKINS, Doubt, 436). Auf

172   *4. Synoptiker*

Wenig spricht dafür, dass das Motiv des Zweifels aus apologetischen oder sonstigen pragmatischen Gründen seinen Weg in die Erscheinungsberichte gefunden hat.[378] Viel wahrscheinlicher ist es, dass in den lukanischen wie in den matthäischen Erscheinungsbericht und über deren Vermittlung auch in die johanneische Thomas-Episode ein „breiter Überlieferungsstrom" eingeschmolzen ist, der im Kern auf Erzählungen von Ostererscheinungen zurückgeht und „für die älteste Christenheit grundlegende Bedeutung hatte".[379] Auch wenn sich die ursprünglichen Traditionsstücke nicht mehr rekonstruieren lassen, war der Jüngerzweifel ein wesentliches Element dieser Überlieferung. Es ist bemerkenswert, dass keiner der Autoren das Zweifelsmotiv zurückdrängt oder eliminiert, sondern sie alle fügen es produktiv in die Komposition ihrer jeweiligen Schlussteile ein.[380]

Matthäus erweist sich – wie schon in Mt 14,28–31 – als ein „Meister redaktioneller Gestaltung",[381] denn jedes Motiv in Mt 28,16–18a ist mit dem Kontext und dem Ganzen des Evangeliums eng verflochten: Aus dem unmittelbaren Zusammenhang der Erzählung ergibt sich der Gang der Jünger nach Galiläa (vgl. 28,7.10; vgl. Mk 16,7), und in enger Beziehung zur Gesamtkonzeption stehen der Topos des Berges (vgl. Mt 5,1; 15,29–31; 14,23; 17,1), das Niederfallen (προσκυνεῖν, 2,2.8.11; 4,9–10; 8,2; 9,18; 14,33; 15,25; 20,20; 28,9.17) und – in Verbindung mit der Proskynese – auch das Zweifeln (διστάζειν, 14,31.33). Die Handschrift des Lukas ist am deutlichsten in der eben angesprochenen Wendung „vor Freude" zu erkennen: Die Jünger waren „vor lauter Freude noch immer ungläubig" (Lk 24,41). Das Motiv des zweifelnden Unglaubens liegt Lukas vor, aber er prägt es positiv um. Daraus mag auch eine gewisse Verlegenheit sprechen, denn im Gegenüber zu Markus und Matthäus ist er durchweg bemüht, die Jünger in einem vorteilhafteren Licht erscheinen zu lassen (vgl. z. B. Lk 9,45; 18,34 mit Mk

---

die Einzelanalysen kann ich nicht eingehen, doch ist die forschungsgeschichtliche Prämisse der Studie fragwürdig, nach der die Mehrheitsmeinung eine antidoketische Ausrichtung der Auferstehungsberichte im Lukas- und Johannesevangelium annimmt. Das ist zu undifferenziert und entspricht nicht dem Stand der Forschung (vgl. a.a.O., 18, zum Forschungsprogramm: „I [...] propose a focused exercise in reception history to determine the viability of the historical-critical claim that Luke 24:36–49 and/or John 20:24–29 have been shaped by antidocetic apologetic."). Zu Johannes s. u. Kap. 5.5.3.

[378] So VÖGTLE, Wie kam es zum Osterglauben?, 38, der das Motiv des Zweifels ganz der matthäischen Redaktion zuweist.

[379] HAHN, Sendungsauftrag, 33.

[380] Vgl. ATKINS, Doubt, 443: „The evangelists' choice not to excise the doubt and various other elements that later proved controversial suggests an earnest attempt to be faithful even to those aspects of the tradition that were more problematic." Im Blick auf die Echtheitsfrage verweist Atkins auf das „criterion of embarrasment", demzufolge potenziell inkriminierendes Material aus der Jesusüberlieferung geglättet, unterdrückt oder ausgeschieden wird. Dass dies beim Jüngerzweifel nicht der Fall sei, spreche gegen die These einer späteren Erfindung und für Echtheit.

[381] LUZ, Matthäus, Bd. 2, 405. Vgl. zur Gestaltungskraft des Matthäus auch HAHN, Sendungsauftrag, 29. Er stellt dann auch fest, dass „bei der absichtlich kurz gehaltenen Situationsangabe [...] über das vorausgesetzte Traditionsstück nichts zu ermitteln ist" (a.a.O., 32).

4.4 *Mt 28,17: „Einige aber zweifelten.“* 173

8,33; Lk 8,25 mit Mk 4,40; Lk 17,5 mit Mt 17,20); Unglaube wird mit satanischem Einfluss assoziiert (Lk 8,12; 22,31–32) und ist strafwürdig (1,20; 12,46).[382] Am ergiebigsten ist das Motiv des Zweifels für Johannes, der es in der Person des Thomas verdichtet und in seine Strategie des Glaubens einbindet.

4.4.6 Frühchristliche Nachwirkungen

Das Motiv des Osterzweifels partizipiert am Prozess der „Apokryphisierung“ der Jesusüberlieferung in den apokryphen Evangelientraditionen.[383] Konkret handelt sich um erzählerische Ausschmückungen, Ergänzungen und Zuspitzungen, aber auch Weglassungen und Akzentverschiebungen. In der frühchristlichen Rezeption der Oster- und Erscheinungserzählungen waren solche Prozesse des Fortschreibens besonders produktiv, handelt es sich doch um die identitätsstiftenden Narrative der frühen Christenheit. Bis ins 2. Jahrhundert zeigt sich ein freier und kreativer Umgang mit den Texten der Evangelien, die zu diesem Zeitpunkt noch keinen normativen Status erlangt hatten. Andererseits begünstigte der große zeitliche Abstand zu den historischen Ereignissen die legendarische Ausgestaltung des Kernbestands der Auferstehungsberichte, das Nebeneinander von verschiedenen Berichten inspirierte zu „synoptischen“ Lektüren, das theologische und apologetische Anliegen profilierte bestimmte Begebenheiten, und das gruppenspezifische Interesse richtete den Fokus auf ausgewählte Akteure.

Im Johannesevangelium findet sich möglicherweise die erste literarische „Nachschrift“ der matthäischen Perikope vom Jüngerzweifel. Thomas wird dort aus der Gruppe der Elf herausgegriffen und zum Protagonisten des Zweifels gestaltet. Im Einklang mit Lukas verbindet Johannes das Motiv des Zweifels mit dem Motiv des Berührens und wird dadurch stilbildend für eine ganze Reihe frühchristlicher Schriften. Sie werden im Kapitel zum Johannesevangelium ausführlich diskutiert.[384]

4.4.6.1 Verleugnung und Zweifel des Petrus (EpAp)

Zu den insbesondere vom johanneischen Prätext angeregten außerkanonischen Auferstehungserzählungen zählt die um die Mitte des 2. Jahrhunderts und möglicherweise in Ephesus entstandene *Epistula Apostolorum*.[385] Abweichend vom

---

[382] Vgl. Atkins, Doubt, 396–399. Dort weitere Belegstellen, auch aus der Apostelgeschichte.

[383] Mit dem Begriff „Apokryphisierung“ werden jene literarischen Phänomene erfasst, „die zur Entstehung einer Literatur ‚neben‘ schon existierenden, als mehr oder weniger autoritativ vorausgesetzten Texten oder Traditionen führen“ (Frey, „Apokryphisierung“, 166). Vgl. programmatisch Frey/Schröter, Jesus in apokryphen Evangelienüberlieferungen, 20–22.

[384] S. u. Kap. 5.6.2.

[385] Zu Einleitungs- und Interpretationsfragen vgl. Watson, Apostolic Gospel; Gantenbein, Epistula Apostolorum. In Anlehnung an Müller, Epistula Apostolorum, und im Kontrast zur englischen Neuübersetzung von Watson halte ich an der Darstellung mit zwei Spalten und an der doppelten Kapitelangabe (äthiopisch/koptisch) fest. Zur Kritik an Müllers Übersetzung,

174 4. *Synoptiker*

Johannesevangelium weist das Schreiben *allen* Jüngern, namentlich Petrus, Thomas und Andreas, ein zweifelndes Verhalten zu und bestätigt damit implizit die oben verteidigte inklusive Lesart von οἱ δὲ ἐδίστασαν (Mt 28,17) – zumal wenn zutrifft, dass der Verfasser „mit Vorliebe [...] neben dem vierten auch vom ersten Evangelium Gebrauch gemacht [hat]".[386] Er greift Petrus heraus, dem der Zweifel in besonderem Maße anhaftet (vgl. Mt 14,31) und der Jesus in seinem Zweifel an dessen Identität ein weiteres Mal verleugnet. Die Verleugnung des Leidenden und der Zweifel am Auferstandenen stehen in der Wahrnehmung des Autors in einer engen Verbindung.

In einem Wir-Bericht erinnern sich die Apostel an ihre österliche Begegnung mit Jesus (EpAp 11[22]):[387]

(äthiopisch)

Und wir zweifelten und glaubten nicht. Wie ein Gespenst kam er uns vor, und wir glaubten nicht, daß er es wäre. Aber er war es.
Und also sprach er zu uns:
„Kommet und fürchtet euch nicht! Ich bin euer Lehrer, den du, Petrus, ehe der Hahn krähte, dreimal verleugnet hast, und jetzt verleugnest du wiederum?"

(koptisch)

Er rief uns heraus; wir aber dachten, es wäre ein Gespenst, und nicht glaubten wir (ⲡⲓⲥⲧⲉⲩⲉ), daß es der Herr wäre.
Darauf sprach er zu uns:
„Kommet fürchtet euch nicht! Ich nämlich bin der Herr, den du, Petrus, dreimal verleugnet hast, und jetzt verleugnest du wiederum?"

In seiner Fortschreibung der johanneischen Szene vom zweifelnden und tastenden Thomas gesellt der Verfasser der *Epistula Apostolorum* dem Thomas im weiteren Verlauf noch Petrus und Andreas zu, die ebenfalls vom Auferstandenen aufgefordert werden, ihn zu berühren bzw. festzustellen, welche Spuren seine Füße auf der Erde hinterlassen (ebd.).

Insgesamt sind Zweifel und Unglaube prominente Motive in der Ostererzählung der *Epistula Apostolorum*. Sie werden sechs Male explizit erwähnt. Die Frage, warum die Motive für den Autor so bedeutsam sind, beantwortet Francis Watson so: „The paradoxical answer is that the apostles' initial disbelief in Jesus' resurrection helps to create confidence in its veracity. The repeated references to disbelief are intended to show that the apostles are not simply credulous."[388]

---

die sich weitgehend auf diejenige von Hugo Duensing stützt, vgl. allerdings WATSON, Apostolic Gospel, 16 f. Zu Joh 20 in der *Epistula Apostolorum* s. u. Kap. 5.7.5.

[386] HORNSCHUH, Epistula Apostolorum, 15. Weiter schreibt Hornschuh: „Die Tatsache ist so evident, daß sich eine Anführung von Belegen erübrigt. Kanonische Geltung hat das Matthäusevangelium gleichwohl für ihn nicht besessen" (ebd.).

[387] Übers. MÜLLER, Epistula Apostolorum, 1069. WATSON, Apostolic Gospel, 49, übersetzt auf Basis des Koptischen: „He called us forth, but we thought it was a phantasm and we did not believe that it was the Lord. Then he said to us, ,Come, fear not, I am your teacher whom you, Peter, denied three times, and now do you deny again?'." Vgl. a. a. O., 231, die etwas abweichende äthiopische Fassung: „And we doubted and did not believe, he seemed to us a phantasm."

[388] WATSON, Apostolic Gospel, 115.

4.4 Mt 28,17: „Einige aber zweifelten."

4.4.6.2 Das sprechende Kreuz und das Ende des Zweifels (EvPetr)

Wie die *Epistula Apostolorum* ist auch das Petrusevangelium[389] auf seine eigene Weise ein „Zeuge einer christlichen relativen ‚haggadischen' Freiheit" gegenüber den später kanonisierten Darstellungen des Lebens Jesu.[390] Die freie Nacherzählung der Jesusgeschichte in diesem Text lässt hinsichtlich der Entstehungszeit an die Mitte des 2. Jahrhunderts denken. Als Entstehungsort kommt aufgrund altkirchlicher Paralleltexte der westsyrische Raum infrage, aber auch Ägypten ist nicht auszuschließen.[391] Strittig ist in der neueren Forschung, ob und in welchem Maße der Verfasser von einem oder mehreren kanonisch gewordenen Evangelien literarisch abhängig ist.[392] Etliche Indizien sprechen für eine Kenntnis des Matthäusstoffes,[393] wenn nicht gar des kanonischen Matthäusevangeliums.[394]

Genannt werden seit der Publikation des 1886/87 in Akhmîm gefundenen Textfragmente unter anderem die folgenden Elemente:[395] die Grabwächtererzählung (EvPetr 28–49; vgl. Mt 27,62–66; 28,4.11–15), das Händewaschen des Pilatus (EvPetr 1; vgl. Mt 27,24), seine Unschuldserklärung (EvPetr 46; vgl. Mt 27,24), die Beimischung von Galle (EvPetr 16; vgl. Mt 27,34), das Erdbeben (EvPetr 21; vgl. Mt 27,51.54), die Grablegung im Grab des Joseph von Arimathia (EvPetr 24; vgl. Mt 27,60) und der Zug der Jünger nach Galiläa (EvPetr 59; vgl. Mt 28,16). Markante Auslassungen betreffen die Legende von der Auferstehung der Heiligen (Mt 27,52–53), das Bekenntnis des Hauptmanns (Mt 27,54) und die Christophanie vor den Frauen (Mt 28,9–10).

Für die Frage nach der literarischen Bearbeitung des Osterzweifels im Petrusevangelium spielt der Forschungsdisput allerdings eine untergeordnete Rolle, da der Zweifel zum Motivrepertoire in allen Auferstehungsberichten gehört (mit

---

[389] Übers. im Folgenden nach VINZENT/NICKLAS, Petrusevangelium.

[390] MEISER, Petrusevangelium, 190.

[391] Vgl. VINZENT/NICKLAS, Petrusevangelium, 691.

[392] Vgl. die Analyse in FOSTER, Gospel of Peter, 115–147, die zu folgendem Schluss kommt: „[A] strong case can be mounted for the literary dependence of the *Gospel of Peter* on all three of the synoptic accounts" (a. a. O., 146).

[393] HARNACK, Bruchstücke, 33, listet Übereinstimmungen und Abweichungen zwischen den beiden Evangelien und kommt zum zurückhaltenden Schluss, der Verfasser „habe aus demselben Traditions- und Legendenkreis geschöpft wie unser Matthäus, sei aber von diesem selbst nicht direct, sondern höchstens secundär, vielleicht gar nicht abhängig."

[394] Zur Vertrautheit des Autors mit dem Matthäusevangelium, vgl. FOSTER, Gospel of Peter, 147: „[T]he familiarity of the author with so many Matthean traits, although often in new and highly refracted forms, may well mean that this gospel did in fact lay before him as a text to be consulted. Alternatively, the text may have been deeply emblazoned on his mind so that direct consultation was unnecessary." Eine gegensätzliche Sicht vertritt KOESTER, Ancient Christian Gospels, 240: „The *Gospel of Peter*, as a whole, is not dependent upon any of the canonical gospels. It is a composition which is analogous to the Gospels of Mark and John. All three writings, independently of each other, use an older passion narrative which is based upon an exegetical tradition which was still alive when these gospels were composed, and to which the Gospel of Matthew also had access."

[395] Vgl. zu den frühesten Analysen HARNACK, Bruchstücke, 33; ZAHN, Evangelium des Petrus, 53 f. Ausführlich FOSTER, Gospel of Peter, 131–138.

176   4. Synoptiker

Ausnahme des Markusevangeliums) und sich die Suche nach einer spezifischen Motivquelle daher erübrigt.

Während nun die *Epistula Apostolorum* den Zweifel der Apostel in den Mittelpunkt rückt und alle Jünger von Zweifeln befallen sein lässt, wählt der Verfasser des Petrusevangeliums einen entgegengesetzten Zugang: Zweifel werden durch den Hergang der Ereignisse obsolet, ebenso der Wunsch nach weiteren Beweisen. Die Eliminierung des Zweifels ist dem literarischen Gestaltungswillen des Verfassers zuzuschreiben, insbesondere dann, wenn sich – wie ich annehme – die Notiz von der Rückkehr der Jünger nach Galiläa (EvPetr 59) aus Mt 28,16 speist. Denn dann hätte er bewusst die Fortsetzung Mt 28,17 ausgelassen.

In der Tat zielt die gesamte Erzählung darauf, jeden Hauch eines Zweifels auszuschließen. Im Gegensatz zur älteren Überlieferung, die den Vorgang der Auferstehung als solche nicht thematisiert, ist der Verfasser des Petrusevangeliums bemüht, „in bislang nicht gekannter Weise die *Objektivität* der Auferstehung" durch eine drastische Schilderung des Hergangs herauszustellen.[396] Er führt Zeugen ins Feld, von denen eigentlich Skepsis zu erwarten wäre: römische Soldaten – darunter den namentlich genannten Hauptmann Petronius – und jüdische Autoritäten. Einwände gegen die Faktizität der Geschehnisse werden im Keim erstickt: Zunächst wird das Grab Jesu von allen Anwesenden mit einem Stein und sieben Siegeln verschlossen und am nächsten Tag von einer Volksmenge geprüft (EvPetr 32–34). Damit erhält das matthäische Grabwächtermotiv eine beträchtliche Ausweitung.

Der Zuverlässigkeit der Versiegelung des Grabs entspricht nun die Zuverlässigkeit des Auferstehungsberichts: In der Osternacht ertönt eine Himmelsstimme, der Himmel öffnet sich, zwei Männer steigen herab, der Stein rollt „von selbst" weg, und die beiden Männer gehen ins Grab (EvPetr 35–37). Die diensthabenden Soldaten melden den Vorgang dem Hauptmann und den Ältesten, die ebenfalls Wache halten (EvPetr 38), und alle werden Zeugen vom weiteren Gang der Geschichte, die nun wahrhaft bizarre Züge annimmt:

(39) und als sie [sc. die Soldaten] erläuterten, was sie gesehen hatten, da sahen sie wiederum, daß drei Männer aus dem Grab heraustraten, die beiden den einen stützten und ein Kreuz ihnen folgte (40) und, während der Kopf der beiden bis zum Himmel reichte, überstieg derjenige aber des von ihnen an der Hand Geführten die Himmel. (41) Und sie hörten eine Stimme aus den Himmeln: „Hast Du den Entschlafenen verkündet?" (42) Und vom Kreuz wurde die Antwort vernommen: „Ja."

Das personifizierte, kosmische Ausmaße annehmende Kreuz bestätigt in Vertretung des Auferstandenen dessen Identität. Sogar die Grabwächter, die einen für die Jesusanhänger positiven Ausgang der Ereignisse verhindern und den Verbleib der Leiche im Grab verbürgen sollten, müssen am Ende bekennen: „Er war wirklich Gottes Sohn" (EvPetr 45). Mit wachen Sinnen (vgl. dagegen Mt 28,4)

---

[396] FREY, „Apokryphisierung", 177.

4.4 Mt 28,17: „Einige aber zweifelten."

nehmen sie das göttliche Handeln wahr und ziehen daraus die logische, unhinterfragbare Konsequenz. Anders als in den kanonischen Erzählungen werden sie nicht von Zweifel ergriffen, und sie sind nicht mehr auf sinnenfällige Beweise angewiesen. „Was ihnen *ad oculos* demonstriert wurde, erscheint als eine klare Tatsache."[397] Selbst Pilatus, der von den Wachhabenden über die Ereignisse in Kenntnis gesetzt wird, äußert keinerlei Zweifel an ihrem Zeugnis (EvPetr 46).[398] Darin unterscheidet er sich von den Jüngern in den kanonischen Erzählungen, die auf die Berichte der Osterzeugen skeptisch reagieren.

4.4.6.3 „Seid nicht traurig und zweifelt auch nicht" (Evangelium nach Maria)

Das Motiv des Zweifels angesichts einer Auferstehungserscheinung begegnet auch in einer Reihe von gnostischen Texten, darunter in der oben bereits genannten Frage der göttlichen Erscheinung an den Zebedaiden Johannes: „Johannes, Johannes, warum zweifelst du und warum bist du ängstlich?"[399] Neben der Formulierung aus Mt 14,31 hat hier auch die Notiz zum Jüngerzweifel aus Mt 28,17 Einfluss ausgeübt.[400]

Ein weiterer relevanter Text aus einem gnostischen Milieu, in dem das Motiv des Zweifels im Rahmen einer Erscheinungsszene thematisiert wird, ist das Evangelium nach Maria. Als Abfassungsort kommen wie für das Petrusevangelium Syrien oder Ägypten infrage, als Entstehungszeit wird meist die zweite Hälfte des 2. Jahrhunderts genannt,[401] mitunter auch die erste Hälfte.[402] Das Evangelium nach Maria ist der Gattung der Erscheinungsevangelien zuzurechnen, auch wenn ein Bericht von der Erscheinung Jesu aufgrund des fehlenden Anfangsteils nicht überliefert ist. Erhalten sind Teile eines Gesprächs zwischen Jesus und seinen Jüngern über philosophische Fragen und an dessen Ende eine Reihe von Befehlen Jesu an die Jünger (BG 1 p. 7,1–8,11; 8,11–9,4). Nachdem Jesus aus der Szenerie verschwunden ist, fällt es Maria Magdalena zu, den Jüngern Trost zuzusprechen (p. 9,5–20). Auch im weiteren Verlauf bleibt Maria im Zentrum des Geschehens, als Übermittlerin einer Sonderbotschaft Jesu (p. 9,20–17,7).

---

[397] FREY, „Apokryphisierung", 179.

[398] Vgl. OMERZU, Pilatusgestalt, 341: „Pilatus hegt nicht die geringsten Zweifel an ihrem [sc. der Soldaten] Zeugnis. Er stellt keinerlei Rückfragen und setzt die Gewissenhaftigkeit der Bewachung als gegeben voraus."

[399] AJ (NHC II,1) p. 2,10 (vgl. BG 2 p. 21,14).

[400] Eine Abhängigkeit von Mt 28,17 vermuten u. a. LÜHRMANN, Fragmente des Mariaevangeliums, 326; MARJANEN, The Woman Jesus Loved, 107; TUCKETT, Gospel of Mary, 69 (mit Anm. 41) und 165.

[401] HARTENSTEIN, Evangelium nach Maria, 1211.

[402] TUCKETT, Gospel of Mary, 12, votiert für eine Frühdatierung mit der Begründung, dass die noch unpolemisch geführte Auseinandersetzung zwischen Petrus, Andreas, Maria und Levi für eine Zeit spricht, in der verschiedene Gruppen – „perhaps ‚orthodox' and ‚Gnostic' Christians" – noch in unmittelbarem Austausch miteinander standen. Vgl. mit anderer Begründung KING, Gospel of Mary Magdalene, 628.

178   4. Synoptiker

Das Evangelium nach Maria ist wohl mit den kanonischen Evangelien vertraut und überzieht dort enthaltende Gedanken mit einem „gnostisierenden" Anstrich. Ein „verbal echo"[403] aus Mt 28,17 begegnet zusammen mit einer Reminiszenz an den matthäischen Sendungsbefehl in p. 9,14–15. Es wird erzählt, dass die Jünger nach Jesu Weggang in eine depressive Stimmung verfallen:

> Sie aber waren traurig und weinten sehr und sagten: „Wie sollen wir zu den Völkern gehen und das Evangelium vom Reich des Menschensohnes predigen [vgl. Mt 28,19–20]? Wenn jener nicht verschont wurde, wie sollen wir verschont werden?" Da stand Maria auf, küßte sie alle und sprach zu ihren Geschwistern: „Weint nicht und seid nicht traurig und zweifelt auch nicht [vgl. Mt 28,17]! Denn seine Gnade wird mit euch allen sein [vgl. Mt 28,20] und euch beschützen. Vielmehr laßt uns seine Größe preisen, denn er hat uns vorbereitet und uns zu Menschen gemacht."[404]

Die Aufforderung Marias an die Jünger, nicht zu zweifeln, ist griechisch erhalten: P.Oxy. 50,3525 liest μηδὲ διστάζετε und belegt damit das Verb, das sich in den kanonischen Evangelien nur bei Matthäus findet. Mit großer Wahrscheinlichkeit lag die Formulierung mit διστάζειν der koptischen Fassung zugrunde.[405]

Bemerkenswert ist die Übertragung der Rolle Jesu auf Maria: Nach den kanonischen Evangelien ist es Jesus, der die Jünger ermahnt, sich nicht zu fürchten, und den einzelnen Zweifler auffordert, nicht ungläubig zu sein (Joh 20,27). Nach seinem Weggang tritt nun Maria an seine Stelle und adressiert einen Aufruf an die Jünger.[406] Mit Blick auf die umstrittene Frage nach dem Subjekt des Zweifels in Mt 28,17 erhält die oben favorisierte Deutung eine indirekte Stütze aus dem Evangelium nach Maria: Auch hier zweifelt das Kollektiv der Jünger, nicht bloß eine Teilgruppe. Der Gegenstand des nachösterlichen Zweifels wird hier näherbestimmt als eine schlimme Ahnung von Verfolgung und Tod.[407] Im Hintergrund mag eine Verfolgungssituation der Adressatinnen und Adressaten

---

[403] TUCKETT, Gospel of Mary, 68.

[404] Übers. HARTENSTEIN, Evangelium nach Maria, 1213.

[405] Im Koptischen steht allerdings nicht ⲁⲓⲥⲧⲁⲍⲉ, sondern ⲣ̅ϩⲏⲧ ⲥⲛⲁⲩ, einer der Äquivalenzbegriffe zu διστάζειν (vgl. CRUM, Coptic Dictionary, 714). TUCKETT, Gospel of Mary, 68 Anm. 39, weist darauf hin, dass Anne Pasquier schon vor der Veröffentlichung von P.Oxy. 50,3525 damit rechnete, dass die koptische Version auf διστάζειν zurückgehe (PASQUIER, L'Évangile selon Marie, 68). ⲣ̅ ϩⲏⲧ ⲥⲛⲁⲩ kann auch die Bedeutung „zweiseelig sein" annehmen und damit dem griechischen Verb διψυχεῖν (vgl. die sahidische Version von Jak 1,8; 4,8), aber auch διακρίνεσθαι entsprechen (vgl. sahidisch Mt 21,21). Nach MORARD, L'Évangile de Marie, korrespondiert die Mahnung aus dem Mund der Maria mit frühchristlichen Texten, die vor einer geteilten ethischen Haltung warnen und zur Askese ermuntern. Doch die Bezugnahme auf Mt 28,17 impliziert einen anderen Akzent. Vgl. hierzu auch TUCKETT, a. a. O., 164 f. mit Anm. 107.

[406] Vgl. MARJANEN, The Woman Jesus Loved, 106: „Thus she assumes the role of the Savior."

[407] Auch nach EpPetr (NHC VIII,2) p. 138,15–16 fürchten sich die Jünger nach dem Aufstieg Jesu vor Verfolgung, doch spielt hier der Zweifel keine Rolle (vgl. PASQUIER, L'Évangile selon Marie, 67).

stehen,[408] der mit der Zusage der Gnade Jesu und mit dem Hinweis auf das wahre Menschsein entgegengetreten wird.[409]

Während Maria einerseits in die Rolle Jesu schlüpft, wird sie andererseits zum Gegenbild der Jünger stilisiert, gerade auch der zweifelnden Jünger. Im weiteren Verlauf der Erzählung nämlich preist Jesus sie für ihre Standfestigkeit selig: „Selig bist du, weil du nicht wankst, wenn du mich siehst!" (p. 10,14). Maria zeichnet sich durch ihre beharrliche geistliche Haltung vor den Jüngern aus und ist daher würdig, von Jesus Sonderoffenbarungen zu empfangen.

Eine aufschlussreiche Parallele zum Zweifel der Jünger (und zur Beständigkeit der Maria) findet sich auch in der Charakterisierung des psychischen Menschen im *Tractatus Tripartitus* (NHC I,5), in der die ethisch-spirituelle Dimension des „Zweifels" den Hauptton trägt. Auch wenn das Evangelium nach Maria unbeeinflusst von valentinianischer Anthropologie ist, korrespondiert die Charakterisierung der Jünger und ihrer unvollkommenen Erkenntnis mit derjenigen der Psychiker.

4.5 Fazit

4.5.1 Mk 9,14–29: Zweifel und Heilungswunder

(1) Die Erzählung von der Heilung des epileptischen Kindes, die als Epiphaniegeschichte beginnt und dann in eine Zweifelsgeschichte überführt wird, stellt den Gegensatz zwischen der göttlichen und der menschlichen Sphäre, zwischen Glaube und Unglaube drastisch heraus: Hier das „ungläubige Geschlecht" (Mk 9,19), die Unfähigkeit der Jünger, die Grausamkeit der Krankheit, die Hilfsbedürftigkeit des Vaters; dort die Macht und die Glaubenskraft Jesu. Der Vater ist zwischen diesen beiden Wirklichkeiten hin- und hergerissen, doch die Zuwendung Jesu zunächst zu ihm und dann zu seinem Kind lässt die Grenzen zwischen dem Gottesreich und dieser Weltzeit verschwimmen. Die jesuanische Maxime „Alles ist möglich dem, der glaubt" (9,23) wird für ihn existenziell erfahrbar.

(2) Die Aussageabsicht des Evangelisten ist „nicht nur biographischer, sondern auch didaktischer Art",[410] was sich schon darin äußert, dass er die Perikope nicht innerhalb des Wunderzyklus Mk 4,35–5,43 platziert, sondern im zweiten Hauptteil seines Evangeliums.[411] Mit dem Fokus auf Glaube und Zweifel korrespon-

---

[408] So z. B. HARTENSTEIN, Evangelium nach Maria, 1212.

[409] Zur umstrittenen Deutung des Gedankens vom „Menschsein" bzw. von der „Menschwerdung" vgl. PETERSEN, „Zerstört die Werke der Weiblichkeit", 138: „Die Menschwerdung bedeutet im EvMar [...], den im Innern befindlichen geistlichen Urmenschen zu finden, der nicht in die Zusammenhänge des Kosmos verstrickt ist." Ein Trostimpuls in gefahrvoller Situation läge darin, dass der „wahre" Mensch über das Bedrohliche hinwegzublicken vermag.

[410] LOHMEYER, Markus, 191.

[411] Vgl. KOLLMANN, Wundergeschichten, 213.

180 4. Synoptiker

diert eine Doppelbödigkeit der Erzählung, die einerseits „so dramatisch, mit so lebhaften Farben" eine Episode des Lebens Jesu erzählt,[412] andererseits wie keine andere Geschichte des Markusevangeliums auf das individuelle Glaubensleben der Rezipienten und Rezipientinnen zielt. Die erzählte Situation wird durch den Satz von der Allmacht des Glaubens transzendiert (9,23),[413] die mit πάντα δυνατά eine formelhafte Wendung über das unbegrenzte göttliche Vermögen (vgl. 14,36) aufnimmt und vieldeutig auf die Glaubenden wendet – in der erzählten Welt auf Jesus wie den Vater, in der Erzählwelt auf die Christusgläubigen.

(3) Das paradoxale Moment im Glaubensbekenntnis des Mannes geht einher mit dem Eingeständnis seiner Hilfsbedürftigkeit und mit der Bitte um anhaltende Hilfe.[414] Die Adressatinnen und Adressaten des Evangeliums werden daran erinnert, dass sie zwar aufgefordert sind, vorbehaltlos an das Evangelium zu glauben (πιστεύετε ἐν τῷ εὐαγγελίῳ, 1,15) und auch zu glauben, dass sie das von Gott Erbetene erlangen werden (πιστεύετε ὅτι ἐλάβετε […], 11,24), dabei aber stets auf externe Hilfe angewiesen sind und zu keinem Zeitpunkt einen ungeteilten Glauben für sich in Anspruch nehmen können.[415] Die Pointe dieses realitätsnahen Gedankens liegt darin, dass die Glaubenden im Mut der Verzweiflung und trotz ihres Zweifels ihre Unzulänglichkeit eingestehen und alles von Jesus erwarten sollen. Dem „Ich" des brüchigen Glaubens (9,24) begegnet das „Ich" der göttlichen Allmacht (9,25).

(4) Der Vater erkennt, dass er selbst in seinem Zweifel der Adressat der Zuwendung Jesu ist: In seiner initialen Bitte „Hilf uns!" (9,22) stand noch das Mitleiden mit seinem Kind und der dringende Wunsch nach dessen Heilung im Vordergrund, in seinem Schrei „Ich glaube! Hilf meinem Unglauben!" geht es um ihn. Nachdem er seine eigene Hilfsbedürftigkeit bekannt hat, wird seine ursprüngliche Bitte erfüllt. Jesus respektiert den selbstkritischen, zweifelnden Glauben des Mannes. Wie in der Heilung des Gelähmten (2,1–12) und der Auferweckung der Tochter des Jairus (5,21–23.35–43) handelt es sich auch hier um stellvertretenden Glauben, doch setzt Markus hier einen eigenen Akzent: Während offenbar der Glaube der Freunde des Gelähmten uneingeschränkt ist („als Jesus ihren Glauben sieht", 2,5) und der Synagogenvorsteher die Aufforderung „Glaube nur!" (5,36) befolgt,[416] ist es im Fall des Vaters ein zwiespältiger Glaube, der von Jesus gewürdigt wird und ihn zum Eingreifen veranlasst. Hinzu kommt, dass es nicht nur und nicht zuallererst um die Hilfe für den Kranken geht, sondern um die Hilfe für den stellvertretend Glaubenden, der hin- und hergerissen

---

[412] WOHLENBERG, Markus, 248.

[413] Vgl. MARSHALL, Faith, 121.

[414] Vgl. den durativen Aspekt des Imperativs Präsens βοήθει.

[415] Vgl. TWELFTREE, Jesus the Miracle Worker, 87.

[416] In analoger Weise setzt auch die Heilung der Tochter der Syrophönizierin (Mk 7,24–30) stellvertretenden Glauben voraus, ohne jedoch das Stichwort „Glaube" ausdrücklich zu nennen (vgl. v. a. 7,29).

ist.[417] Es ist übrigens bestimmt kein Zufall, dass im Markusevangelium der stellvertretende Glaube immer zugunsten eines „Kindes" wirksam wird (Mk 2,5; 6,36; 9,24; vgl. 7,29). Ob die innere Dissonanz unmittelbar vor oder nach dem Wunder überwunden wurde, wird nicht gesagt; sie wird jedenfalls nicht kritisiert oder stigmatisiert.

(5) Anders als der renitente Unglaube, der nichts zu erwarten hat (9,19), kann der hilfesuchende Glaube alles erwarten. Es mag zu weit gehen, den Glaubenden die Teilhabe an der Allmacht Gottes zuzusprechen;[418] gemeint ist aber durchaus, dass in Jesus das eschatologische Heilswirken Gottes den Menschen zugutekommt und sie im Glauben von den Ausstrahlungen des nahenden Gottesreiches (1,15) berührt werden. In der Begegnung mit dem Repräsentanten des Gottesreichs wird die Trennlinie zwischen der göttlichen und menschlichen Sphäre durchlässig, das Unmögliche wird möglich.[419] In anthropologischer Perspektive zeigt sich in der Erzählung aber auch: „Glaube ist kein angelerntes Fürwahrhalten von Glaubenssätzen, sondern nachhaltiges Tun, gepaart mit dem unbedingten Willen, das Unmögliche zu erreichen, und mit dem unbedingten Vertrauen auf Jesus (Mk 9,23!)."[420]

(6) Dem zweifelnden Schrei des Vaters „Ich glaube! Hilf meinem Unglauben!" stellt Markus nicht nur die Allmacht des Sohnes Gottes gegenüber,[421] sondern auch die Ohnmacht und das Leiden Jesu. Absichtsvoll verknüpft Markus das Flehen Jesu, den Leidenskelch vorübergehen zu lassen, mit dem Wort über die Allmacht Gottes (14,36). Das eindrücklich geschilderte Zittern und Zagen und Zweifeln Jesu, seine seelische Verzagtheit „bis an den Tod" (14,33–34) gleicht der Aussichtslosigkeit des Vaters, der sich in seiner Verzweiflung an eine Machtquelle außerhalb seiner selbst wendet. Leserinnen und Leser nehmen wahr, dass die Worte „alles ist möglich", die Jesus dem zweifelnden Vater zugesprochen hatte, nun von ihm selbst wiederholt werden. Der Ausruf Jesu am Kreuz weist dieselbe paradoxale Struktur auf wie der Schrei des Vaters: Gottesnähe und Gottverlassenheit, „Glaube" und „Unglaube" gehen auch hier ineinander über.

4.7.2 Mt 14,28–31: Zweifel und Naturwunder

(1) Der „Seewandel des Petrus" ist Teil der matthäischen Sonderüberlieferung und wurde wohl vom Evangelisten auf der Basis mündlich tradierter Petruserinnerung literarisch gestaltet und in den Markus-Kontext eingefügt. Petrus tritt als Jünger in Erscheinung, der es seinem Meister gleichtun will. Ein solches

---

[417] Vgl. GUNDRY, Children in the Gospel of Mark, 153 f.: „Little children were the weakest and most vulnerable link in the social chain and therefore in many and profound ways dependent on God's rule being implemented in their lives."

[418] S. o. Kap. 4.2.4.2.

[419] Vgl. DWYER, Motif of Wonder, 157.

[420] ERLEMANN, Wunder, 200.

[421] So mit Nachdruck HOFIUS, Allmacht.

182   4. Synoptiker

nachahmendes Verhalten wird nach Matthäus von einem Jünger erwartet, insofern Nachfolge nicht lediglich ein Reproduzieren von Lehrinhalten, sondern auch ein im Glauben zu vollziehendes Tun von Wundern ist.[422] Kleinglaube und Zweifel werden hier wie beim Logion vom bergeversetzenden Glauben (Mt 17,20; 21,21) im Zusammenhang von fantastischen, „unglaublichen" Vorgängen thematisiert, die ein Durchbrechen der Naturgesetze verlangen. Die implizite Logik des Evangelisten lautet: „Was der Herr kann, kann auch der Jünger, wenn und solange er glaubt."[423]

(2) Das Naturwunder kippt dann in ein Rettungswunder. Matthäus illustriert in seiner kurzen homiletischen Skizze, dass der anfängliche Glaube des Petrus nicht mehr in der Lage ist, die einstürmenden Sinneseindrücke zu kontrollieren und er auf Hilfe angewiesen ist. Er nennt nicht die Gründe, sondern nur die Umstände des Zweifels. Kleinglaube und Zweifel stellen sich wie Sorge (6,31), Furcht (8,26; 14,30), Unverständnis (16,9) und Unvermögen (17,19) situativ ein, können zeitweise überwunden oder überlagert werden – etwa in der Proskynese angesichts einer Epiphanie (14,33; 28,17) – und werden dann wieder virulent. Sie brechen das Verhältnis zum „Herrn" nicht ab, unterbrechen aber die Teilhabe an seiner Wundermacht und erfordern ein Eingreifen.

(3) Die Episode hat einen christologischen Skopos. Im Fokus steht nicht eine allgemein-menschliche oder allgemein-christliche Lebensmaxime, die zu einem kräftigen (Selbst-)Vertrauen aufruft, oder eine Allegorie auf die stürmischen Anfangszeiten der frühen Kirche, sondern das Ausgerichtetsein der Glaubenden – versinnbildlicht durch Petrus – auf den κύριος: Selbstvorstellungs- und „Fürchte dich nicht"-Formel (14,27) stellen schon eine Verknüpfung zum Gottessohn-Titel her (14,31); Petrus bittet nicht, über das Wasser zu gehen, sondern „zu dir" zu kommen (14,28), und er erhält daraufhin Anteil an der Wundermacht des Herrn (14,29) mittels des Imperativs „Komm!"; die Furcht vor dem Wind versperrt den Blick auf Jesus (Mt 14,30); auf den Hilferuf an den „Herrn" (14,30), der sich an die Gebetssprache der Psalmen anlehnt und ein Bekenntnis zum göttlichen Adressaten des Gebets impliziert, erfolgt die sofortige Rettung und die Kritik an Kleinglaube und Zweifel (14,31); nachdem Ruhe eingekehrt ist, endet die Erzählung im kollektiven Bekenntnis zum Gottessohn (14,33).

(4) Petrus ist Repräsentant der Jünger und Typus der Christusgläubigen. Wenn daher Petrus als „kleingläubig" und „zweifelnd" bezeichnet wird, zeigt dies, dass es sich beim Kleinglauben und Zweifel um eine „charakteristische, über die Situation des Lebens Jesu hinausgreifende Haltung" handelt.[424] Die Konsequenz, mit der Matthäus der Outgroup „Unglaube" und der Ingroup „Kleinglaube" zuschreibt, belegt eine fortgeschrittene ekklesiologische und anthropologische

---

[422] Vgl. KEENER, Matthew, 407.
[423] ZAHN, Matthäus, 513.
[424] STRECKER, Weg der Gerechtigkeit, 233.

4.5 Fazit

Reflexion.[425] Die Erzählung lädt nun nicht nur im allgemeinen Sinn zu einer Identifikation der Adressatinnen und Adressaten mit dem Glaubensweg des Petrus ein, sondern bietet eine Reihe von konkreten Haftpunkten. So verdienstvoll kulturwissenschaftliche, sozialgeschichtliche, sozialpsychologische, affektpsychologische oder politische Lektüren sein können, so wenig lassen sich die darauf aufbauenden Einzelthesen beweisen. Am ertragreichsten ist aus meiner Sicht die Figur der Verschränkung von „Einmaligkeit" und „Transparenz".[426] Das plastisch dargestellte Ergehen des Petrus ist für Grunderfahrungen der Leserinnen und Leser transparent und markiert Ethos-Optionen:[427] Petrus symbolisiert den Konflikt zwischen Glaube und Wirklichkeitserfahrung, das individuelle Risiko des Glaubens und das zerstörerische Potenzial des unmittelbaren Umfelds. In der Bitte um Hilfe – einem Psalmgebet – sieht die Leserschaft von den Bedrohungen ab und richtet ihren Fokus neu aus. Petrus wird inmitten des Sturmes gerettet und nicht nach der Stillung des Sturmes; in der Gottesgegenwart verschwinden die Gefährdungen des Glaubens nicht, sondern sie verlieren ihre destruktive Kraft.

(5) Die Geschichte des Evangeliums und damit auch die Geschichte der Jünger und des Petrus „erschließt sich erst einer – wenn möglich mehrmaligen – Lektüre des Ganzen".[428] Dabei fügt sich die in Mt 14,28–31 geschilderte Dynamik der Glaubensexistenz des Petrus in die übrigen Petruserzählungen ein, in denen der Jünger eine herausgehobene Rolle spielt: „Was ihm an Erkenntnis, Vollmacht, Glaubensstärke, aber auch Glaubenszweifel zuteilwurde, darf die Gemeinde auf sich selbst beziehen."[429] Mit seinem Einschub gestaltete Matthäus den literarisch vorgegebenen Seewandel Jesu zu einer Rahmenerzählung um und verlagerte damit „Skopus und Schwergewicht" der Gesamtperikope bewusst auf die Petrusszene.[430] Seine Neufassung der Erzählung rückt die Frage des Glaubens und Zweifelns in den Fokus und versinnbildlicht die spannungsvolle Koexistenz der beiden Haltungen anhand eines herausragenden Jesusanhängers der ersten Stunde. Der Zwiespalt, dem der Zweifel entspringt, ist nach Matthäus kritikwürdig, aber nicht verwerflich;[431] das bestätigt auch die Schlussszene des Matthäusevangeliums.

---

[425] Zu Mt 17,17 s. o. Kap. 4.3.4.3.

[426] Vgl. u. a. LUZ, Matthäus, Bd. 2, 468.

[427] Vgl. WILKINS, Concept of Disciple, 215; SYREENI, Peter as Character and Symbol, 150: „The ‚first' disciple is the archetypal Christian in his eagerness to follow Christ and in his weakness, his little faith, and his defective understanding of God's ways."

[428] LUZ, Skizze der matthäischen Christologie, 221.

[429] SCHNELLE, Einleitung, 294.

[430] BORNKAMM, Petrus bei Matthäus, 380.

[431] Gegen GUNDRY, Peter, 3.

184 4. Synoptiker

4.7.3 Mt 28,16–20: Zweifel und Auferstehung

(1) Die abschließende Szene des Matthäusevangeliums ist „wie ein großer Kopf-bahnhof, in dem zahlreiche Linien zusammenlaufen,"[432] wobei die Linie des Zweifels der Jünger angesichts des Zuspruchs Jesu in den Auslegungen häufig an den Rand gedrängt wird. Das letzte, was Matthäus über die Jünger zu berichten weiß, ist ihr Zweifel. Der Zweifel stört den Handlungsablauf und die Gesetzmäßigkeit einer Epiphanieerzählung: Zeugen einer Epiphanie sollten nicht zweifeln. Nach der Notiz über ihren Zweifel treten die Jünger nur noch als Empfänger der Beauftragung in Erscheinung, bei der sie mit der „Vervielfältigung" ihres Jüngerseins (μαθητεύσατε, 28,19) und ihrer Erkenntnis (διδάσκοντες, 28,20) betraut werden – und dies, obwohl sie bis zuletzt nicht zweifelsfrei glauben. Die Jünger werden für die Adressaten gerade dadurch zu „‚ideale[n]' Identifikationsgrößen [...], weil sie *fern* jeder Idealisierung gezeichnet werden: In der Zerrissenheit zwischen Glaube und Zweifel, zwischen Vertrauen und Mutlosigkeit, die von Jesus eben nicht durch eine vollmächtige Tat endgültig besiegt wird, können sich die Leserinnen und Leser des Evangeliums wiederfinden."[433]

(2) Das letzte, was Matthäus über Jesus zu berichten weiß, ist der Vollmachtszuspruch und der Sendungsauftrag an die Jünger. Darin äußert sich die finale Antwort des matthäischen Jesus auf die Doppelheit von Verehrung und Zweifel. Der Widersprüchlichkeit der inneren Disposition der Jünger steht – jede Intuition durchkreuzend – die Universalität der Beauftragung und die Unbegrenztheit der Gegenwart entgegen. Ein solches effektvolles „Reframing" des Jüngerzweifels zielt darauf, die angesprochenen Christusgruppen zu ermutigen, gerade auch in ihrem Zustand innerer Zerrissenheit. Die Spitze der Schlussszene liegt darin, dass die Jünger die eigentlich unumgängliche Voraussetzung ihrer Beauftragung *nicht* erfüllen: Lehrer sollten nicht zweifeln, sondern verstehen.[434] Die umfassende Dimension der Aussendung sowie die Tatsache, dass es sich um einen Vollmachtszuspruch handelt, nicht um eine Vollmachtstat, markiert die Intention des Autors: Er lässt Jesus „in die Situation der nachösterlichen christlichen Gemeinde" hineinsprechen.[435]

(3) Das Motiv des Zweifels gehört zum Inventar der ältesten Überlieferungsschicht der Erscheinungserzählungen und ist nicht Teil späterer Redaktion oder

---

[432] LUZ, Jesusgeschichte, 16. Vgl. ZUMSTEIN, La condition du croyant, 94 f. (mit einem Zitat von MICHEL, Abschluß, 21): „Notre péricope est tout à la fois la conclusion théologique et le sommaire de l'évangile dans son ensemble; elle est ‚la clef de compréhension du livre dans sa totalité'."

[433] POPLUTZ, Verunsicherter Glaube, 47.

[434] Vgl. LUZ, Jünger, 149: „Ein Lehrer, der nicht versteht, was er lehrt, ist ein blinder Blindenführer."

[435] OBERLINNER, „... sie zweifelten aber", 390. Vgl. DUNN, Jesus Remembered, 854: „Is this a subtle pastoral tactic of Matthew or a reminiscence that in the shared experiences we call ‚resurrection appearances' not all were so persuaded of what they saw and experienced?"

4.5 Fazit

Apologetik. Matthäus nimmt das Motiv auf und stellt mit seinem galiläischen Erscheinungsbericht dieselbe Grundfrage, die Lukas und Johannes in ihren Parallelerzählungen ebenfalls beschäftigt: Wie können die Adressatinnen und Adressaten zu einer „neuen Gewißheit um den Auferstandenen" gelangen, nachdem die Erscheinungen „zur Tradition und zum Geschehnis der Vergangenheit" geworden sind?[436] Ihre Strategien unterscheiden sich. Im Lukasevangelium erhalten Zweifelsgedanken (διαλογισμοί) und Unglauben zunächst Raum, doch werden sie am Ende konsequent eliminiert: Sie werden zum Sehen und Betasten der Wundmale aufgefordert (24,39), dann beweist der Auferstandene, dass er Speise zu sich nehmen kann (24,43) und schließlich übermittelt Jesus ihnen und damit den Leserinnen und Lesern des Lukasevangeliums „die angemessene, sichere und zweifelsfreie Deutung der Ereignisse" (24,44–49).[437] Der Prolog der Apostelgeschichte bestätigt die lukanische Strategie, durch viele Beweise (ἐν πολλοῖς τεκμηρίοις) zu zeigen, dass der Auferstehungsglaube nicht anzuzweifeln ist (Apg 1,3). Der johanneische Thomas macht sein Glauben vom Sehen und Berühren des Auferstandenen abhängig und kämpft sich dadurch zum Christusbekenntnis durch. Matthäus hingegen belässt die Jünger trotz ihres Sehens (ἰδόντες αὐτόν, Mt 28,17) in ihrer ambivalenten Haltung. Ihrem Zweifel tritt die Ansprache Jesu entgegen, mit der er sie zum Handeln motiviert.

(4) Die Anwesenheit von Zweifel bei der Erscheinung eines Totgeglaubten kann nicht überraschen. Bemerkenswert ist vielmehr, dass er im Überlieferungsprozess nicht ausradiert wurde – wie dies dann später beispielsweise im Petrusevangelium der Fall sein sollte –, sondern von den Evangelisten in ihre eigenen gegenwartsbezogenen theologischen Reflexionen integriert wurde.

---

[436] BARTH, Glaube und Zweifel, 286.
[437] ALKIER, Realität der Auferweckung, 137.

5. Johannesevangelium

Der zweifelnde Thomas: Narrative Zweifelsbearbeitung

5.1 Einführung

Der Autor des Johannesevangeliums entwirft wie Paulus und der Hebräerbriefautor eine eigenständige „Theologie des Glaubens". Am Ende seines Werks offenbart er die Absicht seines literarischen Bemühens: Er hatte im Sinn, ein „Buch des Glaubens"[1] zu verfassen, und er verfolgte von Anfang an eine „Strategie des Glaubens" mit dem Ziel, die Glaubenden zum Glauben zu rufen (Joh 20,30–31).[2] Teil seiner „Strategie des Glaubens" ist die Reflexion über den Zweifel. Schon die Entscheidung, die symbolgeladene Begegnung zwischen dem „Zweifler" Thomas und dem Auferstandenen unmittelbar vor die metatextuelle Schlusssequenz des ursprünglichen Buches zu platzieren, gibt dem Zweifel beträchtliches Gewicht. An Thomas wird exemplarisch gezeigt, wie der Zweifler zum Glauben geführt wird.

Johanneische Glaubensstrategie ist somit zugleich Zweifelsüberwindungsstrategie. Immer schon ist den Leserinnen und Lesern des Johannesevangeliums aufgefallen, dass die glaubende Erkenntnis in der persönlichen, leibhaften Begegnung mit Jesus vermittelt wird. Die Zweifel der Erzählfiguren werden bezwungen, wenn Jesus auf den Plan tritt. Nirgendwo wird dies wirkungsvoller vor Augen geführt als in der Begegnungsszene mit Thomas in Joh 20. Das Kapitel wurde zu Recht als die Klimax des Evangeliums bezeichnet, weil alles Folgende nur „Nachtrag" sein kann,[3] und zugleich ist es „Antiklimax", insofern alles zuvor Gesagte auf das Kreuz und die Herrlichkeit des Gekreuzigten zielte.[4]

---

[1] Vgl. ZUMSTEIN, L'évangile selon saint Jean, Bd. 2, 297 (in der deutschen Übersetzung des Kommentars entfallen): „La conclusion de l'évangile est d'importance, car, pour la première fois dans la littérature groupant les évangiles, apparaît la notion de ‚livre de foi'. L'histoire de Jésus Christ est racontée pour appeler à la foi."

[2] So der Untertitel bei ZUMSTEIN, L'évangile johannique. Une stratégie du croire.

[3] DODD, Interpretation, 443: „This [sc. die Seligpreisung Jesu in Joh 20] is the true climax of the gospel; the rest, however true and however moving, is mere postscript." Vgl. auch BONNEY, Caused to Believe: „The Doubting Thomas Story at the Climax of John's Christological Narrative" (Untertitel).

[4] TUCKETT, Seeing and Believing, 169: „[S]o much of what precedes in the gospel has pointed

5.1 *Einführung* 187

Thomas' Haltung gegenüber Jesus geht nicht einfach im „Zweifel" auf; er ist eine komplex gestaltete, zwiespältige Figur in der Erzählwelt des Evangelisten. Berühmt wurde der Jünger durch eine nuancierte Spannung zwischen Unglaube und Glaube.

Thomas prägte sich als „der zweifelnde Thomas" oder als „der ungläubige Thomas" in das kulturelle Gedächtnis des Abendlandes ein. Die beiden Wendungen sind in vielen Sprachen geradezu sprichwörtlich geworden. Ein Mensch, der nur glaubt, was er sieht und mit Händen greifen kann, wird als „ungläubiger Thomas" bezeichnet. Auf den Unglauben des Thomas zielen auch andere Sprachtraditionen: Im Französischen wird der berühmte Abschnitt traditionell mit „Thomas l'incrédule" überschrieben, im Italienischen mit „l'incredulo Tommaso" und im Spanischen mit „el incrédulo Tomás". In der Erzählung ist implizit vom Unglauben des Thomas in Jesu Wort die Rede: „Sei nicht ungläubig (ἄπιστος), sondern gläubig" (20,27), und doch erweist sich das Epithet „ungläubig" als Gesamtcharakterisierung des Thomas gerade angesichts seines Christusbekenntnisses kaum angemessen. Im englischen Sprachraum wird die Bezeichnung „Doubting Thomas" bevorzugt. Das Attribut „zweifelnd" hat zwar keinen Anhalt am Wortbestand der Erzählung, erfasst aber die Haltung des Thomas besser als das Attribut „ungläubig". Es wäre interessant, den Gründen für die beiden Sprachkonventionen – „ungläubig" oder „zweifelnd" – nachzugehen und in einen mentalitätsgeschichtlichen Kontext einzuordnen, doch muss der Fokus hier auf dem johanneischen Erzählgang und einigen auslegungsgeschichtlichen Facetten liegen.

Thomas erscheint namentlich in drei Episoden der johanneischen Jesusgeschichte und darüber hinaus einmal im sogenannten Nachtragskapitel (21,2). Die Strategie des Glaubens bzw. der Zweifelsbewältigung am Beispiel des Thomas kann am besten erfasst werden, wenn sein individueller Glaubensweg anhand seiner szenischen Auftritte nachgezeichnet wird. Es ist kein geradliniger Weg vom „tiefsten Kleinglauben" zur „höchsten Stufe des Glaubens",[5] sondern ein verworrener Pfad, der ihn von einer unverständigen Fixierung auf die Logik des Weltlaufs (11,16) (Kap. 5.3) über seinen Mangel an Einsicht in die Sendung Jesu (14,5) (Kap. 5.4) bis hin zur schroffen Forderung führt, den Auferstandenen zu berühren und damit die Auferstehung zu verifizieren (20,25) (Kap. 5.5).[6]

Eingerahmt werden die exegetischen Abschnitte von einer Einordnung der Diskussion in die gegenwärtige Johannesexegese (Kap. 5.2) sowie einer forschungsgeschichtlichen Verortung der Figur des Thomas und seines Zweifels (Kap. 5.6), einigen Schlaglichtern aus der frühen Rezeptionsgeschichte (Kap. 5.7) und ausgewählten Aspekten zum kulturell-religiösen Verstehenshintergrund des Motivkomplexes „Sehen – Tasten – Glauben – Zweifeln" (Kap. 5.8).

---

forward to *the cross* as the climax of the narrative, in both literary and ‚theological' terms." Vgl. grundlegend FREY, Die „theologia crucifixi".

[5] Vgl. in diesem Sinn LUTHARDT, Das johanneische Evangelium, Bd. 2, 191 f.

[6] Neben Thomas widerfährt im Johannesevangelium auch anderen Figuren in der Begegnung mit Jesus eine Wende vom Zweifel zum Glauben. Ihre Geschichte wird im Folgenden nicht eigens dargestellt, sondern mit der Erfahrung des paradigmatischen Zweiflers Thomas in Beziehung gesetzt. Vgl. hierzu auch WOODINGTON, Dubious Disciples, 137–145.

5.2 Der johanneische Zweifelsdiskurs und die neuere Forschung zum Corpus Johanneum

5.2.1 Narratologische und literarische Ansätze

In den vergangenen Jahrzehnten hat sich die Perspektive der Johannesforschung von einer historischen zu einer literarischen verschoben:[7]

Während sich die frühere, historisch orientierte Johannesexegese viele Gedanken um die Herkunft und Identität etwa des „Lieblingsjüngers" oder die redaktionelle Überarbeitung von synoptischen Täufer-Texten gemacht hat, interessiert sich die heutige Johannesforschung mehr für die narrative Gestalt und Inszenierung der Figuren selbst.[8]

Einer der Ersten, der sich mit einem literaturwissenschaftlichen Interesse den Figuren des Johannesevangeliums zuwandte, ist Alan Culpepper.[9] In seinem bahnbrechenden Werk „Anatomy of the Fourth Gospel" analysierte er die johanneischen Figuren und gelangte zu einer Klassifizierung der verschiedenen menschlichen Reaktionen auf die Begegnung mit Jesus Christus.[10] Seine Arbeit versuchte zweierlei zu zeigen: Erstens repräsentieren die Figuren insgesamt eine beachtliche Bandbreite an Haltungen gegenüber Jesus und zweitens dient die Schilderung der eingenommenen Haltungen dem Ziel, bei den Rezipienten Glauben zu wecken (vgl. Joh 20,31).[11] „In John's narrative world the individuality of all the characters except Jesus is determined by their encounter with Jesus. The characters represent a continuum of responses to Jesus which exemplify misunderstandings the reader may share and responses one might make to the

---

[7] Zur jüngeren Forschungsgeschichte siehe insbesondere FREY, Grundfragen; ders., Wege und Perspektiven.

[8] ZIMMERMANN, Figurenanalyse, 21 f. Vgl. den Abschnitt „Der literaturwissenschaftliche bzw. narratologische Ansatz" bei FREY, Wege und Perspektiven, 22–26.

[9] Noch lange vor jeglicher narratologischen Theoriebildung widmete die Bultmann-Schülerin Eva Krafft im Jahr 1956 den „Personen des Johannesevangeliums" eine eigene Studie. Jede Person des Evangeliums sei „als Ganzes zu erfassen und die einzelnen Stellen, an denen sie auftritt, zusammenzuschauen, weil sie sich zu einem Gesamtbild vereinigen lassen" (KRAFFT, Personen, 18). Jede Person ist eine einheitliche Gestalt und vertritt „eine bestimmte Haltung dem Offenbarer gegenüber" (a. a. O., 18). „Hatte Petrus die Niedrigkeit Jesu nicht verstanden, so hat Thomas seine Hoheit nicht gesehen" (a. a. O., 27). Somit ist einerseits die von den Einzelfiguren repräsentierte theologische Position klar umrissen, und andererseits bleibt wenig Spielraum für Schattierungen und Zwischentöne innerhalb der einmal eingenommenen Position. Mit einer redaktionsgeschichtlichen Fragestellung nahm sich zwei Jahrzehnte später Raymond F. Collins des johanneischen Figurenbestandes an. Auch er forderte auf der Basis der literarischen Integrität des Evangeliums eine zusammenhängende Betrachtung der einzelnen Gestalten: „The very literary style which characterizes the Fourth Gospel should lead the interpreter and reader to question the symbolic characters of the individuals who appear within its twenty-one chapters" (COLLINS, Representative Figures, 4).

[10] CULPEPPER, Anatomy, 99–148.

[11] Vgl. CULPEPPER, Weave, 18.

5.2 *Der johanneische Zweifelsdiskurs und die neuere Forschung* 189

depiction of Jesus in the gospel."[12] Die Persönlichkeit einer johanneischen Figur bestehe in der Personifizierung eines einzelnen Wesenszuges: Thomas zweifelt, Pilatus ist hin- und hergerissen zwischen Wahrheitsansprüchen und politischem Kalkül, Petrus ungestüm, der Lieblingsjünger einsichtig.[13] Die Protagonisten treffen eine Wahl, die mit dem alles durchdringenden Dualismus des Johannesevangeliums korreliert: „[T]he choice is either/or."[14] Alle Entscheidungssituationen spitzen sich auf zwei klare Alternativen zu, in denen die Akteure ihre Wahl zu treffen haben.[15]

Culpeppers Arbeit läutete einen Paradigmenwechsel in der Johannesforschung ein,[16] so dass er dreißig Jahre später feststellen kann: „The literature on characterization is now vast!"[17] Nicht nur die Masse der Publikationen zum Thema ist bemerkenswert. Auch der Differenzierungsgrad hat sich gesteigert. Insbesondere sah sich der typisierende Ansatz zunehmender Kritik ausgesetzt, die sich vor allem auf zwei Aspekte richtet:[18] Erstens läuft das Modell Gefahr, die Komplexität der johanneischen Figuren zu reduzieren und ihre Nuancen zu übertünchen. Zweitens herrscht innerhalb dieses Ansatzes weithin Uneinigkeit, welchen Frömmigkeitstyp oder welche Haltung gegenüber Jesus die einzelnen Figuren repräsentieren; ein Konsens ist offensichtlich nicht zu erreichen. Mit einem verfeinerten methodologischen Instrumentarium unternehmen es neuere Studien, die Vielschichtigkeit und Ambivalenz einzelner Figuren im Johannesevangelium herauszuarbeiten.

Diese Forschungstendenz ist auch für die Frage des Zweifels fruchtbar, insofern hier ein Augenmerk auf die „Grauzonen" und Nuancierungen sowie die innere Dynamik und Veränderungsfähigkeit des Glaubenslebens der Akteure gelegt wird. Schon Judith Hartenstein resümierte in ihrer Arbeit über die Figuren der Maria Magdalena, des Petrus, des Thomas und der Mutter Jesu: „Sie sind

---

[12] Culpepper, Anatomy, 104.

[13] Vgl. Culpepper, Anatomy, 102.

[14] Culpepper, Anatomy, 104.

[15] Noch im Jahr 2002 bekräftigte Peter Dschulnigg, dass Johannes seine „Personen" „in typisierender Absicht [zeichnet], um an ihnen unterschiedliche Reaktionen auf Jesus darzustellen und diese den LeserInnen vor Augen zu führen, damit sie sich orientieren und ihre eigene Antwort auf Jesus finden und realisieren können" (Dschulnigg, Jesus begegnen, 1f.). Dschulnigg orientiert sich in seiner Arbeit nicht an einem narratologischen Theoriemodell im strengen Sinn, worauf schon der Begriff „Personen" verweist. Ohne die neueren Ansätze zu rezipieren, bemerkt Siegert, Johannes, 148, dass jede einzelne „Erzählperson" „für eine bestimmbare Gruppe" stehe und daher als eine „inklusive Persönlichkeit" zu betrachten sei. Die Zuordnungen sind seiner Rekonstruktion nach eindeutig: Die Mutter Jesu steht für das jüdische Volk, Nikodemus für das gesetzestreue Judentum, Petrus und die Jünger für die Mehrheitskirche, der Lieblingsjünger für die johanneische Gemeinde und Judas für die „Nacht" der Unwissenheit.

[16] Skinner, Introduction, XVIII, spricht gar von einer „new era in NT scholarship".

[17] Culpepper, Weave, 20. Vgl. die Übersichten bei Zimmermann, Figurenanalyse; Skinner, Introduction.

[18] Skinner, Introduction, XXI.

190   *5. Johannesevangelium*

zu vielschichtig und zu reich an Spannungen und Wendungen, um sich klar sortieren und einordnen zu lassen [...]. Vielleicht liegt die Absicht gerade darin, den LeserInnen die Offenheit aller Figuren zu vermitteln."[19] Auch Cornelis Bennema identifiziert in seinem Buch „Encountering Jesus" johanneische Figurenkonzeptionen, die Raum lassen für Uneindeutigkeiten und Spannungen.[20] An Culpeppers Studie richtete er die Frage: „Does Nicodemus make a clear choice? Are Peter and Pilate types, easily recognizable? Is Thomas simply the doubter?"[21] Figuren können nach Bennema anhand von drei Kontinuitätskategorien wahrgenommen und eingeordnet werden: der Komplexität einer Figur, ihrer Entwicklung sowie ihres Innenlebens.[22]

Im gleichen Jahr wie Bennemas Buch erschienen die Monographien „Imperfect Believers" von Susan Hylen und „John and Thomas" von Christopher Skinner.[23] Beide stimmen mit Bennema darin überein, dass die johanneischen Figuren nicht „flach", eindimensional und statisch konstruiert sind. Hylen untersucht die literarische Darstellung des Nikodemus, der Samaritanerin, der Jünger, Martas und Marias, des Lieblingsjüngers sowie der Juden und Jesu und kommt zu dem Schluss: „John's characters are ambiguous and complex."[24] Die Komplexität der Figuren mache auch einen ambivalenten Eindruck auf die Rezipienten und Rezipientinnen, die unschlüssig blieben, wie sie deren Haltung zu den „Idealen des Evangeliums" (glauben, bleiben, bezeugen) einzuschätzen haben.[25] Während

---

[19] HARTENSTEIN, Charakterisierung im Dialog, 303.

[20] Mit seinem Buch legte Bennema ein umfassendes Theoriemodell für die Figurenanalyse im Johannesevangelium vor, dessen Grundsätze er in der Folgezeit weiter ausdifferenzierte und nun auch für den Gesamtbestand der neutestamentlichen Erzählungen weiterentwickelte (vgl. BENNEMA, Theory of Character in New Testament Literature). Die Kürze der den einzelnen Figuren gewidmeten Kapitel erlaubt es ihm gerade nicht, die Komplexität ihrer Gestaltung adäquat herauszuarbeiten.

[21] BENNEMA, Theory of Character in the Fourth Gospel, 413.

[22] BENNEMA, Comprehensive Approach, 47 („complexity", „development" und „penetration into the inner life"). Es ist allerdings umstritten, ob ein antiker Autor überhaupt einen Einblick in das Innere seiner Figuren gewährt. TOLMIE, Jesus' Farewell, 142, kommt zu dem Schluss, dass nur Jesu innere Regungen und Gefühlsausdrücke eine Rolle spielen (vgl. z. B. Joh 2,17: Eifer; 4,6: Müdigkeit; 11,33.38: Empörung; 11,35: Traurigkeit; 12,27; 13,21: Erschütterung; 11,15; 15,11; 17,13: Freude), die der anderen johanneischen Gestalten hingegen nur eine untergeordnete bzw. keine. Auch CULPEPPER, Anatomy, 26, hält die introspektiven Erzählerkommentare für knapp und oberflächlich. BENNEMA, Theory of Character in the Fourth Gospel, 405–407, hingegen listet zahlreiche (mehr oder weniger einleuchtende) Beispiele auf, in denen der Erzähler sowohl auf die Gedanken, Gefühle und Beweggründe seiner Protagonisten zu sprechen kommt, als auch auf Jesu enthüllende Einblicke ins Innere der Menschen sowie auf Selbstoffenbarungen der Akteure.

[23] Vgl. noch FARELLY, Disciples (zu Petrus, Judas, dem Lieblingsjünger, Thomas und Maria Magdalena); SYLVA, Thomas.

[24] HYLEN, Imperfect Believers, 15. Thomas kommt nur am Rande vor.

[25] Vgl. HYLEN, Imperfect Believers, 145: Die Ambiguität, in der die meisten zentralen johanneischen Figuren dargestellt werden, reflektiert ein mögliches Verständnis von Uneindeutigkeit, nämlich „uncertain, open to more than one interpretation, of doubtful position" (Oxford English Dictionary). Ganz anders die Darstellung Jesu: „In characterizing Jesus, John asks the reader to hold together multiple, distinct ways of understanding who he is." „[T]he ambiguity

5.2 Der johanneische Zweifelsdiskurs und die neuere Forschung 191

Hylen das Augenmerk auf die Ambivalenz der johanneischen Figurenkonzeption richtete, wählte Skinner das Kriterium des Missverständnisses. Jede der von ihm analysierten Figuren – Thomas, Petrus, Nikodemus, die Samaritanerin, Maria, Marta, Philippus, Judas („nicht der Iskariot", Joh 14,22) und die Jünger – besitzt ein vom Autor zugedachtes Maß an Einsicht in die von Christus repräsentierte Wahrheit. Niemandes Verständnis ist vollkommen, und die Leserinnen und Leser des Evangeliums, die durch den Prolog eingeweiht sind, können ermessen, wie weit das Fassungsvermögen der einzelnen Figuren reicht. Beide Arbeiten versuchen auszuloten, wie der Evangelist das „Unvollständige" des individuellen Glaubens der Akteure zur Darstellung bringt, sei es mit Blick auf ihre Beständigkeit (vs. Ambivalenz) oder ihre Verständigkeit (vs. Missverständnis).

Während die Leserinnen und Leser des Evangeliums nach den älteren Ansätzen aufgerufen sind, sich an den typischen, klar erkennbaren Glaubenshaltungen zu orientieren (bzw. sich von ihnen zu distanzieren), stehen sie nach den neuen Entwürfen vor der Aufgabe, die teils spannungsvollen Reaktionen auf Jesus in ihrer Komplexität zu durchdenken und so ihren eigenen Glauben zu hinterfragen. Die Figuren sind weniger eindeutig zu bestimmende Paradigmen einer theologischen Position als vielmehr ambivalent entworfene „Anschauungsobjekte", deren Charakterzüge und Einstellungen – darunter auch ihr Zweifel am Offenbarer und seiner Sendung! – bedacht werden sollen, um sich zu einer eigenen Haltung hinführen zu lassen.[26] Im Fokus stehen somit nicht „dogmatische" Fragen – etwa danach, wie tragfähig der Glaube des Thomas war – oder „historische" Fragen – beispielsweise nach der Rolle des Thomas im Jüngerkreis –, sondern die „hermeneutische" Frage, „welche christologische Erkenntnis die johanneische Erzählung ihren Rezipientinnen und Rezipienten durch die jeweiligen *Figurencharakterisierungen* vermittelt."[27]

5.2.2 Historische Kontextualisierung

Die Wendung von einer diachron-historischen Betrachtungsweise zu einer synchronen, narratologisch ansetzenden Lektüre des Johannesevangeliums hat durchaus ihr Recht. „Sie nimmt das Textganze wahr, ohne es vorab schon auf unterschiedliche Schichten oder Ebenen aufzuteilen, sie berücksichtigt die zeitliche Sequenz der Lektüre und die innertextliche Dynamik und Dramatik, sie vollzieht das subtile Spiel des Textes mit seinen Leserinnen und Lesern nach und

---

involved ‚is not uncertainty, but certainty – the certainty of many equally plausible interpretations, each of which is sovereign when it occupies the conscious stage'" (Hylen zitiert hier ZEKI, Neurology of Ambiguity, 245).

[26] Vgl. BENNEMA, Comprehensive Approach, 57.

[27] FREY/POPLUTZ, Narrativität und Theologie, 13. Im Zuge des hermeneutischen leseorientierten Prozesses werden durchaus Urteile über Echtheit und Tragfähigkeit der erzählten Haltung gefällt. Vgl. SKINNER, John and Thomas, 37: „[I]t is possible for the reader to evaluate the correctness of every character's interaction with Jesus on the basis of what has been revealed in the prologue." Siehe auch BENNEMA, Comprehensive Approach, 55 Anm. 81.

192　　　5. Johannesevangelium

legt somit Wirkungsstrukturen frei."[28] Eine synchron-literarische Herangehensweise macht aber die historische Rückfrage nicht obsolet. Darin sind sich auch
die meisten narratologisch arbeitenden Exegetinnen und Exegeten einig und
fordern etwa eine „historisch-narrative Kritik" des vorliegenden Textes.[29]

Eine historische Perspektive trägt erstens der Tatsache Rechnung, dass die
Figuren der erzählten Welt nicht einfach erfunden wurden, sondern eine Vorgeschichte haben.[30]

Weitreichend ist der Ansatz von Bauckham, der ausgehend vom Konzept der Augenzeugenschaft den literarischen Zugang zum Johannesevangelium am historischen ausrichtet.
Die johanneischen Figuren sind demnach keineswegs nur sorgfältig geformte literarische
Geschöpfe, sondern repräsentieren geschichtliche Individuen, die reale Begegnungen
mit der zentralen Figur des Evangeliums hatten und auf je eigene Weise – verständig,
abweisend, uneindeutig usw. – mit ihr verbunden waren.[31] Auch das von Paul Anderson
maßgeblich vorangetriebene „John, Jesus, and History"-Projekt ist darum bemüht, den
historischen Wert der im Johannesevangelium geschilderten Ereignisse und Personen zu
erweisen, um durch die johanneische Brille einen Blick auf Jesus zu erhalten.[32] Methodisch muss das vor allem gegen die kritische (insbesondere deutschsprachige) Forschung
gerichtete, revisionistische Projekt mit Gegenwind rechnen. Und doch ist es ein veritabler
Versuch, dem Selbstanspruch des Evangeliums gerecht zu werden, eine Geschichte Jesu zu
erzählen, die mit Geschichten anderer Menschen verwoben ist.

Mit Blick auf Thomas stellt sich die Frage, welche geschichtlich rekonstruierbare
Facette bzw. welches Ereignis in der Biographie des Jüngers dazu führte, dass er
literarisch zum „Zweifler" wurde.

Eine historisch interessierte Lektüre fragt zweitens nach dem Rezeptions-
kontext einer Schrift, d. h. nach der johanneischen Gemeinde. Im anglopho-
nen Raum wurde ein solcher zeitgeschichtlicher Zugang von J. Louis Martyn
programmatisch eingeführt und im Kommentarwerk von Raymond E. Brown
detailliert umgesetzt.[33] In der deutschsprachigen Johannesexegese steht für diese
Forschungsrichtung vor allem der Ansatz von Klaus Wengst, der den Fokus
seiner Interpretation auf den Prozess der Trennung zwischen johanneischer
Gemeinde und Synagoge legte.[34] Für die Christusgläubigen sei es zu einer „Einschränkung und Behinderung ihrer Lebens- und Entfaltungsmöglichkeiten" und

---

[28] FREY, Wege und Perspektiven, 25 f.

[29] So BENNEMA, Theory of Character in the Fourth Gospel, 420.

[30] Vgl. HARTENSTEIN, Charakterisierung im Dialog, 37: „Das hat Konsequenzen für die Interpretation, weil die Wechselwirkung zwischen der Darstellung im JohEv und den außerhalb
vorhandenen Vorstellungen einbezogen werden müssen."

[31] BAUCKHAM, Jesus and the Eyewitnesses.

[32] So der Titel des dritten Bandes der Reihe „Jesus, John, and History": ANDERSON/JUST/
THATCHER, Glimpses of Jesus. Vgl. dies., Critical Appraisals; dies., Aspects of Historicity; vgl.
auch ANDERSON, Das Johannes-, Jesus- und Geschichtsprojekt.

[33] MARTYN, History and Theology; BROWN, Gospel according to John; ders., Epistles of
John; ders., Community.

[34] WENGST, Bedrängte Gemeinde; ders., Johannesevangelium.

zu „sozialer Isolierung und wirtschaftlicher Diskriminierung" gekommen.[35] In Bemerkungen wie diesen zeigt sich jedoch die Problematik des Auslegungsmodells. Im Text des Johannesevangeliums sind mehrere zeitliche und situative Stränge zu einem historisch kaum noch entwirrbaren Geflecht verknüpft.[36] Der Umstand, dass im vorliegenden Text Erfahrungen der früheren Geschichte der urchristlichen bzw. johanneischen Gemeinde mit aktuellen Gegebenheiten und Fragestellungen verschmolzen sind, verkompliziert sich weiter, wenn mit einer mehrstufigen Textgenese und unterschiedlichen Adressatengruppen gerechnet wird. Trotz der verwickelten Kompositionsgeschichte und trotz der Gefahr eines „mirror reading" muss gefragt werden, was die Adressatinnen und Adressaten zum Nachdenken über den Zweifel veranlasste. Welche konkreten Erfahrungen spiegeln sich im Text des Evangeliums – von binnengemeindlichen Anfragen an den Glauben bis hin zu kritischen Einwürfen und radikaler Ablehnung, mit der die Gemeinde von außen konfrontiert war?

Drittens muss bedacht werden, wie die dualistische Weltsicht des Autors mit den vielfältigen und ambivalenten Glaubenshaltungen der Protagonisten in Einklang zu bringen ist. Denn auch die dualistischen Denk- und Sprechformen haben eine Geschichte, und sie sind „als eine vom Evangelisten mit Bedacht gewählte Ausdrucksgestalt" zu interpretieren,[37] die Erfahrungen der johanneischen Gemeinde spiegeln und gewisse Wirkabsichten verfolgen. Wie verhält (und verträgt) sich das „Dazwischen" des Zweifels mit dem Entweder-oder einer dualistischen Denkweise?

Es ist nicht mein Interesse, das narratologische Methodenrepertoire zu verfeinern oder zu erweitern. Vielmehr geht es mir um den Versuch, unter Berücksichtigung von neueren Analysen nachzuzeichnen, wie der Evangelist den Zweifel „in Szene setzt" und bearbeitet. Ebenso wichtig ist mir jedoch der Blick in die Auslegungsgeschichte. Gerade die älteren Kommentare sind aufschlussreich, weil sie die narrativen Potenziale des Texts mit Scharfsinn und Gelehrsamkeit auszuschöpfen versuchen, sosehr sie häufig historisierende und psychologisierende Tendenzen offenbaren. Die Wahrnehmung der älteren Auslegung gibt zudem einen Eindruck davon, wie sich die Wertung des Zweifels im Lauf der Zeit wandelte. Neuere synchrone Ansätze bemühen sich in analoger Weise um den Aufschluss der im Text enthaltenen erzählerischen Möglichkeiten, wenn auch methodisch kontrollierter. In den Einzelexegesen zeigt sich eine deutliche Tendenz von einer abwertenden zu einer milden Beurteilung des Zweifels.[38] Bei aller Unterschiedlichkeit im Einzelnen wird die Begegnung Jesu mit Thomas in der älteren Literatur durchweg im Sinne einer Konfrontation interpretiert: Jesus ta-

---

[35] WENGST, Johannesevangelium, Bd. 1, 320.285.
[36] FREY/POPLUTZ, Narrativität und Theologie, 5 f.
[37] FREY, Licht aus den Höhlen?, 206.
[38] Dazu s. o. Kap. 5.6.2.

194 5. *Johannesevangelium*

delt die „Zweifelssucht" des Thomas[39] und bemängelt sein um Beweise bemühtes Glaubensverständnis. Dieses Moment tritt in den neueren Auslegungen deutlich zurück: Jesus erscheint nun als derjenige, der sich dem Zweifelnden einfühlsam zuwendet und ihn durch seine überwältigende Präsenz für den Glauben öffnet.

5.3 Joh 11,16: „Lasst uns auch hingehen, um mit ihm zu sterben." Skepsis und Fatalismus

Thomas wird in allen Jüngerlisten der Synoptiker erwähnt und steht dort unscheinbar im Mittelfeld neben Matthäus (Mt 10,3; Mk 3,18; Lk 6,15; vgl. Apg 1,13). Von ihm ist dort lediglich bekannt, dass er ein von Jesus in den Zwölferkreis berufener galiläischer Jude war. Nirgendwo tritt er handelnd in Erscheinung, und an keiner Stelle werden Züge seiner Persönlichkeit oder seines Verhältnisses zu Jesus thematisiert. Erst im Johannesevangelium wird er als eine der Hauptfiguren im Umkreis Jesu bedeutsam. Offen bleibt hier, wie Thomas Teil des Jüngerkreises wurde; dies wird in der ersten der vier Szenen, in denen er auftritt, schlicht vorausgesetzt.[40] Die Thomastexte finden sich am Ende des ersten Hauptteils des Evangeliums (Joh 11,16), zu Beginn der Abschiedsreden (14,5–7), in der Schlussszene des Evangeliums (20,24–29) sowie im „Nachtragskapitel" (21,2).[41] Thomas wird siebenmal namentlich erwähnt, davon allein viermal im Zusammenhang der Erscheinung Jesu vor den Jüngern (11,16; 14,5; 20,24.26.27.28; 21,2). Anders als bei den Synoptikern gewinnt er in der johanneischen Darstellung ein markantes Profil, das ihm eine unvergleichlich reichhaltige Wirkung in der Kirchen-, Theologie- und Kunstgeschichte einbrachte. Diese Wirkung der Thomasfigur ist eng verknüpft mit der Offenheit der johanneischen Texte, in denen Thomas auftritt. Sie entziehen sich einer eindeutigen Beschreibung seines Profils und seiner Funktion innerhalb des Evangeliums. Auch seine Haltung zu Jesus wird in der Auslegung auf ganz unterschiedliche Weise beschrieben. Er entzieht sich einem „objektiven" interpretatorischen Zugriff.

5.3.1 Fatalist, Zweifler, Ignorant – oder Held?

Thomas tritt zuallererst in der symbolgeladenen Lazarusepisode auf die literarische Bühne des Evangeliums. Dass er Teil des Jüngerkreises ist, wird vorausgesetzt und nicht eigens erwähnt. Als Jesus seine Absicht äußert, nach Bethanien zum mittlerweile verstorbenen Lazarus zu gehen, wird dies von Thomas mit den

---

[39] THOLUCK, Evangelium Johannis, 442.

[40] Vgl. das ähnlich unvorbereitete, noch abruptere Auftreten der Maria Magdalena: „She appears in crucial roles in the Gospel of John, but only at the end and then suddenly" (CLARK-SOLES, Mary Magdalene, 626).

[41] Vgl. POPP, Thomas, 505.

5.3 Joh 11,16: „Lasst uns auch hingehen, um mit ihm zu sterben.“   195

Worten kommentiert: „Lasst uns auch hingehen, um mit ihm zu sterben" (ἄγω-μεν καὶ ἡμεῖς ἵνα ἀποθάνωμεν μετ' αὐτοῦ, Joh 11,16). Welche Haltung spricht aus dieser Aussage? Die Antworten der Exegese waren und sind an dieser Stelle sehr heterogen.[42] Will man die Aufforderung des Jüngers nicht darauf zurück-führen, dass er möglichst rasch zum kranken Lazarus reisen wollte, weil er mit ihm in näherer Beziehung stand,[43] bleiben noch eine ganze Reihe weiterer Interpretationsmöglichkeiten. Ich rekapituliere einige Ansätze, bevor ich eine zusammenhängende Exegese der Passage biete.

Wie bereits angedeutet, zeigt sich in der Kommentarliteratur eine Tendenz in der Beurteilung der Haltung des Thomas: Ältere Ausleger gehen oftmals kritischer mit Thomas ins Gericht und neigen dazu, seine Worte im Sinne ei-ner charakterlich bedingten Distanzierung von Jesus oder als Ausdruck einer resignativen Stimmung zu interpretieren.[44] In den neueren Auslegungen seit Bultmann repräsentiert Thomas das Jüngerunverständnis, das der Evangelist programmatisch in seine Jesusgeschichte eintrug.[45]

Friedrich Adolf Lampe referiert in seinem großen Kommentar zwei Extrempositionen: zunächst das Urteil des Theophylakt, der in den Worten des Thomas bittere Ironie wahr-nimmt,[46] dann den gegenreformatorischen Jesuiten Johannes Maldonatus, der die Worte als einen Ausdruck außerordentlicher Liebe interpretiert. Lampe selbst bevorzugt mit Calvin, Martin Bucer und anderen einen Mittelweg: In den Worten scheint eine „schänd-liche Unwissenheit" (*inscitia turpis*) auf, die mit einem „unerhörten Unglauben" (*in-credulitas insignis*) und einer gewissen „Widerspenstigkeit" (*renitentia*) verknüpft sei.[47] Calvin hatte im Sinne des reformatorischen Anliegens den Glauben des Thomas in den Blick genommen, um festzustellen, dass Thomas zwar bereit war zu folgen, jedoch ohne Vertrauen (*absque fiducia*). Sein Ansinnen sei gänzlich einem „unüberlegten Eifer" ent-sprungen, obwohl sein Mut doch besser aus dem „Glauben an die Verheißung" hätte Kraft schöpfen sollen.[48]

---

[42] Schon Friedrich Adolf Lampe hielt fest: „De scopo verborum major est dissensus." (Lam-pe, Evangelium secundum Joannem, Bd. 2, 758).

[43] So BENGEL, Gnomon, 369.

[44] Eine Ausnahme stellt der Rationalist H. E. G. Paulus dar, der aus naheliegenden Motiven den zweifelnden Sinn des Thomas lobt. Zu Joh 11,16 kommentiert er: „Er zeigt sich auch hier vorzüglich; nicht wie die Wundersucht ihn herabzusetzen einführte. Hier ist er der Entschlos-sene, wohlwollende Freund, wie 20,24.ff. der verständig prüfende, von J. selbst Vs 29. gelobte" (PAULUS, Johannes, 559; Paulus' Kommentar reicht lediglich bis Joh 11, doch deutet sich schon in diesem Rahmen an, dass er das Verhalten des Thomas auch in den Osterberichten nicht für kritikwürdig erachtet). Vgl. zur Thomasszene ders., Leben Jesu, Bd. 2, 276. S. u. Kap. 5.6.2.

[45] Eine schöne Übersicht der Thomasdeutungen bietet BURNET, Exegesis and History of Reception, 87–89, der drei Ansätze unterscheidet (psychologisch, theologisch und ekklesiolo-gisch).

[46] Vgl. Theophylakt, *Commentarius in Joannis Evangelium* (zu Joh 11,11–16) (PG 124, 93): Nach Theophylakt spricht aus den Worten des Thomas nicht Mut, sondern Feigheit (δειλία) und Resignation (βαρυθυμία). Ironisch sage er deshalb: „‚Gehen auch wir‘, wir Narren und Unver-ständige, ohne uns um unser eigenes Wohl und Leben zu kümmern, ‚dass wir mit ihm sterben'."

[47] Lampe, Evangelium secundum Joannem, Bd. 2, 758 f.

[48] Calvin, In evangelium secundum Johannem, Teil 2, 57.

196   5. Johannesevangelium

In der Exegese des 19. Jahrhunderts finden sich häufig psychologisierende Bemerkungen. Thomas gilt als einer, der sich mit einer „zum Zweifeln und Verzagen stimmenden Reflexion" beschäftigt,[49] als einer, der „raschen Temperamentes" ist, hier aber „mit der sofortigen Resignation und dem Muthe der Liebe" dem Willen Jesu Folge leistet.[50]

Einen trotzigen, ironischen und fast schon zynischen Charakterzug sehen diejenigen Ausleger aufleuchten, die im präpositionalen Ausdruck „mit ihm" (μετ' αὐτοῦ) einen Bezug auf Lazarus (und nicht auf Jesus) erkennen. Diese Deutung ist keine „barocke Idee" Zahns, wie Bultmann nahelegt,[51] sondern eine bereits von Hugo Grotius geäußerte Vermutung, die Zahn aufnimmt und weiterführt.[52] Weil seit Joh 11,11 nur noch von Lazarus die Rede sei, müsse man μετ' αὐτοῦ wie schon zuvor πρὸς αὐτόν (11,15) auf Lazarus beziehen. Thomas misstraue zwar nicht dem „Seherblick des Meisters", der über die weite Distanz den Tod des Lazarus erkannt hat. Doch er hege Zweifel, dass Jesus den Weltlauf ändern und die Herrschaft des Todes überwinden kann – trotz der „hohen Worte", die Jesus sprach (3,15–16; 5,21–29; 8,51). Thomas und seinen Gefährten werde es ebenso ergehen wie dem Freund in Bethanien, daran könne auch Jesus nichts ändern. „Hinter den Worten, die wie Äußerungen mannhaften Trotzes klingen (auch 14,5), verbirgt sich eine zwiespältige Seele, die schwer zu entschiedenem Glauben kommt."[53] Unter den jüngeren Kommentaren bezieht auch Folker Siegert μετ' αὐτοῦ auf Lazarus und tritt damit einer „allzu christlichen Lektüre entgegen", die immer sogleich an Jesus denke. Nicht durch mannhaften Trotz, sondern durch Defätismus und Sarkasmus sieht er Thomas, den Ungläubigen, hier qualifiziert.[54] Hält man – anders als Siegert[55] – den Evangelisten für die Endgestalt des Textes verantwortlich, kann man die Offenheit des vorliegenden Textes als eine bewusste oder zumindest bewusst zugelassene Ambivalenz verstehen. Einerseits klingt die drohende Steinigung durch „die Juden" noch nach (11,8), andererseits drängt sich ab Joh 11,11 thematisch der Tod des Lazarus in den Vordergrund. Eine Doppeldeutigkeit des Textes legt sich meines Erachtens nahe und damit auch eine absichtsvoll unscharf gehaltene Charakterisierung des Thomas, die in der individuellen Rezeptionsperspektive ihr je eigenes Profil erhält.

---

[49] THOLUCK, Evangelium Johannis, 305.

[50] MEYER, Johannes, 365. Vgl. noch LÜCKE, Johannes, Bd. 2, 451: „Er gehört wie Petrus zu den lebendigen, kecken Naturen, aber er ist standhafter."

[51] BULTMANN, Johannes, 305 Anm. 4.

[52] Grotius, Annotationes, Bd. 4, 169. Vgl. die Erwägungen bei Calvin, In evangelium secundum Johannem, Teil 2, 57 („Verum si de Lazaro exponas, ironia erit"), doch entscheidet er sich für den Bezug auf Jesus.

[53] ZAHN, Johannes, 480 f.

[54] SIEGERT, Johannes, 121.434 f.613. Vgl. noch RILEY, Resurrection Reconsidered, 118 f.: Thomas zeigt sich ungläubig gegenüber der in Joh 11,11 angekündigten Auferweckung des Lazarus und geht davon aus, mit Lazarus zu sterben.

[55] Der Bezug auf Lazarus ist für SIEGERT, Johannes, 435, auch aufgrund seiner literarkritischen Rekonstruktionen evident. Anders Bultmann (s. folgende Anmerkung).

5.3 Joh 11,16: „Lasst uns auch hingehen, um mit ihm zu sterben." 197

Bultmann hingegen nimmt im Wort des Thomas einen Hang zur Resignation wahr: Es zeige „Ergebung in das den Jüngern mit Jesus gemeinsam drohende Schicksal" an, eine „resignierte Ergebung", die sich erst im weiteren Verlauf des Erzählung zu einer klaren Entschlossenheit wandelt.[56] Andere erkennen darin den Wagemut dessen, der seinen Blick auf die Gefahr durch die Todesdrohung der Gegner richtet: „Auf diese Gefährdung antwortet er scheinbar zu allem entschlossen und mutig verwegen."[57] Thomas' Haltung komme der Kühnheit und Entschlossenheit eines Petrus nahe, der bereit ist, Jesus zu folgen (13,37). Wieder andere scheiden demgegenüber alles Heroische aus dem Wort des Thomas aus und finden darin vielmehr „unverhohlene Skepsis" und ein „skeptisches Unverständnis für Jesu Weg".[58] In dieser Hinsicht unterscheide sich Thomas keineswegs von den übrigen Jüngern (mit Ausnahme des „idealen" Lieblingsjüngers).[59]

Jenseits des unmittelbaren Kontextes spielen noch andere Faktoren eine Rolle: Wer den Abschnitt und den Kommentar des Thomas vor dem Hintergrund des Treuegelöbnisses des Petrus liest (Mk 14,31par) und ein intertextuelles Spiel mit synoptischen Prätexten wahrnimmt, mag Thomas Wagemut und Martyriumsbereitschaft zuschreiben, die er freilich (wie Petrus) nicht einlöst.[60] Wer seine Aussage innerhalb der Lazarusszene deutet, erkennt darin das blanke Unverständnis für die Worte Jesu und fortdauernden Unglauben: Jesu Gang nach Bethanien hatte den Zweck, „dass ihr zum Glauben kommt" (ἵνα πιστεύσητε, Joh 11,15), doch bezeichnenderweise ist es Martha, die noch *vor* dem Wunder glaubt (ἐγὼ πεπίστευκα, 11,27), und am Ende sind es „viele von den Juden", die auf das Wunder hin zum Glauben kommen (ἐπίστευσαν εἰς αὐτόν, 11,45), nicht die Jünger – geschweige denn Thomas! Wer den Abschnitt vom Schluss des Johannesevangeliums her wahrnimmt, sieht hier bereits die Skepsis vorgezeichnet, die in der Begegnung mit dem Auferstandenen offen zutage tritt, und weiß zugleich um die denkwürdige Wende des Skeptikers zum Bekenner.

5.3.2 Doppelbödigkeit des Thomasporträts

Die Jünger wissen um die Todesgefahr, der sich Jesus mit seinem Gang nach Bethanien aussetzen würde, denn der Ort liegt im Wirkungsbereich der Gegner (Joh 11,8; vgl. 10,31.38). In der Aussage des Thomas drückt sich die Gewissheit

---

[56] BULTMANN, Johannes, 305. Nach Bultmann schließt in der vorausgesetzten Quelle Joh 11,17 an 11,15 an, und „[n]atürlich gehört V. 16 mit V. 7–10 dem Ev[an]g[e]listen". Vgl. KRAFFT, Personen, 27, die im Ausspruch des Thomas ebenfalls „nicht ein Wort des Glaubens, sondern der Resignation" erkennt.

[57] DSCHULNIGG, Jesus begegnen, 221. Vgl. ebd.: „Er scheint verwegen mutig zu sein und fordert alle zum Martyrium mit Jesus auf, was sie alle nicht einlösen." Siehe auch BENNEMA, Encountering Jesus, 288: „Thomas's declaration speaks of courage, loyalty, and the willingness to die with Jesus."

[58] FREY, Der „zweifelnde" Thomas, 11.

[59] FREY, Der „zweifelnde" Thomas, 13.

[60] Das Motiv der Jüngerflucht ist Johannes bekannt (vgl. Joh 16,32), wird aber in der Szene der Gefangennahme theologisch bearbeitet (18,8–9): Jesus erbittet die Freilassung der Jünger.

198   5. Johannesevangelium

aus, dass er und seine „Mitjünger" (συμμαθηταί) das Todesgeschick, das Jesus droht und Lazarus bereits ereilte, teilen werden, sollten sie Jesus auf seinem Weg begleiten. Ganz offensichtlich ging Jesus davon aus, dass er nicht allein nach Judäa gehen würde, sondern in Begleitung der Zwölf (ἄγωμεν, 11,7.15). Die echoartige Aufnahme von ἄγωμεν durch Thomas (11,16) bestätigt dies. Zugleich erweist sich in der Aussage des Thomas das Unverständnis der Jünger über die Tiefendimension des Ansinnens Jesu: Dessen Entscheidung, nach Bethanien zu gehen und Lazarus „aufzuwecken" (ἐξυπνίζειν, 11,11), dient seiner Verherrlichung und der Verherrlichung Gottes (11,4) sowie dem Glauben der Jünger (ἵνα πιστεύσητε, 11,15).

Thomas hingegen gibt sich unberührt von der Höhe der Aussagen Jesu und bleibt ganz fixiert auf die irdischen Gegebenheiten und die Logik des Weltlaufs, der für Jesus und seine Anhänger das Ende ihres irdischen Daseins bereithält, sollten sie den Ort der feindseligen Aktivität ihrer Gegner aufsuchen. Er erweist sich auch unempfänglich für die Äußerungen Jesu, mit denen dieser die Gefahr der Steinigung relativiert (11,8–9) und den Tod des Lazarus für umkehrbar hält (11,11). All dies dringt nicht zu Thomas hindurch. Dennoch stellt er sich mit seiner Zustimmung zur Aufforderung Jesu gegen die übrigen Jünger, die gegen Jesu Plan Einspruch erheben (11,8) und dabei zum Schutz des eigenen Lebens ein anderes aufzugeben bereit sind. Thomas klammert sich nicht am Leben fest, sondern motiviert seine „Mitjünger", sich Jesus anzuschließen.[61] Je nach Rezeptionsperspektive sieht man in seiner Aussage Verwegenheit, den Mut der Verzweiflung, Zweifel und Skepsis, Resignation und Fatalismus. Alle, Thomas und die übrigen Jünger, treffen sich jedoch in ihrem Unverständnis des Weges Jesu; alle handeln aus einer verfehlten Motivation heraus, auch wenn Thomas die „richtige" Entscheidung trifft. Wie die Motive von Unverständnis geprägt sind, so ist es auch die Zielperspektive: Für Thomas führt der Weg Jesu und der Zwölf ins Dunkle, am Ende steht der Tod. Schon das geographische Ziel, Bethanien bzw. „zu ihm" (d.h. Lazarus, vgl. 11,15), lässt er in seiner Wiederholung der Aufforderung Jesu entfallen und ersetzt es durch die finale Aussicht auf den Tod. Umso weniger erschließt sich ihm die eschatologische Perspektive, „daß der Tod für Jesus Rückkehr ist in seines Vaters Haus, wo er den Seinen Wohnungen machen will."[62] Im weiteren Verlauf zeigt sich, dass sein Unverständnis auch dann noch bestehen bleibt, als Jesus das Ziel seines Wegs offenlegt.

---

[61] HARTENSTEIN, Charakterisierung im Dialog, 80 f. (mit Anm. 92) und 216 Anm. 14, hat gezeigt, dass sich in den johanneischen Gesprächssequenzen abschließende Redebeiträge – wenn sie nicht von Jesus kommen – häufig nicht an Jesus richten, sondern an Dritte und dabei einen Dissens der Gesprächsteilnehmer zum Ausdruck bringen.

[62] KRAFFT, Personen, 27.

5.4 Joh 14,5–7: „Wir wissen nicht, wohin du gehst." Notorisches Unverständnis

Im zweiten Auftritt des Thomas, in dem er nicht als der „Zwilling" vorgestellt wird (vgl. Joh 11,16), greift der Erzähler das Motiv des Weges wieder auf[63] und stellt das Unverständnis des Jüngers als noch tiefgreifender dar. Thomas gesteht mit seinem Einwurf, der zu den wenigen Unterbrechungen der Abschiedsreden Jesu gehört,[64] ein, dass ihm das Ziel und damit auch der Weg Jesu unklar sind: „Herr, wir wissen nicht, wohin du gehst. Wie können wir da den Weg kennen?" (14,5). Seine Worte variieren und erweitern die kurz zuvor geäußerte Frage des Petrus (13,36).

Die erste Aussage verblüfft zunächst. Denn kurz zuvor hatte Jesus angekündigt, dass er zu seinem Vater geht, um ihnen „eine Stätte zu bereiten" (14,2–3); den Leserinnen und Lesern wurde dies zuvor bereits mitgeteilt (13,1–2). Für Thomas hingegen verliert sich das Ziel des Weges Jesu ins Dunkel, weil er nicht über die irdischen Bezüge hinaus zu sehen vermag, und folglich bleibt ihm auch der Weg ungewiss. Die Erhöhung und Verherrlichung Jesu als Voraussetzung der Christuserkenntnis stehen jenseits seines Blickfelds. Mit den Pluralformulierungen (οὐκ οἴδαμεν, δυνάμεθα) schließt Thomas' Einrede die übrigen Jünger ein. Die Frage ist entweder in der Absicht formuliert, von Jesus tatsächlich Auskunft zu erhalten, oder sie ist als rhetorische Frage zu verstehen, in der ihr Sprecher sich selbst mitteilt. Letzteres liegt näher. Denn der direkte Widerspruch zu Jesu Aussage (οἴδατε, 14,2; οὐκ οἴδαμεν, 14,5), der zunächst trotzig scheint, rührt von der resignativ gezeichneten Gemütslage des Thomas, der die Worte Jesu beim besten Willen nicht verstehen kann („wie sollten wir auch den Weg kennen?").

Thomas wird vom Evangelisten bis hierher als ein Mensch dargestellt, der Jesus zwar wie kaum ein anderer nahesteht, dessen Einsicht in Jesu Sendung aber stets hinterherhinkt. Während er in der Lazarusszene verkannte, dass Jesu Weg nicht in den endgültigen Tod, sondern in die Verherrlichung und ins Leben führt, bleibt ihm hier der nächste Erkenntnisschritt versagt, dass Jesus nämlich *selbst* der Weg und das Leben ist.[65] Während er dort (11,16) durch eine „falsch" motivierte Handlungsanweisung in Erscheinung tritt, fällt er hier (14,5) durch eine „falsche" Frage auf. Jesus lässt die rhetorische Frage nicht auf sich beruhen, beantwortet sie aber auch nicht als eine echte, auf einen spezifischen Informationsgewinn zielende Frage. Denn er erläutert nicht, *wie* der Weg zu erkennen ist bzw. wohin der Weg führt, sondern *wer* der Weg sei. Mit seiner Antwort weist er

---

[63] Terminologisch allerdings begegnet das Wort ὁδός nur in Joh 1,23 (Zitat Jes 40,3) und hier.

[64] Unterbrochen wird die Rede Jesu von Petrus (Joh 13,36–37), dann von Thomas (14,5), unmittelbar darauf von Philippus (14,8) und schließlich von Judas, „nicht dem Iskariot" (14,22). Im weiteren Verlauf finden sich erst wieder in Joh 16,17–18.29–30 Gesprächsbeiträge der Jünger.

[65] Es handelt sich nicht um eine Erkenntnisfolge, die aus äußeren Kriterien ableitbar wäre, sondern sie folgt der Logik der johanneischen Theologie.

200   *5. Johannesevangelium*

den Fragenden nicht zurecht, sondern bezweckt eine unerwartete Erweiterung der Sinnwelt durch die metaphorische Rede vom Weg.[66]

Mit dem Ich-bin-Wort biegt Jesus die Richtung der Frage gleichsam um von einem objektiven, externen Sachverhalt zu ihm als Person. Die Jünger kennen den Weg, nicht weil er ihnen beschrieben wurde oder sie ihn schon beschritten haben, sondern weil sie ihm gegenüberstehen.[67] Die Metapher personalisiert die Frage nach dem Weg und weist auf Jesus als den *einzigen* Weg zum Vater. Aus der Zwischenfrage des Thomas lässt sich zwar keine weitreichende Charakterisierung seiner Figur ableiten, doch ist auffällig, dass Jesus dem resignativen Zug der Frage mit einer überraschenden, entgrenzenden Aussage entgegentritt. Wenn Resignation heißt, „keine Stellung haben, sich für unfähig erkennen, die Situation zu verarbeiten",[68] dann bietet Jesu Erwiderung dem Jünger eine Möglichkeit, wieder Stellung zu beziehen und sich dem „Weg" in Person zuzuwenden. Insbesondere zu den beiden zuvor geschilderten couragierten Einreden des Petrus, der ebenfalls nach dem Wohin des Weges Jesu fragt (13,36) und nicht einsehen will, warum er Jesus nicht folgen kann (13,37), ist der Kontrast augenfällig. Jesu direkt an Petrus gerichtete Aussagen haben gerade nicht eine Weitung des Blicks zur Folge, sondern beziehen sich recht unbarmherzig auf den selbstüberschätzenden Charakter des Petrus, indem sie seine Verleugnung ankündigen.

Im Gegenüber zu den anderen Gesprächsbeiträgen der Jünger trägt auch der kurze Abschnitt Joh 14,5–7 zu einer Profilierung der Figur des Thomas bei. Er ist wie seine Mitjünger Repräsentant eines vorösterlichen Unverständnisses,[69] doch reagiert Jesus auf sein Unverständnis in spezifischer Art und Weise: Während er den Überschwang des Petrus dämpft (13,36–38) und die Frage des Philippus ausdrücklich kritisiert (14,8–10),[70] lässt die an alle Jünger gerichtete Erwiderung auf die Einrede des Thomas eine zuvor nicht wahrgenommene Dimension aufleuchten: Der Weg zum Vater ist eine den Jüngern bekannte Person. Die Frage des Thomas verbindet sich mit der „ungeheuerlichen Zusage",[71] dass die Jünger den Vater kennen und ihn gesehen haben. Auf literarischer Ebene dienen die Gedanken des Thomas als Steilvorlage für das Ich-bin-Wort Jesu, mit dem er

---

[66] Vgl. die Bestimmung der Metapher als Erweiterung der Denotation bei RICŒUR, Stellung und Funktion der Metapher, 52 f.

[67] DSCHULNIGG, Jesus begegnen, 224: Die Vorstellung vom personifizierten Weg ist „ungewöhnlich und schwer zu vollziehen". Zum Wegmotiv in jüdischer Weisheitsliteratur SCHNELLE, Johannes, 228.

[68] JASPERS, Psychologie der Weltanschauungen, 251.

[69] Vgl. HARTENSTEIN, Charakterisierung im Dialog, 218: Der „Kontext der Gesprächssituation [vgl. die anderen Einreden] zeigt also Thomas in einer Reihe mit den anderen Jüngern. Er steht unverständig bzw. in kritischer Distanz zu Jesus wie die anderen."

[70] Philippus wird im weiteren Verlauf des Evangeliums nicht mehr ausdrücklich genannt. DSCHULNIGG, Jesus begegnen, 226, erwägt, ob „Thomas die Rolle des Skeptikers im Jüngerkreis von Philippus übernehmen soll".

[71] HARTENSTEIN, Charakterisierung im Dialog, 219.

sich nun als der Weg, die Wahrheit und das Leben in Person präsentieren kann (14,6–7). Sie veranlassen Jesus „zu einem noch klareren Ausdruck seiner Funktion und Würde".[72]

5.5 Joh 20,24–29: „Mein Herr und mein Gott!"
Zweifel und Bekenntnis des Zu-spät-Gekommenen

Den Höhepunkt der literarischen Inszenierung der Thomasfigur und damit auch seiner Glaubenshaltung markiert die Begegnungsszene Joh 20,24–29. Im Abschnitt zuvor wurde berichtet, dass Jesus den Jüngern am Abend des ersten Wochentags, d.h. am Osterabend, erschienen sei, ihnen seine Hände und seine Seite gezeigt, sie zweimal mit dem Friedensgruß angesprochen und ihnen den Geist verliehen habe (20,19–23). Die Reaktion der Jünger auf die Erscheinung Jesu wird als freudvoll beschrieben (ἐχάρησαν [...] οἱ μαθηταί, 20,20). Trotz der Erwähnung der Freude wirkt der Bericht nüchtern und sachlich. Von einem Gespräch zwischen Jesus und den Jüngern wird nicht erzählt. Ins Zentrum der Aufmerksamkeit drängen sich Fragen nach der Materialität des Körpers Jesu, der durch Wände geht, nach dem Verhältnis der Sendung Christi zur Mission der Jünger oder nach dem Auftrag der Sündenvergebung. Es verwundert daher nicht, dass vor allem die älteren Ausleger den Begegnungscharakter anschaulich machen und annehmen, „daß es an derartigen Äußerungen [der Freude über das Wiedersehen], vielleicht auch an Wechselreden zwischen Jesus und [den Jüngern] nicht gefehlt hat."[73] Johannes hingegen erzählt äußerst sparsam und behält sich die sinnliche und erzählerische Anschaulichkeit bis zum nächsten Abschnitt vor, der ihm freilich in eigener Weise der narrativen Explikation seiner Theologie dient. Eine kaum zu überbietende Spannung zwischen der Beteuerung „ich werde nicht glauben" (20,25) und dem höchsten Christusbekenntnis aus dem Munde des Thomas (20,28) charakterisiert die Erzählung.

Ein Durchgang durch den wirkmächtigen Text stößt auf eine beträchtliche Zahl an erzählerischen Leerstellen und Unbestimmtheiten. Es sind gerade diese Stellen, die die geistige Aktivität der Leserinnen und Leser provoziert, Deutungsmuster geschaffen, zum eigenen Handeln angeregt und nicht zuletzt zu künstlerischen und literarischen Bearbeitungen der Motive inspiriert haben. Die vom Evangelisten hergestellte Konzentration auf die Begegnung zwischen Jesus und dem Jünger begründet das teils auch historisierende, psychologisierende und erbauliche Interesse an der Haltung, die Thomas gegenüber Jesus einnimmt, und am Verhalten, das daraus erwächst. Das Interesse der älteren Auslegung am Gefühlsleben des Thomas und an seiner inneren Haltung gegenüber Jesus

---

[72] FREY, Der „zweifelnde" Thomas, 12.
[73] ZAHN, Johannes, 678.

202   5. Johannesevangelium

kehrt in anderer Form in den „character studies" wieder. Während dort die historischen Gegebenheiten der Thomasszene und das Innere des Jüngers im Blick sind, geht es hier um die Abwägung und Plausibilisierung von narrativen Möglichkeiten. Während dort das Vorgehen durch die Vorstellungskraft und das historische Wissen des einzelnen Auslegers gesteuert war, kontrolliert hier ein Instrumentarium narratologischer Methoden das exegetische Unternehmen. Immer schon fand und findet hierbei der Zweifel Beachtung.

5.5.1 Joh 20,24–25: Jüngerbekenntnis und Thomaszweifel

Völlig überraschend und ohne Angabe eines Grundes wird am Eingang der Szene erzählt, dass Thomas bei der Erscheinung Jesu am Osterabend nicht anwesend war (Joh 20,24). Nichts im Erzählfluss hatte zunächst darauf hingedeutet, dass der Jüngerkreis zu Beginn nicht vollständig war. Das provoziert auf der Erzählebene die Frage, weshalb sich Thomas zu dem Zeitpunkt aus der Gruppe zurückgezogen hatte bzw. von ihr zurückgelassen wurde.

War es göttliche Fügung und Menschenfreundlichkeit, die ein zweites Erscheinen Jesu nötig machte, um an Thomas ein Exempel zu statuieren?[74] War Thomas nach der Flucht der Jünger bei Jesu Gefangennahme noch nicht wieder zu ihnen zurückgekehrt?[75] War er nur schwach an den Zwölferkreis angebunden und hatte eine „Außenseiterrolle"?[76] War sein Quartier in größerer Entfernung, so dass er erst später von der Auferstehung erfuhr?[77] War er „noch nicht in der Stimmung", die Gabe des Geistes zu empfangen?[78] Wollte „seine Schwermuth […] am liebsten ungestört seinem Schmerze leben"?[79] Ließen ihn der „schwermütige Trotz […] und die Neigung zu zweifelnder Erwägung" einsame Wege gehen?[80] Verließ er vor der wundersamen Erscheinung den Raum?[81]

Dass solche Spekulationen letztlich fruchtlos sind und keinen Einblick in die Gesinnung des Thomas erlauben (sondern eher in die Vorstellungskraft ihrer Urheber), wurde schon früh erkannt.[82]

---

[74] So erinnert Chrysostomos in seiner 87. Homilie zum Johannesevangelium (PG 59, 473) daran, dass im ungläubigen Jünger die Menschenfreundlichkeit (φιλανθρωπία) des Herrn aufscheint: Er zeigt sich, um auch den Einen zu retten, auch wenn dieser sich durch einen starrsinnigeren Geist auszeichnet als die übrigen (καίτοι τῶν ἄλλων παχύτερον ὄντα).

[75] So schon Euthymios Zigabenos, *Expositio in Joannem* (zu Joh 20,24) (PG 129, 1488): εἰκὸς γὰρ αὐτὸν μετὰ τὸ διασκορπισθῆναι τοὺς μαθητάς […] μήπω συνελθεῖν αὐτοῖς. Euthymios stellt klar, dass Thomas trotz seiner Abwesenheit die Gabe des Geistes zuteilwurde, weil er – wenn auch später – an die Auferstehung glaubte. Zu keiner Zeit sei er niedriger gestellt gewesen als seine Mitapostel. Der Gedanke, dass auch Thomas den Geist empfing, bleibt in der späteren Exegese ebenfalls von Bedeutung (vgl. Bengel, Gnomon, 408, mit der Begründung: „Nam Spiritum nec tempus excludit, nec locus" [Num 11,26]).

[76] So Dschulnigg, Jesus begegnen, 231.

[77] Bengel, Gnomon, 408.

[78] Lücke, Johannes, Bd. 2, 797.

[79] Luthardt, Das johanneische Evangelium, Bd. 2, 516.

[80] Zahn, Johannes, 682.

[81] Erwogen bei Farelly, Disciples, 122.

[82] So schon Meyer, Johannes, 565. Bei Most, Finger, 68 f., finden sich noch weitere solcher

5.5 Joh 20,24–29: „Mein Herr und mein Gott!"

Eine diachrone Betrachtungsweise fragt nach dem entstehungsgeschichtlichen Verhältnis der beiden Erscheinungsberichte Joh 20,19–23 und 20,24–29. Es legt sich nahe, dass der erste Erscheinungsbericht den zweiten nicht voraussetzt, wohl aber der zweite den ersten.[83] Für die Figur des Thomas ist daraus freilich wenig gewonnen. Aufschlussreicher ist die Beobachtung, dass das Motiv der Abwesenheit einer Figur einem pragmatischen Interesse folgt: Die vorübergehende Abwesenheit des Thomas steigert das Gewicht seines Erscheinens und seiner Rolle in der Erzählung.[84] Noch wichtiger ist dabei, dass Johannes die Perspektive der Leserinnen und Leser einflicht: Sie alle sind in dem Sinne „abwesend", dass sie als Zu-spät-Gekommene gar nicht da sein *konnten*, als Jesus in die Mitte der Jüngerschar trat. Sie alle sind angewiesen auf das Zeugnis der bereits Glaubenden.

Der Fokus richtet sich jetzt ganz auf Thomas und seine persönliche Begegnungsgeschichte mit der Auferstehungsbotschaft und dem Auferstandenen. Wieder wird er als der „Zwilling" und erstmals ausdrücklich auch als Teil des Zwölferkreises eingeführt (12,24, vgl. 11,16).

Es handelt sich um eine geprägte Rede von den „Zwölf", denn zu diesem Zeitpunkt bestand der Kreis nach dem Weggang des Judas Iskariot nur noch aus elf Jüngern. Umso bemerkenswerter ist der Umstand, dass von den „Zwölf" sonst nur in Joh 6,67–71 die Rede ist: In dieser Schlüsselszene des Evangeliums spricht Petrus das Bekenntnis „Du bist der Heilige Gottes", und Judas wird von Jesus als διάβολος bezeichnet. Dabei verwendet der Evangelist nur hier mit Blick auf Judas und dann wieder in Joh 20,24 mit Blick auf Thomas die Wendung εἷς ἐκ τῶν δώδεκα. Unwillkürlich stellt sich die Frage nach dem Verhältnis der beiden Jüngergestalten zueinander, der hier aber nicht weiter nachgegangen werden kann.

Nachdem Thomas wieder zum Kreis der übrigen Jünger dazugestoßen ist, erzählen sie ihm von ihrer Begegnung mit Jesus: „Wir haben den Herrn gesehen!" (ἑωράκαμεν τὸν κύριον, 20,25).[85] Man hat aus der Aussage den Triumph der Wis-

---

Mutmaßungen, die in der Frage gipfeln: „Was kann für ihn am Abend des dritten Tages nach Jesu Kreuzestod wohl von größerer Bedeutung sein, als gemeinsam mit den anderen Jüngern Jesu zu gedenken?"

[83] Vgl. mit literarkritischen Schlussfolgerungen Bultmann, Johannes, 534: „V. 19–23 ist so erzählt, daß kein Leser annehmen kann, ein Jünger habe gefehlt; offenbar ist bzw. war V. 19–23 die Geschichte von einer Erscheinung Jesu vor allen Jüngern (außer Judas Iskariotes)." Siehe auch a. a. O., 537.

[84] Vgl. Farelly, Disciples, 122: „The mention of Thomas' absence thus alerts implied readers that an important element of the story is at hand." Häufig wird in diesem Zusammenhang auf Robert Alters Deutung des Abwesenheitsmotives verwiesen (Alter, Art of Biblical Narrative, 66). Der Sache nach schon Lücke, Johannes, Bd. 2, 797: „Die Abwesenheit des Thomas, zufällig, wie es scheint, soll die folgende Erzählung motivieren." Das Erzählelement der Abwesenheit einer Figur kann in der antiken Literatur allgemein zur Steigerung ihrer Bedeutsamkeit verwendet werden. Vgl. z.B. die Abwesenheit des Aeneas in Vergils *Aeneis* (dazu Anzinger, Schweigen, 55–57).

[85] Vgl. die Aussage der Maria Magdalena in Joh 20,18: ἑώρακα τὸν κύριον. Dazu s. u. 5.5.3.

204   *5. Johannesevangelium*

senden über den skeptischen Außenseiter herausgehört oder – noch subtiler – einen versteckten Vorwurf an Thomas, der das Wunder der Erscheinung versäumt hat und sich nun fragen muss, warum er sich absonderte.[86] Doch verkennt diese Annahme das eigentliche Interesse des Autors, durch das erzählerische Mittel der Abwesenheit die konzentrierte Aufmerksamkeit[87] seiner Leserschaft auf den nachfolgenden Dialog zu lenken und nicht auf das zurückliegende Versäumte. Die Mitteilung der Jünger, den auferstandenen Herrn und damit – wie wohl erzählerisch impliziert ist – auch seine Hände und seine Seite gesehen zu haben,[88] fordert Thomas zu einer Reaktion heraus. Auf den bloßen Ohrenbericht seiner Mitjünger hin kann er nicht glauben; vielmehr macht er seinen Glauben abhängig von der Betrachtung und der Berührung der Wundmale Jesu. Nur eine eigenhändig vorgenommene „Autopsie" kann ihn überzeugen. Seine Worte sind schroff und scharf: „Wenn ich nicht das Mal der Nägel an seinen Händen sehe und nicht meinen Finger in das Mal der Nägel und meine Hand in seine Seite legen kann, werde ich nicht glauben" (20,25). Die Formulierung lässt zunächst offen, ob sich sein Unglaube nur an der Unglaubwürdigkeit des Zeugnisses oder auch an der Unglaubwürdigkeit der Zeugen entfacht. Erst in der Aufforderung Jesu an Thomas γίνου πιστός (20,27) wird deutlich, dass im Sinne des Evangelisten schon hier an den Glauben an den Auferstandenen zu denken ist.

Die empfundene Schroffheit seiner Aussage[89] rührt von der doppelten kategorischen Verneinung her: ἐὰν μή [...] οὐ μή (vgl. 4,48).[90] Eine positive und mildere Formulierung hätte ja gelautet: „Wenn ich [...] sehe, glaube ich." Doch weder liegt in seinen Worten die „feste Gewißheit", dass die Auferstehung niemals geschehen könnte,[91] noch ein spottsüchtiger Affront gegen die Naivität der glaubenden Mitjünger.[92] Vielmehr fordert er entsprechend seiner „kritischen Verstandesrichtung"[93] für seinen Glauben eine valide Begründung, die auf eigene Erfahrung und nicht auf die Erfahrung Dritter baut. Sein Zweifel an der Auferstehung, der wiederum sein den Leserinnen und Lesern bereits bekanntes Unverständnis des Weges Jesu bestätigt, kann nur beseitigt werden, wenn sich ihm das Unglaubliche in der persönlichen Begegnung und Berührung des Auferstandenen als glaubhaft erweist. Er verlangt für sich zwar nicht mehr und nichts anderes als das, was den anderen Jüngern und auch Maria Magdalena zuteilwurde, die ebenfalls (erst) nach der persönlichen Begegnung mit dem Auferstandenen zum Glauben

---

[86] So Most, Finger, 70.

[87] Das sieht auch Most, Finger, 69.

[88] Vgl. schon Bengel, Gnomon, 408: „Sine dubio locuti sunt etiam de manibus et latere."

[89] Most, Finger, 70, spricht von einer „jähe[n] schneidende[n] Schärfe" dieser Worte.

[90] Thyen, Johannesevangelium, 768 („stärkste Verneinung: οὐ μὴ πιστεύσω").

[91] So Luthardt, Das johanneische Evangelium, Bd. 2, 516.

[92] So Ridderbos, John, 646 f. Vgl. noch Bonney, Caused to Believe, 159 f. („sarcastic expression of unbelief").

[93] Meyer, Johannes, 565.

kommen.[94] Doch er verlangt es ausdrücklich, mit frappierender Schärfe und in drastischer Konkretion. Deshalb ist sein Zweifel nicht der „Zweifel eines jeden Jüngers",[95] sondern der Zweifel eines kritisch „nach-bohrenden" Menschen, der für seinen Glauben valide Beweise verlangt (vgl. 2,18; 4,48; 6,30).[96] Sicherlich ist er mit dem Problem aller Nachgeborenen konfrontiert,[97] doch er begegnet dem Problem auf spezifische Weise. Nicht alle Nachgeborenen reagieren auf das Problem wie Thomas, auch wenn ihre Situation in Bezug auf die Abwesenheit des Auferstandenen und hinsichtlich ihrer Angewiesenheit auf das Zeugnis der ersten Augenzeugen analog ist.

5.5.2 Joh 20,26–28: „Sei nicht ungläubig, sondern gläubig!"

Dem Bericht zufolge verstreichen nun acht Tage (Joh 20,26), ohne dass aus Sicht des Autors etwas Erwähnenswertes geschieht. Das ist höchst erstaunlich, handelt es sich doch um die erste Woche nach Ostern! Unwillkürlich füllt die Phantasie die erzählerische Leerstelle, genährt durch die Kenntnis paralleler Osterberichte. Erschien der Auferstandene in der Zwischenzeit anderen Anhängern an anderen Orten?[98] Verharrte Thomas während dieser Zeit in der Haltung des Unglaubens und Zweifelns? Unternahmen die Jünger weitere Überzeugungsversuche? Verließen die Zwölf Jerusalem und kehrten wieder nach Galiläa zurück (vgl. Mt 28,16–20)?[99] Für Johannes ist lediglich bedeutsam, dass Jesus sich an demselben

---

[94] Vgl. z.B. BENNEMA, Encountering Jesus, 292: „Thomas simply demands what the others got – a first-hand experience of the risen Jesus." So auch BARTH, Predigten, 61 f.: „Wir müssen nun von *Thomas* reden. Meine Freunde, ich meine [...], daß die Auslegung dieser unserer Stelle fast allgemein eine unrichtige ist. Man pflegt gern im Anschluß an diese Stelle vom zweifelnden, vom ungläubigen Thomas zu sprechen. Man pflegt also diese Stelle so zu verstehen, als sollte Thomas hier getadelt werden. Wenn man genau liest, was eigentlich hier steht, kann man bei dieser Auffassung nicht bleiben. Was tut denn Thomas? Wir hören: Er will *sehen*, er will nicht nur hören, was die anderen ihm sagen. Er will selber sehen. Tut er damit ein besonderes Unrecht? Wie ist es denn mit den anderen Jüngern dort gewesen? Auch sie haben nicht geglaubt, bevor sie gesehen haben. Und weiter: wenn es nun heißt von ihm, daß er Jesu Wundmale *betasten* wollte mit seinen Händen, so ist auch das wiederum nicht etwas Unrechtes, nicht eine Zudringlichkeit, nicht ein Beweis besonders schwachen Glaubens."

[95] So aber FREY, „Ich habe den Herrn gesehen", 280.

[96] POPP, Thomas, 517, erkennt auf der symbolischen Ebene eine pneumatologisch-soteriologische Dimension: Der Geist sei in die Hand des Sohnes gegeben (Joh 3,34–35) und fließe aus seiner Seite (19,34; 20,20); ohne den Geist gebe es keinen Glauben (7,37–39).

[97] FREY, „Ich habe den Herrn gesehen", 280.

[98] Ausdrücklich verneint von BENGEL, Gnomon, 408.

[99] Zu dieser äußerst unwahrscheinlichen Annahme ZAHN, Johannes, 683: „Was sollte die Jünger veranlaßt haben, nach Ablauf des Festes, d.h. über Freitag den 22. Nisan hinaus bis zum Sonntag dem 24. oder noch länger in Jerus[alem] zu bleiben, anstatt wie nach anderen Festbesuchen in die Heimat zurückzukehren?" Er kann sich auf die Auskunft im Petrusevangelium berufen, dass die zwölf Jünger „voll Trauer über das Geschehene nach Hause [gingen]" (EvPetr 58–59).

206   *5. Johannesevangelium*

Tag der nächsten Woche, am „Sonntag",[100] erneut zeigt – dabei wiederum durch verschlossene Türen gehend (vgl. 20,19). Nach dem Friedensgruß, der an alle Anwesenden gerichtet ist, wendet er sich Thomas zu. Seine Aufforderung an den Jünger, den Finger in die Nägelmale zu legen und die Hände anzuschauen sowie die Hand in die Seitenwunde zu legen (20,27), korrespondiert (in geringfügiger Variation) mit den zuvor von Thomas geäußerten Glaubenshindernissen. Das entbehrte Sehen und Ergreifen ist jetzt nicht nur möglich, sondern wird von Jesus ausdrücklich gefordert. Er erweist sich als allwissend, er muss nicht unmittelbar gegenwärtig sein, um die persönliche Verfasstheit und die Worte seines Jüngers zu kennen (vgl. 1,48.50).

Die Färbung der Worte Jesu und ihre erwünschte Wirkung auf den Zweifelnden werden auf unterschiedliche Weise beschrieben. Erblicken die einen hier die Empathie des Meisters, der „die verborgenen Zweifel und Bedürfnisse" seines Jüngers kennt[101] und „liebevoll auf ihn mit seinem ‚Zweifel'" eingeht,[102] sehen die anderen – vor allem die älteren Exegeten – eine beschämende Wiederholung der Worte des Thomas, weil sich in ihnen „die ganze Entschlossenheit seines Unglaubens" offenbart hatte.[103] Manche sind gar der Auffassung, dass der Zweifel des Thomas sündig und strafwürdig sei und Jesu herablassenden Worte die angemessene Strafe bildeten.[104] Da aus dem Mund Jesu aber kein Wort der Kritik laut wird, ist die konfrontative Auslegungsrichtung weniger wahrscheinlich.[105] Auch Lampe erkannte in seinem großen Johanneskommentar ein überragendes Maß an Menschenfreundlichkeit in Jesu Reaktion: „Ingens ex hoc alloquio Christi patescit φιλανθρωπία."[106] Sicher entspricht es der Intention des Autors, den geradezu seelsorgerlichen Umgang Jesu mit dem Zweifler zugleich als Anstoß zur Überwindung des Zweifels darzustellen. Der persönlichen Zuwendung Jesu liegt seine Allwissenheit zugrunde, die das Herz der Menschen sieht und die zu einem tiefen Verständnis der Identität Jesu führt.[107]

---

[100] Es legt sich nahe, dass hier bereits eine wöchentliche Zusammenkunft der johanneischen Gemeinde am „Sonntag" vorauszusetzen ist (vgl. stellvertretend SCHNACKENBURG, Johannesevangelium, Bd. 3, 394).

[101] FREY, Der „zweifelnde" Thomas, 13.

[102] RINGLEBEN, Das philosophische Evangelium, 405.

[103] WEISS, Johannesevangelium, 353. Vgl. THOLUCK, Evangelium Johannis, 442: „Ernst und milde Herablassung vereinigen sich in J[esu] Worten [...]. Zur Beschämung wird er genau zu der von ihm verlangten dreifachen Probe aufgefordert."

[104] So LUTHARDT, Das johanneische Evangelium, Bd. 2, 517.

[105] An anderen Stellen legt der Evangelist Jesus kritische Worte in den Mund, etwa gegenüber Petrus (Joh 13,38) und Philippus (14,9–10).

[106] Lampe, Evangelium secundum Joannem, Bd. 3, 705 (so u.a. auch schon Gerhard, In harmoniam historiae evangelicae, 315). Lampe relativiert allerdings seine Einsicht sogleich wieder, wenn er sagt, dass Thomas mit Beschämung übergossen wurde („ut Thomas pudore suffunderetur").

[107] Vgl. BONNEY, Caused to Believe, 165 f.

5.5 Joh 20,24–29: „Mein Herr und mein Gott!"

Schon immer wurde die formale und inhaltliche Nähe der Aussage des Thomas in Joh 20,25 zu dem Wort Jesu gegenüber dem königlichen Beamten in Joh 4,48 festgestellt:

Joh 4,48	Joh 20,25
ἐὰν μὴ σημεῖα καὶ τέρατα ἴδητε, οὐ μὴ πιστεύσητε.	ἐὰν μὴ ἴδω ἐν ταῖς χερσὶν αὐτοῦ τὸν τύπον τῶν ἥλων καὶ βάλω τὸν δάκτυλόν μου εἰς τὸν τύπον τῶν ἥλων καὶ βάλω μου τὴν χεῖρα εἰς τὴν πλευρὰν αὐτοῦ, οὐ μὴ πιστεύσω

Häufig wurde der Satz in Joh 4,48 als Indiz einer johanneischen Wunderkritik verstanden, die dann in der Erscheinung vor Thomas und insbesondere im Makarismus derer, die nicht sehen und doch glauben (20,29), wieder aufgenommen werde. Doch weder wird in Joh 4,48 eine generelle Abwertung oder Ablehnung von Wundern laut, noch tadelt Jesus in Joh 20,27–29 das Ansinnen des Thomas. Vielmehr erfüllt Jesus die Heilungsbitte des Beamten, so dass „er und sein ganzes Haus" (4,53) zum Glauben kommen – zu einem Glauben, der trotz seines Wunderbezugs nicht als minderwertig bezeichnet wird. Ebenso erfüllt Jesus die Bedingungen des Thomas, ohne die Korrespondenz zwischen seinem Sehen und Glauben einer prinzipiellen Kritik zu unterziehen.[108]

Mit der anschließenden Aufforderung Jesu „Sei nicht ungläubig, sondern gläubig" (20,27)[109] weist der Evangelist der bisherigen Haltung des Jüngers erstmals ein Attribut zu: ἄπιστος, d.h. im Zusammenhang des Johannesevangeliums: „ungläubig", an der Identität und Sendung Jesu zweifelnd, eine Bindung an Jesus ablehnend.[110] Die Semantik des Lexems ἄπιστος ist nicht primär von nicht-religiösen Belegen aus der zeitgenössischen Literatur herzuleiten,[111] sondern von der distinkten Verwendung der Wortgruppe πιστ- im Johannesevangelium und weiteren frühchristlichen Texten:

---

[108] Vgl. SCHNELLE, Antidoketische Christologie, 157: „Ebensowenig wie sich dort eine generelle Ablehnung des Wunders findet, wird in 20,25b die Verbindung zwischen dem wunderhaften Sehen des Auferstandenen und daraus entstehendem Glauben negativ beurteilt. Im Gegenteil, die Bedingungen des Thomas werden in V. 27 erfüllt, so daß V. 25 nicht für eine joh. Wunderkritik in Anspruch genommen werden kann" mit Verweis auf KÄSEMANN, Jesu letzter Wille, 53 f.

[109] Zum Imperativ γίνου vgl. MEYER, Johannes, 566: „nicht: sei (so gewöhnlich); sondern: werde nicht ungläubig u. s. w. Durch seinen Zweifel an der wirklich geschehenen Auferstehung war Thomas in Gefahr, ungläubig (an Jesum überhaupt) zu werden, und diesem seinen wankenden Glauben gegenüber sollte er dadurch, dass er sich von der Auferstehung überzeugte, gläubig werden." Dagegen zu Recht BULTMANN, Johannes, 538 Anm. 5: „Es heißt nicht ‚werde nicht', sondern ‚sei nicht', ‚zeige dich nicht als'."

[110] Aus der Wortfamilie πιστ- begegnet das Adjektiv ἄπιστος nur hier im Johannesevangelium; dominant ist das Verb πιστεύειν mit 98 Belegen, während das Nomen πίστις fehlt.

[111] So z. B. bei HARSTINE, Un-Doubting Thomas, 444.

208   5. Johannesevangelium

Its call to *pisteuein* in Christ together with the divine – its uncompromising message that trusting/believing in God and Christ is the only way to life – the all-encompassing nature of the relationship into which it called *hoi pisteuontes* – its rejection of doubt, fear, or scepticism as appropriate elements in a trusting relationship – all these are common to all the Christian groups we know of at this time and distinctive in the world of the first century.[112]

Unmittelbar nach der Aufforderung Jesu bekennt Thomas seinen Glauben mit dem „höchsten und kühnsten Christusbekenntnis des ganzen Johannesevangeliums":[113] „Mein Herr und mein Gott" (20,28). Wer sich wie frühere Ausleger in die emotionale Verfasstheit des Jüngers einfühlt, sieht in den kurzen, abrupten Worten die heftigsten Gemütszustände zusammenfließen: „Bewunderung, Scham, Liebe, Freude".[114] Dieser von Johannes bewusst gesetzte rhetorische Effekt tritt in neueren Auslegungen häufig in den Hintergrund zugunsten einer distanzierten Analyse der theologischen Aussageabsicht. Er ist jedoch nicht zu unterschätzen. Der Evangelist macht deutlich, dass die Haltung des Zweifels angesichts der Gegenwart und der Worte Jesu in einen affektgeladenen Ausruf des Bekennens überführt wird.

5.5.3 Wurde der Zweifel durch die Berührung der Wundmale überwunden?

Belangreicher und brisanter ist nun aber eine frappierende erzählerische Lücke, die sich an dieser Stelle auftut und die Frage provoziert, ob es nach Johannes tatsächlich zu einer Berührung der Wundmale kam oder nicht.[115] Die Frage kann auch so formuliert werden: Wird der Zweifel durch die überwältigende Präsenz des Auferstandenen[116] und durch sein wirkmächtiges Wort (20,27)[117] überwunden oder bedarf es (zusätzlich) eines handgreiflichen Beweises? Während die visuelle Verifikation nicht wegdiskutiert werden kann (vgl. 20,29: ἑώρακας), gilt dies nicht für die taktile Verifikation.[118]

---

[112] MORGAN, Roman Faith, 437.

[113] FREY, Der „zweifelnde" Thomas, 5.

[114] Lampe, Evangelium secundum Joannem, Bd. 3, 707: „Verba [...] brevia sunt et abrupta. Affectus enim vehementissimi, admiratio, pudor, amor, gaudium, hic simul concurrerunt."

[115] Zweitrangig ist für unseren Zusammenhang die weitere Frage, ob Johannes an offene Wunden denkt oder an vernarbte Wunden. Zu letzterem vgl. den scharfsinnigen Aufsatz von MOSS, Marks, 58, mit Verweis auf antike Anagnorisis-Traditionen: „Scars were the ultimate form of identification in the ancient world." So auch WOODINGTON, Dubious Disciple, 160. Ob Johannes bewusst eine „Wiedererkennungsszene" mit der Pointe der Anagnorisis konstruiert, scheint mir fraglich (s. u. Kap. 5.8.1). Das Protevangelium Jakobi, das m. E. eine der frühesten Deutungen der Berührung durch Thomas bietet, scheint von einer offenen Wunde auszugehen (s. u. Kap. 5.7.6). Diese frühchristliche Rezeption übergeht Moss.

[116] So RINGLEBEN, Das philosophische Evangelium, 405.

[117] Vgl. BULTMANN, Johannes, 540.

[118] Dass es hier zunächst um „ein Abwägen narrativer Möglichkeiten" geht und nicht um eine Rückfrage nach dem historischen Ereignis, dürfte deutlich sein (so auch FREY, „Ich habe den Herrn gesehen", 281).

5.5 Joh 20,24–29: „Mein Herr und mein Gott!"

Glenn Most hat die faszinierende Geschichte der Auslegung dieser (Leer-)Stelle nachgezeichnet. Seine Ergebnisse sind aber durchaus ergänzungsbedürftig und diskussionswürdig.[119] Die umfassende Analyse des exegetischen Schrifttums der Spätantike und des gesamten Mittelalters brachte ein überraschendes Ergebnis zutage: „Im Laufe von mehr als eintausend Jahren eingehender, intensiver, andächtiger Auslegung von Joh 20 haben offenbar nur zwei Exegeten selbständig – und jeweils nur einen Augenblick lang – gesehen, daß Thomas womöglich Jesus gar nicht berührt hat: der gelehrte Bischof von Hippo Regius Aurelius Augustinus [...] und der Mönch Euthymius Zigabenus aus Konstantinopel."[120]

5.5.3.1 Altkirchliche Mehrheitsmeinung: Thomas berührte die Wundmale

Augustin stellt in seiner Johannesauslegung nach dem Zitat von Joh 20,27 fest: „Er [sc. Thomas] sah und berührte den Menschen, und er bekannte Gott, den er nicht sah und berührte; aber durch das, was er sah und berührte, glaubte er nun jenes, nachdem der Zweifel beseitigt war (*remota dubitatione*)."[121] Dass sich durch das Betasten der Wundmale der Zweifel auflöst, ist Teil göttlicher Vorsehung. Wie Augustin zuvor ausführt, sind an Jesu Seite „zur Heilung der Herzen der Zweifelnden die Spuren der Wunden erhalten geblieben" (*ad dubitantium corda sananda, vulnerum sunt servata vestigia*),[122] und schon aus diesem Grund legt sich eine physische Berührung nahe. Philologisch begründet wird dies bei Augustin mit dem Gedanken, dass die visuelle Sinneswahrnehmung, von der bei Johannes die Rede ist, stellvertretend auch für das Hören, Riechen, Schmecken und Tasten stehen kann. Wenn Jesus sagt: „Reiche deinen Finger her und sieh meine Hände", dann impliziert dies ein Tasten und Berühren, denn schließlich hatte Thomas keine Augen im Finger (*Nec tamen oculos ille habebat in digito*). Den Einwand, dass der Jünger es nicht gewagt haben könnte, Jesus zu berühren, bedenkt Augustin nur *en passant*, doch scheint er ihm zu wenig

---

[119] Most, Finger. Most schöpft aus der von Ulrich Pflugk zusammengetragenen reichhaltigen Materialsammlung (Pflugk, Geschichte vom ungläubigen Thomas). Beide Arbeiten gehen nicht über die gegenreformatorische Zeit hinaus. Meilensteine der Auslegungsgeschichte wie etwa die Herrnhuter Hochschätzung der Seitenwunde (s. u. Kap. 5.5.3.2) kommen dadurch nicht in den Blick.

[120] Most, Finger, 185. Most sieht fünf hermeneutische Strategien am Werk, die zur *communis opinio* in dieser Frage führten: (1) Enttextlichung, (2) Rückprojektion, (3) Verschiebung, (4) Beseitigung von Mehrdeutigkeit und (5) Mystifizierung (a. a. O., 185–190).

[121] Augustin, *Tractatus in Iohannis evangelium* 121,5.

[122] Augustin, *Tractatus in Iohannis evangelium* 121,4. Dort findet sich eine bemerkenswerte Fortsetzung des Gedankens: „Der Masse des Körpers jedoch, in dem die Gottheit war, leisteten die verschlossenen Türen keinen Widerstand. Jener nämlich konnte eintreten, ohne dass sie geöffnet wurden, bei dessen Geburt die Jungfräulichkeit der Mutter unverletzt blieb" (*Moli autem corporis ubi divinitas erat, ostia clausa non obstiterunt. Ille quippe non eis apertis intrare potuit, quo nascente virginitas matris inviolata permansit*).

210   5. Johannesevangelium

stichhaltig für eine breitere Erörterung.[123] Euthymios kommentierte um die Wende zum 12. Jahrhundert: „Als [Thomas] die Nägelmale in [Jesu] Händen und seine durchstochene Seite sah, glaubte er auf der Stelle und musste ihn nicht erst berühren (αὐτίκα ἐπίστευσε, μὴ ἀναμείνας ψηλαγῆσαι).“[124] Gleich darauf fügt er allerdings an, dass einige sagen, er habe sein Bekenntnis erst ausgerufen, nachdem er Jesus berührt hatte. Es lässt sich also zeigen, dass nahezu alle Interpreten bis zur Reformationszeit (stillschweigend oder begründet) voraussetzen, dass die faktische Berührung der Wundmale Jesu durch Thomas zur Überwindung des Zweifels und zum Christusbekenntnis führte.

Am Beginn der lateinischen Auslegungstradition steht Tertullian, der in seiner Abhandlung *De anima* gegen Markion bzw. gegen eine als markionitisch gebrandmarkte Theologie die leibhafte Auferstehung mithilfe der Thomasszene plausibel machen will:[125] Die Schrift enthält einen Abschnitt über die fünf Sinne (Sehen, Hören, Riechen, Schmecken und Tasten, *An.* 17,1), in dem die Auffassung der Akademiker kritisiert wird, dass alle Sinneswahrnehmungen und damit auch der Tastsinn unzuverlässig seien (17,3). Anders als von Markion behauptet war Christi Leib kein Hirngespinst (*phantasma*); seine Berührung der Schwiegermutter des Petrus (17,13) war ebenso real wie sein Berührtwerden „durch den von da an gläubigen Thomas“ (17,14). Man solle doch nur das Zeugnis des Johannes zur Kenntnis nehmen, der sagt: „was wir gehört haben, was wir mit unseren Augen gesehen haben, was wir geschaut und was unsere Hände berührt haben, das Wort des Lebens“ (1 Joh 1,1).[126] An anderer Stelle fällt allerdings ein kritisches Licht auf den Charakter des Thomas: Sein Ansinnen, Jesus zu berühren, entsprang „Neugierde und Unglauben“ (*ex curiositate* [...] *ex incredulitate*) und nicht der Liebe (*ex dilectione*) wie bei Maria Magdalena.[127] Mit den genannten Stellen sind die Verweise auf die Thomasfigur in Tertullians Schrifttum

---

[123] Augustin, *Tractatus in Iohannis evangelium* 121,5.

[124] Euthymios Zigabenos, *Expositio in Joannem* (zu Joh 20,28) (PG 129, 1489; Übers. bei Most, Finger, 183).

[125] Die Probleme der Rekonstruktion der Theologie Markions wie auch markionitischer Theologie sind bei Lieu, Marcion, nachgezeichnet. Tertullian schrieb um 210 n. Chr. in Karthago, Markion wirkte von ca. 140 bis 160 n. Chr. in Rom. Anders als noch Adolf von Harnack sind neuere Arbeiten deutlich zurückhaltend in der Interpretation der polemischen Texte „orthodoxer" Theologen und warnen zu Recht vor einem „mirror reading". Vgl. auch Moll, Arch-Heretic.

[126] 1 Joh 1,1 wird in der Auslegungsgeschichte der Thomasepisode noch häufig als Belegtext für die tatsächliche Berührung herangezogen, u. a. in der *Epistula Apostolorum*. S. u. Kap. 5.7.2 und 5.7.5.

[127] Tertullian, *Prax.* 25,2. Im Gegensatz zu Most kann ich aus *An.* 50,5 keinen kritischen Ton heraushören. Dort polemisiert Tertullian gegen Menander, der behauptet haben soll, seine Taufe mache unsterblich und unvergänglich. Tertullian spottet: „Wo sind denn die, welche Menander selbst getauft hat [...]? Seine unvergänglichen Apostel sollen doch kommen und sich hinstellen! Mein Thomas soll sie dann anschauen, hören, betasten und ihnen dann glauben (*videat illos meus Thomas, audiat contrectet et credidit*)!"

5.5 Joh 20,24–29: „Mein Herr und mein Gott!"

erschöpft. Das ist bemerkenswert. Denn die Thomasepisode hätte eine glänzende argumentative Stütze gegen „doketische" und „gnostische" Lehren geboten, welche die leibhafte Auferstehung in Zweifel zogen.

Auch in den überlieferten Schriften des Irenäus ist es – wie zuvor schon bei Ignatius[128] – um Thomas merkwürdig still. Allenfalls auf Lk 24,39 und die Erscheinung Jesu vor den Jüngern wird verwiesen. Die plausibelste Erklärung für das Zurücktreten des Thomas bei den genannten Autoren liegt in seiner Prominenz in den Kreisen der Gnostiker.[129] Möglicherweise erklärt sich daraus auch, dass Irenäus sich in seinem Hauptwerk *Adversus haereses* an keiner Stelle auf Joh 20,28 und das Thomasbekenntnis beruft, obwohl es seiner Argumentation gedient hätte.[130] Die Vereinnahmung des Thomas durch die Gegner macht ihn für das Anliegen des Irenäus offensichtlich wenig brauchbar. Was die Gestalt bzw. den Inhalt des Zweifels angeht, so fällt auf, dass er als mögliche Haltung der Glaubenden der „nachapostolischen" Zeit, für die Jesu Abwesenheit ein Glaubenshindernis darstellt, keine Rolle spielt, sondern nur im Sinne eines Zweifels an der leiblichen Auferweckung.

Origenes kämpft eine Generation später gegen einen Gegner, der die leibhafte Auferstehung leugnet. Nach Meinung des Mittelplatonikers Kelsos sandte Jesus ein Phantasiebild (φαντασία) von seinen Wundmalen aus, obwohl er in Wahrheit (ἀληθῶς) die Wunden nicht mehr aufwies.[131] Deshalb habe Jesus einen seiner Jünger zu sich gerufen, um die sinnfällige Körperlichkeit seines Auferstehungsleibes vor Augen zu führen. Thomas habe der Aussage der Maria Magdalena, dass sie Jesus gesehen habe, zugestimmt, „denn er hielt es nicht für unmöglich, dass die Seele des Verstorbenen habe erscheinen können. Aber er hielt es nicht für glaubhaft, dass er in einem festen, dem früheren gleichenden Leib (ἐν σώματι [...] ἀντιτύπῳ) auferweckt wurde."[132]

Origenes macht andererseits deutlich, dass die Konstitution des Auferstehungsleibes von Jesu irdischem Leib zu unterscheiden sei, da er sich nicht durch verschlossene Türen aufhalten ließ. Die körperliche Verfasstheit Jesu ist als „Mittelzustand" (μεθόριος) zu denken zwischen der festen Konsistenz (παχύτης), die er vor seinen Leiden hatte, und der Erscheinung einer vom Körper entblößten Seele.[133] Mit dieser Gedankenkonstruktion, die ihn am Ende selbst in Verruf bringen sollte, stellt Origenes gegenüber Kelsos sicher, „daß die Kontinuität des Leibes Jesu über Tod und Auferstehung hinaus nicht durch dessen Materialität gewährleistet war, sondern eine körperartige Form (εἶδος σωματικόν), die

---

[128] S. u. Kap. 5.7.3.
[129] Vgl. MOST, Finger, 174, der noch andere mögliche Gründe anführt.
[130] Vgl. MUTSCHLER, Corpus Johanneum, 31.
[131] Origenes, *Cels.* 2,61.
[132] Origenes, *Cels.* 2,61 (Übers. C. Barthold). Das Adjektiv ἀντίτυπος ist doppeldeutig und kann sowohl die Ebenbildlichkeit des Auferstehungsleibes mit dem vorigen Leib als auch dessen „Festigkeit" meinen. Beim Vorgang des Lesens schwingen beide Aspekte mit.
[133] Origenes, *Cels.* 2,62.

212   *5. Johannesevangelium*

Thomas' tastender Berührung ausreichend Widerstand entgegenzusetzen und gleichwohl durch geschlossene Türen hindurchzugehen vermochte."[134]

Origenes' Standpunkt geriet unter Häresieverdacht und wurde etwa durch Methodios von Olympos vehement bekämpft, nicht zuletzt mit Bezug auf die Thomasepisode. Es ist nicht auszuschließen, dass die Verdammung des Origenes dazu beitrug, die tatsächliche Berührung durch Thomas als ein „konstitutives Element rechtgläubiger Lehre" vorauszusetzen.[135]

5.5.3.2 Reformatorische, pietistische und historisch-kritische Akzente

Die stereotype Distanzierung von gnostisierendem bzw. doketischem Gedankengut einerseits und die Autorität der großen Kirchenlehrer andererseits trugen dazu bei, dass an der Überzeugung einer tatsächlichen Berührung über Jahrhunderte nicht gerüttelt wurde. Erst die Reformation brachte mit ihrem theologischen Neuansatz auch ein Umdenken in dieser Frage. Es handelte sich allerdings lediglich um eine Akzentverschiebung, keineswegs um eine „neue und ganz andere Deutung", die mit großer „Begierde" mit dem „hermeneutischen Monopol der Kirche" zu brechen gedachte, wie Most meint.[136] Mit solchen Behauptungen verselbstständigt sich seine Thesenfreudigkeit und entfernt sich von einer Nachprüfbarkeit an den Quellen.

Nach Luther ragt Thomas insofern aus dem Jüngerkreis, als sich Jesus ihm in besonderer Weise zuwendet. Nicht nur ihm, sondern allen Jüngern fehlte es an Glauben, „denn sie fürchten sich [Joh 20,19], wie (es) denn alle Menschen tun, die nicht durch den Geist keck gemacht sind."[137] Da alle Jünger einen defizitären Glauben aufweisen, spielt der individuelle Zweifel des Thomas hier eine untergeordnete Rolle. Dass Thomas ungläubig bleibt, „bis er's sieht und greift", nimmt Luther für selbstverständlich.[138] Jesus zeigt den Jüngern und „sonderlich dem lieben Thomas" seine Hände und Füße und gibt damit zu verstehen, „dass es diese Hände und Füße tun mussten und sonst keine, das heißt, seine Werke gehörten zur Seligkeit und nicht andere." Christus zeige uns auch heute noch seine Hände und Füße, und *sie* sind es – nicht unsere Frömmigkeit – die in Heilsdingen etwas ausrichten.[139] Auch Calvin spricht sich mit Entschiedenheit für ein wirkliches Betasten aus, wenn er in durchaus derogativer Weise dem Zweifler

---

[134] Most, Finger, 180.

[135] Most, Finger, 182.

[136] Most, Finger, 190.193. Einschränkend a. a. O., 194: „Natürlich dürfen wir die Zäsur [...] nicht überbewerten".

[137] Luther, Am ersten Sontag nach Ostern (WA 10/1.2, 229, sprachlich bereinigt).

[138] Luther, Am ersten Sontag nach Ostern (WA 10/1.2, 229). Es kann daher keine Rede davon sein, dass Luther „seinen Frieden mit einem wirklich geschehenen physischen Kontakt zwischen Thomas und Jesus" macht (Most, Finger, 194), da er in der Frage schlechterdings kein exegetisches oder theologisches Problem erkennt.

[139] Luther, Am tage Thoma des hayligen Apostels (WA 17/2, 294).

5.5 Joh 20,24–29: „Mein Herr und mein Gott!"

Thomas Trotz, Starrsinn und Unverschämtheit vorhält. Im Grund hätte Thomas schon beim Anblick Christi vor Scham zuschanden werden müssen, doch ohne jegliches Schuldbewusstsein habe er „kühn und unerschrocken" seine Hand ausgestreckt. Nichts lasse darauf schließen, dass er zur Besinnung gekommen sei, bevor er sich selbst durch die Berührung (*tactu*) überzeugt habe. In den reformatorischen Deutungen – so verschieden sie sich ausnehmen – verschiebt sich der Akzent von dogmatischen Problemstellungen, auf die der Zweifel des Thomas seit der altkirchlichen Auslegung gemünzt wurde (z. B. die Materialität des Auferstehungsleibes), hin zum Auftreten und zu den Worten Jesu. Thomas repräsentiert nicht mehr primär diejenigen, die an der kirchlichen Lehrmeinung zweifeln und überführt werden müssen, sondern wird zum Paradigma für das Gnadenhandeln Jesu, der sich in Wort und Tat dem – noch so starrsinnigen – Einzelnen zuwendet.

Die Ausleger der nachreformatorischen Zeit kommen immer wieder auf die Frage zu sprechen, ob Thomas die Wunden Jesu faktisch berührt habe; allerdings besteht keineswegs eine Diastase zwischen protestantischen Auslegern, die dies verneinen, und gegenreformatorischen Auslegern, die dies bejahen.[140] Von einem „Kampfplatz der Johannes-20-Exegese" oder von „zwei feindliche[n] Lager[n]" zu sprechen,[141] überzeichnet die Situation meines Erachtens völlig.

Neben gegenreformatorischen Auslegern wie dem Spanier Alfonso Salmerón, der die Berührung der Wunden durch Thomas breit begründet,[142] steht einerseits Theodor von Beza, der in ähnlich scharfen Worten wie sein älterer Mitstreiter Calvin das Ansinnen des Thomas als „unentschuldbare Sünde" verurteilt, aber meint, es sei wahrscheinlicher, dass Thomas beim Anblick des Herrn verwirrt war und sofort sein Bekenntnis herausrief, die Wunden also nicht betastete.[143] Auf der anderen Seite ist auf Johann Gerhard zu verweisen, der auf der Linie reformatorischen Denkens Christi Handeln in den Mittelpunkt stellt. „Der Unglaube des Thomas war eine äußerst schwere Sünde (*gravissium peccatum*), aber Christus wusste sie zu nutzen, um den Artikel seiner Auferstehung mehr zu bekräftigen."

---

[140] Wieder stilisiert Most, Finger, 195, einen Bruch, wenn er schreibt: „Die Gegenreformatoren [...] halten nicht weniger hartnäckig, ja anscheinend noch viel aggressiver, als ihre vorreformatorischen Brüder im Geiste es taten, an der Überzeugung fest, daß Thomas Jesus wirklich angefaßt habe."

[141] So Most, Finger, 195.

[142] Vgl. Most, Finger, 196: (1) das Sehen steht stellvertretend für alle Sinneswahrnehmungen (vgl. Augustin), (2) die Aussage in 1 Joh 1,1 (vgl. Tertullian), (3) die Reliquie des Thomasfingers in der Kirche Santa Croce in Gerusalemme in Rom, (4) das Zeugnis der Väter (mit Verweis auf zahlreiche Lehrer der Kirche) und (5) Vernunftargumente: „erstens weil Thomas dem Herrn gehorcht haben muß [...], sodann weil Christus sich allen Sinnen zu erkennen gab, dann wiederum damit Thomas nicht späterhin würde zu bereuen haben, daß er [Jesus] nicht berührt hatte, [...] und schließlich im Hinblick auf uns." Die Argumente sind – vielleicht mit Ausnahme des letzten – kaum originell, sondern allesamt aus der Tradition zusammengetragen. Schon deshalb trifft das Urteil nicht zu, dass „der Schwall von Beweisangeboten [...] nur das Anzeichen eines bei dem Argumentieren vorhandenen bangen Bewußtseins [sei], daß kein einziges [der] Argumente wirklich zwingend ist" (gegen Most, Finger, 197).

[143] Theodor Beza, Homiliae, 426 f.

214   5. Johannesevangelium

Es folgt mutmaßlich eine freie Paraphrase einer Aussage Gregors des Großen – „Jener zweifelte, auf dass wir nicht zweifeln, durch das Betasten wurde jener gestärkt, auf dass wir in jenem gestärkt würden"[144] – und die Erläuterung, dass der Unglaube des Thomas unseren Glauben stärkt. „Wir lernen daraus, dass die Apostel [...] nicht hastig und blindlings geglaubt haben, sondern erst nachdem die Sache zuerst richtig geprüft worden war (sed re probe prius explorata)." Gerhard untermauert sein Argument mit Verweis auf 1 Joh 1,1 und schließt sich teils wörtlich Calvins Auslegung an (ohne ihn beim Namen zu nennen): „Aus den Worten des Evangelisten lässt sich deutlich folgern, dass Thomas nicht zum Glauben geführt wurde, ehe er durch das eigene Betasten überführt wurde."[145] In der Linie des Lutheraners Gerhard stehen auch der reformierte Theologe Hugo Grotius,[146] sein lutherischer Antipode Abraham Calov,[147] der Pietist Johann Albrecht Bengel,[148] aber auch der Remonstrant Arnold P. Poelenburg,[149] um nur einige wenige Vertreter verschiedener theologischer Strömungen zu nennen.

Die Frage, ob es zu einer Berührung kam, wird also uneinheitlich und weithin unpolemisch beantwortet. Die beiden Auslegungsparadigmen finden sich auch in künstlerischen Darstellungen der Thomasszene wieder: Das schockierend anschauliche Gemälde „Der ungläubige Thomas" (1601/02) des Barockmalers Caravaggio zeigt einen Jünger, dessen Zweifel beim Eindringen des Fingers in die Seitenwunde einem überwältigenden Staunen Platz machen musste. Den Gegensatz dazu bildet Rembrandts Darstellung der Szene („Der ungläubige Thomas", 1634), in der Jesus mit der Hand auf seine entblößte Seite deutet und der zweifelnde Jünger vor Entsetzen zurückweicht; Körperhaltung und Gesichtsausdruck lassen kein Betasten der Wundmale zu.[150] In den beiden Darstellungstypen äußert sich wohl weniger eine kontroverstheologische Lagerbildung als vielmehr die sinnbildliche Selbstoffenbarung der Glaubenshaltung der Künstler und im weiteren Sinne eine gestalterische Auseinandersetzung mit der Zuordnung von Glaube, Zweifel und empirischen Beweismitteln.[151]

---

[144] Vgl. Gregor der Große, Homilia 26,7 (PL 76, 1201): *Plus enim nobis Thomae infidelitas ad fidem quam fides credentium discipulorum profuit, quia dum ille ad fidem palpando reducitur, nostra mens, omni dubitatione postposita, in fide solidatur.*

[145] Gerhard, In harmoniam historiae evangelicae, 321.

[146] Grotius, Annotationes, Bd. 4, 278: „Verbo *videndi* hic etiam Tactus comprehenditur."

[147] Calov, Biblia Novi Testamenti illustrata, Bd. 1, 823: „Omnino quod iubet Christus fecisse Thomam puto, & tum exclamasse."

[148] BENGEL, Gnomon, 409, ergänzt ohne weitere Erläuterung „et tetigisti".

[149] Bei Lampe, Evangelium secundum Joannem, Bd. 3, 707.

[150] Die Zahl der kunsthistorischen Arbeiten zum Thomasmotiv und insbesondere zu Caravaggios Interpretation desselben nimmt stetig zu. Vgl. neben MOST, Finger, 201–258, z. B. SCHUNK-HELLER, Darstellung des ungläubigen Thomas; RAFANELLI, To Touch or Not to Touch; BENAY, Touching Is Believing; BENAY/RAFANELLI, Faith, Gender, and the Senses, 7.

[151] Vgl. hierzu BENAY/RAFANELLI, Faith, Gender, and the Senses, 7. Ein weiterer Darstellungstyp findet sich auf frühchristlichen Sarkophagen, die vom Motiv der verwundeten Amazone inspiriert sind. Vgl. CROWLEY, Doubting Thomas; BURNET, Exegesis and History of Reception, 86 f.

5.5 Joh 20,24–29: „Mein Herr und mein Gott!"

Es müsste einmal eigens untersucht werden, wie die Anschaulichkeit der Wundmale Jesu und das Berühren der Wunden durch Thomas in manchen Strömungen pietistischer Theologie thematisiert wurden. Immerhin gibt es zu Nikolaus Ludwig Graf von Zinzendorfs „Seitenhöhlen"-Kult eine Reihe von Spezialstudien.[152] Das abstrakte Symbol des Kreuzes tritt in der praktizierten Frömmigkeit der Herrnhuter, die sich ja insbesondere in ihren Singstunden und Liturgien ausdrückt, in den Hintergrund. Ihre Lieder sprechen eine emotionale Bildersprache und lenken die Aufmerksamkeit auf das Blut und die Wunden Jesu. Heutigem Empfinden ist die überschwängliche Rhetorik der um die Seitenwunde kreisenden Lieder kaum mehr zugänglich, doch hat sich der singenden Gemeinde durch den meditativen Gesangstil und die hingebungsvolle Textgestaltung offensichtlich „ein tieferer emotionaler Zugang" eröffnet.[153] Sehr beliebt war das „Seitenhöhlgen-Lied", das die Seitenwunde zur Adressatin der Anbetung macht und in dem der Wunsch geäußert wird, mit der ganzen Existenz in der Seitenwunde Zuflucht und Heimat zu finden:

Seiten-höhlgen! Seiten-höhlgen! Seiten-höhlgen, du bist mein;
allerliebstes Seiten-höhlgen, ich verwünsch mich ganz hinein.
Ach mein Seiten-höhlgen! du bist meinem seelgen
doch das liebste plätzelein; Seitenschrein! leib und seel fährt in dich nein.

Ist die Seitenwunde der „Central-Punct" der Frömmigkeit und Theologie Zinzendorfs,[154] so kann kaum verwundern, dass *dem* Jünger besondere Hochachtung zukommt, der als „der erste Theologus [...] aus den Wunden des Heilands den Schluß macht, daß Er Gott ist."[155] Die Gotteserkenntnis des Thomas beruht nicht auf Spekulation und Gelehrsamkeit, sondern auf der eigenen handgreiflichen Erfahrung, die jedem Glaubenden anzuraten ist: „Wenn mich jemand wegen seiner Seligkeit fragt, so sage ich ihm: [...] gläube nicht, bis du einmal siehst

---

[152] Bekannt geworden ist die Seitenwundenfrömmigkeit Zinzendorfs v. a. durch die psychoanalytische Interpretation bei Pfister, Frömmigkeit, 57–66. Er betrachtet die Hinwendung Zinzendorfs zur Seitenwunde als Resultat einer sublimierten homoerotischen und sado-masochistischen Neigung. An neueren Studien, die sich mit theologischen und frömmigkeitsgeschichtlichen Aspekten beschäftigen, sind zu nennen Vogt, „Gloria Pleurae!", und Atwood, Community of the Cross, 203–221 („Living in the Side Wound of Christ").

[153] Vogt, „Gloria Pleurae!", 186, dort auch der folgende Auszug aus dem „Seitenhöhlgen-Lied" (Christliches Gesang-Buch der Evangelischen Brüder-Gemeinden, Nr. 2281). In anderen Liedern erscheint die offene Seite als eine vom Passionsgeschehen und von der Person Jesu losgelöste räumliche Größe, als „ein bergender Ort, wo die Gläubigen schlafen, essen, arbeiten, spazieren gehen, ihr Bettlein und Tischlein haben" (a.a.O., 183).

[154] Vgl. Vogt, „Gloria Pleurae!", 190 mit Belegen.

[155] Zitiert nach Vogt, „Gloria Pleurae!", 201. Die biblischen Grundlagen der Seitenwundenfrömmigkeit erschöpfen sich nicht in den johanneischen Kreuzes- und Erscheinungsszenen (Joh 19,34–37; 20,24–27), sondern schließen auch allegorisch und prophetisch gedeutete alttestamentliche Belege ein (vgl. Vogt, a.a.O., 191 Anm. 67): Ex 17,6 (der wasserspendende Fels); Jes 51,1 (der Felsspalt, aus dem die Gläubigen genommen sind); Hhld 2,14 (die Felsenkluft, in dem die „Taube" [die Kirche bzw. einzelne Seele] Zuflucht findet).

216 5. Johannesevangelium

die Nägelmaal, und legst deine Hand in seine Seite, darnach gläube."[156] Nicht
der möglicherweise kritikwürdige Zweifel zeichnet den Jünger aus, sondern sein
Beharren auf das Sehen und Berühren der Wunde, ja sein „Wühlen" in ihr.

In der historisch-kritischen Johannesexegese seit dem 19. Jahrhundert zeichnet sich ein klarer Trend ab, die physische Nachprüfung der Wundmale durch
Thomas abzulehnen.

Meist wird betont, dass der Eindruck Jesu – seine Präsenz und seine Worte – den Zweifel
und damit auch die ursprüngliche Intention des Thomas überlagert und ihn zum Bekenner gemacht habe. Schon Lampe meinte, dass die Gegenwart Jesu stärkste Emotionen hervorrief. Der Nachdruck auf den inneren Regungen des Thomas, die sich in der eruptiven
Erzählweise des Evangelisten widerspiegelten, zeige, „wie plötzlich und vollständig die
leuchtende Gnade den Schatten des Thomas auflöste", ohne dass eine Berührung hätte
erfolgen müssen.[157] Zahlreiche spätere Ausleger unterschiedlicher Couleur schließen sich
der Auffassung an, dass Thomas eher durch „Jesu wunderbare Erscheinung als durch
sein wunderbares Wort" überwunden worden sei, ohne das zu tun, was er zuvor mit Entschiedenheit gefordert hatte.[158]

Auch die einflussreichsten Johanneskommentare des 20. Jahrhunderts von Rudolf Bultmann, C. H. Dodd, Rudolf Schnackenburg und Raymond Brown lassen Thomas auf eine handgreifliche Nachprüfung verzichten.[159] Zu demselben
Schluss kommt fast die gesamte gegenwärtige Johannesexegese und kehrt damit
die oben skizzierte altkirchliche Mehrheitsmeinung um: Thomas überwand
seine Zweifel ohne handgreifliche Verifikation.[160] Die für diese Sicht angeführten
Gründe sind häufig theologisch konnotiert oder folgen einer spiritualisierenden
Lesart des Evangeliums.[161] Die wenigen Ausnahmen bestätigen diesen bemerkenswert klaren Trend der Johannesexegese,[162] der mit Glenn Mosts Studie

---

[156] Bei VOGT, „Gloria Pleurae!", 202.

[157] Lampe, Evangelium secundum Joannem, Bd. 3, 707.

[158] So LUTHARDT, Das johanneische Evangelium, Bd. 2, 518. Vgl. z. B. THOLUCK, Evangelium
Johannis, 443: „das bloße Sehen des Auferstandenen [...] übt daher einen so überschwänglichen
Eindruck auf ihn, daß er den Herrn und Gott in ihm bekennt." MEYER, Johannes, 566: „Die
Skepsis des Thomas, welcher nun der wirklichen Berührung zu seinem Glauben nicht bedarf
[...], schlägt in ehrfurchtsvolles Bekennen um." ZAHN, Johannes, 685: Thomas bestand nicht
auf seiner ursprünglichen Forderung und machte nicht „von der Erlaubnis Jesu Gebrauch".

[159] BULTMANN, Johannes, 538 Anm. 6; DODD, Interpretation, 443 Anm. 1; SCHNACKEN-
BURG, Johannesevangelium, Bd. 3, 396; BROWN, Gospel according to John, Bd. 2, 1046.

[160] Zahlreiche Belege aus der Kommentarliteratur nenne ich in SCHLIESSER, To Touch or
Not to Touch, 84 Anm. 66. Vgl. darüber hinaus noch THEOBALD, Der johanneische Osterglaube,
469; FREY, „Ich habe den Herrn gesehen", 281.

[161] Vgl. z. B. SCHNEIDERS, Touching the Risen Jesus, 52: „The invitation is not to see physically
but to grasp what cannot be seen with the eyes of flesh."

[162] Vgl. SCHNELLE, Johannes, 306 f.; ders., Antidoketische Christologie, 157 Anm. 355: „Im
Text wird zwar nicht ausdrücklich gesagt, daß Thomas wirklich seinen Finger in die Wund-
male und seine Hand in die Seite Jesu legte, Jesu Aufforderung in V. 27 und das Bekenntnis in
V. 28 setzen dies aber voraus." THYEN, Johannesevangelium, 770; BORCHERT, John, Bd. 2, 314;

5.5 Joh 20,24–29: „Mein Herr und mein Gott!" 217

„Doubting Thomas" auch über die exegetische Fachdiskussion hinaus ein breites Lesepublikum erreichte:

Thomas does not actually touch Jesus, either because he no longer needs to, or because he is too terrified to do so. If this is so, then the one thing that most people think that they know about Doubting Thomas, namely that he stuck his fingers into Jesus' wounds, is false, at least on the basis of the text of the Gospel of John [...]. [T]o suppose that Thomas might actually have touched Jesus, and thereby have been brought to belief in his divinity, is to misunderstand not just some detail of John's account, but its deepest and most fundamental message.[163]

5.5.3.3 Indizien für eine Berührung: Autopsie und Zweifelsbeseitigung

Nun lassen sich aber auch gewichtige Argumente für ein tatsächliches Berühren anführen, deren Beweiskraft nicht auf von außen herangetragenen, hypothetischen Gegnerkonstellationen (z. B. Doketismus)[164] oder einem spezifischen theologischen oder spirituellen Interesse (z. B. Christusmystik) beruht, sondern textimmanent auf der Erzählweise und Theologie des Evangelisten. Nicht zu unterschlagen sind darüber hinaus die ebenfalls in diese Richtung laufenden frühesten literarischen Reflexe der Thomasperikope[165] sowie Motive aus der antiken Literatur (Anagnorisis-Szenen)[166]; diese können freilich die exegetische Sachfrage nicht entscheiden. Im Folgenden nenne ich einige aus dem Text selbst gewonnene Indizien, die eine Berührung wahrscheinlich machen.

(1) Zunächst ist die Rhetorik der Imperative Jesu zu nennen.[167] Es ist auffällig, dass überall dort, wo Jesus konkrete Handlungsanweisungen an Menschen seines unmittelbaren Umfelds richtet, entweder ausdrücklich gesagt oder im-

---

LARSEN, Recognizing the Stranger, 209; WOODINGTON, Dubious Disciples, 163 f.; ALLISON, Resurrection, 64.

[163] MOST, Doubting Thomas, 57 f. (die deutsche Übersetzung [Finger, 85] ist teils missverständlich).

[164] Schnelles antidoketische Lesart des Johannesevangeliums wird m. E. zu Recht kritisiert von THYEN, Johannesevangelium, 91.372.752; SCHNACKENBURG, Johannesevangelium, Bd. 3, 391 und 396 Anm. 106; BECKER, Johannes, Bd. 2, 740 f.; THEOBALD, Der johanneische Osterglaube, 468; HECKEL, Evangelium, 155: „Diese antidoketische Ausrichtung muß der Geschichte übergestülpt werden. Wäre es das Ziel der Thomasgeschichte, Jesu wahre Menschheit bis hin zu seiner leiblichen Auferstehung zu unterstreichen, hätte der Verfasser schwerlich versäumt, ausdrücklich zu bestätigen, daß Thomas in die Wundmale faßt. Dem Kirchenvater Augustin ist dieser Umstand nicht verborgen geblieben [...]. Auch der Umstand, daß der Auferstandene trotz verschlossener Türen vor den Jüngern erscheint, macht eine antidoketische Ausrichtung sehr unwahrscheinlich." Hierin liegt – ungeachtet all ihrer Verdienste – auch das Hauptproblem der Studie von ATKINS, Doubt, der zuerst den Strohmann einer gegenwärtig angeblich dominanten antidoketischen Lesart des Johannesevangeliums schafft, um dann die Antidoketismus-These rezeptionsgeschichtlich zu widerlegen.

[165] S. u. Kap. 5.7.

[166] S. u. Kap. 5.8.1.

[167] Während die jesuanischen Fragen im Johannesevangelium eingehend untersucht wurden (ESTES, Questions of Jesus), fehlt bislang eine Abhandlung zu den Imperativen. Vgl. aber den

218   5. Johannesevangelium

pliziert wird, dass sie seinen Aufforderungen Folge leisten.[168] Es besteht kein
Grund zur Annahme, dass es sich im Fall der Aufforderung an Thomas anders
verhält. Die Regel, dass Aufforderungen Jesu unmittelbar ausgeführt werden,
beschreibt nicht lediglich ein Merkmal johanneischer Erzähltechnik, sondern
dient ausnahmslos dazu, einen Aspekt der Identität und Sendung Jesu zu erschließen. Indem die Protagonisten Jesu Anordnungen erfüllen, sehen sie – und
mit ihnen die Adressaten des Evangeliums – einzelne Facetten seiner „Herrlichkeit" aufleuchten.

Auch Jesu rätselhafte imperativische Antwort an Maria μή μου ἅπτου (20,17)
bildet keine Ausnahme: Sie kommt zweifellos der Aufforderung Jesu nach und
erkennt als erste Osterzeugin: „Ich habe den Herrn gesehen" (20,18). In dieser
Begegnungsgeschichte geht es dem Evangelisten darum zu zeigen, dass Jesus
„offenbar (noch) in einer ‚Bewegung' ist, die noch nicht zu ihrem definitiven
Abschluß gelangt ist"[169] (vgl. 20,17). Maria kann Jesus nicht bei sich behalten und
ihn nicht festhalten,[170] sondern muss sich einstweilen von ihm verabschieden,
bevor ein „grundlegend neues, nachösterliches Verhältnis" erwachsen kann.[171]
Auch wenn das berühmte *noli me tangere* möglicherweise nicht die primäre
Aussageabsicht der Aufforderung Jesu wiedergibt, so klingt doch im „Nichtauf-
halten" ein (taktiles) „Nichtfesthalten" mit.[172] Das Verb ἅπτειν sollte nicht vorschnell in einem übertragenen, spirituellen Sinn verstanden werden.

Hinweis bei TUCKETT, Seeing and Believing, 172 Anm. 9: „Given the very high status that Jesus
has in John, an ‚invitation' by Jesus to do something may almost have the force of a command."

[168] Allen (imperativisch formulierten) Anweisungen, die Jesus an seine Jünger richtet, wird
Folge geleistet, ausdrücklich in Joh 1,39 (ἔρχεσθε καὶ ὄψεσθε – ἦλθαν [...] καὶ εἶδαν); 6,10 (ποι-
ήσατε [...] ἀναπεσεῖν – ἀνέπεσαν); 7,8.10 (ἀνάβητε – ἀνέβησαν); 11,39.41 (ἄρατε – ἦραν); vgl.
21,6. In den übrigen Fällen legt es der Kontext nahe: Joh 1,43; 11,44; 14,31; 18,11; vgl. 13,37. Auch
andere Adressaten der Aufforderungen Jesu lassen den Worten sogleich Taten folgen: die Diener
beim Hochzeitsfest in Joh 2,7–8 (γεμίσατε – ἐγέμισαν; φέρετε – ἤνεγκαν); der königliche Be-
amte in Joh 4,50 (πορεύου – ἐπορεύετο); der Kranke am Teich Betesda in Joh 5,8–9 (ἔγειρε [...]
καὶ περιπάτει – ἦρεν [...] καὶ περιεπάτει); der Blindgeborene in Joh 9,7 (ὕπαγε νίψαι – ἀπῆλθεν
[...] καὶ ἐνίψατο). Auch im Blick auf die Aufforderung Jesu an die Samaritanerin δός μοι πεῖν
(4,7) legt der weitere Gang der Erzählung nahe, dass Jesus vom dargebotenen Wasser trinkt, um
anschließend vom Wasser zu sprechen, das er gibt und das allen Durst für immer stillt (4,13–14).

[169] FREY, Leiblichkeit und Auferstehung, 728.

[170] Zu diesem Verständnis von μή μου ἅπτου vgl. THEOBALD, Der johanneische Osterglaube,
459 f.; GRUBER, Berührendes Sehen, 75.

[171] FREY, Leiblichkeit und Auferstehung, 729. Vgl. KOESTER, Word of Life, 128: „Jesus' resurrection alters his relationship with his followers; it is not a resumption of things as they were
before his death."

[172] BIERINGER, Touching Jesus?, spricht sich wieder für die traditionelle Deutung aus, freilich in einem weiteren Sinne (ἅπτειν als „sich nähern"). CLARK-SOLES, Mary Magdalene, 637,
stellt die Frage, ob Maria Jesus bereits berührte oder es nur im Sinn hatte; nach FEHRIBACH,
Women, 160, hat sie ihn umarmt. Gegen diese Sicht BURNET, Exegesis and History of Reception,
96: „Mary believed without touching." Vgl. die Übersicht der Auslegungsmöglichkeiten bei
ATTRIDGE, „Don't Be Touching Me".

5.5 Joh 20,24–29: „Mein Herr und mein Gott!"

(2) Das Motiv der physischen Nähe strukturiert die immer schon beobachtete Parallelität zwischen dem „gender pair" Maria und Thomas.[173] Die Querverbindungen der beiden Begegnungsgeschichten sind offenkundig: Hier – nach den Gedanken Tertullians – *ex dilectione* der Impuls Marias, Jesus festzuhalten, dort *ex incredulitate* die schroffe Forderung des Thomas, Jesus zu betasten.[174] Hier die Repräsentantin des Kummers über Jesu Tod, der sich in Freude verwandelt, dort der paradigmatische Zweifler, dessen Unglaube in das Christusbekenntnis umschlägt.[175] Hier das verstörende Verschwinden des Leichnams aus dem verschlossenen Grab, dort das wundersame Erscheinen Jesu durch verriegelte Türen hindurch. Hier auf den freudvollen Impuls der Maria hin das Verbot Jesu, ihn fest- bzw. aufzuhalten, dort auf das skeptische Begehren des Thomas hin die Aufforderung, ihn anzufassen. Beide – so die These – folgen der Anweisung Jesu, Marias Kummer und Thomas' Zweifel werden von Jesus selbst überwunden, beide schauen den Herrn (ἑώρακα, 20,18; ἑώρακάς με, 20,29).[176]

(3) Die johanneische Strategie des Vergleichens und Kontrastierens begegnet noch in anderer, kaum beachteter Weise im Kontext der Passions- und Ostergeschichte.[177] Das Motiv der physischen Berührung Jesu knüpft sich nicht nur an die Figuren des Thomas und der Maria, sondern auch an die Soldaten am Kreuz (19,33–34). In gewisser Hinsicht symbolisieren sie das Gegenbild zum zweifelnden Thomas: Als sie sehen, dass der Gekreuzigte, an dem sie das *crurifragium* vornehmen wollen, bereits tot ist, sticht einer der Soldaten zur Bestätigung des Befundes in dessen Seite mit dem Speer. Thomas hingegen greift mit seiner Hand in die Seitenwunde, um das Faktum der Auferstehung zu verifizieren. Die Soldaten sehen (εἶδον) Jesus, ohne zu erkennen, und durchbohren seinen toten, erkalteten Leib mit einem sterilen Tötungsinstrument; Thomas hingegen betastet den durchbohrten Freund mit seiner Hand, sieht und bekennt. Die Soldaten öffnen die Seite, aus der Blut und Wasser – Symbole des Geistes – fließen, Thomas greift in die Seite hinein und erfährt den Geist, der Glauben schenkt.

(4) Die sequenzielle „Steigerung der Gegenwart des Auferstandenen" in den Erscheinungsberichten mündet in der Berührung des Auferstandenen durch

---

[173] Vgl. hierzu BEIRNE, Women and Men, 195–218; WEIDEMANN, Tod Jesu, 508–510.

[174] Tertullian, *Prax.* 25,2.

[175] Vgl. MOST, Finger, 63.

[176] Einen geradezu pastoralen Impuls erkennt CULPEPPER, Gospel and Letters of John, 243: „There is no inconsistency between Jesus' admonition to Mary, ‚Do not hold on to me' (20:17) and his invitation for Thomas to touch him. In both cases he was inviting each one to do what he or she needed to do to take the next step in faith and understanding." Vgl. MOULE, Individualism, 175. Die Kommentare rechnen fast durchweg damit, dass Maria der Aufforderung Jesu folgt, Thomas hingegen nicht. Reflektiert wird diese Diskrepanz nicht.

[177] Vgl. zu dieser Strategie COLLINS, „Who Are You?", 79: „The author of the Fourth Gospel effectively uses comparison and contrast to develop the literary profile of John the witness."

220　　　　　　　　　　　*5. Johannesevangelium*

Thomas.[178] Das Kapitel Joh 20 setzt sich aus vier eigenständigen Osterszenen zusammen, die eine Intensivierung der Leiblichkeit des Auferstandenen versinnbildlichen: Petrus und der Lieblingsjünger sehen lediglich die Leinenbinden im leeren Grab (20,3–10); Maria begegnet Jesus in einem Zustand der Liminalität, erkennt ihn erst, als er sie beim Namen ruft, und soll ihn nicht berühren (20,11–18); die zehn Jünger freuen sich angesichts der Erscheinung, sehen die *signa crucis* und empfangen den Heiligen Geist, indem Jesus sie anhaucht (20,19–23); Thomas schließlich *sieht* nicht nur die Wunden, sondern wird aufgefordert, sie zu berühren, um die Identität des Gekreuzigten mit dem Auferstandenen mittels physischer Verifikation zu erfahren (20,24–29).[179]

(5) Schließlich gilt für die Komposition des Evangeliums insgesamt, dass „die leibliche Dimension des Erzählten von narrativer und theologischer Bedeutung ist".[180] Schon alleine deshalb legt sich nahe, dass Thomas' Zweifel nicht nur durch das Machtwort und die Präsenz Jesu überwunden wird, sondern auch durch das Fühlen des Auferweckten. Zugespitzt gesagt: Johannes ist kein Wort-Gottes-Theologe vom Schlage eines Karl Barth, für den in der Anrede Jesu der Glaube des Angeredeten bereits eingeschlossen ist.[181] Vielmehr ist er ein Theologe des fleischgewordenen λόγος. Sein Evangelium ist ein ausgesprochen sinnlicher, körperlicher Text,[182] und das Wort ist *ein* Medium der Glaubenskommunikation, aber nicht das exklusive. Johannes ist auch kein Sprachphilosoph vom Schlage eines Wilhelm Humboldt, der von der prinzipiellen Sprachlichkeit der menschlichen Sinne ausgeht und überzeugt ist, „dass alles, was der Mensch sieht, hört, schmeckt, tut, spricht und schließlich denkt, *sprachlich* ist."[183] In der Sinnwelt des Evangelisten jedenfalls ist „das Sehen, die visuelle Vermittlung oder

---

[178] SCHNELLE, Johannes, 322. Vgl. insbesondere auch den Abschnitt „Von Magdalena zu Thomas: Steigernde Intensität der Berührung in Joh 20" bei GRUBER, Berührendes Sehen, 74–76.

[179] Die von Schnelle beobachtete „gegenläufige Tendenz" hinsichtlich der Glaubensgewissheit lässt sich m. E. nicht verifizieren: „Während der Lieblingsjünger glaubt ohne zu sehen, glaubt Maria Magdalena erst auf die direkte Anrede Jesu hin (Joh. 20,16). Von den Jüngern heißt es dann, daß sie sich angesichts der Erscheinung Jesu ‚freuten' (Joh. 20,20b), und der Zweifel des Thomas muß durch die Leibhaftigkeit des Auferstandenen überwunden werden. Durch diese gegenläufige Bewegung verkörpert der Lieblingsjünger in idealer Weise das Prinzip, das nun auch für die textexterne Hörer- und Lesergemeinde gilt: Selig sind, die nicht sehen und doch glauben (Joh. 20,29b)" (SCHNELLE, Johannes, 322). Die These wird schon dadurch in Frage gestellt, dass Thomas das höchste Bekenntnis des Glaubens ausspricht (vgl. SCHLIESSER, To Touch or Not To Touch, 88).

[180] FREY, Leiblichkeit und Auferstehung, 704.

[181] Vgl. BARTH, KD 3/2, 538: „‚Sei nicht ungläubig, sondern gläubig!' sagt Jesus zu Thomas (Joh. 20,27 f.), und das ist nun keine Parenese, das ist ein Machtwort, auf das Thomas denn auch sofort die entsprechende Antwort gibt: ‚Mein Herr und mein Gott!'"

[182] Vgl. LEE, Five Senses; FREY, Leiblichkeit und Auferstehung; WANG, Sense Perception; HIRSCH-LUIPOLD, Gott wahrnehmen; daneben SWAN, Re-membering the Body of Jesus.

[183] Zitat von Bruno Liebrucks zu Humboldts Verständnis von der Sprachlichkeit des leibhaften Menschen (bei RINGLEBEN, Das philosophische Evangelium, 261 Anm. 68).

5.5 Joh 20,24–29: „Mein Herr und mein Gott!"

Imagination" bedeutender für die Glaubensvermittlung als das Sprachliche,[184] und auch die anderen Sinne des menschlichen Körpers spielen eine wesentliche Rolle: das Schmecken (2,9), das Riechen (11,39; 12,3) und eben das Betasten (20,27; vgl. 20,17).[185] Daher ist davon auszugehen, dass Thomas in der Erzählintention des Evangelisten seine ursprüngliche Absicht gerade *nicht* aufgibt, um zum Prototypen des Menschen zu werden, dessen Glaube „aus der Unmittelbarkeit der Christusbegegnung erwächst".[186] Denn selbst wenn Thomas Jesus nicht berührt, so sieht er ihn doch mit seinen leiblichen Augen. Diese Sinneswahrnehmung hat er allen Nachgeborenen voraus, und in dieser Hinsicht ist er gerade *nicht* (proto)typisch für den Glauben der Adressaten. Richtig scheint mir der Gedanke Augustins, dass nämlich das Sehen als das wesentliche Element der Glaubenskonstitution *pars pro toto* steht: Selig, die nicht sehen – und nicht hören, riechen, schmecken und tasten – und doch glauben!

5.5.4 Joh 20,29: Zwei Glaubenszeiten

Die Antwort Jesu auf das Bekenntnis seines Jüngers ist zweigeteilt: Zunächst stellt er fest, dass Thomas (nur deshalb) geglaubt hat, weil er ihn gesehen hat, dann preist er diejenigen selig, die nicht sehen und (dennoch) glauben.

Die Anrede ὅτι ἑώρακάς με πεπίστευκας ist wieder schwebend formuliert, was die Exegese zu Spekulationen über Tonalität und Wirkabsicht einlädt.

Die meisten nehmen wieder eine Kritik an Thomas wahr. Wird er mit dem Satz getadelt, weil er den Glauben von seinen Sinneswahrnehmungen abhängig und damit eine dem Glauben prinzipiell inkommensurable Größe zur Basis des Glaubens macht?[187] Hätte er nicht bereits aufgrund des einmütigen Zeugnisses seiner Mitjünger zum Glauben kommen müssen?[188] Wird er dadurch beschämt, dass er nicht den Anfang der „nachapostolischen" Zeit macht, sondern bei der alten Zeit bleibt, in der sich der Glaube auf die sinnliche Selbstbezeugung Jesu gründet?[189] Wäre von ihm aufgrund seines „apostolischen Berufs" nicht „eine höhere Stufe geistiger Glaubenskraft" zu erwarten, die auch jenseits sinnlicher Überzeugungsgründe zum Glauben gelangt?[190] Hat ihn sein in früheren Situationen erprobter Glaube davor bewahrt, in der Situation seines Zweifelns verworfen zu werden?[191]

---

[184] FREY, Leiblichkeit und Auferstehung, 715.

[185] Vgl. FREY, Leiblichkeit und Auferstehung, 717, der aber festhält, dass in Joh 20,27 das Betasten Jesu lediglich „in Aussicht gestellt" wird.

[186] DIETZFELBINGER, Johannes, Bd. 2, 347.

[187] So in aller Deutlichkeit Calvin, In evangelium secundum Johannem, Teil 2, 301: „Nihil in Thoma reprehendit Christus, nisi quod adeo fuerit tardus ad credendum, ut violenter trahi ad fidem necesse fuerit sensuum experimentis. Quod prorsus abhorret a fidei natura [...]. Thomam ergo ideo obiurgat Christus, quod verbo suo minus habuerit honoris, quam debebat, et fidem, quae nascitur ex auditu et prorsus in verbum intenta esse debet, ad alios sensus alligaverit."

[188] Vgl. FARELLY, Disciples, 126.

[189] LUTHARDT, Das johanneische Evangelium, Bd. 2, 520.

[190] LÜCKE, Johannes, Bd. 2, 800.

[191] So BENGEL, Gnomon, 408, in seiner von späteren Auslegern vielfach übernommenen Deutung: „Der hatte früher geglaubt, darum wird auch jetzt nicht verworfen (*Antea crediderat:*

222   *5. Johannesevangelium*

Der johanneische Sinn des Wortes erschließt sich am ehesten, wenn ihm nicht das ganze Gewicht späterer dogmatischer Reflexionen – etwa über das Verhältnis von Glauben und Sehen oder von Wort und Glaube – aufgebürdet wird. Es wird hier vielmehr lediglich das Offensichtliche konstatiert: Weil Thomas sah, deshalb kam er zum Glauben. Mithilfe seiner Sinneswahrnehmungen wurde sein Zweifel überwunden. Es besteht bei ihm – und nicht nur bei ihm (20,8.18.20)! – ein faktischer Zusammenhang zwischen dem Sehen und dem Glauben; in seinem Fall wird lediglich eigens betont, dass Sehen und Glauben kausal zusammenhängen. Der Satz ist gegen Nestle-Aland und zahlreiche Kommentare als Aussage aufzufassen und nicht als Frage.[192] Als Frage gelesen trüge er in der Tat einen rügenden Ton, der hier aber wie bereits zuvor in Joh 20,27 nicht herauszuhören ist.[193] Die Perfektform von πιστεύειν ist auffällig, weil sie unmittelbar nach dem Thomasbekenntnis steht, ist aber typisch johanneisch und meint: „du bist zum Glauben gekommen und glaubst nun."[194]

Der Makarismus „Selig sind, die nicht sehen und glauben" (20,29) bringt eine markante Akzentverschiebung. Auf der Erzählebene mag man sich noch fragen, ob Jesus primär Thomas anspricht oder auch die übrigen Jünger. Denn auch sie haben ja nicht geglaubt, als Maria Magdalena zu ihnen sagte „Ich habe den Herrn gesehen" (20,18); auch sie glaubten erst als sie sahen (20,20); und selbst der Glaube des Lieblingsjüngers steht in Verbindung zum Sehen: (Erst) beim Anblick des leeren Grabes wurde er überführt (20,8: καὶ εἶδεν καὶ ἐπίστευσεν).[195] Doch erzählpragmatisch rückte die Szene bereits in den Hintergrund. Nun spricht der Erzähler zu den gegenwärtig Glaubenden, zu den Menschen der ‚nachapostolischen' Generation, die Jesus nicht sehen und berühren *können*, weil er sich dauerhaft ihrer Sichtbarkeit und körperlichen Nähe entzogen hat.

Wie schon in der persönlichen Anrede Jesu an Thomas, so wird auch im Makarismus keine rückwärtsgerichtete Kritik am sehenden und fühlenden Thomas laut,[196] auch nicht am Zeitalter der Sehenden insgesamt.[197] Vielmehr

---

ideo ne nunc quidem abjicitur). [...] Hätte ein Pharisäer gesagt, wie Thomas gesagt hatte, er hätte nichts erreicht. Aber dem Jünger wird um seiner vormaligen guten Proben willen nichts versagt" (Übers. C. F. Werner).

[192] Für eine Frage halten den Satz z. B. BULTMANN, Johannes, 539; THYEN, Johannesevangelium, 765; ESTES, Questions of Jesus, 165.

[193] Gegen MEYER, Johannes, 567.

[194] Im gesamten Neuen Testament erscheint perfektisches πιστεύειν im Aktiv nur in den johanneischen Schriften (Joh 3,18; 6,69; 11,27; 16,27; 20,29; 1 Joh 4,16; 5,10) und in 2 Tim 1,12.

[195] Allerdings genügte ihm das „Symbol" der Auferstehung – das leere Grab –, während Thomas und die übrigen Jünger den Auferstandenen leibhaftig sehen mussten.

[196] So auch BARTH, KD III/2, 538: „Das ist keine Kritik an Thomas, sondern [...] die Seligpreisung all derer, die, ohne selbst an dem Sehen dieser besonderen Zeit teilzunehmen durch ihr Wort (aufgrund des Zeugnisses derer, die mich damals sahen) an mich glauben werden (Joh 17,20)." Zur gegenteiligen Sicht Augustins s. u. Kap. 5.6.2.

[197] Vgl. HECKEL, Evangelium, 156: „Die Seligpreisung der Nicht-Sehenden sollte nicht rückwirkend verstanden werden, als ob die Zeit des Sehens durch sie abgewertet werden sollte. Sonst

richtet der Satz den Blick nach vorne auf die Zeit der Abwesenheit Jesu und nimmt die Existenzbedingungen der Nachgeborenen wahr und ernst. Keine der beiden Glaubenszeiten wird auf- oder abgewertet, sondern es wird über die Glaubenskonstitution in der jeweiligen Zeit Rechenschaft gegeben.[198] Im Lesen des Buchs (20,30) kommt es nun aber zu einer „Gleichzeitigkeit in der Autopsie des Glaubens" (Kierkegaard):[199] „Der Leser war schon den ganzen Weg durch Galiläa nach Jerusalem mitgegangen, hatte sich unter die Jünger eingereiht und die *Semeia* mit bestaunt, hatte vom Wein gekostet und vom Lebensbrot gegessen, hatte den Geruch der Salbe gerochen und zuletzt den Auferstandenen gesehen."[200] Und – so wäre zu ergänzen[201] – mit Thomas hat er den Auferstandenen berührt und kann nun bekennen: „Mein Herr und mein Gott."

5.6 Die Figur des Thomas im Vierten Evangelium

5.6.1 Warum gerade Thomas? Vorjohanneische Thomastraditionen und johanneische Schöpferkraft

Thomas tritt nur bei Johannes als handelnde Figur auf. In der synoptischen Tradition hat er, wie bereits gesagt, keine Bedeutung, sondern findet nur in den Apostellisten Erwähnung. Es drängt sich daher die Frage auf, wie es dazu kam, dass Thomas in der johanneischen Erzählwelt eine tragende Rolle erlangte, und warum gerade er zum Symbol des Zweifels stilisiert wurde. In den folgenden Ausführungen wird knapp (und nicht erschöpfend) eine Reihe von Antwortversuchen vorgestellt und abschließend die gegenwärtig zumeist abgelehnte These neu begründet, dass der Name des Jüngers – „Thomas, der sogenannte Zwilling" – den Weg zu seiner Charakterisierung weist.

Immer wieder wird argumentiert, dass die Darstellung des Thomas im Johannesevangelium mit einem Vorwissen der Leserschaft rechnet, das über die synoptischen Traditionen hinausgehen muss. Begründet wird dies unter

---

stünde das ganze vorangehende Zeugnis unter diesem Verdikt." Auch BULTMANN, Johannes, 539, meinte zu einem solchen Verständnis: „Das dürfte unmöglich sein". Anders FORTNA, The Fourth Gospel, 246.

[198] Vgl. CARSON, Faith in Christ, 118: „They are blessed because they believe, even without seeing, not because their faith is intrinsically superior (for no other grounding of their faith was open to them), but simply because they believe."

[199] Bei THYEN, Johannesevangelium, 770.

[200] HIRSCH-LUIPOLD, Gott wahrnehmen, 342.

[201] Anders HIRSCH-LUIPOLD, Gott wahrnehmen, 344: „Ob Thomas Jesus tatsächlich berührt hat oder nicht, wissen wir nicht. Es ist dem Zugriff philologisch-historischer Methoden entzogen und es ist auch unerheblich. Entscheidend ist, dass Jesus im Rahmen der Erzähllogik des Evangeliums eigens dazu zurückkehrt, damit Thomas ihn als Auferstandenen sehen und berühren *kann*."

224   *5. Johannesevangelium*

anderem durch die abrupte Einführung des Namens (Joh 11,16) und die Mehr-fachnennung des Kognomens Didymos.

Gregory J. Riley, April DeConick und Elaine Pagels postulieren einen Konflikt zwischen der theologischen Position der Johannesschule und der durch das Thomasevangelium repräsentierten syrischen Thomastradition. Diesen Konflikt habe der Evangelist durch eine Verunglimpfung oder Vereinnahmung des Thomas für sich entscheiden wollen.[202] Eine von Judith Hartenstein vorgetragene alternative Sicht lehnt die Konflikttheorie ab, setzt nur „ein im weitesten Sinne literarisches Vorleben" des Thomas voraus und sieht das Johannesevangelium – ebenfalls „im weiten Sinne" – als der Thomastradition zugehörig an.[203] Eine Außenseiterposition vertritt James Charlesworth, der ebenfalls mit einer Verbindung zwischen der syrischen Thomastradition und dem Johannesevangelium rechnet, dessen primäres Argumentationsziel aber darin liegt, Thomas mit dem Lieblingsjünger zu identifizieren.[204] Für unsere Fragestellung kann die Debatte in den Hintergrund treten, denn zum einen ist die Zuordnung des Johannesevangeliums zum Thomasevangelium und zu anderen Thomastraditionen notorisch schwierig und hypothesenbehaftet, und zum anderen – was wiederum aufschlussreich ist – findet die Rolle des Thomas als Zweifler keinen nennenswerten Widerhall in der überlieferten Thomastradition.

Als *ein* Element vorjohanneischer Thomastradition kommt der Beiname Didymos in Betracht, der in distinkter Weise auch in apokryph gewordenen Thomastexten erscheint.[205]

Ob Johannes sich an ein überliefertes Charakterbild des Jüngers anschließt oder von ihm Abstand sucht, lässt sich nicht mehr feststellen. Methodisch unverfänglicher ist auf den ersten Blick der Vergleich zwischen den Synoptikern und Johannes. Bultmann stellte zu Recht fest, dass die Thomasepisode zwar keine synoptische Parallele hat, aber mit dem Zweifelsmotiv durchaus an die synoptischen Ostererzählungen anschließen kann ([Mk 16,9–14]; Mt 28,17; Lk 24,11.21–24.25.37–38.41), vor allem an den Gedanken, dass das Sehen und Anfas-

---

[202] RILEY, Resurrection Reconsidered; DeConick, Voices of the Mystics; PAGELS, Beyond Belief. Nach Riley (a. a. O., 115) lässt der Evangelist den Jünger in der Erscheinungsszene einen abstoßenden Beweis verlangen („a distasteful, even repulsive, method of proof of the physical nature of the risen Jesus"), um an Thomas orientierte Gemeinschaften abzuwerten. Zumindest die *Epistula Apostolorum* hätte diese Polemik nicht verstanden, da sie das Ansinnen des Thomas auch auf die anderen Jünger überträgt (so auch WATSON, Apostolic Gospel, 108 Anm. 4). S. u. Kap. 5.7.5. Zur Kritik an Riley auch DUNDERBERG, Beloved Disciple, 52–67. Zur Auseinandersetzung mit Pagels vgl. JUDGE, More Than Doubt. Eine narratologisch angelegte Kritik findet sich bei SKINNER, John and Thomas.

[203] HARTENSTEIN, Charakterisierung im Dialog, 265.267. Das Thomasbild des Johannesevangeliums sei eines neben anderen, „und zwar ein tendenziell abwegiges und ungewöhnliches" (a. a. O., 268).

[204] CHARLESWORTH, Beloved Disciple. Ähnlich schon SCHENKE, Beloved Disciple. Zur Kritik vgl. DUNDERBERG, Beloved Disciple, 149–164.

[205] In den Thomasakten und im Thomasbuch (Buch des Athleten Thomas) wird Thomas ausdrücklich als Zwillingsbruder Jesu bezeichnet. Ob diese Identifizierung auch für das Thomasevangelium vorauszusetzen ist, lässt sich nicht mit Sicherheit sagen (vgl. hierzu und zur apokryphen Didymostradition insgesamt HARTENSTEIN, Charakterisierung im Dialog, 230–246).

5.6 Die Figur des Thomas im Vierten Evangelium 225

sen der Hände und Füße des Auferstandenen den Zweifel überwinden soll (ὁρᾶν und ψηλαφᾶν in Lk 24,39–41).[206] Im Rahmen seiner Quellentheorie vermutete Bultmann, dass Joh 20,24–29 wie die vorangehende Episode Joh 20,19–23 Teil der eigenständigen Passionsquelle war, möglicherweise jedoch einen späteren Zusatz darstellt, „denn in V. 19–23 ist die Fortsetzung V. 24–29 nicht vorausgesetzt, wohl aber setzt dieses Stück jenes voraus.“[207] Nicht zuletzt an solchen mehrschichtigen Hypothesenbildungen – mehr noch am zugrunde liegenden theologischen Sachinteresse – zeigt sich die Problematik der literarhistorischen Rekonstruktion Bultmanns.

Die jüngere Forschung geht mehrheitlich davon aus, dass die Thomasepisode im Ganzen auf den Evangelisten zurückgeht[208] und er wiederum auf (eine) synoptische Vorlage(n) zurückgreift.[209] So auch Most: „In the Gospel of John, all the issues of doubt and belief that, in different ways, haunt the three synoptic Gospels converge to form an unsettling climax.“[210] Hartwig Thyen macht einen spezifischen Einzeltext als inspirierenden „Prätext" ausfindig, den der Evangelist in seinem Spiel mit den Synoptikern ausgewählt und seiner Komposition zugrunde gelegt hat: Der *eine* Jünger Thomas repräsentiert die zweifelnden Jünger, von denen in Mt 28,17 die Rede ist (οἱ δὲ ἐδίστασαν).[211] Nach Thyen folgt dies einer gängigen literarischen Strategie des Autors, mit der er eine namentlich genannte Figur zur Protagonistin und Repräsentantin einer spezifischen Haltung macht.[212] Wie die meisten Auslegerinnen und Ausleger bleibt auch Thyen eine Antwort auf die Frage schuldig, warum gerade Thomas aus der Jüngerschar

---

[206] BULTMANN, Johannes, 537. Vgl. ZUMSTEIN, L'évangile selon saint Jean, Bd. 1, 289: „[L]a scène s'inscrit dans le vaste ensemble qui évoque le doute des disciples face au Ressuscité et son dépassement." S. u. Kap. 4.4.5.

[207] BULTMANN, Johannes, 537. Der Evangelist habe seine Vorlage redigiert, indem er eine Bezugnahme auf Jesu Seitenwunde ergänzte (Joh 20,25.27) sowie das Thomasbekenntnis (20,28) und den Makarismus (20,29) formulierte.

[208] Zu diesem Ergebnis kommen auch diejenigen Ausleger, die an einem Schichtenmodell festhalten. Vgl. SCHNACKENBURG, Johannesevangelium, Bd. 3, 390 f.; BECKER, Johannes, Bd. 2, 741; THEOBALD, Der johanneische Osterglaube, 468.

[209] SCHNELLE, Antidoketische Christologie, 159 f., spricht sich hingegen trotz motivischer Überschneidungen gegen literarische und traditionsgeschichtliche Abhängigkeiten aus. Eine umfassende forschungsgeschichtliche Aufarbeitung der Frage nach dem Verhältnis zwischen Johannes und den Synoptikern findet sich bei LABAHN/LANG, Johannes und die Synoptiker.

[210] MOST, Doubting Thomas, 28 (die deutsche Übersetzung hat für „doubt and belief" bezeichnenderweise „Glaube und Unglaube").

[211] Johannes habe die Thomasgeschichte „eigens [...] aus der knappen Notiz: οἱ δὲ ἐδίστασαν von Mt 28,17 herausgesponnen" (THYEN, Johannes 21, 258; vgl. ders., Johannesevangelium, 757).

[212] Vgl. THYEN, Johannesevangelium, 765 f.: Auch Maria (Joh 20,11–18) repräsentiert „aus dramaturgischen Gründen die Frauen der Prätexte" (v. a. Mt 28,9); darüber hinaus z. B. Nikodemus oder auch Malchus. Vgl. ders., Johannes und die Synoptiker, 180: „Wie sonst oft, macht Johannes auch hier eine namentlich genannte Einzelperson zur Protagonistin, jetzt also *Maria Magdalena* (vgl. Nikodemus, Malchus und dann Thomas, der die Zweifler: οἱ δὲ ἐδίστασαν aus Mt 28,17 repräsentiert)."

226   *5. Johannesevangelium*

ausgesondert und zum repräsentativen Zweifler erkoren wird. Die Überlegung, dass ihn die Bedeutung seines Namens für die Rolle des Zweiflers literarisch prädestiniert habe, wird von Thyen als eine „barocke Idee" abgetan.[213]

Meines Erachtens ist es keineswegs unwahrscheinlich, dass sich in der johanneischen Bearbeitung des synoptischen Erzählstoffes die charakterliche Disposition des Jüngers mit seinem Namen verknüpfte. Es ist kein Zufall, dass der Evangelist schon bei dem ersten Auftritt des Thomas – und danach zwei (bzw. drei) weitere Male (Joh 11,16; 14,5; 20,24; [21,2])! – notiert, er sei der „sogenannte Zwilling" (ὁ λεγόμενος Δίδυμος). Der Sinn der Beifügung Δίδυμος erschöpft sich nicht darin, dass sie den aramäischen Spitznamen תאומא wiedergibt.[214] Denn zum einen erscheint sie mehrfach, zum anderen hat sie eine andere Form und Funktion als die Beifügung Πέτρος zu Kephas (1,42) – die einzige weitere Stelle, an der ein semitischer Personenname auf Griechisch wiedergegeben wird.[215] Dort wird mit dem Verb ἑρμηνεύειν ausdrücklich angezeigt, dass es sich um eine Übertragung aus dem Aramäischen handelt: Κηφᾶς, ὃ ἑρμηνεύεται Πέτρος.[216] Für die Griechisch sprechenden Christen war der Übersetzungsname zugleich der gebräuchliche Eigenname des Petrus. Dass aber Thomas von den griechischen Christen mit dem Namen Didymos bezeichnet wurde, wie Kephas Petrus, ist mit Blick auf die synoptischen Apostelkataloge und die Liste bei Papias höchst unwahrscheinlich.[217] Kaum denkbar ist auch, dass Thomas durch die Apposition Δίδυμος eindeutig identifiziert werden sollte, da im Evangelium von keinem weiteren Thomas die Rede ist.

Auf den symbolischen Wert des Namens machte in diesem Sinne bereits Theophylakt aufmerksam. Er nahm an, dass der Beiname einen Charakterzug widerspiegelt, den Thomas schon von Jugend an hatte: „Zu Recht gedenkt er [sc. der Evangelist] dieser Bedeutung des Namens, um uns zu zeigen, dass er ein Zweifler (διστακτικός) war und von Anfang an den Charakterzug hatte (τρόπον), wie auch sein Name anzeigt."[218] Zu vergleichen ist am ehesten die Erklärung des

---

[213] THYEN, Johannesevangelium, 520. Thyen greift Bultmanns Phrase der „barocken Idee" (s. o. Kap. 5.3.1) auf.

[214] Vgl. BAUCKHAM, Jesus and the Eyewitnesses, 105: „[T]he word is probably not a personal name but a nickname."

[215] Vgl. noch Joh 1,41: ὁ Μεσσίας, ὅ ἐστιν μεθερμηνευόμενον χριστός. Andere semitische Namen wie bspw. Nathanael, Johannes, Lazarus, Maria oder Martha werden nicht übersetzt.

[216] Neben Joh 1,42 wird auch in Joh 9,7 das Verb ἑρμηνεύειν verwendet, in Joh 1,41 das Kompositum μεθερμηνεύειν. Vgl. aber Joh 4,25: Μεσσίας [...] ὁ λεγόμενος χριστός.

[217] Euseb, *Hist. eccl.* 3,39,4. Anders z. B. MEYER, Johannes, 365: „*Thomas* [...] ward nach Griechischer Uebersetzung seines Namens (*Zwilling*) bei den Heidenchristen *Didymus* genannt."

[218] Theophylakt, *In Joannis Evangelium* (zu Joh 20,24–29) (PG 124, 300). Ein früherer Autor, der den Beinamen auf eine charakterliche Eigenart bezieht, ist mir nicht begegnet. Origenes beispielsweise meint mit Blick auf die apokryphe Thomasüberlieferung, dass Thomas wie Jesus (μιμητὴς Χριστοῦ) geheime Lehren für seine Anhänger vorbehalten, zu Außenstehenden aber in Gleichnissen geredet habe – und dass aus dieser Doppelheit der Name Δίδυμος rühre (Origenes, *Fragmenta in Joannem*, Frg. 106 [GCS 11/4, 561 f.]).

5.6 Die Figur des Thomas im Vierten Evangelium

Namens des Siloahteiches als „der Gesandte", ἀπεσταλμένος (Joh 9,7). Hier ist zwar ebenfalls nahegelegt, dass es sich um eine Übersetzung handelt (Σιλωάμ ὃ ἑρμηνεύεται ἀπεσταλμένος), doch ergibt sich aus der Beifügung nicht ein Informationsgewinn, sondern vielmehr eine Steigerung vom „symbolischen Wert der Geschichte zum allegorischen":[219] Jesus ist der Gesandte, der dem Glaubenden das Licht der Offenbarung schenkt, wie das Wasser des Teichs dem Blinden das Augenlicht.

Mit der griechischen Erklärung des Namens macht Johannes also auf dessen symbolische Bedeutsamkeit aufmerksam.[220] Etymologisch leitet sich das Adjektiv δίδυμος von redupliziertem δύο ab und bedeutet „doppelt", „zweifach".[221] Das Wort bildet somit ein exaktes Äquivalent zum aramäischen Stamm תאם.[222] Der „Zwilling" zeichnet sich durch eine Zweiheit bzw. Doppelheit seines Verhaltens gegenüber Jesus aus; bei keinem anderen Jünger schlägt das Pendel des individuellen Glaubens so weit aus wie bei Thomas.[223] Immer wieder wurde in der älteren Exegese die Doppelheit des Thomas mit der Zweiseeligkeit des ἀνὴρ δίψυχος im Jakobusbrief (Jak 1,8; 4,8) verknüpft.[224] Sachgemäßer als ein spekulativer Vergleich der Glaubenshaltung des Thomas und des „Doppelseeligen" ist die Beobachtung, dass Johannes wie Jakobus auf ihre Weise den Umgang mit der inneren Ambivalenz des Glaubens und mit dem Zwiespalt des Zweifels reflektieren. Im Vordergrund steht daher nicht die in späterer Tradition reflektierte Frage, wer der andere „physische" oder „symbolische" Zwilling war – etwa Jesus selbst! –, oder die historische Frage, ob und wo der Beiname Didymos für den Apostel gebräuchlich war,[225] als vielmehr die literarische Frage, in welcher Hinsicht Thomas als Zwilling gezeichnet wird. Geht man davon aus, dass die gewichtigste Thomasepisode am Ende des Evangeliums eine johanneische Schöpfung ist, dann spricht wenig gegen die Annahme, dass der Evangelist auf

---

[219] BULTMANN, Johannes, 253.

[220] S. o. Kap. 4.2.7.1 zur Epidauros-Inschrift (WE 3), in der ein Bittsteller aufgrund seiner anfänglichen Skepsis gegenüber den Heilungsberichten den Namen Ἄπιστος erhält.

[221] Vgl. LSJ, s. v.; PAPE, Handwörterbuch, s. v. Pape erwägt als zweite Option eine Herleitung von δι- (δίς/δύο) und δύεσθαι, was sachlich in unserem Zusammenhang dasselbe impliziert.

[222] Vgl. ZAHN, Johannes, 483 Anm. 74: „Nun bedeutet der Stamm תאם nicht bloß *geminus*, sondern auch *duplex*, und das Verbum im Hiphil (sich) verdoppeln, in den passiven Formen: zwischen zwei gestellt sein oder werden, gespalten, getrennt sein. Jo[hannes] verbindet also mit dem Namen Thomas die sonst durch δίψυχος (Jk 1,8; 4,8), διστάζων (Mt 14,31; 28,17), διακρινόμενος (Jk 1,6; Rm 4,20; 14,23) ausgedrückte Vorstellung vom Zweifler."

[223] In diesem Sinne kommentiert LUTHARDT, Das johanneische Evangelium, Bd. 2, 191 f.: „Thomas ist ein doppelter; keiner von den Jüngern so wie er: im tiefsten Kleinglauben zuerst, auf der höchsten Stufe des Glaubens sodann." Auch Lampe, Evangelium secundum Joannem, Bd. 3, 699, schließt aus der dreifachen Nennung des Beinamens, dass der Δίδυμος zugleich zwiespältig und ungläubig sei, und begründet dies breit.

[224] Vgl. KEIL, Johannes, 385; ZAHN, Johannes, 483 Anm. 74.

[225] Vgl. die eher unwahrscheinliche Erwägung bei HARTENSTEIN, Charakterisierung im Dialog, 214: „Möglich wäre, dass so ein zweiter Name des Thomas eingeführt wird".

228   *5. Johannesevangelium*

Basis des Namens einen spezifischen Charakterzug in die Figur hineinlegte und ihn zunächst andeutungsweise in Joh 11,16 und 14,5, dann umso wirkungsvoller in Joh 20,24–29 hervortreten ließ. Die Semantik des Namens hatte für ihn produktive Kraft; im Zwilling Thomas wird der abstrakte Begriff des Zweifels personifiziert und durch dessen Reden und Tun versinnbildlicht.[226]

Möglicherweise intendiert der Autor durch die Wahl des Zwillings einen weiteren Effekt: Sein Zweifel ist der Zweifel der Nachgeborenen, sein Verlangen repräsentiert ihr Verlangen, und seine Begegnung mit dem Auferstandenen steht stellvertretend für die Erfahrung aller Glaubenden. Sie sind nicht vereint im physischen Sehen und Betasten – das hat Thomas allen nachfolgenden Generationen voraus – aber durch die „Gleichzeitigkeit in der Autopsie des Glaubens". Thomas ist der „erstgeborene" Zwilling, symbolischer Zwillingsbruder all derer, die später geboren wurden. Schon innerhalb der johanneischen Komposition stellt die Thomasepisode „eine bewußte Neuformulierung des Evangelisten dar, der die erste Erscheinungsgeschichte verdoppelt."[227] Im Glauben der Nachgeborenen pflanzt sich die Erfahrung der Christusgegenwart fort, die im Bekenntnis „mein Herr und Gott" ihren Höhepunkt hat.

5.6.2 Beurteilung des Thomas und seines Zweifels

In der Auslegungsgeschichte hat das Verhalten des Thomas (v. a. in Joh 20) verschiedene, teils gegenläufige Beurteilungen erfahren. Auf manche wurde in den voranstehenden Abschnitten schon verwiesen. Wie nicht anders zu erwarten, stehen sie in Wechselwirkung zur geistigen Großwetterlage, zu den theologischen Grundpositionen der jeweiligen Auslegerinnen und Ausleger und zur Frage, wie sie das Identifikationspotenzial des Jüngers im Einzelnen bestimmen: Repräsentiert er das eigene Fragen und Suchen nach Wahrheit oder den sinnenverhafteten Skeptiker, der sich in ungeistlicher Weise in göttliche Angelegenheiten einmischt?

Origenes attestiert dem „nach-bohrenden" Jünger, der sich der Materialität des Auferstehungsleibes vergewissert, dass er „genau und bedächtig im Urteil" (ἀκριβὲς καὶ ἐξητασμένον) gewesen sei und durch sein Insistieren auf eigenhändige Verifizierung ausschließen wollte, einem Trugbild (φάντασμα) aufzusitzen.[228] Thomas' Zweifel kommt dem streitbaren Alexandriner entgegen, denn mit der Überwindung des Zweifels durch die handgreifliche Verifikation ist ein schlagendes Argument gegen Origenes' Erzfeind Kelsos gewonnen. Ganz anders ur-

---

[226] Gegen eine symbolische Deutung des Namens wenden sich u. a. LAGRANGE, Saint Jean, 517; BULTMANN, Johannes, 538 Anm. 1: „Schwerlich ist Thomas für die Rolle des Zweiflers um seines Namens willen […] gewählt, dessen Sinn δίδυμος als ‚zwiefältig' (vgl. δίψυχος Jk 1,8) verstanden werden sollte." Ebenso THYEN, Johannesevangelium, 520; BENNEMA, Encountering Jesus, 287.

[227] HECKEL, Evangelium, 152.

[228] Origenes, *Fragmenta in Joannem*, Frg. 106 (GCS 11/4, 561 f.).

5.6 Die Figur des Thomas im Vierten Evangelium   229

teilt Chrysostomos. Er hält zwar die Zweifelsgedanken des Thomas nicht an sich für kritikwürdig, sehr wohl aber die Penetranz seines Nachfragens: „Wie ein allzu einfältiges und zufälliges Glauben aus einer (falsch verstandenen) Genügsamkeit entspringt, so übermäßige Neugierde und Geschäftigkeit (περιεργάζεσθαι καὶ πολυπραγμονεῖν) einer dumpfen Gesinnung. Daher ist Thomas zu tadeln."[229] Das Gegenbild des übereifrig agierenden Thomas ist Abraham.[230]

Für die westliche Auslegungstradition weist Augustin den Weg. Nach Augustin enthält der Satz Jesu „Weil du mich gesehen hast, glaubst du" (Joh 20,29a) einen Tadel, der der Kritik am königlichen Beamten (4,48) entspricht: „Ihn [sc. Thomas] tadelte der Herr ebenso wie jenen königlichen Beamten."[231] Nicht einmal sein Bekenntnis bringt ihm von Jesus Lob ein, sondern er wird angefahren (increpare); gelobt werden vielmehr die Nachgeborenen, die nicht gesehen und berührt haben, sondern lediglich hören und glauben.[232] Der zweifelnde Thomas dient dem Kirchenvater dazu, die Würde derer zu betonen, die nicht mehr sehen und berühren können. Der Zweifel des Thomas ist kritikwürdig, weil der Jünger trotz seines „heilsgeschichtlichen" Vorsprungs im Glauben versagte.

Bei Calvin steht die Beurteilung des Thomaszweifels ganz im Rahmen seiner erwählungstheologischen Prämissen. Er kennt nur „das große Entweder-Oder" und hat kein Verständnis für die „zurückhaltenden, unentschiedenen, zweifelnden und suchenden Naturen".[233] Thomas war in Glaubensdingen nicht nur schwerfällig und spröde (tardus et difficilis),[234] sondern auch unbeugsam (contumax); sein Stumpfsinn war außerordentlich und ungeheuerlich.[235] Darin

---

[229] Chrysostomos, In Joannem homilia 87,1 (PG 59, 473).

[230] S. o. Kap. 3.4.1.4 zu Röm 4,20. Wie in vielen anderen exegetischen Punkten schließt sich Theophylakt auch hier Chrysostomos an, bis hinein in Satzstruktur und Wortwahl: „Den anderen Jüngern, die vom Herrn erzählten, glaubte er nicht; er betrachtete sie nicht als Lügner, sondern hielt die Sache der Auferstehung (πρᾶγμα τῆς ἀναστάσεως) für unmöglich. Daher wird er getadelt, weil er übermäßig neugierig war (πέρα τοῦ μετρίου περίεργος). Denn wie das unbedachte Glauben leichtfertig ist, so auch das übermäßige Dagegen-Argumentieren unverschämt und dumpf (ἀγροικίας καὶ παχύτητος)" (Theophylakt, In Joannis Evangelium [zu Joh 20,24–29], PG 124, 300).

[231] Augustin, Tractatus in Iohannis evangelium 16,4: Sic eum arguit Dominus quomodo istum regulum.

[232] Augustin, Tractatus in Iohannis evangelium 16,4: „Was der Herr damals belobt hat [sc. mit der Seligpreisung], das hat er auch an uns zu erfüllen sich gewürdigt. Die ihn kreuzigten, haben ihn gesehen, berührt, und trotzdem haben so wenige geglaubt; wir haben ihn nicht gesehen, nicht betastet, wie haben ihn gehört und geglaubt."

[233] So mit Belegen FELD, Einleitung, XXXIII f. (vgl. Calvins Ausführungen zu Nikodemus, der Samaritanerin und Pilatus). Angesichts der Klarheit des Evangeliums ist Zweifel keine Option, auch nicht in gegenwärtigen Streitfragen: „Alle diese Skeptiker (sceptici), die einen Zweifelsschleier über die heute umstrittenen Fragen ziehen, geben ihre offene Gottesverachtung bei Dingen preis, die in keiner Weise dunkel sind" (Calvin, In evangelium secundum Johannem, Teil 1, 237 [zu Joh 7,17]).

[234] Calvin, In evangelium secundum Johannem, Teil 2, 299 (zu Joh 20,24).

[235] Calvin, In evangelium secundum Johannem, Teil 2, 299 (zu Joh 20,27): „Mirus autem ac prodigiosus Thomae stupor."

230   5. Johannesevangelium

dass ihm der Anblick Jesu nicht genügte und er zur Bekräftigung noch eine handgreifliche Verifikation einforderte, zeige sich darüber hinaus, dass er nicht nur
starrsinnig, sondern auch „hochmütig und im Blick auf Christus herablassend"
war.[236] Spät, aber nicht zu spät, kommt Thomas wieder zu sich und findet aus
seiner Geistesstörung (alienatio mentis) wieder zu sich selbst zurück.[237] In der
dichotomischen Denkart Calvins kann der Zweifel nur als mentaler Defekt erklärt werden, der freilich durchaus schuldhaft ist.

Der Gipfel reformatorischer Thomaskritik ist mit Wolfgang Musculus erreicht, der das
Ansinnen des Thomas als ein niederes, gar satanisches ansieht. Hier spricht nicht ein
Jünger Jesu, sondern das Fleisch („Hic caro dicit"). Aufgrund seines fleischlichen Sinnes
„verweigert er den Glauben, wenn er nicht durch sichere Beweismittel überführt wird, und
er schenkt dabei den Augen und Händen, d.h. den äußeren Sinneswahrnehmungen des
Körpers, größeren Glauben als dem untrüglichen Wort Gottes."[238]

Häufig wird jedoch in der Johannesexegese der Reformatoren auch der Gedanke
geäußert, dass der Unglaube des Thomas nicht nur warnendes Exempel für
die Zweifelnden, sondern auch leuchtendes Beispiel für den wunderbaren Ratschluss Gottes sei. So hält Johannes Brenz fest: „Durch den Unglauben des
Thomas bewegt sich unser Glaube."[239] Darin zeigten sich „Gottes wunderbare
Gerichte" (vgl. Röm 11,33). Johann Gerhard übt zunächst schärfste Kritik am
Verhalten des Thomas, da ja der Unglaube die Quelle und Wurzel aller Sünden
sei (fons & radix omnium peccatorum): „Wenn Thomas also von der Sünde
des Unglaubens befallen wird, ist dies nicht lediglich eine leichte Schwäche,
sondern eine überaus schwere und verdammenswerte Sünde (gravissimum &
damnabile peccatum)."[240] Und doch ist die Weisheit Gottes zu bewundern, denn
sie kann aus den schlimmsten Handlungen der Menschen etwas sehr Gutes hervorbringen.[241]

In den nachfolgenden Epochen der Auslegungsgeschichte bleiben die genannten Gesichtspunkte maßgebend und der Blick auf den zweifelnden Jünger
kritisch, teils herablassend. Thomas' Ansage, er werde erst dann glauben, wenn
er Jesu Wundmale sieht und fühlt, stelle ihn außerhalb des Glaubens: „Als ob das

---

[236] Calvin, In evangelium secundum Johannem, Teil 2, 299: „Ita non pertinax solum, sed
superbus etiam et in Christum contumeliosus erat."

[237] Calvin, In evangelium secundum Johannem, Teil 2, 299 (zu Joh 20,28).

[238] Musculus, Commentariorum in evangelistam Ioannem, Bd. 2, 463. Vgl. MOST, Finger,
190, und zu Musculus' Johannesauslegung insgesamt FARMER, Gospel of John. Auch Theodor
Beza nennt das Zweifeln des Thomas eine „unentschuldbare Sünde" („inexcusabile peccatum",
Homiliae, 415).

[239] Brenz, In divis Iohannis evangelion, 359: „Incredultate [sic] [...] enim Thomae, nostra
credulitas promovet."

[240] Gerhard, In harmoniam historiae evangelicae, 306.

[241] Gerhard, In harmoniam historiae evangelicae, 306: „ex pessimis hominum actionibus
optima quaeque elicere potuit."

5.6 Die Figur des Thomas im Vierten Evangelium 231

noch Glaube wäre!"[242] Etliche erkennen in Jesu Erwiderung eine Beschämung des Thomas und seiner Zweifelssucht. „Das strafende Wort [Jesu] muß dem sündigenden entsprechen."[243] Auch Jesu abschließende Anrede an Thomas (Joh 20,29) wird meist als ein „höchst kritisches Wort" verstanden.[244]

Ausnahmen bilden rationalistische Auslegungen, die sich dem Jünger als einem „weisen Lehrer" in seinem kritischen Realitätssinn verbunden fühlen,[245] aber auch mystische Strömungen wie die Herrnhuter, die wünschten, alle sollten sich als „Thomaschristen" begreifen und die größtmögliche Nähe zu Christus suchen.[246] Erst in der jüngeren, vom „Lob des Zweifels" geprägten Zeit wachsen das Verständnis und die Hochschätzung des Thomas. Ihm kommt die Ehre zu „gleichsam als der ‚erste Cartesianer vor Descartes', als ein ausgesprochen ‚moderner Mensch'" dem neuzeitlichen Skeptiker vorausgegangen zu sein.[247] An Thomas zeige sich, dass in der „Kirche des Anfangs [...] auch Skeptiker und Zweifler wie Thomas Raum [haben], wenn sie in ihr bleiben, wandlungsfähig und offen sind und sich in entscheidender Stunde zu Jesus bekennen. Jüngerschaft, wie sie in Thomas repräsentiert wird, ist ein Weg, der Zweifel und Fragen zuläßt, der auch Skepsis und Unglaube nicht radikal ausschließt. All dies muß auch im Raum der Kirche möglich bleiben."[248] Mit Blick auf die Thomasszene müsste man jedoch präzisieren: In der Begegnung mit Jesus hat der Zweifel Raum, und *nur* in der Begegnung mit Jesus wird er überwunden. In Jesu Erscheinung vor Thomas, in seiner Antwort auf die Zweifelsbekundungen und in der Darbietung seiner Wundmale erweist sich seine Menschenfreundlichkeit und wird die Wende vom Zweifel zum Glauben ermöglicht.[249]

---

[242] ZAHN, Johannes, 682.

[243] LUTHARDT, Das johanneische Evangelium, Bd. 2, 517.

[244] So noch bei WILCKENS, Auferstehung, 53. S. o. Kap. 5.5.4 zu weiteren Stimmen.

[245] PAULUS, Johannes, 559; v. a. aber ders., Leben Jesu, Bd. 2, 276: „Sehr an der unrechten Stelle tragen diejenige Schnellgläubige, welche Jesu Worte wie einen Tadel und gleichsam ironisch erklären, ihre Denkungsart in den Sinn des wahrhaft weisen Lehrers [sc. Thomas] hinein. Er vielmehr freute sich, daß Er jetzt einen mit vollem Grunde Ueberzeugten vor sich hatte [...]. So ist es immer. Dem, welcher den Zweifeln (der möglichen Zweifaltigkeit des Erfahrnen oder des Gedachten) nur ausweicht, sie niederschlägt, gleichsam die Augen zudrückt und durch eine fast für verdienstlich gehaltene Hingebung sich zum Glauben oder Festhalten des Nichtbewiesenen nöthigt, ist doch die Wahrheit weder in sich selber fest, noch vermag er in Andern, wenn sie nicht gerade in der nämlichen (ungenügenden) Stimmung sind, eine entschiedene Festigkeit zu begründen."

[246] Vgl. ATWOOD, Community of the Cross, 105: „Zinzendorf had special praise for Thomas [...]. Far from criticizing Thomas for his doubting, Zinzendorf used him as an example for all Christians. Persons should not believe until in their own hearts they see the marks of the nails that prove he was truly crucified. According to Zinzendorf, there are many ‚Thomas Christians' who have laid hands in the side of Christ."

[247] BLANK, Johannes, Bd. 3, 187. Dazu s. u. Kap. 9.2.3 und 9.6.8.

[248] DSCHULNIGG, Jesus begegnen, 236.

[249] Barradas, Commentaria in concordiam et historiam evangelicam, Bd. 4, 432.

232   *5. Johannesevangelium*

Auf poetische Weise hat dies der portugiesische Jesuit Sebastião Barradas (1543–1615) zum Ausdruck gebracht: „Tetigit, et tactus est, tetigit Christum, et tactus est a Christo, tetigit carnem, et tactus est animo, dixitque: Dominus meum, et Deus meus."

5.7 Frühchristliche Nachwirkungen

5.7.1 Thomas und Nathanael: Skeptiker und Bekenner (Joh 21)

Die „Wirkungsgeschichte" der Figur des Thomas beginnt bereits im Johannesevangelium selbst, vorausgesetzt, man betrachtet das Schlusskapitel des kanonischen Evangeliums mit der Mehrheit der Johannesforschung als „Nachtragskapitel". Freilich gibt es immer wieder Voten, die aus unterschiedlichen Gründen gegen den Konsens argumentieren,[250] doch kann die Frage in unserem Zusammenhang außer Acht bleiben, weil das Kapitel hinsichtlich des Zweifels keine wesentlichen neuen Erkenntnisse bietet. Erwähnenswert ist jedoch, dass Thomas, der auch hier mit dem Beinamen Didymos belegt wird, und Nathanael neben anderen Figuren Zeugen der erneuten Offenbarung Jesu werden. Mit den beiden Jüngern sind hier „Anfang und Ende der Historia Jesu absichtsvoll verknüpft".[251] Thomas' Zweifelsgeschichte klingt noch nach, sein Bekenntnis ist noch frisch im Gedächtnis. Und ist die Glaubensstrategie des Evangeliums erfolgreich gewesen, haben es die Leserinnen und Leser nachgesprochen. Von Thomas führt ein narrativer Faden zu Nathanael, dessen Skepsis ebenfalls durch die Begegnung mit Jesus überwunden wurde und der Jesus als „Sohn Gottes" und „König Israels" bekannt hat.[252]

Die Verschränkungen der beiden Szenen am Anfang und Ende des Evangeliums stechen ins Auge und bestätigen, dass (nur) in der Begegnung mit Jesus Zweifel überwunden werden und Glauben erwachsen kann.[253] Zu den überein-

---

[250] THYEN, Johannesevangelium, 4, interpretiert das kanonische Evangelium „als einen *kohärenten und hoch poetischen literarischen und auktorialen Text*". Am anderen Ende des Spektrums finden sich die Arbeiten Siegerts, der in teils kühnen Rekonstruktionsversuchen einen Erstentwurf des Evangeliums herstellt – „Das Evangelium des Johannes in seiner ursprünglichen Gestalt" – und Joh 21 mit Robert Fortna für das dritte „Zeichen" Jesu hält (z. B. SIEGERT, Johannes, 300).

[251] THYEN, Johannesevangelium, 781.

[252] SCHENKE, Johannesevangelium, 330. Vgl. DSCHULNIGG, Jesus begegnen, 233: „Auch er [sc. Nathanael] ist, wie Thomas, ein Zweifler, der von Jesus überwunden wird. Er ist skeptisch gegenüber Jesus von Nazaret, lässt sich aber in der Begegnung mit ihm und seinem Wort zum Bekenntnis umstimmen: ‚Rabbi, du bist der Sohn Gottes, du bist der König Israels' (1,49). So sind es gerade diese beiden Zweifler und Skeptiker, Thomas und Natanael, die am Anfang und am Schluss des Joh ein hohes Bekenntnis zu Jesus ablegen, die mit Petrus und anderen Jüngern am See von Tiberias dem Auferstandenen begegnen."

[253] In modifizierter, etwas reduzierter Form findet sich dieses Muster auch in Joh 4: Die Samaritaner – die aufgrund des Zeugnisses der samaritanischen Frau bereits glaubten! – erfahren

5.7 *Frühchristliche Nachwirkungen* 233

stimmenden Motiven gehören die anfängliche Skepsis der beiden Protagonisten gegenüber dem Zeugnis Dritter, die imperativisch formulierte Aufforderung an sie, den fraglichen Sachverhalt selbst zu überprüfen,[254] ihre Einwilligung in die Aufforderung,[255] das Glauben weckende übernatürliche Wissen Jesu um Verborgenes,[256] die Kulmination in ihrem Christusbekenntnis, welches das jeweilige Zeugnis der Zeugen übertrifft,[257] und schließlich aus dem Munde Jesu eine Feststellung zur konditional strukturierten Entstehung ihres individuellen Glaubens,[258] der keineswegs als defizitärer (Wunder-)Glaube beurteilt wird, der aber doch über sich hinausweist:[259] Nathanael wird verheißen, dass er „Größeres als das" sehen wird, während der Makarismus in der Ostergeschichte diejenigen seligpreist, die nicht (mehr) sehen können.

5.7.2 Gehört, gesehen, geschaut, berührt (1 Joh)

Der früheste literarische Reflex auf die Thomasepisode jenseits des Evangeliums ist im 1. Johannesbrief zu finden.[260] Er setzt mit den folgenden Worten ein: „Was von Anfang an war, was wir gehört haben, was wir mit unseren Augen gesehen haben (ἑωράκαμεν), was wir geschaut und was unsere Hände berührt haben (αἱ χεῖρες ἡμῶν ἐψηλάφησαν) [...]." Wie u. a. schon die *Epistula Apostolorum* und Tertullian und danach die Mehrzahl der vorkritischen Ausleger annahmen, setzt der Briefprolog die Erzähleinheit Joh 20,24–29 voraus. In beiden Texten werden übereinstimmend die Perfektform von ὁρᾶν[261] und das Lexem χείρ verwendet, und die inhaltliche Nähe im Motiv vom Tasten und Berühren (ψηλαφᾶν) ist unübersehbar.[262] In Joh 20,24–29 fehlt zwar das Stichwort ψηλαφᾶν, doch klingt in

---

durch die persönliche Begegnung mit Jesus eine Veränderung ihres Glaubens und dringen zu einem christologisch signifikanten Bekenntnis durch: οὗτός ἐστιν ἀληθῶς ὁ σωτὴρ τοῦ κόσμου (4,42). Vgl. BONNEY, Caused to Believe, 164.

[254] Während Thomas unmittelbar von Jesus angesprochen wird (φέρε καὶ ἴδε [...] καὶ φέρε [...] καὶ βάλε, Joh 20,27), ergeht die Einladung an Nathanael aus dem Mund des Philippus (ἔρχου καὶ ἴδε, 1,46). In beiden Episoden ist das Sehen ein Leitmotiv.

[255] Nathanael lässt sich von Philippus zu Jesus bringen, und Thomas folgt der Anweisung Jesu und sieht und betastet seine Wunden.

[256] Während in der Thomasepisode Jesu Allwissenheit stillschweigend vorausgesetzt wird, ist sie in der Berufungsgeschichte des Nathanael explizit thematisiert. Vgl. hierzu LABAHN/LANG, Johannes und die Synoptiker, 287 f.

[257] Vgl. Joh 1,45 mit 1,49 sowie Joh 20,25 mit 20,28; daneben Joh 4,29 mit 4,49.

[258] Vgl. Joh 1,50 (ὅτι εἶπόν [...] πιστεύεις); 20,29 (ὅτι ἑώρακάς με πεπίστευκας).

[259] Häufig wird Jesu Feststellung in Joh 1,50 (wie auch in Joh 20,29; dazu s. o. Kap. 5.5.4) als Frage gelesen und ihr ein kritischer Unterton beigelegt. Dagegen zu Recht BULTMANN, Johannes, 74: „Auf keinen Fall ist also das πιστεύεις tadelnde Frage."

[260] Die Datierung des Briefs hängt u. a. von seiner Einordnung in die Entstehungsgeschichte des Corpus Johanneum ab. Ich rechne mit vielen anderen mit einer Nachordnung des Briefs nach dem Evangelium.

[261] 1 Joh 1,1 (ἑωράκαμεν); Joh 20,25 (ἑωράκαμεν); 20,29 (ἑώρακάς).

[262] So selbst Udo Schnelle, der freilich den 1. Johannesbrief chronologisch vor das Evangelium stellt (Johannesbriefe, 14; ausführlicher ders., Reihenfolge). Vgl. KLAUCK, Der erste Jo-

234   5. Johannesevangelium

der Thomasperikope wie auch in 1 Joh 1,1 der Satz aus Lk 24,39 an: „Fasst mich
an und seht!" (ψηλαφήσατέ με καὶ ἴδετε).[263]

Die Aufnahme des Evangelienstoffes im Brief markiert nun durchaus eine
Umakzentuierung, durch welche die Sonderrolle der ersten Zeugen im Gegenüber zu den Nachgeborenen unterstrichen wird.[264] Während der Prolog des
Evangeliums und in seiner Fluchtlinie auch die abschließende Erzähleinheit
des Evangeliums zu Thomas „die Erfahrung der Glaubenden aller Zeiten" laut
werden lässt,[265] zielt der Briefprolog auf die Erfahrung derjenigen Zeugen, die
gehört, gesehen und betastet haben und deren Verkündigungswort dadurch
eine unbezweifelbare Autorität erhält.[266] Fällt im Evangelium der Ton auf die
Gleichzeitigkeit des Sehens, Hörens und Fühlens im Glauben, betont der Brief
die „Vorzeitigkeit" und damit auch die Autorität der ersten Zeugen. Folgerichtig
können diese Zeugen nicht als Zweifler gezeichnet werden. Doch wohnt beiden
Akzentsetzungen der Anstoß zur Überwindung des Zweifels inne.

5.7.3 „Sofort fassten sie ihn an und wurden gläubig" (IgnSm 3,2)

Wie in 1 Joh 1,1 findet sich auch in IgnSm 3,2 das Stichwort ψηλαφᾶν, das in den
Erscheinungserzählungen der Evangelien nur in der Aufforderung Jesu in Lk
24,39 begegnet.

Weiß ich doch und glaube fest daran, dass er auch nach der Auferstehung im Fleische ist.
Und als er zu Petrus und seinen Gefährten kam, sagte er zu ihnen: „Greift zu, betastet mich
und seht, dass ich kein leibloser Dämon bin!" Und sofort fassten sie ihn an und wurden
gläubig (καὶ εὐθὺς αὐτοῦ ἥψαντο καὶ ἐπίστευσαν), mit seinem Fleisch ebenso eng wie mit
seinem Geist verbunden.[267]

---

hannesbrief, 61: Mit 1 Joh 1,1 „stehen wir bei Erzählung vom ‚ungläubigen' Thomas Joh 20,24–29,
an die unwillkürlich als erstes denkt, wer in 1 Joh 1,1e die Worte vernimmt: ‚was unsere Hände
betastet haben'." Klauck vermutet auch in 1 Joh 4,14–16 eine Bezugnahme auf Joh 20,24–29
(a.a.O., 258). Vgl. ausführlich JENSEN, Affirming the Resurrection, 47–72. Anders und unver-
ständlich DODD, Interpretation, 443 Anm. 1: „ψηλαφᾶν almost certainly refers to contact with
Jesus before the crucifixion."

[263] Das Verb ψηλαφᾶν ist geläufig, um eine Berührung auszudrücken, „mit der man sich
einer Realität versichert" (HIRSCH-LUIPOLD, Gott wahrnehmen, 305). S. o. Kap. 5.5.3, dort
auch zu Lk 24,39. S. u. Kap. 5.7.3 zu IgnSm 3,2.

[264] Vgl. HECKEL, Historisierung, 436. Nach Schnelle ist die Akzentverschiebung so gra-
vierend, dass nicht davon ausgegangen werden sollte, dass 1 Joh 1,1 die Thomasperikope im Blick
hatte: (1) 1 Joh 1,1 beschreibe „einen generellen, grundlegenden, umfassenden und anhaltenden
Sachverhalt", nicht lediglich die Begegnung mit dem Auferstandenen (vgl. hingegen EpAp
2[13]. S. u. Kap. 5.7.5). (2) Joh 20,29 impliziere im Gegensatz zu 1 Joh 1,1–4 das Ende der Zeit der
Augenzeugen (SCHNELLE, Johannesbriefe, 64).

[265] THYEN, Johannesevangelium, 770.

[266] Vgl. HECKEL, Historisierung, 438: „Dem ersten Brief geht es also darum, das Wort his-
torisierend zu binden."

[267] Übers. W. Bauer/H. Paulsen

5.7 Frühchristliche Nachwirkungen

Die Datierung der Ignatiusbriefe und ihre Echtheit sind derzeit (wieder) Gegenstand heftiger Debatten, müssen uns aber hier nicht weiter beschäftigen.[268] Entscheidend ist der „antihäretische" Impetus, den der Autor in seiner Rekapitulation der Osterereignisse an den Tag legt.[269] Lightfoot beobachtete zu Recht: „the reference is plainly to the same incident which is related in Luke xxiv. 36 sq [...]. The words, however, in which it is told, are different."[270] Ignatius schildert, dass Jesus zu den Personen um Petrus kam (πρὸς τοὺς περὶ Πέτρον)[271] und sie aufforderte, ihn zu berühren. Im Gegensatz zum Lukasevangelium berichtet er nun, dass es sogleich (εὐθὺς) zu einer Berührung kam, die zum Glauben führte. In seinem Kurzbericht werden der Unglaube und die Skepsis der Jünger (vgl. Lk 24,38.41) nicht explizit erwähnt; das Fehlen des Glaubens ist aber in dem Gedanken vorausgesetzt, dass der physische Beweis zum Glauben führte. Es ist zu vermuten, dass sich die von Ignatius beschriebene unmittelbare Reaktion der Jünger auch auf die Auslegungsgeschichte der johanneischen Ostererzählung auswirkte. Denn die Nachgeschichte des Jesuswortes aus Lk 24,39 wurde maßgeblich von seiner ignatianischen Parallele mitbestimmt und beeinflusste damit auch das Verständnis des Pendants in Joh 20,27–28.[272]

Nun lässt sich aber auch begründet fragen, ob die Überlieferung des Ignatius nicht nur die Interpretation von Joh 20,24–29 sekundär beeinflusste, sondern selbst auf den Johannestext Bezug nimmt. Die Frage, ob sich in den Ignatiusbriefen johanneischer Einfluss nachweisen lässt, wird ebenfalls kontrovers diskutiert. Während dies in der älteren Forschung ohne Umschweife bejaht

---

[268] Zur Diskussion stehen seit den bahnbrechenden Arbeiten von J. B. Lightfoot und Theodor Zahn u. a. eine Datierung unter Trajan (so auch EHRMAN, Apostolic Fathers, Bd. 1, 207) und eine neuerdings zunehmend populäre Datierung ins letzte Drittel des 2. Jahrhunderts, verbunden mit der Annahme einer antivalentinianischen Ausrichtung (u. a. HÜBNER, Thesen; BREMMER, Place). Vgl. den Forschungsüberblick bei LOOKADOO, Date and Authenticity, sowie ATKINS, Doubt, 83–85, mit relevanter Literatur; a. a. O., 83–108 auch eine detaillierte Analyse von IgnSm 3–5.

[269] Als Gegner werden diejenigen „Ungläubigen" (ἄπιστοί) identifiziert, die behaupten, Jesus Christus „habe zum Schein gelitten" (τὸ δοκεῖν αὐτὸν πεπονθέναι) (IgnSm 2). Meist wird von einer antidoketischen Stoßrichtung ausgegangen, doch ist bei einer Spätdatierung auch an eine antimarkionitische Deutung zu denken.

[270] LIGHTFOOT, Apostolic Fathers, Bd. 2/2, 294. Das Verhältnis zwischen Ignatius und den Synoptikern ist umstritten und nicht zuletzt abhängig von der Datierung und Situierung des Briefs an Smyrna. Helmut Köster vermutete in einer einflussreichen Studie, dass Ignatius von mündlicher Überlieferung des synoptischen Materials abhängig sei, dessen ursprünglicher Bestand und Kontext nicht mehr zu rekonstruieren ist (zu IgnSm 3,2 KÖSTER, Synoptische Überlieferung, 45–56; so u. a. auch GREGORY, Reception of Luke, 70–75; BELLINZONI, The Gospel of Luke, 57 f.; vgl. FOSTER, Text [2021], 101 [„both authors utilizing shared or parallel traditions"]). Für literarische Abhängigkeit votieren – m. E. mit den überzeugenden Argumenten u. a. HILL, Ignatius, 278 f.; ATKINS, Doubt, 100.

[271] Vgl. die *conclusio brevior* des Markusevangeliums: τοῖς περὶ τὸν Πέτρον.

[272] Vgl. FREY, Leiblichkeit und Auferstehung, 731 Anm. 140. Offen bleibt, ob Ignatius die Bestätigung der faktischen Berührung selbständig ergänzte oder auf eine vorliegende Tradition zurückgriff.

236 5. *Johannesevangelium*

wurde,[273] votieren jüngere Stellungnahmen uneinheitlich und tendenziell skeptisch.[274] Mir scheint die Annahme literarischer Abhängigkeit durchaus plausibel, nicht zuletzt aufgrund der engen motivischen Verknüpfung von „Tasten" und „Glauben" in Joh 20,27–28 und bei Ignatius, die ja in der lukanischen Version gerade nicht gegeben ist.[275] Auch „die Energie, mit welcher Ignatius die Gottheit Christi hervorhebt," erinnert an einen Kerngedanken johanneischer Theologie, und in der prägnanten Formulierung ὁ θεός μου im Römerbrief des Ignatius (6,3) mag das Bekenntnis des Thomas anklingen.[276] Johanneisch muten zudem die Beschreibungen Jesu in Ign. Magn. 7,1–8,2 und des Geistes in Ign. Phld. 7,1 an.[277]

Es ist also nicht von der Hand zu weisen, dass in dem knappen Osterbericht bei Ignatius lukanische und johanneische Motive verschmolzen wurden: Lukanisch wäre der um Petrus (vgl. Lk 24,34) versammelte Jüngerkreis, den Jesus auffordert, ihn anzuschauen und zu betasten (ψηλαφᾶν), um sich davon zu überzeugen, dass er kein Gespenst sei, sondern ein körperlich Lebender. Thomas wird nicht eigens als besonderer Zweifler herausgehoben. Von der lukanischen Darstellung abweichend und im Einklang mit Johannes berichtet Ignatius, dass es zum Gläubig-Werden lediglich der Berührung der Wundmale und *nicht* des gemeinsamen Essens bedurfte. Erst nach einer deutlichen Zäsur und nachdem Glaube geweckt wurde, erfolgt bei Johannes wie bei Ignatius das Mahl des Auferstandenen mit den Jüngern.[278] Sollte Ignatius das Johannesevangelium gekannt und seine knappe Ostererzählung im Wissen um die Thomasszene niedergeschrieben haben, wäre er ein früher Zeuge für das Verständnis, dass es zu einem handgreiflichen Nachweis der Körperlichkeit Jesu kam und dass der Glaube aus einer Berührung des Auferstandenen entsprang.

Interessant ist die Bemerkung bei Hieronymus, dass Ignatius seinen Osterbericht dem Hebräerevangelium (bzw. Nazoräerevangelium) entnommen habe: „Ignatius [...] schrieb

---

[273] Vgl. z. B. ZAHN, Ignatius von Antiochien, 604.

[274] Vgl. den knappen Forschungsüberblick bei SCHOEDEL, Polycarp of Smyrna, 306 f.; FOSTER, Text (2021), 102 f. Interessant ist jedoch, dass die beiden ausführlichsten Untersuchungen zur frühchristlichen Rezeption des Johannesevangeliums dessen Einfluss auf Ignatius nicht ausschließen wollen (vgl. NAGEL, Rezeption des Johannesevangeliums, 250) bzw. gar für sicher halten (vgl. HILL, Johannine Corpus, 442: „Ignatius's knowledge of John can be taken as proved."). Eine Spätdatierung der Ignatianen macht eine Kenntnis des Johannesevangeliums wahrscheinlicher.

[275] Nach Lk 24,41 glaubten die Jünger nicht – vor Freude! –, als sie die *signa crucifixi* sahen, sondern bedurften eines weiteren Beleges: Jesus musste vor ihren Augen ein Stück gebratenen Fisch essen.

[276] ZAHN, Ignatius von Antiochien, 606; vgl. IgnRöm 6,3: ἐπιτρέψατέ μοι μιμητὴν εἶναι τοῦ πάθους τοῦ θεοῦ μου.

[277] Vgl. zu diesen Korrespondenzen LOOKADOO, The Letters of Ignatius, 222, der daraus schließt: „[I]t is possible that Ignatius knew the Gospel of John, had heard of Johannine traditions, or at least thought in Johannine ways."

[278] Vgl. IgnSm 3,3 mit Joh 21,1–14.

5.7 Frühchristliche Nachwirkungen

[...] an die Philadelphier und an die Smyrnäer und besonders an Polycarp [einen Brief]
[...], in welchem er auch aus dem Evangelium, das kürzlich von mir übersetzt worden
ist, ein Zeugnis über die Person Christi bringt."[279] Die Auskunft des Hieronymus ist
allerdings opak und mit zahlreichen Interpretationsproblemen behaftet; die Lage verkompliziert sich noch dadurch, dass Origenes die ignatianische Rede vom „körperlosen
Dämon" (IgnSm 2; 3,2) einer apokryphen „Lehre des Petrus" zuschreibt.[280] Wenn
man den Bericht aus IgnSm 3,1–2 für eine „freie Wiedergabe" der lukanischen Fassung
betrachtet, „erübrigt sich die Frage nach einer außerkanonischen Quelle", und die Zuschreibung zum Hebräerevangelium muss als unzutreffend beurteilt werden.[281] Trotz
berechtigter Einwände gegen das Zeugnis des Hieronymus ist es aber auch denkbar, dass
er die bei Ignatius überlieferte Szene um Petrus „in ähnlicher Form" auch im Hebräerevangelium gefunden hat.[282] Sie wäre dann nach der Jakobusszene anzusetzen, von der
im nächsten Abschnitt die Rede sein soll.

5.7.4 Jakobus, der Zweifler? (Hebräerevangelium)

Das bei Hieronymus in *De viris illustribus* überlieferte Fragment des Hebräerevangeliums, in dem die Protophanie vor Jakobus festgehalten ist (Frg. 5), wird
von manchen mit der johanneischen Thomasperikope in Verbindung gebracht.
Die Forschungslage zum Hebräerevangelium ist aufgrund seiner fragmentarischen Überlieferung und der strittigen literarischen Beziehung zu den anderen
judenchristlichen Evangelien komplex. Es scheint sich jedoch in jüngster Zeit
ein Konsens herauszubilden, nach dem der Text in der ersten Hälfte des 2. Jahrhunderts in Alexandria entstand[283] und vor allem im ägyptischen Christentum
verbreitet war. Dies legt sich schon aufgrund der Erwähnung des Evangeliums
bei Clemens, Origenes und Didymus nahe. Andererseits spricht die Tradition
der Protophanie vor Jakobus dafür, dass das Hebräerevangelium an palästinisch-
syrische Traditionen anknüpfte.[284] Die gegenüber den Angaben bei Paulus und
in den Synoptikern sekundäre Notiz von der Ersterscheinung vor Jakobus wirkte
breit nach.[285] Sie dient erkennbar dem Ziel, eine judenchristliche Sichtweise zu
legitimieren.[286] Hieronymus schreibt:

Und das Evangelium, das „nach den Hebräern" genannt wird und von mir kürzlich in die
griechische und lateinische Sprache übersetzt wurde, das auch Adamantius [sc. Origenes]

---

[279] Hieronymus, *Vir. ill.* 16,4 (Übers. Frey, Einleitung, 585). Auch an anderer Stelle (*Is.*, prol. 47–52) zitiert Hieronymus die Wendung vom „körperlosen Dämon" und weist sie wieder dem „Hebräerevangelium" zu, nun aber ohne Ignatius als sekundäre Quelle zu nennen.

[280] Origenes, *Princ.* 1 praef. 8. Vgl. hierzu Vinzent, „Ich bin kein körperloses Geistwesen".

[281] So Frey, Einleitung, 585. Kaum beweisbar ist die These von James Edwards, dass nämlich ein „Hebräerevangelium" sowohl Lukas als auch Ignatius zugrunde lag (Hebrew Gospel, 45–55).

[282] So Hengel, Jakobus der Herrenbruder, 560 Anm. 38.

[283] Frey, Fragmente des Hebräerevangeliums, 598. Vgl. auch Schliesser, Jewish Beginnings, 380 f.

[284] Frey, Einleitung, 591.

[285] Vgl. die Belege bei Klijn, Jewish-Christian Gospel Tradition, 79–86.

[286] Frey, Fragmente des Hebräerevangeliums, 597.

238   *5. Johannesevangelium*

oft verwendet, berichtet nach der Auferstehung des Erlösers: „Als aber der Herr das Leintuch dem Knecht des Priesters gegeben hatte, ging er zu Jakobus und erschien ihm. Jakobus hatte nämlich geschworen, er werde kein Brot mehr essen von der Stunde an, in der er den Kelch des Herrn getrunken hatte, bis er ihn von den Entschlafenen auferstehen sehe. Und kurz darauf sagte der Herr: Bringt einen Tisch und Brot!" Und sogleich wird hinzugefügt: „Er nahm das Brot und dankte und brach es und gab es Jakobus dem Gerechten und sprach zu ihm: ‚Mein Bruder, iss dein Brot, denn der Menschensohn ist von den Schlafenden auferstanden.'"[287]

Der Schwur des Jakobus, dass er keine Nahrung zu sich nehmen werde, bis er den Auferstandenen sehe, ist eine Reminiszenz an das Jesuswort aus dem Abschiedsmahl (Mk 14,25par). Das konzediert auch Martin Dibelius, doch er gelangt zu der Auffassung, dass der Bezug auf Mk 14,25 nachträglich hinzukam und dass auf einer Vorstufe der Tradition Jakobus – ähnlich wie Thomas in Joh 20,24–29 – als Zweifler dargestellt wurde. Ursprünglich habe es sich in der Überlieferung um „Zweifel an der bereits eingetretenen und von anderen bezeugten Auferstehung" gehandelt,[288] d.h. es wurde von Erscheinungen erzählt, die der Jakobusvision vorausgingen (vgl. 1 Kor 15,5). Jakobus habe am Zeugnis der anderen gezweifelt und seinen Zweifel mit dem Schwur zum Ausdruck gebracht, analog zur Forderung des Thomas in Joh 20,25. Weil nun aber eine den Herrenbruder verherrlichende Überlieferung einen Zweifler nicht brauchen konnte, „verschob" sie „das ganze Bild, setzte den Schwur vor die Osterereignisse und machte ihn, im Anschluß an Mk 14,25, aus einem Wort des Zweifels zu einem Wort des Glaubens."[289] So wurde Jakobus zum ersten und wichtigsten Zeugen der Auferstehung. Dibelius spricht nicht von einer literarischen Abhängigkeit zwischen Joh 20,24–29 und dem Fragment aus dem Hebräerevangelium, sondern von einer „Verwandtschaft des Motivs".[290]

Die These, dass Jakobus im Verlauf der Überlieferungsgeschichte vom Vorwurf des Zweifels reingewaschen worden sei, lässt sich angesichts der Quellenlage weder widerlegen noch erhärten. Aufschlussreich sind aber die folgenden strukturellen Parallelen zwischen den beiden Ostererzählungen: Thomas wie auch Jakobus bestehen darauf, den Auferstandenen leibhaftig zu „sehen" und knüpfen daran ihr persönliches Geschick: Jakobus verweigert bis zur eigenen Verifikation der Auferstehung die Nahrungsaufnahme, Thomas seinen Glauben. Jesus kommt ihrem Wunsch nach, ohne dass ein Wort der Kritik laut würde; in beiden Fällen ergreift er die Initiative[291] und wendet sich den Jüngern entsprechend ihrem Ansinnen zu: Jakobus wird zur Mahlfeier eingeladen („Mein Bruder, iss dein Brot!") und Thomas wird zum Sehen und Berühren aufgefordert.

---

[287] Hieronymus, *Vir. ill.* 2,12–13 (Übers. bei FREY, Fragmente des Hebräerevangeliums, 604 f.).

[288] DIBELIUS, Jakobus, 26.

[289] DIBELIUS, Jakobus, 26.

[290] DIBELIUS, Jakobus, 25.

[291] Vgl. die Aufforderung im Hebräerevangelium „Bringt einen Tisch und Brot" und Joh 20,27.

5.7 Frühchristliche Nachwirkungen

Man wird davon ausgehen müssen, dass die im Hebräerevangelium überlieferte Tradition gegenüber dem Johannesevangelium eigenständig ist und auf älteres Material zurückgreift, das im Rahmen der Herrenbrudertradition steht.[292] Ob in den älteren Schichten von Jakobus als einem Zweifler die Rede ist, kann nur vermutet, nicht aber bewiesen werden.

5.7.5 Alle Jünger zweifeln und betasten (EpAp)

Die um die Mitte des 2. Jahrhundert n. Chr. entstandene antidoketische *Epistula Apostolorum* betont in Auseinandersetzung mit Kerinth und Simon, den „Feinden unseres Herrn Jesu Christi" (EpAp 7[18]), das faktische Leiden des Gottessohnes und die Wirklichkeit seiner Auferstehung.[293] Der Zweifel wird zu einem zentralen Motiv ausgestaltet. Als Erzählgrundlage dient ohne Frage die johanneische Thomasepisode. An der Bearbeitung des Johannesstoffs zeigt sich, dass das Vierte Evangelium dem Verfasser der *Epistula Apostolorum* „in Fleisch und Blut übergegangen war"[294] und eine Autorität darstellte – die aber durchaus der Ergänzung würdig und bedürftig ist.[295] Die elf Apostel geben sich allesamt als Verfasser des Briefes aus und heben gleich zu Beginn hervor, dass sie „ihn [sc. den Herrn Jesus Christus] gehört und betastet [haben], nachdem er auferstanden war von den Toten" (EpAp 2[13]). Gleichwohl bekennen sie im kollektiven „Wir", dass sie auf die Auferstehungsbotschaft der ersten Zeuginnen skeptisch reagiert und die Frauen gar der Lüge bezichtigt haben. Der daraufhin über den Unglauben der Jünger unterrichtete Auferstandene machte sich mit „Maria und ihren Schwestern" auf den Weg zu ihnen, „und er kam und fand uns drinnen verhüllt" (EpAp 11[22]).

Rückblickend bekennen die Apostel: „Und wir zweifelten und glaubten nicht. Wie ein Gespenst kam er uns vor, und, und wir glaubten nicht, daß er es wäre" (ebd.).[296] Ihr Zweifel wich auch dann nicht, als Jesus ihnen geboten hatte, zu ihm zu kommen:

---

[292] Dabei spricht schon die Nähe der Abfassungszeit des Johannesevangeliums und des Hebräerevangeliums gegen eine literarische Abhängigkeit, zumal wenn anzunehmen ist, dass das Frg. 5 auf überlieferungsgeschichtliche Vorstufen zurückgreift.

[293] Übers. hier und im Folgenden nach MÜLLER, Epistula Apostolorum. S. o. Kap. 4.4.6.1 zu einigen „matthäischen" Elementen der Erzählung sowie zu weiterführender Literatur.

[294] Diese Beobachtung, die schon Carl Schmidt äußerte, wurde von HORNSCHUH, Epistula Apostolorum, 9, und der weiteren Forschung bestätigt. Vgl. zu Joh 20,19–29 HANNAH, Four-Gospel „Canon", 611 und ausführlich WATSON, Apostolic Gospel, 107–121.

[295] Vgl. WATSON, Apostolic Gospel, 107: „There is no acknowledgement of the superior authority of the source text. On the contrary, the source stands in need of correction and supplementation."

[296] So die äthiopische Fassung. S. o. Kap. 4.4.6.1 zum koptischen Text.

240   *5. Johannesevangelium*

(äthiopisch)	(koptisch)
Und wir gingen zu ihm, indem wir dachten und zweifelten, ob er es auch wäre.	Wir aber traten zu ihm, zweifelnd (ⲀⲒⲤⲦⲀⲌⲈ) in unserem Herzen, ob er es vielleicht wäre.

Es folgt nun die Frage nach dem Grund des Zweifels und eine charakteristische Variation der Aufforderung Jesu an Thomas aus Joh 20,27, die nicht nur den Kreis der Adressaten erweitert, sondern auch eine eindeutig antidoketische Stoß-richtung bekommt:

(äthiopisch)	(koptisch)
Und er sprach zu uns: weshalb zweifelt ihr und warum seid ihr ungläubig? [...] Und damit ihr erkennt, daß ich es bin, so lege, Petrus, deine Finger[297] in das Nägelmal meiner Hände und du, Thomas, in meine Seiten und du auch Andreas, sieh', ob mein Fuß auf die Erde tritt und dabei eine Spur hat.	Da sprach er zu uns: weshalb zweifelt ihr noch (ⲀⲒⲤⲦⲀⲌⲈ ⲈⲦⲒ), ihr Ungläubigen? [...] Damit ihr erkennet, daß ich es bin, so lege, Petrus, deine Finger in die Nägelmale meiner Hände, und du selbst, Thomas, lege deine Finger in die Lanzenstiche meiner Seite; du aber, Andreas, betrachte meine Füße, sieh', ob sie nicht die Erde berühren.

Daran schließt sich wiederum im Wir-Stil die Bekundung des Apostelkollektivs an, die unverkennbar an 1 Joh 1,1 anknüpft: „Wir aber nun betasteten ihn" bzw. „Wir aber haben ihn befühlt" (EpAp 12[23]). Wie der Prolog des 1. Johannes-briefs zieht die *Epistula Apostolorum* die Auferstehungserzählungen heran, um die Autorität der ersten Osterzeugen zu unterstreichen.[298] Aufschlussreich ist allerdings auch, dass die ersten Zeugen ihr ungläubiges, zweifelndes Verhalten als Sünde bezeichnen und den Auferstandenen um Vergebung anflehen: „wir fielen auf unser Antlitz, indem wir bekannten unsere Sünden, daß wir ungläubig gewesen seien" (ebd.).

Im Gegenüber zur johanneischen Vorlage variiert und erweitert die *Epistula Apostolorum* das Zweifelsmotiv in mehrerlei Hinsicht: Zweifel und Unglaube ergreifen nicht nur den „ungläubigen Thomas", sondern alle Apostel, namentlich Petrus, Thomas und Andreas (vgl. Mt 28,17). Die Gesamtheit der Apostel ist es auch, die nach eigenem Bekunden Jesus betastet, auch wenn dieser nur Petrus und Thomas direkt dazu auffordert. Gegenstand des Zweifels ist die Auferste-hung des Fleisches, hier nun akzentuiert durch die antidoketisch motivierte Aufforderung an Andreas, die Spur des Fußes Jesu zu prüfen. Schließlich fällt ins Auge, dass das Schreiben den Zweifel der Jünger für schuldhaft und vergebungs-bedürftig erachtet und damit ein Motiv ins Spiel bringt, das dem Johannesevan-

---

[297] Hier in Abweichung zur Übersetzung von Müller/Duensing: „deine Hand (und deine Finger)". Vgl. Watson, Apostolic Gospel, 232.

[298] Vgl. Heckel, Historisierung, 438 Anm. 38.

5.7 *Frühchristliche Nachwirkungen* 241

gelium völlig fern liegt. Gerade im Angesicht doketisierender „Irrlehren" erweist sich der Zweifel literarisch wie theologisch als eine produktive Kategorie.[299]

5.7.6 Die Manualinspektion der zweifelnden Salome (Protev)

Das Protevangelium des Jakobus, das um die Mitte des 2. Jahrhunderts n. Chr. in Alexandria entstanden sein dürfte,[300] illustriert anekdotisch und in kräftigen Farben den Zweifel einer gewissen Salome und seine Beseitigung durch eine drastische übernatürliche Maßnahme. Nach der wundersamen Geburt Jesu läuft Salome der Hebamme in die Arme, die bei der Niederkunft Marias in einer Höhle Geburtshilfe geleistet und „das nie dagewesene Schauspiel" gesehen hat, dass eine Frau jungfräulich ein Kind zur Welt bringt. Salome kann dem Bericht der aufgebrachten Hebamme keinen Glauben schenken und ruft beschwörend aus: „So wahr der Herr, mein Gott, lebt, wenn ich nicht meinen Finger hineinlege und ihren Zustand (φύσιν)[301] untersuche, werde ich nicht glauben, dass eine Jungfrau geboren hat" (Protev 19,3).[302] Bei aller methodischen Zurückhaltung gegenüber einer literarischen Abhängigkeit steht doch außer Frage, dass der Wortlaut der Aussage dem Thomaswort aus Joh 20,25 nachempfunden wurde.[303] Denn die Entsprechungen sind nicht nur auf der lexikalischen, sondern auch auf der grammatischen und syntaktischen (ἐὰν μή [...] οὐ μή) sowie motivischen Ebene zu finden:[304]

---

[299] Vgl. noch NAGEL, Rezeption des Johannesevangeliums, 123–156.

[300] Zur neuerdings wieder intensiver geführten Diskussion um die Entstehungsumstände vgl. u. a. PELLEGRINI, Protevangelium, 907–909; VUONG, Gender and Purity, 182–190.193–239; BREMMER, Author, Date and Provenance. Daneben SCHLIESSER, Jewish Beginnings, 381 f.

[301] Sachgemäßer wäre es hier (wie in Protev 20,1), φύσις durch „Geschlecht(steil)" wiederzugeben, wie insbesondere John Winkler betont: φύσις „meaning genitals is a linguistic usage that takes us out of the ideological smokers and into the kitchens, the marketplace, the farmyards; it turns up principally in the quasi-technical writers: physicians, pharmacists, veterinarians, farmers, omen-readers, dream-interpreters and the like" (WINKLER, Constraints of Desire, 217; zum Protevangelium des Jakobus vgl. a. a. O., 219). Man kann fragen, ob die eindeutig sexuell konnotierten künstlerischen Wiedergaben der Thomasszene (wie bei Caravaggio) auch von der hier geschilderten Darstellung inspiriert sind.

[302] Übers. hier und im Folgenden nach PELLEGRINI, Protevangelium.

[303] Zur Frage der literarischen Abhängigkeit des Protevangeliums des Jakobus von kanonischen Evangelien vgl. KARMANN, „Rein bin ich und von einem Mann weiß ich nichts!"; VAN OYEN, Protevangelium Jacobi, 283–288.

[304] Vgl. QUARLES, Protevangelium of James, 145: „The parallelism of vocabulary, grammar, and order seems to be more than mere coincidence."

242 5. Johannesevangelium

Joh 20,25

ἐὰν μή [...]
βάλω τὸν δάκτυλόν μου εἰς τὸν τύπον
τῶν ἥλων
καὶ βάλω μου τὴν χεῖρα
εἰς τὴν πλευρὰν αὐτοῦ,
οὐ μὴ πιστεύσω.

Protev 19,3

ἐὰν μὴ
βάλω τὸν δάκτυλόν μου

καὶ ἐραυνήσω
τὴν φύσιν αὐτῆς,
οὐ μὴ πιστεύσω
ὅτι ἡ παρθένος ἐγέννησεν.

Im Gegenüber zur Thomasepisode wird nun breit erzählt,[305] dass Maria sich bereitwillig der handgreiflichen Untersuchung durch Salome stellt und diese ihre Jungfräulichkeit *post partum* untersucht, indem sie „den eigenen Finger in ihr Geschlecht (εἰς τὴν φύσιν) [steckte]" (20,1). Sogleich fällt ihre Hand durch Feuer (πυρί) verbrannt ab und sie ruft aus: „Wehe über meinen Frevel und meinen Unglauben (τῇ ἀνομίᾳ μου καὶ τῇ ἀπιστίᾳ μου), denn ich habe den lebendigen Gott versucht" (ebd.). Während also Johannes – anders als seine späteren Ausleger – das verifikatorische Anliegen des Thomas mit keinem Wort tadelt, lässt das Protevangelium des Jakobus keinen Zweifel daran, dass Salome zu weit geht und bestraft werden muss. Sie selbst bezeichnet ihre Grenzüberschreitung als Frevel und Unglauben. Ihre Absicht, die körperliche Integrität der Maria zu überprüfen, muss sie mit dem Verlust ihrer eigenen körperlichen Integrität bezahlen.

Ihre Zweifel freilich haben sich am Ende in Luft aufgelöst, jedoch nicht, weil ihre von Zweifel motivierte Untersuchung die Jungfräulichkeit bestätigt, sondern weil Gott eine zweifelnde Haltung nicht duldet.[306] Jesu pränatales Habitat im Leib der Maria ist ein „sacred space"[307] und vor dem Eindringen eines befleckten „Fremdkörpers" geschützt. Der Finger, der die argwöhnische Einstellung Salomes symbolisiert, kann die schützende Grenzlinie nicht überschreiten, ohne Schaden zu nehmen.

Salome wendet sich reuevoll an Gott. Ein Engel erscheint und fordert sie auf, ihre Hand zu dem Kind auszustrecken (προσένεγκε τὴν χεῖρά σου) und es auf den Arm zu nehmen (20,3). Hier zeigen sich ebenfalls Anleihen an die Diktion des johanneischen Jesus (φέρε τὴν χεῖρά σου, Joh 20,27). Das letzte Wort der nunmehr durch die Berührung des Kindes geheilten Salome ist ein Bekenntnis zu Jesus als dem König Israels (βασιλεὺς τῷ Ἰσραήλ, Protev 20,4; vgl. Lk 1,33), das an das christologisch weitaus prononciertere Thomasbekenntnis erinnert.

In beiden Erzählungen ist der Zweifel der Protagonisten ein entscheidendes Erzählmotiv. Thomas wie auch Salome bezweifeln eine heilsgeschichtliche „Tatsache" und verlangen nach einem sinnenhaften Beweis. Die erzählerische

---

[305] P.Bodm. 5 bietet eine Kurzfassung.

[306] Vgl. MELTZER, For Fear of the Fire, 71: „Thus, ‚evidence' for Mary's virginity is not an intact hymen but the miracle of punishing disbelief. It is a displacement from a miraculous anatomical claim [...] to the wrath of a God who smites doubters."

[307] GLANCY, Corporal Knowledge, 116.

5.8 Religionsgeschichtliche Verflechtungen

Bearbeitung wie auch die Beurteilung des Zweifels erfolgen auf höchst unterschiedliche Art und Weise, doch am Ende kann er als überwunden gelten und mündet in ein Bekenntnis des Königtums bzw. der Gottheit Jesu. Auf die Frage, ob Thomas die Wundmale Jesu tatsächlich berührte, gibt das Protevangelium des Jakobus als eine der frühsten Rezeptionen der Thomasszene eine implizite Antwort: Das „eindringliche" Verifikationsbedürfnis des Thomas wurde in die Tat umgesetzt, denn auch Salome als sein narratives Pendant führt ihren Finger in den heiligen Körper ein.[308] Wie eine solche Tat zu werten ist, drückt die bestrafte Salome in ihrem Weheruf selbst aus: als Frevel und Unglaube!

5.8 Religionsgeschichtliche Verflechtungen

5.8.1 Die Wiedererkennung des totgeglaubten Odysseus (Anagnorisis)

Seit dem kurzen, aber einflussreichen Artikel „Is the Fourth Gospel a Drama?" von F. R. M. Hitchcock wird das in der griechischen wie römischen Literatur geläufige Motiv der Wiedererkennung (Anagnorisis) als ein Strukturmerkmal des Johannesevangeliums identifiziert.[309] Dabei wird diskutiert, ob Johannes in Joh 20,24–29 und andernorts sich bewusst an den Anagnorisis-Typ anschließt und ob seine Leserinnen und Leser das Genreelement hätten wahrnehmen können.[310] Der Beweis für die These, dass Johannes Anklänge intendierte, wird sich

---

[308] Zu Übereinstimmungen und Differenzen der Motive vgl. GLANCY, Corporal Knowledge, 117: „The similarity lies in the desire to extend a curious finger into a messy hole in order to test a claim: in John, a claim about the resurrection; in the *Protevangelium*, a claim that a virgin has given birth. Yet the tests differ. If Thomas accepts the invitation, as I imagine he does, his curious finger probes an open and gaping hole. Salome's finger probes an orifice that is, if not sealed, then defensively clenched. The Johannine scene affirms the tactile quality of resurrected flesh, affirms, that is, that resurrected flesh can be touched. The scene in the *Protevangelium* repudiates touching. Mary's body not only retains its virginity. Her virginity, her body, is untouchable." Vgl. EMMENEGGER, Salome's Manual Inspection, 169: „As Thomas does with Jesus after His death and resurrection, so too does a doubting woman check and confirm the indisputable with her finger after the miraculous birth." Alternativ könnte Salomes Strafe als ein Indiz dafür gedeutet werden, dass gemäß dem Autor des Protevangeliums des Jakobus der Jünger *nicht* so weit ging wie Salome und von einer Berührung absah (Hinweis von Tobias Nicklas).

[309] HITCHCOCK, Is the Fourth Gospel a Drama?, 316. Am ausführlichsten seither LARSEN, Recognizing the Stranger; vgl. noch CULPEPPER, Gospel and Letters of John, 85; HARSTINE, Un-Doubting Thomas; MOSS, Marks, 58.

[310] Auffällig ist, dass die umfangreichste Studie diese Fragen inkonsistent beantwortet. Vgl. LARSEN, Recognizing the Stranger, 19: „[I]t is beyond the limits of the present study to determine whether the author(s) of the Fourth Gospel deliberately intended to employ and transform the conventional recognition type-scene of the time [...] Likewise, we cannot demonstrate to what extent the gospel's intended audience was aware of the play on already established genres in the text." Dagegen a.a.O., 90: „[A]nagnorisis permeates the plot not only as a metaphoric trope concerning epistemological questions but as a type-scene reflecting contemporary genre

244   *5. Johannesevangelium*

kaum führen lassen, während andererseits Rezipientinnen und Rezipienten mit entsprechendem Bildungshintergrund durchaus Parallelen hätten wahrnehmen können.[311] Belegen lässt sich auch dies freilich nicht. Im vorliegenden Zusammenhang sind insbesondere diejenigen Wiedererkennungsszenen interessant, in denen das Sehen, das Berühren und der Zweifel an der Identität des Gegenübers miteinander verbunden sind.

Am häufigsten werden zwei Wiedererkennungsszenen aus Homer zum Vergleich mit johanneischen Erscheinungserzählungen herangezogen. Der nach 20-jähriger Abwesenheit wieder nach Ithaka zurückkehrende Odysseus musste zunächst seine Frau Penelope wiedergewinnen, die von den vielen Freiern bedrängt wurde; er verbarg seine Identität und verkleidete sich als Bettler. Die Taktik ging auf und er blieb unerkannt. Eurykleia, die Amme des Odysseus, wird von Penelope aufgefordert, die Füße des Gastes zu waschen, denn Odysseus hatte sich dagegen verwehrt, dass ein junges Mädchen seine Füße berühre.

Aber es ist mir auch gar nicht erwünscht im Gemüt, daß die Füße
Jemand mir wasche; kein Weib unter denen, die hier im Palaste
Arbeit tun, wird am Fuß mich berühren (ἅψεται), es sei denn, du hättest
Irgendein greises, besorgtes Weib, das wirklich auch selber
Soviel Leiden im Sinn schon ertragen, wie ich sie erduldet.
Diesem sei nicht es versagt, an den Füßen mich zu berühren (ἅψασθαι).[312]

Eurykleia hegt bereits eine leise Ahnung, dass es sich um Odysseus handelt, denn der Fremde gleiche ihm „an Gestalt, im Gang und an Stimme".[313] Odysseus wiegelt ab. Doch als sie seine Füße wäscht, weicht jeglicher Zweifel: Sie berührt eine Narbe an seinem Schenkel, die von einer Wunde herrührt, die ihm ein Kampf mit einem Eber beibrachte.

Diese [Narbe] nun fand beim Berühren die Alte; sie hatte die Hände
Auf und ab beim Waschen bewegt [...].
Jubel und Leid miteinander bestürmten ihr Innres, die Augen
Gingen ihr über von Tränen, die frische Stimme versagte.
Doch sie berührte Odysseus am Kinn und sagte: „Odysseus!
Ja, du bist es, geliebtes Kind, und – ach – ich begriff es
Dann erst, als meinen Herrscher ich ganz und leiblich berührte (ἀμφαφάασθαι).[314]

Erst der handgreifliche Beweis – nicht das Sehen und Hören – brachte ihr Gewissheit, dass es sich um Odysseus handelt.

Dieser untersagt ihr freilich unter Gewaltandrohung, seine Ehefrau ins Bild über seine wahre Identität zu setzen, da er sich zuerst noch der vielen Freier

---

conventions [...] It thus formed part of the ancient reader's horizon of literary expectations." A. a. O., 198: „John goes along with these genre conventions in the main part of the scene."

[311] So u. a. HARSTINE, Un-Doubting Thomas, 441.447, mit Blick auf die Epen Homers.

[312] Homer, *Odyssee* 19,343–348 (Übers. A. Weiher).

[313] Homer, *Odyssee* 19,380–381.

[314] Homer, *Odyssee* 19,468–475.

5.8 Religionsgeschichtliche Verflechtungen 245

entledigen muss. Nachdem diese blutige Angelegenheit erledigt ist, überbringt Eurykleia der Penelope die freudige Nachricht: „Schau du mit eigenen Augen dein Sehnen alle die Tage! Kommen ist dein Odysseus! Nach Hause!" Penelope erklärt sie für verrückt, woraufhin Eurykleia ihr vorwirft, dass ihr „Gemüt immer dem Glauben verschlossen war" (θυμὸς δέ τοι αἰὲν ἄπιστος),[315] und sie versucht sie durch den Hinweis auf die beim Waschen betastete Narbe – „ein deutliches Zeichen" (σῆμα)! – zu überzeugen. Penelope bleibt skeptisch, auch als sie Odysseus leibhaftig gegenübersitzt. Obwohl sie ihm tief in die Augen blickt, „mißkannte (ἀγνώσασκε) sie ihn durch die Lumpen am Leibe".[316] Nun ergreift Penelope selbst die Initiative und bringt „Zeichen" (σήματα) ins Spiel, „die wirklich andre nicht kennen; die wissen wir beide".[317] Durch diese „Zeichen des Bettes"[318] kann Odysseus seine Identität beweisen. Die Zweifel der Penelope weichen, sie entschuldigt sich für ihr Zögern und muss sich von ihrem Mann den Vorwurf der Herzenskälte gefallen lassen.[319] Doch die Unstimmigkeiten weichen schnell der Freude über das Wiedersehen, und die beiden „schwelgten in innigster Liebe".[320]

Die Korrespondenzen der beiden Anagnorisis-Szenen aus der Odysse mit der johanneischen Thomasepisode sind auf den ersten Blick eindrucksvoll.[321] Im Vergleich mit der Eurykleia-Episode im Bad liegt die Analogie offensichtlich

---

[315] Homer, *Odyssee* 20,72

[316] Homer, *Odyssee* 20,95.

[317] Homer, *Odyssee* 20,109–110.

[318] Homer, *Odyssee* 20,225.

[319] Homer, *Odyssee* 20,172: „Wahrlich, sie hat ein Herz im Innern, als wär es von Eisen."

[320] Homer, *Odyssee* 20,300. Das Motiv der Anagnorisis wurde in der Homer-Exegese häufig untersucht. Dabei stand immer wieder die Frage im Mittelpunkt, wann Penelope ihren Mann erkannte. Auf der Textoberfläche ist dies, wie gesehen, erst im 23. Buch nach einer überlangen Phase der kühlen Distanziertheit der Fall, aber es stellt sich die Frage, ob „Penelope den Bettler schon längst in der Begegnung im 19. Gesang mehr oder minder intuitiv als ihren Gatten erkannt[e]" (BIERL, Wiedererkennung, 104, mit etlichen bibliographischen Angaben zu dieser Diskussion; daneben REECE, Penelope's „Early Recognition"). Die Frage wurde u.a. literarkritisch, psychologisch, narratologisch und gendertheoretisch bearbeitet. Vgl. die umsichtige Analyse in BIERL, Wiedererkennung, 105: „[D]as Psychologische ist [...] dem Ziel untergeordnet, alle simpleren Vorgängerversionen in Ausdehnung und Komplexität zu überbieten. Dabei werden auch traditionelle Erzählweisen und -muster bewahrt. Aus der eigentümlichen Gemengelage ergeben sich dann die bekannten psychologischen Unstimmigkeiten, an denen sich der Primärrezipient aber kaum gestoßen haben wird, da er sein Vergnügen vorrangig aus dem wuchtigen erzählerischen Resultat auf der Folie der früheren Fassungen und nicht aus der detaillierten Zeichnung von plausiblen Charakteren bezogen hat."

[321] Vgl. z.B. HARSTINE, Un-Doubting Thomas, 443; WODDINGTON, Dubious Disciples, 158f.; LARSEN, Recognizing the Stranger, 208–211; vgl. a.a.O., 219f. die von Larsen rekonstruierte Anagnorisis-Typologie: „(1) the meeting, which determines the economy of knowledge in the scene to follow; (2) the move of cognitive resistance, which contains expressions of doubt, requests for proof, suggestions of alternative identification, judicial investigation, or sheer rejection; (3) the display of the recognition token; (4) the moment of recognition; and (5) the move of attendant reaction and physical (re)union."

246   5. Johannesevangelium

darin, dass Eurykleia und Thomas auch dann noch unschlüssig sind, als sie das Gegenüber sehen und seine Stimme hören; es bedarf der Berührung der Wundmale.[322] Die breit ausgeführte Annäherung zwischen Penelope und Odysseus lässt u. a. an folgende Analogien zur Thomas-Episode denken: das Charakterbild von Penelope und Thomas ist ambivalent und vielschichtig gezeichnet und weist sie als nüchterne Skeptiker aus; sie sind vom Tod eines geliebten Menschen überzeugt, der dann völlig überraschend erscheint; sie hätten mittels des Zeugnisses Dritter die Identität des Gegenübers und damit seine Rückkehr ins Leben erkennen können, blieben aber bis zuletzt ungläubig (ἄπιστος) und forderten individuelle Beweise und „Zeichen"; ihr Zweifel wird durch die geforderten „Zeichen" überwunden und in ein Bekenntnis überführt; die innere Zurückhaltung wird nicht kritisiert, sondern steigert als retardierendes Moment die Bedeutung des Erkennens und Bekennens.[323]

Unter der (kaum nachweisbaren) Prämisse, dass Johannes mit dem Anagnorisis-Genre spielt, gelangen manche zu einer revisionistischen Sicht auf die Figur des Thomas: Sein „Zweifel" sei nicht religiös konnotiert, sondern vielmehr ein Zeichen von Loyalität und Treue, die ein Diener seinem Herrn entgegenbringt – gerade indem er ein Erkennungszeichen von ihm erwartet, das nur dieser selbst erbringen kann.[324] Dieses Anliegen, die unglückliche Diffamierung des sinnenverhafteten Thomas in der Auslegungsgeschichte, zu revidieren, ist zu begrüßen und hat, wie gezeigt, auch eine veritable exegetische Grundlage. Die Hauptdifferenz der beiden Wiederkennungsszenen liegt in der johanneischen Formatierung des Glaubens, die ihrerseits das Verständnis des Unglaubens bzw. Zweifels prägt: Die Skepsis des Thomas wird nicht als Loyalität gelobt, sondern er wird aufgefordert, nicht zweifelnd (ἄπιστος) zu sein. Was das heißt, zeigt die positiv gewendete Aufforderung, glaubend (πιστός) zu sein, und diese zielt auf eine religiös gefasste personale Beziehung („glauben an ..."), die im Ausruf „Mein Herr und mein Gott" kulminiert. Mit der Seligpreisung rückt schließlich ein Glaubensverständnis in den Fokus, das gerade nicht auf eine visuelle (oder auch taktile) Verifikation angewiesen ist.

5.8.2 Lukians Kritik an naiver Leichtgläubigkeit

Lukian von Samosata, einer der Hauptvertreter der Zweiten Sophistik, wandte sich in seinem umfangreichen Œuvre mit aufklärerischem Pathos an eine gebildete Oberschicht. Im fortgeschrittenen Alter nahm er spöttisch zeitgenössische

---

[322] Zur literarischen und kulturgeschichtlichen Bedeutung der Narbe des Odysseus vgl. das erste Kapitel in AUERBACH, Mimesis („Die Narbe des Odysseus"). MOSS, Marks, schließt aus dieser Parallele, dass auch Johannes nicht offene Wunden, sondern Narben vor Augen hatte, die Thomas berührte.

[323] So WOODINGTON, Dubious Disciples, 159: „Within the confines of a recognition scene, the doubts of both characters are expected, even required, before reaching the proper denouement."

[324] So ausdrücklich HARSTINE, Un-Doubting Thomas, 447.

5.8 Religionsgeschichtliche Verflechtungen

religiöse Phänomene aufs Korn, entlarvte etwa den Orakelpriester Alexander von Abonuteichos als Scharlatan und verhöhnte die Leichtgläubigkeit der sonst so angesehenen Philosophen, die sich trotz ihrer Bildung von unglaubwürdigen Mythen beeindrucken ließen. Lukian schreibt in einem geistigen Milieu, in dem ein ausgeprägtes Interesse an Esoterica und Magie besteht.[325] Für die Thematik des Zweifels sind die Forderung Lukians nach einer vernunftgesteuerten Skepsis gegenüber Fabeln und Mythen bedeutsam, der Zusammenhang von Glauben und Sehen sowie die sachliche Unterscheidung von Wunderzweifel und Gottlosigkeit. Sprachlich ist auffällig, dass der Zweifel terminologisch als Oppositum des Glaubens, d. h. Fürwahrhaltens, gefasst wird (ἄπιστος, ἀπιστεῖν) und nicht mit spezifischen Lexemen ausgedrückt wird.[326]

Lukian gesteht den Paphlagoniern und Pontikern zu, dass sie Alexanders Gaukelspiel mit der menschenköpfigen Schlange aufgrund ihrer Unbildung und Schwerfälligkeit nicht durchschauen konnten.

Dafür wäre „wirklich ein Demokrit nötig gewesen [...] oder Epikur selbst oder Metrodor oder irgendein anderer, der hinsichtlich dieser Dinge über einen glasklaren Verstand verfügt (ἀδαμαντίνην [...] τὴν γνώμην ἔχοντος), mißtrauisch bleibt (ἀπιστῆσαι) und das vermutet, was es ja zweifellos ist, und wenn er nicht in der Lage wäre zu erkennen, wie es vor sich ging, jedenfalls davon von vornherein überzeugt bleibt, daß er zwar den Trick nicht durchschaut hat, aber das Ganze jedenfalls eine Täuschung ist und sich unmöglich so abgespielt haben kann (γενέσθαι ἀδύνατον)."[327]

Hier und andernorts plädiert Lukian für die Notwendigkeit des „methodischen" Zweifels, der mit kritischem Verstand die vordergründige oder von Betrügern inszenierte Wirklichkeit bloßstellt. Gleichwohl scheint angesichts der Gerissenheit eines Alexanders ein philosophisch geschulter Blick vonnöten.

Dass es um die Kritikfähigkeit der Philosophen schlecht bestellt ist, zeigt Lukian in seiner Schrift *Philopseudes (sive incredulus)*.[328] Er schlüpft in die Gestalt des Tychiades, der sich im Dialog mit einem Philokles den Aberglauben und Leichtglauben seiner Zeitgenossen satirisch vornimmt und sich empört, dass Menschen lügen, ohne einen Nutzen daraus zu ziehen.[329]

Die Lügenfreunde, im Kreis derer er sich als Ungläubiger erweist, sind allesamt Philosophen: Kleodemos, ein Peripatetiker, Ion, ein Platoniker, und Deinomachos, ein Stoiker (*Philopseudes* 6); im weiteren Verlauf tritt der Pythagoreer Arignotos hinzu (29). Die Runde der Gelehrten hat sich um das Krankenbett eines gewissen Eukrates versammelt und diskutiert über die Wirkung von magischen Rezepten und Praktiken. Der ungläubige

---

[325] Stellvertretend sei auf Philostratos' Biographie des Philosophen und Wundertäters Apollonios von Tyana verwiesen.

[326] Die Verben διστάζειν und ἀμφιβάλλειν sind bei Lukian nirgendwo belegt.

[327] *Alexander* 17 (Übers. nach U. Victor).

[328] Übers. im Folgenden nach M. Ebner/H. Gzella.

[329] Eine „Nutzlüge", die dem Lügner einen sozialen oder taktischen Vorteil verschafft, ist nach Meinung des Tychiades nicht verwerflich.

248   5. Johannesevangelium

Tychiades bekommt von Eukrates gesagt, er sei ein „stahlharter Bursche" (ἀδαμάντινος), der von der Existenz von Dämonen und Gespenstern überzeugt werden müsse (ebd.), und er präsentiert sich selbst als Verehrer des Demokrit – „ein höchst bewundernswerter Mann" (32) –, der solchen Dingen ebenfalls keinen Glauben schenkte.

Dank seines ausgeprägten Zweifelsinnes bleibt Tychiades immun gegen den irrationalen Glauben der Gesprächspartner und lässt sich weder durch Sachargumente noch durch Beweiserzählungen auf deren Seite ziehen.[330] Als wirksame Abwehrmedizin helfen Wahrheit (ἀλήθεια) und der gesunde Menschenverstand (λόγος ὀρθός), wie Lukians *alter ego* Tychiades am Ende festhält (40).

Immer wieder bringen die Gesprächspartner des Tychiades das Autopsieprinzip als methodisches Verfahren zur Verifikation ihrer phantastischen Geschichten in Anschlag. Kleodemos gesteht ein, dass er früher „noch ungläubiger" (ἀπιστότερος) gewesen sei als Tychiades, und erst als er mit eigenen Augen die Wundertaten eines Hyperboreers sah, sei er „zum Glauben gekommen" (ἐπίστευσα) und habe sich nach langem Widerstand besiegt gegeben (13). Der Redegang des Kleodemos wird beschlossen mit dem Fazit: „Wenn du das gesehen hättest, mein Tychiades, würdest du wohl nicht mehr zweifeln (οὐκ ἂν ἔτι ἠπίστησας), dass es bei den Zaubersprüchen viel Nützliches gibt." Tychiades räumt ein: „Ich würde nämlich glauben, wenn ich es gesehen hätte" (ἐπίστευον γὰρ ἄν, εἴ γε εἶδον αὐτά),[331] nicht ohne ironisch hinzuzufügen, dass es ihm dazu nun einmal an Scharfsichtigkeit fehle (15). Auf seine nüchterne Gegendarstellung wirft nun Ion ein, dass er sich lächerlich mache, wenn er allem misstraue (ἀπιστῶν ἅπασιν); Tychiades antwortet mit demselben ironischen Kommentar.[332] Sein Argument lautet: Wer in seiner Leichtgläubigkeit Wunder sehen will, wird sie auch sehen; der Skeptiker erkennt dahinter nur ein „Schauspiel" (17), „hohle und dumme Lügen" (40).

Der Glaube an logisch nachvollziehbare Kausalzusammenhänge ist allerdings nicht zwangsläufig an ein atheistisches Weltbild gekoppelt. Die Existenz der Götter bezweifelt Tychiades nicht. So weist er den Asebievorwurf des Deinomachos („Du scheinst mir [...] nicht einmal daran zu glauben, dass es Götter gibt [οὐδὲ θεοὺς εἶναι πιστεύειν]") weit von sich: „Sage das nicht, mein Bester [...]. Ich für meine Person [...] verehre sehr wohl (die) Götter (θεοὺς σέβω), sehe ihre Heilungen und was sie den Kranken Gutes tun, indem sie sie mit Hilfe von Heilmitteln und ärztlicher Kunst wieder auf die Beine stellen. Asklepios selbst und seine Söhne haben die Kranken behandelt, indem sie ihnen milde Heilmittel auflegten, nicht indem sie Löwenfelle und Spitzmäuse herumwickelten" (10).[333]

---

[330] Das im Zentrum des Werkes stehende Streitgespräch gliedert sich in einen diskursiven (*Philopseudes* 8–10) und einen narrativen (11–36) Teil.

[331] Vgl. den Konnex von „Glauben und Sehen" in Joh 4,49; 20,29.

[332] Im Falle des Ion enthält die Entgegnung des Tychiades eine Spitze gegen die Ideenlehre Platons: „Nichts Besonderes (ist das), sage ich, dass du solche Sachen siehst, mein lieber Ion, erscheinen dir doch selbst die Ideen, die euer Vater Platon zeigt – für uns Schwachsichtige allerdings ein irgendwie schattenhaftes Schauspiel."

[333] Vgl. *Philopseudes* 3: Der „Misstrauische" (ἀπιστῶν) gilt den Wundergläubigen als „gottlos" (ἀσεβής).

5.8 Religionsgeschichtliche Verflechtungen 249

Lukian lässt Tychiades das Magische und Phantastische in den Wundergeschichten betonen, „um sich selbst damit eine Rampe für die Kritik zu bauen."[334] Demgegenüber reduzieren die Evangelisten tendenziell die magischen Anteile, streichen bedenkliche Elemente oder kontextualisieren sie neu.[335] Martin Ebner erkennt darin eine „übergeordnete, verbindende Stoßrichtung", die die rhetorische Strategie der Evangelisten und des Lukian eint: „Beide Seiten distanzieren sich vom Glauben an magische Praktiken und deren Vollzug."[336] Bei der mündlichen Weitergabe der Wundergeschichten im Kontext der Mission dürfte der Anteil des Magischen jedoch wesentlich höher gewesen sein als es ihre synoptische Erzählgestalt vermuten lässt.[337] Analoges lässt sich literarisch in den apokryph gewordenen Schriften beobachten, in denen überlieferte Wundergeschichten folkloristisch bearbeitet und ihnen neue beigesellt wurden. In der konkreten Erzählpraxis und in der apokryphen Fortschreibung haben sich die frühchristlichen Berichte den von Lukian verspotteten Fabeln angenähert. Die einen konnten so für den neuen Glauben gewonnen bzw. in ihrer christlichen Identität gestärkt werden, andere wurden erst recht abgestoßen.

Es ist durchaus vorstellbar, dass sich Lukian in seinen spöttischen Einlassungen auch von christlichen Wunderberichten inspirieren ließ, ob nun als ein früher nichtchristlicher Leser der Evangelien oder als Hörer von Erzählungen.[338]

5.8.3 Rabbinisches zur Spannung von Sehen und Glauben

Die in weiten Teilen negative Beurteilung des Thomaszweifels kann sich auch auf eine Reihe von rabbinischen Texten berufen, die einen Zweifel an der himmlischen Wirklichkeit für frevelhaft halten. Eine besonders drakonische Strafe

---

[334] EBNER, Wunder- und Erscheinungsgeschichten, 169. Dort auch zum Folgenden.

[335] Vgl. die Bearbeitung von Mk 7,31–37 und 8,22–26 durch die Seitenreferenten.

[336] EBNER, Wunder- und Erscheinungsgeschichten, 173.

[337] EBNER, Wunder- und Erscheinungsgeschichten, 175 (scharf kritisiert bei REISER, Esoterik).

[338] HENGEL, Leser der Evangelien, 707. Hengel vermutet hinter einigen Anspielungen in der Spottschrift *De morte Peregrini* „eine oberflächliche Kenntnis der Evangelien" und zitiert (a.a.O., 707 Anm. 27) Paul de Lagarde: „Lucianum scripta christiana legisse mihi quidem certissimum est." Zustimmend wurde die Einschätzung de Lagardes bereits von ZAHN, Ignatius von Antiochien, 592, angeführt, der einige „beweisende Beispiele" nennt, darunter den „Syrer aus Palästina" in *Philopseudes* 16. Er äußert Unverständnis für diejenigen, die in dem Mann, „der sich auf die Heilung Dämonischer versteht [...][,] deshalb Christus nicht wiedererkennen [wollen], weil Lucian von ihm als einem Lebenden rede", und wirft ihnen eine „völlige[...] Verkennung der Schreibweise Lucians" vor. Zu Recht ist die heutige Forschung zurückhaltender als Zahn, was die Identifizierung des Syrers mit Jesus angeht, auch aus dem Grund, dass der Syrer nach Lukians Darstellung Geld für sein Wunderwirken nimmt. In diesem Sinne GZELLA/ EBNER, Anmerkungen, 123 Anm. 99: „Ob hier auf Jesus von Nazareth angespielt wird, ist in der Forschung verschiedentlich erwogen worden, im Prinzip aber sehr unwahrscheinlich, da zum einen von Jesus nie gesagt wird, dass er Geld für seine Taten genommen habe, zum anderen aber der syrisch-palästinische Raum etliche Wundertäter hervorgebracht hat, etwa Apollonios von Tyana."

250   *5. Johannesevangelium*

wird einem Schüler Jochanans zuteil, der sich über die phantastischen Ausmaße und Ausschmückungen des neuen Jerusalem lustig macht, die der Lehrer seinen Schülern vor Augen malt. Nach einiger Zeit sieht er auf einer Reise auf hoher See mit eigenen Augen, wie Engel riesige Perlen bearbeiten, die als Stadttore eingesetzt werden sollen. Er tritt vor Rabbi Jochanan und sagt zu ihm: „Wie du gesagt hast, so habe ich es gesehen.' Er antwortete ihm: ‚Du Narr! Wenn du es nicht gesehen hättest, so hättest du es nicht geglaubt; du bist also einer, der über die Worte der Gelehrten lacht. Er richtete seine Augen auf ihn, und er wurde zu einem Knochenhaufen.‘“[339]

Ganz grundsätzlich zum Verhältnis von „Glauben" und „Sehen" äußert sich Exodus Rabba in der Auslegung der Episode vom Goldenen Kalb. Mose habe nicht geglaubt, dass die Israeliten gesündigt hatten, bevor er es nicht mit eigenen Augen sah. „Er sprach: Wenn ich es nicht sehe, glaube ich es nicht [...], d.h. er zerbrach die Tafeln nicht eher, bis er es mit seinen Augen gesehen hatte." Es folgt eine allgemeine Mahnung, nur das zu glauben, was man mit eigenen Augen sieht, und sich nicht auf das Zeugnis Dritter zu verlassen: „Wehe denen, welche etwas bezeugen, was sie nicht gesehen haben! Sollte Mose aber Gott nicht geglaubt haben, als er ihm sagte: ‚Dein Volk ist ausgeartet' [Ex 32,7]? Allein Mose wollte den Israeliten die Verhaltungsregel geben: Selbst wenn man auch etwas von einem Glaubwürdigen hört, ist es verboten, sein Zeugnis anzunehmen, um etwas auf seinen Ausspruch hin zu tun, wenn man es nicht gesehen hat."[340] Nicht ausgesprochen ist der theologisch bedeutende Sachverhalt, dass es sich in der Erzählung bei dem glaubwürdigen Zeugen um Gott selbst handelt. Selbst göttliche Bezeugung bedarf demnach einer eigenständigen Verifikation. Ein gesunder Zweifel beeinträchtigt das Gottesverhältnis nicht.

5.9 Fazit

(1) Das Johannesevangelium verfolgt eine „Strategie des Glaubens", und die innere Dynamik der Figur des Thomas korrespondiert mit dieser narrativen Strategie. Der Jünger tritt im Zusammenhang des letzten und größten Zeichens Jesu – der Auferweckung des Lazarus – erstmals namentlich auf den Plan, und auch seine beiden anderen Auftritte stehen in einer sachlichen Verbindung zu Passion und Auferstehung Jesu.[341] Der Evangelist spannt einen weiten Bogen von der symbolgeladenen Lazarusepisode im Zentrum seines Evangeliums bis zur Begegnungsgeschichte an dessen Ende. „Er beantwortet damit zugleich auch

---

[339] Siehe bBB 75a; bSanh 100a. Vgl. Bill. 2, 586. Zitiert bereits bei Wettstein, H KAINH ΔIAΘHKH, Bd. 1, 961.

[340] ShemR 46,1 (zitiert aus WÜNSCHE, Bibliotheca Rabbinica, Bd. 3, 318; Text auch bei Bill. 2, 586).

[341] Vgl. HARTENSTEIN, Charakterisierung im Dialog, 213; SKINNER, John and Thomas, 75.

die Frage: ‚Wann werden die Jünger wirklich glauben?' Sie hatte sich dadurch ergeben, dass zwar [in Joh 11,15] als Ziel des Handelns Jesu an Lazarus der Glaube seiner Schüler angegeben worden war, im Verlauf der Erzählung aber kein entsprechender Glaube festgestellt wird."[342] Der Glaube des Thomas steht somit in gewisser Hinsicht stellvertretend für den Glauben der Jünger, ebenso wie sein Unverständnis und sein Zweifel. Und doch eignet seiner Haltung gegenüber Jesus ein spezifischer Zuschnitt.

(2) Mithilfe der ihm eigenen subtilen Ironie lässt der Evangelist den Jünger in einem zweifelhaften Licht erscheinen: Immer hinkt Thomas dem Gang der Darstellung hinterher, und was sich den glaubenden Leserinnen und Lesern aus der Gesamtperspektive des Evangeliums bereits in hellem Licht erschlossen hat, liegt für Thomas noch im Dunkeln: Seine fatalistische Aufforderung, mit Jesus zu gehen, um „mit ihm" zu sterben (11,16), dokumentiert, dass er zweierlei nicht verstanden hat: Lazarus bleibt nicht im Tod, sondern wird um Jesu Herrlichkeit willen auferweckt; der Weg nach Bethanien führt Jesus selbst in den Tod (vgl. 11,47–53).[343] Doppelbödig ist die johanneische Ironie auch dann, wenn der Satz „Lasst uns auch hingehen" (11,16) neben die Frage „Wir wissen nicht, wohin du gehst?" (14,5) gestellt wird: Der couragierte Appell des Thomas geht ins Leere, weil er nicht weiß, wohin es gehen soll. Auch seine zweite Wortmeldung belegt, dass er das Wesentliche nicht begriffen hat: Der „Weg", nach dem er fragt, steht leibhaftig in der Person Jesu vor ihm. Auf die Spitze treibt der Evangelist seine ironisch untermalte Porträtierung des Thomas, wenn er ihn bei dem zentralen Ereignis der Epiphanie Jesu für abwesend erklärt und damit zugleich dessen „eigenes Osterfest"[344] provoziert. Wieder kommt Thomas zu spät, und wieder erschließt sich ihm das Entscheidende nicht. Am Ende aber löst sich das Spiel mit der Mehrdeutigkeit auf und mündet in das höchste Christusbekenntnis des ganzen Evangeliums.

(3) Der Umgang Jesu mit dem Jünger ist erzählerisch aufschlussreich: In der ersten Thomasepisode übergeht Jesus schweigend den mehrdeutigen Einwurf des Thomas. Es findet kein Gespräch statt, denn Thomas wendet sich (von Jesus weg und) seinen Mitjüngern zu und spricht *über* Jesus: „Lasst uns mit ihm gehen [...]" (11,16). Ohne dies zu kommentieren, führt Jesus den Jüngern in der Auferweckung des Lazarus seine göttliche Identität umso eindrücklicher vor Augen. Während Thomas in der Lazarusepisode (wie die anderen Jünger) Beobachter eines gewaltigen Wunders bleibt, offenbart sich Jesus ihm bei seinem zweiten Auftritt direkt als der Weg in Person und weitet durch die Wegmetapher seinen eingeengten Blick. Hier kommt es zu einem persönlichen Austausch: Thomas richtet seine Frage an ihn und erhält mit dem Ich-bin-Wort eine direkte Ant-

---

[342] WENGST, Johannesevangelium, Bd. 2, 26 f.
[343] Vgl. FREY, Der „zweifelnde" Thomas, 12.
[344] RUBEL, Erkenntnis und Bekenntnis, 292.

wort. In der Schlussszene des Evangeliums schließlich wendet sich Jesus dem Zweifler auf sensible Weise zu, erkennt sein Anliegen und gewährt es ihm. Dass und wie er auf die schroff vorgetragene Bedingung eingeht, überrascht. Hier ist Jesus derjenige, der in der Begegnung die Initiative ergreift, Thomas anspricht (20,27) und ihm entgegenkommt. Am Ziel steht als Antwort des Thomas (ἀπεκρίθη Θωμᾶς, 20,28) sein Bekenntnis.

(4) Hat Thomas nach der Erzähllogik des Johannes den Auferstandenen berührt? Eine fast einhellige Bejahung der Frage bis in die Reformationszeit wurde zunächst durch einen uneinheitlichen Befund abgelöst, bis dann in der Neuzeit eine fast einhellige Verneinung Oberhand gewann. Eine tatsächliche Berührung behauptet, wer wie Tertullian oder Origenes an den biblischen Texten seine antidoketischen und antignostischen Waffen schärft, oder wer wie der Christusmystiker Zinzendorf „immer seit-wärts-schielerlich"[345] auf die Wunde blickt, oder wer in der kritischen Johannesexegese im Evangelium einen antidoketischen Charakter erkennt.[346] Die Gegenposition wird von denjenigen eingenommen, die betonen, dass Jesus lediglich sagt ὅτι ἑώρακάς με (Joh 20,29); häufig wird theologisch argumentiert, dass Thomas durch die Konfrontation mit dem Machtwort und der Präsenz Jesu von seinem ursprünglichen Ansinnen abgebracht wurde: Weil Thomas durch den Anblick und die Anrede Jesu Gewissheit über dessen Identität erlangte, sei es auch „nicht mehr wichtig, ob er die Wundmale dann tatsächlich berührt [hat]."[347] Meines Erachtens lassen sich jedoch einige Indizien im Text finden, die eine Berührung andeuten und damit die Überwindung des Zweifels mittels einer sinnenfälligen „Autopsie" implizieren (vgl. 1 Joh 1,1). Auch in der frühesten Rezeption der Szene wurde dies so gesehen (IgnSm; EpAp; Protev).

(5) Der Makarismus „Selig sind, die nicht sehen und glauben" (20,29) weitet nun den Blick und adressiert die Nachgeborenen, deren Abstand nicht nur zu Thomas, sondern zu allen Jüngern „unendlich groß"[348] ist, weil sie Jesus nicht mehr unmittelbar mit ihren Sinnen wahrnehmen können. Die „Moral von der Geschichte" kann nicht im Tadel am zweifelnden, sehenden, tastenden Thomas liegen, dessen Ansinnen zu kritisieren wäre, sondern vielmehr im „Trost einer Generation von Christinnen und Christen, die weder Jesus persönlich kennt noch die Augenzeugen seines Lebens."[349] Sie liegt ebenso wenig in der Abwertung des apostolischen Zeitalters als der Zeit der Sehenden gegenüber der Zeit der Nachgeborenen, die ohne Autopsie glauben, sondern vielmehr im Ernstnehmen der nachgeborenen Glaubenden in den für sie konstitutiven Glaubensbedingungen. Sie liegt schließlich nicht an einer Gegenüberstellung zweier

---

[345] So in einem bei VOGT, „Gloria Pleurae!", 183, zitierten Lied aus der Herrnhuter Tradition.
[346] Vgl. SCHNELLE, Antidoketische Christologie, 157.
[347] RINGLEBEN, Das philosophische Evangelium, 405 mit Anm. 78.
[348] HIRSCH-LUIPOLD, Gott wahrnehmen, 338 Anm. 247.
[349] SIEGERT, Johannes, 613.

radikal entgegengesetzter Glaubensqualitäten oder Glaubensweisen,[350] sondern in der nicht wertenden Gegenüberstellung zweier Glaubenszeiten, von denen die zweite durch die (scheinbare) Abwesenheit des Sohnes qualifiziert ist und schlichtweg keine Verifikation durch die Sinne erlaubt.

---

[350] So aber BULTMANN, Johannes, 539 Anm. 3: „ὁρᾶν (als sinnliche Wahrnehmung) und πιστεύειν [sind] radikale Gegensätze".

6. Jakobusbrief

Zweiseeligkeit und Gespaltenheit
in einer Ethik der Ganzheitlichkeit

6.1 Einführung

Der Jakobusbrief ist auf den ersten Blick ein ergiebiger Kandidat für eine neutestamentliche Untersuchung zum „Zweifel". Immerhin ist ausweislich gängiger Übersetzungen in Jak 1,6 (διακρίνεσθαι), 1,8 und 4,8 (δίψυχος) vom „Zweifeln" bzw. dem „Zweifler" die Rede. Allerdings geht der geläufige Gegensatz „Glaube vs. Zweifel" und das Verständnis des Zweifels als kognitive Dissonanz im Sinne eines „Zusammenseins von Ja und Nein"[1] weit an der Konzeption des Jakobusbriefs vorbei. Durchweg und in vielen Variationen beschreibt er nämlich christliche Existenz als „Zusammensein" von innerem Menschen (Gottesbeziehung, Spiritualität) und äußerem Menschen (Verhalten, Sozialbezüge), als Wechselbeziehung von geistiger und ethischer Dimension. Das Zentralmotiv der Vollkommenheit zielt auf „Orthodoxie" und „Orthopraxie", der Glaube (πίστις) wird als Haltung erkennbar, die das Handeln einschließt, und auch die Weisheit (σοφία) ist nicht bloß theoretische Einsicht, sondern Kriterium und Antrieb des Handelns. Die Jakobusexegese ließ sich in der Vergangenheit häufig von der einen oder anderen Seite vereinnahmen und traf daher allzu oft zu einer Entweder-oder-Entscheidung: Für die einen ist der innere Mensch und das Problem geistig-seelischer Dissonanz im Fokus, für die anderen sein Sozialverhalten und das Problem ethischer Dissonanz. Hier wird zu zeigen sein, auf welche Weise Jakobus den Mangel an Ganzheitlichkeit[2] in einer Intensität aufs Korn nimmt wie kein anderer neutestamentlicher Autor.[3]

Die uns interessierenden Aussagen zum „Zweifel" und zur „Zweiseeligkeit" erschließen sich nur aus dem Gesamtzusammenhang der Schrift, und dieser hätte in der Auslegungsgeschichte kaum kontroverser diskutiert werden können. Das

---

[1] So z. B. HUTHER, Jakobus, 50.

[2] Vgl. NIEBUHR, Jakobus und Paulus, 5: „Für wenige neutestamentliche Textzusammenhänge ist das Modewort ‚Ganzheitlichkeit' so geeignet wie für den Jakobusbrief."

[3] Vgl. jetzt auch NÜRNBERGER, Zweifelskonzepte, 390: „In keiner anderen Schrift des Neuen Testaments werden Dissonanzphänomene in einer solchen Vielfalt thematisiert, wie dies im Jakobusbrief der Fall ist."

6.2 „Freischwebende ethische Hausapotheke" oder durchdachte Komposition 255

erklärt den längeren Anmarschweg über eine forschungs- und ideengeschichtliche Einordnung des Schreibens, in der ich auf seine Stellung zu Paulus, seine mutmaßlich römische Prägung, seine Grundkonzeption und seine zentralen Themen eingehe (Kap. 6.2). Der exegetische Hauptteil widmet sich den einschlägigen Passagen Jak 1,5–8; 2,4; 4,8 und ordnet deren Aussagen ein in einen hellenistisch und jüdisch breit geführten Diskurs über den rechten Weg zu Ganzheit und Vollkommenheit. Auch wenn die jüngere Forschung den Jakobusbrief zunehmend von Paulus abkoppelt und auf die Verbindungen zum Matthäusevangelium und der Didache verweist,[4] bin ich davon überzeugt, dass der Autor mit der paulinischen Theologie vertraut war und sich mit ihr kritisch auseinandersetzte.[5] Davon bleibt auch die Deutung der Begriffe πίστις, διακρίνεσθαι und δίψυχος nicht unberührt (Kap. 6.3). In einem weiteren Hauptabschnitt kommen Querverbindungen zur Didache zur Sprache sowie Reflexe des Vollkommenheitsdiskurses im Barnabasbrief und in den beiden Clemensbriefen (Kap. 6.4).[6] Nur angedeutet werden können die überaus breit belegten und intensiv erforschten Vorstellungen von zwei Seelen bzw. Herzen, zwei Geistern und zwei Wegen bzw. zwei Trieben in der antiken Literatur. Sie bilden in einem weiten Sinn den ideellen Verstehenshintergrund der Rede von Zweiseeligkeit und Gespaltenheit im Jakobusbrief (Kap. 6.5).

6.2 „Freischwebende ethische Hausapotheke" oder durchdachte Komposition

6.2.1 „Theologieverbot", „Kohärenzverbot", „Kontextverbot" und „Situationsverbot"

Kaum ein Kommentar war so einflussreich für die Interpretation einer neutestamentlichen Schrift wie der Jakobuskommentar von Martin Dibelius.[7] Dieser konstatierte – in seinem „old Teutonic style"[8] –, dass der Jakobusbrief keine „Theologie" hat.[9] Dem paränetischen Grundzug entsprechend fehle „in dem ganzen Schriftstück der gedankliche Zusammenhang".[10] Denn (usuelle) Parä-

---

[4] Vgl. z. B. HARTIN, Ethics, 303–305.
[5] So auch wieder WISCHMEYER, Polemik; EURELL, James.
[6] Die geradezu inflationäre Verwendung der διψυχ-Wortfamilie im Hirt des Hermas macht ein eigenes Kapitel erforderlich. S. u. Kap. 7.
[7] So auch CARGAL, Restoring the Diaspora, 9. Zur Forschungsgeschichte vgl. HAHN/MÜLLER, Jakobusbrief; PENNER, James in Current Research; NIEBUHR, New Perspective on James?; BATTEN, What Are They Saying.
[8] So mit einem Augenzwinkern McKNIGHT, James, 9.
[9] DIBELIUS, Jakobus, 36. Wohlgemerkt schließt Dibelius nicht aus, dass der Verfasser eine „Theologie" hatte, sondern er stellt lediglich fest, dass ihm in seiner Paränese der Raum fehlt, seine religiösen Ideen zu entfalten und durchzuführen.
[10] DIBELIUS, Jakobus, 14.

256   6. Jakobusbrief

nese sei *qua genere* auf die Praxis ausgerichtet, habe keine konkrete Gemeinde-situation im Blick und bedürfe keiner Rechenschaft über ihre theologischen Voraussetzungen. Der Verfasser habe schlicht lehrhaft-ermahnende Textstücke gesammelt und aneinandergereiht, ohne seine theologischen Grundannahmen zu reflektieren, einen übergreifenden literarischen Zusammenhang herzustellen oder auf eine konkrete Adressatensituation einzugehen. Dibelius hat der nach-folgenden Exegese ein „Theologieverbot" und ein „Kohärenzverbot" sowie ein „Kontextverbot" und „Situationsverbot" auferlegt.[11] Etwas spöttisch merkte Christoph Burchard an, dass Dibelius' Jakobusbrief eine „freischwebende ethi-sche Hausapotheke" sei, in der die einzelnen Heilmittel ohne innere Ordnung nebeneinander stehen und je nach Bedarf verabreicht werden können.[12] Wenn das zutrifft, stellt sich die Frage: Welches Kraut ist gegen Zweiseeligkeit und Zweifel gewachsen? Zu Jak 1,6–8 wiederholt Dibelius zunächst, dass die Schrift einer Theologie entbehrt und damit auch keinen konsistenten Glaubensbegriff aufweise.[13] Die hier als Erhörungsgewissheit verstandene πίστις wird gefördert durch das Gebet um Weisheit sowie durch „das Beispiel der Gebetshelden in der Vergangenheit", und wer ihnen nacheifert, vermag sich seiner Zweifel zu entledigen.[14] Auf diese Auslegung werde ich weiter unten zurückkommen.

Die nachfolgende Forschung löste sich nur zögerlich von Dibelius' Thesen. Die von ihm verhängten „Verbote" sind ineinander verwoben und begründen in ihrem Zusammenspiel die herausragende Erklärungsleistung seines Ansatzes. Wenn allerdings eine thematische und semantische Kohärenz nachgewiesen werden kann, wird auch das Kontextverbot hinfällig, insofern sich der Text dann als eine an ganz bestimmten Motiven orientierte Schrift präsentiert, die in einen spezifischen Zusammenhang hineingestellt ist.[15] Ist das Problem des Kon-texts gelöst, fällt auch das Situationsverbot, und es stellt sich neu die Aufgabe, ein Bild von der Adressatengemeinde und ihrem Ort im frühen Christentum zu rekonstruieren.[16] Folgerichtig werden heutzutage nur noch wenige Jakobusexe-getinnen und -exegeten die zentrale These von Dibelius unterschreiben, dass das Schreiben keine „Theologie" hat – im Gegenteil: Versuche, die Theologie des Jakobusbriefs zu fassen, gibt es viele.[17]

---

[11] Vgl. Mussner, Jakobusbrief, 58f.: „Im vorliegenden Kommentar ist keine gedankliche Einheit des Briefes gesucht, aus der Überzeugung heraus, daß es keine gibt."

[12] Burchard, Zu einigen christologischen Stellen, 354; vgl. Johnson, James, 111 („a free-floating pseudonymous repository of wisdom tradition").

[13] Dibelius, Jakobus, 109.

[14] Dibelius, Jakobus, 110.

[15] Vgl. Tsuji, Glaube. Wichtig für die Überwindung des „Kohärenzverbots" sind u.a. Wuell-ner, Jakobusbrief, und Frankemölle, Das semantische Netz. Zu Gliederungsversuchen des Jakobusbriefs siehe Penner, James in Current Research, 272 („This quest for structure and coherence, although manifested in different ways, arises out of the unanimous conviction in current scholarship that such coherence can be found"), und Taylor, Recent Scholarship.

[16] Vgl. den programmatischen Ansatz bei Popkes, Adressaten.

[17] Im Titel tragen dieses Ansinnen u.a. Zmijewski, Christliche „Vollkommenheit"; Luck,

6.2 *„Freischwebende ethische Hausapotheke" oder durchdachte Komposition*   257

So divers sich die gegenwärtige Auslegung des Jakobusbriefes zeigt: Es setzt sich zunehmend die Auffassung durch, dass es sich um eine weisheitlich-paränetische Schrift handelt, die von bestimmten, aus dem Text zu erhebenden theologischen Voraussetzungen getragen ist und ein konkretes soziales Setting vor Augen hat. Der Jakobusbrief ist „ein situationsbezogener und adressatenorientierter Brief mit einer durchdachten Disposition."[18] Aus einer solchen Sicht ergeben sich Konsequenzen für die wiederkehrende Verwendung der Ausdrücke διακρίνεσθαι, δίψυχος und πίστις.

Die Frage nach der Verortung des Schreibens und seiner Adressatenschaft ist eng verknüpft mit der Verfasserfrage, und die wiederum lässt Paulus als Gesprächspartner auf den Plan treten.

6.2.2 Jakobus und Paulus

In seiner vielzitierten Abhandlung „Der Jakobusbrief als urchristliches Geschichtsdenkmal" (1874), die den Jakobusbrief als authentische Schrift des Herrenbruders Jakobus und damit als vorpaulinisch zu erweisen versuchte, schrieb Willibald Beyschlag:

> Ein eigentümliches Missgeschick verfolgt den Jakobusbrief. Die unleugbare, wenn auch weltgeschichtlich nothwendige Einseitigkeit, mit welcher die Reformation den Paulinismus zum Ausgangspunkt genommen und als die allein voll-evangelische Form des Christentums ihrem Denken und Handeln zu Grunde gelegt hat, hat ihn auf Jahrhunderte hin als „stroherne Epistel" entwerthet.[19]

Seine Bewunderung gilt der „wunderbar einfältige[n] und einfältig originale[n] Verkündigung inmitten der übrigen Lehrstimmen des Neuen Testaments".[20] Die Lehrart des Jakobusbriefs sei die „unentwickeltste" innerhalb des Neuen Testaments,[21] der Autor habe „keinen constanten Glaubensbegriff",[22] dessen reflexionsmäßige Fixierung sich mit dem paulinischen vergleichen ließe. Glaube ist ein „lebendiges Herzensvertrauen zu Gott und Christus (Kap. 1,6; 2,1)".[23] Jakobus

---

Theologie des Jakobusbriefes; CHESTER, Theology of James. Die jüngere Forschung zum Thema wird u. a. diskutiert bei BATTEN, What Are They Saying, 54–64.

[18] So HOPPE, Jakobusbrief, 362. Vgl. WATSON, Assessment, 119: „We have made a radical turn in James studies by abandoning the assumptions of Dibelius that James lacks structure because it is paraenesis [...]."

[19] BEYSCHLAG, Jakobusbrief, 105.

[20] BEYSCHLAG, Jakobusbrief, 146. Beyschlag findet sich – wie er schreibt – „in guter Gesellschaft" mit August Neander, Bernhard Weiß, Johann Eduard Huther und Albrecht Ritschl, die auch in Jak 2,14–16 „die völlige Unabhängigkeit des Jakobus von paulinischer Schrift und Lehre behaupten" (a.a.O., 116). Vgl. hierzu Adolf Hilgenfelds spöttischen Einwand in seiner Besprechung der Abhandlung: „Die ganze ‚gute Gesellschaft', in welcher *Beyschlag* diese Behauptung wagt [...], kann jedoch den Einen *Luther* nicht aufwiegen und den klaren Sachverhalt nicht umstossen" (Rez. zu Beyschlag, 284).

[21] BEYSCHLAG, Jakobusbrief, 142.

[22] BEYSCHLAG, Jakobusbrief, 150.

[23] BEYSCHLAG, Jakobusbrief, 150.

258   *6. Jakobusbrief*

selbst verkörpere das Gegenbild des zwiespältigen Zweiflers (1,6–8), dem es an Weisheit mangelt (1,5) und der sich von Reichtum korrumpieren lässt (1,9–11). Man solle sich den Herrenbruder „voll königlicher Gedanken" vorstellen, als einen „Schweiger und Beter", bewegt von „Schwingungen heiliger Poesie und Spruchweisheit" – wie den Zimmermann von Nazareth.[24]

Nun war sich Beyschlag selbstverständlich bewusst, dass er mit seiner theologiegeschichtlichen Einordnung des Jakobusbriefs einer breiten Phalanx entgegentrat. Längst dominierte die Anschauung Ferdinand Christian Baurs, dass nämlich der Brief aus dem Bestreben hervorgegangen sei, „im Gegensatz gegen eine unpractische, zum Begriffsformalismus sich hinneigende Richtung, auf das sich fixirende christliche Bewusstein so einzuwirken, wie es im Interesse des Judenchristentums war."[25] Der Herrenbruder konnte nicht der Verfasser sein, sondern dieser lieh sich die höchste Autorität auf judenchristlicher Seite, indem er sich als Haupt der Muttergemeinde in Jerusalem ausgab. Er beschränkte sich dabei nach Baur nicht auf die Abwehr der paulinischen Rechtfertigungslehre, sondern leistete darüber hinaus einen substanziellen Beitrag zur Herausbildung des „katholischen" Christentums.

Zu welchen Schlussfolgerungen eine Lektüre des Jakobusbriefs mit paulinischer Brille führen kann, zeigt die These Christian Adolf Haserts: Jakobus ziele mit seiner Polemik gegen den zweiseeligen Mann direkt auf Paulus: „Dieser Mann – Paulus – hoffe nicht, daß er etwas vom Herrn erhalte, wie er in der [...] Stelle des Römerbriefes (V. 2–5) von sich sagt [...]. Nach Jakobus soll er sich aber auf seinen Lohn vom Herrn ja keine Hoffnung machen; er, ein zweiseeliger Mann voll Verwirrung in allen seinen Wegen (V. 8)."[26]

So kurios die These anmutet und so falsch sie sicher ist, sie entbehrt nicht einer gewissen Logik: Ist der Jakobusbrief antipaulinische Polemik, dann lässt sich nicht auszuschließen, dass Paulus nicht nur im kurzen Rechtfertigungsabschnitt Jak 2,14–26, sondern auch an anderen Stellen im Visier ist. Wie auch immer man Jakobus und Paulus einander zuordnen will – ist der Jakobusbrief vorpaulinisch, unpaulinisch oder antipaulinisch? – die Entscheidung hat Auswirkungen auf die Exegese der für das Thema „Zweifel" und „Zweiseeligkeit" einschlägigen Passagen.

6.2.3 Antipaulinische Polemik

Die neuere Diskussion über die Verfasserschaft des Schreibens und damit über die Verhältnisbestimmung von Jakobusbrief und Paulusbriefen kann hier nicht aufgerollt werden. Betrachtet man die hinsichtlich der Verfasserfrage überraschend homogene deutschsprachige Forschung nicht isoliert von der angelsächsischen,

---

[24] BEYSCHLAG, Jakobusbrief, 164.
[25] BAUR, Christenthum, 122 f.
[26] HASERT, Evangelien, 310.

6.2 „Freischwebende ethische Hausapotheke" oder durchdachte Komposition   259

zeigt sich, dass die Karten derzeit neu gemischt werden.[27] Nach wie vor finden sich Vertreter der Linie Beyschlags, die die Selbstständigkeit der jakobeischen Theologie gegenüber der paulinischen voraussetzen und – wie Luke Timothy Johnson – für eine Loslösung von der „Pauline Connection" plädieren.[28]

Douglas Moo hält den Brief ebenfalls für orthonym, erkennt darin aber eine Auseinandersetzung mit tragisch missverstandenen Positionen des Paulus, die wiederum freilich nur *vor* dessen erster Missionsreise und dem Apostelkonzil in der Mitte der 40er Jahre denkbar sei.[29] Demgegenüber verknüpft Hengel die Annahme der Authentizität mit der Hypothese, dass der Brief erst nach der Verhaftung des Paulus, d. h. zwischen 58 und 62 n. Chr. verfasst wurde und „in seinen wesentlichen Teilen *antipaulinische Polemik* [enthält], freilich – wie es antiker Polemik häufig entspricht – in indirekter Form und ohne den Namen des Gegners zu nennen."[30]

Auch unter denen, die den Jakobusbrief für ein Pseudepigraphon halten, finden sich gegensätzliche Positionen zur Verhältnisbestimmung zwischen Paulus(tradition) und dem Verfasser des Jakobusbriefes.

Dibelius wägt ab, ob Jakobus „faules, untätiges Christentum" meine, das sich zu Unrecht auf Paulus als Gewährsmann stützt, oder ob er Menschen im Blick habe, „die echte Gedanken des Paulus vertreten, und die er, der Autor, mißversteht."[31] Während sich Dibelius zu keiner der Alternativen durchringen kann, rechnet Wiard Popkes mit der „Zwischenstufe einer verwilderten Paulus-Tradition", auf die Jakobus reagiert.[32] Jakobus ist folglich „kein Antipauliner" im Sinne der Hegel'schen These-Antithese-Struktur, zumal er nicht wie Paulus einen soteriologischen, sondern einen ekklesiologisch-ethischen Diskurs führt.[33] Burchard und Konradt behaupten die Unabhängigkeit der beiden Entwürfe und erklären alle Berührungspunkte durch einen gemeinsamen Traditionshintergrund: „Jakobus ist traditionsgeschichtlich betrachtet unpaulinisch und in seiner Argumentation in 2,14–26 (ebenso wie in 1,21 ff) nicht antipaulinisch ausgerichtet."[34] Thematisch-argumentative

---

[27] Vgl. aus der deutschsprachigen Forschung beispielhaft NIEBUHR, New Perspective on James?; METZNER, Der Lehrer Jakobus.

[28] JOHNSON, James, 111. Vgl. NIEBUHR, New Perspective on James?, 1039: „Ich sehe in ihr [sc. der exkursartigen Argumentation in Jak 2,14–26] [...] keine Beziehungen zur Rechtfertigungslehre des Paulus, wie wir sie aus seinen Briefen kennen. Das schließt aber nicht von vornherein jede Beziehung zu Paulus aus, zumal die persönlichen Begegnungen beider (vgl. Gal 1,19; 2,6–9) nicht einfach ausgeblendet werden sollten."

[29] MOO, James (Tyndale), 98 f. Vgl. in diesem Sinn schon KITTEL, Der geschichtliche Ort, 102.

[30] HENGEL, Jakobusbrief, 524. Weiter schreibt Hengel: „Fast möchte ich – ausgehend von dieser Hypothese – den Brief als ein Meisterstück frühchristlicher Polemik bezeichnen. [...] Jedoch kämpft Jak im Gegensatz zum Heidenapostel nicht mit offenem Visier, sondern bewußt indirekt mittels allgemein formulierter Mahnungen, und ist nur für von dem Streit Betroffene als Kritik des Paulus zu erkennen" (ebd.).

[31] DIBELIUS, Jakobus, 221.

[32] POPKES, Jakobus, 37.

[33] Vgl. POPKES, Jakobus, 37.

[34] KONRADT, Christliche Existenz, 245. Vgl. BURCHARD, Jakobusbrief, 1: „Jak setzt sich nicht mit Paulus oder seiner Nachwirkung auseinander. Was so aussieht, erklärt sich durch gemeinsame Tradition."

260 6. *Jakobusbrief*

Entsprechungen wie der Rekurs auf Abraham und terminologische Konvergenzen wie die Rede von πίστις, ἔργα und δικαιοῦσθαι „erklären sich suffizient aus der beiden gemeinsamen frühjüdischen Traditionsbasis".[35]

Eine Lösung des Problems wird hier nicht angestrebt, weder von seiner theologischen noch von seiner traditionsgeschichtlichen Seite. Mir erscheint es nach wie vor am plausibelsten, dass der Jakobusbrief eine „very old perspective on Paul"[36] repräsentiert und die paulinische Theologie zumindest aus dem Römerbrief kennt.[37] Die antithetischen Beziehungen zwischen den jeweiligen Rechtfertigungsaussagen lassen sich nicht so einfach aus gemeinsamem Traditionsgut erklären. Was Jakobus zu den Stichworten „Rechtfertigung", „Glaube", „Werke" zu sagen hat und wie er dies mit seiner spezifischen Abrahamdeutung verbindet, kann nur mit größter Mühe von Paulus und vor allem vom Römerbrief gelöst werden. Das schließt freilich nicht aus, dass Jakobus jene Themen von seinen eigenen Denkvoraussetzungen her und mit einer spezifischen Pragmatik und Aussageabsicht in seinen Brief einfließen lässt. Im Gegenteil, in einem polemischen Kontext sind Umdeutungen zu erwarten. Die Wörter sind dieselben, aber sie werden anders gefüllt. Das gilt auch für das Verb διακρίνεθαι, das in Jak 1,6 und 2,4 verwendet wird (vgl. Röm 4,20; 14,23).

Vorausgesetzt, dass Jakobus den Römerbrief kennt, kann in der Verwendung von δίψυχος ein Anklang an Röm 7 wahrgenommen werden. Die Anthropologie des „zweiseeligen Mannes" berührt sich mit der dichotomischen Selbstwahrnehmung des „Ich" in Röm 7,14–25; beide Passagen gehen davon aus, dass „in den Gliedern" (ἐν τοῖς μέλεσιν, Röm 7,23; Jak 4,1) zwei Kräfte (νόμος bzw. ἡδονή) miteinander im Streit liegen.[38] Verfolgt der Autor eine Strategie indirekter Polemik, könnte sich nahelegen, dass der ἀνὴρ δίψυχος eine Karikatur zwar nicht des Paulus, aber vielleicht eines Pauliners ist, der innerlich gespalten ist und in dem der Glaube zum toten Dämonenglauben mutiert. Dazu ist aber einige Phantasie erforderlich.[39]

---

[35] KONRADT, Christliche Existenz, 245.

[36] AVEMARIE, Werke des Gesetzes.

[37] Vgl. ALLISON, James, 67: „James was – or perhaps some of his sources were – more likely than not familiar with Romans and perhaps also with 1 Corinthians and/or Galatians." Freilich ist nicht auszuschließen, dass Jakobus mit Jak 2,14–26 ein antipaulinisches Fragment einarbeitet (erwogen a. a. O., 67 Anm. 352), doch lässt sich die These einer Kenntnis zumindest des Römerbriefs auch durch weitere Aspekte erhärten. MITCHELL, James, rechnet mit einer Kenntnis der drei genannten Paulusbriefe, sieht im Jakobusbrief aber einen irenischen und nicht einen polemischen Akzent. Vgl. a. a. O., 79: „The author of the Letter of James ... writes *from within Paulinism* (rather than in opposition to Paul)."

[38] Vgl. MAYOR, St. James, 42 („St. Paul describes a δίψυχία in Rom. vii"); JOHNSON, Brother of Jesus, 13 f.

[39] Die Apostolischen Konstitutionen erkannten im ἀνὴρ δίψυχος eine Anspielung nicht auf den inkonsistenten Paulus, sondern auf den sinkenden Petrus. S. u. Kap. 6.4.1.

6.2 „Freischwebende ethische Hausapotheke" oder durchdachte Komposition 261

Eine einseitig paulinische Kontextualisierung des Jakobusbriefs greift freilich zu kurz, weil der Jakobusbrief eben nicht als bloßer Reflex zu Paulus zu lesen ist, sondern vor dem Hintergrund eines breiten weisheitstheologischen Diskurses. Jakobus re-kontextualisiert Aussagen des Paulus mithilfe einer auf ethische Klärung abzielenden Polemik und ordnet sie in einen sapientialen Zusammenhang ein.[40]

6.2.4 Römisches Lokalkolorit

Auch die Frage nach dem Abfassungsort des Jakobusbriefs ist noch längst nicht entschieden – im Gegenteil: In der gegenwärtigen Diskussion konkurrieren zahlreiche Vorschläge miteinander, die natürlich allesamt mit der Echtheitsfrage verknüpft sind. Wer den Brief für authentisch hält, verortet ihn in Jerusalem bzw. Palästina, zumal es keine frühchristlichen Überlieferungen gibt, nach denen der Herrenbruder jemals Palästina verlassen hätte. Dem entspricht textintern die Adressierung an „die zwölf Stämme in der Diaspora" (Jak 1,1), d.h. an Glieder des Gottesvolkes außerhalb des „Landes". Palästinisch bzw. galiläisch mögen beispielsweise Jak 1,6.11; 3,4.11–12; 5,7.17–18 anmuten.

Die elaborierte griechische Sprache und Stilistik des Jakobusbriefs gilt mittlerweile auch bei etlichen Bestreitern orthonymer Verfasserschaft als „das schwächste Argument gegen seine Echtheit",[41] doch ist auch diese Einschätzung nicht unumstritten.[42] In der Tat ist eine gewisse Skepsis angebracht. Erhellender als der Vergleich mit dem etwas späteren Galiläer Justus von Tiberias, der „in seinem griechischen Stil selbst dem Jerusalemer Josephus weit überlegen" ist,[43] erscheint eine Gegenüberstellung mit dem Diasporajuden Paulus, wie sie Wilhelm Pratscher vornimmt: „Selbst wenn man eine weite Verbreitung des Griechischen in Palästina des 1. Jh.s n. Chr. annimmt, wird man eine Abfassung des Jak durch den Herrenbruder selbst kaum für möglich halten, insbesondere, wenn man daneben das merklich einfachere Griechisch des Diasporajuden Paulus stellt."[44]

Eine Variante der Palästinahypothese bekräftigt zwar den Eindruck einer sprachlichen und kulturellen Beheimatung des Briefs in Jerusalem bzw. Palästina, sieht aber nicht den Herrenbruder selbst zur Feder greifen, sondern einen späteren

---

[40] Vgl. die Differenzierungen in WISCHMEYER, Polemik, 373 f.: Die Polemik des Jakobusbriefs richtet sich weder „personal-polemisch" gegen Paulus noch „sachlich-polemisch" gegen die paulinische Rechtfertigungslehre, sondern korrigiert eine ethisch defiziente (oder als defizient wahrgenommene) Paulusdeutung und zielt auf „ethische Klärung".

[41] LINDEMANN, Paulus, 241 Anm. 57. Vgl. unter den Befürwortern der Orthonymität JOHNSON, Brother of Jesus, 118 („There is [...] no linguistic reason why James of Jerusalem could not have written this letter"); BAUCKHAM, James, 23 f. (Sekretärshypothese).

[42] Vgl. EHRMAN, Forgery, 286 f.: „[D]espite the remarkably sanguine claims of some scholars about the Greek-writing skills of uneducated rural peasants of Nazareth, it is virtually impossible to imagine this book coming from the pen of James."

[43] So HENGEL, Jakobusbrief, 520.

[44] PRATSCHER, Herrenbruder, 211.

262   *6. Jakobusbrief*

Autor, der nach dessen Tod erinnerte Jakobuslehre niederschrieb und verbreitete.[45]

Selbst wenn mit der theoretischen Möglichkeit zu rechnen ist, dass sich Jakobus in Galiläa und Jerusalem in dem Maße Sprachkompetenzen aneignete, wie sie aus dem Brief entgegentreten, so ist die Annahme seiner Verfasserschaft noch nicht plausibel begründet. Die „hellenistischen, wenn auch oft jüdisch vermittelten Züge seiner Theologie und Ethik" sind offenkundig[46] und weisen über Palästina hinaus in eines der kulturellen Zentren des Römischen Reiches. Dafür sprechen überdies seine Rhetorik und Argumentationsweise, die auf eine hellenistische Prägung hindeuten,[47] sowie seine Vertrautheit mit Sprachformen und Bildern hellenistisch-römischer Popularphilosophie und Morallehre (z. B. Jak 3,3–4).[48] Auch die in Jak 4,13–17 angesprochenen länderübergreifenden Handelsbeziehungen[49] und die beanstandeten sozialen Spannungen zwischen Reichen und Armen lassen an ein städtisches Milieu denken.[50] Dabei spricht freilich die maritime Bilderwelt wie der Vergleich mit der stürmischen See (1,6) und das Interesse an der Größe von Schiffen (3,4) nicht zwingend für eine Verortung in einer Hafenstadt, ebenso wenig wie Jak 5,1–6 ländliche Verhältnisse voraussetzt.

Mehrere Städte kommen in Betracht, darunter Korinth, Antiochia, Alexandria und Rom.[51] Das Pendel schwenkt in Richtung eines stadtrömischen Settings, wenn der im Jakobusbrief dokumentierte Diskurs über die „Zweiseeligkeit" in Anschlag gebracht und sein römisches Lokalkolorit wahrscheinlich gemacht werden kann. Allerdings ist damit noch nicht entschieden, dass der Verfasser tatsächlich aus Rom stammt und sein Schreiben in Rom verfasst hat, sondern dass er eine „römische" Diskussion bewusst aufgenommen und für sein Anliegen nutzbar gemacht hat.

---

[45] So DUNN, Beginning from Jerusalem, 1128 f. Vgl. DAVIDS, Palestinian Traditions.

[46] BURCHARD, Jakobusbrief, 4. Vgl. JACKSON-MCCABE, Politics of Pseudepigraphy, 621: „The theological and ethical discourse of the letter is itself shot through with Hellenistic concepts and ideas – an interweaving of Jewish, Christian and Greco-Roman discourse that is not separable into dualities of substance and form, composition and redaction."

[47] Vgl. z. B. WATSON, James 2; ders., Rhetoric of James 3:1–12.

[48] Vgl. das bei DIBELIUS, Jakobus, 227–232, zusammengetragene Material mit etlichen Parallelen.

[49] Vgl. SCHNELLE, Einleitung, 466.

[50] Nach KLOPPENBORG, Hellenistic Psychagogy, 42, reflektiert die Adaption der Jesustradition durch Jakobus eine Wendung vom ländlichen palästinischen Milieu der Spruchquelle zum städtischen Diasporakontext des Jakobusbriefes.

[51] Zu Rom vgl. u. a. LAWS, James, 26; POPKES, Jakobus, 69 (vorsichtig); DEPPE, Sayings of Jesus, 211–215, und zuletzt mit beachtlichen Gründen ALLISON, James, 96 f. (weitere Autoren sind a. a. O., 94, genannt). Dagegen u. a. BAUCKHAM, James, 23: „However, these affinities [mit 1 Petr, 1 Clem, Herm] can also be explained by the close links between the churches of Jerusalem and Rome [...] and the probable formative role of Jewish Christians from Jerusalem in the early development of the Roman church. The letter of James would have been especially valued in Rome, and would have influenced Roman Christian writers both directly and through having helped to form the paraenetic tradition of that church."

6.2 „Freischwebende ethische Hausapotheke" oder durchdachte Komposition   263

Neben den Bezugnahmen auf den Römerbrief weist der Jakobusbrief zahlreiche Berührungen mit weiteren frühchristlichen Schriften auf, die mit mehr oder weniger großer Wahrscheinlichkeit in Rom anzusiedeln sind: der 1. Petrusbrief,[52] der 1. Clemensbrief und Hermas, möglicherweise auch der 2. Clemensbrief.[53] Lässt sich daraus schließen, dass Jakobus in einem vergleichbaren sprachlichen wie theologischen Milieu schrieb und wie die drei verwandten Autoren auf einen dort geführten Diskurs über die „Einfalt" christlicher Existenz Einfluss nahm? Oder dass er auf eine dort herrschende Problemlage kritisch einwirken wollte? Insbesondere der 1. Clemensbrief und Hermas bemühen sich wie Jakobus, „zweiseeliges" Verhalten aus der christlichen Gemeinschaft auszumerzen, und greifen zu diesem Zweck auf sein Schreiben zurück.[54]

Zu den Gründen, warum sich der Brief in Rom offensichtlich kaum Geltung verschaffen konnte, ist wohl die unterschiedliche Prägung der stadtrömischen Christusgruppen zu zählen: „[T]here is no reason to imagine that the product of one of its Jewish Christian groups would have been welcomed by all of its Gentile groups."[55] Vielleicht wurde der Brief auch aufgrund seiner antipaulinischen Spitzen für die paulinischen Gemeinden als „zu verletzend" empfunden.[56] Abgesehen davon manifestierte sich ja der Einfluss des Schreibens gewissermaßen auf Umwegen, insofern es im Hirt des Hermas rezipiert wurde und möglicherweise gar durch die Beliebtheit des Hermas verdrängt wurde. Nicht auszuschließen ist auch, dass Jakobus in Jak 4,5 aus dem verschollenen Apokryphon Eldad und Modad zitiert, das offensichtlich dem in Rom verbreiteten Hermas (vgl. Herm vis 2,3,4) und eventuell auch den beiden Clemensbriefen vorlag und damit zumindest in Teilen der christlichen Gemeinde in Rom bekannt war.[57]

6.2.5 Weisheitliche Paränese und die Situation der Adressatenschaft

Der Charakter des Jakobusbriefs lässt sich als weisheitlich-paränetisch beschreiben. Nun ist „Paränese" als Gattungsbegriff wenig hilfreich, da er keine Gattung, sondern die Funktion eines Texts bzw. eine Kommunikationsabsicht bezeichnet.[58] Die Forschung ging kreative Wege auf der Suche nach einer geeigneten Gattungsbestimmung.[59] Die verschiedenen Entwürfe erfassen bestimmte

---

[52] ALLISON, James, 69 f., geht davon aus, dass der Verfasser des Jakobusbriefes den 1. Petrusbrief kannte.

[53] Zur römischen Verortung des 2. Clemensbriefes vgl. TUCKETT, 2 Clement, 62, gegen die Mehrheitsmeinung Alexandria.

[54] Zum literarischen Verhältnis zwischen dem Jakobusbrief, dem 1. Clemensbrief und Hermas s. u. Kap. 6.4.2 und 7.2.3. Insbesondere die Skepsis gegenüber einer Abhängigkeit des Hermas von Jakobus sollte aufgegeben werden.

[55] ALLISON, James, 97.

[56] HENGEL, Jakobusbrief, 548 Anm. 104: „Für die paulinischen Gemeinden war er zu verletzend, für die anderen zu wenig konkret und zu allgemein."

[57] S. o. Kap. 2.5.2.

[58] Vgl. EDGAR, Social Setting, 17.

[59] Dazu zählen „Weisheitsschrift" (KONRADT, Christliche Existenz, 25), „handbook of wisdom teachings" (HARTIN, James and the „Q" Sayings, 42), „Traktat mit paränetischer Ab-

264   *6. Jakobusbrief*

Aspekte der Schrift, erhalten aber nur in Verbindung mit der exegetischen Detailanalyse heuristischen Wert. Einigkeit besteht in der Forschung unterdessen darin, dass der paränetische Grundzug des Jakobusbriefs nicht (wie bei Dibelius) im Sinne einer „usuellen" Paränese aufzufassen ist,[60] sondern auf eine spezifische Gemeindesituation und konkrete Identitätsfragen zielt. Die Mahnungen sind zwar generalisiert und typisiert, werden aber in der Rezipientenperspektive plastisch.

Dass die im Jakobusbrief erkennbaren „Streiflichter aus dem Gemeindeleben"[61] und seine Paränese recht allgemein gehalten sind, erschwert die Profilierung der Adressatenschaft, doch „situationslos" ist Paränese nie.[62] Die Hauptgefährdung des Glaubens entsteht im Innern der Gemeinde; ihre vorausgesetzte Situation zeigt „Weltoffenheit, Liberalität, teilweise formales bzw. formalisiertes Christentum, Mangel an Gemeindebewußtsein, Individualismus, Egoismus".[63] Ziel der Paränese ist es, die Identität einer jungen Christusgruppe in der Diaspora zu stärken.[64] Doch lässt sich darüber noch mehr sagen? Mit seinem Brief beabsichtigt der Autor offenbar, ein subversives Wertesystem in der Mehrheitsgesellschaft zu etablieren, zur Eindeutigkeit des Gottesverhältnisses aufzurufen, Loyalitäten zu überdenken und zugunsten einer „Diasporaexistenz" zu vereindeutigen.

Sozialgeschichtliche Annäherungen an die Situation der Adressatenschaft sind hypothesenbehaftet. Für den hier zentralen Text Jak 1,5–8, der das Bittgebet zum Thema macht, wurden verschiedene Gemeindesettings verantwortlich gemacht: eine reale Verfolgungssituation, die die Gemeinde in Loyalitätskonflikte stürzte,[65] Verelendung und ökonomische Ausbeutung,[66] aber auch verderbliches Streben nach Weisheit. Aus Jak 2,1–13 lesen die einen die Aufforderung heraus, dass sich die Adressaten nicht durch eine unbedachte Wahl ihrer Patrone kompromittieren lassen sollen,[67] die anderen erkennen in den Sätzen ein Indiz dafür,

---

zweckung" (STRECKER, Literaturgeschichte, 72), „paraenetic letter of community instruction" (PENNER, James and Eschatology, 212), „paraenetic encyclical" (BAUCKHAM, James, 13; vgl. McKNIGHT, James, 13), „protreptic discourse in the form of a letter" (JOHNSON, James, 24; vgl. HARTIN, Spirituality of Perfection, 47–49; WACHOB, Voice of Jesus, 48), aber auch „apostolischer Diasporabrief" (NIEBUHR, Diasporabriefe, 424; vgl. TSUJI, Glaube, 12–27). Weitere in der Forschung vorgeschlagene Gattungsbezeichnungen notieren HAHN/MÜLLER, Jakobusbrief, 25, und KONRADT, Christliche Existenz, 16 Anm. 31.

[60] Vgl. HAHN/MÜLLER, Jakobusbrief, 26.

[61] BURCHARD, Gemeinde, 322.

[62] PENNER, James in Current Research, 270. Vgl. hierzu PERDUE, Paraenesis, der die soziale Bedeutung der Paränese unter Berücksichtigung soziologischer Theorien (von Peter Berger und Thomas Luckmann) hervorhebt.

[63] POPKES, Adressaten, 119.

[64] NIEBUHR, Diasporabriefe, 424.

[65] MARTIN, James, 17.

[66] McKNIGHT, James, 84. Vgl. zu diesen und weiteren Interpretationen ALLISON, James, 167.

[67] LOCKETT, Purity and Worldview, 183.

6.2 „Freischwebende ethische Hausapotheke" oder durchdachte Komposition   265

dass die Angesprochenen mit Wanderpredigern (den „Armen in der Welt", 2,5) ungebührlich umgegangen sind, ihnen materielle Unterstützung versagten und ihnen ihre Lehrautorität absprachen.[68] Am Ende muss man mit Allison sagen: „All of this is guesswork. We just do not know."[69]

6.2.6 Ganzheit als „Orthodoxie" und „Orthopraxie"

Die Aufhebung des „Theologieverbots" und des „Kontextverbots" aus der Dibelius-Phase der Jakobusauslegung zog die Suche nach Schlüsselkonzepten oder einheitsstiftenden Leitbegriffen nach sich.[70] Unter der Prämisse der gedanklichen Kohärenz des Briefs stellte sich (erneut) die Frage nach übergeordneten religiösen Grundüberzeugungen und der „geistigen Lage" des Verfassers[71] sowie der religiösen und sozialen Lage seiner Adressatenschaft. Die in der Forschung vorgeschlagenen Zentralthemen sind recht disparat, kreisen aber mehrheitlich um Glaube, Einfalt und Vollkommenheit (und deren Oppositionsbegriffe).[72] Sie alle leuchten im Jakobusbrief in unterschiedlicher Intensität und Färbung auf. Insofern sie sich in demselben semantischen Beziehungsgefüge verorten lassen, sind sie auch für das Verständnis des „Zweifels" und der „Zweiseeligkeit" von Bedeutung. Gleichzeitig eröffnen sich Fragen: Wie verhalten sich „spirituelle" und „ethische" Vollkommenheit zueinander? Welche Aspekte des Lebens sind von Spaltung gefährdet? Es wird sich zeigen, dass die Interpretation der Begriffe δίψυχος (Jak 1,8; 4,8), διακρίνεσθαι (1,6; 2,4), πίστις (1,3; 1,6; 2,1.5.14–26; 5,15) und πιστεύειν (2,19.23) maßgeblich von der Beantwortung dieser Fragen beeinflusst sind.

Bereits die Eingangsverse zeigen, dass das Stichwort „Vollkommenheit" und sein Widerpart „Gespaltenheit" konstitutiv für das Anliegen des Jakobus und die Anlage seines Schreibens sind. Dort verwendet er das Wortpaar τέλειος und

---

[68] Vgl. EDGAR, Social Setting, 218.

[69] ALLISON, James, 167. Vgl. a.a.O., 32–50 das Kapitel „Sitz im Leben".

[70] Einige Jakobusexegeten bleiben skeptisch, ob überhaupt *ein* Zentralmotiv bestimmt werden kann. Vgl. KONRADT, Christliche Existenz, 25; PENNER, James in Current Research, 275; ALLISON, James, 88 Anm. 457.

[71] So die Terminologie bei DIBELIUS, Jakobus, 36.

[72] Diskutiert werden u.a. Glaube und Werke (WALKER, Allein aus Werken; LAUTENSCHLAGER, Gegenstand des Glaubens), „der zur Vollkommenheit gelangte Glaube" (HOPPE, Hintergrund, 27), „christliche Vollkommenheit" (ZMIJEWSKI, Christliche „Vollkommenheit"), spirituelle Vollkommenheit (HARTIN, Spirituality of Perfection; WYPADLO, Gott), sittliche Vollkommenheit (KLEIN, Vollkommenheit), das Schma Israel (CHEUNG, Genre, 181–194), die Dialektik zwischen Gespaltenheit und Ganzheit (FRANKEMÖLLE, Gespalten oder ganz; SCHILLE, Gespaltenheit des Glaubens), Prüfung und Bewährung des Glaubens (HIEBERT, Unifying Theme; WUELLNER, Jakobusbrief; TSUJI, Glaube; ELLIS, Hermeneutics of Divine Testing), der Kontrast zwischen „Freundschaft mit Gott" und „Freundschaft mit der Welt" (JOHNSON, Friendship; BATTEN, Friendship and Benefaction), „Holiness-Wholeness" (ELLIOTT, Epistle of James), Reinheit als notwendige Voraussetzung für Vollkommenheit (LOCKETT, Purity and Worldview; ders., Purity and Pollution).

266   6. Jakobusbrief

ὁλόκληρος und spricht von einem „vollkommenen Werk", das anzustreben ist: „Die Ausdauer aber werde begleitet von einem vollkommenen Werk; so werdet ihr vollkommen und ganz" (Jak 1,4).[73]

Häufig wird die Vollkommenheit als eine primär innere, auf Gott gerichtete Haltung oder Verfasstheit beschrieben, die mit der Ganzheit Gottes korrespondiert. Meist wird dabei auf die alttestamentlich-jüdische Verwurzelung des Vollkommenheitsdiskurses im Jakobusbrief verwiesen.[74] Dem steht eine alternative Sicht diametral entgegen, nach der das zentrale Anliegen des Jakobusbriefs nicht spirituelle Vollkommenheit, sondern moralische Vollkommenheit sei. Der Verfasser schließe sich dabei an ethische Ideale hellenistischer Philosophie an, die im jüdischen Traditionsbereich auch Philo verkörpert. Vollkommenheit sei „ein Quantitäts-, nicht ein Qualitätsbegriff".[75]

Nach Martin Klein ist das Thema des Jakobusbriefes „die *Bewährung* der Glaubenden in den vielfältigen *Versuchungen* des Lebens (1,2f). [...] Das Ziel, auf das diese Bewährung des Glaubens zulaufen soll, ist die ‚*Vollkommenheit*‘ (1,4; 2,22; 3,2), wie sie den guten und vollkommenen Gaben Gottes (1,17) und seinem vollkommenen Gesetz (1,25) entspricht. Gemeint ist damit die ‚sittliche Integrität‘ des Menschen, sowohl im Ganzen seiner Persönlichkeit als auch in allen einzelnen Bereichen seines Lebens."[76] Klein widerspricht ausdrücklich der Auffassung, dass die Vorstellung der „Vollkommenheit" in der alttestamentlich-jüdischen Denkwelt beheimatet ist: „Die Selbstverständlichkeit, mit der viele Ausleger von Jak 1,4 auf das hebräische תָּמִים verweisen, ist jedenfalls nicht gerechtfertigt. Es gibt vielmehr deutliche Anzeichen, die eher auf ein hellenistisch geprägtes Verständnis hindeuten."[77]

Doch geht die forschungsgeschichtliche Differenzierung zwischen alttestamentlich-jüdischer spiritueller Vollkommenheit und hellenistisch-philosophischer sittlicher Vollkommenheit nicht völlig an den antiken Referenztexten und v. a. an der Sache des Jakobusbriefs vorbei? Lässt sich christliche Existenz aus Sicht des Jakobus in ein „Innen" und „Außen" aufspalten? Wie kaum ein anderer Exeget war Hubert Frankemölle in seiner Jakobusinterpretation darum bemüht, der Ein-

---

[73] Das Adjektiv τέλειος findet sich neben Jak 1,4 noch an drei weiteren Stellen im Brief (1,17.25; 3,2), das Verb τελειοῦν wird an einer Stelle gebraucht (2,22). Darüber hinaus erscheint noch je einmal das Nomen τέλος (5,11) und das Verb τελεῖν (2,8), die jedoch sachlich nicht hierher gehören. Nach ZMIJEWSKI, Christliche „Vollkommenheit", 52, ist das Wort τέλειος „ein [...] ‚Schlüsselwort‘, wenn nicht sogar *das* ‚Schlüsselwort‘ überhaupt" im Jakobusbrief.

[74] Exemplarisch KONRADT, Christliche Existenz, 280 f.

[75] KLEIN, Vollkommenheit, 63.

[76] KLEIN, Vollkommenheit, 81, mit Zitat von DIBELIUS, Jakobus, 103, zu τέλειοι καὶ ὁλόκληροι (Jak 1,4): „beide Worte bezeichnen hier die sittliche Integrität."

[77] KLEIN, Vollkommenheit, 63. Vgl. a. a. O., 56–63, den Exkurs „Bedeutung und Verwendung von τέλειος in der Umwelt des Jakobusbriefes" (griechische Philosophie, Philo von Alexandria, Septuaginta, nachkanonische jüdische Schriften, Qumran, Paulus, Kolosserbrief, Hebräerbrief, Johannesevangelium, Matthäusevangelium). Kritisch hierzu wiederum KONRADT, Christliche Existenz, 280 f. Anm. 81: „Die Verwendung von τέλειοι καὶ ὁλόκληροι ist nicht mehr als eine formale Berührung mit hellenistischen Schriften. [...] Den (primären) traditionsgeschichtlichen Hintergrund stellen hier alttestamtlich-frühjüdische Texte bereit."

heit von „Orthodoxie" und „Orthopraxie" nachzugehen. Der formative Impuls für das Sein und Handeln des Menschen in seiner Selbst- und Sozialbeziehung liegt nach Jakobus im Wesen Gottes: „Weil Gott ganz ist und ungeteilt handelt, sollen auch die Christen individuell und sozial-ekklesiologisch nicht gespalten, sondern vollkommen sein und entsprechend handeln."[78] Theologie, Spiritualität und Ethik sind miteinander verwoben. Die schlimmste Gefährdung der Ganzheit des Menschen erwächst aus der „Begierde" (Jak 1,14; vgl. 4,2).[79] Mit drastischen Worten lässt Jakobus in wenigen Zeilen geradezu einen „kleinen Roman" entstehen (1,14–15):[80] Die Begierde verführt den Menschen, sie wird schwanger und bringt die Sünde hervor, bis am Ende die Sünde den Tod gebiert.[81]

Wenn Ganzheit in der Konzeption des Jakobus Spiritualität und Ethik gleichermaßen umgreift, kann ihr Gegenteil – Zweiheit, Gespaltenheit, „Zweifel" – sich nicht bloß auf ein inneres Schwanken beschränken. Das wird die Exegese zu zeigen haben.

6.3 Jak 1,5–8; 2,4; 4,8: Gespaltenheit und Zweiseeligkeit als Ethos-Problem

Der kontroverstheologisch so bedeutsame Abschnitt Jak 2,14–26 präjudizierte lange Zeit die theologische Beurteilung des Jakobusbriefs insgesamt, und er bestimmte zugleich die exegetische Herangehensweise. Auch das erste Kapitel des Briefs wurde gewissermaßen von hinten, also rechtfertigungstheologisch aufgezäumt, wenn überhaupt eine kohärente Lektüre des Schreibens in Angriff genommen wurde. Unterdessen haben neuere Studien zur Rhetorik und Struktur gezeigt,[82] dass dem Einleitungsabschnitt eine herausragende Bedeutung für das Verständnis des Ganzen zukommt, strukturell wie thematisch.[83] Er ist „Lieferant der Stichworte und der Struktur des Briefes".[84]

---

[78] FRANKEMÖLLE, Jakobus, Bd. 1, 151; vgl. ders., Gespalten oder ganz, 163; auch den Exkurs ders., Jakobus, Bd. 2, 495–499.

[79] Zu analogen Auffassungen der Begierde aus dem jüdischen und griechischen Schrifttum, s. u. Kap. 6.5.1 und 6.5.3.

[80] NIEBUHR, Jakobus und Paulus, 9.

[81] Zur weit verbreiteten erotischen Metaphorik für psychische Phänomene vgl. WILSON, Sin as Sex, 149–157.

[82] Vgl. zur Forschungsgeschichte KONRADT, Christliche Existenz, 15–21; WATSON, Assessment, 100–107 und 120: „However, overall James does not conform to Graeco-Roman standards of invention and arrangement. Attempts to outline the epistle from *exordium* to *peroratio* are unconvincing. The mix of Jewish, Graeco-Roman and early Christian rhetorical traditions is partly responsible. The epistle has a rhetorical strategy, even though there is disagreement about how to describe this elusive strategy."

[83] Vgl. HAHN/MÜLLER, Jakobusbrief, 24.

[84] FRANKEMÖLLE, Jakobus, Bd. 1, 153. Vgl. ders., Gespalten oder ganz, 161: „Die ausgeführten Themen der Kapitel 1–5 finden sich thesen- und aphorismenhaft in 1,2–12."

268 6. Jakobusbrief

Mit Hermann von Lips ist der Abschnitt als „summarische Exposition" zu verstehen: „,Exposition' ist der Abschnitt, sofern die wesentlichen Anliegen des Autors hier bereits vorweg angesprochen werden. ,Summarisch' muß der Abschnitt genannt werden, sofern dies eher pauschal geschieht, nicht aber im Sinne einer Gliederung oder genauen Inhaltsangabe."[85]

Es gibt demnach nicht *ein* „Herzstück" des Jakobusbriefes (etwa Jak 2,14–26), auf das hin alle anderen Abschnitte orientiert wären, und es ist auch nicht mit *einem* integrierenden Schlüsselwort zu rechnen, das alle anderen Motive an sich bindet. So erhebt der Autor beispielsweise die πίστις (1,3) zum Leitmotiv des zweiten Kapitels und nimmt das Gebet (1,6) und die „Zweiseeligkeit" (1,8) im vierten Kapitel wieder auf (4,3.8). Eine strenge strukturelle Korrespondenz zwischen den Stichworten der Exposition und ihrer Entfaltung im Hauptteil ist nicht gegeben; das zeigt sich unter anderem an der Wiederholung des Verbes διακρίνεσθαι bereits in Jak 2,4 (und nicht erst im vierten Kapitel).

Für unser Thema ist von Belang, dass für die verschiedenen Belege für πίστις, δίψυχος und διακρίνεσθαι durchaus eine kohärente semantische Struktur zu erwarten ist. Die Motive wurden vom Autor absichtsvoll und mit einem Sinn für das Ganze an ihren jeweiligen Ort gesetzt, so dass sie bei der Interpretation nicht einfach isoliert werden können.[86] Folgende Einzelaspekte sind in der Exegese von Jak 1,5–8 von besonderem Interesse: das Profil der Weisheit, das Konzept der „Einfalt" Gottes (1,5), das Glaubensverständnis (1,6) und schließlich die Bedeutung der Lexeme διακρίνεσθαι (1,6) und δίψυχος (1,8; vgl. 4,8) in Verbindung mit der Metapher der Meereswoge (1,6).

6.3.1 Weisheit als „zur Tat treibende Einsicht"

Über die Stichwortverknüpfung λείπεσθαι und über den Gegensatz zu τέλειος (Jak 1,4) gelangt Jakobus zum Gedanken des Mangels an Weisheit (1,5). Ein solcher Mangel kann nur von Gott behoben werden (und nicht etwa durch Bemühungen um Vollkommenheit). Wichtig ist die Beobachtung, dass die Weisheit nicht als ein Gut erscheint, „dessen uneingeschränkter Besitz notwendig zum Glauben gehört."[87] Auch wenn es jemandem an Weisheit mangeln sollte, kann er (dennoch) „im Glauben" um sie bitten. Anders gesagt: Man kann offensichtlich πίστις haben – die diesen Namen nach Jakobus auch verdient – und dabei

---

[85] VON LIPS, Weisheitliche Traditionen, 424. Von Lips' Vorschlag wurde zustimmend aufgenommen bei KONRADT, Christliche Existenz, 18; BURCHARD, Jakobusbrief, 12; WENGER, Kyrios, 122 Anm. 708.

[86] Ganz anders die Analyse von DIBELIUS, Jakobus, 106, der zufolge der „Spruch vom gläubigen Gebet" (Jak 1,5–8) mit seiner Antithese „Glaube und Zweifel" und der folgende „Spruch vom Untergang des Reichen" (1,9–11) „vom Verf[asser] in keiner Weise kombiniert" sei. Man werde „sich danach hüten müssen, das einleitende δέ v. 9 irgendwie logisch zu pressen." Die Herstellung einer gedanklichen Verbindung zwischen den beiden Abschnitten sei schlicht aussichtslos (a. a. O., 113). Das Gegenteil ist der Fall!

[87] DIBELIUS, Jakobus, 106.

6.3 *Jak 1,5–8; 2,4; 4,8: Gespaltenheit und Zweiseeligkeit* 269

dennoch ein σοφία-Defizit haben. Ansonsten, d. h. wenn Glaube notwendigerweise an ein vollkommenes Maß an Weisheit gekoppelt sein müsste, wäre die Formulierung „im Glauben um Weisheit bitten" widersinnig oder zynisch.

Gesteht man mehr als eine bloß oberflächliche Stichwortverbindung zwischen Jak 1,4 und 1,5 zu, dann muss zwischen der erbetenen Weisheit und den Glaubensprüfungen auch ein sachlicher Zusammenhang bestehen. Auf diesen haben schon altkirchliche Jakobusexegeten hingewiesen.[88] Es ist aber meines Erachtens nicht richtig, die Prüfungen zur ausschließlichen Bezugsgröße der Weisheit zu machen bzw. eine umfassendere Bedeutung im vorliegenden Zusammenhang zu bestreiten. Im Gegenteil, die konkrete Applikation der Weisheit für Situationen der Anfechtung ist *ein* Aspekt – wenngleich ein zentraler Aspekt – einer umfassenden Perspektive: Die σοφία ist nämlich die „in der πίστις wurzelnde *lebendige* d. i. zur That treibende Einsicht in das, was des Christen Lebensaufgabe sowohl im Ganzen, als auch in den einzelnen gegebenen Momenten, namentlich also auch in den πειρασμοῖς (V. 2), ist".[89] Eine solche Sicht auf die Weisheit passt auch zu den weiteren Belegen in Jak 3,13 und 17, wo sie in ihrer ethischen und auf das Zusammenleben orientierten Dimension näher beschrieben wird: „Die Weisheit aber, die von oben kommt, ist zuerst einmal lauter, dann aber auch friedfertig, freundlich, wohlwollend, voller Barmherzigkeit und voll guter Früchte, unparteiisch (ἀδιάκριτος), fern jeder Verstellung" (3,17).[90] Das entspricht gemeinantikem Verständnis der Weisheit, die sich nicht nur auf theoretische Einsicht bezieht, sondern den Menschen durchdringt und zum Handeln führt. „Innen" und „außen" lassen sich nicht trennen.

6.3.2 *„Einfalt" Gottes als Paradigma christlicher Existenz*

Über die Kennzeichnung des göttlichen Gebens als ἁπλῶς (Jak 1,5) wurde in der Jakobusexegese viel nachgedacht, nicht zuletzt, weil das Wort in der Koine ein weites Bedeutungsspektrum aufweist. Im unmittelbaren Kontext drängt sich die Bedeutung „ohne Hintergedanken" auf, die sich ihrerseits auf die Grundbedeutung „einfach", „lauter" zurückführen lässt. Gottes Geben ist als ein „„einfaches' Geben im Sinne der Absenz einer Duplizität zwischen vordergründig ,reinen' Motiven und davon getrennten Hintergedanken und Nebenmotiven zu begrei-

---

[88] Vgl. Theophylakt von Ohrid: Die Bewährung im Glauben und die Standhaftigkeit in Prüfungen gelinge nicht jedem, „sondern nur denen, die gottgemäß weise sind (τῶν κατὰ θεὸν σοφῶν)" – und daher sollen die, die sich im Glauben bewähren wollen, um Weisheit bitten (bei Bardenhewer, Jakobus, 30, der sich dieser Sicht anschließt, a. a. O., 31: Jakobus wolle zum Ausdruck bringen, „daß die wahre Bedeutung der Prüfungen nur mit Hilfe und im Lichte der göttlichen Gnade erkannt werden könne").

[89] Huther, Jakobus, 47.

[90] Vgl. McKnight, James, 85: „„[W]isdom' here is not just the wisdom of the grey-haired sage who spins riddles and attracts intellectual guests, but the wisdom that manifests itself in a certain kind of community life (see especially 1:19–21; 3:13–18; 4:1–12)."

270   *6. Jakobusbrief*

fen."[91] Das stiftet zu Rückschlüssen auf das Wesen des Gebers selbst an und führt die Gegensätzlichkeit zwischen der wesensmäßigen „Einfalt" Gottes und der unheilvollen „Doppelheit" des Beters eindrucksvoll vor Augen. Das Gebet des „zerspaltenen" (1,6) und „zweiseeligen Mannes" (1,8) steht im Kontrast zur Gabe Gottes, der „von ganzem Herzen' gerne",[92] „ohne Hintergedanken" (ἁπλῶς), aber ebenso „ohne Nörgeln" (μὴ ὀνειδίζων) gibt.[93] Auch wenn Jakobus das Motiv der *imitatio dei* nicht eigens ausführt, so ziehen doch die Rezipientinnen und Rezipienten – „by inference"[94] – den Schluss, dass ihr Beten aus ganzem Herzen, der „Einfältigkeit" und „Ungespaltenheit" Gottes entsprechend geschehen soll.[95]

Exemplarischer Rezipient ist der Hirt des Hermas, wenn er das unaufhörliche und freimütige Geben Gottes einem trägen, zögerlichen Beter entgegenstellt (Herm sim 5,4,3). Die Mahnung, beim zwischenmenschlichen Geben und Schenken nicht (vorher) zu zögern und (nachher) zu nörgeln, ist in griechischer wie jüdischer „Moralweisheit" breit belegt.[96] Sie ist auch ein wiederkehrender Topos bei den Apostolischen Vätern. Beim großherzigen Almosengeben soll nicht gezögert werden (Did 4,7//Barn 19,11).[97] Auffallend ist in den frühchristlichen Mahnungen die Verwendung des Verbs διστάζειν („zögern/zweifeln"), die sich womöglich über die Vermittlung durch den Petruszweifel (Mt 14,31) erklären lässt.

Nachdem sich Jakobus zur Haltung Gottes in seinem Geben geäußert hat (vgl. Lk 11,34//Mt 6,22), wendet er sich nun der Haltung des Bittstellers zu. Während in der Aufforderung zum Gebet das Jesuswort Mt 7,7–8//Lk 11,9–10 hindurchscheint,[98] geht der Autor nun in Jak 1,6 – dem Herzstück von Jak 1,5–8[99] – einen Schritt darüber hinaus und rückt die Glaubensexistenz des Beters in den Mittelpunkt.

---

[91] WYPADLO, Gebet, 94.

[92] WENGER, Kyrios, 162: Jakobus charakterisiert „die Art und Weise des göttlichen Gebens (von Weisheit) mit dem Attribut ἁπλῶς als einfach-ganzes Geben, als Geben ohne Falschheit, Hintergedanken und doppelten Boden und damit letztlich als vollkommenes Geben [...]: Gott gibt vorbehaltlos [...]."

[93] Vgl. FRANKEMÖLLE, Gespalten oder ganz, 166. Vgl. Herm sim 9,24,2: Das Geben der Gläubigen ἀνονειδίστως καὶ ἀδιστάκτως. Dazu s. u. Kap. 7.2.3.

[94] KLOPPENBORG, Hellenistic Psychagogy, 42. Vgl. McKNIGHT, James, 88: „[I]t is quite possible that the single-mindedly generous God drawing from the community a single-minded trust is in view (cf. 1:6–8)." SCHILLE, Gespaltenheit des Glaubens, 77: „Weil Gott ungespalten ist (haplos), sollte der Glaube nicht gespalten erscheinen (dipsychos)." S. u. Kap. 6.5.1.1 zu einem vergleichbaren Gedanken Platons.

[95] Mir erschließt sich Konradts Skepsis gegenüber einer solchen Interpretation nicht: „Dem Gedanken, daß die Christen ,einfältig/lauter/ganz sein sollen, weil Gott es ist, würde Jakobus sicher nicht widersprechen. Aber daß Jakobus von daher argumentiert [...], scheint mir konstruiert. Daß Jakobus in 1,5–8 eine Antithese zwischen Gottes ἁπλότης und der διψυχία aufbaut [...], überfrachtet den Text [...]" (KONRADT, Christliche Existenz, 176 Anm. 32). Mir scheint eher, dass der Sinn des Textes durch eine Verkennung der impliziten Korrespondenz verstellt wird. S. u. Kap. 6.4.2 zu 1 Clem 23,1.

[96] Vgl. DIBELIUS, Jakobus, 108; reichhaltiges Material in NW 2/2, 1249–1254.

[97] S. u. Kap. 6.4.1.

[98] Vgl. Mt 21,22; Mk 11,24; Joh 16,24; 1 Joh 3,22.

[99] SPITALER, James 1:5–6, 569 („interpretive core").

6.3.3 Ganzheitlicher Glaube

Bevor die Bedeutung der Präpositionalverbindung „im Glauben" (ἐν πίστει) bestimmt werden kann, sind einige Vorbemerkungen zum Glaubensverständnis des Jakobusbriefs am Platz. Wer mit Dibelius davon ausgeht, dass der Jakobusbrief aus lose aneinandergereihten Sentenzen und unverbundenen Traditionslinien besteht, kann darauf verzichten, ein einheitliches Glaubensverständnis herauszuarbeiten. Nachdem aber das „Kohärenzverbot" nicht mehr interpretationsleitend sein kann, stellt sich (erneut) die Frage, was Jakobus mit πίστις meint.

Lange Zeit drehte sich die Diskussion um das zweite Kapitel und war motiviert von der Frage nach der Vereinbarkeit mit dem paulinischen Glaubensbegriff. Meiner Ansicht nach lässt sich das antithetische Verhältnis zwischen Paulus und Jakobus nicht aus der Beheimatung der beiden in einem gemeinsamen Traditionsraum erklären, sondern setzt eine bewusste, durchaus polemische Auseinandersetzung voraus.[100] Doch ergibt sich daraus natürlich keine Identität ihrer Glaubensverständnisse.

Wo Paulus das Maß aller Dinge ist, wird dem Jakobusbrief ein katastrophales Zeugnis ausgestellt: seine Christologie sei „bar jeglicher soteriologischer Komponente", der Glaube eine „soteriologische Nichtigkeit".[101] Jenseits solcher anti-jakobeischen Spitzen setzt sich zunehmend die Auffassung durch, dass der Glaube im Jakobusbrief theozentrisch formatiert und doch „dezidiert christlich" sei, „insofern er seine Basis im Christusgeschehen hat, seine Gestalt in der Ausrichtung am Wort Gottes findet und bei der endzeitlichen Wiederkunft des auferstandenen Christus zum Ziel kommt."[102] Jakobus kreide einen defizitären Glaubensvollzug an, ihn schmerze „das Auseinanderklaffen von Glaubensbekenntnis und Glaubensvollzug".[103] Die bloße *fides quae* erscheint in einem verdächtigen, jedenfalls potenziell gefährdeten Licht, während eine positive Bezugnahme auf den Glauben stets in Verbindung mit einem Vertrauensakt (Jak 1,3.6; 2,23; 5,15) steht.[104] Zentral ist die Einsicht, dass Jakobus in der Linie des verbreiteten frühchristlichen Glaubensverständnisses mit πίστις „die Gottesbeziehung im ganzen"[105] bezeichnet, „eine Grundhaltung des Menschen, die sein Bekenntnis, seine Praxis und damit seine Grundorientierung auf Gott hin

---

[100] S.o. Kap. 6.2.3.

[101] LAUTENSCHLAGER, Gegenstand des Glaubens, 171.173.

[102] NIEBUHR, A New Perspective on James?, 1039; vgl. ders., Glaube im Stresstest. Daneben HAHN/MÜLLER, Jakobusbrief, 38: „Die gelegentlich vorgetragene Behauptung, der Jak habe keinen eigentlich christlichen *Glaubensbegriff*, ist keinesfalls akzeptabel. Zwar ist dieser Begriff nicht einfach identisch mit dem paulinischen oder johanneischen Glaubensverständnis, aber die wesentlichen Merkmale des allgemein-urchristlichen Verständnisses sind unschwer zu erkennen. Dabei spielt die Beziehung zu Jesus Christus eine zentrale Rolle."

[103] SCHILLE, Gespaltenheit des Glaubens, 86.

[104] Vgl. McKNIGHT, James, 89 mit Anm. 102.

[105] KONRADT, Christliche Existenz, 271. Vgl. a. a. O., 167: „*Christliche* Existenz ist für Jakobus mit dem Wort *Glaubens*existenz umfassend beschrieben; an den einzelnen πίστις-Stellen des

272 6. Jakobusbrief

umfaßt."[106] Dabei greift er bewusst auf Jesustradition zurück.[107] In (fast) allen frühchristlichen Schriften nimmt der Glaube eine zentrale Rolle ein, da kann es nicht verwundern, dass einzelne Autoren den jeweiligen Herausforderungen und Anliegen entsprechend unterschiedliche Akzente setzen.[108] Daher ist nicht zuerst nach der Differenz zu einem idealisierten paulinischen Glaubensbegriff zu fragen, sondern nach den situativen Akzentsetzungen im Brief selber. Jakobus liegt an einem ganzheitlichen Lebenswandel, wenn er vom Glauben spricht, und diese Ganzheitlichkeit betrachtet er als fragil.

Nun aber zur Wendung „im Glauben" im Kontext von Jak 1,5–8: Das Gebet soll „im Glauben" erfolgen. Eine zur Weisheit analoge geistig-ethische Doppelperspektive erklärt auch die πίστις in Jak 1,6 am besten. Sie ist aber ebenfalls nicht unumstritten.

Dibelius verweist auf die Mehrheit der (damaligen) Exegeten, die „eine weitere Fassung von πίστις" vertreten,[109] darunter Ropes: „‚Faith' is the fundamental religious attitude, not an incidental grace of character, and the words mean here more than ‚in confidence that he will receive his request'."[110] Dibelius bezieht den Glauben unter Berufung auf Herm mand 9,6–7 – freilich ohne von einer literarischen Abhängigkeit überzeugt zu sein[111] – dezidiert auf die Erhörung des Gebets, d.h. auf die „Erhörungsgewißheit".[112] Ein vergleichbares Glaubensverständnis findet er in den synoptischen Wundergeschichten (Mk 2,5; 4,40; 5,34.36; 9,23–24; Mt 8,10; 9,28) und in denjenigen Paulusstellen, die den Glauben als Charisma begreifen (1 Kor 12,9; 13,2; 2 Kor 8,7; Gal 5,22).[113] „Es ist die Sphäre des erhörungsfrohen Gebets und des wunderwirkenden Glaubens, in die wir hineinschauen."[114] Seit den Ausführungen von Dibelius hat sich der Forschungskonsens zu dieser Erklärung hin verschoben, so dass Konradt in seiner Studie sagen kann: „Daß es hier bei πίστις um unbe-

---

Briefes treten jeweils unterschiedliche, aber untereinander stimmige Teilaspekte dieses umfassenden Ganzen hervor."

[106] FRANKEMÖLLE, Gesetz, 211.

[107] S.u. Kap. 6.3.7.

[108] Vgl. den Überblick in SCHLIESSER, Faith in Early Christianity. Schon die Häufigkeit der Lexeme πίστις und πιστεύειν verweist auf den „christlichen" Idiolekt und das „christliche" Profil, gerade dann, wenn sie im Kontext der Abrahamfigur und der Rechtfertigungsthematik begegnen. Das wird übersehen, wenn man wie ALLISON, James, 37, und viele andere urteilt: „The very strange truth is that, aside from [James] 1.1 and the textually dubious 2.1, James, although written by a believer in Jesus, offers nothing that requires Christian presuppositions on the part of readers."

[109] DIBELIUS, Jakobus, 109.

[110] ROPES, James, 140, daneben verweist Dibelius auf BEYSCHLAG, Jacobus, 50: „Die πίστις muss vielmehr, im Gegensatz zu dem (zwischen Gott und Welt) getheilten Wesen des Zweiflers, die ungetheilte vertrauensvolle Hingebung des Gemüthes an Gott als das allein wahre Gut bezeichnen."

[111] DIBELIUS, Jakobus, 109. S.u. Kap. 7.2.3.1.

[112] DIBELIUS, Jakobus, 110.

[113] Häufig wird die Nähe zu jüdischen Texten wie Sir 7,10 und ApkEl 24,3–4 bemerkt, doch bleibt in diesen Belegen wie auch in Herm mand 9,1–8 (s.u. Kap. 7.3.2) der Glaube – anders als in Jak 1,6 – auf den Gebetsglauben beschränkt (so richtig schon SPITTA, Geschichte und Litteratur, Bd. 2, 22).

[114] DIBELIUS, Jakobus, 45f.

6.3 Jak 1,5–8; 2,4; 4,8: Gespaltenheit und Zweiseeligkeit

dingtes Vertrauen (beim Gebet) geht, ist ein weitreichender, aber [...] zu bestreitender Forschungskonsens."[115] Konradt selbst geht dann wieder wie die von Dibelius verworfene Exegese davon aus, dass πίστις in Jak 1,6 wie auch sonst im Brief „die Gottesbeziehung im ganzen" bezeichnet. Jakobus mahne „zu einem *entschiedenen* Glauben, dazu, sich mit seiner gesamten Existenz allein auf Gott auszurichten."[116]

Es ist nicht sinnvoll, bei der Erklärung des ἐν πίστει eine situative Erhörungsgewissheit gegen eine umfassende Gottesbeziehung auszuspielen. Jakobus hat die beiden Dimensionen nicht getrennt: Der Hauptakzent liegt auf der Ganzheit des menschlichen Gottesverhältnisses, doch das wird „in den einzelnen gegebenen Momenten" lebendig[117] und konkretisiert sich beim Gebet als Hoffnung und Vertrauen auf Gebetserhörung.[118] Im vorliegenden Kontext greift die Rede vom Glauben und seinen Gefährdungen (διακρίνεσθαι/δίψυχος) auf synoptische Jesuslogien zum Gebets- und Wunderglauben zurück (v. a. Mt 7,7//Lk 11,9; Mk 11,23//Mt 21,21) und adaptiert sie in mehrfacher Hinsicht.[119] In der Aufnahme von Jak 1,5 in Herm mand 9,6–7 erfolgt eine explizite Zuspitzung auf die Gebetserhörung, sowohl was den Glauben als auch was die Zweiseeligkeit angeht.[120]

6.3.4 Zweifeln, streiten, spalten? Was bedeutet διακρίνεσθαι in Jak 1,6?

Mit der Wendung μηδὲν διακρινόμενος (Jak 1,6) wird der Ausdruck „im Glauben" von der negativen Seite her umschrieben,[121] und im Anschluss erklärt Jakobus mittels einer Naturmetapher („Meereswoge"), mit welchem Problem der διακρινόμενος potenziell zu kämpfen hat. Die ebenfalls umstrittene Bezeichnung des inkriminierten Menschen als δίψυχος schließt den Gedankengang ab.

Was ist nun mit μηδὲν διακρινόμενος gemeint? Wer ist ὁ διακρινόμενος? Eine Antwort auf diese Fragen muss folgende Aspekte einbeziehen: die Semantik von διακρίνεσθαι,[122] die sachliche Opposition zu πίστις, die Funktion der Naturmetapher im unmittelbaren Kontext sowie die Korrespondenz zu δίψυχος in Jak 1,8 (und 4,8). Im Hintergrund steht dabei die oben herausgestellte Wechselbeziehung von göttlicher und menschlicher Haltung. Im Blick auf traditions-

---

[115] Konradt, Christliche Existenz, 270 Anm. 19 (mit Belegen). Dagegen Spitta, Geschichte und Litteratur, Bd. 2, 22; Beyschlag, Jacobus, 48 f.; Ropes, James, 140 f.

[116] Konradt, Christliche Existenz, 271.

[117] Huther, Jakobus, 47.

[118] Vgl. Burchard, Zu einigen christologischen Stellen, 358 f., zu Jak 2,1: Dort sei πίστις „ihrem Wesen nach Vertrauen und Hoffnung (sie kann das auch bei Paulus sein, vgl. Röm 5,2; Kol 1,27) und ordnet sich zwanglos 1,3.6; 5,15 zu [...]. Damit verstärkt sich der Eindruck, daß Jakobus' Glaubensverständnis dem des Hebräerbriefs (z. B. 6,12; 11,1) verwandt ist."

[119] S. u. Kap. 6.3.7.

[120] S. u. Kap. 7.3.2.

[121] Vgl. Huther, Jakobus, 50: „μηδὲν διακρινόμενος drückt denselben Begriff, wie ἐν πίστει, nur negativ aus." Μηδὲν ist ein adverbiell gebrauchtes Neutrum im Akkusativ („in Bezug auf nichts").

[122] S. u. Kap. 6.3.8 zu Jak 2,4.

274   6. Jakobusbrief

geschichtliche und literarische Zusammenhänge wird vor allem auf Mk 11,23 (μὴ διακριθῇ ἐν τῇ καρδίᾳ) und die Apostolischen Väter zu verweisen sein, die das Lexem δίψυχος durchweg mit „zweifeln" (διστάζειν) in Verbindung bringen.[123]

6.3.4.1 „Der Zweifler": theoretischer oder praktischer Zweifel

Nicht zuletzt aufgrund solcher Traditionslinien wird im διακρινόμενος in der Jakobusexegese fast einhellig ein zweifelnder Mensch erblickt, der aufgrund seiner mentalen Disposition nicht imstande ist, „im Glauben" zu bitten und also zwischen Glaube und Unglaube hin- und herschwankt.[124] Von dieser exegetischen Hauptspur zweigen etliche Nebengleise ab, die im Folgenden nur kurz rekapituliert werden. Nach einer ersten Auslegungsrichtung ist der διακρινόμενος dadurch charakterisiert, dass es ihm an schlichtem, einfältigem Gottvertrauen fehlt und er wegen seiner intellektuellen Einwände keine Erhörungsgewissheit hat.

Nach Johannes Schneider wird mit „dem glaubensvollen Menschen" der Zweifler kontrastiert, der „vor lauter theoretischen Erwägungen nicht die Kraft zum schlichten, demutsvollen Beten aufbringt."[125] Schon Philipp Melanchthon legte den Akzent des Zweifels an dieser Stelle auf Nachforschungen des Intellekts: „Gott will, dass ihm diese Ehre zukommt, dass er um seines Sohnes willen uns wahrlich annimmt und unsere Gebete erhört. So will er angerufen werden, nicht wie Xenophon oder Cicero anrufen oder die Akademiker [...], welche das Zweifeln geradezu befehlen."[126] Wer die Glaubenden zum Zweifeln anstiftet und dann auch noch behauptet, dass Zweifel keine Sünde sei, verdunkle das Evangelium auf frevelhafte Weise.[127]

Die Thematisierung des theoretischen Zweifels wäre im Neuen Testament allerdings singulär und im Jakobusbrief überraschend. Viel näher liegt – so etwa Beyschlag – der „praktische Zweifel des Gemüths an der wahren Realität und dem alleinigen Werth der übersinnlichen Güter", auf die ja das Gebet um Weisheit zielt.[128] Ropes sieht einen Menschen angesprochen, dem es an Hingabe und

---

[123] Vgl. 1 Clem 11,2; 23,3; 2 Clem 11,2 (διστάζοντες) und v.a. Herm mand 9,5 (οἱ γὰρ διστάζοντες εἰς τὸν θεόν, οὗτοί εἰσιν οἱ δίψυχοι). S.u. Kap. 6.4.2 und Kap. 7.3.2.

[124] Beyschlag, Jacobus, 53. Vgl. z.B. Porter/Stevens, Doubting BDAG, 64 f.; Allison, James, 178 f., mit Verweis auf neuere Kommentarliteratur; Glöckner, Bildhafte Sprache, 320: „Weil er [sc. der zweifelnde Mensch] zwischen Vertrauen und Zweifel ständig hin- und herschwankt und keine Sicherheit erzeugen kann, ist er wie eine Woge."

[125] Schneider, Jakobus, 7. Schneider verweist zuvor auf Mt 18,13 und 21,21–22 und erläutert: „Gottes Geben setzt die Lauterkeit des Herzens und das volle Vertrauen zu seiner Allmacht voraus. Nur das gläubige Gebet kann auf Erhörung rechnen."

[126] Melanchthon, De Fide, 464: „10. Vult Deus sibi hunc honorem tribui, quod vere propter filium suum nos recipiat et audiat preces nostras. Sic vult invocari, non ut invocant Xenophon aut Cicero, seu Academici, [quales nos esse volunt,] qui iubent dubitare."

[127] Melanchthon, De Fide, 464: „4. Ergo impie obruunt Evangelium, qui semper iubent dubitare, an Deo placeamus, et docent eam dubitationem non esse peccatum [...]."

[128] Beyschlag, Jacobus, 51.

6.3 Jak 1,5–8; 2,4; 4,8: Gespaltenheit und Zweiseeligkeit

Engagement fehlt, dessen Loyalität schwankt: „ὁ διακρινόμενος is a man whose allegiance wavers, not one tormented by speculative intellectual questionings, which do not fall within James's horizon.“[129] Immerhin erwarte dieser Mensch im Gegensatz zum theoretischen Skeptiker noch etwas von Gott.[130] Johann Eduard Huther geht noch einen Schritt weiter. Für ihn zeugt der Zweifel von einem fatalen Gefälle hin zum Unglauben: „während die πίστις Ja, und die ἀπιστία Nein ist, ist das διακρίνεσθαι das Zusammensein von Ja und Nein, und zwar so, dass das Nein das Uebergewicht hat; es ist das innere Schwanken, das nicht zur πίστις (also nicht: der noch schwache, zagende Glaube), sondern zur ἀπιστία führt; der tiefere Grund davon ist der Hochmuth.“[131] Huther untermauert seine Exegese mit einem Verweis auf Theophylakt, der erklärt: „Der διακρινόμενος bittet mit Herablassung (μεθ' ὑπεροψίας), der διακρινόμενος ist anerkanntermaßen ein Frevler (ὑβριστὴς ὁμολογουμένως).“[132]

6.3.4.2 „Der Frevler“: Aufbegehren gegen Gott

Angesichts der philologischen wie kontextuellen Schwierigkeiten, zu denen die Übersetzung des Verbs διακρίνεσθαι mit „zweifeln“ führt, wurde gelegentlich auch das klassisch-griechische Bedeutungsspektrum herangezogen, besonders nachdrücklich von Peter Spitaler.[133] Auch er rekurriert auf die Charakterisierung des διακρινόμενος als Frevler (ὑβριστής) bei Theophylakt[134] und weist nach, dass diese Bezeichnung auf Cyrill von Alexandria zurückgeht. Aus dessen Feder stammt die Formulierung, dass ein διακρινόμενος „anerkanntermaßen als Frevler bezeichnet werde“ (ὑβριστὴς γὰρ ὁμολογουμένως ὁ διακρίνομενος). Ein solcher Frevler erweist sich als ein „Ankläger dessen, der alles vermag“, als einer, der „zweiseelig“ (διψυχήσας) ist. Das Scholion der Katene findet sich in Cyrills Lukaskommentar zu Lk 18, wo Jesus das Gleichnis der bittenden Witwe

---

[129] Ropes, James, 140 f.

[130] Anders Dibelius, Jakobus, 109, der überinterpretierend meint, Jakobus sage gar nicht, „daß der Zweifler sich wirklich solche Hoffnungen macht.“ Doch warum sollte er dann überhaupt bitten? Diskutiert wird zu dieser Frage die Wendung μή [...] οἰέσθω in Jak 1,7: Handelt es sich dabei lediglich um eine abwertende rhetorische Geste (ebd.), die dem betend Zweifelnden bzw. dem zweifelnd Betenden fehlende Erhörungsgewissheit attestiert und damit dessen „Meinen“ ins Lächerliche zieht und ihm letztlich einen „Wahn des Zweiflers“ (Huther, Jakobus, 52) unterstellt? Wahrscheinlicher ist doch, dass Jakobus eine „bestehende[...] Erhörungserwartung“ infrage stellt, die aufrichtig davon ausgeht, von Gott etwas zu empfangen (Konradt, Christliche Existenz, 271). Ähnlich Ropes, James, 141: Jak 1,7 „shows [...] that the kind of waverer whom James has in mind fully *expects* to receive some benefit from God.“

[131] Huther, Jakobus, 50.

[132] Bei Huther, Jakobus, 50.

[133] Spitaler, James 1:5–6. S. o. Kap. 2.4.

[134] Vgl. Spitaler, Διακρίνεσθαι, 36 mit Anm. 115: „Ultimately, for Theophylact, the διακρινόμενος in James' letter is a person ‚who sets himself apart from matters that are certain‘ (Διακρινόμενος ἔστω, ὁ διαστέλλων ἑαυτὸν ἀπὸ βεβαίου πράγματος, καὶ ἐνδοιάζων, εἰ ἔσται, ἢ μή)“ (PG 125, 1137).

276   6. Jakobusbrief

erzählt und seine Jünger ermahnt, „dass sie allezeit beten und nicht nachlassen sollten" (18,1).[135] Das Gleichnis untermaure, so Cyrill, dass Gott nicht etwa denjenigen zustimmend „zunickt", die ihm „übereifrig und leichtsinnig" (περιέργως ἤ ἀτημελῶς) entgegentreten, sondern denjenigen, die ernsthaft und unablässig beten.[136]

Im Rückgriff auf diese Interpretationslinie versucht Spitaler zu zeigen, dass für Jakobus an dieser Stelle wie im gesamten Schreiben nicht die Antithese Vertrauen – Zweifel von Bedeutung ist, sondern die Antithese Vertrauen – Streit.[137] Jakobus denke nicht an einen „Zweifler", sondern an einen, der gegen Gott aufbegehrt und dessen soziales Verhalten kritikwürdig ist.[138] Philologisch ist an Spitalers These nichts auszusetzen, doch stehen ihr andere Einwände entgegen.[139] Künstlich erscheint mir vor allem die syntaktische wie inhaltliche Trennung der nach außen gerichteten Streitsucht des διακρινόμενος (der nach Spitaler mit Gott im Clinch ist und dennoch etwas von ihm erwartet) von der inneren Disposition des δίψυχος.[140]

6.3.4.3 „Der Gespaltene": Inkonsistenz im Sein und Tun

Spitaler ist nicht der Erste und nicht der Einzige, der aus philologischen und exegetischen Gründen nach alternativen Wegen der Interpretation von Jak 1,6 gesucht hat. Dabei zeigt sich, dass nicht nur das traditionelle Verständnis rund um das „Zweifeln" schillernd ist, sondern auch die Vorschläge, die sich an klassisch-hellenistischer Semantik orientieren.

Nach Synge ist der διακρινόμενος einer, der „(bei sich) entscheidet", indem er herauszufinden sucht, an welchem Punkt sich „Mögliches" vom „Unmöglichen" trennt. „Such a one, relying in emergencies not so much on God's power as on his own assessment of

---

[135] Cyrill von Alexandria, *Commentarii in Lucam* (zu Lk 18,1) (PG 72, 848 f.).

[136] SPITALER, Διακρίνεσθαι, 17 f.; ders., James 1:5–6, 568. S. o. Kap. 3.4.1.4 zur terminologischen (περιέργως ἤ ἀτημελῶς) und sachlichen Übereinstimmung mit Chrysostomos' Deutung von Röm 4,20.

[137] SPITALER, James 1:5–6, 564 („trust-dispute").

[138] SPITALER, James 1:5–6, 566: „James appears to write in the tradition of other Greek authors who similarly juxtapose ‚simplicity' with some form of negative social behaviour: a dispute, contest, meddling, quarrel or malice." Dass jedoch Theophylakts Interpretation auch zur Bestätigung des „traditionellen" Verständnisses herangezogen werden kann, zeigt die oben erwähnte Bemerkung von HUTHER, Jakobus, 50. Spitalers These wird (mit Blick auf die Jakobusstellen) übernommen bei BATTEN, Ideological Strategies, 19 Anm. 53, und KLOPPENBORG, Hellenistic Psychagogy, 41 f. Anm. 8; NÜRNBERGER, Zweifelskonzepte, 400 f. Letztere paraphrasiert: „Der Zweiseeler soll Gottes Gebebereitschaft Glauben schenken ohne zu streiten, d. h. Gott etwas vorzuwerfen oder ohne sich gegen Gott zu stellen." Eine solche Aussageabsicht scheint mir trotz der Verweise auf die Thematik des Streits im Jakobusbrief (Jak 1,26; 3,5–10, 4,1–2; 4,11) hier nicht vorzuliegen.

[139] Eine ausführliche Kritik an Spitaler bietet ALLISON, James, 179–181.

[140] SPITALER, James 1:5–6, 570 f. Er muss in Jak 1,8 von einem syntaktischen Neueinsatz ausgehen.

6.3 Jak 1,5–8; 2,4; 4,8: Gespaltenheit und Zweiseeligkeit

God's power, finds himself at the mercy of the winds and storms of life."[141] Markus Barth liest Jak 1,6 vor dem Hintergrund von Jak 2,4, wo διακρίνεσθαι „sich zum Richter machen" bedeutet: „Dort heisst es unmöglich Zweifel, sondern διακριταί sind die selbsternannten Richter, die sich aufsetzen, um über den Mitmenschen zu richten im Gegensatz zu dem einen Richter und Gesetzgeber Gott, Jak 4,11 und 12."[142] Baumert hebt auf das *genus verbi* von διακρίνεσθαι ab und sieht darin einen Hinweis auf einen „von außen kommenden Druck", der auf den Beter einwirkt: Er solle sich „durch gegenteilige Einflüsse nicht von dem Vertrauen *abbringen* lassen. [...] Das Wort spricht also von Stabilität im Bitten unter widrigen Umständen, nicht von einer anderen, minderen Qualität des Vertrauens. [...] Mag sich dies u.U. in Zweifeln äußern, so zielt doch die Semantik von διακρίνεσθαι auf Unbeständigkeit und eine falsche Nachgiebigkeit auf einen von außen kommenden Druck hin (daher wohl ein Passivum im Sinn von sich abbringen lassen), bis zum ‚geteilten Herzen'. Und dies ist deutlicher schuldhaft als ‚Zweifel'."[143]

DeGraaf weist scharfsinnig auf ein (logisches und existenzielles) Dilemma der herkömmlichen Interpretation διακρίνεσθαι = zweifeln hin: Wie kann sich einer seiner Zweifel entledigen, ohne mit Weisheit ausgestattet zu werden – und wie kann er Weisheit erlangen, wenn Gott ihm doch aufgrund seiner Zweifel die Erhörung seines Gebets ausschlägt?[144] Da hilft nur ein Münchhausentrick. Die Worte aus Jak 1,6 müssen nach DeGraaf folglich einen anderen als den weithin angenommenen Sinn haben, und er schlägt daher folgende Übersetzung vor: „Let him ask in faith, free from divided motives and divisive attitudes, for such a person is like an ocean wave [...]."[145] Dieses Verständnis weist meines Erachtens in die richtige Richtung, da hier Innenperspektive (geteilter innerer Antrieb) und Außenperspektive (trennendes Verhalten) nebeneinandergestellt werden.

Der διακρινόμενος ist demnach ein Mensch, dessen Sein und Handeln gleichermaßen gespalten und spaltend ist. Ein solch umfassendes Verständnis drängt sich vor dem Hintergrund der bisherigen Argumentation auf und wird sich im Blick auf den Korrespondenzbegriff δίψυχος bestätigen. Wie die πίστις im Jakobusbrief die existenzielle Grundausrichtung und nicht nur die Erhörungsgewissheit beschreibt, so bezieht sich auch διακρίνεσθαι nicht nur auf die Gebetsbitte, sondern „auf die Lebensrichtung überhaupt".[146] Attackiert wird ein fundamentales Zerspaltensein der christlichen Existenz nach innen wie nach außen, das Fehlen einer eindeutigen Lebensausrichtung mit allen spirituellen

---

[141] SYNGE, Not Doubt, 204.

[142] BARTH, Discussion, 65.

[143] BAUMERT, Wortspiel, 31.

[144] DEGRAAF, Some Doubts, 741. Alternativ wird das Problem in fragwürdiger Weise theologisch, d.h. prädestinatianisch „gelöst". Vgl. MICHEL, Römer, 439 Anm. 38 (zu Röm 14,23): „Auch im Verhalten des ‚Zerspaltenseins' (Jak 1,6; 2,4) liegt das verwerfende Urteil Gottes."

[145] DEGRAAF, Some Doubts, 742; vgl. PORTER/STEVENS, Doubting BDAG, 67 („divided in purpose"). Dagegen SPITALER, James 1:5–6, 572 Anm. 34.

[146] SPITTA, Geschichte und Litteratur, Bd. 2, 22. Dort ist διακρινόμενος als „Uneinssein mit sich selbst" wiedergegeben, was allerdings noch zu eng gefasst ist.

278 6. Jakobusbrief

und sozialen Konsequenzen. Von der Warnung vor solchen Konsequenzen ist
das gesamte Schreiben geprägt.

Während Gott „einfältig" (ἁπλῶς), d. h. „einfach, unzusammengesetzt, ganz,
aufrichtig, ohne Hintergedanken, vorbehaltlos" (1,5)[147] und eine „vollkommene
Gabe von oben" gibt (1,17), spricht der Zerspaltene seine Bitte um Weisheit
vergeblich aus, denn er ist wie eine Brandung, vom Wind hin- und hergeworfen
und wie von einem Blasebalg aufgepeitscht (1,6).

6.3.5 „Wie eine Meeresbrandung"

Die Aussage in Jak 1,6b ist der einzige neutestamentliche Beleg für das Verb διακρίνεσθαι, der den Sachverhalt mithilfe eines Bildes näher erläutert.[148] Jakobus
malt seiner Adressatenschaft im Rückgriff auf ein geläufiges Metaphernreper-
toire ein Bild davon, „was der διακρινόμενος ist, nicht was aus ihm wird."[149] Die
beiden synonymen Partizipien ἀνεμιζομένῳ und ῥιπιζομένῳ assoziieren Vorstellungen des Windes (ἄνεμος, vgl. Jak 3,4) und eines Blasebalges (ῥιπίς), deren
Kraft die Brandung ausgesetzt ist. Schon in den Apostolischen Konstitutionen,
die thematisch und terminologisch an die Jakobusstelle anknüpfen,[150] ist an den
sinkenden Petrus gedacht, der von der Wucht der Zweifelswelle erfasst wird (Mt
14,28–31). Allerdings lässt der Gleichklang von ἀνεμιζομένῳ und ῥιπιζομένῳ,
den Jakobus übrigens durch den Neologismus ἀνεμίζεσθαι erst schuf,[151] eher an
ein rhythmisches Hin- und Herbewegen des Wassers in der Brandung denken.[152]

Damit ist die Frage nach dem Vergleichspunkt der Metapher gestellt. Sie wird
in der Jakobusexegese wieder in zweifacher Weise beantwortet: Für die einen
liegt er in der unsteten Disposition des inneren Menschen, der nicht zu Beständigkeit und Stabilität findet, für die anderen im Hin- und Hergerissensein
bzw. im Hoch und Nieder eines uneinheitlichen Verhaltens. Die erste Sicht
entspricht der Mehrheitsmeinung und ist bestimmt von der Deutung des Verbs
διακρίνεσθαι als „zweifeln".

So erklärt Franz Mußner: „Wie die Welle des Meeres bald hierhin, bald dorthin geschau-
kelt, bald in die Tiefe, bald in die Höhe, jetzt ans Ufer und dann wieder zurückgeworfen
wird [...], so ist für Jak auch der διακρινόμενος ein Mensch, der in einem inneren Wider-

---

[147] FRANKEMÖLLE, Gespalten oder ganz, 166.

[148] Darauf macht u. a. SPITALER, James 1:5–6, 569 Anm. 27, aufmerksam.

[149] BURCHARD, Jakobusbrief, 60.

[150] Vermittelt über Did 4,4 und den Terminus δίψυχος. S. u. Kap. 6.4.1.

[151] Das Verb ἀνεμίζεσθαι ist hier (als Variante zu ἀνεμοῦσθαι) zum ersten Mal literarisch
belegt und erscheint danach fast ausschließlich in christlichen Texten (vgl. ALLISON, James,
183). Es wird von Jakobus um der Assonanz willen geprägt worden sein. Zu ῥιπίζειν vgl. Philo,
Aet. 125,6–7: εἰ μὴ πρὸς ἀνέμων ῥιπίζοιτο τὸ ὕδωρ („wenn nicht das Wasser durch die Winde
aufgepeitscht würde").

[152] Vgl. DIBELIUS, Jakobus, 111 (κλύδων nicht „Woge", sondern „Gewoge, Brandung"; vgl.
Philo, Sacr. 90; Gig. 51).

6.3 Jak 1,5–8; 2,4; 4,8: Gespaltenheit und Zweiseeligkeit

streit zwischen Vertrauen und Mißtrauen Gott gegenüber lebt, hin und her geworfen von allerlei Bedenken, Einwänden und angeblichen ‚Erfahrungen', statt sich mit kindlichem Vertrauen in die Arme Gottes zu werfen."[153] Wer ständig hin- und herschwankt und nicht zur inneren Ruhe kommt, ist demnach nicht empfänglich für die erbetene Gabe (der Weisheit).

Häufig wird in diesem Zusammenhang auf Jes 57,20 LXX und Sir 33,2 verwiesen: „Die Ungerechten (ἄδικοι) aber werden so wie von Wogen umhergeworfen werden (κλυδωνισθήσονται), und sie werden nicht zur Ruhe kommen können." Und: „Ein Weiser lässt sich das Gesetz nicht verleiden; aber ein Heuchler (ὁ δὲ ὑποκρινόμενος) treibt umher wie ein Schiff im Sturm." Die Kommentare notieren eine Vielzahl weiterer Vergleichsstellen aus jüdischer und griechisch-römischer Literatur, die von der Beliebtheit des Bildfeldes Meer – Wind – Wellen zeugen.[154] Sie umschreiben mehrheitlich das ruhelose Innenleben des Menschen. Die beiden zitierten Passagen sind darüber hinaus Stichwortgeber für eine moralische Klassifizierung des „Zweiflers", wie sie vor allem in der älteren Jakobusexegese häufig begegnet: Ein „Zweifler" ist nicht besser als ein „Ungerechter" und ein „Heuchler".

Damit rückt aber auch jenseits der seelischen Konstitution ein bestimmtes ethisches Verhalten ins Blickfeld. Einzelne Exegeten sehen daher in Jak 1,6 „nicht das aufgewühlte Innere [...], sondern das schwankende Verhalten" illustriert: „Der abgebildete διακρινόμενος scheint schwankend und hektisch (V. 8) zugleich zu sein."[155]

Die Metapher ist ein weiteres Beispiel dafür, dass die verbreitete Trennung von Innen und Außen wenig sinnvoll ist. Sie illustriert eine Existenzweise, die sich einer eindeutigen Lebensausrichtung entzieht. Sie hat daher auch nicht bloß die innere Ruhelosigkeit und Unbeständigkeit des zwiespältigen Betenden vor Augen, sondern „die *ganze* Unbeständigkeit seines ‚Doppellebens'."[156] Ein solches „Doppelleben" vergleicht Jakobus nun nicht mit einer einzelnen Woge, die von einem heftigen Sturms aufgetrieben wird, sondern mit dem plätschernden Hin und Her der Brandung. Nicht das Versagen in einer Ausnahmesituation wird kritisiert, sondern eine indifferente Normalexistenz.[157] Wer sich so treiben

---

[153] MUSSNER, Jakobusbrief, 70. Vgl. HUTHER, Jakobus, 52: „Durch das Bild wird das Gemüth des Zweiflers als ein unstät hin und herschwankendes, dem es an der stillen und sichern Ruhe fehlt, characterisiert."

[154] Vgl. exemplarisch zur Verbindung der Metapher mit dem Zweifel Apuleius, *Met.* 10,3,3: *ut in quodam vado dubitationis haerens* („gleichsam im seichten Wasser der Unentschlossenheit festsitzend"). Ausführlich NÜRNBERGER, Zweifelskonzepte, 395–397; GLÖCKNER, Bildhafte Sprache, 107–125.

[155] BURCHARD, Jakobusbrief, 61. Vgl. die auf einer wenig überzeugenden Dissoziation von διακρινόμενος und δίψυχος basierende Deutung von SPITALER, James 1:5–6, 570 f.

[156] KONRADT, Christliche Existenz, 271.

[157] Vgl. die Beobachtung von ROPES, James, 142: „The point of comparison in James is the ordinary instability of the heaving sea, not the unusual violence of a storm." Die Metapher

280 6. Jakobusbrief

lässt, ist nicht allein, sondern erfährt sich in trügerischer Gleichförmigkeit mit anderen Brandungswellen. Die Tatsache, dass eine Meeresbrandung keinen eigenen Willen hat und durch äußere Krafteinwirkung bewegt wird,[158] ist nicht als Freispruch für den zerspaltenen Menschen zu verstehen; hier stößt das Bild an seine Grenzen. Die Notwendigkeit und Fähigkeit des Menschen zu effektivem Verhaltensmanagement bringt Jakobus in anderen Zusammenhängen mittels weiterer Metaphern zum Ausdruck: Wie ein Wagenlenker sollen die Angeschriebenen ihre Zunge und sich selbst im Zaum halten (χαλιναγωγεῖν, 1,26; 3,2),[159] wie ein Steuermann ihre Zunge lenken (3,4). Hierzu braucht es einen Impuls des Willens (ὁρμή, βούλεσθαι, 3,4); auch der ist beim zweiseeligen Menschen fehlgeleitet, da er Freundschaft mit Gott *und* der Welt will (βούλεσθαι, 4,4).[160]

6.3.6 Wer ist der ἀνὴρ δίψυχος und was zeichnet ihn aus?

Auf die Metapher von der Meeresbrandung folgt die Wendung vom „zweiseeligen Mann" (ἀνὴρ δίψυχος): „Ein zweiseeliger Mann ist ruhelos auf allen seinen Wegen" (Jak 1,8).[161]

Vereinzelt finden sich in der Auslegungsliteratur Versuche, den διακρινόμενος und den δίψυχος mit zwei verschiedenen Vorstellungsbereichen zu assoziieren, die sich wiederum an einem Innen und Außen ausrichten. Das Fehlen des Artikels vor ἀνὴρ δίψυχος lasse auf einen gedanklichen Neueinsatz schließen, der sich auch inhaltlich zeige: Der zweiseelige Mann sei, so die Feststellung von Wilhelm Martin Leberecht de Wette, *„ein in sich uneiniger Mann*, der gleichsam zwei Seelen hat und mit der einen sich zu Gott wendet, mit der andern an der Welt und an sich hängt". Der Vorgang des Zweifels „erschöpft den Sinn nicht".[162] Zum Verhältnis der beiden Sätze stellt de Wette fest: „Es wird hiermit nicht etwa der Grund des Vor[igen] angegeben, sondern dem, was ein solcher Mensch im *Gebete* oder im *Glauben* ist, dasjenige zur Seite gestellt, was er im *Sittlichen* ist."[163] Eine exakt gegenläufige Zuordnung nimmt Spitaler vor: Der διακρινόμενος sei einer, der (nach

---

schließt die Deutung aus, dass Jakobus eine „Zwischenposition zwischen dem eindeutig negativen und dem eindeutig positiven Lebensweg" bzw. eine „Mittelposition zwischen dem Weg des Lebens und dem Weg des Todes" intendiert habe (NÜRNBERGER, Zweifelskonzepte, 405.420, mit Verweis auf WILSON, Turning Words, 370: „The conduct of such people reveals their desire to remain ‚neutral' [...]").

[158] Vgl. SADLER, James, 9; GLÖCKNER, Bildhafte Sprache, 118.

[159] S. u. Kap. 6.5.1.1.

[160] Auffällig sind der Appell an das Willensvermögen (vgl. Jak 3,4) und die zahllosen Imperative (insg. 54 Imperative in 108 Versen). Vgl. ALLISON, James, 92: „The imperatives in James [...] are relentless, and they are demanding. He calls readers to endure trials with patience (1.2–4, 12; 5.7–11), to seek wisdom (1.5–8; 3.13–18), to conquer anger (1.19), to control desire (1.14–16; 4.1–3), and to avoid relying upon wealth (1.9–11; 4.13–5.6)."

[161] Zu ἀκατάστατος („unruhig", „unbeständig") vgl. Jak 3,8 (die Zunge als ἀκατάστατον κακόν, „unruhiges Übel") und 3,16 (dort, wo Eifer und Streit herrschen, gibt es ἀκαταστασία, „Unbeständigkeit", und allerlei üble Dinge), daneben auch Herm mand 5,2,7. Der Ausdruck „auf allen seinen Wegen" bezieht sich auf den gesamten Lebenswandel (vgl. Ps 90,11 u. ö.).

[162] DE WETTE, Petrus, Judas und Jakobus, 200.

[163] DE WETTE, Petrus, Judas und Jakobus, 201.

6.3 Jak 1,5–8; 2,4; 4,8: Gespaltenheit und Zweiseeligkeit   281

außen) in eine Auseinandersetzung mit Gott tritt, weil und insofern er (in seinem Innern) ein ἀνὴρ δίψυχος ist.[164]

Das sind freilich Überinterpretationen, die den Grundtenor einer ganzheitlichen Gottes- und Weltbeziehung im Jakobusbrief überhören. Das Attribut δίψυχος charakterisiert weder einseitig das Gottesverhältnis noch lediglich die Ethik, sondern das ganze Leben. Man hat sich gefragt, ob die Zweiseeligkeit als Grund oder als Resultat des „Zweifelns" zu fassen ist,[165] doch erübrigt sich diese Frage nach der oben vorgeschlagenen Deutung von διακρίνεσθαι im Sinne eines fundamentalen Zerspaltenseins. So ist vielmehr das δίψυχος εἶναι als das „charakteristische Wesen des διακρίνεσθαι" zu verstehen.[166]

In einem weiteren Kontext nimmt Jakobus das Thema der (ausbleibenden) Gebetserhörung wieder auf und bietet im weiteren Argumentationsgang eine Näherbestimmung von δίψυχος: „Bittet ihr aber, so empfangt ihr nichts, weil ihr verkehrt (κακῶς) bittet" (Jak 4,3). Was in Jak 1,6 durch das Partizip διακρινόμενος zum Ausdruck kommt, wird hier sachlich parallel mit dem Adverb κακῶς bestimmt. Natürlich sind es nicht irgendwelche Gebetsmanieren, die kritisiert werden, sondern Inhalt und Intention des Betens.[167] Inwiefern diese „verkehrt" sind, gibt der mit ἵνα angeschlossene Finalsatz an: „Ihr bittet, um euren Begierden Befriedigung zu verschaffen."[168] Wie in Jak 1,6 wird nicht primär ein zweifelndes Hin- und Herschwanken, eine skeptische Haltung oder mangelnde Erhörungsgewissheit angeprangert, sondern eine umfassende Haltung der Zweiseeligkeit, die mit Gott und Welt Freund sein will (4,4).[169]

---

[164] SPITALER, James 1:5–6, 570 f. „[T]he metaphor illustrates the disputer's external behavior (such a person's way of life is ‚restless' like ‚a wave that is wind-tossed and fired-up'); that is, the metaphor describes the outward manifestation of this person's internal disposition (the disputer is inwardly δίψυχος, ‚double-souled' [v. 8])."

[165] Vgl. die Überlegungen und Referenzen bei BEYSCHLAG, Jacobus, 53.

[166] BEYSCHLAG, Jacobus, 53. Auch nach NÜRNBERGER, Zweifelskonzepte, 398, handelt es sich bei ὁ διακρινόμενος um einen „bedeutungsähnlichen, referenzidentischen Ausdruck" zu δίψυχος.

[167] Vgl. BURCHARD, Jakobusbrief, 168.

[168] Vgl. KONRADT, Christliche Existenz, 130. Dazu auch McKNIGHT, James, 330: Die kritisierten Lehrer missbrauchen das Gebet im Sinne einer „Erfüllungsökonomie". Das Verb δαπανᾶν meint „ausgeben" oder „verschwenden": „Prayer is depicted here as capital or currency, and the teachers have spent all their requests, even if unaware of what they were doing, on the wrong thing [...]. The word ‚spend' is graphic: the sick woman had ‚spent all she had' on doctors (Mark 5:26), the prodigal son has spent all his money (Luke 15:14), and Paul expresses the depth of his devotion and how far he will go for the Corinthians with ‚I will most gladly spend and be spent for you. If I love you more, am I to be loved less?' (2 Cor 12:15). The teachers have put all they had, spilled all their coins, into prayers for the wrong thing. To use James's words, they have spent their prayers *in the realm of exploring and increasing their pleasures* (dative of sphere)."

[169] Die Doppelperspektive auf die Haltung und das Handeln drückt sich auch in Spittas Auffassung zur Stelle aus: „Denen, die reinen Herzens sind und reiner Hände sind, giebt Jahve den Segen auf ihr Gebet; die aber, welche in ihren Lüsten sich zu Freunden der Welt der Ungerechtigkeit gemacht haben, sind damit Feinde Gottes geworden, und wenn sie sich doch an

282 6. Jakobusbrief

Zweiseeligkeit ist aufs Engste an die Sünde gekoppelt, weil sie potenziell der Begierde und den Lüsten Raum gibt (1,14–16; 4,1–3). Niedere Motive zerstören nach Jakobus die Ganzheit des Menschen und der Gemeinde und führen am Ende zum Tod. Für Jakobus ist es daher unerheblich, dass beim ständigen Hin und Her des Zweiseeligen auch gelegentlich das Richtige gedacht und getan wird[170] – fatal ist das Schwanken an sich!

6.3.7 Das Verhältnis von Jak 1,5–8 zur Jesustradition

Die Mehrheit der Kommentare interpretiert Jak 1,6–8 mit Hinweis auf die Stichworte „Glaube", „Zweifel", „Gebet", „Empfangen" auf der Linie der synoptischen Tradition aus Mt 7,7//Lk 11,9 bzw. Mk 11,22–24//Mt 21,21–22 und denkt dabei an eine literarische Abhängigkeit des Jakobusbriefs von diesen Logien.[171] Das Urteil, Jak 1,6–8 teile mit den synoptischen Stellen nur das semantische Feld,[172] scheint mir auf eine charakteristische Neigung der deutschsprachigen Forschung zurückzugehen, die anders als die angelsächsische Exegese literarischen Abhängigkeiten gegenüber tendenziell skeptisch ist. Rezeption ist – selbst wenn sie einen Text bloß wiederholt – stets ein schöpferischer Vorgang, schon allein deshalb, weil ein Ausgangstext in eine neue Situation, in eine andere Zeit und einen anderen Ort, häufig auch in eine andere literarische Gattung hineingestellt wird. Zu diesen im Vorgang der Rezeption selbst liegenden Akzentverschiebungen kommt im Fall des Jakobusbriefs ein umfassendes „Reframing", das die Jesusworte frei und situationsgebunden paraphrasiert und modifiziert.[173]

Gott im Gebet wenden, so gehören sie zu den διακρινόμενοι und δίψυχοι, von denen schon in 1,7 gesagt ist, dass sie keine Aussicht auf Gebetserhörung haben" (SPITTA, Geschichte und Litteratur, Bd. 2, 116 f.).

[170] Dies hebt NÜRNBERGER, Zweifelskonzepte, 394, hervor.

[171] Vgl. allgemein zur Aufnahme von synoptischem Material im Jakobusbrief DEPPE, Sayings of Jesus; HARTIN, James and the „Q" Sayings; WACHOB, Voice of Jesus; KLOPPENBORG, Reception; NIEBUHR, Der erinnerte Jesus. Zur Aufnahme von Mt 7,7//Lk 11,9; Mk 11,23//Mt 21,21 vgl. darüber hinaus ALLISON, James, 57; HAHN/MÜLLER, Jakobusbrief, 54–57. Vgl. noch den von manchen vernommenen Anklang an Mt 6,22//Lk 11,34 in Jak 1,5 (ἁπλοῦς). S. o. Kap. 6.3.2.

[172] KONRADT, Christliche Existenz, 271 f.: „Will man trotzdem an einem traditionsgeschichtlichen Zusammenhang [zwischen Mk 11,22–24 und Jak 1,6–8] festhalten, müßte man zumindest konzedieren, daß Jakobus die Tradition sehr kreativ rezipiert hat." Genau das scheint der Fall zu sein!

[173] Vgl. KLOPPENBORG, Hellenistic Psychagogy, 38: „Rather than using predecessor texts as sources to be edited lightly, as Matthew and Luke did with Mark and Q, or quarrying the Septuagint for proof texts to buttress arguments, as Paul did, James employs the Jesus tradition much as an orator might use Homer or Euripides or Theognis, not so much as a source to be quoted as a resource for mimesis and paraphrase. James's use of the Jesus tradition is highly allusive and offers an instance of *aemulatio* or rhetorical paraphrase. He freely elaborates, reconfigures, and adapts sayings of Jesus to new rhetorical situations such that the ultimate source of the saying is still recognizable, but much has been added, substituted, and subtracted in the process of reframing." Zu den rhetorischen Prinzipien, nach denen Jakobus auf Q rekurriert, vgl. ders., Emulation.

6.3 *Jak 1,5–8; 2,4; 4,8: Gespaltenheit und Zweiseeligkeit* 283

Jakobus adaptiert die Aussage des Logions Mt 7,7//Lk 11,9, indem er die Weisheit zum Gegenstand der Bitte macht und mit der Weisheit die alltäglichen Güter des Lebens, den Erlass von Schulden und die Bewahrung vor Bedrängnissen ersetzt.[174] Auch akzentuiert Jakobus die Haltung des Betenden, indem er sie mit der Haltung Gottes in Zusammenhang bringt – freilich ohne den Gedanken einer *imitatio dei* auszuformulieren. Wie gezeigt, rückt Jakobus den Glauben als ganzheitliche Existenzweise in einen weiteren Horizont: Gebetsvertrauen ist Teil einer Gesamthaltung. Mit Blick auf Jak 1,6 und 4,3 könnte man sogar sagen, dass er die Aussage des Logions korrigiert und mit Bedingungen versieht: Wer „zerspalten" (διακρινόμενος) und „verkehrt" (κακῶς) bittet, wird nichts von Gott erhalten.[175] Freilich steht die synoptisch vorausgesetzte kindliche Bitte um das zum Überleben Notwendige weniger in Gefahr, durch innere Duplizität zersetzt zu werden.

Der Vergleich mit Mk 11,22–24 und Mt 21,21–22 verweist auf die Lexeme πίστις und διακρίνεσθαι. Auch hier handelt es sich nicht lediglich um eine gemeinsame Zusammenstellung von geläufigem frühchristlichem Vokabular,[176] sondern um eine dezidierte Aufnahme und Adaption. Sie ist von einer vergleichbaren Rezeptionslogik geleitet und ersetzt im Sinne des weisheitlichen Grundcharakters das Versetzen des Bergs durch die Gabe der Weisheit, die das „vollkommene Werk" aus sich heraussetzt. Der in Jak 2,4 angegebene Ort der Spaltung (ἐν ἑαυτοῖς) mag durchaus ein Reflex der Näherbestimmung aus Mk 11,23 sein (ἐν τῇ καρδίᾳ).[177]

6.3.8 Zweifeln, unterscheiden, trennen? Was bedeutet διακρίνεσθαι in Jak 2,4?

Bei aller Unterschiedlichkeit der Gliederungsvorschläge zum Jakobusbrief bleibt der begründete Eindruck einer absichtsvollen Setzung und Wiederaufnahme gewisser Stichworte und Anliegen, in denen sich eine bestimmte rhetorische Strategie des Verfassers äußert. Die von Dibelius und anderen vorgenommene Dissoziation der beiden διακρίνεσθαι-Belege (Jak 1,6; 2,4) ist demnach nicht zu halten. Der Textabschnitt Jak 2,1–7 ist mit etlichen Problemen behaftet, die nicht nur mit dem Sinn des „vielumstrittenen διεκρίθητε"[178] zu tun haben. Schon der erste Satz Jak 2,1, der zum Halten des Glaubens auffordert, ist in den Augen

---

[174] Nach KLOPPENBORG, Emulation, 142, manifestiert sich darin eine Wendung vom ländlichen palästinischen Gepräge der Q-Fassung zum städtischen Kontext. Das kann, muss aber nicht sein.

[175] Vgl. DIBELIUS, Jakobus, 47. Sein traditionsgeschichtlicher Schluss leuchtet nicht ein: „Der Spruch 4,3 ist eher eine Korrektur zu Mt 7,7 als ein Echo davon, aber doch wird auch hier nicht unbedingt der Wortlaut des Spruches Jesu vorausgesetzt, sondern ebenso wie Jak 1,5 nur die christliche Hoffnung auf Gebetserhörung" (a.a.O., 48).

[176] So wiederum KONRADT, Christliche Existenz, 269 f.

[177] Vgl. explizit MAYOR, St. James, 85.

[178] DIBELIUS, Jakobus, 169.

284 6. Jakobusbrief

mancher Kommentatoren verderbt, jedenfalls aufgrund seiner Verkettung von Genitiven schwer zu interpretieren: πίστις τοῦ κυρίου ἡμῶν Ἰησοῦ Χριστοῦ τῆς δόξης.[179] Die (christliche) Identität des reichen „Goldfingers" und des Armen (2,2–3) samt den damit verbundenen sozialgeschichtlichen Assoziationen steht ebenso zur Debatte[180] wie das Setting der Szene.[181] Für unseren Zusammenhang ist der Satz καὶ οὐ διεκρίθητε ἐν ἑαυτοῖς (2,4) relevant. Es handelt sich dabei wohl um eine rhetorische Frage, deren Fragepartikel οὐ ein „Ja!" als Antwort erwartet.[182] Als Aussage ergäbe der Satz kaum einen Sinn, da die Verneinung sich in diesem Falle nur auf das erste Verb (διεκρίθητε) bezöge.[183] Als Fragepartikel gehört οὐ sowohl zu διεκρίθητε als auch zur nachfolgenden Wendung ἐγένεσθε κριταί.

6.3.8.1 „Zweifeln" im Innern oder „Unterscheiden" innerhalb der Gemeinschaft

In der älteren Forschung wurde hin und wieder versucht, der Übersetzung mit „zweifeln" eine kontextuell sinnvolle Bedeutung abzuringen, „zumal bei Anhängern des ‚neutestamentlichen Sprachgebrauchs'", wie Dibelius etwas süffisant anmerkt (obwohl er ja selbst in Jak 1,6 den neutestamentlichen Sprachgebrauch in Anschlag bringt).[184] So mutmaßt etwa Bernhard Weiß: „οὐ διεκρίθητε kann nur im Sinne von 1,6 genommen werden: seid ihr dann nicht zweifelhaft geworden in eurem eigenen Innern? Da aber im Glauben an sich ein Urteil über den Wert von Reich und Arm nicht gegeben ist, setzt das notwendig voraus, dass der Arme ein gläubiger Bruder war, und dass seine verächtliche Behandlung ein

---

[179] Vgl. den Exkurs bei ALLISON, James, 382–384, mit der These, ἡμῶν Ἰησοῦ Χριστοῦ sei Interpolation. Der Genitiv wird hin und wieder im Sinne eines subjektiven Genitivs interpretiert. Vgl. LOWE, Πίστις Χριστοῦ Debate; WACHOB, Voice of Jesus, 64–66; vorsichtig MORGAN, Romans Faith, 343. Anders allerdings HAYS, Faith of Jesus Christ, 149 Anm. 113. Bei McKNIGHT, James, 177, finden sich Argumente für den objektiven Genitiv. Ähnlich zweideutig sind im Hermashirten die Genitivverbindungen πίστις τοῦ κυρίου (vis 4,1.8; mand 11,4; sim 6,1.2; 6,3.6) und πίστις τοῦ υἱοῦ τοῦ θεοῦ (sim 9,16,5) (vgl. WHITENTON, ΠΙΣΤΙΣ ΧΡΙΣΤΟΥ, 105–108); Hermas kennt aber auch die Wendung πιστεύειν εἰς τὸν κύριον (mand 4,3,3).

[180] Nach BURCHARD, Jakobusbrief, 99, handelt es sich bei beiden um unbekannte, am Glauben Interessierte, während McKNIGHT, James, 183 Anm. 48, denkt, „the gold-fingered man and the poor man may well be Christians."

[181] Die Auffassung, dass Jakobus keine gottesdienstliche Versammlung, sondern eine Gerichtsverhandlung beschreibt, war seit Thomas Manton (1620–1677) für fast zwei Jahrhunderte communis opinio in der angelsächsischen Exegese und wurde von Roy Bowen Ward in den 1960er Jahren erneut zur Diskussion gestellt – freilich ohne die Vorläufer zu nennen und zu kennen (vgl. zur Forschungsgeschichte und zur Bekräftigung dieser These ALLISON, Exegetical Amnesia). Dagegen u. a. HAHN/MÜLLER, Jakobusbrief, 67: „Dies [sc. Wards Vorschlag] trifft allerdings die Angaben des Textes nicht; weder ist die Versammlung der Gemeinde als Gerichtsversammlung gedacht noch überhaupt eine Verhandlung angedeutet."

[182] Vgl. BDR, § 427,2a. Die ursprüngliche Lesart des Codex Vaticanus (B) lässt οὐ aus (aberratio oculi vom unmittelbar voranstehenden μου zu ου? – so DIBELIUS, Jakobus, 169 Anm. 2).

[183] BURCHARD, Jakobusbrief, 100.

[184] DIBELIUS, Jakobus, 169.

6.3 Jak 1,5–8; 2,4; 4,8: Gespaltenheit und Zweiseeligkeit

Irrewerden an dem Wert des eignen Glaubens involviert."[185] Derart gewundene Interpretationen wurden im Lauf der Zeit fallengelassen, nicht aber die Grundbedeutung „zweifeln". Der Akzent verschob sich aber hin zu einer Qualifizierung des Zweifels im Sinne eines „praktischen Zweifels".[186] Konradt etwa hält die Übersetzung „zweifeln, d.h. zwiespältig, in sich gespalten sein" für passend, insofern der in sich gespaltene Mensch zwar Glauben hat, aber zugleich die Person ansieht (vgl. 2,1).[187] Glaube und Parteilichkeit seien nun aber aus Sicht des Jakobus nicht vereinbar und erweisen die Gespaltenheit der Adressaten.[188]

Auf diesen Interpretationstyp ist gleich zurückzukommen. In den Kommentaren und Übersetzungen hat sich allerdings weithin die Übersetzung „Unterscheidungen/Unterschiede vornehmen" (aktiv; vgl. Apg 15,9) bzw. „sich scheiden" (medial) durchgesetzt.[189] Meist wird die Präpositionalverbindung ἐν ἑαυτοῖς äquivok zu ἐν ἀλλήλοις verstanden und das „Unterscheiden" auf ein verfehltes Sozialverhalten innerhalb der (christlichen) Gemeinschaft bezogen („unter euch" bzw. „untereinander"); alternativ wird ἐν ἑαυτοῖς reflexiv auf das Innenleben der Angesprochenen bezogen und das „Unterscheiden" als psychischer Vorgang gewertet („in euch").

6.3.8.2 Gespalten nach innen und außen

Gegenüber der Lesart διακρίνεσθαι = „unterscheiden" ist einzuwenden, dass sie in der Tat eine „schwer zu ertragende Banalität" ausspräche und keinerlei Gedankenfortschritt brächte.[190] Die Lesart διακρίνεσθαι = „zweifeln, zwiespältig, in sich gespalten sein" weist sachlich in die richtige Richtung, ist aber dominiert vom Gravitationsfeld des Glaubens, der trotz Jak 2,1.4 hier nicht bestimmend ist, auch und gerade nicht in der Opposition Glauben vs. Zweifeln.

---

[185] WEISS, Das Neue Testament, Bd. 3, 271. Ähnlich BEYSCHLAG, Jacobus, 104: „‚Zweifeltet ihr da nicht in euch selbst', d.i. wäret ihr da nicht mit eurem Glauben (V. 1), nach welchem der äussere Glanz und Reichthum etwas durchaus Nichtiges ist, in Widerspruch gerathen, indem ihr demselben durch eure Handlung einen Werth beileget?" A.a.O., 104–106, eine erschöpfende Auslegungstypologie der älteren Forschung.

[186] So schon bei ROPES, James, 192: „‚Ye have wavered,' ‚doubted,', i.e. ‚practically, by your unsuitable conduct, departed from and denied the faith of v. 1, and thus fallen under the condemnation pronounced in 1:6–8 against the δίψυχος.'"

[187] KONRADT, Christliche Existenz, 139. Ganz ähnlich MOO, James (Pillar), 104.

[188] Vgl. KONRADT, Christliche Existenz, 136.

[189] DIBELIUS, Jakobus, 169f.; MUSSNER, Jakobusbrief, 119; DAVIDS, James, 110; POPKES, Jakobus, 164f.; KLEIN, Bewährung in Anfechtung, 326 Anm. 544; McKNIGHT, James, 174; ALLISON, James, 394.

[190] KONRADT, Christliche Existenz, 138. Vgl. MOO, James (Pillar), 104: „But it does not advance James's argument very far, since this conclusion was obvious on the face of the matter." Konradts weiteres Gegenargument, dass nämlich διακρίνεσθαι (Medium/Passiv) in der Bedeutung „unterscheiden" nicht belegt sei (a.a.O.), ist nicht haltbar. Die Bedeutung „spalten/trennen" setze ich in meiner Exegese von Röm 14,23 voraus. S.o. Kap. 3.3.3.6.

286 *6. Jakobusbrief*

Die von Jakobus kritisierte Haltung steht nicht im Gegensatz zum Glauben, sondern vielmehr im Gegensatz zur Einfalt, konkret zur Unparteilichkeit. Die Wiedergabe mit „zweifeln" verschleiert auch den paronomastischen Anschluss an die nachfolgende Wendung ἐγένεσθε κριταί.[191] Ich fasse die Formulierung οὐ διεκρίθητε ἐν ἑαυτοῖς daher wieder im Sinne einer Verschränkung eines inneren mit einem äußeren Vorgang: „Vollzieht ihr dann nicht eine Scheidung/Spaltung bei euch und spielt euch mit verwerflichen Motiven als Schiedsrichter auf?"[192] Diese Paraphrase ist kontextuell schlüssig, ergibt eine Kohärenz mit dem ersten διακρίνεσθαι-Beleg in Jak 1,6 und variiert das allgegenwärtige Motiv der Gespaltenheit bzw. Zweiseeligkeit.

Die Wendung ἐν ἑαυτοῖς zielt zunächst (wie ἐν τῇ καρδίᾳ αὐτοῦ in Mk 11,23) auf eine innere Scheidung, d. h. Parteilichkeit, aber auch auf eine äußere Scheidung, d. h. auf die Konsequenzen einer solchen Parteilichkeit.[193] Der Genitiv διαλογισμῶν πονηρῶν am Ende des Satzes verweist nicht auf Meinungsverschiedenheiten (so Röm 14,1),[194] sondern nennt das Motiv der sozialen Segmentierung: Der in sich zerspaltene Mensch schaut nicht mit unparteiischem Blick auf seine Mitwelt sondern mit geteilter Loyalität und konfligierenden Interessen.[195] Jakobus führt nicht näher aus, welche Gedanken diesem Menschen durch den Kopf gehen mögen. Warnt er vor fehlgeleiteten sozio-ökonomischen Überlegungen,[196] vor falschen Abhängigkeiten wie einem Patronatsverhältnis und den damit einhergehenden Verhaltensweisen (z. B. Schmeichelei)[197] oder der Auflösung der christlichen Identität in eine „hybride" Identität, die zwischen Gott und weltlicher Herrschaft oszilliert?[198] Abzulehnen sind nach Jakobus jedenfalls alle Formen von Gespaltenheit und Zweiseeligkeit, da sie in spirituelle wie soziale Dilemmata münden.

---

[191] Vgl. zum Wortspiel mit κριν- wiederum die Auslegung von Röm 14,23.

[192] Der Aorist διεκρίθητε ist nicht gnomisch zu verstehen, sondern verweist auf eine „unmittelbar eintretende Folge" (DIBELIUS, Jakobus, 170; vgl. MAYOR, St. James, 85).

[193] Vgl. MARTIN, James, 56 f.: „[...] have you not become divided among yourselves"; „the church was divided over how to treat the rich and the poor."

[194] S. o. Kap. 3.3.2.

[195] MAYOR, St. James, 85: „Are you not divided in yourselves?,' *i. e.* guilty of διψυχία, as in i. 8. You have not a single eye, but you are influenced by worldly considerations: you look to the world and not to Christ only" (mit Verweis auf Mk 11,23).

[196] Vgl. z. B. BURCHARD, Jakobusbrief, 100: „[A]rme Neuzugänge kosten, reiche lassen auf Spenden, erhöhtes Ansehen, Schutz hoffen."

[197] KLOPPENBORG, Patronage Avoidance (mit Bezug auf Lukian, *Nigrinus* 21). Zum Patronatswesen in Jak 2,1–13 auch VYHMEISTER, Rich Man, und BATTEN, Friendship and Benefaction.

[198] MONGSTAD-KVAMMEN, Postcolonial Reading, 222.

6.4 Frühchristliche Nachwirkungen und Nebenschauplätze

Die Zweiseeligkeit entwickelte sich zum Schlagwort im frühen Christentum. Wahrscheinlich gelangte das Wort auf zwei verschiedenen Wegen in den Sprachgebrauch der ersten christlichen Autoren: aus einem christlich überformten jüdischen Zwei-Wege-Traktat in die Didache und den Barnabasbrief, und aus dem jüdischen Apokryphon Eldad und Modad in den Jakobusbrief, die zwei Clemensbriefe und den Hirt des Hermas.[199] Letzterer konnte den Begriff sowohl in Eldad und Modad als auch im Jakobusbrief finden.[200] Mit Ausnahme des Hermashirten, dem das nächste Kapitel gewidmet wird, kommen in den folgenden Abschnitten die genannten Apostolischen Väter zu Wort, auch wenn sie für die Thematik menschlicher Gespaltenheit auf andere Quellen als den Jakobusbrief zurückgriffen. Nicht beweisbar, aber attraktiv ist die oben erläuterte These, dass das allgemein-menschliche Problem der Gespaltenheit in stadtrömischen Christusgruppen durch die Wortgruppe διψυχ- adressiert wurde, nicht nur von Hermas und Clemens, sondern vielleicht auch von den Autoren des 2. Clemensbriefs und des Jakobusbriefs.[201]

6.4.1 „Du sollst nicht zweiseelig sein, ob es sein wird oder nicht" (Did 4,4//Barn 19,5)

Die Didache wird nach gegenwärtigem Forschungskonsens zwischen 110 und 120 n. Chr. datiert, der Barnabasbrief in die frühen 130er Jahre.[202] Theorien zur Literar-, Quellen- und Redaktionskritik müssen uns hier nicht im Detail beschäftigen.[203] Sowohl der Didache als auch dem Barnabasbrief lagen neben anderen Quellen „eine oberflächlich christianisierte, ursprünglich jüdische Schrift de duabus viis" vor.[204] Der Wege-Traktat war also in der Form, wie er in beiden Schriften aufgenommen wurde, bereits ein „christlicher" Text. Während der Didachist den Traktat an den Beginn seiner Schrift stellte, findet er sich im Barnabasbrief erst am Ende. Die Übereinstimmungen zwischen der Didache

---

[199] S. o. Kap. 2.5.2.

[200] Zur Abhängigkeit des Hermas von Jakobus s. u. Kap. 7.2.3.2.

[201] S. o. Kap. 6.2.4.

[202] Vgl. NIEDERWIMMER, Didache, 78–80; PROSTMEIER, Barnabasbrief, 111–119. Vgl. zum Setting des Barnabasbriefs auch SCHLIESSER, Jewish Beginnings, 374 f.

[203] NIEDERWIMMER, Didache, 66: „Das Bild, das sich ergibt, ist folgendes: Anfang des zweiten Jahrhunderts [...] hat ein im ursprünglich judenchristlichen Milieu lebender christlicher Autor durch Kompilation eine Art Regel-Schrift hergestellt, eben unsere Did. Man hat also grundsätzlich zwischen den Quellen (literarischen Vorlagen bzw. mündlichen Traditionen) und dem Redaktor bzw. Kompilator des Buches zu unterscheiden" (hier auch das Referat divergierender Sichtweisen).

[204] NIEDERWIMMER, Didache, 67. Vgl. PROSTMEIER, Barnabasbrief, 111: „Die erste christliche Version des jüdischen Traktats de duabus viis diente dem Vf. des Barn als Quelle für seine Zwei-Wege-Lehre."

288   *6. Jakobusbrief*

und dem Barnabasbrief sind fast wörtlich und lassen sich nicht ohne literarische Verwandtschaft erklären. Da sich die Überschneidung des Materials jedoch (fast) ausschließlich auf den Traktat beschränkt, ist die gemeinsame Kenntnis einer „dritten Größe" anzunehmen und nicht etwa die Abhängigkeit des Barnabasbriefs von der Didache oder umgekehrt.[205] Die Reihenfolge der einzelnen Elemente in den beiden Katalogen weicht stark voneinander ab. In einem dieser gemeinsamen Elemente werden die Zweiseeligkeit (διψυχεῖν) und der Zweifel bzw. das Zögern (διστάζειν) thematisiert, und zwar in Zusammenhängen, die mit Passagen aus dem Hirten des Hermas verwandt sind.[206] Die Belege betreffen Regeln des Zusammenlebens.

Die Formulierung in Did 4,4//Barn 19,5 ist vieldeutig: „Du sollst nicht zweiseelig sein, ob es sein wird oder nicht" (οὐ διψυχήσεις, πότερον ἔσται ἢ οὔ).[207] Trifft die These zu, dass die beiden Autoren einen geringfügig christlich überarbeiteten Traktat übernommen haben, stellt sich die Frage, wie die Formulierung im ursprünglichen Kontext zu verstehen ist, und in zweiter Linie, wie ihre Rezipienten sie jeweils aufgefasst haben. Während in der Parallelformulierung Herm vis 3,4,3 (εἰ ἄρα ἔστιν ταῦτα ἢ οὐκ ἔστιν) die Zweiseeligkeit in einen breiteren literarischen Kontext eingebettet ist,[208] bleiben Did 4,4 und Barn 19,5 undurchsichtig.[209]

Für Did 4,4 wurden in der Forschung drei recht disparate Interpretationsrichtungen erwogen: Zweifel im Gebet, Zweifel in Bezug auf das Endgericht und das Zögern eines Richters.

(1) Zwei antike Kirchenordnungen interpretieren den Zweifel in Anknüpfung an den Jakobusbrief und an Hermas als „Gebetszweifel".[210] Die sogenannte Apostolische Kirchenordnung, eine Schrift, die wohl vom Anfang des 4. Jahrhunderts aus Ägypten stammt, beinhaltet in den Kapiteln 4–13 eine Parallele zum Zwei-Wege-Traktat. Eine literarische Abhängigkeit von der Didache und vom Barnabasbrief wird gemeinhin abgelehnt; vielmehr geht man davon aus, dass die Schrift auf eine Rezension des Zwei-Wege-Traktats zurückgeht, der in

---

[205] Vgl. Niederwimmer, Didache, 49.

[206] Gelegentlich wird in älterer Literatur noch eine Abhängigkeit der Didache von Hermas in Betracht gezogen (vgl. z.B. Herm mand 2,4–6 mit Did 1,5), doch lassen sich die Übereinstimmungen besser als gemeinsame Tradition erklären (vgl. Niederwimmer, Didache, 78).

[207] Vgl. zu dieser Formulierung die Interpretation von Jak 1,5 bei Theophylakt, *Expositio in Epistulam S. Jacobi* (PG 125, 1137; s.o. Kap. 6.3.4.2): Διακρινόμενος ἔστω, ὁ διαστέλλων ἑαυτὸν ἀπὸ βεβαίου πράγματος, καὶ ἐνδοιάζων, εἰ ἔσται, ἢ μή.

[208] S.u. Kap. 7.3.1.

[209] Niederwimmer, Didache, 137, nennt die Stelle eine „berühmte crux interpretum". Ich kann nicht erkennen, weshalb sich die Problematik in Barn 19,5 angesichts des „andersartigen Kontextes" grundlegend verschieden darstellen soll, wie Prostmeier, Barnabasbrief, 543, meint. Im gleichen Atemzug nämlich erklärt er, dass an beiden Stellen „aus dem Zwei-Wege-Traktat eine in weisheitlicher Tradition beheimatete ‚allgemeine Warnung vor Zweifelsucht und Skrupulantentum' aufgenommen ist" (ebd., mit einem Zitat von Niederwimmer).

[210] Vgl. noch ApkEl 24,5–12.

6.4 *Frühchristliche Nachwirkungen und Nebenschauplätze* 289

einer anderen Fassung auch dem Didachisten und dem Autor des Barnabasbriefs vorlag.[211] In der Kirchenordnung heißt es: „In deinem Gebet sei nicht zweiseelig" (Ἐν προσευχῇ σου μὴ διψυχήσεις).

Auch die Apostolischen Konstitutionen lenken den Blick auf die Zweiseeligkeit beim Gebet. Diese Kirchenordnung, die im letzten Viertel des 4. Jahrhunderts in Konstantinopel oder Syrien zusammengestellt wurde, nimmt in ihrem siebtem Buch (7,1,2–32,4) den gesamten Text der Didache auf, wobei der Verfasser seine Vorlage „ständig kommentierte, paraphrasierte und alterierte".[212] Der Ausspruch Did 4,4 wird so ausgelegt: „Werde nicht zweiseelig in deinem Gebet, ob es sein wird oder nicht" (Μὴ γίνου δίψυχος ἐν προσευχῇ σου, εἰ ἔσται ἢ οὔ).[213] Es folgt als ein abschreckendes Beispiel der sinkende Petrus (Mt 14,28–31) und Jesu Schelte: „Denn der Herr sagt zu mir, Petrus, auf dem Meer: ‚Du Kleingläubiger! Warum hast du gezweifelt?'" (Mt 14,31). Es zeigt sich hier eine Facette der altkirchlichen Konzeption des Zweifels, die in der Autorität des Apostels und eben auch Zweiflers Petrus die Mahnung ausspricht, beim Beten nicht hin und her zu überlegen, ob das Erbetene von Gott gewährt wird oder nicht. Zweifel und Zweiseeligkeit werden also eng aneinandergerückt.

Einen Zusatz enthält die pseudo-ignatianische Schrift *Ad Heronem*, wo auf den Wortlaut der Apostolischen Konstitutionen noch eine Seligpreisung und ein Credo folgen.[214]

(2) Die etwas obskure georgische und in ihrem Wert für die Textrekonstruktion umstrittene Version der Didache[215] verbindet den Zweifel mit dem Gerichtsgedanken und paraphrasiert: „darüber sollst du auch nicht zweifeln: ob das

---

[211] Vgl. NIEDERWIMMER, Didache, 27.

[212] NIEDERWIMMER, Didache, 31.

[213] Vgl. NIEDERWIMMER, Didache, 138.

[214] *Ad Heronem* 7: Μέμνησο τοῦ θεοῦ, καὶ οὐχ ἁμαρτήσεις ποτέ. μὴ γίνου δίψυχος ἐν προσευχῇ σου· μακάριος γὰρ ὁ μὴ διστάσας. πιστεύω γὰρ εἰς τὸν πατέρα τοῦ κυρίου ἡμῶν Ἰησοῦ Χριστοῦ καὶ εἰς τὸν μονογενῆ αὐτοῦ υἱόν. Harnack führt den Beweis, „dass der Fälscher der Ignatiusbriefe (4. Jahrh.) mit dem Compilator der apostolischen Constitutionen identisch ist" (Lehre der zwölf Apostel, 18). Richtig sei, „dass die Interpolatoren der Διδασκαλία [ConstAp 1–6], der Διδαχή [ConstAp 7 mit dem Zwei-Wege-Traktat] und der Ignatiusbriefe ein und dieselbe Person gewesen sind oder – um gebührend vorsichtig zu sein –, dass nicht der geringste Grund vorliegt, drei Interpolatoren hier zu unterscheiden" (a. a. O., 244). Als einen von vielen Gründen nennt Harnack die Übereinstimmung der Formulierungen zur Zweiseeligkeit: „C. 11 setzt der Interpolator zu Διδ IV, 4 (μὴ γίνου δίψυχος) die Worte hinzu: ‚ἐν προσευχῇ σου'. Pseudoignatius schreibt (ad Heron. 7): ‚μὴ γίνου δίψυχος ἐν προσευχῇ σου', stimmt also hier wörtlich mit dem Interpolator der Διδαχή [überein], dessen Arbeit die frühere ist" (a. a. O., 249). Wenn man alle Gründe zusammennimmt, ergibt sich nach Harnack (gegen Zahn) ein belastbares Argumentationsgefüge; man sehe sich gezwungen, „Identität anzunehmen" (a. a. O., 254), d. h. Ps.-Ignatius sei derselbe wie Ps.-Clemens (ConstAp), ein „semiarianischer Kleriker" (a. a. O., 18) mit dem Anliegen, das Nicänum und Marcell zu bekämpfen, weltförmig und politisch.

[215] Vgl. NIEDERWIMMER, Didache, 45: Wahrscheinlich handelt sich um eine sehr späte neuzeitliche Übersetzung, die man „nur in einzelnen Fällen und nur mit Kautelen heranziehen" kann. Vgl. SCHÖLLGEN/GEERLINGS, Didache, 89–92.

290   *6. Jakobusbrief*

Gottesgericht über alle Menschen, gemäß ihren Werken, kommen wird oder nicht."[216] Auch Harnack lehnt sich in seiner Interpretation an diesen Gedanken an und übersetzt (Did 4,3–4): „halte gerechtes Gericht [...]. Zweifle nicht, ob (Gottes Gericht) kommen wird oder nicht."[217] Harnack sieht diese Deutung vom Kontext vorgegeben: „Der Satz [Did] IV, 4 gehört eng mit IV, 3 zusammen. Das verbotene διψυχεῖν πότερον ἔσται ἢ οὔ kann sich nur auf Zweifel an dem göttlichen Endgericht, nicht auf Zweifel an der Gebetserhörung beziehen."[218] Insofern das Motiv der διψυχία in den beiden Clemensbriefen (1 Clem 23,3–4; 2 Clem 11,2) mit einer zweiseeligen Haltung gegenüber dem Kommen des Herrn verknüpft ist, ist der Endzeitbezug für Did 4,4 wie auch für Barn 19,5 ernsthaft zu erwägen.[219] Dann ist auch nicht auszuschließen, dass sich die zweiseelige Haltung aus der Perspektive der beiden Autoren konkret auf die Parusie Christi bezieht.[220]

(3) Erhebt man den unmittelbaren Kontext zum Kriterium, ergeben sich weitere Nuancierungen und Deutemöglichkeiten: Did 4,3 thematisiert den Umgang mit Spaltungen und Ungerechtigkeiten vor Gericht. Weit hergeholt scheint mir die Deutung von Kurt Niederwimmer, den Satz Did 4,4 auf den „Skrupel des Richters" zu beziehen, der vor einer Entscheidung zögert oder eine bereits getroffene Entscheidung bedauert.[221] Ausgehend von der Einbettung des Satzes in Barn 19 könnte der weisheitliche Rat dort als Mahnung aufgefasst werden, „in jeder Hinsicht und ohne Abstriche alle Werke, Tugenden und Pflichten zu beherzigen, die den ‚Weg des Lichts' ausmachen",[222] d. h. vorbehaltloses Vergeben (19,4) oder selbstlose Nächstenliebe (19,5). Doch ist das Kontextargument aufgrund der „Kleinteiligkeit" des Zusammenhangs nur zurückhaltend in Anschlag zu bringen.[223]

Worauf sich also die Zweiseeligkeit in Did 4,4 und Barn 19,5 bezieht – auf das Gebet, das endzeitliche Gericht, eine irdische Gerichtssituation –, kann wohl nicht abschließend geklärt werden, da der sentenzenartige Charakter der Mahnungen Schlüsse aus dem Kontext erschwert. Als allgemeine Warnung vor Zweiseeligkeit und selbstzerstörerischem Zwiespalt ist die Aussage flexibel ein-

---

[216] Text bei NIEDERWIMMER, Didache, 138.

[217] HARNACK, Lehre der zwölf Apostel, 15.

[218] HARNACK, Lehre der zwölf Apostel, 54 Anm. 9. Mit Blick auf Barn 19,5 vgl. a. a. O., 15 Anm. zu Did 4,4 („das göttliche Gericht").

[219] So auch WENGST, Didache, 94 f.

[220] Vgl. SCHÖLLGEN/GEERLINGS, Didache, 111 Anm. 65 („der generelle Zweifel an der Parusie").

[221] NIEDERWIMMER, Didache, 138. Er will es sich „so zurechtlegen: in sapientieller Tradition existierte eine allgemeine Warnung vor Zweifelssucht und Skrupulantentum. Diese allgemeine Warnung konnte natürlich in verschiedener Weise konkretisiert werden. Hier, in Did. 4,4 (und im ursprünglichen Traktat), ist diese Warnung auf die Situation des kleinmütigen Richters bezogen."

[222] PROSTMEIER, Barnabasbrief, 543.

[223] So zu Recht SCHÖLLGEN/GEERLINGS, Didache, 111 Anm. 65.

6.4 Frühchristliche Nachwirkungen und Nebenschauplätze

setzbar und zielt positiv gewendet auf „Vorbehaltlosigkeit und Eindeutigkeit" in Haltung und Verhalten.[224] Sie steht auf einer Linie mit der Warnung vor „Doppelsinnigkeit" (διπλοκαρδία, Did 5,1; Barn 20,1) und „Doppelzüngigkeit" (Did 2,4; Barn 19,7). In Did 4,7//Barn 19,11 wird schließlich noch der vertraute Topos aufgenommen, beim Geben nicht zu zweifeln bzw. zu zögern: οὐ διστάσεις δοῦναι.[225]

6.4.2 „Unglücklich sind die Zweiseeligen, die zweifeln" (1 Clem 23,3//2 Clem 11,2)

In den beiden Clemens-„Briefen" liefert eine nicht näher bestimmte Quelle die Stichworte δίψυχος und διστάζειν. Sie wird einmal schlicht mit „diese Schrift" (ἡ γραφή αὕτη, 1 Clem 23,3), das andere Mal mit „prophetische Botschaft" (ὁ προφητικὸς λόγος, 2 Clem 11,2) bezeichnet. Mit guten Gründen, aber sicherlich nicht zweifelsfrei, kann sie mit der jüdischen Schrift Eldad und Modad identifiziert werden, die beiden Verfassern in griechischer Übersetzung vorlag und autoritatives Ansehen genoss.[226] Die Zitate gehören zu den auffälligsten Übereinstimmungen der beiden Schriften, doch bedienten sich ihre Verfasser wohl unabhängig voneinander der genannten Quelle.[227] Für den Zweifelsdiskurs ist der Anfang des Zitats relevant:[228]

1 Clem 23,3	2 Clem 11,2
ἡ γραφὴ αὕτη ὅπου λέγει·	λέγει γὰρ καὶ ὁ προφητικὸς λόγος·
ταλαίπωροί εἰσιν οἱ δίψυχοι	ταλαίπωροί εἰσιν οἱ δίψυχοι
οἱ διστάζοντες τῇ ψυχῇ	οἱ διστάζοντες τῇ καρδίᾳ
οἱ λέγοντες·	οἱ λέγοντες·
ταῦτα ἠκούσαμεν	ταῦτα πάλαι ἠκούσαμεν
καὶ ἐπὶ τῶν πατέρων ἡμῶν,	καὶ ἐπὶ τῶν πατέρων ἡμῶν,
καὶ ἰδού, γεγηράκαμεν, καὶ	ἡμεῖς δὲ ἡμέραν ἐξ ἡμέρας
οὐδὲν ἡμῖν τούτων συνβέβηκεν.	προσδεχόμενοι
	οὐδὲν τούτων ἑωράκαμεν.

Abgesehen von der divergierenden Bezeichnung der Quelle fällt auf, dass der Zweifel an verschiedenen Orten im Innern des Menschen lokalisiert wird, in der Seele (τῇ ψυχῇ) und dem Herzen (τῇ καρδίᾳ). Sachlich sollte die Differenz

---

[224] PROSTMEIER, Barnabasbrief, 543.

[225] Im Barnabasbrief erscheint das Verb διστάζειν nur an dieser Stelle. Vgl. zum Motiv des vorbehaltlosen Gebens Herm sim 5,4,3; 9,24,2.

[226] S. o. Kap. 2.5.2.

[227] Synopsen und Vergleiche u. a. bei LIGHTFOOT, Apostolic Fathers, Bd. 1/2, 235; LONA, Der erste Clemensbrief, 291 f.; PRATSCHER, Der zweite Clemensbrief, 151 f.; ALLISON, Eldad and Modad, 106 f., oder TUCKETT, 2 Clement, 215 f. Am ausführlichsten WARNS, Untersuchungen, 530–544, mit der These, dass das „prophetische Wort" ein Exzerpt einer Zitatensammlung sei, die beiden Briefen zur Verfügung stand.

[228] Die Übersetzungen orientieren sich im Folgenden an LONA, Der erste Clemensbrief, und PRATSCHER, Der zweite Clemensbrief, doch gleiche ich u. a. die Wiedergabe des διψυχ-Stammes an.

292   *6. Jakobusbrief*

nicht überbewertet werden, literarkritisch ist sie aufschlussreich.[229] Die Variante in 2 Clem 11,2 ergänzt noch πάλαι („seit alters") zur Präzisierung dessen, was gehört wurde.[230] Die innere Unruhe der Zweiseeligen wird mit recht unterschiedlichen Motiven beschrieben – „und siehe, wir sind alt geworden, und nichts davon ist uns widerfahren" (1 Clem 23,3); „wir aber haben, Tag um Tag wartend, nichts davon gesehen" (2 Clem 11,2) –, doch es ist müßig zu spekulieren, was den Variationen zugrunde liegt. Zusammengebunden werden beide Fassungen durch den Verweis auf die Zeit der Väter (τῶν πατέρων ἡμῶν) und das verhängnisvolle „nichts" (οὐδέν). Im oben nicht zitierten Fortgang des Zitats findet sich dann der Vergleich mit einem Weinstock, der zuerst das Laub verliert, bevor in einem abgestuften Prozess des Werdens, der in den beiden Zitatfassungen nicht einheitlich beschrieben wird, eine reife Traube entsteht (vgl. Mk 4,28). Aus der jeweiligen Einbettung der Zitate ergeben sich spezifische Profile der Rede von Zweifel und Zweiseeligkeit.

Mit 1 Clem 23,1–2 stellt der Verfasser seine mahnenden Ausführungen ins Licht des erfolgten Heils. Gott wird qualifiziert als „allbarmherziger und wohltätiger" Vater, „freundlich und wohlwollend", als Geber von „überreichen und herrlichen Gaben". Es werden also auch Attribute eines politischen Herrschers auf Gott übertragen.[231] Der Gebermentalität Gottes wird auf der menschlichen Empfängerseite eine Reihe von korrespondierenden Haltungen gegenübergestellt: Gottesfurcht, ein einfältiger Sinn (ἁπλῇ διανοίᾳ), die Preisgabe von Zweiseeligkeit (μὴ διψυχῶμεν) und von falschen Gedanken (μηδὲ ἰνδαλλέσθω ἡ ψυχή).[232] So kommt es zur geläufigen Kontrastierung zweier Grundhaltungen: der Einfalt und der Gespaltenheit. Wer Gottes Charakter kennt, wird sich nicht von irrlichternden Phantasien über seine Gaben – um welche es sich handelt, bleibt zunächst offen! – durcheinanderbringen lassen. „Deshalb wollen wir nicht zweiseelig sein, und unsere Seele soll sich nicht falschen Gedanken hingeben über seine überreichen und herrlichen Gaben" (23,2; vgl. 19,2).

Das Zitat aus der „Schrift" wird nun auffällig mit der Bitte eingeleitet, seine Drohung möge sich nicht bewahrheiten. „Unglücklich sind die Zweiseeligen, die in ihrer Seele zweifeln (οἱ δίψυχοι οἱ διστάζοντες τῇ ψυχῇ), die sagen: ‚Dies haben wir auch zur Zeit unserer Väter gehört, und siehe, wir sind alt geworden, und

---

[229] Die in 2 Clem 11,2 belegte Fassung ist motivisch aufs Engste mit Herm mand 9,5 verwandt (δίψυχος, διστάζειν, καρδία).

[230] LIGHTFOOT, Apostolic Fathers, Bd. 1/2, 235, liest (wohl dem Codex Alexandrinus mit πα ... folgend) πάντα anstelle von πάλαι (so Codex Hierosolymitanus und die syrische Übersetzung).

[231] Vgl. LINDEMANN, Clemensbriefe, 83: „Der Vf des 1 Clem übernimmt den profan-politischen Sprachgebrauch und bezieht ihn ohne weiteres auf Gott."

[232] Zum seltenen Gebrauch von ἰνδάλλεσθαι im Sinne von φαντάζεσθαι („sich [falsche] Vorstellungen machen") vgl. die Belege bei LIGHTFOOT, Apostolic Fathers, Bd. 1/2, 80 (darunter Dion Chrysostomos, *Oratio* 12,53). Kritisiert wird daher nicht das Sich-Ergehen in „wilden Wünschen" (so HARNACK, Das Schreiben der römischen Kirche, 18).

6.4 Frühchristliche Nachwirkungen und Nebenschauplätze 293

nichts davon ist uns widerfahren'" (23,3).[233] Die zunächst unbestimmt gebliebenen Gaben Gottes, denen nicht zweiseelig und zweifelnd zu begegnen ist, werden nach und nach näherbestimmt: Es handelt sich um die Verheißungen, die längst schon im Umlauf sind, sich aber noch nicht erfüllt haben, konkreter: die Verheißungen im Hinblick auf die Weltvollendung und die Parusie Christi (23,4–5) wie auch auf die Auferstehung und das Gericht (vgl. 1 Clem 24–28 und 11,2) sind noch nicht erfahrbar geworden.[234] Gegenstand des Zweifels, der die Zweiseeligen umtreibt, ist das Ausbleiben des verheißenen endzeitlichen Geschehens.[235] Im Zitat selbst ist der eschatologische Horizont noch nicht notwendigerweise gegeben. Er wird vom Verfasser aber nachdrücklich deutlich gemacht: Zunächst deutet er das Wachstumsbild als Reifeprozess,[236] um dann in der Übertragung des Bilds, die sachlich die Bildebene eines organischen Wachstumsprozesses durchbricht, zu präzisieren, dass es „wahrhaftig, schnell und plötzlich" (23,5) vonstatten geht. Wer also das Gleichnis der Natur aufmerksam beobachtet und auf das Welt- und Endgeschehen überträgt, wird sich nicht durch Zweiseeligkeit, Zweifel und Unverständnis beirren lassen[237] – und zwar nicht nur, weil die Erfüllung aufgrund der Gesetzmäßigkeit und Unumkehrbarkeit des Prozesses gewiss ist, sondern auch weil sie sich schlagartig einstellen kann.

Dass der Verfasser das Begriffspaar δίψυχος und διστάζειν nicht nur in einem Zitat verwendet, sondern in seinen eigenen Wortschatz aufgenommen hat, belegt 1 Clem 11,2: „Denn als die Frau, die mit ihm [sc. Lot] fortging, einer anderen Meinung und nicht in Eintracht (mit ihm) war, wurde sie zum Zeichen gesetzt, indem sie zu einer Salzsäule wurde bis auf den heutigen Tag, damit allen bekannt sei, dass die Zweiseeligen und die Zweifler (οἱ δίψυχοι καὶ οἱ διστάζοντες) an der Macht Gottes zum Gericht (περὶ τῆς

---

[233] Man fragt sich (auch in 2 Clem 11,2), worauf sich ταῦτα im ursprünglichen Kontext bezog.

[234] Nicht einsichtig ist mir die Skepsis von LINDEMANN, Clemensbriefe, 84, gegenüber einer „apokalyptischen" Deutung. Sein Widerspruch ist in sich selbst widersprüchlich: „Zwar spricht das [...] weitere Schriftwort [sc. 1 Clem 23,5; Mischzitat aus Mal 3,1; Jes 13,22 LXX] vom ‚Kommen' des Kyrios; doch der ganze Kontext legt auf der Ebene des 1 Clem einen nicht-apokalyptischen Sinn nahe (die Verwendung der Adverbien ταχή und ἐξαίφνης verdankt sich dem nachstehenden Zitat und weist als solche nicht auf die Parusie)." Kurz darauf schreibt er aber: „Daß die Endzeitereignisse ganz gewiß eintreten werden [...], ist der Grundgedanke der Apokalyptik [...]. Diese Gewißheit ist es, auf die es dem Vf des 1 Clem ankommt und um derentwillen das Zitat überhaupt verwendet" wird (ebd.). Vgl. mit Nachdruck ders., Der Erste Clemensbrief, 76: „Kein Anlass besteht, den vom Autor des 1 Clem kritisierten ‚Zweifel' (11,2; 23,2 f.) auf Zweifel an der Parusie zu beziehen."

[235] Vgl. LOHMANN, Drohung und Verheißung, 114.

[236] Aus dem Vergleich mit der Zitatparallele in 2 Clem 11,3–4 lässt sich vermuten, dass die Erklärung „Ihr seht, dass in kurzer Zeit die Frucht des Baumes zur Reife kommt" aus der Feder des Verfassers stammt und nicht aus dem Zitat (vgl. LIGHTFOOT, Apostolic Fathers, Bd. 1/2, 81 f.; LONA, Der erste Clemensbrief, 290; anders LINDEMANN, Clemensbriefe, 84, mit dem Argument, dass sonst die Anwendungsperspektive durch ein imperativisches ὁρᾶτε eingeführt wird [vgl. 1 Clem 4,7; 12,8; 16,17; 21,1; 41,4; 50,1], hier aber ein Indikativ vorliegt; außerdem bliebe der Satz noch auf der Bildebene).

[237] Parallel zu δίψυχοι steht ἀνόητοι (1 Clem 23,4).

294 6. Jakobusbrief

τοῦ θεοῦ δυνάμεως εἰς κρίμα) und zum Warnzeichen für alle Generationen werden." Im Vorgriff auf die Unglückseligkeit der Skeptiker wird die Bestrafung der Frau Lots als furchterregendes Symbol eingeführt. „Die Salzsäule am Toten Meer ist also das Zeichen der Strafe für Wankelmütige und Zweifler."[238] Zweifel und Zweiseeligkeit arbeiten sich auch nach dem 1. Clemensbrief nicht bloß an einem Gegenstand ab, sondern hinterfragen grundsätzlich die Macht und Autorität Gottes. Typos der Zweiseeligen und Zweifler und damit auch der „Andersgesinnten" (ἑτεροκλινεῖς, 11,1) ist Lots Frau; sie hoffen nicht auf Gott und agieren gemeinschaftsfeindlich. Clemens konnte diese Gedanken nicht in der Ausgangserzählung finden, und sie finden sich auch nicht in der frühjüdischen Auslegung. Möglicherweise enthält das seltene Wort ἑτεροκλινής ein Echo der Figur Lots bei Philo (*Migr.* 13 und 148), der zwei Neigungen (ἀπόκλισις) in sich vereint.[239] Die Zweiheit Lots wäre vom Verfasser des 1. Clemensbriefes auf Lots Frau übertragen worden.[240] Eine begriffsgeschichtliche Linie führt aus dem Alten Testament zum Wort ἑτεροκλινής: In 1 Chr 12,34 gibt das verneinte Adverb οὐχ ἑτεροκλινῶς die Wendung בְּלֹא־לֵב וָלֵב wieder, die wiederum dem Wort δίψυχος semantisch nahesteht.

Aller Wahrscheinlichkeit nach unabhängig vom 1. Clemensbrief und in anderer kontextueller Einbettung setzt der Verfasser des 2. Clemensbriefes eine Variante des Zitats aus Eldad und Modad ein.[241] Den Anfang bildet nicht etwa ein „Heilsindikativ", sondern gleich eine Mahnung, „mit reinem Herzen Gott [zu] dienen" (vgl. 2 Clem 6,1). Wer dies tut, wird gerecht – nicht im moralischen, sondern im endzeitlichen Sinn[242] –, und wer dies unterlässt, weil er der Verheißung Gottes nicht glaubt (μὴ πιστεύειν [...] τῇ ἐπαγγελίᾳ τοῦ θεοῦ), wird „unglückselig" (ταλαίπωροι) sein (11,1) – ebenfalls im Sinne eines endzeitlichen Verworfenseins.[243] Damit ist das Stichwort gegeben für das Zitat aus dem „prophetischen Wort", das mit einem negativen Makarismus anhebt:[244] „Unglückselig sind die Zweiseeligen, die im Herzen zweifeln und sagen: ,Das haben wir seit alters immer wieder gehört, sogar seit der Zeit unserer Väter; wir aber haben, Tag um Tag wartend, nichts davon gesehen'" (11,2). Im Unterschied zu 1 Clem 23,3 wird der Gegenstand des Zweifels, der in den Zweiseeligen rumort, als das Nichtsehen des Verheißungsinhalts beschrieben. Sie wollen sich nicht mit dem Hören zufriedengeben. Dass die Parusie Teil des Verheißungsguts ist, wird nicht ausdrücklich erwähnt, lässt sich aber meines Erachtens nicht wegdiskutieren.[245] Während der

---

[238] LONA, Der erste Clemensbrief, 204.

[239] S. u. Kap. 6.5.3.

[240] Vgl. LONA, Der erste Clemensbrief, 202.

[241] Zu 2 Clem insgesamt vgl. die fast schon resignative Aussage in BAASLAND, 2. Klemensbrief, 84: „Bei zahlreichen frühchristlichen Schriften stehen wir vor vielen Rätseln, wenn wir eine geschichtliche Einordnung versuchen. Was den 2. Klem. betrifft, gibt es fast nur Rätsel."

[242] LINDEMANN, Clemensbriefe, 232.

[243] Vgl. neben 1 Clem 23,3 noch Apk 3,17; Herm sim 1,3.

[244] LINDEMANN, Clemensbriefe, 233.

[245] Vgl. etwas überspitzt LOHMANN, Drohung und Verheißung, 114, mit Verweis auf Did 16,8: „,Sehen' ist ein geradezu klassischer Begriff für das Erleben von Parusie und Endvollendung." Siehe auch TUCKETT, 2 Clement, 222: „[T]he context here makes it clear that being ,doubleminded' refers to ,doubting' the reality of the future hope." LINDEMANN, Clemensbriefe, 233,

6.4 *Frühchristliche Nachwirkungen und Nebenschauplätze* 295

1. Clemensbrief mit der Plötzlichkeit des Eintretens der Endereignisse aus dem Wachstumsbild fällt, bleibt hier der Akzent auf der Gewissheit des natürlichen Ablaufs von Wachstum und Reifung mit dem Bild konsistent: „Mit gleichsam naturgesetzlicher Notwendigkeit werden die zukünftigen Ereignisse eintreten."[246]

Die Anwendungsperspektive, die bereits im Schluss des Zitats angelegt ist, unterscheidet sich von der Parallele in 1 Clem 23,4: „So erlebte auch mein Volk Unruhen und Drangsale, danach wird es das Gute erhalten" (2 Clem 11,4). Der Autor wendet die Ehrenbezeichnung „Volk Gottes" auf die Kirche an (vgl. 2,1–3) und stellt den gegenwärtigen Bedrängnissen die Aussicht auf das endzeitlich „Gute" entgegen (vgl. 6,6; 15,5). Während in 1 Clem 23,2 das Stichwort δίψυχ- dem Zitat vorangestellt ist, setzt es der Autor des 2. Clemensbriefs in seine Schlussfolgerung (2 Clem 11,5) und warnt eindringlich davor, zweiseelig zu sein. Stattdessen sollen die Adressaten „als Hoffende durchhalten, damit wir auch den Lohn erhalten" (ebd.). Die Endereignisse werden sich naturgesetzmäßig einstellen, im Gegensatz zum Lohn für das Hoffen und Durchhalten. „Nicht eine ungeduldige Naherwartung sucht der Prediger zu vermitteln, sondern eine ‚hoffende, ausharrende Stetserwartung'."[247] Der „Heilsindikativ" steht in Form einer geläufigen Benediktionsformel am Ende des Abschnitts (11,6), wo auf die Treue dessen verwiesen wird, der verheißen hat (πιστὸς γάρ ἐστιν ὁ ἐπαγγειλάμενος; vgl. Hebr 10,23). Doch im selben Atemzug erfahren die Leserinnen und Leser, dass es sich bei dem Lohn um eine Gegenleistung für erbrachte Werke handelt und dass er ferner von der geleisteten Gerechtigkeit (δικαιοσύνη) abhängt (11,7).

Zweiseeligkeit und Zweifel werden weder im 1. noch im 2. Clemensbrief diskursiv bearbeitet – anders als etwa im Hebräerbrief –, sondern durch ein autoritatives Zitat mit einem Bild aus der Natur und der inhärenten Notwendigkeit der Naturabläufe kontrastiert. Durch die Konstruktion einer (nicht als ungläubig qualifizierten!) Outgroup soll die angesprochene Gruppe der Glaubenden bestärkt werden: Die „Anderen" sind die Zweiseeligen, Zweifelnden, Unglücklichen. Wer hingegen – so 2 Clem 11,5 – die Hoffnung durchhält, wird belohnt.

Im sekundären Schlussteil des 2. Clemensbriefes (19,1–20,4) findet die διψυχία noch einmal Erwähnung.[248] Wieder wird sie mit einer Gruppe Andersgesinnter, den „Unweisen" (οἱ ἄσοφοι) assoziiert. „Denn bisweilen, wenn wir Böses tun, haben wir wegen des Zwei-

---

wiederholt zu 1 Clem 23,3 seine Zweifel, dass es dem Autor „speziell um die Naherwartung geht", wohl wissend, dass die Rede der Zweiseeligen sprachlich wie sachlich an 2 Petr 3,4 erinnert, wo der Zweifel auf die Parusie gerichtet ist. Zur apokalyptischen Enderwartung im 2. Clemensbrief vgl. Pratscher, Parusieerwartung.

[246] Pratscher, Der zweite Clemensbrief, 155.

[247] Pratscher, Der zweite Clemensbrief, 156 (mit einem Zitat von H. Lohmann).

[248] Vgl. zur Stellung und Funktion dieses Abschnittes Lindemann, Clemensbriefe, 255 f.; Pratscher, Der zweite Clemensbrief, 18–21: Der Abschnitt sei von einem Vorleser der schriftlich fixierten Predigt 2 Clem 1–18,2; 20,5 als Verbindungsstück zwischen Schriftlesung und Predigt verfasst worden. Alternativ Grünstäudl, Epilog, 243: „Überleitung zwischen der Lesung von 2 Clem 1–18,2; 20,5 und der darauffolgenden Lesung von 1 Clem."

296   6. Jakobusbrief

fels und Unglaubens in unserer Brust nicht die rechte Erkenntnis, und wir sind unter den nichtigen Begierden im Denken verfinstert" (19,2). In einer in dieser Form bisher nicht bekannten Kausalkette erläutert der Autor, woher böses Handeln rührt: aus nichtigen Begierden, verfinstertem Denken, Zweiseeligkeit und Unglaube, fehlender sittlicher Erkenntnis, verwerflichem Handeln. Unglaube ist hier verstanden als „die den Christen mangelnde Glaubensstärke"[249] und steht parallel zu einer an dieser Stelle ganz unspezifisch gehaltenen Disposition der Zweiseeligkeit.

Abschließend sei knapp auf die traditionsgeschichtliche Verwandtschaft zwischen 1 Clem 23,3–4 bzw. 2 Clem 11,2 und 2 Petr 3,3–4 hingewiesen. Auch dort wird vor den „Anderen" gewarnt, den Spöttern, die voller Hohn sagen: „Was ist nun mit der Verheißung seines Kommens (ἡ ἐπαγγελία τῆς παρουσίας αὐτοῦ)? Seit die Väter entschlafen sind, bleibt ja alles, wie es ist, von Anbeginn der Schöpfung." Der Hinweis auf die Väter und den Frust der Spötter bzw. Zweiseeligen, dass „nichts" eingetroffen ist bzw. „alles" blieb, wie es ist, prägt den Gedankengang in allen drei Texten.[250] Eine spezifische Nähe zu 2 Clem 11,1–2 besteht im Verweis auf die Verheißung Gottes (ἐπαγγελία τοῦ θεοῦ, 1 Clem 11,1), die in 2 Petr 3,4 als Parusieverheißung konkretisiert wird, in 2 Clem 11,6 als Aussicht auf Belohnung, die Gott den Durchhaltenden zukommen lässt.[251] Eine auffällige Differenz ist das Fehlen des Stichworts δίψυχος im Kontext des 2. Petrusbriefs, und zudem bleibt die Funktion der πατέρες unspezifisch. Dass der 2. Petrusbrief also auf dieselbe Quelle zurückgriff wie die beiden Clemensbriefe und mutmaßlich der Jakobusbrief, ist weniger wahrscheinlich als die Aufnahme von verwandtem Traditionsgut.[252]

Es ist richtig, dass in den Clemensbriefen eine explizite Zuspitzung auf die Parusie ausbleibt und sich Zweifel und Zweiseeligkeit allgemein auf den Fortgang der Zeit und das zukünftige göttliche Handeln richten.[253] Doch implizit zielt

---

[249] LINDEMANN, Clemensbriefe, 257 (anders 1 Clem 17,5).

[250] Bauckham versuchte wahrscheinlich zu machen, dass sich 2 Petr 3,4–13 an dieselbe Apokalypse anlehnt wie die beiden Clemensbriefe – d. h. Eldad und Modad – und dass dies die Lokalisierung des Schreibens in Rom bestätige (BAUCKHAM, Jude, 284 f.; ders., Eldad and Modad, 251). Unterdessen setzt sich jedoch zunehmend eine Verortung des Schreibens in Alexandria durch (vgl. GRÜNSTÄUDL, Petrus Alexandrinus, 187–201; FREY, Second Peter in New Perspective; ferner SCHLIESSER, Jewish Beginnings, 378 f.). Das kann durchaus als Argument für die Unabhängigkeit des 2. Petrusbriefs von der jüdischen Apokalypse angesehen werden kann, die ja v. a. auf „römische" Texte abgefärbt hat: Jakobusbrief, 1. Clemensbrief, Hermas, evtl. 2. Clemensbrief.

[251] Nach Jim Kelhoffer steht hinter der Vorstellung der „Belohnung/Vergeltung" (ἀντιμισθία) die Reziprozität eines Patron-Klient-Verhältnisses (KELHOFFER, Faith and Righteousness, 694 f.).

[252] Vgl. RUF, Propheten, 497: „Über die Frage, ob der zweite Petrusbrief diese Schrift [auf sich die beiden Clemensbriefe beziehen] unmittelbar rezipierte oder allgemein den Argumentationskomplex kannte, lässt sich kaum Sicherheit gewinnen."

[253] PAULSEN, Der Zweite Petrusbrief, 153. A. a. O., 153–155, auch zur jüdischen „Auseinandersetzung mit dem grundsätzlichen Zweifel an der göttlichen Gerechtigkeit und der Stärke des göttlichen Gerichts."

6.5 Religionsgeschichtliche Verflechtungen

das Bildfeld des Wachsens und der Ernte zweifellos auf die Endereignisse und damit auch auf die Parusie. Alle drei Texte enthalten Elemente einer Apologie frühchristlicher Eschatologie,[254] die auf eine erlöschende oder bereits erloschene Enderwartung zielt (vgl. Jak 5,7). Ihre Autoren schärfen „den Ernst des bevorstehenden Gerichts und die Verantwortung reiner Lebensführung" ein[255] und wählen dafür das Mittel der Polemik und Stigmatisierung. Ob nun hinter dieser Polemik – oder gar hinter einer jeden Polemik – „der Zweifel selber keucht", ist eine durchaus ernstzunehmende Frage.[256]

6.5 Religionsgeschichtliche Verflechtungen

Weite und Reichhaltigkeit des in der Jakobusforschung herangezogenen religionsgeschichtlichen Vergleichsmaterials zur „Zweiseeligkeit" sind beachtlich und können hier nicht abgebildet werden. Grundsätzlich lässt sich sagen, dass das Menschenbild des Jakobusbriefs „in frühjüdischen anthropologischen Vorstellungen verwurzelt und durch popularphilosophische Topoi der hellenistisch-römischen Welt beeinflusst" ist.[257] Diskutiert werden unter anderem die Beziehung des Briefs zur jüdischen Weisheitstheologie (v. a. Sir und SapSal),[258] zu hellenistisch-jüdischer Religionsphilosophie (v. a. Philo),[259] zu hellenistischer Psychagogie[260] oder zu platonischer Anthropologie,[261] um nur einige Beispiele zu nennen. Mit der religionsgeschichtlichen Einbettung des Schreibens hängt nicht nur die Wahrnehmung seiner Weisheitstheologie, seines Vollkommenheitsdiskurses, seiner Lehre von der Sünde und dem Bösen aufs Engste zusammen, sondern auch die Verortung seines Glaubensverständnisses und seiner „Psychologie" samt der Rede von der Zweiseeligkeit (δίψυχος) und des Zerspaltenseins (διακρίνεσθαι). Ich verweise im Folgenden lediglich auf eine Auswahl an aufschlussreichen Vergleichsstellen, die den Verstehenshorizont der Aussagen des Jakobusbriefs ausleuchten.

---

[254] Vgl. zur hellenistischen Formatierung der petrinischen Eschatologie Frey, Fire and Water.

[255] Bultmann, Theologie, 520. Zur Ethik des 2. Petrusbriefs im Horizont seiner Eschatologie vgl. Schliesser, Ethik im 2. Petrusbrief.

[256] So im polemischen Rundumschlag von Günter Klein gegen den 2. Petrusbrief: „Die unzusammenhängende Vielzahl der pausenlos abspulenden Argumente verrät eine Unsicherheit, die die Verteidigungswaffen nimmt, wo sie sie herbekommt, eine Beredsamkeit, die niemanden mehr überzeugt, weil in ihrer Anstrengung der Zweifel selber keucht" (Klein, Der zweite Petrusbrief, 111).

[257] Vgl. Niebuhr, Jakobus und Paulus, 4.

[258] Vgl. z. B. Frankemölle, Jakobus, Bd. 1, 85 („Der Jakobusbrief präsentiert sich als eine relecture von Jesus Sirach"); Niebuhr, Jakobus und Paulus, 13–18 (SapSal).

[259] Vgl. z. B. Kennedy, Hellenistic Atmosphere.

[260] Vgl. Kloppenborg, Hellenistic Psychagogy.

[261] Vgl. Van Kooten, „Two Inclinations".

298 6. Jakobusbrief

6.5.1 Der Topos von der „geteilten Seele" bzw. von den „zwei Seelen"

6.5.1.1 Analoge Vorstellungen aus der Philosophie

Selbst wenn Jakobus das Wort δίψυχος „erfunden" haben sollte (was nahezu ausgeschlossen ist), so ist die Vorstellung von zwei Seelen bzw. zwei Seelenteilen in etlichen literarischen Kontexten geläufig, sowohl im griechisch-römischen wie auch im jüdischen Traditionsraum.[262]

Der Topos, der sich in verschiedenen sprachlichen Wendungen artikuliert – allerdings nicht durch δίψυχος! –, bestätigt die auch im Jakobusbrief erkennbare Verschränkung von geistig-spiritueller und ethischer Dimension. Platon kommt in seiner Staatslehre auf den oligarchischen Menschen und seine Zwiespältigkeit zu sprechen. Sie rührt daher, dass er zwar seine bösen Triebe im Griff hat, sie aber nur opportunistisch unterdrückt und aus mangelnder Identifikation mit der eigenen Tätigkeit und aus Geltungsdrang zwiespältig handelt: Er „kann auch gewiß in sich selbst nicht frei von Zwiespalt sein (οὐκ [...] ἀστασίαστος); und er ist auch nicht einmal einer, sondern ein zweifacher (οὐδὲ εἷς, ἀλλὰ διπλοῦς τις), nur dass doch größtenteils die besseren Begierden in ihm herrschen über die schlechteren (ἐπιθυμίας δὲ ἐπιθυμιῶν). [...] Deshalb nun, denke ich, ist ein solcher immer noch anständiger als viele; aber die wahrhafte Tugend einer mit sich selbst einigen und wohlgestimmten Seele ist weit von ihm entfernt."[263] An einer anderen Stelle seiner Schrift fragt Platon nach dem Ursprungszustand der Seele und verweist auf den Meeresgott Glaukos: Wie Glaukos bis zur Unkenntlichkeit entstellt ist und zugewachsen von Muscheln, Tang und Gestein, „so nur sehen auch wir unsere Seele von tausenderlei Übeln übel zugerichtet." Ihre ursprüngliche Einfalt und Integrität, ihr göttlicher Ursprung werden erst sichtbar, wenn sie sich aus den Tiefen des Meeres erhebt und gereinigt wird. „Und dann erst würde einer ihre wahre Natur erkennen (ἡ ἀληθὴς φύσις), ob sie vielartig ist oder einartig (εἴτε πολυειδὴς εἴτε μονοειδής)."[264] Die Korrespondenz von (wesensmäßiger) göttlicher und (erstrebenswerter) menschlicher Einfalt, die Jakobus nur implizit herstellt, wird von Platon an mehreren Stellen ausgeführt.[265]

Die Gedanken Platons zur „geteilten Seele", die seinen gesamten philosophischen Entwurf charakterisieren und hier nur exemplarisch zum Ausdruck

---

[262] Einseitig und unpräzise NIEDERWIMMER, Didache, 138 Anm. 34: „Die Warnung vor διψυχία ist allgemein jüdisch-christliche Tradition: (Sir. 1,28; Test. Ass. 3,1f.); 1 QH IV,14; Jac. 1,8; 4,8 usw." Vgl. über das Folgende hinaus: Theognis 90–91 (Freundschaft); Parmenides bei Simplicius, *In Aristotelis physicorum libros commentaria* 117,2 (Epistemologie). Zur „Rede von den ‚zwei Seelen' in der griechischsprachigen Antike bis Origenes" vgl. NÜRNBERGER, Zweifelskonzepte, 364–375; auch BALTES, ΔΙΑΝΟΗΜΑΤΑ, 96.122 mit zahlreichen Belegen.

[263] Platon, *Rep.* 8, 554d–e (Übers. F. D. E. Schleiermacher). Zitiert in NW 2/1, 1256. Vgl. BROWN, Unity of the Soul.

[264] Platon, *Rep.* 10, 611b–612a (Übers. F. D. E. Schleiermacher).

[265] Vgl. VAN KOOTEN, „Two Inclinations", 156, mit Verweis auf Platon, *Rep.* 4, 382e–383a.

6.5 Religionsgeschichtliche Verflechtungen

kommen,[266] fanden eine vielgestaltige Fortsetzung in platonischer Tradition: Nach Plutarch ist das seelische Bewegungsprinzip „regellos und ungeordnet" (ἄλογον und κακόν), d.h. die Seele an sich – die Plutarch auch ἁπλῶς ψυχή nennen kann – ist eine „vernunftlose Seele" (ἄλογος ψύχη) und erhält erst in einem göttlichen Schöpfungsakt Anteil an der Vernunft (νοῦς).[267] Plotin hebt eine niedere Seele von einer „göttlicheren Seele" (θειοτέρα ψυχή) ab.[268] In all diesen Entwürfen sind kosmologische Seelenlehre und Ethik eng verwoben; bei Jakobus steht die Zuordnung von Gotteslehre und christlicher Existenz im Vordergrund; und die Funktion des νοῦς, welcher der Seele Ausrichtung und Kohärenz verleiht, übernimmt bei Jakobus vereinfacht gesagt die σοφία (Jak 1,5).

Turbulenzen verursachen nach Jakobus die Begierde und die Lüste (ἐπιθυμία, Jak 1,15; ἡδοναί, 4,1.3). Dieser Gedanke erinnert an die *Cyropaedia* des Xenophon (5./4. Jh. v. Chr.), wie Platon ein Sokratesschüler. Er berichtet vom Schicksal des Araspes, der sich trotz guter Absichten und dem Willen zu tugendhaftem Verhalten der verbotenen, aber ihn überwältigenden Liebe zu Panthea nicht widersetzen kann. Die Frage des Kyros, ob er Panthea je wieder verlassen könne, bejaht Araspes mit diesen Worten: „Ich habe gewiss zwei Seelen – dies habe ich mit dem ungerechten Sophisten, dem Eros, untersucht; denn wenn ich nur eine hätte, so würde ich nicht Gutes und Böses zugleich lieben und dasselbe zugleich wollen und nicht wollen. Deutlich gibt es vielmehr zwei Seelen (δύο [...] ψυχά). Wenn die gute stärker ist, tun wir Gutes, wenn die böse, Böses."[269] Bei ihm, Araspes, habe die gute, d.h. die aus Rationalität zum Guten befähigte Seele, gegenüber der irrationalen, d.h. den Begierden anheimgefallene, die Oberhand gewonnen.[270] Auffällig ist in Xenophons Darstellung der Anthropologie des Araspes, dass nicht von *einer* geteilten Seele, sondern von *zwei* Seelen die Rede ist.[271]

---

[266] Grundlegend ist Platon, *Rep.* 4, 439e–441a und die Begründung der Dreigliedrigkeit der Seele (τὸ λογιστικόν, τὸ ἐπιθυμητικόν und τὸ θυμοειδές); vgl. ferner *Leg.* 896d und das berühmte Gleichnis vom Wagenlenker in *Phaidr.* 246a–b. Vgl. weiter Van Kooten, „Two Inclinations", 146–149 mit etlichen weiteren Belegen und der zusammenfassenden Einordnung (a. a. O., 148): „The implied logic is that the divided human self should regain its original homogeneity and single-mindedness by withdrawing itself from the distorting influences of the body and thus restore its original and true nature." Zu Goethes Rede von den „zwei Seelen" vgl. Schöne, Faust, 240: „Auf die in unterschiedlichen Ausprägungen weit verbreitete Zwei Seelen-Lehre [bei Platon oder Xenophon] ist Goethe gewiß an vielen Stellen gestoßen."

[267] Vgl. Plutarch, *Mor.* 9, 1016C; 24, 1024A, D; *Quaestiones platonicae* 2,2, 1001C.

[268] Plotins Unterscheidung der Seelen findet sich in *Enneades* 6,7,5; 4,3,27,1/3, vgl. 2,3,9,6/47. Zu Augustins Vorwurf der Zwei-Seelen-Lehre gegen die Manichäer vgl. Drecoll/Kudella, Augustin und der Manichäismus, 148–150.

[269] Xenophon, *Cyropaedia* 6,1,41.

[270] Nach Mueller-Goldingen, Untersuchungen zu Xenophons Kyrupädie, 205, handelt es sich bei der Zwei-Seelen-Lehre um „ein gängiges sokratisches Dogma", das Xenophon und Platon unabhängig voneinander rezipieren. Andere rechnen mit einem Ursprung in iranischer Anthropologie (z. B. Stroumsa[/Fredriksen], The Two Souls, 200 f., mit Verweis auf ältere Literatur).

[271] Diese Differenz betont Van Kooten, „Two Inclinations", 146.

300 6. Jakobusbrief

Philosophen jedweder Couleur haben die „Einfalt" zur lebenspraktischen Maxime erkoren. Das trifft auch auf stoische Philosophen zu, die gegen die platonische Tradition einer geteilten Seele ein monistisches Seelenmodell stellen und die Einheit der menschlichen Seele betonen. Ausdrücklich fordert Marc Aurel: „Sei einfältig (ἅπλωσον σεαυτόν)! Vergeht sich einer an dir? Er vergeht sich an sich selbst [...]. Mit wenigen Worten: das Leben ist kurz; von der Gegenwart muss man durch wohlüberlegtes und rechtschaffenes Tun Gewinn ziehen. Auch in Muße bleibe nüchtern."[272] Die letzte Aufforderung (νῆφε ἀνειμένος) ist schwierig zu verstehen,[273] doch findet der Appell zur Nüchternheit ein attraktives Alternativrezept bei Plutarch, der gerade zu Weinkonsum rät, um die Falten der Seele und des ethischen Bewusstseins loszuwerden, die Seele „auszubreiten" und zu glätten (ἁπλοῦν).[274] Plutarchs Gedanken zur „ent-falteten", d. h. „einfältigen" Seele sind keineswegs untheologisch, doch liegt der Akzent auf dem psychischen Selbstverhältnis des Menschen. Dies ist eine entscheidende Differenz zu vergleichbaren jüdischen Vorstellungen, die außerdem fast ausschließlich vom „Herzen" sprechen, das geteilt bzw. doppelt ist. In jüdischer Tradition meint der häufig begegnende Grundbegriff der ἁπλότης „die einfältige und schlichte Geradheit des Handelns", erhält aber auch wie in 1 Hen 91,4 und den Testamenten der zwölf Patriarchen „eine direkt religiöse Wendung": „Einfältig wandeln heisst sein Augenmerk ganz und gar auf Gott und seine Gebote richten und vom Teufel und der Welt ablenken."[275]

6.5.1.2 Alttestamentlich-jüdischer Traditionsbereich

Mit vielen anderen kontrastiert Patrick Hartin die Haltung der Zweiseeligkeit aus dem Jakobusbrief mit der Forderung deuteronomistischer Theologie nach ungeteilter Gottesliebe (Dtn 6,5): „The idea conveyed so succinctly by this word [sc. δίψυχος] is certainly found before James. In the theology of the Hebrew Bible the foundation of the Law rests on loving God ‚with one's whole heart and soul' [...]. Contrasted with this undivided loyalty to the Lord is the person who is double-hearted."[276]

---

[272] Marc Aurel 26,2 (Übers. nach A. Wittstock).

[273] Vgl. FARQUHARSON, Meditations, Bd. 2, 613 f. Dort auch der Verweis auf Plotin, für den ἅπλωσις eine Vereinigung mit der Gottheit sein kann: ἔκστασις καὶ ἅπλωσις καὶ ἐπίδοσις αὑτοῦ καὶ ἔφεσις πρὸς ἁφήν (Enneades 6,9,11).

[274] Plutarch, Symp. 715E–F: „Wine drives out the timidity that is the greatest handicap in deliberation, and drowns out many another mean-spirited and ignoble emotion; it shakes out the folds as it were, where duplicity and rancour lurk in the mind (τὸ κακόηθες καὶ τὸ ὕπουλον ὥσπερ τινὰς διπλόας ἀναπτύσσει τῆς ψυχῆς), and reveals every trait of character and every secret feeling in transparent language. It is the most fertile seed of frankness and thereby of truthfulness; and if truth be not present, neither practical skill nor quick insight do any good" (Übers. P.A. Clement/H. B. Hoffleit).

[275] BOUSSET, Religion des Judentums, 481.

[276] HARTIN, James, 61.

6.5 Religionsgeschichtliche Verflechtungen

Die Vorstellung eines „zwiefältigen" bzw. „zwiespältigen" Herzens ist alttestamentlich in zwei Konstruktionen belegt: Der Beter von Ps 12 beklagt, dass die Getreuen unter den Menschen verschwinden und die Macht der Bösen überhandnimmt, die „mit glatter Zunge" und „mit zwiespältigem Herzen reden" (בְּלֵב וָלֵב יְדַבֵּרוּ, 12,3); die Septuaginta übersetzt wörtlich ἐν καρδίᾳ καὶ ἐν καρδίᾳ ἐλάλησαν (11,3). Im Zusammenhang von Davids Machtübernahme werden im 1. Chronikbuch die Stämme aufgereiht, die ihm militärische Unterstützung zukommen ließen, darunter die Männer Sebulons, die sich um David scharten „mit ungeteiltem Herzen" (בְּלֹא־לֵב וָלֵב, 1 Chr 12,34); die freie Wiedergabe in der Septuaginta lautet οὐχ ἑτεροκλινῶς, jedoch übersetzt die Vulgata *in corde duplici*. Eine weitere Metapher verwendet Hosea. Er sieht den Untergang von Israels Kult und Königtum voraus, weil das Herz der Menschen „geteilt" ist (חָלַק לִבָּם/ἐμέρισαν καρδίας αὐτῶν, Hos 10,2).[277]

Ein geteiltes Herz steht in religiösem Zusammenhang sinnbildlich für eine dissonante und daher sündhafte Ausrichtung eines Menschen, die sich sowohl gegenüber Gott als auch gegenüber dem Mitmenschen negativ auswirkt.

Explizit wird die Korrespondenz des geteilten Herzens und der Sünde in Sir 1,28.30: Ein „geteiltes Herz" (καρδία δισσή) ist nichts anderes als ein „Herz voller Falschheit" (καρδία πλήρης δόλου); es wird von Gott in aller Öffentlichkeit bloßgestellt. Hierzu gehört der nicht fern von Jakobus stehende Weheruf: „Wehe den furchtsamen Herzen und den erschlafften Händen und dem Sünder, der (gleichzeitig) auf zwei Pfaden (ἐπὶ δύο τρίβους) geht. Wehe dem erschlafften Herzen, weil es nicht glaubt (οὐ πιστεύει)" (2,14–15).[278] Im weiteren Verlauf heißt es: „Worfele nicht bei jedem Wind, und gehe nicht auf jedem Weg. So (tut es) der doppelzüngige Sünder (ὁ ἁμαρτωλὸς ὁ δίγλωσσος)" (5,11).[279]

Die Wendung בלב ולב begegnet auch in den Hodajot als Echo von Ps 12: Angeklagt werden „Trugdeuter" (1QH 12,8), die glatte Reden führen und andere ohne Einsicht zu Fall bringen. Dann heißt es: „Aber sie, Verlorene, Ränke Belials sinnen sie, fragen nach Dir (mit) geteilten Herzen und stehen in Deiner Wahrheit nicht fest. Eine Wurzel von Gift und Wermut wuchert in ihrem Denken und mit der Verstocktheit ihres Herzens spähen sie aus und fragen nach Dir durch Scheußlichkeiten" (12,14–15).[280] Im Gegensatz zur „Zwei-Geister-Lehre" ist das geteilte Herz hier ein Attribut derer, die nach göttlichem Ratschluss verworfen sind, also ein Merkmal von „Outsidern".[281] In Anlehnung an Dtn 29,17 (vgl.

---

[277] Zu erinnern ist hier an GERTNER, Midrashim, der den Jakobusbrief als Midrasch zu Ps 12,1–5 lesen will, der seinerseits eine Bearbeitung von Hos 10,1–4 darstelle. Die Einheit des Briefs lasse sich auf Hos 10,2 zurückführen: „Ihr Herz ist geteilt."

[278] Übers. LXX.D.

[279] Übers. LXX.D.

[280] Übers. J. Maier (Zählung und Text nach H. Stegemann/E. Schuller/C. Newsom, DJD 40); in älterer Literatur wird die betreffende Stelle (1QH 12,14) nach alter Zählung als 1QH 4,14 zitiert.

[281] Ein weiterer Beleg für die Wendung בלב ולב, der diese Sicht bestätigt, ist das Testament Qahats (4Q542 Frg. 1 i 7–10): „Haltet vielmehr fest am Wort Jakobs, eures Vaters, und festigt euch in den Gesetzen Abrahams und in der Gerechtigkeit des Levi und der meinen, und seid

302   6. Jakobusbrief

Hebr 12,15) kommt der Text auf die „Wurzel" des Übels zu sprechen, die das
Herz zerspaltet und für die Entfremdung von Gott verantwortlich zu machen
ist. „Bitterkeit gegen den einen Gott steckt hinter allen Plänen und verleitet die
Planenden, letztlich auf Dämonen, fremde Götter und Götterbilder zu achten."[282]
Besonders perfide ist das Verhalten dieser Menschen insofern, als sie andere
mit in den Abgrund ziehen wollen: Sie spotten und sprechen „mit verstellter
Zunge", hören nicht auf die Worte Gottes und streuen Zweifel: „denn sie sagten
zu Erkenntnisschau: ‚Nicht richtig!' und zum Weg Deines Herzens: ‚Das ist er
nicht!'" (12,17–19).

Am Beginn der Mahnreden des Henochbuchs (1 Hen 91–108) ruft Henoch
seinen Sohn Methusala und seine Brüder und Verwandten zusammen, um ihnen
im Stil eines Testaments lebenspraktische Hinweise zu geben:[283]

Und er [sc. Henoch] redete zu allen Kindern der Gerechtigkeit und sprach: „Hört, Kinder
Henochs, alle Worte eures Vaters Henoch, und achtet genau auf meine Rede, denn ich
ermahne euch und sage euch, Geliebte: Liebt die Gerechtigkeit und wandelt in ihr. Naht
euch der Gerechtigkeit nicht mit geteiltem Herzen (wörtl. mit doppeltem Herzen), und
habt nicht mit denen Gemeinschaft, die geteilten Herzens sind, sondern wandelt in Gerechtigkeit, meine Kinder, und sie wird euch auf guten Wegen führen, und die Gerechtigkeit wird euer Gefährte sein" (91,3–4).[284]

Eine Nähe zu Themen und Motiven des Jakobusbriefs ist offenkundig, insbesondere der Gedanke, dass eine Disposition der „Doppelherzigkeit" das Tun
der Gerechtigkeit schon im Keim erstickt (vgl. 1 Hen 91,5 mit Jak 1,4). Wer ein
doppeltes Herz hat, ist nicht nur ethisch fehlgeleitet, sondern ein Sünder.[285]

6.5.2 Der Topos von den „zwei Geistern"

Auch die sogenannte Zwei-Geister-Lehre aus der Gemeinderegel Qumrans (1QS
3,13–4,26) erhellt den Verstehenshorizont des jakobeischen διακρινόμενος bzw.

Heil[i]ge und rein von jeglicher [Ver]mengung, an der Wahrheit festhaltend und in Rechtschaffenheit wandelnd und nicht geteilten Herzens. Vielmehr mit reinem Herzen und in wahrhafter
und guter Geisteshaltung, dann gebt ihr mir unter euch einen guten Namen und Fröhlichkeit"
(Übers. J. Maier).

[282] KARRER, Ῥίζα, 87. Vgl. ebd. auch zu LibAnt 25, wo „Dtn 29,17 [...] zu einer Summa
ethischen Fehlverhaltens in Israel und durchsichtig für eine Gegenwart [wird], in der unter
griechisch beeinflussten Juden die Faszination durch Gestalt, künstlerischen und materiellen
Wert der Götterbilder ebenso der Abwehr bedarf wie eine Verlockung durch weniger strenge
Ethik und der Zweifel an einer Herkunft der Tora direkt von Gott" (vgl. bes. LibAnt 25,6–13).

[283] Vgl. STUCKENBRUCK, 1 Enoch 91–108, 1: „[T]he materials preserved in chapters 91–107
were composed during the 2nd century BCE. Soon thereafter they were edited into a collection
of revelatory disclosures made by Enoch to his son Methuselah."

[284] Übers. S. Uhlig. Das „doppelte Herz" ist ein Motiv der späteren Henochtradition, das ohne
Parallele im restlichen Henochbuch ist (vgl. STUCKENBRUCK, 1 Enoch 91–108, 156).

[285] Nicht einleuchtend ist eine sprachgeschichtliche Ableitung des Lexems δίψυχος von
der Wendung „mit doppeltem Herzen", da eine Übersetzung ins Griechische den Begriff
διπλοκαρδία erwarten ließe. Vgl. auch BROX, Hirt des Hermas, 551.

6.5 *Religionsgeschichtliche Verflechtungen* 303

δίψυχος. Das Schicksal des Menschen wird dort in wenigen Sätzen umrissen und in den Rahmen zwischen Schöpfung und eschatologischem Showdown gestellt: „Er hat den Menschen geschaffen zur Beherrschung der Welt und bestellte für ihn zwei Geister, um in ihnen zu wandeln bis zum Termin Seiner Heimsuchung. Es sind die Geister der Wahrheit und des Unrechts" (3,18–19).[286] Auch die Söhne des Lichts stehen in der Gefahr, durch die Finsternisengel zu Fall zu kommen, auch wenn ihnen Gott und seine Engel zur Seite stehen (3,24). Zeitlebens liegen die kosmischen Geister von Wahrheit und Unrecht „im Herzen eines Mannes" (בלבב גבר, 4,23) im Streit, bis Gott am Ende allen Unrechtsgeist tilgt und den Menschen reinigt (4,20–21).[287] Frey spricht von einem charakteristischen anthropologischen bzw. psychologischen Dualismus: „The opposition between good and evil is even present within the human heart. Here we can possibly see the problem the instruction is intended to answer. Even the ‚sons of light‘ doubt, commit sins and are afflicted by the spirit of wickedness (4:24), there is an internal ambiguity even in those who belong to the lot of light."[288]

Dass die potenzielle Spaltung des inneren Menschen auch die Söhne des Lichts gefährdet, ist unter den Schriften vom Toten Meer ein singulärer Gedanke, der die Zwei-Geister-Lehre von sektenspezifischen Texten unterscheidet.[289] Er markiert eine gewisse Nähe zum Jakobusbrief, nach dem auch „einer von euch" (Jak 1,5) gespalten sein kann, weist aber mit seiner kosmischen Begründung des inneren Konflikts und seiner prädestinatianischen Lösung zugleich weit über den Jakobusbrief hinaus.

6.5.3 *Der Topos von den „zwei Wegen" und den „zwei Trieben"*

Die Lehre von den zwei Geistern bzw. von zwei Engeln hat sich in einigen jüdischen Traditionsströmen mit der „Zwei-Wege-Lehre" verbunden. Auch in der Gemeinderegel ist nicht lediglich von den beiden Geistern die Rede, sondern auch von den Wegen des Lichts und der Finsternis (1QS 3,20–21).[290] Der Topos von den zwei Wegen ist „ein weit verbreiteter Gemeinplatz der antiken (und nicht nur der antiken) Moral"[291] und im griechisch-römischen wie auch alttestamentlich-jüdischen Schrifttum breit belegt. Auch in der Jakobusexegese wird für

---

[286] Übers. J. Maier.

[287] Vgl. hierzu STUCKENBRUCK, „Heart"; ders., Interiorization of Dualism.

[288] FREY, Apocalyptic Dualism, 281.

[289] Vgl. FREY, Notion of the Spirit, 87 Anm. 18: „This is probably the most important difference from the Qumran sectarian view in which the demarcation between the realm of light and the realm of darkness is viewed much clearer at the borders of the community. The idea that the human is in itself divided and that there are two opposed powers fighting within the human heart, is never adopted in the sectarian compositions." A. a. O., Anm. 19, auch der Verweis auf 4Q186, wo Überlegungen zum jeweiligen Anteil an Licht und Finsternis im Menschen angestellt werden. Zur literarischen Stellung der Zwei-Geister-Lehre vgl. HEMPEL, Two Spirits.

[290] Vgl. NIEDERWIMMER, Didache, 86.

[291] NIEDERWIMMER, Didache, 83 (mit Literatur).

300   6. Jakobusbrief

die Deutung des δίψυχος vielfach auf die Zwei-Wege-Lehre rekurriert.[292] Denn
einerseits bietet der Text selbst das Stichwort vom „Weg" (der δίψυχος ist „unstet
und haltlos auf all seinen Wegen", Jak 1,8; vgl. 5,19–20), und andererseits führt
die außerkanonische Rezeption von Jak 1,8 und 4,8 die Rede der Zweiseeligkeit
im Sinne von „zwei Wegen" weiter.

Immer schon wurde in der Jakobusexegese eine konzeptionelle Verwandtschaft zu den Testamenten der zwölf Patriarchen wahrgenommen, unter anderem zu TestAss 1,3–9, wo ebenfalls die zwei Wege mit den zwei Geistern
verbunden sind:

(3) Zwei Wege gab Gott den Söhnen der Menschen und zwei Ratschläge und zwei Handlungsarten und zwei (Lebens-)Weisen (τρόπους) und zwei Ziele. (4) Darum ist alles zweierlei: eines (steht jeweils) dem anderen gegenüber. (5) Zwei Wege gibt es: (den Weg) des
Guten und (den) des Bösen. Auf ihnen beruhen die zwei Ratschläge in unserer Brust, die
sie unterscheiden (ὁδοὶ δύο, καλοῦ καὶ κακοῦ· ἐν οἷς εἰσι τὰ δύο διαβούλια ἐν στέρνοις
ἡμῶν διακρίνοντα αὐτάς). (6) Wenn nun die Seele gut wandeln will, vollbringt sie alle ihre
Handlungen in Gerechtigkeit. Und wenn sie sündigt, bereut sie sofort. (7) Denn wenn sie
den gerechten (Taten) nachsinnt und die Schlechtigkeit wegstößt, wirft sie alsbald das Böse
zu Boden und reißt die Sünde aus. (8) Wenn der Ratschluß sich jedoch zum Bösen neigt,
sind alle ihre Taten in Bosheit. Und weil er das Gute von sich stößt und das Böse annimmt
und von Beliar beherrscht wird, so wandelt er, selbst wenn er Gutes tut, dieses in Bosheit
um. (9) Denn wenn er anfängt, das Gute zu tun, so führt er das Ende der Handlung zum
Bösen für ihn, weil der Schatz des Ratschlusses mit dem bösen Geist angefüllt ist.[293]

Analoge Gedanken finden sich in TestBen 6,5–7:

(5) Die gute Gesinnung hat keine zwei Zungen: (eine) für den Segen und (eine) zum
Fluchen, (eine) für Schändung und (eine) für Ehrung, (eine) für Trauer und (eine) für
Freude, (eine) für Ruhe und (eine) für Unruhe, (eine) für Heuchelei und (eine) für Wahrheit, [(eine) für Armut und (eine) für Reichtum], sondern sie hat (nur) ein lauteres und
reines Gemüt (διάθεσις) für alle (Menschen). (6) Sie hat kein doppeltes Gesicht noch
Gehör (οὐκ ἔχει ὅρασιν οὔτε ἀκοήν διπλῆν), denn bei allem, was er tut oder redet oder
sieht, weiß er, daß der Herr auf seine Seele blickt. (7) Und er reinigt seine Gesinnung,
damit er nicht von Gott und Menschen verurteilt werde. Aber von Beliar ist jedes Werk
zwiespältig (τὰ ἔργα διπλᾶ) und hat keine Einfalt (ἁπλότητα).[294]

Es ließen sich etliche weitere Belege aus dem Corpus anführen, in denen die
pathologische Doppelheit menschlichen Seins und Tuns angeprangert wird
(διπρόσωπος, TestAss 3,1.2; 4,1.3.4; 6,2) und „Einfalt" als Ideal hingestellt wird
(v. a. TestIss).[295] „Einfalt" orientiert die Weltwahrnehmung und das Handeln und
schließt das Begehren (ἐπιθυμεῖν, TestIss 4,2) aus.

---

[292] Vgl. neben den Kommentaren den Versuch von Darian Lockett, die traditionelle jüdische
Zwei-Wege-Lehre mit der Kommunikationsstrategie des Jakobus zu verbinden (LOCKETT,
Structure or Communicative Strategy?).

[293] Übers. J. Becker.

[294] Übers. J. Becker.

[295] Vgl. die Belege und die Diskussion bei KLOPPENBORG, Hellenistic Psychagogy, 43–53;

6.5 Religionsgeschichtliche Verflechtungen 305

Es wird debattiert, ob die Testamente der zwölf Patriarchen eine dualistische Psychologie repräsentieren (vgl. TestAss 1,5: „zwei Ratschläge in unserer Brust") und damit ein Vorläuferkonzept zur rabbinischen Lehre von den zwei „Trieben" (יצר הטוב/יצר הרע) darstellen,[296] oder ob sie für den einzelnen Menschen nur je eine Disposition (διαβούλιον) voraussetzen, die Objekt der Wahlfreiheit des Menschen ist und seine Existenz ein für alle Mal bestimmt.[297] Die Gefahr der Zweiseeligkeit und inneren Spaltung ist nach Jakobus auch für diejenigen virulent, die Teil der Gemeinde sind. Jakobus steht einem psychologischen Dualismus näher als einer deterministischen Sicht: Eine gespaltene Existenz blockiert den Empfang der göttlichen Weisheit (Jak 1,7) und erlaubt einer Form von Weisheit Zutritt, die eine „irdische, menschliche, dämonische" ist (3,15). Auch im Jakobusbrief (4,1–3) stehen die dämonisch qualifizierten Lüste und Begierden der einheitlichen Ausrichtung auf Gott im Wege.[298] Die Nähe der Vorstellungswelten ist in der Tat auffällig, und doch setzt der Jakobusbrief eigene Akzente, nicht zuletzt sprachliche (δίψυχος/διακρινόμενος) und kontextuelle (Zweiseeligkeit und das Gebet, Parteilichkeit).

Auch Philo analysiert die Abgründe der menschlichen Seele, ihre Begierden und konfligierenden Triebe in epischer Breite, allerdings ohne die psychischen Konflikte von mythologischen Kräften (Engelsgestalten, Belial, Teufel) her zu interpretieren. In *Migr.* 148[299] bietet Philo eine Auslegung von Gen 12,4 und eine Etymologie des Namens „Lot": Lot bedeute „Neigung" (ἀπόκλισις)[300] – und in der Tat neige sich der Nous manchmal dem Guten und manchmal dem Bösen zu. Dabei steht im Hintergrund „die Trennung des Nous vom Seelenteil (Lot), der zur Sinnenwelt neigt."[301]

„Beides", so Philo weiter, „kann man aber oft bei einem und demselben Menschen beobachten: Denn es gibt einige zweifelnde und schwankende Leute (ἐνδοιασταὶ καὶ ἐπαμ-

---

auch den Index bei CHARLES, Greek Versions, 301, der für ἁπλότης ca. 15 Belege zählt, davon 11 im Testament Issachars, das in der Handschriftentradition mit περὶ ἁπλότητος überschrieben ist. Vgl. hierzu AMSTUTZ, ΑΠΛΟΤΗΣ, 64–72 (zu TestXII) und 72–85 (zu TestIss).

[296] MARCUS, Evil Inclination.

[297] HOLLANDER/DE JONGE, Testaments, 339: „It should be stressed that the author [von TestAss] speaking about two διαβούλια does not intend to say that there are ‚zwei Seelen in einer Brust'. Every person has one διαβούλιον which has two options and is, after the choice has been made, either good or bad." Vgl. KLOPPENBORG, Hellenistic Psychagogy, 46: „James 1:2–5 presupposes a very similar psychology."

[298] Vgl. z. B. TestAss 3,2: „die Doppelgesichtigen gehören nicht zu Gott. Vielmehr dienen sie ihren Begierden, damit sie Beliar gefallen und den ihnen gleichenden Menschen" (Übers. J. Becker).

[299] Diese Vergleichsstelle wird in fast allen Kommentaren zum Jakobusbrief erwähnt, aber selten ausgewertet. Vgl. zu Lot als Illustration des Schwankens auch 1 Clem 11,1–2. S. o. Kap. 6.4.2.

[300] Vgl. Ambrosius, *De Abraham* 2,2,6: *Lot, hoc est declinatio.* Dazu LONA, Der erste Clemensbrief, 202 mit Anm. 4.

[301] LONA, Der erste Clemensbrief, 202, mit Verweis auf *Migr.* 13: τὸ κλινόμενον τῆς ψυχῆς πρὸς τὸ αἰσθητὸν εἴδους.

306 *6. Jakobusbrief*

φοτερισταί), die sich abwechselnd dieser oder jener Seite[302] zuneigen, wie ein Schiff, das von entgegengesetzten Winden hin- und hergeworfen wird (ἀποκλίνοντες), oder wie (die Zunge) an der Waage auf- und niederpendeln (ἀντιρρέποντες), die aber keine Kraft besitzen, in einem Zustand fest zu verharren; bei diesen ist nicht einmal die Wendung zum Besseren zu loben. Denn sie geschieht durch einen (zufälligen, inneren) Impuls, nicht infolge von Überlegung (φορᾷ γάρ, ἀλλ᾽ οὐ γνώμῃ γίνεται)."[303]

Das Gegenbild zu Lot ist Abraham, der um der Reinigung seiner Seele willen die Erde (in Philos allegorischer Auslegung: seinen Körper, σῶμα), die Verwandtschaft (seine Sinneswahrnehmung, αἴσθησις) und schließlich das Gemach seines Vaters (die Rede, λόγος) verließ (*Migr.* 7). Das Ziel der „Wanderung Abrahams" ist der Gipfel der Weisheit (ἄκρα ἐπιστήμη, *Migr.* 175), der Weg dorthin, durchaus beschwerlich, das Denken (διάνοια), welches nie „müde und schlaff", sondern in wachem Zustand geübt werden soll: „wenn etwas der Betrachtung schwer zugänglich zu sein scheint, so öffne, was in dir Schauenskraft hat, dringe in die Tiefe und nimm das Seiende genau in Augenschein; schließe das Auge weder willentlich noch unwillentlich" (*Migr.* 222). Doch nicht nur unermüdlich und wach soll die Tätigkeit des Nous sein, er soll gleichermaßen bestrebt sein, „den rechten Pfad [zu] betreten, sich nirgends zur Seite wegwenden, weder nach rechts, noch auch nach links. [...] Denn besser ist es, auf der Mittelstraße, dem ‚wahren Königswege', zu ziehen [Num 20,17], den der große und alleinige Gott-König den tugendliebenden Seelen als schönsten Aufenthaltsort geweitet hat" (*Migr.* 146).[304] Ist der „Gipfel der Weisheit" erklommen, wird dort „keiner der Andersdenkenden" (μηδενός [...] τῶν ἑτεροδόξων) sein; „denn auch Lot, der seine Seele, die gerade und ungebeugt sein konnte, sich neigen ließ (ἔκλινε), ist entfernt."[305]

Aufschlussreich ist eine weitere etymologische Betrachtung Philos, die derjenigen über Lot gleicht und das Schwanken des Denkens sowohl mit der Metapher der Waage verknüpft als auch mit dem Bild des Schiffs auf hoher See (*Post.* 100–102):

---

[302] Die Übersetzung ist schwierig an dieser Stelle: τοῖχος bedeutet eigentlich „Wand", A. Posner (Cohn) übersetzt mit „Längsseite" („Denn es gibt unentschlossene, schwankende Menschen, die sich nach beiden Längsseiten wenden").

[303] Übers. hier und im Folgenden nach A. Posner (Cohn), der ἀπόκλισις allerdings mit „Abneigung" widergibt.

[304] Philo fährt fort: „Deshalb sagen auch manche von denen, die eine milde und soziale Philosophie zu erstreben suchen, die Tugenden seien Mittelwege; diese stellen sie an die Grenze (zwischen den Extremen), weil maßlose prahlerische Überhebung ein Übel, dagegen das Streben nach überbescheidener und anspruchsloser Lebenshaltung schwächlich ist, während die zwischen beiden liegende, gemischte (Sinnesart) allein von Nutzen ist" (*Migr.* 147).

[305] Vgl. Philo, *Abr.* 196: Es sei jenseits aller sprachlichen Möglichkeiten, den Lobpreis auf Abraham anzustimmen, der sich angesichts der furchtbarsten Versuchung nicht seiner natürlichen Neigung hingibt, sondern all seinen Willen „in die Waagschale wirft", um seiner Hingabe zu Gott Ausdruck zu verschaffen (τῇ ῥοπῇ πρὸς τὸ θεοφιλὲς ταλαντεύων).

6.6 *Fazit*

(100) Des Jabals Bruder aber, heißt es, sei Jubal (Gen 4,21). Auch dieser aber bedeutet symbolisch ‚Umbieger' (καὶ οὗτος μετακλίνων διὰ συμβόλου) [...]. Von Natur nämlich ist dies der Bruder des Denkens. Das Wort des die Tatsachen verdrehenden Geistes aber nannte er [sc. Mose als Autor des Textes]durchaus zutreffend ‚Umbieger'; denn es muß gewissermaßen nach beiden Seiten schwanken, wie etwas, das auf der Waage das Gleichgewicht sucht, oder wie ein Schiff auf hoher See, das sich bei starkem Seegang nach beiden Seiten biegt; denn der Tor hat nichts Festes oder Beständiges zu sagen gelernt. (101) Moses aber meint, man solle weder zur Rechten, noch zur Linken, noch überhaupt zu Bestandteilen des irdischen Edom abbiegen, sondern auf der mittleren Straße dahinwandeln, die er mit Recht die ‚königliche' nenne (Num 20,17) [...]. (102) Diese Königsstraße nun, von der ich sagte, daß sie die wahre und echte Philosophie sei, nennt das Gesetz Gottes Rede und Wort.

Nach einem Verweis auf Dtn 28,14 schließt Philo: „Somit ist klar bewiesen, daß Gottes Wort dasselbe ist wie die Königsstraße, wenn er nämlich vorschreibt, weder von der Königsstraße noch von dem Worte – als ob sie dasselbe bezeichneten – abzuweichen und mit rechtem Sinn die geradeaus führende mittlere Heerstraße zu wandeln."[306]

Das Austarieren der Waage und das Ausgerichtetwerden des Schiffes erweist sich für Philo als äußerst produktive Figur, um die Bewegung der Seele zwischen Dualität und Einheit zu erfassen. Wer seinen Neigungen und Affekten nachgibt, wird stets hin- und herschwanken und innerlich gespalten sein. Der Weise aber ist imstande, seinen Kurs klar auf Gott auszurichten und zu einem ruhenden Innenleben zu gelangen. Das Ziel ist Stabilität (εὐστάθεια; vgl. Jak 1,8; 3,8.16), die der göttlichen Unveränderlichkeit entspricht (vgl. 1,17).[307]

6.6 *Fazit*

(1) In der jüngeren Forschung bricht sich eine neue Sicht auf den Jakobusbrief Bahn, die sich weder von Luthers Radikalkritik beeindrucken lässt noch den von Dibelius verhängten Interpretations-„Verboten" folgt („Theologieverbot", „Kohärenzverbot", „Kontextverbot", „Situationsverbot"). „New Perspectives on James" votieren mit Nachdruck für eine Rehabilitierung der vermeintlich strohernen Epistel.[308] Es wird wieder von einer eigenständigen „Theologie des

---

[306] Übers. nach H. Leisegang (Cohn). Diese Passage wurde in der Jakobusexegese m. W. bislang nicht herangezogen. Zu weiteren Passagen aus dem Werk Philos, u. a. *QE* 1,23; *Her.* 55–56 vgl. VAN KOOTEN, „Two Inclination", 152–154.

[307] Vgl. GRAFFIGNA, Stability of Perfection, 141: „According to Philo the capability of being stable is a gift of the intellect, since it is able to emulate God: *eirene* and *eustatheia* are inclinations of the soul to be seen by the mind's eye (*Post.* 118). To approach God is like passing from the senses of the creation to the intellect of the Creator and thus enjoy *eirene*: such was Abraham's journey [...]; stability and peace therefore appear as similar concepts."

[308] NIEBUHR, A New Perspective on James?, 1017: „Und wie bei der ‚new perspective on Paul' so führen auch bei der neuen Sicht auf Jakobus verschiedene Blickwinkel und Beleuchtungen zur genaueren Wahrnehmung eines Gesamtbildes mit Vorder- und Hintergrund, scharfen Kon-

308   6. Jakobusbrief

Jakobus" gesprochen. Auch die hier vorgelegte Exegese betrachtet den Brief als ein adressatenorientiertes Schreiben mit einem planmäßigen Aufbau und einem eigenständigen theologisch-weisheitlichen Profil.

(2) Doch darf dies nicht den Blick für die Parallelen zwischen Jakobus und Paulus verstellen, die sich ja nicht in der Abrahamsgestalt und den Themen „Glaube", „Werke" und „Gerechtigkeit" erschöpfen. Beide verwenden das Verb διακρίνεσθαι (Röm 4,20; 14,23; Jak 1,6) bzw. das Partizip ὁ διακρινόμενος (vgl. Röm 14,23 mit Jak 1,6), und zwar in Kontexten, die sich mit dem Glauben und seinen Gefährdungen auseinandersetzen. Die analoge kontextuelle Einbettung des Begriffs sagt noch wenig über seine jeweilige Semantik. Denn Jakobus spricht – wegen und nicht trotz seiner kritischen Bezugnahme auf Paulus – anders vom Glauben als jener, und er füllt auch den Oppositionsbegriff διακρίνεσθαι anders: Paulus geht es nicht ums Zweifeln, sondern um eine potenzielle Trennung von Gott (wie sie im Falle Abrahams nicht erfolgte, Röm 4,20) bzw. von den Glaubensgeschwistern (wie sie im Falle des Gemeindekonflikts in Rom nicht erfolgen soll, 14,23). Jakobus geht es ebenfalls nicht um das „Zweifeln" im engeren Sinn, sondern er warnt vor einer Zerspaltung des Menschen, die ihn zu einem „Zweiseeligen" macht (δίψυχος, Jak 1,8; 4,8) und spirituell wie sozial ruinös ist (1,6; 2,4). Überlagert werden solche eher oberflächlichen Vergleichspunkte durch die Differenzen in den grundlegenden Anschauungen: Für den Apokalyptiker Paulus ist der Glaube ein Ereignis und die Signatur der neuen Heilszeit; der Mensch soll sich voll und ganz davon bestimmen lassen. Mit einem kräftigen Schuss Polemik überführt der Weisheitstheologe Jakobus die ontologische Perspektive des Paulus in eine anthropologisch-ethische und ruft im Rückgriff auf frühjüdische und hellenistisch-römische Anthropologie und Psychagogie zu einer ganzheitlichen Lebensführung auf.

(3) Unter denen, die das Motiv der Ganzheit bzw. Vollkommenheit zur tragenden Konzeption des Jakobusbriefes erheben, herrscht Uneinigkeit, ob damit primär der innere Mensch und seine Gottesbeziehung oder der äußere Mensch und sein Lebenswandel angesprochen sind. Sind „Einfalt" und „Vollkommenheit" und ihr Gegenbegriff „Gespaltenheit" primär ethische Kategorien oder primär spirituell-religiöse? Es hat sich im Verlauf dieses Kapitels gezeigt, dass diese Alternative für den Jakobusbrief völlig verfehlt ist. Ganzheit ist „Orthodoxie" und „Orthopraxie". Analoges gilt für weitere Schlüsselvorstellungen: Weisheit (σοφία) ist Einsicht, die ins Tun führt; Glaube (πίστις) ist eine Haltung des Hoffens und Vertrauens, die auf das Handeln hin transparent ist und „mit dem Einsatz der ganzen Existenz gelebt werden" muss[309] – „a ,whole-life' response to God".[310]

---

turen und weniger klaren Strukturen, Farbtupfern und Grauzonen." Vgl. WEBB/KLOPPENBORG, Reading James, und VON GEMÜNDEN/KONRADT/THEISSEN, Jakobusbrief.

[309] HAHN/MÜLLER, Jakobusbrief, 40.

[310] MORGAN, Roman Faith, 341 Anm. 124, unter Berufung auf JOHNSON, James, 241–243.

6.6 *Fazit*

(4) Der Mensch steht in der Gefahr, halbherzig, zweiseelig zu sein. Äußere und innere Faktoren bedrohen seine Identität und Integrität, intrapersonale und soziale Dissonanzen bedingen sich gegenseitig.[311] Nach Jakobus macht sich die Begierde (ἐπιθυμία) den schizophrenen Zustand des Gespaltenseins zunutze und verleitet zum Sündigen. Sie wird von Jakobus dramatisch personalisiert und wie in zahlreichen jüdischen und popularphilosophischen Parallelen erotisch aufgeladen (Jak 1,14–15).[312] Am Ende gebiert die Begierde die Sünde und die Sünde den Tod. Wiederum geht es hier nicht bloß um den inneren Menschen und eine problematische Gebetshaltung (1,5–8; 4,3), ein vergessliches, untätiges Hören des Worts (1,19–25), ausbleibende Weisheit (3,13–18) und Feindschaft mit Gott (4,4), sondern auch um „a-soziales, unwürdiges zwischenmenschliches Verhalten".[313] Wer διακρίνεσθαι und δίψυχος mit „zweifeln" bzw. „Zweifler" wiedergibt, muss sich bewusst sein, dass die Begriffsverwendung weit über den heute geläufigen Sprachgebrauch hinausgeht. Jakobus kritisiert eben nicht (bloß) eine kognitive Unentschiedenheit, sondern eine dispositionale Uneindeutigkeit des Ethos: der zweiseelige Mensch legt zwiespältige „Überzeugungen, Gepflogenheiten und Verhaltensweisen" an den Tag,[314] seine gesamte Lebensführung ist inkonsistent, wie das Hin und Her der Meeresbrandung. Aus diesem Ethos-Dilemma führt nach Jakobus nicht das Argument, sondern nur ein bewusster, willentlicher Akt des Umsteuerns (3,4) weg von Welt und Teufel (4,4.7) hin zu Gott (4,8), und zwar mithilfe der Weisheit von oben (3,17).

(5) Der Jakobusbrief steht mit seinen eindringlichen Mahnungen zur Ganzheitlichkeit im frühen Christentum nicht allein, auch wenn er ethische Dissonanzphänomene außergewöhnlich scharf adressiert. Vergleichbare Mahnungen finden sich mit je verschiedenen Akzentuierungen in der Didache, im Barnabasbrief und in den beiden Clemensbriefen. Sie alle schöpfen aus einem reichhaltigen Motivrepertoire, das die Gefährdung des Menschen und seiner Gemeinschaftsformen mit dem Topos der Zweiheit anschaulich macht. Platon – und mit ihm die gesamte antike Philosophie – lobt die Tugend einer „mit sich selbst einigen und wohlgestimmten Seele", eine innere Harmonie der Seele, aus der heraus sich rechtes, vernunftgemäßes Handeln ergibt. Frühjüdische Weisheitstheologen wie Jesus Sirach kritisieren das „geteilte Herz" (καρδία δισσή) (Sir 1,28), aus dem das Sündigen und das Wandeln auf zwei Wegen erwächst. Besonders ausgefeilt denken die Testamente der zwölf Patriarchen über die gott-

---

[311] Vgl. NÜRNBERGER, Zweifelskonzepte, 424.439.

[312] Vgl. VAN KOOTEN, „Two Inclinations", 157: „James is very careful not to identify the double-minded (δίψυχος) human condition with sin as such. As he explains, human beings only sin when they actively give way to their desire by allowing it to conceive."

[313] FRANKEMÖLLE, Jakobus, Bd. 1, 318. „Ein Glaube mit Zwiespalt im Gebet, mit Zwiespalt bei der Verwirklichung von Weisheit im praktischen Tun, bei der Verwirklichung des Glaubens, d. h. bei der Be-glaubigung durch Werke usw. ist nach Jakobus kein Glaube."

[314] So im Rückgriff auf die Definition von „Ethos" bei FUNKE/REINER, Ethos, 812.

310   *6. Jakobusbrief*

gegebene (!) Zweiheit menschlicher Existenzbedingungen nach: zwei Wege, zwei Ratschläge, zwei Handlungsarten, zwei Lebensweisen, zwei Ziele. In der qumranischen Zwei-Geister-Lehre wird ein psychologischer Dualismus kosmisch begründet (Finsternisengel vs. Engel des Lichts), während Philo die Abgründe der menschlichen Seele auslotet und das ständige Schwanken in seelische Stabilität (εὐστάθεια) überführt wissen will. Die genannten frühchristlichen Schriften wählten für die Figur der Zweiheit die διψυχ-Wortfamilie und hoben sich damit von anderen philosophischen und religiösen Diskursen ab.[315] Am häufigsten begegnet diese Wortfamilie im Hirt des Hermas, in dem auch der Jakobusbrief seine stärkste Resonanz findet.

---

[315] Auch das Matthäusevangelium, dessen Verwandtschaft zum Jakobusbrief und zur Didache neuerdings häufig betont wird, verwendet δίψυχος nicht. Dazu HARTIN, Ethics, 305: „In the Gospel of Matthew, the word δίψυχος does not occur. Nevertheless, the same fundamental idea of total allegiance to God is found."

7. Der Hirt des Hermas

Zweiseeligkeit und Zweifel in alltagstheologischem Gewand

7.1 Einführung

„Der ‚Hirt' des Hermas ist ein merkwürdiges Buch. Wäre es verlorengegangen, kein Mensch käme darauf, mit einer solchen Schrift im Frühchristentum der Stadt Rom um die erste Jahrhundertwende zu rechnen."[1] Mit dieser Einschätzung eröffnet Norbert Brox seinen großen Hermaskommentar. Der Verfasser der Schrift, Hermas, wurde außerhalb Roms als Sklave geboren und von seinem Herrn an eine gewisse Rhode nach Rom verkauft (vis 1,1,1), die ihn dann offensichtlich freiließ. Es gibt keinen schlagenden Grund gegen Rom als Abfassungsort, und auch über den Zeitraum der Abfassung der Endversion besteht ein weitreichender Konsens: Die Bemerkung im *Canon Muratori* lässt auf die Amtszeit des römischen Bischofs Pius schließen, d. h. etwa 140–155 n. Chr.[2] Nach Brox spielt das Thema „Zweifel" „in allen Teilen des P[astor] H[ermae] eine Rolle wie in keiner frühchristlichen Schrift sonst."[3] Brox schließt in seiner Bemerkung die Termini διψυχεῖν κτλ. und διστάζειν zusammen, was philologisch durchaus problematisch ist. Dass Zweifel und Zweiseeligkeit zwar semantische Nachbarn, nicht aber synonym sind, belegt mand 9,5: οἱ γὰρ διστάζοντες εἰς τὸν θεόν, οὗτοί εἰσιν οἱ δίψυχοι. Brox vernachlässigt diese Differenzierung und übersetzt tautologisch: „Die nämlich an Gott zweifeln, das sind die Zweifler."[4] Auf diese Passage und das Verhältnis von Zweiseeligkeit und Zweifel ist zurückzukommen.

Nach einer allgemeinen literatur- und forschungsgeschichtlichen Einordnung der Schrift skizziere ich knapp Grundlinien ihres Verständnisses der πίστις und

---

[1] BROX, Hirt des Hermas, 5.

[2] Vgl. BROX, Hirt des Hermas, 23. Weiter greift OSIEK, Shepherd of Hermas, 20: „The best assignment of date is an expanded duration of time beginning perhaps from the very last years of the first century, but stretching through most of the first half of the second century."

[3] BROX, Hirt des Hermas, 551.

[4] BROX, Hirt des Hermas, 236. Ebenfalls problematisch DIBELIUS, Hermas, 530: „Denn die an Gott irre werden, das sind die Zweifler." Zu undifferenziert OSIEK, Shepherd of Hermas, 133 Anm. 18: „To be ‚doubleminded' (διψυχεῖν) is the same as to ‚doubt' (διστάζειν)." Auch die älteste lateinische Übersetzung des Hermas, die in mand 9 διψυχ- konkordant mit *dubit-* wiedergibt, muss sich mit einer Paraphrase behelfen: *Qui ergo tale non sunt, in toto nihil impetrant ex petitionibus suis* (TORNAU/CECCONI, Shepherd of Hermas, 67).

312   *7. Der Hirt des Hermas*

der διψυχία, bevor ich ihre literarische Abhängigkeit vom Jakobusbrief begründe (Kap. 7.2).[5] Angesichts der nicht zu leugnenden schriftstellerischen Defizite und der fehlenden höheren formalen Bildung des Verfassers kann man keine begriffliche Schärfe und analytische Stringenz im Blick auf Glaube, Zweifel und Zweiseeligkeit erwarten. Methodisch legt es sich daher nahe, dem Denk- und Erzählweg des Verfassers in den fünf Visionen, zwölf Geboten und zehn Gleichnissen in Auswahl nachzugehen (Kap. 7.3). Das Kapitel zu Hermas nimmt eine Sonderrolle im Gesamtaufbau der Arbeit ein, weil es eigentlich unter die „Nachwirkungen" des Jakobus einzuordnen wäre, die Intensität des „Zweifelsdiskurses" im Hirt des Hermas aber eine eigene Abhandlung erfordert.

7.2 Ein „merkwürdiges Buch"

7.2.1 Charakter der Schrift

In der Forschung wird häufig auf die Mängel des Hermashirten aufmerksam gemacht, die sich in der literarischen Qualität, der philosophischen Bildung sowie der theologischen Kompetenz des Autors niederschlagen.[6]

In seinem Kommentar attestiert Brox dem Autor, dass er „zweifelsohne ein dilettantisches Buch geschrieben hat, was die Komposition wie viele Details betrifft." Er habe nicht „das Zeug zum Literaten [...], wohl aber eine unbändige Lust am Erzählen und eine große Neigung zum Personifizieren, zum Inszenieren, Imaginieren, Illustrieren, Dramatisieren und Allegorisieren."[7] Er sei „seines Stoffs und seiner Absichten nicht immer Herr geworden",[8] so dass im Ergebnis eine „Abfolge von Banalitäten", eine „triviale Fiktion" stehe, die „weithin langatmig" und „monoton" sei.[9] Reminiszenzen an philosophische Vorstellungen seien nicht auf seine philosophische Bildung zurückzuführen, sondern als Reflexe seines Milieus zu verstehen, dessen geistiger Horizont von der Kleinliteratur und populärem Wissen bestimmt ist.[10] Chadwick befand sogar: „[H]e could be said to

---

[5] Nicht ausführlich kann ich hier auf die Studie von SOYARS, Shepherd of Hermas, eingehen, der entgegen dem Mainstream der Forschung im Hirt des Hermas nicht nur Anklänge an Paulus findet, sondern diesen gar zu einem „Interpreten" des Paulus macht (a.a.O., 2). Ideengeschichtlich und wohl auch literarisch steht diese Schrift m.E. aber deutlich näher bei Jakobus als an Paulus, wobei freilich auch Jakobus „paulinisch" oder besser „anti-paulinisch" gelesen werden sollte. S.o. Kap. 6.2.3.

[6] Vgl. die Zusammenstellung der *iniuria* bei LAMPE, Christen, 195–197; BROX, Hirt des Hermas, 18f.; prominent etwa HARNACK, Urchristentum, 260f.: Das Hermasbuch sei „literarisch die tiefste Stelle in der altchristlichen Literatur", aber immer noch „eine Urkunde für eine gewisse Bildung". Eine kompendienartige Zusammenstellung der Interpretationsfragen bietet jetzt LOOKADOO, Shepherd of Hermas.

[7] BROX, Hirt des Hermas, 34.

[8] BROX, Hirt des Hermas, 33.

[9] BROX, Hirt des Hermas, 5. Vgl. a.a.O., 25: „Sprache, Inhalt, Tendenz und Form des ,Hirten' erwarten in ihrem vulgären Charakter ein durchschnittliches Niveau und Milieu der Leserschaft."

[10] BROX, Hirt des Hermas, 51f.

7.2 Ein „merkwürdiges Buch"

be ‚intellectually challenged'."[11] Die literarischen und intellektuellen Schwächen des Verfassers lassen systematische Mängel und Ungereimtheiten erwarten, etwa auch in der Bußlehre oder der Christologie.[12] Das „Theologieverbot", das Dibelius über den Jakobusbrief verhängt hat, spricht er ebenso für das Hermasbuch aus: „Eine Theologie besitzt Hermas nicht."[13]

Vor dem Hintergrund anderer Fragestellungen mehren sich die Stimmen, die das Hermasbuch in und jenseits seiner Unvollkommenheit zu würdigen versuchen:[14] Der Verfasser gibt einen unerwarteten und einzigarten Einblick in die sozialen Verhältnisse der stadtrömischen Christinnen und Christen in der ersten Hälfte des 2. Jahrhunderts,[15] und er ringt dabei mit der Frage, wie verschiedene soziale Schichten integriert und in eine gemeinschaftliche Identität überführt werden können.[16] Hermas präsentiert eine gemeindenahe Alltagsfrömmigkeit[17] und repräsentiert „mit seinem Denken [...] weite Teile des Gemeindechristentums – nicht nur in Rom."[18] Sowohl die Kanongeschichte (*Canon Muratori*, Euseb) als auch die von Hermas inspirierten Katakombenmalereien von Neapel geben ein beredtes Zeugnis der Verbreitung und Volkstümlichkeit des Buches.[19]

Mit der Würdigung der „Theologie" des Hermas als praxisnaher Alltagstheologie verlässt die aktuelle Forschung die hohe Warte eines theologisch aufgeklärten Urteilsstandpunkts, der im Hermasbuch ein drastisches Beispiel eines Frühkatholizismus entdeckte, in dem das Evangelium in zwei Teile zerfällt, „in die Sündenvergebung (Indikativ) einerseits und das Leben nach dem Gesetz Christi (Imperativ) andererseits".[20] Was man Hermas am allerwenigsten vor-

---

[11] CHADWICK, Rez. zu Niederwimmer, 119.

[12] Die Bußkonzeption des Hermas – also das zentrale Thema seines Buches – ist nach Brox in vielen Teilen „widersprüchlich und unklar" (Hirt des Hermas, 477). Die Christologie ist „nur ungenau und fragmentarisch entfaltet" (a.a.O., 485) und stellt disparate christologische Aussagen und Anschauungen unverbunden nebeneinander. So ist ihm etwa Christus als Sohn Gottes einerseits singuläre Heilsgestalt, andererseits kann er ihn auf seine Vorbildhaftigkeit reduzieren. Über andere Elemente seiner Theologie sind vergleichbare Urteile gefällt worden, die hier nicht im Einzelnen nachzuzeichnen sind.

[13] DIBELIUS, Hirt der Hermas, 423. Für den Jakobusbrief noch in Anführungsstrichen: „der Jakobusbrief [hat] keine ‚Theologie'" (ders., Jakobus, 36). S.o. Kap. 6.2.1.

[14] Vgl. differenzierend RÜPKE, Hirte des Hermas, 297: „Hermas ist nicht der primitive Schriftsteller, für den er üblicherweise gehalten wird."

[15] Vgl. zum Aufkommen der sozialgeschichtlichen Fragestellung insbesondere OSIEK, Rich and Poor; LAMPE, Christen, 71–77.181–200; LEUTZSCH, Wahrnehmung.

[16] Vgl. GRUNDEKEN, Community Building.

[17] Vgl. OSIEK, Shepherd of Hermas, 37f.: „Without *Hermas*, perhaps no one would have suspected this kind of popular religion in Rome, though there are sure signs of it in other early Christian literature from elsewhere. With the advent of greater appreciation of popular religiosity and the role of orality in religious traditions, *Hermas* becomes a window on the world of everyday Christianity."

[18] LAMPE, Christen, 200.

[19] Vgl. OSIEK, Shepherd of Hermas, 140f.

[20] GOPPELT, Theologie, 534; vgl. DIBELIUS, Hirt des Hermas, 498; SCHULZ, Mitte der Schrift, 370 („Der Frühkatholizismus ist [im Hermasbuch] perfekt").

314   *7. Der Hirt des Hermas*

werfen kann, ist ein Mangel an „heiligem Ernst", mit dem er seine Glaubensgeschwister dazu auffordert, in der kurzen verbleibenden Frist Buße zu tun und „für Gott zu leben" (z. B. mand 1,2). Im weiten Themenkreis der Buße variiert er etliche Schlüsselthemen, darunter vor allem das Problem postbaptismaler Sünden, die Notwendigkeit der Umkehr, die Mahnung, das Herz zu reinigen und das Rechte zu tun. In diesem Rahmen ist auch sein Verständnis des Glaubens und der Zweiseeligkeit zu erörtern.

7.2.2 Die Tugend des Glaubens und das Laster der Zweiseeligkeit

Auf die Aussage von Helmut Opitz, dass der Glaubensbegriff des Hermas „durchaus urchristliche Elemente" erkennen lasse,[21] fragt Andreas Lindemann ebenso lapidar wie vielsagend: „Wo?"[22] In diesem literarischen Kurzgespräch zeigt sich die gesamte Problematik der Frage „Was ist christlicher Glaube im Hirt des Hermas?" Glaube (πίστις) ist die höchste der in Katalogen präsentierten Tugenden, und die auf den Glauben folgenden Tugenden unterscheiden ihn von dem, was Glaube nicht ist.[23] Glaube ist qualifiziert als Glaube bzw. Treue gegenüber Gott (πίστις τοῦ κυρίου, vis 4,1,8), und er ist nicht bloß Existenzmerkmal der adressierten Christinnen und Christen, sondern auch des Gottessohnes (sim 9,13,3). Recht konsequent erscheint der Glaube als eine Disposition des Gehorsams, die wiederum dem guten ethischen Handeln zugrunde liegt.[24] Zum Glauben gehört auch das kindliche Vertrauen, dass Gott alles gibt (mand 9,6–7), und die Hoffnung, dass er aus Gefahr rettet (vis 4,2,4). Die Adressatinnen und Adressaten sind zu einem ganzheitlichen Glauben aufgerufen, der sie als πλήρεις ἐν τῇ πίστει (mand 5,2,1; 12,5,4), ὁλοτελεῖς ἐν τῇ πίστει (mand 9,6) oder τὴν πίστιν ἔχοντες ὁλόκληρον (mand 5,2,3) charakterisiert. Die Einfalt des Glaubens (ἁπλότης) korrespondiert mit der Ganzheit und Reinheit des Herzens, wovon Hermas häufig redet.

Hermas zeigt mit dem Finger auf *eine* Unruhestifterin und Verführerin, die die Herzen der Gläubigen spalten und die einfältige Grundhaltung der Seele verwirren will: die διψυχία.[25] In keiner anderen frühchristlichen Schrift spielt die Wortgruppe διψυχ- eine vergleichbar bedeutende Rolle. Nomen, Adjektiv und Verb kommen insgesamt 55-mal vor und verteilen sich auf die ganze Schrift,[26]

---

[21] OPITZ, Der Heilige Geist, 105.

[22] LINDEMANN, Paulus, 288 Anm. 193.

[23] LÜHRMANN, Glaube (RAC), 82.

[24] Vgl. ZAHN, Hirt des Hermas, 172: Der Glaube „ist das triebkräftige Princip alles christlichen Verhaltens". Siehe auch BROX, Hirt des Hermas, 512: „Glaube und Christsein gibt es im P[astor] H[ermae] (so wenig wie im Jak [...]) nicht ohne Moral."

[25] Vgl. neben den Kommentaren GILMOUR, Religious Vacillation; STROCK, Shepherd of Hermas; ROBINSON, Διψυχία; LOOKADOO, Shepherd of Hermas, 10–13.167–170.210–215.

[26] Διψυχία: insgesamt 16-mal; διψυχεῖν: insgesamt 20-mal; δίψυχος: insgesamt 19-mal (vgl. OSIEK, Shepherd of Hermas, 30).

7.2 Ein „merkwürdiges Buch"

wobei einzelne Kapitel eine besondere Konzentration aufweisen (v. a. mand 9; vis 4; sim 8). Wie schon angedeutet, stellt die Übersetzung der Lexeme ein Problem dar. In deutschsprachigen Auslegungen hat sich die Übersetzung mit „Zweifel" usw. eingebürgert, so auch in Brox' maßgeblichem Kommentar. Er räumt jedoch ein: „Die Wortbedeutung ist im P[astor] H[ermae] weit über den üblichen Sprachgebrauch hinaus ausgelegt."[27] Eben aus diesem Grund sollte meines Erachtens die Übernahme der herkömmlichen Terminologie überdacht werden. Weil sich das Bedeutungsspektrum des deutschen Wortes „Zweifel" sprachgeschichtlich drastisch eingeschränkt hat,[28] ist es als Übersetzungswort in den betreffenden Passagen nicht mehr geeignet. Hinzu kommt, dass die διψυχία im Hermasbuch als ein grundlegend ethisches Fehlverhalten in Erscheinung tritt und daher nicht mit einem kognitiv akzentuierten Begriff wie „Zweifel" angemessen beschrieben werden kann. Einer Wiedergabe der Wortfamilie δι-ψυχ- mit „Zweiseeligkeit" etc. legt sich daher nahe.[29] Im englischen Sprachraum hat sich die Wiedergabe mit „doublemindedness" bereits durchgesetzt, und im Französischen wird heute meist der Begriff „âme partagée" verwendet.

7.2.3 Zum Verhältnis zwischen Jakobus und Hermas

Die Auffassungen zum Verhältnis zwischen dem Jakobusbrief und dem Hirten des Hermas sind vielgestaltig und gegensätzlich.[30] Zu einem guten Teil hängen sie von Einleitungsfragen und damit vom Abfassungszeitraum der jeweiligen Schriften ab. Häufig wird die enge ideen- und traditionsgeschichtliche Verwandtschaft des Jakobusbriefes mit dem Hirten des Hermas herausgestellt, auch und gerade im Blick auf den „Zweifel". Zu den Parallelen zwischen Jak 1,5 und Hermas zählt das geprägte Motiv vom Charakter des Gebens in „Einfalt", d. h. „ohne Hintergedanken" (ἁπλῶς, mand 2,4) und „ohne Nörgeln und ohne Zögern" (ἀνονειδίστως καὶ ἀδιστάκτως, sim 9,24,2), das bei Jakobus von göttlichem, bei

---

[27] BROX, Hirt des Hermas, 552. So muss auch die immer wieder geäußerte Meinung revidiert werden, dass Hermas' Ausführungen über die διψυχία – insbesondere in mand 9 – eine wichtige Phase des am Anfang stehenden frühchristlichen „Zweifels"-Diskurses repräsentieren. Vgl. BARTH, Glaube und Zweifel, 269 Anm. 4.

[28] S. o. Kap. 1.2.5.

[29] BROX, Hirt des Hermas, 553, befürchtet bei einer Wiedergabe mit „geteilter Seele" eine „anachronistische Assoziation an psychologische Symptome", doch scheint mir die Gefahr einer unsachgemäßen kognitiven Perspektivierung, wenn man sich für den Begriff „Zweifel" entscheidet, das größere Problem zu sein. Im Folgenden lege ich Brox' Übersetzung zugrunde, passe aber stillschweigend die Wiedergabe der Wortgruppe διψυχ- und eine Reihe weiterer Details an.

[30] Vgl. einerseits die radikale Skepsis gegenüber jeglicher Kenntnis frühchristlicher Schriften bei SPITTA, Geschichte und Litteratur, Bd. 2, 241–437, und andererseits den Optimismus bei ZAHN, Hirt des Hermas. Eine umsichtige Analyse bietet VERHEYDEN, Shepherd of Hermas; SOYARS, Shepherd of Hermas, setzt eine umfassende Kenntnis der Paulusbriefe voraus (vgl. zu methodischen Fragen a. a. O., 87–95).

316   *7. Der Hirt des Hermas*

Hermas von menschlichem Geben ausgesagt ist. Ebenfalls einschlägig ist die Abfolge Bittgebet – Empfang: „[F]lehe zum Herrn, und du wirst alles erhalten" (mand 9,4; vgl. sim 5,4,3).

Die sprachliche und sachliche Verwandtschaft des Gedankengangs in mand 9,1–12 mit Jak 1,5–8, aber auch die elaborierte Ausgestaltung des Motivs der Zweiseeligkeit (διψυχία, διψυχεῖν) sowie das Nebeneinander von Zweifeln (διστάζειν), Nichtbedenken (ἀδιστάκτως) und Glauben (πίστις) erfordern ein ausführliches Zitat.[31]

(1) „Rotte die Zweiseeligkeit in dir aus! Und sei keinen Augenblick zweiseelig, etwas von Gott erbitten zu dürfen, indem du dir etwa einredest: ‚Wie kann ich etwas vom Herrn erbitten und bekommen, da ich so schwer gegen ihn gesündigt habe?'[32] (2) Mach dir nicht solche Gedanken (μὴ διαλογίζου ταῦτα), sondern wende dich von ganzem Herzen (ἐξ ὅλης τῆς καρδίας) dem Herrn zu und bitte ihn ohne Bedenken (ἀδιστάκτως); dann lernst du seine Barmherzigkeit kennen, da er dich nicht im Stich lässt, sondern die Bitte deiner Seele (τὸ αἴτημα τῆς ψυχῆς) erfüllt. [...] (4) Reinige also dein Herz von allen Nichtigkeiten dieser Welt[33] und von dem, was ich dir eben aufgezählt habe, und bitte den Herrn, dann wirst du alles erhalten (καὶ αἰτοῦ παρὰ τοῦ κυρίου, καὶ ἀπολήψῃ πάντα) und wirst alle deine Bitten erfüllt sehen, wenn du den Herrn ohne Bedenken (ἀδιστάκτως) bittest. (5) Zweifelst du aber in deinem Herzen (ἐὰν δὲ διστάσῃς ἐν τῇ καρδίᾳ σου),[34] wird dir nicht eine einzige Bitte erfüllt. Die nämlich an Gott zweifeln, das sind die Zweiseeligen (οἱ γὰρ διστάζοντες εἰς τὸν θεόν, οὗτοί εἰσιν οἱ δίψυχοι), und sie erreichen rein gar nichts von ihren Bitten. (6) Die dagegen in ihrem Glauben vollkommen sind (ὁλοτελεῖς[35] [...] ἐν τῇ πίστει), bitten im Vertrauen auf den Herrn um alles und erhalten es, weil sie ohne Bedenken (ἀδιστάκτως) bitten, ohne zweiseelig zu sein (μηδὲν διψυχοῦντες). Ein zweiseeliger Mann (δίψυχος ἀνήρ) wird nämlich schwerlich gerettet werden, wenn er nicht Buße tut. (7) Reinige darum dein Herz von der Zweiseeligkeit,[36] umgib dich mit dem Glauben, denn er ist stark, und glaube Gott (πίστευε τῷ θεῷ), dass du alle deine Bitten, die du vorbringst, erfüllt bekommst. Und wenn du einmal etwas vom Herrn erbeten hast und es dauert länger, bis du es bekommst, dann werde nicht zweiseelig, weil du die Erfüllung deiner Herzensbitte nicht sofort erhalten hast. Denn mit Sicherheit geschieht es zur Prüfung oder wegen einer Verfehlung (πειρασμόν[37] τινα ἢ παράπτωμά τι), von der du nichts weißt, dass du deine Bitte erst nach längerer Zeit erfüllt bekommst. (8) Hör also nie auf, deine Herzensbitte vorzubringen, dann wird sie dir erfüllt. Wenn du aber beim Beten resignierst und zu zweiseelig wirst, dann beschuldige dich selbst und nicht den, der dein Geber ist. (9) Behalte diese Zweiseeligkeit im Auge! Sie ist nämlich böse und uneinsichtig und entwurzelt viele völlig ihrem Glauben, sogar ganz gläubige und gefestigte Menschen. Diese Zweiseeligkeit ist nämlich eine Tochter des Teufels (θυγάτηρ ἐστὶ τοῦ

---

[31] Vgl. die Zusammenstellungen der Berührungen bei TAYLOR, Didache; MAYOR, St. James, LXXIV–LXXVIII; DIBELIUS, Jakobus, 49 f.; BROX, Hirt des Hermas, 46 f.; ALLISON, James, 20–24. Zur Auslegung s. u. Kap. 7.3.2.

[32] Vgl. Jak 4,8: der „Zweiseelige" als Sünder.

[33] Vgl. Jak 4,9: „Reinigt die Hände, ihr Sünder, und heiligt eure Herzen, ihr Wankelmütigen."

[34] Vgl. Mk 11,23: καὶ μὴ διακριθῇ ἐν τῇ καρδίᾳ αὐτοῦ.

[35] Vgl. Jak 1,4: τέλειοι καὶ ὁλόκληροι.

[36] Vgl. Jak 4,9: „Reinigt die Hände, ihr Sünder, und heiligt eure Herzen, ihr Wankelmütigen."

[37] Vgl. Jak 1,2.

7.2 Ein „merkwürdiges Buch" 317

διαβόλου), und sie tut den Dienern Gottes viel Böses an. (10) Verachte die Zweiseeligkeit und beherrsche sie bei jeder Gelegenheit, gerüstet mit der Kraft und Stärke des Glaubens (ἐνδυσάμενος τὴν πίστιν τὴν ἰσχυρὰν καὶ δυνατήν)! Denn der Glaube verspricht alles, er erfüllt alles; die Zweiseeligkeit dagegen hat kein Selbstvertrauen und scheitert darum bei jedem Werk, das sie angeht. (11) Du siehst also", sprach er, „dass der Glaube von oben ist, vom Herrn, und große Kraft hat. Die Zweiseeligkeit ist aber ein Geist von der Erde,[38] vom Teufel, ohne jede Kraft. (12) Diene also dem Glauben, der Kraft hat, und halte dich von der Zweiseeligkeit fern, die keine Kraft hat. Dann wirst du für Gott leben, und alle, die so denken, werden für Gott leben."

Bei der Lektüre des disparaten Gesamtwerks fällt sofort auf, dass Hermas mit Ausnahme der verschollenen Schrift Eldad und Modad (vis 2,3,4) keine einzige Quelle ausdrücklich zitiert, also auch keine frühchristliche Schrift. Bündig die Analyse von James Drummond: „The author of the Shepherd of Hermas nowhere supplies us with a direct quotation from the Old or New Testament, and we are therefore obliged to fall back upon allusions which always admit of some degree of doubt."[39] Jede Diskussion über das Verhältnis zwischen Hermas und Jakobus muss abwägen, ob (lediglich) gemeinsames Quellen- bzw. Traditionsmaterial vorliegt oder ob literarisch vermittelte Anklänge zu vernehmen sind.

7.2.3.1 Unabhängigkeit des Hermas vom Jakobusbrief

Wie in zahlreichen weiteren Aspekten der Jakobusexegese ist der 1921 erschienene Jakobuskommentar von Dibelius auch in dieser Frage forschungsgeschichtlich wegweisend. Zwei Jahre nach der Erstauflage dieses Kommentars wiederholte Dibelius seine Ansichten in einem Kommentar zum Hermasbuch. Es ist bezeichnend, wie nahe Dibelius den Hermashirt an Jakobus heranrückt, um dann im letzten Moment – bevor eine literarische Abhängigkeit zu konzedieren wäre – wieder Distanz herzustellen.

Dibelius anerkennt „eine Verwandtschaft, die über lexikalische und gedankliche Berührungen hinausgeht." Manche Erörterungen des Hermas wirken demnach wie Kommentare zu den Einzelparänesen des Jakobusbriefs. Dies sei besonders bei dem „Gedankenkreis von Glauben und Zweifel" der Fall: „Hermas Mand. IX ist die beste Erklärung zu Jak 1,5–8, die sich denken läßt." Doch Dibelius bemerkt sogleich, dass es terminologische Differenzen gibt: „[D]er Zweifel heißt zwar bei beiden δίψυχος [...], ,zweifeln' aber bei Jak διακρίνεσθαι, bei Hermas διστάζειν."[40] Auf diese Unterschiede, die gelegentlich als Hauptargument für literarische Unabhängigkeit angeführt werden,[41] ist noch einzugehen.

---

[38] Vgl. Jak 1,17; 3,15–17.

[39] Committee of the Oxford Society, New Testament, 105.

[40] DIBELIUS, Jakobus, 49 f. Neben dem Zweifelsdiskurs bestehe zudem eine innere Verwandtschaft zum „Gedankenkreis [...] von Reich und Arm."

[41] BROX, Hirt des Hermas, 237, bestätigt Dibelius' Beobachtung, dass Jak 1,6–8 „eine deutliche Parallele darstellt, aber mit zweimaligem διακρίνειν nicht die Vorlag für den PH-Text ist." Im Jakobusbrief fehlt nicht nur das Verb διστάζειν, sondern auch das Adverb ἀδιστάκτως (vgl. ALLISON, James, 21 Anm. 105).

318 7. Der Hirt des Hermas

Dibelius kommt zum Schluss, „daß beide Schriften über einen verhältnismäßig großen paränetischen Besitz verfügen, den Hermas meist in verarbeitetem Zustand (‚ausgeführte Paränese' [...]), Jak in Spruchform wiedergibt; und die Übereinstimmung einzelner Gedanken, Sprüche und Ausdrücke bestätigt dieses Resultat."[42]

Im Gefolge von Dibelius' Einschätzung hat sich in der Forschung die Rede vom „gemeinsamen Traditionsgut" eingebürgert,[43] in dem auch die Gemeinsamkeiten in der Frage des Zweifels und der Zweiseeligkeit wurzeln. Nach Brox sind die „Tangenten" des Hermas zum Jakobusbrief vor allem in mand 9 „besonders auffällig", aber nicht ausreichend für die Annahme literarischer Abhängigkeit.[44] Carolyn Osiek spricht in ihrem Kommentar von einem „common background of Jewish-Christian instruction against doubt".[45] Selbst Allison kann sich nur zu einem „Vielleicht" durchringen und neigt eher zur Annahme literarischer Eigenständigkeit. Zum einen bleibt ihm die Datierung des Hermas zu unsicher; zum anderen aber belebt er die These wieder, dass Jakobus, Hermas sowie die beiden Clemensbriefe auf eine gemeinsame Quelle zurückgreifen, die gerade hinsichtlich des „Zweifels" stilbildend gewesen sein soll, Eldad und Modad.[46]

---

[42] DIBELIUS, Jakobus, 50. Das Verhältnis zwischen Jakobus und Hermas entspreche dem zwischen Jakobus und dem 1. Petrusbrief. Angesichts des zuvor Gesagten – „Hermas Mand. IX ist die beste Erklärung zu Jak 1,5–8, die sich denken läßt" – wirkt diese Gleichsetzung deplatziert. BROX, Hirt des Hermas, 47, schließt sich, ohne weitere Worte zu verlieren, der Einschätzung von Dibelius an.

[43] So etwa KLEIN, Vollkommenheit, 94; TSUJI, Glaube, 102 Anm. 20; vgl. OSIEK, Shepherd of Hermas, 26. Noch weiter drängt KONRADT, Christliche Existenz, 337, die beiden Schriften auseinander, wenn er nicht einmal mehr „eine besondere Nähe" zwischen Hermas und dem Jakobusbrief erkennen will. Vgl. die Annahme gemeinsamen Quellenmaterials bei VON GEBHARDT/VON HARNACK, Hermae Pastor graece, LXXV: „[...] utrumque pari condicione ac tempore usum ex iisdem theologiae vel potius praedicationis Christianae hausisse fontibus."

[44] BROX, Hirt des Hermas, 237.

[45] OSIEK, Shepherd of Hermas, 132. Vgl. FOSTER, Text (2021), 107: „[O]ne must refrain from advancing any firm conclusion about direct literary dependence, while at the same time noting the intriguing common selection of a range of lexical items, albeit used in different orders and often with notably differing expressions of thought." Repräsentativ für die ältere Exegese ist ROPES, James, 88: „[Jak und Herm] are independently using a mass of religious and moral commonplaces, probably characteristic of the Jewish hortatory preaching with which both were plainly familiar."

[46] ALLISON, James, 23.168 f.; ders., Eldad and Modad. Mit Verweis auf 1 Clem 23,3 und 2 Clem 11,2 ging schon das Committee of the Oxford Society, New Testament, 109, von einer gemeinsamen Quelle aus: „The resemblance is not sufficient to prove direct dependence, and may perhaps be explained by the use of a common source." S. o. Kap. 2.5.2. Wenigstens andeutungsweise sei auf die hin und wieder vertretene Sicht verwiesen, dass Hermas oder eine Vorform des Schreibens dem Verfasser des Jakobus als Vorlage gedient haben könnte. Mit dieser Möglichkeit rechnete im Anschluss an Holtzmann bereits PFLEIDERER, Urchristentum, Bd. 2, 542, und neuerdings wieder NIENHUIS, Not by Paul Alone, 120. Vgl. ALLISON, James, 23. Doch spricht schon die Tatsache, dass Hermas die Paränesen erheblich breiter ausführt als Jakobus, gegen diese Vermutung.

7.2.3.2 Abhängigkeit des Hermas vom Jakobusbrief

Gegen eine solche Sicht hat nun etwa Hengel im Anschluss an den älteren Konsens eingewandt, dass man die vielzähligen Anklänge und Berührungen „nicht allein auf bloße gemeinsame Tradition" zurückführen könne.[47] Insbesondere die auffallend engen sachlichen und begrifflichen Verflechtungen von Jak 1,8; 4,8 mit mand 9 stechen ins Auge.[48] Hengel ist überzeugt: „Der Vf. des Hermas hat Jak gekannt und ist von ihm beeinflußt, hat ihn aber natürlich nicht zitiert. Er ‚zitiert' überhaupt nur ganz selten."[49] Vor allem die ältere Exegese gibt sich nicht mit einem Verweis auf gemeinsame Traditionen zufrieden, sondern bemüht sich intensiv, die Arbeits- und „Zitier"-Weise des Hermashirten zu erhellen sowie Umfang und Gestalt der Berührungen herauszuarbeiten. Eine Schlüsselrolle spielt dabei Hermas' Verwendung des jakobeischen Begriffs δίψυχος „in all its possible permutations".[50]

Für diese Sicht, der ich mich gegen den Mainstream der aktuellen Forschung anschließe,[51] steht unter anderem der monumentale, aber fast vergessene Hermaskommentar von Zahn aus dem Jahr 1868. Zahn beginnt seine Ausführungen mit dem Hinweis, dass sich schon der Autor der Katene zu den katholischen Briefe bewogen sah, mand 9 als ältesten Kommentar zu Jak 1,6–8 zu exzerpieren.[52] Man könnte anfügen, dass neben der Katene auch schon die Kommentare von Oikumenios und Theophylakt den Hermastext als Erklärung zu der Jakobusstelle heranzogen.[53] Das Eigentümliche der Stelle sei „die fast ermüdende Wiederholung der unsrem Schriftsteller überhaupt so geläufigen Worte διψυχία, διψυχεῖν, δίψυχος, διστάζειν zur Bezeichnung der sittlichen Verfassung, welche ein erhörliches Gebet unmöglich macht."[54] Zahn belässt es nicht bei dieser statistischen Beobachtung, sondern ergänzt sie durch eine kontextuelle:

---

[47] HENGEL, Jakobusbrief, 519 Anm. 24.

[48] HENGEL, Jakobusbrief, 519 Anm. 24.

[49] HENGEL, Jakobusbrief, 515 Anm. 13. Präziser müsste es heißen, dass er nur ein einziges Mal zitiert, nämlich aus Eldad und Modad.

[50] JOHNSON, Brother of Jesus, 76. BAUMGÄRTNER, Einheit, 84 („paraphrasierende Kombination aus verschiedenen Jakobusstellen"); MAYOR, St. James, LXXIV (Hermas „abounds in references to St. James, dwelling especially on the subject of διψυχία") und 43 („the whole chapter [sc. mand 9] is a comment on our text [sc. Jak 1,5–8], and full of reminiscences of this epistle"); JOHNSON, Brother of Jesus, 79 („Hermas meets all the criteria for deciding in favour of a literary dependence. Within a document of manifestly different literary character and purpose, there is an extended sharing in outlook, theme, and language with James. The similarities are found throughout Hermas, although they dominate in the *Mandates*. And they are derived from every part of James. The accumulation of probabilities in the case of Hermas is impressive, indeed, shifting the burden of proof: if James is *not* the source of such distinctive language, then what is?")

[51] PRATSCHER, Rezeption, FOSTER, Text, und VERHEYDEN, Shepherd of Hermas, äußern sich nicht oder nur in Andeutungen zum literarischen Verhältnis von Jakobus und Hermas.

[52] ZAHN, Hirt des Hermas, 396, mit Verweis auf CRAMER, Catena, Bd. 8, 4.

[53] Vgl. DIBELIUS, Jakobus, 49 Anm. 2.

[54] ZAHN, Hirt des Hermas, 397.

320 *7. Der Hirt des Hermas*

Das Entscheidende ist die Benutzung eines nicht gewöhnlichen Ausdrucks im gleichen Gedankenzusammenhang. Daß wir es aber nicht mit einem sonderbaren Zufall zu thun haben, sondern die kurze, prächtige Schilderung des Jakobus der breiten Ausführung des Hermas zu Grunde liegt, folgt daraus, daß die genannten Lieblingswörter an keinem Ort des Buchs in dieser Häufung sich vorfinden, wie hier, wo er seine Kenntnis des Jakobus verrät.[55]

Zu Recht erkennt Zahn in der Formulierung μηδὲν διψυχοῦντες zu Beginn der Passage die Wendung μηδὲν διακρινόμενος aus Jak 1,6 wieder.[56] Ob es allerdings nur die „Anziehungskraft des Stichworts" δίψυχος war,[57] die Hermas zur Umformulierung bewog, oder ob eine (bewusste oder unbewusste) Akzentverschiebung vorliegt, wird noch zu überlegen sein.

Zahn nennt eine Vielzahl weiterer Anklänge und Entsprechungen im Blick auf einzelne Gedanken, Begriffe und die Beweisführung, die ihm eindeutig belegen, dass der Autor den Jakobusbrief „im Gemüth" hatte.[58] Für unseren Zusammenhang ist der wiederkehrende Gedanke vom Bitten und Empfangen von Bedeutung und auch die andernorts aufgenommenen charakteristischen Begriffe ἀκατάστατος und ἀκαταστατεῖν (vgl. Jak 1,8; 3,8) sowie das „malerische" περισπᾶσθαι, die allesamt „eine Nachwirkung der einmal gänzlich angeeigneten Anschauung des Jakobus" seien.[59] Die Bitte um Weisheit aus Jak 1,5 findet ihren Widerhall in der Antwort auf die Bitte des Hermas um Einsicht in die Bedeutung der Gleichnisse. Der Hirte antwortet ihm: „Wer ein Diener Gottes ist und seinen Herrn im Herzen hat, der bittet ihn um Einsicht (αἰτεῖαι παρ' αὐτοῦ σύνεσιν) und erhält sie auch [...]. Wer aber zu schwach und zu faul zum Beten ist, der hat Vorbehalte, Gott zu bitten. Dabei ist der Herr voll Erbarmen (ὁ δὲ κύριος πολυεύσπλαγχνός ἐστι) und gibt ohne Zögern allen, die ihn bitten" (sim 5,4,3–4; vgl. 9,2,6).

Auch die Vorstellung vom einfältigen Geben Gottes aus Jak 1,5 sieht Zahn „dem Gedächtnis des Hermas tief eingeprägt".[60] Die bei Jakobus ja noch nicht ausgeführte Korrespondenz zwischen göttlichem und menschlichem Handeln[61] wird bei Hermas explizit: Gottes einfältiges Geben ist das Paradigma menschlichen Gebens. So etwa in der Mahnung des Hirten an Hermas: „Tu das Gute, und vom Ertrag deiner Arbeit, den Gott dir schenkt, gib allen (πᾶσιν) Notleidenden vorbehaltlos mit, ohne zu hinterfragen (μὴ διστάζων), wem du gibst und wem nicht. Gib allen!" (mand 2,4).[62] Wie nach Jak 1,5 Gott „allen", die der

---

[55] ZAHN, Hirt des Hermas, 398.

[56] ZAHN, Hirt des Hermas, 398 (in Zahns Ausgabe steht allerdings μηδὲν διψυχήσῃς).

[57] ZAHN, Hirt des Hermas, 398.

[58] ZAHN, Hirt des Hermas, 403.

[59] ZAHN, Hirt des Hermas, 398. Zahn verweist auf die Auffälligkeit, dass die Meeresmetapher und ihre Deutung (Jak 1,6–8) nicht aufgenommen wurden, sondern nur in den Worten ἀκατάστατος und ἀκαταστατεῖν nachklingen.

[60] ZAHN, Hirt des Hermas, 400.

[61] S. o. Kap. 6.3.2.

[62] BROX, Hirt des Hermas, 193, übersetzt μὴ διστάζων mit „ohne einen Unterschied zu machen", was aber lexikalisch problematisch ist. Das Unterscheiden kommt erst in mand 2,6 in den Blick.

Weisheit ermangeln, „ohne Hintergedanken" (ἁπλῶς) gibt, so wird auch Hermas ermahnt, „allen" Bedürftigen „ohne Hintergedanken" zu geben: μὴ διστάζων, τίνι δῷς ἢ τίνι μὴ δῷς. Im weiteren Verlauf führt er aus, dass die Empfangenden vor Gott Rechenschaft schuldig sind, ob sie aus einer Not heraus ein Geschenk angenommen oder es erheuchelt haben. Für den Geber zählt nur, dass er seinen Dienst erfüllt, und zwar „ohne Hintergedanken (ἁπλῶς), ohne einen Unterschied zu machen (μηθὲν διακρίνων), wem er gibt und wem nicht" (mand 2,6).[63]

Die Querverbindungen, die hier zwischen Jak 1,5–8 und mand 9 exemplarisch zusammengestellt wurden, könnten in einem Gesamtvergleich mühelos vermehrt werden. Sie lassen sich meines Erachtens nicht anders als durch literarische Abhängigkeit erklären. Es ist wohl an der Zeit, die vage Auskunft vom „gemeinsamen Traditionsgut" hinter sich zu lassen und wieder zu fragen, *wie* frühchristliche Autoren des 2. Jahrhunderts überlieferte Texte aufnahmen, verarbeiteten und fortschrieben. Dibelius' methodische Zurückhaltung mag vor vorschnellen literargeschichtlichen Mutmaßungen schützen, doch zugleich verstellt sie den Blick für schöpferische Bezugnahmen und lässt rezeptionsästhetische Fragen erst gar nicht aufkommen.[64]

Wie lässt sich der Umgang des Autors mit seiner literarischen Vorlage umschreiben? Klar ist zunächst: Direkte Zitate aus dem Jakobusbrief sind nicht zu erwarten, da er mit Ausnahme des nebulösen Zitats aus Eldad und Modad alle übernommenen Texte im Gestus des Offenbarungsempfängers „einschmilzt",[65] bearbeitet und seinem Duktus anpasst.[66] Zahn beschreibt den Umgang mit den jakobeischen Motiven mithilfe eines Tertullianwortes als *ruminare intellectu sermonem*.[67] In mand 9,1–12 führt dieses „Wiederkäuen" zu einem eigentümlichen Nebeneinander von Stichwortaufnahmen, fast wörtlichen Übereinstimmungen, Paraphrasen und breit angelegten paränetischen Ausführungen. Der

---

[63] Auch sim 9,24,2, wo zu einem Geben „ohne Nörgeln und ohne Bedenken" (ἀνονειδίστως καὶ ἀδιστάκτως) ermahnt wird, ist eine Reminiszenz an Jakobus erkennbar, der mit Blick auf Gott von einem Geben „ohne Nörgeln" spricht (μὴ ὀνειδίζων, Jak 1,5). In der Wendung μηθὲν διακρίνων meinte ZAHN, Hirt des Hermas, 398, ein Echo von μηδὲν διακρινόμενος (Jak 1,6) hören zu können, doch das ist ausgeschlossen.

[64] Vgl. JOHNSON, Brother of Jesus, 48: „Although this [sc. Dibelius'] approach provides an antidote to the earlier overconfidence concerning the detection of sources, it has drawbacks of its own. First, it downplays the *specific* ways in which even traditional materials can be used and borrowed. Second, it minimizes how thoroughly and self-consciously literary the Christian movement was from the beginning and continued to be in the allusive writers of the second century."

[65] HENGEL, Jakobusbrief, 519 Anm. 24.

[66] Vgl. TAYLOR, Didache, 325: „He allegorizes, he disintegrates, he amalgamates. He plays upon the sense or varies the form of a saying, he repeats its words in fresh combinations or replaces them by synonyms, but he will not cite a passage simply and in its entirety."

[67] ZAHN, Hirt des Hermas, 396.

322   *7. Der Hirt des Hermas*

Abschnitt ist Ausdruck einer kreativen, situativen Hermeneutik mit deutlicher „Moralisierungstendenz".[68]

Daraus ergeben sich auch terminologische und inhaltliche Verschiebungen. Aus der konkreten „Bitte um Weisheit" (Jak 1,6) wird die Bitte „um alles" (mand 9,6), die in der Erwartung gesprochen wird, dass Gott „alle Bitten" (mand 9,7) erfüllt. Während Hermas von Jakobus die Rede vom „zweiseeligen Mann" (δίψυχος ἀνήρ) übernimmt (mand 9,6) und in seinen elaborierten Diskurs um die Zweiseeligkeit einbindet, führt er mit dem Adverb ἀδιστάκτως („ohne Bedenken", „ohne Zweifelsgedanken") und dem Verb διστάζειν („Bedenken haben", „zweifeln") neue Nuancen ein. Aus der Identifikation des διακρινόμενος mit dem ἀνὴρ δίψυχος (Jak 1,6.8) wird die Gleichung οἱ διστάζοντες εἰς τὸν θεόν, οὗτοί εἰσιν οἱ δίψυχοι. Außerdem ersetzt er μηδὲν διακρινόμενος (Jak 1,6) auffälligerweise durch ein Partizip aus seinem Lieblingswortfeld: μηδὲν διψυχοῦντες. Es ist verkehrt, aus den Modifikationen den Schluss zu ziehen, dass der Jakobusabschnitt nicht als literarische Vorlage gedient haben könne.[69] Wahrscheinlicher ist es, dass zunächst die „Anziehungskraft" der διψυχ-Wortfamilie die Umformulierung bedingte,[70] die Hermas ja wahrscheinlich sowohl im Jakobusbrief als auch in Eldad und Modad vorfand. Darüber hinaus wird aber auch der Hang zur Introspektion die Wahl der Verben διψυχεῖν und διστάζειν anstelle von διακρίνεσθαι begünstigt haben.

Während im Jakobusbrief mit dem διακρινόμενος ein Mensch angesprochen ist, dessen gesamte Lebensausrichtung uneindeutig ist,[71] kapriziert sich Hermas im Rahmen seines Diskurses um Erhörungsgewissheit und Zweiseeligkeit beim Gebet auf das Innenleben. In vielerlei Wendungen und Motiven wird der Fokus auf das „Herz" deutlich, auch in mand 9, wo Hermas aufgefordert wird, die Zweiseeligkeit aus seinem Innern auszurotten, seine skrupulösen Gedanken in den Griff zu bekommen (μὴ διαλογίζου, mand 9,2), keinen Zweifel „im Herzen" aufkommen zu lassen (διστάσῃς ἐν τῇ καρδίᾳ σου, mand 9,5), sein Herz zu reinigen, ohne Bedenken (ἀδιστάκτως, mand 9,2.4.6) zu bitten, unablässig seine Herzensbitte (αἴτημα τῆς ψυχῆς, mand 9,2) vorzubringen usw.

Schon zu Beginn der Schrift spielt das Innere des Protagonisten eine zentrale Rolle. Beim Anblick der schönen Rhode macht er sich in seinem Herzen Gedanken (διελογιζόμην ἐν τῇ καρδίᾳ) und wünscht sich, eine solch schöne und gesittete Frau zu bekommen (vis

---

[68] So die Charakterisierung der Ethik des Hermas bei Mussner, Jakobusbrief, 38. Vgl. Brox, Hirt des Hermas, 47 Anm. 9.

[69] So u. a. Brox, Hirt des Hermas, 237. Spitaler, James 1:5–6, 577–579, meint offensichtlich, die Voraussetzung der literarischen Unabhängigkeit von Jakobus und Hermas untermauere seine These einer „regulären" Bedeutung von διακρίνεσθαι in Jak 1,6. Denn wenn zutrifft, dass Hermas die Jakobusstelle *nicht* im Hinterkopf hatte, taugen dessen Ausführungen in mand 9 nicht zur Erhellung des semantischen Gehalts dieses Verbs. Die Formulierung μηδὲν διψυχοῦντες kann dann nicht als Erklärung für μηδὲν διακρινόμενος herangezogen werden.

[70] Zahn, Hirt des Hermas, 398.

[71] S. o. Kap. 6.3.4.3.

7.3 *„Die an Gott zweifeln, das sind die Zweiseeligen"* 323

1,1,2). Der Wunsch wird ihm zum Verhängnis. Denn in einer Vision erscheint ihm Rhode und grüßt ihn „vom Himmel", um ihm mitzuteilen, dass sie daselbst aufgenommen wurde, „damit ich deine Sünden kund tue bei dem Herrn" (vis 1,1,5). Sünde hat ihren Ort nicht zuallererst in seinem Verhalten, sondern in seinem Herzen, wie Rhode ihn aufklärt: „In deinem Herzen stieg die Lust zum Bösen auf (ἐπὶ τὴν καρδίαν σου ἀνέβη ἡ ἐπιθυμία τῆς πονηρίας). [...] Das ist eine Sünde, und zwar eine große" (vis 1,1,8). Schockiert von der Begegnung erwägt Hermas in seinem Herzen (ἐν τῇ κάρδίᾳ μου), wie er Gottes Gnade zurückgewinnen könne (vis 1,2,2), woraufhin eine zweite, betagte Frau erscheint und erklärt, dass für die Diener Gottes bereits ein Gedanke, der „im Herzen" (ἐπὶ τὴν καρδίαν) emporsteigt (vgl. 1 Kor 2,9), sündhaft sei (vis 1,2,4).

Das hier autobiographisch eingeholte introspektive Moment entspricht der Grundauffassung des Hermas, dass das Übel seinen Ursprung nicht im bösen Tun, sondern bereits in verwerflichen Emotionen, Gedanken und Entscheidungen hat.

In seiner Einschätzung der theologischen Eigenständigkeit des Autors kommt Zahn zu einem kritischen Urteil. Nachahmung könne man das literarische Vorgehen des Autors nicht nennen, sondern eher „eine durchaus kunstlose Fortbewegung der eigenen Gedanken". Jakobus habe auf ihn eine „magnetische Wirkung" ausgeübt und sei ihm „ganz und gar Eigenthum seines Gedächtnisses" geworden.[72] In der Tat scheint gerade das Wortfeld διψυχ- für den Verfasser eine enorme Ausstrahlung entwickelt zu haben und sich durch dessen improvisierende Denkbewegungen aber auch zu einem Schlüsselkonzept mit eigenem Profil verselbstständigt zu haben.

7.3 *„Die an Gott zweifeln, das sind die Zweiseeligen"*

Ein kursorischer Durchgang durch das Gesamtwerk entlang der Visionen, Gebote und Gleichnisse zeigt, dass die Zweiseeligkeit ein vielschichtiges Lasterphänomen ist, das nicht in einer gespaltenen Haltung beim Gebet aufgeht (mand 9,1–8), sondern im umfassenden Sinn zur Signatur eines defizitären Glaubens gehört. Wie aus mand 10,1,1 ersichtlich wird, sind Zweiseeligkeit (διψυχία), Jähzorn (ὀξυχολία, mand 5) und Traurigkeit (λύπη, mand 10) Geschwister – und in Konsequenz von mand 9,9 allesamt Töchter des Teufels.[73] Zwischen den Jähzorn und die Zweiseeligkeit ist die Tugendreihe Glaube (πίστις, mand 6), Furcht (φόβος, mand 7) und Enthaltsamkeit (ἐγκράτεια, mand 8) geschaltet, die ihrerseits in mand 1,1 angekündigt wurde. Auch mand 11 steht nochmals im Zeichen der Zweiseeligkeit, hier in der nach Meinung des Autors besonders perfiden Form, die sich aus mangelndem Gottesvertrauen zu einem Vertrauen in Wahrsagerei und

---

[72] ZAHN, Hirt des Hermas, 407.
[73] Explizit wird dies allerdings nur noch von der „bösen Begierde" (ἐπιθυμία πονηρά, mand 12,2,2) gesagt.

324 7. Der Hirt des Hermas

Falschprophetie verführen lässt. In den Visionen wird das Nebeneinander von Glaube und Zweiseeligkeit mithilfe von Personifikationen dargestellt.

7.3.1 Visionen

In der dritten Vision erscheint der Glaube personifiziert als Frau mit verschränkten Händen (ἡ κρατοῦσα τὰς χεῖρας, vis 3,8,3). Die Geste „ist nach Form und Sinn rätselhaft und umstritten",[74] doch hat sich in der Forschung eine apotropäische Deutung durchgesetzt.[75] Gemeint ist demnach: „Faith clasps her own hands together in front of her in an apotropaic gesture of defense. Thus, through her vigilance in warding off evil, the elect of God are saved."[76] Die unmittelbar darauf folgende Aussage bestätigt diese Interpretation. Denn dort wird von der πίστις gesagt, dass „durch sie die Auserwählten Gottes bewahrt bzw. gerettet werden". Der Verfasser macht sich hier nicht die Mühe, Inhalt und Gestalt des Glaubens näher zu erläutern. Ihm genügt es festzuhalten, dass er aufgrund seiner schützenden Funktion als die erste und wichtigste Tugend anzustreben ist. Es folgt nun ein Katalog mit sieben Tugenden, der mit der Enthaltsamkeit als „Tochter des Glaubens" einsetzt (vis 3,8,3) und mit der Liebe schließt (vis 3,8,7). Ein Vergleich mit dem Tugendkatalog in sim 9,15,2–3 belegt,[77] dass für Hermas die Stellung des Glaubens an der Spitze und der Liebe am Ende bedeutsam war, nicht jedoch die Anzahl der Tugenden.[78]

Die vierte Vision entwirft ein spektakuläres apokalyptisches Szenario rund um ein „riesiges Tier", das „wie ein Meerungeheuer" anmutet, aus dessen Maul feurige Heuschrecken herausspringen und das auf seinem Kopf die vier Farben Schwarz, Feuer- und Blutrot, Gold und Weiß trägt. Hermas sieht sich auf der Via Campana[79] entlanggehen, euphorisiert und dankbar wegen des Privilegs, dass Gott ihn mit den Offenbarungen und Gesichten beschenkte. Eine anonyme Stimme (aus dem Himmel) richtet scheinbar unmotiviert einen Appell an ihn: „Sei nicht zweiseelig, Hermas!" (vis 4,1,4). Hermas beginnt darüber nachzudenken, weshalb der Mahnruf an ihn ergeht: „Welchen Grund hätte ich wohl, zweiseelig zu sein, da mir der Herr solche Gewissheit gibt und ich wunderbare Dinge sehen darf?" Die nun folgende Begegnung mit dem Ungeheuer öffnet ihm

---

[74] Brox, Hirt des Hermas, 143.

[75] Carlini, ΠΙΣΤΙΣ, der die Formulierung mit dem Ausdruck κρατεῖν τοὺς ἀντίχειρας aus den griechischen Zauberpapyri vergleicht.

[76] Osiek, Shepherd of Hermas, 77.

[77] Dazu s. u. Kap. 7.3.3.

[78] Eine Reihe weiterer Tugendkataloge stellt die πίστις an die Spitze: 1 Clem 1,6; 62,2; 64,4; Barn 2,2–3; EpAp 43,6. Vgl. IgnEph 14,1: ἀρχὴ μὲν πίστις, τέλος δὲ ἀγάπη.

[79] Wohl eine Staatsstraße, „die von der Porta Portuensis im SW Roms nach dem Campus Salinarum am Meer führt, und zwar am Tiber hin" (Dibelius, Hirt des Hermas, 482 mit Belegen). „Reale Welt und Visionslandschaft überschneiden sich bzw. sind ineinander verschoben" (Brox, Hirt des Hermas, 169).

7.3 „Die an Gott zweifeln, das sind die Zweiseeligen" 325

die Augen für die Notwendigkeit der Glaubensstärke, und er erinnert sich „an das Wort, das ich zu hören bekommen hatte: ‚Sei nicht zweiseelig, Hermas!'" (vis 4,1,7).[80] Die Größe des Glaubens entspricht der Mächtigkeit des Tieres, das eine ganze Stadt (vis 4,1,8), ja ganze Völker (vis 4,2,3) austilgen kann. Das Angetansein mit dem „Glauben an den Herrn" (ἐνδυσάμενος [...] τὴν πίστιν τοῦ κυρίου, vis 4,1,8)[81] konkretisiert sich darin, dass Hermas an die großen Taten des Herrn denkt, mutig und beherzt dem Tier entgegentritt und – wie ihm die Kirche in Gestalt der Jungfrau und mittels theologischer Formelsprache später erklärt – seine Sorge auf Gott wirft, sein Herz zum Herrn öffnet und glaubt, dass es „nur durch den großen und herrlichen Namen Rettung [...] gibt" – und erheblich spezifischer: dass er „beim Anblick des furchtbaren Untiers nicht zweiseelig war (οὐκ ἐδιψύχησας)" (vis 4,2,4). Der Glaube ist die einzig angemessene und zielführende menschliche Haltung angesichts „großer Not" (μεγάλη θλῖψις, ebd.); und doch ist es nicht die Glaubensstärke, sondern Gott selbst, der durch Vermittlung eines Engels das Ungeheuer unschädlich macht. Das Erleben des Hermas ist paradigmatisch für die „Erwählten des Herrn". Er erhält nun den Auftrag, ihnen die „große Taten" des Herrn zu erzählen und ihnen das Tier als einen „Typos der kommenden großen Not" vor Augen zu malen (vis 4,2,5; vgl. 4,1,1). Der Appell, den er an die Gemeinde zu richten hat, lautet: „Glaubt dem Herrn, ihr Zweiseeligen!" (πιστεύσατε τῷ κυρίῳ, οἱ δίψυχοι, vis 4,2,6), denn nur so ist es möglich, der bevorstehenden Bedrängnis zu entrinnen.

Es stellt sich die Frage, welche Vorstellung mit der „kommenden großen Not" verbunden ist.[82] Mit Sicherheit ist hier nicht die alltägliche Mühsal gemeint, die aus der Sünde resultiert und sowohl Hermas (vis 2,3,1) als auch alle Sünder heimsucht (vgl. sim 6,3,3–6; 7,3–7). Ebenso hat der Autor offensichtlich nicht die „Kennzeichen von Verfolgung" im Blick, die über die Christen (vis 2,3,4; 6,5; sim 9,21,3) und insbesondere über den, „der des Namens wegen leidet" (vis 3,2,1), hereinbrechen können. Vielmehr bezeichnet die Formulierung von der „kommenden großen Not" ein klar zu umgrenzendes zukünftiges Ereignis, das *einen* Zug der christlichen Haltung erforderlich macht, der dem Hermas bzw.

---

[80] Peterson, Begegnung mit dem Ungeheuer, 298–301, verweist auf die interessante Analogie in ActPhil 102–103: Als Philippus dem Drachen begegnet, erinnert er sich an das Mahnwort Christi: „Fürchtet nichts!"

[81] Κύριος bezieht sich hier wie auch in vis 4,2,4 und andernorts auf Gott (vgl. die mehrfach bezeugte alternative Lesart θεοῦ; dazu Osiek, Shepherd of Hermas, 92 Anm. 21). Der Genitiv ist sehr wahrscheinlich als *genitivus objectivus* im Sinne des menschlichen Glaubens an Gott aufzufassen. Das lässt sich aus Wendungen wie πίστευσον αὐτῷ (mand 1,2) und πιστεύσατε τῷ θεῷ (mand 12,6) schließen, aber auch aus anderen mit ἐνδύεσθαι konstruierten Formulierungen wie ἐνδυσάμενος τὴν πίστιν τὴν ἰσχυρὰν καὶ δυνατήν (mand 9,10) und ἐνδυσάμενοι δὲ πᾶσαν ἀρετὴν δικαιοσύνης (sim 6,1,4) und schließlich aus der Gegenüberstellung von Glauben und Zweiseeligkeit. Gegen Whitenton, ΠΙΣΤΙΣ ΧΡΙΣΤΟΥ, 103.

[82] Vgl. neben vis 4,1,1; 4,2,4–5; 4,3,6 noch vis 2,2,7. Zu verschiedenen Verwendungsweisen von θλῖψις bei Hermas vgl. die instruktiven Beobachtungen bei Brox, Hirt des Hermas, 175 f.471–476 (Exkurs 1: „Bedrängnis – Verfolgung – Martyrium"); daneben Osiek, Shepherd of Hermas, 94 f. („Excursus: The ‚Great Tribulation to Come'").

326   *7. Der Hirt des Hermas*

den Christen durchweg im Modus des Imperativs ans Herz gelegt wird: „Sei(d) nicht zweiseelig!", „Glaubt dem Herrn, ihr Zweiseeligen!"[83] Markant ist die Aussage der Jungfrau,
dass Hermas der „großen Not" bereits „entflohen" (vis 4,2,4) bzw. – im Bild gesprochen –
am Ungeheuer „vorbeigekommen" sei (vis 4,1,9; 4,2,1).

Hermas befindet sich bereits jenseits der Gefahrenzone, weil er glaubt und nicht
zweiseelig ist (vis 4,2,4). Als bereits Geretteter ist er für allen Glaubenden Vorbild
für „die restlichen Tage [ihres] Lebens" (vis 4,2,5). *Nach* der Überwindung der
Not gilt es, christliche Existenz im Hier und Jetzt zu gestalten und dem Herrn
„untadelig" (ἀμέμπτως) zu dienen.

Diese Beobachtungen erweisen es als problematisch,[84] die θλῖψις auf eine endzeitlich zu erwartende Verfolgung zu beziehen oder gar auf die apokalyptischen
„Wehen" des neuen Äons. Viel eher ist an die „Glaubensprobe" zu denken, die
Hermas „jedem einzelnen in dramatischer Vision und bedrängender Diktion
bedrohlich in Aussicht stellt."[85] Die apokalyptisch gestaltete Szenerie und die
Rede vom Bevorstehen der großen Not erweckt zwar die Vorstellung einer einzigartigen zukünftigen Drangsal, die die Christenheit am Weltende heimsuchen
wird, doch Hermas errichtet seine Drohkulisse in paränetischer Absicht und
wendet sie in ihrer furchteinflößenden Bildhaftigkeit auf die christliche Existenz
des Einzelnen und der Gemeinde. Wer an der Glaubensprobe scheitert und zweiseelig ist, fällt dem Ungeheuer als dem „Typos der großen Not" unweigerlich zum
Opfer. Explizit heißt es dann (im Plural): „Aber wenn ihr wollt, wird sie [sc. die
große Not] für euch nichts sein." Wer sich also ein Herz fasst, sich zum Herrn
bekehrt (vis 4,2,5) und die Zweiseeligkeit abstößt, für den ist die noch so große
und gefährliche Bestie ein „Nichts". Wer schließlich die Krisis unbeschadet und
„mit reinem Herzen" übersteht, erhält „Zugang bei den heiligen Engeln" (vis
2,2,7) und wird „im kommenden Äon" der Auserwählten Gottes leben (vis 4,3,5).

7.3.2 Gebote

Im ersten seiner zwölf Gebote präsentiert Hermas den Glauben im Sinne einer
fides quae creditur (mand 1,1) und meint damit das Bekenntnis zum einen Gott,
zu seiner Schöpfungstätigkeit und zu seiner Majestät.[86] Gleichwohl dienen die
alttestamentlich-jüdischer Formelsprache entlehnten Bekenntnissätze letztlich
der Grundlegung für die ethischen Weisungen. Damit eignet dem ersten Gebot

---

[83] Vgl. vis 2,2,7 (μὴ διψυχήσητε); 4,1,4.7 (μὴ διψυχήσεις; vgl. 4,2,4); 4,2,6 (πιστεύσατε τῷ
κυρίῳ, οἱ δίψυχοι).

[84] Anders OSIEK, Shepherd of Hermas, 95, die eine eschatologische Bedeutung nicht ausschließen will. Vgl. auch die Thesen bei BAUCKHAM, Great Tribulation.

[85] BROX, Hirt des Hermas, 176. Brox weist auf den analogen Befund zur Buße hin, dass sich
nämlich auch „die Frist der letztmöglichen Buße nicht generell und objektiv angeben läßt,
sondern der subjektiv heute anstehende qualitative Zeitpunkt im Leben eines Christen ist, zu
dem er sich zur Bekehrung und Buße entschließen muß, ohne sie aufzuschieben."

[86] LINDEMANN, Paulus, 288 („rein jüdisch").

7.3 „Die an Gott zweifeln, das sind die Zweiseeligen"

zwar vordergründig inhaltlich-theologische Qualität, doch es wird sogleich in einem moralischen Sinn ausgedeutet, nämlich als Haltung, die gutem Handeln zugrunde liegt: „Glaube ihm [sc. Gott] und fürchte ihn, lebe in dieser Furcht enthaltsam!" (mand 1,2). Man kann demnach (mit Zahn) sagen, dass der Glaube an der Spitze der christlichen Tugenden und Pflichten steht und alle „übrigen sittlichen Strebungen coordiniert", dass der Glaube also „selbst sittliche That sei".[87]

Auch im sechsten Gebot erscheint der Glaube als eine ethische Kategorie, erhält aber eine andere Pointe. Der Verfasser beschreibt nun auch den Glauben im Rahmen seines dualen Paradigmas: Der Glaubende sieht sich mit der Entscheidung konfrontiert, ob er dem Rechten glaubt oder dem Unrechten (mand 6,1,2), ob er dem Engel der Gerechtigkeit glaubt oder dem Engel der Schlechtigkeit (mand 6,2,3.6.10). Symptomatisch für die moralische Ausrichtung des Glaubens ist die abschließende Mahnung: „Dieses Gebot klärt über den Glauben auf, damit du den Werken des Engels der Gerechtigkeit glaubst, und wenn du sie tust, wirst du für Gott leben. Glaube aber auch, dass die Werke des Engels der Schlechtigkeit schlimm sind; wenn du sie nicht tust, wirst du für Gott leben" (mand 6,2,10). Der Glaube wird im Imperativ aufgetragen (mand 6,2,2.3.6.10) und steht für die Disposition, aus der das Tun des Guten folgt. Er richtet sich auf Abstrakta wie Gerechtigkeit oder Werke bzw. auf Engelsgestalten, die jene Abstrakta repräsentieren. „Glaube du nun dem Rechten [...]. Das Rechte hat nämlich den geraden Weg (ὀρθὴν ὁδὸν ἔχει) [...]. Geh du auf dem geraden und ebenen Weg [...]" (mand 6,1,2). Die im Glauben selbst angelegte Doppelheit ist im frühesten Christentum singulär.[88] Die Alternative lautet bei Hermas hier nicht: Glaube oder Unglaube, sondern Glaube an das Rechte oder Glaube an das Schlechte. Glaube ist nicht das Identitätsmerkmal christlicher Existenz, sondern (wie die Furcht und die Enthaltsamkeit) eine in der Doppelheit des menschlichen Daseins festgesetzte christliche Tugend.

In mand 9[89] thematisiert der Autor einen Spezialfall der διψυχία, nämlich die Zweiseeligkeit beim Beten im Gegenüber zum „Gebetsvertrauen", ohne jedoch ihre abgrundtiefe Bosheit und ihre verhängnisvolle Kraft für das Gesamte christlicher Existenz aus dem Blick zu verlieren (v.a. ab mand 9,9). Das Gebot setzt mit dem Befehl des Hirten ein: „Rotte die Zweiseeligkeit in dir aus!" – um gleich darauf zu präzisieren, dass hier die aufs Gebet bezogene Zweiseeligkeit gemeint ist (mand 9,1). Die Umstände des Gebets werden noch näher beschrieben: Kann

---

[87] Zahn, Hirt des Hermas, 170.

[88] Nach Brox, Hirt des Hermas, 225, ist es ein „theologisch dürftiger" Glaube. Osiek, Shepherd of Hermas, 125, sieht die beiden Glaubensaspekte in mand 1,1 und mand 6,1–2 nahe beieinander, übersieht dabei aber die eigentümliche Ausrichtung der πίστις: „Belief in God (*Man.* 1.1) is inseparable from trust in the spirit that directs the heart to God, and therefore from acting according to that spirit; this is the whole meaning of traditional Jewish-Christian theology and ethics."

[89] S.o. Kap. 7.2.3.2 zum Text und zur Frage nach dem Verhältnis des Gebots zu Jakobus.

328   *7. Der Hirt des Hermas*

ein Gebet, das von einem Sünder formuliert wird, erhört werden? Die Antwort des Hirten, die im weiteren Verlauf in eine allgemeine Belehrung über das Gebet überführt wird, lautet: „Mach dir nicht solche Gedanken (μὴ διαλογίζου ταῦτα), sondern wende dich von ganzem Herzen dem Herrn zu und bitte ihn zuversichtlich (ἀδιστάκτως)" (mand 9,2). Die Ausführungen des Hirten malen den Leserinnen und Lesern drei verschiedene Typen vor Augen: (1) Diejenigen, die (bewusst) gesündigt haben oder noch sündigen, brauchen nichts vom Herrn zu erwarten. (2) Diejenigen, die Buße getan haben, aber in ihrem Sündenbewusstsein verhaftet bleiben und mit Blick auf Gottes Erbarmen zweiseelig sind, werden ebenfalls nicht erhört. Solche Zweiseeligkeit unterscheidet sich in ihrem Wesen nicht von der bereits vergebenen Sünde. Wer zweiseelig ist, hat das Sündigen noch nicht hinter sich gelassen. (3) Diejenigen, die Buße tun, nicht zweiseelig und „im Glauben vollkommen sind" (οἱ δὲ ὁλοτελεῖς ὄντες ἐν τῇ πίστει, mand 9,6), können darauf vertrauen, dass Gott ihre Bitte erfüllt.[90] Auch wenn es einmal länger dauern sollte, ist dies kein Grund, in die Zweiseeligkeit zu verfallen: „Denn mit Sicherheit geschieht es zur Prüfung oder wegen einer Verfehlung, von der du nichts weißt" (mand 9,7).

Weshalb muss Zweiseeligkeit ausgerottet werden? Sie trübt und verunreinigt – wie die Traurigkeit (vgl. mand 10,3,4) – das Herz, indem sie den Glaubenden auf seine Sünde starren lässt und ihn (paradoxerweise) eben dadurch wieder zum Sündigen verleitet. Der Ort, an dem die Zweiseeligkeit nach Auffassung des Autors angesiedelt ist, ist also das menschliche Herz; wenn das Herz verunreinigt ist, kann auch die „Bitte der Seele" (τὸ αἴτημα τῆς ψυχῆς, mand 9,2.7) nicht mit Zuversicht vor Gott gebracht werden. Insofern trübt die Zweiseeligkeit auch die Sicht auf das Erbarmen Gottes, denn sie verhindert, dass sich der Beter (trotz vorgängiger Sünden) „von ganzem Herzen" auf Gott hin ausrichtet (mand 9,2) und kindlich-naiv von ihm erwartet, dass er „alles" gewährt (vgl. mand 9,6.7). Mehr noch: Die Zweiseeligen können nicht sehen, wie Gott wirklich ist, und zweifeln daher letztlich an Gott selber. „Die nämlich an Gott zweifeln, das sind die Zweiseeligen" (οἱ γὰρ διστάζοντες εἰς τὸν θεόν, οὗτοί εἰσιν οἱ δίψυχοι, mand 9,5). Weil sie von und in ihrer Sündhaftigkeit gefangen sind, erkennen sie nicht, dass Gott anders als die Menschen das Böse nicht nachträgt (mand 9,3). Zweiseeligkeit raubt dem Menschen jegliche Motivation und Kraft, umzukehren

---

[90] Vgl. BROX, Hirt des Hermas, 239: „Das berechtigte Vertrauen beim Beten aufgrund sittlicher Disposition ist frühchristliche Tradition seit 1 Tim 2,8." Nach OSIEK, Shepherd of Hermas, 31, steht das Gottesverhältnis im Vordergrund: „Here, the key is the discussion in *Mandate* 9, where it becomes clear that for our author the struggle of the doubleminded is not the moral struggle between good and evil, as it is for instance in *T. Ash.* 1–4, or between honesty and dishonesty, but between trust or lack of trust in God." „Doublemindedness is the fate of the person caught between the two spirits, not with a clear-cut distinction between good and evil, but in that the spirit at work in the doubleminded is a spirit of discouragement and doubt. This discouragement necessarily then overflows into the rest of one's life [...]. But the starting point is not deeds; it is lack of trust in God."

7.3 „Die an Gott zweifeln, das sind die Zweiseeligen"

und sich „von ganzem Herzen" Gott zuzuwenden. Eine Konkretion der Verunreinigung des Herzens ist der Zweifel an Gott (ἐὰν δὲ διστάσῃς ἐν τῇ καρδίᾳ σου, mand 9,5).

Die Zweiseeligkeit kann den Menschen sogar vom Heil abschneiden. „Ein zweiseeliger Mensch wird nämlich schwerlich gerettet werden, wenn er nicht Buße tut" (πᾶς γὰρ δίψυχος ἀνηρ, ἐὰν μὴ μετανοήσῃ, δυσκόλως σωθήσεται, mand 9,6). Bei der Interpretation dieser Stelle und besonders des Adverbs δυσκόλως ist zu beachten, dass Hermas nicht die Absicht hat, eine dogmatisch-soteriologische Aussage zu treffen,[91] sondern vielmehr in paränetischer Intention darauf hinweisen will, dass man die Zweiseeligkeit unbedingt ausrotten sollte (vgl. mand 9,1).[92] Im Fokus steht nicht die theoretische Möglichkeit, dass ein zweiseeliger Mensch gerettet wird, sondern die Dringlichkeit, von der Zweiseeligkeit zu abzulassen.[93]

In mand 9,9 lässt sich eine Zäsur ausmachen, insofern Hermas nun die konkrete Situation des Gebetes verlässt und den Glauben und die Zweiseeligkeit als übergreifende Charakterisierungen christlicher Existenz kontrastiert und dabei die Wirkmächtigkeit der Zweiseeligkeit noch „dramatischer und bedrohlicher" vor Augen malt.[94] Glaube und Zweiseeligkeit erscheinen als personifizierte Größen mit spezifischen, in streng dualistischer Manier gegenübergestellten Eigenschaften und Handlungsmustern. Die Zweiseeligkeit ist „böse und uneinsichtig" (πονηρά [...] καὶ ἀσύνετος), sie „entwurzelt viele völlig ihrem Glauben, sogar ganz gläubige und gefestigte Menschen (πιστοὺς καὶ ἰχυρούς)." Sie ist eine „Tochter des Teufels", die sogar den Dienern Gottes wirksam Böses zufügen kann. Das macht sie noch gefährlicher als ihre Schwester, die ὀξυχολία („Jähzorn"): Diese nämlich kann die, die im Glauben stark sind, nicht aus eigener Kraft verführen und „mit ihrer Wirkung ansetzen" (mand 5,2,1), sondern entwickelt erst in Verbindung mit der Zweiseeligkeit ihre desaströse Macht. Hermas ist allerdings kein Schwarzseher, sondern „sucht ständig Optimismus und Vertrauen zu verbreiten":[95] Der Glaube „verspricht alles und erfüllt alles", während die Zweiseeligkeit „kein Selbstvertrauen" hat und darum „bei jedem Werk scheitert, das sie angeht" (mand 9,10).[96] Der Glaube ist voll Kraft und Stärke (mand 9,10.12), die Zweiseeligkeit „hat letztlich keine Kraft" (mand 9,11; vgl. 9,12). Der Glaube

---

[91] Vgl. Brox, Hirt des Hermas, 239: „H[ermas] läßt nicht nur an dieser Stelle [...], sondern auch anderweitig im Wort δυσκόλως eine zwar nicht mehr vorstellbare, aber doch winzige Möglichkeit der Rettung ohne Buße oder für Sünder nach der Buße zu [...], da der Term zwar die extreme Schwierigkeit, aber nicht die absolute Unmöglichkeit bedeutet."

[92] Vgl. Osiek, Shepherd of Hermas, 133.

[93] Die Kommentare verweisen auf die Verwendung von δυσκόλως in mand 4,3,6; sim 9,20,2–3; 9,23,3; vgl. Mk 10,23par.

[94] Brox, Hirt des Hermas, 239.

[95] Brox, Hirt des Hermas, 238.

[96] Vgl. Dibelius, Hirt des Hermas, 531.

330   *7. Der Hirt des Hermas*

kommt „von oben", „vom Herrn",[97] die Zweiseeligkeit ist ein „irdischer Geist vom Teufel" (mand 9,11).[98] Der Schluss des neunten Gebotes klingt dann verheißungsvoll: „Diene also dem Glauben, der Kraft hat, und halte dich von der Zweiseeligkeit fern, die keine Kraft hat. Dann wirst du für Gott leben, und alle, die so denken, werden für Gott leben" (mand 9,12).

Im Gebot über die „Traurigkeit" (mand 10), das anfangs Traurigkeit, Jähzorn und Zweiseeligkeit als Geschwistertrio identifiziert, kommt der Zweiseeligkeit eine Nebenrolle zu, die ihr zerstörerisches Potenzial erneut unterstreicht. „Wenn ein zweiseeliger Mensch irgend eine Sache unternimmt und infolge seiner Zweiseeligkeit dabei scheitert, dann zieht eben die Traurigkeit in den Menschen ein, betrübt den heiligen Geist und vertreibt ihn" (mand 10,2,2). Anders als der Jähzorn, der in „rettende" Traurigkeit führen und zur Buße anleiten kann (mand 10,2,3), bleibt die Zweiseeligkeit in der Sphäre des Unheils: Pläne misslingen, der Geist flieht.

Einige Motive des neunten Gebots werden im elften Gebot aufgenommen.[99] Der Autor nimmt dort offensichtlich prophetische Aktivitäten in der Gemeinde zum Anlass, eine Belehrung über die Prophetie einzuschalten. „Gläubige" (πιστοί) sitzen auf einer Bank und daneben, auf einem Sessel, ein „falscher Prophet" (ψευδοπροφήτης). „Der Wahrsager hat seine Sprechstunde."[100] Der falsche Prophet „bringt die Diener Gottes um ihren Verstand", aber eben nur die Zweiseeligen und nicht die Gläubigen (mand 11,1).[101] Falschprophetie und Zweiseeligkeit sind gleichermaßen Thema der Abhandlung.[102] Bemerkenswert ist wieder die Auffassung des Hirten, dass sich die „Diener Gottes" (δοῦλοι τοῦ θεοῦ) nicht nur aus Gläubigen rekrutieren, sondern auch aus denen, die mit dem Virus der Zweiseeligkeit infiziert sind. Die Zweiseeligen nämlich, die voll von „verdorbenen Sehnsüchten" (ἐπερωτήματα, mand 11,2) und dabei doch „leer" (κενός, mand 11,3.13) sind und „ständig ihren Sinn ändern",[103] suchen den Wahrsager auf, befragen ihn nach der Zukunft und stellen sich damit – obwohl

---

[97] Der Jakobusbrief verwendet ἄνωθεν für die Herkunft der Weisheit (Jak 3,15; vgl. Jak 1,17). Bei Hermas findet sich das Adverb noch im Zusammenhang mit dem Geist der wahren Prophetie, der „von oben" ist (mand 11,5.8.21).

[98] Brox, Hirt des Hermas, 240: „Durch die Bezeichnung als (teuflisches, irdisches) πνεῦμα ist der Zweifel endgültig als Laster qualifiziert."

[99] Reiling, Hermas, widmet dem 11. Gebot im Rahmen frühchristlicher Prophetie eine ganze Monographie. Vgl. noch Aune, Herm. Mand. 11.2.

[100] So die Charakterisierung der Szene bei Zahn, Hirt des Hermas, 105.

[101] Zu den Zuhörern des falschen Propheten gehören alle „Gläubigen", doch nur die Zweiseeligen unter den Gläubigen sind anfällig für sein Blendwerk; die „stark sind im Glauben" (mand 11,4) bleiben resistent.

[102] Osiek, Shepherd of Hermas, 140: „Thus the chapter is as much about doublemindedness as it is about prophecy."

[103] Zahn, Hirt des Hermas, 102 und 354 Anm. 4: „Die Redensart πυκνῶς μετανοοῦσι [...] dient auch nicht zum Tadel des gegentheiligen Grundsatzes, sondern vermöge der noch nicht technischen Bedeutung von μετανοεῖν (cf. vis. III, 7 = seine Absicht aufgeben) nur zur Charakteristik dieser wankelmüthigen Menschen [...]."

7.3 „Die an Gott zweifeln, das sind die Zweiseeligen" 331

„Diener Gottes" – *de facto* auf die Seite der Heiden (mand 11,4). Sie werden zu Götzendienern und begehen auf diese Weise eine noch größere Sünde als die der Zweiseeligkeit.[104] Im Gegensatz dazu lassen sich „diejenigen, die stark sind im Glauben an den Herrn" (ὅσοι [...] ἰσχυροί εἰσιν ἐν τῇ πίστει τοῦ κυρίου) nicht zum Gang zum Wahrsager verführen.

Auch dieses Kapitel ist durchzogen von dem bereits bekannten schlichten antagonistischen Wirklichkeitsverständnis und einem auf den Lebenswandel (vgl. mand 11,7[105]) ausgerichteten Dualismus: Der Wahrsager ist wie der Zweiseelige „leer" (mand 11,3.13) und als ein solcher „Hohlkopf" erfüllt vom Geist des Teufels (mand 11,3), der „von dieser Erde, schwach und kraftlos" (ἐπίγειον [...] καὶ ἐλαφρόν, δύναμιν μὴ ἔχον, mand 11,6) und überdies noch „dumm" (μωρός, mand 11,11) ist. Einzelne Formulierungen erinnern an die Beschreibung der Zweiseeligkeit aus dem neunten Gebot, die ja als „ein Geist von der Erde, vom Teufel, ohne jede Kraft" vorgestellt wurde (mand 9,11). Der falsche Prophet redet den Menschen nach dem Mund, ist überheblich, geltungssüchtig,[106] dreist, unverschämt und geschwätzig und kassiert für seine leeren Prophezeiungen Honorare, die ihn in Luxus schwelgen lassen (mand 11,12). Im Gegensatz dazu hat der wahre Prophet den „Geist von oben" (τὸ πνεῦμα τὸ ἄνωθεν) und ist „in erster Linie sanft und ruhig, demütig und frei von jeder Schlechtigkeit und von eitlen Begierden dieser Welt" (mand 11,8). Er redet nur dann, wenn Gott ihm den Auftrag dazu erteilt, nicht auf Anfrage von einem Menschen. Auf der einen Seite steht nach Hermas also eine opportunistische „Winkelprophetie", die für Geld Privatanfragen von zweiseeligen Menschen beantwortet, auf der anderen Seite die Verkündigung des göttlichen Willens vor der Gemeindeversammlung durch einen geisterfüllten Menschen.

7.3.3 Gleichnisse

Das neunte Gleichnis enthält ebenfalls einen Tugend- und Lasterkatalog, personifiziert durch Jungfrauen und Frauen in schwarzen Kleidern. Wiederum führt der Glaube die Auflistung an, gefolgt von den stärkeren Tugenden Enthaltsamkeit, Stärke und Geduld. In ihrem Gefolge stehen Lauterkeit, Unschuld, Keuschheit, Freude, Wahrheit, Einsicht, Eintracht, und den Abschluss bildet wieder die Liebe. „Wer diese Namen [d.h. die Qualitäten der Tugenden] trägt und den Namen des Sohnes Gottes, der kann ins Reich Gottes hineinkommen"

---

[104] Vgl. mand 11,4: μείζονα ἁμαρτίαν ἐπιφέρουσιν.

[105] Vgl. daneben Did 11,8–12.

[106] Mit dem Ausdruck πρωτοκαθεδρία (vgl. Mk 12,39; Mt 23,6; Lk 20,46) stellt Hermas natürlich nicht den römischen Episkopat infrage, sondern attackiert die Geltungssucht einzelner Gemeindeglieder (so schon ZAHN, Hirt des Hermas, 103 f.). Vgl. REILING, Hermas, 52: „In the present context ... it is best understood as a claim to that authority which the prophet naturally has when he speaks καθὼς ὁ κύριος βούλεται. Since the false prophet has nothing to say because he is not inspired by the Spirit, he must claim this authority explicitly."

332 7. *Der Hirt des Hermas*

(sim 9,15,2). Die Aufzählung ist noch weniger aussagekräftig als in der Vision, weil hier nicht einmal die Funktion bzw. Wirkweise der Tugenden (und Laster) thematisiert wird, sondern nur ihr „Name" genannt wird; der Katalog unterstreicht aber die Vorrangstellung des Glaubens unter den Tugenden. Für das Verständnis der Passage ist aufschlussreich, dass der Verfasser bereits in sim 9,13,1–3 auf die zwölf Jungfrauen – sie sind „heilige Geister" (ἄγια πνεύματα) und zugleich „Kräfte des Sohnes Gottes" (δυνάμεις [...] τοῦ υἱοῦ τοῦ θεοῦ) – verwiesen hatte, allerdings ohne ihre Namen zu nennen. Kein Mensch könne ins Reich Gottes gelangen, ohne seinen Namen und zugleich seine Kraft, also die Namen der Jungfrauen zu tragen. Den Gedanken beschließt eine Formulierung, die einen einzigartigen (und in der Auslegung meist unterbelichteten) Blick auf die Christologie des Hermashirten erlaubt: „Der Sohn Gottes trägt selbst auch die Namen dieser Jungfrauen" (sim 9,13,3).

Diese Schlussformulierung besagt nichts anderes, als dass sich der Sohn Gottes auch und vor allem durch πίστις auszeichnet. Schon zuvor hatte der Verfasser festgestellt, dass sich der irdische Jesus,[107] durch seine überragende Tugend hervortat, „heilig und rein" und „unbefleckt" lebte (sim 5,6,5–6). Dies bewegte Gott dazu, ihn aus den Vielen auszuwählen,[108] ihn mit dem Heiligen Geist auszustatten und ihn zum Vorbild zu machen für die, die sich an ihn halten. Es ist nicht möglich, die assoziativen christologischen Aussagen des Hermas zu systematisieren, doch ergibt sich aus der Zusammenschau der „archaischen (adoptianischen) Sarx-Christologie"[109] und dem Tugendkatalog samt Schlussgedanken (sim 9,13,1–3), dass sich die Christen gerade durch die Verwirklichung des Glaubens an das Vorbild des geistbeschenkten Menschen Jesus angleichen sollen, um ins Reich Gottes zu gelangen: „Denn alles Fleisch wird seinen Lohn bekommen, das unbefleckt und tadelsfrei erfunden wird, und in dem der heilige Geist gewohnt hat" (sim 5,6,7).

Analog zu den personifizierten Tugenden benennt der Verfasser in sim 9,15,3 die Namen der Frauen in schwarzen Kleidern, zunächst die „stärkeren", nämlich Unglaube (ἀπιστία), Unmäßigkeit, Ungehorsam und Betrug, gefolgt von Traurigkeit, Schlechtigkeit, Zügellosigkeit, Jähzorn, Lüge, Torheit, Verleumdung und Hass. Von der Zweiseeligkeit ist hier nicht die Rede, jedoch vom Unglauben als der ersten „Untugend". Aus der Sicht des Autors ist es denkbar, dass ein „Diener Gottes" die Namen dieser Frauen trägt, also in ihrem Einflussbereich steht. Ein solcher „bekommt das Reich Gottes zwar zu sehen, hineinkommen wird er aber nicht." Auch dies ein erstaunlicher Gedanke. Denn hier ist Christsein keine hinreichende Bedingung für den Zutritt ins Reich Gottes; ein „ungläubiger

---

[107] Hier als σάρξ bezeichnet. „Jesus" und „Christus" werden im Hirten des Hermas nie verwendet.

[108] BROX, Hirt des Hermas, 487: „Seltsam" sei bei diesem Gedanken, „daß die Auserwählung des ‚Leibes' (Jesus) aus anderen [...] zu einem Fall unter denkbaren anderen wird."

[109] BROX, Hirt des Hermas, 424.

Diener Gottes" hat das Reich Gottes zwar gesehen, die Aufnahme in das Reich Gottes aber verscherzt.[110]

Insgesamt wird deutlich: Der Glaube steht an der Spitze der christlichen Tugenden. In Jesus gewann er paradigmatisch Gestalt. Er erscheint als eine ethische Kategorie, nicht wie in anderen frühchristlichen Entwürfen als soteriologische Kategorie. Nur so ist überhaupt die frappierende Formulierung denkbar, dass ein Christ („Diener Gottes") durch Unglauben gekennzeichnet sein kann. Vergegenwärtigt man sich beispielsweise die Schärfe des soteriologischen Gegensatzes zwischen Glaube und Unglaube etwa im Römerbrief, dann wird deutlich, welch unterschiedliche Konzeptionen sich im „Laboratorium" frühchristlicher Theologie entwickeln konnten. In einer Stadt wie Rom existierten sie nebeneinander und standen im Wettbewerb. Dasselbe trifft auch auf die Christologie zu. Der Hirt des Hermas bezeugt eine markante Akzentverschiebung: „Die Singularität [Christi] verblaßt, die Christologie erfährt die ungeläufige Reduktion auf Vorbildlichkeit und Beispielhaftigkeit des Einen unter allen anderen, die ebenfalls ‚Leib' (d.h. Menschen) sind."[111]

7.4 Fazit

(1) Hermas appelliert an seine Adressatinnen und Adressaten, einen ganzheitlichen und einfältigen Glauben auszubilden (mand 5,2,1.3; 9,6; 12,5,4). Glaube ist eine Tugend, die das christliche Leben charakterisieren soll. Auch Jesus zeichnete sich in seiner irdischen Existenz durch diese Tugend aus (sim 9,13,3). Was Glaube *nicht* ist, wird plastisch erkennbar in einer üppig und bildreich ausgestalteten Gegenwelt, deren Prinzip Halbheit und Gespaltenheit ist. Bevölkert wird diese Gegenwelt von denjenigen Christinnen und Christen, die „im Herzen" zerrissen und zwiespältig sind – etwas flapsiger: von Facing-both-ways".[112] Mit dem deutschen Wort „Zweifel" wird die ethische Dimension der διψυχία nur unzureichend zum Ausdruck gebracht, so dass sich eine Wiedergabe mit dem Kunstwort „Zweiseeligkeit" nahelegt. Näher an der geläufigen Vorstellung vom „Zweifeln" steht διστάζειν (mand 2,4; 9,5; sim 5,4,3; 9,28,7) sowie der seltenere Ausdruck διαλογίζεσθαι (vis 3,4,3; mand 9,2; sim 9,2,6), die Vorgänge beschreiben, welche sich ebenfalls im Herzen abspielen. Derartige Zweifel betreffen das Gottvertrauen (mand 9,5) oder das Bekenntnis zum Christentum in Apostasiegefährdung (sim 9,28,7), aber auch die ethische Frage, welchem Notleidenden geholfen werden soll (mand 2,4), oder die Frage, ob ein defizitärer Christ – ein Sünder,

---

[110] Vgl. hingegen Joh 3,3, wo das Sehen des Reiches Gottes mit der Teilhabe am Reich Gottes identifiziert wird.

[111] BROX, Hirt des Hermas, 487 f.

[112] GILMOUR, Religious Vacillation, 42 (übernommen von ROPES, James, 143).

334   *7. Der Hirt des Hermas*

Schwacher, Fauler – überhaupt etwas von Gott erbitten kann (mand 9,1–2; sim 5,4,3). In einem mehrdeutigen Logion ist vom Zweifel, „ob alles wirklich so ist oder nicht", die Rede (vis 3,4,3).[113]

(2) Die vierte Vision zeichnet die διψυχία in einen apokalyptischen Rahmen, ist letztlich jedoch auch hier an der Bewährung des Glaubens und der Ausmerzung der Zweiseeligkeit interessiert. Der Autor „hält zwar vergleichsweise stark die apokalyptische ‚Temperatur' und Atmosphäre durch, aber die paränetische Programmatik unterwirft sich auch hier das Material völlig."[114] Die als Ungeheuer stilisierte Glaubensprobe stellt für die Christen zwar eine gewaltige Bedrohung dar, verkümmert aber durch die Beherzigung des Appells „Sei nicht zweiseelig!" zu einem „Nichts". Es handelt sich um eine bemerkenswerte Rezeption apokalyptischer Vorstellungen: Die kosmisch-universale Dimension des Apokalyptischen wird auf den einzelnen Christen gewendet und damit individualisiert und internalisiert.

(3) Im neunten Gebot kommt es zu einem weiteren Showdown zwischen dem Glauben und der Zweiseeligkeit. Das Aufeinandertreffen der beiden steht zunächst unter dem Gesichtspunkt des Gebets; wer recht – d. h. in rechter ethischer Haltung – betet, wird das Erbetene vom Herrn empfangen (mand 9,6). Ein solches Gebetsvertrauen ist das einzig wirksame Mittel gegen eine gespaltene Haltung. Im weiteren Verlauf weitet sich der Horizont: Glaube und Zweiseeligkeit sind zwei gegensätzliche existenzielle Dispositionen. Zweiseeligkeit ist als eine „besonders bedrohliche und verhaßte Sünde oder Schwäche"[115] sogar in der Lage, im Glauben fest verankerte Menschen zu entwurzeln (mand 9,9). Der geradezu definitorische Satz „Die nämlich an Gott zweifeln, das sind die Zweiseeligen" (mand 9,5) klärt über das Verhältnis von Zweiseeligkeit und Zweifel auf: Zweiseeligkeit ist das dem Zweifel übergeordnete Phänomen ist und steht für eine grundlegende anthropologische Verfasstheit, die im Akt des Zweifelns „im Herzen" (ἐν τῇ καρδίᾳ, mand 9,5) konkrete Gestalt gewinnt. Wessen Herz nicht einfältig und ganz ist, der zweifelt und verzweifelt an Gott.[116] Die Gebete der Zweiseeligen bleiben unerhört (mand 9), ihre Pläne scheitern (mand 10), und weil sie im Ungewissen über ihre Zukunft sind, befragen sie Falschpropheten (mand 11). Aus der Zweiseeligkeit erwächst nicht nur Zweifel an Gott, sondern auch zwischenmenschliche wie innere Spaltung, d. h. Streitigkeiten (sim 8,9,4) und Skepsis (vis 3,4,3; im Extremfall lässt sie in die Apostasie abdriften (sim 9,28,4). Doch der Autor lässt seine Adressatenschaft nicht im Regen stehen: Letztlich ist die Zweiseeligkeit irdisch, kraftlos und beherrschbar, der Glaube hingegen stark, weil er „von oben" kommt (mand 9,11–12).

---

[113] Es steht in einer kaum zu erhellenden Beziehung zu Did 4,4 und Barn 19,5. S. o. Kap. 6.4.1.
[114] BROX, Hirt des Hermas, 162.
[115] BROX, Hirt des Hermas, 237.
[116] Vgl. REILING, Hermas, 32: Die διψυχία ist das exakte Gegenteil von ἐξ ὅλης καρδίας.

7.4 Fazit

(4) Inbegriff für die Auffassung des Hermas von der Zweiseeligkeit und zugleich Inbegriff für seine literarische Abhängigkeit vom Jakobusbrief ist mand 9,6: „Die dagegen in ihrem Glauben vollkommen sind (ὁλοτελεῖς [...] ἐν τῇ πίστει), bitten im Vertrauen auf den Herrn um alles und erhalten es, weil sie ohne Bedenken (ἀδιστάκτως) bitten, ohne zweiseelig zu sein (μηδὲν διψυχοῦντες)." Hermas hat sich den Text des Jakobusbriefs zu eigen gemacht, ihn „wiedergekäut" und doch auch eigene Akzente gesetzt. In mand 9,1–8 wird aus dem umfassenden Glaubensverständnis des Jakobusbriefs (Jak 1,5) die Erhörungsgewissheit beim Gebet, aus der konkreten Bitte um Weisheit wird die weite Bitte „um alles", aus der geistig-ethischen Doppelperspektive auf die Zweiseeligkeit wird eine moralisierende Betrachtung, die die Glaubenden zu einer angestrengten „Herzensprüfung" anhält. Bemerkenswert ist schließlich die Personifizierung von Glaube und Zweiseeligkeit (mand 9,10–11). Der Jakobustext ist weniger sakrosankter Text als vielmehr Impulsgeber für eine entradikalisierte Ethik, die die Getauften zu intensiver Selbstprüfung und zur Buße ansporen will.

(5) Der Hirt des Hermas ist ein Unikum in der frühchristlichen literarischen Landschaft. Seine Sprache ist volkstümlich, sein Stil oft unbeholfen, seine Argumentation wenig stringent, sein Reflexionsniveau durchschnittlich. Folglich hatte und hat er unter seinen humanistisch gebildeten, feingeistigen Kritikern einen schweren Stand. Theologisch war nicht nur seine Bußlehre anstößig. Erst in jüngerer Zeit wird der Wert der Schrift für die Erforschung der sozialen Verhältnisse und der Diversität der stadtrömischen Christenheit deutlich. Man interessiert sich zunehmend für Phänomene urbaner Alltagsreligiosität. So sind auch seine disparaten und assoziativen Gedanken zu Zweifel und Zweiseeligkeit von unschätzbarer Bedeutung, insofern sie das Ringen eines christlichen Lehrers mit der nachlassenden Intensität des Glaubens bei seinen Adressatinnen und Adressaten dokumentieren.

8. Hebräerbrief

Überwindung des Zweifels im Diskurs

8.1 Einführung

Nachdem seine Schrift lange Zeit ein Schattendasein fristete, wird der unbekannte Verfasser des Hebräerbriefs mittlerweile unwidersprochen zu den drei großen Theologen des frühesten Christentums gezählt (neben Paulus und Johannes).[1] Zunehmend tritt er „aus dem tiefen Schlagschatten" des Paulus heraus und wird von seinen eigenen Voraussetzungen und von seinem eigenen Grundanliegen her verstanden.[2] Während die „paulinische" Lesart des Schreibens seit Luther fast durchweg zu einem tendenziell negativen Werturteil und zu abwertenden Charakterisierungen geführt hat, zeigt sich die neuere Exegese fasziniert von der „kantigen Schönheit" eines „intellektuellen Durchbruchs zum ,Himmel'",[3] zugleich aber auch von seiner Fremdartigkeit, die den Hebräerbrief unter den neutestamentlichen Schriften zu einem Solitär macht.

Wie Paulus und Johannes entwirft der Autor des Hebräerbriefs eine eigenständige „Theologie des Glaubens".[4] Auch in seinem Schreiben dokumentiert sich eine „Neubestimmung des Glaubens",[5] die er im Rückgriff auf den Sprachgebrauch und die Denktraditionen des hellenistischen Judentums und der griechisch-römischen Welt entwickelt.[6] Wie das Johannesevangelium – und doch ganz anders als dieses – verfolgt er eine „Strategie des Glaubens", die zugleich eine mit erheblichem Aufwand konzipierte Strategie zur Überwindung des Zwei-

---

[1] GRÄSSER, Hebräer, Bd. 1, 38.

[2] GRÄSSER, Hebräer, Bd. 3, 419 (explizit in Korrektur seiner Habilitationsschrift „Der Glaube im Hebräerbrief" [1965]). Freilich brachten schon die wegweisenden Kommentare von Friedrich Bleek oder Eduard Riggenbach dem Brief hohe Wertschätzung entgegen. Prägend blieb dennoch der Eindruck eines „unevangelischen" Ansatzes, der sich v. a. auf die Bußlehre bezog und selbst Bleek – seinem Lehrer de Wette folgend – dazu bewog, von einer kanonischen Autorität „zweiter Klasse" zu sprechen (Hebräer, Bd. 1, 478).

[3] BACKHAUS, Vorwort, VI.

[4] KUSS, Grundgedanke, 311. HEIDEL, Gottesvolk, 101 u. ö., spricht von der „Pisteologie" bzw. „Glaubenslehre" des Hebräerbriefs; zum Glaubensverständnis des Hebräerbriefs a. a. O., 101–146; daneben SCHLIESSER, Glauben und Denken; ders., Faith, 36–39 (mit Literatur).

[5] LÜHRMANN, Glaube im frühen Christentum, 77.

[6] SCHNELLE, Das frühe Christentum, 128.

8.2 Die Krisensituation der Adressatinnen und Adressaten

fels darstellt. Die sich im Hebräerbrief abzeichnenden „Anfänge christlicher Philosophie"[7] dienen zuvorderst dem Ziel, den zweifelnden Einwänden und Bedenken gegen den Glauben den Boden zu entziehen und neue Standfestigkeit im Glauben zu verleihen. Um dieses Ziel zu erreichen, zieht der Autor alle Register – theologisch, rhetorisch, pastoral.

Nach einigen Anmerkungen zur Situation der Adressatinnen und Adressaten, insbesondere zu ihrem Zweifel (Kap. 8.2), rekapituliere ich die ausgefeilten Strategien, die der Autor anwendet, um die Angesprochenen wieder von der Sinnhaftigkeit und existenziellen Tragfähigkeit des Glaubens zu überzeugen (Kap. 8.3). Die Hauptteile des Kapitels beschäftigen sich mit dem Kernsatz zum Glauben Hebr 11,1, in dem die πίστις in einer doppelten Bestimmung als Überführtsein (ἔλεγχος) und als Standhaftigkeit (ὑπόστασις) in Erscheinung tritt: Ἔστιν δὲ πίστις ἐλπιζομένων ὑπόστασις, πραγμάτων ἔλεγχος οὐ βλεπομένων. Ich versuche zu zeigen, dass das epistemische Moment des Glaubens (11,1b: ἔλεγχος) mit dem ethischen Moment (11,1a: ὑπόστασις) verschränkt ist, und zwar im Sinne von Ursache (11,1b) und Wirkung (11,1a): Aus dem Überführtsein vom Nichtsichtbaren erwächst neues Durchhaltevermögen im Blick auf das Erhoffte. Anders formuliert: Eine erfolgreiche Bekämpfung des Zweifels schüttelt auch Müdigkeit und Erschöpfung ab. Dieser Logik folgen die Abschnitte zum Erkenntnisvermögen (Kap. 8.4) und zum Durchhaltevermögen des Glaubens (Kap. 8.5). Im weiteren Verlauf richte ich den Blick auf die Christologie des Hebräerbriefes und frage, wie sich der Verfasser den Anschluss an Jesus vorstellt (Kap. 8.6). Jesu vorbildhafte und zugleich singuläre πίστις begründet die Haltung der Glaubenden. Sie werden nun aber nicht dazu angehalten, *an* Jesus oder *wie* Jesus zu glauben, sondern sie sollen seinen Weg betrachten und ihm nach-denken („kognitive Mimesis"); daraus ergeben sich erst die lebenspraktischen Konsequenzen. Für die Vernünftigkeit der πίστις und ihren ethischen Anspruch argumentieren mit Plutarch und Philo zwei Autoren, die wie der Verfasser des Hebräerbriefs in einer platonisch geprägten Sinnwelt beheimatet sind (Kap. 8.7).

8.2 Die Krisensituation der Adressatinnen und Adressaten

8.2.1 Phase der Neuorientierung

Die meisten Exegetinnen und Exegeten sind sich darin einig, dass die Adressatenschaft des Hebräerbriefs „in einer Phase des Umbruchs und der neuen Identitätsfindung" steht.[8] Die eher beiläufigen Anmerkungen des Verfassers

---

[7] So der programmatische Titel der Monographie von James Thompson: „The Beginnings of Christian Philosophy" (1982).

[8] Kraus, Ansätze, 75.

338   *8. Hebräerbrief*

über deren „schwankenden Glaubensstand"[9] reichen zwar nicht aus, um ein anschauliches und profiliertes Bild ihrer Situation zu gewinnen, doch treten einige Grundzüge zutage: Der Verfasser beklagt, dass den Angesprochenen die Grundlagen des Glaubens aufs Neue eingeschärft werden (Hebr 5,12–6,2). Wie kleine Kinder sind sie nicht in der Lage, feste Nahrung aufzunehmen, sondern sind angewiesen auf Milch (5,13–14); ihre geistliche Reife steht in einem drastischen Missverhältnis zur Dauer ihrer Zugehörigkeit zur christlichen Gemeinschaft. Zu ihrer kindlichen Unreife gesellen sich Alterserscheinungen: Sie sind gegenüber der Heilsbotschaft „schwerhörig" geworden (νωθροί [...] ταῖς ἀκοαῖς, 5,11; vgl. 6,12), ihre Hände sind erschlafft und ihre Knie erlahmt (12,12). Konkret äußert sich die Trägheit im Nachlassen des Gottesdienstbesuches einzelner Christen (10,25), die mit ihrem schlechten Vorbild andere anstecken könnten (12,15). Eklatantes Beispiel für jemanden, der für einen lächerlich geringen Gegenwert etwas Großartiges verspielt hat, ist Esau: Um einer Speise willen verzichtete er auf sein Erstgeburtsrecht, und obwohl er seine Tat später unter Tränen bereuen sollte, gab es kein Zurück (12,16–17). Die Figur des Esau dient dem Verfasser dazu, durch einen Schriftbeleg die Unmöglichkeit der „zweiten Buße" dogmatisch zu begründen (vgl. 6,4–6; 10,26–29), mindestens ebenso aber dem paränetischen Ziel, seinen Adressaten vor Augen zu malen, wie absurd sich eine leichtfertige Preisgabe des Heils ausnimmt. Wer sich des Wertes bewusst wird, den das Vorrecht der „Christusgenossenschaft" (3,14) hat, wird erst gar nicht auf den Gedanken kommen, mit einem „bösen Herzen des Unglaubens" (καρδία πονηρὰ ἀπιστίας, 3,12) von Gott und seiner Gnade abzufallen, den Sohn Gottes mit Füßen zu treten und das Blut des Bundes zu verunreinigen (10,29).

8.2.2 Der Zweifel der Adressatinnen und Adressaten

Der Zweifel und die Glaubensschwäche der Adressatenschaft sind offensichtlich *ein* entscheidendes Motiv für die Abfassung des Schreibens.[10] Der Zweifel „reicht bis ins Centrum" und stellt die Heilsbedeutung Christi infrage, und damit „den ganzen Inhalt des christlichen Glaubens und Hoffens".[11] Bezweifelt wird das, was Christus erreicht hat: „Erwerb der zukünftigen Güter (2,5; 9,11), Antritt der Alleinherrschaft (2,8), Beendigung der Todesknechtschaft (2,14 f), Übernahme des himmlischen Hohepriesteramtes als Interzessor (4,14–16; 10,19–25)."[12] Es werden Zweifel laut an der Festigkeit des Wortes (2,1–4), an der Wirklichkeit des Heils (2,8–18), an der Überzeugungskraft des Bekenntnisses (10,23) und an der

---

[9] Schlatter, Glaube, 522.

[10] Vgl. Spicq, L'Épître aux Hébreux, Bd. 2, 36 (zu Hebr 2,10): *„Hébr.* veut fortifier la foi des destinataires, menacée par le doute."

[11] Riggenbach, Hebräer, XXII–XXIII.

[12] Grässer, Hebräer, Bd. 3, 86.

8.2 *Die Krisensituation der Adressatinnen und Adressaten* 339

Gültigkeit der Verheißung (10,36).[13] Die Wüstengeneration versinnbildlicht den Zweifel, insofern sie Gott auf die Probe stellen wollte, obwohl sie doch sein Wirken sah (3,9).[14] Die Wüstengeneration repräsentiert nicht nur einen zeitweiligen Vertrauensschwund, sondern die Preisgabe des Vertrauens und den Abbruch der Glaubenswanderschaft. Aufgrund ihres Ungehorsams (ἀπειθεῖν, 3,18) und Unglaubens (3,12.19) schließen sie sich selbst vom Heil aus und werden nicht in die verheißene Ruhe eingehen.

8.2.3 *Der Zweifel als ein Phänomen der zweiten oder dritten Generation?*

Die Adressatinnen und Adressaten gehören nicht zu den unmittelbaren Zeugen der jesuanischen Verkündigung, sondern haben nach Hebr 2,3 das Wort des Herrn vermittelt bekommen. Schon Luther hatte aus dieser Stelle abgeleitet, dass der Autor „von den Aposteln als ein Jünger redet, auf den solche Lehre von den Aposteln gekommen sei, vielleicht lange hernach."[15] Die Hebräerbriefexegese war sich lange darüber einig, dass der christentumsgeschichtliche Standort des Schreibens im nachapostolischen Zeitalter und „an der Schwelle zum Frühkatholizismus"[16] anzusiedeln sei. Die zeitliche Kluft, die sich zwischen den „Ohrenzeugen" und den Adressaten auftue, habe die erste Begeisterung für den Glauben verschlungen.

Die neuere Forschung distanziert sich zunehmend und zu Recht von Epitheta wie „nachapostolisch" oder „frühkatholisch", da damit häufig mehr gemeint ist als eine Epoche des frühen Christentums: Die Charakterisierung geht einher mit einer theologischen Abwertung, die den Hebräerbrief mit einem „gesetzlichen Rigorismus", „Leistungsfrömmigkeit" oder „Weltverneinung" in Verbindung bringt.[17] Auch die für typisch und damit für erwartbar und unvermeidlich erachteten Probleme der zweiten und dritten Generation – darunter der Zweifel – sollten nicht vorschnell im Sinne einer theologiegeschichtlichen oder sozialpsychologischen „Verfallstheorie" ausgewertet werden.[18]

---

[13] Vgl. GOLDHAHN-MÜLLER, Grenze der Gemeinde, 77; WEISS, Hebräer, 72.

[14] Gottlieb Lünemann meint, dass δοκιμασία und πειράζειν in Hebr 3,9 in einem „verwerflichen Sinn" verwendet werden: „Jenes [sc. δοκιμασία] enthält eine Steigerung von diesem [sc. πειράζειν]. Dieses involvirt den Zweifel an der *Geneigtheit* Gottes zur Hülfsleistung, jenes den Zweifel an Gottes *Fähigkeit* zu derselben." LÜNEMANN, Hebräerbrief, 132. Vgl. GRÄSSER, Hebräer, Bd. 1, 179: „So wird die Erprobung Gottes [...] zu einem Paradigma des Unglaubens, Zweifels und Mißtrauens, das erst ‚nachprüfen', wägbare Garantien haben will, ehe es sich auf die Zusage Gottes einläßt."

[15] WA.DB 7, 344 f. (zitiert nach Luther Deutsch, Bd. 5, 61).

[16] Vgl. noch GRÄSSER, Hebräer, Bd. 3, 84.

[17] Vgl. die Zusammenstellung und die Zitatnachweise bei WEISS, Hebräer, 781 f. Dort findet sich auch eine Kritik am Label „Frühkatholizismus": Es fehlt im Hebräerbrief eine Hochschätzung des kirchlichen Amtes, und von einer Verselbstständigung der Ethik (im Sinne eines „gesetzlichen Rigorismus") kann keine Rede sein.

[18] BACKHAUS, Hebräerbrief, 27: „Aber nehmen wir die im Brief fassbaren Symptome zu-

340   8. Hebräerbrief

In einer Rezension von Erich Gräßers Habilitationsschrift stellt Charles Moule die nahe-liegende Frage, ob das Modell einer linearen Evolution zum Schlechteren geeignet sei, die Entwicklung des frühen Christentums zu beschreiben. „It is arguable that many different attitudes coexisted at a very early period – if not actually within a single individual's mind, such as Paul's, at least simultaneously among different thinkers. Dr. Grässer knows well enough that ‚the dialectical understanding of eschatological existence‘ can reappear as late as Ignatius [...], and that the expectation that the *parousia* will come soon is not an infallible touchstone of an early date [...]. But does his scheme allow sufficiently for the possibility of the converse phenomenon – the early appearance of a type of Christianity which lacks the ‚dialectic‘?"[19]

Solche Einwände sind ernst zu nehmen, weniger im Blick auf die nach wie vor umstrittene Datierung des Schreibens[20] als vielmehr hinsichtlich der Verortung eines defizitären, laxen Glaubens in die „nachapostolische" Phase des Christentums. Immerhin war es die *erste* Exodusgeneration, die sich durch ihr Hadern und Murren, durch den Irrtum in ihrem Herzen, der auch am Rettungswillen Gottes zweifelte, die „Gottesruhe" verwirkte (vgl. Hebr 3,7–11). Auf der anderen Seite sollte man nicht unterschlagen, dass der Autor des Hebräerbriefs bei seinen Adressaten eine fokussierte Lese-, Hör- und Lernbereitschaft voraussetzt, die der unterstellten Müdigkeit und Gleichgültigkeit entgegensteht. Vieles spricht dafür, dass er die Krise der Gemeinde in parakletischer Absicht rhetorisch über-zeichnet. Das gilt für die äußeren Leiden wie Verfolgung, Gefangenschaft und Beleidigungen (11,35–38; 12,2–11; 13,3), aber auch für den beschriebenen inneren Zustand, der sich in fehlendem Durchhalte- und Erkenntnisvermögen äußert. Auch wenn historisch zutreffen sollte, dass sich das Schreiben an eine Gemeinde der zweiten oder dritten Generation richtet, so besteht dennoch kein kausaler Zusammenhang zwischen chronologischer und religionssoziologischer Einord-nung. Die Präsenz des Zweifels ist *per se* kein Indiz für eine späte Phase des Christentums.

Die Überzeugung, dass der Verfasser des Hebräerbriefs mit „typischen Erschei-nungen der ‚zweiten Generation‘" kämpft,[21] beeinflusste nicht nur die Datierung des Schreibens, sondern auch die Frage nach den Adressatinnen und Adressaten. Mit Dibelius und anderen wird häufig davon ausgegangen, dass der Verfasser nicht an die Probleme und das Schicksal einer spezifischen Gemeinde denkt: „er blickt auf das, was alle oder die meisten Gemeinden regelmäßig erleben: er blickt

---

sammen, so ergibt sich ein stimmiges Bild, wie es für die zweite und dritte Generation einer neuen religiösen Formation auch sozialpsychologisch erwartbar ist."

[19] Vgl. MOULE, Rez. zu Gräßer, 149.

[20] Vgl. hierzu die Diskussion bei HEIDEL, Gottesvolk, 48–50. Eine stabile Minderheitsmei-nung präferiert eine Datierung vor 70 n. Chr. Exemplarisch HENGEL/SCHWEMER, Jesus und das Judentum, 11 Anm. 36: „Hier sind wir nicht sicher, ob er [sc. Hebr] nicht doch noch vor 70 anzusetzen ist, da die Zerstörung des Tempels nicht einmal angedeutet wird und 1. Clemens und die Sammlung der Paulusbriefe um 100 ihn voraussetzen."

[21] GOLDHAHN-MÜLLER, Grenze der Gemeinde, 77.

auf die *Kirche*.“[22] Doch legen andererseits die eindringlichen Appelle (3,1–2; 7,4; 10,32; 12,1–2.12–14; 13,1–3.7.9.17–18.22–24), die direkte Anrede an die „Brüder“ (3,1.12–13; 10,19; 13,22) und die konkreten Hinweise auf die Gemeindesituation (5,11–12; 6,10; 10,32–34; 13,7) nahe, dass er eine konkrete Gruppe von Christusgläubigen „mit bestimmten Gebrechen und Bedürfnissen“ vor Augen hat.[23] Noch stärker fällt die wohlüberlegte und intellektuell anspruchsvolle Argumentation ins Gewicht, die wohl kaum auf eine allgemeine Christlichkeit am Ende des 1. Jahrhunderts zielt, sondern eine konkrete Gemeinschaft im Blick hat, die das Gesagte nachvollziehen und umsetzen kann. „Gerade wenn der Brief die Zweifel überwinden und Gewissheit vermitteln will, müssen das Verstehen und Bejahen der ausgefeilten Argumentation des Hebräerbriefes möglich sein.“[24]

Unter der Voraussetzung, dass das „Begleitschreiben“ (13,22–25) zum ursprünglichen Text gehört, rechne ich mit vielen anderen neueren Auslegungen mit einem Adressatenkreis, der sich innerhalb der stadtrömischen Christenheit formierte und eine recht eigenständige Theologie ausprägte; „vielleicht eine Hauskirche, in großstädtisch kultiviertem Milieu, offenkundig nicht ohne Besitz und intellektuelles Niveau, an christlicher Sozialisation durch jüdische Bildung interessiert, durch theologische Redekunst zu gewinnen.“[25] Dass das hohe Bildungsniveau nicht nur zu den intellektuell anspruchsvollen theologischen Darlegungen geführt hat, sondern überhaupt erst Zweifel hervorbrachte und begünstigte, ist durchaus anzunehmen.

8.3 Strategien der Zweifelsbewältigung

Nicht nur über den theologiegeschichtlichen und geographischen Ort des Adressatenkreises wurde in der Forschung viel nachgedacht, sondern auch über die Person des Verfassers. Lässt man die wenig zielführenden Spekulationen über seine Identität beiseite und konzentriert sich auf das, was er geschrieben hat, werden einige Charakterzüge sichtbar: Er ist ein „theologischer Kopf“, der

---

[22] DIBELIUS, Der himmlische Kultus, 161 f. Dibelius folgen Philipp Vielhauer, Willi Marxsen, Helmut Köster. Vgl. GRÄSSER, Hebräer, Bd. 1, 26 (mit einem Zitat von Marxsen): „Ermüdungserscheinungen zeigen sich allenthalben, sowohl in der Lehre wie im Leben [...]. Trotz gelegentlicher direkter Anrede und auch konkreter Anspielungen (5,11 f; 6,10; 10,32–34; 13,7) stehen damit gleichwohl nicht die Probleme einer bestimmten Ortsgemeinde, sondern die typischen Verhaltensweisen einer allgemeinen Christlichkeit am Ende des 1. Jh.s vor Augen, denen unser Verf. weniger mit gezielten als mit ‚typischen‘ Aussagen zu begegnen sucht, wie sie ‚in (etwa) der dritten christlichen Generation (2,3) für viele Gemeinden von Belang sind‘.“

[23] BLEEK, Hebräerbrief, 1. Dieser alten Einsicht schließt sich die gegenwärtige Hebräerexegese mithilfe neuerer Ansätze (z. B. „socio-rhetorical criticism“) wieder an.

[24] SCHNELLE, Einleitung, 447.

[25] BACKHAUS, Hebräerbrief, 26. Zu Differenzierungen des Hauskirchenmodells vgl. SCHLIESSER, Jordan, 32 f.

342 8. Hebräerbrief

sich in einer innovativen, kultischen Neuauslegung des Christusbekenntnisses gegen das Abdriften seiner Adressaten vom Glauben stemmte.[26] Zugleich ist er ein „spekulativer Kopf", insofern er wie kein anderer neutestamentlicher Autor die Dialektik zwischen der Göttlichkeit und der Menschlichkeit Jesu ermaß und damit die frühchristliche Theologie nachhaltig prägte.[27] Souverän greift er auf philosophische und religiöse Motive zurück und erweist sich darin als kreativer Kulturhermeneut,[28] dessen Gedanken in vielfacher Hinsicht an das anspruchsvolle kulturelle Milieu der römischen Metropole anschlussfähig sind.[29] Dabei will er die Angeredeten gerade „nicht lediglich ‚belehren', sondern sie vielmehr überzeugen [...], damit sie ihrerseits in die Lage versetzt werden, aus der ‚Lehre' die entsprechende Konsequenz für ihre Existenz im Glauben zu ziehen."[30] Der Autor bündelt all seine Fähigkeiten, um Unentschiedenheit und Zweifel durch Überzeugungsarbeit zu überwinden.

8.3.1 Seelsorgerlich-mystagogische Kompetenz

Schon das *exordium* des Schreibens (Hebr 1,1–4) ist absichtsvoll gestaltet, insofern die Hinführung zum Thema in hymnischer Form erfolgt.[31] Indem sich die Gemeinde im Lobpreis allein auf Gott und das Erhöhungsgeschehen ausrichtet, ist sie in der Lage, die Schattenseiten des Glaubens auszublenden. Im Licht der besungenen Heilsgegenwart im Gottesdienst verlieren der Zweifel und die Erschöpfung ihre Bedrohlichkeit. Der Hymnus entlastet die Hörer von ihrer Selbstbezüglichkeit und richtet ihre Aufmerksamkeit auf die Selbstmitteilung Gottes, die die ganze Wirklichkeit von der Schöpfung bis zur Erlösung umfasst.

Auch wenn der Verfasser des Hebräerbriefs ein recht düsteres Bild der angesprochenen Personen zeichnet, sieht er noch einen Hoffnungsschimmer. Sie

---

[26] GRÄSSER, Hebräer, Bd. 1, 27.

[27] BACKHAUS, Potential und Profil, 4.

[28] PUNT, Hebrews, 145: „Hebrews gives testimony of utilising a number of traditions, wittingly and unwittingly. It shares the terminology, thoughts and ideas of a variety of diverse and different traditions, movements and groups." SMALL, Characterization of Jesus, 10, ergänzt: „While it is likely that Hebrews utilizes a variety of traditions, it also must be kept in mind that the author could have employed terminology from another tradition without accepting the ideology that lies behind these terms. The text itself must always be first in the determination of meaning."

[29] Umgekehrt zeigt sich darin, dass „[d]ie komplexe Gestalt des Hebr [...] für verschiedene religionsgeschichtliche Interpretationen offen" ist (SCHNELLE, Einleitung, 453). Die in der Forschung dominanten religionsgeschichtlichen Standortbestimmungen werden knapp eingeordnet bei SMALL, Characterization of Jesus, 7–9 mit Anm. 19 f.: Platonismus/Philonismus; Gnosis/gnostisierende Traditionen; Qumran; jüdische Apokalyptik; Merkabahmystik; Samaritanische Theologie; Mysterienreligionen.

[30] WEISS, Hebräer, 51. Siehe auch GORMAN, Persuading through „Pathos".

[31] Vgl. WIDER, Theozentrik, 42 f.: „Im Hymnus ereignet sich ein spezifisches *Absehen des Bekennenden von sich selbst und von der empirisch-objektiven Welt*, welches den Akt des Glaubens in einem grundlegenden Sinne konstituiert."

8.3 *Strategien der Zweifelsbewältigung* 343

haben sich weit vom Eifer des „ersten Glaubens" und von ihrer großen Vergangenheit entfernt (10,32–34), aber noch sind sie nicht am Ziel „vorbeigeströmt".[32] Es besteht noch die Möglichkeit, von der Apostasie hin zur Stasis des Glaubens zu steuern. Mit seinem λόγος τῆς παρακλήσεως (13,22) versucht der Autor, das Ruder noch herumzureißen und die schwankenden Zuhörer vor dem Gericht Gottes zu bewahren (10,31). Nur wer glaubt, dessen Seele werde bewahrt; wer dagegen zurückweicht, gehe verloren (10,39). Ein Zustand der Unentschiedenheit, der das Zweifeln kennzeichnet, ist angesichts dieser Alternative keine wirkliche Option.[33] Die Kontrastszenarien, die der Autor seinen Adressatinnen und Adressaten vor Augen malt, stellen eine erste rhetorisch-strategische Maßnahme dar, die die Entscheidung unausweichlich und dringlich macht. Sie können weichen oder bleiben, ein Schwanken und Dazwischensein gibt es nicht. Wichtiger noch: Sie müssen sich der eschatologischen Konsequenzen ihrer Entscheidung im Klaren sein. Auf der einen Seite stehen Gericht, Feuer (10,27) und Verderben (10,39), auf der anderen Seite der endzeitliche Ruheort (4,4–10), ein endgültiges Heimatland (11,14) und Bürgerrecht in der Gottesstadt (12,22).

Wer anders als die Wüstengeneration oder Esau bei klarem Verstand ist, wird in seiner Entscheidung kaum zögern und sich besser „heute" (3,7.15; 4,7) als morgen dem Glauben neu zuwenden. Gerade in der Weise, wie der Autor die radikale Opposition zwischen dem Erlangen und dem Verlust der Heilsgüter zeichnet (10,39), zeigt sich sein poimenisches Kalkül: Mit der Formulierung ἡμεῖς δέ („ekklesiologisches ‚Wir'"[34]) ist er nun nicht mehr mahnendes oder drohendes Gegenüber, sondern reiht sich in den Kreis seiner Adressatenschaft ein. Markant ist die indikativische Form, mit der er das Ziel seiner Ausführungen als erreicht voraussetzt: „Wir aber *sind* (ἐσμέν) nicht von denen, die kleinmütig zurückweichen, sondern von denen, die standhaft glauben." Nirgendwo zeigt sich deutlicher das seelsorgerliche Grundanliegen des Verfassers.[35]

Es könnten noch weitere Konkretionen dieses Anliegens genannt werden. Wichtig scheint mir die doppelte temporale Perspektive, die sowohl die Vergangenheit als auch die Zukunft für das Hier und Jetzt wirksam werden lässt. Der Autor begegnet dem Zweifel durch eine Form der „Erinnerungsarbeit", die in den gegenwärtig Glaubenden die Sehnsucht nach dem „Unsichtbaren" und „Zukünftigen" weckt. Er erinnert zunächst an die Vergangenheit der Glaubenden und findet dabei einzelne, helle Lichtpunkte, auf die er das Augenmerk richtet und die ihn trotz der prekären Situation vom Besseren überzeugt sein lassen (6,9): Die Angesprochenen stehen in einer Ursprungsverbindung zum „Wort des Herrn" (2,3), das Fundament ihres Glaubens ist gelegt (6,1), sie üben sich bis

---

[32] So übersetzt LÜNEMANN, Hebräerbrief, 89, das Verb παραρρεῖν in Hebr 2,1.
[33] SPICQ, L'Épître aux Hébreux, Bd. 2, 333 („conservation ou ruine").
[34] GRÄSSER, Hebräer, Bd. 3, 81. Vgl. Hebr 2,3; 4,1–3.14–16; 6,1; 10,19.
[35] Vgl. WEISS, Hebräer, 56.

344   *8. Hebräerbrief*

zum heutigen Tag in Liebesdiensten den Heiligen gegenüber (6,10), sie können zurückblicken auf die Frühphase ihrer Glaubensexistenz, in der sie trotz sozialer Ächtung und materieller Benachteiligung standhaft blieben – im Wissen, dass das eschatologisch Erhoffte die Einbuße von irdischen Gütern nicht ins Gewicht fallen lässt (10,32–34). Er erinnert zweitens an die großen Glaubenshelden, die vom Nichtsichtbaren überführt waren und auf ihrem Glaubensweg durchblieben. Die *peroratio* (10,19–13,21), deren Hauptteil (10,19–12,29) zunächst „ganz auf die besondere Glaubensanfechtung der Adressaten ausgerichtet ist", dient der „Gedächtnisauffrischung" und „Affektbeeinflussung".[36] Eine dritte Erinnerungsdimension umfasst das, was Jesus getan hat, indem er „für uns" vorauseilte ins Allerheiligste (6,19–20) und zum „Anführer und Vollender des Glaubens" (12,2) wurde.

8.3.2 Sprachliche und denkerische Kompetenz

8.3.2.1 Zur Makrostruktur

„Hochreflektiert und rhetorisch ausgefeilt entwirft [der Autor] seine Darlegung. Sein literarischer Anspruch hat im frühen Christentum nicht seinesgleichen [...]." In dieser Einschätzung des Hebräerbriefs – hier in den Worten Martin Karrers[37] – herrscht in der Hebräerbriefexegese Konsens. Es führte zu weit, die literarischen Fähigkeiten des Autors im Einzelnen herauszustellen.[38] Sie erstrecken sich auf Wortschatz, Stil(variation) und Rhythmus, und sie zeigen sich in der Makrostruktur des Schreibens, den Gedankengängen der einzelnen Abschnitte, logischen Ableitungs- und Folgerungsbeziehungen sowie in gattungsspezifischen Topoi. Hier wird allerdings auch die Begrenztheit der rhetorischen Zugänge deutlich, insofern sich die in der Literatur vorgeschlagenen Gattungsbezeichnungen und Gliederungen teils diametral widersprechen.[39] Schon deshalb ist mir hier mehr an den Strategien und Techniken der Überzeugungsarbeit des Hebräerbriefs gelegen als an den Kategorien und Terminologien der antiken Rhetorik.

Was die Gesamtanlage des Schreibens angeht, fällt bereits bei einer kursorischen Lektüre der Wechsel zwischen „Lehre" und „Paränese" auf,[40] wobei der

---

[36] WEISS, Hebräer, 50 f., mit Verweis auf LAUSBERG, Handbuch, §§ 431–442 (zur Zielbestimmung der *peroratio*).

[37] KARRER, Hebräer, Bd. 1, 11.

[38] Vgl. das gelehrte Kapitel „Langue et caractéristiques littéraires" in SPICQ, L'Épître aux Hébreux, Bd. 1, 351–378. Mit LINDARS, Rhetorical Structure; DESILVA, Despising Shame, und etlichen weiteren Arbeiten wurden griechisch-römische rhetorische Kategorien (wieder) für die Analyse des Hebräerbriefes herangezogen. Zum Stand der Forschung vgl. GELARDINI, Rhetorical Criticism; SMALL, Characterization of Jesus, 15–24.

[39] SMALL, Characterization of Jesus, 103, der die Forschung minutiös aufarbeitet, kommt zu dem Schluss: „we are at an impasse."

[40] So insbesondere WEISS, Hebräer, 43 u. ö.

8.3 *Strategien der Zweifelsbewältigung* 345

Autor keinen Zweifel daran lässt, wie er das Verhältnis zwischen den beiden Redeweisen verstanden wissen will: „Die ‚Lehre‘ ist auf die ‚Paränese‘ ausgerichtet, und die letztere ist nichts anderes als Schlußfolgerung aus der ersteren.“[41] Die Komposition erfolgt überlegt und kunstvoll, aber nicht so durchsichtig, dass sich in der Forschung ein Gliederungsvorschlag hätte durchsetzen können. Weitgehender Konsens scheint jedoch darin zu bestehen, dass die Argumentationslinie auf den mit Hebr 10,19 einsetzenden paränetischen Teil zuläuft (*peroratio*: 10,19–13,21). Der Aufbau erweist sich als „ein zielstrebiger, nicht umkehrbarer Gedankengang [...]: es ist der Weg vom Hören zum Bekennen und zum Glauben.“[42] Das didaktische Bemühen des Autors erweist sich darin, dass er die Angesprochenen an die Hand nimmt und sie auf einen Weg zum Glauben hinführt, so dass ihnen am Ende keine Wahl bleibt, als im Glauben standhaft zu bleiben. Wer sich die großen Glaubensvorbilder der Geschichte vor Augen hält und wer sich an Jesus als dem Anführer und Vollender des Glaubens orientiert,[43] dem bleibt nichts übrig, als sein schwankendes und zweifelndes Verhalten abzulegen und am Bekenntnis festzuhalten.

8.3.2.2 *Die ratio fidei des Hebräerbriefs*

Der Verfasser des Hebräerbriefs hat sich zum Ziel gesetzt, eine müde und zweifelnde Gemeinde in der *„doppelten* Fassung des Glaubens als στάσις und ἐπίγνωσις“ zum Durchhalten zu ermutigen.[44] Sowohl das ethische Moment (Standhaftigkeit) als auch das rationale Moment (Erkenntnis) wirken primär nach innen. Die anfängliche „Erkenntnis der Wahrheit“, die der Gemeinde doch ein für alle Mal eingeleuchtet hat, soll wieder zum Leuchten gebracht werden (vgl. Hebr 5,11–6,3).[45]

Wie in keiner anderen neutestamentlichen Schrift sind die Ausführungen zum Glauben im Hebräerbrief von einer rationalen Terminologie durchdrungen, die markante Anklänge an philosophische Denkfiguren aufweist. Indes besteht kein Zweifel, dass die Logik seiner Überlegungen letztlich „nur für den Glaubenden selbst Überzeugungskraft besitzt“.[46] Nur wer glaubt, erkennt: πίστει νοοῦμεν

---

[41] WEISS, Hebräer, 46. Vgl. SPICQ, L'Épître aux Hébreux, Bd. 2, 146 f.: „L'originalité de *Hébr.* est de mettre l'accent sur le progrès intellectuel comme condition du perfectionnement morale.“

[42] GRÄSSER, Der Hebräerbrief, 166 f.

[43] S. u. Kap. 8.6 zum Stichwort „kognitive Mimesis“.

[44] GRÄSSER, Glaube, 218.

[45] MICHEL, Hebräer, 58 f. Anm. 1, weist auf die „didaktischen Züge“ von Hebr 5,11–6,20 hin; vgl. WEISS, Hebräer, 55. Mit ironischem Zungenschlag kommentiert BULTMANN, Theologie, 483, dieses Anliegen: „Der Verf von Hebr [...] ist sichtlich stolz auf das, was er seinen Lesern an Erkenntnis bieten kann.“

[46] RIGGENBACH, Hebräer, 342. Vgl. ROSE, Wolke der Zeugen, 125: „Es geht dem Hebr überhaupt an keiner Stelle um eine nach außerhalb von der christlichen Gemeinde zielende Überzeugungsarbeit, sondern in jedem seiner Hauptteile um die aus den theologischen Einsichten zu ziehenden Konsequenzen (Paränese).“ Rose schießt allerdings über das Ziel hinaus, wenn

346   8. Hebräerbrief

(11,3). Aus dem parakletisch-didaktischen, nach innen gerichteten Grundanliegen des Hebräerbriefes folgt nun nicht, dass seine Argumentation den Kriterien
und Regeln des nicht schon christlich formatierten vernünftigen Denkens fremd
wäre. Im Gegenteil! Der Verfasser sieht seine Aufgabe darin, die Bekenntnisüberlieferung auch denkerisch verantwortet für die Gemeindesituation auszulegen
und zu aktualisieren.[47] In diesem hermeneutischen Kraftakt besteht die eigentliche theologische und intellektuelle Leistung des Hebräerbriefes. Es dokumentiert sich in ihr ein „frommes Denken", eine Rationalität *sub specie fidei*, die dem
noch atmenden Glauben Argumente und der Glaubenspraxis eine Grundlage
bieten soll. Zu diesem Zweck setzt er alle ihm zur Verfügung stehenden literarischen und argumentativen Mittel ein.

8.3.2.3 Die Vernunftnotwendigkeit des Glaubens

Schon Ernst von Dobschütz machte auf die Sonderstellung des Hebräerbriefes
innerhalb der frühchristlichen Schriften aufmerksam, wenn er sagt: „[S]ein
frommes Denken ist rational, d.h. hier überwiegt der Versuch, das Tun Gottes,
das Heilswerk Christi als vernunftnotwendig zu erweisen."[48] Somit ist nicht nur
der Sprachstil des Hebräerbriefautors „griechischer" (Ἑλληνικωτέρα) als der
paulinische, sondern auch seine Gedankenführung.[49]

Neben der Schrift beruft er sich auf Prinzipien, die keinen Widerspruch zulassen (vgl.
Hebr 7,7: χωρὶς δὲ πάσης ἀντιλογίας). Immer wieder wurde darauf hingewiesen, dass zu
diesen Prinzipien, mit denen er sein christliches Bekenntnis auch nach rationalen Maßstäben untermauert, das „Angemessene" (vgl. 2,10.17; 7,26), das „Notwendige" (7,12.27;
8,3; 9,16.23) und das „(Un-)Mögliche" (6,4–6.18; 10,4; 11,6) gehören. Diese rhetorische
Strategie ist – so James Thompson – seit dem Rationalismus des Xenophanes bis hin zu
den Kirchenvätern gängig: „Arguments from necessity, appropriateness, and (im)pos-
sibility were commonplace in Greco-Roman rhetoric and philosophy."[50]

Die Logik des Hebräerbriefes ist nicht weltanschaulich neutral. Mag etwa das
formale Kriterium des Angemessenen den Eindruck einer logischen Notwendigkeit erwecken, so kann der Gegenstand dessen, was angemessen ist, am Ende
doch nur die Glaubenden überzeugen. Nur wer mit der christologischen Kategorie der Gnade Gottes (2,9)[51] etwas anzufangen weiß, lässt sich davon überzeugen, dass es Gott „entspricht" (ἔπρεπεν), den Anführer des Heils „durch

---

der dem Hebräerbrief jegliches „intellektuelle Moment" absprechen will (a.a.O., 123 Anm. 211).
Plakativ GRÄSSER, Glaube, 32: Der Hebräerbrief will „konservieren, nicht missionieren".

[47] Vgl. WEISS, Hebräer, 55.

[48] VON DOBSCHÜTZ, Rationales und irrationales Denken, 247.

[49] Vgl. PILHOFER, ΚΡΕΙΤΤΟΝΟΣ ΔΙΑΘΗΚΗΣ ΕΓΓΥΟΣ, 69, mit Verweis auf das bekannte
Origeneszitat, dass der Hebräerbrief „in seiner sprachlichen Form [im Vergleich zu Paulus] ein
besseres Griechisch aufweist" (bei Euseb, *Hist. eccl.* 6,25,11).

[50] THOMPSON, The Appropriate, 306. Vgl. auch LÖHR, Rhetorical Terminology, 203–208.

[51] Vgl. WEISS, Hebräer, 204.

8.3 *Strategien der Zweifelsbewältigung* 347

Leiden zur Vollendung zu bringen" (2,10).[52] Auch das Axiom in Hebr 11,6, dass es ohne Glauben unmöglich (ἀδύνατον) ist, Gott zu gefallen, wird nicht eigens begründet, sondern vorausgesetzt. So zielt die argumentative Strategie des Hebräerbriefes auf diejenigen, die der christlichen Sinnwelt gegenüber offen sind, nicht auf neutrale Betrachter oder gar Verächter des Glaubens.[53]

8.3.2.4 Die πίστις als Gegenstand der Rhetorik

Der Autor des Hebräerbriefs steht nicht nur in Hinsicht auf die rationale Auslegung des frommen Denkens innerhalb des Neuen Testaments „ganz isoliert".[54] Einzigartig ist auch sein Bemühen, mithilfe einer rhetorisch ausgefeilten Darstellung der πίστις selbst zur Stärkung des Glaubens wider das Zweifeln beizutragen.

Schon statistisch spielt das Nomen πίστις im Hebräerbrief mit 32 Belegen eine dominante Rolle.[55] Das Verb πιστεύειν erscheint dagegen lediglich an zwei Stellen (4,3; 11,6), das Adjektiv πιστός an fünf (2,17; 3,2.5; 10,23; 11,11) und ἀπιστία schließlich ebenfalls an zwei (3,12.19). Gleichwohl fällt auf, dass die Mehrzahl der πίστις-Belege vor allem auf Hebr 11 konzentriert ist (25 Belege), die übrigen sind über das gesamte Schreiben verstreut (4,2; 6,1.12; 10,22.39; 12,2; 13,7).[56] Aus diesen sticht Hebr 6,1 heraus, da hier in singulärer Weise das personale Objekt des Glaubens genannt wird: πίστις ἐπὶ θεόν (vgl. 11,1: ἐλπιζομένων ὑπόστασις). Nirgendwo wird ausdrücklich gesagt, dass sich der christliche Glaube auf Christus richtet, allerdings bildet der Blick auf Jesus als „Anführer und Vollender des Glaubens" (12,2) den krönenden Abschluss der Reihe der Glaubensvorbilder und lässt nach dem „Glauben Jesu" fragen.[57]

Die Konzentration der πίστις-Belege auf den Paradigmenkatalog in Hebr 11 und auch die übrigen Belege weisen dem Glauben einen spezifischen Ort zu, nämlich die Paränese.

Stellvertretend für zahlreiche Beispiele zur Rhetorik der πίστις greife ich zwei Passagen heraus. In Hebr 3,12–19 zieht der Autor mit einer Inklusion durch die Wiederholung der Stichworte „sehen" und „Unglaube" (3,12.19) ein Fazit aus dem Beispiel der Exodusgeneration:[58] „Und so sehen wir, dass sie nicht in die

---

[52] ATTRIDGE, Hebrews, 82: „The use of the term [sc. ἔπρεπεν] in this context is a rather bold move, since in Greek and Greco-Jewish theology it would not have been thought ‚proper' to associate God with the world of suffering." DUNNILL, Covenant and Sacrifice, 118, spricht mit Blick auf Hebr 2,10 von einer „curious logic". Zum rhetorisch vergleichbaren Verfahren mit ἔπρεπεν bei Philo vgl. THOMPSON, The Appropriate, 309–314 (z. B. Philo, LA 1,48; Conf. 175.179.180; Fug. 66). Siehe auch MITCHELL, Rhetorical Propriety.

[53] Ähnlich wie Philo füllt der Hebräerbrief seinen „neuen Wein in die alten Schläuche des klassischen Rationalismus". So AMIR, Gestalt, 199 (zitiert auch bei THOMPSON, The Appropriate, 314).

[54] VON DOBSCHÜTZ, Rationales und irrationales Denken, 247.

[55] Nur im Hermashirt kommt es in den frühchristlichen Schriften häufiger vor, nämlich 39-mal

[56] Vgl. noch Hebr 6,11 v. l.

[57] S. u. Kap. 8.6.

[58] Vgl. GRÄSSER, Hebräer, Bd. 1, 184.

348 8. Hebräerbrief

endzeitliche Ruhe eingehen konnten wegen ihres Unglaubens" (3,19). Der Grund für den Ausschluss von der Heilszusage, δι' ἀπιστίαν (3,19), ist „[m]it Nachdruck an's Ende gestellt".[59] In Hebr 10,39 und dem folgenden Kapitel lässt sich sehen, wie der Autor mit seinem vorzüglich ausgestatteten rhetorischen Repertoire sein Auditorium auf verschiedenen Bewusstseinsebenen ansprechen und so sein Argumentationsziel erreichen will. In Hebr 10,39 findet sich eine besonders sorgfältig komponierte Formulierung: ἡμεῖς δὲ οὐκ ἐσμὲν ὑποστολῆς εἰς ἀπώλειαν ἀλλὰ πίστεως εἰς περιποίησιν ψυχῆς. Nicht nur die durch einen antithetischen Parallelismus ausgedrückte semantische Opposition zwischen dem verderblichen Zurückweichen und dem heilvollen Glauben, die die Adressaten auf der emotionalen Ebene ansprechen soll, sondern auch die subtilere, mit den harten Verschlusslauten Pi (π) bzw. Psi (ψ) arbeitende Figur der Alliteration[60] zeugen vom rhetorischen Geschick des Autors. So markiert der Vers einen einprägsamen Endpunkt der Paränese in Hebr 10,32–39[61] und mit dem Stichwort πίστις zugleich eine Überleitung zur Wesensbeschreibung des Glaubens in Hebr 11,1 und dem anschließenden großen Paradigmenkatalog.

Das Klangspiel mit dem Pi-Laut setzt sich in Hebr 11,1 fort,[62] doch ändert sich nun der Stil und der Autor schlägt einen lehrhaften Ton an, der die schwankende Leserschaft zu einem Leben „im Glauben" ermuntern und ermutigen will. Zu diesem Zweck zieht er wiederum „alle ihm verfügbaren rhetorischen Register".[63] Schon immer fiel den Kommentatoren das in dieser Dichte frühchristlich sonst nicht belegte Stilmittel der Anapher auf.[64] Insgesamt 18-mal erscheint das Schlagwort πίστει. Ceclas Spicq urteilt: „Par sa répétition de πίστει, πίστει, πίστει ... au début des propositions successives, le chapitre XI fournit le plus bel exemple d'anaphore de toute la Bible et peut-être de la littérature profane."[65] Die Wirkung der Anaphern, die sich am besten beim Hören entfaltet, wird durch weitere Stilmittel unterstützt.[66] Die Exempelreihe erweist den Glauben als ganzheitliches

---

[59] LÜNEMANN, Hebräerbrief, 141.

[60] Vgl. ATTRIDGE, Hebrews, 304 mit Anm. 95.

[61] GRÄSSER, Hebräer, Bd. 3, 83, bezeichnete den Abschnitt Hebr 10,32–39 als einen „Schlüsseltext" des Hebräerbriefes, denn er gibt einen Einblick in die verwickelte Situation der Adressatinnen und Adressaten und in die Bemühungen des Verfassers, die Krise zu überwinden. Er ruft in Erinnerung, dass sie in der Anfangsphase ihres gemeinsamen Wegs trotz sozialer Ausgrenzung und Güterverlust unbeirrbar waren, weil sie wussten, dass das endzeitlich Erhoffte den Mangel an irdischen Gütern nicht ins Gewicht fallen lässt (10,32–34).

[62] In Verbindung mit Assonanz auf Omikron (o). Vgl. ATTRIDGE, Hebrews, 307 („rich in alliteration and assonance").

[63] GRÄSSER, Hebräer, Bd. 3, 86.

[64] Vgl. ROSE, Wolke der Zeugen, 84 mit Anm. 21, der auf Beispiele aus jüdischer und frühchristlicher Literatur verweist.

[65] SPICQ, L'Épître aux Hébreux, Bd. 1, 362.

[66] Vgl. ausführlich COSBY, Rhetorical Composition, 25–91. A. a. O., 4: „The author composes it in such a way as to *sound* persuasive to his audience. He relies heavily on artistic use of language, on implementation of rhetorical techniques that greatly enhance the effectiveness of his mes-

8.3 Strategien der Zweifelsbewältigung 349

Geschehen, das auch und gerade auf das Erkennen hin orientiert ist. Abraham etwa hätte allen Grund gehabt, an der empfangenen Verheißung zu zweifeln und zu verzweifeln. Doch er blieb standhaft; er kam zum Schluss (λογίζεσθαι, 11,19), dass Gott mächtig ist, auch von den Toten aufzuerwecken, dass also der göttlichen Verheißung mehr zuzutrauen ist als dem vor Augen Liegenden. Wieder begegnet das aufschlussreiche Denkmuster, dass der Glaubende durch Nachdenken zum Ausharren *im* Glauben durchdringt.

8.3.2.5 Hebr 11,1: Eine „Definition" des Glaubens

Die Glaubensauffassung des Hebräerbriefes kulminiert in der berühmten „Definition" Hebr 11,1: Ἔστιν δὲ πίστις ἐλπιζομένων ὑπόστασις, πραγμάτων ἔλεγχος οὐ βλεπομένων. „Haec apostoli verba interpretantur varie."[67] Luthers Satz, mit dem er in seiner Hebräerbriefvorlesung (1517/18) das Scholion zu Hebr 11,1 einleitet, trifft nach wie vor zu.[68] Ein Konsens über das Verständnis der wohl bekanntesten und wirkmächtigsten neutestamentlichen Äußerung über den Glauben ist in weiter Ferne. Es kann hier nicht darum gehen, die Gelehrtenstreitigkeiten aufzuarbeiten, sondern darum, ausgewählte Deutungen vorzustellen und sie nach ihrer Relevanz für das Problem des Zweifels zu befragen.

Zur Debatte stand spätestens seit den frühmittelalterlichen Auslegungen, ob der Verfasser den Satz im Definitionsstil formuliert oder ob er mit ihm in eine Lobrede über den Glauben[69] einstimmt. Diese Frage ist in unserem Zusammenhang (und wohl auch für die Hebräerbriefexegese insgesamt) sachlich von untergeordneter Bedeutung.[70] Jedenfalls handelt es sich nicht um eine „theoretische Definition"[71] oder eine „vollständige und schulgerechte Definition",[72] die als These den folgenden Darlegungen vorangestellt wäre.[73] Will man am Begriff „Definition" festhalten, empfehlen sich am ehesten die Bezeichnungen „*rhetorical* definition"[74] oder „Kontext-Definition",[75] die zum Ausdruck bringen,

---

sage. The forcefulness of his words is therefore somewhat diminished if one does not *hear* the convincing sound of his message."

[67] Zitiert nach HIRSCH/RÜCKERT, Luthers Vorlesung über den Hebräerbrief, 257. Vgl. die Rekapitulation (eines Ausschnitts) der Auslegungsgeschichte bei ALLEN, Christ's Faith, 69–105: „Toward an Extensive Definition of Faith: Hebrews 11 and the Reformed Tradition".

[68] Vgl. zu Luthers Deutung ausführlich SCHLIESSER, Martin Luthers Hebräerbriefvorlesung.

[69] D. h. *encomium fidei* bzw. eine *laus et commendatio fidei*. So u. a. in der aus dem 9. Jh. stammenden *Glossa Ordinaria*, einer Zusammenstellung von exegetischen Väterzitaten (PL 114, 663) und bei Petrus Lombardus, *Collectanea in epistolas Pauli* (zu Hebr 11,1) (PL 192, 488). Vgl. DÖRRIE, Zu Hbr 11,1, 198 mit Anm. 9.

[70] Vgl. COCKERILL, Hebrews, 520 Anm. 1: „The question as to whether this verse should be called a ‚definition' is inconsequential."

[71] GOPPELT, Theologie, 598.

[72] So richtig BLEEK, Hebräer, Bd. 2/2, 721.

[73] So aber Thomas von Aquins These, auf der die katholische Auslegung von Hebr 11,1 gründet: *definitio apostoli includit omnes alias definitiones de fide datas* (*Summa theologica* II–II, q. 4, a. 1); dagegen bereits Calvin (vgl. DÖRRIE, Zu Hbr 11,1, 198 mit Anm. 8).

[74] So EISENBAUM, Jewish Heroes, 143.

[75] GRÄSSER, Hebräer, Bd. 3, 93.

350   *8. Hebräerbrief*

dass die vorliegende Bestimmung des Glaubens in einen argumentativen und situativen Kontext eingebunden ist und schon deshalb den Glauben weder erschöpfend noch zeitlos gültig umschreiben soll. Denn Hebr 11,1 steht nicht isoliert, sondern knüpft an das vorher Gesagte an und ist Teil einer Gedankenlinie, die in Hebr 10,19 ansetzt.

Häufig und mit Recht wird eine prägnante Feststellung von Michael Cosby zitiert: „The faith *exhorted* in 10,19–39 is the faith *defined* in 11,1 and the faith *illustrated* in 11,3–38."[76] Möglicherweise steht im Hintergrund der Glaubensaussage gar eine fiktive, im Stil der Diatribe gestellte Frage, mit der nach dem in Hebr 10,19–39 entfalteten Glaubensverständnis nun Auskunft über das Wesen des Glaubens verlangt wird: „Et qu'est-ce que la foi?"[77]

Ob dem nun so ist oder nicht – jedenfalls lenkt eine solche Annahme den Blick auf die Leserinnen und Leser des Briefes. Denn sie sind nicht an einer philosophisch abgesicherten Schuldefinition des Glaubens interessiert, sondern ringen mit existenziellen Fragen und Zweifeln, die ihnen das Glauben schwer machen: „Das Heil ist für sie unsichtbar und zukünftig, die sie bedrängende gesellschaftliche Situation aber ist gegenwärtig und sichtbar."[78] Der Verfasser orientiert seine Wesensbeschreibung des Glaubens daher nicht am theoretisch Richtigen, sondern am faktischen Bedürfnis seiner Adressaten.[79] Sie stehen vor der Herausforderung, wie sie ein „Zurückweichen" (ὑποστολή), das ins Verderben stürzt, vermeiden und stattdessen einen Glauben erlangen können, der zur Bewahrung der Seele führt (10,39).

Ein weiterer Diskussionspunkt betrifft die Zuordnung der beiden Satzteile. Meines Erachtens hat Schlatter der sachgemäßen Interpretation des Verses den Weg gewiesen, wenn er sagt: „Die zweite Bestimmung [sc. Hebr 11,1b] sagt, wie fern das Glauben ein Wissen ist. [...] [I]n der ersten Aussage [sc. 11,1a] tritt dagegen hervor, wie fern das Glauben ein Wollen und Handeln ist. Die zweite hebt mehr die Passivität, die erste die Aktivität im Glauben hervor."[80] Der zweite Teil der vorliegenden „Glaubensdefinition" dient also nicht nur der Erklärung oder Vertiefung des ersten, sondern setzt die beiden Teile in ein Verhältnis, das mit den Kategorien „Ursache" und „Wirkung" bzw. „Voraussetzung" und

---

[76] Cosby, Rhetorical Composition, 260; vgl. Wider, Theozentrik, 179 Anm. 1; Richardson, Pioneer, 129.

[77] Spicq, L'Épître aux Hébreux, Bd. 2, 336.

[78] Goppelt, Theologie, 598.

[79] Vgl. Schlatter, Glaube, 523 Anm. 1; Bleek, Hebräer, Bd. 2/2, 721.

[80] Schlatter, Glaube, 132. Die Diskussion um die Zuordnung der beiden Satzhälften, entscheidet man am besten im Sinne einer Progression vom Teil zum Ganzen (so schon Bengel, Gnomon, 907: „gradatio"). Denn „[d]ie πράγματα οὐ βλεπόμενα [...] bilden einen weiteren Begriff, als τὰ ἐλπιζόμενα. Sie umfassen nicht bloss solches, was wir hoffen, und was überhaupt zukünftig ist; sondern auch solches, was gar nicht in die Sinneswahrnehmung fällt, das Uebersinnliche, Geistige, Himmlische" (Bleek, Hebräerbrief, 422).

8.4 *Erkenntnisvermögen (ἔλεγχος)* 351

„Folge" wiedergegeben werden kann.[81] Aus dem Wissen leitet sich das Wollen und Handeln ab.

Schlatter hatte auch auf den theologiegeschichtlich wichtigen Sachverhalt aufmerksam gemacht, dass es dem Hebräerbrief nicht wie den früheren neutestamentlichen und gerade auch den paulinischen Schriften darum gehe, „der Gemeinde den Wert des in ihr lebendigen Glaubens deutlich zu machen", denn „[d]er Kreis, zu dem der Hebräerbrief redet, hat diese frische, ungebrochene Glaubenskraft nicht mehr."[82] Aus der Darstellung des Christusgeschehens ergibt sich nicht nur die Mahnung „glaubt ihm [sc. Christus] nun! sondern auch das Glauben selbst wird noch der Gegenstand einer lehrhaften Erörterung."[83]

Noch intensiver als das Genre des Verses und die Zuordnung der Satzteile werden seit jeher die beiden Subjekte des Satzes erörtert: ὑπόστασις und ἔλεγχος. Streitgegenstand ist neben der Semantik der Begriffe auch der damit verknüpfte sachlich-theologische Gesichtspunkt, ob der Verfasser den Glauben primär von der objektiven Seite des zu glaubenden Gegenstandes oder von der subjektiven Seite des glaubenden Individuums her bestimmt. Wie so oft präjudiziert auch hier das theologische Interesse der Interpretinnen und Interpreten die philologische Beweisführung. Gleiches gilt für die Verhältnisbestimmung von Glaube und Zweifel, die in faktisch allen Erklärungen des Verses eine Rolle spielt.

Die beiden Prädikationen des Glaubens als ὑπόστασις und ἔλεγχος stehen als Überschrift über den folgenden Abschnitten. Sie repräsentieren zum einen die Spannung zwischen der Rationalität und Paradoxalität des Glaubens und zum anderen das ethische Moment des Glaubens, das ein „Durchhalten" erfordert.

8.4 *Erkenntnisvermögen (ἔλεγχος): Die Spannung zwischen der Rationalität und Paradoxalität des Glaubens*

Immer wieder entstand in der Hebräerbriefexegese ein Dissens darüber, ob das Schreiben ein „rationales" oder aber ein „paradoxes" Verständnis des Glaubens vertrete.

Die einen halten fest, dass dem Hebräerbrief „ein bestimmter ‚rationaler' Zug"[84] eigen ist. Erich Gräßer fand gar eine „rationalistische [...] Grundeinstellung" vor, in der sich das griechische Erbe des Verfassers spiegle.[85] Er

---

[81] So auch ROSE, Wolke der Zeugen, 132, mit Verweis auf GRÄSSER, Glaube, 52 f.; SCHLATTER, Glaube, 525 f., u. a. Umgekehrt bspw. KARRER, Hebräer, Bd. 2, 273.

[82] SCHLATTER, Glaube, 520.

[83] SCHLATTER, Glaube, 522.

[84] WEISS, Hebräer, 569. Vgl. WINDISCH, Hebräerbrief, 106 („intellektuelles Moment"); SPICQ, L'Épître aux Hébreux, Bd. 1, 148 („élément intellectuel").

[85] GRÄSSER, Glaube, 56. Das „intellektuelle Moment" sei „genuin griechisches Erbe" (a. a. O., 145).

352   *8. Hebräerbrief*

geht davon aus, dass dieser die philosophischen Denkformen „ganz bewußt in die Explikation seiner Glaubensthematik auf[nahm], um der ‚zweifelnde[n] Überlegung, die das Glauben nach seinem Recht und Wert untersucht und zur Rechenschaft zieht', wirkungsvoll zu begegnen."[86] Einen Gegenpol zur „rationalistischen" Lesart bildet Ernst Käsemanns Entwurf. Er hält die Rede vom intellektuellen Moment des Glaubens für „kaum glücklich" und streicht den paradoxen Charakter heraus: Die himmlische Welt ist nicht durch Gedankenexperimente und intellektuelle Anstrengungen zugänglich, sondern kann dem glaubenden Menschen nur deshalb zur Sicherheit werden, weil und insofern sie ihm unverfügbar ist: „Als Echo des objektiven göttlichen Wortes ist folglich der Glaube eine objektiv begründete und an Sicherheit alle irdischen Möglichkeiten überragende Gewißheit."[87]

Beide Positionen enthalten eine *particula veri*. Im Hebräerbrief verschränken sich rationales und paradoxes Moment des Glaubens – wie dies in anderer Weise auch bei Paulus der Fall ist.[88] Der Glaube hat eine Erkenntnisfunktion und erschließt den Glaubenden die unverfügbare, unsichtbare Wirklichkeit; angefangen mit der Charakterisierung der πίστις als ἔλεγχος thematisiert der Verfasser in immer neuen Anläufen die *ratio fidei* und adressiert dabei den Zweifel als theoretische, aber gleichzeitig sehr konkrete Herausforderung.

8.4.1 Hebr 11,1b: Der Glaube als ἔλεγχος

Der kognitive Zugriff auf den Glauben zeigt sich in zweifacher Weise: Einerseits wird er mittels einer „Kontext-Definition" inhaltlich bestimmt und in einen argumentativen Zusammenhang eingebunden,[89] andererseits nimmt schon die Definition selbst mit ἔλεγχος einen erkenntnistheoretisch gefärbten Begriff auf.

Wie lässt sich die mit dem Wort ἔλεγχος ausgedrückte Rationalität des Glaubens hier präzise fassen? Im deutschen Sprachraum prägte sich durch Luthers Übersetzung mit „Nichtzweifeln" eine Interpretationslinie ein, die auf den subjektiven Glaubensakt abhebt.[90] Gegenwärtig tendiert die Forschung wieder zu

---

[86] GRÄSSER, Glaube, 144, mit einem Zitat von SCHLATTER, Glaube, 521. Allerdings legt sich Gräßer nicht endgültig fest, ob er das intellektuelle Moment noch für einen Teil der legitimen Auslegung des urchristlichen Kerygmas halten will oder ob die Akkommodation an das griechisch-philosophische Weltbild das christliche Glaubensverständnis so stark überformt, dass „die Grenze der Rechtgläubigkeit" überschritten ist.

[87] KÄSEMANN, Das wandernde Gottesvolk, 22. Diese Paradoxie, die das Unsichtbare für sicher hält, sei zwar schon bei Philo vorgebildet, allerdings nicht in „echt christlichem Sinne", da Philo dem menschlichen Geist noch eine Kontrollfunktion zuschreibt, insofern dieser „die Unbeständigkeit des Kosmischen und die Unveränderlichkeit des Ewigen [...] erkennt und beweist" (KÄSEMANN, a.a.O., 49). In Käsemanns Sinne auch ROSE, Wolke der Zeugen, 123.

[88] Vgl. ausführlich SCHLIESSER, Glauben und Denken, 544–551.

[89] S.o. Kap. 8.3.2.4.

[90] S.u. Kap. 9.6.10. Im englischen Sprachraum ist die Übersetzung „conviction" beliebt, die ebenfalls das subjektive Moment hervorhebt.

8.4 *Erkenntnisvermögen (ἔλεγχος)* 353

einer Deutung, die sich stärker auf den objektiven Grund des Glaubens und die Überzeugungskraft des (noch) Nicht-Sichtbaren richtet;[91] eine Wiedergabe mit „Beweis" oder „Überführung" kann sich an Belege aus der zeitgenössischen Literatur anlehnen.[92] In einem sachlich verwandten Satz Epiktets geht es etwa darum, dass ein denkendes Individuum auf dem Vernunftweg von der Wirklichkeit bzw. vom Wahrheitsgehalt einer Sache (πρᾶγμα) überführt wird: „Hier ist der Beweis der Sache, die Überprüfung des Philosophen."[93] Im Genitiv kann also die Sache stehen, auf die der „Beweis" zielt, aber auch das, was der Überzeugungsarbeit „die argumentative Kraft verleiht."[94] So etwa im Satz des Demosthenes: „Die Sache wird den Beweis geben."[95] In Hebr 11,1 wird in der Genitivverbindung πραγμάτων ἔλεγχος οὐ βλεπομένων beides im Blick sein: das Nichtsichtbare ist Ziel und zugleich Grund des ἔλεγχος.

Im Kontext des Glaubenskapitels Hebr 11 bietet sich eine Wiedergabe von ἔλεγχος an, die die „Dialektik des subjektiven und des objektiven Glaubensmoments" widerspiegelt.[96] „Beweis" ist „zu objektivierend",[97] Luthers „Nichtzweifeln" zu subjektiv. Glaube ist das Überführtsein vom (noch) Nicht-Sichtbaren, wobei sich der Glaube auf das Nichtsichtbare richtet und zugleich auf dem Nichtsichtbaren basiert. Mit der Wahl des Wortes ἔλεγχος weist der Hebräerbriefautor die πίστις dem Bereich der *ratio* zu und gibt ihr einen intellektuellen Zug. Zugleich macht er einen „kühne[n] Schritt über alle *ratio* hinweg",[98] indem er die πίστις jeglicher Sinneswahrnehmung entzieht und ihren „paradoxen Charakter" betont, insofern sie „schlechterdings nicht mit Verfügbaren rechnen kann."[99] Ein so verstandener Glaube, der das Nichtsichtbare sieht und vom Unverfügbaren überführt ist, lässt nach der Logik des Hebräerbriefs keinen Platz für den Zweifel, auch nicht im Blick auf die kosmischen Realitätsverhältnisse und die Existenz Gottes.

---

[91] Vgl. exemplarisch die Zürcher Übersetzung: „Der Glaube aber ist ... der Beweis für Dinge, die man nicht sieht."

[92] In der Septuaginta ist demgegenüber die Bedeutung „Zurechtweisung" oder „Vorwurf" dominant (vgl. z. B. Hi 6,26; 13,6; Spr 1,25 [zitiert in 1 Clem 57,4]; SapSal 2,14). In Hi 23,4 nimmt ἔλεγχος allerdings die Bedeutung „Beweis" an (vgl. 23,7). Im Neuen Testament ist ἔλεγχος in Hebr 11,1 *hapax legomenon* (v.l. für ἐλεγμόν in 2 Tim 3,16; vgl. daneben 2 Petr 2,16: ἔλεγξις). Vgl. Büchsel, ἔλεγχος.

[93] Epiktet, *Dissertationes* 3,10,11: ἐνθάδ᾿ ὁ ἔλεγχος τοῦ πράγματος, ἡ δοκιμασία τοῦ φιλοσοφοῦντος. Epiktet legt dar, wie man sich in Krankheit – hier bei Fieber – zu verhalten habe. Er fragt sein Gegenüber, was ihn davon abhalte, auch im Fieberzustand seine Vernunft in Übereinstimmung mit der Natur (κατὰ φύσιν) zu gebrauchen. Daraufhin folgt der philosophische Beweis. – Weitere Belege für die Verbindung von ἔλεγχος und πρᾶγμα in den Kommentaren, darunter Josephus, *Bell.* 4,337: ἔλεγχός τις τῶν κατηγορουμένων οὔτε τεκμήριον. Zu einer Formulierung Plutarchs s. u. Kap. 8.7.1.

[94] Karrer, Hebräer, Bd. 2, 273.

[95] Demosthenes, or. 4,15: τὸ δὲ πρᾶγμ᾿ ἤδη τὸν ἔλεγχον δώσει.

[96] Söding, Zuversicht, 225.

[97] Söding, Zuversicht, 225.

[98] Dörrie, Zu Hbr 11,1, 199.

[99] Bultmann, ἐλπίς, 527.

354 8. Hebräerbrief

8.4.2 Hebr 11,3: Zweifelsfreies Wissen um die kosmischen Realitätsverhältnisse

In Hebr 11,3 wird die Vorstellung des Unsichtbaren (οὐ βλεπόμενα) durch die semantisch äquivalente Formulierung μὴ φαινόμενα wieder aufgegriffen und mit einem reflektierenden, denkenden Glauben in Verbindung gebracht. Der Glaube erkennt, „dass die Welt durch Gottes Wort geschaffen ist; so ist aus Dingen, die nicht in Erscheinung treten, das Sichtbare geworden." Die Qualifizierung des Glaubens als ἔλεγχος manifestiert sich im Schöpfungsglauben, den der Autor mit seinen Adressatinnen und Adressaten und allen Glaubenden teilt (νοοῦμεν). Das Verb νοεῖν bezeichnet „die innere, durch den νοῦς vermittelte, Wahrnehmung",[100] die zum Wesen einer Sache durchdringt, hier: zu der wahren Verhältnisbestimmung zwischen der sichtbaren und der unsichtbaren Welt. Hinter dem Sichtbaren (Abbild) steht das Unsichtbare (Urbild). Die Formulierung πίστει νοοῦμεν, die auf eine in den biblischen Schriften singuläre Weise Glauben und Erkennen verknüpft,[101] macht deutlich, dass die Haltung des Glaubens der Erkenntnis zugrunde liegt. Νοοῦμεν meint im Zusammenhang „das kritische Verstehen hinsichtlich der wahren Realitätsverhältnisse im Kosmos, und zwar πίστει, *kraft des Glaubens*, und nicht – wie im Rahmen der theologia naturalis – kraft eigener Fähigkeit des νοῦς."[102] Die in dem Satz vorausgesetzte Interferenz von Glauben und Erkennen ist offen für das scholastische *fides quaerens intellectum*, auch wenn er noch weit von ihm entfernt ist.[103]

8.4.3 Hebr 11,6: Überzeugtsein von der Existenz Gottes

Auch mit Hebr 11,6 schließt sich der Autor eng an die Wesensbeschreibung des Glaubens in Hebr 11,1 und an dessen ἔλεγχος-Charakter an: „He does indicate the fundamental ‚invisible' thing seen by faith."[104] Zum Überführtsein durch die schöpferische Wirksamkeit Gottes (11,3) gehört als dessen Voraussetzung das Überführtsein von der Existenz Gottes. Sie ist durch die menschliche Wahrnehmung nicht verifizierbar, da zu Gottes Wesensmerkmalen die Unsichtbarkeit gehört (ἀόρατος, 11,27). Es geht dem Autor daher wohl weniger um die

---

[100] LÜNEMANN, Hebräerbrief, 350.

[101] Vgl. GRÄSSER, Hebräer, Bd. 3, 106. Vgl. ähnlich 1 Clem 27,3.

[102] GRÄSSER, Hebräer, Bd. 3, 106. EISELE, Reich, 392f., weist darauf hin, dass der Hebräerbrief bisweilen so vom menschlichen πνεῦμα spricht, dass sich eine Analogie zum νοῦς bei den Mittelplatonikern nahelegt: Hebr 4,12; 12,9; 12,23. An diesen Stellen werde deutlich, „daß der Geist des Menschen in die verstandesmäßige Welt hineinragt, weil er von dort stammt und dorthin zurückkehrt, wohingegen der Leib untrennbar mit der irdischen Existenz des Menschen verbunden ist."

[103] Vgl. GRÄSSER, Hebräer, Bd. 3, 107: „Hebr 11,3 ist wie kaum ein zweiter Satz [...] von philosophischen Traditionen geprägt." Ob er einen „Abstand zum biblischen Glaubensverständnis" (ebd.) dokumentiert, was immer das heißt, sei dahingestellt. S. o. Kap. 8.3.2.3.

[104] ATTRIDGE, Hebrews, 318.

8.4 *Erkenntnisvermögen (ἔλεγχος)* 355

Widerlegung eines theoretischen Atheismus oder um die Problematisierung des Agnostizismus „in pointiert philosophischer Manier".[105] Und sowenig Hebr 11,1 eine schulgerechte Definition des Glaubensvollzugs bietet, sowenig findet sich in Hebr 11,6 eine abstrakte Bestimmung des Glaubensinhaltes, die ein nüchternes Fürwahrhalten fordert.[106] Denn im Kontext steht nicht zur Debatte, ob es Gott an sich gibt, sondern vielmehr, wie mit Gott zu rechnen ist, „auch und gerade dort, wo nach dem Urteil der Welt (V. 7!) angesichts des ‚Noch-nicht-Sichtbaren' nicht mit ihm zu rechnen ist."[107] In der Sinnwelt des Hebräerbriefs hätte ein abstraktes Fürwahrhalten keinen Ort; der Glaube, dass es Gott gibt, gründet in der Erfahrung seines geschichtlichen Handelns und hat andererseits existenzielle Konsequenzen.[108]

An Abraham wird dies besonders einprägsam vor Augen geführt: Er hat sich durch die Unanschaulichkeit des Hoffnungsguts nicht vom Glauben abbringen, sondern von der Wirklichkeit des Verheißenen überführen lassen, das er immerhin „von ferne" zu sehen bekam (11,13). Dass diese Vergewisserung nicht jenseits des Verstandes erfolgte, wird wiederum durch die auffällige Wortwahl deutlich: Im Zusammenhang der Nachkommensverheißung wird von Abraham gesagt, dass er den für treu „erachtete" (ἡγήσατο), der die Verheißung gegeben hatte (11,11),[109] und sein Gehorsam in der Aqedahszene wird mit den Worten kommentiert, dass er damit „rechnete" (λογισάμενος), dass Gott die Macht hat, von den Toten aufzuerwecken (11,19). „Sight [11,13] is matched by rationality and deliberateness in judgment: while faith does not as yet know (ἐπιστάμενος, 11:8) the destination, it takes account of God's life-giving power in judging him trustworthy and able to deliver."[110] Obwohl Abraham allen Grund zum Zweifeln

---

[105] GRÄSSER, Hebräer, Bd. 1, 100 Anm. 4 (fast wortgleich ders., Glaube, 133); gegen MOFFATT, Hebrews, 167.

[106] Vgl. die sachkritische Anmerkung bei KÜMMEL, Glaube, 74.

[107] WEISS, Hebräer, 579 Anm. 32. Trotz dieser richtigen Einsicht spricht Weiß in Anlehnung an Gräßer davon, dass sich in Hebr 11,6 „ein merkwürdig blasses, um nicht zu sagen: rationalistisches Verständnis von Glauben [...] Ausdruck verschafft" (a. a. O., 578). Vgl. GRÄSSER, Glaube, 130: „Hb 11,6 ist in seiner Rationalität ohnegleichen im NT."

[108] Vgl. BACKHAUS, Hebräerbrief, 387: „Der Glaube an Gott ist von dem an seine Lebensrelevanz gar nicht zu trennen [...]. Der Glaube an die Existenz Gottes [...] und eine entsprechende Lebensform gehören zusammen." Siehe auch den vielleicht allzu schlicht gefassten Gedankengang bei EASTER, Faith, 219: „Faith as cognitive belief [...] is a possibility in 11:6, where the author writes, ‚for it is necessary for the one who comes to God πιστεῦσαι that he is and that he rewards the ones who seek him.' God is the object of πιστεύω, and the author of Hebrews may be referring to belief in God's existence. It is conceivable, however, that the author wishes us to understand πιστεύω as ‚trust' as well as ‚believe.' ‚Trust' and ‚belief' are related: if a person were ‚trust' someone, she surely must ‚believe' that the object of her trust exists. ‚Trust' and ‚belief,' therefore, are not mutually exclusive."

[109] Zur umstrittenen Frage nach dem Subjekt des Satzes (Sara oder Abraham) vgl. z. B. O'BRIEN, Hebrews, 414 f. (für Abraham votierend).

[110] BOCKMUEHL, Abraham's Faith, 370.

356   8. Hebräerbrief

gehabt hätte, lässt ihn die Logik des Glaubens und seine Urteilsfähigkeit an Gott festhalten.[111]

8.4.4 Hebr 10,26: Der Erkenntnisstand des Glaubens

Insofern für den Hebräerbrief Glauben und Erkennen kompatibel sind, verbindet sich mit der πίστις auch die Übernahme eines propositionalen Gehalts, einer ἐπίγνωσις τῆς ἀληθείας (Hebr 10,26), die über jeden Zweifel erhaben sein sollte. Diese Wendung bezeichnet „den durch die Hinwendung zum christlichen Glauben bewirkten ‚Erkenntnisstand‘".[112] Möglicherweise greift der Autor auf eine im frühen Christentum bereits festgefügte Terminologie zurück,[113] die den Anfang des Glaubens zum Ausdruck bringt.[114] Das „vorchristliche" Wirklichkeitsverständnis hat sich für die Glaubenden als Irrtum entpuppt, und es wurde ihnen ein neuer „Wissens- und Bewusstseinsstatus" vermittelt.[115] Das Verb λαβεῖν bezeichnet in diesem Zusammenhang einen passiven Vorgang, der von manchen auf den Taufakt bezogen wird (vgl. 10,22)[116] und einen Zeitpunkt nennt, mit dem sich den Angeredeten das Bekenntnis als „Wahrheit" erschlossen hat.

In einer Situation der Krise, in der u. a. der Zweifel den Wahrheitscharakter des Bekenntnisses verdunkelt, hilft die Erinnerung an die Anfangszeit des Glaubens (vgl. 10,32–34). Der Verfasser rechnet mit der Möglichkeit – und sieht sie durch die Erfahrung bestätigt –, dass die Wahrheit ihre existenzielle Überzeugungskraft verlieren kann, doch er lässt keinen Zweifel an der Konsequenz eines solches Verlusts: Wer für die anfängliche „Erkenntnis der Wahrheit", die ihm ein für alle Mal „eingeleuchtet" hat (ἅπαξ φωτισθέντας, 6,4; vgl. 10,32), nicht mehr zugänglich ist, „für den bleibt nunmehr konsequenterweise auch nichts mehr ‚übrig‘ von jenem ‚Sündopfer‘, das der Hohepriester Christus ein für allemal dargebracht hat" (ἀπολείπεται, 10,26).[117]

---

[111] Die „religionsphilosophische Gesprächsfähigkeit", die sich *prima vista* in dem Satz vom Glauben an die Existenz Gottes (11,6) anbahnt, ist also deutlich eingeschränkt, indem der Autor „das antike Denken im Sinne seiner Theologie" interpretiert und seine „Hermeneutik des Fremden" zuallererst durch das Eigene – zum Beispiel die Geschichte des Stammvaters – bestimmt sein lässt (KARRER, Hebräer, Bd. 2, 279).

[112] WEISS, Hebräer, 538.

[113] Eine Reihe von Belegen, die die Verbindung von ἐπίγνωσις/ἐπιγινώσκειν bzw. γνῶσις und ἀλήθεια aufweisen, sind notiert bei LÖHR, Umkehr und Sünde, 46 f. Anm. 200. In der Septuaginta fehlt diese Verbindung, im Corpus Pastorale findet sie sich in 1 Tim 2,4 (1 Tim 4,3; 2 Tim 2,25; 3,7; Tit 1,1). Reiches Material bietet auch die frühe patristische Literatur (z. B. Clemens von Alexandria, Irenäus und Origenes) sowie gnostische Texte.

[114] LÖHR, Umkehr und Sünde, 48. Vgl. auch KOESTER, Hebrews, 451 („conversion or ‚enlightenment‘").

[115] LÖHR, Umkehr und Sünde, 49.

[116] So u. a. WEISS, Hebräer, 538, mit Verweis auf DIBELIUS, ΕΠΙΓΝΩΣΙΣ ΑΛΗΘΕΙΑΣ, 5.

[117] WEISS, Hebräer, 539.

8.4 Erkenntnisvermögen (ἔλεγχος)

Die Wahrheit des Bekenntnisses erschließt sich im konkreten Lebensvollzug – in einer entsprechenden Lebenshaltung (10,22–25), aber auch im Durchleben eines Leidenskampfes (10,32). Sie wird nie zum leeren Theoriewissen, sondern will betätigt und erfahren werden.[118] Gleichwohl ist sie nach Auffassung des Verfassers, der wie kein zweiter neutestamentlicher Theologe die Vernunftgemäßheit des Christusgeschehens erweisen will, nicht ohne intellektuellen Einsatz zu haben.[119]

8.4.5 Hebr 5,11–6,3: Reifestadien der christlichen Erkenntnis

Die Wendung ἐπίγνωσις τῆς ἀληθείας wurde als eine „prägnante Summierung" der in Hebr 5,11–6,3 beschriebenen Reifestadien der christlichen Erkenntnis bezeichnet.[120] In der Digression in Hebr 5,11–6,20, die die Ausführungen zum hohepriesterlichen Amt Christi unterbricht, zeigt sich der Verfasser erschüttert über die niedrige Erkenntnisstufe der Angesprochenen und geht sie harsch an: „Ihr seid harthörig geworden" (5,11).[121] In einprägsamer, bildhafter Sprache, die in der hellenistisch-römischen Philosophie und auch in der hellenistisch-jüdischen Schultradition zahlreiche Analogien hat, kritisiert er die geistig verkümmerten und unmündigen Adressaten: Obwohl sie der Zeit nach (διὰ τὸν χρόνον) schon Lehrer sein müssten, haben sie es nötig, in den elementaren Inhalten des christlichen Glaubens unterwiesen zu werden (5,12). Immer noch sind sie völlig „unkundig/unerfahren" (ἄπειρος) und „unmündig" (νήπιος), was die „Unterweisung in der Gerechtigkeit" (λόγος δικαιοσύνης) angeht (5,13),[122] und – so ist im Umkehrschluss aus Hebr 5,14 abzuleiten – unfähig, Gutes und Böses zu unterscheiden.

Wieder hat der Autor das Glaubensleben in seiner Gesamtheit im Blick. Doch im Fokus scheint die „intellektuelle Unbeweglichkeit" seiner Zuhörer zu stehen, die eines kräftigen Impulses bedarf.[123] Wenn er ankündigt, entgegen seiner Unterstellungen nun doch „Vollkommenheitsnahrung" anzubieten, konterkariert er damit nicht seine Analyse des beschämenden Erkenntniszustands seiner Adressatinnen und Adressaten, sondern motiviert sie, ihm zu folgen und die nächste

---

[118] Vgl. GRÄSSER, Hebräer, Bd. 3, 38: „Hebr bleibt insgesamt mit seinem Erkenntnisbegriff unter dem Einfluß des Alten Testaments, sofern die Verwirklichung der ἐπίγνωσις, eine entsprechende Lebenshaltung wie z. B. in 10,22–25 beschrieben, gegenüber dem rationalen Begreifen dominant bleibt." Zu Hebr 10,22 und seiner komplexen Auslegungsgeschichte vgl. JOST, Engelgemeinschaft, 254–259.

[119] GRÄSSER, Glaube, 137 (wie ders., Hebräer, Bd. 3, 38).

[120] GRÄSSER, Glaube, 137.

[121] Die rhetorische Funktion der Digression beschreibt KOESTER, Hebrews, 307, so: „This digression [...] is designed to secure their [sc. der Leser] attention by addressing them with reproof, warning, and encouragement."

[122] Mit dem Nomen δικαιοσύνη ist hier so etwas wie „Werterfahrung, glaubenspraktische Urteilskraft, ethische Übung" gemeint (BACKHAUS, Hebräerbrief, 219).

[123] BACKHAUS, Hebräerbrief, 214.

358   8. Hebräerbrief

Stufe zu erklimmen (ἐπὶ τὴν τελειότητα φερώμεθα, 6,1). Er traut dabei seiner theologischen Reflexion „einiges an mobilisierender Kraft" zu.[124] Natürlich geht es ihm nicht um die Vermittlung einer „Geheimlehre"[125] oder um esoterisches Wissen über das Hohepriesteramt Christi, sondern um nachvollziehbare, schriftgelehrte Überlegungen, die sich wegen – nicht trotz – ihres intellektuellen Anspruchs auch auf die Glaubens- und Lebenspraxis der Angesprochenen auswirken. Sie sollen die „Überzeugungsgewissheit' der Hoffnung" (πληροφορία τῆς ἐλπίδος, 6,11; vgl. 10,22) bis zum Ende durchhalten und das unsichtbare Hoffnungsgut „als feste, durch Zweifel unbeirrte Glaubenszuversicht" in sich tragen.[126] Nehmen sie diese Haltung ein, ahmen sie diejenigen nach (μιμηταί), die durch Glauben und Geduld die Verheißungen ererben (6,12), allen voran Abraham (6,13–15).[127]

8.4.6 Hebr 2,1: Achten auf das Gehörte

Eine vergleichbare Korrelation von geistigem und ethischem Anspruch äußert sich bereits in Hebr 2,1. Aus der Tatsache, dass der Sohn höher steht als die Engel (vgl. 1,4), folgt mit innerer Notwendigkeit (δεῖ; vgl. 9,26; 11,6), dass in höherem Maße auf das Wort Acht zu geben ist. Weil Gott „im Sohn" endgültig geredet hat (1,1–2), müssen die Hörer diesem Wort umso mehr Aufmerksamkeit schenken. „Für konsequentes Denken ergibt sich aus der größeren Verheißung notwendig die größere Verantwortung."[128] Mit dem Verb προσέχειν, das in einigen späteren neutestamentlichen Schriften belegt ist und dort das Festhalten am Überlieferten betont,[129] wird die „sorgfältige aufmerksame Richtung des Gemüthes auf einen Gegenstand" bezeichnet: Es ist also notwendig, dass „wir" – wieder stellt sich der Verfasser trotz einer gravierenden Bedrohungslage an die Seite seiner Adressaten – aufmerksam und anhaltend auf das Gehörte achten, „um dasselbe zu beachten, zu befolgen, es [uns] gläubig anzueignen und [uns] im Handeln darnach richten."[130] Wer gegenteilig handelt, d. h. wer zwar Gottes Stimme hört, aber davon unberührt bleibt (vgl. 3,7.15; 4,7), oder wer träge geworden ist an den Ohren (5,11), läuft Gefahr, am endzeitlichen Ruheort „vorbeizufließen" (παραρρεῖν; vgl.

---

[124] BACKHAUS, Hebräerbrief, 214 f.

[125] So aber in der gnostischen Deutung bei KÄSEMANN, Das wandernde Gottesvolk, 119; GRÄSSER, Glaube, 137 f.

[126] LÜNEMANN, Hebräerbrief, 217.

[127] S. u. Kap. 8.5.2.

[128] GRÄSSER, Hebräer, Bd. 1, 100.

[129] Vgl. Apg 8,6; 16,14; 2 Petr 1,19; daneben 2 Clem 19,1. Nach WEISS, Hebräer, 183, zeigt sich hier „eine Grundtendenz urchristlicher Mahnrede in spätapostolischer bzw. nachapostolischer Zeit, angesichts der Situation einer Bedrohung der christlichen Gemeinden von innen und außen zum Festhalten am überlieferten Bekenntnis aufzurufen."

[130] BLEEK, Hebräer, Bd. 1, 194 f. Mit τοῖς ἀκουσθεῖσιν ist die Rede Gottes „im Sohn" gemeint (Hebr 2,1).

8.5 *Durchhaltevermögen (ὑπόστασις)* 359

4,1.11)[131] und das erhoffte Heil zu verpassen. Möglicherweise spielt der Verfasser mit nautischer Metaphorik: Ein Schiff muss gerade bei schwerem Seegang und in stürmischer Wetterlage besonders sorgfältig auf den Kurs „achtgeben" (παρέχειν), um nicht am rettenden Ufer „vorbeizudriften" (παραρρεῖν).[132] In einer solchen Gefahrensituation bedarf es der aufmerksamen und konsequenten Orientierung an einem festen Ziel und „der Präzision ruhiger Seemannskunst".[133] Wer überleben will, muss Zweifel und Müdigkeit überwinden und sich konzentriert dem wirklichkeitsverändernden Wort Gottes (vgl. 5,12) zuwenden.

8.5 *Durchhaltevermögen (ὑπόστασις): Die Spannung zwischen erfüllter und erhoffter Verheißung*

Unabhängig von ihrem zeitgeschichtlichen Hintergrund, ihren ideologischen Prägungen und ihren religionsgeschichtlichen Prämissen sind sich Exegeten und Exegetinnen des Hebräerbriefes darin einig, dass der Verfasser seine Adressaten zu einer Haltung der Standhaftigkeit und zur Ausdauer aufruft.

Nach Gräßer kennzeichnet der Verfasser des Hebräerbriefs die πίστις als eine „christliche Verhaltensweise",[134] und „[d]as diese Verhaltensweise auszeichnende und beherrschende Moment ist die *Festigkeit*."[135] Der Ton liege auf dem „Sich-fest-*machen* oder Sich-fest-halten im Sinne der Beständigkeit und des Beharrens bei der einmal gewählten Ausgangsposition."[136] Von dieser Bestimmung der πίστις als Standhaftigkeit und Festigkeit ist es nicht mehr weit, sie als „Tugend" zu qualifizieren.[137] Im Gefolge von Gräßers Argumentation kommt eine ansehnliche Reihe von Auslegerinnen und Auslegern zum Schluss, dass der Glaube im Hebräerbrief „eine eminent *ethische* Kategorie" sei,[138] die ihren Ort in der Paränese habe und in keinem Bezug zur Soteriologie stehe.[139]

Problematisch wird nun allerdings die Zuweisung der πίστις zum Bereich des Ethischen, wenn ihr im gleichen Atemzug ihre christologische Ausrichtung abgesprochen wird.[140] Denn daraus wäre zu schließen, dass der christologisch verstandene Glaube jenseits des konkreten Lebensvollzugs stünde und dass

---

[131] In dieser Bedeutung findet sich παραρρεῖν etwa bei Xenophon, *Cyropaedia* 4,5,4: „[...] zu trinken von dem Fluss, der [an dem Ort] vorbeifloss" (πιεῖν δ᾿ ἀπὸ τοῦ παραρρέοντος ποταμοῦ) (vgl. BLEEK, Hebräer, Bd. 1, 197; dort weitere Belege).

[132] Vgl. zu einem ähnlichen Bild Philo, *Gig.* 13.

[133] BACKHAUS, Hebräerbrief, 106.

[134] GRÄSSER, Glaube, 144.

[135] GRÄSSER, Glaube, 144. „[N]iemand hat sie [sc. die Festigkeit] mit solcher Intensität zum eigentlichen Wesensmerkmal der Pistis erklärt wie Philo" (ebd.).

[136] GRÄSSER, Glaube, 102.

[137] Vgl. GRÄSSER, Glaube, 145.

[138] GRÄSSER, Glaube, 63.

[139] GRÄSSER, Hebräer, Bd. 3, 84.

[140] So GRÄSSER, Glaube, 63 („nicht soteriologisch-personal[...]"); WEISS, Hebräer, 568 („„Christusglaube' und ‚Heilsglaube' [...] ist dies alles offensichtlich nicht"). Gegenüber Gräßer

360 8. *Hebräerbrief*

umgekehrt der im Sinne einer Haltung verstandene Glaube nicht spezifisch christlich sei, sondern sich anderen Traditionen verdanke. Eine solche Diastase, die mit Bultmanns „Zweiteilung" des gemeinchristlichen Sprachgebrauchs in die Rubriken „alttestamentlich-jüdisch" und „spezifisch christlich" forschungsgeschichtlich wirksam wurde,[141] ist historisch wie theologisch fragwürdig. Sie legt die irrige Annahme nahe, dass der christliche Glaube sich nicht nur nach dem Inhalt, sondern auch nach seiner geschichtlichen Realisierung und seiner Struktur vom alttestamentlich-jüdischen Glauben kategorial unterscheidet. Der „stand- und tathafte Glaube",[142] für den der Hebräerbrief wirbt, ist nicht unchristologisch, geschweige denn unchristlich, sondern richtet sich im Sinne einer „kognitiven Mimesis" an Christus aus und hat so Anteil an seinem Geschick, freilich in anderer Weise als dies bei Paulus der Fall ist.

8.5.1 Hebr 11,1; 3,14: Der Glaube als ὑπόστασις

Die Charakterisierung des Glaubens als ethische Größe, d. h. als Standhaftigkeit und Durchhaltevermögen, ist exegetischer Gemeinplatz in der Hebräerbriefauslegung. Ob nun allerdings der Verfasser, um einen solchen Glauben zu charakterisieren, auf den Begriff ὑπόστασις zurückgreift, war dagegen schon immer umstritten. Denn noch mehr als die Qualifizierung des Glaubens als ἔλεγχος hat der syntaktisch parallel gestellte Ausdruck ὑπόστασις in Hebr 11,1 Kopfzerbrechen bereitet. Mit bemerkenswerter Beharrlichkeit hatte sich in der Exegese die Deutung Luthers festgesetzt, der auf einen Hinweis von Melanchthon hin im Septembertestament 1522 ὑπόστασις als „gewisse Zuversicht" ganz auf das Innere des glaubenden Menschen bezogen hat.[143]

Erst Schlatters Monographie zum Glauben brach diesen Konsens auf und brachte die Diskussion maßgeblich voran.[144] Er hält der seit Luther gängigen „psychologischen" Interpretation ein etymologisches Argument entgegen und betont, dass die ὑπόστασις den Aspekt des „Stehens" nicht verloren habe: „[S]oviel ich sehe, bleibt der Zusammenhang zwischen ὑπόστασις und ὑποστῆναι im Sprachgebrauch durchaus lebendig, so daß es substantivisch nichts anderes ausdrückt, als was ὑποστῆναι verbal besagt."[145]

---

hält Dautzenberg fest, dass dieser „mit Axiomen der Bultmann-Schule über Paulus" operiere (DAUTZENBERG, Glaube, 166).

[141] BULTMANN, πιστεύω, 205–208 („Das Fortwirken der at.lich-jüdischen Tradition") und 209–215 („Der spezifisch christliche Gebrauch").

[142] So die Formulierung bei BACKHAUS, Hebräerbrief, 71.

[143] S. u. Kap. 9.6.10. Vgl. hierzu noch einmal SCHLIESSER, Martin Luthers Hebräerbriefvorlesung.

[144] Schlatter widmete dem Verständnis von ὑπόστασις einen eigenen Exkurs, der in seiner Ausgewogenheit und seinem Gespür für sprachliche Nuancen nichts an Aktualität eingebüßt hat (SCHLATTER, Glaube, 614–617).

[145] SCHLATTER, Glaube, 614.

8.5 Durchhaltevermögen (ὑπόστασις)

Nach Schlatter ist der Aspekt der Zuversicht als seelisches Geschehen der Vorstellung eines festen Standes unterzuordnen: Wer willens und in der Lage ist Mühsal „auszustehen", an dem zeigt sich ὑπόστασις. In seiner Analyse rekurriert Schlatter auf Passagen bei Philo und Josephus sowie bei Polybios und zieht das Fazit, dass sowohl Hebr 11,1 als auch 3,14 an den dort nachgewiesenen Sprachgebrauch anschließen, „der die ὑπόστασις dem beischreibt, was nicht ‚fließt‘, nicht wegläuft." Dies zeige sich daran, „daß es einerseits zu ὑποστολή 10,39, andererseits zu ἀποστῆναι 3,12 die Antithese ist. Gewiß ist ἀποστῆναι auch Verzagtheit, ὑπόστασις demgemäß auch Zuversicht; aber kongruent sind deswegen die beiden Begriffe nicht."[146] Mit dem Motiv des „Stehens" ist die Vorstellung von einer „Aktivität im Glauben" verbunden.[147] Dörrie, der die Diskussion um Hebr 11,1 mit seiner Studie zum Begriff ὑπόστασις auf ein neues sprachgeschichtliches Fundament stellte,[148] nahm Schlatters Impulse wohlwollend auf. Allerdings will er den Begriff enger fassen und alles „Gefühlsbetonte", d. h. alles auf das Seelenleben Bezogene ausscheiden.[149] Zwar könne ὑπόστασις auch „Durchhalten" und „Standfestigkeit" meinen, „aber in einem ganz und gar passiven Sinne". Auch auf der zweiten Ebene dürfe man nicht, wie das Schlatter tue, ein Treueverhältnisses mitempfinden oder an den Aspekt der Zuversicht im lutherischen Sinne denken. Vielmehr sei Luthers Übertragung das πρῶτον ψεῦδος, dem die gesamte nachfolgende Hebräerbriefexegese aufgesessen sei![150] Nach Dörrie bezeichnet ὑπόστασις „den Prozeß des Wirklich-Werdens und das Wirklich-Sein", „eine absolut gültige, objektive Wirklichkeit, die durch nichts in Frage gestellt ist, sondern dauerhaft besteht."[151]

Luthers Wiedergabe wird bis in die neuere exegetische Literatur teils aus Gewohnheit, teils begründet wiederholt. Sie bringt zweifellos ein sachliches Anliegen des Hebräerbriefes auf den Punkt, der bei seiner Zuhörerschaft die Fülle des Glaubens (10,22) und die Fülle der Hoffnung (6,11) evozieren will. Die Übersetzung „gewisse Zuversicht" ist aber philologisch problematisch und fokussiert einseitig die innere Verfasstheit der Glaubenden.[152] Dörries Vorschlag, der alles Seelische und Subjektive, jegliche Aktivität eliminieren will, sperrt sich – trotz guter philologischer Begründung und trotz seiner Anschlussfähigkeit an das

---

[146] SCHLATTER, Glaube, 617. Sprachlich komme Hebr 11,1 eine Stelle aus dem 4. Esrabuch am nächsten, wo es heißt: *In hoc enim adnuntiabitur iusticia tua et bonitas tua, Domine, cum misertus fieris eis qui non habent substantiam operum bonorum* (4Esr 8,36; hierzu SCHREINER, 4. Buch Esra, 367). Hier liege ebenfalls ein „sachlicher Genitiv" vor und die Vorstellung des „Stehens" sei erhalten geblieben. Schlatter übersetzt ins Griechische: τοὺς μὴ ἔχοντας ὑπόστασιν ἀγαθῶν ἔργων. „Gute Werke geben dem Menschen vor Gott einen festen, gesicherten, unverlierbaren Stand, damit freilich auch Zuversicht" (SCHLATTER, a. a. O., 616).

[147] SCHLATTER, Glaube, 526.

[148] DÖRRIE, Hypostasis. Vgl. ders., Zu Hbr 11,1.

[149] DÖRRIE, Zu Hbr 11,1, 201 Anm. 19. Schlatter sprach mit Blick auf den Aspekt der „Zuversicht" vom „Seelenleben" bzw. einem „seelischen Geschehen" (SCHLATTER, Glaube, 615).

[150] DÖRRIE, Zu Hbr 11,1, 197 Anm. 5, mit zahlreichen Belegen aus der Kommentarliteratur.

[151] DÖRRIE, Zu Hbr 11,1, 197.

[152] Sie kann sich freilich auf drei ὑπόστασις-Belege in der Septuaginta berufen, was schon Melanchthon tat (Ez 19,5; Ruth 1,12 und Ps 38,8 LXX).

362   8. Hebräerbrief

altkirchliche und mittelalterliche Verständnis[153] – gegen den Kontext und die folgenden Charakterisierungen der Glaubenshelden.[154]

Die aktuelle Forschung tendiert nun wieder in Dörries Richtung und gibt ὑπόστασις mit „Wesenheit" oder „Wirklichkeit" oder auch als „Wirklichkeit-Werden" wieder. Sie meidet zwar die „Objektivismusfalle", indem sie das objektive „Bestimmt-Werden" und das subjektive „Sich-Bestimmen-Lassen" des Menschen durch die göttliche Wirklichkeit gleichermaßen betont.[155] Doch es bleiben grundsätzliche Probleme bestehen. Auf sie machte schon Gottlieb Lünemann aufmerksam. Die Wiedergabe von ὑπόστασις mit „Wesenheit" oder „Wirklichkeit" sei „unstatthaft", weil sie auf eine Umdeutung angewiesen ist, „um passend zu werden". Er stellt zu Recht fest, dass Begriffe wie „Wesenheit" „unmittelbar sich gar nicht geltend" machen lassen, sondern vielmehr im Sinne von „Ausstattung mit Wesenheit" umschrieben werden müssen. Nur in Form einer Paraphrase erhalte der Satz angemessenen Sinn: „der Glaube bekleide Dinge, die noch gar nicht vorhanden seien, mit einem Wesen oder einer realen Existenz, gleich als wären sie schon vorhanden."[156]

In der Tat lässt sich beobachten, dass die meisten Befürworter dieser Interpretationsrichtung den Umweg einer Paraphrase wählen (müssen), die den Glauben zum Subjekt einer Handlung macht. So übersetzt auch Dörrie: „Der Glaube *verleiht* dem, was wir hoffen, die volle Sicherheit künftiger Verwirklichung."[157]

Auch Knut Backhaus, der sich sachlich an Dörrie anschließt, ist überzeugt, dass hier der mittelplatonisch gefärbte Begriff ὑπόστασις (wie in 1,3; 3,14) „die Wirklichkeit und damit den jenseitigen Realitätsgrund in der abbildhaften Erdenwelt" beschreibt.[158] Glaube müsse

---

[153] Vgl. die Zusammenstellung neuerer Auslegungen, die in diesem Sinne argumentieren, bei Baugh, Cloud of Witnesses, 115–118. Altkirchliche Belege (Chrysostomos, Theodoret, Oikumenios und Theophylakt sowie Ambrosius und Augustin) bei Lünemann, Hebräerbrief, 347.

[154] Und er bleibt eine Erklärung schuldig, wie man sich „passives Durchhalten" vorstellen soll, wenn es nicht in Quietismus oder Defätismus enden soll.

[155] Söding, Zuversicht und Geduld, 225; auch Heidel, Gottesvolk, 110.

[156] Lünemann, Hebräerbrief, 347, gegen die Ausleger, die ὑπόστασις als „Wesenheit" erklären oder mit οὐσία, *substantia, essentia* etc. gleichsetzen.

[157] Dörrie, Zu Hbr 11,1, 202 (meine Hervorhebung). Vgl. z. B. auch die Umschreibungen bei Lane, Hebrews, Bd. 2, 329 („[F]aith celebrates *now* the reality of the *future* blessings that constitute the objective content of hope. [...] ‚[F]aith' [...] bestows upon the objects of hope even now a substantial reality, which will unfold in God's appointed time"); Johnson, Hebrews, 278 („Faith [...] makes actual, or makes ‚real', for the believers the things that are hoped for, as though they were present"); Karrer, Hebräer, Bd. 2, 274 („Der Glaube stellt die Gemeinde [...] fest unter das, was sie erhofft [...]"); Cockerill, Hebrews, 521 („[F]aith is living in accord with the reality of things hoped for"); Heidel, Gottesvolk, 109 f.: „Der Glaube geschieht *am* Menschen, insofern sein objektiver Gegenstand ihn bestimmt." Morgan, Roman Faith, 339, schließt sich demgegenüber Otto Betz an und deutet ὑπόστασις als „Grundlegung" („foundation"): „*Pistis* is ... foundational in two senses: it creates the divine-human relationship within which it becomes possible for human beings to hope for certain things, and the relationship within which those hopes become achievable."

[158] Backhaus, Hebräerbrief, 383 („innerste Wirklichkeit bzw. Gotteswirklichkeit") und 376

8.5 *Durchhaltevermögen (ὑπόστασις)* 363

zwar personal angeeignet werden, gründe aber in der objektiven Wirklichkeit Gottes. Doch eine solche Beschreibung des Glaubens, die Backhaus als „nahezu überzeichnend" apostrophiert,[159] widerstreitet meines Erachtens der nachfolgenden Paradigmenreihe, die weniger die transzendente, erhoffte Glaubenswirklichkeit als vielmehr die Glaubenshaltung der Väter herausstreicht und geradezu zu einem „Heldentum des Glaubens" anstiftet.[160] Theologisch liegt Backhaus offensichtlich daran, das „*extra nos* des Heils" hervorzuheben und den Glauben vor dem Missverständnis zu bewahren, er sei bloß „persönliche Befindlichkeit".[161]

Die von Schlatter vorgetragene Erklärung ist daher nach wie vor am plausibelsten: Das Bild vom „Darunterstehen" scheint sowohl in Hebr 11,1 als auch in Hebr 3,14 durch. Nach der „Glaubensdefinition" in Hebr 11,1 ist πίστις dann nicht die Wirklichkeit oder das Wirklichkeit-Werden des Hoffnungsgutes, sondern das aktive beharrliche Darunterstehen im Blick auf das Erhoffte, und in Hebr 3,14 macht der Verfasser die fortdauernde Teilhabe an Christus davon abhängig, dass „wir den Anfang des Darunterstehens" (ἀρχή τῆς ὑποστάσεως), den anfänglichen festen Stand „beibehalten" (κατέχειν).

Mit Vorliebe weckt der Verfasser Erinnerungen an den „Zauber des Anfangs", der für die noch nicht angezweifelte Elementarlehre des Glaubens (vgl. 5,12) und die noch ungebrochene Glaubenskraft der Christen steht (10,32–34). In immer neuen Anläufen legt er seinen Zuhörern nahe, am Anfang festzuhalten und „bis zum Ende" (μέχρι τέλους) durchzuhalten. Ich konzentriere mich im Folgenden auf das Schriftzitat aus Hab 2,4 (Hebr 10,37–38) und das Glaubensbeispiel Abrahams (11,8–19), um anschließend einige Begriffe in den Blick zu nehmen, die analog zu ὑπόστασις an das Durchhaltevermögen der Angesprochenen appellieren.[162] Es bestätigt sich die Logik des Schreibens, dass derjenige standhaft ist, der vom Nichtsichtbaren überführt wird und Zweifel überwindet.

(„tragende Wirklichkeit"). „Der Glaube schenkt Zugang zu der vorgegebenen, vom Menschen unabhängigen Realität Gottes (vgl. 1,3; 11,1)" (a.a.O., 154, zu Hebr 3,14).

[159] BACKHAUS, Hebräerbrief, 383.

[160] So BACKHAUS, Hebräerbrief, 403. In Bezug auf Hebr 3,14 wird m.E. nicht deutlich, was unter dem „Anfang der Gotteswirklichkeit" (ἀρχή τῆς ὑποστάσεως) zu verstehen ist (a.a.O., 147.154 f.)

[161] BACKHAUS, Hebräerbrief, 383.

[162] Standfestigkeit wird nun nicht nur durch Abraham und die anderen Glaubensheroen in Hebr 11 exemplifiziert, sondern im ganzen Brief durch viele semantisch verwandte Begriffe aus vielen Perspektiven beleuchtet (vgl. GRÄSSER, Hebräer, Bd. 1, 208): Πίστις ist nicht nur ὑπόστασις (Hebr 3,14; 11,1), sondern auch παρρησία (3,6; 4,16; 10,19.35), πληροφορία (6,11; 10,22), ὁμολογία (3,1; 4,14; 10,23), μακροθυμία (6,12), ὑπομονή (10,36; 12,1), ὑπακοή (5,8) und ἐλπίς (3,6; 6,11.18; 7,19; 10,23). Bei den Verben sind κατέχειν (3,6.14; 10,23), κρατεῖν (4,14; 6,18), aber auch μακροθυμεῖν (6,15), μένειν (13,1) und ὑπακούειν (5,9; 11,8) als semantische Nachbarn zu πιστεύειν zu nennen. Andererseits steht πίστις in Antithese zu ἀπιστία (3,12.19), ὑποστολή (10,39), παράβασις (2,2; 9,15), ἀπείθεια (4,6.11), παρακοή (2,2), und verbal wird der Gegensatz zum Glauben durch Begriffe wie ἀποστῆναι (3,12), ὑποστέλλειν (10,38), ἀποβάλλειν (τὴν παρρησίαν) (10,35) und παραπίπτειν (6,6) zum Ausdruck gebracht.

8.5.2 Hebr 6,13–15; 11,8–19: Abrahams Gehorsam abseits des Zweifels

Wie Paulus stützt der Verfasser des Hebräerbriefs sein Glaubensverständnis nicht nur auf Hab 2,4,[163] sondern auch auf die Gestalt Abrahams. Auffällig ist, dass die paulinische Kardinalstelle Gen 15,6 und auch der Bund mit Abraham keine Rolle spielen. Abraham ist im Frühjudentum wie im Frühchristentum biblische Bezugsgestalt schlechthin. Hier wie dort fungiert er als eine „corporate personality".[164] Es verwundert daher nicht, dem Patriarchen der breiteste Raum unter den *exempla fidei* beigemessen wird.

Schon in Hebr 6,13–15 ist von ihm als großem Glaubensvorbild die Rede. Im Vorgriff auf die „Wolke der Zeugen" wird Abraham den Adressatinnen und Adressaten als ein herausragendes Beispiel anempfohlen, dem sie nachahmen sollen, um „durch Glauben und Ausharren" (διὰ πίστεως καὶ μακροθυμίας) das Verheißene zu ererben (6,12). Als „Prototyp der Verheißungsträger"[165] wurde Abraham die Verheißung per Schwur zuteil (Gen 22,16–17), und er erlangte das Verheißungsgut, weil und indem er ausharrte (μακροθυμήσας, Hebr 6,15).[166] Die Qualität der göttlichen Zusage (Schwur) steht hier im Mittelpunkt und korreliert mit der Qualität des menschlichen Antwortverhaltens (Ausharren). „Gottes Treue läßt treu sein!"[167] An Abraham zeigt sich: Wer die Hoffnungsgewissheit bis zum Ende durchhält (6,11), wer an dem zukünftigen Hoffnungsgut festhält (6,18) und wer der Trägheit trotzt (6,12), wird am Ende inmitten aller Widrigkeiten am erhofften und derzeit noch unsichtbaren Ziel ankommen. Freilich hat dem abschließenden Gedanken zufolge

---

[163] In Hebr 10,37–38 rekurriert der Verfasser auf Hab 2,3b–4 (vgl. Hultgren, Habakkuk 2:4; Kraus, Hab 2,3–4, 167–169; Steyn, Explicit Quotations, 298–335), um den Glauben als standhafte Treue darzustellen. Das Zitat hat Gelenkfunktion: Es begründet den Ruf nach „Zuversicht" (παρρησία) und „Geduld" (ὑπομονή) und leitet zugleich über zur „Definition" des Glaubens (11,1) und zur großen Paradigmenreihe, an der für die Angeredeten anschaulich und nachvollziehbar wird, was Glauben heißt und was es „bringt". Im Vergleich mit dem Text der Septuaginta erscheinen die Aussagen aus Hab 2,3–4 in einer neu geordneten Reihenfolge und in verändertem Wortlaut. Die hermeneutisch interessantesten Umgestaltungen finden sich im folgenden Zitatteil: ὁ ἐρχόμενος ἥξει καὶ οὐ χρονίσει· ὁ δὲ δίκαιός μου ἐκ πίστεως ζήσεται. Erstens fällt die Hinzufügung des Artikels ὁ vor ἐρχόμενος auf, die eine messianische Deutung des „Kommenden" nahelegt (vgl. Hebr 9,28; daneben Mk 11,9//Lk 19,38; Mt 11,3//Lk 7,19–20; Joh 1,15.27). Zweitens ist die Position des Pronomens μου verändert, das hier nicht wie in der Septuaginta nach ἐκ πίστεως steht, sondern nach δίκαιος. So wird anders als in der Vorlage nicht die Treue Gottes betont, sondern „die nicht vom Wort der Verheißung zurückweichende πίστις der Leser" (Rose, Wolke der Zeugen, 56). Drittens sind die beiden Vershälften von Hab 2,4 vertauscht, um auszuschließen, dass „der Kommende" mit dem Verb ὑποστείληται im Zitatfortgang in Verbindung gebracht werden kann, und – wichtiger noch – um dem Glauben den Hauptakzent zu verleihen und mit der Warnung vor dem Zurückweichen abzuschließen.

[164] Vgl. Ego, Abraham, 35: „Was von Abraham erzählt wird, wird [...] eigentlich von ganz Israel erzählt."

[165] Backhaus, Hebräerbrief, 388.

[166] Es ist m.E. unmöglich (und unnötig), ein kausales von einem modalen Moment des Partizips zu trennen (Grässer, Hebräer, Bd. 1, 376, votiert für ein modales Verständnis; Lünemann, Hebräerbrief, 220, für ein kausales).

[167] Grässer, Hebräer, Bd. 1, 376.

8.5 Durchhaltevermögen (ὑπόστασις)

erst *einer* den Weg vollendet: der „Vorläufer" (πρόδρομος) Jesus (6,20), der die endzeitliche Erfüllung der Verheißung verbürgt (vgl. 7,22).[168]

Während in Hebr 6,13–15 der Akzent auf der Treue und Glaubwürdigkeit Gottes liegt, verlagert er sich in Hebr 11,8–19 auf die Glaubensweise Abrahams: Mit vier nahe aufeinanderfolgenden Satzanfängen mit πίστει werden den Adressaten einprägsame Episoden aus dem Leben Abrahams vor Augen geführt, in denen sein Glaube Gestalt gewonnen und sich ausgewiesen hat: Herausrufung (11,8), Zeltexistenz (11,9–10), Zeugung (11,11–12)[169] und Opferung Isaaks (11,17–19).

In Hebr 11,8 erweist er sich als Paradebeispiel für einen, der vom Nichtsichtbaren überführt ist (vgl. 11,1b). Ausgangsperspektive ist nicht Gen 15,6, wo der Glaube Abrahams explizit erwähnt wird, sondern Gen 12,1.4: der Ruf aus der Sicherheit der Sesshaftigkeit an einen unbestimmten, unsichtbaren Ort (εἰς τόπον[170]), in eine verborgene Zukunft, im prekären Status eines Fremden ohne Bürgerrecht (vgl. Hebr 11,9). Das Partizip Präsens καλούμενος (nicht κληθείς) steht hier, „um die sofortige Aufeinanderfolge des καλεῖσθαι und des ὑπακούειν hervorzuheben."[171] Gemeint ist, dass Abraham kraft seines Glaubens ohne zu zweifeln und zu zögern gehorchte. Nirgends sonst im Neuen Testament wird Abraham explizit mit der Wortfamilie ὑπακούειν κτλ. als Gehorsamer beschrieben; sein Gehorsam verbindet ihn mit Christus, der im Leiden Gehorsam lernte (5,8). Hier wie dort ist Gehorsam „das Durchhalten auf dem weiten Weg in die himmlische Katapausis, ein Verheißungsziel, das außer Christus (5,9) noch niemand erreicht hat (11,13.39 f)"[172] – auch nicht Abraham, der selbst im „Land der Verheißung" ein Fremder blieb (11,9–10). Endzeitliches und jenseitiges Ziel ist die Stadt (πόλις = Jerusalem), mit ihren festen Mauern sinnenfälliges Gegenbild zum Zelt des Nomaden. In den unerschütterlichen himmlischen Sphären erwartet die Wandernden ein bleibendes Bürgerrecht (vgl. 12,22–24), und sie erfahren sich

---

[168] Aus diesem Schlussgedanken sowie aus Hebr 11,13 (μὴ λαβόντες τὰς ἐπαγγελίας) und 11,40 (ἵνα μὴ χωρὶς ἡμῶν τελειωθῶσιν) könnte geschlossen werden, dass der Verfasser „eine bloße Anwartschaft" (WINDISCH, Hebräerbrief, 58) im Auge hat. Es ist jedoch unwahrscheinlich, dass im vorliegenden Kontext die Geburt Isaaks (vgl. Röm 4,18–22) und die Volkwerdung Israels nicht zumindest als „Zwischenziel" bzw. als „Vorgeschmack der eigentlichen Erfüllung" (BACKHAUS, Hebräerbrief, 247) mitgedacht sind.

[169] Ob und inwiefern Sara als Glaubensheldin in den Blick kommt, ist umstritten und hängt u. a. von Deutung und Bezug der Wendung καταβολὴν σπέρματος ab (Hebr 11,11). Vgl. jüngst GROHMANN, Female Semen. Sie kommt zu dem Schluss: „Altogether, the quality of textual witnesses underlines the first reading of Sarah producing, immersing or emitting seed" (a. a. O., 46). Siehe auch SCHÄFER, Verheißung.

[170] Das Ziel – „Kanaan" – bleibt unbenannt, weil es dem Verfasser hier nicht um einen geographisch fixierbaren irdischen Siedlungsort geht, sondern um den radikalen Gehorsam, der keiner diesseitigen Sicherheit bedarf.

[171] LÜNEMANN, Hebräerbrief, 357.

[172] GRÄSSER, Hebräer, Bd. 3, 123 f.

366   *8. Hebräerbrief*

nicht mehr als Fremde und als „sozial isolierte Minderheit der Christen in der reichsrömischen Gesellschaft."[173]

Die „Bindung Isaaks" wird wie in der frühjüdischen Tradition als die letzte und größte Versuchung des Glaubens Abrahams gedeutet.[174] Da der Verfasser voraussetzen kann, dass die Angesprochenen mit der Szene vertraut sind, treibt er die Dramatik auf die Spitze, indem er den Akt der Darbringung grammatisch als vollzogen markiert (προσενήνοχεν, προσέφερεν, 11,17). Was auf Abraham zutrifft, gilt auch für die gegenwärtig Glaubenden: „Die Adressaten, selbst versucht und im Zweifel über den Wert der Verheißung, werden in seinem Erlebnis, einem Grundgeschehen ihrer eigenen Herkunftsgeschichte, ein ermutigendes Vorbild wahrnehmen."[175] Auch in der hier geschilderten Szene wird wieder deutlich, dass Zweifel und Resignation deswegen nicht zum Zug kommen, weil Abraham mit Besonnenheit die Treue und Macht Gottes betrachtet hat (πιστὸν ἡγήσατο τὸν ἐπαγγειλάμενον, 11,11; λογισάμενος ὅτι καὶ ἐκ νεκρῶν ἐγείρειν δυνατὸς ὁ θεός, 11,19).

Anders als bei Paulus dient den Glaubenden nicht nur Abraham als *exemplum fidei*, sondern noch eine Vielzahl weiterer jüdischer Heldinnen und Helden.[176] Nach dem Stammvater Abraham wird dem Gesetzgeber Mose am meisten Raum zugestanden,[177] aber auch andere haben „durch Glauben" ihre Standfestigkeit unter Beweis gestellt. Mit der eindrücklichen Reihe der Glaubensvorbilder macht der Verfasser deutlich, dass Glaube *immer* der Gefahr des Zweifelns und der Mutlosigkeit ausgesetzt ist, „dass in der Geschichte des Glaubens die Krisis nicht die Ausnahme, sondern die Regel ist."[178] Solange das nichtsichtbare und erhoffte Gut noch nicht erlangt (11,39) und erst Christus in die Gegenwart Gottes eingegangen ist, bedarf es seitens der Glaubenden einer großen inneren Anstrengung. Gefordert wird die Annahme einer geistigen Haltung, die ihrem Gegenstand – dem sicher verbürgten Verheißungsgut – angemessen ist und ihm entspricht. Dann wird der potenziell immer gefährliche Zweifel zur unmöglichen Möglichkeit.

---

[173] BACKHAUS, Hebräerbrief, 389. Vergleichbare Metaphorik bei Philo, *Gig.* 61.

[174] Vgl. zu frühjüdischen Bearbeitungen und Deutungen der wichtigsten Glaubensprobe Abrahams – auch im Zusammenhang mit dem Glaubensmotiv – SCHLIESSER, Abraham's Faith, 153–220.

[175] BACKHAUS, Hebräerbrief, 396.

[176] Vgl. EISENBAUM, Jewish Heroes.

[177] Im Zitat aus Num 12,7 LXX in Hebr 3,5 wird Mose mit dem Adjektiv πιστός belegt, und in Hebr 11,23–29 erscheint sein Glaube als ein Leitmotiv, das entscheidende Episoden seines Lebens wie auch seine Lehren auszeichnet. Vgl. MACDONALD, By Faith Moses. Von Bedeutung ist v. a. die Bemerkung, dass Mose sich an den Unsichtbaren hielt, als sähe er ihn (τὸν γὰρ ἀόρατον ὡς ὁρῶν ἐκαρτέρησεν, 11,27). Parallelen zu dieser Vorstellung finden sich v. a. bei Philo. Dazu s. u. Kap. 8.7.2.2.

[178] BACKHAUS, Hebräerbrief, 379.

8.6 Jesu πίστις und „kognitive Mimesis"

Ist der Hebräerbriefautor der Auffassung, dass Jesus selbst sich durch πίστις auszeichnete?[179] Lange Zeit dominierte die exegetisch wie dogmatisch motivierte Ablehnung dieser Ansicht. Allerdings zeichnet sich seit einigen Jahren eine Trendwende ab, derzufolge der Hebräerbrief „Jesus ausdrücklich selbst als Glaubenden vor[stellt]".[180] Christopher Richardson will sogar nachweisen, dass der Glaube Jesu nicht nur zum Thema gemacht wird, sondern zur wichtigsten Lehre des Briefes avanciert.[181] Freilich trifft der Autor des Hebräerbriefs nirgendwo eine Aussage nach dem Muster „der Glaube, den Jesus hatte",[182] und nirgendwo fällt ein Satz wie „Jesus glaubte". Doch redet der Hebräerbrief vom Vertrauen des Messias Jesus (πεποιθώς, 2,13), von der Treue des Hohepriesters und Apostels (πιστός, 2,17; 3,2), von der Gottergebenheit (εὐλάβεια, 5,7) und dem Gehorsam (ὑπακοή, 5,8) des Gottessohnes und schließlich von der Eigenschaft Jesu als „Anführer und Vollender des Glaubens" (τὸν τῆς πίστεως ἀρχηγὸν καὶ τελειωτήν, 12,2). Ebenso deutlich, wie der Verfasser Jesus zum Subjekt des Glaubens macht, stellt er die Einzigartigkeit des Glaubens Jesu heraus.

Schon David Schulz hat auf den merkwürdigen Sachverhalt hingewiesen, dass sich der Glaube an Christus, „das Fundament der meisten christlichen Ansichten", nirgendwo im Hebräerbrief finde.[183] In der Tat ist der Glaube im Hebräerbrief *prima facie* ausschließlich auf Gott gerichtet, und alle Versuche, in der „impliziten Logik" des Briefes den Gedanken eines Glaubens an Christus im paulinischen Sinne zu entdecken,[184] scheitern am Textbefund. Insbesondere die Monographie von Gräßer arbeitete sich an der Frage ab, wie der Verfasser des Hebräerbriefes „das urchristliche Kerygma in einer so explizit christologischen Weise entfalten kann, ohne die Pistis in einen direkten Bezug zu Christus zu setzen."[185] Man könne für den Hebräerbrief nur das „Fehlen eines spezifisch christlichen Glaubensbegriffes"[186] konstatieren und müsse sich damit abfinden, dass „der ‚Glaube

---

[179] S. o. Kap. 3.2 und Kap. 4.2.4.1 zu analogen Fragestellungen in der Markus- und Paulusexegese.

[180] SÖDING, Zuversicht und Geduld, 215. Vgl. KARRER, Hebräer, Bd. 2, 302. Siehe den Einspruch bei SPICQ, L'Épître aux Hébreux, Bd. 2, 386 („jamais l'Écriture ne parle du Christ comme d'un croyant"); VANHOYE, La lettre aux Hébreux, 91 f. („le Nouveau Testament n'attribue jamais à Jésus l'action de ‚croire'"). Mit dogmatischen Argumenten LÜNEMANN, Hebräerbrief, 389. Vgl. die Zusammenschau bei RICHARDSON, Pioneer, 2–6.

[181] RICHARDSON, Pioneer, 15. Zurückhaltender äußert sich SCHREINER, Hebrews, 101 Anm. 115: „Richardson overstates the importance of this theme but rightly sees its presence."

[182] Vgl. SILVA, Faith, 231 Anm. 36.

[183] SCHULZ, Hebräer, 111.

[184] So in extremer Einseitigkeit RHEE, Christology (von „implicit logic" spricht Rhee a. a. O., 84); ders., Faith in Hebrews, 56: „Thus it may be said that Christ is implicitly depicted as the object of faith throughout the book."

[185] GRÄSSER, Glaube, 214.

[186] GRÄSSER, Glaube, 217.

368   8. Hebräerbrief

an Jesus' kein Gegenstand theologischer Reflexion" sei.[187] Doch ist die Frage nach der Christologie des Glaubens damit noch nicht erledigt.

8.6.1 Jesus als Urbild und Vorbild

Im zweiten Hauptteil des Briefes (Hebr 4,14–10,18), der den „christologischen Grund der Glaubensparaklese"[188] legt, erweist sich die Darstellung Jesu in seiner Menschlichkeit als ein entscheidender Baustein seiner Christologie. Dass hierbei der Glaube des menschgewordenen Sohnes maßgeblich ist, deutet sich schon in Hebr 2,13 an. Dort wird Jesus durch ein Schriftzitat[189] das Versprechen in den Mund gelegt, Gott Vertrauen entgegenzubringen: „Ich will auf ihn mein Vertrauen setzen" (ἐγὼ ἔσομαι πεποιθὼς ἐπ' αὐτῷ).[190] Jesus wird dargestellt als einer, der in einer aussichtslosen Situation auf die Errettung durch Gott hofft,[191] und indem er dies tut, bekräftigt er seine „Führerstellung, in der er die Seinen [...] ins Ziel bringt" (vgl. 2,10),[192] und mehr noch seine Solidarität: „Er steht da als ein Mensch unter Menschen, wie sie glaubend und hoffend, nicht schauend und genießend" (vgl. 2,17; 5,7).[193]

8.6.1.1 Hebr 5,7–8: Lernen durch Leiden

Der Gedanke kulminiert in der Betrachtung des von Gott eingesetzten Hohepriesters (5,1–10), der „in jeder Hinsicht auf gleiche Weise" wie die Angesprochenen versucht worden ist und „Gottergebenheit" (εὐλάβεια) und „Gehorsam" (ὑπακοή) gezeigt hat. Mit keinem anderen frühchristlichen Schriftsteller vergleichbar fasst der Hebräerbrief die Erniedrigung Christi in ein schockierendes „Gedächtnisbild" des Gottessohnes, der bittet, fleht, schreit, weint.[194]

---

[187] GRÄSSER, Glaube, 77. Vgl. a. a. O., 79: „Der spezifisch *christliche* (‚christologische') Glaube findet im Hb keine Fortsetzung, weder in der reflektierten Weise des Apostels Paulus, noch in der unreflektierten der Synoptiker."

[188] So WEISS, Hebräer, 291.

[189] Wörtlich findet sich das Zitat in der Septuaginta nicht (vgl. Jes 8,17; 12,2; 2 Sam 22,3 LXX), doch mit Blick auf den Kontext scheint der Bezug auf Jesaja deutlich. Vgl. ausführlich STEYN, Explicit Quotations, 158–169.

[190] Äußerst unwahrscheinlich der Vorschlag bei DESILVA, Perseverance in Gratitude, 116, dass hier das Vertrauen Jesu auf die Glaubenden im Blick sei: „I would suggest [...] that the author would have the believer see himself or herself as the object of Jesus' declared trust."

[191] EASTER, Faith, 156, vermutet eine Reminiszenz an die makkabäischen Märtyrer (vgl. 2 Makk 7,40: ἐπὶ τῷ κυρίῳ πεποιθώς).

[192] GRÄSSER, Hebräer, Bd. 1, 141.

[193] RIGGENBACH, Hebräer, 52.

[194] Vgl. BACKHAUS, Hebräerbrief, 207. Auf der anderen Seite geht „kein anderer urchristlicher Schriftsteller [...] so weit, Jesu göttliche Machtfülle zu betonen, und das nicht nur im Eingangskapitel, sondern gerade in jenen Gottessprüchen, die unserer Szene wie ein Vorspiel im Himmel vorangehen" (vgl. Hebr 5,5–6).

8.6 Jesu πίστις und „kognitive Mimesis" 369

Anlass für einen exegetischen Dissens gab und gibt die Formulierung „in den Tagen seines Fleisches" (ἐν ταῖς ἡμέραις τῆς σαρκὸς αὐτοῦ, 5,7). Woran denkt der Verfasser hier? Hat er eine spezifische Episode des irdischen Lebens Jesu im Blick, etwa seinen Gebetskampf in Gethsemane (Mk 14,32–42),[195] oder geht es ihm vielmehr um den ganzen Lebensweg Jesu, der vom Anfang bis zum Ende – da freilich im Besonderen – von Versuchbarkeit, Schwachheit und Vergänglichkeit geprägt ist (vgl. Hebr 2,5–18). Man kann davon ausgehen, dass den ersten Adressaten biographische Sequenzen aus dem Leben Jesu bekannt waren, die durch die gewählte Sprache und Motivik zum Klingen kamen, darunter auch Szenen aus der Passion.[196] Doch nirgendwo legt der Hebräerbrief den Akzent auf einzelne Begebenheiten, denn „[d]ie Menschwerdung als ganze ist für ihn Dreh- und Angelpunkt des Christseins."[197]

Jesus steht den Angesprochenen vor Augen als einer, der zeit seines irdischen Lebens im Leiden Gehorsam gelernt hat. Er ist ihnen „in jeglicher Hinsicht gleichgeworden" (κατὰ πάντα [...] ὁμοιωθῆναι, 2,17), und sie werden seine Teilhaber, wenn sie wie er Gehorsam lernen und ihren „anfänglichen festen Stand (τὴν ἀρχὴν τῆς ὑποστάσεως) bis zum Ende bewahren" (3,14). Dazu gehört auch, dass sie mit ihren Zweifeln fertig werden und nach vorne bzw. oben schauen.

Dass aus Leidenserfahrung Lebensklugheit erwächst, ist eine Weisheit der praktischen Philosophie und des gelebten Lebens. Sie wird sprichwörtlich zum Ausdruck gebracht mit dem Satz ἔμαθεν ἀφ᾽ ὧν ἔπαθεν (5,8). Dass allerdings der Gottessohn Gehorsam lernen musste, erscheint zunächst abwegig und wurde schon von den Kirchenvätern durch gewundene Erklärungen gefügig gemacht.[198] Entscheidend ist dem Verfasser aber weniger eine konkrete Anschauung vom Lernweg Jesu als vielmehr seine paränetische Logik: Wenn selbst der Sohn als „Pionier des Glaubens" litt und isoliert war, warum sollte es den Glaubenden anders ergehen? Wenn er es schaffte, standhaft zu bleiben, ist es dann ist nicht folgerichtig, sich an ihm zu orientieren?

8.6.1.2 Hebr 12,1–3: Anführer und Vollender des Glaubens

Die doppelte Prädikation Jesu als ἀρχηγὸς καὶ τελειωτής des Glaubens (Hebr 12,2) ist offen für eine Vielzahl von Deutungen. Die Bezeichnung ἀρχηγός,[199] die

---

[195] So MICHEL, Hebräer, 220; SPICQ, L'Épître aux Hébreux, Bd. 2, 113; ATTRIDGE, Hebrews, 148 f., und viele andere.

[196] Vgl. LÜNEMANN, Hebräerbrief, 180: Der Verfasser hat „nach der herrschenden und ohne Zweifel richtigen Ansicht das Gebet Christi in Gethsemane, wie es durch mündliche oder schriftliche Tradition ihm bekannt geworden war, vor Augen." Lünemann erinnert daran, dass manche wegen des Zusatzes μετὰ κραυγῆς ἰσχυρᾶς (Hebr 5,7) an das laute Rufen Jesu am Kreuz oder den letzten Ruf, mit dem er starb (Mt 27,46; Lk 23,46), denken wollen.

[197] BACKHAUS, Hebräerbrief, 199.

[198] Vgl. GRÄSSER, Hebräer, Bd. 1, 306: „Daß Jesus lehrt, ist neutestamentlicher Konsens; daß er lernt, scheint Nonsens." Vgl. zur schillernden Auslegungsgeschichte BLEEK, Hebräer, Bd. 2/2, 89–91.

[199] Zur Forschungsgeschichte ausführlich MÜLLER, ΧΡΙΣΤΟΣ ΑΡΧΗΓΟΣ, 68–113.

370   8. Hebräerbrief

im Neuen Testament exklusiv in Bezug auf Jesus belegt ist (Apg 3,15; 5,31; Hebr 2,10; 12,2) und vielleicht einen „festen Ort in der urchristlichen Erniedrigungs-/ Erhöhungstradition" hat,[200] meint wohl weniger Jesu Eigenschaft als „Anfänger" des individuellen Glaubens,[201] denn das würde einen Bruch zur voranstehenden Ahnenreihe der Glaubenden bedeuten und einen kontextuell sperrigen Aspekt hinzufügen.[202] Aufgrund der Schlüsselmetapher des „wandernden Gottesvolkes" legt sich die Übersetzung „Anführer" bzw. „Pionier"[203] näher: Jesus ging den Weg des Glaubens als „Anführer des Heils" (ἀρχηγὸς τῆς σωτηρίας, 2,10; vgl. 6,20: πρόδρομος) voraus, „[he] has blazed a new trail",[204] und an seinem Geschick zeigt sich, wie lohnenswert und heilsam es ist, ihm und seinem Beispiel trotz aller Mühen und Zweifel zu folgen. Die zweite Bezeichnung τελειωτής ist Teil der breit angelegten Vollendungsterminologie im Hebräerbrief.[205] Sie bringt nicht (in einem intransitiven Sinn) zum Ausdruck, dass Jesus „es in Beweisung des Glaubens zur Vollendung gebracht" hätte[206] oder dass er den Glauben in den Zuhörern zur Vollendung brächte,[207] sondern vielmehr, dass er auf dem Weg, auf dem er vorangegangen ist, zum Ziel gelangt ist und die ihm Nachfolgenden zum Ziel führt.[208]

Nicht zu übersehen ist, dass der Hebräerbrief die πίστις Jesu kategorial von der πίστις derer unterscheidet, die seinem Beispiel folgen und so zu seinen „Genossen" werden. Nur einer hat „für alle" Erniedrigung erduldet und den Tod geschmeckt und wurde dadurch zum „Anführer des Heils" (2,9–10), nur einer hat die Versuchungen „ohne Sünde" (χωρὶς ἁμαρτίας, 4,15) durchgestanden, nur einer ist der „treue Hohepriester" (πιστὸς ἀρχιερεύς), der die Sünden des Volkes zu sühnen vermag (2,17; vgl. 3,1–2), nur einem von denen, die Gehorsam gelernt haben, kommt das Prädikat „Urheber ewigen Heils" (αἴτιος σωτηρίας αἰωνίου, 5,9) zu, nur einer ist als „Vorläufer" (πρόδρομος) proexistent „für uns" (ὑπὲρ ἡμῶν)[209] hinter den Vorhang in die Gegenwart Gottes hineingegangen (6,19–20), nur einer

---

[200] So GRÄSSER, Hebräer, Bd. 3, 239.

[201] So aber neben vielen älteren Kommentierungen noch ATTRIDGE, Hebrews, 356.

[202] Man könnte allenfalls Schlatters Vorschlag in Erwägung ziehen: „[D]er Anfänger ist er deswegen, weil er der Vollender des Glaubens ist. Er gibt dem Glauben seinen vollen Bestand, den vollkommenen Grund und die vollkommene Frucht. Dadurch ist die neuanfangende Wirkung Jesu, die das Glauben neu möglich macht, mit der ihr vorangehenden Glaubensbetätigung in Einklang gebracht" (SCHLATTER, Glaube, 532).

[203] So (vielfältig nuanciert) in zahlreichen englischen Kommentaren, z. B. DESILVA, Perseverance in Gratitude, 431 f.; JOHNSON, Hebrews, 312 f.; KOESTER, Hebrews, 521; RICHARDSON, Pioneer; EASTER, Faith, 148.

[204] EASTER, Faith, 148.

[205] Vgl. mit Blick auf Jesus Hebr 2,10; 5,9; 7,28. Das Nomen τελειωτής findet sich in der zeitgenössischen Literatur nur bei Dionysios von Halikarnassos, De Dinarcho 1.

[206] So DE WETTE, Titus, Timotheus und die Hebräer, 240. Weitere Belege bei GRÄSSER, Glaube, 59 Anm. 278.

[207] So bereits Chrysostomos. Dagegen spricht wieder, dass hier nicht vom Glauben der Adressaten die Rede ist.

[208] Dass Jesus am Ziel angekommen ist, ist ein hier „nicht ausgesprochener Mittelgedanke" (DELITZSCH, Hebräer, 606).

[209] Zum Stichwort der „Proexistenz" an dieser Stelle vgl. BACKHAUS, Hebräerbrief, 252.

8.6 Jesu πίστις und „kognitive Mimesis"

ist der „Mittler" (μεσίτης) eines neuen, besseren Bundes (8,6; 9,15; vgl. 7,22) – und daher kann auch nur einer „Anführer und Vollender des Glaubens" sein.

Mit diesen christologischen Näherbestimmungen lässt der Autor keinen Zweifel daran, dass Jesu πίστις eine soteriologische Wirkung hat, die menschlichem Glauben nicht zukommt, auch nicht dem Glauben derer, die in die „Hall of Faith" in Hebr 11 aufgenommen sind. Jesu vorbild- und urbildhafte Verkörperung der πίστις[210] soll die Angesprochenen motivieren und inspirieren, sich ihm anzuschließen, im Leiden zu lernen und konsequent gegen Erschöpfung und Zweifel anzukämpfen. Die Art und Weise, wie sich der Hebräerbrief den Anschluss an Jesus vorstellt, lässt sich m. E. am besten als „kognitive Mimesis" umschreiben.[211]

8.6.2 Mimetische Orientierung an Jesus

Der Gedanke, dass Jesus als „Anführer und Vollender des Glaubens" den Weg des Glaubens vorangegangen ist und die Weggemeinschaft der Glaubenden zum Ziel führt, könnte mit der Aufforderung einhergehen, Jesus und seinem Beispiel zu folgen, seinen Weg nachzugehen. Doch davon spricht der Hebräerbrief nicht. Weder wird ausdrücklich zum „Glauben *an* Jesus" aufgerufen, noch zum „Glauben *wie* Jesus". Die Orientierung an Jesus und am Vorbild des „Jesusglaubens" vollzieht sich in der Sphäre des Reflexiven und Kontemplativen; es fallen Begriffe wie κατανοεῖν (3,1; vgl. 2,9), ἀφορᾶν (12,2) und ἀναλογίζεσθαι (12,3). Es steht außer Frage, dass für den Hebräerbrief aus dem Nach-denken auch das Nachfolgen erwächst, doch ist die kognitive Akzentuierung markant.[212]

8.6.2.1 Hebr 3,1: Achtgeben (κατανοεῖν)

Christus ist als πρόδρομος (Hebr 6,20) Gegenstand einer eindringlichen Betrachtung derer, die nachkommen. Die erste unmittelbare Anrede an die Adressaten des Hebräerbriefs ergeht als ein nachdrücklicher Appell, der in der übrigen neutestamentlichen Literatur kein Gegenstück hat:[213] „Daher, heilige Brüder, ihr Teilhaber (μέτοχοι) einer himmlischen Berufung, gebt Acht (κατανοήσατε) auf den Gesandten und Hohepriester unseres Bekenntnisses: Jesus, der

---

[210] Vgl. GRÄSSER, Hebräer, Bd. 1, 308: „Natürlich ist die Alternative ‚Jesus Vorbild *oder* Urbild' falsch. Er ist beides." Um die Einzigartigkeit Jesu als ein die Reihe der Zeugen abschließendes und krönendes Beispiel zu markieren, hebt ihn der Hebräerbrief in seiner literarischen Struktur betont von der „Wolke der Zeugen" ab.

[211] Der Hebräerbrief verwendet den Begriff μιμητής allerdings nicht im Blick auf Christus, sondern im Blick auf diejenigen, die durch Glauben und Geduld die Verheißung ererben (Hebr 6,12).

[212] Auch Agon-Metaphorik ist präsent, jedoch werden die beiden Aufforderungen, Ballast abzuwerfen und ausdauernd zu laufen (Hebr 12,1–2), nicht direkt mit einer Ausrichtung auf den Vorauseilenden in Verbindung gebracht.

[213] Vgl. BACKHAUS, Hebräerbrief, 136. A. a. O., 134, auch die folgende Übersetzung.

372   8. Hebräerbrief

treu ist (πιστὸν ὄντα) dem, der ihn eingesetzt hat [...]!" (3,1–2). Der Satz ist in
mehrerlei Hinsicht aufschlussreich für die Gestalt der Beziehung zwischen den
Angesprochenen und Jesus.

Zunächst fällt die Verwendung des Verbs κατανοεῖν ins Auge,[214] mit dem
der Verfasser dazu auffordert, den Blick – „euren Glaubensblick, denn πίστει
νοοῦμειν [11,3]"[215] – auf Jesus zu richten. Gemeint ist ein eindringliches, ver-
weilendes, empathisches Betrachten,[216] das auch den Verstand engagiert und
zur Einsicht durchdringt, dass Jesus treu ist (vgl. 2,17). Es ist, zweitens, kein
Zufall, dass hier wie auch andernorts pointiert von Ἰησοῦς die Rede ist,[217] denn
die Angeredeten sind aufgefordert, Jesus als Menschen und in seiner Menschlichkeit zu betrachten und aus seiner Standhaftigkeit Mut und Motivation für
ihre eigene Glaubenspraxis zu ziehen. Drittens ist es bedeutsam, dass Jesus als
πιστός apostrophiert wird.[218] Er bewies seine Treue, indem er sich in seinen
eigenen Versuchungen bewährte und dadurch denen helfen kann, die gegenwärtig Versuchungen ausgesetzt sind und wie Jesus Gefahr laufen, dem inneren
und äußeren Druck nachzugeben (2,18). Die Standhaftigkeit Jesu kulminiert im
„Schmecken des Todes", der äußersten Erniedrigung, in der Heilsbedeutung liegt
(ὑπὲρ παντός, 2,9; vgl. 2,14).

Der Teilhabe Jesu an der Menschlichkeit der Glaubenden (2,14) korrespondiert deren Teilhabe an ihm (μέτοχοι τοῦ Χριστοῦ, 3,14). „Das Sein der Christen
als ‚Teilhaber des Christus' verwirklicht sich nicht anders als dadurch, daß sie
die ἀρχὴ τῆς ὑποστάσεως bis ans Ende fest bewahren – und gerade so nun
auch ihrerseits den Weg gehen, den Jesus selbst als ‚Anfänger und Vollender
des Glaubens' bereits gegangen ist (12,2)."[219] Mit der Wendung „Teilhaber des
Christus" erläutert der Verfasser also, was es heißt, „Teilhaber an der himmlischen Berufung zu sein" (3,1; vgl. 1,9).[220] Seine Botschaft ist eindeutig: Wer das

---

[214] Das Wort ist ein Vorzugswort des Lukas (Lk 6,41; 12,24.27; 20,23; Apg 7,31.32; 11,6; 27,39).
Es findet jedoch auch im übrigen Neuen Testament Verwendung, darunter im Römerbrief (zu
Röm 4,19 s. u. Kap. 3.4).

[215] DELITZSCH, Hebräer, 104.

[216] Vgl. mit diskursanalytischer Rahmentheorie WESTFALL, Discourse Analysis, 111: „The
readers are [...] the intended sensors of the cognitive process of thinking intently." Die ebenfalls
imperativisch gebrauchte Formulierung καὶ κατανοῶμεν ἀλλήλους (Hebr 10,24) ist als Anweisung „zur wechselseitigen Kontrolle loyalen Glaubensvollzugs" zu verstehen (BACKHAUS,
Auf Ehre und Gewissen!, 220).

[217] Der schlichte Eigenname Jesus akzentuiert im Hebräerbrief die irdische Existenz des
Gottessohnes (vgl. Hebr 2,9; 3,1; 6,20; 7,22; 13,12).

[218] Mit dem Adjektiv πιστός werden neben dem Hohepriester Jesus (Hebr 2,17; 3,1) auch Gott
(10,23; 11,11) und Mose (3,5 im Zitat aus Num 12,7 LXX) bezeichnet.

[219] WEISS, Hebräer, 264.

[220] Vgl. BLEEK, Hebräer, Bd. 2/1, 460: „entweder: Genossen Christi, socii, oder Christi theilhaftig, participes." Im ersten Fall „würde der Ausdruck dann anspielen auf τοὺς μετόχους σου".
also das Psalmzitat in Hebr 1,9. Bleek entscheidet sich aber für die zweite Variante, da „in unserem Briefe μέτοχός τινος, so oft der Verfasser selbst es gebraucht (3, 1. 6, 4. 12, 8) immer für: eine-
Sache theilhaftig, an derselben theilhabend, steht, wie eben so das Verbum μετέχειν τινὸς (2, 14

8.6.2 *Jesu* πίστις *und „kognitive Mimesis"* 373

Treusein des Hohepriesters Jesus reflektiert (im doppelten Wortsinn) und daraus seine Konsequenzen zieht, dessen Glaube lässt sich nicht erschüttern. „Christ bleibt, wer auf Christus schaut."[221] Und wer – auf Christus schauend – Christ bleibt, hat Anteil an seinem Geschick und seiner endzeitlichen Würde und tritt in „die soteriologische *Teilhaberschaft* am Erlösungsgeschehen" ein.[222]

8.6.2.2 Hebr 12,2–3: Betrachten (ἀναλογίζεσθαι) und Achtgeben (ἀφορᾶν)

Hebr 12,3 ist sachlich eng verwandt mit Hebr 3,1. Wieder erscheint ein Appell an die *ratio*, was zu lebenspraktischen Konsequenzen führen soll: „Betrachtet (ἀναλογίσασθε) den, der eine solche Anfeindung durch die Sünder gegen sich erduldet hat, damit ihr nicht ermattet, ausgezehrt an euren Seelen." Das Verb ἀναλογίζεσθαι bezeichnet „das vergleichende oder erwägende Betrachten".[223] Wieder soll die Kontemplation und die reflektierte Aneignung der Erniedrigung Jesu dazu dienen, Energie für den Glaubensweg zurückzugewinnen und Müdigkeit abzuschütteln.

Der wirkungsgeschichtlich bedeutsamste Ausdruck in diesem Abschnitt ist ἀφορᾶν (12,2; vgl. 11,26: ἀποβλέπειν). Er ist wie ἀναλογίζεσθαι neutestamentliches (und biblisches) *hapax legomenon*, findet sich aber bei jüdischen und paganen Autoren, wo er (wie in Hebr 12,2 mit εἰς oder auch mit πρός τι gebraucht) die Bedeutung hat, den Blick auf jemanden zu richten – und zwar nicht bloß „die leiblichen Augen [...], sondern vornehmlich das Auge des Geistes, um worauf Acht zu geben [...], und sich dadurch in seinem Wandel stärken oder leiten zu lassen."[224] Wieder sticht die „intellektuelle" Färbung des Gedankens hervor: Es kann nicht darum gehen, dem „Vorläufer" blindlings hinterherzulaufen, ohne sich über Kosten und Konsequenzen im Klaren zu sein, sondern sich durch die Kontemplation seines Beispiels anspornen zu lassen und seinem Lauf im Geiste nachzugehen, um wie er zum Ziel zu gelangen. Es schwingt in dem Satz auch mit, dass die *ganze* Aufmerksamkeit auf Jesus gerichtet sein soll – weg (ἀπό) von allem, was potenziell vom eigentlichen Fokus ablenkt, hin (εἰς) zu dem, der allein „Anführer und Vollender" ist.[225]

5, 13. 7, 13)." Dagegen betont etwa GRÄSSER, Glaube, 99 f. (wie ders., Hebräer, Bd 1, 189 f.): „Nur der Hebr beschreibt den gegenwärtigen Heilsstand der Glaubenden als *Christusgenossenschaft.*"

[221] BACKHAUS, Hebräerbrief, 136.

[222] GRÄSSER, Hebräer, Bd. 1, 160.

[223] LÜNEMANN, Hebräerbrief, 391.

[224] BLEEK, Hebräer, Bd. 2/2, 862. Aus dem griechisch-römischen Schrifttum wird häufig eine Passage Epiktets angeführt, in der er dazu auffordert, seinen Lehren und Darlegungen nachzusinnen und den Beispielen Beachtung zu schenken (*Dissertationes* 4,1,170). Auch Gott ist gelegentlich Gegenstand dieser Art der Betrachtung (vgl. Epiktet, *Dissertationes* 2,19,29; Josephus, *Ant.* 8,290; 4 Makk 17,10).

[225] Vgl. O'BRIEN, Hebrews, 453 mit Anm. 33: „The author's appeal calls for concentrated attention that turns away from all distractions, with eyes only for Jesus." Siehe in diesem Sinn auch CROY, Endurance, 174.

374 8. *Hebräerbrief*

Es wird nicht gesagt, dass der Modus des Anschlusses an Jesus im Glauben besteht, obwohl der Imperativ πιστεύετε – analog zu ἀναλογίσασθε (12,3) und κατανοήσατε (3,1) – eigentlich „nicht unangebracht" wäre.[226] Doch hat einerseits die Formel vom „Glauben an Christus" keinen Ort in der an einer „axe théocentrique"[227] aufgehängten Gedankenwelt des Hebräerbriefautors, und andererseits geschieht der Anschluss an Christus nicht im Glauben an ihn, sondern in der Reflexion und Realisierung seines vorbildhaften Glaubens. Diejenigen, die (wie er) ausdauernd glauben, gehen (wie er) in den himmlischen Ruheort ein (4,3). Indem die Adressatinnen und Adressaten das Geschick Jesu betrachten und es sich reflexiv aneignen, verlieren andere Plausibilitäten ihre Anziehungskraft bzw. ihr Bedrohungspotenzial.[228] Die sich am Glauben Jesu orientieren, bannen die Gefahr, in das alte Leben zurückfallen und als Christi Genossinnen und Genossen Anteil am Heil.[229] Die partizipatorische Christologie des Hebräerbriefes ist einzigartig im Neuen Testament, und doch hat sie in der paulinischen Theologie ein noch wirkmächtigeres Pendant.[230]

8.7 Religionsgeschichtliche Verflechtungen

8.7.1 Plutarchs theologia tripertita

Die Verschränkung von Rationalität und Paradoxalität innerhalb eines spezifischen Wirklichkeitsverständnisses ist keineswegs exklusiv christlich, sondern hat ebenso bei Philo und Plutarch eine je eigene Ausprägung gefunden. Sie gründet in platonischem Gedankengut, aus dem auch der Hebräerbriefautor schöpft.

Während bei Platon die πίστις im Rahmen seiner Erkenntnistheorie auf „ein Fürwahrhalten" beschränkt ist, „das sich auf ‚Überredung', nicht auf Belehrung und klare Erkenntnis verlässt",[231] entwirft der Mittelplatoniker Plutarch ein Verständnis der πίστις, das hinsichtlich seiner Erkenntnisfunktion in manchen As-

---

[226] So Grässer, Glaube, 62 mit Anm. 387.

[227] Spicq, L'Épître aux Hébreux, Bd. 1, 149 Anm. 7.

[228] Dazu gehört auch, sich des Leidens Jesu entgegen den sozialen Codes und Normen nicht zu schämen. Vgl. z. B. Koester, Hebrews, 536: „[T]o despise shame is to reject the view of those people who have declared that the cross is dishonourable. Hebrews argues that Jesus suffered in obedience to God (2:10–18; 5:7–10; 10:5–10), following a standard different from that of Greco-Roman society." Wegweisend ist in diesem Zusammenhang die sozialgeschichtlich angelegte Studie deSilva, Despising Shame.

[229] Vgl. Backhaus, Auf Ehre und Gewissen!, 221 mit Anm. 23. Der Hebräerbrief warnt vor einem „Rückfall" nicht in die jüdische Mutterreligion (so z. B. Lünemann, Hebräerbrief, 217; pointiert Lindars, Theology, 4), sondern in die dominante Kultur des stadtrömischen Heidentums.

[230] Vgl. Schliesser, Glauben und Denken, 544–551.

[231] Pohlenz, Der hellenische Mensch, 39; vgl. z. B. Platons „Liniengleichnis" (*Rep.* 6, 509c–511e).

8.7 *Religionsgeschichtliche Verflechtungen* 375

pekten dem des Hebräerbriefs nahekommt.[232] In seiner Rezeption der *theologia tripertita* verweist Plutarch darauf, dass der „Glaube" auf drei „Beglaubigungs-mittler" zurückzuführen sei, die alle jenseits der sinnlichen Erfahrung stehen, nämlich Mythos, Nomos und Logos. Deshalb sind die Dichter, Gesetzesgeber und Philosophen zu Führern und Lehrern (ἡγεμόνες καὶ διδάσκαλοι) gewor-den, da sie alle festhalten, dass es Götter gibt.[233] Mit dem dritten Element, dem Logos, besagt er, dass eine vernünftige, philosophisch informierte Darlegung zum Glauben hin öffnet. An einer anderen Stelle seiner Schriften findet sich eine aufschlussreiche Kombination der Lexeme πίστις und πρᾶγμα: Während die Sophisten nicht in der Lage sind, einen starken Glauben an ihre Sache her-vorzurufen (οὐ γὰρ ἐμποιοῦσι πίστιν ἰσχυρὰν περὶ τοῦ πράγματος) und mit-unter sogar das Unglaubwürdige verteidigen, wägt der achtbare Historiograph in Zweifelsfällen die Fakten sorgfältig gegeneinander ab.[234]

Plutarch unterscheidet also verschiedene Qualitäten der πίστις; sie kann durch „Stärke" gekennzeichnet sein und demnach auch durch „Schwäche". Da-mit korrespondiert die andernorts getroffene Differenzierung zwischen einem unerfahrenen, schlichten, „laienhaften" Glauben (ἄτεχνος πίστις) und einem durch Erfahrungswissen gestärkten Glauben.[235] Von ferne erinnert die quali-tative Differenzierung der πίστις und die Vorzüglichkeit eines kräftigen, aus-dauernden Glaubens an das Motiv der *stabilitas fidei* im Hebräerbrief: Gottes Verheißung, sein Eid, dient zur Bekräftigung und setzt jedem Einwand ein Ende (πάσης [...] ἀντιλογίας πέρας εἰς βεβαίωσιν ὁ ὅρκος, Hebr 6,19); wer vom Unsichtbaren überführt ist, hält gegen konkurrierende Sinnangebote am Verheißungsgut fest.[236] Auch nach Plutarch steht der Glaube nicht gegen die Ver-nunft oder außerhalb der Vernunft, sondern er erschließt vielmehr den Bereich der transzendenten Wahrheit. Wie im Hebräerbrief funktioniert die Logik des Glaubens nur innerhalb seiner weltanschaulichen Axiome: Er weiß um den Ort des Wahren in der Sphäre des Nichtsinnlichen, Nichtsichtbaren; er erkennt in der religiösen Überlieferung Spiegelungen des Wahren und identifiziert kundige Führer auf dem Weg zum Wahren – gewissermaßen als „Träger von kognitiver Kompetenz und moralischer Autorität" (vgl. Hebr 13,7: ἡγούμενοι).[237]

---

[232] Zu Plutarchs Glaubensverständnis vgl. HIRSCH-LUIPOLD, Religiöse Tradition; VAN KOO-TEN, Interpretation of πίστις; FRAZIER, Philosophie et religion.

[233] Plutarch, *Am.* 763C. Vgl. VAN KOOTEN, Interpretation of πίστις, 231.

[234] Plutarch, *De Herodoti malignitate* 855E–F. Vgl. VAN KOOTEN, Interpretation of πίστις, 223.

[235] Plutarch, *Symp.* 725C: λόγος ὥσπερ ἀτέχνῳ πίστει ναυτικῇ βεβαιούμενος ἐμπειρίᾳ. Der sehr spezifische (nautische) Sachzusammenhang kann hier außer Acht bleiben. VAN KOOTEN, Interpretation of πίστις, 223 f., verweist darauf, dass die aristotelische Differenzierung zwischen ἄτεχνοι und ἔντεχνοι πίστεις, d. h. zwischen nichttechnischen und technischen Beweismitteln (Aristoteles, *Rhet.* 1355b35), bei Plutarch auf die „Glaubenshaltung" dessen übertragen ist, dem eine Erklärung gegeben wird. Analog zum ἔλεγχος (s. o. Kap. 8.4) können auch bei der πίστις subjektive und objektive Dimension oszillieren.

[236] Vgl. BACKHAUS, Auf Ehre und Gewissen!, 220.

[237] So umschreibt BACKHAUS, Auf Ehre und Gewissen!, 229, die Bedeutung von ἡγούμενοι

376   *8. Hebräerbrief*

8.7.2 Philos Glaubensverständnis und der Zweifel

8.7.2.1 Abraham

Die strukturellen und inhaltlichen Parallelen zwischen dem Hebräerbrief und Philo im Blick auf ihr Glaubensverständnis wurden vielerorts dargelegt.[238] Der Vergleichspunkt soll hier zunächst auf der kognitiven Prägung der πίστις liegen. Zunächst fällt auf, dass bei der Mehrzahl der πίστις-Belege bei Philo an einen objektiven Beweis, an eine Beglaubigung gedacht ist, die den Weg zum subjektiven Glauben freimacht.[239] Bemerkenswert ist auch, dass Philo die subjektive Seite des Glaubens mit Vorliebe an Abraham illustriert und diesen rhetorischen Zug mit dem Hebräerbrief teilt (vgl. Hebr 6,13–15; 11,8–19).[240] Wie im Hebräerbrief erweist sich Abraham auch bei Philo als Paradebeispiel für einen, der vom Nichtsichtbaren überführt ist (vgl. Hebr 11,8), und ebenso exemplifiziert Mose einen standhaft Glaubenden, der sich an den Unsichtbaren hält, als sähe er ihn (vgl. Hebr 11,27). In Analogie zum Hebräerbrief unterscheidet Philo zwischen Sichtbarem und Unsichtbarem, Festem und Schwankendem und definiert somit den Glauben als „die feste Haltung in Anfechtung und Zweifel, die dem möglich ist, der sich in Gott als dem Unwandelbaren festgemacht hat."[241]

Stellvertretend für die Vielzahl an philonischen Aussagen zum Glauben zitiere ich eine bemerkenswerte Passage aus der Schrift *De confusione linguarum*. Mit dem Hebräerbrief verwandte Anschauungen sind hier besonders reichlich vorhanden. Der Glaubende erfüllt die Aufforderung, bei dem unwandelbaren Gott zu stehen (Dtn 5,31),[242] und nimmt eine entsprechende seelische Haltung ein; dem festen Glauben korrespondiert ein ethisch angemessener Lebensstil und ein Erkenntnisvermögen, das schädlichen Einflüssen gegenüber immun bleibt:

> Der Böse (ὁ φαῦλος) begibt sich [...] zum Quell der Laster und sämtlicher Leidenschaften, die dem Wasser ähnlich sind; der Weise aber erwirbt sich vorerst den Preis von dem ewig stehenden Gott, der seinem unbeweglichen und ewig unwandelbaren Wesen ent-

---

im Hebräerbrief (vgl. Hebr 13,7.17). Die Kompetenz und Funktion der „Anführer" reicht über die der organisatorischen Gemeindeleitung also weit hinaus.

[238] Vgl. Spicq, Le philonisme; ders., Alexandrinismes. Zusammengefasst in ders., L'Épître aux Hébreux, Bd. 1, 79: „La conception de la πίστις elle-même dans *Hébr.* a de singulières affinités avec celle de Philon." Dagegen die nicht immer stichhaltige (und auch nicht immer faire) Kritik von Ronald Williamson, die mit dem Satz endet: „The Writer of Hebrews had never been a Philonist, had never read Philo's works, had never come under the influence of Philo directly or indirectly" (Williamson, Philo, 579).

[239] Vgl. Hay, Pistis, 465 („objective ground for subjective faith"), der dazu weiter ausführt: „[I]n the vast majority of instances Philo does use the term in some relation to his religious convictions" (a.a.O., 470). Zu den mit der πίστις semantisch verwandten Termini gehören nach Hay ἀπόδειξις, δεῖγμα und τεκμήριον (vgl. a.a.O., 468).

[240] Vgl. u.a. Hay, Pistis, 464 Anm. 11.

[241] Grässer, Glaube, 127 f.

[242] Dtn 5,31 ist eine von Philo mehrfach zitierte Stelle. Vgl. den „Scripture Index" bei F.H. Colson/J.W. Earp, LCL 379, 250.

8.7 Religionsgeschichtliche Verflechtungen

spricht. Denn es heißt: „Du aber stelle dich neben mich selbst" [Dtn 5,31]: damit er den Zweifel und das Schwanken (ἐνδοιασμὸν καὶ ἐπαμφοτερισμόν), die Beschaffenheiten einer haltlosen Seele, ablege und die feste und stete seelische Verfassung (ὀχυρωτάτην καὶ βεβαιοτάτην διάθεσιν), den Glauben, annehme [...]. Denn sofern die Vernunft (γνώμη) einen Halt besitzt und unumstößlich gefestigt ist, stellt sie sich jenen allen entgegen, die am Wanken und Schwanken Freude haben.[243]

Die epistemisch-ethische Doppelperspektive, die den Hebräerbrief auszeichnet, leuchtet auch hier auf: Eine „haltlose Seele" zweifelt und schwankt, ist nach innen und außen unstet. Beide Seiten des Glaubens, die intellektuelle und die ethische, werden wieder an Abraham dargestellt, von dem es zunächst heißt, dass er glaubte (vgl. Gen 15,6), „weil er ja zuerst eine feste und unerschütterliche Überzeugung hatte (ἀκλινῆ καὶ βεβαίαν [...] ὑπόληψιν), dass es eine oberste Ursache gibt."[244] Philo fährt fort, dass Abraham, indem er mit dem Glauben die sicherste der Tugenden (πίστιν,[245] τὴν τῶν ἀρετῶν βεβαιοτάτην) ergriffen hatte, „auch alle anderen miterwarb".[246]

So sehr jedoch beide, Philo und der Verfasser des Hebräerbriefs, das Ineinander von Glaube und Rationalität bezeugen, so deutlich erweist eine Gesamtsicht auf die beiden Theologen einen markanten Unterschied: Im Zentrum des theologischen Systems Philos steht „nicht das Glauben, sondern [...] das Wissen, die Weisheit, die Erkenntnis Gottes" und als Konsequenz daraus „die Abwendung der Begehrung vom natürlichen Gut".[247] Dass die Vernunft das Organ ist, mit dem die entscheidende Wirklichkeit wahrgenommen wird, drückt sich charakteristisch in folgendem Satz aus: „Denn das Auge erfaßt nur das Sichtbare und Gegenwärtige. Die Vernunft aber erreicht auch das Unsichtbare und Zukünftige" (ὀφθαλμοῖς μὲν γὰρ τὰ ἐν φανερῷ καὶ ἐν χερσὶ καταλαμβάνεται, λογισμὸς δὲ φθάνει καὶ πρὸς τὰ ἀόρατα καὶ μέλλοντα).[248] Nach dem Hebräerbrief ist es der (vernünftige) Glaube, der zum Unsichtbaren und Zukünftigen durchdringt.[249] Somit bestätigt auch der Hebräerbrief die bemerkenswerte Zentralstellung des

---

[243] Philo, *Conf.* 30–31 (Übers. hier und im Folgenden nach Cohn).

[244] Philo, *Virt.* 216.

[245] In der Ausgabe Cohns, der wiederum Mangey folgt, wurde entgegen der Mehrzahl der Manuskripte, aber sicher zu Recht πίστιν anstelle von ἐπιστήμην gedruckt. Vgl. Borgen, Underneath Cohn and Colson, 93 Anm. 64: „[...] which must be correct, since Philo never calls ἐπιστήμη itself an ἀρετή." Immerhin erweist sich in diesem offensichtlichen Erratum, dass und wie bereits in der frühesten Rezeption Philos Glaube und Rationalität verschmolzen.

[246] Vgl. auch *Her.* 90–99 und Backhaus, Hebräerbrief, 55: „Aus dem Abstand zum transzendenten Gott folgt – wie schon bei Philo [...] – die Suche nach βεβαίωσις (vgl. [Hebr] 6,19; ferner 2,2 f; 3,14; 6,16; 9,17; 13,9)."

[247] Schlatter, Glaube, 74.

[248] Philo, *Legat.* 2.

[249] Ronald Williamson teilt diese Einsicht, doch läuft er Gefahr, Glaube und Vernunft auseinanderzudividieren. Vgl. Williamson, Philo and the Epistle to the Hebrews, 383: „[I]t must be noted that for Philo the invisible world is known by the intellect, it is the ‚intelligible' world; in Hebrews what is invisible is known by faith."

378   8. Hebräerbrief

Glaubens, die nahezu alle Schriften und Schichten des frühen Christentums kennzeichnet und die ihn von Philo unterscheidet.

In einem Abschnitt in *Quis rerum divinarum heres sit* kommentiert Philo ausführlich die Angabe, dass Abraham im Frieden „heranwuchs" (Gen 15,15), und fragt, um welchen Frieden es sich hier handeln kann.[250] Denn Abrahams Lebensweg war geprägt von kriegerischen Auseinandersetzungen (Gen 14,14–16), der Ungewissheit einer Nomadenexistenz und einer Hungersnot (Gen 12,10). Seine Heimatlosigkeit wäre für ihn ein herber Kampf und ein zielloses Herumirren auf öden Wegen gewesen, „wenn er nicht auf göttliche Befehle und Offenbarungen vertraut" hätte (πεπιστευκότι). Ein tieferes, allegorisches Verständnis auf die eigentlich beklagenswerten Lebensumstände öffnet den Blick dafür, dass „jeder Kampf ein Beweis ungetrübten Friedens" wird: „Denn Mangel an Leidenschaften und ihre Entbehrung, die Bewältigung feindseliger Bedrückungen und die Auswanderung von dem chaldäischen Glauben zu dem Gottliebenden (μετανάστασις ἀπὸ Χαλδαϊκῆς δόξης πρὸς τὴν φιλόθεον), d. h. von der mit den Sinnen wahrnehmbaren Schöpfung zu der vom Geiste erfassbaren schöpferischen Ursache, – sie erzeugen Seelenruhe und Festigkeit (εὐνομίαν καὶ εὐστάθειαν)."[251]

8.7.2.2 Mose

Wie der Hebräerbriefautor (Hebr 11,27) knüpft auch Philo das Motiv der ersehnten Gottesschau des Mose an den Topos des Glaubens: Mose strebt danach, Gott zu schauen und von ihm geschaut zu werden, auch wenn dies ein unerreichbarer Zustand ist. Der tiefere Sinn der Bitte liegt im Wunsch nach einem festen, unerschütterlichen Glauben: So will er, „der sich schon vorher eine untrügliche Meinung gebildet hatte, für unsicheres Schwanken sichersten Glauben eintauschen (ἀβεβαίου ἐνδοιασμοῦ βεβαιοτάτην πίστιν). [...] Und bei seinem Streben wird er die Sehnsucht nicht fahren lassen, sondern trotz der Erkenntnis, daß er seine Liebe auf einen schwer, ja gar nicht zu erreichenden Gegenstand richtet, wird er dennoch darum kämpfen und es in nichts an angestrengtem Eifer fehlen lassen, sondern alles, was ihm gehört, für das Gelingen bereitwillig und ohne Zaudern (ἀόκνως) mit benutzen."[252] In Moses Gottesliebe wurzelt sein Vertrauen (μάλιστα πεπιστευκώς), kühne und unerhörte Aussagen zu treffen. Nur so kann er das Widersinnigste (τὸ παραδοξότατον) sagen, dass Gott nicht nur ein Erbe hat, sondern dass er selbst das Erbe für andere – für die Weisen – ist.[253] Diese Auffassung beweist, dass er zu denen gehört, die nicht schwanken (οὐκ ἐπαμφοτεριζόντων), sondern „von festem Glauben erfüllt sind" (βεβαίᾳ πίστει κατεσχημένων).[254]

---

[250] Philo, *Her.* 275–292.
[251] Philo, *Her.* 289.
[252] Philo, *Post.* 13.
[253] Philo, *Plant.* 62. So interpretiert Philo Num 18,20 („Ich bin dein Anteil und dein Erbbesitz"): Der Verzicht des Weisen auf irdischen Besitz erkennt ihm nicht „die ganze Welt" zu, sondern sogar „den Lenker des Alls" – ein für viele paradoxer Gedanke (*Plant.* 69)!
[254] Philo, *Plant.* 70.

8.8 *Fazit*

Auch in einzelnen Szenen im Leben des Mose zeigt sich nach Philo beispielhaft, was unbeirrbares Glauben ist.[255] Mose stellt sich den dämonischen Missetätern und ihrem königlichen Anführer, dem Pharao, machtvoll entgegen, indem er selbst bei Gott zum Stehen kommt, „den Zweifel und das Schwanken [...] ablegt und die feste und stete seelische Verfassung, den Glauben, annimmt (βεβαιοτάτην διάθεσιν, πίστιν, ἐνδύσηται)."[256] Die Einnahme des verheißenen Landes wird zwar durch Kundschafter militärstrategisch vorbereitet, doch in Wahrheit liegen „unsere Waffen und Werkzeuge [...] und unsere ganze Macht [...] allein in dem Vertrauen auf Gott (ἐν μόνῳ τῷ πιστεύειν θεῷ)." Derart gerüstet „werden wir keinem Schrecknis zu weichen brauchen".[257] Nicht einmal die zögerliche Ablehnung des göttlichen Rufs am Dornbusch ist einem Mangel an Glauben geschuldet: „Obwohl er alles glaubte, lehnte er doch die Wahl ab" (πιστεύων δ’ ὅμως παρῃτεῖτο τὴν χειροτονίαν).[258] Moses eigener Glaube ist fest und standhaft, und als Anführer des Volkes fordert er einen solchen Glauben auch von seinen Schutzbefohlenen ein. Die Wüstengeneration, die aus dem Äther mit Manna beschenkt wurde, ermahnt er, der täglichen Fürsorge Gottes zu vertrauen (πιστεύειν δεῖ τῷ θεῷ) und keine Vorräte zu sammeln, und muss doch mit ansehen, dass einige, „die in der Frömmigkeit noch unbeständig waren" (ἔνιοι τῶν πρὸς εὐσέβειαν ἀνερματίστων), die Weisung missachteten.[259]

Interessant ist in diesem Zusammenhang ein Selbstbekenntnis Philos, in dem er sein eigenes Schwanken und seine unvollkommene Frömmigkeit eingesteht: „Ich aber bin bis jetzt noch im Zustand des Rausches, befinde mich in großer Unklarheit." Wie Plutarch und der Autor des Hebräerbriefs räumt er ein, dass er in seiner Unbeständigkeit auf „Krücken und Führer" (βάκτρων καὶ τῶν ποδηγετησόντων) angewiesen ist, wie die Blinden; „denn wenn ich gestützt werde, werde ich vielleicht nicht anstoßen und ausgleiten."[260]

8.8 Fazit

(1) Der Hebräerbrief ist eine „Trost- und Mahnrede" (Hebr 13,22) und zielt auf die Glaubensexistenz der Adressatinnen und Adressaten. Sie befinden sich nach Auffassung des Autors in einer Krisensituation, in der ihnen die „Gewissheit des Glaubens" (10,22) zu entgleiten droht – auch und gerade durch den Zweifel. Der Zweifel ist im Hebräerbrief ein Phänomen des „Dazwischen". Die Hebräer-

---

[255] Vgl. SCHLATTER, Glaube, 74 f.
[256] Philo, *Conf.* 31.
[257] Philo, *Mos.* 1,225.
[258] Philo, *Mos.* 1,83.
[259] Philo, *Mos.* 2,259–260.
[260] Philo, *Somn.* 2,102: σκηριπτομένῳ γὰρ ἐγγένοιτ’ ἂν ἴσως μήτε προσπταίειν μήτε ὀλισθαίνειν.

380   8. *Hebräerbrief*

briefexegese beschreibt dieses Dazwischen in vielerlei Spielarten, und jede von ihnen erfasst einen spezifischen Aspekt: Das wandernde Gottesvolk weiß sich in der „Zwischenzeit zwischen Kreuz und Parusie"[261] und hat ein Ziel vor Augen, das (noch) nicht sichtbar ist. Es befindet sich in einem Zwischenstadium „zwischen bereits erfüllter und noch zu erfüllender Verheißungswirklichkeit"[262] und erfährt die „Paradoxie des christlichen Seins zwischen den Zeiten"[263] am eigenen Leib. In dieser Zwischen-Zeit hat das Christusereignis seine Prägekraft für die angesprochene Gemeinschaft verloren, seine identitätsstiftende Ausstrahlung ist verblasst unter dem gesellschaftlichen Druck und dem Ausbleiben positiver Glaubenserfahrungen.

(2) Aus der Diskrepanz zwischen der Erfahrung der gegenwärtigen, irdischen Wirklichkeit und der zukünftigen, transzendenten Wirklichkeit erwächst Zweifel, und zwar in doppelter Hinsicht: Einerseits entzündet sich der Zweifel an der Spannung zwischen der Paradoxalität und der Rationalität des Glaubens, die der Hebräerbrief wie keine andere frühchristliche Schrift ausmalt und aushält. Anderseits nistet sich der Zweifel ein in die Spannung zwischen dem Sehen und dem Nichtsehen und verführt zum Zurückweichen, zur Apostase. Wer sich dagegen vom Nichtsichtbaren bestimmen lässt, ist auch in der Lage, sich dem Druck entgegenzustemmen. So ist die Logik des Programmsatzes Hebr 11,1 zu verstehen, in der das epistemische (ἔλεγχος = Überführtsein im Blick auf das Nichtsichtbare) und das ethische Moment des Glaubens (ὑπόστασις = Durchhalten im Blick auf das Erhoffte) im Sinne von Voraussetzung und Folge gekoppelt sind. Der Autor spricht beide Ebenen an, indem er einerseits die Vernunftnotwendigkeit und Angemessenheit des Glaubens hervorhebt, andererseits, indem er zum Durchhalten und zur Nachahmung der Glaubensvorbilder aufruft. Wer glaubt, versteht und hält durch, wer zweifelt, versteht nicht und fällt ab.

(3) Zweifel entstehen konkret aufgrund der Paradoxie eines Glaubens, der sich an den Unsichtbaren hält, als sähe er ihn (τὸν γὰρ ἀόρατον ὡς ὁρῶν ἐκαρτέρησεν, 11,27). Die Angesprochenen wissen, dass Gott Christus alles unter die Füße gelegt *hat*, und doch sehen sie es (noch) nicht (οὔπω ὁρῶμεν, 2,8); sie sind (bereits) von ihren Sünden gereinigt (1,3) und dürfen sich als μέτοχοι Christi verstehen (3,14); zugleich erwarten sie (noch) die endzeitliche Sabbatruhe (4,9), „das verheißene ewige Erbe (9,15), das unerschütterliche Reich (12,26.28), die bessere himmlische Heimat (11,13.16)".[264] Der Verfasser wirft ihnen vor, eine „fahrlässig-träge Gleichgültigkeit" gegenüber dem Heil einzunehmen (vgl. 2,3: ἀμελεῖν), nicht mehr auf das Gehörte Acht zu geben (προσέχειν, 2,1), spirituell schwerhörig und desinteressiert zu sein.[265] Ihrem Wesen nach wäre die göttliche

---

[261] BRAUN, Hebräer, 221.

[262] KÄSEMANN, Das wandernde Gottesvolk, 19.

[263] GRÄSSER, Glaube, 214.

[264] GRÄSSER, Hebräer, Bd. 1, 201.

[265] BACKHAUS, Hebräerbrief, 106.

8.8 *Fazit* 381

Verheißung gegen den Zweifel immun, weil sie sicher verbürgt ist (10,19.23), doch durch die instabile Haltung der Glaubenden kommt ein gefährlicher Unsicherheitsfaktor ins Spiel (10,25.36.39). Der Zweifel der Wüstengeneration an Gottes Hilfe ist dem Ungehorsam (3,18) und dem Unglauben (3,12.19) gleichzustellen und gekennzeichnet als „Nicht-Durchhalten der Ausgangslage, Nicht-Festhalten des Bekenntnisses, feiges Zurückweichen".[266]

(4) Den Ausdrucksformen des Zweifels begegnet der Autor mit allen ihm zur Verfügung stehenden Mitteln – seelsorgerlich, rhetorisch, argumentativ. Ins Auge sticht insbesondere die „Definition" des Glaubens in Hebr 11,1 als Überschrift eines langen Abschnitts der *peroratio*, der den Adressaten die Bedeutung des Glaubens durch den 18-maligen anaphorischen Gebrauch des Dativs πίστει geradezu einhämmert. Am anschaulichsten wird die zweifelüberwindende Logik des Glaubens in der Figur Abrahams, der durchaus an Gott hätte zweifeln und verzweifeln können, aber dank seiner nüchternen Urteilskraft standhaft blieb (ἡγεῖσθαι, 11,11; λογίζεσθαι, 11,19). Auch an Abraham zeigt sich, dass im Erkenntnismoment des Glaubens die Voraussetzung für die Beharrlichkeit liegt.

(5) Der Orientierung an Jesus als „Anführer und Vollender des Glaubens" (12,2) erfolgt im Rahmen einer im frühen Christentum singulären „kognitiven Mimesis". Sprachlich äußert sich dies in Verben des Erkennens (κατανοεῖν, 3,1; ἀφορᾶν, 12,2; ἀναλογίζεσθαι, 12,3). „Was die Adressaten sind, das sind sie im Vollzug dieses ‚Sehens Jesu' als des ‚Sich Einlassens' auf das christologische Bekenntnisbild (3,1.6)."[267] Die Adressaten werden beim reflektierenden Blick auf Jesus behaftet, der auch im Leiden standhielt und nicht zweifelte, sondern durch sein Leiden vollendet wurde (2,10).[268] Sie sollen dadurch motiviert werden, trotz gesellschaftlichen und politischen Drucks (10,32–33) und entgegen allen konkurrierenden Plausibilitäten und Logiken ihren Weg weiterzugehen.[269]

(6) Im Hebräerbrief liegen eine zeitlich-apokalyptische und eine räumlich-ontologische Linie nebeneinander, wobei die zweite Linie deutlicher wahrzunehmen ist. Indem der Verfasser des Briefes das „Überführtsein vom Unsichtbaren" zu einem Wesensmerkmal des Glaubens erhebt, transponiert er gewissermaßen „den heilsgeschichtlichen Dualismus der sich ablösenden Aeonen [...] in den platonisch-idealistischen Dualismus von Irdisch/Sichtbar und Himmlisch/Unsichtbar"[270] – allerdings ohne eine Alternative zwischen beiden Denkformen

---

[266] GRÄSSER, Hebräer, Bd. 1, 196. Vgl. ders., Glaube, 22 f.

[267] WIDER, Theozentrik, 56.

[268] Jesu Nichtzweifeln wird wie auch sein Glauben nicht explizit gesagt, aber vorausgesetzt.

[269] Jesu Glauben im Leiden lehrt auch „to count as nothing the opinion of human beings" (DESILVA, Despising Shame, 173). In diesem Sinne ist der Glaube im Hebräerbrief wie auch bei Paulus „the identity descriptor of the addressees" (MAROHL, Faithfulness, 146), nur dass es Ersterem um die Bewährung dieser Identität geht, Paulus um ihre Konstitutionsbedingungen.

[270] GRÄSSER, Glaube, 215.

382   8. *Hebräerbrief*

zu konstruieren.[271] Indem er den Glauben als eine Haltung und Verhaltensweise darstellt, die sich in bestimmten Personen – allen voran Jesus selbst – vorgezeichnet findet, wendet er hellenistische Tugend- und Mimesisvorstellungen auf den Glaubensvollzug an. Die synthetische Leistung des Hebräerbriefautors ist bemerkenswert[272] und stellt ihn neben Denker wir Plutarch und Philo. Sie alle artikulieren ein mittelplatonisch geprägtes Wirklichkeitsverständnis, in dem das Wahre in der nichtsichtbaren Sphäre zu finden und mittels πίστις zugänglich ist. Ziel ist eine Glaubenshaltung, die nicht schwankt und zweifelt. Die ausgeklügelte Zweifelsüberwindungsstrategie des Hebräerbriefs malt einer verunsicherten Gemeinschaft das christliche Wirklichkeitsverständnis neu vor Augen und fordert zum Nach-Folgen und mehr noch zum Nach-Denken des Wegs Jesu auf. Der Glaube wird faktisch zur Vernunftnotwendigkeit erklärt, der Zweifel zur unmöglichen Möglichkeit.

---

[271] Der temporale Aspekt zeigt sich u. a. darin, dass die Glaubenden zu einem eschatologischen Ziel unterwegs sind, der κατάπαυσις.

[272] Sie erweist ihn als einen „Modellfall mehrdimensionalen, integrativen Denkens im Christentum", der von neuzeitlichen theologischen Alternativen unberührt ist und damit „konzeptionelle Grenzen unterläuft und überquert" (Backhaus, Potential und Profil, 6 f.).

9. Synthese

9.1 Frühchristlicher Zweifelsdiskurs und theologische Impulse

Das frühe Christentum spricht anders vom Zweifel als wir das heute tun. Die Zeiten – auch die Zeiten des Zweifelsdiskurses – haben sich fundamental gewandelt. Die Denkvoraussetzungen und -stile, die Argumentationsgrundlagen und -interessen, die Bewertungen und Systematisierungen des Zweifels sind heute anders als in der Anfangsphase der Jesusbewegung.[1] In den voranstehenden Einzeluntersuchungen präsentierte sich ein Panorama von mannigfaltigen Ausdrucksformen, die sich in komplexen Identitätsprozessen und theologischen Suchbewegungen ausgebildet haben. Vom frühchristlichen Zweifel kann eigentlich nur im Plural gesprochen werden. Das Ziel einer Synthese kann es daher nicht sein, eine Einheit des Gegenstandes zu gewinnen, sondern sie muss die Reichhaltigkeit der Phänomene aufzeigen und von dort aus versuchen, sie zu bündeln und zu systematisieren.

In einem ersten Schritt (Kap. 9.2) stelle ich sechs Grundtypen des Zweifels im frühen Christentum zusammen, die sich aus der Auseinandersetzung mit den einzelnen Schriften und Schriftengruppen ergaben. Die weiteren Abschnitte fragen nach dem „Sitz im Leben" des Zweifels in den frühchristlichen Gemeinschaften (Kap. 9.3), nach den spezifischen Gegenständen des Zweifels (Kap. 9.4) sowie nach den Strategien der Bearbeitung und Bekämpfung des Zweifels (Kap. 9.5). Abschließend werden die exegetischen Einsichten in einen Dialog mit einzelnen theologischen Konzepten überführt mit dem Anliegen, Impulse für eine vom Neuen Testament inspirierte „Theologie des Zweifels" zu setzen (Kap. 9.6). Denn gerade in der jüngeren Theologiegeschichte werden markante Akzentverschiebungen im Umgang mit dem Zweifel erkennbar – von einer pauschalen Verdammung hin zu einem geradezu vorbehaltlosen Lob.

---

[1] Der fundamentale Existenzmodus des Zweifelns in der Gegenwart wird von Charles Taylor so beschrieben: „We live in a condition where we cannot help but be aware that there are a number of different construals, views which intelligent, reasonably undeluded people, of good will, can and do disagree on. We cannot help looking over our shoulder from time to time, looking sideways, living our faith also in a condition of doubt and uncertainty" (TAYLOR, Secular Age, 11).

384   *9. Synthese*

9.2 Eine Typologie des Zweifels im frühen Christentum

Eine Typologie des Zweifels im frühen Christentum wird andere Kategorien wählen müssen als neuzeitliche Entwürfe.[2] Der methodische Zweifel etwa (im Stile eines Descartes) spielt keine Rolle im Neuen Testament, während der Zweifel als existenziell erfahrene Anfechtung und Brüchigkeit des Glaubens wesentlich ist. Dabei wird freilich der alltagssprachliche wie philosophische Gebrauch des Begriffs „Zweifel" gesprengt.[3] Mit der Zweiseeligkeit, einem Nachbarphänomen des Zweifels, tritt zudem eine ethische Kategorie auf den Plan, die im neuzeitlichen Diskurs faktisch keine Rolle spielt. „Zweifel" im hier vorausgesetzten, weiten Sinn geht über den Zweifel an „mythischen und religiösen Wirklichkeitsaussagen" hinaus.[4] Der Zweifel hat seinen Ort im Prozess der Verständigung über die Wirklichkeitsgewissheit der frühen Jesusbewegung und ihrer individuellen wie kollektiven Identitätskonstruktion. Er macht sich auf verschiedene Weise bemerkbar und konkretisiert sich in kognitiven, emotionalen, evaluativen und ethischen Dissonanzen. Die Christusgruppen mussten sich innerhalb der Mehrheitsgesellschaft mit konkurrierenden Plausibilitäten auseinandersetzen und sich als Bekenntnisgemeinschaft in einem neuen weltanschaulichen Koordinatensystem behaupten. An dieser Stelle zeigen sich durchaus gewisse Parallelen zu den westlichen Gesellschaften der Gegenwart, die durch eine Fragmentierung und Segmentierung religiöser (wie auch nichtreligiöser) Haltungen und Gruppierungen gekennzeichnet ist.[5]

Sechs Grundtypen des Zweifels lassen sich in den untersuchten Texten unterscheiden, wobei die einzelnen Typen offene Ränder aufweisen und mit-

---

[2] Vgl. aus der jüngeren Theologie exemplarisch Hübner, Glaube und Denken, 8–14 („Der theoretische Zweifel", „Der fundamentale Glaubenszweifel", „Der hermeneutische Zweifel", „Der existentielle Glaubenszweifel"); Hoffmann, zweifeln und glauben, 142–154 („Zweifel als intellektuelle Auseinandersetzung", „Zweifel als Misstrauen und Ungehorsam", „Zweifel als Glaubensprüfung", „Zweifel als Begrenztheit des Erkennens", „Zweifel und Glaubensentwicklung", „Zweifel und Selbstbestimmung im Glauben", „Zweifel im Konflikt der Weltdeutungen").

[3] S. o. Kap. 1.2.5. Die Unterscheidung von Zweifel und Anfechtung, wie sie Ingolf Dalferth vornimmt, lässt sich auf das Neue Testament nicht ohne Weiteres anwenden: „Anfechtung ist [...] etwas anderes als Zweifel. Zweifel, der dieses oder jenes in Frage stellt, kann wenigstens momentan zur Sicherheit werden, wenn er zu begreifen beginnt, dass zumindest im Akt des Zweifelns die Wirklichkeit des Zweifelns nicht bezweifelt werden kann, wie Descartes erkannte. Anfechtung dagegen ist das Dunkelwerden der Gewissheit, dass Gott gegenwärtig ist, und damit der Abgrund, in dem alle Hoffnung versinkt. [...] Der an sich selbst zweifelnde Zweifler ist auf dem Weg aus dem Zweifel, der angefochtene Angefochtene dagegen gerät noch tiefer in die Anfechtung" (Dalferth, Selbstlose Leidenschaften, 71). Zu einer Differenzierung zwischen angefochtenem und fragmentarischem Glauben s. u. Kap. 9.6.4.

[4] Hübner, Glaube und Denken, 8.

[5] Vgl. nochmals Taylor, Secular Age, 595: „The salient feature of Western societies is not so much a decline of religious faith and practice, though there has been lots of that, more in some societies than in others, but rather a mutual fragilization of different religious positions, as well as of the outlooks both of belief and unbelief."

9.2 Eine Typologie des Zweifels im frühen Christentum

einander verschränkt sind: 1. Zweifel als unmögliche Möglichkeit, 2. Zweifel als intellektuelle Herausforderung, 3. Zweifel als theoretisches Problem, 4. Zweifel als ethisches Problem, 5. Zweifel als Existenzial, 6. Zweifel als ekklesiologisches Charakteristikum.

9.2.1 Zweifel als unmögliche Möglichkeit

Im Gedankengebäude des Paulus hat der Zweifel im Sinne eines zwischen Glauben und Unglauben oszillierenden mentalen Zustands keinen Platz. Paulus drängt theologisch wie ethisch auf Eindeutigkeit. Es dominiert die Figur des „Entweder-oder": Entweder ein Mensch partizipiert an den „Unheilssphären" von Fleisch, Sünde und Gesetz[6] oder an den Heilssphären von Geist, Gerechtigkeit und Glaube. Paulus ist daher auch nicht daran interessiert, sich – etwa in den Spuren eines Philo von Alexandria – an einem Diskurs zur Psychologie des Zweifels zu beteiligen. Weder geht es ihm darum zu bestätigen, dass Abraham nicht an der Verheißung zweifelte (Röm 4,20), noch darum, einem Zweifler, der Fleisch isst, das Gericht anzukündigen (14,23). Die Exegese der beiden Passagen hat gezeigt, dass Paulus gerade nicht – wie meist vorausgesetzt wird – den Zweifel vor Augen hat, sondern einen Akt der Trennung und Spaltung (= διακρίνεσθαι): Der Glaubensvater Abraham spaltete sich nicht von Gott ab und fiel nicht im Widerspruch zu Gottes Verheißung in den Bereich des Unglaubens zurück; und der Fleischesser ist gewarnt, durch sein Verhalten die Gemeinde auseinanderzudividieren und dadurch der Macht der Sünde anheimzufallen.[7]

Der Völkerapostel bleibt auch nach seiner Berufungserfahrung ein Zelot, der Vermischungen und Verunreinigungen ausmerzen will und unduldsam den Ambiguitäten des Glaubens entgegentritt. Religionspsychologisch exemplifiziert Paulus den Konvertiten, für den Zweifel und Dissonanz keine Option sind:[8] Die Existenz „in Christus" und „im Glauben" ist nicht ein graduelles Hineinwachsen, sondern Resultat einer umfassenden Transformation, paulinisch gesprochen: eine Neuschöpfung. Der Ereignischarakter des Christusglaubens[9] entzieht sich a priori einem analytischen Zugriff. Weil der Glaube nach Paulus fides adventitia ist und außerhalb des Glaubenden begründet wird, ist es verfehlt, ihn „primär vom Glaubenden als einem erkennenden Subjekt" her begreifen zu wollen.[10]

---

[6] Zu dieser Terminologie vgl. DEISSMANN, Paulus, 139.

[7] So meine Interpretationsvorschläge zu den Sätzen οὐ διεκρίθη τῇ ἀπιστίᾳ (Röm 4,20) und ὁ δὲ διακρινόμενος ἐὰν φάγῃ κατακέκριται, ὅτι οὐκ ἐκ πίστεως (14,23).

[8] Vgl. PELKMANS, Outline, 1, zur Phänomenologie des Glaubens von Konvertiten. Auch NICKLAS, Skepsis und Christusglaube, 169: „Der Paulus der Briefe ist sicherlich kein Skeptiker; er tritt uns stattdessen als streitbarer Zeuge des auferweckten Christus, als Leiter einer Gruppe von ‚Missionaren', als Charismatiker von prophetischem Selbstverständnis und sicherlich kaum als eine Figur, die wir hin heutigem Sinne als tolerant bezeichnen würden, entgegen."

[9] Vgl. hierzu SCHLIESSER, Glaube als Ereignis.

[10] So durchaus in paulinischem Sinne JÜNGEL, Zur Lehre vom Heiligen Geist, 115.

386   *9. Synthese*

Weder beschreibt Paulus „das Werden des Glaubens nach seinem psychologischen Hergang"[11] noch sein Wesen nach seinem kognitiven Gehalt. Natürlich liegt Paulus daran, den Glauben intellektuell redlich und argumentativ plausibel zu vertreten, aber der Zweifel ist dabei weder der Ausgangspunkt der Reflexion noch ihr Gegenstand. Er ist im Wirklichkeitsverständnis des Paulus allenfalls eine „unmögliche Möglichkeit".[12]

9.2.2 Zweifel als intellektuelle Herausforderung

In auffälligem Kontrast zu Paulus fasst der Autor des Hebräerbriefs den Glauben nicht als Substrat eines neuen Wirklichkeits- und Existenzverständnisses, sondern betont zuallererst die „Erkenntnisfunktion der Pistis".[13] Der Zweifel wird durch die Logik des Glaubens ausgehebelt. Der Glaube ist im Hebräerbrief die Größe, die der neuen religiösen Bewegung Stabilität und Identität verleiht, aber mehr noch die Größe, die in der vom Zweifel durchsetzten Gemeinschaft wieder Plausibilität erlangen muss. In der logisch-argumentativen Strategie des Hebräerbriefes ist der Glaube alternativlos und der Zweifel folglich eine unmögliche Möglichkeit – allerdings nicht wie bei Paulus in existenzial-ontologischer, sondern in kognitiver Hinsicht. Für existenziell Zweifelnde, für die die Unverfügbarkeit und Nichtsichbarkeit des Heilsguts zum Problem wird, kann die alternativlose Logik zynisch oder kaltblütig wirken, aber ein solcher Gedanke kommt dem Verfasser der „Trostrede" (Hebr 13,22) nicht in den Sinn.

Der Autor des Hebräerbriefs sieht sich wie Paulus mit der Herausforderung konfrontiert, sich der Spannung zwischen dem rationalen und widervernünftigen Element des Glaubens auch denkerisch anzunehmen.[14] Er gibt über seine Wirklichkeitsgewissheit wie auch ihre Gefährdungen intellektuell Rechenschaft und versucht, den Glauben für gebildete Christinnen und Christen in einer Stadt wie Rom intellektuell attraktiv zu machen.[15] Dabei verknüpft er theologische Innovation mit Traditionstiefe, sprachliche Kreativität mit denkerischem Wagnis. Der Hebräerbrief strahlt „intellektuellen Charme" aus und profiliert sich innerhalb der frühchristlichen Schriften dadurch, dass er sich den Glauben als

---

[11] So richtig SCHLATTER, Glaube, 257.

[12] Die Wendung „unmögliche Möglichkeit" gebrauche ich im Sinne Barths, der durchaus kongenial mit Paulus vom Unglauben als „unmöglicher Möglichkeit" sprach: Der Glaube ist „dem Unglauben gegenüber keine bloße Alternative, keine bloße Chance, kein bloßes Angebot. Es steht also dem Menschen nicht erst zur Wahl, ob er sich wohl (o Illusion!) für den Glauben oder für den Unglauben entscheiden wolle. Der Glaube macht die kompakte Wirklichkeit des Unglaubens zur Unmöglichkeit. Er fegt ihn weg, er ersetzt ihn durch sich selbst" (BARTH, KD 4/1, 834 u. ö.).

[13] GRÄSSER, Hebräer, Bd. 3, 69 (zu Hebr 11,1.2.6.19).

[14] Vgl. zu den unterschiedlichen Lösungsansätzen SCHLIESSER, Glauben und Denken.

[15] Nach BACKHAUS, Auf Ehre und Gewissen!, 216 Anm. 5, handelt es sich bei der Hebräerbriefgemeinde um „eine bildungssoziologisch profilierte, relativ eigenständige Gruppe innerhalb der stadtrömischen Christenheit". Ähnlich KARRER, Hebräer, Bd. 1, 11.

9.2 Eine Typologie des Zweifels im frühen Christentum

„denkerisches Drama" vorstellt.[16] In seiner primär auf den Intellekt zielenden Zweifelsüberwindungsstrategie steht der Hebräerbrief unter den frühchristlichen Schriften allein.[17] Inbegriff der Rationalität des Glaubens ist die Figur des Überführtseins vom Nichtsichtbaren (ἔλεγχος),[18] und das motiviert zum Durchhalten (ὑπόστασις) (11,1).

9.2.3 Zweifel als theoretisches Problem

Mit der Figur des Thomas entwirft der Verfasser des Johannesevangeliums eine vielschichtige Persönlichkeit, deren Glaubensweg über Irrgänge und Missverständnisse auf das höchste Christusbekenntnis zuläuft. Man wird der komplexen Figurenzeichnung nicht gerecht, wenn man sie auf *ein* Wesensmerkmal reduziert,[19] und doch ist das „Charakterbild" des Thomas konsistent.[20] Zugespitzt könnte man sagen: „Das Urbild des theoretischen Zweifels aus christlicher Sicht ist der Zweifel des Thomas."[21]

Thomas macht seinem bedeutungsschweren Beinamen Didymos („Zwilling") alle Ehre, er steht dazwischen, ist hin- und hergerissen, zwiespältig und unverständig und offenbart dies vor allem durch seine erzähllogisch unpassenden Redebeiträge. In der „falsch" motivierten defätistischen Aufforderung „Lasst uns auch hingehen, um mit ihm zu sterben" (Joh 11,16) äußert sich ein Zweifel an der von Jesus kurz zuvor eröffneten Perspektive eines guten Endes. Jesu „damit ihr glaubt" (ἵνα πιστεύσητε, 11,15) hinterlässt offenkundig keinen Eindruck; der Glaube des Thomas wie auch der der übrigen Jünger bleibt aus. Die „falsch" gestellte, rhetorische Frage „Herr, wir wissen nicht, wohin du gehst. Wie können wir da den Weg kennen?" (14,5) reflektiert Zweifel an dem eschatologischen Horizont, den Jesus den Jüngern vor Augen malt; dessen Aufforderung „Glaubt an mich!" (εἰς ἐμὲ πιστεύετε, 14,1) verhallt wirkungslos, und Thomas ist der Erste, der hervortritt und sich die Blöße seiner Ungewissheit gibt. Schließlich spricht aus der schroffen, den „falschen" Ton treffenden Bedingung im Kreis der Jünger – „Wenn ich nicht das Mal der Nägel an seinen Händen sehe und nicht meinen Finger in das Mal der Nägel und meine Hand in seine Seite legen kann, werde ich nicht glauben" (οὐ μὴ πιστεύσω, 20,25) – ein fundamentaler Zweifel an der österlichen Wahrheit.

---

[16] BACKHAUS, Hebräerbrief, 14.17.

[17] Gelegentlich wurde auch in anderen Schriften das „Zweifeln" mit einer skeptischen Haltung in Verbindung gebracht (z. B. im Jakobusbrief), doch ließ sich dies nicht bestätigen. Vgl. zu einer problematischen Auslegung des Partizips διακρινόμενος im Sinne eines intellektuellen Zweifelns SCHNEIDER, Jakobus, 7.

[18] Hebr 11,1b (πραγμάτων ἔλεγχος οὐ βλεπομένων). Vgl. SPICQ, L'Épître aux Hébreux, Bd. 1, 148: „[L]'élément intellectuel de la foi est davantage mis en lumière (XI, 1), elle est connaissance de Dieu et du monde invisible."

[19] So aber KRAFFT, Personen, 27; CULPEPPER, Anatomy, 102.

[20] Vgl. SIEGERT, Johannes, 613.

[21] HÜBNER, Glaube und Denken, 10. Somit behält die traditionelle und in manchen Sprachen sprichwörtliche Bezeichnung des Thomas als „Zweifler" („Doubting Thomas") durchaus ihr Recht, auch wenn seine Haltung nicht in einem schlichten Zweifel im Sinne von „zwei Einstellungen zu einem [...] ‚Sachverhalt'" aufgeht (so nach der Definition des Zweifels bei ZIMMERMANN, „An Gott zweifeln", 307).

388   *9. Synthese*

Thomas verharrt so lange zwischen Glaube und Unglaube, bis schließlich – abrupt – der Glaube die Oberhand gewinnt, als ihm nämlich Jesus die von ihm selbst definierten Bedingungen erfüllt und Thomas ihn nicht nur sieht, sondern auch betastet. Erst jetzt findet die persönlich an Thomas adressierte Glaubensaufforderung „Sei nicht ungläubig, sondern gläubig" (20,27) Widerhall. Die Ambivalenz des Thomas, sein zwiespältiges „Dazwischensein" schlägt in die höchste Glaubensäußerung um: „Mein Herr und mein Gott!" (20,28). Die in „dualistischen" Denkformen sich äußernde „revelatorische Dynamik" des Evangeliums gelangt an ihr Ziel: Thomas dringt zum Licht und glaubt.[22]

In späteren Schriften treten weitere „Heilstatsachen" in den Vordergrund, die Zweifelsgedanken provozieren, unter anderem die Verzögerung der Endzeitereignisse (1 Clem 11,2; 23,2–3; 2 Clem 11,2). Formelhaft werden solche Zweifelsmotive mit der mehrfach belegten geheimnisvollen Warnung vor einem Grübeln beschrieben, das fragt, „ob es so ist/sein wird oder nicht" (Did 4,4//Barn 19,5; Herm vis 3,4,3).

9.2.4 Zweifel als ethisches Problem

Im Jakobusbrief figuriert der „Zweifel" als „ethisches" Problem, wobei die Ausdrücke, „Zweifel" und „ethisch" hier in einem weiten Sinn zu verstehen sind. Jakobus warnt vor einer Spaltung im individuellen und sozialen Ethos, d.h. in der auf die Gemeinschaft hin orientierten „Art und Haltung eines Menschen", in seinen „Überzeugungen, Gepflogenheiten und Verhaltensweisen".[23] Der im Jakobusbrief inkriminierte Mensch – der διακρινόμενος bzw. δίψυχος (Jak 1,6.8; 4,8) – ist einer, dessen Art und Haltung geteilt und uneinheitlich sind. Dem gespaltenen, zweiseeligen Menschen mangelt es an Beständigkeit, sowohl in horizontaler als auch in vertikaler Richtung. Er gleicht einer Meereswoge, die wie von einem Blasebalg aufgepeitscht hin- und hergeworfen wird (1,6). Aufwiegler und Unruhestifter sind die Begierde (ἐπιθυμία, 1,14–15) und die Lüste (ἡδοναί, 4,1). Im Gegensatz dazu sind Ganzheit und Vollkommenheit das Ziel christlicher Existenz, in Korrespondenz zum Wesen Gottes. Letztlich stehen sich gegenüber der ἀνὴρ δίψυχος (1,8) und der τέλειος ἀνὴρ (3,2).

Der literarisch vom Jakobusbrief aller Wahrscheinlichkeit nach abhängige Hermashirt liest sich in Teilen wie eine Improvisation zur „Zweiseeligkeit". In einer apokalyptisch stilisierten Szene bedroht sie, zum Ungeheuer mutiert, den Glaubenden und will ihn verschlingen (vis 4). Natürlich ist die Zweiseeligkeit dadurch nur auf den ersten Blick ein „kosmisches" Problem, denn die paränetische

---

[22] Zum Konzept einer „revelatorischen Dynamik" im Johannesevangelium vgl. FREY, Hintergrund und Funktion, 437–477. Vgl. MOST, Finger, 82: „Thomas' Zweifel ist in seiner Radikalität der aggressivste" – etwa im Gegenüber zu Nathanaels und Marias Zweifels –, „so wie sein Erkennen von Jesu Göttlichkeit in seiner ergriffenen Übersteigerung das frömmste ist."

[23] So die Definition von „Ethos" bei FUNKE/REINER, Ethos, 812.

9.2 Eine Typologie des Zweifels im frühen Christentum 389

Gesamtausrichtung überlagert die apokalyptisch-kosmische Dimension völlig, das Apokalyptische ist kaum mehr als ein dramatisches Mittel zum paränetischen Zweck. Zweiseeligkeit meint im Hirt des Hermas „einen ganz und gar unseligen Zustand des Menschen", der etliche Nuancen umgreifen kann:

Unentschlossenheit im Glauben; mangelnde Entschlossenheit zur Buße; Mutlosigkeit bezüglich der Erfüllbarkeit der göttlichen Gebote; fehlende Konsequenz im Verhalten; innere Gespaltenheit, Zögern und Labilität; Unfähigkeit zur vertrauensvollen Einfachheit; Skepsis betreffs göttlicher Warnungen, Zusagen und Zuneigung [...] und betreffs der Heilsaussicht und göttlicher Hilfe generell; [...] Resignation im Sündenbewusstsein; fehlende Motivation zum Guten; Zerrissenheit zwischen zwei gegenteiligen Tendenzen; mangelnde Festigkeit in der Anhänglichkeit an Gott und dessen Willen; schwacher Glaube an die Offenbarungsworte; fehlendes Vertrauen in die Wirksamkeit des Gebetes bzw. in Gottes Barmherzigkeit.[24]

Zweiseeligkeit ist das Gegenteil der Einfalt. Der Zwiefältige ist sich seiner Sache nie sicher und schwankt ständig zwischen zwei Haltungen;[25] am Ende zweifelt und verzweifelt er an Gott selbst (mand 9,5).

Das Matthäusevangelium teilt sich mit dem Jakobusbrief denselben Traditionsraum und führt einen von jüdischer Weisheitstheologie inspirierten Diskurs über den angemessenen Weg zur Vollkommenheit.[26] Der Glaube wird von Matthäus in seine umfassende, ethisch konnotierte Gerechtigkeitsthematik zugeordnet, und der Kleinglaube auch als „ethische Übertretung" qualifiziert.[27] Dominant ist im Matthäusevangelium wie im Markusevangelium aber nicht die ethische, sondern die existenzielle Perspektive auf den Zweifel, die bei Matthäus ekklesiologisch ausgeweitet wird.

9.2.5 Zweifel als Existenzial

In den synoptischen Evangelien wird der Zweifel als stets virulentes Epiphänomen des Glaubens erkennbar. Die Heilungserzählung in Mk 9,14–29 ist eigentlich eine Erzählung vom Glauben und Zweifeln, ihr primärer Anknüpfungspunkt liegt nicht bei frühchristlichen „Dämonenaustreibungspraktiken", sondern bei der Glaubenspraxis, es geht nicht um „Wunderinstruktion", sondern Glaubens-

---

[24] BROX, Hirt des Hermas, 552f. Vgl. die weniger präzise Zusammenfassung bei ROBINSON, Διψυχία, 306: „Hermas defines διψυχία as a spirit from the devil that assails the baptized, creating an internal condition of debilitating discord and doubt, from which a variety of vices and spiritual maladies arise. διψυχία leaves a person spiritually unfit: familiar with failure, frustrated in prayer, preoccupied with the affairs of this age, and anxious about the future. To be doubleminded is to lack faith."

[25] BROX, Hirt des Hermas, 553, bemerkt, dass „die ganze Diktion nahe bei der Metapher von den zwei Wegen liegt und gerade das Schwanken und Zaudern zwischen den beiden Möglichkeiten meint, zwischen denen der Mensch sich entscheiden muß."

[26] Vgl. u. a. VAN DE SANDT, Law and Ethics.

[27] STRECKER, Weg der Gerechtigkeit, 233.

390   *9. Synthese*

instruktion.[28] Aus dem Dialog zwischen dem Vater des epileptischen Kindes und Jesus, der schillernden Aussage Jesu über die Allmacht des Glaubens und dem paradoxen Glaubensbekenntnis des Vaters spricht ein hoher Reflexionsgrad, ein erkennbares Bemühen um Realitätsnähe, aber auch theologische Kühnheit im Blick auf das Wesen und die Gefährdung des Glaubens. Die Ausnahmestellung des Satzes „Ich glaube! Hilf meinem Unglauben!" (9,24) ist auch dadurch begründet, dass hier jemand von sich in der ersten Person als Glaubendem spricht. Eine solche Aussage ist singulär im Markusevangelium und hat im gesamten Neuen Testament nur eine sprachliche Entsprechung (Joh 9,38).[29] Sie gewinnt dadurch noch zusätzliches Gewicht, dass das Selbstbekenntnis zum Glauben dasjenige des Unglaubens sogleich folgen lässt. Der innere Widerstreit zwischen Glaube und Unglaube erscheint als ein Existenzial gläubigen Daseins[30] – das übrigens weder die Heilung verhindert noch vonseiten des Heilers kritisiert wird. Der Widerstreit bildet zugleich den kosmischen Konflikt zwischen göttlicher und irdischer Sphäre, Gottesreich und Weltzeit ab.

Nach Markus ist selbst Jesus als „Zeuge des Glaubens"[31] in das Gegenüber von Glauben und Unglauben eingespannt. Sein Kreuzesschrei ist wie der Verzweiflungsschrei des Vaters von einem affirmativen Moment und einem subjektiv wahrgenommenen Abbruch des Gottesverhältnisses geprägt. Der Satz „Ich glaube! Hilf meinem Unglauben!" (9,24) weist dieselbe innere Struktur auf wie der Satz „Mein Gott, mein Gott, warum hast du mich verlassen!" (15,34).

9.2.6 Zweifel als ekklesiologisches Charakteristikum

Im Matthäusevangelium steht nicht ein unbekannter Hilfesuchender und Repräsentant des „ungläubigen Geschlechts" (Mk 9,19), sondern das Sprachrohr der Jünger stellvertretend für einen Glauben, in dem Mut und Versagen, Gehorsam und Kleinglaube, Vertrauen und Zweifel ineinanderfließen. Diese Mischung erweist sich auch im Fall des Petrus (Mt 14,28–31) als „ein grundlegendes Merkmal christlicher Existenz".[32] Selbst die unmittelbare Nähe zu Jesus schaltet den Zwei-

---

[28] Gegen KOLLMANN, Wundergeschichten, 214.

[29] In anderer Bedeutung nur noch Apg 27,25; 1 Kor 11,18.

[30] Vgl. MARCUS, Mark, Bd. 2, 663: „The father of the epileptic boy is therefore, in this doublemindedness, a perfect symbol for the Christian disciple. Whereas logically faith and unbelief are opposites, in Christian experience they are simultaneous realities; the one who believes is always concurrently involved in a battle against disbelief." Daneben auch die existenzialphilosophisch etwas überfrachtete Deutung bei BULTMANN, Problem der „natürlichen Theologie", 311: „Auch der Glaubende steht im Dasein und erhält nicht neue Daseinsstrukturen anerschaffen. Sein Glaube als geschichtlicher Akt ist immer der konkrete Entschluß im Augenblick, d. h. Glaube ist immer nur im Überwinden des Unglaubens; denn als Mensch kommt der Glaubende immer aus dem Unglauben und steht immer in der Paradoxie des ‚ich glaube, Herr, hilf meinem Unglauben!'"

[31] EBELING, Wesen, 88.

[32] LUZ, Matthäus, Bd. 2, 410. Vgl. KONRADT, Matthäus, 2: Der Kleinglaube ist „als Leitmotiv

9.3 „Sitz im Leben" und Pragmatik des Zweifelsdiskurses

fel nicht einfach aus. Der Zweifel setzt den Glauben voraus, nicht umgekehrt; nur wer sich Jesus anschließt und ihm nachfolgt, erfährt „die Spannung zwischen Verheißung und Weltwirklichkeit".[33] Auch der Schluss des Evangeliums, der den Zweifelsterminus διστάζειν aus der Episode vom „sinkenden Petrus" aufnimmt, betont das grundlegende Nebeneinander von Glaube und Zweifel: Die Jünger fallen vor dem Auferstandenen nieder – und zweifeln (28,17). Hier wird das Figurenkollektiv der Jünger zum Subjekt des Zweifels und der Zweifel selbst – in Fortführung des Petruszweifels – zu einer ekklesiologischen Angelegenheit. Zweifel und Kleinglaube gehören wie Sorge (6,31) und Furcht (8,26; 14,30) zu den fundamentalen Daseinsbedingungen christlicher Existenz, in der nicht einmal ein Glaube in der Größe eines Senfkorns Wurzeln schlägt (17,20). Sie sind weder das Problem eines einzelnen Glaubenden noch ein allgemein-menschliches Problem, sondern ein gemeinschaftliches Nachfolge-Problem.[34] Nachfolge ist auch nachösterlich ambivalent, Glaube realisiert sich zwischen Anbetung und Zweifel.[35]

9.3 „Sitz im Leben" und Pragmatik des Zweifelsdiskurses

Neuzeitlicher methodischer Zweifel benötigt weder Zeit noch Ort. Er verfolgt ein umfassendes und zugleich umstürzendes Ziel: „Es soll geprüft werden, wie gewiß die Grundlage ist, auf der sämtliche Wissenschaften beruhen, und wie gewiß damit das ganze Wissenssystem ist."[36] Neutestamentlicher Zweifel hingegen hat weder die Muße noch den Ehrgeiz, alle Gewissheiten zu hinterfragen. Es ist kein radikaler, umfassender, sondern ein praktischer, problemorientierter Zweifel. Dieser ist nicht zeit- und ortlos, sondern hat einen spezifischen „Sitz im Leben". Der Zweifelsdiskurs des frühen Christentums ist daher besser an ein pragmatisches Verständnis des Zweifels anschlussfähig, wie es etwa Charles Sanders Peirce gegen Descartes artikulierte: „[The] mere putting of a proposition into the interrogative does not stimulate the mind to any struggle after belief. There must be a real and living doubt, and without this all discussion is idle."[37]

Damit ist die Frage nach dem „Sitz im Leben" und der Pragmatik des wirklichen und lebendigen Zweifels der frühen Jesusbewegung gestellt. Da die Ab-

---

in der Darstellung des Jüngerverhaltens [...] transparent für entsprechende Probleme in den m[a]t[thäischen] Gemeinden."

[33] BARTH, Glaube und Zweifel, 291.

[34] Zu διστάζειν vgl. SCHENK, Sprache des Matthäus, 410 („[...] nur für die engsten Schüler").

[35] Vgl. GRUNDMANN, Matthäus, 576. Insofern Matthäus den Jüngern nicht nur mangelndes Vertrauen, sondern auch mangelndes Verstehen attestiert, bestimmt er den Zweifel nach seiner fiduzialen und noetischen Seite.

[36] PERLER, Descartes, 69, zum methodischen Zweifel Descartes'.

[37] PEIRCE, Fixation of Belief, 11.

392 9. Synthese

fassungssituation der Texte häufig im Dunkeln liegt, ist die Beantwortung der Frage mit etlichen Unsicherheiten behaftet.

9.3.1 Paulus

Trotz seiner „Heilssphärendichotomie" schert Paulus die Jesusgläubigen nicht über einen Kamm. Es gibt eine Individualität im Glauben, insofern Gott allen Glaubenden ein „Maß des Glaubens" (μέτρον πίστεως, Röm 12,3) zumisst. Auch Paulus ist sich bewusst, dass nicht alle im gleichen Maß glauben, dass sich die Lebensgeschichte der einzelnen Glaubenden auf die aktuale Intensität ihres Glaubens auswirkt. Er kennt „die Bewegtheit ... des Gläubigseins".[38] Alle Lebensbereiche sind in die Dynamik und Differenziertheit des Glaubens potenziell einbezogen, darunter das Verhalten und Erkennen (Röm 14,1; 1 Thess 3,10; 2 Kor 10,15), das Vertrauen (Röm 4,19) und Bekennen (10,9–10), aber auch Wundertätigkeit (1 Kor 13,2) und Begabungen (Röm 12,6).[39] Sie alle können zum Einfallstor des Zweifels werden. Doch wird diese Möglichkeit von Paulus nicht weiter ausgeführt oder reflektiert, weil es ihm auf die soteriologisch relevante, exklusive Teilhabe „im Glauben" ankommt (Röm 11,20; 2 Kor 1,24; 13,5; Gal 2,20).

9.3.2 Synoptische Evangelien

In der Erzählung von der Heilung des epileptischen Jungen (Mk 9,14–29) sind sprachliche und inhaltliche Signale mit Verweischarakter eingeflochten. Sie weisen über die erzählte Situation hinaus und halten die Adressatinnen und Adressaten zu weiterführenden theologischen und lebenspraktischen Folgerungen an. Glaube, so die stets zu aktualisierende Kernbotschaft, ist nicht leicht zu haben, sondern immer auch brüchig und fragmentarisch. Der Zweifel ist ein beharrlicher Gefährte des Glaubens. In allen Wundergeschichten des Markusevangeliums sind „Glaubens- und Erschwernismotiv" miteinander verbunden: der Weg des Kranken über das Dach (Mk 2,1–12), der Tod der Tochter (5,21–43), die Abweisung der Syrophönizierin durch Jesus (7,24–30), das Bekenntnis des Unglaubens (9,14–29), die Abweisung des Bettlers durch die Jünger (10,46–52). Das Bekenntnis des Vaters bringt den fragmentarischen Charakter des Glaubens in zeitloser Weise zum Ausdruck und unterstreicht in verdichteter Sprache, dass „Vergeblichkeitserfahrung und radikales Transzendieren [des] menschlich Möglichen" stets im Widerstreit miteinander liegen.[40] Damit dient der Vater den Leserinnen und Lesern als Sinnbild für die christliche Erfahrung, dass der

---

[38] BULTMANN, πιστεύω, 213.

[39] Weitere Dimensionen markiert im Blick auf Röm 12,3 JEWETT, Romans, 742: „There are political, ideological, racial, and temperamental components that are legitimately connected with faith, comprising the peculiar ‚measuring rod' that each person in the church been given."

[40] THEISSEN, Wundergeschichten, 139.

9.3 „Sitz im Leben" und Pragmatik des Zweifelsdiskurses

Glaube beständig mit dem Unglauben ringt. Insofern hat die Erzählung (wie jede Wundererzählung) auch „persuasiven, argumentativen, publizistischen Sinn".[41]

Die matthäische Episode vom „sinkenden Petrus" (Mt 14,22–33) ist für das Erleben der Glaubenden offen, die sich auf das Wagnis des Glaubens eingelassen, im übertragenen Sinn das schützende Boot verlassen und sich der stürmischen See entgegengestellt haben. Es sind die Existenziale christlichen Daseins, die im Verbund mit Zweifel und Kleinglauben das Christsein prägen und gefährden: Sorge und Furcht, ein Mangel an Einsicht und an Vermögen. Ohne Frage handelt es sich um Erfahrungen, die „universal-menschlich" sind,[42] doch für die Adressaten ist der Erkenntnisrahmen, die christliche Wirklichkeitsgewissheit und der „Sitz im Leben" eine Zeit imperialer Unterdrückung und konfliktträchtiger Umbrüche, von denen der bestimmende die Trennung der matthäischen Gemeinde vom Synagogenverband ist – wahrhaft ein Sprung ins kalte Wasser. Seine anfängliche Kühnheit und seine übermenschlichen Fähigkeiten verlassen Petrus, als er seinen Blick aufgrund widerstreitender Erfahrungen von Jesus abwendet. Auch in diesem Motiv kann sich eine spezifische Erfahrung der matthäischen Gemeinde widerspiegeln: Erinnerungen an Wunder sind in ihr gegenwärtig, sie weiß um die Verheißung von Wundern, doch in ihrer Alltagserfahrung bleiben sie aus.

Die Reaktion der Jünger auf die Erscheinung des Auferstandenen am Ende des Evangeliums kennzeichnet die konkrete, erwartbare „die Haltung der Gemeinde gegenüber der Offenbarung schlechthin".[43] Der Auferstandene (in der „erzählten Welt") und die Auferstehungsbotschaft (in der „Erzählwelt") treffen nicht auf die einhellige Zustimmung, sondern lösen ambivalente und gegensätzliche Reflexe aus. Die als Figurenkollektiv konzipierten Jünger des Matthäusevangeliums reagieren inkohärent: mit Furcht und Freude (Mt 28,8), mit Anbetung und Zweifel (28,17). Matthäus anerkennt diese Uneindeutigkeit und lässt sie als solche kritiklos stehen. Damit lässt er erkennen: Der Glaube an den Auferweckten „folgt nicht [der] Macht des Faktischen, die dem Rezipienten die Entscheidung abnähme. ‚Kein Ereignis also im Sinne einer Tatsache, die keinen Zweifel kennt. Sondern ein Ereignis des Handelns Gottes, der jeden Zweifel zulässt.'"[44] Das Lukasevangelium wählt einen anderen Weg: Der Schlusssatz des Lukasevangeliums (Lk 24,52–53) bekräftigt in einer selbstreferenziellen Bezugnahme auf

---

[41] Schunack, Glaube in griechischer Religiosität, 324 f.

[42] Das allgemein-menschliche Moment wird insbesondere bei Luz, Matthäus, Bd. 2, 409, herausgestrichen: Die Leser „erkennen in Petrus sich selbst und im Wasser das, was sie selbst bedroht: Tod, Ungesichertheit, Unglaube, Feindschaft, Krankheit, Schuld." Luz fragt weiter: „Muß christlicher Glaube dem widersprechen und apodiktisch auf Jesus Christus und seine Geschichte als *den* Ort hinweisen, wo Gott sich offenbart?" (a.a.O., 411). Für Matthäus jedenfalls wäre die Antwort klar.

[43] Strecker, Weg der Gerechtigkeit, 234.

[44] Alkier, Realität der Auferweckung, 118 f. (mit einem Zitat von E. Reinmuth).

394   9. Synthese

den Prolog, dass die Zielsetzung der Erzählung – wenngleich über mehrere
Etappen des Unglaubens – erreicht wurde: Am Ende herrscht „eine beständige,
sichere Glaubensfreude, die nach Lukas sowohl für das christliche Selbstver-
ständnis als auch für die ideale christliche Gemeinschaft kennzeichnend ist."[45]
Weil Unglaube geradezu satanisch konnotiert ist, *muss* er am Ende verschwinden
(Lk 8,12; 22,31–32).

9.3.3 Johannesevangelium

Einen wiederum anderen Akzent setzt Johannes: Während Jesu Wort an Thomas
noch im erzählten Raum, in der Kammer der versammelten Jünger nachklingt,
öffnet der Verfasser die „verschlossene Tür" des Damals und wendet sich mit
seiner eigentlichen Botschaft an die Hörerinnen und Hörer seines Evangeliums:
„Selig sind, die nicht sehen und glauben" (Joh 20,29). In diesem Makarismus
kommt es zu einer perspektivischen Verschränkung: Der Blick richtet sich einerseits aus der Szene heraus auf die allgemeine Situation *aller* „Später-Ge-
kommenen", die trotz der leibhaften Abwesenheit Jesu zum Glauben kommen
sollen. Sie haben keine Möglichkeit mehr, den Auferstandenen zu sehen und
zu berühren. Aus dem Kreis der Nachgeborenen wird eine spezifische Gruppe
angesprochen und Thomas zu ihrem „Sprachrohr" gemacht: Diejenigen, die
ihr individuelles Recht geltend machen, „sich der von *anderen* behaupteten
österlichen Wirklichkeit Jesu *selbst* auch vergewissern zu dürfen."[46] Es sind dies
keineswegs alle Jünger; das Ansinnen des Thomas ist nicht „das Ansinnen aller
Zu-Spät-Gekommenen",[47] sondern das Ansinnen der zweifelnden Leserinnen
und Lesern des Evangeliums. Thomas steht für „skeptische Leser [...]; für sie
stellt der Autor die Szene dar. Im Zweifel des Thomas kommt ihr Zweifel zu
Wort. Das Bekenntnis des Jüngers soll ihr Bekenntnis werden, auch wenn sie
keine Chance mehr haben, ihren Zweifel durch eine eigene Untersuchung am
Auferstandenen auszuräumen."[48] Thomas glaubt nach eigenhändiger, handgreif-
licher Verifikation, die Nachgeborenen durch die Vermittlung des Parakleten
und auf Grundlage der Zeugen, die nicht nur Augenzeugen, sondern auch „Oh-
ren- und Tastzeugen" sind (vgl. 1 Joh 1,1–3).

9.3.4 Hebräerbrief

Der „Sitz im Leben" des Denkstils im Hebräerbrief ist eine Gemeinde, die durch
Zweifel gefährdet ist. Ihr Zweifel wird sowohl mit Unreife als auch mit Alterserscheinungen wie Schlaffheit, Schwerhörigkeit, Schwäche verglichen (Hebr 5,11;

---

[45] INSELMANN, Freude, 397.
[46] THEOBALD, Der johanneische Osterglaube, 468.
[47] So aber HIRSCH-LUIPOLD, Gott wahrnehmen, 296.
[48] SCHENKE, Johannesevangelium, 217.

9.3 *„Sitz im Leben" und Pragmatik des Zweifelsdiskurses*   395

6,12; 10,25; 12,12). Er rührt nach der Analyse des Autors von einem „Auseinander-klaffen" von „erfahrener irdischer Wirklichkeit und geglaubter eschatologischer Existenz" her.[49] Gleichwohl wird den Adressaten intellektuell viel zugetraut und zugemutet. Sie haben noch genügend geistige Spannkraft, um zuzuhören und nachzudenken. Der „logisch-rationale Grundzug"[50] des Schreibens richtet sich nach innen, er zielt auf die christliche Sinnwelt, in der sich die Angesprochenen (noch) verorten. Nur gemäß einer *ratio fidei* kann der Glaube ein „Überführt-sein von unsichtbaren Dingen" (11,1) sein und einen festen Stand verschaffen. Nach außen will und kann die so definierte πίστις keine Überzeugungskraft beanspruchen. Das heißt freilich nicht, dass die Begründungsstrukturen nicht an außerchristliche Diskurse anschlussfähig wären. Der Autor kleidet auch die paradoxen Elemente des Glaubens in die Sprach- und Denkformen der Vernunft, um den Adressatinnen und Adressaten ihren Glauben wieder einsichtig zu ma-chen.[51] Nach den Standards der Mehrheitsgesellschaft ist das Christusgeschehen widersinnig und schambehaftet (2,10–18; 5,7–10; 10,5–10), und es mag soziale Ächtung und Verleumdung nach sich ziehen, aber den Glaubenden ermöglicht es, ihre Existenz in einer Art „counter-society" zu etablieren.[52] So jedenfalls die Überzeugung des Autors.

Konkret lässt sich der Hebräerbrief „im dialogoffenen Klima der stadtrömi-schen Gemeinde des letzten Drittels des ersten Jahrhunderts" ansiedeln,[53] wo er Verbindungslinien zu paulinisch geprägten Christusgruppen aufweist und auf spätere Schriften wie den 1. Clemensbrief ausstrahlt. Auch wenn der Hebräer-brief aller Wahrscheinlichkeit nach aus der zweiten oder dritten frühchristlichen Generation stammt (vgl. Hebr 2,3), sollten Phänomene wie der Zweifel nicht vorschnell als sozialpsychologisch notwendige und erwartbare Übel eingestuft werden, die dem Verblassen der Ursprungsvision zuzuschreiben wären. Einer solchen „frühkatholisch" schematisierten Linearität widerspricht die Argumen-tation des Hebräerbriefs selbst: Es war die *erste* Wüstengeneration, die zweifelte und müde wurde.

9.3.5 *Jakobusbrief*

„Jakobus führt seine Leser in die Krisis. Er hat mehr als bloße Verbesserungs-vorschläge zu bieten, um die ‚Situation' zu bereinigen; er will zu den Wurzeln führen. Der Mensch wird bei seiner Grundproblematik behaftet, bei seiner Ge-spaltenheit, Irrtumsfähigkeit, Versuchlichkeit und Selbsttäuschung. Die Krisis

---

[49] Schüssler Fiorenza, Anführer und Vollender, 272.

[50] Grässer, Hebräer, Bd. 1, 100.

[51] Dies gilt auch und gerade für die „fundamentale Paradoxalität von Erniedrigung und Erhöhung", die der Autor kurzerhand zur Notwendigkeit erklärt (ἔπρεπεν, 2,10) (Wider, Theo-zentrik, 56).

[52] DeSilva, Despising Shame, 150.

[53] Backhaus, Der Neue Bund, 230.

396 9. Synthese

umfaßt nicht nur das Handeln, sondern auch das Wollen, Reden und Denken, ja das ganze Sein des Menschen."[54] Damit rückt die Situation der Adressaten des Jakobusbriefs eng mit derjenigen des Hebräerbriefs zusammen, der wohl (ebenfalls) in Rom zu lokalisieren ist. Ohne Frage sind solche Zustände in allen frühchristlichen Zentren denkbar, doch fallen etliche übereinstimmende Züge auf, mit denen die Autoren für die Ganzheitlichkeit des Glaubens eintreten. Nicht zuletzt ist auch an die Verwandtschaft ihres Glaubensverständnisses zu denken, das die Hoffnung und das Vertrauen akzentuiert,[55] wie dies in analoger Weise übrigens auch Paulus in seinem Brief an die römischen Christusgruppen tut (Röm 4,18–21). „Zweiseeligkeit" ist nach Jakobus eine spezifische Fehlform christlicher Existenz, die v.a. „in den Kontext des Gott-‚Welt'-Dualismus" gehört.[56] Das schließt jedoch nicht aus, dass Jakobus geteilte Loyalität und doppelte Lebensausrichtung auch als Grundprobleme allgemeinmenschlicher Existenz auffasst.[57] Der Analyse des Autors zufolge sind verschiedene Kräfte und Einflüsse bei der Zerspaltung eines Menschen involviert, darunter Anfechtung (Jak 1,2.12), Begierde (1,14–15), Parteilichkeit (2,4), Eifersucht (3,14), Rechthaberei (3,14), Lüste (4,1), Unentschiedenheit (4,4) und Inkonsequenz (4,17). Leider bleibt das Bild der Adressatenschaft und der „Sitz im Leben" des Schreibens recht unscharf. Sein Ziel ist allerdings klar: ganzheitliches, sozialverantwortliches Christsein in einer herausfordernden Diasporasituation.[58]

9.3.6 Hermas

Der Autor des Hermashirten ist literarischer und existenzieller Repräsentant stadtrömischer Christinnen und Christen, die sich über ihr Christsein im Alltag zu verständigen haben.[59] Er setzt mit seinem Buch ein „Denkmal des Alltagschristentums" und zeigt Wege auf, wie das Leben auch und gerade innerlich zu „verchristlichen" ist.[60] Konzeptionell unabgeschlossen und eindringlich im Ton, geprägt von einer entradikalisierten Ethik und einem anschaulichen dua-

---

[54] POPKES, Adressaten, 209. Vgl. McCARTNEY, James, 62: „the non-integrity of double-mindedness, strife, self-deception, falsehood, favoritism, and hypocrisy, run all the way through the letter and are integral to a genuine commitment to the God who is one."

[55] Vgl. BURCHARD, Zu einigen christologischen Stellen, 358 f.

[56] KONRADT, Christliche Existenz, 285. Vgl. NÜRNBERGER, Zweifelskonzepte, 394.

[57] Letzteres lehnt KONRADT, Christliche Existenz, 285 (gegen Frankemölle u.a.) ab: „Die διψυχία bezeichnet die spezifische Form grundlegenden Versagens eines Christen, nicht allgemein des Menschen."

[58] S. o. Kap. 6.2.5 zu weiteren Facetten und einigen Forschungspositionen.

[59] Zweiseeligkeit ist hier die Gefährdung eines jeden Christen, sicher nicht nur „die eingefleischte Sünde reicher Schutzpatrone, die zwischen dem Glauben an Gott und dem Bedürfnis, ihren Familienbesitz zu sichern und Kontakte zu heidnischen Freunden aufrechtzuerhalten, hin- und hergerissen wurden" (so BROWN, Keuschheit der Engel, 84).

[60] DIBELIUS, Hirt des Hermas, 425.

9.4 Gegenstände und Bezugsgrößen des Zweifels

len Denkmuster,[61] mit einem „radikal autobiographischen Ansatz" und einem apokalyptischen Anspruch übte sein Werk große Faszination aus.[62] Leserinnen und Leser konnten sich mit ihrem Ringen um Identität in der Figur des Autors und in seinen Visionen und Paränesen wiederfinden. Hermas zeigt sich zu Beginn seiner Schrift verletzlich und anfällig für Verfehlungen, doch weil er vor dem Schlund des Ungeheuers der Zweiseeligkeit bewahrt wurde, ist er nicht nur Paradigma der Gefährdung, sondern auch Vorbild für die Glaubenden und Autoritätsfigur.

9.4 Gegenstände und Bezugsgrößen des Zweifels

Woran zweifelt der Zweifel? Worauf richtet sich die Zweiseeligkeit? Zweifel erscheint im Neuen Testament – und nicht nur dort[63] – als ein Phänomen zweiter Ordnung. Zweifel setzt etwas anderes voraus, das nicht bezweifelt wird oder nicht zu bezweifeln ist. Zweifel stellt nicht grundsätzlich alles infrage, sondern hat als praktischer und konkreter Zweifel spezifische Gegenstände, die bezweifelt werden. In analoger Weise ist auch die Zweiseeligkeit ein Phänomen zweiter Ordnung, insofern sie eine Vorstellung von etwas voraussetzt, das nicht geteilt ist oder nicht geteilt werden kann.

9.4.1 Synoptische Evangelien

Mit dem Satz „wenn du etwas kannst" (Mk 9,22) gibt der Vater des epileptischen Kindes zu erkennen, dass er an der Heilkunst des Wundertäters zweifelt und unschlüssig ist, „wie weit seine Kunst reicht".[64] Dieser Konditionalsatz steht exemplarisch für eine grundlegende Disposition, nach der der Zweifel als Existenzial in die Struktur des Glaubens eingezeichnet ist. Insofern der Glaube immer mit seinem Gegensatz ringt,[65] stellt der Zweifel seine beständige Gefährdung dar. Objekte des Zweifels ergeben sich kontingent aus der Bewegtheit des Lebens. Somit kann es nicht verwundern, dass in der Darstellung der Evangelien auch

---

[61] Vgl. BROX, Hirt des Hermas, 553. Brox spricht vom „Axiom der Dualität aller Wirklichkeit" (a. a. O., 232, zu mand 8,1). DIBELIUS, Hirt des Hermas, 520: der jüdische Hintergrund der zwei Wege, zwei Triebe, zwei Geister ist evident (so auch BROX, a. a. O., 224 f., in Anm. 25 mit Literaturverweisen). In diese Grundfigur des Denkens gehört auch der Begriff der Zweiseeligkeit.

[62] RÜPKE, Hirte des Hermas, 292.

[63] Vgl. etwa zu Wittgensteins Zweifelskonzept NIENTIED, Kierkegaard und Wittgenstein, 288: „Zweifel wird weltbild- und sprachspiel-intern, er ist angewiesen auf bezweifelbares ‚Substrat' und ist wie ein Fehler Korrelat des Wissens, also einer von mehreren Weltbildkomponenten. Wissen und Zweifel sind Gewißheit nachgeordnet und brauchen einen Ort im Sprachspiel, um sinnvoll zu sein."

[64] LOHMEYER, Markus, 188.

[65] Vgl. SCHLATTER, Glaube, 129.

das Gottesverhältnis Jesu von Zweifeln affiziert ist und Jesus selbst die „Agonie des Zweifels" durchlebt.[66]

Analog zum Satz des Vaters, „wenn du etwas kannst", trägt auch die Anrede des matthäischen Petrus, „wenn du es bist" (Mt 14,28), den Zweifel wohl bereits in sich. Doch wird auch im Matthäusevangelium nicht konkretisiert, worauf sich der Zweifel des Petrus bzw. der Jünger bezieht. Er ist in einem eigentümlichen Sinn gegenstandslos; das Verb διστάζειν – das nur bei Matthäus belegt ist – wird absolut gebraucht. Petrus zweifelt nicht etwa *an* der Identität seines Gegenübers, der Wundermacht Jesu, seinen eigenen Fähigkeiten, der Tragfähigkeit des Wassers usw. Die Jünger zweifeln nicht etwa *an* dem Faktum der Auferstehung, der Auferstehungsbotschaft, der Anbetungswürdigkeit des Auferstandenen, der Identität des Gegenübers, sich selbst, ihrer Zukunft usw. Zweifel ist hier nicht-intentional und findet sich im Spannungsfeld zwischen Vertrauen und konträrer Wirklichkeitserfahrung wieder. Der objektlose Zweifel im Matthäusevangelium lässt sich aus seinem personalen Glaubensverständnis erklären: Im Gegensatz zum Markusevangelium (vgl. Mk 1,15) findet sich bei Matthäus keine Näherbestimmung eines Glaubensobjekts (der Sache). Glaube ist Glaube an Christus (Mt 18,6; 21,25.32; 27,42); Zweifel ist ein Signet für die Fragilität dieser Christusbeziehung. Nicht der Zweifel und Unglaube an sich ist beachtlich in den Auferstehungserzählungen der Evangelien – sie scheinen vielmehr fester Bestandteil in ihrem Motivinventar zu sein[67] – sondern vielmehr der unterschiedliche Umgang damit.

9.4.2 Johannesevangelium

Thomas' Zweifel in der Auferstehungsszene entspringt seiner durch das ganze Evangelium hindurch erkennbaren skeptischen Grundhaltung. Konfrontiert mit der Aussage der Jünger, „Wir haben den Herrn gesehen" (Joh 20,25), wird er zu einer Reaktion herausgefordert, und er verlangt „für das Höchste, was sein Glaube fassen soll, auch die sicherste Gewähr".[68] Der Gegenstand des Thomaszweifels bleibt zunächst offen: Zweifelt er an der Glaubwürdigkeit des Zeugnisses, an der Glaubwürdigkeit der Zeugen, an der prinzipiellen Möglichkeit der Auferstehung? In der Aufforderung aus dem Mund Jesu, „Sei gläubig!" (20,27), zeigt sich dann die personale Ausrichtung seines Zweifels: Er zweifelt, insofern ihm bis zuletzt Auftrag und Botschaft Christi unklar bleiben.[69] Thomas' zweifelnde Grunddisposition hält ihn bis zuletzt davon ab, sich ganz auf die Herrlichkeitsperspektive einzulassen, und zugleich hält sie ihn bei demjenigen, der die Herrlichkeit in Person ist.

---

[66] BLOCH, Prinzip Hoffnung, 1486.

[67] Vgl. auch im sekundären Markusschluss Mk 16,9.11.13.14.

[68] KEIL, Johannes, 573.

[69] SKINNER, John and Thomas, 75: „Each time Thomas speaks he betrays an inability to perceive truths related to the mission and message of Jesus."

9.4.3 Hebräerbrief

Im Hebräerbrief erscheint der Zweifel als Grundproblem christlicher Existenz, der sich praktisch auf alle Inhalte des Glaubens beziehen kann: Ist Gottes Wort beständig (Hebr 2,1–4)? Sind die „Heilstatsachen", für die Christus steht, wirklich und relevant? Wie wird in einer Situation von Anfeindungen und Repressalien erfahrbar, dass er die Alleinherrschaft angetreten (2,8), die himmlischen Güter erworben (2,5; 9,11), dem Teufel die Macht genommen hat (2,14–15), als Hohepriester Fürbitte leistet (4,14–16; 10,19–25), dem wandernden Gottesvolk vorausgegangen ist? Hat das Bekenntnis Überzeugungskraft (10,23)? Ist die Verheißung gültig (10,36)? Ist es plausibel, am unsichtbaren Hoffnungsgut festzuhalten (11,1)? Subtext all dieser Fragen ist die Spannung zwischen Glaube und erfahrener Weltwirklichkeit. Wer so fragt, lässt sich nach Meinung des Autors nur von durchdachten Argumenten und durch didaktisches Geschick überzeugen. Die Anfragen wie die Antworten sind Anhaltspunkte für ein hohes Diskursniveau auf Autoren- und Rezipientenseite im Bemühen um intellektuelle Redlichkeit und existenzielle Vergewisserung.

9.4.4 Jakobusbrief

Die von Jakobus ins Visier genommene Zerspaltenheit des διακρινόμενος bzw. δίψυχος kann alle Bereiche und Vollzüge des Lebens betreffen, die im Idealfall durch Loyalität, Unparteilichkeit, Geradlinigkeit, Einfalt usw. geprägt sind. Entgegen einer breiten Tendenz der Exegese zu Jak 1,5–8 ist sie nicht auf den Mangel an Erhörungsgewissheit oder skeptische Vorbehalte beim Beten zu reduzieren, sondern bezieht sich auf „die Lebensrichtung überhaupt".[70] Der Zweiseelige will mit Gott und Welt Freund sein (vgl. 4,4). Das hat fatale Konsequenzen, die nicht nur auf seine Gebetspraxis ausstrahlen (1,5–8; 4,3): Eine solche Haltung mündet in Selbstbetrug und Untätigkeit (1,19–25), in falsches Urteil und Opportunismus (2,1–4), in Mangel an Weisheit im praktischen Tun (3,13–18), in Feindschaft mit Gott (4,4), in zwischenmenschliches Desaster (4,1–4). Während im Jakobusbrief eine „uneschatologische Verwendung" des διψυχ-Stammes[71] vorliegt, tritt in den Apostolischen Vätern das Problem der Endzeitverzögerung stärker in den Blick. Die Verwendung lässt sich jedoch keineswegs darauf reduzieren.

9.4.5 Apostolische Väter

In der Formulierung „Du sollst nicht zweiseelig sein, ob es sein wird oder nicht" (οὐ διψυχήσεις, πότερον ἔσται ἢ οὔ), die in der Didache und im Barnabasbrief in identischer Form belegt ist (Did 4,4//Barn 19,5), bleibt der Bezugs-

---

[70] Spitta, Geschichte und Litteratur, Bd. 2, 22.
[71] So bei aller Problematik seiner Gesamtthese richtig Knoch, Eigenart, 114.

400   9. Synthese

punkt der Zweiseeligkeit unsicher. Der Satz entstammt wohl einem christlich redigierten jüdischen Traktat und könnte im Ursprungszusammenhang einen anderen (offensichtlicheren?) Inhalt gehabt haben als in seinen frühchristlichen Rezeptionen. Erwogen werden in der Forschung die Zweiseeligkeit beim Beten („ob [das Gebet] erfüllt wird oder nicht", vgl. ApkEl 24,5–12), Zweiseeligkeit in der Erwartung des endzeitlichen Gerichts („ob [das Gericht] kommen wird oder nicht") oder Zweiseeligkeit beim Fällen eines Richterspruchs („ob [eine getroffene Entscheidung] angemessen ist oder nicht"). In beiden Schriften wird ebenfalls wortgleich davor gewarnt, beim Geben zu zweifeln bzw. zu zögern (οὐ διστάσεις δοῦναι, Did 4,7//Barn 19,11). Der Gedanke enthält eine doppelte Stoßrichtung und verwahrt sich gegen innere Unschlüssigkeit wie inkonsequente Umsetzung.

Der Kampf der beiden Clemens-„Briefe" richtet sich mit hoher Wahrscheinlichkeit[72] gegen die Skepsis im Blick auf das Ausbleiben des verheißenen endzeitlichen Geschehens, einschließlich der Parusie und des Gerichts (1 Clem 11,2; 23,2–3; 2 Clem 11,2). Ein solcher Zweifel hat sich in Herz und Seele der Zweiseeligen eingenistet und soll unter anderem durch die Stigmatisierung der „Zweiseeligen" (δίψυχοι) ausgemerzt werden.

Im Hirt des Hermas leuchtet das Wortfeld διψυχ- in vielen Farbtönen auf und kann sich auf alle möglichen Peristasen der Glaubensexistenz beziehen. Wie der in den Clemens-„Briefen" attackierte Zweifel setzt sich auch in der Vorstellung des Hermas der Zweifel im Herzen fest (mand 9,5; vgl. vis 3,4,3) und treibt dort sein Unwesen. Wer zweifelt, verliert das Vertrauen in Gott (mand 9,5), läuft Gefahr, vom Glauben abzufallen (sim 9,28,7), ist unschlüssig beim Geben (mand 2,4; sim 9,24,2; vgl. Jak 1,5; Did 4,7//Barn 19,11), zögert beim Gebet (mand 9,1–2; sim 5,4,3), fragt sich, „ob alles wirklich so ist oder nicht" (vis 3,4,3; vgl. Did 4,4// Barn 19,5).

9.5 Bewältigungsstrategien und Resilienzmuster

Die Ausdrucksformen des Zweifels, seine lebensweltlichen und theologischen Verortungen sowie seine Bezugsgrößen haben sich beim Durchgang durch die frühchristlichen Texte als äußerst facettenreich erwiesen. Mit der Vielschichtigkeit des Zweifelsdiskurses korrespondiert eine Fülle an Weisen des Umgangs mit dem Zweifel. Nicht alle untersuchten Texte verfolgen dasselbe Ziel, den Zweifel auszumerzen. An keiner Stelle im Neuen Testament wird der Zweifel gelobt oder geadelt; es wird aber stets mit seiner Präsenz gerechnet. Welche Bewältigungsstrategien und Resilienzmuster lassen sich kenntlich machen? Wie kann der Zweifel vermieden, ausgehalten, bearbeitet oder bewältigt werden? Mit unterschiedlichen Akzentsetzungen zielen die Autoren auf Elemente der indivi-

---

[72] Trotz Lindemanns wiederholter Einwände (z. B. LINDEMANN, Clemensbriefe, 84).

9.5 Bewältigungsstrategien und Resilienzmuster

duellen und sozialen Identität der Christusgruppen, die in der Sozialpsychologie mit den Begriffen „kognitiv", „emotional" und „evaluativ" bezeichnet wurden.[73] Der Umgang mit dem Zweifel dient grundlegend dazu, den Adressatinnen und Adressaten in ihrer Sinnwelt wie in ihrer Lebenswelt Stabilität zu verleihen, sie in ihrer Kommunikationsfähigkeit zu stärken, sie gegen konkurrierende Plausibilitäten zu immunisieren, sie gegenüber eigener Trägheit wachsam werden zu lassen – kurz: ihrer glaubenden Existenz zum Gelingen zu verhelfen. Die Strategien sind vielfältig und können durchaus in Spannung oder gar im Widerspruch zueinander stehen. In den folgenden Abschnitten ist eine Auswahl zusammengestellt.

9.5.1 Ausschluss: Zweifel ist nicht, weil er nicht sein darf

Für Paulus heißt Glauben In-Christus-Sein. Es gibt zwei Möglichkeiten, sich zu dieser Heilssphäre zu verhalten: an ihr zu partizipieren oder ihr den Rücken zuzukehren, mit allen spirituellen, ethischen und soteriologischen Konsequenzen. Es gibt kein Dazwischensein, kein Hin- und Hergerissensein, keinen Zweifel im Sinne einer subjektiven Unentschiedenheit zwischen den beiden fundamentalen Einstellungen der Bejahung oder Verneinung. Daher wird er Paulus auch nicht zum Problem. Das beste Gegenmittel gegen aufkeimenden Zweifel ist nach diesem Denkparadigma die ständige Aktualisierung der Heilsteilhabe.

9.5.2 Relationalität: Zweifler werden neu ausgerichtet

In den Evangelien werden Zweifel und Kleinglaube ausnahmslos in Begegnungsgeschichten thematisiert. Dass Menschen Jesus begegnen, setzt bereits ein Vertrauensverhältnis mit ihm voraus. Ob nun der ungläubig-gläubige Vater des epileptischen Kindes, der kleingläubige Petrus, die zweifelnden Jünger, der skeptische Thomas: Ihr Zweifel ist nicht der methodische Zweifel eines Descartes, der „in freiem Entschluß den idealen Zeitpunkt der Muße und Unangefochtenheit von allen Sorgen und Leidenschaften" für sein Zweifeln wählt.[74] Vielmehr überfällt sie der Zweifel in der Darstellung der Synoptiker wie eine Flut und treibt sie zu Jesus hin. Dieser reagiert situativ, indem er mit dem Verzweifelten in einen Dialog tritt (Mk 9,21–24), dem Versager die Hand reicht (Mt 14,31), an die Aufgewühlten Zuspruch und einen Appell richtet (Mt 28,18–20), dem Provokateur entgegenkommt (Joh 20,24–29). Nicht in allen Fällen führt die Begegnung zur Überwindung des Zweifels, aber er wird in spezifischer Weise kontextualisiert

---

[73] Vgl. die identitätstheoretische Analyse bei Tajfel, Differentiation, 28: „cognitive – the sense of the knowledge that one belongs to a group; evaluative – the sense that the notion of the group [...] may have a positive or negative value; emotional – the sense that the cognitive and evaluative aspects [...] may be accompanied by emotions."

[74] So Ebeling, Gewißheit und Zweifel, 153.

402   9. Synthese

und bleibt am Gegenüber orientiert. Dadurch erhält er durchweg eine christologische Ausrichtung.[75]

9.5.3 Angewiesenheit: Zweifel ist angewiesen auf göttliches Wirken

Mit der christologischen Qualifizierung des Zweifels geht einher, dass der Zweifler auf das göttliche Eingreifen angewiesen bleibt. So bekennt sich etwa der Vater
des epileptischen Kindes mit seinem „Ich", das sich in der Kluft zwischen Glauben und Unglauben vorfindet, zu seiner Abhängigkeit von einem anderen Ich
des göttlichen Wunderheilers.[76] Der Beistand wird nicht nur punktuell benötigt,
sondern dauerhaft, wie das Präsens im Ausruf βοήθει μου τῇ ἀπιστίᾳ (Mk 9,24)
verdeutlicht. Im Johannesevangelium erhält der Paraklet die Funktion, als Zeuge
und Interpret der Jesus-Christus-Geschichte, die Identität und Bedeutung Jesu
zu aktualisieren. Was Thomas handgreiflich verifizieren konnte, bedarf nun der
hermeneutischen Aktivität des Parakleten.[77] Zweifel führt also nicht in die spirituelle Isolation, sondern hält das Bewusstsein wach, von göttlichem Beistand
abhängig zu sein.

In anderer Weise richtet der Verfasser des Hebräerbriefs den Zweifler auf das
Außerweltliche aus: Innerhalb seiner symbolischen Sinnwelt liegt das wahre
Sein, die feste und unerschütterliche Wirklichkeit gerade jenseits der menschlichen Wahrnehmung. Nur das jenseitige Nichtsichtbare hat Überzeugungskraft.
Der Jakobusbrief wiederum macht bereits im ersten Gedankengang klar, dass
der Weg aus der Disposition der Gespaltenheit und Zweiseeligkeit nur mithilfe
der Weisheit „von oben" gefunden werden kann (Jak 1,5; 3,17), dann aber auch
willentlich beschritten werden muss.

9.5.4 Konsequenter Beweis: Zweifel lässt sich aushebeln

Der Autor des Lukasevangeliums beabsichtigt mit seiner Version der Jesus-
Christus-Geschichte, die „Zuverlässigkeit der Lehren" (Lk 1,4) zu erweisen. Ein
offener Schluss, ein verschlossener „Sinn für das Verständnis der Schriften"
(24,45), eine zwiespältige Haltung (wie etwa im Matthäusevangelium) sind am
Ende seiner Geschichte keine Option. Mit einer stringenten „Beweiskette" führt
er die Jünger und damit auch seine Adressatenschaft zur richtigen, unzweifel-
haften Deutung und Aneignung der Osterereignisse: Jesus lässt sich betasten,

---

[75] Im gnostischen Evangelium der Maria (s. o. Kap. 4.4.6.3) schlüpft Maria in die Rolle Jesu
und beruhigt die traurigen Jünger: „Weint nicht und seid nicht traurig und zweifelt auch nicht!"

[76] LOHMEYER, Markus, 189, spricht mit Bezug auf die voranstehende Verklärungsszene von
einem „herrscherlichen Ich".

[77] Auf der symbolischen Ebene mag auch der Gedanke mitschwingen, dass Thomas durch
das Betasten der Seitenwunde mit dem Ort pneumatischer Präsenz unmittelbar in Berührung
kommt (vgl. POPP, Thomas, 517; vgl. Joh 19,34), während er den übrigen Jüngern in der Osterszene zuteilwird (20,22) und den nachösterlich Glaubenden in der Person des Geist-Parakleten
(14,16.26; 15,26; 16,14–15).

9.5 Bewältigungsstrategien und Resilienzmuster 403

isst gebratenen Fisch, erläutert den Sinn der Schrift und fährt schließlich in den Himmel. Am Ende stehen Freude und Anbetung (24,52–53). Auch Lukas bezieht Zweifel und Unglaube dezidiert in seinen Bericht ein – gegenüber den Auferstehungszeuginnen (24,11), dem Schriftzeugnis (24,25) und sogar gegenüber dem leibhaftig Auferstandenen (24,38.41). Sie sind aber ein vorübergehendes Problem: Bei der Erstbegegnung nach der Auferstehung sind die Jünger noch „aus Freude" ungläubig (24,41), nach der Himmelfahrt hat die Freude die Oberhand gewonnen (24,52). Die vielen Beweise (Apg 1,3: ἐν πολλοῖς τεκμηρίοις) sind letztlich erdrückend. In der Rezeption des lukanischen Berichts im Brief des Ignatius an Smyrna folgt aus der taktilen Verifikation ohne Umschweife der Glaube: „Sofort fassten sie ihn an und wurden gläubig" (IgnSm 3,2). In geradezu grotesker Manier macht das Petrusevangelium mit dem Auferstehungszweifel kurzen Prozess, indem es ein sprechendes Kreuz mit kosmischen Ausmaßen auf den Plan ruft (EvPetr 39–42), das auch die Letzten – die Grabwächter und Pilatus – vom Faktum der Auferstehung überzeugt.

In einem völlig anderen Zusammenhang, aber ebenfalls mit zwingender Stringenz werden im 1. und 2. Clemensbrief die Zweiseeligkeit und der Zweifel an der geschichtlichen und übergeschichtlichen Wirksamkeit Gottes mit der Unausweichlichkeit der Naturabläufe konterkariert. Keiner würde ernsthaft am naturgemäßen, unaufhaltsamen Prozess des Wachsens und Reifens zweifeln wollen. Daher ist auch der Zweifel am Kommen der Endereignisse töricht.

9.5.5 Kopfarbeit: Zweifel wird durch die „Logik des Glaubens" überführt

Wer ins Zweifeln gerät, wird nach Auffassung des Hebräerbriefautors nicht durch eine bloße Wiederholung der elementaren Lehre neu überzeugt. Es bedarf anderer Mittel: Er appelliert an das Urteilsvermögen seiner Adressaten und versucht sie durch tiefschürfende theologische Gedankenarbeit und rhetorische Kunstfertigkeit (wieder) vom Wahrheitsgehalt der Heilsbotschaft zu überzeugen. Was er bieten will, ist „bessere Theologie".[78] Wer zweifelt, soll sich gerade auch mittels des Verstandes vom Unsichtbaren überführen lassen (ἔλεγχος, Hebr 11,1b), um dann in Hinsicht auf das Hoffnungsgut wieder feststehen (ὑπόστασις, 11,1a; vgl. 6,18–19). Wer zweifelt, soll in einem reflexiven Prozess dem Weg des Anführers und Vollenders des Glaubens nachdenken („kognitive Mimesis").[79] Dabei ist sich der Autor darüber im Klaren, dass nur gemäß einer *ratio fidei* und nur für die Glaubenden der Glaube ein „Überführtsein von unsichtbaren Dingen" sein kann, nicht gemäß einer von außen herangetragenen Logik. Andererseits knüpft er an argumentative Prinzipien an, die in der griechisch-römischen Rhetorik gang und gäbe sind, etwa wenn er sich auf

---

[78] GRÄSSER, Hebräer, Bd. 1, 27.

[79] Vgl. die epistemisch akzentuierten Verben κατανοεῖν (Hebr 3,1), ἀφορᾶν (12,2) und ἀναλογίζεσθαι (12,3).

404   *9. Synthese*

das „Angemessene" (vgl. 2,10.17; 7,26), das „Notwendige" (7,12.27; 8,3; 9,16.23) und das „(Un-)Mögliche" (6,4–6.18; 10,4; 11,6) beruft.

9.5.6 Ethische Anstrengung: Zweifel wird durch Durchhalten vertrieben

Gemäß der Logik des Hebräerbriefs „erwächst aus der Gewissheit und Evidenz des Glaubens stets ein dem gemäßes Handeln."[80] Wer vom Nichtsichtbaren überführt ist (Hebr 11,1b), wird zum Durchhalten motiviert (11,1a). Aufgrund der Wechselseitigkeit zwischen intellektueller und ethischer Leistung kommt auch der Beharrlichkeit eine Rolle in der Bearbeitung und Überwindung des Zweifels zu.

Der Jakobusbrief kennt eine vergleichbare Korrespondenz von „Orthodoxie" und „Orthopraxie". Standhaftigkeit ist gefragt (Jak 1,3.12), effektive, willentliche Selbstkontrolle (1,26; 3,4.7), prosoziales Verhalten. Werke sind „die empirisch faßbaren Zeichen für die innere Stimmigkeit und Ganzheit des Menschen."[81] Sie sind jedoch nicht nur eine Folge eines stimmigen Glaubens, sondern umgekehrt auch ein Heilmittel gegen die Schizophrenie eines halbherzigen Glaubens.

9.5.7 Pastorale Sensibilität: Zweiflern wird mit Menschlichkeit begegnet

Aus dem letzten Wort des matthäischen Jesus (Mt 28,17) spricht kein Vorwurf, sondern Einfühlungsvermögen: Weder belässt Jesus die Jünger in ihrem Zweifel noch beseitigt er ihn durch eine vollmächtige Tat, sondern er stellt ihn in einen überraschend neuen Sinnhorizont: Trotz ihres brüchigen Vertrauens und Verstehens weitet er den Sendungsauftrag aus und spricht ihnen zugleich seine umfassende Präsenz zu.[82]

Die Auseinandersetzung mit dem aggressiv vorgetragenen Zweifel des Thomas im Johannesevangelium erfolgt ebenfalls nicht konfrontativ, sondern mit Empathie und „Philanthropie".[83] Jesus ergreift die Initiative, nimmt das Ansinnen des Thomas auf und gibt ihm statt.

9.5.8 Mystagogik: Zweifel ist empfänglich für spirituelle Expertise

Der Autor des Hebräerbriefs präsentiert sich nicht nur als gebildeter Theologe, sondern auch als „erfahrener Mystagoge",[84] der es sich zur Aufgabe gemacht hat, seinen Zuhörern wieder das Geheimnis der unsichtbaren Dinge zu erschließen.

---

[80] KARRER, Hebräer, Bd. 2, 274.

[81] FRANKEMÖLLE, Gespalten oder ganz, 165.

[82] Vgl. BAUER, Major Characters, 363: „The consideration that Jesus refuses to abandon the disciples to their failure […] gives hope to readers that the exalted Christ will likewise assist them in their own struggles."

[83] So schon Lampe, Evangelium secundum Joannem, Bd. 3, 705.

[84] SÖDING, Zuversicht und Geduld, 220: „[D]er Hebr ist gewiß eine Mahnrede; vielleicht ist er mehr noch eine mystagogische Predigt."

9.5 Bewältigungsstrategien und Resilienzmuster

So bedenklich sich ihr innerer zweifelnder, entkräfteter Zustand auch darstellt, so sind sie doch noch empfänglich für Ermahnungen und Erkenntnisse des Predigers. Mit pastoralem Pathos solidarisiert er sich mit seiner Adressatenschaft – in einem Spitzensatz, der als der Skopos des Hebräerbriefs überhaupt[85] bezeichnet werden kann: „Wir aber sind nicht von denen, die kleinmütig zurückweichen, sondern von denen, die standhaft glauben" (Hebr 10,39). Mystagoge in Person ist auch der Hohepriester Jesus selbst, der als „Vorläufer" (πρόδρομος) proexistent „für uns" hinter den Vorhang ins Allerheiligste vorausging (6,19–20).

9.5.9 Imitatio: Zweifel weicht kraft „himmlischer" Vorbilder

Im Markusevangelium ist Jesus nicht nur „Zeuge des Glaubens",[86] sondern auch Zeuge des Zweifels und gibt als solcher eine Anschauung vom Umgang mit dem Zweifel. Für den markinischen Jesus hieß das, „die Zeugenschaft des Glaubens durchzuhalten angesichts der Anklage auf Gotteslästerung und Aufruhr, das Ja zur Nähe Gottes durchzuhalten in der Gottverlassenheit am Kreuz."[87] Auch der zitternde, zagende (Mk 14,33), zweifelnde und verzweifelte (15,34) Jesus bleibt im Wirkraum der Allmacht Gottes. Auch die Leserinnen und Leser des Evangeliums können erhoffen, dass sie auch in ihrem Zweifel nicht aus der göttlichen Sphäre fallen.

Mit der doppelten Prädikation als „Anführer und Vollender" des Glaubens (ἀρχηγὸς καὶ τελειωτής, Hebr 12,2; vgl. 2,10; 6,20) drückt der Autor des Hebräerbriefs aus, dass Jesus die mühsame Wanderschaft des Glaubens in bahnbrechender Weise durchlaufen hat und am Ziel angekommen ist. Sein Beispiel beweist, dass sich der Aufwand lohnt. Natürlich besitzt Jesus „ein überwältigendes Plus" gegenüber allen weiteren Glaubenszeugen, da er das Ziel bereits erreicht *hat*,[88] aber gerade diese Plus motiviert zum Nach-denken und Nach-folgen. Jesus steht an der Spitze der „Hall of Faith", deren Mitglieder den Adressatinnen und Adressaten zur Nachahmung empfohlen werden. Den abschreckenden Kontrast bildet hingegen die „Genealogie des ungläubigen Ungehorsams" (3,7–4,13).[89]

Im Jakobusbrief wird das Motiv der *imitatio dei* zwar nicht ausgeführt, ist aber zwischen den Zeilen deutlich wahrnehmbar: „God is one and single minded, which is contrasted to the person who is double-minded."[90] Zweiseeligkeit wird nur dann wirkungsvoll bekämpft, wenn die Ganzheit und Vollkommenheit Gottes zum Maßstab genommen wird.

---

[85] So Grässer, Hebräer, Bd. 3, 82.
[86] Ebeling, Wesen, 88.
[87] Ebeling, Wesen, 65. Ebeling selbst spricht im Blick auf Jesus nicht vom Zweifel, sondern von Anfechtung (vgl. a. a. O., 214.225 f.).
[88] Karrer, Hebräer, Bd. 2, 303.
[89] Käsemann, Das wandernde Gottesvolk, 25.
[90] Hartin, Spirituality of Perfection, 100.

9.5.10 Exempel: Zweifler orientieren sich an Leitfiguren

Im Gegenüber zum Hebräerbrief weiß Paulus nichts von einem Glauben bzw. einer Treue Christi als einer Haltung der Seele, die diesem auf dem Gang zum Kreuz Durchhaltevermögen geschenkt hätte und die für die Glaubenden Vorbildcharakter besäße.[91] Bei Paulus ist der Stammvater Abraham Urbild und Vorbild des Glaubens, nicht Jesus. Auch wenn Paulus den Zweifel bzw. das Nicht-Zweifeln des Abraham nicht eigens thematisiert, so dient er ihm doch als nachahmenswertes Exempel eines Glaubens, der Realitätssinn zeigt, die verheerende Wirklichkeit nüchtern wahrnimmt (κατενόησεν, Röm 4,19) und doch gegen augenscheinliche Plausibilitäten überzeugt ist: Gott „vermag, was er verheißen hat, auch zu tun" (4,21).[92] Zweifel werden so im Keim erstickt.

Während im Jakobusbrief Hiob als Vorbild einer konsistenten Lebensführung dient (Jak 5,10–11),[93] stilisiert sich Hermas selbst zum Muster des „Zweifelsüberwinders". Mit einer solchen Rollenzuweisung steht er in der frühchristlichen Literatur singulär.[94] An ihm können die Leserinnen und Leser wahrnehmen, wie einem zunächst fragilen Gläubigen in größter Gefahr auch größte Stärke zuwächst und er dem gefräßigen Monster der Zweiseeligkeit entkommt. Sein Ausruf „Glaubt dem Herrn, ihr Zweiseeligen, dass er alles kann!" (vis 4,2,6) entspringt eigener Glaubenserfahrung und erhält daher Autorität.

Mit analoger pädagogischer Absicht werden auch Antitypen genannt, darunter Esau (Hebr 12,16–17) oder Lots Frau (1 Clem 11,1).

9.5.11 Transparenz: Der Zweifel ist anschlussfähig an Erfahrungen der ersten Jesusnachfolger

Die matthäische Gestaltung der Petrusfigur lebt vom Ineinander von „Einmaligem und Typischen":[95] Einerseits sind sein Verhältnis zu Jesus, seine Rolle innerhalb des Jüngerkreises, sein Handeln, auch sein Versagen einmalig. Andererseits ist er für die Leserinnen und Leser des Evangeliums transparent im Blick auf die Ambivalenz christlicher Existenz.[96] Typisch und transparent ist Petrus insbesondere in seiner Gefährdung durch Kleinglauben und Zweifel, die seinem Bekenntnis und seiner Jüngerschaft diametral entgegenstehen.

---

[91] So aber, stellvertretend für viele, Cosgrove, Cross, 57: „Jesus' own faithfulness unto death is the prototype of believing faith."

[92] Vgl. Hahn, Theologie, Bd. 2, 741.

[93] Im Neuen Testament erwähnt nur der Jakobusbrief Hiob beim Namen.

[94] Vgl. Rüpke, Hirte des Hermas, 292.

[95] Luz, Matthäus, Bd. 2, 468.

[96] Vgl. Strecker, Weg der Gerechtigkeit, 205: „Die Gestalt des Petrus sprengt den Rahmen der historischen Einmaligkeit der Leben-Jesu-Situation; sie hat primär nicht historische, sondern typologische Bedeutung; in ihr konkretisiert sich das Christsein des einzelnen in der Gemeinde, für das demnach das Nebeneinander von ‚negativen' und ‚positiven' Elementen charakteristisch zu sein scheint."

9.5 *Bewältigungsstrategien und Resilienzmuster* 407

Mit subtil-ironischem Zungenschlag porträtiert Johannes den Jünger Thomas und sein notorisches Hinterherhinken und Zuspätkommen, sein bohrendes Fragen. Thomas ist in besonderer Weise anschlussfähig für skeptisch Glaubende, die einer innerweltlichen Rationalität verhaftet sind (Joh 11,16), die Mission Jesu nicht begreifen (14,5), vehement hinterfragen (20,25), schließlich jedoch zu einer „richtigen" Einschätzung der Identität Jesu gelangen werden (20,28).

9.5.12 *Entlastung: Zweifel ist ein erwartbares Moment des Glaubens*

Insofern Zweifel individuelles wie ekklesiologisches Existenzial ist, bleibt er auch im Leben der Glaubenden präsent und prägend. Außergewöhnlich wäre das Ausbleiben des Zweifels. Auch die Turbulenzen des Lebens, die den Zweifel motivieren oder begünstigen, sind Teil christlicher Existenz. Am Petruszweifel zeigt sich, dass die Bedrohung in der Gegenwart Jesu nicht verschwindet. Selbst angesichts der unmittelbaren Nähe des Auferstandenen macht sich Zweifel breit – um wie viel mehr in einer nachösterlichen Situation, in der er allen Sinneseindrücken entzogen und abwesend ist (vgl. Joh 20,29)? Trotz ihres Bekenntnisses (Mt 14,31) werden die Jünger samt Petrus als „Kleingläubige" angesprochen (16,8; 17,20); sie bleiben zweifelnd (28,17). Das Ziel besteht also nicht notwendigerweise darin, den Zweifel zu eliminieren, sondern ihn als Moment des Glaubens zu akzeptieren und in das individuelle und kollektive „Identitätsmanagement" zu integrieren.

9.5.13 *Drohkulissen: Zweifel führt unweigerlich ins Verderben*

Der Autor des Hebräerbriefs entwirft eindrückliche Schreckensszenarien in Erinnerung an die Wüstengeneration. Sie bezweifelte, dass Gott helfen *will* und dass er helfen *kann* (Hebr 3,9),[97] sie driftete in den Unglauben und brach die Wanderschaft zu ihrem Unheil ab. Wer einmal zur „Erkenntnis der Wahrheit" gelangt ist (10,36), der kann nicht mehr naiv und ungestraft dahinter zurückfallen. Keiner – so das Kalkül des Autors – wird sehenden Auges und wachen Verstandes ins „gierige Feuer" (10,27) laufen, wenn er um das Schicksal der Wüstengeneration weiß. Wer glaubenslos zweifelt, fließt am Ziel vorbei ($\pi\alpha\rho\alpha\rho$-$\rho\epsilon\tilde{\iota}\nu$, 2,1). Konsequent und denkrichtig ist es vielmehr, „heute" (3,7.15; 4,7) wieder das Ziel in den Blick zu nehmen.

Im Hirt des Hermas wird die Bedrohung durch die Zweiseeligkeit mithilfe apokalyptischer Motivik ins Unermessliche gesteigert. Hermas' Glauben wird durch eine heuschreckenspeiende, völkerverschlingende Bestie auf die Probe gestellt. Das Ausmaß der Bedrohung setzt nun aber in entsprechendem Maß Glaubensgröße und Entschlossenheit frei, mit denen Hermas dem Ungeheuer entgegentritt (vis 4,1,8). Auch in 1 Clem 23,3–4; 2 Clem 11,2 und 2 Petr 3,3–4 dient der unerbittliche Ernst des endzeitlichen Gerichts als Motivation, den Zweifel abzustoßen.

---

[97] Vgl. Lünemann, Hebräerbrief, 132.

408   *9. Synthese*

9.5.14 *Erinnerung: Sich-Einreihen in eine Bekenntnisgemeinschaft*

Der Verfasser des Hebräerbriefes ruft seiner Adressatenschaft in Erinnerung, dass ihrem glaubenden Denken die Wirklichkeit des Unanschaulichen bereits einmal eingeleuchtet hat und noch immer, wenngleich schwächer, einleuchtet (vgl. Hebr 2,3–4; 6,4–5; 10,26.29.32–34). Er erinnert sie an die Glaubenshelden der Vorzeit, die vom Unsichtbaren überzeugt waren, und er frischt ihr Gedächtnis hinsichtlich des Christusgeschehens auf. Seine Zweifelüberwindungsstrategie beinhaltet die „Auslegung und Aktualisierung der Bekenntnisüberlieferung in Entsprechung zur Situation der Adressaten".[98] Hermas erinnert sich an die Großtaten, über die ihn der Herr belehrt hatte, um daraufhin Mut zu fassen und auf die Bestie der Zweiseeligkeit zuzugehen (Herm vis 4,1,8).

Der Hilferuf des Petrus (Mt 14,30) lehnt sich bei Matthäus an die Gebetssprache der Psalmen an, evoziert bei der Hörerschaft die Erinnerung an vertraute Motive und gliedert die Adressaten zugleich in die Gemeinschaft der Betenden ein, die von Gott Hilfe erwarten und erhalten.

9.5.15 *Autoritätsbeleg: (Heilige) Schriften und Offenbarungen*

Der Verfasser des Johannesevangeliums erläutert in den metatextuellen Schlussversen seiner Schrift, dass es seine Absicht war, mit seinem „Buch" Glauben zu stiften (Joh 20,30–31).[99] Die durchdachte Gestaltung der Figur des Thomas ist also Teil seiner Strategie des Glaubens. Wer sein Buch zur Hand nimmt und die Figuren auf ihrem Weg begleitet, begegnet am Ende des narrativen Teils heftigstem Zweifel und dem höchsten Bekenntnis.

Auch wenn sich der Verfasser des Hermashirten vom Jakobusbrief inspirieren ließ und ihn gewissermaßen „wiederkäute",[100] ist er grundsätzlich nicht auf eine autoritative Tradition oder einen Visionär angewiesen, weil er selbst mit Offenbarungen aufwarten kann. Im Rahmen seiner Legitimierungsstrategie zielt der Autor darauf, dass an seiner Paränese und an ihren apokalyptischen Beglaubigungen „von oben" nicht zu zweifeln ist. Sie sind es auch, die dem Appell „Sei nicht zweiseelig!" (Herm vis 4,1,4.7) performative Kraft verleihen und die monströse Bedrohung zu einem „Nichts" verkümmern lassen.

Die beiden Clemens-„Briefe" rekurrieren nicht auf eigene Offenbarungen, sondern auf ein niedergeschriebenes (prophetisches) Wort, das autoritatives Ansehen genießt (ἡ γραφὴ αὕτη, 1 Clem 23,3; ὁ προφητικὸς λόγος, 2 Clem 11,2).[101]

---

[98] Weiss, Hebräer, 55.

[99] Zumstein, Johannesevangelium, 34: „Die Erzählung wird durch den Schluss 20,30–31 beendet, der auf einer metatextuellen Ebene das theologische Ziel des Evangeliums und seine pragmatische Funktion formuliert: die Glaubenden zum Glauben zu rufen."

[100] Zahn, Hirt des Hermas, 396.

[101] Die für die Clemens-„Briefe" autoritative Quelle ist wohl mit der verlorenen frühjüdischen Schrift Eldad und Modad zu identifizieren. S. o. Kap. 2.5.2.

9.5 Bewältigungsstrategien und Resilienzmuster 409

Wer auf dieses Wort hört – so der Gedanke – wird von Zweifel und Zweiseeligkeit ablassen und schließlich „das Gute" (1 Clem 11,4) bzw. „den Lohn" erhalten (2 Clem 11,5).

9.5.16 Tadel: Zweifel und Kleinglaube sind zu missbilligen

Die Wörter „Kleinglaube" und „kleingläubig" stehen ausnahmslos in Dialogen Jesu mit seinen Jüngern oder mit einem einzelnen Jünger (Lk 12,28; Mt 6,30; 8,26; 14,31; 16,8; 17,20). In allen Belegen ist ein vorwurfsvoller, tadelnder Unterton herauszuhören, der selbstverständlich zu den Ohren der Adressatinnen und Adressaten durchdringen soll. Ihr Kleinglaube in prekären Situationen – der allerdings (noch) nicht Unglaube ist – wird kritisiert, um sie wieder zum Vertrauen anzuhalten. Ausdrückliche Missbilligung ist bloß *eine* Form des Umgangs mit brüchigem Glauben. Entgegen einer beliebten Interpretationslinie in der gesamten Auslegungsgeschichte wird in anderen Zweifelsepisoden der Evangelien keine Kritik laut, weder bei Markus im Rahmen der Heilung des epileptischen Jungen gegenüber dem Vater noch in der Schlussszene des Matthäusevangeliums gegenüber den Jüngern[102] noch in der finalen johanneischen Begegnungsgeschichte gegenüber Thomas.

9.5.17 Polemik: Zweifel und Zweiseeligkeit werden attackiert

In späteren Schriften wird dem Zweifel wie der Zweiseeligkeit zum Zweck der Gruppenkohäsion und der Reinhaltung der Lehre auch mit scharfer Polemik begegnet. Denen, die die göttliche Einwirkung auf zukünftiges Geschehen oder gar die Parusie und das eschatologische Gericht anzweifeln (1 Clem 23,3–4; 2 Clem 11,2; 2 Petr 3,3–4), wird in aller Schärfe – weniger mit guten Argumenten – klargemacht, dass sie auf dem Holzweg sind. Dabei mag durchaus zutreffen, dass hinter der Polemik „der Zweifel selber keucht",[103] doch haben solche Psychologisierungen keinen Anhalt am Text selbst.

Die fantasievolle Idee älterer Ausleger, dass Jakobus mit seiner Rede vom „zweiseeligen Mann" (Jak 1,8) polemisch auf Paulus abzielt, gehört ins Kuriositätenkabinett der Auslegungsgeschichte. Die *particula veri* des Gedankens besteht jedoch darin, dass der Jakobusbrief durchaus streitlustig die Gefahr eines zwiespältigen Ethos ins Visier nimmt, die seiner Einschätzung nach durch die Theologie des Paulus in seiner Adressatenschaft virulent ist.[104]

---

[102] Im sekundären Markusschluss hingegen (Mk 16,14) wird der Unglaube und die Herzenshärte der Jünger gegenüber den Osterzeugen ausdrücklich angeprangert.

[103] KLEIN, Der zweite Petrusbrief, 111. Vgl. zur Phänomenologie PELKMANS, Outline, 1: „[T]he firmer the endorsement of ideas, the weaker the basis of these notions may be."

[104] Vgl. HENGEL, Jakobusbrief, 525: Im Vergleich zu späterer antipaulinischer Polemik – etwa der der Ebioniten (vgl. Irenäus, *Haer.* 1,26,2) – erscheine im Jakobusbrief „eine kunstvolle,

410   *9. Synthese*

9.5.18 *Alteritätskonstruktion: Die Zweifler sind die „Anderen"*

In einer älteren Interpretationsvariante von Mt 28,17, die sich allerdings als unzutreffend erwiesen hat, wird der am Ende des Matthäusevangeliums berichtete Zweifel einer Gruppe jenseits des Jüngerkreises zugewiesen. Diese Auslegung folgt der theologisch motivierten Absicht, die Jünger vom Zweifel reinzuhalten, da Jüngerschaft und Zweifel sich vermeintlich nicht zusammendenken lassen. Andere Schriften folgen dieser Logik tatsächlich, beispielsweise die beiden Clemens-„Briefe": Sie betreiben ideologische „Boundary Maintenance", indem sie Zweifel, Zweiseeligkeit, Unglück und endzeitliches Elend den „Anderen", der Gruppe der δίψυχοι, zuschreiben mit der Intention, die Identität der Eigengruppe zu stärken. Wer sich loyal verhält, wird belohnt (2 Clem 11,5), wer ausschert, läuft ins Verderben. Implizit verfährt auch der Verfasser des Jakobusbriefs nach dieser Logik: Wer will schon zu denen gehören, die als Gottesfeinde, Sünder, Unbeständige, Zerspaltene, Zweiseelige beschrieben werden? Der Hebräerbrief zeigt mit dem Finger mahnend auf die Wüstengeneration, die daran zweifelte, dass Gott helfen will und kann (Hebr 3,9).

9.6 *Auf dem Weg zu einer neutestamentlichen „Theologie des Zweifels"*

Die theologische Auseinandersetzung mit dem Zweifel ist gegenwärtig in einem Umbruch begriffen. Wer würde heute noch dem Ausruf Luthers folgen wollen, mit dem er gegenüber seinen Wittenberger Tischgenossen den Zweifel ins Reich der Sünde und des Todes verwies: „Zweifel ist Sünde und ewiger Tod!"[105] Friedrich Nietzsche nahm derlei Gedanken süffisant auf und vermerkte:

> Zweifel als Sünde. – Das Christenthum hat das Äusserste getan, um den Cirkel zu schliessen und schon den Zweifel für Sünde erklärt. Man soll ohne Vernunft, durch ein Wunder, in den Glauben hineingeworfen werden und nun in ihm wie im hellsten und unzweideutigsten Elemente schwimmen: schon der Blick nach einem Festlande, schon der Gedanke, man sei vielleicht nicht zum Schwimmen allein da, schon die leise Regung unserer amphibischen Natur – ist Sünde! Man merke doch, dass damit die Begründung des Glaubens und alles Nachdenken über seine Herkunft ebenfalls schon als sündhaft ausgeschlossen sind. Man will Blindheit und Taumel und einen ewigen Gesang über den Wellen, in denen die Vernunft ertrunken ist![106]

---

subtilere Polemik, die anders als die späteren massiven Verleumdungen wenigstens teilweise theologisch zu argumentieren versucht."

[105] Luther, Tischrede Nr. 6287 (WA.TR 5,580). Vgl. BEINER, Zweifel, 770: „Nach M. Luther ist der Zweifel das Gegenteil des Glaubens, weshalb er Zweifel auch synonym mit Unglauben verwendet (WA 6,217; vgl. auch WA 7,215)."

[106] NIETZSCHE, Morgenröthe, 79 (Nr. 89). SOMMER, Kommentar, 243, stellt eine ausdrückliche Verbindung zwischen Luthers Diktum und den Gedanken Nietzsches her.

9.6 Auf dem Weg zu einer neutestamentlichen „Theologie des Zweifels" 411

Neuere philosophische, theologische und religionssoziologische Entwürfe anerkennen, begrüßen, loben und adeln den Zweifel. Paul Tillichs gedankliche Erkundungsgänge zum Thema Zweifel atmen Pioniergeist. Schon im Jahr 1919 schrieb er in einem Aufsatzentwurf:

Darum ist es so verderblich für die Religion, den Zweifel zur Sünde zu stempeln; er kann es sein, er kann der geschickte Schachzug sein, um der Tiefe des Religiösen mit gutem Gewissen zu entgehen [...]. Es wird immer ein Moment Ernsthaftigkeit im Zweifel sein, sonst könnte er nicht einmal den Schein eines guten Gewissens geben. Dieses Moment Ernsthaftigkeit genügt aber, um den ganzen Zweifel ernstzunehmen [...]. Daraus ergibt sich, dass, wo der Zweifel als Sünde aufgefasst wird, es ein normales religiöses Verhalten nur dann gibt, wenn der Zweifel ein schnell abgebrochenes Spiel war, dass aber, sobald er ernsthaft ist, es entweder zu einem Akt intellektueller Askese oder zu einem Zweifel mit gutem Gewissen kommen muss.[107]

Hundert Jahre später kann dieser Einwand – Zweifel ist nicht zur Sünde zu stempeln! – als *common sense* gelten, wobei freilich die Nuancierungen und Akzentsetzungen voneinander abweichen: Der Zweifel wird als Existenzial bestimmt, „das zwar nicht zum Wesen des Glaubens oder der Gläubigen gehört, aber faktisch ihre Existenz leidvoll bestimmt."[108] Er wird für „unverzichtbar" erklärt, als Teil der *conditio humana*, die in ihrem wesenhaften „Zwischensein" offen ist zum Glauben wie zum Zweifeln.[109] Er wird als Anstifter zu frischen Gedanken und Fragen begrüßt, die dem Glauben zuträglich sind und ihn stabilisieren.[110] Er wird als Wirkweise Gottes beschrieben: „prüfend, läuternd, vielleicht mich über einen Glauben hinausführend, in dem ich mich allzu sehr eingerichtet hatte."[111] Es wird ein „Klima gesunden Zweifels" gefordert, das ein Gleichgewicht von Glauben und Zweifel anvisiert.[112] Angesichts des Willkommensklimas gegenüber dem Zweifel werden in der jüngeren Debatte daher schon wieder zögerliche Stimmen laut, die fragen, ob es theologisch und für die Glaubenden angemessen sei, „den Zweifel als wohlgelittenen Gast im ‚eigenen Haus' zu begrüßen."[113]

Es liegt auf der Hand, dass sich das Lob des Zweifels und die Lust am Zweifeln mindestens ebenso sehr der geistigen und religiösen Großwetterlage verdanken wie der exegetischen Reflexion. Die folgenden Erwägungen blicken auf einzel-

---

[107] TILLICH, Rechtfertigung und Zweifel, 147 f. Der Grundgedanke hielt sich bis in sein Spätwerk. Vgl. exemplarisch ders., Wesen und Wandel, 126: „Zweifel ist nicht das Gegenteil des Glaubens; er ist ein Element des Glaubens."

[108] ROSENAU, Ich glaube, 19 (in Analogie zum Existenzial der Sünde).

[109] WELZ, Vertrauen und Versuchung, 262.

[110] THISELTON, Doubt, VII. Der Bibelwissenschaftler Thiselton schiebt den neutestamentlichen Texten unter, dass sie dem Zweifel eine positive Rolle zuweisen. Doch die Aufforderung, Denkoptionen kritisch zu hinterfragen (so a. a. O., 3, zu Mt 17,25), ist nicht Teil des Sprachspiels von Glauben und Zweifeln, das Thiselton in seinem Buch im Blick hat.

[111] HOFFMANN, zweifeln und glauben, 236, mit der Parenthese „ein vielleicht erschreckender, aber doch zumindest möglicher Gedanke".

[112] BERGER/ZIJDERVELD, Lob des Zweifels, 155.

[113] WERBICK, Christlich glauben, 144.

412 9. Synthese

ne Äußerungen und Notizen zum Phänomen des Zweifels aus der Theologiegeschichte zurück und fragen nach dem potenziellen theologischen Ertrag der
exegetischen Arbeit. Es wäre vermessen, hier einen systematisch-theologischen
Gesamtentwurf bieten zu wollen. Vielmehr greife ich in einem erneuten Durchgang durch die neutestamentlichen Schriften einige Gesichtspunkte auf und
denke an ihnen in systematisch-theologischer Absicht weiter.

9.6.1 „Glaubensmaß" und Zweifel (Röm 12,3)

Auch wenn Paulus den Zweifel nicht eigens reflektiert, haben seine Texte deutliche Spuren in der Auseinandersetzung mit dem Zweifel hinterlassen. Er wurde
geradezu zum Kronzeugen für eine Rubrizierung des Zweifels unter die Sünde –
zu Unrecht, wie gleich deutlich wird. Zunächst lohnt aber ein kurzer Blick auf
die viel diskutierte und oben bereits erwähnte Wendung „Maß des Glaubens"
(μέτρον πίστεως, Röm 12,3) und auf die Frage, ob mit einem geringen Glaubensmaß die Anfälligkeit für den Zweifel zunimmt. Die Interpretation der Genitivverbindung μέτρον πίστεως ist kontrovers.[114] Denkt Paulus hier an den rechtfer-
tigenden Glauben an das Evangelium? Oder an das Charisma des Glaubens, das
auch im Berge versetzenden Glauben (1 Kor 13,2) thematisiert wird? In beiden
Fällen wäre der Glaube eine quantifizierbare Größe, die jedem Glaubenden in
unterschiedlichem Maß zukommt. Viele halten den Gedanken eines individuell
zugemessenen Glaubens aus theologischen Gründen für „schlicht unmöglich"[115]
und schlagen vor, dass Paulus vielmehr das absolute Glaubensmaß im Sinne
eines Richtmaßes im Blick habe, an dem sich die Glaubenden messen sollen. In
jüngster Zeit dominiert die Sicht, dass Paulus vom Maß des Anvertrauten oder
des Verantwortungsbereiches spricht, das Gott einem jeden Menschen individuell zuteilt.[116] Diese Sicht ist attraktiv, setzt aber voraus, dass Paulus hier πίστις
anders verwendet als sonst. Mir scheint wahrscheinlicher, dass er auch hier von
der πίστις als πίστις Χριστοῦ spricht: Diejenigen, die „im Christusglauben"
sind und ihre Identität vom Christusereignis her definieren, sind Akteure im
Raum des Glaubens in der ihnen von Gott zugedachten Weise. Die Dynamik
der Glaubensexistenz realisiert sich im konkreten Lebensvollzug als „Schwäche
im Glauben" oder als „Stärke im Glauben".[117] Die Glaubenden unterscheiden

---

[114] CRANFIELD, ΜΕΤΡΟΝ ΠΙΣΤΕΩΣ, 347, nennt insgesamt acht Optionen und bietet mit
diesem Aufsatz noch immer die differenziertesten – wenngleich recht knappen – Ausführungen
zum Problem, wenngleich seine Schlussfolgerungen m. E. zu revidieren sind. Vgl. SCHLIESSER,
Can Faith be Measured?

[115] WILCKENS, Römer, Bd. 3, 11, und v.a. CRANFIELD, ΜΕΤΡΟΝ ΠΙΣΤΕΩΣ.

[116] So jetzt auch MORGAN, Theology of Trust, 298 f.: „Paul could be referring here to the different degrees to which community members are entrusted: some with heavier responsibilities,
such as apostolacy, and others with lighter."

[117] Vgl. THOLUCK, Römer, 658: Wie schon August Tholuck sah, ist das „Maß" „das mit be-
stimmtem Zwecke gesetzte Quantum, es ist die Schranke, determinatio und [...] hierin liegt

9.6 Auf dem Weg zu einer neutestamentlichen „Theologie des Zweifels"   413

sich in der Weise, wie sie am Glauben partizipieren und wie der Glaube als ihr Lebenselixier in ihrem Leben Gestalt gewinnt und sie durchdringt.

Es ist nun nicht so, dass Paulus den „im Glauben Starken" lobt und den „im Glauben Schwachen" kritisiert. Vielmehr fordert er vom (vermeintlich) Starken, dass er sich selbst prüft: „Darum, wer meint, er stehe, mag zusehen, dass er nicht falle" (1 Kor 10,12). Denn „Stärke im Glauben" wird nie verfügbarer Besitz der Glaubenden, insofern auch die Stärke der Starken auf Gott angewiesen bleibt, der das „Maß des Glaubens" verleiht. Der (vermeintlich) Schwache soll sich erinnern: „Er wird aber stehen bleiben; denn der Herr kann ihn aufrecht halten" (Röm 14,4). Paulus kommt im vorliegenden Zusammenhang zwar nicht explizit auf den Zweifel zu sprechen, doch in der Verlängerung seiner Gedanken zum „Maß des Glaubens" können in der darin ausgesprochenen Dynamik des individuellen Glaubens durchaus auch Erfahrungen und Zustände des Zweifels mitgedacht werden.[118]

9.6.2 Zweifel und introspektives Gewissen (Röm 14,22–23)

Maß aller Dinge ist für Paulus der Christusglaube. Wenn eine Gruppe ihre Loyalität zu Christus an das Einhalten von Speise- und Sabbatvorschriften bindet, entwertet das nicht ihren Glauben, sondern gibt ihm eine soziale und ethische Konkretion. Die „Schwachen im Glauben" haben ebenso Anteil am Christusglauben wie die „Starken", und Paulus bemüht sich in seiner Argumentation in Röm 14,1–15,13, den Druck von den Schultern der „Schwachen" zu nehmen und sie als vollgültige Glieder der Gemeinde zu bestätigen, nicht zuletzt indem er ihre Haltung bewusst mit dem Schlüsselwort πίστις assoziiert. So stehen, wie die Auslegung zeigte, zuallererst die Starken in Gefahr, „nicht aus Glauben" (οὐκ ἐκ πίστεως) zu handeln und die Gemeinde durch ihre Selbstüberschätzung (vgl. ὑπερφρονεῖν, Röm 12,3) auseinanderzutreiben (διακρίνεσθαι, 14,23).

Die Aussage in Röm 14,22–23 geriet in den Sog einer hermeneutischen Bewegung, deren Prinzip Krister Stendahl als „Introspective Conscience of the West" bezeichnet hat. Je weiter sich die Auslegung von der konkreten Situation der

---

nicht nur eine negative, sondern auch eine positive Bestimmung, die *Konkretisirung*.". Dunn, Theology of Paul, 557 Anm. 137: „By ‚the measure of faith' Paul probably refers to different apportionments of faith; it is the same faith/trust, but experience then (as now) no doubt confirmed that not all trusted to the same extent."

[118] Theologiegeschichtlich hat die Wendung μέτρον πίστεως bekanntlich einen ganz anderen Akzent erhalten. Sie wurde mit der Genitivverbindung ἀναλογία τῆς πίστεως (Röm 12,6) in eins gesetzt und prägte dadurch die Auseinandersetzung Karl Barths mit der katholischen Analogielehre. „Wir stellen also der katholischen Lehre von der analogia entis nicht eine Leugnung des Analogiebegriffs entgegen. Wir sagen aber: die in Frage kommende Analogie ist nicht eine analogia *entis*, sondern nach Röm. 12,6 die ἀναλογία τῆς πίστεως" (Barth, KD 1/1, 257). In der Rede von der *analogia fidei* bezieht sich die *fides* bei Barth nicht auf die Individualität und Existenzialität des Glaubens, sondern auf die „Lehre des Glaubens" (*fides quae creditur*) (a.a.O., 240), d.h. auf Person und Werk Jesu Christi.

414   *9. Synthese*

stadtrömischen Christusgruppen löste, desto stärker schob sich das Thema der Frömmigkeit des Einzelnen in den Vordergrund. Hinzu kommt die menschlich nachvollziehbare Neigung der Leserinnen und Leser, sich mit dem „Starken" zu identifizieren und sich im gleichen Atemzug vom „Schwachen" zu distanzieren.[119] Mir scheint, dass diese beiden interpretatorischen Dynamiken – die „Verinnerlichung" und die „Hermeneutik der Stärke" – ihren Teil dazu beigetragen haben, den διακρινόμενος in Röm 14,23 mit einem zweifelnden Menschen zu identifizieren, der Gefahr läuft, wider Glauben und Gewissen zu handeln.[120] Die oben zur Diskussion gestellte Deutung sieht von einem Adressatenwechsel zwischen Röm 14,22 und 23 ab. Im Einklang mit dem Gesamtduktus des Abschnitts steht meines Erachtens eine implizite Warnung an den „Starken" im Vordergrund, der durch sein Verhalten eine Spaltung heraufbeschwört. Wer so handelt, handelt nicht aus Glauben, und was nicht aus Glauben geschieht, ist Sünde.

Der Satz πᾶν δὲ ὃ οὐκ ἐκ πίστεως ἁμαρτία ἐστίν hat Sentenzcharakter, insofern er „auch unabhängig vom Zusammenhang eines Falles Anerkennung finden kann"[121] – und auch gefunden hat. Die in der Sentenz gegebene Wechselbeziehung von ἐκ πίστεως und ἁμαρτία führte in der Theologiegeschichte zu einer (nicht nur) exegetisch unglücklichen Verbindung von Glaube, Sünde und Zweifel im Blick auf etliche ethische und dogmatische Fragen.

Die folgenden Beispiele mögen die weitreichenden Konsequenzen einer solchen exegetischen (Fehl-)Einschätzung illustrieren. Ethische Probleme, vor allem wenn sie göttliches, natürliches oder kirchliches Recht betreffen, wurden in der mittelalterlichen Theologie unter anderem im Licht von Röm 14,23 bearbeitet.[122] Die *Glossa interlinearis* des Anselm von Laon (um 1050–1117) definierte die Sünde als „ein Handeln gegen einen bestimmten moralischen Gewissensgrundsatz".[123] In der im 19. Jahrhundert intensiv geführten Debatte um den Sündenbegriff knüpfte man an den Paulussatz eine subjektivistische Zurechnungs-

---

[119] Ein Musterbeispiel für die Solidarisierung des Exegeten mit dem „Starken" ist die Auslegung des Chrysostomos. Schon in Röm 14,1 entdeckt er mehrere „Seitenhiebe" (πληγή) gegen die Judenchristen und analysiert scharfsinnig die Argumentationsstrategie des Paulus: „Siehst du, wie er scheinbar zu diesen [‚Starken'] spricht, jene [‚Schwachen'] aber ... tadelt?" (*In epistulam ad Romanos* 25,1, PG 60, 629).

[120] So beispielhaft die Zürcher Übersetzung: „Der Zweifler, wenn er etwas isst, der ist gerichtet, weil es nicht aus Glauben geschieht."

[121] So Quintilians Definition einer Sentenz (*Inst.* 8,5,3).

[122] Vgl. Mahoney, Probabilismus, 465: Um den Zweifel zu beheben, wurden drei mögliche Verfahren unterschieden: „Der ‚Tutorismus' bevorzugt die Wahl der ‚sichereren' (*tutior*) Alternative, bei der man weniger zu sündigen Gefahr läuft, indem man dem Gesetz gehorcht. Der ‚Probabiliorismus' empfiehlt die Entscheidung für diejenige Alternative, die als die wahrscheinlichere (*probabilior*) oder plausiblere erscheint. Und der ‚Äquiprobabilismus' schließlich erlaubt die Wahl zweier Möglichkeiten gleichermaßen, wenn beide gleich wahrscheinlich (*aeque probabiles*) sind."

[123] Die Glosse zu Röm 14,23 lautet: *Fides nostra vult ut homo agat hoc quod bene intelligit esse agendum, et peccatum est quod aliter fit, quam probatum est* (PL 114, 516). Vgl. hierzu und zu weiteren mittelalterlichen Interpretationen Leroy, L'exégèse thomiste, 168 f.

9.6 Auf dem Weg zu einer neutestamentlichen „Theologie des Zweifels"   415

lehre, die durchaus als indirekte Fortsetzung der Glosseninterpretation gewertet werden kann: So befindet de Wette, dass nur ein Zuwiderhandeln gegen die innere Überzeugung Sünde zu nennen sei; die Vorstellung von unwissentlichen Sünden sei unchristlich.[124] Umgekehrt sei aus dem verneinenden Satz der bejahende zu folgern: Was aus Überzeugungsgewissheit geschieht, ist sittlich richtig. Der Zweifel hingegen „spaltet den Menschen in sich selbst, und verweret und lähmt seine Thätigkeit, so daß er sich hinreißen läßt, das zu thun, was er nicht für recht hält (Röm. 14,23). [...] Dieses Schwanken aber, diese ‚Schwäche' der Ueberzeugung (Röm. 14,1. 1 Cor. 8,10.14) besteht vorzüglich darin, daß man von fremder Meinung und Vorurtheilen abhängig ist, der eigenen Einsicht nicht vertraut, und sich auf diese Art Pflichten *einreden* lässt, für die keine innere Stimme spricht. (Röm. 14. 1 Cor. 8)."[125] Bei dieser Interpretation ist Paulus kaum mehr als ein Stichwortgeber für eine bereits fixierte „Gesinnungsethik".

Konkrete Fragen des kirchlichen oder alltäglichen Lebens erfuhren von Röm 14,23 her ihre Beantwortung und widerspiegelten dabei die Relativität und die geschichtlich-kulturelle Kontingenz eines jeden Ethos. Calvin ist etwa unter Berufung auf den Vers überzeugt, dass sich das Gebet für die Verstorbenen verbietet, da die Gläubigen „nach der Anweisung des Paulus kein Werk angreifen, wenn sie dabei kein ruhiges Gewissen haben".[126] Abzuweisen sind nach Calvin mit gleicher Begründung Mönchsgelübde sowie Taufen, die von einer Frau durchgeführt werden: Was mit bedenklichem Gewissen, d. h. im Zweifel, angegangen wird, ist „Sünde".[127] Das im 19. Jahrhundert populäre und mehrfach aufgelegte Buch des Baptistenpredigers William W. Gardner mit dem Titel „Modern Dancing" beruft sich auf Röm 14,23, um das zweifelhafte „moderne Tanzen" als Sünde einzustufen.[128]

In ganz anderer Zuspitzung und mit weitreichenden dogmatischen Konsequenzen rekurrierte Luther auf die Sentenz des Paulus. Die Aussage in Röm 14,23b wurde für ihn zu einem „theologischen Hauptspruch".[129] Im Text des Römerbriefs sei nicht vom „Glauben" als einer inneren Überzeugung die Rede, sondern von einem „ganz besonderen Glauben an Christus [...], außerhalb

---

[124] Vgl. DE WETTE, Christliche Sittenlehre, Bd. 1, 111: „Nur der an ein äußeres Gesetz gewiesene Hebräer konnte sein Gewissen mit dem Gedanken an ‚unerkannte Sünden' beunruhigen (Ps. 19,13)."

[125] DE WETTE, Christliche Sittenlehre, Bd. 1, 87. Zur Kritik der Thesen von de Wette vgl. MÜLLER, Lehre von der Sünde, Bd. 1, 283–285.

[126] Calvin, Institutio, 440 (3,5,10).

[127] Calvin, Institutio, 861 (4,13,2: von den Gelübden) und 911 (4,15,22: von der Taufe).

[128] GARDNER, Modern Dancing, 19: „This [sc. Röm 14,23] is a general principle, applicable to promiscuous dancing, and to every thing else of the propriety of which we have doubts. No Christian should engage in any thing of doubtful propriety."

[129] So Luthers Randglosse zu Röm 14,23: „Mercke, Dis ist ein gemeiner [d. h. allgemeingültiger] Heubtspruch wider alle werck, on glauben gethan. Und hüte dich fur falscher glosen, so hie ertichtet sind von vielen Lerern" (WA.DB 7, 73). Luther bekämpfte die oben erwähnte, damals vorherrschende Glosseninterpretation in Anlehnung an Augustin mit Verve. Vgl. SCHWARZ, Martin Luther, 340.

416   *9. Synthese*

dessen es keine Gerechtigkeit, sondern nur Sünde gibt."[130] Daraus folgert er, dass „jeder, dem es an Glauben mangelt, sündigt, wenn er Gutes tut. Das ist der Sinn dieses Wortes."[131] In einer solchen Verallgemeinerung der paulinischen Aussage werden zum einen die Tugenden und das Tun von Nichtgläubigen zur Sünde erklärt und zum anderen die Glaubensschwachen und Zweifelnden zu Ungläubigen und damit zu Sündern. Beides ist exegetisch nicht haltbar. Weder weist die Sentenz im Sinne eines universalen theologischen Grundsatzes über die „christliche Lebenssphäre" hinaus[132] noch macht sie eine Aussage über das Verhängnis des Zweifels.

Das Heranrücken des Zweifels an die Sünde und die Qualifikation des Zweifels *als* Sünde wurden zu Gemeinplätzen lutherischer Dogmatik. Dies führte dazu, dass der Zweifel „traditionell in der Hamartiologie ‚entsorgt' [wurde]", wenn er überhaupt ins Blickfeld geriet.[133] Nicht selten steht für eine solche Sicht Röm 14,23 Pate[134] – irrigerweise!

9.6.3 Zweifel und Gottesdistanz (Röm 4,20)

Auch in Röm 4,20 hat Paulus entgegen der dominanten Übersetzungen und Interpretationen nicht den Zweifel vor Augen.[135] Folglich kann auch keine Rede davon sein, dass er den Zweifel zum Gegenteil des Glaubens erklärt. Dass es in der Dogmatik häufig zu einer solchen Zuordnung gekommen ist, belegt etwa Horst Georg Pöhlmanns pointierte Bemerkung, die sich auf Röm 4,20 beruft: „Der Zweifel ist nicht das *Teil*, sondern *Gegenteil* des Glaubens (Röm 4,20!). Seine Gewißheit stirbt am Zweifel und lebt gegen den Zweifel. Gott rechtfertigt nicht den Zweifel. Aber er rechtfertigt den Zweifler."[136] Nach Paulus jedoch ist

---

[130] Luther, Römerbrief, 491 („Apostolus hic generalissime loquitur de fide, eoipso tamen alludens ad Singularem illam fidem, que est in Christum, Extra quam non est Iustitia, Sed tantum peccatum", WA 56, 512). Luther zitiert Augustin, *Contra Julianum* 4,3,24 (PL 44, 750).

[131] Luther, Römerbrief, 492 („Omnis, qui caret fide, dum bene facit, peccat. Hec enim est mens huius dicti", WA 56, 513).

[132] So richtig MEYER, Römer, 597. Vgl. LOHSE, Römer, 382: „Denn keineswegs will der Apostel behaupten, sittlich gute Taten wären nicht auch aus anderen Motiven außerhalb des Glaubens möglich."

[133] WELZ, Vertrauen und Versuchung, 262.

[134] Nach Paul Wernle etwa erfahren wir aus der Passage, „dass es einen schwachen Glauben und einen starken Glauben gibt, dass die Freiheit, Alles zu essen, ein Glauben ist, dass der Glaube das Gegenteil ist von allem Zweifeln (διακρίνεσθαι), dass Alles, was nicht aus dem Glauben kommt, Sünde ist" (WERNLE, Christ, 134). Friedrich Büchsel hält fest: „Weil es zur Gottesgemeinschaft auf Seiten des Menschen nichts bedarf als des Glaubens, ist der Zweifel schon Bruch der Gottesgemeinschaft, Sünde, die von Gottes Hilfe ausschließt" (BÜCHSEL, ἔλεγχος, 950). Spätestens hier hat sich die theologische Aussageabsicht gegenüber der paulinischen Formulierung verselbstständigt.

[135] Vgl. hingegen z. B. die Lutherbibel: „Er zweifelte nicht an der Verheißung Gottes durch Unglauben, sondern wurde stark im Glauben und gab Gott die Ehre."

[136] PÖHLMANN, Rechtfertigung, 287 (gegen Paul Tillich gerichtet). Vgl. ebd.: „Glaube und Zweifel schließen sich nach dem lutherischen Bekenntnis aus." Auch Karl Barth hatte sich mit

9.6 *Auf dem Weg zu einer neutestamentlichen „Theologie des Zweifels"*   417

nicht der Zweifel, sondern der Unglaube das Gegenteil des Glaubens.[137] Seine
Rahmentheorie ist eine partizipatorische: Abrahams setzte sich nicht „im Un-
glauben" mit Gott auseinander und von ihm ab, sondern wurde von Gott „im
Glauben" gestärkt.

Paulus lag weniger an Abrahams unbeirrbarem Glauben oder an dessen hero-
ischem Zustand der Gewissheit als vielmehr am Gedanken, dass Abraham nicht
wie „die gefallene adamitische Menschheit" (vgl. Röm 1,18–32) mit „verfinstertem Herz" (1,21) eigene Weisheit beanspruchte (1,22) und sich der göttlichen
Schöpfungsabsicht und -ordnung entgegenstellte (1,22–25). Das Gegenbild des
Abrahamglaubens ist nach Paulus nicht der Zweifel, sondern vielmehr die als
heidnisch apostrophierte Torheit und Opposition gegen Gott.

In Luthers großer Genesisvorlesung (1535–1545) rücken Zweifel und Widerspruch nun
in markanter Weise aneinander. Er erläutert, dass der Fall Adams mit der Frage der
scheinheiligen Schlange einsetzt: „Sollte Gott gesagt haben?" (Gen 3,1). Seine Sünde
bestand nicht im Essen der Frucht, sondern darin, dieser Frage Raum zu geben. „Sünde
heißt: Gottes Zusage nicht zu trauen, an ihr zu zweifeln: Hält Gott auch, was er verspricht?
Sollte Gott gesagt haben? Luther nennt dies ‚disputare de deo'. Mit Gott disputieren und
dabei zweifeln kann zwar auch der angefochtene Glaube – eben sofern er seine Fragen als
Klage vor Gott bringt. Unglaube aber wird dieser Zweifel, wenn er sich aus dem Gottesverhältnis löst und in selbstrechtfertigender, selbststabilisierender Absicht laut wird. Wer
die Erfüllung seines Lebens selbst in die Hand nehmen, sich selbst garantieren will, meint,
das Hören und Antworten – als Loben, Klagen und Bitten – nicht mehr nötig zu haben."[138]
Adam beanspruchte Autonomie, stellte sich außerhalb Gottes und machte so den Anspruch Gottes auf den Menschen „zum disputablen Problem".[139] Es gibt also nach Luther
eine Form des Zweifels, die in eine sich distanzierende „Auseinander-Setzung" übergeht;
dubitare führt zu *disputare*. Darin greifen „Zweifel" und „Widerspruch" ineinander – und
darin liegt der entscheidende Unterschied zwischen Adam, dem Paradigma der Sünder,
und Abraham, dem Paradigma der Glaubenden.

9.6.4 Zweifel, fragmentarischer und stellvertretender Glaube (Mk 9,24)

Während Paulus dichotomisch am Gegensatz von Glauben und Unglauben festhält und den Glauben Abrahams dem Unglauben der Heiden, die Ur-Recht-
fertigung Abrahams der Ur-Sünde Adams gegenüberstellt, zeichnet die synoptische Überlieferung ihre Figuren mit ambivalenten Zügen. Ob nun der Vater
des epileptischen Jungen, die Jünger als Kollektiv, Petrus oder Thomas – ihr
schwebender, spannungsgeladener Glaube bietet Identifikationsmöglichkeiten
für Glaubende aller Zeiten.

---

erhobenem Zeigefinger an Tillich gewandt: „Es gibt wohl eine Rechtfertigung des Zweiflers.
Es gibt aber – das möchte ich P. Tillich zugeflüstert haben – keine Rechtfertigung des Zweifels.
Man sollte sich also wegen seines Zweifels nicht etwa für besonders wahrhaftig, tiefsinnig, fein
und vornehm halten" (Barth, Einführung, 144).

[137] So auch Wolter, Römer, Bd. 1, 307 Anm. 117.

[138] Bayer, Martin Luthers Theologie, 162.

[139] Bultmann, Sinn, 27.

418   *9. Synthese*

Der Satz des hilfesuchenden Vaters „Ich glaube! Hilf meinem Unglauben!"
(Mk 9,24) bietet sich für tiefgründige philosophische und theologische Reflexionen an. Die Ich-Perspektive, die der Vater einnimmt, ist zwar von der „radikalen
Reflexivität" der Moderne (Charles Taylor) noch weit entfernt, aber doch auf sie
hin offen.[140] In der protestantischen Exegese werden häufig reformationstheologisch geprägte Gedanken in den Text eingetragen.

Der paradoxe Ausruf des Vaters besage, dass der Glaube „keine religiöse Leistung des
Menschen, sondern Preisgabe aller Leistungen vor Gott" sei.[141] Er bringe scharf zum Ausdruck, dass Jesus durch sein Wort den Glauben schaffe[142] oder dass der Glaube „durch
die Provokation zum Vertrauen das glaubende Ich aus dem Nichts" schaffe.[143] Manchen
schlägt aus der Spannung zwischen Glaube und Unglaube das lutherische *simul iustus et
peccator* entgegen, in dem sich die beständige Angefochtenheit des Glaubens äußert.[144]
Gegenüber solchen theologischen Ausdeutungen, so „richtig" sie im Einzelnen sind, ist
Zurückhaltung geboten, weil sie dem Text mehr entlocken wollen, als er zu geben bereit
ist.

Weiterführend scheint mir ein Gedanke von Hartmut Rosenau zu sein, der in
Mk 9,24 einen Ausdruck der unaufhebbaren Brüchigkeit des Glaubens erkennt:
„Die Rede vom Fragmentarischen könnte [...] angemessener und hilfreicher für
eine adäquate Verhältnisbestimmung von (Glaubens-)Gewissheit und Skepsis
sein als die Rede von einem immer wieder angefochtenen Glauben, weil letztere
unterstellt, dass der Glaube im Prinzip und an sich gewiss, wohl aber vorübergehend (akzidentell) in Frage gestellt sei. Demgegenüber impliziert das Fragmentarische sowohl Gewissheit, wenn auch nicht absolute oder vollkommene,
als auch gleichermaßen Ungewissheit, so wie es nach Mk 9,24 der Vater eines
epileptischen Jungen vor Jesus zum Ausdruck bringt: ‚Ich glaube; hilf meinem
Unglauben!'"[145] Der Glaube, mit dem sich der Vater an Jesus wendet, ist stets

---

[140] Vgl. HENDERSON, Mark's Gospel, 291: „The father in this, for Mark, extremely important
story expresses progression toward increasingly ‚radical reflexivity', culminating in a classic
formulation of the paradox of Christian existence as prayer."

[141] SCHMITHALS, Markus, Bd. 2, 419.

[142] GRUNDMANN, Markus, 255: „Er bekennt seinen Glauben [...] als unter dem Wort Jesu in
ihm erschaffen."

[143] SCHNEIDER-FLUME, Glaubenserfahrung, 134f.: „[D]as Ich sieht im Blick auf sich selbst
und seine Fähigkeit nur Unglauben, Unfähigkeit zu glauben, nichts, und doch *wird* es durch die
Möglichkeit des Glaubens, so dass man mit Luther sagen kann: fides facit personam."

[144] Vgl. MARCUS, Mark, Bd. 2, 663: „He [sc. der Vater] is, then, in Luther's great phrase,
simil [sic] *justus et peccator*, at once righteous and a sinner; a citizen both of the old age with
its miasma of skepticism and despair, and of the new age that is lit up by the hope that ‚if you
believe, you will see the power of God' (John 11:40)." Nach WENGERT, Reading the Bible, 62,
gehörte Mk 9,24 zu den Lieblingsversen Luthers wie auch Melanchthons. Wengert führt aus:
„There is the *simul iustus et peccator* [...]. But here it is *simul credens et incredens* [sic]. [...] Doubt
is not the opposite of faith; indeed, only believers may doubt! The opposite of faith *in Christ* [...]
is faith in the self, just what the father confesses he does not have."

[145] ROSENAU, Ich glaube, 19. Heiko Schulz unterscheidet zwischen einem „dispositionellen
oder aktuellen Wahrheitsgefühl", d.h. einem Glauben, der alles vermag – und den der Vater

9.6 Auf dem Weg zu einer neutestamentlichen „Theologie des Zweifels"

begleitet vom Zweifel, der den Glauben hinterfragt aber gerade deshalb auch an ihn verwiesen und von ihm abhängig bleibt.[146] Der fragmentarische Glaube des Vaters wiederum wird vom Evangelisten konfrontiert mit dem Spitzensatz aus dem Mund Jesu: „alles ist möglich, dem der glaubt" (9,23) – nicht im Sinne einer „mathematischen Grundformel des Reiches Gottes",[147] sondern im Sinne einer Horizontverschmelzung von göttlicher und menschlicher Sphäre in einer konkreten Notsituation.

Während das Glaubens- und Zweifelsbekenntnis des Vaters in hohem Maße anschlussfähig ist an die gegenwärtige Glaubensreflexion und -praxis, bleibt die Vorstellung eines stellvertretenden Glaubens zunächst fremd. Die populäre Emphase auf der Individualität und Selbstverantwortung des Glaubens tut sich schwer mit einem Glauben „für andere". Doch für Markus ist dies ein wichtiger Aspekt seines Glaubensverständnisses (vgl. neben Mk 9,14–29 noch 2,1–12; 5,21–23.35–43): „Ebenso wie Jesus den schwachen Glauben respektiert, läßt er den stellvertretenden Glauben gelten; er stellt die Fürbitte gleichwertig neben die Bitte."[148] Ausgeschlossen ist durch diese Perspektive ein spätestens in der rationalistischen Hermeneutik des 19. Jahrhunderts angeregtes Verständnis eines „durch die Seelenkraft (psychisch) würkenden Glaubens".[149] Glaube im markinischen Sinne meint nicht ein psychisch wirksames (Selbst-)Vertrauen oder gar ein magisches Verhältnis zum Arzt Jesus,[150] sondern ist – auch und gerade als fragmentarischer oder stellvertretender Glaube – offen für das Wirken Gottes. Nach Hans Weder können wir aus Mk 9,24 lernen: „unser Zweifel an Jesus und seiner rettenden Macht ist gerade nicht etwas, was uns von Jesus trennt. Denn

---

gerade nicht besitzt! –, und einem „(Sekundär-)Glauben", der die Prämisse für ein Handeln darstellt – und den der Vater mit der Bitte um die Heilung seines Sohnes tatsächlich aufbringt. Um so zu handeln, muss er „diesen [dispositionellen] Glauben weder tatsächlich besitzen noch glauben, *daß* er ihn besitzt." Es genügt, dass er seinen (Sekundär-)Glauben akzeptiert (SCHULZ, Theorie des Glaubens, 246 f.). Bornkamm hat diese paradoxe Spannung theologisch zugespitzt: „Ich glaube! – damit ist der Bittende in der Tat sich selbst voraus und sagt mehr, als was er an sich selbst zu erkennen vermag. Hilf meinem Unglauben! – damit gibt er sich selbst als der, der hinter diesem Glauben zurückbleibt, der Macht und Hilfe, die ihm in Jesus zuteilwird, hin. In dieser Paradoxie von Glaube und Unglaube wird, wie die Geschichte zeigen will, der Glaube echt und fähig, das Wunder Gottes zu empfangen" (BORNKAMM, Jesus von Nazareth, 121).

[146] Aus dem durativen Aspekt des Imperativ Präsens βοήθει (Mk 9,24) lässt sich schließen, dass der Zweifel des Vaters nicht nur eine Momentaufnahme ist. Vgl. im Gegensatz dazu LANE, Mark, 333: „In its struggle with temptation, faith must always free itself from the disastrous presumption of doubt."

[147] So Johann Peter Lange in einer etwas verunglückten Formulierung (LANGE, Markus, 86).

[148] JEREMIAS, Neutestamentliche Theologie, 164.

[149] So etwa PAULUS, Leben Jesu, Bd. 2, 12. Paulus verkennt die Aussageabsicht völlig, wenn er ausführt: „Zweifeln oder Mißtrauen des Vaters, wenn es auch jetzt wieder ein getreten wäre, würde die ganze Würkung auf den Sohn verdorben haben. Hätte dieser des Vaters Zweifeln bemerken können, so würde die Furcht, daß der Daimon geblieben sey, ihn auf alle Fälle unheilbar gemacht haben" (ebd.).

[150] Vgl. die Kritik bei HENGEL/HENGEL, Heilungen Jesu, 20.

420 9. Synthese

er lebt schon vom Glauben, den uns Jesus entlockt hat. Was also läge näher, als erneut Jesus aufzubieten gegen die Nichtigkeit des Zweifels?"[151]

An den Implikationen eines doppelt flektierten Glaubens – in seinem fragmentarischen und stellvertretenden Charakter – wäre theologisch weiterzudenken.

9.6.5 Jesus als „Urbild" des Zweifels (Mk 14,33; 15,34; Mt 26,38; 27,46)

In seinem religionsphilosophischen Entwurf zog Martin Buber bekanntlich eine scharfe Trennlinie zwischen dem Glauben Jesu und dem Glauben an Jesus. In einem Briefwechsel mit Lina Lewy hält er fest: „Sie sagen: ‚Jesus von Nazareth ist die Hilfe in aller Not'; das geht mir gegen meinen Glauben, der dahin geht, daß *Gott* die Hilfe in aller Not ist und keiner außer ihm. Dies aber ist auch, dessen bin ich gewiß, der Glaube Jesu selber gewesen. Ich glaube nicht an Jesus, aber ich glaube *mit* ihm."[152] Die Theozentrik des Glaubens könne nicht zugunsten einer Christusorientierung aufgegeben werden. Umgekehrt sah die protestantische theologische Tradition aufgrund der Christozentrik des Glaubens davon ab, von Jesus als Glaubendem zu sprechen. Gerhard Ebeling löste sich in einer Kontroverse mit Rudolf Bultmann von dieser Voreingenommenheit und sprach von Jesus zwar nicht als Glaubendem, sondern als „Zeugen des Glaubens", in dem der Glaube „zur Sprache gekommen" sei.[153] Während sich beide Exegeten einig darin waren, dass jegliche Form einer Psychologisierung des Glaubens fehl am Platz sei, hatte die englischsprachige Exegese hier weniger Berührungsängste. Thomas F. Torrance entwickelte in der Tradition Karl Barths die Motive der Glaubenstreue Christi und seiner uneingeschränkten, wahren Menschlichkeit weiter und spitzte sie auf seine Glaubenshaltung hin zu: „[I]f we think of belief, trust or faith as forms of human activity before God, then we must think of Jesus Christ as believing, trusting, and having faith in God the Father on our behalf and in our place."[154]

Wenn von Jesus als Glaubendem gesprochen werden kann, ist dann auch von seinem Zweifeln zu sprechen? Ungeachtet der dialektischen und existenzialtheologischen Kritik eines psychologisierenden Blicks auf Jesus gaben die synoptischen Passionserzählungen Anlass zu philosophischen Bemerkungen über den Zweifel Jesu.

---

[151] WEDER, Entdeckung des Glaubens, 146 f.

[152] Brief an Lina Lewy vom 4. Februar 1943 (Briefwechsel, Bd. 3, 72). Vgl. das geflügelte Wort von Schalom Ben-Chorin, programmatisch an den Beginn seiner Jesusstudie gestellt: „Der Glaube Jesu eint uns [...], der Glaube *an* Jesus trennt uns" (BEN-CHORIN, Bruder Jesus, 12).

[153] EBELING, Theologie und Verkündigung, 120.

[154] TORRANCE, Mediation of Christ, 92 f. Das entspricht präzise der doppelsinnigen Aussage „alles ist möglich, dem der glaubt" (Mk 9,23). Torrance läutete übrigens auch die neue Debatte um die paulinische πίστις-Χριστοῦ-Formulierung ein (ders., Biblical Conception of Faith), doch sein methodischer Zugang wurde von James Barr mit einer scharfen Abfuhr bedacht (vgl. SCHLIESSER, Abraham's Faith, 69 f.).

9.6 Auf dem Weg zu einer neutestamentlichen „Theologie des Zweifels"

Nach Ernst Bloch hat Jesus in seinen letzten Tagen die „Agonie des Zweifels" durchlebt: „[D]ie Anfechtungen und Verzagtheiten Christi [sind] unkonstruierbar, sie sagen Ecce homo, nicht Attis-Adonis. Das *letzte bange Abendmahl, die Verzweiflung in Gethsemane, die Verlassenheit am Kreuze und ihr Ausruf*: sie stimmen mit keiner Legende des Messiaskönigs zusammen."[155] Auch Max Horkheimer erblickt in Jesu Ausruf am Kreuz einen fundamentalen Zweifel: „Es scheint mir kein Zufall, daß eben das theologische Symbol der Wahrheit, Jesus, der Stifter des Christentums, als Sterbender gemäß dem jüdischen Psalm den Zweifel an der Einheit mit dem göttlichen Vater ausspricht: ,Eli, Eli lama asabthani.'"[156]

Auch wenn weder in der Gethsemane- noch in Kreuzigungsszene ausdrücklich von einem Zweifel Jesu die Rede ist, geht man nicht zu weit, Jesus hier als Zeugen des Zweifels, ja sogar als „Urbild" des existenziellen Glaubenszweifels zu bezeichnen.[157] Markus lässt den leidenden Gottessohn wie den leidenden Vater des epileptischen Kindes an Gott irrewerden. Beiden ist Gott abhandengekommen; trotzdem oder gerade deshalb ist ihre Gottesbeziehung höchst vital. Sowohl der Vater als auch Jesus sind in ihrem Leiden und Zweifeln offen für das Wirken und die Allmacht Gottes und erfahren sie im Wunder der „Erweckung" und „Auferstehung".[158]

Der Zweifel des Gottessohnes ist mit dem Zweifel des Kindsvaters analog, aber nicht gleichbedeutend. In Jesu Gottverlassenheit sind die Motive der Solidarität Gottes und der Stellvertretung Gottes eingeschlossen. Nach Jürgen Moltmann ist die Frage nach dem Sinn des Leidens Jesu in zweifacher Weise zu beantworten: „erstens, um *bei uns* zu sein in unserem Leiden und mit uns zu sein in unseren Schmerzen, also: die *Solidarität Gottes* mit uns; zweitens, um *für uns* da zu sein in unserer Schuld, um uns von ihrer Last zu befreien, also: die *Stellvertretung Gottes* für uns."[159] In dieser doppelten Perspektive wird dem Zweifel Jesu ein Ort in der Christologie und der Soteriologie zugewiesen, über den weiter zu reflektieren wäre.

---

[155] BLOCH, Prinzip Hoffnung, 1486.

[156] HORKHEIMER, Über den Zweifel, 12.

[157] So HÜBNER, Glaube und Denken, 14: „Jesus am Ölberg – dies ist das neutestamentliche Urbild für den Zweifel, von dem hier die Rede ist [...]. Nirgends war Christus so sehr Mensch wie in dieser Szene, wo er zitterte und zagte (Mk 14,33), wo er sich, ,betrübt bis in den Tod' (Mt 26,38), von Gott verlassen fühlte, ja an seiner Sendung verzweifelte – und eben dieses Gott klagte. Hat er nicht auch in der Todesstunde geschrien: ,Mein Gott, mein Gott, warum hast du mich verlassen?' (Mt 27,46)." Veronika Hoffmann (private Korrespondenz) weist darauf hin, dass die These einer strukturellen Analogie zwischen dem Gottesverhältnis des Vaters und Jesu Gefahr läuft, verschiedene negative Gestalten des Gottesbezugs unter den Begriff des Zweifels zu subsumieren. Sie erinnert „an die mystische Figur der ,dunklen Nacht', in der die Erfahrung der Gottverlassenheit ja auch typisch ist, ohne dass hier von ,Zweifel' die Rede ist – die Erfahrung kann eher die Gestalt einer schrecklichen Gewissheit haben."

[158] Vgl. die österlichen Anspielungen in der Epileptiker-Episode: ἤγειρεν αὐτόν, καὶ ἀνέστη (Mk 9,27).

[159] MOLTMANN, Christus, 37.

422   9. Synthese

9.6.6 Zweifel und individuelle Schuld (Mt 14,28–31)

In der reformatorischen Auslegung der Episode vom „sinkenden Petrus" rückt die theologische Bearbeitung der Anfechtungsthematik und die Gefährdung der glaubenden Existenz durch den Zweifel in den Vordergrund. Nach Luther zeige sich an Petrus (wie auch an Abraham bei der Opferung Isaaks), dass Gott entgegen seiner eigenen Verheißung Anfechtungen zulässt und sogar selbst bewirkt – *tentationes contra promissiones*. „Daher muss man hier stehen bleiben und sagen: Selbst wenn Gott gegen sich selbst befiehlt, weiche ich nicht von dem Ort, an den ich hingestellt wurde."[160] Von der „Glaubensdefinition" in Hebr 11,1 herkommend interpretiert Luther das Eindringen des Zweifels im Rahmen der Antithese von Hören und Sehen:

> So stellt sich das Auge dem Gehörten in den Weg, und die sichtbaren Dinge vernichten das Wort und die unsichtbaren Dinge (*Et res visibiles tollunt verbum et res invisibiles*) [...] (Hebr 11,1). Denn als Petrus hörte: „Komm!" und nicht sah, wie das Meer den Gehenden trug, ging er fröhlich auf dem Wasser. Aber, sobald er den Wind sah, unterließ er das Hören auf jenes Wort „Komm!" Da ging er dahin und versank. Der Glaube begann mutig, aber er wird geschwächt durch die Widerwärtigkeit des Windes.[161]

Will man die Bedrohungen des Glaubens allegorisch deuten, sei an „Sünden, die Flut von Anfechtungen, Tod, Teufel etc." zu denken; aus ihnen erwächst der Zweifel.[162] Noch schärfer als Luther stellt Bullinger das Gefährdungspotenzial durch den Zweifel dar. An dem glaubenden Petrus könne man zwar das Wunder sehen, „sieh aber auch gerade an diesem Petrus, wie gefährlich und böse das Zweifeln ist. [...] Also siehst du, dass unser Zweifeln eine rechte Ursache vieler unserer Unfälle ist."[163] Daher ist Zweifel aus Sicht der Reformatoren zwangsläufig schuldhaft.[164]

Demgegenüber betont die neuere Exegese fast einhellig die Realitätsnähe des Evangelisten, nach dessen Darstellung das Nebeneinander von Vertrauen und Zweifel anhaltend zur christlichen Existenz gehört.[165] Die zweifelnde Reflexion des Petrus über sein eigenes Glauben stellt sich dem Glauben selbst in den Weg,

---

[160] Luther, Annotationes in aliquot capita Matthaei (WA 38, 579). Das *contra deum ad deum confugere* ist ein zentrales Motiv der Theologie Luthers im Zusammenhang der Frage nach der Bewältigung von Anfechtungserfahrungen. Vgl. z. B. BEINTKER, Überwindung der Anfechtung bei Luther, 171–174.

[161] Luther, Annotationes in aliquot capita Matthaei (WA 38, 580).

[162] Luther, Annotationes in aliquot capita Matthaei (WA 38, 581).

[163] Bullinger, Von rechter Hülfe, 575.

[164] Vgl. Luther, Annotationes in aliquot capita Matthaei (WA 38, 580): „Christus [...] imputans simpliciter culpam Petro, non mari, neque vento." Noch Georg Strecker überschreibt die Thematik des Kleinglaubens und Zweifels im Matthäusevangelium mit dem Satz „Sünde im Leben des Christen" (STRECKER, Weg der Gerechtigkeit, 232).

[165] Vgl. exemplarisch LUZ, Matthäus, Bd. 2, 410.

9.6 *Auf dem Weg zu einer neutestamentlichen „Theologie des Zweifels"* 423

unterbindet das Tun und zieht ihn in die Tiefe.[166] Doch wie sich zeigen lässt, ist der Skopos der Erzählung nicht die Anthropologie, sondern die Christologie: „Die entscheidende Krisis für Petrus ist, daß er Jesus aus den Augen verliert, im bildlichen wie im übertragenen Sinne."[167] Die Rettung aus der Krise erfolgt durch die Hand Jesu. Richtet sich der Glaube auf Jesus, wird er zum Tun des Wunders ermächtigt, richtet er sich auf sich selber – etwa angesichts hereinbrechender Sinneswahrnehmungen – versagt er.

In seinen Matthäushomilien zielt Chrysostomos sachgemäß auf diese christologische Zuspitzung. Zunächst wird Petrus als impulsiver Hitzkopf geschildert, der trotz seines bewundernswert großen Glaubens jämmerlich scheitert.[168] „Wäre er also nicht im Glauben schwach geworden, so hätte er auch dem Wind gegenüber leicht standgehalten. Darum lässt auch der Herr, nachdem er ihn gefasst hatte, den Wind weiter wehen, um zu zeigen, dass er nicht schaden kann, wenn der Glaube festgewurzelt ist."[169] Chrysostomos schließt seine Betrachtung mit einem eindrücklichen Bild: „Wenn ein junges Vögelchen vor der Zeit das Nest verlässt und schon im Begriffe steht herabzufallen, so stützt es die Mutter mit ihren Flügeln und bringt es wieder ins Nest zurück. Geradeso macht es auch Christus."[170]

9.6.7 Kollektiver Zweifel (Mt 28,17)

Der Zweifel ist ein *locus classicus* in den Erscheinungserzählungen[171] und wird mit Ausnahme des Markusevangeliums[172] in allen Evangelien thematisiert. Die Evangelisten sind nicht der Versuchung erlegen, in ihren Schriften den Zweifel und den Unglauben angesichts der Auferstehung abzuschwächen oder zu eliminieren.[173] Sie waren aber herausgefordert, mit diesen potenziell diskreditierenden Elementen in ihrem Motivinventar umzugehen. Sie taten dies auf unterschiedliche Weise. Die kontroverse Auslegungsgeschichte zum Subjekt des Zweifelns in Mt 28,17 spiegelt nicht nur die grammatische Problematik der

---

[166] Der Religionsphilosoph John Schellenberg sieht in der Erzählung einen Konflikt zwischen einem Handeln aus Glauben und einem Sich-Sorgen und Nachdenken über den Glauben: „Peter goes from acting *on* his confident belief that he will be safe, to thinking (and worrying) *about* it. This thinking and worrying – what Jesus in the story calls doubting – causes him to stop acting on his belief and undermines his implicit trust. It does not follow that it was in *not* worrying that he earlier *had* trust" (SCHELLENBERG, Prolegomena, 116 Anm. 17; vgl. WELZ, Vertrauen und Versuchung, 205).

[167] Vgl. OBERLINNER, „… sie zweifelten aber", 398.

[168] S. o. Kap. 4.3.4.2.

[169] Chrysostomos, *In Matthaeum* 50,2 (zu Mt 14,23) (PG 58, 506).

[170] Chrysostomos, *In Matthaeum* 50,2 (zu Mt 14,23) (PG 58, 507).

[171] Vgl. ZUMSTEIN, Matthieu 28:16–20, 20 („un *locus classicus* des péricopes pascales").

[172] Vgl. aber im sekundären Markusschluss Mk 16,11.13.14.

[173] Dass es diese Verlockungen gab, zeigt beispielhaft das Petrusevangelium.

424   9. Synthese

Formulierung wider,[174] sondern auch das Ringen mit der „Anstößigkeit einer Verknüpfung von Jüngerschaft und Glaubenszweifel":[175] Kann von den Jüngern nach der Auferstehung ausgesagt werden, dass sie von Zweifeln ergriffen waren? Wie passen Jüngerschaft und Glaubenszweifel zusammen? Können Zweifler zu Lehrern der Nationen werden? Ist es vorstellbar, anzubeten und zugleich im Zweifel zu sein? Eine plausible Lösung bieten weder theologische Spekulationen noch das Grammatiklehrbuch, sondern am ehesten der erzählanalytische Blick auf die Figurenkonzeption der Jünger im Matthäusevangelium. Ihre Stellung zu Jesus ist höchst ambivalent und schwankt zwischen Vertrauen und Kleinglauben, Einsicht und Unverständnis – bis zuletzt. Damit ist klar: Die Gesamtheit der Jünger wird in der Schlussszene von Zweifel heimgesucht. Gemeint sind nicht nur „einige", auch nicht einer im Besonderen (wie etwa Petrus[176] oder Thomas), sondern alle.

Die Tatsache, dass Jesus mit einem „Wort" auf den Zweifel reagiert und nicht mit einem sinnenfälligen Beweis, hat reformationstheologisch geprägte Auslegungen hervorgebracht, die einen Gegensatz zwischen dem sinnlichen Wahrnehmen der Augenzeugen und dem Wortglauben der Nachgeborenen konstruieren. Der Schluss des Matthäusevangeliums ist wohl offen für den Gedanken, dass dem Wort eine konstitutive Rolle in der Entstehung des Glaubens zukommt, doch ist es eine protestantische Überinterpretation, wenn Gerhard Barth festhält: „Das Wort des Auferstandenen gibt also größere Gewißheit als die historische Augenzeugenschaft geben könnte. [...] Einzig das Wort des Auferstandenen schafft Glauben und überwindet Zweifel."[177] Die theologische Stärke der matthäischen Fassung der Begegnungsgeschichte liegt in ihrer Offenheit. „Ostern kann bestritten werden; Ostern kann geglaubt werden. Das ist die theologisch durchdachte matthäische Alternative."[178] Sie unterscheidet sich signifikant von der lukanischen Version, die den Unglauben und Zweifelsgedanken der Jünger zwar ausdrücklich zulässt, sie aber apologetisch übertüncht (Lk 24,41: „vor Freude" ungläubig sein) und am Ende „durch viele Beweise" (Apg 1,3) vollständig ausräumt (vgl. Lk 24,52–53: „große Freude"). Johannes wiederum verdichtet und personalisiert den Auferstehungszweifel und überführt ihn in ein christologisches Bekenntnis.

---

[174] Geläufig, aber problematisch ist die Lutherübersetzung (2017): „einige aber zweifelten" (οἱ δὲ ἐδίστασαν).

[175] OBERLINNER, „... sie zweifelten aber", 378.

[176] Vgl. hierzu SYREENI, Peter as Character and Symbol, 147.

[177] BARTH, Glaube und Zweifel, 286, im Anschluss an MICHEL, Abschluß, 16–26. Vgl. z.B. BORNKAMM, Der Auferstandene, 172 („Hier [sc. in Mt 28,16–20] wird die Frage nach dem Grund der Ostergewißheit und der Überwindung des Zweifels unter Verzicht auf alle sinnliche Vergewisserung allein durch den Hinweis auf das Wort des Erhöhten beantwortet"); ZUMSTEIN, Matthieu 28:16–20, 20 („Le disciple doit surmonter son doute en renonçant à toutes preuves matérielles et en s'en remettant à la seule parole de l'Elevé").

[178] REINMUTH, Ostern, 8.

9.6.8 Autopsie und Gleichzeitigkeit des Zweifels (Joh 20,24–29)

Die Spitze der Begegnungsszene am Ende des Johannesevangeliums liegt in der Art und Weise, wie Jesus sich dem Zweifler Thomas nicht nur verbal, sondern leibhaftig darbietet und so dem Zweifel an der Realität der Auferstehung jede Grundlage entzieht. Das körperliche Moment der Zweifelsüberwindung hat theologische Implikationen, wie Hans-Urs von Balthasar wiederholt unterstrich: „Das Geschichtlich-Wirkliche ist sinnenhaft, mag es nun unmittelbar durch menschlichen Sinn wahrgenommen oder als Wahrgenommenes bezeugt werden; das proton pseudos der Theologie und Spiritualität ist die naive oder reflektierte Gleichsetzung (oder Verwechslung) zwischen menschlichem ‚Geist‘ und Heiligem Geist, zwischen ‚Abstraktion‘ und Auferstehung des Fleisches, wie der Alexandrinismus entsprechend die Neigung hatte, das biblische ‚Fleisch‘ mit dem platonischen ‚Leib‘ zusammenzulegen.“[179] Daraus ergeben sich Konsequenzen für die Deutung der Figur des Thomas.

Thomas ist kein „verfrühtes Kind der Aufklärung“,[180] der eine Art cartesianischen Zweifel *avant la lettre* repräsentiert und eine skeptische Grundhaltung einnimmt, sondern er repräsentiert diejenigen, deren Einsicht in die wahre Identität Jesu (noch) verstellt ist und die nach „Unmittelbarkeit der Glaubenserfahrung“ verlangen.[181] Thomas ist auch kein „borderline case“,[182] insofern er der Letzte wäre, der Zeichen sieht, und der Erste, der auf das Wort hin zum Glauben kommt. Vielmehr steht er für den fulminanten Abschluss der „Zeit der Zeichen“, bei dem die Spannung zwischen der Epoche der Gegenwart Jesu und der Epoche der Nachgeborenen auf die Spitze getrieben wird: Thomas sieht und berührt; ihm, dem Zweifler, wird mehr zugestanden als allen anderen Jüngern und Jüngerinnen (vgl. Joh 20,17); „wir“ hingegen sind angewiesen auf das Zeugnis der Osterzeugen (17,20) und das Zeugnis des Heiligen Geistes (14,17.25–26). Der johanneische Thomas ist Jesu Aufforderung im Realsinn nachgekommen, nicht nur im übertragenen, spirituellen Sinn.[183] Ihm erschloss sich die geistige Realität, indem und nachdem er mit seinen leiblichen Augen sah und mit seinem leiblichen Finger berührte. Thomas ist daher auch nicht das „Sprachrohr“ *aller* Nachgeborenen,[184] sondern Zeuge für die Zweifler und Paradigma für Jesu Zuwendung zu den Zweiflern. Die Osterszene stellt seinen Weg „am Ende als gerade nicht exemplarisch für die LeserInnen“ dar.[185]

---

[179] Von Balthasar, Schau der Gestalt, 304 f.

[180] So Dschulnigg, Jesus begegnen, 232.

[181] Dietzfelbinger, Johanneischer Osterglaube, 48.

[182] So De Jonge, Signs and Works, 119. Vgl. Devillers, Thomas.

[183] So aber Schneiders, Touching the Risen Jesus, 52: „The invitation is not to see physically but to grasp what cannot be seen with the eyes of flesh.“

[184] So aber Theobald, Der johanneische Osterglaube, 468. Thomas spricht nicht nur das aus, was die Nachgeborenen „durchweg zu denken geneigt sind, denen jene anscheinend überwältigenden Beweise für Jesu österliche Wirklichkeit eben nicht mehr gewährt werden.“ Unzutreffend auch Bultmann, Johannes, 539: Der Thomaszweifel stehe „repräsentativ für die durchschnittliche Haltung der Menschen, die nicht glauben können, ohne Wunder zu sehen (4,48).“

[185] Hartenstein, Charakterisierung im Dialog, 221. „Festzuhalten ist [...] der besondere Status durch den direkten Kontakt mit Jesus, nicht durch Vermittlung der JüngerInnen. Die

426   *9. Synthese*

Die Intensität der Christusbegegnung des Thomas kommt denen zugute, für die zwar die Erfahrung der Abwesenheit Jesu konstitutiv ist (14,18), die aber durch den Geist an die Worte und Taten erinnert und in der Wahrheit des Glaubens gewiss gemacht werden (16,13). Das Zeugnis des physisch-realen Hörens, Sehens und Tastens der Gefährten Jesu begründet die κοινωνία mit den nachfolgenden Glaubensgenerationen (vgl. 1 Joh 1,1–3), die im Geist und mithilfe des Geistes hören, sehen und tasten. Im Parakleten wendet sich Jesus gerade auch denen zu, die wie Thomas zweifeln; und somit wird „die Art und Weise, wie Jesus seinem Ansinnen begegnet, [...] zum Modell und zur Verheissung für diejenigen, die ‚nicht (mehr) sehen (können), und doch glauben."[186]

In den symbolträchtigen Namen Didymus („Zwilling") legt der Evangelist nicht nur die Doppelheit der inneren Disposition des Thomas, sondern auch die Geschwisterschaft der nachfolgenden Generationen mit dem Zweifler. Søren Kierkegaard prägte für diese Gestalt geistiger Verwandtschaft die Formulierung „Gleichzeitigkeit in der Autopsie des Glaubens": „In dieser Autopsie [...] ist jeder (in unmittelbarem Sinne) Nicht-Gleichzeitige der Gleichzeitige."[187] Mithilfe des Buches des Glaubens (Joh 20,30) und mithilfe des Parakleten sieht der Gläubige „mit den Augen des Glaubens"[188] und tastet – so müsste meines Erachtens ergänzt werden – mit den Händen des Glaubens.

9.6.9 *Zwiespalt und Einfalt (Jak 1,8; 4,8)*

Ausgehend vom Schlüsselbegriff δίψυχος (Jak 4,8) setzt sich Kierkegaard in seinem Buch „Die Reinheit des Herzens" eindringlich mit der Zwiespältigkeit auseinander. Scharfsichtig erkennt er die Verschränkung von spirituellem und ethischem Horizont im Jakobusbrief.[189] Seine These lautet: Wer das Gute in Wahrheit will, muss der Zwiespältigkeit absagen. Er entfaltet die These nach vier Richtungen: Zwiespältig ist, wer „das Gute um des Lohnes willen will", „wer das Gute nur aus Furcht vor der Strafe will", wer „im Eigensinn das Gute will" und wer aus Schwäche „das Gute nur bis zu einem gewissen Grade will".[190] Zwie-

---

Sonderrolle des Thomas wird auch durch die verschiedenen Extreme in dieser Szene deutlich: Sowohl in seinem Unglauben als auch in seinem Bekenntnis und auch in der Handgreiflichkeit der Begegnung mit Jesus bietet Thomas Außerordentliches im Rahmen des JohEv" (ebd.).

[186] Frey, Der „zweifelnde" Thomas, 32.

[187] Kierkegaard, Philosophische Brocken, 67.

[188] Kierkegaard, Philosophische Brocken, 99.

[189] Nicht zufällig spielt für den Existenzialphilosophen Kierkegaard der Jakobusbrief eine entscheidende Rolle. Gerade das erste Kapitel hat es ihm angetan, neben Jak 1,6–8 u. a. 1,13 (Versuchung), 1,17 („die gute und vollkommene Gabe") und 1,22 („Täter des Worts und nicht Hörer allein"), und an einer Stelle bezeichnet er Jak 1 als seinen biblischen Lieblingsabschnitt. Vgl. die Belege bei Bauckham, James, 159–174 („Reading James in Nineteenth-Century Copenhagen").

[190] Kierkegaard, Reinheit des Herzens, 44.54.71.76. Vgl. dazu von Kloeden, Der Begriff „dipsychos".

9.6 *Auf dem Weg zu einer neutestamentlichen „Theologie des Zweifels"* 427

spältigkeit ist nach Kierkegaard dadurch charakterisiert, dass sie in all diesen Belangen nicht das Eine will, sondern geteilte Intentionen hat.

Angesichts der Zentralstellung der „Zwiespältigkeit" bei Kierkegaard wird es kein Zufall sein, dass in Entwürfen aus dem Umfeld der Dialektischen Theologie das Gegeneinander von Einfalt und Gespaltenheit einen spezifischen Akzent erhält. Dietrich Bonhoeffer, der maßgeblich von Kierkegaards Existenzphilosophie geprägt wurde, hebt in seinen Notizen zur Ethik das Ideal der Einfalt hervor: „Einfältig ist, wer in der Verkehrung, Verwirrung und Verdrehung aller Begriffe allein die schlichte Wahrheit Gottes im Auge behält, wer nicht ein ἀνὴρ δίψυχος, ein Mann zweier Seelen (Jak 1,8) ist, sondern der Mann des ungeteilten Herzens." Der Zwiespältige ist „unfähig zum Stehen", „immer der Suchende", der „ohne befestigten Entschluss ruhelos [...] hin und her Schwankende", „[n]ichts gibt ihm Gewissheit, nichts die den ganzen Willen sammelnde Entschlossenheit". „Weil der Einfältige nicht neben Gott auch auf die Welt schielt, darum ist er imstande, frei und unbefangen auf diese Wirklichkeit der Welt zu schauen. So wird die Einfalt zur Klugheit."[191] Karl Barth, der sich einmal selbst als δίψυχος bezeichnete,[192] kommt in seinen Ethikfragmenten ebenfalls unter Berufung auf den Jakobusbrief auf das Problem christlicher Existenz zu sprechen, die „in der Schwebe ist", ruhelos und unbeständig. Auf diese Unbeständigkeit ziele „die ganze neutestamentliche Paränese".[193]

In den meisten älteren Auslegungen wird unter Berufung auf Jak 1,6[194] der Zweifel als Ausbund der Gespaltenheit und dazu häufig noch als fürchterliche Sünde angesehen.[195] Das ist exegetisch fragwürdig und scheitert nicht nur an der Semantik des Verbs (διακρίνεσθαι), sondern auch an der Figur der *imitatio dei*: Es ist nicht Gottes Nichtzweifeln, an dem sich der Mensch orientieren soll, sondern Gottes Einfalt, seine „Nichtzwiespältigkeit". In der Tat ist „erstaunlich,

---

[191] BONHOEFFER, Ethik, 321. Es klingen hier Aspekte nach, die Bonhoeffer in einem programmatischen Kapitel seines Buchs „Nachfolge" niederschrieb: Unter der Überschrift „Der einfältige Gehorsam" knüpft er an Mt 5,8 und die Rede vom „reinen Herzen" an, das er als „einfältiges" und „ungeteiltes" Herz auslegt: „Das reine Herz ist das einfältige Herz des Kindes, das nicht weiß um Gut und Böse [...] Es gehört ganz und ungeteilt Christus an" (ders., Nachfolge, 107).

[192] Vgl. SCHWÖBEL, Briefwechsel, 65. Es führt zu weit, aus dieser Bemerkung „schizoide Charakterzüge" herauszulesen (so SCHILDMANN, Karl Barths Träume, 128).

[193] BARTH, KD 4/4, 249 f. Barth fährt fort: „Warum wäre sonst ihr Tenor so unüberhörbar dringlich der Appell, die Christen möchten doch ja wachen, stehen, bleiben, durchhalten, verharren in dem, was sie zu Christen gemacht hat und worin sie allein Christen sein können?" Als Kierkegaards Buch „Die Reinheit des Herzens" 1924 in deutscher Übersetzung erschien, reagierte Barth mit Kritik (vgl. seinen Rundbrief vom 26. November 1924 in THURNEYSEN, Briefwechsel, 294): „Eduard [Thurneysen] sollte sich einmal äußern über den mittleren pietistischen Kierkegaard. Was ist da los? Und was ist davon zu halten, dass ich mich, ehrlich gestanden, *zwingen* muss, diese Sachen zu lesen."

[194] Vgl. die Lutherübersetzung: „denn wer zweifelt (ὁ γὰρ διακρινόμενος), der gleicht einer Meereswoge, die vom Winde getrieben und aufgepeitscht wird."

[195] Vgl. beispielhaft Melanchthon, De Fide, 464.

428 *9. Synthese*

mit welcher Konsequenz und inhaltlichen Stringenz Jakobus in wenigen Versen und mit wenigen Worten *die Struktur des christlichen Seins und Handelns aus dem Sein und Handeln Gottes erschließt".*[196] Die einseitige Fokussierung auf den Zweifel geht zudem einher mit einem problematischen individualisierenden Akzent. Dieser scheint sich zwar aufgrund der Rede vom διακρινόμενος und ἀνὴρ δίψυχος auf den ersten Blick nahezulegen,[197] doch in der Gesamtperspektive des Jakobusbriefes rückt die sozialethische Perspektive ins Blickfeld: Wer das Gruppenethos nur halbherzig teilt, hat sich bereits aus der Gemeinschaft herausgelöst.[198]

9.6.10 *Zweifel und Gewissheit (Hebr 11,1)*

Der Kern des Glaubensverständnisses des Hebräerbriefs findet sich in den Formulierungen von Hebr 11,1: „Der Glaube ist ein Durchhalten (ὑπόστασις) im Blick auf das Erhoffte und ein Überführtsein (ἔλεγχος) im Blick auf das Nichtsichtbare." Wirkungsgeschichtlich erwies sich dieser Satz als Pulverfass. Er war und ist Gegenstand intensiver Debatten über die Verhältnisbestimmung von Glauben und Wissen, Objektivität und Subjektivität des Glaubens, Glauben und Zweifeln, Tugendglaube und Rechtfertigungsglaube – ganz zu schweigen von seinen philologischen Problemen.

Bei allen Differenzierungen im Detail gingen die Kirchenväter und die Exegeten des Mittelalters fast einhellig von einer philosophischen Verwendung des Wortes ὑπόστασις aus und verstanden es im Sinne von *substantia* und *essentia*: der Glaube misst den Dingen, die noch nicht sichtbar in Erscheinung getreten sind, ein „wahres reelles Wesen", Wirklichkeitscharakter bei.[199] Thomas von Aquin umschreibt den Begriff „Substanz" als den „ersten Beginn einer Sache", in dem die „ganze Sache" (*tota res*) enthalten ist.[200] Auch in seiner Übertragung des Begriffs ἔλεγχος als *argumentum* folgt Thomas der Vulgata, wc schon durch diese Begriffswahl der Fokus auf die Vernunftförmigkeit des Glaubens gerichtet wird. Seine Darlegungen in der *Summa* münden in einer markanten Definition des Glaubens, die er schon Jahre zuvor in seinem Hebräerbriefkommentar artikuliert hatte und nun wortgleich wiederholt: *[F]ides est habitus mentis, qua inchoatur vita aeterna in nobis, faciens intellectum assentire non apparentibus.*[201]

---

[196] FRANKEMÖLLE, Jakobus, Bd. 1, 151.

[197] Vgl. das lange, in der englischsprachigen Welt bekannt gewordene Gedicht „Dipsychos" des viktorianischen Dichters Arthur Hugh Clough (1819–1861), auf das beispielsweise ALLISON, James, 165, verweist.

[198] Vgl. JOHNSON, James, 184.

[199] So die Zusammenfassung der altkirchlichen Sicht bei BLEEK, Hebräer, Bd. 2/2, 723 (mit zahlreichen Belegen).

[200] *Summa theologica* II–II, q. 4, a. 1.

[201] *Summa theologica* II–II, q. 4, a. 1: „Der Glaube ist ein Habitus des Geistes, durch welchen in uns das ewige Leben begonnen wird, wobei er macht, dass die Vernunft dem Nicht-Erscheinenden zustimmt." Der Begriff *habitus* ist bei Thomas als „feste[r] Bewußtseinszustand" zu verstehen (ZIMMERMANN, Glaube und Wissen, 273).

9.6 Auf dem Weg zu einer neutestamentlichen „Theologie des Zweifels" 429

Martin Luther brach mit der vorherrschenden Auslegungstradition. Als er von Ostern 1517 bis 1518 den Hebräerbrief auslegte, gleicht seine Theologie einem Lavastrom, der sich noch formbar seinen Weg ins Tal bahnt. Die Bedeutung des Hebräerbriefes für Luthers reformatorischen „Durchbruch" wird häufig zu gering veranschlagt.[202] Dabei erschloss sich ihm in seiner Hebräerbrieflektüre, dass der Glaube, der die Gerechtigkeit Gottes ergreift, „das Ganze des christlichen Gottesverhältnisses repräsentiert."[203] Die Aussage in Hebr 11,1 bot sich wie keine zweite im Neuen Testament für eine Wesensbestimmung des Glaubens an.

In der Hebräerbriefvorlesung will er ὑπόστασις als „Besitz" und ἔλεγχος als „Beweis" wiedergeben, doch wird ihm unter anderem mithilfe der philologischen Expertise Melanchthons bald klar, dass hier das letzte Wort noch nicht gesprochen ist. So wählt Luther bereits im Septembertestament 1522 für ὑπόστασις die Wendung „gewisse Zuversicht" und in der Ausgabe von 1534 für ἔλεγχος den Neologismus „Nichtzweifeln". Er versteht den Glauben zunehmend als subjektive Haltung der Gewissheit, wie sie vom Glaubenshelden Abraham paradigmatisch vorgelebt wird. Diese Sicht entfaltete eine kaum zu überschätzende Wirkung für das (protestantische) Glaubens- und Zweifelsverständnis, und mit dem Übersetzungswort „Nichtzweifeln" hat der „Zweifel" sogar Eingang in die bedeutendste biblische Wesensbeschreibung des Glaubens und in der Folge auch in das kulturelle Gedächtnis des Protestantismus gefunden.[204] Noch bis in die neueste Zeit wird an der Übersetzung festgehalten, trotz aller philologischen Bedenken.[205] Auch wenn seine Übersetzung letztlich nicht haltbar ist, hat Luther richtig gesehen, dass nach dem Hebräerbrief Zweifel und Gewissheit einander entgegenstehen, nicht aber Wissen und Glaube – im Gegenteil: Glaube *ist* Wissen, insofern er das Nichtsichtbare sieht.

---

[202] Das mag daran liegen, dass die Hebräerbriefvorlesung „nicht allerorten so wie die Römerbriefvorlesung mit unmittelbar herzandringender Gewalt auf uns ein[stürmt]" und deshalb vergleichsweise spröde erscheint (so VOGELSANG, Luthers Hebräerbrief-Vorlesung, III). Außerdem liegt der Schatten der späteren abwertenden Anmerkungen Luthers zu dieser Schrift auf seiner Exegese.

[203] BARTH, Entdeckung, 44. Vgl. ausführlich SCHLIESSER, Martin Luthers Hebräerbriefvorlesung.

[204] Auch die analoge, positiv gewendete Wiedergabe mit „Überzeugung" ist kaum zu halten; deren Beliebtheit im englischen Sprachraum („conviction") geht nach MORGAN, Roman Faith, 340, wohl auch auf eine neuzeitliche fideistische Verengung der πίστις als ein Überzeugtsein ohne Evidenzbezug zurück.

[205] Vgl. die Auflistungen bei ROSE, Wolke der Zeugen, 123 Anm. 206; GRÄSSER, Hebräer, Bd. 3, 98 Anm. 72; HEIDEL, Gottesvolk, 111 Anm. 62: „Luthers mittlerweile vielgescholtene Übersetzung von ἔλεγχος als ‚Nicht-Zweifeln' – so es nicht als subjektives Handeln des Menschen, sondern als objektive Wesensbestimmung des Glaubens selbst verstanden wird –" sei „nicht völlig unberechtigt." Nur scheint mir Luther gerade auf die Subjektivität und Existenzialität des Glaubens abzuheben.

430   *9. Synthese*

Der Hebräerbrief thematisiert in aller Schärfe die „Paradoxie des christlichen Seins zwischen den Zeiten",[206] zwischen der Gegenwärtigkeit und der Zukünftigkeit des Heils, zwischen dem Sichtbarem und dem Unsichtbaren. Damit korrespondiert die Paradoxie seines Glaubensverständnisses, nach dem der Glaube eine „Gewißheit von dem Ungewissen, ein Sehen des Unsichtbaren" ist.[207] Der Zweifel ist ein Phänomen des „Dazwischen"[208] und führt dazu, dass dem glaubenden Menschen das Ungewisse nicht mehr gewiss ist und er das Unsichtbare nicht mehr sieht. Der Autor des Hebräerbriefs wendet seine ganze Energie darauf, dass seine Lehre mit Leben gefüllt und existenziell relevant wird. Seine Argumentation erreicht erst dort ihr Ziel, „wo sie in der konkreten Existenz des Christen zur Bewahrung und Bewährung des Glaubens" verhilft.[209]

Die „Philosophie" des Hebräerbriefs verfolgt das umgekehrte Ziel als der popularisierte neuzeitliche Skeptizismus, wie er von Andreas Urs Sommer, eingefordert wird: Die Philosophie sei nicht als „Zweifelsvernichtungsmaschine, sondern als Verunsicherungsunternehmen" zu verstehen: „Zweifel erfordert Übung. Die Einübung im Zweifeln fängt beim Alltäglichen an und pflanzt sich fort bis zur Auflösung aller Gewißheiten."[210] Das Programm des Hebräerbriefes steht dem diametral entgegen: Glaube muss im Alltag, inmitten des alltäglichen Leidensdrucks eingeübt werden; die sich gerade auch denkerisch vollziehende Selbstvergewisserung im Glauben führt zu Überzeugungsfülle (πληροφορία, 6,11; 10,22). Was der Autor seinen Leserinnen und Lesern bietet, ist der beachtliche Versuch einer affirmativen Theologie.

9.7 Schluss

Ernst Gräßer, der Verfasser der ersten Monographie zum Glauben im Hebräerbrief, fasst zusammen: „Geschärfte theologische Denkanstrengung wird eingesetzt als Waffe gegen den kirchlichen Niedergang. Bessere Theologie und nichts als bessere Theologie! Ein denk-würdiger Vorgang, der seine Wirkungsgeschichte immer wieder neu vor sich hat."[211] Der letzte Satz Gräßers eignet sich auch als Resümee der vorliegenden Studien zu Phänomenen des Zweifels und der Zweiseeligkeit im frühen Christentum: Die intensive, vielgestaltige Auseinandersetzung mit (potentiellen und konkreten) Dissonanzen in der Sinnwelt

---

[206] GRÄSSER, Glaube, 214.

[207] GYLLENBERG, Christologie, 667 (zitiert bei KÄSEMANN, Das wandernde Gottesvolk, 23).

[208] Mit einem Modebegriff der Exegese kann die theologische Konzeption des Hebräerbriefs als „liminale Theologie" verstanden werden (KARRER, Hebräer, Bd. 1, 48).

[209] WEISS, Hebräer, 51.

[210] SOMMER, Kunst des Zweifelns, 10.

[211] GRÄSSER, Hebräer, Bd. 1, 27; vgl. bereits ders., Glaube, 144 (weniger pointiert). Zur Rationalität des Glaubens im Hebräerbrief und bei Paulus vgl. SCHLIESSER, Glauben und Denken.

9.7 Schluss

der Glaubenden ist ein „denk-würdiger Vorgang, der seine Wirkungsgeschichte immer wieder neu vor sich hat."

Das Vorhandensein von Zweifeln in einer neuen religiösen Bewegung ist nicht überraschend, da Konvertiten ihren neuen Glauben mit besonderer Intensität und Stringenz zu behaupten versuchen und dabei ihren eigenen Zweifeln oder von außen herangetragenen Zweifeln begegnen. Überraschend sind allerdings zwei Dinge: Zum einen fällt auf, dass das Christentum schon in seiner Frühphase „einen Weg des Umgangs mit Skepsis und Zweifel gegenüber der eigenen religiösen Tradition" einschlägt, der sich signifikant von den polytheistischen griechisch-römischen Kulten und Vereinigungen unterscheidet.[212] Zum anderen ist beachtlich, dass die frühchristlichen Schriften die Ambivalenzen der Glaubensexistenz gerade nicht in Bausch und Bogen verdammen, sondern differenziert auf spezifische Zweifelsphänomene eingehen.[213]

Im Blick auf die deutsche Sprachgeschichte zum „Zweifel" ist zu beachten, dass es im Lauf der Zeit zu einer semantischen Verengung auf eine mentale Disposition des Unentschiedenseins kam: Ein Zweifler hält zwei gegensätzliche Positionen für möglicherweise „wahr". Im Denken eines Martin Luther hingegen ist der Zweifler einer, der Gott versucht und an seinen Verheißungen zweifelt und verzweifelt. In der vorliegenden Arbeit wurde der Versuch unternommen, beide Einseitigkeiten – die semantische Engführung und die theologische Kritik – aufzubrechen und den Zweifel und die Zweiseeligkeit als komplexe Begleiterscheinungen des Glaubens zu erfassen, die verschiedene intellektuelle, ethische, existenzielle und soziologische Akzente tragen.

Phänomene des Zweifels und der Zweiseeligkeit werden in höchst unterschiedlichen Denk- und Sprachformen zum Ausdruck gebracht, bedacht, beurteilt und bearbeitet. Eine einlinige „Sinngeschichte" des Zweifels kann nicht geschrieben werden: Paulus grenzt ihn programmatisch aus, die Synoptiker und das Johannesevangelium personalisieren ihn erzählerisch und stellen seine existenziale und ekklesiale Bedeutung heraus, der Hebräerbrief begegnet ihm mit denkerischem Engagement, und der Jakobusbrief zielt auf die Integrität glaubender Existenz. Es bestätigt sich die eingangs geäußerte Vermutung, dass mit der vielgestaltigen Rede vom Glauben eine vielgestaltige Rede vom Zweifel korrespondiert. Allerdings hat das frühe Christentum keinen zur Wortfamilie πίστις korrespondierenden Zentralbegriff des „Zweifels" etabliert. Die Oppo-

---

[212] NICKLAS, Skepsis und Christusglaube, 168, unter Berufung auf WHITMARSH, Battling the Gods. Nicklas hält zu Recht fest, dass der christliche „Sonderweg" auf Traditionen des Judentums aufbauen kann.

[213] So trifft die Beobachtung bei PELKMANS, Outline, 1, nicht uneingeschränkt auf unsere Texte zu: „Recent converts are often particularly fervent in acting out their convictions, precisely because of their greater (and momentary) ability to suspend lingering doubt. And intense ideological movements can only retain their fervor by actively denying ambiguity."

432   *9. Synthese*

sition „Glaube vs. Zweifel" findet sich in den frühchristlichen Texten nicht in vergleichbarer terminologischer Prägnanz und Verdichtung.

Eine Auseinandersetzung mit dem Zweifel ist auch da zu finden, wo Wörter für „zweifeln" und „Zweifel" fehlen, und umgekehrt haben sich die Termini „zweifeln", „Zweifel" und „Zweifler" in geläufige Übersetzungen eingeschlichen, wo sie im griechischen Ausgangstext gar nicht vorkommen, und von dort eine beachtliche und teils fatale Wirkung entfaltet – etwa in der beliebten Assoziation des Zweifels mit Schuld und Sünde. Wohl noch im Schlagschatten eines Zweifelsverständnisses, wie wir es bei Luther vorfinden, bewegt sich die gegenwärtige theologische Diskussion zum Zweifel teils noch auf fragwürdigen wirkungsgeschichtlichen Linien, teils hat sie das Potential der neutestamentlichen Texte noch nicht ausgeschöpft.

Nirgends findet sich im frühen Christentum ein „Lob des Zweifels". Durchweg wird er als Schädling angesehen, der dem Glauben auf den Leib rückt und ihn gefährdet. Er gehört zum Glauben, kann ohne ihn aber nicht existieren. „Er ist nicht von einer bösen Macht hervorgezaubert, er verdankt sich seinerseits dem Glauben. Denn der Glaube ist der Nährboden, der Lebensgrund des Zweifels."[214] Zweifel und Zweiseeligkeit charakterisieren schon in den frühchristlichen Texten „die geschichtliche Situation des Glaubenden … zwischen den Zeiten",[215] und die Autoren scheuen keine Mühen, ihre Adressatinnen und Adressaten gegen Zersetzungserscheinungen von innen und außen widerstandsfähiger zu machen. Der Zweifel hat eine parasitäre Existenz, er befällt fast zwangsläufig einen organisch wachsenden Glauben, kann ihn zugrunde richten, aber er stärkt auch seine Widerstandsfähigkeit und bestätigt seine Lebendigkeit.[216]

---

[214] WEDER, Entdeckung des Glaubens, 146.
[215] ROSENAU, Ich glaube, 19.
[216] Bildlich gesprochen: „Der Zweifel ist der Wurm im ungespritzten Glauben." So im „Credo" von Elazar Benyoëtz, zitiert und interpretiert bei WELZ, Vertrauen und Versuchung, 196.

Literaturverzeichnis

1. Quellentexte und Übersetzungen

1.1 Jüdische und rabbinische Schriften

BAMBERGER, S., Raschis Pentateuchkommentar, Hamburg 1922.

BAUCKHAM, R. J., Eldad and Modad. A New Translation and Introduction, in: R. J. Bauckham/J. R. Davila/A. Panayotov (Hg.), Old Testament Pseudepigrapha, Bd. 1: More Noncanonical Scriptures, Grand Rapids 2012, 244–254.

BECKER, J., Die Testamente der zwölf Patriarchen (JSHRZ 3/1), Gütersloh ²1980.

BILLERBECK, P./(STRACK, H. L.), Kommentar zum Neuen Testament aus Talmud und Midrasch, 2 Bde., München ¹⁰1994–2009. (Bill.)

CHARLES, R. H., The Greek Versions of the Testaments of the Twelve Patriarchs, Oxford 1908.

COHN, L./HEINEMANN, I./ADLER, M./THEILER, W. (Hg.), Philo von Alexandria. Die Werke in deutscher Übersetzung, 7 Bde., Berlin 1909–1938, 1964.

COLSON, F. H./EARP, J. W., Philo, Bd. 10: The Embassy to Gaius. Indices to Volumes I–X (LCL 379), Cambridge 1962.

JAMES, M. R., The Lost Apocrypha of the Old Testament, Their Titles and Fragments, London 1920.

Josephus, Flavii Iosephi opera, Bd. 6: De bello Judaico libri VII, hg. von B. Niese, Berlin 1895 (Nachdruck 1955).

KRAUS, W./KARRER, M. (Hg.), Septuaginta Deutsch. Das griechische Alte Testament in deutscher Übersetzung, Stuttgart 2009. (LXX.D)

LACHS, S. T., A Rabbinic Commentary on the New Testament. The Gospels of Matthew, Mark, and Luke, Hoboken 1987.

Lightfoot, J., Horae Hebraicae et Talmudicae in quatuor evangelistas, hg. von J. B. Carpzov, Leipzig 1675.

MAHER, M., Targum Pseudo-Jonathan. Genesis (The Aramaic Bible 1B), Collegeville 1992.

MAIER, J., Die Qumran-Essener. Die Texte vom Toten Meer, 3 Bde. (UTB), München 1995–1996.

MARCUS, R., Philo. Questions on Exodus (LCL 401), Cambridge 1953.

MARCUS, R., Philo. Questions on Genesis (LCL 380), Cambridge 1953.

Schoettgen, C., Horae Hebraicae et Talmudicae in universum Novum Testamentum, Dresden 1733.

SCHREINER, J., Das 4. Buch Esra (JSHRZ 5/4), Gütersloh 1981.

STEGEMANN, H./SCHULLER, E./NEWSOM, C., 1QHodayot^a with Incorporation of 1QHodayot^b and 4QHodayot^{a–f} (DJD 40), Oxford 2008.

UHLIG, S., Äthiopisches Henochbuch (JSHRZ 5/6), Gütersloh 1984.

WÜNSCHE, A., Bibliotheca Rabbinica, Bd. 3, Leipzig 1882.

434 *Literaturverzeichnis*

1.2 Griechisch-Römisches Schrifttum

Apuleius, Der goldene Esel. Metamorphosen. Lateinisch und deutsch, hg. und übers. von E. Brandt und W. Ehlers, mit einer Einführung von N. Holzberg (Tusculum), Düsseldorf [5]1998.

Aristotle, The Athenian Constitution. The Eudemian Ethics. On Virtues and Vices, übers. von H. Rackham (LCL 285), Cambridge 1935.

Aristoteles, Werke in deutscher Übersetzung, Bd. 7: Eudemische Ethik, übers. und kommentiert von F. Dirlmeier, Berlin [4]1984.

Cicero, Vom pflichtgemäßen Handeln. De officiis. Lateinisch und deutsch, hg. von R. Nickel (Tusculum), Düsseldorf 2008.

Cicero, Topica. Die Kunst, richtig zu argumentieren. Lateinisch und deutsch, hg. von K. Bayer (Tusculum), München 1993.

Demosthenis Orationes, 4 Bde., hg. von M.R. Dilts (OCT), Oxford 2002–2009.

Epiktet, Epicteti dissertationes ab Arriano digestae, hg. von H. Schenkl (Teubner), Leipzig 1916.

Herodot. Historien. Griechisch und deutsch, 2 Bde., hg. von J. Feix (Tusculum), München [4]1988

HERZOG, R., Die Wunderheilungen von Epidauros. Ein Beitrag zur Geschichte der Medizin und der Religion (Ph.S 22/3), Leipzig 1931.

Hesychii Alexandrini Lexicon, begr. von K. Latte, hg. von P.A. Hansen/I.C. Cunningham, 4 Bde. (Sammlung griechischer und lateinischer Grammatiker 11), Berlin (1953) [2]2018, 1966, 2005, 2009.

Homer. Odyssee. Griechisch und deutsch, hg. von A. Weiher (Tusculum), Berlin [14]2013.

Lukian von Samosata, Alexandros oder der Lügenprophet, eingeleitet, hg., übers. und erklärt von U. Victor (RGRW 132), Leiden 1997.

Lukian von Samosata, Die Lügenfreunde, oder der Ungläubige, eingeleitet, übers. und mit interpretierenden Essays versehen von M. Ebner, H. Gzella, H.-G. Nesselrath, E. Ribbath (SAPERE 3), Darmstadt [2]2002.

Mark Aurel, Selbstbetrachtungen, übers. von A. Wittstock, Leipzig [5]1985.

Minucius Felix, Octavius, hg. von B. Kytzler (Teubner), Berlin 1992.

Photii Patriarchae Lexicon, hg. von C. Theodoridis, 3 Bde., Berlin 1982–2012.

Platon, Werke in acht Bänden, griechisch und deutsch, Bd. 2: Apologia Sokratous (Des Sokrates Apologie), Kriton, Euthydemos, Menexenos, Gorgias, Menon, griech. Text von M. Croiset, dt. Übers. von F.D.E. Schleiermacher, Darmstadt [5]2005.

Platon, Werke in acht Bänden, griechisch und deutsch, Bd. 5: Phaidros, Parmenides, Briefe, griech. Text von L. Robin, dt. Übers. von F.D.E. Schleiermacher, Darmstadt [5]2005.

Platon, Werke in acht Bänden, griechisch und deutsch, Bd. 4: Πολιτεία. Der Staat, bearb. von D. Kurz, griech. Text von É. Chambry, dt. Übers. von F.D.E. Schleiermacher, Darmstadt [5]2005.

Platon Nomoi (Gesetze) Buch VIII–XII. Übersetzung und Kommentar von K. Schöpsdau (Platon Werke 9/2), Göttingen 2011.

Plinius, Briefe. Epistularum libri decem. Lateinisch – Deutsch, hg. von H. Kasten (Tusculum), Düsseldorf [8]2003.

Plotinus, Plotini Enneades, 2 Bde., R. Volkmann (Teubner), Leipzig 1883–1884.

Plutarch, Plutarch's Moralia in Fifteen Volumes, Bd. 8: Table-Talk, Books 1–6, übers. von P.A. Clement und H.B. Hoffleit (LCL 424), Cambridge 1969.

Plutarch, Plutarch's Moralia in Fifteen Volumes, Bd. 9: Amatorius. Dialogue on Love, Table-Talks, Books 7–9, übers. von W. C. Helmbold (LCL 425), Cambridge 1962.

Plutarch, Plutarch's Moralia in Fifteen Volumes, Bd. 11: De Herodoti malignitate. On the Malice of Herodotus, übers. von L. Pearson und F. H. Sandbach (LCL 426), Cambridge 1965.

Plutarch, Plutarch's Moralia in Fifteen Volumes, Bd. 13: Quaestiones platonicae. Platonic Questions, übers. von H. Chernis, Cambridge 1976.

Pollucis Onomasticon, hg. von E. Bethe, 3 Bde., Leipzig 1931–1937.

Polybios, Polybii historiae, Bd. 1–4, hg. von T. Büttner-Wobst, Leipzig 1889–1905 (Nachdruck 1962–1967).

Quintilian, Ausbildung des Redners. Zwölf Bücher, hg. von H. Rahn, Darmstadt ⁵2011.

Sextos, Sexti Empirici opera, Bd. 1: Pyrrhoniae hypotyposes, hg. von H. Mutschmann, Leipzig 1912.

Die Sextussprüche und ihre Verwandten, eingeleitet, übers. und mit interpretierenden Essays versehen von W. Eisele, Y. Arzhanov, M. Durst und T. Pitour (SAPERE 26), Tübingen 2015.

Xenophon, Xenophontis opera omnia, Bd. 4: Cyropaedia, hg. von E. C. Marchant, Oxford 1910 (Nachdruck 1970).

1.3 Apostolische Väter, Apologeten und Alte Kirche

Sancti Ambrosii opera, Bd. 1: Exameron: De paradiso, De Cain et Abel, De Noe, De Abraham, De Isaac, De bono mortis, hg. von K. Schenkl (CSEL 32/1), Wien 1962.

Aurelius Augustinus, Der Gottesstaat. De civitate Dei. Lateinisch-Deutsch, hg. und übers. von C. J. Perl, Paderborn 1979.

Aurelius Augustinus, De trinitate. Lateinisch-deutsch (Bücher VIII–XI, XIV–XV, Anhang: Buch V), neu übers. und mit Einleitung hg. von J. Kreuzer (PhB 523), Hamburg 2001.

Sancti Aurelii Augustini In Iohannis evangelium tractatus CXXIV, hg. von R. Willems (CChr.SL 36), Turnhout 1954.

Augustine on Romans. Propositions from the Epistle to the Romans. Unfinished Commentary on the Epistle to the Romans, übers. von P. Fredriksen Landes (Texts and Translations 23. Early Christian Literature 6), Chico 1982.

BAUER, W./PAULSEN, H., Die Briefe des Ignatius von Antiochia und der Brief des Polykarp von Smyrna (HNT 18/Die Apostolischen Väter 2), Tübingen 1985.

Des Heiligen Kirchenlehrers Johannes Chrysostomus Erzbischofs von Konstantinopel Kommentar zum Briefe des Hl. Paulus an die Römer, übers. von J. Jatsch, 2 Bde. (BKV 39 und 42), Kempten 1922–1923.

Jean Chrysostome, Sur l'incompréhensibilité de Dieu, Bd. 1: Homélies I–V, eingeleitet von J. Daniélou, griech. Text mit Anmerkungen von A.-M. Malingrey, übers. von R. Flacelière (SC 28), Paris ³2000.

Des Clemens von Alexandreia Teppiche wissenschaftlicher Darlegungen entsprechend der wahren Philosophie (Stromateis), übers. von O. Stählin, 3 Bde. (BKV 17, 19, 20), Kempten 1936–1938.

CRAMER, J.A., Catena Graecorum Patrum in Novum Testamentum, Bd. 8: Catena in Epistulas Catholicas, Oxford 1840.

Des Heiligen Cyrillus Bischofs von Jerusalem Katechesen, übers. von P. Haeuser (BKV 41), München 1922.

EHRMAN, B. D., The Apostolic Fathers, 2 Bde. (LCL 24), Cambridge 2003.

436   *Literaturverzeichnis*

Epiphanius, Bd. 1: Ancoratus und Panarion haer. 1–33, hg. von K. Holl (GCS 25), Leipzig 1915.

GEBHARDT, O. VON/HARNACK, A. VON, Patrum Apostolicorum Opera, Bd. 3: Hermae Pastor graece. Addita versione latina recentiore e codice Palatino, Leipzig 1877.

S. Hieronymi presbyteri opera, Teil 1: Opera exegetica, Bd. 2: Commentariorum in Esaiam, Libri XII–XVIII, hg. von M. Adriaen (CChr.SL 73A), Turnhout 1963.

Gerolamo, Gli uomini illustri: De viris illustribus, hg. von A. Ceresa-Gastaldo (Bibliotheca patristica 12), Florenz 1988.

[Ps.-Ignatius, *Ad Heronem*] A. VON HARNACK, Lehre der zwölf Apostel nebst Untersuchungen zur ältesten Geschichte der Kirchenverfassung und des Kirchenrechts (TU 2/1–2), Leipzig 1886.

HILGENFELD, A., Novum Testamentum extra canonem receptum, Bd. 1: Clementis Romani epistulae. Edidit, commentario critico et adnotationibus instruxit. Mosis Assumptionis quae supersunt. Primum edita et illustrate, Leipzig ²1876.

JAUBERT, A., Clément de Rome. Épître aux Corinthiens. Introduction, texte, traduction, notes et index (SC 167), Paris 1971.

LATTKE, M., Oden Salomos. Text, Übersetzung, Kommentar, 3 Bde. (NTOA 41), Fribourg/Göttingen 1999–2005.

LIGHTFOOT, J. B., The Apostolic Fathers, 5 Bde., London ²1889–1890.

Origenes, Commentarii in epistulam ad Romanos/Römerbriefkommentar, übers. und eingeleitet von T. Heither, 6 Bde. (FChr 2), Freiburg i. Br. 1990–1999.

Origenes, Contra Celsum/Gegen Celsus, eingeleitet und kommentiert von M. Fiedrowicz, übers. von C. Barthold, 5 Bde. (FChr 50), Freiburg i. Br. 2011–2012.

Origenes, Werke, Bd. 4: Der Johanneskommentar, hg. von E. Preuschen (GCS 10), Leipzig 1903.

SCHÖLLGEN, G./GEERLINGS, W., Didache/Zwölf-Apostel-Lehre. Traditio Apostolica/ Apostolische Überlieferung (FChr 1), Freiburg i. Br. 1991.

STAAB, K. (Hg.), Pauluskommentare aus der griechischen Kirche. Aus Katenenhandschriften gesammelt und herausgegeben (NTA 15), Münster 1933.

Tertullian, Opera, Bd. 2: Opera montanistica, hg. von A. Gerlo u. a. (CChr.SL 2), Turnhout 1954.

TORNAU, C./CECCONI, P. (Hg.), The Shepherd of Hermas in Latin. Critical Edition of the Oldest Translation Vulgata (TU 173), Berlin 2014.

1.4 Sonstige Quellen und Quellensammlungen

FREY, J., Die Fragmente des Hebräerevangeliums, in: C. Markschies/J. Schröter (Hg.), Antike christliche Apokryphen in deutscher Übersetzung, Bd. 1: Evangelien und Verwandtes, Tübingen 2012, 593–606.

HARTENSTEIN, J., Das Evangelium nach Maria (BG 1/P.Oxy. L 3525/P.Ryl. III 463), in: C. Markschies/J. Schröter (Hg.), Antike christliche Apokryphen in deutscher Übersetzung, Bd. 1: Evangelien und Verwandtes, Tübingen 2012, 1208–1216.

KRAUS, T. J., Das sogenannte Faijumfragment (P.Vindob. G. 2325), in: C. Markschies/ J. Schröter (Hg.), Antike christliche Apokryphen in deutscher Übersetzung, Bd. 1: Evangelien und Verwandtes, Tübingen 2012, 375 f.

LACHMANN, K. (Hg.), Novum Testamentum Graece et Latine, 2 Bde., Berlin 1842–1850.

MARKSCHIES, C., Die Fragen Marias, in: C. Markschies/J. Schröter (Hg.), Antike christliche Apokryphen in deutscher Übersetzung, Bd. 1: Evangelien und Verwandtes, Tübingen 2012, 410–415.

MÜLLER, C. D. G., Die Epistula Apostolorum, in: C. Markschies/J. Schröter (Hg.), Antike christliche Apokryphen in deutscher Übersetzung, Bd. 1: Evangelien und Verwandtes, Tübingen 2012, 1062–1092.

PELLEGRINI, S., Das Protevangelium des Jakobus, in: C. Markschies/J. Schröter (Hg.), Antike christliche Apokryphen in deutscher Übersetzung, Bd. 1: Evangelien und Verwandtes, Tübingen 2012, 903–929.

RESCH, A., Agrapha. Aussercanonische Schriftfragmente (TU 15/2), Leipzig 1906.

STRECKER, G./SCHNELLE, U. (Hg.), Neuer Wettstein. Texte zum Neuen Testament aus Griechentum und Hellenismus, Berlin 1996 ff.

THIELE, W., Vetus Latina. Die Reste der altlateinischen Bibel, Bd. 26/1: Epistulae Catholicae, Freiburg i. Br. 1956.

TUCKETT, C. (Hg.), The Gospel of Mary (Oxford Early Christian Gospel Texts), Oxford 2007

VINZENT, M./NICKLAS, T., Das Petrusevangelium, in: C. Markschies/J. Schröter (Hg.), Antike christliche Apokryphen in deutscher Übersetzung, Bd. 1: Evangelien und Verwandtes, Tübingen 2012, 683–695.

WALDSTEIN, M./WISSE, F. (Hg.), The Apocryphon of John. Synopsis of Nag Hammadi Codices II,1; III,1; and IV,1 with BG 8502,2 (NHS 33), Leiden 1995.

Wettstein, J. J., H KAINH ΔΙΑΘΗΚΗ sive Novum Testamentum graecum editionis receptae, Bd. 1: Continens quatuor evangelia, Leiden 1751.

2. Sekundärliteratur

2.1 Hilfsmittel

BAUER, W./ALAND, K./ALAND, B, Griechisch-deutsches Wörterbuch zu den Schriften des Neuen Testaments und der frühchristlichen Literatur, Berlin [6]1988. (BAA)

BLASS F./DEBRUNNER, A./REHKOPF, F., Grammatik des neutestamentlichen Griechisch, Göttingen [16]1984.

CREMER, H., Biblisch-theologisches Wörterbuch der neutestamentlichen Gräcität, Gotha 1866 ([3]1883, [7]1893, [9]1902).

CRUM, W. E., A Coptic Dictionary, Oxford 1939.

EISLER, R., Wörterbuch der philosophischen Begriffe. Historisch-quellenmäßig bearbeitet, 2 Bde., Berlin 1904.

JASTROW, M., Dictionary of Targumim, Talmud and Midrashic Literature, London 1926.

KLUGE, F., Etymologisches Wörterbuch der deutschen Sprache, unter Mithilfe von M. Bürgisser und B. Gregor völlig neu bearbeitet von E. Seebold, Berlin 1989.

KÜHNER, R./GERTH, B., Ausführliche Grammatik der griechischen Sprache, 4 Bde., Hannover [3]1890–1904 (Nachdruck Darmstadt 1966).

LAUSBERG, H., Handbuch der literarischen Rhetorik, 2 Bde., München [2]1973.

LIDDELL, H. G./SCOTT, R./JONES, H. S., A Greek-English Lexicon. With a Revised Supplement, Oxford [9]1996. (LSJ)

438 *Literaturverzeichnis*

Montanari, F./Goh, M./Schroeder, C., The Brill Dictionary of Ancient Greek, Leiden 2015.

Moulton, J. H./Milligan, G., The Vocabulary of the Greek New Testament Illustrated from the Papyri and Other Non-literary Sources, London ²1930.

Moulton, J. H./Turner, N., A Grammar of New Testament Greek, Bd. 3: Syntax, Edinburgh 1963.

Müller, G. F./Zarncke, W./Benecke, W., Mittelhochdeutsches Wörterbuch, 3 Bde., Leipzig 1854–1866.

Pape, W., Handwörterbuch der griechischen Sprache. Griechisch-deutsches Handwörterbuch, 3 Bde., bearbeitet von M. Sengebusch, Braunschweig ³1914.

Passow, F., Handwörterbuch der griechischen Sprache, 4 Bde., Leipzig ⁵1841–1857.

Schützeichel, R., Althochdeutscher und altsächsischer Glossenwortschatz, 12 Bde., Tübingen 2004.

Spicq, C., Theological Lexicon of the New Testament, übers. und hg. von J. D. Ernest, 3 Bde., Peabody 1994. (TLNT)

Thayer, J. H., A Greek-English Lexicon of the New Testament. Being Grimm's Wilke's Clavis Novi Testamenti, New York ²1889.

Wahl, C. A., Clavis Novi Testamenti philologica, usibus scholarum et juvenum theologiae studioscorum accommodate, Leipzig ²1829.

Wallace, D., Greek Grammar beyond the Basics. An Exegetical Syntax of the New Testament, Grand Rapids 1996.

Wilke, C. G., Clavis Novi Testamenti philologica, usibus scholarum et iuvenum theologiae studiosorum accommodate, 2 Bde., Dresden 1841.

2.2 Kommentarliteratur

Allen, W. C., A Critical and Exegetical Commentary on the Gospel according to St. Matthew (ICC), Edinburgh ²1907.

Allison, D. C., A Critical and Exegetical Commentary on the Epistle of James (ICC), London 2013.

Attridge, H. W., The Epistle to the Hebrews. A Commentary on the Epistle to the Hebrews (Hermeneia), Philadelphia 1989.

Backhaus, K., Der Hebräerbrief (RNT), Regensburg 2009.

Bardenhewer, O., Der Brief des heiligen Jakobus, Freiburg i. Br. 1928.

Barradas, S., Commentaria in concordiam et historiam evangelicam, Bd. 4, Lyon 1612.

Barrett, C. K., A Commentary on the Epistle to the Romans, London ²1991.

Barth, K., Gesamtausgabe, Bd. 2: Der Römerbrief (Zweite Fassung) (1922), hg. von C. van der Kooi/K. Tolstaja, Zürich 2010.

Bauckham, R. J., James. Wisdom of James, Disciple of Jesus the Sage (New Testament Readings), London 1999.

Bauckham, R. J., Jude, 2 Peter (WBC 50), Waco 1983.

Baumgarten-Crusius, L. F. O., Kommentar über den Brief Pauli an die Römer, hg. von E. J. Kimmel, Jena 1844.

Becker, J., Das Evangelium nach Johannes, 2 Bde. (ÖTBK 4), Gütersloh ²1991.

Bengel, J. A., Gnomon Novi Testamenti, hg. von J. Steudel, Tübingen ³1855.

Bengel, J. A., Gnomon oder Zeiger des Neuen Testamentes, eine Auslegung desselben in fortlaufenden Anmerkungen, in deutscher Sprache hg. von C. F. Werner, Bd. 1, Stuttgart 1853.

Kommentarliteratur

BEYSCHLAG, W., Der Brief des Jacobus (KEK 15), Göttingen ⁴1882.

BLANK, J., Das Evangelium nach Johannes, 3 Bde. (GSL.NT 4), Düsseldorf 1977–1981.

BLEEK, F., Der Brief an die Hebräer. Erläutert durch Einleitung, Uebersetzung und fortlaufenden Commentar, 4 Bde., Berlin 1828–1840.

BLEEK, F., Der Hebräerbrief, hg. von K.A. Windrath, Elberfeld 1868.

BOER, M.C. DE, Galatians. A Commentary (New Testament Library), Louisville 2011.

BORCHERT, G.L., John, 2 Bde. (NAC 25), Nashville 2002.

BOVON, F., Das Evangelium nach Lukas, 4 Bde. (EKK 3), Zürich/Neukirchen-Vluyn ³2019, ³2019, 2001, 2009.

BRAUN, H., An die Hebräer (HNT 14), Tübingen 1984.

Brenz, J., In divis Iohannis evangelion ..., Frankfurt 1542.

BROWN, R.E., The Epistles of John (AncB 30), New York 1982.

BROWN, R.E., The Gospel according to John, 2 Bde. (AncB 29), New York 1966–1970.

BROX, N., Der Hirt des Hermas (KAV 7), Göttingen 1991.

Bullinger, H., Von rechter Hülfe und Errettung in Nöthen. Eine Predigt aus dem h. Evangelio Matthäi dem 14. Kap. gehalten in Zürich am 12. Juli 1552. Besonders nütze zu dieser Zeit, in so schweren Gefahren Deutschlands, zu lesen, in: C. Pestalozzi, Heinrich Bullinger. Leben und Ausgewählte Schriften, Elberfeld 1858, 560–579.

BULTMANN, R., Das Evangelium des Johannes (KEK 2), Göttingen ²⁰1985.

BURCHARD, C., Der Jakobusbrief (HNT 15/1), Tübingen 2000.

CAHILL, M., The First Commentary on Mark. An Annotated Translation, Oxford 1998.

Calov, A., Biblia Novi Testamenti illustrata ..., Bd. 1: Harmonia evangelistarum ..., Dresden 1719.

Calvin, J., Opera exegetica, Bd. 11/1–2: In Evangelium secundum Johannem commentarius, hg. von H. Feld, Genf 1997–1998.

Calvin, J., Opera quae supersunt omnia, Bd. 45: Commentarius in harmoniam evangelicam (1555), hg. von E. Cunitz/J.-W. Baum/E.W.E. Reuss (CR 73), Braunschweig 1891.

Calvin, J., Studienausgabe, Bd. 5/1–2: Der Brief an die Römer. Ein Kommentar, hg. von E. Busch u.a., Neukirchen-Vluyn 2005–2007.

COCKERILL, G.L., The Epistle to the Hebrews (NIC.NT), Grand Rapids 2012.

CRANFIELD, C.E.B., A Critical and Exegetical Commentary on the Epistle to the Romans, 2 Bde. (ICC), Edinburgh 1975.

CULPEPPER, R.A., The Gospel and Letters of John (Interpreting Biblical Texts), Nashville 1998.

CULPEPPER, R.A., Mark (Smyth & Helwys Bible Commentary), Macon 2007.

DAVIDS, P.H., The Epistle of James (NIGTC), Grand Rapids 1982.

DAVIES, W.D./ALLISON, D.C., The Gospel according to Saint Matthew, 3 Bde. (ICC), Edinburgh 1988–1997.

DELITZSCH, F., Commentar zum Briefe an die Hebräer. Mit archäologischen und dogmatischen Excursen über das Opfer und die Versöhnung, Leipzig 1857.

DELITZSCH, F., Paulus des Apostels Brief an die Römer. Aus dem griechischen Urtext auf Grund des Sinai-Codex in das Hebräische übersetzt und aus Talmud und Midrasch erläutert, Leipzig 1870.

DIBELIUS, M., Der Brief des Jakobus, mit Ergänzungen von H. Greeven (KEK 15), Göttingen ⁶1984.

DIBELIUS, M., Der Hirt der Hermas (Die Apostolischen Väter 4), Tübingen 1923.

DIETZFELBINGER, C., Das Evangelium nach Johannes (ZBK.NT 4/1–2), Zürich 2001.

DUNN, J.D.G., Romans, 2 Bde. (WBC 38A–B), Waco 1988.

440 *Literaturverzeichnis*

DYCK, A. R., A Commentary on Cicero, De Officiis, Ann Arbor 1996.

Erasmus, D., Opera omnia, Bd. 6/7: Annotationes in Novum Testamentum, Teil 3: In epistolam Pauli ad Romanos, hg. von P. F. Hovingh, Leiden 2012.

EWALD, H., Die ersten drei Evangelien übersetzt und erklärt, Göttingen 1850.

FARQUHARSON, A. S. L., The Meditations of the Emperor Marcus Antoninus, 2 Bde., Oxford 1944.

FIEDLER, P., Das Matthäusevangelium (Theologischer Kommentar zum Neuen Testament 1), Stuttgart 2006.

FITZMYER, J.A., The Gospel according to Luke, 2 Bde. (AncB 28/28A), Garden City 1981–1985.

FITZMYER, J.A., Romans. A New Translation with Introduction and Commentary (AncB 33), New York 1993.

FOSTER, P., The Gospel of Peter. Introduction, Critical Edition and Commentary (Texts and Editions for New Testament Study 4), Leiden 2010.

FRANCE, R. T., The Gospel of Matthew (NIC.NT), Grand Rapids 2007.

FRANKEMÖLLE, H., Der Brief des Jakobus, 2 Bde. (ÖTBK 17), Gütersloh 1994.

FREY, J., Der Brief des Judas und der zweite Brief des Petrus (ThHK 15/2), Leipzig 2015.

Gerhard, J., In harmoniam historiae evangelicae de resurrectione et ascensione Christi salvatoris nostri ex quatuor evangelistis contextam, commentarius conscriptus, Jena 1617.

GNILKA, J., Das Matthäusevangelium, 2 Bde. (HThK 1), Freiburg i. Br. 1988.

GOULD, E. P., A Critical and Exegetical Commentary on the Gospel according to St. Mark (ICC), Edinburgh 1912.

GRAHAM, D., Aristotle's Physics. Book VIII, Oxford 1999.

GRÄSSER, E., An die Hebräer, 3 Bde. (EKK 17), Zürich/Neukirchen-Vluyn 1990–1997.

Grotius, H., Annotationes in Novum Testamentum, Bd. 3: Continens annotationes ad Marcum et Lucam, Groningen 1827.

Grotius, H., Annotationes in Novum Testamentum, Bd. 4: Annotationes ad Iohannem, Groningen 1828.

Grotius, H., Annotationes in Novum Testamentum, Bd. 7: Annotationes in Pauli epistolas ad Ephesios-Philemonem et in epistolam ad Hebraeos, Groningen 1829.

GRUNDMANN, W., Das Evangelium nach Markus (ThHK 2), Berlin ⁹1984.

GRUNDMANN, W., Das Evangelium nach Matthäus (ThHK 1), Berlin ⁶1986.

GUNDRY, R. H., Mark. A Commentary on His Apology of the Cross, Grand Rapids 1993.

GUNDRY, R. H., Matthew. A Commentary on His Handbook for a Mixed Church under Persecution, Grand Rapids ²1994.

HAACKER, K., Der Brief des Paulus an die Römer (ThHK 6), Leipzig ⁴2012.

HAENCHEN, E., Der Weg Jesu. Eine Erklärung des Markus-Evangeliums und der kanonischen Parallelen, Berlin ²1968.

HAGNER, D.A., Matthew 14–28 (WBC 33B), Dallas 1995.

HARRINGTON, D. J., The Gospel of Matthew (Sacra Pagina 1), Collegeville 1991.

HARTIN, P. J., James (Sacra Pagina 14), Collegeville 2003.

HENGEL, W.A. VAN, Interpretatio epistolae Pauli ad Romanos, 2 Bde., Leiden 1854–1859.

HIRSCH, E./RÜCKERT, H., Luthers Vorlesung über den Hebräerbrief nach der vatikanischen Handschrift, AKG 13, Berlin 1929.

HITZIG, F., Die Sprüche Salomo's, Zürich 1858.

HOLLANDER, H./JONGE, M. DE, The Testaments of the Twelve Patriarchs: A Commentary (SVTP 8), Leiden 1985.

Kommentarliteratur

HOLTZMANN, H. J., Hand-Commentar zum Neuen Testament, Bd. 1: Die Synoptiker. Die Apostelgeschichte, Freiburg ²1892.

HORT, F. J. A., The Epistle of St. James, London 1909.

HULTGREN, A. J., Paul's Letter to the Romans. A Commentary, Grand Rapids 2011.

HUTHER, J. E., Kritisch exegetisches Handbuch über den Brief des Jakobus (KEK 15), Göttingen ³1870.

JEWETT, R., Romans. A Commentary (Hermeneia), Minneapolis 2007.

JOHNSON, L. T., The First and Second Letters to Timothy (AncB 35A), New York 2001.

JOHNSON, L. T., The Gospel of Luke (Sacra Pagina 3), Collegeville 1991.

JOHNSON, L. T., Hebrews. A Commentary (New Testament Library), Louisville 2006.

JOHNSON, L. T., The Letter of James. A New Translation with Introduction and Commentary (AncB 37A), New York 1995.

KARRER, M., Der Brief an die Hebräer, 2 Bde. (ÖTBK 20), Gütersloh 2002–2008.

KÄSEMANN, E., An die Römer (HNT 8a), Tübingen ⁴1980.

KEENER, C. S., Acts. An Exegetical Commentary, 4 Bde., Grand Rapids 2012–2015.

KEENER, C. S., The Gospel of Matthew. A Socio-Rhetorical Commentary, Grand Rapids 2009.

KEIL, C. F., Commentar über das Evangelium des Johannes, Leipzig 1881.

KEIL, C. F., Commentar über das Evangelium des Matthäus, Leipzig 1877.

KLAUCK, H. J., Der erste Johannesbrief (EKK 23/1), Zürich/Neukirchen-Vluyn 1991.

KOESTER, C. R., Hebrews (AncB 36), New York 2001.

KONRADT, M., Das Evangelium nach Matthäus (NTD 1), Göttingen 2015.

KÜHL, E., Der Brief des Paulus an die Römer, Leipzig 1913.

KUINOEL, C. G., Commentarius in libros Novi Testamenti historicos, Bd. 1: Evangelium Matthaei, Leipzig ²1816.

LAGRANGE, M. J., Évangile selon Saint Jean (EtB), Paris ⁵1936.

LAGRANGE, M. J., Évangile selon Saint Matthieu (EtB), Paris ³1927.

Lampe, F. A., Commentarius analytico-exegeticus in Evangelium secundum Joannem, 3 Bde., Amsterdam 1724–1726.

LANE, W. L., The Gospel of Mark (NIC.NT), Grand Rapids 1974.

LANE, W. L., Hebrews, 2 Bde. (WBC 47A–B), Dallas 1991.

LANGE, J. P., Das Evangelium nach Markus, Bielefeld 1858.

LANGE, J. P., Das Evangelium nach Matthäus, Bielefeld 1857.

LATTKE, M., Oden Salomos. Text, Übersetzung, Kommentar, 3 Bde. (NTOA 41), Fribourg/Göttingen 1999–2005.

LAWS, S. S., A Commentary on the Epistle of James (BNTC), London 1980.

LINDEMANN, A., Die Clemensbriefe (HNT 17/Die Apostolischen Väter 1), Tübingen 1992.

LOHMEYER, E., Das Evangelium des Markus (KEK 1/2), Göttingen ¹⁷1967.

LOHMEYER, E., Das Evangelium des Matthäus, hg. von W. Schmauch (KEK Sonderband), Göttingen 1956.

LOHSE, E., Der Brief an die Römer (KEK 4), Göttingen 2003.

LONA, H. E., Der erste Clemensbrief (KAV 2), Göttingen 1998.

LÜCKE, F., Commentar über die Schriften des Evangelisten Johannes, 2 Bde., Bonn ³1840–1843.

LÜNEMANN, G., Kritisch exegetisches Handbuch über den Hebräerbrief (KEK 13), Göttingen ³1867.

LUTHARDT, C. E., Das johanneische Evangelium nach seiner Eigenthümlichkeit, 2 Bde., Nürnberg ²1875–1876.

442 *Literaturverzeichnis*

Luther, M., Vorlesung über den Römerbrief 1515/16. Lateinisch-deutsche Ausgabe, Bd. 1, übers. von E. Ellwein, Darmstadt 1960.

Luz, U., Das Evangelium nach Matthäus, 4 Bde. (EKK 1/1–4), Neukirchen-Vluyn ⁵2002, ⁵2016, ³2016, 2002.

Maldonatus, J., Commentarii in quatuor evangelistas, Lyon 1682.

Marcus, J., Mark. A New Translation with Introduction and Commentary, 2 Bde. (AncB 27), New York 2000–2009.

Martin, R. P., James (WBC 48), Waco 1988.

Martyn, J. L., Galatians (AncB 33A), New York 1997.

Mayor, J. B., The Epistle of St. James. The Greek text with Introduction, Notes and Comments, and Further Studies in the Epistle of St. James, London ³1913.

McCartney, D. G., James (Baker Exegetical Commentary on the New Testament), Grand Rapids 2009.

McKnight, S., The Letter of James (NIC.NT), Grand Rapids 2011.

Meyer, H. A. W., Kritisch exegetisches Handbuch über das Evangelium des Johannes (KEK 2), Göttingen ⁴1862.

Meyer, H. A. W., Kritisch exegetisches Handbuch über das Evangelium des Matthäus (KEK 1/1), Göttingen ⁵1864.

Meyer, H. A. W., Kritisch exegetisches Handbuch über den Brief des Paulus an die Römer (KEK 4), Göttingen ⁵1872.

Meyer, H. A. W., Kritisch exegetisches Handbuch über die Evangelien des Markus und Lukas (KEK 1/2), Göttingen ²1846 (⁵1867).

Michel, O., Der Brief an die Hebräer (KEK 13), Göttingen ⁷1975.

Michel, O., Der Brief an die Römer (KEK 4), Göttingen ⁵1978.

Moffatt, J., A Critical and Exegetical Commentary on the Epistle to the Hebrews (ICC), Edinburgh 1924.

Moo, D. J., The Epistle to the Romans (NIC.NT), Grand Rapids 1996.

Moo, D. J., The Letter of James (Pillar New Testament Commentary), Grand Rapids 2000.

Moo, D. J., The Letter of James. An Introduction and Commentary (Tyndale New Testament Commentaries), Grand Rapids 1985.

Morris, L., The Gospel according to Matthew (Pillar New Testament Commentary), Grand Rapids 1992.

Mueller-Goldingen, C., Untersuchungen zu Xenophons Kyrupädie (Beiträge zur Altertumskunde 42), Berlin 1995.

Musculus, W., Commentariorum in evangelistam Ioannem, 2 Bde., Basel 1548.

Mussner, F., Der Jakobusbrief (HThK 13/1), Freiburg i. Br. 1964.

Niederwimmer, K., Die Didache (KAV 1), Göttingen 1993.

O'Brien, P. T., The Letter to the Hebrews (Pillar New Testament Commentary), Grand Rapids 2010.

Olshausen, H., Biblischer Commentar über sämmtliche Schriften des Neuen Testaments, Bd. 2: Das Evangelium des Johannes, die Leidensgeschichte und die Apostelgeschichte enthaltend, Königsberg ³1838.

Olshausen, H., Der Brief des Apostels Paulus an die Römer, Königsberg 1835.

Osiek, C. A., Shepherd of Hermas. A Commentary (Hermeneia), Minneapolis 1999.

Patte, D., The Gospel according to Matthew. A Structural Commentary on Matthew's Faith, Philadelphia 1987.

Paulsen, H., Der Zweite Petrusbrief und der Judasbrief (KEK 12/2), Göttingen 1992.

Kommentarliteratur 443

PAULUS, H. E. G., Des Apostels Paulus Ermahnungs-Schreiben an die Hebräer-Christen, Heidelberg 1833.

PAULUS, H. E. G., Des Apostels Paulus Lehr-briefe an die Galater- und Römer-Christen, Heidelberg 1831.

PAULUS, H. E. G., Philologisch-kritischer und historischer Commentar über das Evangelium des Johannes, Erste Hälfte, Leipzig 1812.

PESCH, R., Das Markusevangelium, 2 Bde. (HThK 2), Freiburg i. Br. 1976–1977.

POPKES, W., Der Brief des Jakobus (ThHK 14), Leipzig 2001.

PRATSCHER, W., Der zweite Clemensbrief (KAV 3), Göttingen 2007.

PROSTMEIER, F. R., Der Barnabasbrief (KAV 8), Göttingen 1999.

RIDDERBOS, H. N., The Gospel according to John. A Theological Commentary, Grand Rapids 1997.

RIGGENBACH, E., Der Brief an die Hebräer (Kommentar zum Neuen Testament 14), Leipzig $^{2/3}$1922.

RINGLEBEN, J., Das philosophische Evangelium. Theologische Auslegung des Johannesevangeliums im Horizont des Sprachdenkens (HUTh 64), Tübingen 2014.

ROPES, J. H., A Critical and Exegetical Commentary on the Epistle of James (ICC), Edinburgh 1916.

RÜCKERT, L. I., Commentar über den Brief Pauli an die Römer, 2 Bde., Leipzig 1839.

SADLER, M. F., The General Epistles of Ss. James, Peter, John, and Jude, London 1891.

SAND, A., Das Evangelium nach Matthäus (RNT), Regensburg 1986.

SANDAY, W./HEADLAM, A. C., A Critical and Exegetical Commentary on the Epistle to the Romans (ICC), Edinburgh ^{5}1902.

SCHENKE, L., Das Johannesevangelium. Vom Wohnen Gottes unter uns, Freiburg i. Br. 2018.

SCHLATTER, A., Erläuterungen zum Neuen Testament, Bd. 1: Matthäus, Stuttgart 1928.

SCHLIER, H., Der Römerbrief (HThK 6), Freiburg i. Br. 1978.

SCHMITHALS, W., Das Evangelium nach Markus, 2 Bde. (ÖTBK 2), Gütersloh 1979.

SCHNACKENBURG, R., Das Johannesevangelium, Bd. 3: Einleitung und Kommentar zu Kapitel 13–21 (HThK 4/3), Freiburg i. Br. ^{6}1992.

SCHNEIDER, J., Die Briefe des Jakobus, Petrus, Judas und Johannes. Die Katholischen Briefe (NTD 10), Göttingen 1961.

SCHNELLE, U., Das Evangelium nach Johannes (ThHK 4), Leipzig ^{4}2009.

SCHNELLE, U., Die Johannesbriefe (ThHK 17), Leipzig 2010.

SCHNIEWIND, J., Das Evangelium nach Markus (NTD 1), Göttingen 1952.

SCHNIEWIND, J., Das Evangelium nach Matthäus (NTD 2), Göttingen ^{13}1984.

SCHREINER, T. R., Commentary on Hebrews (Biblical Theology for Christian Proclamation), Nashville 2015.

SCHREINER, T. R., Romans (Baker Exegetical Commentary on the New Testament), Grand Rapids, ^{2}2018.

SCHULZ, D., Der Brief an die Hebräer. Einleitung, Uebersetzung und Anmerkungen, Breslau 1818.

SCHWEIZER, E., Das Evangelium nach Matthäus (NTD 2), Göttingen 1973.

SPICQ, C., L'Épître aux Hébreux, 2 Bde. (EtB), Paris 1952–1953.

SPITTA, F., Zur Geschichte und Litteratur des Urchristentums, 3 Bde., Göttingen 1893–1907.

STUCKENBRUCK, L., 1 Enoch 91–108 (CEJL), Berlin 2007.

SWETE, H. B., The Gospel according to St Mark, London ^{3}1913.

444 *Literaturverzeichnis*

THIESS, J. O., Neuer kritischer Kommentar über das Neue Testament, Bd. 2: Das Evangelium der Apostel und Jesus. Fortsetzung, Halle 1806.

THOLUCK, A., Commentar zum Brief an die Römer, Halle [5]1856.

THOLUCK, A., Commentar zum Evangelium Johannis, Gotha [7]1857.

THYEN, H., Das Johannesevangelium (HNT 6), Tübingen [2]2015.

TUCKETT, C. M., 2 Clement. Introduction, Text, and Commentary (Oxford Apostolic Fathers), Oxford 2012.

TURNER, D. L., Matthew (Baker Exegetical Commentary on the New Testament), Grand Rapids 2008.

VON WAHLDE, U. C., The Gospel and Letters of John, Bd. 2: Commentary on the Gospel of John (Eerdmans Critical Commentary), Grand Rapids 2010.

WEISS, B., Der Brief an die Römer (KEK 4), Göttingen [9]1899.

WEISS, B., Das Johannesevangelium als einheitliches Werk, Berlin 1912.

WEISS, B., Kritisch exegetisches Handbuch über die Evangelien des Markus und Lukas (KEK 1/2), Göttingen [9]1901.

WEISS, B., Das Matthäus-Evangelium (KEK 1/1), Göttingen [8]1898.

WEISS, B., Das Neue Testament. Handausgabe, Bd. 3: Die Apostelgeschichte. Katholische Briefe. Apocalypse, Leipzig [2]1902.

WEISS, H.-F., Der Brief an die Hebräer (KEK 15), Göttingen 1991.

WEISS, J./BOUSSET, W., Die drei ältesten Evangelien (SNT 1), Göttingen [3]1917.

WELLHAUSEN, J., Das Evangelium Marci, Berlin [2]1909.

WENGST, K., Das Johannesevangelium, 2 Bde. (Theologischer Kommentar zum Neuen Testament 4), Stuttgart [2]2004–2007.

WENGST, K., Schriften des Urchristentums, Bd. 2: Didache (Apostellehre), Barnabasbrief, Zweiter Klemensbrief, Schrift an Diognet, Darmstadt 1984.

WESTERMANN, C., Genesis, 3 Bde. (BK 1), Neukirchen-Vluyn 1974–1982.

WETTE, W. M. L. DE, Kurzgefasstes exegetisches Handbuch zum Neuen Testament, Bd. 1/1: Kurze Erklärung des Evangeliums Matthäi, Leipzig [4]1857.

WETTE, W. M. L. DE, Kurzgefasstes exegetisches Handbuch zum Neuen Testament, Bd. 2/1: Kurze Erklärung des Briefes an die Römer, Leipzig [2]1838.

WETTE, W. M. L. DE, Kurzgefasstes exegetisches Handbuch zum Neuen Testament, Bd. 2/5: Kurze Erklärung der Briefe an Titus, Timotheus und die Hebräer, Leipzig [2]1847.

WETTE, W. M. L. DE, Kurzgefasstes exegetisches Handbuch zum Neuen Testament, Bd. 3: Kurze Erklärung der Briefe des Petrus, Judas und Jakobus, Leipzig [2]1853.

Whitby, D., A Paraphrase with Annotations on the Epistle to the Romans. With Annotations (1700), in: S. Patrick u. a., A Critical Commentary and Paraphrase on the Old and New Testament and the Apocrypha, hg. von J. R. Pitman, Bd. 5, London 1822, 636–718.

WILCKENS, U., Der Brief an die Römer, 3 Bde. (EKK 6), Zürich/Neukirchen-Vluyn [2]1987, [4]2003, [3]2005.

WILSON, W. T., Philo of Alexandria. On Virtues. Introduction, Translation, and Commentary (Philo of Alexandria Commentary Series 3), Leiden 2011.

WINDISCH, H., Der Hebräerbrief (HNT 14), Tübingen [2]1931.

WOHLENBERG, G., Das Evangelium des Markus (Kommentar zum Neuen Testament 2), Leipzig [3]1930.

WOLTER, M., Der Brief an die Römer, 2 Bde. (EKK 6), Neukirchen-Vluyn/Göttingen/Ostfildern 2014–2018.

YARBRO COLLINS, A., Mark. A Commentary (Hermeneia), Minneapolis 2007.

ZAHN, T., Der Brief des Paulus an die Römer (Kommentar zum Neuen Testament 6), Leipzig [2]1910.

ZAHN, T., Das Evangelium des Johannes (Kommentar zum Neuen Testament 4), Leipzig [6]1921.

ZAHN, T., Das Evangelium des Matthäus (Kommentar zum Neuen Testament 1), Leipzig 1922.

ZAHN, T., Der Hirt des Hermas, Gotha 1868.

ZAHN, T., Ignatius von Antiochien, Gotha 1873.

ZUMSTEIN, J., L'évangile selon saint Jean (13–21) (CNT[N] 4b), Genf 2007.

ZUMSTEIN, J., Das Johannesevangelium (KEK 2), Göttingen 2015.

Zwingli, U., In epistolam beati Pauli ad Hebraeos expositio brevis, in: Huldrici Zuinglii opera, Bd. 6/2, hg. von M. Schuler/J. Schulthess, Zürich 1838, 291–319.

2.3 Monographien, Aufsätze, Wörterbuch- und Lexikonartikel

ACHTEMEIER, P. J., Miracles and the Historical Jesus. A Study of Mark 9:14–29, CBQ 37 (1975), 471–491.

ADAMS, E., Abraham's Faith and Gentile Disobedience. Textual Links between Romans 1 and 4, JSNT 65 (1997), 47–66.

AEJMELAEUS, L., Die Frage nach dem Dativ in lokativischer Bedeutung im Neuen Testament, in: A. Voitila/J. Jokiranta (Hg.), Scripture in Transition. Essays on Septuagint, Hebrew Bible, and Dead Sea Scrolls in Honour of Raija Sollamo (JSNT.S 126), Leiden 2008, 471–483.

ALKIER, S., Die Realität der Auferweckung in, nach und mit den Schriften des Neuen Testaments (Neutestamentliche Entwürfe zur Theologie 12), Tübingen 2009.

ALLEN, R. M., The Christ's Faith. A Dogmatic Account (T&T Clark Studies in Systematic Theology), London 2009.

ALLISON, D. C., Eldad and Modad, JSPE 21 (2011), 99–131.

ALLISON, D. C., Exegetical Amnesia in James, EThL 86 (2000), 162–166.

ALLISON, D. C., The Resurrection of Jesus. Apologetics, Polemics, History, London 2021.

ALPERS, K., Griechische Lexikographie in Antike und Mittelalter. Dargestellt an ausgewählten Beispielen, in: H.-A. Koch (Hg.), Welt der Information. Wissen und Wissensvermittlung in Geschichte und Gegenwart, Stuttgart 1990, 14–38.

ALPERS, K., Art. Lexikographie, HWR 5 (2001), 194–210.

ALTER, R., The Art of Biblical Narrative, New York 1981.

AMIR, Y., Die hellenistische Gestalt des Judentums bei Philon von Alexandrien (FJCD 5), Neukirchen-Vluyn 1983.

AMSTUTZ, J., ΑΠΛΟΤΗΣ. Eine begriffsgeschichtliche Studie zum jüdisch-christlichen Griechisch (Theoph. 19), Bonn 1968.

ANDERSON, P. N., Das Johannes-, Jesus- und Geschichtsprojekt. Neue Beobachtungen zu Jesus und eine bi-optische Hypothese, ZNT 12 (2009), 12–26.

ANDERSON, P. N./JUST, F./THATCHER T. (Hg.), John, Jesus, and History, 3 Bde., Atlanta 2007–2016.

ANZINGER, S., Schweigen im römischen Epos. Zur Dramaturgie der Kommunikation bei Vergil, Lucan, Valerius Flaccus und Statius (BzA 237), Berlin 2007.

ATKINS, J. D., The Doubt of the Apostles and the Resurrection Faith of the Early Church. The Post-resurrection Appearance Stories of the Gospels in Ancient Reception and Modern Debate (WUNT 495), Tübingen 2019.

446 *Literaturverzeichnis*

ATTRIDGE, H. W., „Don't Be Touching Me." Recent Feminist Scholarship on Mary Magdalene, in: A. Levine (Hg.), A Feminist Companion to John, Bd. 2, New York 2003, 140–166.

ATWOOD, C. D., Community of the Cross. Moravian Piety in Colonial Bethlehem, University Park 2004.

AUERBACH, E., Mimesis. Dargestellte Wirklichkeit in der abendländischen Literatur, Tübingen ⁹1994.

AUNE, D. E., Herm. Mand. 11.2. Christian False Prophets Who Say What People Wish to Hear, JBL 97 (1978), 103–104.

AVEMARIE, F., Die Werke des Gesetzes im Spiegel des Jakobusbriefs. A Very Old Perspective on Paul, ZThK 98 (2001), 282–309.

BAASLAND, E., Der 2. Klemensbrief und frühchristliche Rhetorik. „Die erste christliche Predigt" im Lichte der neueren Forschung, ANRW 2,27,1 (1993), 78–157.

BACKHAUS, K., Auf Ehre und Gewissen! Die Ethik des Hebräerbriefs (2005), in: ders., Der sprechende Gott. Gesammelte Studien zum Hebräerbrief (WUNT 240), Tübingen 2009, 215–237.

BACKHAUS, K., Aufgegeben? Historische Kritik als Kapitulation und Kapital von Theologie, ThLZ 114 (2017), 260–288.

BACKHAUS, K., Der Hebräerbrief. Potential und Profil, in: ders., Der sprechende Gott. Gesammelte Studien zum Hebräerbrief (WUNT 240), Tübingen 2009, 1–19.

BACKHAUS, K., Der Neue Bund und das Werden der Kirche. Die Diatheke-Deutung des Hebräerbriefs im Rahmen der frühchristlichen Theologiegeschichte (NTA 29), Münster 1996.

BACKHAUS, K., Per Christum in Deum. Zur theozentrischen Funktion der Christologie im Hebräerbrief (1996), in: ders., Der sprechende Gott. Gesammelte Studien zum Hebräerbrief (WUNT 240), Tübingen 2009, 49–75.

BACKHAUS, K., Vorwort, in: ders., Der sprechende Gott. Gesammelte Studien zum Hebräerbrief (WUNT 240), Tübingen 2009, V–VI.

BALTES, M., Rez. zu W. Deuse, Untersuchungen zur mittelplatonischen und neuplatonischen Seelenlehre, Wiesbaden 1982 (1985), in: ders., ΔIANOHMATA. Kleine Schriften zu Platon und zum Platonismus (BzA 123), Berlin 1999, 121–139.

BALTES, M., Zur Philosophie des Platonikers Attikos (1983), in: ders., ΔIANOHMATA. Kleine Schriften zu Platon und zum Platonismus (BzA 123), Berlin 1999, 81–111.

BALTHASAR, H. U. VON, Herrlichkeit. Eine theologische Ästhetik, Bd. 1: Schau der Gestalt, Einsiedeln ³1988.

BARCLAY, J. M. G., „Do We Undermine the Law?" A Study of Romans 14.1–15.6 (1996), in: ders., Pauline Churches and Diaspora Jews (WUNT 275), Tübingen 2011, 37–59.

BARCLAY, J. M. G., Faith and Self-Detachment from Cultural Norms. A Study in Romans 14–15, ZNW 104 (2013), 192–208.

BARTH, G., Das Gesetzesverständnis des Evangelisten Matthäus, in: G. Bornkamm/ G. Barth/H. J. Held, Überlieferung und Auslegung im Matthäusevangelium (WMANT 1), Neukirchen-Vluyn ⁷1975, 55–154.

BARTH, G., Glaube und Zweifel in den synoptischen Evangelien, ZThK 72 (1975), 269–292.

BARTH, G., Art. ὀλιγοπιστία/ὀλιγόπιστος, EWNT (³2011), 1237 f.

BARTH, G., Art. πίστις, EWNT 3 (1983), 216–231.

BARTH, H.-M., Atheismus und Orthodoxie. Analysen und Modelle christlicher Apologetik im 17. Jahrhundert (FSÖTh 26), Göttingen 1971.

BARTH, K., Einführung in die evangelische Theologie, Zürich ⁷2010.

Monographien, Aufsätze, Wörterbuch- und Lexikonartikel 447

BARTH, K., Gesamtausgabe, Bd. 26: Predigten 1935–1952, hg. von H. Spieker/H. Stoevesandt, Zürich 1996.

BARTH, K., Die kirchliche Dogmatik, 12 Teilbde., Zürich 1932–1967.

BARTH, L. M., Genesis 15 and the Problem of Abraham's Seventh Trial, Maarav 8 (1992), 245–263.

BARTH, M., Discussion, in: ders., Foi et salut selon S. Paul. Épître aux Romains 1,16 (AnBib 42), Rom 1970, 59–65.

BARTH, M., Rechtfertigung. Versuch einer Auslegung paulinischer Texte im Rahmen des Alten und Neuen Testamentes (ThSt 90), Zürich 1969.

BARTH, U., Die Entdeckung der Subjektivität des Glaubens. Luthers Buß-, Schrift- und Gnadenverständnis (1992), in: ders., Aufgeklärter Protestantismus, Tübingen 2004, 27–51.

BARTHES, R., S/Z, übers. von J. Hoch, Frankfurt a. M. 1987.

BATTEN, A. J., Friendship and Benefaction in James (Emory Studies in Early Christianity), Dorchester 2010.

BATTEN, A. J., Ideological Strategies in the Letter of James, in: R. L. Webb/J. S. Kloppenborg (Hg.), Reading James with New Eyes. Methodological Reassessment of the Letter of James (Library of New Testament Studies 342), London 2007, 6–26.

BATTEN, A. J., What Are They Saying about the Letter of James?, New York 2009.

BAUCKHAM, R. J., The Great Tribulation in the Shepherd of Hermas, JThSt 25 (1974), 27–40.

BAUCKHAM, R. J., Jesus and the Eyewitnesses. The Gospels as Eyewitness Testimony, Grand Rapids ²2017.

BAUCKHAM, R. J., The Spirit of God in Us Loathes Envy. James 4:5, in: G. N. Stanton/ B. W. Longenecker/S. C. Barton (Hg.), The Holy Spirit and Christian Origins. Essays in Honor of James D. G. Dunn, Grand Rapids 2004, 270–281.

BAUER, D. R., The Major Characters of Matthew's Story. Their Function and Significance, Interp. 46 (1992), 357–367.

BAUGH, S. M., The Cloud of Witnesses in Hebrews 11, WTJ 68 (2006), 113–132.

BAUMERT, N., Das paulinische Wortspiel mit κριν-, Filología Neotestamentaria 15 (2002), 19–64.

BAUMGÄRTNER, P., Die Einheit des Hermas-Buchs, Freiburg i. Br. 1889.

BAUR, F. C., Das Christenthum und die christliche Kirche der drei ersten Jahrhunderte, Tübingen ²1860.

BAYER, O., Martin Luthers Theologie. Eine Vergegenwärtigung, Tübingen ³2007.

BECK, E., Glaube und Gebet bei Ephräm, OrChr 66 (1982), 15–50.

BECKER, Jürgen, Die Auferstehung Jesu Christi nach dem Neuen Testament. Ostererfahrung und Osterverständnis im Urchristentum, Tübingen 2007.

BECKER, Jürgen, Paulus. Der Apostel der Völker, Tübingen ³1998.

BECKER, Jürgen, Simon Petrus im Urchristentum (BThSt 105), Neukirchen-Vluyn 2009.

BECKER, Joachim, Quid πληροφορεῖσθαι in Rom 14,5 significet, Verbum Domini 45 (1967), 11–18.

BECKER, Joachim, Zu πληροφορεῖσθαι in Röm 14,5, Bib. 65 (1984), 364.

BEDENBENDER, A., Zwischen Juden und Heiden. Die Rettungstaten Jesu im Mk-Ev, Texte & Kontexte 93/94 (2002), 23–83.

BEINER, M., Art. Zweifel I. Systematisch-theologisch, TRE 36 (2004), 767–772.

BEINTKER, H., Die Überwindung der Anfechtung bei Luther. Eine Studie zu seiner Theologie nach den Operationes in Psalmos 1519–21 (ThA 1), Berlin 1954.

448   *Literaturverzeichnis*

BEIRNE, M. M., Women and Men in the Fourth Gospel. A Genuine Discipleship of Equals (JSNT.S 242), London 2003.

BELLINZONI, A. J., The Gospel of Luke in the Apostolic Fathers. An Overview, in: A. F. Gregory/C. M. Tuckett (Hg.), The Reception of the New Testament in the Apostolic Fathers, Oxford 2005, 45–68.

BEN-CHORIN, S., Bruder Jesus. Der Nazarener in jüdischer Sicht, München [5]1992.

BENAY, E. E., Touching Is Believing. Caravaggio's Doubting Thomas in Counter-Reformatory Rome, in: L. Periocolo/D. Stone (Hg.), Caravaggio. Reflections and Refractions, Burlington 2014, 59–82.

BENAY, E. E./RAFANELLI, L. M., Faith, Gender, and the Senses in Italian Renaissance and Baroque Art. Interpreting the Noli me tangere and Doubting Thomas, Farnham 2015.

BENNEMA, C., A Comprehensive Approach to Understanding Character in the Gospel of John, in: C. W. Skinner (Hg.), Characters and Characterization in the Gospel of John (Library of New Testament Studies 461), London 2013, 36–58.

BENNEMA, C., Encountering Jesus. Character Studies in the Gospel of John, Minneapolis [2]2014.

BENNEMA, C., A Theory of Character in New Testament Literature, Minneapolis 2014.

BENNEMA, C., A Theory of Character in the Fourth Gospel with Reference to Ancient and Modern Literature, Bibl.Interpr. 17 (2009), 375–421.

BERGH VAN EYSINGA, G. A. VAN DEN, Indische Einflüsse auf Evangelische Erzählungen (FRLANT 4), Göttingen [2]1909.

BERGER, K., Historische Psychologie des Neuen Testaments (SBS 146/147), Stuttgart 1991.

BERGER, P. L./ZIJDERVELD, A. C., Lob des Zweifels. Was ein überzeugender Glaube braucht, übers. von B. Schellenberger, Freiburg i. Br. 2010.

BEUTEL, A., Kirchengeschichte als Geschichte der Auslegung der Heiligen Schrift. Ein tragfähiges Modell?, in: W. Kinzig/V. Leppin/G. Wartenberg (Hg.), Historiographie und Theologie. Kirchen- und Theologiegeschichte im Spannungsfeld von geschichtswissenschaftlicher Methode und theologischem Anspruch (AKThG 15), Leipzig 2004, 103–120.

BEYSCHLAG, W., Der Jakobusbrief als urchristliches Geschichtsdenkmal, ThStKr 48 (1874), 105–166.

Beza, T., Annotationes majores in Novum dn. nostri Jesu Christi Testamentum, Genf 1594.

Beza, T., Homiliae in historiam domini resurrectionis, Genf 1593.

BIELER, L., ΘΕΙΟΣ ΑΝΗΡ. Das Bild des göttlichen Menschen in Spätantike und Frühchristentum, Wien 1935/36.

BIERINGER, R., Touching Jesus? The Meaning of μή μου ἅπτου in Its Johannine Context, in: R. Bieringer/K. Demasure/B. Baert (Hg.), To Touch or Not to Touch? Interdisciplinary Perspectives on the Noli Me Tangere (ANL 67), Leuven 2013, 61–81.

BIERL, A., Die Wiedererkennung von Odysseus und seiner treuen Gattin Penelope. Das Ablegen der Maske – zwischen traditioneller Erzählkunst, Metanarration und psychologischer Vertiefung, in: A. Bierl/A. Schmitt/A. Willi (Hg.), Antike Literatur in neuer Deutung (FS J. Latacz), München 2004, 103–126.

BINDER, H., Der Glaube bei Paulus, Berlin 1968.

BLACK, S. L., Sentence Conjunctions in the Gospel of Matthew. Καί, δέ, τότε, οὖν, and Asyndeton in Narrative Discourse (JSNT.S 216), Sheffield 2002.

BLASZCZAK, G. R., A Formcritical Study of Selected Odes of Solomon (HSM 36), Atlanta 1985.

BLOCH, E., Das Prinzip Hoffnung, Frankfurt a. M. 1959.

Monographien, Aufsätze, Wörterbuch- und Lexikonartikel 449

BOCKMUEHL, M., Abraham's Faith in Hebrews 11, in: R. J. Bauckham u. a. (Hg.), The Epistle to the Hebrews and Christian Theology, Grand Rapids 2009, 364–373.

BOCKMUEHL, M., The Remembered Peter in Ancient Reception and Modern Debate (WUNT 262), Tübingen 2011.

BOCKMUEHL, M., Simon Peter in Scripture and Memory, Grand Rapids 2012.

BÖHL, F., Demut und Prophetie. Eldad und Medad nach der frühen rabbinischen Überlieferung, in: F. Diedrich/B. Willmes (Hg.), Ich bewirke das Heil und erschaffe das Unheil (Jesaja 45,7). Studien zur Botschaft der Propheten. Festschrift für Lothar Ruppert zum 65. Geburtstag (fzb 88), Würzburg 1998, 15–30.

BOLT, P. G., The Faith of Jesus Christ in the Synoptic Gospels and Acts, in: M. Bird/ P. Sprinkle (Hg.), The Faith of Jesus Christ. Biblical and Theological Studies, Peabody 2009, 209–237.

BOND, H. K./HURTADO, L. W. (Hg.), Peter in Early Christianity, Grand Rapids 2015.

BONHOEFFER, D., Werke, Bd. 4: Nachfolge, München 1989.

BONHOEFFER, D., Werke, Bd. 6: Ethik, München 1992.

BONNEY, W., Caused to Believe. The Doubting Thomas Story as the Climax of John's Christological Narrative (Bibl.Interpr.S 62), Leiden 2002.

BORGEN, P., Underneath Cohn and Colson. The Text of Philo's *de virtutibus*, in: ders., Philo and the Church Fathers. A Collection of Papers (SVigChr 32), Leiden 1995, 77–101.

BORNEMANN, F. A., Erklärung einiger dunkeln Stellen des N. T., ThStKr 16 (1843), 103–140.

BORNKAMM, G., Der Auferstandene und der Irdische. Mt 28,16–20, in: E. Dinkler/ H. Thyen (Hg.), Zeit und Geschichte. Dankesgabe an Rudolf Bultmann zum 80. Geburtstag, Tübingen 1964, 171–191.

BORNKAMM, G., Jesus von Nazareth, Stuttgart [15]1995.

BORNKAMM, G., Petrus bei Matthäus (14,22–33 und 16,13–23), in: ders., Studien zum Matthäusevangelium, hg. von W. Zager (WMANT 125), Neukirchen-Vluyn 2009, 379–395.

BORNKAMM, G., Πνεῦμα ἄλαλον. Eine Studie zum Markusevangelium, in: ders., Geschichte und Glaube, Bd. 2 (BEvTh 53), München 1971, 21–36.

BORNKAMM, G., Die Sturmstillung im Matthäusevangelium, in: G. Bornkamm/G. Barth/ H. J. Held, Überlieferung und Auslegung im Matthäusevangelium (WMANT 1), Neukirchen-Vluyn [7]1975, 48–53.

BÖTTRICH, C., Petrus. Fischer, Fels und Funktionär (Biblische Gestalten 2), Leipzig 2001.

BOUSSET, W., Kyrios Christos. Geschichte des Christusglaubens von den Anfängen des Christentums bis Irenaeus (FRLANT 21), Göttingen [3]1926.

BOUSSET, W., Die Religion des Judentums im neutestamentlichen Zeitalter, Berlin [2]1906.

BRACHTENDORF, J., Art. diakrinesthai, in: C. Horn/C. Rapp (Hg.), Wörterbuch der antiken Philosophie, München 2002, 102 f.

BRAUMANN, G., Der sinkende Petrus. Matth. 14,28–31, ThZ 22 (1966), 403–414.

BREMMER, J. N., Author, Date and Provenance of the *Protevangelium of James*, in: ders. u. a. (Hg.), The Protevangelium of James (Studies on Early Christian Apocrypha 16), Leuven 2020, 49–70.

BREMMER, J. N., The Place, Time and Author of the Ignatian Letters. An Onomastic Approach, in: W. Grünstäudl/M. Schmidt (Hg.), Die Datierung neutestamentlicher Pseudepigraphen. Herausforderungen und neuere Lösungsansätze (WUNT), Tübingen 2021, 405–433.

BROWN, E., The Unity of the Soul in Plato's Republic, in: R. Barney/T. Brennan/C. Brittain (Hg.), Plato and the Divided Self, Cambridge 2012, 53–73.

450   *Literaturverzeichnis*

BROWN, J. K., The Disciples in Narrative Perspective. The Portrayal and Function of the Matthean Disciples (Academia Biblica 9), Leiden 2002.

BROWN, P., Die Keuschheit der Engel. Sexuelle Entsagung, Askese und Körperlichkeit am Anfang des Christentums, München 1991.

BROWN, R. E., The Community of the Beloved Disciple, New York 1979.

BROWN, R. E./DONFRIED, K. P./REUMANN, J. (Hg.), Peter in the New Testament, Minneapolis 1973.

BROWN, W. N., The Indian and Christian Miracles of Walking on the Water, Chicago 1928.

BUBER, M., Briefwechsel aus sieben Jahrzehnten, Bd. 3, hg. von G. Schaeder, Heidelberg 1975.

BÜCHSEL, F., Art. ἔλεγχος κτλ., ThWNT 2 (1935), 473 f.

BÜCHSEL, F., Art. κρίνω κτλ., ThWNT 3 (1938), 920–955.

BULTMANN, R., Die Geschichte der synoptischen Tradition, mit einem Nachwort von G. Theißen (FRLANT 29), Göttingen [10]1995.

BULTMANN, R., Das Problem der „natürlichen Theologie", in: ders., Glauben und Verstehen. Gesammelte Aufsätze, Bd. 1, Tübingen [9]1993, 294–312.

BULTMANN, R., Rez. zu Classen, Leben Jesu, in: ChW 33 (1919), 468 f.

BULTMANN, R., Art. πιστεύω κτλ., ThWNT 6 (1959), 174–182.197–230.

BULTMANN, R., Theologie des Neuen Testaments, durchgesehen und ergänzt von O. Merk, Tübingen [9]1984.

BULTMANN, R., Das Verhältnis der urchristlichen Christusbotschaft zum historischen Jesus (SHAW.PH 3), Heidelberg 1960.

BULTMANN, R., Welchen Sinn hat es, von Gott zu reden (1925), in: ders., Glauben und Verstehen. Gesammelte Aufsätze, Bd. 1, Tübingen [9]1993, 26–37.

BULTMANN, R., Zur Geschichte der Paulus-Forschung, ThR 1 (1929), 26–59.

BURCHARD, C., Gemeinde in der strohernen Epistel, in: D. Lührmann/G. Strecker, Kirche. Festschrift für Günther Bornkamm zum 75. Geburtstag, Tübingen 1980, 315–328.

BURCHARD, C., Zu einigen christologischen Stellen des Jakobusbriefes, in: C. Breytenbach/H. Paulsen (Hg.), Anfänge der Christologie. Festschrift für Ferdinand Hahn zum 65. Geburtstag, Göttingen 1991, 353–368.

BURNET, R., Exegesis and History of Reception. Reading the New Testament Today with the Readers of the Past, WUNT 455, Tübingen 2021.

BURNETT, F. W., Characterization and Reader Construction of Characters in the Gospels, Semeia 63 (1993), 1–28.

BURNETT, F. W., The Meaning of „Doubt" in Matthew 28:17. A Narrative-Critical Reading, in: S. H. Ringe/H. C. P. Kim (Hg.), Literary Encounters with the Reign of God, New York 2004, 168–176.

CAIROLI, M., La „poca fede" nel vangelo di Matteo. Uno studio esegetico-teologico (AnBib 156), Rom 2005.

Calvin, J., Unterricht in der christlichen Religion/Institutio Christianae religionis, nach der letzten Ausgabe übers. und bearbeitet von O. Weber, Neukirchen-Vluyn [2]1963.

CARAGOUNIS, C. C., The Development of Greek and the New Testament. Morphology, Syntax, Phonology, and Textual Transmission (WUNT 137), Tübingen 2004.

CARGAL, T. B., Restoring the Diaspora. Discursive Structure and Purpose in the Epistle of James (SBL.DS 144), Atlanta 1993.

CARLINI, A., La rappresentazione della ΠΙΣΤΙΣ personificata nella terza visione di Erma, Civiltà classica e cristiana 9 (1988), 85–94.

Monographien, Aufsätze, Wörterbuch- und Lexikonartikel 451

CARSON, D.A., Is Faith in Christ without Evidence Superior Faith? A Re-examination of John 20:29, in: I.H. Marshall/V. Rabens/C. Bennema (Hg.), The Spirit and Christ in the New Testament and Christian Theology. Essays in Honor of Max Turner, Grand Rapids 2012, 105–118.

CHADWICK, H., Rez. zu Niederwimmer, Didache, und Brox, Hirt des Hermas, in: JEH 47 (1996), 118–120.

CHADWICK, H., The Sentences of Sextus. A Contribution to the History of Early Christian Ethics (TaS 5), Cambridge 1959.

CHARLESWORTH, J.H., The Beloved Disciple. Whose Witness Validates the Gospel of John?, Valley Forge 1995.

CHARLESWORTH, J.H., The Odes of Solomon. The Syriac Texts Edited with Translation and Notes (SBL.TT 13/SBL.PS 7), Missoula 1977.

CHESTER, A., The Theology of James, in: A. Chester/R.P. Martin, The Theology of the Letters of James, Peter, and Jude, Cambridge 1994, 1–62.

CHEUNG, L.L., The Genre, Composition and Hermeneutics of James (Paternoster Biblical and Theological Monographs), Carlisle 2003.

CLARK-SOLES, J., Mary Magdalene. Beginning at the End, in: S.A. Hunt/D.F. Tolmie/R. Zimmermann (Hg.), Character Studies in the Fourth Gospel. Narrative Approaches to Seventy Figures in John (WUNT 314), Tübingen 2013, 626–640.

CLASSEN, W., Leben Jesu. Biblische Geschichte nach der neueren Forschung für Eltern und Lehrer, Hamburg ²1919.

COLLINS, R.F., Representative Figures of the Fourth Gospel (1976), in: ders., These Things Have Been Written. Studies on the Fourth Gospel, Leuven 1990, 1–45.

COLLINS, R.F., „Who Are You?" Comparison/Contrast and Fourth Gospel Characterization, in: C.W. Skinner (Hg.), Characters and Characterization in the Gospel of John (Library of New Testament Studies 461), London 2013, 79–95.

A Committee of the Oxford Society of Historical Theology, The New Testament in the Apostolic Fathers, Oxford 1905.

COSBY, M.R., The Rhetorical Composition and Function of Hebrews 11. In Light of Example Lists in Antiquity, Macon 1988.

COSGROVE, C.H., The Cross and the Spirit. A Study in the Argument and Theology of Galatians, Macon 1988.

COTTER, W., Greco-Roman Apotheosis Traditions and the Resurrection Appearances in Matthew, in: D.E. Aune (Hg.), The Gospel of Matthew in Current Study, Grand Rapids 2001, 127–153.

CRANFIELD, C.E.B., ΜΕΤΡΟΝ ΠΙΣΤΕΩΣ in Romans XII. 3, NTS 8 (1961/62), 345–351.

CROSSAN, J.D., Jesus. A Revolutionary Biography, San Francisco 1994).

CROWLEY, P.R., Doubting Thomas and the Matter of Embodiment on Early Christian Sarcophagi, Art History 41 (2018), 566–591.

CROY, N.C., Endurance in Suffering. Hebrews 12:1–13 in Its Rhetorical, Religious, and Philosophical Context (MSSNTS 98), Cambridge 1998.

CULPEPPER, R.A., Anatomy of the Fourth Gospel. A Study in Literary Design, Philadelphia 1983, 99–148.

CULPEPPER, R.A., The Weave of the Tapestry. Character and Theme in John, in: C.W. Skinner (Hg.), Characters and Characterization in the Gospel of John (Library of New Testament Studies 461), London 2013, 18–35.

CUMONT, F.V.M., Recherches sur le symbolisme funéraire des Romains (BAH 35), Paris 1942.

452 *Literaturverzeichnis*

DALFERTH, I. U., Selbstlose Leidenschaften. Christlicher Glaube und menschliche Passionen, Tübingen 2013.

DAMGAARD, F., Rewriting Peter as an Intertextual Character in the Canonical Gospels, New York 2016.

DANIÉLOU, J., Introduction, in: Jean Chrysostome, Sur l'incompréhensibilité de Dieu, Bd. 1: Homélies I–V, eingeleitet von J. Daniélou, griech. Text mit Anmerkungen von A.-M. Malingrey, übers. von R. Flacelière (SC 28), Paris ³2000, 9–62.

DANIÉLOU, J., Théologie du Judéo-Christianisme (Bibliothèque de théologie. Histoire des doctrines chrétiennes avant Nicée 1), Paris 1958.

DAUTZENBERG, G., Art. διακρίνω, EWNT 1 (³2011), 732–738.

DAUTZENBERG, G., Der Glaube im Hebräerbrief, BZ 17 (1973), 161–177.

DAVIDS, P. H., Palestinian Traditions in the Epistle of James, in: B. Chilton/C. A. Evans (Hg.), James the Just and Christian Origins (NT.S 98), Leiden 1999, 33–57.

DAWKINS, R., Der Gotteswahn, Berlin 2007.

DECONICK, A., Voices of the Mystics. Early Christian Discourse in the Gospels of John and Thomas and Other Ancient Christian Literature (JSNT.S 157), Sheffield 2001.

DEGRAAF, D., Some Doubts about Doubt. The New Testament Use of Διακρίνω, Journal of the Evangelical Theological Society 48 (2005), 733–755.

DEISSMANN, A., Adolf Deißmann, in: E. Stange (Hg.), Die Religionswissenschaft der Gegenwart in Selbstdarstellungen, Leipzig 1925, 42–78.

DEISSMANN, A., Bibelstudien. Beiträge, zumeist aus den Papyri und Inschriften, zur Geschichte der Sprache, des Schrifttums und der Religion des hellenistischen Judentums und des Urchristentums, Marburg 1895.

DEISSMANN, A., Licht vom Osten. Das Neue Testament und die neuentdeckten Texte der hellenistisch-römischen Welt, Tübingen ⁴1923.

DEISSMANN, A., Neue Bibelstudien. Sprachgeschichtliche Beiträge, zumeist aus den Papyri und Inschriften, zur Erklärung des Neuen Testaments, Marburg 1897.

DEISSMANN, A., Paulus. Eine kultur- und religionsgeschichtliche Skizze, Tübingen ²1925.

DEISSMANN, A., Rez. zu F. Blass, Grammatik des Neutestamentlichen Griechisch, Göttingen 1896, in: GGA 160 (1898), 120–124.

DEPPE, D. B., The Sayings of Jesus in the Epistle of James (D.Th. Diss., Vrije Universiteit Amsterdam), Ann Arbor 1989.

DERRETT, J. D. M., Why and How Jesus Walked on the Sea, NT 23 (1981), 330–348.

DERRIDA, J., Platons Pharmazie (1968), in: ders., Dissemination, übers. von H.-D. Gondek, Wien 1995, 69–190.

Descartes, R., Meditationes de prima philosophia. Lateinisch-Deutsch, hg. und übers. von C. Wohlers (PhB 597), Hamburg 2008.

Descartes, R., Philosophische Werke, Bd. 1: Abhandlung über die Methode, übers. von A. Buchenau (PhB 26), Leipzig 1905.

DESILVA, D. A., Despising Shame. Honor Discourse and Community Maintenance in the Epistle to the Hebrews (SBL.DS 152), Atlanta 1995.

DESILVA, D. A., Perseverance in Gratitude. A Socio-Rhetorical Commentary on the Epistle „to the Hebrews", Grand Rapids 2000.

DEVILLERS, L., Thomas, appelé Didyme (Jn 11,16 ; 20,24 ; 21,2). Pour une nouvelle approche du prétendu jumeau, RB 113 (2006), 65–77.

DIBELIUS, M., ΕΠΙΓΝΩΣΙΣ ΑΛΗΘΕΙΑΣ, in: ders., Botschaft und Geschichte. Gesammelte Aufsätze, Bd. 2, Tübingen 1956, 1–13.

DIBELIUS, M., Die Formgeschichte des Evangeliums, Tübingen ²1933.

Monographien, Aufsätze, Wörterbuch- und Lexikonartikel

DIBELIUS, M., Der himmlische Kultus nach dem Hebräerbrief, in: ders., Botschaft und Geschichte. Gesammelte Aufsätze, Bd. 2, Tübingen 1956, 160–176.

DIETZFELBINGER, C., Johanneischer Osterglaube (ThSt 138), Zürich 1992.

DILTHEY, W., Gesammelte Schriften, Bd. 14: Leben Schleiermachers, Bd. 2: Schleiermachers System als Philosophie und Theologie, Teilbd. 2: Schleiermachers System als Theologie, hg. von M. Redeker, Berlin 1966.

DOBBELER, A. VON, Glaube als Teilhabe. Historische und semantische Grundlagen der paulinischen Theologie und Ekklesiologie des Glaubens (WUNT 2/22), Tübingen 1987.

DOBSCHÜTZ, E. VON, Rationales und irrationales Denken über Gott im Urchristentum. Eine Studie besonders zum Hebräerbrief, ThStKr 95 (1923/24), 235–255.

DODD, C. H., The Interpretation of the Fourth Gospel, Cambridge 1953.

DONFRIED, K. P., The Setting of Second Clement in Early Christianity (NT.S 38), Leiden 1974.

DORMAN, A., Abraham's Happiness and Faith in the Book of Jubilees, in: J. Frey/ B. Schliesser/N. Ueberschaer (Hg.), Glaube. Das Verständnis des Glaubens im frühen Christentum und in seiner jüdischen und hellenistisch-römischen Umwelt (WUNT 373), Tübingen 2017, 143–158.

DÖRRIE, H., Hypostasis. Wort- und Bedeutungsgeschichte (1955), in: ders., Platonica Minora (STA 8), München 1976, 13–69.

DÖRRIE, H., Zu Hbr 11,1, ZNW 46 (1955), 196–202.

DRECOLL, V. H./KUDELLA, M., Augustin und der Manichäismus, Tübingen 2011.

DRIJVERS, H. J. W., Odes of Solomon and Psalms of Mani. Christians and Manichaeans in Third-Century Syria, in: ders., East of Antioch. Studies in Early Syriac Christianity, London 1984, 117–130.

DSCHULNIGG, P., Gestalt und Funktion des Petrus im Matthäusevangelium, SNTU 14 (1989), 161–183.

DSCHULNIGG, P., Jesus begegnen. Personen und ihre Bedeutung im Johannesevangelium, Münster ²2002.

DSCHULNIGG, P., Petrus im Neuen Testament, Stuttgart 1996.

DU TOIT, D. S., Der verhinderte Lexikograph. Adolf Deissmanns Beitrag zur Lexikographie des Griechisch des frühen Christentums, in: C. Breytenbach/C. Markschies (Hg.), Adolf Deissmann. Ein (zu Unrecht) fast vergessener Theologe und Philologe (NT.S 174), Leiden 2019, 41–65.

DUNDERBERG, I., The Beloved Disciple in Conflict? Revisiting the Gospels of John and Thomas, Oxford 2006.

DUNN, J. D. G., Christianity in the Making, Bd. 1: Jesus Remembered, Grand Rapids 2003.

DUNN, J. D. G., Christianity in the Making, Bd. 2: Beginning from Jerusalem, Grand Rapids 2009.

DUNN, J. D. G., Jesus and the Spirit. A Study of the Religious and Charismatic Experience of Jesus and the First Christians as Reflected in the New Testament, London 1975.

DUNN, J. D. G., The Theology of Paul the Apostle, Grand Rapids 1998.

DUNNILL, J., Covenant and Sacrifice in the Letter to the Hebrews (MSSNTS 75), Cambridge 1992.

DUTOIT, J., Jātakam. Das Buch der Erzählungen aus früheren Existenzen, Bd. 2, Leipzig 1909.

DWYER, T., The Motif of Wonder in the Gospel of Mark (JSNT.S 128), Sheffield 1996.

EASTER, M. C., Faith and the Faithfulness of Jesus in Hebrews (MSSNTS 160), New York 2014.

454   *Literaturverzeichnis*

EBELING, G., Die Frage nach dem historischen Jesus und das Problem der Christologie (1959), in: ders., Wort und Glaube, Bd. 1, Tübingen 1960, 300–318.

EBELING, G., Gewißheit und Zweifel. Die Situation des Glaubens im Zeitalter nach Luther und Descartes (1967), in: ders., Wort und Glaube, Bd. 2: Beiträge zur Fundamentaltheologie und zur Lehre von Gott, Tübingen 1969, 138–183.

EBELING, G., Jesus und Glaube (1958), in: ders., Wort und Glaube, Bd. 1, Tübingen 1960, 203–254.

EBELING, G., Theologie und Verkündigung. Ein Gespräch mit Rudolf Bultmann, Tübingen ²1963.

EBELING, G., Was heißt Glauben? (1958), in: ders., Wort und Glaube, Bd. 3: Beiträge zur Fundamentaltheologie, Soteriologie und Ekklesiologie, Tübingen 1975, 225–235.

EBELING, G., Das Wesen des christlichen Glaubens, Tübingen 1959.

EBNER, M., Neutestamentliche Wunder- und Erscheinungsgeschichten auf dem Prüfstand skeptischer Kritik, in: Lukian von Samosata, Die Lügenfreunde, oder der Ungläubige, eingeleitet, übers. und mit interpretierenden Essays versehen von M. Ebner, H. Gzella, H.-G. Nesselrath, E. Ribbath (SAPERE 3), Darmstadt ²2002, 167–182.

EBNER, M., Die Stadt als Lebensraum der ersten Christen (Grundrisse zum Neuen Testament. Das Neue Testament Deutsch – Ergänzungsreihe, 1/1), Göttingen 2012.

ECKERMANN, J. P., Gespräche mit Goethe in den letzten Jahren seines Lebens, hg. von F. Bergemann, Wiesbaden 1955.

ECO, U., Lector in fabula. Die Mitarbeit der Interpretation in erzählenden Texten, übers. von H.-G. Held, München 1987.

EDELMANN-SINGER, B./NICKLAS, T./SPITTLER, J. E./WALT, L. (Hg.), Sceptic and Believer in Ancient Mediterranean Religions (WUNT 443), Tübingen 2020.

EDGAR, D. H., Has God Not Chosen the Poor? The Social Setting of the Epistle of James (JSNT.S 206), Sheffield 2001.

EDWARDS, J. R., The Hebrew Gospel and the Development of the Synoptic Tradition, Grand Rapids 2009.

EDWARDS, R. W., Uncertain Faith. Matthew's Portrait of the Disciples, in: F. F. Segovia (Hg.), Discipleship in the New Testament, Philadelphia 1985, 47–61.

EGO, B., Abraham als Urbild der Toratreue Israels, in: F. Avemarie/H. Lichtenberger (Hg.), Bund und Tora. Zur theologischen Begriffsgeschichte in alttestamentlicher, frühjüdischer und urchristlicher Tradition (WUNT 92), Tübingen 1996, 25–40.

EHRMAN, B. D., Forgery and Counter-forgery. The Use of Literary Deceit in Early Christian Polemics, Oxford 2012.

EISELE, W., Anmerkungen zu den Texten, in: Die Sextussprüche und ihre Verwandten, eingeleitet, übers. und mit interpretierenden Essays versehen von W. Eisele, Y. Arzhanov, M. Durst und T. Pitour (SAPERE 26), Tübingen 2015, 193–288.

EISELE, W., Sextus und seine Verwandten. Eine Kompositions- und Textgeschichte anhand der Editionen, in: Die Sextussprüche und ihre Verwandten, eingeleitet, übers. und mit interpretierenden Essays versehen von W. Eisele, Y. Arzhanov, M. Durst und T. Pitour (SAPERE 26), Tübingen 2015, 291–314.

EISELE, W., Ein unerschütterliches Reich. Die mittelplatonische Umformung des Parusiegedankens im Hebräerbrief (BZNW 116), Berlin 2003.

EISELE, W., Der Weise wird zum Gläubigen. Die Christianisierung der Kleitarchossprüche durch Sextus, in: Die Sextussprüche und ihre Verwandten, eingeleitet, übers. und mit interpretierenden Essays versehen von W. Eisele, Y. Arzhanov, M. Durst und T. Pitour (SAPERE 26), Tübingen 2015, 333–352.

EISENBAUM, P. M., The Jewish Heroes of Christian History. Hebrews 11 in Literary Context (SBL.DS 156), Atlanta 1997.

ELLIOTT, J. H., Rez. zu Meeks, First Urban Christians, in: Religious Studies Review 11 (1985), 329–335.

ELLIOTT, J. H., The Epistle of James in Rhetorical and Social Scientific Perspective. Holiness-Wholeness and Patterns of Replication, BTB 23 (1993), 71–81.

ELLIOTT, M. A., Faithful Feelings. Rethinking Emotion in the New Testament, Leicester 2005.

ELLIS, I. P., „But Some Doubted", NTS 14 (1967/68), 574–580.

ELLIS, N., The Hermeneutics of Divine Testing. Cosmic Trials and Biblical Interpretation in the Epistle of James and Other Jewish Literature (WUNT 2/396), Tübingen 2015.

EMMENEGGER, G., Reflections on Salome's Manual Inspection of Mary, in: J. N. Bremmer u. a. (Hg.), The Protevangelium of James (Studies on Early Christian Apocrypha 16), Leuven 2020, 159–176.

ENGBERG-PEDERSEN, T., „Everything is Clean" and „Everything that is not of Faith is Sin". The Logic of Pauline Casuistry in Romans 14.1–15.13, in: P. Middleton/A. Paddison/K. Wenell (Hg.), Paul, Grace and Freedom. Essays in Honour of John K. Riches, London 2009, 22–38.

ERLEMANN, K., Wunder. Theorie – Auslegung – Didaktik (UTB 45657), Tübingen 2021.

Ernesti, J. A., Institutio interpretis Novi Testamenti ad usus lectionum, Leipzig 1765.

ERTZ, T.-P., Regel und Witz. Wittgensteinsche Perspektiven auf Mathematik, Sprache und Moral (QSP 88), Berlin 2008.

ESTES, D., The Questions of Jesus in John. Logic, Rhetoric and Persuasive Discourse (Bibl. Interpr.S 115), Leiden 2013.

EURELL, J.-D., The Epistle of James as a Reception of Paul. Rehabilitating an Epistle of Straw, SJTh 73 (2020), 216–224.

EWEN, J., The Theory of Character in Narrative Fiction (in Hebrew), Hasifrut 3 (1971), 1–30.

FARELLY, N., The Disciples in the Fourth Gospel. A Narrative Analysis of Their Faith and Understanding (WUNT 2/290), Tübingen 2010.

FARMER, C. S., The Gospel of John in the Sixteenth Century. The Johannine Exegesis of Wolfgang Musculus, Oxford 1997.

FEHRIBACH, A., The Women in the Life of the Bridegroom. A Feminist Historical-Literary Analysis of the Female Characters in the Fourth Gospel, Collegeville 1998.

FELD, H., Einleitung, in: Iohannis Calvini opera exegetica, Bd. 11: In Evangelium secundum Johannem commentarius, Teil 1, Genf 1997, XI–XXXVII.

FELDMEIER, R./SPIECKERMANN, H., Der Gott der Lebendigen. Eine biblische Gotteslehre (Topoi Biblischer Theologie 1), Tübingen 2011.

FEUERBACH, L., Sämmtliche Werke, hg. von W. Bolin/F. Jodl, 13 Bde., Stuttgart 1904.

FLANAGAN, S., Doubt in an Age of Faith. Uncertainty in the Long Twelfth Century (Disputatio 17), Turnhout 2008.

FLANAGAN, S., Lexicographic and Syntactic Explorations of Doubt in Twelfth-Century Latin Texts, Journal of Medieval History 27 (2001), 219–240.

FORTNA, R. T., The Fourth Gospel and Its Predecessor, Philadelphia 1988.

FOSTER, P., The Text of the New Testament in the Apostolic Fathers, in: C. E. Hill/M. J. Kruger (Hg.), The Early Text of the New Testament, Oxford 2012, 282–301.

456   *Literaturverzeichnis*

FOSTER, P., The Text of the New Testament in the Apostolic Fathers, in: M.F. Bird/ S. Harrower (Hg.), The Cambridge Companion to the Apostolic Fathers, Cambridge 2021, 92–118.

FRANKEMÖLLE, H., Gesetz im Jakobusbrief. Zur Tradition, kontextuellen Verwendung und Rezeption eines belasteten Begriffes, in: K. Kertelge (Hg.), Das Gesetz im Neuen Testament (QD 108), Freiburg i. Br. 1986, 175–221.

FRANKEMÖLLE, H., Gespalten oder ganz. Zur Pragmatik der theologischen Anthropologie des Jakobusbriefes, in: H.-U. von Brachel/N. Mette (Hg.), Kommunikation und Solidarität, Freiburg i. Br. 1985, 160–178.

FRANKEMÖLLE, H., Das semantische Netz des Jakobusbriefes. Zur Einheit eines umstrittenen Briefes, BZ 34 (1990), 161–197.

FRANZMANN, M., The Odes of Solomon. An Analysis of the Poetical Structure and Form (NTOA 20), Fribourg/Göttingen 1991.

FRAZIER, F., Philosophie et religion dans la pensée de Plutarque. Quelques réflexions autour des emplois du mot πίστις, Études platoniciennes 5 (2008), 41–61.

FREND, W. H. C., The Rise of the Monophysite Movement, Cambridge 1972.

FREY, J., Apocalyptic Dualism, in: J. J. Collins (Hg.), The Oxford Handbook of Apocalyptic Literature, New York 2014, 271–294.

FREY, J., „Apokryphisierung" im Petrusevangelium. Überlegungen zum Ort des Petrusevangeliums in der Entwicklung der Evangelienüberlieferung, in: J. Schröter (Hg.), The Apocryphal Gospels within the Context of Early Christian Theology (BEThL 260), Leuven 2013, 157–195.

FREY, J., Fire and Water? Apocalyptic Imagination and Hellenistic Worldview in 2 Peter, in: J. Baden/H. Najman/E. Tigchelaar (Hg.), Sibyls, Scriptures, and Scrolls. John Collins at Seventy, Bd. 1 (JSJ.S 175/1), Leiden 2016, 451–471.

FREY, J., Die Fragmente judenchristlicher Evangelien. Einleitung, in: C. Markschies/ J. Schröter (Hg.), Antike christliche Apokryphen in deutscher Übersetzung, Bd. 1: Evangelien und Verwandtes, Tübingen 2012, 560–592.

FREY, J., Grundfragen der Johannesinterpretation im Spektrum neuerer Gesamtdarstellungen, ThLZ 133 (2008), 743–760.

FREY, J., „Ich habe den Herrn gesehen" (Joh 20,18). Entstehung, Inhalt und Vermittlung des Osterglaubens nach Johannes 20, in: A. Dettwiler/U. Poplutz (Hg.), Studien zu Matthäus und Johannes/Études sur Matthieu et Jean. Festschrift für Jean Zumstein zu seinem 65. Geburtstag (AThANT 97), Zürich 2009, 267–284.

FREY, J., Leiblichkeit und Auferstehung im Johannesevangelium (2009), in: ders., Die Herrlichkeit des Gekreuzigten. Studien zu den Johanneischen Schriften I, hg. von J. Schlegel (WUNT 307), Tübingen 2013, 699–738.

FREY, J., Licht aus den Höhlen? Der „johanneisches Dualismus" und die Texte von Qumran (2004), in: ders., Die Herrlichkeit des Gekreuzigten. Studien zu den Johanneischer Schriften I, hg. von J. Schlegel (WUNT 307), Tübingen 2013, 147–237.

FREY, J., The Notion of the Spirit in the Dead Sea Scrolls and in Texts of the Early Jesus Movement, in: R. A. Clements/M. Kister/M. Segal (Hg.), The Religious Worldview Reflected in the Dead Sea Scrolls (StTDJ 127), Leiden 2018, 83–102.

FREY, J., Second Peter in New Perspective, in: J. Frey/M. den Dulk/J.G. van der Wat (Hg.), 2 Peter and the Apocalypse of Peter. Towards a New Perspective (BIS 174), Leiden 2019, 7–74.

Monographien, Aufsätze, Wörterbuch- und Lexikonartikel 457

FREY, J., Die „theologia crucifixi" des Johannesevangeliums (2002), in: ders., Die Herrlichkeit des Gekreuzigten. Studien zu den Johanneischen Schriften I, hg. von J. Schlegel (WUNT 307), Tübingen 2013, 485–554.

FREY, J., Das Vierte Evangelium auf dem Hintergrund der älteren Evangelientradition. Zum Problem: Johannes und die Synoptiker (2003), in: ders., Die Herrlichkeit des Gekreuzigten. Studien zu den johanneischen Schriften I, hg. von J. Schlegel (WUNT 307), Tübingen 2013, 239–294.

FREY, J., Wege und Perspektiven der Johannesauslegung. Überlegungen auf dem Weg zu einem Kommentar, in: ders., Die Herrlichkeit des Gekreuzigten. Studien zu den Johanneischen Schriften I, hg. von J. Schlegel (WUNT 307), Tübingen 2013, 3–41.

FREY, J., Zu Hintergrund und Funktion des johanneischen Dualismus (2006), in: ders., Die Herrlichkeit des Gekreuzigten. Studien zu den Johanneischen Schriften I, hg. von J. Schlegel (WUNT 307), Tübingen 2013, 409–482.

FREY, J., Der „zweifelnde" Thomas (Joh 20,24–29) im Spiegel seiner Rezeptionsgeschichte, Hermeneutische Blätter 1 (2011), 5–32.

FREY, J./POPLUTZ, U., Narrativität und Theologie im Johannesevangelium, in: dies. (Hg.), Narrativität und Theologie im Johannesevangelium (BThSt 130), Neukirchen-Vluyn 2012, 1–18.

FREY, J./SCHLIESSER, B./UEBERSCHAER, N. (Hg.), Glaube. Das Verständnis des Glaubens im frühen Christentum und in seiner jüdischen und hellenistisch-römischen Umwelt (WUNT 373), Tübingen 2017.

FREY, J./SCHRÖTER, J., Jesus in apokryphen Evangelienüberlieferungen. Zur Einführung in Thema und Konzeption des vorliegenden Bandes, in: dies. (Hg.), Jesus in apokryphen Evangelienüberlieferungen. Beiträge zu außerkanonischen Jesusüberlieferungen aus verschiedenen Sprach- und Kulturtraditionen (WUNT 254), Tübingen 2010, 3–30.

FUNK, R. W., and the Jesus Seminar, The Acts of Jesus. The Search for the Authentic Deeds of Jesus, New York 1998.

FUNKE, G./REINER, H., Art. Ethos, HWP 2 (1972), 812–815.

GÄCKLE, V., Die Starken und die Schwachen in Korinth und in Rom. Zu Herkunft und Funktion der Antithese in 1 Kor 8,1–11,1 und in Röm 14,1–15,13 (WUNT 2/200), Tübingen 2005.

GAGNON, R.A.J., Why the „Weak" at Rome Cannot Be Non-Christian Jews, CBQ 62 (2000), 64–82.

GANOCZY, A./MÜLLER, K., Calvins handschriftliche Annotationen zu Chrysostomus. Ein Beitrag zur Hermeneutik Calvins (VIEG 102), Wiesbaden 1981.

GANTENBEIN, F., Epistula Apostolorum (The Epistle of the Apostles), in: C. Edwards (Hg.), Early New Testament Apocrypha and Pseudepigrapha (Ancient Literature for New Testament Studies 9), Grand Rapids 2022, 395–415.

GARBE, R., Indien und das Christentum. Eine Untersuchung der religionsgeschichtlichen Zusammenhänge, Tübingen 1914.

GARDNER, W. W., Modern Dancing. In the Light of Scripture and Facts, New York 1893.

GAVENTA, B. R., Reading for the Subject. The Paradox of Power in Romans 14:1–15:6, Journal of Theological Interpretation 5 (2011), 1–11.

GEBHARDT, W., Einleitung. Grundlinien der Entwicklung des Charisma-Konzeptes in den Sozialwissenschaften, in: W. Gebhardt/A. Zingerle/M. N. Ebertz (Hg.), Charisma. Theorie – Religion – Politik (Materiale Soziologie 3), Berlin 1993, 1–12.

458 *Literaturverzeichnis*

GELARDINI, G., Rhetorical Criticism in Hebrews Scholarship. Avenues and Aporias, in: A. B. McGowan/K. H. Richards (Hg.), Method and Meaning. Essays on New Testament Interpretation in Honor of Harold W. Attridge (SBL.RBS 67), Atlanta 2011, 213–236.

GEMÜNDEN, P. VON, Affekt und Glaube. Studien zur Historischen Psychologie des Frühjudentums und Urchristentums (NTOA 73), Fribourg/Göttingen 2009.

GEMÜNDEN, P. VON, Affekte in den synoptischen Evangelien. Die Bedeutung der literarischen Gattung für die Darstellung von Zorn, Begierde, Furcht/Angst und Neid, in: P. von Gemünden/D. Horrell/M. Küchler (Hg.), Jesus – Gestalt und Gestaltungen. Rezeptionen des Galiläers in Wissenschaft, Kirche und Gesellschaft. Festschrift für Gerd Theißen zum 70. Geburtstag (NTOA 100), Fribourg/Göttingen 2013, 255–284.

GEMÜNDEN, P. VON/ KONRADT, M./THEISSEN, G. (Hg.), Der Jakobusbrief. Beiträge zur Rehabilitierung der „strohernen Epistel" (Beiträge zum Verstehen der Bibel 3), Münster 2003.

GERBER, A., Deissmann the Philologist (BZNW 171), Berlin 2010.

GERTNER, M., Midrashim in the New Testament, JSSt 7 (1962), 267–292.

GEYER, D. W., Fear, Anomaly, and Uncertainty in the Gospel of Mark (ATLA Monograph Series 47), Lanham 2002.

GIBLIN, C. H., A Note on Doubt and Reassurance in Mt 28,16–20, CBQ 37 (1975), 68–75.

GIBSON, J. J., Peter between Jerusalem and Antioch. Peter, James, and the Gentiles (WUNT 2/345), Tübingen 2013.

GILMOUR, C., Religious Vacillation and Indecision. Doublemindedness as the Opposite of Faith. A Study on Dipsychos and Its Cognates in the Shepherd of Hermas and Other Early Christian Literature, Prudentia 16 (1984), 33–42.

GLANCY, J., Corporal Knowledge. Early Christian Bodies, Oxford 2010.

GLÖCKNER, M., Bildhafte Sprache im Jakobusbrief. Form, Inhalt und Er-schließungspotential der metaphorischen Rede einer frühchristlichen Schrift (ABG 69), Leipzig 2021.

GOLDHAHN-MÜLLER, I., Die Grenze der Gemeinde. Studien zum Problem der Zweiten Buße im Neuen Testament unter Berücksichtigung der Entwicklung im 2. Jh. bis Tertullian (GTA 39), Göttingen 1989.

GOODACRE, M. S., The Case against Q. Studies in Markan Priority and the Synoptic Problem, Harrisburg 2002.

GOPPELT, L., Theologie des Neuen Testaments, hg. von J. Roloff (UTB 850), Göttingen ³1978.

GORMAN, H. M., Persuading through „Pathos". Appeals to the Emotions in Hebrews, RestQ 54 (2012), 77–90.

GOULDER, M. D., Luke. A New Paradigm, Bd. 1 (JSNT.S 20), Sheffield 1989.

GRAFFIGNA, P., The Stability of Perfection. The Image of the Scales in Philo of Alexandria, in: F. Calabi (Hg.), Italian Studies on Philo of Alexandria, Leiden 2003, 131–146.

GRANT, R. M., Miracles and Natural Law in Graeco-Roman and Early Christian Thought, Amsterdam 1952.

GRÄSSER, E., Der Glaube im Hebräerbrief (MThSt 2), Marburg 1965.

GRÄSSER, E., Der Hebräerbrief 1938–1963, ThR 30 (1964), 138–236.

GRAYSTON, K., The Translation of Matthew 28.17, JSNT 21 (1984), 105–109.

GREGORY, A. F., The Reception of Luke and Acts in the Period before Irenaeus. Looking for Luke in the Second Century (WUNT 2/169), Tübingen 2003.

GREGORY, A. F./TUCKETT, C. M. (Hg.), The Reception of the New Testament in the Apostolic Fathers, Oxford 2005.

Monographien, Aufsätze, Wörterbuch- und Lexikonartikel 459

GROHMANN, M., Biblical and Rabbinic Ideas of Female Semen? An Intertextual Reading of Lev 12,2, SJOT 24 (2010), 39–52.

GRUBER, M., Berührendes Sehen. Zur Legitimation der Zeichenforderung des Thomas (Joh 20,24–31), BZ 51 (2007), 61–83.

GRUNDEKEN, M., Community Building in the Shepherd of Hermas. A Critical Study of Some Key Aspects (VigC.S 131), Leiden 2015.

GRÜNSTÄUDL, W., Epilog, Ouvertüre oder Intermezzo? Zur ursprünglichen Funktion von 2 Clem 19,1–20,2, Early Christianity 4 (2013), 242–260.

GRÜNSTÄUDL, W., Petrus Alexandrinus. Studien zum historischen und theologischen Ort des zweiten Petrusbriefes (WUNT 2/353), Tübingen 2014.

GUNDRY, J., Children in the Gospel of Mark, with Special Attention to Jesus' Blessing of the Children (Mark 10:13–16) and the Purpose of Mark, in: M. J. Bunge/T. E. Fretheim/ B. R. Gaventa (Hg.), The Child in the Bible, Grand Rapids 2008, 143–176.

GUNDRY, R. H., Peter. False Disciple and Apostate according to Saint Matthew, Grand Rapids 2015.

GUPTA, N., Paul and the Language of Faith, Grand Rapids 2020.

GYLLENBERG, R., Die Christologie des Hebräerbriefes, ZSTh 11 (1934), 662–690.

GZELLA, H./EBNER, M., Anmerkungen, in: Lukian von Samosata, Die Lügenfreunde, oder der Ungläubige, eingeleitet, übers. und mit interpretierenden Essays versehen von M. Ebner, H. Gzella, H.-G. Nesselrath, E. Ribbath (SAPERE 3), Darmstadt ²2002, 111–134.

HAACKER, K., Art. Glaube II/3. Neues Testament, TRE 13 (1984), 277–304.

HACKER, P. M. S., Einsicht und Täuschung, Frankfurt a. M. 1978.

HAGNER, D. A., The Use of the Old and New Testament in Clement of Rome (NT.S 34), Leiden 1973.

HAHN, F., Der Sendungsauftrag des Auferstandenen: Matthäus 28,16–20, in: T. Sundermeier (Hg.), Fides pro mundi vita. Missionstheologie heute. Hans-Werner Gensichen zum 65. Geburtstag (MWF 14), Gütersloh 1980, 28–43.

HAHN, F., Theologie des Neuen Testaments, 2 Bde., Tübingen ³2011.

HAHN, F., Das Verständnis des Glaubens im Markusevangelium, in: F. Hahn/H. Klein (Hg.), Glaube im Neuen Testament. Studien zu Ehren von Hermann Binder anläßlich seines 70. Geburtstages (BThSt 7), Neukirchen-Vluyn 1982, 43–67.

HAHN, F./MÜLLER, P. Der Jakobusbrief, ThR 63 (1998), 1–73.

HALPERN-AMARU, B., Joy as Piety in the „Book of Jubilees", JJS 56 (2005), 185–205.

HANNAH, D. D., The Four-Gospel „Canon" in the *Epistula Apostolorum*, JThS 59 (2008), 598–633.

HARNACK, A. VON, Bruchstücke des Evangeliums und der Apokalypse des Petrus (TU 9/ 2), Leipzig ²1893.

HARNACK, A. VON, Ein jüdisch-christliches Psalmbuch aus dem ersten Jahrhundert, aus dem Syrischen übers. von J. Flemming, bearbeitet und hg. von A. von Harnack (TU 35/ 4), Leipzig 1910.

HARNACK, A. VON, Lehre der zwölf Apostel nebst Untersuchungen zur ältesten Geschichte der Kirchenverfassung und des Kirchenrechts (TU 2/1–2), Leipzig 1886.HARNACK, A. VON, Das Schreiben der römischen Kirche an die korinthische aus der Zeit Domitians (I. Clemensbrief) (1929), in: C. Breytenbach/L. L. Welborn (Hg.), Encounters with Hellenism. Studies on the First Letter of Clement (AGJU 53), Leiden 2004, 1–103.

HARNACK, A. VON, Das Urchristentum und die sozialen Fragen (1908), in: ders., Aus Wissenschaft und Leben, Bd. 2, Gießen 1911, 253–273.

HARRIS, J. R., The Odes and Psalms of Solomon, Cambridge 1909.

HARRIS, J. R./MINGANA, A., The Odes and Psalms of Solomon, Bd. 2: The Translation with Introduction and Notes, Manchester 1920.

HARRISVILLE III, R. A., The Faith of St. Paul. Transformative Gift of Divine Power, Eugene 2019.

HARSTINE, S., Un-Doubting Thomas: Recognition Scenes in the Ancient World, PRSt 33 (2006), 435–447.

HARTENSTEIN, J., Charakterisierung im Dialog. Maria Magdalena, Petrus, Thomas und die Mutter Jesu im Johannesevangelium im Kontext anderer frühchristlicher Darstellungen (NTOA 64), Fribourg/Göttingen 2007.

HARTENSTEIN, J., Jenseits der Komfortzone (Jesu Erscheinen auf dem See) – Mt 14,22–33, in: R. Zimmermann (Hg.), Kompendium der frühchristlichen Wundererzählungen, Bd. 1: Die Wunder Jesu, Gütersloh 2013, 454–464.

HARTIN, P. J., Ethics in the Letter of James, the Gospel of Matthew, and the Didache. Their Place in Early Christian Literature, in: H. W. M. van de Sandt/J. K. Zangenberg (Hg.), Matthew, James, and Didache. Three Related Documents in Their Jewish and Christian Settings (SBL.SymS 45), Atlanta 2008, 289–314.

HARTIN, P. J., James and the „Q" Sayings of Jesus (JSNT.S 47), Sheffield 1991.

HARTIN, P. J., A Spirituality of Perfection. Faith in Action in the Letter of James, Collegeville 1999.

HASE, K., Das Leben Jesu. Lehrbuch zunächst für akademische Vorlesungen, Leipzig [5]1865.

HASERT, C. A., Die Evangelien, ihr Geist, ihre Verfasser und ihr Verhältniß zu einander. Ein Beitrag zur Lösung der kritischen Fragen über die Entstehung derselben, Leipzig 1845.

HAY, D. M., *Pistis* as „Ground for Faith" in Hellenized Judaism and Paul, JBL 108 (1989), 461–476.

HAYS, R. B., The Faith of Jesus Christ. The Narrative Substructure of Galatians 3:1–4:11, Grand Rapids [2]2002.

HAYS, R. B., Echoes of Scripture in the Gospels, Waco 2016.

HECKEL, T. K., Die Historisierung der johanneischen Theologie im Ersten Johannesbrief, NTS 50 (2004), 425–443.

HECKEL, T. K., Vom Evangelium des Markus zum viergestaltigen Evangelium (WUNT 120), Tübingen 1999.

HEIDEL, A.-C., Das glaubende Gottesvolk. Der Hebräerbrief in israeltheologischer Perspektive (WUNT 2/540), Tübingen 2020.

HEIL, J. P., Walking on the Sea. Meaning and Gospel Functions of Matt 14:22–33, Mark 6:45–52 and John 6:15b–21 (AnBib 87), Rom 1981.

HEILIG, C., Paulus als Erzähler? Eine narratologische Perspektive auf die Paulusbriefe (BZNW 237), Berlin 2020.

HEININGER, B., Vom Konflikt um die Küche zum Rezept für die Gemeinde. Die Vegetarismusdebatte Röm 14,1–23 in „neuer Perspektive", in: ders., Die Inkulturation des Christentums. Aufsätze und Studien zum Neuen Testament und seiner Umwelt (WUNT 255), Tübingen 2010, 89–132.

HEITMÜLLER, W., Taufe und Abendmahl bei Paulus. Darstellung und religionsgeschichtliche Beleuchtung, Göttingen 1903.

Monographien, Aufsätze, Wörterbuch- und Lexikonartikel

HELD, H. J., Matthäus als Interpret der Wundergeschichten, in: G. Bornkamm/G. Barth/ H. J. Held, Überlieferung und Auslegung im Matthäusevangelium (WMANT 1), Neukirchen-Vluyn ⁷1975, 155–287.

HEMPEL, C., The Teaching on the Two Spirits and the Literary Development of the Rule of the Community, in: G. Xeravits (Hg.), Dualism in Qumran (Library of Second Temple Studies 76), London 2010, 102–120.

HENDERSON, I. H., Mark's Gospel and the Pre-History of Individuation, in: J. Rüpke (Hg.), Religious Individuation in the Ancient Mediterranean, Oxford 2013, 269–297.

HENGEL, M., Die ersten nichtchristlichen Leser der Evangelien (2004), in: ders., Kleine Schriften, Bd. 5: Jesus und die Evangelien (WUNT 211), Tübingen 2007, 702–725.

HENGEL, M., Jakobus der Herrenbruder – der erste „Papst"? (1985), in: ders., Kleine Schriften, Bd. 3: Paulus und Jakobus (WUNT 141), Tübingen 2002, 549–582.

HENGEL, M., Der Jakobusbrief als antipaulinische Polemik (1987), in: ders., Kleine Schriften, Bd. 3: Paulus und Jakobus (WUNT 141), Tübingen 2002, 520–548.

HENGEL, M., Der unterschätzte Petrus, Tübingen ²2007.

HENGEL, M., Der vorchristliche Paulus, in: M. Hengel/U. Heckel (Hg.), Paulus und das antike Judentum (WUNT 58), Tübingen 1991, 177–293.

HENGEL M./HENGEL, R., Die Heilungen Jesu und medizinisches Denken (1980), in: M. Hengel, Kleine Schriften, Bd. 5: Jesus und die Evangelien (WUNT 211), Tübingen ²2016, 1–27.

HENGEL, M./SCHWEMER, A. M., Geschichte des frühen Christentums, Bd. 1: Jesus und das Judentum, Tübingen 2007.

HERMANNI, F., Metaphysik. Versuche über letzte Fragen (Collegium metaphysicum 1), Tübingen 2011.

HIEBERT, D. E., The Unifying Theme of the Epistle of James, BS 135 (1978), 221–231.

HILGENFELD, A., Rez. zu Beyschlag, Der Jakobusbrief als urchristliches Geschichtsdenkmal, in: ZWTh 17 (1874), 282–285.

HILL, C. E., The Johannine Corpus in the Early Church, Oxford 2004.

HILL, C. E., Ignatius, „the Gospel", and the Gospels, in: A. F. Gregory/C. M. Tuckett (Hg.), Trajectories through the New Testament and the Apostolic Fathers, Oxford 2005, 267–285.

HILLER, D., Das Ich des Glaubens. Theologische Überlegungen zur Kategorie der Subjektivität im Anschluß an Paul Ricœur, in: P. Stoellger/I. U. Dalferth (Hg.), Krisen der Subjektivität. Problemfelder eines strittigen Paradigmas (Religion in Philosophy and Theology 18), Tübingen 2005, 241–259.

HIRSCH-LUIPOLD, R., Gott wahrnehmen. Die Sinne im Johannesevangelium (Ratio Religionis Studien 4), Tübingen 2017.

HIRSCH-LUIPOLD, R., Religiöse Tradition und individueller Glaube. Πίστις und πιστεύειν bei Plutarch als Hintergrund zum neutestamentlichen Glaubensverständnis, in: J. Frey/ B. Schliesser/N. Ueberschaer (Hg.), Glaube. Das Verständnis des Glaubens im frühen Christentum und in seiner jüdischen und hellenistisch-römischen Umwelt (WUNT 373), Tübingen 2017, 251–273.

HITCHCOCK, F. R. M., Is the Fourth Gospel a Drama?, Theology 7 (1923), 307–317.

HOFFMANN, P., Das Zeichen für Israel. Zu einem vernachlässigten Aspekt der matthäischen Ostergeschichte, in: ders. (Hg.), Zur neutestamentlichen Überlieferung von der Auferstehung Jesu (WdF 522), Darmstadt 1988, 416–452.

HOFFMANN, V., zweifeln und glauben, Stuttgart 2018.

462 *Literaturverzeichnis*

HOFIUS, O., Die Allmacht des Sohnes Gottes und das Gebet des Glaubens. Erwägungen zu Thema und Aussage der Wundererzählung Mk 9,14–29, ZThK 101 (2004), 117–137.

HOLL, K., Luthers Bedeutung für den Fortschritt der Auslegungskunst (1920), in: ders., Gesammelte Aufsätze zur Kirchengeschichte, Bd. 1: Luther, Tübingen [6]1932, 544–582.

HOLLOWAY, P.A., Deliberating Life and Death. Paul's Tragic *Dubitatio* in Philippians 1:22–26, HThR 111 (2018), 174–191.

HOOKER, M.D., Interchange and Atonement (1978), in: dies., From Adam to Christ. Essays on Paul, Cambridge 1990, 26–41.

HOOKER, M.D., Πίστις Χριστοῦ (1989), in: dies., From Adam to Christ. Essays on Paul, Cambridge 1990, 165–186.

HOPPE, R., Art. Jakobusbrief, RGG[4] 4 (2001), 361–363.

HOPPE, R., Der theologische Hintergrund des Jakobusbriefes (fzb 28), Würzburg 1977.

HORKHEIMER, M., Über den Zweifel, in: G. Rein (Hg.), Dialog mit dem Zweifel, Stuttgart 1969, 7–12.

HORN, F.W., Neues Testament: Glaube – nicht Weisheit der Menschen, sondern Kraft Gottes, in: ders. (Hg.), Glaube (Themen der Theologie 13), Tübingen 2018, 33–63.

HORNSCHUH, M., Studien zur Epistula Apostolorum (PTS 5), Berlin 1965.

HORST, P.W. VAN DER, Once More. The Translation of οἱ δέ in Matthew 28:17 (1986), in: ders., Jews and Christians in Their Graeco-Romans Context. Selected Essays on Early Judaism, Samaritanism, Hellenism, and Christianity (WUNT 196), Tübingen 2006, 161–163.

HOVINGH, P.F., Introduction, in: Opera omnia Desiderii Erasmi Roterodami, Bd. 6/7: Annotationes in Novum Testamentum, Teil 3: In epistolam Pauli ad Romanos, Leiden 2012, 1–29.

HÜBNER, K., Glaube und Denken. Dimensionen der Wirklichkeit, Tübingen 2004.

HÜBNER, R., Thesen zur Echtheit und Datierung der sieben Briefe des Ignatius von Antiochien, in: ders., Kirche und Dogma im Werden. Aufsätze zur Geschichte und Theologie des frühen Christentums, hg. von R. Kany (STAC 108), Tübingen 2018, 63–92.

HULTGREN, S., Habakkuk 2:4 in Early Judaism, in Hebrews, and in Paul (CRB 27), Paris 2011.

HUMMEL, R., Die Auseinandersetzung zwischen Kirche und Judentum im Matthäusevangelium (BEvTh 33), München 1963.

HUNZIKER, A./SCHLIESSER, B., Editorial, Hermeneutische Blätter 1/2 (2011), 3–4.

HURTADO, L.W., Fashions, Fallacies and Future Prospects in New Testament Studies, JSNT 36 (2014), 299–324.

HYLEN, S.E., Imperfect Believers. Ambiguous Characters in the Gospel of John, Louisville 2009.

INSELMANN, A., Die Freude im Lukasevangelium. Ein Beitrag zur psychologischen Exegese (WUNT 2/322), Tübingen 2012.

JACKSON-MCCABE, M., The Politics of Pseudepigraphy and the Letter of James, in: J. Frey u.a. (Hg.), Pseudepigraphie und Verfasserfiktion in frühchristlichen Briefen (WUNT 246), Tübingen 2009, 599–623.

JASPERS, K., Die maßgebenden Menschen. Sokrates, Buddha, Konfuzius, Jesus, München 1964.

JASPERS, K., Psychologie der Weltanschauungen, Berlin [4]1954.

JENSEN, M.D., Affirming the Resurrection of the Incarnate Christ. A Reading of 1 John (MSSNTS 153), Cambridge 2012.

Monographien, Aufsätze, Wörterbuch- und Lexikonartikel

JEREMIAS, J., Die Gedankenführung in Röm 4. Zum paulinischen Glaubensverständnis, in: M. Barth, Foi et salut selon S. Paul. Épître aux Romains 1,16 (AnBib 42), Rom 1970, 51–58 (mit einer Diskussion mit E. Schweizer, M. Barth, R. Pesch, J. Cambier, S. Lyonnet und W.C. van Unnik, 59–65).

JEREMIAS, J., Neutestamentliche Theologie, Bd. 1: Die Verkündigung Jesu, Gütersloh 1971.

JOHANSEN, T.K., Plato's Natural Philosophy. A Study of the Timaeus-Critias, Cambridge 2004.

JOHNSON, L.T., Brother of Jesus, Friend of God. Studies in the Letter of James, Grand Rapids 2004.

JOHNSON, L.T., Friendship with the World/Friendship with God. A Study of Discipleship in James, in: F.F. Segovia (Hg.), Discipleship in the New Testament, Philadelphia 1985, 166–183.

JONGE, M. DE, Signs and Works in the Fourth Gospel, in: T. Baarda/A.F.J. Klijn/W.C. van Unnik, Miscellanea Neotestamentica, Bd. 2 (NT.S 48), Leiden 1978, 107–125.

JOST, M.R., Engelgemeinschaft im irdischen Gottesdienst. Studien zu Texten aus Qumran und dem Neuen Testament (WUNT 2/505), Tübingen 2019.

JUDGE, P.J., John 20:24–29. More Than Doubt, Beyond Rebuke, in: G. Van Belle (Hg.), The Death of Jesus in the Fourth Gospel (BEThL 200), Leuven 2007, 913–930.

JÜNGEL, E., „Theologische Wissenschaft und Glaube" im Blick auf die Armut Jesu (1962), in: ders., Theologische Erörterungen, Bd. 1: Unterwegs zur Sache, Tübingen [3]2000, 11–33.

JÜNGEL, E., Zur Lehre vom Heiligen Geist. Thesen, in: U. Luz/H. Weder (Hg.), Die Mitte des Neuen Testaments. Einheit und Vielfalt neutestamentlicher Theologie. Festschrift für Eduard Schweizer zum 70. Geburtstag, Göttingen 1983, 97–118.

JÜTTEMANN, G., Historische Psychologie als allgemeine Psychogenesetheorie, in: M. Galliker/U. Wolfradt (Hg.), Kompendium psychologischer Theorien, Frankfurt a.M. 2015, 189–191.

KARMANN, T.R., „Rein bin ich und von einem Mann weiß ich nichts!" Zur Rezeption neutestamentlicher Texte und Motive im Protevangelium Jacobi, in: J.-M. Roessli/T. Nicklas (Hg.), Christian Apocrypha. Receptions of the New Testament in Ancient Christian Apocrypha (Novum Testamentum Patristicum 26), Göttingen 2014, 61–104.

KARRER, M., Ῥίζα – Wurzel und Geschlecht. Ein Motiv zwischen griechischer Antike, Septuaginta und Neuem Testament, in: J. Joosten/P.J. Tomson (Hg.), Voces biblicae. Septuagint Greek and Its Significance for the New Testament (CBET 49), Leuven 2007, 63–98.

KARRIS, R.J., Romans 14:1–15:13 and the Occasion of Romans, in: K.P. Donfried (Hg.), The Romans Debate, Peabody [2]1991, 65–84.

KÄSEMANN, E., Eine Apologie der urchristlichen Eschatologie (1952), in: ders., Exegetische Versuche und Besinnungen, Bd. 1, Göttingen 1960, 135–157.

KÄSEMANN, E., Der Glaube Abrahams in Röm 4, in: ders., Paulinische Perspektiven, Tübingen 1969, 140–177.

KÄSEMANN, E., Jesu letzter Wille nach Johannes 17, Tübingen [4]1980.

KÄSEMANN, E., Rechtfertigung und Heilsgeschichte im Römerbrief, in: ders., Paulinische Perspektiven, Tübingen 1969, 108–139.

KÄSEMANN, E., Vom theologischen Recht historisch-kritischer Exegese, ZThK 64 (1967), 259–281.

KÄSEMANN, E., Das wandernde Gottesvolk. Eine Untersuchung zum Hebräerbrief (FRLANT 55), Göttingen 1939.

464   *Literaturverzeichnis*

KELHOFFER, J.A., Faith and Righteousness in Second Clement. Probing the Purported Influence of ‚Late Judaism‘ and the Beginnings of ‚Early Catholicism‘, in: J. Frey/ B. Schliesser/N. Ueberschaer (Hg.), Glaube. Das Verständnis des Glaubens im frühen Christentum und in seiner jüdischen und hellenistisch-römischen Umwelt (WUNT 373), Tübingen 2017, 683–720.

KELLNER, M., Dogma, in: A.A. Cohen/P. Mendes-Flohr (Hg.), Contemporary Jewish Religious Thought, New York ⁴1988, 141–146.

KELLNER, M., Must a Jew Believe Anything?, Oxford ²2006.

KENNEDY, H.A.A., The Hellenistic Atmosphere of the Epistle of James, Expositor 8/2 (1911), 37–52.

KERTELGE, K., Die Wunder Jesu im Markusevangelium. Eine redaktionsgeschichtliche Untersuchung (StANT 23), München 1970.

KESSLER, N., „Ich glaube, hilf meinem Unglauben!“ Die Paradoxie ungläubigen Glaubens in der Konfrontation mit: „Alles ist möglich dem, der glaubt!“, Hermeneutische Blätter 1/2 (2011), 39–50.

KIERKEGAARD, S., Gesammelte Werke, Bd. 6/10: Philosophische Brocken. De omnibus dubitandum est, übers. von E. Hirsch, Düsseldorf 1967.

KIERKEGAARD, S., Die Reinheit des Herzens, übers. von L. Geismar, München 1924.

KIFFIAK, J., Responses in the Miracle Stories of the Gospels. Between Artistry and Inherited Tradition (WUNT 2/429), Tübingen 2017.

KILPATRICK, G.D., The Origins of the Gospel according to St. Matthew, Oxford 1946.

KING, K.L., The Gospel of Mary Magdalene, in: E. Schüssler Fiorenza (Hg.), Searching the Scriptures, Bd. 2: A Feminist Commentary, New York 1994, 601–634.

KINGSBURY, J.D., The Composition and Christology of Matt 28:16–20, JBL 93 (1974), 573–584.

KINGSBURY, J.D., The Figure of Peter in Matthew's Gospel as a Theological Problem, JBL 98 (1979), 67–83.

KINNEAVY, J.L., Greek Rhetorical Origins of Christian Faith. An Inquiry, New York 1987.

KITTEL, G., Der geschichtliche Ort des Jakobusbriefes, ZNW 41 (1942), 71–105.

KLEIN, G., Der zweite Petrusbrief und der neutestamentliche Kanon, in: ders., Ärgernisse. Konfrontationen mit dem Neuen Testament, München 1970, 109–114.

KLEIN, H., Christologie und Anthropologie in den Petruslegenden des matthäischen Sondergutes, in: C. Breytenbach/H. Paulsen (Hg.), Anfänge der Christologie. Festschrift für Ferdinand Hahn zum 65. Geburtstag, Göttingen 1991, 209–220.

KLEIN, H., Das Glaubensverständnis im Matthäusevangelium, in: F. Hahn/H. Klein (Hg.), Glaube im Neuen Testament. Studien zu Ehren von Hermann Binder anläßlich seines 70. Geburtstages (BThSt 7), Neukirchen-Vluyn 1982, 29–42.

KLEIN, M., „Ein vollkommenes Werk“. Vollkommenheit, Gesetz und Gericht als theologische Themen des Jakobusbriefes (BWANT 139), Stuttgart 1995.

KLEIN, T., Bewährung in Anfechtung. Der Jakobusbrief und der Erste Petrusbrief als christliche Diasporabriefe (Neutestamentliche Entwürfe zur Theologie 18), Tübingen 2011.

KLIJN, A.F.J., Jewish-Christian Gospel Tradition (SVigChr 17), Leiden 1992.

KLOEDEN, W. VON, Der Begriff „dipsychos“ in Kierkegaards Denken. Ein Beitrag zur existentiellen Exegese von Jak. 4,8, in: G.L. Stengren (Hg.), Faith, Knowledge, and Action. Essays Presented to Niels Thulstrup on His Sixtieth, Kopenhagen 1984, 54–63.

Monographien, Aufsätze, Wörterbuch- und Lexikonartikel 465

KLOPPENBORG, J. S., Emulation of the Jesus Tradition in James, R. L. Webb/J. S. Kloppenborg (Hg.), Reading James with New Eyes. Methodological Reassessment of the Letter of James (Library of New Testament Studies 342), London 2007, 121–150.

KLOPPENBORG, J. S., James 1:2–15 and Hellenistic Psychagogy, NT 52 (2010), 37–71.

KLOPPENBORG, J. S., Patronage Avoidance in James, HTS 55 (1999), 755–794.

KLOPPENBORG, J. S., The Reception of the Jesus Tradition in James, in: J. Schlosser (Hg.), The Catholic Epistles and the Tradition (BEThL 176), Leuven 2004, 93–139.

KLUMBIES, P.-G., Die Dämonisierung der Epilepsie in Mk 9,14–29 parr., in: ders., Das Markusevangelium als Erzählung, Tübingen 2018, 170–174.

KNOCH, O., Eigenart und Bedeutung der Eschatologie im theologischen Aufriß des ersten Clemensbriefes (Theoph. 17), Bonn 1964.

KOCH, D.-A., Die Bedeutung der Wundererzählungen für die Christologie des Markusevangeliums (BZNW 42), Berlin 1975.

KOCH, L., Das Ethos der Argumentation, in: A. Dörpinghaus/K. Helmer (Hg.), Ethos – Bildung – Argumentation, Würzburg 2006, 65–72.

KOESTER, C. R., The Word of Life. A Theology of John's Gospel, Grand Rapids 2008.

KOESTER, H., Ancient Christian Gospels. Their History and Development, London 1990.

KOESTER, H., Art. ὑπόστασις, ThWNT 8 (1969), 571–588.

KÖHLER, W., Rez. zu A. Schlatter, Luthers Deutung des Römerbriefs. Ein Beitrag zur 4. Säkularfeier der Reformation (BFChTh 21), Gütersloh 1917, in: ThLZ 9/10 (1920), 108.

KOLLMANN, B., Jesus und die Christen als Wundertäter. Studien zu Magie, Medizin und Schamanismus in Antike und Christentum (FRLANT 170), Göttingen 1996.

KOLLMANN, B., Neutestamentliche Wundergeschichten. Biblisch-theologische Zugänge und Impulse für die Praxis, Stuttgart ²2007.

KONRADT, M., Christliche Existenz nach dem Jakobusbrief. Eine Studie zu seiner soteriologischen und ethischen Konzeption (StUNT 22), Göttingen 1998.

KONRADT, M., Gericht und Gemeinde. Eine Studie zur Bedeutung und Funktion von Gerichtsaussagen im Rahmen der paulinischen Ekklesiologie und Ethik in 1 Thess und 1 Kor (BZNW 117), Berlin 2003.

KONRADT, M., Israel, Kirche und die Völker im Matthäusevangelium (WUNT 215), Tübingen 2007.

KONRADT, M., Die Rede vom Glauben in Heilungsgeschichten und die Messianität Jesu im Matthäusevangelium, in: J. Frey/B. Schliesser/N. Ueberschaer (Hg.), Glaube. Das Verständnis des Glaubens im frühen Christentum und in seiner jüdischen und hellenistisch-römischen Umwelt (WUNT 373), Tübingen 2017, 423–450.

KOOTEN, G. VAN, A Non-fideistic Interpretation of πίστις in Plutarch's Writings. The Harmony between πίστις and Knowledge, in: L. Roig Lanzillotta/I. Muñoz Gallarte (Hg.), Plutarch in the Religious and Philosophical Discourse of Late Antiquity, Ancient Mediterranean and Medieval Texts and Contexts (Studies in Platonism, Neoplatonism, and the Platonic Tradition 14), Leiden 2012, 215–233.

KOOTEN, G. VAN, The „Two Inclinations" and the Double-Minded Human Condition in the Letter of James, in: J. Aitken/ H. M. Patmore/I. Rosen-Zvi (Hg.), The Evil Inclination in Early Judaism and Christianity, Cambridge 2021, 143–158.

KÖRTNER, U. H. J., Glaube zwischen Bekenntnis und Welterfahrung. Zur Theologie Dieter Lührmanns, NTS 61 (2015), 92–112.

KOSMALA, H., Hebräer – Essener – Christen. Studien zur Vorgeschichte der frühchristlichen Verkündigung (StPB 1), Leiden 1959.

466 *Literaturverzeichnis*

KÖSTER, H., Synoptische Überlieferung bei den apostolischen Vätern (TU 65), Berlin 1957.

KRAFFT, E., Die Personen des Johannesevangeliums, EvTh 16 (1956), 18–32.

KRAUS, C., Die *Chronographia brevis* des Patriarchen Nikephoros I. von Konstantinopel, in: M. Wallraff (Hg.), Welt-Zeit. Christliche Weltchronistik aus zwei Jahrtausenden in Beständen der Thüringer Universitäts- und Landesbibliothek Jena, Berlin 2005, 75–80.

KRAUS, W., Hab 2,3–4 in der hebräischen und griechischen Texttradition mit einem Ausblick auf das Neue Testament, in: T. S. Caulley/H. Lichtenberger (Hg.), Die Septuaginta und das frühe Christentum/The Septuagint and Christian Origins (WUNT 277), Tübingen 2011, 153–173.

KRAUS, W., Neuere Ansätze in der Exegese des Hebräerbriefes, VF 48 (2003), 65–80.

KRAUTER, S., Einführung. Perspektiven auf Römer 7, in: ders. (Hg.), Perspektiven auf Römer 7 (BThS 159), Neukirchen-Vluyn 2016, 1–15.

KREPLIN, M., Das Selbstverständnis Jesu. Hermeneutische und christologische Reflexion. Historisch-kritische Analyse (WUNT 2/141), Tübingen 2001.

KREYENBÜHL, J., Der älteste Auferstehungsbericht, ZNW 9 (1908), 257–296.

KUDILIL, G., The Problem of *Pistis* in Rom 14,1, BiBh 26 (2000), 175–195.

KÜMMEL, W. G., Der Glaube im Neuen Testament, seine katholische und reformatorische Deutung (1937), in: ders., Heilsgeschehen und Geschichte. Gesammelte Aufsätze 1933–1964 (MThSt 3), Marburg 1965, 67–80.

KUSS, O., Der theologische Grundgedanke des Hebräerbriefes (1956), in: ders., Auslegung und Verkündigung, Bd. 1: Aufsätze zur Exegese des Neuen Testamentes, Regensburg 1963, 281–328.

LABAHN, M./LANG, M., Johannes und die Synoptiker. Positionen und Impulse seit 1990, in: J. Frey/U. Schnelle (Hg.), Kontexte des Johannesevangeliums. Das vierte Evangelium in religions- und traditionsgeschichtlicher Perspektive (WUNT 175), Tübingen 2004, 443–515.

LAMPE, P., Die stadtrömischen Christen in den ersten beiden Jahrhunderten. Untersuchungen zur Sozialgeschichte (WUNT 2/18), Tübingen 1987.

LANE, A. N. S., John Calvin. Student of the Church Fathers, Edinburgh 1999.

LARSEN, K. B., Recognizing the Stranger. Recognition Scenes in the Gospel of John (Bibl. Interpr.S 93), Leiden 2008.

LATTE, K., Rez. zu F. Hiller, Inscriptiones Graecae ... Inscriptiones Epidauri, 1929, Gnomon 7 (1931), 113–135.

LATTKE, M., Dating the Odes of Solomon (1993), in: ders., Die Oden Salomos in ihrer Bedeutung für Neues Testament und Gnosis, Bd. 4 (OBO 25/4), Fribourg/Göttingen 1998, 113–132.

LATTKE, M., Die Oden Salomos. Einleitungsfragen und Forschungsgeschichte, ZNW 98 (2007), 277–307.

LAUTENSCHLAGER, M., Der Gegenstand des Glaubens im Jakobusbrief, ZThK 87 (1990), 163–184.

LEE, D. A., The Gospel of John and the Five Senses, JBL 129 (2010), 115–127.

LEE, J. A. L., A History of New Testament Lexicography (Studies in Biblical Greek 8), New York 2003.

LÉON-DUFOUR, X., Présence du Seigneur ressuscité (Mt 28, 16–20), in: À cause de l'évangile. Études sur les Synoptiques et les Actes, offertes au P. Jacques Dupont, O.S.B., à l'occasion de son 70e anniversaire (LeDiv 123), Paris 1985, 195–209.

LEROY, P., L'exégèse thomiste de Rom. XIV, 23, RThAM 38 (1971), 149–195.

Monographien, Aufsätze, Wörterbuch- und Lexikonartikel

Less, G., Auferstehungs-Geschichte Jesu nach allen vier Evangelisten. Nebst einem doppelten Anhange gegen die Wolfenbütteler Fragmente von der Auferstehung Jesu; und vom Zwecke Jesu und seiner Apostel, Göttingen 1779.

Leutzsch, M., Die Wahrnehmung sozialer Wirklichkeit im „Hirten des Hermas" (FRLANT 150), Göttingen 1989.

Leutzsch, M., Vermögen und Vertrauen, Dämonie und Exorzismus (Die Erzählung vom bessenen Jungen). Mk 9,14–29, in: R. Zimmermann (Hg.), Kompendium der frühchristlichen Wundererzählungen, Bd. 1: Die Wunder Jesu, Gütersloh 2013, 350–358.

Leven, K.-H., Die „unheilige" Krankheit – *epilepsia*, Mondsucht und Besessenheit in Byzanz, Würzburger Medizinhistorische Mitteilungen 13 (1995), 17–57.

Liebrucks, B., Erkenntnis und Dialektik. Zur Einführung in eine Philosophie von der Sprache, Den Haag 1972.

Lieu, J., Marcion and the Making of a Heretic. God and Scripture in the Second Century, Cambridge 2014.

Lim, R., Public Disputation, Power, and Social Order in Late Antiquity (The Transformation of the Classical Heritage 23), Berkeley 1995.

Lincoln, A. T., Abraham Goes to Rome. Paul's Treatment of Abraham in Romans 4, in: M. J. Wilkins/T. Paige (Hg.), Worship, Theology and Ministry in the Early Church. Essays in Honor of Ralph P. Martin (JSNT.S 87), Sheffield 1992, 163–179.

Lindars, B., The Rhetorical Structure of Hebrews, NTS 35 (1989), 382–406.

Lindars, B., The Theology of the Letter to the Hebrews, Cambridge 1991.

Lindemann, A., Der Erste Clemensbrief, in: W. Pratscher (Hg.), Die Apostolischen Väter. Eine Einleitung (UTB 3272), Göttingen 2009, 59–82.

Lindemann, A., Jesus und das epilepsiekranke Kind. Zur Auslegung der Wundererzählung Mk 9,14–29 (1988), in: ders., Die Evangelien und die Apostelgeschichte. Studien zu ihrer Theologie und zu ihrer Geschichte (WUNT 241), Tübingen 2009, 93–108.

Lindemann, A., Paulus im ältesten Christentum (BHTh 58), Tübingen 1979.

Lips, H. von, Weisheitliche Traditionen im Neuen Testament (WMANT 64), Neukirchen 1990.

List, N., Δίψυχος. Moving beyond Intertextuality, NTS 67 (2021), 85–104.

Lockett, D. R., Purity and Worldview in the Epistle of James (Library of New Testament Studies 366), London 2008.

Lockett, D. R., Structure or Communicative Strategy? The ‚Two Ways' Motif in James' Theological Instruction, Neotest 42 (2008), 269–287.

Lockett, D. R., „Unstained by the World". Purity and Pollution as an Indicator of Cultural Interaction in the Letter of James, in: R. L. Webb/J. S. Kloppenborg (Hg.), Reading James with New Eyes. Methodological Reassessment of the Letter of James (Library of New Testament Studies 342), London 2007, 49–74.

Löfstedt, T., Don't Hesitate, Worship! (Matt. 28:17), SEÅ 78 (2013), 161–172.

Lohmann, H., Drohung und Verheißung. Exegetische Untersuchungen zur Eschatologie bei den Apostolischen Vätern (BZNW 55), Berlin 1989.

Lohmeyer, E., Grundlagen paulinischer Theologie (BHTh 1), Tübingen 1929.

Löhr, H., Reflections of Rhetorical Terminology in Hebrews, in: G. Gelardini (Hg.), Hebrews. Contemporary Methods – New Insights, Atlanta 2005, 199–210.

Löhr, H., Umkehr und Sünde im Hebräerbrief (BZNW 73), Berlin 1994.

Lohse, E., Glaube und Wunder. Ein Beitrag zur theologia crucis in den synoptischen Evangelien (1979), in: ders., Exegetische Studien zur Theologie des Neuen Testaments, Bd. 2: Die Vielfalt des Neuen Testaments, Göttingen 1982, 29–44.

468   *Literaturverzeichnis*

LOOKADOO, J., The Date and Authenticity of the Ignatian Letters. An Outline of Recent Discussions, CBR 19 (2020), 88–114.

LOOKADOO, J., The Letters of Ignatius, in: M. F. Bird/S. Harrower (Hg.), The Cambridge Companion to the Apostolic Fathers, Cambridge 2021, 208–225.

LOOKADOO, J., The Shepherd of Hermas. A Literary, Historical, and Theological Handbook, London 2021.

LORENZ, S., Art. Zweifel, HWP 12 (2004), 1520–1527.

LOWE, B. A., James 2:1 in the Πίστις Χριστοῦ Debate. Indecipherable or Indispensable?, in: M. F. Bird/P. M. Sprinkle (Hg.), The Faith of Jesus Christ. Exegetical, Biblical and Theological Studies, Peabody 2009, 239–257.

LUCK, U., Die Theologie des Jakobusbriefes, ZThK 81 (1984), 1–30.

LÜHRMANN, D., Art. Glaube, RAC 11 (1981), 48–122.

LÜHRMANN, D., Glaube im frühen Christentum, Gütersloh 1976.

LÜHRMANN, D., Die griechischen Fragmente des Mariaevangeliums POx 3525 und PRyl 463, NT 30 (1988), 321–338.

Luther, M., Luther Deutsch. Die Werke Martin Luthers in neuer Auswahl für die Gegenwart, Bd. 5: Die Schriftauslegung, hg. von K. Aland, Stuttgart [4]1990.

Luz, U., Das Geheimnismotiv und die markinische Christologie, ZNW 65 (1965), 9–30.

Luz, U., Die Jesusgeschichte des Matthäus, Neukirchen-Vluyn 1993.

Luz, U., Die Jünger im Matthäusevangelium, ZNW 62 (1971), 141–171.

Luz, U., Theologische Hermeneutik des Neuen Testaments, Neukirchen-Vluyn 2014.

Luz, U., Eine thetische Skizze der matthäischen Christologie, in: C. Breytenbach/H. Paulsen (Hg.), Anfänge der Christologie. Festschrift für Ferdinand Hahn zum 65. Geburtstag, Göttingen 1991, 221–235.

MacDONALD, N., By Faith Moses, in: R. J. Bauckham u. a. (Hg.), The Epistle to the Hebrews and Christian Theology, Grand Rapids 2009, 374–382.

MADDEN, P. J., Jesus' Walking on the Sea. An Investigation of the Origin of the Narrative Account (BZNW 81), Berlin 1997.

MAHONEY, J., Art. Probabilismus, TRE 27 (1997), 465–468.

MALINA, B. J., Assessing the Historicity of Jesus' Walking on the Sea. Insights from Cross-Cultural Social Psychology, in: B. Chilton/C. A. Evans, Authenticating the Activities of Jesus, Leiden 1999, 351–371.

MALINA, B. J., Rez. zu Meeks, First Urban Christians, in: JBL 104 (1985), 346–349.

MARCUS, J., The Evil Inclination in the Epistle of James, CBQ 44 (1982), 615–619.

MARCUS, J., „I Believe – Help My Unbelief!" Human Faith and Divine Faithfulness in Mark 9.14–19, in: P. Middleton/A. Paddison/K. Wenell (Hg.), Paul, Grace and Freedom. Essays in Honor of John K. Riches, Edinburgh 2009, 39–49.

MARJANEN, A., The Woman Jesus Loved. Mary Magdalene in the Nag Hammadi Library and Related Documents (NHMS 40), Leiden 1996.

MARKLEY, J. R., Peter – Apocalyptic Seer. The Influence of the Apocalypse Genre on Matthew's Portrayal of Peter (WUNT 2/348), Tübingen 2013.

MAROHL, M. J., Faithfulness and the Purpose of Hebrews. A Social Identity Approach (Princeton Theological Monograph Series 82), Eugene 2008.

MARSHALL, C., Faith as a Theme in Mark's Narrative (MSSNTS 64), Cambridge 1989

MARSHALL, S. S., Δίψυχος. A Local Term, in: E. A. Livingstone (Hg.), Studia Evangelica, Bd. 6: Papers Presented to the Fourth International Congress on New Testament Studies Held at Christ Church, Oxford, 1969 (TU 112), Berlin 1973, 348–351.

MARTYN, J. L., History and Theology in the Fourth Gospel, Louisville [3]2003.

Monographien, Aufsätze, Wörterbuch- und Lexikonartikel 469

MATTHAIOS, S., Pollux' Onomastikon im Kontext der attizistischen Lexikographie. Gruppen „anonymer Sprecher" und ihre Stellung in der Sprachgeschichte und Stilistik, in: C. Mauduit (Hg.), L'Onomasticon de Pollux. Aspects culturels, rhétoriques et lexicographiques, Lyon 2013, 67–140.

McKAY, K. L., The Use of „hoi de" in Matthew 28,17, JSNT 24 (1985), 71–72.

MEEKS, W. A., The First Urban Christians. The Social World of the Apostle Paul, New Haven ²1983.

MEIER, J. P., A Marginal Jew, Bd. 2: Mentor, Message and Miracle, New Haven 1994.

MEISER, M., Das Petrusevangelium und die spätere großkirchliche Literatur, in: T. J. Kraus/T. Nicklas (Hg.), Das Evangelium nach Petrus. Text, Kontexte, Intertexte (TU 158), Berlin 2007, 183–196.

Melanchthon, P., Disputatio De fide vincente dubitationem, in: Philippi Melanthonis opera quae supersunt omnia (CR 12), hg. von C. G. Bretschneider, Halle 1844, 464–466.

MELTZER, F., For Fear of the Fire. Joan of Arc and the Limits of Subjectivity, Chicago 2001.

MERK, O., Beobachtungen zu Wilhelm Heitmüllers Auslegung des Johannesevangeliums (2001), in: ders., Wissenschaftsgeschichte und Exegese, Bd. 2: Gesammelte Aufsätze 1998–2013 (BZNW 206), Berlin 2015, 326–334.

METZGER, B. M., A Textual Commentary on the Greek New Testament, London ²2005.

METZNER, R., Der Lehrer Jakobus. Überlegungen zur Verfasserfrage des Jakobusbriefes, ZNW 104 (2013), 238–267.

MICHEL, O., Der Abschluss des Matthäusevangeliums. Ein Beitrag zur Geschichte der Osterbotschaft, EvTh 10 (1950/51), 16–26.

MINEAR, P. S., The Obedience of Faith. The Purposes of Paul in the Epistle to the Romans, London 1971.

MITCHELL, A. C., The Use of πρέπειν and Rhetorical Propriety in Hebrews 2:10, CBQ 54 (1992), 681–701.

MITCHELL, M. M., The Letter of James as a Document of Paulinism?, in: R. L. Webb/ J. S. Kloppenborg (Hg.), Reading James with New Eyes. Methodological Reassessment of the Letter of James (Library of New Testament Studies 342), London 2007, 75–98.

MOLL, S., The Arch-Heretic Marcion (WUNT 250), Tübingen 2010.

MOLTMANN, J., Wer ist Christus für uns heute?, Gütersloh ⁶2012.

MONGSTAD-KVAMMEN, I., Toward a Postcolonial Reading of the Epistle of James. James 2:1–13 in its Roman Imperial Context (Bibl.Interpr.S 119), Leiden 2013.

MORARD, F., L'Évangile de Marie. Un message ascétique, Apocrypha 12 (2001), 155–171.

MORGAN, T., Roman Faith and Christian Faith. Pistis and Fides in the Early Roman Empire and Early Churches, Oxford 2015.

MORGAN, T., The New Testament and the Theology of Trust, Oxford 2022.

MOSS, C. R., The Marks of the Nails. Scars, Wounds and the Resurrection of Jesus in John, EC 8 (2017), 48–68.

MOST, G. W., Doubting Thomas, Cambridge 2005.

MOST, G. W., Der Finger in der Wunde. Die Geschichte des ungläubigen Thomas, München 2007 (Übers. von MOST, Doubting Thomas).

MOULE, C. F. D., The Individualism of the Fourth Gospel, NT 5 (1962), 171–190.

MOULE, C. F. D., Rez. zu Gräßer, Glaube im Hebräerbrief, JhThSt 17 (1966), 147–150.

MÜLLER, E./SCHMIEDER, F., Begriffsgeschichte und historische Semantik. Ein kritisches Kompendium (stw 2117), Berlin 2016.

MÜLLER, J., Die christliche Lehre von der Sünde, 2 Bde., Breslau ³1849.

470   *Literaturverzeichnis*

MÜLLER, P.-G., ΧΡΙΣΤΟΣ ΑΡΧΗΓΟΣ. Der religionsgeschichtliche und theologische Hintergrund einer neutestamentlichen Christusprädikation (EHS 23/28), Bern 1973.

MUTSCHLER, B., Das Corpus Johanneum bei Irenäus von Lyon. Studien und Kommentar zum dritten Buch von Adversus Haereses (WUNT 189), Tübingen 2006.

NAGEL, T., Die Rezeption des Johannesevangeliums im 2. Jahrhundert. Studien zur vorirenäischen Aneignung und Auslegung des vierten Evangeliums in christlicher und christlich-gnostischer Literatur (Arbeiten zur Bibel und ihrer Geschichte 2), Leipzig 2000.

NÄGELI, T., Der Wortschatz des Apostels Paulus. Beitrag zur sprachgeschichtlichen Erforschung des Neuen Testaments, Göttingen 1905.

NANOS, M., The Mystery of Romans. The Jewish Context of Paul's Letter, Minneapolis 1996.

NAU, A. J., Peter in Matthew. Discipleship, Diplomacy, and Dispraise – with an Assessment of Power and Privilege in the Petrine Office (Good News Studies 36), Collegeville 1992.

NEUGEBAUER, F., In Christus = En Christoi. Eine Untersuchung zum paulinischen Glaubensverständnis, Göttingen 1961.

NEUMANN, N., Affekte in den synoptischen Evangelien, ThR 81 (2016), 80–104.

NICHOLLS, R., Walking on the Water. Reading Matthew 14:22–33 in the Light of Its *Wirkungsgeschichte* (Bibl.Interpr.S 90), Leiden 2008.

NICKLAS, T., Formkritik und Leserrezeption. Ein Beitrag zur Methodendiskussion am Beispiel von Mk 9,14–29, Bib. 82 (2001), 496–514.

NICKLAS, T., Skepsis und Christusglaube. Funktionen, Räume und Impulse des Zweifels bei Paulus, in: B. EDELMANN-SINGER/T. NICKLAS/J. E. SPITTLER/L. WALT (Hg.), Sceptic and Believer in Ancient Mediterranean Religions (WUNT 443), Tübingen 2020, 165–183.

NIEBUHR, K.-W., Der erinnerte Jesus bei Jakobus, in: M. Labahn (Hg.), Spurensuche zur Einleitung in das Neue Testament. Eine Festschrift im Dialog mit Udo Schnelle (FRLANT 271), Göttingen 2017, 307–330.

NIEBUHR, K.-W., Glaube im Stresstest. πίστις im Jakobusbrief, in: J. Frey/B. Schliesser/ N. Ueberschaer (Hg.), Glaube. Das Verständnis des Glaubens im frühen Christentum und in seiner jüdischen und hellenistisch-römischen Umwelt (WUNT 373), Tübingen 2017, 473–501.

NIEBUHR, K.-W., Heidenapostel aus Israel. Die jüdische Identität des Paulus nach ihrer Darstellung in seinen Briefen (WUNT 62), Tübingen 1992.

NIEBUHR, K.-W., Jakobus und Paulus über das Innere des Menschen und den Ursprung seiner ethischen Entscheidungen, NTS 62 (2016), 1–30.

NIEBUHR, K.-W., Der Jakobusbrief im Licht frühjüdischer Diasporabriefe, NTS 44 (1998), 420–443.

NIEBUHR, K.-W., A New Perspective on James? Neuere Forschungen zum Jakobusbrief, ThLZ 129 (2004), 1019–1044.

NIENHUIS, D. R., Not by Paul Alone. The Formation of the Catholic Epistle Collection and the Christian Canon, Waco 2007.

NIENTIED, M., Kierkegaard und Wittgenstein. „Hineintäuschen in das Wahre" (Kierkegaard Studies 7), Berlin 2003.

NIETZSCHE, F., Werke, Bd. 5/1: Morgenröthe, Berlin 1971.

NÜRNBERGER, A., Zweifelskonzepte im Frühchristentum. Dipsychia und Oligopistia im Rahmen menschlicher Dissonanz- und Einheitsvorstellungen in der Antike (NTOA 122), Göttingen 2019.

Monographien, Aufsätze, Wörterbuch- und Lexikonartikel 471

OAKES, P., *Pistis* as Relational Way of Life in Galatians, JSNT 40 (2018), 255–275.

O'CONNOR, E. D., Faith in the Synoptic Gospels. A Problem in the Correlation of Scripture and Theology, Notre Dame 1961.

OBERLINNER, L., Können Wunder schief gehen? Zur Petrus-Episode in der Seewandelgeschichte Mt 14,22–33, in: J. Pichler/C. Heil (Hg.), Heilungen und Wunder. Theologische, historische und medizinische Zugänge, Darmstadt 2007, 8–104.

OBERLINNER, L., „… sie zweifelten aber" (Mt 28,17b). Eine Anmerkung zur matthäischen Ekklesiologie, in: P. Fiedler/L. Oberlinner (Hg.), Salz der Erde – Licht der Welt. Exegetische Studien zum Matthäusevangelium. Festschrift für Anton Vögtle zum 80. Geburtstag, Stuttgart 1991, 375–400.

OMERZU, H., Die Pilatusgestalt im Petrusevangelium. Eine erzählanalytische Annäherung, in: T. J. Kraus/T. Nicklas (Hg.), Das Evangelium nach Petrus. Text, Kontexte, Intertexte (TU 158), Berlin 2007, 327–347.

OPITZ, H., Der Heilige Geist nach den Auffassungen der römischen Gemeinde bis ca. 150. Pneuma Hagion im 1. Clemensbrief und im „Hirten" des Hermas, Berlin 1960.

OSBORNE, G. R., The Resurrection Narratives. A Redactional Study, Grand Rapids 1984.

OSIEK, C. A., Rich and Poor in the Shepherd of Hermas. An Exegetical-Social Investigation, Washington 1983.

PAGELS, E., Beyond Belief. The Secret Gospel of Thomas, New York 2003.

PASQUIER, A., L'Évangile selon Marie, BG 1 (BCNH.T 10), Quebec 1983.

PAULUS, H. E. G., Das Leben Jesu, als Grundlage einer reinen Geschichte des Urchristentums, 2 Bde., Heidelberg 1828.

PEIRCE, C. S., The Fixation of Belief (1877), in: J. Buchler (Hg.), Philosophical Writings of Peirce, New York 1955, 5–22.

PEIRCE, C. S., Some Consequences of Four Incapacities (1868), in: J. Buchler (Hg.), Philosophical Writings of Peirce, New York 1955, 264–317.

PELÁEZ, J./MATEOS, J., New Testament Lexicography. Introduction – Theory – Method, hg. von D. S. du Toit, übers., annotiert und ergänzt von A. Bowden (Fontes et Subsidia ad Bibliam pertinentes 6), Berlin 2018.

PELKMANS, M. E., Outline for an Ethnography of Doubt, in: ders. (Hg.), Ethnographies of Doubt. Faith and Uncertainty in Contemporary Societies, London 2013, 1–42.

PENNER, T. C., The Epistle of James and Eschatology. Re-reading an Ancient Christian Letter (JSNTS.S 121), Sheffield 1996.

PENNER, T. C., The Epistle of James in Current Research, CRBS 7 (1999), 257–308.

PEPPARD, M., The World's Oldest Church. Bible, Art, and Ritual at Dura-Europos, Syria, New Haven 2016.

PERDUE, L. G., Paraenesis and the Epistle of James, ZNW 72 (1981), 241–256.

PERKINS, P., Peter. Apostle for the Whole Church, Columbia 1994.

PERLER, D., René Descartes, München ²2006.

PERLER, D., Zweifel und Gewissheit. Skeptische Debatten im Mittelalter, Frankfurt a. M. 2006.

PETERSEN, S., „Zerstört die Werke der Weiblichkeit". Maria Magdalena, Salome und andere Jüngerinnen Jesu in christlich-gnostischen Schriften (NHMS 48), Leiden 1999.

PETERSON, E., Die Begegnung mit dem Ungeheuer (1954), in: ders., Frühkirche, Judentum und Gnosis. Studien und Untersuchungen, Rom 1959 (Nachdruck 1982), 285–309.

PFISTER, O., Die Frömmigkeit des Grafen Ludwig von Zinzendorf. Eine psychoanalytische Studie, Leipzig ²1925.

PFLEIDERER, O., Das Urchristentum. Seine Lehren und Schriften, 2 Bde., Berlin ²1902.

472 *Literaturverzeichnis*

PFLUGK, U., Die Geschichte vom ungläubigen Thomas (Johannes 20,24–29) in der Auslegung der Kirche von den Anfängen bis zur Mitte des sechzehnten Jahrhunderts, Diss., Universität Hamburg, 1965.

PHILLIPS, E.A., Incredulity, Faith, and Textual Purposes. Post-biblical Responses to the Laughter of Abraham and Sarah, in: C.A. Evans/J.A. Sanders (Hg.), The Function of Scripture in Early Jewish and Christian Tradition (JSNT.S 154), Sheffield 1998, 22–33.

HAGEN PIFER, J., Faith as Participation. An Exegetical Study of Some Key Pauline Texts (WUNT 2/486), Tübingen 2019.

PILHOFER, P., ΚΡΕΙΤΤΟΝΟΣ ΔΙΑΘΗΚΗΣ ΕΓΓΥΟΣ. Die Bedeutung der Präexistenzchristologie für die Theologie des Hebräerbriefs (1996), in: ders., Die frühen Christen und ihre Welt. Greifswalder Aufsätze 1996–2001, mit Beiträgen von J. Börstinghaus und E. Ebel (WUNT 145), Tübingen 2002, 58–72.

PLISCH, U.-K./SCHENKE, H.-M., Die Sextussprüche (NHC XII,1), in: H.-M. Schenke/U.U. Kaiser/H.-G. Bethge (Hg.), Nag Hammadi Deutsch. NHC I–XIII, Codex Berolinensis 1 und 4, Codex Tchacos 3 und 4. Studienausgabe, Berlin ³2013, 544–551.

POHLENZ, M., Der hellenische Mensch, Göttingen 1947.

PÖHLMANN, H.G., Rechtfertigung. Die gegenwärtige kontroverstheologische Problematik der Rechtfertigungslehre zwischen der evangelisch-lutherischen und der römisch-katholischen Kirche, Gütersloh 1971.

POLENZ, P. VON, Deutsche Sprachgeschichte vom Spätmittelalter bis zur Gegenwart, Bd. 1: Einführung, Grundbegriffe, 14. bis 16. Jahrhundert, Berlin ²2000.

POPKES, W., Adressaten, Situation und Form des Jakobusbriefes (SBS 125/126), Stuttgart 1986.

POPLUTZ, U., Verunsicherter Glaube. Der finale Zweifel der Jünger im Matthäusevangelium aus figuranalytischer Sicht, in: U. Poplutz/A. Dettwiler (Hg.), Studien zu Matthäus und Johannes/Études sur Matthieu et Jean. Festschrift für Jean Zumstein zu seinem 65. Geburtstag (AThANT 97), Zürich 2009, 29–47.

POPP, T., Thomas. Question Marks and Exclamation Marks, in: S.A. Hunt/D.F. Tolmie/R. Zimmermann (Hg.), Character Studies in the Fourth Gospel. Narrative Approaches to Seventy Figures in John (WUNT 314), Tübingen 2013, 504–529.

PORTER, S.E., Is *dipsuchos* (James 1:8; 4:8) a „Christian" Word?, Bib. 71 (1990), 469–498.

PORTER, S.E./STEVENS C.S., Doubting BDAG on Doubt. A Lexical Examination of διακρίνω and Its Theological Ramifications, Filología Neotestamentaria 30 (2017), 43–70.

PORTER, S.E., Linguistic Schools, in: D.A. Black/B.L. Merkle, Linguistics and New Testament Greek. Key Issues in the Current Debate, Grand Rapids 2020, 11–36.

PRATSCHER, W., Der Herrenbruder Jakobus und die Jakobustradition (FRLANT 139), Göttingen 1987.

PRATSCHER, W., Die Parusieerwartung im 2. Klemensbrief, in: M. Becker/M. Öhler (Hg.), Apokalyptik als Herausforderung neutestamentlicher Theologie (WUNT 2/214), Tübingen 2006, 197–210.

PRATSCHER, W., Die Rezeption des Neuen Testaments bei den Apostolischen Vätern, ThLZ 137 (2012), 139–152.

PUNT, J., Hebrews, Thought-Patterns and Context. Aspects of the Background of Hebrews, Neotest. 3 (1997), 119–158.

QUARLES, C.L., The Protevangelium of James as an Alleged Parallel to Creative Historiography in the Synoptic Birth Narratives, Bulletin for Biblical Research 8 (1998), 139–149.

Monographien, Aufsätze, Wörterbuch- und Lexikonartikel 473

RAFANELLI, L. M., To Touch or Not to Touch. The „Noli me tangere" and the „Incredulity of Thomas" in Word and Image From Early Christianity to the Ottonian Period, in: R. Bieringer/K. Demasure/B. Baert (Hg.), To Touch or Not to Touch? Interdisciplinary Perspectives on the Noli Me Tangere (ANL 67), Leuven 2013, 139–177.

REASONER, M., The Strong and the Weak. Romans 14.1–15.13 in Context (MSSNTS 103), Cambridge 1999.

REECE, S., Penelope's „Early Recognition" of Odysseus from a Neoanalytic and Oral Perspective, College Literature 38 (2011), 101–117.

REEVES, K., They Worshipped Him, and They Doubted, The Bible Translator 49 (1998), 344–349.

REHFELD, E., Relationale Ontologie bei Paulus. Die ontische Wirksamkeit der Christusbezogenheit im Denken des Heidenapostels (WUNT 2/326), Tübingen 2012.

REINBOLD, W., „Gehet hin und machet zu Jüngern alle Völker"? Zur Übersetzung und Interpretation von Mt 28,19 f, ZThK 109 (2012), 176–205.

REINMUTH, E., Ostern – Ereignis und Erzählung. Die jüngste Diskussion und das Matthäusevangelium, ZNT 19/10 (2007), 3–14.

REILING, J., Hermas and Christian Prophecy. A Study of the Eleventh Mandate (NT.S 37), Leiden 1973.

REISER, M., Und ewig schwappt die Esoterik. Lukians „Lügenfreund" im flimmernden Licht der Rezeption, Frankfurter Allgemeine Zeitung, Nr. 165, 19. Juli 2002, 43.

REITZENSTEIN, R., Die hellenistischen Mysterienreligionen. Nach ihren Grundgedanken und Wirkungen, Stuttgart ³1927.

RHEE, V., Christology and the Concept of Faith in Hebrews 5:11–6:20, Journal of the Evangelical Theological Society 43 (2000), 83–96.

RHEE, V., Faith in Hebrews. Analysis within the Context of Christology, Eschatology, and Ethics (Studies in Biblical Literature 19), New York 2001.

RICŒUR, P., Stellung und Funktion der Metapher in der biblischen Sprache, in: P. Ricœur/E. Jüngel, Metapher. Zur Hermeneutik religiöser Sprache (EvTh.S), München 1974, 45–70.

RICHARDSON, C. A., Pioneer and Perfecter of Faith. Jesus' Faith as the Climax of Israel's History in the Epistle to the Hebrews (WUNT 2/338), Tübingen 2012.

RIESENFELD, H., Tradition und Redaktion im Markusevangelium, in: W. Eltester (Hg.), Neutestamentliche Studien für Rudolf Bultmann zu seinem 70. Geburtstag am 20. August 1954 (BZNW 21), Berlin 1954, 157–164.

RILEY, G. J., Resurrection Reconsidered. Thomas and John in Controversy, Minneapolis 1995.

RITT, H., Vom Wunderglauben zum Bekenntnisglauben, in: H. Petri u. a. (Hg.), Glaubensvermittlung im Umbruch. Festschrift für Bischof Manfred Müller, Regensburg 1996, 63–82.

ROBINSON, D. C., The Problem of Διψυχία in the Shepherd of Hermas, StPatr 45 (2010), 303–308.

ROLOFF, J., Abraham im Neuen Testament. Beobachtungen zu einem Aspekt Biblischer Theologie, in: ders., Exegetische Verantwortung in der Kirche. Aufsätze, hg. von M. Karrer, Göttingen 1990, 231–254.

ROLOFF, J., Das Kerygma und der irdische Jesus. Historische Motive in den Jesus-Erzählungen der Evangelien, Göttingen 1970.

RORDORF, B., La guérison de l'enfant possédé, LV(L) 299 (2013), 57–67.

474 *Literaturverzeichnis*

ROSE, C., Die Wolke der Zeugen. Eine exegetisch-traditionsgeschichtliche Untersuchung zu Hebräer 10,32–12,3 (WUNT 2/60), Tübingen 1994.

ROSENAU, H., Ich glaube – hilf meinem Unglauben. Zur theologischen Auseinandersetzung mit der Skepsis (Kieler theologische Reihe 2), Münster 2005.

ROTHE, R., Zur Dogmatik, Gotha 1863.

RUBEL, G., Erkenntnis und Bekenntnis. Der Dialog als Weg der Wissensvermittlung im Johannesevangelium (NTA 54), Münster 2009.

RUF, M. G., Die heiligen Propheten, eure Apostel und ich. Metatextuelle Studien zum zweiten Petrusbrief (WUNT 2/300), Tübingen 2011.

RÜGGEMEIER, J., Poetik der markinischen Christologie. Eine kognitiv-narratologische Exegese (WUNT 2/456), Tübingen 2017.

RÜPKE, J., Der Hirte des Hermas. Plausibilisierungs- und Legitimierungsstrategien im Übergang von Antike und Christentum, ZAC 8 (2005), 276–298.

RÜSEN, J., Für eine interkulturelle Kommunikation in der Geschichte, in: J. Rüsen/ M. Gottlob/A. Mittag (Hg.), Erinnerung, Geschichte, Identität, Bd. 4: Die Vielfalt der Kulturen, Frankfurt a. M. 1998, 12–36.

RÜSEN, J., Historische Orientierung. Über die Arbeit des Geschichtsbewußtseins, sich in der Zeit zurechtzufinden, Köln 1994.

RÜSEN, J., Historische Sinnbildung durch Erzählen. Eine Argumentationsskizze zum narrativistischen Paradigma der Geschichtswissenschaft und der Geschichtsdidaktik im Blick auf nicht-narrative Faktoren, Internationale Schulbuchforschung 18 (1996), 501–543.

SANDERS, E. P., The Historical Figure of Jesus, New York 1993.

SCHÄFER, R., Die Verheißung an Sara. Ansätze einer Sara-Tradition im Neuen Testament und ihre Grundlage in Gen 18,1–15, SNTU.A 39 (2014), 59–84.

SCHELKLE, K. H., Paulus, Lehrer der Väter. Die altkirchliche Auslegung von Römer 1–11, Düsseldorf 1956.

SCHELLENBERG, J. L., Prolegomena to a Philosophy of Religion, Ithaca 2005.

SCHENKE, H. M., The Function and Background of the Beloved Disciple in the Gospel of John, in: C. W. Hedrick/R. Hodgson (Hg.), Nag Hammadi, Gnosticism, and Early Christianity, Peabody 1986, 111–125.

SCHENK, W., Die Sprache des Matthäus. Die Text-Konstituenten in ihren makro- und mikrostrukturellen Relationen, Göttingen 1987.

SCHENK, W., Tradition und Redaktion in der Epileptiker-Perikope Mk 9,14–27, ZNW 63 (1972), 76–94.

SCHILDMANN, W., Karl Barths Träume. Zur verborgenen Psychodynamik seines Werkes, Zürich 2006.

SCHILLE, G., Wider die Gespaltenheit des Glaubens. Beobachtungen am Jakobusbrief, ThV 9 (1977), 71–89.

SCHLATTER, A., Der Glaube im Neuen Testament, Leiden 1885 (Stuttgart ^{5}1927).

SCHLEIERMACHER, F. D. E., Kritische Gesamtausgabe, Abt. 2: Vorlesungen, Bd. 4: Vorlesungen zur Hermeneutik und Kritik, hg. von W. Virmond, Berlin 2012.

SCHLIESSER, B., Abraham Did Not „Doubt" in Unbelief (Rom. 4:20). Faith, Doubt, and Dispute in Paul's Letter to the Romans, JThS 63 (2012), 492–522.

SCHLIESSER, B., Abraham's Faith in Romans 4. Paul's Concept of Faith in Light of the History of Reception of Genesis 15:6 (WUNT 2/224), Tübingen 2007.

SCHLIESSER, B., „Christ-Faith" as an Eschatological Event (Galatians 3.23–26). A „Third View" on Πίστις Χριστοῦ, JSNT 39 (2016), 277–300.

Monographien, Aufsätze, Wörterbuch- und Lexikonartikel 475

SCHLIESSER, B., Faith in Early Christianity. An Encyclopedic and Bibliographical Outline, in: J. Frey/B. Schliesser/N. Ueberschaer (Hg.), Glaube. Das Verständnis des Glaubens im frühen Christentum und in seiner jüdischen und hellenistisch-römischen Umwelt (WUNT 373), Tübingen 2017, 3–50.

SCHLIESSER, B., Glaube als Ereignis. Zu einer vernachlässigten Dimension des paulinischen Glaubensverständnisses, ZThK 117 (2020), 21–45.

SCHLIESSER, B., Glauben und Denken im Hebräerbrief und bei Paulus. Zwei frühchristliche Perspektiven auf die Rationalität des Glaubens, in: J. Frey/B. Schliesser/N. Ueberschaer (Hg.), Glaube. Das Verständnis des Glaubens im frühen Christentum und in seiner jüdischen und hellenistisch-römischen Umwelt (WUNT 373), Tübingen 2017, 503–560.

SCHLIESSER, B., The Gospel for Sceptics. Doubting Thomas (John 20:24–29) and Early Christian Identity Formation, in: B. Edelman-Singer/T. Nicklas/J.E. Spittler/L. Walt (Hg.), Insider Doubt. Sceptic and Believer in Ancient Mediterranean Religions, WUNT 443, Tübingen 2020, 203–225.

SCHLIESSER, B., Jewish Beginnings. Earliest Christianity in Alexandria, in: J. Frey/ T.J. Kraus/J. Rüggemeier/B. Schliesser (Hg.), Alexandria. Hub of the Hellenistic World (WUNT), Tübingen 2020, 367–397.

SCHLIESSER, B., Konfliktmanagement in der stadtrömischen Christenheit. Eine neue Sicht auf die „Starken" und „Schwachen" in Rom, in: U.E. Eisen/H. Mader (Hg.), Talking God in Society. Multidisciplinary (Re)constructions of Ancient (Con)texts. Festschrift Peter Lampe (NTOA 120/2), Göttingen 2021, 83–104.

SCHLIESSER, B., Martin Luthers Hebräerbriefvorlesung (1517–1518) als Paulusexegese. Zur Subjektivität und Existentialität des Glaubens, in: S. Krauter/M. Nägele (Hg.), Reformation Readings of Paul (HBE), Tübingen 2022.

SCHLIESSER, B., Paulustheologien im Vergleich, in: J. Frey/B. Schliesser (Hg.), Die Theologie des Paulus in der Diskussion (BThSt 140), Neukirchen-Vluyn 2013, 1–79.

SCHLIESSER, B., Der Seewandel des Petrus (Mt 14,28–31) in frühchristlicher Literatur und Kunst. Zur Wirkungsgeschichte einer unbequemen Petruserzählung, in: J. Frey/ M. Wallraff (Hg.), Petrusliteratur und Petrusarchäologie. Römische Begegnungen (Rom und Protestantismus. Schriften des Melanchthon-Zentrums in Rom), Tübingen 2019, 43–86.

SCHLIESSER, B., Shades of Faith. The Phenomenon of Doubt in Early Christianity, RelS (2022), 1–16.

SCHLIESSER, B., To Touch or Not to Touch? Doubting and Touching in John 20:24–29, Early Christianity 8 (2017), 69–93.

SCHLIESSER, B., Vom Jordan an den Tiber. Wie die Jesusbewegung in den Städten des Römischen Reiches ankam, ZThK 116 (2019), 1–45

SCHLIESSER, B., Was ist Glaube? Paulinische Perspektiven (ThSt N. F. 3), Zürich 2011.

SCHMITHALS, W., Die Heilung des Epileptischen (Mk 9,14–29). Ein Beitrag zur notwendigen Revision der Formgeschichte, ThViat 13 (1975/76), 211–234.

SCHNACKENBURG, R., Petrus im Matthäusevangelium, in: À cause de l'évangile. Études sur les Synoptiques et les Actes offertes au P. Jacques Dupont, O.S.B., à l'occasion de son 70e anniversaire (LeDiv 123), Paris 1985, 107–125.

SCHNEBLE, H., Heillos, heilig, heilbar. Die Geschichte der Epilepsie von den Anfängen bis heute, Berlin 2003.

SCHNECKENBURGER, M., Ueber den Ursprung des ersten kanonischen Evangeliums. Ein kritischer Versuch, Stuttgart 1834.

476 *Literaturverzeichnis*

SCHNEIDER-FLUME, G., Glaubenserfahrung in den Psalmen, Göttingen 1998.

SCHNEIDERS, S. M., Touching the Risen Jesus. Mary Magdalene and Thomas the Twin in John 20, in: dies., Jesus Risen in Our Midst. Essays on the Resurrection of Jesus in the Fourth Gospel, Collegeville 2013, 34–60.

SCHNELLE, U., Antidoketische Christologie im Johannesevangelium. Eine Untersuchung zur Stellung des vierten Evangeliums in der johanneischen Schule (FRLANT 144), Göttingen 1987.

SCHNELLE, U., Einleitung in das Neue Testament, Göttingen ⁸2013.

SCHNELLE, U., Das frühe Christentum und die Bildung, NTS 61 (2015), 113–143.

SCHNELLE, U., Paulus. Leben und Denken, Berlin ²2014.

SCHNELLE, U., Die Reihenfolge der johanneischen Schriften, NTS 57 (2011), 91–113.

SCHÖNE, A., Johann Wolfgang Goethe. Faust – Texte und Kommentare, Frankfurt a. M. ⁵2003.

SCHOEDEL, W. R., Polycarp of Smyrna and Ignatius of Antioch, ANRW 2,27,1 (1993), 272–358.

SCHRENK, G., Art. διαλέγομαι κτλ., ThWNT 2 (1935), 93–98.

SCHRÖDER, W., Der Ritter zwischen Welt und Gott. Idee und Problem des Parzivalromans Wolframs von Eschenbach, Weimar 1952.

SCHRÖTER, J., Jesuserinnerung. Geschichtshermeneutische Reflexionen zur Jesusforschung, in: E. D. Schmidt (Hg.), Jesus, quo vadis? Entwicklungen und Perspektiven der aktuellen Jesusforschung (BThS 177), Göttingen 2018, 115–153.

SCHULTHEISS, T., Das Petrusbild im Johannesevangelium (WUNT 2/329), Tübingen 2012.

SCHULZ, H., Theorie des Glaubens (Religion in Philosophy and Theology 2), Tübingen 2001.

SCHULZ, S., Die Mitte der Schrift. Der Frühkatholizismus im Neuen Testament als Herausforderung an den Protestantismus, Stuttgart 1976.

SCHUMACHER, T., Zur Entstehung christlicher Sprache. Eine Untersuchung der paulinischen Idiomatik und der Verwendung des Begriffes πίστις (BBB 168), Göttingen 2012.

SCHUNACK, G., Glaube in griechischer Religiosität, in: B. Kollmann/W. Reinbold/A. Steudel (Hg.), Antikes Judentum und frühes Christentum (BZNW 97), Berlin 1999, 296–326.

SCHUNK-HELLER, S., Die Darstellung des ungläubigen Thomas in der italienischen Kunst bis um 1500 unter Berücksichtigung der lukanischen Ostentatio Vulnerum, München 1995.

SCHÜSSLER FIORENZA, E., Anführer und Vollender unseres Glaubens. Zum theologischen Verständnis des Hebräerbriefes, in: J. Schreiner/G. Dautzenberg (Hg.), Gestalt und Anspruch des Neuen Testaments, Würzburg 1969, 262–281.

SCHWARTZ, D. R., „Someone who considers something to be impure – for him it is impure" (Rom 14:14). Good Manners or Law?, in: T. G. Casey/J. Taylor (Hg.), Paul's Jewish Matrix (Bible in Dialogue 2), Rom 2011, 293–309.

SCHWARZ, R., Fides, spes und caritas beim jungen Luther. Unter besonderer Berücksichtigung der mittelalterlichen Tradition (AKG 34), Berlin 1962.

SCHWARZ, R., Martin Luther. Lehrer der christlichen Religion, Tübingen 2015.

SCHWARZ, W., Marginalien zur Glossenkritik am Hesychlexikon, Diss., Julius-Maximilians-Universität Würzburg, 1966.

SCHWEITZER, A., Geschichte der Leben-Jesu-Forschung, Tübingen ⁶1951.

SCHWEIZER, E., The Portrayal of the Life of Faith in the Gospel of Mark, Interp. 32 (1978), 387–399.

Monographien, Aufsätze, Wörterbuch- und Lexikonartikel 477

Schwöbel C. (Hg.), Karl Barth – Martin Rade. Ein Briefwechsel (1908–1940), Gütersloh 1981.

Seifrid, M., Quaestiones disputatae. Roman Faith and Christian Faith, NTS 64 (2018), 247–255.

Seitz, O.J.F., Afterthoughts on the Term „Dipsychos", NTS 4 (1957/58), 327–334.

Seitz, O.J.F., Antecedents and Signification of the Term ΔΙΨΥΧΟΣ, JBL 66 (1947), 211–219.

Seitz, O.J.F., Relationship of the Shepherd of Hermas to the Epistle of James, JBL 63 (1944), 131–140.

Seitz, O.J.F., Two Spirits in Man. An Essay in Biblical Exegesis, NTS 6 (1959), 82–95.

Selvatico, P./Strahm, D., Jesus Christus. Christologie (Studiengang Theologie 6/2), Zürich 2010.

Siegert, F., Das Evangelium des Johannes in seiner ursprünglichen Gestalt. Wiederherstellung und Kommentar (SIJD 7), Göttingen 2008.

Silva, M., Biblical Words and Their Meaning. An Introduction to Lexical Semantics, Grand Rapids 1983.

Silva, M., Faith versus Works of Law in Galatians, in: D.A. Carson/P.T. O'Brien/ M.A. Seifrid (Hg.), Justification and Variegated Nomism, Bd. 2: The Paradoxes of Paul (WUNT 2/181), Tübingen 2004, 217–248.

Skinner, C.W. (Hg.), Characters and Characterization in the Gospel of John (Library of New Testament Studies 461), London 2013.

Skinner, C.W., Introduction. Characters and Characterizations in the Gospel of John. Reflections on the Status Quaestionis, in: ders. (Hg.), Characters and Characterization in the Gospel of John (Library of New Testament Studies 461), London 2013, XVII–XXXII.

Skinner, C.W., John and Thomas – Gospels in Conflict? Johannine Characterization and the Thomas Question (Princeton Theological Monograph Series 115), Eugene 2009.

Small, B., The Characterization of Jesus in the Book of Hebrews (Bibl.Interpr.S 128), Leiden 2014.

Soden, W. von, Sprache, Denken und Begriffsbildung im alten Orient (1974), in: ders., Aus Sprache, Geschichte und Religion Babyloniens. Gesammelte Aufsätze, hg. von L. Cagni/H.-P. Müller, Neapel 1989, 165–201.

Söding, T., Glaube bei Markus. Glaube an das Evangelium, Gebetsglaube und Wunderglaube im Kontext der markinischen Basileiatheologie und Christologie (SBB 12), Stuttgart 1985.

Söding, T., Zuversicht und Geduld im Schauen auf Jesus. Zum Glaubensbegriff des Hebräerbriefes, ZNW 82 (1991), 214–241.

Solin, H., Inschriftliche Wunderheilungsberichte aus Epidauros, ZAC 17 (2013), 7–50.

Sommer, A.U., Historischer und kritischer Kommentar zu Friedrich Nietzsches Werken, Bd. 6/2: Kommentar zu Nietzsches „Der Antichrist", „Ecce homo", „Dionysos-Dithyramben", „Nietzsche contra Wagner", Berlin 2013.

Sommer, A.U., Die Kunst des Zweifelns. Anleitung zum skeptischen Philosophieren (Beck'sche Reihe 1664), München ²2007.

Soyars, J.E., The Shepherd of Hermas and the Pauline Legacy (NT.S 176), Leiden 2019.

Spicq, C., Alexandrinismes dans l'épître aux Hébreux, RB 58 (1951), 481–502.

Spicq, C., Le philonisme de l'épître aux Hébreux, RB 56 (1949), 542–572; 57 (1950), 212–242.

478 Literaturverzeichnis

Spitaler, P., Διακρίνεσθαι in Mt. 21:21, Mk. 11:23, Acts 10:20, Rom. 4:20, 14:23, Jas. 1.6, and Jude 22. The „Semantic Shift" That Went Unnoticed by Patristic Authors, NT 49 (2007), 1–39.

Spitaler, P., James 1:5–6. A Dispute with God, CBQ 71 (2009), 560–579.

Spitta, F., Zum Verständnis der Oden Salomos, ZNW 11 (1910), 193–203.259–290.

Stählin, G., Art. ἀσθενής κτλ., ThWNT 1 (1933), 488–492.

Stehly, R., Boudhisme et Nouveau Testament. A propos de la marche de Pierre sur l'eau (Matthieu 14,28s), RHPhR 57 (1977), 433–437.

Stemberger, G., Gen 15 in Rabbinic and Patristic Interpretation (2009), in: ders., Judaica Minora, Bd. 1: Biblische Traditionen im rabbinischen Judentum (TSAJ 133), Tübingen 2010, 452–468.

Stendahl, K., Das Vermächtnis des Paulus. Eine neue Sicht auf den Römerbrief, Zürich 2001.

Sterling, G. E., „The Queen of the Virtues". Piety in Philo of Alexandria, Studia Philonica Annual 18 (2006), 103–123.

Sternberger, J.-P., Le doute selon Mt 28, 17, ETR 81 (2006), 429–434.

Steinmetz, D. C., Calvin and the Patristic Exegesis of Paul, in: ders. (Hg.), The Bible in the Sixteenth Century (Duke Monographs in Medieval and Renaissance Studies 11), Durham 1990, 100–118.231–235.

Stevens, C. S., Does Neglect Mean Rejection? Canonical Reception History of James', JETS 60 (2017), 767–780.

Steyn, G. J., A Quest for the Assumed LXX Vorlage of the Explicit Quotations in Hebrews (FRLANT 235), Göttingen 2011.

Stonehouse, N. B., The Witness of Matthew and Mark to Christ, Philadelphia 1944.

Stosch, K. von, Religiöser Glaube und Zweifel, in: W. Löffler/P. Weingartner (Hg.), Knowledge and Belief. Papers to the 26th International Wittgenstein Symposium, Kirchberg 2003, 334–336.

Straub, J., Geschichten erzählen, Geschichte bilden. Grundzüge einer narrativen Psychologie historischer Sinnbildung, in: ders. (Hg.), Erzählung, Identität und historisches Bewußtsein, Frankfurt a. M. 1998.

Strauss, D. F., Das Leben Jesu, kritisch bearbeitet, 2 Bde., Tübingen ²1837.

Strecker, G., Das Geschichtsverständnis des Matthäus (1966), in: ders., Eschaton und Historie. Aufsätze, Göttingen 1979, 90–107.

Strecker, G., Literaturgeschichte des Neuen Testaments (UTB 1682,) Göttingen 1992.

Strecker, G., Der Weg der Gerechtigkeit. Untersuchung zur Theologie des Matthäus (FRLANT 82), Göttingen 1962.

Strock, A. W., The Shepherd of Hermas. A Study of His Anthropology as Seen in the Tension Between Dipsychia and Hamartia, Ph.D. Diss., Emory University Atlanta, 1984.

Stroumsa, G. G./Fredriksen, P., The Two Souls and the Divided Will, in: A. I. Baumgarten/J. Assmann/G. G. Stroumsa (Hg.), Self, Soul and Body in Religious Experience (Studies in the History of Religions 78), Leiden 1998, 198–217.

Stuckenbruck, L. T., The „Heart" in the Dead Sea Scrolls. Negotiating between the Problem of Hypocrisy and Conflict within the Human Being, in: A. Lange/E. Tov/M. Weigold (Hg.), The Dead Sea Scrolls in Context, Bd. 1: Integrating the Dead Sea Scrolls in the Study of Ancient Texts, Languages and Cultures (VT.S 140/1), Leiden 2011, 437–453.

Stuckenbruck, L. T., The Interiorization of Dualism within the Human Being in Second Temple Judaism. The Treatise of the Two Spirits (1QS III:13–IV:26) in Its Tradition-Historical Context, in: A. Lange u. a. (Hg.), Light Against Darkness. http://www.v-r.de/de/

Monographien, Aufsätze, Wörterbuch- und Lexikonartikel

title-364–364/light_against_darkness-1006509/Dualism in Ancient Mediterranean Religion and the Contemporary World (Journal of Ancient Judaism, Suppl. 2), Göttingen 2011, 145–168.

STUHLMACHER, P., Gerechtigkeit Gottes bei Paulus (FRLANT 87), Göttingen [2]1966.

SWAN, T., Re-membering the Body of Jesus, in: M. Caspi/J.T. Greene (Hg.), Problems in Translating Texts about Jesus, Lewiston 2011, 19–41.

SYNGE, F.C., Not Doubt, but Discriminate, ET 89 (1978), 203–205.

SYLVA, D., Thomas – Love as Strong as Death. Faith and Commitment in the Fourth Gospel (Library of New Testament Studies 434), London 2013.

SYREENI, K., Between Heaven and Earth. On the Structure of Matthew's Symbolic Universe, JSNT 40 (1990), 3–13.

SYREENI, K., Peter as Character and Symbol in the Gospel of Matthew, in: D. Rhoads/ K. Syreeni (Hg.), Characterization in the Gospels. Reconceiving Narrative Criticism (JSNT.S 184), Sheffield 1999, 106–152.

TAJFEL, H., Differentiation between Social Groups. Studies in the Social Psychology of Intergroup Relations, London 1978.

TAN, A. K., The Rhetoric of Abraham's Faith in Romans 4 (Emory Studies in Early Christianity 20), Atlanta 2018.

TAYLOR, C., The Didache Compared with the Shepherd of Hermas, Journal of Philology 18 (1890), 297–325.

TAYLOR, C., A Secular Age, Cambridge 2007.

TAYLOR, M.E., Recent Scholarship on the Structure of James, Currents in Biblical Research 3 (2004), 86–115.

TELFORD, W., The Theology of the Gospel of Mark, Cambridge 1999.

THEISSEN, G., Erleben und Verhalten der ersten Christen. Eine Psychologie des Urchristentums, Gütersloh 2007.

THEISSEN, G., Polyphones Verstehen. Entwürfe zur Bibelhermeneutik (Beiträge zum Verstehen der Bibel 23), Berlin [2]2015.

THEISSEN, G., Urchristliche Wundergeschichten. Ein Beitrag zur formgeschichtlichen Erforschung der synoptischen Evangelien (StNT 8), Gütersloh [6]1990.

THEOBALD, M., „Abraham sah hin ..." Realitätssinn als Gütesiegel des Glaubens (Röm 4,18–22), in: ders., Studien zum Römerbrief (WUNT 136), Tübingen 2001, 283–301.

THEOBALD, M., Erkenntnis und Liebe. Kriterien glaubenskonformen Handelns nach Röm 14,13–23, in: ders., Studien zum Römerbrief (WUNT 136), Tübingen 2001, 481–510.

THEOBALD, M., Glauben statt Grübeln. Zum Anti-Intellektualismus der Pastoralbriefe, Early Christianity 5 (2014), 5–34.

THEOBALD, M., Der johanneische Osterglaube und die Grenzen seiner narrativen Vermittlung (Joh 20) (1998), in: ders., Studien zum Corpus Iohanneum (WUNT 267), Tübingen 2010, 443–471.

THEOBALD, M., Der „strittige Punkt" (Rhet. a. Her. I,26) im Diskurs des Römerbriefs. Die propositio 1,16 f und das Mysterium der Errettung ganz Israels (1999), in: ders., Studien zum Römerbrief (WUNT 136), Tübingen 2001, 278–323.

THIELICKE, H., Der Evangelische Glaube. Grundzüge der Dogmatik, 3 Bde., Tübingen 1968–1978.

THIELICKE, H., Glauben und Denken in der Neuzeit. Die großen Systeme der Theologie und Religionsphilosophie, Tübingen 1983.

THISELTON, A.C., Doubt, Faith, and Certainty, Grand Rapids 2017.

480 *Literaturverzeichnis*

THOMPSON, J. W., The Appropriate, the Necessary, and the Impossible. Faith and Reason in Hebrews, in: A. J. Malherbe/F. W. Norris/J. W. Thomspon (Hg.), The Early Church in Its Context. Essays in Honor of Everett Ferguson (NT.S 90), Leiden 1998, 302–317.

THOMPSON, J. W., The Beginnings of Christian Philosophy (CBQ.MS 13), Washington 1982.

THURNEYSEN, E. (Hg.), Karl Barth – Eduard Thurneysen. Briefwechsel, Bd. 1: 1921–1930, Zürich 1973.

THYEN, H., Johannes und die Synoptiker (1992), in: ders., Studien zum Corpus Iohanneum (WUNT 214), Tübingen 2007, 155–181.

THYEN, H., Noch einmal. Johannes 21 und „der Jünger, den Jesus liebte" (1995), in: ders., Studien zum Corpus Iohanneum (WUNT 214), Tübingen 2007, 252–293.

TILBORG, S. VAN, Imaginative Love in John (Bibl.Interpr.S 2), Leiden 1993.

TILLICH, P., Rechtfertigung und Zweifel, in: ders., Ergänzungs- und Nachlaßbände zu den Gesammelten Werken, Bd. 10: Religion, Kultur, Gesellschaft. Unveröffentlichte Texte aus der deutschen Zeit (1908–1933), Teil 1, hg. von E. Sturm, Berlin 1999, 127–230.

TILLICH, P., Wesen und Wandel des Glaubens, in: Gesammelte Werke, Bd. 8/2: Schriften zur Theologie. Offenbarung und Glaube, Stuttgart 1970, 111–196.

TILLY, M., Abraham im Judentum. Der Stammvater Israels als Erinnerungsfigur jüdischer Identität, GuL 28 (2013), 19–31.

TILLY, M., Der Begriff des „Glaubens" in der rabbinischen Traditionsliteratur, in: J. Frey/ B. Schliesser/N. Ueberschaer (Hg.), Glaube. Das Verständnis des Glaubens im frühen Christentum und in seiner jüdischen und hellenistisch-römischen Umwelt (WUNT 373), Tübingen 2017, 219–237.

TOLMIE, D. F., Jesus' Farewell to the Disciples. John 13:1–17:26 in Narratological Perspective (Bibl.Interpr.S 12), Leiden 1995.

TORRANCE, T. F., The Mediation of Christ, Colorado Springs [2]1992.

TORRANCE, T. F., One Aspect of the Biblical Conception of Faith, ET 68 (1956/57), 111–114.

TRILLING, W., Das wahre Israel. Studien zur Theologie des Matthäus-Evangeliums (StANT 10), München [3]1964

TSUJI, M., Glaube zwischen Vollkommenheit und Verweltlichung. Eine Untersuchung zur literarischen Gestalt und zur inhaltlichen Kohärenz des Jakobusbriefes (WUNT 2/ 93), Tübingen 1997.

TUCKETT, C. M., Seeing and Believing in John 20, in: J. Krans u. a. (Hg.), Paul, John, and Apocalyptic Eschatology. Studies in Honour of Martinus C. de Boer (NT.S 149), Leiden 2013, 169–185.

TWELFTREE, G. H., Jesus the Exorcist. A Contribution to the Study of the Historical Jesus (WUNT 2/54), Tübingen 1994.

TWELFTREE, G. H., Jesus the Miracle Worker. A Historical and Theological Study, Downers Grove 1999.

UEDING, G./STEINBRINK, B., Grundriß der Rhetorik. Geschichte – Technik – Methode, Stuttgart [5]2011.

URO, R., Cognitive Science in the Study of Early Christianity. Why It Is Helpful – and How?, NTS 63 (2017), 516–533.

VAN OYEN, G., The Protevangelium Jacobi. An Apocryphal Gospel?, in: J. Schröter (Hg.), The Apocryphal Gospels within the Context of Early Christian Theology (BEThL 260), Leuven 2013, 271–304.

Monographien, Aufsätze, Wörterbuch- und Lexikonartikel 481

VAN DE SANDT, H.W.M., Law and Ethics in Matthew's Antitheses and James's Letter, in: ders./J.K. Zangenberg (Hg.), Matthew, James, and Didache. Three Related Documents in Their Jewish and Christian Settings (SBL.SymS 45), Atlanta 2008, 315–338.

Van de Sandt, H.W.M./Zangenberg, J.K. (Hg.), Matthew, James, and Didache. Three Related Documents in Their Jewish and Christian Settings (SBL.SymS 45), Atlanta 2008.

VANHOYE, A., La lettre aux Hébreux. Jésus Christ, médiateur d'une nouvelle alliance, Jésus et Jésus-Christ 84, Paris 2002.

VERHEYDEN, J., The Shepherd of Hermas and the Writings That Later Formed the New Testament, in: A.F. Gregory/C.M. Tuckett (Hg.), The Reception of the New Testament in the Apostolic Fathers, Oxford 2005, 293–329.

VINZENT, M., „Ich bin kein körperloses Geistwesen." Zum Verhältnis von κήρυγμα Πέτροῦ, „Doctrina Petri", διδασκαλία Πετροῦ und IgnSm 3, in: R. Hübner (Hg.), Der Paradox Eine. Antignostischer Monarchianismus im zweiten Jahrhundert (SVigChr 50), Leiden 1999, 241–286.

VISSCHER, G.H., Romans 4 and the New Perspective on Paul: Faith Embraces the Promise (Studies in Biblical Literature 122), New York 2009.

VÖGTLE, A., Wie kam es zum Osterglauben?, Düsseldorf 1975.

VOGELSANG, E., Luthers Hebräerbrief-Vorlesung von 1517/18, AKG 17, Berlin 1930.

VOGL, J., Über das Zaudern, Zürich 2007.

VOGT, P., „Gloria Pleurae!" Die Seitenwunde Jesu in der Theologie des Grafen von Zinzendorf, PuN 32 (2006), 175–212.

VOLLENWEIDER, S., Freiheit als neue Schöpfung. Eine Untersuchung zur Eleutheria bei Paulus und in seiner Umwelt (FRLANT 147), Göttingen 1989.

VOLLENWEIDER, S., „Mitten auf dem Areopag". Überlegungen zu den Schnittstellen zwischen antiker Philosophie und Neuem Testament, Early Christianity 3 (2012), 296–320.

VOLLENWEIDER, S., Art. Paulus, RGG⁴ 6 (2003), 1035–1065.

VUONG, L.C., Gender and Purity in the Protevangelium of James (WUNT 2/358), Tübingen 2013.

VYHMEISTER, N.J., The Rich Man in James 2. Does Ancient Patronage Illumine the Text, AUSS 33 (1995), 265–283.

WACHOB, W.H., The Voice of Jesus in the Social Rhetoric of James (MSSNTS 106), Cambridge 2000.

WALKER, R., Allein aus Werken. Zur Auslegung von Jakobus 2, 14–26, ZThK 61 (1964), 155–192.

WANG, K.H., Sense Perception and Testimony in the Gospel according to John (WUNT 2/435), Tübingen 2017.

WARNS, R., Untersuchungen zum 2. Clemens-Brief, Diss., Philipps-Universität Marburg, 1985.

WATSON, D.F., An Assessment of the Rhetoric and Rhetorical Analysis of the Letter of James, in: R.L. Webb/J.S. Kloppenborg (Hg.), Reading James with New Eyes. Methodological Reassessment of the Letter of James (Library of New Testament Studies 342), London 2007, 99–120.

WATSON, D.F., James 2 in Light of Greco-Roman Schemes of Argumentation, NTS 39 (1993), 94–121.

WATSON, D.F., The Rhetoric of James 3:1–12 and a Classical Pattern of Argumentation, NT 35 (1993), 48–64.

WATSON, F., An Apostolic Gospel. The Epistula Apostolorum in Literary Context (MSSNTS 179), Cambridge 2020.

482 *Literaturverzeichnis*

WATSON, F., By Faith (of Christ). An Exegetical Dilemma and Its Scriptural Solution, in: M. Bird/P. Sprinkle (Hg.), The Faith of Jesus Christ. Biblical and Theological Studies, Peabody 2009, 147–163.

WATSON, F., Paul and the Hermeneutics of Faith, London [2]2015.

WEBB, R.L./KLOPPENBORG, J.S. (Hg.), Reading James with New Eyes. Methodological Reassessment of the Letter of James (Library of New Testament Studies 342), London 2007.

WEBER, M., Wirtschaft und Gesellschaft. Grundriß der verstehenden Soziologie (1922), Tübingen [5]1980.

WEDER, H., Die Entdeckung des Glaubens im Neuen Testament (1988), in: ders., Einblicke ins Evangelium. Exegetische Beiträge zur neutestamentlichen Hermeneutik, Göttingen 1992, 137–150.

WEIDEMANN, H., Der Tod Jesu im Johannesevangelium. Die erste Abschiedsrede als Schlüsseltext für den Passions- und Osterbericht (BZNW 122), Berlin 2004.

WEISSENRIEDER, A., Images of Illness in the Gospel of Luke. Insights of Ancient Medical Texts (WUNT 2/164), Tübingen 2006.

WEIZSÄCKER, C., Untersuchungen über die evangelische Geschichte, ihre Quellen und den Gang ihrer Entwicklung, Gotha 1864.

WELLHAUSEN, J., Rez. zu Harris, Odes and Psalms of Solomon, in: GGA 172 (1910), 620–641.

WELTECKE, D., „Der Narr spricht: Es ist kein Gott". Atheismus, Unglauben und Glaubenszweifel vom 12. Jahrhundert bis zur Neuzeit (Campus Historische Studien 50), Frankfurt a.M. 2010.

WELZ, C., Vertrauen und Versuchung (Religion in Philosophy and Theology 51), Tübingen 2010.

WENGER, S., Der wesenhaft gute Kyrios. Eine exegetische Studie über das Gottesbild im Jakobusbrief (AThANT 100), Zürich 2011.

WENGERT, T.J., Caspar Cruciger (1504–1548). The Case of the Disappearing Reformer, SCJ 20 (1989), 417–441.

WENGERT, T., Reading the Bible with Martin Luther. An Introductory Guide, Grand Rapids 2013.

WENGST, K., Bedrängte Gemeinde und verherrlichter Christus. Ein Versuch über das Johannesevangelium, München [4]1992.

WENZEL, H., Coincidences in Buddhist Literature and the Gospels, Academy (1889), 27.

WERBICK, J., Christlich glauben. Eine theologische Ortsbestimmung, Freiburg i.Br. 2019.

WERNLE, P., Der Christ und die Sünde bei Paulus, Leipzig 1897.

WESTFALL, C.L., A Discourse Analysis of the Letter to the Hebrews. The Relationship between Form and Meaning (Library of New Testament Studies 297), London 2005.

WETTE, W.M.L. DE, Christliche Sittenlehre, Bd. 1: Die allgemeine Sittenlehre, Berlin 1819.

WHITENTON, M.R., After ΠΙΣΤΙΣ ΧΡΙΣΤΟΥ. Neglected Evidence from the Apostolic Fathers, JThS 61 (2010), 82–109.

WHITMARSH, T., Battling the Gods. Atheism in the Ancient World, New York 2015.

WIARDA, T.J., Peter in the Gospels. Pattern, Personality and Relationship (WUNT 2/127), Tübingen 2000.

WIDER, D., Theozentrik und Bekenntnis. Untersuchungen zur Theologie des Redens Gottes im Hebräerbrief (BZNW 87), Berlin 1997.

WILCKENS, U., Auferstehung. Das biblische Auferstehungszeugnis historisch untersucht und erklärt, Gütersloh [2]1977.

Monographien, Aufsätze, Wörterbuch- und Lexikonartikel 483

Wilkins, M.J., The Concept of Disciple in Matthew's Gospel. As Reflected in the Use of the Term Μαθητής (NT.S 59), Leiden 1988.

Williamson, R., Philo and the Epistle to the Hebrews (ALGHJ 4), Leiden 1970.

Wilpert, J., Roma sotterranea cristiana, Erg.-Heft 1: Die Papstgräber und die Cäciliengruft in der Katakombe des hl. Kallistus, Freiburg i. Br. 1909.

Wilson, W. T., The Sentences of Sextus (Wisdom Literature from the Ancient World 1), Atlanta 2012.

Wilson, W. T., Sin as Sex and Sex with Sin. The Anthropology of James 1:12–15, HThR 95 (2002), 147–168.

Wilson, W. T. Turning Words. James 4:7–10 and the Rhetoric of Repentance, in: A. Yarbro Collins/M. M. Mitchell (Hg.), Antiquity and Humanity. Essays on Ancient Religion and Philosophy. Presented to Hans Dieter Betz on His 70th Birthday, Tübingen 2001, 358–377.

Winkler, J.J., The Constraints of Desire. The Anthropology of Sex and Gender in Ancient Greece, New York 1990.

Winter, B. W., Seek the Welfare of the City. Christians as Benefactors and Citizens (First-Century Christians in the Graeco-Roman World), Grand Rapids 1994, 48–72.

Wischmeyer, O., Polemik im Jakobusbrief. Formen, Gegenstände und Fronten, in: dies./ L. Scornaienchi (Hg.), Polemik in der frühchristlichen Literatur. Texte und Kontexte (BZNW 170), Berlin 2011, 357–379.

Wittgenstein, L., Über Gewißheit, Frankfurt a. M. ⁹1997.

Woodington, J. D., The Dubious Disciples. Doubt and Disbelief in the Post-Resurrection Scenes of the Four Gospels (BZNW 241), Berlin 2020.

Wohlers, M., Heilige Krankheit. Epilepsie in antiker Medizin, Astrologie und Religion (MThSt 57), Marburg 1999.

Wolter, M., Paulus. Ein Grundriss seiner Theologie, Neukirchen-Vluyn 2011.

Wolverton, W. I., The Double-Minded Man in the Light of Essene Psychology, AThR 38 (1956), 166–175.

Wuellner, W. H., Der Jakobusbrief im Licht der Rhetorik und Textpragmatik, LingBibl 43 (1978), 5–66.

Wypadlo, A., Viel vermag das inständige Gebet eines Gerechten (Jak 5,16). Die Weisung zum Gebet im Jakobusbrief (fzb 110), Würzburg 2006.

Wypadlo, A., Von Gott, dem Geber alles Guten, und vom rechten Beten, ThGl 93 (2003), 74–92.

Zahn, T., Das Evangelium des Petrus. Das kürzlich gefundene Fragment seines Textes, Erlangen 1893.

Zeki, S., The Neurology of Ambiguity, in: M. Turner (Hg.), The Artful Mind. Cognitive Science and the Riddle of Human Creativity, Oxford 2006, 243–270.

Zerba, M., Doubt and Skepticism in Antiquity and the Renaissance, Cambridge 2012.

Zimmermann, A., Glaube und Wissen (S.th. II–II, qq. 1–9), in: A. Speer (Hg.), Thomas von Aquin. Die Summa theologiae. Werkinterpretationen, Berlin 2005, 271–297.

Zimmermann, G., „An Gott zweifeln". Eine logische Untersuchung, NZSTh 48 (2006), 305–320.

Zimmermann, J., Zwei Mal „Lehren"? Ein Widerspruch zu Wolfgang Reinbolds Auslegung von Mt 28,19, ZThK 114 (2017), 138–148.

Zimmermann, R., Figurenanalyse im Johannesevangelium. Ein Beitrag zu Sinn und Wahrheit narratologischer Exegese, ZNW 105 (2014), 20–53.

484 *Literaturverzeichnis*

ZMIJEWSKI, J., Christliche „Vollkommenheit". Erwägungen zur Theologie des Jakobusbriefs, SNTU 5 (1980), 50–78.

ZUMSTEIN, J., La condition du croyant dans l'évangile selon Matthieu (OBO 16), Fribourg/Göttingen 1977.

ZUMSTEIN, Das Johannesevangelium. Eine Strategie des Glaubens, ThBeitr 28 (1997), 350–363.

ZUMSTEIN, J., Matthieu 28:16–20, RThPh 22 (1972), 14–33.

ZUMSTEIN, J., La naissance de la notion d'Écriture dans la littérature johannique, in: J.M. Auwers/H.J. de Jonge (Hg.), The Biblical Canons (BEThL 163), Leuven 2003, 371–394.

Stellenregister

Altes Testament

Genesis

3,1	417
4,21	307
7,20	30
11,27–12,9	95
12,1	365
12,4	365
15,1–11	104
15,6	97, 98
15,8	97, 99
17,17	97, 98, 99
21,6–7	99

Exodus

17,6	215
32,7	250
33,12–13	97
34,30	111

Numeri

11,26–30	46
11,34	46
12,7 (LXX)	366
18,20	378
20,17	306, 307

Deuteronomium

5,31	376–377
6,5	42, 300
29,17	301–302
32,20	120
32,36	120

2. Könige

20,8–11	97

1. Chronik

12,34	42, 294, 301

Hiob

9,8 (LXX)	155
37,16 (LXX)	70

Psalmen

11,3 (LXX)	301
12,3	301
12[11],3 (LXX)	42
51,9 (LXX)	31
68 (LXX)	138
116,10	125

Sprüche

23,7	42

Prediger

8,11	30

Hoheslied

2,14	215

Jesaja

51,1	215
57,20 (LXX)	279

Daniel

2,41	39

Hosea

10,2	42, 301

Habakuk

2,3–4	364
2,4	27, 363

Neues Testament

Matthäus

5,8	427
6,30	51
6,31	391
7,7	273, 282, 283
7,7–8	270
8,26	391
14,22–33	393
14,28	398
14,28–31	129–156, 181–183, 390, 422
14,30	391
14,31	54, 145, 289, 401, 407
14,33	16
16,8	32, 37, 407
17,14–21	110
17,17	146
17,20	391, 407
17,24–27	138
18,6	398
21,21	273
21,21 (Vetus Syra, Peschitta)	39
21,21–22	282, 283
21,25	398
21,32	398
26,29	*siehe* Mk 14,25
26,35	*siehe* Mk 14,31
26,38	421
26,67	163
27,42	398
27,46	421
28,8	393
28,17	16, 54, 156–179, 184–185, 225, 240, 391, 393, 404, 407, 410, 423
28,18–20	401

Markus

1,22	126
1,40	113
2,1–12	392
4,38	113
5,21–43	113, 392
7,24–30	180, 392
8,38	111
9,14–29	106–128, 179–181, 389, 392
9,19	390
9,21–24	401
9,22	113–114, 397
9,23	114–121, 419, 420
9,24	16, 121–124, 390, 402, 417, 418
9,27	421
10,46–52	392
10,48	113
11,22–23	117
11,22–24	282, 283
11,23	38, 273, 274, 316
11,23 (Vetus Syra, Peschitta)	39
14,25	238
14,31	197
14,33	421
15,31	126
15,34	390
16,8	170
16,11	170
16,13	170
16,14	170

Lukas

1,4	402
8,12	394
9,37–42	110
10,1	160
11,9	273, 282, 283
11,9–10	270
12,28	51
17,5	122
18,1	275–276
18,13	122
22,18	*siehe* Mk 14,25
22,31–32	394
24,11	170, 403
24,25	403
24,38	32, 37, 170, 403
24,39	234
24,41	170, 236, 403, 424
24,45	171, 402
24,52–53	393, 403, 424
24,53	171

Stellenregister

Johannes

1,39	218
1,41	226
1,42	226
1,46	233
1,50	233
2,7–8	218
2,9	221
3,3	333
4,7	218
4,25	226
4,42	233
4,48	207, 229
4,50	218
5,8–9	218
6,10	218
6,67–71	203
7,8	218
7,10	218
9,7	218
9,38	390
11,7	198
11,11	198
11,15	197, 198, 251, 387
11,16	194–198, 224, 226, 251, 387, 407
11,27	197
11,39	218, 221
11,40	418
11,41	218
11,45	197
12,3	221
13,36	200
13,36–38	200
13,37	200
14,1	387
14,2–3	199
14,5	199, 226, 251, 387, 407
14,5–7	199–201
14,8–10	200
14,17	425
14,18	426
14,25–26	425
16,13	426
17,20	425
18,8–9	197
19,33–34	219
20,1	242
20,8	222
20,11–18	220
20,18	222
20,19–23	201, 220
20,24	226
20,24–25	202–205
20,24–29	201–223, 233, 234, 401, 425
20,25	171, 207, 241, 242, 387, 398, 407
20,26–28	205–208
20,27	171, 187, 221, 233, 240, 252, 388, 398
20,28	16, 252, 388, 407
20,29	221–223, 229, 231, 234, 252, 394
20,30	223, 426
20,30–31	186
20,31	188
21,2	226
21,7–8	133

Apostelgeschichte

1,3	403, 424

Römerbrief

1,16–17	73
1,18–32	417
4,18–21	396
4,19	65, 392, 406
4,20	15, 31, 37, 89–94, 385, 416
4,21	30, 406
7,14–25	260
8,26	122
10,4	70
10,9–10	392
11,20	104, 392
12,2	82
12,3	392, 412
12,6	392, 413
14,1	33, 65, 69, 70, 392
14,1–15,13	69, 70, 413
14,1b	67
14,4	413
14,5	30
14,21	82
14,22	83

488 Stellenregister

Römerbrief (Fortsetzung)
14,22–23   71, 72, 413
14,23   15, 69, 70–85, 385
15,1   67
15,1–2   85

1. Korintherbrief
2,9   323
8,7–13   65
8,9   81
8,11   81
10,12   413
13,2   392, 412
15,5   133
15,6   160

2. Korintherbrief
1,24   104, 392
10,15   392
13,5   104, 392

Galaterbrief
2,20   104, 392
5,10   85

Epheserbrief
6,10   31

Philipperbrief
2,14   33

Kolosserbrief
2,20–23   80
4,12   30

1. Thessalonicherbrief
3,10   392

1. Timotheusbrief
2,8   33

2. Timotheusbrief
2,1   31

Hebräerbrief
1,1–4   342
2,1   358, 407
2,1–4   399

2,3   339
2,5   399
2,8   399
2,9–10   370
2,10   347, 370
2,10–18   395
2,13   368
2,14–15   399
2,17   369, 370
3,1   371–372
3,1–2   372
3,5   366
3,7   407
3,7–4,13   405
3,9   339, 407, 410
3,12   338
3,12–19   347
3,14   338, 360, 363, 369, 372
3,15   407
4,7   407
4,12   354
4,14–16   399
4,15   370
5,7–8   368
5,7–10   395
5,8   369
5,9   370
5,11   338, 394
5,11–6,3   357
6,1   347
6,11   358
6,12   395
6,13–15   364, 365
6,16   11
6,19   375
6,19–20   370, 405
7,7   346
8,6   371
9,11   399
9,15   371
10,5–10   395
10,19–12,29   344
10,19–13,21   344, 345
10,19–25   399
10,19–39   350
10,23   399
10,25   395

Stellenregister

10,26	356	1,6–8	256, 282, 317, 319, 320, 426
10,27	407		
10,32–33	381	1,7	275, 305
10,32–34	343, 363	1,8	227, 280, 319, 322, 388, 409, 427
10,32–39	348		
10,36	399, 407	1,9–11	268
10,37–38	363, 364	1,12	396
10,39	348, 405	1,13	426
11,1	33, 337, 348, 349, 350, 353, 360, 363, 380, 381, 387, 395, 399, 403, 404, 422, 428	1,14–15	267, 388, 396
		1,14–16	282
		1,17	317, 426
		1,19–25	399
11,3	354	1,22	426
11,3–38	350	2,1	283
11,6	347, 354	2,1–4	399
11,8	355	2,1–7	283
11,8–19	363, 365	2,1–13	264
11,11	355, 365	2,4	38, 268, 283, 284, 396
11,13	355, 365		
11,19	355	2,14–26	258, 259, 260, 267
11,23–29	366	2,23	271
11,27	378, 380	3,2	388
11,29	149	3,4	262
11,34	31	3,8	280
11,40	365	3,13–18	399
12,1–3	369	3,14	396
12,2	347, 367, 369, 372, 381, 405	3,15	305
		3,15–17	317
12,2–3	373	3,16	280
12,9	354	3,17	402
12,12	395	4,1	260, 396
12,16–17	406	4,1–3	282, 305
12,23	354	4,1–4	399
13,21	82	4,3	281, 283, 399
13,22	343, 379, 386	4,4	396
		4,5	45, 47, 49, 263
Jakobusbrief		4,6	47
1,1	261	4,8	45, 47, 49, 227, 316, 319, 388, 426
1,2	316, 396		
1,3	271	4,8–9	48
1,4	266, 269, 316	4,9	316
1,5	269, 273, 315, 320, 321, 402	4,13–17	262
		4,17	85, 396
1,5–8	49, 264, 268, 270, 272, 316, 318, 321, 399	5,1–6	262
		5,10–11	406
1,6	37, 262, 270, 271, 273, 278, 281, 283, 320, 321, 322, 388	5,15	271

2. Petrusbrief

3,3–4	296, 407
3,4	295
3,4–13	296

1. Johannesbrief

1,1	210, 234, 240
1,1–3	394
4,14–16	234

Register der antiken Quellen

Jüdisches Schrifttum

Abraham-Apokalypse 95

Eldad und Modad 44, 45, 263, 317, 408
Elia-Apokalypse 155, 272, 400
4. Esra 361

1. Henoch 42, 302

Josephus, Flavius
– *Antiquitates Judaicae* 95
– *Bellum Judaicum* 353
Jubiläen 95, 99
Justus von Tiberias 261

2. Makkabäer 155, 368
Midrash Rabba
– Bemidbar Rabba 46
– Shemot Rabba 250
Mishna, Keritot 27

Philo von Alexandria
– *De Abrahamo* 95, 306
– *De aeternitate mundi* 278
– *De confusione linguarum* 376–377, 379
– *De migratione Abrahami* 294, 305, 306
– *De mutatione nominum* 98, 99
– *De opificio mundi* 116
– *De plantatione* 378
– *De posteritate Caini* 306, 307, 378
– *De somniis* 379
– *De virtutibus* 95, 97, 116, 377
– *De vita contemplativa* 149
– *De vita Mosis* 379
– *Legatio ad Gajum* 377
– *Quaestiones in Genesim* 51, 97–98, 99

– *Quis rerum divinarum heres sit* 95, 97, 98, 378
Pseudo-Philo, Liber Antiquitatum Biblicarum 302

Qumran
– 1QH (Hodajot) 301, 302
– 1QS (Gemeinderegel) 302, 303
– 4Q186 (Horoskop) 303
– 4Q542 (Testament Qahats) 301

Seder Elijahu Rabba 100
Seder Elijahu Sota 100
Sirach 42, 272, 279, 301

Talmud Bavli
– Arakhin 52
– Bava Batra 27, 250
– Bava Mezi'a 27
– Berakhot 52
– Nedarim 100
– Sanhedrin 250
– Shabbat 27
– Sota 52
Targum
– Neophiti 99
– Onkelos 99
– Pseudo-Jonatan 99, 100, 101
Testament Assers 304, 305
Testament Benjamins 304
Tosefta, Keritot 27

Frühchristliches und altkirchliches Schrifttum

Ambrosiaster (Pseudo-Ambrosius) 82
Ambrosius, *De Abraham* 99, 305
Apostolische Konstitutionen 289

492   Register der antiken Quellen

Augustin
- *Contra Julianum* 416
- *De civitate Dei* 99
- *De Trinitate* 6
- *Tractatus in Iohannis evangelium* 209, 210, 229

Barnabasbrief
- 19,5 43, 50, 287, 388, 399
- 19,11 270, 291, 400

Basilius der Große
- *Regulae brevius tractatae* 67
- *Regulae fusius tractatae* 79
- *Regulae morales* 80

Chrysostomos *siehe* Johannes Chrysostomos

Clemens von Alexandria, *Stromateis* 153

1. Clemensbrief

11,1	406
11,2	49, 388, 400
11,4	409
23,2	49, 295
23,2–3	388, 400
23,3	44, 49, 291, 295
23,3–4	43, 48, 290, 407
23,4	295
42,3	30
54,1	30

2. Clemensbrief

11,2	44, 49, 290, 291, 388, 400, 407
11,2–4	43, 48
11,3–4	293
11,4	295
11,5	49, 295, 409, 410
19,2	49, 296

Cyrill von Alexandria, *Commentarii in Lucam* 276

Cyrill von Jerusalem, *Catecheses ad illuminandos* 147

Didache

1,1	9
4,4	43, 50, 287, 388, 399
4,7	270, 291, 400
14,2	36

Ephraem der Syrer 100

Epiphanios von Salamis, *Liber de haeresibus* 150–151

Epistula Apostolorum 173, 174, 239, 240

Eusebius von Caesarea, *Historia ecclesiastica* 226, 346

Euthymios Zigabenos
- *Evangelium secundum Marcum* 114, 119
- *Evangelium secundum Matthaeum* 162
- *Expositio in Joannem* 202, 210

Evangelium nach Maria 177, 178, 179

Gregor der Große, *Homilia* 214

Hebräerevangelium (*apud* Hieronymus, *De viris illustribus*) 237

Hieronymus, *De viris illustribus* 237, 238

Hirt des Hermas
- mandata

1,1	326, 327
1,2	325, 327
2,4	315, 320, 400
2,6	33, 321
3,1	47
5,2,1	314, 329
5,2,3	314
6,1–2	327
6,1,2	327
9	319, 321
9,1	327
9,1–2	400
9,1–8	272, 323, 335
9,1–12	316–317, 321
9,2	30, 32, 322, 328
9,3	328
9,4	316, 322
9,5	38, 54, 274, 292, 311, 322, 328, 329, 334, 389, 400
9,6	314, 322, 328, 329, 335
9,7	322, 328
9,9	323, 329
9,10	325, 329
9,10–11	335
9,11	329, 330, 331
9,11–12	334
9,12	330
10,1,1	323

Register der antiken Quellen

10,2,2	330
10,2,3	330
11,1	330
11,2	330
11,3	330, 331
11,4	330, 331
11,6	331
11,8	331
11,11	331
11,12	331
11,13	330, 331
12,2,2	323
12,5,4	314
12,6	325

– similitudines

5,4,3	270, 400
5,4,3–4	320
5,6,5	47
5,6,5–6	332
5,6,7	332
6,1,4	325
8,9,4	33, 334
9,2,6	32
9,13,1–3	332
9,15,2	331–332
9,15,2–3	324
9,15,3	332
9,24,2	270, 315, 321, 400
9,28,4	334
9,28,7	400

– visiones

1,1,2	322–323
1,1,5	323
1,1,8	323
1,2	48
1,2,2	33, 323
1,2,4	323
2,1	48
2,1,3–4	48
2,2,7	326
2,3,4	45, 47, 48, 317
3,4,3	32, 288, 334, 388, 400
3,8,3	324
3,8,7	324
3,12,3	31
4	388
4,1,4	324, 326
4,1,7	325, 326

4,1,8	314, 325, 407
4,1,9	326
4,2,1	326
4,2,4	325, 326
4,2,5	325, 326
4,2,6	325, 326, 406
4,3,5	326
8,8,5	33

Ignatius
– Brief an die Magnesier 30, 236
– Brief an die Philadelphier 31, 236
– Brief an die Römer 236
– Brief an die Smyrnäer 31, 234, 235, 237, 403

Johannes Chrysostomos 82, 89
– *De incomprehensibili Dei natura* 91
– *Homiliae in epistulam ad Romanos* 61, 72–73, 76, 90, 414
– *Homiliae in Joannem* 202, 229
– *Homiliae in Matthaeum* 129, 138, 143, 144, 423

Nag-Hammadi-Schriften 151
– Brief des Petrus an Philippus 178
– Johannesapokryphon 151, 177
– *Tractatus Tripartitus* 179

Oden Salomos 148–150
Origenes 82
– *Commentarii in epistulam ad Romanos* 64
– *Contra Celsum* 211
– *De principiis* 237
– *Fragmenta in Joannem* 226, 228
Oxyrhynchus Papyri 52, 178

Pelagius 82
Petrus Lombardus
– *Collectanea in epistolas Pauli* 99, 349
– *Sententiae* 124
Petrusevangelium 175–177, 205, 403
Philippusakten 325
Protevangelium des Jakobus 38, 241–242
Pseudo-Ignatius, *Ad Heronem* 289
Pseudo-Oikumenios 92
– *Pauli epistola ad Romanos* 77

494 *Register der antiken Quellen*

Sentenzen des Sextos 151–153
Severian von Gabala 91
Simplicius, *In Aristotelis physicorum libros commentaria* 298

Tertullian
– *Adversus Praxean* 210, 219
– *De anima* 210
Theodor von Mopsuestia 76
Theophylakt von Ohrid 269, 275, 276
– *Commentarius in Joannis Evangelium* 195, 226, 229
– *Enarratio in Evangelium Matthaei* 161
– *Expositio in Epistulam S. Jacobi* 288

Griechisch-römische Literatur und dokumentarische Quellen

Aesop, *Proverbia* 30
Apuleius, *Metamorphoses* 279
Aristoteles, *Ethica eudemia* 28
Asklepios-Heiligtum (Epidauros) 127, 128

Cicero
– *De officiis* 75
– *Topica* 8
Ctesias von Knidos, *Fragmenta* 30

Demosthenes, *Orationes* 353
Dionysios von Halikarnassos, *De Dinarcho* 370

Epidauros, Inschriften aus 30
– Asklepios-Heiligtum 127, 128
Epiktet, *Dissertationes* 90, 353, 373

Herodot, *Historiae* 37
Hesych, *Lexicon* 28, 31, 37
Homer, *Odyssee* 30, 244, 245

Kleitarchos 152

Lukian von Samosata
– *Alexander* 247
– *Philopseudes* 128, 154, 247–248

Marc Aurel 300
Minucius Felix, *Octavius* 5

Papyri Gissenses 31
Photios von Konstantinopel 77
– *Lexicon* 37
Platon
– *De re publica* 298, 299
– *Gorgias* 8
– *Leges* 54–55
– *Phaidros* 13
Plinius der Jüngere, *Epistulae* 75
Plotin, *Enneades* 31, 299, 300
Plutarch
– *Amatorius* 375
– *De Herodoti malignitate* 375
– *Symposium* 300, 375
Pollux, Iulius, *Onomasticon* 27–28, 37
Polybios, *Historiae* 36

Quintilian, *Institutio oratoria* 8, 66, 414

Ravenna, Sarkophag aus 31

Sextus Empiricus, *Pyrrhoniae hypotyposes* 5

Theodoret von Cyrus 76
– *Interpretatio epistolae ad Romanos* 77
Theognis von Megara 298

Vergil, *Aeneis* 133

Xenophon
– *Cyropaedia* 299, 359
– *Hellenika* 32

Register der Autorinnen und Autoren

Adams, Edward 103
Aejmelaeus, Lars 60, 96
Alkier, Stefan 185, 393
Allen, Willoughby C. 161
Allison, Dale C. 40, 45, 46, 47, 136, 141,
146, 164, 260, 263, 265, 272, 280, 284,
318
Alpers, Klaus 28, 37
Amir, Yehoshua 347
Anderson, Paul N. 192
Anselm von Laon 414
Atkins, J.D. 34, 171–172, 217
Attridge, Harold W. 33, 347, 348, 354
Atwood, Craig D. 231
Avemarie, Friedrich 260

Baasland, Ernst 294
Backhaus, Kurt 336, 339–340, 341, 355,
357–358, 359, 360, 362–363, 364, 365,
366, 368, 369, 372, 373, 375–376, 377,
380, 382, 386–387, 395
Balthasar, Hans-Urs von 425
Barclay, John M.G. 62, 63, 101
Barradas, Sebastião 231–232
Barth, Gerhard 20, 51, 146, 168, 185, 391,
424
Barth, Karl 71, 72, 205, 220, 222, 386,
413, 416–417, 427
Barth, Markus 37, 38, 60, 81, 87, 93, 94,
277
Barth, Ulrich 429
Barthes, Roland 40
Bauckham, Richard J. 45, 47, 49, 192, 262,
296
Bauer, David R. 404
Baumert, Norbert 61, 80, 81, 88, 277
Baumgarten-Crusius, Ludwig Friedrich
Otto 75
Baumgärtner, Paul 319

Baur, Ferdinand Christian 258
Bayer, O. 417
Becker, Jürgen 62
Beiner, Melanie 410
Ben-Chorin, Schalom 420
Bengel, Johann Albrecht 68, 110, 115,
122, 145, 202, 204, 205, 214, 221
Bennema, Cornelis 190, 191, 192, 205
Benyoëtz, Elazar 432
Berger, Klaus 12
Berger, Peter L. 411
Bergh van Eysinga, Gustaaf Adolf van den
154
Beutel, Albrecht 18
Beyschlag, Willibald 257, 272, 274, 281,
285
Beza, Theodor von 160, 230
Bieringer, Reimund 218
Bierl, Anton 245
Billerbeck, Paul 52
Binder, Hermann 58, 95
Black, Stephanie L. 159
Blaß, Friedrich 23
Blaszczak, Gerald R. 149
Bleek, Friedrich 336, 341, 349, 350, 358,
372–373
Bloch, Ernst 398, 421
Bockmuehl, Markus 133, 135, 136, 355
Boer, Martinus C. de 58
Bonhoeffer, Dietrich 427
Bonney, William 186, 204
Borgen, Peder 377
Bornkamm, Friedrich August 159–160
Bornkamm, Günther 108, 109, 111, 133,
138, 140, 141, 145, 146, 153, 183, 419,
424
Bousset, Wilhelm 25, 42, 58, 160, 300
Bovon, François 170
Braumann, Georg 143, 147

Braun, Herbert 380
Brenz, Johannes 230
Brown, Raymond E. 143, 192
Brox, Norbert 32, 33, 43, 311, 312, 313, 314, 315, 320, 324, 326, 327, 328, 329, 330, 332, 333, 334, 389, 397
Buber, Martin 420
Büchsel, Friedrich 35, 39–40, 416
Bultmann, Rudolf 25, 59, 108, 125, 196, 197, 203, 207, 223, 225, 227, 228, 233, 253, 297, 345, 353, 360, 390, 392, 417, 425
Burchard, Christoph 259, 262, 264, 273, 278, 279, 284, 286
Burckhardt, Jacob VII
Burnet, Régis 195, 218

Cairoli, Marco 52
Calov, Abraham 160, 214
Calvin, Johannes 78, 92, 93, 161, 162, 195, 196, 229–230, 415
Carlini, Antonio 324
Carson, D.A. (Donald Arthur) 223
Chadwick, Henry 152, 312–313
Charlesworth, James H. 224
Clark-Soles, Jaime 194, 218
Classen, Walther 126
Clough, Arthur Hugh 428
Cockerill, Gareth Lee 349, 362
Collins, Adela Yarbro siehe Yarbro Collins, Adela
Collins, Raymond F. 188, 219
Cosby, Michael R. 348, 350
Cosgrove, Charles H. 406
Cranfield, C.E.B. 61, 64, 68, 73, 74, 82, 83, 412
Cremer, Hermann 21–23, 30
Culpepper, R. Alan 112, 188, 190, 219

Dalferth, Ingolf U. 384
Daniélou, Jean 41, 43, 91
Dautzenberg, Gerhard 36, 360
Davies, W.D. (William David) 136, 141, 146, 164
Dawkins, Richard 2
DeConick, April 224
DeGraaf, David 81, 87, 88, 89, 277
Deißmann, Adolf 22–23, 59

Delitzsch, Franz 40, 52, 370, 372
Derrett, J. Duncan M. 134
Derrida, Jacques 13
Descartes, René 6, 384, 391, 401
DeSilva, David Arthur 368, 381, 395
Dibelius, Martin 46, 47, 112, 130, 238, 255–256, 259, 265, 266, 268, 272, 275, 283, 284, 311, 313, 317, 318, 324, 340, 341, 396, 397
Dietzfelbinger, Christian 425
Dobbeler, Axel von 84
Dobschütz, Ernst von 346, 347
Dodd, C.H. (Charles Harold) 186, 234
Donfried, Karl Paul 143
Dörrie, Heinrich 27, 353, 361, 362
Drijvers, H.J.W. 148
Drummond, James 317
Dschulnigg, Peter 189, 197, 200, 202, 231, 232, 425
Dunn, James D.G. 52, 62, 65, 117, 123, 140, 184, 262, 413
Dunnill, John 347
Dwyer, Timothy 111
Dyck, Andrew Roy 75

Easter, Matthew C. 355, 368, 370
Ebeling, Gerhard 7, 24, 29, 117, 119, 125, 390, 401, 405, 420
Ebner, Martin 154, 249
Eco, Umberto 19
Ego, Beate 364
Ehrman, Bart D. 261
Eisele, Wilfried 152, 153, 354
Eisenbaum, Pamela Michelle 349
Eisler, Rudolf 5
Elliott, John H. 13
Elliott, Matthew A. 12
Ellis, I.P. 158
Emmenegger, Gregor 243
Engberg-Pedersen, Troels 84
Erasmus, Desiderius 61, 69, 78, 92
Ertz, Timo-Peter 4
Ewald, Heinrich 114

Farelly, Nicolas 202, 203
Fehribach, Adeline 218
Feldmeier, Reinhard 32
Feuerbach, Ludwig 2

Register der Autorinnen und Autoren

Fitzmyer, Joseph A. 52
Flanagan, Sabina 10
Foster, Paul 175, 318
France, R.T. 166
Frankemölle, Hubert 41, 266–267, 272, 278, 309, 404, 428
Frend, W.H.C. (William Hugh Clifford) 40
Frey, Jörg 45, 126, 173, 176, 177, 191, 192, 193, 197, 201, 205, 206, 208, 218, 220, 221, 303, 426
Funke, Gerhard 388

Gäckle, Volker 62, 63, 65, 66, 69, 73
Garbe, Richard 155
Gardner, William W. 415
Gaventa, Beverly Roberts 85, 102
Gemünden, Petra von 12
Gerhard, Johann 214, 230
Gerth, Bernhard 162, 163
Gertner, M. 301
Giblin, C.H. 163
Gilmour, Calum 333
Glancy, Jennifer 242, 243
Glöckner, Michael 274
Goethe, Johann Wolfgang von 136, 299
Goldhahn-Müller, Ingrid 340
Goppelt, Leonhard 349, 350
Gould, Ezra P. 119, 122
Goulder, Michael D. 52
Graffigna, Paola 307
Graham, Daniel W. 34
Gräßer, Ernst 31, 336, 338, 339, 343, 345, 346, 348, 349, 351–352, 354–355, 357, 358, 359, 364, 365, 367–368, 369, 370, 371, 373, 374, 376, 380, 381, 386, 395, 403, 430
Grohmann, Marianne 365
Grotius, Hugo 11, 161, 196, 214
Grundmann, Walter 418
Grünstäudl, Wolfgang 295
Gundry, Judith M. 181
Gundry, Robert H. 110, 142, 144
Gyllenberg, Rafael 430
Gzella, Holger 154, 249

Haacker, Klaus 63, 66, 74, 79, 84, 94
Hagner, Donald A. 48, 134

Hahn, Ferdinand 110, 118, 121, 172, 271, 284, 308
Halpern-Amaru, Betsy 99
Harnack, Adolf von 150, 175, 289, 290, 312
Harris, J. Rendel 150
Hartenstein, Judith 189–190, 192, 198, 200, 224, 227, 425–426
Hartin, Patrick J. 300, 310, 405
Hasert, Christian Adolf 258
Hay, David M. 376
Headlam, Arthur C. 73, 82
Heckel, Theo K. 217, 222, 228
Heidel, A.-C. 336, 362, 429
Heil, John Paul 137
Heininger, Bernhard 101
Heitmüller, Wilhelm 58, 59
Held, Heinz Joachim 135, 146, 147
Henderson, Ian H. 107, 418
Hengel, Martin 43, 134, 249, 259, 263, 319, 340, 409
Hengel, Wessel Albertus van 93
Hilgenfeld, Adolf 257
Hill, Charles E. 236
Hirsch-Luipold, Rainer 223, 234, 252, 394
Hitchcock, F.R. Montgomery 243
Hitzig, Ferdinand 42
Hoffmann, Paul 158
Hoffmann, Veronika 411, 421
Hofius, Otfried 107, 109, 110, 111, 113, 117, 119
Holl, Karl 18
Hollander, Harm W. 305
Holtzmann, Heinrich Julius 136
Hooker, Morna D. 57, 59, 103
Hoppe, Rudolf 257
Horkheimer, Max 421
Hornschuh, Manfred 174
Horst, Pieter Willem van der 161
Hort, Fenton John Anthony 44
Hübner, Kurt 384, 387, 421
Hultgren, Arland J. 79
Hummel, Reinhart 140
Huther, Johann Eduard 269, 273, 275, 279
Hylen, Susan E. 190–191

Inselmann, Anke 394

Jackson-McCabe, Matt 262
Jaspers, Karl 119, 200
Jaubert, Annie 44
Jeremias, Joachim 24, 34, 52, 87, 119, 122, 419
Jewett, Robert 30, 31, 36, 63, 69, 75, 83, 392
Johnson, Luke Timothy 32, 259, 261, 319, 321
Jonge, M. de (Marinus) 305, 425
Jüngel, Eberhard 11, 385

Karrer, Martin 302, 344, 353, 362, 404, 405
Karris, Robert J. 62
Käsemann, Ernst 18, 28, 29, 72, 73, 75, 82, 84, 103, 352, 380, 405
Keil, Carl Friedrich 144, 398
Kelhoffer, James A. 296
Kellner, Menachem 27
Kertelge, Karl 121
Kierkegaard, Søren 223, 426–427
Kiffiak, Jordash 107
Kilpatrick, George Dunbar 129, 132, 133
Kingsbury, Jack Dean 140
Klauck, Hans-Josef 233–234
Klein, Günter 297, 409
Klein, Hans 138, 167
Klein, Martin 266
Kloppenborg, John S. 262, 282–283, 305
Knoch, Otto 45, 50, 399
Koch, Lutz 8, 9
Koester, Craig R. 218, 356, 357, 374
Koester, Helmut 175, 235
Köhler, Walter 18–19
Kollmann, Bernd 109, 390
Konradt, Matthias 83, 84, 165, 166, 168, 259, 266, 270, 271, 272–273, 279, 282, 285, 318, 390–391, 396
Kooten, George van 299, 309, 375
Köster, Helmut siehe Koester, Helmut
Krafft, Eva 188, 197, 198, 387
Kraus, Wolfgang 337
Kudilil, George 62
Kühl, Ernst 64
Kühner, Raphael 162, 163
Kuss, Otto 336

Lachmann, Karl 115
Lagarde, Paul de 249
Lagrange, Marie-Joseph 161
Lampe, Friedrich Adolf 195, 206, 208, 216, 227
Lampe, Peter 63
Lane, William L. 419
Lange, Johann Peter 115, 135, 165, 419
Larsen, Kasper Bro 243, 245
Latte, Kurt 128
Lattke, Michael 148, 149–150
Lausberg, Heinrich 8
Lautenschlager, Markus 271
Laws, Sophie S. 43
Lee, John A.L. 26
Léon-Dufour, Xavier 161
Leß, Gottfried 160
Leutzsch, Martin 106
Leven, Karl-Heinz 106
Liebrucks, Bruno 55, 220
Lightfoot, J.B. (Joseph Barber) 48, 49, 235
Lightfoot, John 52
Lim, Richard 89
Lindemann, Andreas 108, 111, 292, 293, 294–295, 314, 326
Lips, Hermann von 268
List, Nicholas 50
Lockett, Darian R. 304
Lohmann, Hans 294
Lohmeyer, Ernst 58, 107, 108, 117, 118, 123, 133, 166, 179, 397, 402
Löhr, Hermut 356
Lohse, Eduard 82, 84, 107, 118, 416
Lona, Horacio E. 30, 48, 50, 294, 305
Lookadoo, Jonathon 236
Lorenz, Stefan 4
Lücke, Friedrich 196, 202, 203, 221
Luhmann, Niklas VII
Lührmann, Dieter 18, 336
Lünemann, Gottlieb 339, 348, 354, 358, 362, 365, 369, 373
Luthardt, Christoph Ernst 202, 206, 216, 221, 227, 231
Luther, Martin 11–12, 53, 73, 86, 87, 124–125, 349, 410, 415–416, 417, 418, 422, 429

Luz, Ulrich 18, 107, 130, 133, 134, 136, 138, 140, 144, 145, 148, 154, 156, 159, 164, 165, 168, 172, 183, 184, 390, 393, 406

MacDonald, Nathan 366
Madden, Patrick J. 133
Mahoney, John F. 414
Malina, Bruce J. 13, 135
Malingrey, Anne-Marie 91
Manton, Thomas 284
Marcus, Joel 113, 115, 121, 123, 390, 418
Marjanen, Antti 151, 178
Markley, John R. 141
Marohl, Matthew J. 381
Marshall, Christopher D. 113, 114, 124
Marshall, Sophie S. 43
Martin, Ralph P. 286
Martyn, J. Louis 58, 192
Matthaios, Stephanos 28
Mayor, Joseph B. (Joseph Bickersteth) 286, 319
McCartney, Dan G. 396
McKnight, Scot 269, 270, 281, 284
Meeks, Wayne A. 13, 24
Melanchthon, Philipp 274
Meltzer, Francoise 242
Merk, Otto 18
Metzger, Bruce M. 83, 115
Meuschen, Johann Gerhard 52
Meyer, Heinrich August Wilhelm 31, 69, 75, 77, 87, 115, 122, 132, 158, 161, 162, 166, 196, 202, 204, 207, 216
Michel, Otto 72, 74, 84, 96, 184, 277, 345
Milligan, George 36, 44
Minear, Paul S. 62, 74
Mitchell, Margaret M. 260
Moffatt, James 33
Moo, Douglas 96, 259, 285
Morard, Françoise 178
Morgan, Teresa 25–26, 89, 208, 308, 412
Moss, Candida R. 208, 246
Most, Glenn W. 202–203, 204, 209, 212, 213, 217, 225, 388
Moule, C.F.D. (Charles Francis Digby) 340
Moulton, James Hope 36, 44

Müller, Paul-Gerhard 271, 284, 308
Müller-Goldingen, Christian 299
Musculus, Wolfgang 230
Mußner, Franz 43, 256, 278–279

Nägeli, Theodor 22, 36
Nanos, Mark D. 63
Nau, Arlo J. 142
Neugebauer, Fritz 58, 95
Nicholls, Rachel 148, 155
Nicklas, Tobias 16, 60, 107, 109, 114, 385, 431
Niebuhr, Karl-Wilhelm 95, 254, 271, 297, 307
Niederwimmer, Kurt 9, 50, 287, 288, 289, 290, 298, 303
Nientied, Mariele 397
Nietzsche, Friedrich 410
Nürnberger, Anna 41–42, 53, 135, 145, 254, 280, 281, 282

O'Brien, Peter Thomas 373
Oberlinner, Lorenz 133, 138, 139, 145, 147, 158, 167, 184, 423, 424
Olshausen, Hermann 68, 160
Omerzu, Heike 177
Opitz, Helmut 314
Osborne, Grant R. 160
Osiek, Carolyn A. 41, 311, 313, 318, 324, 326, 328, 330

Pagels, Elaine 224
Pape, Wilhelm 227
Pasquier, Anne 178
Paulsen, Henning 296
Paulus, H.E.G. (Heinrich Eberhard Gottlob) 31, 71, 130–131, 195, 231, 419
Peirce, Charles Sanders 7, 391
Pelkmans, Mathijs 16, 409, 431
Penner, Todd C. 256, 264
Perdue, Leo G. 264
Perler, Dominik 391
Pesch, Rudolf 109
Petersen, Silke 179
Peterson, Erik 325
Pfister, Oskar 215
Pflugk, Ulrich 209
Pilhofer, Peter 346

Plisch, Uwe-Karsten 151
Poelenburg, Arnold P. 214
Pohlenz, Max 11, 374
Pöhlmann, Horst Georg 416
Polenz, Peter von 53
Popkes, Wiard 259, 264, 396
Poplutz, Uta 141, 158, 164, 166, 184, 191
Popp, Thomas 205
Porter, Stanley E. 23, 35, 36, 94
Pratscher, Wilhelm 48, 261, 295
Prostmeier, Ferdinand R. 44, 287, 288, 290
Punt, Jeremy 342

Reasoner, Mark 62, 63
Reiling, Jannes 331
Reiner, Hans 388
Reinmuth, Eckart 424
Reumann, John 143
Rhee, Victor 367
Richardson, Christopher 367
Riesenfeld, Harald 107
Riggenbach, Eduard 338, 345, 368
Riley, Gregory J. 196, 224
Ringleben, Joachim 206, 252
Ritt, Hubert 121
Robinson, David C. 389
Roloff, Jürgen 86, 109, 118
Ropes, James Hardy 272, 274–275, 279, 285
Rosenau, Hartmut 411, 418, 432
Rothe, Richard 21–22
Rubel, Georg 251
Rückert, Leopold Immanuel 69, 70
Ruf, Martin G. 296
Rüpke, Jörg 313, 397
Rüsen, Jörn 16, 105

Sand, Alexander 145
Sanday, W. (William) 73, 82
Sanders, E.P. 132
Schelkle, Karl Hermann 19
Schellenberg, John L. 423
Schenk, Wolfgang 108, 109, 112, 138, 166, 168
Schenke, Hans-Martin 151
Schenke, Ludger 394
Schille, Gottfried 270, 271

Schlatter, Adolf 36, 97, 123, 137, 338, 350, 351, 360–361, 370, 377, 386
Schleiermacher, Friedrich 14, 21, 55–56
Schlier, Heinrich 68, 73, 74, 102
Schmidt, Carl 239
Schmithals, Walter 118, 418
Schnackenburg, Rudolf 135
Schneble, Hansjörg 106
Schneider, Johannes 274
Schneider-Flume, Gunda 418
Schneiders, Sandra Marie 216, 425
Schnelle, Udo 183, 207, 216, 220, 225, 233, 234, 341, 342
Schniewind, Julius 109, 116, 129
Schoettgen, Christian 52
Schreiner, Thomas R. 89, 367
Schrenk, Gottlob 32, 68
Schröder, Walter Johannes 12
Schultheiß, Tanja 142
Schulz, David 367
Schulz, Heiko 418–419
Schulz, Siegfried 313
Schumacher, Thomas 62, 88
Schunack, Gerd 128, 393
Schüssler Fiorenza, Elisabeth 395
Schwartz, Daniel R. 63
Schwarz, Reinhard 124, 125
Schweizer, Eduard 107, 133
Schwemer, Anna Maria 340
Seifrid, Mark A. 26
Seitz, Oscar J.F. 45, 48
Siegert, Folker 189, 196, 252
Skinner, Christopher W. 189, 190–191, 398
Small, Brian C. 342, 344
Soden, Wolfram von 26, 27
Söding, Thomas 353, 362, 367, 404
Sommer, Andreas Urs 410, 430
Soyars, Jonathan E. 312
Spicq, Ceclas 338, 343, 345, 348, 350, 351, 367, 374, 376, 387
Spieckermann, Hermann 32
Spitaler, Peter 35, 36, 37, 76, 77, 275, 276, 281, 322
Spitta, Friedrich 46–47, 150, 277, 399
Stählin, Gustav 101
Stemberger, Günter 100
Stendahl, Krister 72

Register der Autorinnen und Autoren

Stevens, Chris S. 35, 36, 94
Straub, Jürgen 16
Strauß, David Friedrich 129, 131
Strecker, Georg 140, 144, 182, 389, 393, 406, 422
Stuckenbruck, Loren T. 42, 302
Stuhlmacher, Peter 58
Swete, Henry Barclay 115, 122
Synge, Francis Charles 81, 88, 103, 276–277
Syreeni, Kari 142, 143, 145, 156–157, 183

Tajfel, Henri 401
Taylor, Charles 321, 383, 384
Theißen, Gerd 12, 17, 108, 112, 113, 116, 119, 392
Theobald, Michael 73, 74, 394, 425
Thielicke, Helmut 7, 14
Thieß, Johann Otto 163
Thiselton, Anthony C. 411
Tholuck, August 62, 63, 196, 206, 412–413
Thomas von Aquin 124, 349, 428
Thompson, James W. 337, 346
Thurneysen, Eduard 427
Thyen, Hartwig 204, 225–226, 232
Tillich, Paul 411, 416–417
Tolmie, D.F. 190
Torrance, Thomas F. 420
Trilling, Wolfgang 139
Tuckett, C.M. (Christopher Mark) 48, 177–178, 186–187, 218, 294
Turner, David L. 140
Twelftree, Graham H. 107, 114

Vanhoye, Albert 367
Vogl, Joseph 9
Vogt, Peter 216
Vögtle, Anton 172
Vollenweider, Samuel 57, 59, 84

Wahl, Christian Abraham 35
Wallace, Daniel B. 60
Ward, Roy Bowen 284
Warns, Rüdiger 291
Watson, Duane F. 257, 267
Watson, Francis 174, 239
Weder, Hans 1, 121, 420, 432

Weiß, Bernhard 67, 68, 69, 74, 83, 87, 102, 115, 122, 144, 206, 284–285, 355, 356, 358, 359, 368, 372
Weiß, Hans-Friedrich 344, 351, 408, 430
Weiß, Johannes 160
Weissenrieder, Annette 110
Weizsäcker, Carl 132
Wellhausen, Julius 110, 120, 149
Weltecke, Dorothea 5, 11
Welz, Claudia 411
Wenger, Stefan 270
Wengert, Timothy J. 418
Wengst, Klaus 44, 192, 193, 251
Wenzel, Heinrich 154
Werbick, Jürgen 411
Wernle, Paul 416
Westermann, Claus 97
Westfall, Cynthia Long 372
Wette, Wilhelm Martin Leberecht de 67, 280, 415
Wettstein, Johann Jakob 52
Whitby, Daniel 79
Wiarda, Timothy 142
Wider, David 342, 381, 395
Wilckens, Ulrich 62, 64, 68, 70, 73, 82, 102, 412
Wilke, Christian Gottlob 35
Wilkins, Michael J. 141–142
Williamson, Ronald 376, 377
Wilson, Walter T. 97, 152, 153, 280
Windisch, Hans 351, 365
Winkler, John J. 241
Winter, Bruce W. 90
Wischmeyer, Oda 261
Wittgenstein, Ludwig 1, 6, 7
Wohlenberg, Gustav 109, 180
Wohlers, Michael 127
Wolter, Michael 62, 67, 73, 82, 84, 89, 96, 102
Woodington, J. David 53, 135, 167, 246
Wünsche, August 52
Wypadlo, Adrian 270

Yarbro Collins, Adela 124

Zahn, Theodor 10, 33, 47, 73, 83, 146, 182, 196, 201, 202, 205, 216, 227, 231, 249, 314, 319, 320, 323, 327, 330

Zijderveld, Anton C. 411
Zimmermann, Gunter 3
Zumstein, Jean 184, 186, 225, 408, 423, 424

Sachregister

Abrahams Zweifel
- in Paulusbriefen 85–96
- bei Philo von Alexandria 97–99,
  376–378
- in rabbinischen Texten 97, 99–101
Anagnorisis 208, 243–246
Annahme, Ekklesiologie der 102
Apokryphisierung, der Jesusüberlieferung
173
Aporie, vs. Zweifel 4
Apostolische Väter, Bezugsgrößen des
Zweifels 399–400
argumentum 8, 9
- *siehe auch* ἔλεγχος
Aristoteles, über Rhetorik 8
Atheismus, Neuer 2
Auferstehungserzählung
- in *Epistula Apostolorum* 173–174,
  239–241
- im Evangelium nach Maria 177–179
- im Lukasevangelium 170–171,
  393–394, 402–403, 424
- im Markusevangelium 170
- im Matthäusevangelium 156–179
- *siehe auch* Johannesevangelium;
  Jüngerzweifel
Ausweglosigkeit, vs. Zweifel 4

Barnabasbrief, Bezugsgrößen des Zweifels
399–400
Berührung der Wundmale Jesu 208–221,
230–231
Bewältigungsstrategien des Zweifels
400–410
Bezugsgrößen des Zweifels 397–400
Bibelübersetzungen, Zweifelsterminologie
in 11–12, 15, 53
Buddha, Naturwundererzählung
154–156

cartesianischer Zweifel 6–7, 401, 425
Christologie
- Grundtenor in Naturwundererzählung
  (Mt 14,28–31) 137–139
- im Hebräerbrief 367–374, 381
Clemensbriefe
- Bewältigungsstrategien des Zweifels
  403, 408–409
- Bezugsgrößen des Zweifels 400
Corpus Johanneum, Zweifelsdiskurs im
188–194

Descartes, René 6, 384, 391, 401
- *siehe auch* cartesianischer Zweifel
Didache 399–400
Didymos *siehe* Thomas (Name)
Dualität und Einheit der Seele 298–300,
307
dubitatio 4, 8, 10–11
Durchhaltevermögen *siehe* ὑπόστασις

Einfalt, und Zwiespalt 426–428
Ekklesiologie der Annahme 102
Epilepsie 106, 109, 123, 127
- *siehe auch* Heilungswundererzählung in
  Mk 9,14–29
Erkenntnisvermögen *siehe* ἔλεγχος
Erscheinungsszene in Mt 28 *siehe* Jünger-
zweifel
ethisches Problem, Zweifel als
388–389
Evangelien *siehe* Hebräerevangelium;
Johannesevangelium; Petrusevan-
gelium; Protevangelium des Jakobus;
synoptische Evangelien; Thomas-
evangelium
Evangelium nach Maria, Zweifel im
177–179
Existenzial, Zweifel als 389–390

504 Sachregister

existenzieller Zweifel
- in Auferstehungserzählung
  (Mt 28,16–20) 156–179
- in Heilungswundererzählung
  (Mk 9,14–29) 106–128, 179–181
- in Naturwundererzählung
  (Mt 14,28–31) 129–156

fides 8–9
- *siehe auch* πίστις
Frömmigkeit *siehe* Seitenwundenfrömmigkeit

Ganzheitlichkeit, Mahnungen zur
309–310
Gespaltenheit *siehe* Zweiseeligkeit
Glaube
- Bedeutungsverengung 11
- Definition 349–351
- in Exodus Rabba 249–250
- Gegenteil von 27, 93–94
- im Hebräerbrief 346–347, 349–358,
  360–363
- in Heilungswundererzählung (Mk
  9,14–29) 114–116
- im Hirt des Hermas 314–315,
  316–317
- im Jakobusbrief 271–273, 308
- im Johannesevangelium 186–187,
  204–208, 221–223
- in Paulusbriefen 58–61, 385–386
- „Schwache" und „Starke" im Glauben
  65–67, 101
- in synoptischen Evangelien 106–128
- *siehe auch fides*; sprachliche Ausdrucksformen; Thomas (Jünger); Zweifel;
  πίστις
Griechisch *siehe* neutestamentliches
Griechisch

Hebräerbrief
- Adressatenschaft 337–341, 379
- Bezugsgrößen des Zweifels 399
- Christologie 367–374, 381
- Definition des Glaubens 349–351
- *ratio fidei* 345–346, 395, 403
- Rationalität und Paradoxalität des
  Glaubens 351–358

- Religionsgeschichtliches 374–379
- „Sitz im Leben" des Zweifelsdiskurses
  394–395
- Vernunftnotwendigkeit des Glaubens
  346–347
- Zweifel als intellektuelle Herausforde-
  rung 386–387
- Zweifelsbewältigung 341–351, 381,
  402, 403–404, 404–405, 407, 408
- ἔλεγχος 351–359, 380
- πίστις 347–351, 382
- ὑπόστασις 359–366, 380
Hebräerevangelium, Jakobus im 237–239
Hebräisch 26
- *siehe auch* rabbinische Texte
Heilungswundererzählung in Mk 9,14–29
- Allmacht und Glaube 114–116
- Bitte des Vaters 113–114
- Dramaturgie 110–113
- existenzieller Zweifel 106–128,
  179–181
- Glaube des Vaters des Jungen 118–119,
  121–124
- Jesu Glaube und Zweifel 116–118,
  124–126
- Religionsgeschichtliches 127–128
- Tradition und Redaktion 108–110
- Vergleichstexte aus Epidauros 127–128
- Vertrauensverhältnis des Vaters und
  Jesu 120–121
Hermashirt *siehe* Hirt des Hermas
Herz, geteiltes, in alttestamentlich-
jüdischer Tradition 301–302
- *siehe auch* Seele, Dualität und Einheit
Hirt des Hermas
- Bewältigungsstrategien des Zweifels
  406, 407, 408
- Bezugsgrößen des Zweifels 400
- Charakter 312–314
- Glaube und Zweiseeligkeit 314–315
- und Jakobusbrief 315–323
- „Sitz im Leben" des Zweifelsdiskurses
  396–397
- Zweifel und Zweiseeligkeit 311,
  323–333, 388–389
- διψυχία 314–315, 333–335
- θλῖψις 325–326
- πίστις 314, 333–335

Sachregister

Hyperboreer *siehe* Wundertaten eines Hyperboreers

Infragestellen, vs. Zweifel 4
intellektuelle Herausforderung, Zweifel als 386–387

Jakobus, Protevangelium des 241–243
Jakobusbrief
– Abfassungsort 261–263
– Adressatenschaft 264–265
– Bewältigungsstrategien des Zweifels 402, 404, 405, 406
– Bezugsgrößen des Zweifels 399
– frühchristliche Nachwirkungen 287–297
– Gespaltenheit und Zweiseeligkeit 267–286
– und Hirt des Hermas 315–323
– und Jesustradition 282–283
– Leitbegriffe 265–267, 308
– Mahnungen zur Ganzheitlichkeit 309–310
– und Paulusbriefe 257–261, 308
– Rehabilitierung 307–308
– Religionsgeschichtliches 297–307
– „Sitz im Leben" des Zweifelsdiskurses 395–396
– weisheitliche Paränese 263–264
– Zweifel als ethisches Problem 388
– Zweiseeligkeit 267–286
– πίστις und σοφία 268–269
Jataka, Parallele zu Naturwundererzählung (Mt 14,28–31) 154–156
Jesus Christus
– Glaube und Zweifel 116–118, 124–126
– als Subjekt des Glaubens im Hebräerbrief 367–374
– als „Urbild" des Zweifels 420–421
Jesusüberlieferung
– Apokryphisierung 173
– und „Fragen Marias" 150–151
– und Jakobusbrief 282–283
– und Johannesapokryphon 151
Johannesevangelium
– Anagnorisis 208, 243–246
– Bewältigungsstrategien des Zweifels 404, 408

– Bezugsgrößen des Zweifels 398
– frühchristliche Nachwirkungen 232–243
– Religionsgeschichtliches 243–250
– „Sitz im Leben" des Zweifelsdiskurses 394
– *siehe auch* Corpus Johanneum; Thomas (Jünger)
Jüngerzweifel
– in *Epistula Apostolorum* 173–174, 239–241
– im Evangelium nach Maria 177–179
– im Matthäusevangelium 156–179
– im Petrusevangelium 175–177
– *siehe auch* Kleinglaube; Petruszweifel; Thomas (Jünger)

Kleinglaube
– der Jünger Jesu 146–148, 409
– in Sentenzen des Sextos 151–153
– *siehe auch* ὀλιγοπιστία/ὀλιγόπιστος
„kognitive Mimesis" 360, 371, 381
– *siehe auch* mimetische Orientierung an Jesus
Krankheits- und Heilungserfahrungen, Religionsgeschichtliches 127–128

Leichtgläubigkeit, naive, Kritik bei Lukian 246–249
Lutherbibel *siehe* Bibelübersetzungen

Maria *siehe* Evangelium nach Maria
methodischer Zweifel 5–6, 7, 247, 384, 391
mimetische Orientierung an Jesus, im Hebräerbrief 371–374
– *siehe auch* „kognitive Mimesis"
Möglichkeit *siehe* unmögliche Möglichkeit
Mose, bei Philo von Alexandria 378–379

narrative Zweifelsbearbeitung 15–16
– *siehe auch* Johannesevangelium
Nathanael (Jünger), und Thomas 232–233
Naturwundererzählung in Mt 14,28–31
– anthropologische Akzente 136
– Aussageabsicht 134–139
– in buddhistischem Text 154–156

506 Sachregister

- christologischer Grundtenor 137–139
- ekklesiologische Akzente 136–137
- existenzieller Zweifel 129–156
- frühchristliche Nachwirkungen 148–153
- hermeneutischer Rahmen 134–139
- Historizität 130–134
- Petruszweifel 139–148
- Religionsgeschichtliches 153–156
- Überblick 181–183
Neuer Atheismus 2
neutestamentliche „Theologie des Zweifels" 410–430
- *siehe auch* Typologie des Zweifels im frühen Christentum
neutestamentliches Griechisch
- Ausdrucksformen des Glaubens und Zweifelns 24–56
- als *philologia sacra* 21–23, 35

Odyssee, Anagnorisis 244–246
„Orthodoxie" und „Orthopraxie", im Jakobusbrief 265–267, 404
Osterzweifel (Motiv) *siehe* Auferstehungserzählung; Jüngerzweifel

Paulusbriefe
- Abrahams Zweifel 85–96
- Bewältigungsstrategien des Zweifels 401, 406
- „Glaube" vs. „Zweifel" 58–61, 385–386
- und Jakobusbrief 257–261, 308
- „Schwache" und „Starke" im Glauben 65–67, 101
- „Sitz im Leben" des Zweifelsdiskurses 392
- Sphärendichotomie 58–61, 96
Petrusevangelium, Zweifel im 175–177
Petruszweifel 139–148, 406, 407
- *siehe auch* Naturwundererzählung in Mt 14,28–31
Philo von Alexandria
- Abraham bei 97–99, 376–378
- Mose bei 378–379
- πίστις 376–379
Plutarch, πίστις in *theologia tripartita* 374–375

Pragmatik des Zweifelsdiskurses *siehe* „Sitz im Leben" des Zweifelsdiskurses
Protevangelium des Jakobus, Zweifel im 241–243

rabbinische Texte, Zweifel in 26–27, 46–47, 52–53, 99–101, 249–250
ratio fidei, im Hebräerbrief 345–346, 395, 403

Salome, in Protevangelium des Jakobus 241–243
„Schwache" und „Starke" im Glauben 65–67, 101
Seele, Dualität und Einheit 298–300, 307
- *siehe auch* Herz, geteiltes
Seewandel des Petrus *siehe* Naturwundererzählung in Mt 14,28–31
Seitenwundenfrömmigkeit 214–215
- *siehe auch* Wundmale Jesu, Berührung durch Thomas
„Sitz im Leben" des Zweifelsdiskurses
- Hebräerbrief 394–395
- Hirt des Hermas 396–397
- Jakobusbrief 395–396
- Johannesevangelium 394
- Paulusbriefe 392
- synoptische Evangelien 392–394
Skepsis, vs. Zweifel 4–5
Smyrnäer, Brief an die 234–237
Sphärendichotomie, bei Paulus 58–61, 96
sprachliche Ausdrucksformen, des Glaubens und Zweifelns 24–56
- *siehe auch dubitatio*; διακρίνεσθαι; διστάζειν
„Starke" im Glauben *siehe* „Schwache" und „Starke" im Glauben
synoptische Evangelien
- Bewältigungsstrategien des Zweifels 401–403, 404, 405, 408
- Bezugsgrößen des Zweifels 397–398
- existenzieller Zweifel 105–106; *siehe auch* Auferstehungserzählung; Heilungswundererzählung in Mk 9,14–29; Naturwundererzählung in Mt 14,28–31
- „Sitz im Leben" des Zweifelsdiskurses 392–394
- Zweifel als Existenzial 389–390

Sachregister

theologia tripartita, bei Plutarch 374–375
„Theologie des Zweifels", neutestamentliche 410–430
theoretisches Problem, Zweifel als
387–388
Thomas (Jünger)
– Beurteilung des Zweifels 228–232
– im Johannesevangelium 186–187,
194–201, 223–232, 250–253, 387–388,
404, 407
– und Nathanael 232–233
– Zweifel und Bekenntnis 201–223
– *siehe auch* Wundmale Jesu, Berührung
durch Thomas
Thomas (Name) 227–228, 387
Thomasakten 224
Thomasbuch (Buch des Athleten Thomas)
224
Thomasevangelium 224
trepidatio cordis 86–87, 104
Typologie des Zweifels im frühen
Christentum 384–391
– *siehe auch* neutestamentliche „Theologie des Zweifels"

Umgang mit dem Zweifel *siehe* Bewältigungsstrategien des Zweifels
Unglaube, vs. Zweifel 5
– *siehe auch* ἀπιστία
„ungläubiger Thomas" 187
– *siehe auch* Thomas (Jünger)
unmögliche Möglichkeit, Zweifel als 366,
382, 385–386
Unschlüssigkeit, vs. Zweifel 4
Unsicherheit, vs. Zweifel 4

Wandeln auf dem Wasser
– in Oden Salomos 148–150
– in Wundertaten eines Hyperboreers
153–154
– *siehe auch* Naturwundererzählung in
Mt 14,28–31
Wiedererkennung (Motiv) *siehe* Anagnorisis
Wundererzählungen *siehe* Auferstehungserzählung; Heilungswundererzählung
in Mk 9,14–29; Naturwundererzählung
in Mt 14,28–31

Wundertaten eines Hyperboreers
153–154
Wundmale Jesu, Berührung durch
Thomas 208–221, 230–231

Zaudern, vs. Zweifel 4
Zögern, vs. Zweifel 4
– *siehe auch* διστάζειν
Zwei-Geister-Lehre 302–303
Zwei-Wege-Lehre 303–304
Zwei-Wege-Traktat 9, 43–44, 50, 287–289
Zweifel
– vs. Aporie 4
– und Auferstehung 184–185; *siehe auch*
Auferstehungserzählung
– Begriff 2–12, 15, 52, 431–432; *siehe
auch* Bibelübersetzungen
– Bewältigungsstrategien 400–410; *siehe
auch* Hebräerbrief, Zweifelsbewältigung
– Bezugsgrößen 397–400
– biblischer Figuren *siehe* Abrahams
Zweifel; Jesus Christus; Jüngerzweifel;
Petruszweifel; Thomas (Jünger)
– Diskurs *siehe* „Sitz im Leben" des
Zweifelsdiskurses
– Einfalt und Zwiespalt 426–428
– in Einzeltexten *siehe* Auferstehungserzählung, in *Epistula Apostolorum*;
Evangelium nach Maria; Hebräerbrief;
Hebräerevangelium; Hirt des Hermas;
Johannesevangelium; Paulusbriefe;
Petrusevangelium; Protevangelium des
Jakobus; rabbinische Texte; Smyrnäer,
Brief an die; synoptische Evangelien
– als ekklesiologisches Charakteristikum
390–391
– als ethisches Problem 388–389
– als Existenzial 389–390
– und Gewissen 413–416
– und Gewissheit 428–430
– und Glaube 58–61, 385–386, 412–413,
417–420
– und Gleichzeitigkeit (Kierkegaard)
223, 425–426
– und Gottesdistanz 416–417
– vs. Infragestellen 4
– als intellektuelle Herausforderung
386–387

508 Sachregister

– kollektiver 423–424
– neutestamentlicher und neuzeitlicher 391
– Resilienzmuster 400–410
– und Schuld 422–423
– vs. Skepsis 4–5
– „Theologie des Zweifels", neutestamentliche 410–430
– als theoretisches Problem 387–388
– Typologie 384–391
– Überwindung 168–169, 186, 336–337, 382, 387; *siehe auch* Wundmale Jesu, Berührung durch Thomas
– vs. Unglaube 5
– als unmögliche Möglichkeit 366, 382, 385–386
– vs. Unschlüssigkeit 4
– vs. Unsicherheit 4
– vs. Zaudern 4
– vs. Zögern 4
– Zwiespalt und Einfalt 426–428
– *siehe auch* cartesianischer Zweifel; existenzieller Zweifel; methodischer Zweifel; sprachliche Ausdrucksformen
„zweifelnder Thomas" 187
– *siehe auch* Thomas (Jünger)
Zweiseeligkeit
– in Ethik 9–10
– im Hirt des Hermas 311, 323–333, 388–389
– im Jakobusbrief 267–286
– *siehe auch* διψυχία
Zwiespalt
– und Einfalt 426–428
– vs. Zweifel 5

ἀδιάκριτος 269
ἀκατάστατος 280
ἀλήθεια 356
ἀμφιβάλλειν 27–28, 55
ἀμφιγνοεῖν 55
ἀμφισβητεῖν 55
ἀναλογίζεσθαι 373
ἀνεμίζεσθαι 278
ἄνωθεν 330
ἀπείθεια 363
ἀπιστεῖν 55, 247

ἀπιστία
– im Dativ 87, 95–96
– im Hebräerbrief 363
– Semantik 29–30, 55
ἄπιστος 55, 207–208, 247
Ἄπιστος (aus Epidauros) 127, 128
ἁπλότης 300, 305
ἁπλῶς 269–270
ἀποβάλλειν 363
ἀπόδειξις 376
ἀπόκλισις 306
ἀπορεῖν 55
ἀπορία 4
– *siehe auch dubitatio*
ἀποστῆναι 363
ἅπτειν 218
ἀφορᾶν 373

δαπανᾶν 281
δεῖγμα 376
διακρίνεσθαι
– und aram. פלג 39
– im Jakobusbrief 260, 265, 273–279, 283–286, 309
– im Römerbrief 70–96, 104, 385
– Semantik 12, 34–40, 55
διακρινόμενος
– als Frevler 275–276
– als Gespaltener 276–278
– als Spalter 80–85
– als Zweifler 74–76, 274–275
– *siehe auch* διακρίνεσθαι
διάκρισις, im Römerbrief 33, 67–70, 81
διαλογίζεσθαι 32–33, 55
διαλογισμός 33, 55, 67–70, 81
δίγλωσσος 51
διγνώμων/δίγνωμος 51
δίδυμος 227–228
Δίδυμος 226–227
δίλογος 51
διπλοκαρδία 51, 291
διπλοῦς 51
διπρόσωπος 51
διστάζειν
– in Clemensbriefen 291
– im Hirt des Hermas 311, 316–317, 322, 333

Sachregister

- im Matthäusevangelium 54–55, 130, 147, 157, 159–161, 391, 398
διχογνωμονεῖν 37, 55
διχονοεῖν 37, 55
διχόνους 51
διχοστατεῖν 33
διψυχία 9, 314–315, 333–335
δίψυχος
- Belege 40–41
- in Clemensbriefen 291
- Herkunft 45–50
- im Hirt des Hermas 314
- im Jakobusbrief 227, 260, 265, 273, 280–282, 309, 322, 388
- als linguistische Innovation 41–44, 55
- Parallelbegriffe 51
- Semantik 12
δόξα 11
δυσκόλως 329

ἐκθαμβεῖσθαι 110–111
ἔλεγχος 9, 33, 337, 351–353, 354, 380, 428–429
- siehe auch argumentum
ἐλπίς 363
ἐνδοιάζειν 55
ἐνδυναμοῦσθαι 31–32
ἐπίγνωσις 356
ἐπιθυμία 309
εὐστάθεια 307

θλῖψις 325–326

ἰνδάλλεσθαι 292

κατανοεῖν 96, 371–373
κατέχειν 363
κελεύειν 138
κλύδων 278
κράζειν 121
κρατεῖν 363

λείπεσθαι 268
λόγος 8
λύπη 323

μαθητεύειν 165
μακροθυμεῖν/μακροθυμία 363
μένειν 363
μιμητής 371

νοῦς 299, 354

ὀλιγοπιστία/ὀλιγόπιστος 51–53, 55, 146, 152
ὁλόκληρος 266
ὁμολογία 363
ὀξυχολία 329
ὁρᾶν 224–225, 233

παράβασις 363
παρακοή 363
παραπίπτειν 363
παρρησία 363
περιεργάζεσθαι 90
Πέτρος 226
πιστεύειν
- im Hebräerbrief 363
- im Jakobusbrief 265
- in johanneischen Schriften 207–208, 222, 233
- im Markusevangelium 121
- im Matthäusevangelium 167
- siehe auch ἀπιστεῖν
πίστις
- durative Aktionsart 168
- im Hebräerbrief 347–351, 363, 382
- im Hirt des Hermas 314, 333–335
- im Jakobusbrief 254, 265, 268–269, 272–273, 308
- bei Philo von Alexandria 376–379
- bei Plutarch 374–375
- in Rhetorik 8–9
- im Römerbrief 72–74, 103
- Semantik 11, 22
- μέτρον πίστεως 412–413
- πίστις Χριστοῦ 29, 58, 125, 412
- siehe auch ἀπιστία; ὀλιγοπιστία/ ὀλιγόπιστος
πληροφορεῖν 30–31
πληροφορία 31, 358, 363, 430
πνεῦμα 354
πρωτοκαθεδρία 331

510 Sachregister

ῥιπίζεσθαι 278

σάρξ 332
σοφία 254, 268–269, 299, 308

τεκμήριον 376
τέλειος 265–266, 268, 388
τελειωτής 370, 405
τοῖχος 306

ὑπακοή 363
ὑπακούειν 363, 365
ὑπομονή 363
ὑπόστασις 337, 351, 359–366, 380,
    428–429
ὑποστέλλειν/ὑποστολή 363

φύσις 241

χείρ 233

ψηλαφᾶν 224–225, 233, 234

מהוסרי אמנה
    Parallelbegriff zu ὀλιγόπιστοι 52
סָפֵק
    und Phänomen des Zweifelns 26
קטני אמנה
    Parallelbegriff zu ὀλιγόπιστοι 52
תאומא
    und δίδυμος 226
תאם
    und δίδυμος 227
תָּמִים
    und Jak 1,4 266

Wissenschaftliche Untersuchungen zum Neuen Testament

Herausgegeben von Jörg Frey (Zürich)

Mitherausgeber:
Markus Bockmuehl (Oxford) · James A. Kelhoffer (Uppsala)
Tobias Nicklas (Regensburg) · Janet Spittler (Charlottesville, VA)
J. Ross Wagner (Durham, NC)

WUNT I ist eine internationale Buchreihe für das ganze Feld des frühen Christentums und seiner jüdischen und griechisch-römischen Umwelt. In ihrem historisch-philologischen Profil und ihrer disziplinübergreifenden Ausrichtung geprägt durch den langjährigen Herausgeber Martin Hengel, wird sie durch ein internationales Herausgeberteam geleitet, das verschiedene Forschungstraditionen und ein breites Spektrum von Themen der neutestamentlichen Wissenschaft repräsentiert. Ausschlaggebend für die Aufnahme ist allein die wissenschaftliche Qualität und der bleibende Wert der Arbeiten. Neben Fachmonographien erfahrener Forscher, darunter Habilitationsschriften, erscheinen Aufsatzbände von renommierten Gelehrten, Quellensammlungen und Editionen sowie Tagungsbände von Kompendiumscharakter zu zentralen Themen des Fachgebiets.

WUNT II ist das in Broschur ausgestattete Komplement zur Ersten Reihe. In *WUNT II* erscheinen herausragende Dissertationen und Monographien jüngerer Forscher sowie innovative Tagungsbände zu wesentlichen Themen der neutestamentlichen Forschung. Die historisch-philologische Prägung sowie die internationale, exegetische Schulen und Fächergrenzen überschreitende Ausrichtung entspricht der Ersten Reihe, deren Herausgeberteam auch für die wissenschaftliche Qualität der Zweiten Reihe einsteht.

WUNT I:
ISSN: 0512-1604
Zitiervorschlag: WUNT I
Alle lieferbaren Bände finden Sie unter
www.mohrsiebeck.com/wunt1

WUNT II:
ISSN: 0340-9570
Zitiervorschlag: WUNT II
Alle lieferbaren Bände finden Sie unter *www.mohrsiebeck.com/wunt2*

Mohr Siebeck
www.mohrsiebeck.com